TRAITÉ-FORMULAIRE

GÉNÉRAL

ALPHABÉTIQUE ET RAISONNÉ

DU NOTARIAT

PAR

Albert AMIAUD

ANCIEN PRÉSIDENT DE LA CHAMBRE DES NOTAIRES D'ANGOULÊME
AUTEUR DU *Tarif général et raisonné des notaires* ET DE PLUSIEURS AUTRES OUVRAGES DE NOTARIAT

QUATRIÈME ÉDITION

TOME DEUXIÈME

PARIS

ADMINISTRATION DU JOURNAL DES NOTAIRES ET DES AVOCATS

52, RUE DES SAINTS-PÈRES 52

1894

Étude de droit pratique. — De la renonciation à son hypothèque
légale par la femme du vendeur au profit de l'acquéreur (1869),
in-8°.

De la vénalité et de la propriété des offices des notaires (1870),
épuisé.

Le Notariat en Russie et en Espagne (1873), *épuisé*.

Études sur le Notariat français. — Réformes et améliorations
(1879), in-8°.

De la prescription de l'hypothèque par le tiers détenteur. —
Interprétation des articles 2180 et 2267 du Code civil (1880),
in-8°.

Le tarif général et raisonné des notaires. — Étude sur les principes et le mode de rémunération des actes, etc., 2ᵉ *édition*
(1881), 2 vol. in-8°. — Prix: 15 fr.

Recherches bibliographiques sur le Notariat français (1881),
in-12.

Explication de la loi du 5 août 1881 sur la taxe et la prescription
des frais des actes notariés (1882), in-8°. — Prix : 2 fr.

Commentaire de la loi du 25 ventôse an XI (2ᵉ *édition* de l'ouvrage de Rutgeerts) (1881), 3 vol. in-8°. — Prix : 27 fr.

Aperçu de l'état actuel des législations civiles de l'Europe et
de l'Amérique (1884), *rare*.

De la transmission des offices de notaire. — Manuel pratique
en matière de cession, de création et de suppression d'office et
de transfert de résidence (1891), 2ᵉ *édition*, in-8°. — Prix : 3 fr.

TRAITÉ-FORMULAIRE

GÉNÉRAL

ALPHABÉTIQUE ET RAISONNÉ

DU NOTARIAT

PAR

Albert AMIAUD

ANCIEN PRÉSIDENT DE LA CHAMBRE DES NOTAIRES D'ANGOULÊME
AUTEUR DU *Tarif général et raisonné des notaires* ET DE PLUSIEURS AUTRES OUVRAGES DE NOTARIAT

QUATRIÈME ÉDITION

TOME DEUXIÈME

PARIS

ADMINISTRATION DU JOURNAL DES NOTAIRES ET DES AVOCATS

52, RUE DES SAINTS-PÈRES, 52

1894

COMPLÉMENT PÉRIODIQUE
DU
TRAITÉ-FORMULAIRE DE M. AMIAUD

———

Le TRAITÉ-FORMULAIRE de M. AMIAUD est tenu au courant par le *Journal du Notariat*, qui paraît le jeudi de chaque semaine, et dont les bureaux sont situés à Paris, 19, rue de Lille.

TRAITÉ-FORMULAIRE

GÉNÉRAL

ALPHABÉTIQUE ET RAISONNÉ

DU NOTARIAT

DATION EN PAIEMENT

1. — C'est l'acte par lequel un débiteur se libère envers son créancier en lui livrant une chose mobilière ou immobilière, au lieu de la somme d'argent qu'il devait.

2. — Formes. Formalités. — Elle peut avoir lieu, soit par acte authentique, soit par acte sous seing privé. Mais la forme authentique est, sans aucun doute, préférable.

3. — Elle doit toujours être *acceptée* par le créancier.

4. — Transcription. — Elle doit aussi être *transcrite* au bureau des hypothèques, lorsqu'elle a pour objet des immeubles.

5. — Signification. — Lorsqu'elle comprend une créance garantie par une hypothèque ou un privilège, il y a lieu de faire signifier le transport au débiteur de la créance formant l'objet de la dation en paiement, et de faire mentionner la subrogation en marge de l'inscription.

6. — En principe, aux termes de l'article 1243 du Code civil, le créancier ne peut être contraint de recevoir une autre chose que celle qui lui est due, alors même que la valeur de la chose offerte est égale ou même plus grande ; mais lorsque les deux parties sont d'accord, un tel paiement est, sans aucun doute, valable, et éteint l'obligation.

7. — La dation en paiement, à moins que le débiteur ne se soit réservé cette faculté de libération dans le contrat primitif, ne peut donc avoir lieu qu'avec le consentement du créancier et doit être *acceptée* par lui.

8. — Effets de la convention. — Il faut en conclure qu'elle a pour conséquence de détruire l'ancienne obligation et d'opérer une sorte de *novation* (art. 1271 et suiv.) (1).

9. — Ainsi, la dation en paiement décharge la caution, comme le ferait le paiement lui-même ou la novation (art. 1281, C. civ.) (2).

Elle éteint les hypothèques attachées à l'ancienne créance (3).

10. — Si le créancier vient à être évincé de la chose donnée en paiement, le

---

(1) Aubry et Rau, t. IV, p. 221; Poitiers, 18 janvier 1864 (S. 1864-2-198).

(2) Aubry et Rau, t. IV, p. 692-693.

(3) Aubry et Rau, t. III, p. 487 ; Cass., 10 juin 1847.

débiteur est tenu de le garantir ; mais ce n'est pas en vertu de la première obligation, qui est éteinte, que le créancier peut agir, c'est en vertu du nouveau contrat (1).

11. — La dation en paiement suit donc les règles du contrat dont elle revêt le caractère, — de la *vente*, dans le cas où la dette étant une somme d'argent, le débiteur livre à la place un meuble ou un immeuble ; — de l'*échange*, lorsque la chose due n'étant pas de l'argent, mais un meuble ou un immeuble, le débiteur donne en paiement un meuble ou un immeuble ; — de la *délégation* ou du *transport*, si la chose donnée est une créance.

12. — D'après ce qui précède, il est évident que pour faire une dation en paiement, il ne faut pas seulement avoir la capacité de faire un paiement ordinaire, mais encore celle d'*aliéner* la chose qui fait l'objet de l'acte.

13. — La dation en paiement peut avoir lieu non seulement entre débiteurs et créanciers étrangers, mais entre enfants, — ou entre père et enfants, dans un partage de succession ou une donation-partage ; — entre époux, dans un partage de communauté, ou dans les cas prévus par l'art. 1595, C. civ. (V. *suprà*, v° CONTRAT ENTRE ÉPOUX).

14. — **Frais et honoraires.** — Les frais de l'acte sont naturellement et, sauf convention contraire, à la charge du débiteur.

Quant aux honoraires, il est d'usage de percevoir un droit de *quittance*, alors qu'il y a une libération conformément aux conditions du contrat primitif, — ou un droit de vente, lorsque le débiteur donne en paiement une autre chose que celle qui a fait l'objet de l'obligation.

15. — **Enregistrement.** — Droit de 2 °/₀ ou 5 fr. 50 °/₀, selon qu'il s'agit de meubles ou d'immeubles. Si la dation en paiement a pour objet une créance, une rente, etc. (V. *infrà*, v^ls DÉLÉGATION et TRANSPORT-CESSION).

La libération du débiteur ne peut donner lieu à aucun droit, puisqu'elle est la conséquence même de la convention.

FORMULES.

1. — Dation d'immeubles en paiement.

Pardevant, etc...
     A comparu :
M. Félix Lamy, propriétaire, demeurant à...
Lequel, préalablement à la dation en paiement qui va faire l'objet des présentes, a exposé ce qui suit.

Exposé.

M. Lamy est débiteur envers M. Alfred Gay, rentier, demeurant à..., de la somme de..., composée :

1° De celle de... francs, montant d'une obligation pour prêt souscrite suivant acte passé devant Mᵉ..., notaire à..., le..., et exigible depuis le... dernier, ci .	»	»
2° Et de celle de... pour... intérêts de cette somme à ce jour, au taux de 5 °/₀ par an	»	»
Total égal . . .	»	»

Et pour se libérer envers M. Gay de ladite somme de..., il a proposé à ce dernier, qui l'a accepté, de lui céder l'immeuble ci-après désigné, aux conditions ci-après :

_____

(1) Larombière, sur l'art. 1243 ; Dict. du not., n° 20.

Dation en paiement.

Ces faits exposés, M. Lamy cède et abandonne avec toute garantie, en paiement et pour l'extinction de cette créance en principal et accessoires,

A M. Gay, ici présent, et qui accepte,

Une maison...

Cet immeuble appartient, etc.

M. Gay aura la propriété et la jouissance dudit immeuble à compter de ce jour.

En conséquence il devra:

1° Souffrir les servitudes...

2° Acquitter les impôts...

3°...

Au moyen de cette dation en paiement, M. Gay libère M. Lamy de ladite somme de... et de toutes choses relatives à ladite créance.

Toutefois l'obligation précitée et l'inscription hypothécaire prise en conséquence de ses dispositions au bureau des hypothèques de..., le .., sur l'immeuble ci-dessus désigné, et sur les autres immeubles appartenant actuellement à M. Lamy continueront d'exister (1) au profit de M. Gay, jusqu'à ce que, par l'accomplissement des formalités de transcription et de purge, il soit devenu propriétaire irrévocable de l'immeuble par lui accepté en paiement. Et s'il arrivait que, par une surenchère ou toute autre cause d'éviction, ledit sieur Gay fût dépossédé dudit immeuble, il aurait le droit de faire valoir ledit titre obligatoire et les sûretés hypothécaires qui en résultent, comme si le présent acte n'avait pas eu lieu, sans préjudice de toutes les répétitions d'intérêts et de frais, et de tous dommages-intérêts.

Il est même convenu que si une demande en revendication était formée relativement à l'immeuble vendu, M. Gay ne serait pas obligé d'en attendre l'issue pour rentrer dans le capital par lui prêté à M. Lamy, il pourrait, au contraire, aussitôt après la demande en revendication introduite en première instance, poursuivre par toutes voies de droit le paiement des... fr. à lui dus, et de tous accessoires échus postérieurement à ce jour, en vertu du titre obligatoire ci-dessus énoncé, sauf à les répéter contre M. Lamy comme prix de la présente dation en paiement affecté par privilège sur l'immeuble qui en fait l'objet, aussitôt que le trouble ou la cause d'éviction prévue aurait cessé, si mieux n'aimait M. Gay se départir de la présente cession.

M. Gay fera transcrire une expédition des présentes...

M. Lamy déclare qu'il est célibataire...

M. Lamy a présentement remis à M. Gay qui le reconnaît: 1° l'expédition du contrat de vente du...; — 2° etc. (*Désigner les titres de propriété, dont la remise est faite*).

De son côté M. Gay s'oblige à faire remettre à M. Lamy dès qu'il sera devenu propriétaire incommutable de l'immeuble donné en paiement, la grosse de l'obligation du..., et le bordereau de l'inscription ci-dessus relatée.

Dont acte...

2. — Dation d'immeubles en paiement *(autre formule).*

Pardevant Me...

Ont comparu:

M. Félix Lamy, propriétaire, demeurant à...

Et M. Alfred Gay, rentier, demeurant à...

Lesquels ont d'abord exposé ce qui suit:

Exposé.

M. Lamy est débiteur... (*Voir la formule qui précède*).

---

(1) Il est de règle qu'en cas d'éviction, le créancier n'agit plus en vertu de la première obligation, mais en vertu du contrat de vente. L'obligation primitive ne revit pas, par la raison qu'il y a eu novation. Le créancier n'a plus alors que l'action résultant de la vente, avec toutes ses conséquences. De là la nécessité de réserver les droits du créancier pour le cas où il serait évincé ou troublé.

Dation en paiement.

Ces faits exposés, M. Lamy vend, à titre de dation en paiement, sous les garanties de droit,

A M. Gay, qui accepte,

Une maison, etc... (*Voir la formule précédente*).

Prix.

En outre, la présente vente est faite moyennant le prix de... ; laquelle somme est compensée avec pareille somme due par M. Lamy à M. Gay, ainsi qu'il est dit ci-dessus.

Par suite de cette compensation, M. Gay donne quittance à M. Lamy du montant en principal et intérêts de l'obligation précitée, et ce dernier donne quittance à M. Gay du prix de la présente vente.

Et comme conséquence, M. Gay donne mainlevée, avec désistement de ses droits d'hypothèque et consent à la radiation entière et définitive de l'inscription prise à son profit contre M. Lamy au bureau des hypothèques de..., le..., vol°..., n°... ; consentant la décharge du conservateur qui opèrera cette radiation.

Mais il est expliqué et formellement convenu que ces compensation et mainlevée sont ainsi consenties sous la condition suspensive que la transcription des présentes au bureau des hypothèques de..., ne fera connaître, ainsi que M. Lamy le déclare, l'existence d'aucune inscription sur l'immeuble vendu, et qu'en conséquence elles seront considérées comme non avenues, dans le cas contraire. M. le conservateur au bureau des hypothèques de..., est expressément autorisé à opérer la radiation de l'inscription précitée par le seul fait de la délivrance d'un état négatif d'inscription sur la transcription des présentes (1).

M. Gay fera transcrire une expédition des présentes...

M. Lamy déclare qu'il est célibataire...

Pour l'exécution, etc.

Dont acte...

3. — Dation de meubles en paiement

Pardevant, etc...

Ont comparu :

M. Jules Gaillard, propriétaire, demeurant à...

Et M. Arthur Voisin, rentier, demeurant à...

Lesquels, préalablement à la dation en paiement qui va faire l'objet des présentes, ont exposé ce qui suit :

Exposé.

M. Gaillard a souscrit, au profit de M. Voisin, le..., deux billets à ordre causés valeur reçue comptant et établis sur timbre proportionnel de...,

Le premier de la somme de .., à l'échéance du..., ci.	»	»
Le deuxième, etc.		

Ces billets n'ayant pas été payés à l'échéance, ont été protestés les... et..., par exploits de..., et enregistrés à..., etc. ; en sorte que les intérêts de ces billets ont couru, savoir :

Pour le premier, depuis le... jusqu'à ce jour, ce qui donne une somme de..., ci.

Et pour le second, depuis le..., aussi jusqu'à ce jour, ce qui forme une somme de..., ci	»	»
Les frais des deux protêts se sont élevés à..., ci.	»	»
Total.	»	»

---

(1) S'il existait des inscriptions ou s'il y avait lieu de remplir les formalités de purge légale, il serait préférable de se borner à stipuler une compensation conditionnelle. Après l'accomplissement des formalités hypothécaires sans inscription, on constaterait, dans un acte spécial, que la compensation est définitive, et il serait donné mainlevée de l'inscription du créancier et de celle d'office qui aurait été prise lors de la transcription de la vente.

Pour se libérer de ladite somme de..., M. Gaillard cède en paiement, avec garantie de toutes saisies et revendications, à M. Voisin qui accepte... (*Désigner les objets corporels donnés en paiement.*)

Tels que lesdits objets se comportent et dans l'état où ils se trouvent aujourd'hui, sans qu'il soit nécessaire d'en faire une plus ample désignation à la réquisition de M. Voisin qui déclare en avoir pris possession aujourd'hui même.

Au moyen de cette dation en paiement, M. Voisin quitte et décharge M. Gaillard du montant desdits billets ainsi que de tous frais et intérêts, — *Dont quittance.*

Et il lui a remis à l'instant les billets acquittés et les originaux des protêts ci-dessus énoncés, — *Dont décharge.*

Les frais des présentes seront supportés, etc.

Dont acte...

4. — Dation de meubles incorporels en paiement.

On a vu, par la définition que nous avons donnée du mot dation en paiement, que c'est un mode de libération de la part du débiteur. Lorsque cette libération a lieu au moyen d'une cession de valeurs incorporelles, l'acte prend alors tous les caractères d'une DÉLÉGATION, ou d'un TRANSPORT (V. *ces deux mots*).

DÉCHARGE

1. — C'est l'acte par lequel il est constaté qu'une personne a rempli les engagements qu'elle avait contractés ou rendu les objets qui lui avaient été confiés.

2. — Les décharges les plus ordinaires sont :

    a) Celle donnée au dépositaire de sommes ou objets mobiliers, lorsque la remise en est faite au déposant (art. 1937-1960 et 1962, C. civ.)

    b) Celle donnée par un mandant à son mandataire, après exécution du mandat (art. 1993, C. civ.).

    c) Celle par laquelle un créancier renonce au cautionnement qui lui a été fourni de sa créance par un tiers.

    d) Celle par laquelle un créancier renonce à son recours contre un co-débiteur solidaire (art. 1285, C. civ.).

    e) Celle par laquelle un vendeur reconnaît que le prix d'une vente de meubles resté entre les mains d'un notaire, a été remis à qui de droit par cet officier public.

    f) Celle donnée par un légataire du montant ou de l'objet de son legs.

3. — Il y a aussi la décharge d'exécution testamentaire, de tutelle, mais ce sont plutôt, à proprement parler, des arrêtés de compte, et la décharge n'est, dans ce cas, qu'une stipulation accessoire faisant suite à l'acte principal de compte.

4. — **Forme.** — Toutes ces décharges sont données par acte *authentique* ou par acte *sous seing privé*, au choix des parties; — à moins qu'elles ne contiennent, ce qui est assez rare, une mainlevée d'hypothèque, auquel cas la décharge est nécessairement notariée.

5. — **Capacité.** — Le mineur émancipé, le pourvu de conseil judiciaire ne peuvent donner décharge d'un capital mobilier qu'avec l'assistance de leur cura-teur (art. 432-449, C. civ.).

6. — **Frais et honoraires.** — Cette décharge est nécessairement aux frais de celui qui la donne et ce dernier ne peut même se refuser de la donner par acte authentique, si le bénéficiaire l'exige pour sa sûreté.

L'honoraire est, d'après l'usage des diverses compagnies, un droit fixe variant de 3 à 6 francs.

7. — Enregistrement. — On doit distinguer, en matière de décharge, si la personne à qui elle est donnée est *débitrice*, ou seulement mandataire, comptable dépositaire, en un mot, s'il y a libération, — ou simplement remise de sommes ou objets appartenant à celui qui donne la décharge. Dans le premier cas, le droit proportionnel est dû; dans les autres, le seul droit fixe. Il faut donc que le notaire qui est appelé à rédiger une décharge, évite avec soin les énonciations équivoques qui pourraient donner ouverture à un droit proportionnel.

Décharge de cautionnement. — La mainlevée d'hypothèque contenue dans l'acte détermine la perception, il est passible en conséquence du droit gradué (1). S'il n'y avait pas de mainlevée d'hypothèque, il ne serait dû que le droit fixe de 3 francs (2).

Décharge de compte. — Droit fixe de 3 francs (3).

Décharge de dépôt. — Droit fixe de 3 francs lorsque ce sont des objets mobiliers ou des pièces (4), — ou s'il s'agit de sommes déposées à un officier public (5). La décharge des sommes d'argent déposées entre les mains de toute autre personne est sujette au droit proportionnel de 50 cent. °/₀ (6).

Décharge d'exécution testamentaire. — Droit fixe de 3 fr. (7).

Décharge de legs. — Droit fixe de 3 francs si le legs a été délivré par acte antérieur (8). Droit gradué, si la délivrance et la décharge ont lieu simultanément (9).

Décharge de mandat. — Droit fixe de 3 francs (10).

Décharge de pièces. — Droit fixe de 3 francs (11).

Décharge de prix de vente de meubles. — Droit fixe de 3 francs (12).

FORMULES.

1. *Décharge de cautionnement.*	6. *Décharge de legs.*
2. *Décharge de compte.*	7. *Décharge de mandat.*
3. *Décharge de compte de tutelle.*	8. *Décharge de pièces.*
4. *Décharge de dépôt.*	9. *Décharge de vente de meubles.*
5. *Décharge d'exécution testamentaire.*	

1. — Décharge de cautionnement.

Pardevant, etc...

A comparu :

M. Ernest Guillemin, rentier, demeurant à...

Lequel, au moyen de la nouvelle affectation hypothécaire consentie à son profit par M. Prosper Oudin, propriétaire, demeurant à..., suivant acte passé devant M°..., l'un des notaires soussignés le..., pour sûreté du prêt de... fait à M. Oudin par M. Guillemin, en vertu d'un acte reçu par ledit M°... le..., sous le cautionnement de M. Gaston Morand, propriétaire, demeurant à...

---

(1) L. du 28 février 1872, art. 1ᵉʳ, n° 7.

(2) LL. du 28 avril 1816, art. 43, n° 8, et 28 février 1872, art. 4.

(3) LL. du 28 avril 1816, art. 43, n° 8, et 28 février 1872, art. 4.

(4) LL. du 28 avril 1816, art. 43, n° 8, et 28 février 1872, art. 4.

(5) LL. du 28 avril 1816, ar.. 43, n° 11, et 28 février 1872, art. 4.

(6) L. du 22 frim., an VII, art. 69, § 2, n° 11.

(7) LL. du 28 avril 1816, art. 43, n° 8, et 28 février 1872, art. 4.

(8) LL. du 28 avril 1816, art. 43, n° 8, et 28 février 1872, art. 4.

(9) L. du 28 février 1872, art. 1ᵉʳ, n° 6.

(10) LL. du 28 avril 1816, art. 43, n° 8, et 28 février 1872, art. 4.

(11) Mêmes lois.

(12) L. 28 février 1872, art. 4.

A, par ces présentes, déchargé ce dernier du cautionnement et de la garantie solidaire et hypothécaire qu'il avait contractés en sa faveur par l'obligation sus-énoncée, et il a renoncé à exercer contre lui aucune réclamation à cet égard; faisant toutefois la réserve expresse de tous ses droits, actions et hypothèques contre M. Oudin, résultant tant de l'obligation du..., que de l'acte d'affectation hypothécaire du..., dans lesquels il a entendu demeurer maintenu sans aucune novation ni dérogation.

Comme conséquence de ce qui précède, M. Guillemin donne mainlevée pure et simple avec désistement de tous droits d'hypothèque et consent à la radiation entière et définitive de l'inscription prise à son profit contre M. Morand, au bureau des hypothèques de..., le..., vol..., n°..., en vertu de l'obligation du..., sus-énoncée, consentant la décharge du conservateur qui opérera la radiation de ladite inscription.

Dont acte...

2. — Décharge de compte.

Pardevant, etc...

A comparu :

M. Victor Dumas, propriétaire, demeurant à...

Lequel a, par ces présentes, reconnu que M°..., notaire à..., lui a fourni le compte de toutes les sommes qui ont été versées entre ses mains par les acquéreurs du domaine de..., vendu en son étude, suivant procès-verbal d'adjudication dressé par lui, etc.

Lequel compte constate que les sommes payées par les acquéreurs se sont élevées à... fr. en principal et intérêts, ainsi que le constatent... quittances reçues par M..., notaire. les.,.

Et que les versements faits à M. Dumas par M°..., représentent la même somme et ont eu lieu, savoir :

1°. . . . francs, le. . . ci.	»	»
2°. . . . francs, le. . . ci.	»	»
Total égal. . . .	»	»

En conséquence, M. Dumas décharge complètement M°... des sommes qu'il a touchées desdits acquéreurs, jusqu'à ce jour.

Mention des présentes est consentie, etc.

Dont acte...

3. — Décharge de compte de tutelle.

(V. suprà, v° COMPTE).

4. — Décharge de dépôt.

Pardevant, etc...

Ont comparu:

M. Joseph Vincent, propriétaire, et Mme Coralie Renaud, son épouse, qu'il autorise, demeurant ensemble à...,

Lesquels ont, par ces présentes, reconnu que ledit M°..., notaire, leur a présentement remis en bonnes espèces de monnaie, la somme de... fr. formant le montant du prêt fait aux comparants par M. Eugène Lambert, propriétaire, demeurant à..., ainsi qu'il résulte d'un acte d'obligation reçu par M°..., notaire à..., le..., et dont M°... avait été constitué dépositaire, aux termes du même acte (1), sous la condition qu'elle ne serait par lui remise aux sieur et dame Vincent qu'après la justification de la sincérité des déclarations hypoth - caires par eux faites en ladite obligation.

---

(1) Il est d'usage, lorsqu'un prêt est de quelque importance, et que l'emprunteur n'est pas parfaitement connu du notaire et du prêteur, de laisser les deniers empruntés entre les mains du notaire détenteur de la minute du contrat de prêt, jusqu'à ce qu'il ait été délivré, après signature de l'obligation, un nouvel état d'inscriptions, dans lequel figure celle prise au profit du bailleur de fonds, et duquel il résulte qu'il n'existe pas d'autres inscriptions primant celle du prêteur que les inscriptions déclarées par l'emprunteur.

Lorsqu'il est reconnu, par le nouvel état d'inscriptions, que les faits avancés par l'emprunteur sont exacts, le notaire remet les fonds et il lui en est donné décharge.

Il nous paraît toutefois préférable que le notaire ne soit pas constitué dépositaire par l'acte même de l'obligation.

La remise de cette somme est faite par ledit M°..., attendu que l'état délivré par le conservateur du bureau des hypothèques de..., le..., sur les biens hypothéqués par ladite obligation, est conforme auxdites déclarations.

De laquelle somme de... fr. M. et Mme Vincent déchargent ledit M°...

Mention des présentes est consentie, etc.

        Dont acte...

5. — Décharge d'exécution testamentaire.

Pardevant, etc...

        A comparu :

M. Amédée Henrion, propriétaire, demeurant à...

        Seul héritier de M. Joseph Henrion, son oncle, décédé à..., le.,., ainsi que le constate l'inventaire dressé après son décès par M°..., notaire à..., le...

Et M. Albert Udron, rentier, demeurant à...

        Exécuteur testamentaire de M. Joseph Henrion sus-nommé aux termes de son testament authentique reçu par M°..., l'un des notaires soussignés, le...

Lesquels ont dit et fait ce qui suit :

Par son testament sus-énoncé, M. Joseph Henrion a fait divers legs particuliers de sommes d'argent et d'objets mobiliers.

Tous ces legs ont été remis aux légataires, ainsi que le constatent les quittances et décharges de ces légataires, reçues par M°..., l'un des notaires soussignés, les...

En conséquence, M. Amédée Henrion a requis de M. Udron, de cesser les fonctions d'exécuteur testamentaire qui lui avaient été conférées par le testament, ci-dessus relaté.

Obtempérant à cette demande, M. Udron a remis à M. Henrion qui le reconnaît et lui en donne décharge, tous les meubles et effets mobiliers, argenterie, bijoux, ainsi que tous les papiers compris dans l'inventaire ci-dessus énoncé, et dont il avait été chargé lors de la clôture, en sa qualité d'exécuteur testamentaire de M. Joseph Henrion.

M. Amédée Henrion fait ici toutes réserves pour raison du compte que M. Udron aura à lui rendre des recouvrements qu'il a pu effectuer jusqu'à ce jour, et des paiements qu'il a faits en sadite qualité.

        Dont acte...

6. — Décharge de legs.

Pardevant, etc...

        A comparu :

M. Léon Charpentier, propriétaire, demeurant à...

Lequel a, par ces présentes, reconnu avoir reçu de M. Octave Barré, rentier, demeurant à..., seul héritier de M. Joseph Barré, rentier, décédé à.,., le..., ainsi que le constate l'intitulé de l'inventaire dressé après son décès par M°..., notaire à..., le...

La somme de... montant du legs particulier fait au comparant par ledit sieur Joseph Barré, aux termes de son testament reçu en la forme authentique par M°... notaire à..., le..., et dont la délivrance a été consentie par M. Octave Barré, suivant acte reçu par le même notaire le...

Au moyen de quoi le comparant quitte et décharge M. Octave Barré de l'importance dudit legs.

        Dont acte...

7. — Décharge de mandat.

Pardevant, etc...

        A comparu :

M. Louis Bader, propriétaire, demeurant à. .

Lequel a, par ces présentes, reconnu que M. Charles Lamy, avocat, demeurant à..., lui a remis, tant aujourd'hui que précédemment, toutes les sommes qu'il a touchées, en vertu de la procuration a lui donnée par le comparant suivant acte passé en minute devant M°..., l'un des notaires soussignés, le...

Et lui a rendu compte de toute la gestion qu'il a eue des affaires du comparant, par suite du mandat qu'il lui avait confié.

En conséquence, il le décharge sans aucune réserve, de toutes choses relatives à l'exécution dudit mandat.

     Dont acte...

8. — Décharge de pièces.

Et le...

Pardevant, etc...

     A comparu :

M. Henri Langlois, propriétaire, demeurant à...

Lequel a, par ces présentes, reconnu que M. François Bernard, rentier, demeurant à..., lui a remis tous les titres qu'il s'était engagé à lui fournir par le contrat de vente dont la minute précède, reçu par le notaire soussigné le..., et dans lequel ils sont détaillés.

En conséquence, il lui en donne décharge.

     Dont acte...

9. — Décharge de vente de meubles.

Et le...

Pardevant, etc...

     A comparu :

M. Jules Renard, propriétaire, demeurant à...

Lequel a, par ces présentes, reconnu que Mᵉ.,., notaire soussigné, lui a tenu bon et fidèle compte de la somme de..., montant de la vente mobilière à laquelle il a procédé à la requête du comparant, le..., suivant procès-verbal du même jour dont la minute précède.

De laquelle somme M. Renard donne décharge à Mᵉ..., sans réserve.

     Dont acte...

DÉCLARATION DE PRIVILÉGE DE SECOND ORDRE

(V. *suprà*, vᵒ Cautionnement des notaires).

DÉCLARATION DE SUCCESSION (V. *infrà*, vᵒ Mutation par décès)

DÉDIT

1. — Dans la pratique des affaires, on entend par *dédit* la peine stipulée, dans un contrat, contre celui des contractants qui refusera d'exécuter sa promesse ou son engagement.

2. — Le dédit diffère de la *clause pénale*, en usage dans certains contrats, en ce que celle-ci a pour objet d'assurer l'exécution de l'obligation qu'elle confirme, et qu'elle donne seulement au créancier la faculté de demander, à son choix, l'exécution de l'obligation ou la peine stipulée (art. 1226 et suiv., C. civ.), — tandis que le *dédit* donne au débiteur le droit de s'affranchir de son engagement, en payant la somme convenue.

3. — La clause de dédit s'emploie ordinairement dans les contrats, marchés ou transactions.

4. — Elle peut être stipulée dans un acte, dont elle ne formule alors qu'une convention accessoire, comme elle peut être l'objet d'une convention principale.

5. — Cet acte peut être notarié ou sous signature privée.

6. — Enregistrement. — L'acte contenant cette clause n'est passible d'aucun droit particulier. Le paiement du dédit est soumis au droit proportionnel de libération à 50 c. %.

FORMULES.

1. — Acte contenant la clause de dédit.

Pardevant, etc...
     A comparu :
M. Georges Berger, propriétaire, demeurant à...
     Lequel a, par ces présentes, promis, avec la faculté toutefois de s'en départir, en payant le dédit ci-après stipulé, à M. Louis Cardon, rentier, demeurant à..., ici présent et qui accepte de lui vendre, d'ici le... prochain,... hectares de bois, etc...
     Cette vente aura pour effet de libérer M. Berger envers M. Cardon de la somme de... fr., dont il est débiteur envers lui, aux termes d'une obligation passée, etc., contenant affectation hypothécaire sur l'immeuble dont il vient d'être parlé.
     Au moment de la réalisation de la présente promesse, M. Cardon remettra à M. Berger la grosse de l'obligation du... et il donnera mainlevée pleine et entière de l'inscription qu'il a prise pour sûreté de sa créance au bureau des hypothèques de..., le..., etc., sur...
     M. Berger aura la faculté de s'affranchir de l'engagement qu'il a contracté envers M. Cardon mais à la charge de lui payer, à titre de dédit, une somme de... en espèces dans la huitaine de la mise en demeure qui lui aura été faite, par acte extrajudiciaire, de réaliser sa promesse et, dans ce cas, M. Cardon rentrera immédiatement dans tous ses droits et actions pour se faire payer de la somme de..., montant de l'obligation ci-dessus énoncée.
     Dont acte...

2. — Paiement du dédit.

Et le...
     Ont comparu :
M. Georges Berger, propriétaire, demeurant à...
Et M. Louis Cardon, rentier, demeurant à...
     Lesquels ont dit et fait ce qui suit :
     Par l'acte du... dont la minute précède, reçu par Me..., notaire soussigné, M. Berger avait promis de vendre à M. Cardon,... hectares de bois, etc.
     Cette vente devait avoir lieu le... au plus tard, moyennant la somme principale de... qui devait se compenser avec celle de..., dont M. Berger se trouve débiteur vis-à-vis de M. Cardon, aux termes d'une obligation reçue par Me..., le...
     A l'expiration du délai fixé pour la réalisation de cette promesse, M. Cardon a mis M. Berger en demeure de l'exécuter, par exploit de..., huissier à..., en date du..., enregistré, dont l'original a été représenté par M. Cardon, pour être annexé aux présentes, après mention de cette annexe par les notaires soussignés.
     Dans cette situation, M. Berger voulant profiter de la faculté qu'il s'est réservée de s'affranchir de son engagement, déclare qu'il entend conserver la propriété dudit bois, à la charge par lui de payer le montant du dédit stipulé dans l'acte dont la minute précède.
     En conséquence, M. Berger a présentement payé en bonnes espèces de monnaie comptées, etc., à M. Cardon, qui le reconnaît et lui en donne quittance, la somme de..., montant du dédit auquel il a droit par suite des conventions sus-énoncées.
     M. Cardon fait ici toutes réserves pour le remboursement de sa créance contre M. Berger résultant de l'acte de prêt du...
     Les frais des présentes seront supportés par M. Berger.
     Dont acte...

DÉLAISSEMENT PAR HYPOTHÈQUE

1. — C'est l'abandon que fait d'un immeuble grevé d'hypothèques, le tiers détenteur, pour échapper aux poursuites des créanciers hypothécaires (art. 2174, C. civ.).

2. — Forme. — Le délaissement par hypothèque se fait au greffe du tribunal de la situation des biens et non devant notaire ; mais la procuration par laquelle le tiers détenteur constitue un mandataire en vue de faire dresser l'acte de délaissement pourrait être reçue par un notaire. Il est donné acte du délaissement par le tribunal.

3. — Le délaissement n'est permis au tiers détenteur qu'autant qu'il n'est pas personnellement obligé au paiement des créances inscrites, et que ces dernières dépassent, en principal et accessoires, le prix d'acquisition (art. 2172, C. civ.) (1).

Le tiers détenteur, qui s'est obligé envers le vendeur à payer son prix entre les mains des créanciers inscrits, ne peut délaisser, lorsque ceux-ci acceptent expressément ou implicitement la délégation faite à leur profit et poursuivent le tiers détenteur en paiement de son prix (2).

4. — Capacité. — La capacité d'aliéner étant exigée pour que le tiers détenteur puisse délaisser, il s'ensuit que le *mineur*, — l'*interdit*, — l'*envoyé en possession provisoire* des biens d'un absent, — le *curateur* d'une succession vacante, — le *syndic* d'une faillite, ne peuvent délaisser (3).

5. — Pour pouvoir délaisser, au nom du mineur, le tuteur doit être autorisé par une délibération du conseil de famille, homologuée par le tribunal (4). D'après M. Pont (5), l'homologation serait inutile.

6. — La loi n'ayant pas fixé de terme après lequel le délaissement ne pourrait plus avoir lieu, le tiers détenteur est encore admis à l'effectuer même après la saisie de l'immeuble hypothéqué (6) ; et la circonstance que l'acquéreur aurait reconnu la dette hypothécaire ou qu'il aurait été condamné à la payer, en sa seule qualité de détenteur, n'apporterait aucun obstacle au délaissement (art. 2173, C. civ.).

7. — Quand le tribunal a admis le tiers détenteur à effectuer le délaissement, sur la demande de la partie diligente, il nomme à l'immeuble délaissé un curateur, contre lequel se poursuit l'expropriation (art. 2174, C. civ.).

8. — Le délaissement par hypothèque n'est qu'une abdication de la possession, et le droit de propriété ne cesse dans la personne du tiers détenteur que par le jugement d'adjudication (7).

9. — Il en résulte, d'une part, que la perte de l'immeuble, arrivée par cas fortuit avant l'adjudication, est pour le compte du détenteur, qui reste soumis à l'obligation de payer son prix, et, réciproquement, le reliquat du prix d'adjudication, après paiement des créanciers hypothécaires, revient au tiers détenteur.

10. — Il en résulte, d'autre part, que jusqu'à l'adjudication, le détenteur est en droit de reprendre l'immeuble, à la charge d'acquitter intégralement avec les frais de poursuite, toutes les dettes hypothécaires, dont il devient ainsi débiteur direct et personnel (art. 2173, C. civ.).

11. — Les détériorations qui procèdent du fait ou de la négligence du tiers détenteur, depuis qu'il est en possession, donnent lieu contre lui à une action en indemnité au profit des créanciers inscrits (8). Mais il ne peut répéter ses impenses et améliorations que jusqu'à concurrence de la plus value résultant de l'amélioration (art. 2175, C. civ.), même si l'impense est nécessaire ; — et si la plus value est supérieure au chiffre des dépenses, le tiers détenteur ne peut rien réclamer au delà de ses dépenses (9). Il ne jouit pas, pour le remboursement de ces impenses

---

(1) Cass., 1er juillet 1850.
(2) Troplong, *hyp.*, t. III, n° 813 ; Pont. n° 1180 ; Aubry et Rau, p. 446 ; Cass, 11 mai 1863 (S. 1861-1-357 ; Metz, 11 mai 1867.
(3) Pont, *Privil. et hypoth.*, n°s 1174-1175.
(4) Aubry et Rau, t. III, p. 448.
(5) N° 1172

(6) Paris. 10 janvier 1851 et 17 février 1853 : Angers, 14 juillet 1855 : Lyon, 4 décembre 1860 (S. 1861-2-515) ; Aubry et Rau, p. 445.
(7) Pont, n° 1193 ; Aubry et Rau, p. 447.
(8) Pont, n°s 1203, 1204.
(9) Pont, n° 1207 ; Dict. du not., n° 69.

d'un véritable privilège ; mais il peut demander l'insertion au cahier de charges d'une clause obligeant l'acquéreur à tenir compte de la plus value, ou demander, dans l'ordre, la distraction de la partie du prix correspondante à cette plus value (1).

12. — Les fruits de l'immeuble délaissé ne sont dus par le tiers détenteur qu'à compter du jour de la sommation de payer ou de délaisser ; les créanciers hypothécaires partagent entre eux ces fruits, selon l'ordre de leurs inscriptions (art. 2176, C. civ.) (2).

BIBLIOGRAPHIE

André, *Privil. et hypoth.*, nᵒˢ 1008 et suiv.
Aubry et Rau, t. II, p. 445.
Dict. du not , vᵉ *Délaissement par hypothèque.*

Laurent, t. XXXI, p. 284 et suiv.
Pont, *Privil. et hypoth.*, t. II.
Troplong, *Privil. et hypoth.*, nᵒˢ 785 et suiv.

DÉLÉGATION

C'est l'acte par lequel un débiteur assigne à son créancier une personne qui paiera sa dette à sa place (C. civ., 1275 et suiv.).

Sommaire :

§ 1. Principes généraux.
§ 2. Formes. Formalités.
§ 3. Capacité.
§ 4. Objet et effets de la délégation.
§ 5. Frais et honoraires.
§ 6. Enregistrement.
§ 7. Formules.

§ 1. PRINCIPES GÉNÉRAUX.

1. — Pour qu'il y ait vraiment une délégation efficace, c'est-à-dire opérant, comme c'est son objet naturel, une double *novation* de dette, par la libération du *délégant* envers le délégataire qui accepte un nouveau débiteur, — et par la décharge du débiteur *délégué*, à l'égard du délégant, il faut que la convention intervienne entre trois personnes :

a) Le *délégant*, c'est le débiteur qui assigne un autre débiteur au créancier ;

b) Le débiteur *délégué*, c'est le nouveau débiteur qui prendra la place du premier ;

c) Le créancier *délégataire*, c'est le créancier qui accepte le nouveau débiteur.

2. — On dit alors que la délégation est *parfaite*, par opposition avec la délégation *imparfaite*, qui intervient seulement entre le délégant et le créancier délégataire, ou entre le délégant et le délégué, et qui, par suite du défaut de concours de l'une ou de l'autre de ces dernières parties, ne peut être qu'une simple *indication de paiement*, n'obligeant par la partie qui n'a pas accepté (art. 1277, C. civ.).

3. — Dans le premier cas, lorsque le débiteur indique simplement à son

---

(1) Pont, 1208 ; Aubry et Rau, p. 452 ; Bastia, 2 février 1846 ; Bourges, 8 février 1851.

(2) Pont, nᵒ 1212 ; Dict. du not., nᵒ 73.

créancier le paiement de la somme qui lui est due et la personne qui paiera à sa place, il n'y a qu'un mandat ; le débiteur délégant reste obligé envers le créancier qui peut toujours le poursuivre, et la personne indiquée ne devient point obligée, ni à la place du débiteur, ni même concurremment avec lui (1).

4. — Dans le second cas, lorsqu'un débiteur est délégué par un autre, sans le concours du créancier, ce n'est encore qu'une indication de paiement, que le créancier délégant peut révoquer ; — et le délégué ne devenant pas débiteur délégataire, reste toujours l'obligé du délégant, si bien que l'acquéreur délégué, par exemple, peut toujours payer son prix à son vendeur, sans que le créancier indiqué puisse critiquer le paiement (2).

5. — Le créancier, auquel une pareille délégation a été faite, ne peut exiger la grosse du titre de la créance déléguée, attendu que le débiteur délégué n'est pas son débiteur personnel (3).

6. — Il ne peut pas davantage, et par la même raison, prendre inscription sur les biens du débiteur indiqué, en vertu de la délégation non préalablement acceptée par lui. Cette inscription serait nulle (4), et l'acceptation ultérieure ne purgerait pas le vice de l'inscription ainsi prise (5).

7. — Mais la simple indication devient une délégation parfaite et en produit tous les effets, si, même postérieurement, elle est acceptée soit par le créancier délégataire, soit par le débiteur délégué ; et le lien de droit s'établit, en ce cas, comme s'ils avaient concouru à l'acte même de délégation. La révocation n'en peut plus être faite par le délégant (art. 1221, C. civ.) (6). (V. *infrà*, n° 13.)

8. — Mais lorsque la délégation a eu lieu entre le délégant et le délégataire, sans l'intervention du débiteur, le délégataire, comme le cessionnaire, n'est saisi valablement de la créance qu'après signification faite à sa requête au débiteur délégué, ou après acceptation de celui-ci (7).

9. — De même, lorsque la délégation est intervenue entre le délégant et le débiteur délégué seulement, ce dernier pourrait se libérer valablement entre les mains du délégant, tant que le délégataire ne lui a pas notifié son acceptation.

10. — L'*acceptation* de délégation, soit de la part du délégataire, soit de la part du délégué, doit être *expresse* et ne peut résulter que d'un acte authentique pour produire effet à l'égard des tiers (8).

Elle ne saurait résulter d'une inscription d'hypothèque prise sur les biens du débiteur délégué (9).

11. — Et il ne suffirait pas que le délégataire acceptât par acte authentique ; il faut aussi que cette acceptation soit notifiée au débiteur, lorsqu'il n'a pas été partie à l'acte (*Contrà* : Cass., 24 juillet 1889; Demolombe, t. V, n° 329).

12. — Au cas de délégation faite dans le même acte, par un vendeur, du prix de la vente à ses créanciers, la priorité d'acceptation de la délégation par l'un d'eux ne saurait, toutefois, lui attribuer un droit de préférence sur les autres. Tous les créanciers délégataires doivent, sauf stipulation contraire, venir en concours sur le prix délégué (10).

13. — La pratique connaît encore et emploie utilement une sorte de délégation qui, bien qu'imparfaite dans sa forme primitive, devient parfaite ensuite, par la réunion du triple consentement du déléguant, du délégataire et du délégué. C'est celle qui, *sans opérer novation*, a pour effet de transférer au délégataire la pro-

(1) Douai, 26 avril 1865.
(2) Paris, 7 juin 1875.
(3) Dict. du not., v° *Délégation*, n° 31.
(4) Dalloz, v° *Obligat.*, n° 2479; Cass., 21 février 1810 ; Cass., 7 mars 1865 (art. 18274, J. N.).
(5) Aubry et Rau, t. III, p. 318-319).
(6) Cass., 21 mai 1807 ; Paris, 11 mars 1812 ; Nîmes, 5 août 1812 ; — Comp., Cass., 12 août 1879 (art. 22226, J. N.).

(7) Agen, 2 décembre 1851.
(8) Cass., 21 février 1810 ; Metz, 24 novembre 1820; Aix, 27 juillet 1846 (S. 1846-2-443) ; Troplong, n° 868 ; Duvergier, *Vente*, t. II, n°s 241 et 242.
(9) Cass., préc., 7 mars 1865.
(10) Cass., 7 mars 1865 ; Dijon, 19 juillet 1855; Cass., 29 mai 1866 et 12 août 1879 (art. 18570 et 22226, J. N.); Dict. du not., v° *Privilège*, n° 121 ; Aubry et Rau, t. IV, p. 446.

priété de la créance déléguée ; tel est le cas où un débiteur, pour assurer le paiement de sa dette, transporte à son créancier une portion de créance à lui personnelle. Le délégataire accepte la délégation, puis la signifie au délégué, qui l'accepte à son tour. L'acte reçoit ainsi le consentement du déléguant, du délégataire et du délégué. Un lien de droit s'est établi entre le délégué et le délégataire, le délégué devra payer au délégataire, mais le débiteur déléguant reste obligé ; il n'y a pas novation par substitution d'un nouveau débiteur au premier.

Cette délégation, dont la cour de cassation a consacré la validité par arrêt du 12 août 1879 (1), est préférable au *nantissement*, puisqu'elle transfère la propriété au délégataire — et à la délégation parfaite, en ce que le délégataire conserve toutes les garanties contre le premier débiteur, tout en acquérant celles attachées à la créance déléguée (V. *infrà*, formule n° 2).

14. — Nous allons nous occuper spécialement de la *délégation parfaite*, qui est la plus usuelle, et qui a lieu, comme nous l'avons déjà dit, lorsque le délégant, le créancier délégataire et le débiteur délégué ont tous concouru au même acte et qu'elle éteint la créance du délégataire contre le déléguant, car il est de l'essence de la délégation parfaite qu'il y ait *novation* ou substitution d'une nouvelle obligation à une ancienne, laquelle est éteinte par le changement du débiteur (art. 1271-2°).

§ 2. FORMES. FORMALITÉS.

15. — L'acte portant délégation peut être *authentique*, ou fait sous signatures privées; dans tous les cas, la délégation doit être *expresse* (art. 1273, C. civ.).

16. — Si la délégation a lieu par acte notarié, elle est reçue en *minute* et portée au *Répertoire*; en cas de concours entre les notaires des diverses parties, c'est le notaire du délégataire qui a droit de retenir l'acte.

17. — La délégation parfaite n'opère point novation, si le créancier n'a *expressément* déclaré qu'il entendait décharger le débiteur déléguant (art. 1275, C. civ.). Cette déclaration doit résulter de termes formels, manifestant sans équivoque l'intention de se contenter du nouveau débiteur et de libérer l'ancien ; il ne suffirait donc pas que la volonté résultât plus ou moins clairement de l'acte (2).

18. — Il n'est pas nécessaire que les trois parties qui figurent à l'acte de délégation donnent simultanément leur consentement; mais, tant que l'acte n'est pas devenu parfait par l'adhésion de tous les intéressés, le consentement donné par l'une d'elles peut être rétracté.

19. — Nous avons même vu, ci-dessus, n°⁸ 8 et suiv., que la simple indication de paiement peut se transformer en délégation parfaite par l'*acceptation postérieure* de la partie qui n'a pas concouru à l'acte de délégation ; cette acceptation doit être authentique et notifiée aux autres parties.

20. — **Subrogation.** — Lorsque la délégation a pour objet une créance hypothécaire, il y a intérêt pour le créancier délégataire à se faire subroger dans l'effet de l'inscription qui milite au profit du déléguant. Cette subrogation s'opère par la mention faite en marge de l'inscription de la délégation consentie. Dans ce but, un extrait de l'acte de délégation est déposé par le notaire au bureau des hypothèques.

§ 3. CAPACITÉ.

21. — La capacité pour consentir une délégation étant la même que celle exigée pour faire un *transport* de créances, nous renvoyons à ce mot.

---

(1) Art. 2226, J. N.
(2) Aubry et Rau, t. IV, p. 220 ; Demolombe, | *Contrats*, t. V., n° 313; Dict. du not., n° 7 ; Paris, 22 août 1867 (*Rev. not.*, n° 2009).

§ 4. Objet et effets de la délégation.

22. — Toute créance à terme ou actuellement exigible, chirographaire ou hypothécaire, peut faire l'objet d'une délégation (1).

23. — La délégation parfaite opérant novation, il en résulte :

a) Que le débiteur délégué devient le seul débiteur du créancier et ne peut, par suite, lui opposer les exceptions qu'il eût pu opposer au délégant ;

b) Que le premier débiteur, le délégant se trouve libéré de sa dette et les privilèges et hypothèques qui garantissaient cette dette disparaissent (art. 1278, C. civ.) (2) ; ce qui différencie la délégation du transport, lequel conserve, au contraire, les hypothèques ou privilèges qui garantissent la créance cédée.

Bien plus, le créancier délégataire n'a même pas de recours contre le débiteur qu'il a déchargé, si le délégué devient insolvable, à moins que l'acte n'en contienne une réserve expresse ou que le délégué fût déjà en faillite ouverte, ou en déconfiture, au moment de la délégation (art. 1276, C. civ.) (3).

24. — Nous avons dit qu'en principe, les garanties hypothécaires attachées à la première créance s'éteignaient par le fait de la délégation et ne passaient point à celle qui lui était substituée ; toutefois le législateur a ajouté dans l'art. 1278 : *à moins que le créancier ne les ait expressément réservées.*

Mais cette réserve ne peut être faite que par le contrat même de délégation et sinon en termes sacramentels, au moins en termes *exprès* (4).

25. — Si on délègue une somme à prendre sur une plus forte due en vertu d'un titre authentique, il y a lieu d'annexer, comme dans un transport de créance, la grosse du titre à la minute, avec mention qu'il en sera délivré extrait au délégant et au délégataire, pour leur servir de titre exécutoire jusqu'à concurrence de la somme revenant à chacun d'eux.

§ 5. Frais et honoraires.

26. — La délégation étant, ordinairement, effectuée dans l'intérêt du délégant, les frais de l'acte sont, sauf convention contraire, à la charge de ce dernier.

27. — Les divers tarifs locaux allouent, comme honoraire de délégation, un droit proportionnel de 50 cent. ou de 1 %, suivant que la délégation est faite par acte distinct ou, comme garantie accessoire, dans un autre acte ; — un droit fixe ou proportionnel, suivant que la délégation est parfaite ou imparfaite. On peut consulter les distinctions que nous avons indiquées à ce sujet dans notre *Tarif général* (5).

§ 6. Enregistrement.

28. — Aux termes de l'art. 69, § 3 de la loi de frimaire an VII, le législateur distingue deux sortes de délégations, celle qui est consentie par voie de disposition principale et celle qui n'est que l'accessoire d'un autre contrat.

La seconde échappe, en principe, à la perception du droit proportionnel.

---

(1) Dalloz, n° 2491.
(2) Demolombe, t. V, n° 336.
(3) Demolombe, n° 318.

(4) Demolombe, n° 314.
(5) T. I, p. 397 et 398.

La première est tarifée, dans tous les cas, au droit proportionnel de 1 °/₀ (1), que la délégation soit parfaite ou imparfaite (2).

29. — L'acceptation de la délégation par le débiteur délégué donne lieu à un droit fixe de trois francs, qu'elle ait lieu dans l'acte même de la délégation ou par acte distinct (3).

30. — Il en est ainsi de l'acceptation faite par le délégataire par acte séparé ; et il n'est dû qu'un seul droit par créancier acceptant, quel que soit le nombre des débiteurs délégués (4).

31. — Si la délégation a pour objet une rente, la convention est passible du droit proportionnel de 2 °/₀.

32. — Le droit est liquidé, comme en matière de cession, sur le capital exprimé de la créance déléguée.

§ 7. Formules.

1. — Délégation emportant novation.

Pardevant, etc...

    A comparu :

M. Paul Adam, propriétaire, demeurant à...

Lequel, pour se libérer envers M. Alexis Boudot, rentier, demeurant à..., de la somme de..., dont il est débiteur envers lui, aux termes de l'obligation qu'il a souscrite à son profit, par acte passé devant Mᵉ..., notaire à..., le..., dans lequel il a été stipulé que ladite somme produirait des intérêts sur le pied de 5 °/₀ par an.

A délégué, sans autre garantie que celle de l'existence de la créance ci-après énoncée, à M. Boudot ici présent et qui accepte, pareille somme de... à prendre, par priorité et préférence au cédant et à tout autre délégataire, dans celle de... que M. Prosper Urion, négociant, demeurant à..., ci-après intervenant, lui doit pour le prix principal de la vente qu'il lui a faite de... suivant acte reçu par Mᵉ..., etc.

Ce prix a été stipulé payable le... avec intérêts à 5 °/₀ par an, à partir du...

Une expédition dudit contrat de vente a été transcrite au bureau des hypothèques de..., le..., vol..., nᵒ... et le même jour inscription a été prise d'office contre M. Urion au profit du comparant, vol..., nᵒ...

M. Boudot recevra ladite somme de... de M. Urion ou de tous autres qu'il appartiendra, ainsi que les intérêts dont elle est productive à compter du...; et il pourra disposer du tout comme bon lui semblera et comme de chose lui appartenant en pleine propriété.

A l'effet de quoi M. Adam le subroge dans tous ses droits, actions et privilège, contre M. Urion ainsi que dans l'effet de l'inscription d'office ci-dessus rappelée, entendant que M. Boudot exerce tous ses droits jusqu'à concurrence de sa créance, et par préférence à M. Adam, comme il est dit ci-dessus.

Au moyen de cette délégation, M. Boudot décharge M. Adam de la créance résultant contre ce dernier de l'obligation sus-énoncée et dont il se trouve libéré ; et comme conséquence, M. Boudot donne mainlevée pure et simple avec désistement de tous droits d'hypothèque et consent à la radiation entière et définitive de l'inscription prise à son profit contre M. Adam, au bureau des hypothèques de..., le..., vol..., nᵒ...; consentant la décharge du conservateur qui opérera cette radiation.

M. Boudot a remis à l'instant à M. Adam qui le reconnait, la grosse de l'obligation sus-énoncée et le bordereau de l'inscription.

Quant à la grosse de la vente faite à M. Urion, comme M. Adam reste encore créancier d'une somme de..., il est convenu que la grosse restera entre ses mains, et qu'il en aidera M. Boudot à sa première réquisition, et sur récépissé.

Aux présentes est intervenu M. Urion ci-dessus prénommé, qualifié et domicilié, lequel, après avoir pris connaissance de ce qui précède a, par ces présentes, déclaré accepter la délé-

---

(1) L. du 5 mai 1855, art. 15.
(2) Cass., 5 janvier 1839 ; Contrà : Garnier, Répert. gén., nᵒ 6074 ; Rev. not., nᵒ 4771 ; J. du not., 1890, p. 273.
(3) Sol. Rég., 27 nov. 1860 ; L. 28 février 1872, art. 4.
(4) Sol. Rég., 4 mars 1864 (art. 18092 J. N.).

gation ci-dessus faite sur lui par M. Adam, son créancier, au profit de M. Boudot, délégataire, et n'avoir entre ses mains aucun empêchement à son exécution.

En conséquence il a reconnu M. Boudot pour son nouveau créancier de la somme de. .
francs.

Pour l'exécution des présentes il est fait élection de domicile...

Dont acte...

2. — Délégation n'emportant pas novation.

Pardevant, etc...

A comparu :

M. Georges Henrion, propriétaire, demeurant à...

Lequel, voulant se libérer envers M. Léon Rigaut, rentier, demeurant à..., de la somme
principale de 10,000 francs et de ses intérêts, dont il est débiteur en vertu d'une obligation
reçue par Mᵉ..., notaire à..., le ...

A, par ces présentes, délégué avec toutes garanties de sa part, audit sieur Rigaut, ici
présent et qui accepte, pareille somme de 10,000 francs, qui lui est due par M. Albert Vincent, propriétaire, demeurant à .., pour prix principal d'une maison située à . , vendue
suivant contrat passé devant Mᵉ..., notaire à..., le..., transcrit au bureau des hypothèques
de..., le .., volume..., numéro..., avec inscription d'office du même jour, volume..., numéro...,
lequel prix a été stipulé exigible le..., et productif d'intérêts au taux de 5 °/₀ par an,
payables..., etc.

En conséquence, M. Rigaut recevra de M. Vincent ou de tous autres qu'il appartiendra,
ladite somme de 10,000 francs et ses intérêts à compter du..., et il disposera du tout comme
bon lui semblera et comme de chose lui appartenant en pleine propriété.

A cet effet, M. Henrion le subroge dans tous ses droits, actions et privilèges contre
M Vincent, ainsi que dans l'effet de ladite inscription d'office.

Au moyen de cette délégation, M. Rigaut devra, dès qu'il aura reçu l'intégralité de la
créance qui vient de lui être déléguée, donner mainlevée et consentir à la radiation tant de
l'inscription d'office ci-dessus relatée prise au profit de M. Henrion contre M. Vincent, que
de l'inscription prise à son profit contre M. Henrion en vertu de l'obligation sus-énoncée,
M. Rigaut faisant réserve expresse de tous ses droits, actions, hypothèque et inscription
contre M. Henrion, sans novation.

M. Rigaut reconnaît que remise lui a été à l'instant faite par M. Henrion de la grosse du
contrat de vente du...

Aux présentes est intervenu M. Vincent ci-dessus prénommé, qualifié et domicilié, lequel
après avoir pris connaissance de ce qui précède a, par ces présentes, déclaré accepter la
délégation qui vient d'être faite et n'avoir entre les mains aucun empêchement à son exécution ; et il a reconnu M. Rigaut pour son nouveau créancier de ladite somme de 10,000 francs
et de ses intérêts.

Pour l'exécution des présentes, il est fait élection de domicile...

Dont acte..

3. — Acceptation par acte séparé.

Pardevant, etc...

A comparu :

M. Prosper Urion, négociant, demeurant à...

Lequel, après avoir pris connaissance par la lecture que lui en a donnée Mᵉ..., notaire
soussigné, d'un acte passé devant lui et son collègue, le..., enregistré *(ou s'il ne l'est pas :
qui sera enregistré avant ou en même temps que ces présentes)*, contenant délégation par
M. Paul Adam, propriétaire, demeurant à..., à M. Alexis Boudot, rentier, demeurant
à..., d'une somme de 8,000 francs avec ses intérêts courant du..., à prendre par préférence
au délégant sur celle de... que M. Urion doit à M. Adam pour prix de la vente qui lui a
été faite suivant contrat passé devant Mᵉ..., etc.

A, par ces présentes, déclaré accepter la délégation faite sur lui, et se la tenir pour
notifiée, déclarant n'avoir aucun empêchement à son exécution, et reconnaissant en conséquence M. Boudot pour son nouveau créancier de ladite somme de 8,000 francs et de ses
intérêts.

Dont acte...

DÉLIVRANCE DE LEGS

C'est la remise par l'héritier, au légataire institué, du legs qui lui a été fait par le testateur.

Sommaire :

§ 1. Principes généraux. Capacité.
§ 2. Formes. Formalités.
§ 3. Effets de la délivrance de legs.
§ 4. Responsabilité notariale.
§ 5. Frais et honoraires.
§ 6. Enregistrement.
§ 7. Formules.

§ 1. PRINCIPES GÉNÉRAUX. CAPACITÉ

1. — Le légataire qui n'a pas la saisine doit demander la délivrance de son legs ; bien qu'il soit propriétaire du jour du décès du testateur, il ne peut cependant de sa propre autorité se mettre en possession. C'est l'héritier qui doit l'y mettre et, à défaut par celui-ci d'y consentir volontairement, le légataire doit lui intenter une action judiciaire, et ce n'est qu'à partir de cette demande, que le légataire a droit aux fruits de l'objet légué (art. 1004 et suiv,. C. civ.) (1).

2. — L'obligation de demander la délivrance n'incombe pas seulement aux légataires particuliers ou à titre universel, mais encore aux légataires universels (2)

(1) Aubry et Rau, t. VII, p. 476 ; Laurent, t. XIV, nᵒˢ 39 et suiv.

(2) *Des institutions d'héritier et des legs en général.*

Les dispositions testamentaires sont ou universelles, ou à titre particulier.

Chacune de ces dispositions, soit qu'elle ait été faite sous la dénomination d'institution d'héritier, soit qu'elle ait été faite sous la dénomination de legs, produira son effet suivant les règles ci-après établies pour les legs universels, pour les legs à titre universel, et pour les legs particuliers (art. 1002, C. civ.).

Du legs universel.

Le legs universel est la disposition testamentaire par laquelle le testateur donne à une ou plusieurs personnes l'universalité des biens qu'il laissera à son décès (art. 1003, C. civ.).

Lorsqu'au décès du testateur il y a des héritiers auxquels une quotité de ses biens est réservée par la loi, ces héritiers sont saisis de plein droit, par sa mort, de tous les biens de la succession ; et le légataire universel est tenu de leur demander la délivrance des biens compris dans le testament (art. 1004).

Néanmoins, dans les mêmes cas, le légataire universel aura la jouissance des biens compris dans le testament, à compter du jour du décès, si la demande en délivrance a été faite dans l'année, depuis cette époque ; sinon, cette jouissance ne commencera que du jour de la demande formée en justice, ou du jour que la délivrance aurait été volontairement consentie (art. 1005).

Lorsqu'au décès du testateur il n'y aura pas d'héritiers auxquels une quotité de ses biens soit réservée par la loi, le légataire universel sera saisi de plein droit par la mort du testateur, sans être tenu de demander la délivrance (art. 1006).

Tout testament olographe sera, avant d'être mis à exécution, présenté au président du tribunal de première instance de l'arrondissement dans lequel la succession est ouverte. Ce testament sera ouvert, s'il est cacheté. Le président dressera procès-verbal de la présentation, de l'ouverture et de l'état du testament, dont il ordonnera le dépôt entre les mains du notaire par lui commis.

Si le testament est dans la forme mystique, son ouverture, sa description et son dépôt, seront faits de la même manière ; mais l'ouverture ne pourra se faire qu'en présence de ceux des notaires et des témoins, signataires de l'acte de suscription, qui se trouveront sur les lieux, ou eux appelés (art. 1007).

Dans le cas de l'art. 1006, si le testament est olographe ou mystique, le légataire universel sera tenu de se faire envoyer en possession, par une ordonnance du président, mise au bas d'une requête à laquelle sera joint l'acte de dépôt (art. 1008).

Le légataire universel qui sera en concours avec un héritier auquel la loi réserve une quotité des biens, sera tenu des dettes et charges de la succession du testateur, personnellement pour sa part et portion, et hypothécairement pour le tout ; et il sera tenu d'acquitter tous les legs, sauf le cas de réduction, ainsi qu'il est expliqué aux articles 926 et 927 (art. 1009).

Du legs à titre universel.

Le legs à titre universel est celui par lequel le testateur lègue une quote-part des biens dont la

à moins, dans ce dernier cas, que le testateur n'ait pas laissé d'héritier à réserve (art. 1004 et 1006, C. civ.).

3. — L'héritier au profit duquel le défunt a fait un legs préciputaire, doit même aussi faire une demande en délivrance, bien qu'il soit saisi et ait la possession de la chose léguée; cette possession n'impliquant pas le consentement des autres héritiers saisis comme lui (1).

4. — Les légataires sont tenus de demander la délivrance, alors même qu'ils se trouvent, au décès du testateur, en possession, à tout autre titre, des objets compris dans leur legs (2).

5. — La délivrance se fait :

> *a)* Par les héritiers à réserve : aux légataires universels (art. 1004, C. civ.).
>
> *b)* Par les héritiers à réserve, — à leur défaut, par les légataires universels, — et à défaut de ces derniers, par les héritiers appelés dans l'ordre de la loi : aux légataires à titre universel.
>
> *c)* Par les mêmes, aux légataires particuliers.
>
> *d)* Enfin, par les divers héritiers, à l'héritier préciputaire (3).

6. — Si le légataire universel ou à titre universel négligeait de demander

---

loi lui permet de disposer, telle qu'une moitié, un tiers, ou tous ses immeubles, ou tout son mobilier, ou une quotité fixe de tous ses immeubles ou de tout son mobilier. Tout autre legs ne forme qu'une disposition à titre particulier (art. 1010).

Les légataires à titre universel seront tenus de demander la délivrance aux héritiers auxquels une quotité des biens est réservée par la loi; à leur défaut, aux légataires universels ; et à défaut de ceux-ci, aux héritiers appelés dans l'ordre établi au titre *Des successions* (art. 1011).

Le légataire à titre universel sera tenu, comme le légataire universel, des dettes et charges de la succession du testateur, personnellement pour sa part et portion, et hypothécairement pour le tout (art. 1012).

Lorsque le testateur n'aura disposé que d'une quotité de la portion disponible, et qu'il l'aura fait à titre universel, ce légataire sera tenu d'acquitter les legs particuliers par contribution avec les héritiers naturels (art. 1013).

Des legs particuliers.

Tout legs pur et simple donnera au légataire, du jour du décès du testateur, un droit à la chose léguée, droit transmissible à ses héritiers ou ayant-cause.

Néanmoins le légataire particulier ne pourra se mettre en possession de la chose léguée, ni en prétendre les fruits ou intérêts, qu'à compter du jour de sa demande en délivrance, formée suivant l'ordre établi par l'article 1011, ou du jour auquel cette délivrance lui aurait été volontairement consentie (art. 1014).

Les intérêts ou fruits de la chose léguée courront au profit du légataire, dès le jour du décès, et sans qu'il ait formé sa demande en justice.

1° Lorsque le testateur aura expressément déclaré sa volonté, à cet égard, dans le testament ;

2° Lorsqu'une rente viagère ou une pension aura été léguée à titre d'aliments (art. 1015).

Les frais de la demande en délivrance seront à la charge de la succession, sans néanmoins qu'il puisse en résulter de réduction de la réserve légale.

Les droits d'enregistrement seront dus par le légataire

Le tout, s'il n'en a été autrement ordonné par le testament.

Chaque legs pourra être enregistré séparément,

sans que cet enregistrement puisse profiter à aucun autre qu'au légataire ou à ses ayant-cause (art. 1016).

Les héritiers du testateur, ou autres débiteurs d'un legs, seront personnellement tenus de l'acquitter, chacun au prorata de la part et portion dont ils profiteront dans la succession.

Ils en seront tenus hypothécairement pour le tout, jusqu'à concurrence de la valeur des immeubles de la succession dont ils seront détenteurs (art. 1017).

La chose léguée sera délivrée avec les accessoires nécessaires, et dans l'état où elle se trouvera au jour du décès du donateur (art. 1018).

Lorsque celui qui a légué la propriété d'un immeuble, l'a ensuite augmentée par des acquisitions, ces acquisitions, fussent-elles contiguës, ne seront pas censées, sans une nouvelle disposition, faire partie du legs.

Il en sera autrement des embellissements, ou des constructions nouvelles faites sur un fonds légué, ou d'un enclos dont le testateur aurait augmenté l'enceinte (art. 1019).

Si, avant le testament ou depuis, la chose léguée a été hypothéquée pour une dette de la succession, ou même pour la dette d'un tiers, ou si elle est grevée d'un usufruit, celui qui doit acquitter le legs n'est point tenu de la dégager, à moins qu'il n'ait été chargé de le faire par une disposition expresse du testateur (art. 1020).

Lorsque le testateur aura légué la chose d'autrui, le legs sera nul, soit que le testateur ait connu ou non qu'elle ne lui appartenait pas (art. 1021).

Lorsque le legs sera d'une chose indéterminée, l'héritier ne sera pas obligé de la meilleure qualité, et il ne pourra l'offrir de la plus mauvaise (art. 1022).

Le legs fait au créancier ne sera pas censé en compensation de sa créance, ni le legs fait au domestique en compensation de ses gages (art. 1023).

Le légataire à titre particulier ne sera point tenu des dettes de la succession, sauf la réduction du legs ainsi qu'il est dit ci-dessus, et sauf l'action hypothécaire des créanciers (art. 1024).

(1) Laurent, n° 45; Demolombe, t. XXI, n° 619 ; Aubry et Rau, p. 477. — *Contra:* Montpellier, 22 juin 1858.

(2) Cass., 9 novembre 1861 ; Aubry et Rau, p. 477 ; Demolombe, n° 618.

(3) Laurent, n° 49 et suiv.; Aubry et Rau, p. 482· Demolombe, t. XXI, n° 567 et 615.

lui-même la délivrance de son legs, les légataires particuliers pourraient s'adresser à l'héritier légitime, pour ne pas perdre les fruits de leur legs (1).

S'il n'y a d'héritier réservataire que dans une ligne, le légataire universel est saisi à l'égard des héritiers réservataires de l'autre ligne ; il n'est donc tenu de demander la délivrance à l'héritier réservataire que de la portion de succession dont celui-ci eût été investi en l'absence de testament (2).

7. — Quand, à défaut de parents légitimes, l'hérédité se trouve dévolue à des successeurs irréguliers, qui ont obtenu l'envoi en possession, c'est à eux que la demande en délivrance doit être faite (3).

8. — S'il n'existe pas de pareils successeurs, ou s'ils n'ont point été envoyés en possession, la demande doit être faite à un curateur à succession vacante (4).

9. — Si le testateur avait désigné un exécuteur testamentaire, qu'il eût investi de la saisine du mobilier, les légataires à titre universel de la totalité ou d'une quote part du mobilier, pourraient lui demander la délivrance de leur legs (5). Il est cependant préférable de former aussi la demande contre les héritiers ou le légataire universel.

10. — Si c'est un mineur qui est héritier ou institué légataire universel, le tuteur ne peut consentir la délivrance des legs imposés par le testament sans une autorisation spéciale du conseil de famille, surtout lorsqu'il s'agit de legs immobiliers (art. 462 à 464, C. civ.). La délivrance, est, en effet, plus qu'un acte d'administration, il implique une translation de droits, une dépossession et aussi une approbation du testament que le tuteur seul n'est pas apte à consentir (6) ; mais il n'a pas besoin d'autorisation pour toucher un legs fait à son pupille.

11. — Dans le cas de faillite de l'héritier, le légataire particulier doit s'adresser au syndic qui peut faire la délivrance, avec l'autorisation du juge-commissaire, s'il s'agit d'un legs mobilier. Si le legs est d'un immeuble, le syndic doit se pourvoir de l'autorisation de l'union des créanciers, homologuée par le tribunal de commerce (7).

12. — Le maire d'une commune a qualité pour former la demande en délivrance d'un legs fait aux pauvres de sa commune, même avant l'autorisation d'accepter le legs (8).

13. — On a soutenu que le testateur peut dispenser les légataires de toute demande en délivrance, au moins quand il n'existe pas d'héritier à réserve (9). A notre avis, le testateur ne peut accorder cette dispense dans aucune hypothèse ; car la nécessité de la demande en délivrance est une conséquence de la saisine, et il est de principe que le testateur n'a pas le droit de disposer de la saisine (10).

§ 2. Formes. Formalités.

14. — La délivrance de legs se fait soit par les voies judiciaires, lorsque celui qui doit l'accorder s'y refuse ou fait des difficultés pour y consentir ; — soit à l'amiable.

15. — Faite à l'amiable, elle n'est soumise à aucune forme spéciale (11), car l'écrit qui la constate n'est utile qu'au point de vue de la preuve, et cette preuve peut résulter d'un acte authentique ou privé, ou même d'une simple lettre missive (12).

---

(1) Dict. du not., v° Délivrance, n° 30.
(2) Alger, 19 février 1875 ; Coin-Delisle, sur l'art. 1004 ; Dict. du not., n° 4 bis. — Contrà : Demolombe, t. IV, n° 565.
(3) Demolombe, n° 561 ; Aubry et Rau, p. 483.
(4) Aubry et Rau, p. 488.
(5) Aubry et Rau, p. 484. — Contrà : Laurent, n° 54.
(6) Dict. du not., n° 37.

(7) Dict. du not., n° 88.
(8) Rouen, 24 mars 1884 ; Cass., 5 janvier 1887. — Contrà : Demolombe, n° 624.
(9) Angers, 8 avril 1851.
(10) Aubry et Rau, p. 478 ; Demolombe, n° 622 ; Laurent, n° 48.
(11) Cass., 25 janvier 1865.
(12) Cass., 22 avril 1851.

Elle peut être tacite, c'est-à-dire résulter de la mise en possession du légataire, au vu et su de l'héritier et avec son consentement présumé (1).

16. — Toutefois, la forme authentique est toujours préférable ; car la délivrance est le complément du titre de propriété du légataire ; elle emporte renonciation, par les héritiers, à attaquer le testament, puisqu'ils l'exécutent. Il nous semble donc qu'un acte aussi important devrait toujours être fait devant notaire et conservé en *minute*.

Il doit être enregistré et porté au *Répertoire*.

17. — L'état d'indivision entre les héritiers et le légataire à titre universel n'exclut pas plus la délivrance amiable qu'il n'est incompatible avec la saisine (2).

Par suite, lorsque les légataires universels ou à titre universel sont en même temps les seuls héritiers du défunt, il y a lieu pour eux de souscrire un acte de consentement à l'exécution du testament contenant subsidiairement la délivrance mutuelle de leur legs.

18. — **Transcription.** — L'acte de délivrance ne doit pas être *transcrit*. C'est un acte d'exécution ; le légataire a la propriété du jour du décès par l'effet du testament et on ne transcrit pas les testaments.

§ 3. Effets de la délivrance de legs.

19. — Tant que la délivrance du legs n'a pas été faite, le légataire n'a que la propriété de l'objet légué ; il n'en a pas la possession et jouissance. Il pourrait donc vendre (3), mais il ne vendrait, pour ainsi dire, qu'une nue propriété (art. 1014, C. civ. (4).

20. — La délivrance a pour but principal de permettre au légataire de percevoir les *fruits* de l'objet légué. L'art. 1014 dit, en effet, que le légataire ne pourra prétendre aux fruits et intérêts de la chose léguée qu'à compter du jour de la demande en délivrance, ou du jour auquel cette délivrance lui aura été volontairement consentie.

21. — Toutefois, le légataire universel a la jouissance des biens compris dans le testament à compter du jour du décès, si la délivrance a été faite dans l'année à partir de cette époque (art. 1005, C. civ.) ; ce qui ne s'applique pas au légataire à titre universel, lequel n'a droit, dans tous les cas, aux fruits, qu'à compter du jour de la demande en délivrance (5).

22. — Et tout légataire a également droit à cette jouissance, à partir du décès sans qu'il y ait besoin d'une demande en délivrance (6) :

    a) Lorsque le testateur a expressément déclaré sa volonté à cet égard dans le testament.

    b) Lorsqu'il s'agit d'un legs de rente viagère ou de pension fait à titre d'aliments (art. 1015, C. civ.).

    c) Et au cas de legs d'une dette fait par le créancier à son débiteur.

23. — L'art. 1014 est applicable même au légataire en usufruit, qui n'est qu'un légataire particulier (7).

24. — Les primes gagnées par des valeurs industrielles doivent être considérées comme un accroissement de capital et appartiennent au légataire de ces

---

(1) Aubry et Rau, p. 479 ; Demolombe, n° 619 ; Cass., 15 février 1870 (S. 1871-1-226.
(2) Cass., 11 août 1874 (art. 21068, J. N.).
(3) Cass., 2 décembre 1889.
(4) Aubry et Rau, p. 481 ; Demolombe, n° 631.
(5) Bourges, 1er mars 1821 ; Marcadé, art. 1005 à

1010 ; Laurent, t. XIV, n° 66 ; — *Contrà* : Aubry et Rau, p. 484 ; Demolombe, t. IV, n° 597).
(6) Aubry et Rau, p. 478 ; Demolombe, t. IV, n° 620. — *Contrà* : Laurent, t. XIV, n° 46.
(7) Aubry et Rau, t. VI, p. 163 ; Laurent, n° 73.

valeuis, lorsque le tirage a eu lieu depuis le décès du testateur et surtout après la délivrance (1).

25. — La chose léguée doit être délivrée avec tous ses accessoires, dans l'état où elle se trouve au moment du décès du testateur (art. 1018, C. civ.).

§ 4. RESPONSABILITÉ NOTARIALE.

26. — Elle ne peut être engagée qu'autant que l'acte aurait été annulé pour vice de forme.

§ 5. FRAIS ET HONORAIRES.

27. — Frais. Les frais de la demande en délivrance (si elle est judiciaire), ou de l'acte de délivrance (si celle-ci a lieu amiablement), sont à la charge de la succession, sans néanmoins qu'il puisse en résulter une réduction de la réserve légale (art. 1016, C. civ.). Il n'y a pas lieu de distinguer entre les droits d'enregistrement et les honoraires.

28. — Mais les droits d'enregistrement auxquels la transmission des biens légués donne ouverture sont dus par le légataire, à moins qu'il n'en ait été autrement disposé par le testateur (art. 1016, C. civ.).

29. — Mais *quid* des honoraires proportionnels dus au notaire à l'occasion du testament ? Sont-ils considérés comme une charge de la succession ou une charge du legs ? Nous avons toujours soutenu que les honoraires, comme les droits de mutation, doivent être payés par ceux à qui profitent les legs et dans la proportion des valeurs qu'ils recueillent. L'opinion contraire, consacrée par quelques décisions judiciaires (2) est aujourd'hui abandonnée par la doctrine et la jurisprudence (3). Et si le légataire universel, poursuivi par le notaire, paie la totalité des frais, il a son recours contre chaque légataire particulier (4).

30. — Honoraires. — La majorité des tarifs alloue un honoraire proportionnel variant de 25 cent. à 30 cent. °/₀ (5).

§ 6. ENREGISTREMENT.

31. — Les délivrances de legs, qui étaient soumises au droit gradué institué par la loi du 28 février 1872, art. 1, n° 6, sont actuellement passibles d'un droit proportionnel de 0 fr. 20 °/₀, dont la liquidation a lieu suivant les règles concernant la perception des droits proportionnels d'enregistrement (6).

32. — Il résulte des explications données au cours de la discussion de la loi de 1872, que l'on a entendu assujettir à ce droit, sous la dénomination de délivrance de legs, tout acte consistant, quel que soit le nom qu'on lui donne, à faire passer la possession effective des mains du légataire universel ou de l'héritier dans celles du légataire institué par le testament ; par exemple sur l'acte qualifié de consentement à l'exécution du testament (7).

---

(1) Aix, 16 juillet 1870 (S. 1872-2-193).

(2) Nîmes, 19 juin 1856 ; Saint-Quentin, 25 janvier 1884 (art. 23227, J. N.).

(3) Brignolles, 13 août 1856 ; Grenoble, 17 juin et 11 novembre 1868 ; Epernay, 2 juin 1870.

(4) Gap, 3 février 1885 (*J. du not.*, n° 3784 et art. 23427, J. N.); Vienne, 5 novembre 1886 ; Fontainebleau, 28 juin 1887 (art. 23877, J. N.); Amiaud, *Tarif général*, t. II, p. 167; Amiaud, sur Rutgeerts,

t. III, n° 1179; Aubertin, p. 516 ; Dict. du not., n° 58, et notre dissertation *J. du not.*, n° du 10 janvier 1889.

(5) Cons. Amiaud, *Tarif général*, t. I, p. 393 à 402.

(6) L. 28 avril 1893 (*J. du not.*, 1893, p. 285 et 885).

(7) Dict. du not., n° 82-6.

33. — Si la délivrance est suivie d'un acte de partage par acte distinct, il est dû, sur ce partage, un autre droit proportionnel qui est de 0 fr. 15 °/₀.

34. — Lorsqu'un seul et même acte porte délivrance de plusieurs legs distincts, le droit proportionnel est dû sur chacun des legs.

35. — Mais lorsqu'un legs principal est grevé de legs secondaires de sommes d'argent, il y a lieu de déduire le montant de la valeur de ces charges, du legs principal, pour le calcul du droit proportionnel sur la délivrance du legs (1).

§ 7. FORMULES.

1. — Délivrance par un héritier à réserve à un légataire universel.

Pardevant, etc...
       A comparu :
M. Eugène Petit, propriétaire, demeurant à...
       Agissant en qualité de seul héritier de M. Alfred Petit, son père, décédé à..., le..., ainsi que le constate un acte de notoriété dressé, à défaut d'inventaire, après le décès de ce dernier, par Mᵉ..., notaire à..., le...
Lequel, après avoir pris communication par la lecture qui lui en a été faite, du testament de M. Alfred Petit son père, fait olographe à..., le..., et dont l'original a été déposé au rang des minutes dudit Mᵉ..., l'un des notaires soussignés, en vertu d'une ordonnance de M. le président du tribunal civil de..., contenue en son procès-verbal d'ouverture et de description dudit testament, en date du..., aux termes duquel testament M. Alfred Petit a institué pour son légataire universel M. Ernest Ory, négociant, demeurant à..., à la charge d'acquitter divers legs particuliers,
A déclaré, par ces présentes, consentir purement et simplement à l'exécution dudit testament, et faire la délivrance à M. Ory de la moitié de tous les biens meubles et immeubles dépendant de la succession de M. Alfred Petit à laquelle M. Ory a droit, en sa qualité de légataire universel de ce dernier, aux charges de droit et notamment celle d'acquitter les legs particuliers.
Par suite, il consent que M. Ory dispose de la moitié desdits biens comme de chose lui appartenant en pleine et absolue propriété, et qu'il ait droit aux fruits et revenus à partir du jour du décès du testateur.
A ces présentes est intervenu M. Ory ci-dessus prénommé qualifié et domicilié, lequel déclare accepter purement et simplement la délivrance de legs qui vient de lui être faite, et, en conséquence, se soumettre à toutes les charges que cette acceptation lui impose.
Pour la perception du droit d'enregistrement seulement, les parties évaluent l'importance du legs dont la délivrance vient d'être faite, à une somme nette de...
       Dont acte...

2. — Délivrance par un légataire universel à un légataire à titre universel.

Pardevant, etc...
       A comparu :
M. Paul Duval, négociant, demeurant à....
       Agissant en qualité de légataire universel en pleine propriété de M. Joseph Oster, en son vivant avoué à..., où il est décédé le... ; institué par son testament olographe, en date à..., du..., déposé pour minute audit Mᵉ..., l'un des notaires soussignés, le..., en vertu d'une ordonnance de M. le président du tribunal civil de..., etc.
       Duquel legs universel, M. Duval a été envoyé en possession par ordonnance de M. le président dudit tribunal, en date du..., rendue en conséquence d'un acte de notoriété reçu par Mᵉ..., notaire à..., le .., constatant que M. Oster est décédé célibataire et sans laisser aucun héritier à réserve.
Lequel a, par ces présentes, déclaré consentir purement et simplement à l'exécution du

---

(1) Sol. du 18 mai 1880 (art. 22467, J. N.).

testament susérfoncé, en ce qui concerne M. Jules Tixier, avocat, demeurant à..., et faire en conséquence, délivrance à ce dernier du quart à lui légué de tous les biens meubles dépendant de la succession de M. Oster à la charge par M. Tixier de supporter les dettes et charges de la succession du testateur, en proportion de son émolument.

Par suite il autorise M. Tixier à disposer des biens à lui légués comme de chose lui appartenant en pleine et absolue propriété, et à en percevoir les fruits et revenus à partir de ce jour (ou : du jour du décès du testateur).

Aux présentes est intervenu M. Tixier ci-dessus prénommé, qualifié et domicilié, lequel déclare accepter purement et simplement la délivrance du legs qui vient de lui être faite, et se soumettre à toutes les charges que cette acceptation lui impose.

Pour la perception du droit d'enregistrement seulement, les parties évaluent l'importance du legs dont la délivrance vient d'être faite, à une somme nette de...

Dont acte...

3. — Délivrance par un héritier à réserve à un légataire particulier.

Pardevant, etc...

A comparu:

M. Eugène Petit, propriétaire, demeurant à...

Agissant en qualité de seul héritier, etc... (V. la formule n° 1).

Lequel après avoir pris connaissance, etc... (V. la même formule).

A, par ces présentes, déclaré consentir purement et simplement à l'exécution de ce testament, et faire la délivrance à M. Léon Viard, avocat, demeurant à..., du legs fait en sa faveur, dans ce testament, de l'usufruit de..., etc.

Par suite il autorise M. Viard à disposer de cet usufruit comme de chose lui appartenant, et à en percevoir les revenus à compter du jour du décès du testateur

Aux présentes est intervenu M. Viard ci-dessus prénommé, qualifié et domicilié, lequel déclare accepter purement et simplement la délivrance de legs qui vient de lui être faite.

Pour la perception du droit d'enregistrement, les parties évaluent ledit usufruit à la somme de...

Dont acte...

4. — Délivrance de legs par un héritier à des légataires particuliers et affectation hypothécaire.

Pardevant, etc, .

A comparu :

M. Charles Gand, propriétaire, demeurant à...

Agissant en qualité de seul héritier de M. Victor Gand, son oncle, décédé à..., le..., ainsi que le constate un acte de notoriété dressé, à défaut d'inventaire, après le décès de ce dernier par Me..., notaire à..., le...,

Lequel, après avoir pris communication du testament de M. Victor Gand, reçu par Me..., notaire à..., en présence de quatre témoins, le..., enregistré,

A, par ces présentes, déclaré consentir à l'exécution de ce testament, et faire la délivrance des legs qui y sont contenus, savoir :

1° A M..., de la somme de... francs, etc. ;

2° A M..., etc.

Les légataires auront droit aux intérêts des sommes à eux léguées à compter de ce jour; ces sommes seront payables le..., ainsi qu'il est stipulé par ledit testament.

Et, pour affranchir la masse des immeubles de ladite succession de l'hypothèque générale établie en faveur desdits légataires par l'art. 1017 du C. civ., le comparant affecte et hypothèque spécialement à la sûreté des sommes léguées en principal et intérêts,

1° Une ferme, etc. (V. Affectation hypothécaire).

Aux présentes sont intervenus MM..., ci-dessus prénommés, qualifiés et domiciliés ;

Lesquels déclarent accepter, chacun en ce qui le concerne, la délivrance du legs fait à chacun d'eux par le testament de M. Victor Gand, et l'affectation hypothécaire consentie à leur profit sur la ferme de.... et, en conséquence, affranchir purement et simplement tous les autres biens dépendant de la succession de M. Victor Gand.

M. Gand, comparant, fera inscrire à ses frais l'hypothèque ci-dessus consentie au nom desdits légataires, et il remettra à chacun d'eux, en ce qui le concerne personnellement, un extrait des présentes en forme de grosse, avec le bordereau de l'inscription qui sera requise dans le plus bref délai possible.

Pour l'exécution des présentes, etc.

Dont acte...

DÉMISSION DE NOTAIRE

1. — C'est l'acte par lequel un notaire déclare vouloir cesser ses fonctions.

2. — La démission est, le plus souvent, donnée volontairement et spontanément par le titulaire ; mais quelquefois elle peut lui être imposée.

3. — Nous nous expliquerons au mot *office* sur la nature et les effets de la démission volontaire qui, depuis la loi du 28 avril 1816, peut être donnée au profit d'une personne désignée, présentée pour successeur au gouvernement.

4. — La démission est imposée au notaire dans deux cas :

    a) Lorsque, celui-ci s'étant rendu coupable d'infractions aux devoirs professionnels, le ministre de la justice ou le parquet l'invite à donner sa démission, s'il ne veut encourir des poursuites disciplinaires ;

    b) Lorsque le gouvernement déclare le notaire démissionnaire dans les cas prévus par la loi.

5. — Un notaire peut être déclaré démissionnaire dans les quatre cas suivants :

1° S'il abandonne sa résidence ; mais le ministre ne peut statuer qu'après avoir pris l'avis du tribunal du ressort du notaire (1) ;

2° S'il accepte des fonctions incompatibles avec le notariat (art. 6 et 66) ;

3° S'il ne rétablit pas, dans le délai de six mois, son cautionnement absorbé ou entamé par suite des condamnations prononcées contre lui (art. 33) ;

4° S'il ne prête pas serment dans les deux mois de sa nomination (art. 47).

6. — Les tribunaux ne peuvent déclarer un notaire démissionnaire.

Pour la *formule* (V. *infrà*, v° OFFICE).

DÉPOT CONFIÉ A UN NOTAIRE (V. *infrà*, v° NOTAIRE).

1. — Les dépôts d'argent qui sont confiés à un notaire le sont à charge par ceux-ci, — soit de les garder, pour les restituer ultérieurement en nature au déposant ou à une personne désignée, — soit pour en faire un emploi déterminé.

2. — Dans ces deux cas, il est évident que le notaire est toujours tenu de restituer ce qui lui a été déposé ou de justifier de l'emploi qu'il était chargé de faire. (V. *infrà*, v° NOTAIRE, n° 98.

3. — Les dépôts de la première catégorie sont assez rares ; ils sont, d'ailleurs, faits bien plus à l'homme privé qu'au notaire, et les règles du droit commun sur

_____

(1) L. 25 ventôse, art. 4.

les obligations du dépositaire volontaire lui étant applicables, nous n'avons pas à en parler ici.

4. — Nous ne voulons pas parler non plus des sommes d'argent dont trop de notaires ont la mauvaise habitude de provoquer la remise en leurs mains, en en donnant récépissé aux clients et en promettant d'en payer l'intérêt, et qu'ils emploient ensuite soit à leurs besoins personnels, soit à des spéculations doublement illicites. Cette pratique est non seulement vicieuse et illégale, mais presque toujours funeste à l'officier public qui s'y livre. Nous ne saurions trop recommander aux notaires de s'en abstenir et de ne pas s'exposer ainsi aux poursuites disciplinaires qui peuvent en être la conséquence et mènent à la faillite, s'il est établi qu'ils ont fait commerce d'argent (1).

5. — Nous ne voulons parler que du dépôt de fonds fait au notaire, en sa qualité d'officier public, par exemple, pour arriver à un placement hypothécaire, — ou du montant d'un emprunt à lui versé jusqu'à l'accomplissement des formalités hypothécaires, — ou du prix de vente laissé entre ses mains, en attendant les formalités de purge et pour payer les créanciers inscrits sur l'objet vendu, etc... (ce sont les plus usuels), — ou des sommes que le notaire recouvre, lorsqu'il est chargé de la liquidation d'une succession, etc...

6. — Le notaire, dans ce dernier cas, est tout à la fois un mandataire et un dépositaire. Il doit compte de son mandat; de ce chef, il est soumis à l'action civile; mais l'action pénale peut aussi l'atteindre en cas d'abus de confiance, c'est-à-dire de violation du dépôt à lui fait.

7. — La Cour de cassation a, en effet, jugé le 4 juin 1874, que, si les fonds ont été remis à l'officier public à raison du mandat légal dont il est investi, et de la confiance que sa situation inspire, l'infraction à la loi prend le caractère de crime et devient passible des peines portées par le second paragraphe de l'art. 408, C. pénal (2).

Il en serait ainsi alors même que la chose détournée aurait été remise au notaire à raison seulement de la confiance déterminée par sa qualité d'officier public; il n'est donc pas nécessaire que ce soit aussi à raison de l'exercice légal et obligé de ses fonctions (3).

8. — Il a ainsi été jugé qu'il y a abus de confiance dans le fait d'un notaire qui, chargé par le receveur d'enregistrement de restituer à son client une somme perçue en trop sur un acte de son ministère, s'approprie et refuse de rendre cette somme, malgré les réclamations réitérées du client, sous prétexte que des honoraires lui restent dus (4).

9. — Il faudrait, sans aucun doute, appliquer la même solution au cas où un notaire détournerait et emploierait à son usage personnel, par exemple, les fonds reçus de ses clients pour l'enregistrement des actes passés par eux (5). L'arrêt contraire de la Cour de cassation du 5 novembre 1835 est un arrêt d'espèce qu'il ne paraît pas possible de considérer comme une décision de principe (6).

10. — Mais l'abus de confiance n'existe pas, quand il n'y a pas eu détournement *frauduleux* et que l'officier public détenteur des deniers détournés a acquitté intégralement sa dette envers son mandant (7).

11. — Le notaire auquel une somme a été remise pour une destination indiquée ne peut, de son chef, changer cette destination, par exemple, exercer sur

---

(1) Gand, 10 juin 1879 (*Rev. not. B.*, 1879, p. 633); Riom, 29 novembre 1884 (art. 23390, J. N.); Rouen, 10 janvier 1887 (*Rev. not.*, n° 7686); Cass., 14 mars 1888 (*Rev. not.*, n° 7817).

(2) *Rev. not.*, n° 4716; Sic : Cass., 14 janvier 1859 (S. 1859-1-352).

(3) Cass. cr., 31 juillet et 21 août 1874 (S, 1875-1-238).

(4) Cass., 4 mars 1859.

(5) Cass., 6 janvier 1887.

(6) Chauveau et Hélie, t. V, p. 389.

(7) Cass., 12 novembre 1858 (art. 16544, J. N.).

cette somme un prélèvement à son profit pour se couvrir de frais qui peuvent lui être dus (1).

Le notaire, constitué dépositaire d'un prix de vente jusqu'à ce que le vendeur ait rapporté mainlevée des inscriptions hypothécaires qui grèvent l'immeuble, est obligé de conserver cette somme pour la remettre au vendeur, lorsque celui-ci rapportera la mainlevée des inscriptions, mais n'est nullement tenu envers l'acquéreur de pourvoir à la libération de l'immeuble (2).

12. — Le notaire qui a reçu des fonds pour en faire un emploi déterminé et qui les détourne de cette destination, est sans aucun doute responsable de leur perte (3).

13. — Comment se fait la preuve du dépôt? Par écrit, nécessairement, si le dépôt est supérieur à 150 francs. C'est ce qui a été jugé par la Cour de cassation à l'égard d'un notaire qui avait vendu des immeubles pour le compte de son client et auquel le prix des ventes avait été laissé en dépôt (4).

14. — L'aveu du notaire, résultant des énonciations de sa comptabilité, qu'il a reçu en dépôt une somme de l'un de ses clients, avec indication de l'emploi qu'il en a fait, par exemple, le paiement d'avances à lui dues, est, en l'absence de toute preuve écrite, un aveu indivisible et, par suite, le notaire ne peut être considéré comme mandataire, obligé de rendre autrement compte des fonds (5).

15. — Mais l'aveu n'est indivisible qu'autant qu'il porte sur un fait juridique unique, qui ne peut être scindé; il est divisible s'il porte sur des faits complexes, distincts par leur objet, leur nature, leur époque. Si par exemple, un notaire déclare avoir reçu des prix de vente au nom d'un client, en ajoutant qu'il les a employés à payer des créances dues à des tiers, sans produire, d'ailleurs, aucune pièce justificative de ces paiements (6).

16. — Un notaire ne peut, en règle générale, recevoir un acte qui a pour objet exclusif de le constituer dépositaire de sommes d'argent, d'effets ou de valeurs mobilières (7). Mais il pourrait recevoir un acte de vente qui le constituerait dépositaire du prix, s'il n'*acceptait* pas le dépôt (8), — ou un testament qui porterait que le notaire restera dépositaire de certains objets légués (9).

Dans tous les cas, et pour éviter toute difficulté, il est préférable que le dépôt au notaire ne soit pas constaté dans l'acte qu'il reçoit.

17. — A moins qu'il s'agisse de dépôts absolument confidentiels, nous engageons les notaires à retirer décharge de toutes les sommes qui leur sont déposées et à ne pas trop compter sur le principe que tout aveu est indivisible. Les tribunaux ont une tendance marquée à toujours les considérer comme comptables, et le meilleur moyen de se mettre à l'abri contre toute action en reddition de compte, c'est d'avoir la justification de l'emploi des fonds reçus.

18. — En principe, les notaires ne doivent pas l'intérêt des sommes qui restent déposées entre leurs mains, quelle que soit la durée du dépôt s'ils n'ont pas été mis en demeure de se libérer, et s'il n'est pas prouvé qu'ils aient employé les fonds à leur usage personnel (10); toutefois, ils pourraient être condamnés à le payer, si le versement de ces sommes avait été retardé par leur faute (11).

19. — Quand, à la suite d'une obligation pour prêt, ou d'une vente, les fonds

---

(1) Grenoble, 19 décembre 1871 (*Rev. not.*, n° 4168).
(2) Cass , 16 juin 1884 (art. 23195, J. N.).
(3) Rennes, 28 juin 1860.
(4) Cass., 28 mars 1859 (art. 16572, J. N.).
(5) Toulouse, 29 avril 1842 (art. 11551, J. N.); Cass., 6 novembre 1836 et 2 mai 1861 (art. 10607 et 17158, J. N.); Orléans, 24 mars 1883 (art. 24008, J. N.) et 8 janvier 1889; Dict. du not., n° 18.
(6) Rennes, 12 février 1870; Laurent, t. XX,

n° 204; Pont, *Petits Contrats*, n° 402; Aubry et Rau, t. IV, p. 620 (V. *supra*, v° COMPTABILITÉ NOTARIALE).
(7) Dict. du not. n° 15.
(8) Rutgeerts et Amiaud, t. I, p. 508.
(9) Cass., 27 décembre 1831.
(10) Nancy. 11 février 1874 (*J. du not.*, n° 2711).
(11) Cass., 22 mars 1852; Riom, 17 janvier 1879 (art. 22586, J. N.).

montant du prêt ou de la vente ont été déposés dans l'étude du notaire qui a reçu l'acte, jusqu'après l'accomplissement des formalités hypothécaires utiles, si le notaire tombe en déconfiture, pour qui est la perte ?

20. — Aux termes d'un arrêt de Caen, du 29 mars 1859 (1), lorsqu'il a été stipulé, dans un acte d'emprunt, que les fonds prêtés resteraient aux mains du notaire instrumentant jusqu'à l'accomplissement de certaines formalités par les emprunteurs, la perte est pour le compte de ceux-ci, si le notaire devient insolvable (2) ; car, à partir de la réalisation de l'acte, les fonds deviennent la propriété des emprunteurs (3).

21. — Il a donc été jugé :

1° Que, lorsque le notaire, entre les mains duquel a été déposée la somme prêtée, est le mandataire ou bien le *negotiorum gestor* de l'emprunteur, le dépôt est au risque de ce dernier. — La remise des fonds au mandataire doit, dans ce cas, produire les mêmes effets que si elle avait été faite au mandant. (4).

2° Il en est de même lorsque le notaire est le mandataire des deux parties ; il suffit que les fonds aient été remis au mandataire de la partie qui devait la toucher, elle est censée avoir touché elle-même.

3° Lorsque le notaire n'est pas le mandataire de la partie à qui les fonds doivent être définitivement remis, la perte de la somme déposée est à la charge de celle qui avait intérêt au dépôt ; ainsi le prêteur ou l'acquéreur qui ont intérêt à ce que les fonds ne soient pas remis à l'emprunteur ou au vendeur avant la vérification de la situation hypothécaire, doivent supporter la perte.

22. — Ces principes ne sont pas contredits par un arrêt de Lyon du 22 août 1864 (5) et par l'arrêt de Cassation du 2 mars 1868 (6), attendu que dans ces deux espèces, il résultait des faits et termes du contrat que le notaire était dépositaire *pour le compte des emprunteurs ;* — ni par un arrêt de Grenoble, du 11 janvier 1873 (7), qui met la perte, au compte des créanciers, de la somme dotale sujette à emploi, la Cour ayant relevé un certain nombre de circonstances d'où il suit que les créanciers étaient regardés comme propriétaires de la somme, et que les fonds se trouvaient pour leur compte entre les mains du notaire (8).

23. — Il en est de même en matière de *vente :* En cas de détournement par un notaire des fonds laissés entre ses mains à la suite d'un contrat de vente reçu par lui et portant quittance du prix, la perte est à la charge du vendeur, si celui-ci ne rapporte pas la preuve que le dépôt a eu lieu dans l'intérêt de l'acheteur, et cette preuve ne peut être faite que par écrit, dès lors qu'il s'agit de prouver contre et outre le contenu de l'acte public (9). — Il doit en être ainsi, alors même que l'acquéreur n'a pas, lors du paiement, exigé, comme il en avait le droit, le certificat de radiation d'une hypothèque qui grevait le bien vendu (10).

---

(1) Art. 1668b, J. N.
(2) La jurisprudence paraît établie en ce sens. — V. Amiens, 7 décembre 1836 et 28 août 1841 ; Cass., 7 mars 1842 ; Paris, 28 janvier 1862 ; Cass., 21 août 1862 (art. 17848, J. N.) ; Rouen, 17 mars 1865 (*J. du not.*, n° 2051) ; Paris, 22 juin 1866 (*J. du not.*, n° 2097 ; *Rev. not.*, n° 1737) ; Cass., 2 mars 1868 (*J. du not.*, n° 2265 ; *Rev. not.*, n° 2155) ; Lyon, 23 juillet 1884 (art. 23233, J. N.). — V. cepend. Lyon, 22 août 1864 ; Paris, 28 janvier 1876 (*J. du not.*, n° 2904) ; Orange, 14 mars 1876 (*Revue prat. not.*, B., 1876, p. 411 ; (*J. du not.*, n° 1946) ; Nîmes, 11 janvier 1878 ; (*J. du not.*, n° 3218) ; Caen, 5 juillet 1884 (*J. du not.*, n° 3910).
(3) Lyon, 23 juillet 1884 préc. ; Cass., 15 mars 1886 (art. 28599, J. N.) ; Loudun, 17 décembre 1887 ; Aubry et Rau, t. IV, p. 599.

(4) Amiens, 28 août 1841 ; Cass., 7 mars 1842 ; Caen, 27 mars 1859 ; Paris, 18 décembre 1865 (art. 18425, J. N.).
(5) *J. du not.*, n° du 4 février 1865.
(6) *J. du not.*, n° du 27 juin 1868.
(7) *J. du not.*, n° 2640.
(8) Cons. Lefebvre (*J. du not.* des 13 janvier 1866, 12 février et 28 mai 1873) ; Paris, 28 janvier 1876 (*J. du not.*, n° 2904).
(9) Bordeaux, 28 mars 1862 ; Cass., 26 mars 1867 ; Nîmes, 18 janvier 1876 (*J. du not.*, n° 2943) ; *Rev. not.* n° 5105 ; (*Revue prat. not.* B., 1876. p. 346) ; Montpellier, 5 mai 1880 ; Cass., 10 mai 1881 (*J. du not.*, n° 2836) ; Anvers, 24 juin 1880.
(10) V. toutefois : Douai, 12 août 1850 et Angers, 22 février 1872 (art 20431, J. N.) ; Cass., 10 décembre 1889 (*J. du not.*, 1890, p. 68).

DÉPOT DE SIGNATURE ET PARAPHE

1. — Avant d'entrer en fonctions, les notaires, aux termes de l'art. 49 de la loi du 25 ventôse an XI, doivent déposer leurs signature et paraphe, savoir :

a) Les notaires de 1ʳᵉ classe (Cour d'appel) aux greffes de tous les tribunaux de 1ʳᵉ instance de leur ressort et au secrétariat de la municipalité de leur résidence ;

b) Les notaires de 2ᵉ et de 3ᵉ classe, aux greffes de tous les tribunaux de 1ʳᵉ instance de leur département et au secrétariat de la municipalité de leur résidence.

2. — En outre, les notaires de 3ᵉ classe, dont la signature, depuis la loi du 2 mai 1861, peut être légalisée par le juge de paix de leur canton, doivent aussi faire le dépôt de leurs signature et paraphe au greffe de cette justice de paix (art. 2).

3. — Le but de ce dépôt est de donner aux autorités chargées de légaliser la signature des notaires, ainsi qu'aux tribunaux, le moyen de contrôler l'exactitude de cette signature, et aussi d'obliger les notaires à se servir toujours des mêmes signature et paraphe (1).

4. — La loi défend aux notaires d'entrer en fonctions avant d'avoir effectué ce dépôt, mais l'art. 49 ne fixe point de délai et ne prononce aucune sanction, à défaut de dépôt. La disposition de l'art. 49 est purement réglementaire ; le notaire n'encourrait donc point de déchéance ; les actes reçus par lui ne seraient point davantage entachés de nullité ; mais l'officier public pourrait être puni, pour cette omission, d'une peine disciplinaire (2).

5. — Ce dépôt fait, les notaires ne peuvent plus changer ni modifier leurs signature et paraphe. La loi de 1791 (art. 19) punissait même de la peine de faux le notaire qui faisait usage d'une signature autre que celle déjà officiellement déposée.

Si un notaire se trouvait dans l'obligation de modifier sa signature, s'il venait, par exemple, à changer de nom, — ou si un accident lui ôtait l'usage de la main droite, il devrait en donner connaissance au tribunal qui l'autoriserait à effectuer un nouveau dépôt (3).

6. — Il est d'usage que le notaire qui veut effectuer le dépôt prescrit par l'art. 49, fasse préalablement légaliser ses signature et paraphe par le président de sa chambre ; mais rien ne l'y oblige.

7. — La signature et le paraphe du notaire, en vue du dépôt, sont tracés sur une feuille de timbre de 0,60 cent. Ils sont précédés de la mention suivante :

« *La signature et le paraphe ci-dessous tracés sont ceux dont entend se servir M. X..., notaire à..., lequel a prêté serment le..., devant le tribunal civil de...* »

8. — Cette déclaration de dépôt n'est point soumise à la formalité de l'enregistrement.

9. — Le dépôt se fait sans frais au greffe de la justice de paix et au secrétariat de la mairie (4) ; il est dressé un acte de dépôt au greffe de la justice de paix ;

---

(1) Rutgeerts et Amiaud, t. III, n° 1009.
(2) Dict. du not., v° *Dépôt de signat.*, n° 10 et suiv.; Rutgeerts et Amiaud, n° 1015 ; Massart,
n° 1715 ; Arm. Dalloz, n° 1195 ; Génébrier, p. 767.
(3) Rutgeerts, n° 1010 ; Pradines, n° 1048.
(4) Art. 17206, J. N.

cet acte est exempt d'enregistrement et soumis seulement à un droit de greffe de 1 fr. 25 (1).

10. — Le notaire peut adresser directement sa déclaration de dépôt de signature aux greffes où le dépôt doit être fait, ou la faire adresser par l'intermédiaire du secrétaire de la chambre de discipline (2).

DÉPOT POUR MINUTE

Sommaire :

§ 1. But et utilité du dépôt.
§ 2. Capacité des parties et du notaire.
§ 3. Forme du dépôt. Formalités.
§ 4. Des diverses espèces de dépôt.
§ 5. Responsabilité notariale.
§ 6. Honoraires.
§ 7. Enregistrement.
§ 8. Formules.

§ 1. BUT ET UTILITÉ DU DÉPÔT.

1. — C'est la remise qu'une personne fait à un notaire de pièces ou d'un acte sous signatures privées pour que ces documents soient placés et conservés au rang des minutes de l'étude.

2. — Le dépôt dont nous voulons parler est celui prévu par l'art. 21 de la loi de ventôse, qui a pour but et pour utilité d'assurer la conservation des pièces déposées, quelquefois de leur conférer l'authenticité, et de permettre au déposant d'en obtenir copie à toute réquisition.

3. — Ce dépôt diffère sensiblement de l'*annexe* (V. *suprà*, t. I, p. 175), puisqu'il est toujours volontaire et est l'objet principal de l'acte. Et il ne faut pas le confondre non plus avec le *dépôt de confiance*, simple remise confidentielle et momentanée de pièces ou de fonds faits au notaire, bien plus à titre privé que public.

4. — Nous ne saurions prévoir tous les cas qui peuvent donner lieu à un dépôt pour minute ; il suffira d'en indiquer quelques-uns. Ainsi, par exemple, le dépôt a lieu :

  a) Quand des titres de propriété ou des pièces, justificatives de l'accomplissement de formalités prescrites par la loi, intéressent plusieurs personnes et ne peuvent être remis de préférence à l'une d'elles ;

  b) Quand un notaire est appelé à délivrer un certificat de propriété et doit viser dans son certificat les pièces déposées qui justifient les droits des propriétaires ;

  c) Quand, après l'accomplissement d'une obligation, la partie tient à en faire conserver la preuve, et dépose, par exemple, une quittance, une décharge, une ratification, etc.;

  d) Pour suppléer à la formalité de la rédaction en deux ou plusieurs

---

(1) Dict. du not., n° 27 ; Pradines, n° 1053 à 1055. | (2) Circ. min. just., du 6 novembre 1861.

originaux, prescrite par la loi pour les actes sous seings privés synallagmatiques (1) ;

e) Pour assurer la conservation d'un testament olographe, ce dépôt a lieu en vertu d'une ordonnance du président du tribunal civil (V. *infrà*, v° DÉPOT DE TESTAMENT OLOGRAPHE).

5. — Toute espèce d'actes et de pièces, en original, expédition ou extrait, peuvent être déposés à un notaire, pourvu que ce dépôt ne soit contraire ni aux lois, ni à l'ordre public, ni aux bonnes mœurs. Ainsi, un notaire ne pourrait recevoir le dépôt d'un engagement de payer qui aurait pour cause expresse des relations illégitimes entre un homme et une femme, — ou de l'original d'un arrêté municipal, parce qu'aux termes de l'arrêté du 19 floréal an VIII, les arrêtés municipaux ne peuvent être soustraits des archives communales, — ou d'un procès-verbal d'expertise, quand l'expertise a été ordonnée en justice, parce qu'aux termes de l'art. 319 C. proc. civ., tout rapport de ce genre doit être déposé au greffe du tribunal qui a nommé l'expert, alors même que le dépôt dans l'étude du notaire serait demandé par des parties majeures et maîtresses de leurs droits, etc... (2).

Mais le notaire peut recevoir en dépôt et mettre au rang de ses minutes, des titres de noblesse, des brevets d'ordres ou de fonctions, et généralement tous les documents attestant des distinctions honorifiques, dont les parties ont un intérêt sérieux et légitime à assurer sa conservation (3).

6. — Un notaire peut-il recevoir en dépôt des *pièces cachetées*? La question est douteuse ; pour l'affirmative, on invoque un arrêt de la Cour de cassation du 2 août 1838 ; mais la majorité des auteurs soutiennent un avis contraire et croient, avec raison, selon nous, que les testaments mystiques doivent seul faire exception (4).

7. — Lorsque les pièces dont on requiert le dépôt sont écrites dans une *langue étrangère*, le dépôt ne peut en être reçu par le notaire, alors même qu'il s'agirait d'un testament, qu'autant que les parties produisent en même temps une traduction faite par un interprète-juré, qui doit être jointe au dépôt (5).

§ 2. CAPACITÉ DES PARTIES ET DU NOTAIRE.

8. — Le simple dépôt de pièces, dans le but d'en assurer la conservation, peut être fait par toute personne ayant capacité de comparaître dans un acte notarié.

9. — Le dépôt d'un acte sous seing privé, effectué dans le but de conférer aux conventions le caractère authentique, ne peut être fait que par des personnes ayant capacité pour consentir l'acte déposé et il doit être fait par toutes les parties qui ont concouru au sous-seing privé (V. *infrà*, n° 23).

10. — Un acte peut-il être déposé à un notaire parent ou allié au degré prohibé, de l'un des signataires? Nous ne le pensons pas, parce qu'alors il serait permis au notaire de faire indirectement ce que la loi lui interdit de faire directement (6).

---

(1) Cass., 29 mars 1852, 27 janvier 1869 et 25 décembre 1873.

(2) Rennes, 3 avril 1843 ; Cass., 8 avril 1845 (S. 1845-1-498). — *Contrà* : Délibér. ch. des not. de Quimperlé, du 8 juin 1842, cités sous l'arrêt ci-dessus.

(3) J. du not., n° 3075 ; Dict. du not., n° 11.

(4) Dict. du not., v° *Dépôt de pièces*, n° 14 ;

Amiaud sur Rutgeerts, t. II, n° 700 ; *Encyclop. du not.*, n° 10.

(5) Dict. du not., n° 91 ; Amiaud, *loc. cit.* ; Dalloz, 2447 (V. *suprà*, ACTE PASSÉ EN PAYS ÉTRANGER, n° 4).

(6) Amiaud sur Rutgeerts, t. I, n° 287 ; Dict. du not., n° 25 ; art. 21281, J. N., n° 13.

§ 3. Forme de dépôt. Formalités.

11. — Il est défendu à tout notaire, sous peine de 10 fr. d'amende, de déposer aucun acte dans ses minutes, sans en dresser un acte de dépôt (1).

12. — En ce qui concerne, toutefois, le dépôt des testaments olographes, voir ce mot.

13. — Mais cette règle n'est applicable qu'aux actes et pièces déposés pour être mis au rang des minutes et non à ceux simplement remis au notaire à titre confidentiel (2).

14. — Lorsque, contrairement à l'art. 43 de la loi de frimaire, un notaire reçoit un acte en dépôt pour le placer au rang de ses minutes, sans dresser acte de de ce dépôt, cette infraction n'entraîne point la nullité de l'acte déposé, mais seulement l'amende contre le notaire (3).

15. — Avant de dresser l'acte de dépôt, le notaire doit examiner avec soin si l'acte qu'on veut déposer n'est pas contraire aux lois ou aux bonnes mœurs ; — s'il ne présente pas de contravention aux lois fiscales ; s'il ne renferme pas des énonciations qui pourraient provoquer des recherches de la part de l'administration et donner lieu à des amendes ; — si l'acte ne doit pas être légalisé, etc...

16. — Le notaire fera, dans l'acte de dépôt, la désignation de la pièce déposée, désignation qui doit être faite avec plus de détails, s'il s'agit d'un acte sous seings privés que s'il s'agit d'un acte public. — Il doit constater l'état de la pièce déposée, de manière qu'on ne puisse supposer aucune substitution, modification ou altération ; il constatera aussi le nombre des feuillets, leur format, le nombre des pages écrites, celles en blanc qui doivent être aussitôt bâtonnées, les interlignes, les surcharges, les renvois, les mots rayés, s'il en existe, et tout ce qui est défectueux, ainsi que les derniers mots qui terminent la pièce ; on la fait, en outre, certifier *ne varietur* par les parties.

17. — Le notaire doit encore s'assurer que l'acte déposé est revêtu du timbre et enregistré. S'il ne l'est pas, il fait accomplir les deux formalités avant ou au moment de l'enregistrement de l'acte de dépôt (4).

18. — Le notaire qui reçoit le dépôt d'un acte passé en vertu d'une procuration, doit annexer cette procuration à l'acte de dépôt.

19. — Une pièce, une fois déposée au rang des minutes, fût-ce même illégalement, ne peut plus être retirée par les parties et le notaire ne peut s'en dessaisir qu'en vertu d'un ordre judiciaire (5).

§ 4. Des diverses espèces de dépôts.

20. — **Dépôt de pièces.** — Tout ce que nous avons dit ci-dessus du dépôt, en général, peut s'appliquer au dépôt de pièces. Nous n'avons donc rien de particulier à ajouter sur cette espèce de dépôt.

21. — **Dépôt d'acte sous seings privés.** — Le dépôt d'un acte sous signatures privées a lieu, d'ordinaire, lorsque les parties veulent conférer à cet acte le caractère authentique, au moyen d'une reconnaissance d'écriture et de signatures et permettre ainsi qu'il en soit, au besoin, délivré une grosse exécutoire.

---

(1) L. du 22 frim. an VII, art. 43 ; L. du 16 juin 1824, art. 10.
(2) Cass., 3 novembre 1866 (art. 18621, J. N.); Dict. du not., n° 37.
(3) Cass., 21 juin 1837.
(4) Dict. du not., n° 108.
(5) Dict. du not., n° 84.

22. — Toutefois il faut décider que cette règle ne saurait s'appliquer aux actes que la loi soumet expressément à la forme authentique, comme les contrats de mariage, les donations entre-vifs, les reconnaissances d'enfant naturel (1).

23. — Pour conférer à l'acte sous seings privés le caractère authentique, suffirait-il que le dépôt soit fait par toutes les parties qui ont concouru à l'acte? Quelques auteurs l'enseignent (2). Il nous paraît préférable de dire que le simple dépôt n'a pour effet que de donner date certaine à l'acte déposé et qu'il faut davantage pour qu'il devienne authentique, c'est-à-dire pour que les conventions fassent foi jusqu'à inscription de faux ; il faut que les parties, en déposant l'acte, reconnaissent la sincérité des écritures et signatures et renouvellent, par cette reconnaissance, leurs engagements réciproques (3).

24. — **Dépôt de testament olographe.** — (V. infrà, p. 37).

25. — **Rapport pour minute.** — Lorsque la pièce déposée est un *brevet* reçu par le notaire auquel est fait ce dépôt, l'acte prend, dans la pratique, le nom de *Rapport pour minute*.

Ce rapport a lieu lorsqu'un créancier, par exemple, porteur d'une obligation en brevet, veut obtenir un titre exécutoire; l'acte est remis au notaire rédacteur, qui constate cette remise par un *acte de dépôt* signé du créancier, le joint à cet acte et en délivre, ensuite, grosse ou expédition, comme si l'acte avait été dès le début reçu en minute (4).

26. — Il n'est pas, toutefois, indispensable que le brevet soit rapporté au notaire rédacteur; il peut être déposé, soit au successeur, soit à tout autre notaire (5).

27. — Mais lorsqu'un billet à ordre ou une lettre de change, passés en brevet devant notaire, n'ont pas été payés à échéance, le porteur n'aurait pas le droit, de sa seule autorité de rapporter l'acte pour minute et d'en exiger une grosse ; autrement le billet commercial deviendrait une obligation civile ; le créancier ne peut ainsi changer, sans le consentement des débiteurs, la nature du titre et des engagements contractés (6). Privas, 5 nov. 1891 (*J. du not.*, 1892, p. 81 et 86).

28. — Les frais de l'acte de rapport et ceux de délivrance de grosse sont à la charge du débiteur, s'il est régulièrement constaté qu'ils ont été occasionnés par son refus de paiement ; au cas contraire, ils sont payés par le créancier (7).

§ 5. Responsabilité notariale

29. — Le notaire qui a reçu un acte de dépôt n'est pas seulement responsable envers la Régie, des amendes, droits et doubles droits qui peuvent être encourus à raison de l'acte déposé, s'il n'est pas enregistré, il peut aussi être déclaré responsable, envers les parties, du préjudice qui leur serait causé soit par l'irrégularité du dépôt, soit par le dessaisissement par l'officier public de la pièce déposée.

§ 6. Honoraires.

30. — Le simple dépôt de pièces donne toujours lieu à un honoraire fixe variant de *trois* à *six* francs.

---

(1) Demolombe, t. III, n° 13 et suiv., t. V, n° 406 ; Laurent, t. XXI, n° 46 ; t. XII, n° 235.
(2) Aubry et Rau, t, VI, p. 360 et t. VIII, p. 200 ; Larombière, t. IV, art. 1817, n° 40.
(3) Laurent, t. XIX, n° 114 ; Pont, *Priv. et hypoth.*, t. II, n° 664 ; Maton, *Dict. prat. not.*, n° 4 et 5 ; Cass. 27 mars 1821 ; Périgueux, juin 1888 ; Ed. Clerc, *Formul.*, p. 48.

(4) Bordeaux, 21 août 1843.
(5) Dict. du not., n° 22 ; Rutgeerts et Amiaud, n° 803.
(6) Dict. du not., v° *Grosse*, n° 26 (supplément) ; Issoire, 6 décembre 1887 (art. 24071, J. N., et J. du not., n° 4047) ; Privas, 5 novembre 1891 (J. du not., 1892, p. 81) ; Alger, 1er mars 1893. — Contrà : Clermont-Ferrand, 17 janvier 1888 (J. du not., n° 4047).
(7) Dict. du not., n° 33.

Si l'acte déposé est un sous seing privé dont les conventions, reçues par acte notarié, eussent donné ouverture à un honoraire proportionnel, les tarifs allouent ordinairement au notaire la moitié de l'honoraire proportionnel, lorsque l'acte de dépôt contient reconnaissance de signatures, c'est-à-dire confère l'authenticité (1), —un droit fixe plus ou moins important, au cas contraire (2).

§ 7. Enregistrement.

31. — Droit fixe de trois francs sur tout acte de dépôt de pièces (3), quel que soit le nombre des pièces déposées. Mais il est dû plusieurs droits fixes, si le dépôt est fait de diverses pièces par ou pour plusieurs personnes ayant des intérêts distincts (4).

32. — La reconnaissance d'écritures et de signatures ne permet pas d'exiger un droit particulier, car elle fait partie intégrante du même acte (5).

33. — Mais si les parties font des stipulations qui ne se trouvent pas dans l'acte déposé, ces nouvelles conventions sont passibles d'un droit distinct, selon leur nature.

34. — L'acte déposé, en outre, est assujetti, selon sa nature, au droit qui lui est applicable.

35. — Si le dépôt d'une vente immobilière a été fait dans les trois mois de la date de l'acte sous seing privé, le notaire dépositaire a lui-même un nouveau délai de 10 ou 15 jours pour le faire enregistrer avec l'acte de dépôt et, si la présentation à la formalité a eu lieu dans ce délai, aucun droit en sus n'est exigible, alors même qu'au moment de l'enregistrement, il se serait écoulé plus de trois mois depuis la date de l'acte (6).

§ 8. Formules.

1. *Dépôt d'acte authentique.*
2. *Dépôt d'acte sous seings privés avec reconnaissance de signatures.*
3. *Dépôt du cahier de charges d'une vente judiciaire.*
4. *Dépôt à un notaire d'un brevet délivré par lui, ou Rapport pour minute.*
5. *Dépôt d'une pièce écrite en langue étrangère.*
6. *Dépôt de pièces relatives à la purge d'hypothèques légales.*

1. — Dépôt d'acte authentique.

Pardevant, etc...

A comparu :

M. Henri Vincent, avocat, demeurant à...

Lequel a, par ces présentes, déposé à Me..., l'un des notaires soussignés, pour être mis au rang de ses minutes à la date de ce jour, le brevet original, enregistré et légalisé, d'une procuration passée devant Me..., notaire à (7), le..., donnée au comparant par M. Ernest Maigret, propriétaire, demeurant à...; à l'effet de (*énoncer sommairement les pouvoirs contenus dans la procuration*).

Laquelle procuration est demeurée annexée aux présentes après avoir été certifiée véritable (8) et signée par le comparant en présence des notaires soussignés.

Dont acte...

---

(1) Chambéry, 24 décembre 1863 (art. 23428, J. N.).
(2) V. Amiaud, *Tarif gén. et rais.*, t. I, p. 406 à 409 et Aubertin, p. 110.
(3) L. du 28 février 1872 (art. 4).
(4) Cass., 30 mars 1852.
(5) Sol., 28 janvier 1859 (art. 19670, J. N.).
(6) Sol. rég., 6 août et 17 novembre 1873 (art. 20962, J. N.).
(7) En général, les notaires se sont interdit de recevoir le dépôt d'actes reçus par des notaires de la même résidence.

(8) Celui qui dépose une pièce la certifie véritable par une mention constatant, en outre, son annexion à l'acte du dépôt, la date de cet acte, le nom du notaire qui le reçoit, et le tout est signé tant par le déposant que par le notaire. — Mais si la pièce émane d'une autorité du ressort de la résidence du notaire, la mention d'annexe est la même, moins le certifié véritable de la pièce déposée, dont on se dispense de faire mention. — Cette mention d'annexe a pour but de constater l'identité de la pièce déposée.

2. — Dépôt d'acte sous seings privés avec reconnaissance de signatures.

Pardevant, etc...

 Ont comparu :

M. Louis Lorin, propriétaire, demeurant à...

Et M. Jacques Magne, rentier, demeurant à...

Lesquels ont par ces présentes déposé à Mᵉ..., l'un des notaires soussignés, pour être mis au rang de ses minutes à la date de ce jour, l'un des originaux d'un acte sous-seings privés, fait double à.., le..., enregistré à..., etc., contenant vente, par M. Lorin, de..., à..., etc., et moyennant la somme de..., que M. Magne s'est obligé à payer le...

 Ledit acte écrit sur... feuilles de papier au timbre de..., contenant... renvois et... mots rayés nuls est demeuré ci-annexé après avoir été certifié véritable par les comparants, et revêtu d'une mention par les notaires soussignés.

Ils font le dépôt de cet acte pour que celui-ci acquière, au moyen des présentes, tous les effets d'un acte authentique, et qu'il en soit délivré une grosse à M. Lorin et toutes expéditions nécessaires.

Les comparants déclarent que ledit acte a été écrit de la main de M. Lorin l'un d'eux, et que les signatures et paraphes qui y sont apposés, ainsi que ces mots : « approuvé l'écriture ci-dessus » qui les précèdent, émanent bien d'eux.

 Dont acte...

3. — Dépôt du cahier de charges d'une vente judiciaire.

L'an..., le...,

 Pardevant, etc...

 Ont comparu :

M. Eugène Meunier, négociant, demeurant à...

Et M. Louis Lambert, rentier, demeurant à...

Lesquels ont, par ces présentes, déposé à Mᵉ..., l'un des notaires soussignés, pour être mis au rang de ses minutes à la date de ce jour, le cahier de charges dressé par lui, le..., pour parvenir à la vente par adjudication des immeubles dépendant de la succession de..., en exécution d'un jugement du tribunal civil de..., en date du..., qui a commis à cet effet Mᵉ..., et à ordonné la vente desdits immeubles à la requête de M. Meunier et en présence de M. Lambert.

 Ce cahier de charges écrit sur... feuilles de papier au timbre de..., contenant... renvois et... mots rayés nuls, est demeuré ci-annexé après avoir été certifié véritable par les comparants et revêtu d'une mention par les notaires soussignés.

Les comparants déclarent approuver ledit cahier des charges et fixer l'adjudication des immeubles dont il s'agit au..., en l'étude de Mᵉ..., notaire.

 Dont acte..

4. — Dépôt à un notaire d'un brevet délivré par lui, ou Rapport pour minute.

Pardevant, etc...

 A comparu :

M. Marcel Mangin, principal clerc de notaire, demeurant à...

Lequel a, par ces présentes, rapporté pour minute à Mᵉ..., l'un des notaires soussignés, le brevet original d'un acte reçu par celui-ci, le... et contenant procuration par M. Félix Maillard, propriétaire, demeurant à..., à M. Émile Lefort, avocat, demeurant à..., à l'effet de..., etc.

 Laquelle pièce est demeurée annexée aux présentes, après mention faite par les notaires soussignés.

 Dont acte...

5. — Dépôt d'une pièce écrite en langue étrangère.

Pardevant, etc...

A comparu :

M. Charles Thirion, principal clerc de notaire, demeurant à...

Lequel a, par ces présentes, déposé à Me..., l'un des notaires soussignés, pour être mis au rang de ses minutes à la date de ce jour.

1° L'original d'un acte passé devant Me..., notaire à Madrid (Espagne), en présence de témoins le..., écrit en langue espagnole, contenant...,'etc.

2° Et la traduction de cet acte, en langue française par Me..., traducteur juré près le tribunal civil de première instance de...

Lesquelles pièces, dûment timbrées et légalisées et qui seront enregistrées avec les présentes, sont demeurées ci-annexées, après avoir été certifiées véritables et après que mention en a été faite sur chacune d'elles par les notaires soussignés.

Dont acte...

6. — Dépôt de pièces relatives à la purge d'hypothèques légales.

Pardevant, etc ..

A comparu :

M. Joseph Viriot, propriétaire, demeurant à...

Lequel, préalablement au dépôt ci-après, a exposé ce qui suit ·

Par contrat passé devant Me..., notaire à..., le..., M. Arthur Legrand, propriétaire, et Mme Jeanne Pelletier, son épouse, demeurant ensemble à..., ont vendu à M. Viriot, comparant, une maison située à..., moyennant..., etc.

Une expédition de ce contrat a été transcrite au bureau des hypothèques de.... le..., vol°..., n°..., et le même jour, vol°..., n°..., inscription a été prise d'office pour sûreté dudit prix.

Un état, délivré le lendemain par M. le conservateur, audit bureau, a révélé l'existence de deux inscriptions qui ont été rayées depuis, ainsi qu'il résulte de deux certificats délivrés par le même conservateur, le...

M. Viriot a fait remplir sur son acquisition les formalités nécessaires pour parvenir à la purge des hypothèques légales, sans qu'il soit survenu aucune inscription pour cause d'hypothèque de cette nature.

En conséquence, il dépose par ces présentes, à Me..., l un des notaires soussignés, et le requiert de mettre au rang de ses minutes, à la date de ce jour, pour qu'il en soit délivré tous extraits ou expéditions nécessaires :

1° L'état d'inscriptions délivré sur la transcription du contrat de vente sus-énoncé ;

2° Les deux certificats de radiation des inscriptions contenues audit état ;

3° Un extrait des minutes du greffe du tribunal civil de..., délivré par le greffier de ce tribunal, et constatant le dépôt d'une copie collationnée dudit contrat de vente, suivant acte en date du...;

4° L'original d'un exploit de Me..., huissier à..., en date du..., constatant la notification de ce dépôt tant à M. le procureur de la République près ledit tribunal, qu'à Mme Legrand, sus-nommée et à son mari ;

5° Un exemplaire du journal d'annonces légale « Le..., » feuille du..., contenant l'insertion de la notification sus-énoncée ; ledit exemplaire signé de l'imprimeur, légalisé par..., et enregistré ;

6° Un extrait, délivré par le greffier dudit tribunal, d'un acte fait au greffe, le..., enregistré, constatant que copie collationnée du contrat de vente est demeurée exposée dans l'auditoire du tribunal, depuis ledit jour... jusqu'au...;

7° Et un certificat délivré par M le conservateur des hypothèques de..., le..., constatant que depuis ladite transcription jusqu'au jour de la délivrance de ce certificat, il n'est survenu aucune inscription pour cause d'hypothèque légale sur la mission ci-dessus désignée.

Lesquelles pièces sont demeurées ci-annexées, après mention de cette annexe par les notaires soussignés.

Dont acte...

DÉPOT DE TESTAMENT OLOGRAPHE

Sommaire :

§ 1. Des diverses espèces de dépôt de testament olographe

1. — Le dépôt de testament olographe peut être soit un dépôt de confiance, soit un dépôt par acte notarié volontaire, soit un dépôt par commission de justice,

2. — Les deux premiers sont faits par le testateur lui-même, le troisième, qui ne peut avoir lieu qu'après le décès de celui-ci, est ordonné par le président du tribunal.

3. — Le dépôt de confiance n'est pas constaté par acte ; le testateur remet simplement son testament au notaire qui le conserve dans son coffre-fort, après l'avoir mis sous pli cacheté en présence du déposant et avoir mentionné sur l'enveloppe : *Testament remis par M. X... à Mᵉ A..., notaire* ou : *Ceci est mon testament* (signature).

Le notaire a, d'ordinaire, et par mesure d'ordre, un registre spécial où il inscrit les testaments qui lui sont ainsi confiés.

L'art. 43 de la loi de frimaire an VII dispense le notaire de la rédaction d'un acte de dépôt en pareil cas.

4. — Si le testateur veut assurer d'une façon certaine la conservation de son testament, il peut, en le remettant au notaire en faire dresser un acte de dépôt (1). Le testament ainsi déposé reste au rang des minutes du notaire jusqu'au décès du testateur, époque à laquelle il doit être présenté au président du tribunal, conformément à l'art. 1007, C. civ. — Ce mode de procéder présente des inconvénients, car le secret des dispositions contenues dans le testament peut n'être pas toujours religieusement gardé.

5. — Enfin, le dépôt du testament par commission de justice, est celui qui est fait après le décès du testateur et qui est ordonné par le président du tribunal civil de l'arrondissement dans lequel la succession est ouverte (art. 1007, C. civ.), sur la présentation faite soit par le notaire, s'il a antérieurement reçu le testament du testateur, ou, après le décès de celui-ci, d'un légataire ou de toute autre personne, — soit par un tiers chargé de cette mission par le testateur, — soit par le juge de paix, s'il est trouvé par lui en apposant des scellés (art. 916, C. proc. civ.).

6. — La conservation des actes de dernière volonté déposés à un notaire autrement qu'en vertu d'une ordonnance du président, ne rentre pas dans la mission professionnelle du notaire, qui n'est détenteur de ces actes qu'à titre de dépositaire privé; par suite, le notaire peut remettre ces testaments aux déposants s'ils les réclament. Toutefois, le notaire qui se serait refusé à opérer la destruction d'un testament olographe déposé dans ces conditions, sur une note que le testateur lui a fait remettre dans ce but, n'engagerait pas sa responsabilité, s'il a informé le testateur de son refus (2).

---

(1) Besançon, 5 mai 1869 (*J du not.*, n° 2366).

(2) Seine, 8 janvier 1874 (art. 20348 J. N. — *J. du not.*, n° 2698).

7. — Le dépôt d'un testament olographe par le testateur ou, après décès, sur ordonnance du magistrat, ne confère pas à cet acte le caractère authentique ; en conséquence, les héritiers *ab intestat* peuvent, sans prendre la voie de l'inscription de faux, méconnaître l'écriture et la signature de l'auteur du testament (1).

8. — Mais il a été jugé, et avec raison, qu'un pareil testament, alors que son existence légale et sa validité extérieure ne sont pas méconnues et qu'il a été sanctionné par une ordonnance d'envoi en possession, constitue un titre à l'égal d'un titre authentique, en vertu duquel le légataire institué peut faire lever les scellés et dresser inventaire, malgré l'opposition de l'héritier du sang (2).

§ 2. FORME. FORMALITÉS. PRÉSENTATION. ACTE DE DÉPÔT.
CHOIX DU NOTAIRE.

9. — Aux termes de l'art. 1007, C. civ., tout testament olographe doit, après le décès du testateur et avant toute mise à exécution, être présenté au président du tribunal civil, qui en constate l'état et en fait l'ouverture, s'il est cacheté.

10. — Cette formalité est imposée pour tous les testaments olographes, aussi bien pour ceux que le testateur a déposés lui-même à un notaire qui en a dressé acte, que pour ceux qui n'ont pas été l'objet d'un acte de dépôt (3).

11. — Il en est également ainsi pour le testament que le notaire trouve au cours d'un inventaire et qu'il n'a pas le droit de laisser à la disposition des parties.

12. — Le notaire ne peut ouvrir lui-même, sans s'exposer à des poursuites disciplinaires (4), le testament olographe dont il est dépositaire. Il est *tenu* de le faire ouvrir sans avoir à recevoir d'instruction ni de réquisition (5) ; et alors même que, soit les parties intéressées, soit les héritiers, n'en demanderaient pas l'ouverture ou s'y opposeraient et nonobstant l'existence d'un autre testament, fût-il postérieur et portât-il révocation (6) de toutes dispositions antérieures.

13. — La disposition de l'art. 1007 est si impérative et si absolue et il est si vrai de dire qu'elle édicte une prescription d'*ordre public*, que la volonté du testateur ne peut y déroger ; en conséquence, la prohibition écrite et signée de la main du testateur sur l'enveloppe cachetée de son testament, portant défense d'ouvrir ce testament pendant un certain temps après sa mort, doit être réputée non écrite (7).

14. — Il faut décider aussi que la formalité prescrite par l'art. 1007, C. civ., ne saurait être remplacée valablement par un dépôt directement opéré chez un notaire par tous les intéressés majeurs et maîtres de leurs droits. Du moins, c'est la conclusion qu'il y a lieu de tirer des décisions judiciaires précitées (8).

15. — Le magistrat auquel le testament doit être présenté est le président du tribunal de l'arrondissement dans lequel la succession s'est ouverte. Tel est le texte formel de l'art. 1007, et des auteurs autorisés soutiennent que le président de ce tribunal est seul et exclusivement compétent (9). Mais l'opinion contraire paraît l'emporter dans la doctrine et la jurisprudence ; et l'on décide aujourd'hui que le testament peut être régulièrement présenté, —soit au président du lieu du décès, —

---

(1) Demolcmbe, *Donat. et test.*, t. IV, n° 148 ; Aubry et Rau, t. VII, p. 108-109 ; Laurent, t. XIII, n° 280-281.
(2) Seine, 9 septembre 1871 (*Rev. not.*. n° 3088).
(3) Rouen, 27 novembre 1883 (*J. du not.*, n° 8633).
(4) Chartres, 8 avril 1842.
(5) Rouen, 27 novembre 1883 (*Rev. not.*, n° 6841).
(6) Lavaur, 17 mai 1876 (art. 21957, J. N.).
(7) Angers, 8 mars 1881 (*Rev. not.*, n° 6588 ;

Rev. crit., 1882, p. 730 ; Arcis-sur-Aube, 29 novembre 1883 (*Rép. not.*, n° 1989).
(8) Houpin, *J. du not.*, 1890, p. 257 ; *Rev. du not.*, n° 6876 et 6926. *Contrà* : *Rev. not. prat.* B. 1884, n° 327.
(9) Aubry et Rau, t. VII, p. 444 ; Carré et Chauveau, *Lois de la proc.*, quest. 3082 ; Dutruc, *Part. de succ.*, n° 87 ; Rutgeerts et Amiand, t. II, p. 1003 à 1005 ; Sic: Bruxelles, 8 juin 1865 ; Montpellier, 8 décembre 1876.

soit à celui du ressort du notaire qui en était dépositaire, bien que ni l'un ni l'autre ne soient dans le ressort où la succession s'est ouverte (1).

16. — Suivant un usage presque constant, le président ordonne le dépôt du testament entre les mains du notaire qui le lui présente, soit que le notaire ait été constitué dépositaire par le testateur lui-même, soit que le testament lui ait été remis, après le décès, par les héritiers ou légataires.

17. — Si la présentation n'est pas faite par un notaire, le président ordonne d'ordinaire le dépôt entre les mains du notaire indiqué par les parties intéressées comme devant liquider la succession, car le président pour fixer son choix, doit toujours consulter le vœu du testateur, l'intérêt des parties, et il peut choisir le notaire dépositaire, même en dehors du ressort de son arrondissement, si ce notaire est celui qui représente le mieux l'intérêt des parties, et s'il est, par exemple, le notaire du lieu où la succession s'est ouverte (2).

18. — Toutefois le président est entièrement libre dans son choix et n'est même pas obligé de le motiver; mais son ordonnance est sujette à appel, si elle fait grief aux droits des parties, ou revêt un caractère contentieux (3).

Si, notamment, au lieu de décrire l'état matériel du testament et d'en ordonner le dépôt, le président insère, *in extenso*, le texte du testament dans l'ordonnance, ce qui permettrait au greffier d'en délivrer expédition (4).

Mais il a été jugé que les ordonnances rendues par le président en matière de dépôt de testament ne sont pas susceptibles d'appel, lorsqu'elles n'ont soulevé devant le magistrat aucune contestation et qu'on ne peut articuler contre elles qu'elles lèsent aucun droit (5).

19. — Le notaire, même exécuteur testamentaire, peut recevoir en dépôt le testament olographe qui lui confie cette mission; à moins, dit M. de Belleyme, qu'il n'y ait de la part de certaines parties une résistance justifiée (6).

20. — Le notaire doit-il toujours dresser acte de dépôt du testament qui lui est remis par ordonnance du président? Après avoir été longtemps controversée, la question a été tranchée par un arrêt de cassation du 9 janvier 1860, d'où il résulte que le notaire n'est dispensé de dresser cet acte qu'autant que le procès-verbal d'ouverture et de description du testament constate la remise par le président au notaire (7). Dans l'usage, les notaires dressent le plus souvent acte du dépôt; à Paris et dans la plupart des grandes villes, il n'en est pas dressé; le notaire se borne à placer l'acte au rang de ses minutes à la date de l'ordonnance de dépôt.

21. — Mais que le notaire dresse ou ne dresse pas un acte de dépôt, l'inscription du testament au répertoire doit être faite par lui *le jour même de la remise du testament et de l'ordonnance*, car son acte doit être fait le *même jour* (8).

§ 3. RESPONSABILITÉ NOTARIALE.

22. — La seule responsabilité encourue par un notaire dépositaire d'un testament olographe est celle de la garde de ce testament. Elle a été reconnue par des décisions judiciaires qu'il suffit de rappeler (9).

---

(1) Demolombe, t. IV, n° 501 ; Laurent, t. XIV, n° 16 ; Saint-Espes-Lescot, t. IV, n° 1349 ; Bertin, *Ordon. sur ref.*, n° 783 ; De Belleyme, t. I, p. 353 ; Dict. du not., n°* 83 et suiv. ; Toulouse, 22 mars 1839 ; Douai, 12 novembre 1852 ; Nancy, 18 juin 1860 et 19 mai 1888 (art. 22968, J. N.; Caen, 16 juillet 1884 (*J. du not*, n° 3803); Orléans, 11 février 1892 (*J. du not.*, 1892, p. 136).

(2) Demolombe, n° 501; Laurent, n° 16; Lancelin, *Rev. not.*, 1877, p. 523 et suiv.; Montpellier, 8 août 1889 ; Bordeaux, 23 juin 1885 (art. 23424, J. N.).

(3) Bordeaux, précité, et 3 décembre 1870 ; Aix, 29 août 1883 (art. 23076, J. N.), et 10 avril 1889 ; Angers, 11 janvier 1888.

(4) Aix, précité, 29 août 1883 (*J. du not.*, n° 3615).

(5) Paris, 27 août 1872 et 10 juillet 1886 (art. 23737, J. N.); Paris, 7 décembre 1887.

(6) Dalloz, V. *Notaire*, n° 425.

(7) Art. 16987, J. N.; Amiaud, *Tarif*, t. I, p. 413.

(8) Inst. min. j., 9 sept. 1872; Sol. rég., 14 janv. 1875 (art. 21704, J. N.); Lectoure, 23 mars 1877 (*Rev. not.*, n° 5293); Baume-les-Dames, 29 déc. 1892.—V. Gourdon, 4 avril 1889 (*Rev. not.*, n° 8155; J. du not., 1890, p. 268).

(9) Rennes, 14 avril 1831; Lyon, 19 janvier 1865.

§ 4. Honoraires.

23. — Frais. — Les frais d'ouverture, de description et de dépôt du testament sont à la charge de la succession, si le testament a été révoqué (1), et le paiement ne saurait être refusé par l'héritier, alors même que le testament serait devenu caduc par suite du prédécès du légataire institué (2).

L'honoraire qui doit être perçu sur l'acte de dépôt ou pour le dépôt d'un testament olographe, et qui paraît adopté par la majorité des tarifs locaux est l'honoraire proportionnel de 50 cent. % (moitié de l'honoraire perçu pour les testaments publics). Nous en avons montré l'équité et la légitimité dans une étude complète à laquelle nous renvoyons (3). Ajoutons que ce droit à un honoraire, sinon rigoureusement proportionnel, au moins fixé, par suite de la responsabilité du notaire, d'après l'importance de la succession, est admis aujourd'hui, presque sans contestation, par la jurisprudence (4).

§ 5. Enregistrement.

24. — L'acte de dépôt d'un testament olographe est actuellement soumis au droit fixe de 3 francs (5).

25. — Une décision du Ministre des finances du 11 mars 1873 a reconnu que, lorsqu'un notaire est constitué, par ordonnance, dépositaire d'un testament olographe, il n'est pas tenu personnellement des droits, soit d'enregistrement, soit de timbre, ni des amendes dont cet acte est passible ; il peut se borner à délivrer au receveur de l'Enregistrement, dans les dix jours qui suivent l'expiration du délai de trois mois à compter du décès du testateur, un extrait certifié du testament pour qu'il puisse réclamer aux héritiers ou légataires le paiement de ces droits et amendes (6). Les testaments doivent être enregistrés dans les trois mois seulement du décès, quand il n'y a pas eu acte de dépôt.

§ 6. Formules.

1. — Dépôt du testament olographe par le greffier.

Pardevant, etc....
    A comparu :
M. Ernest Lefranc, greffier du tribunal civil de première instance de...
    Agissant en exécution d'une ordonnance de M. le Président dudit tribunal, contenue en son procès-verbal d'ouverture et de description du testament ci-après relaté.
Lequel a, par ces présentes, déposé au notaire soussigné, pour être mis au rang de ses minutes, à la date de ce jour :
    1° Le testament olographe de M. Emile Pelletier, propriétaire, décédé en sa demeure à..., le...; lequel testament en date du..., et écrit sur une feuille de papier au timbre de.... sera enregistré avec les présentes ;
    2° L'enveloppe de ce testament ;
    Et 3° L'expédition de l'ordonnance de M. le Président dudit tribunal en date du...
        Lesquelles pièces sont demeurées ci-annexées après que mention en a été faite sur chacune d'elles.
        Dont acte ..

---

(1) Lavaur, 17 mai 1876.
(2) Les Andelys; 29 juin 1892 (*J. du not.*, 1892, p. 695).
(3) *Tarif général*, t. II, p. 130 à 150.
(4) Cass., 14 novembre 1855 ; Die, 9 août 1864 ; Lyon, 19 janvier 1865 ; Uzès, 17 janvier 1867; Grenoble, 19 juin 1868 ; Epernay, 2 juin 1870 ; Condom,

21 mai 1880 (art. 22350, J N.); Rouen, 27 novembre 1883 ; Chambéry, 24 décembre 1883 ; Périgueux, 31 décembre 1884 ; Arras, 13 février 1884 ; Cons, aussi Aubertin, p. 120.
(5) L. du 28 février 1872, art. 4.
(6) Art. 20801, J. N.; V J. du not., numéro du 23 décembre 1882.

2. — Dépôt du testament olographe par le notaire

L'an... le...,

Mᵉ..., notaire à....,

    Agissant en vertu d'une ordonnance de M. le Président du tribunal civil de.... contenue en son procès-verbal de description du testament ci-après relaté.

    A déposé au rang de ses minutes le testament olographe en date à..., du..., de M. Emile Pelletier, propriétaire, décédé en son domicile à...

    Fait par Mᵉ... en son étude, les jour, mois et an ci-dessus indiqués.

DÉSISTEMENT

1. — C'est l'acte par lequel on déclare renoncer à l'exercice d'un droit.

2. — En règle générale, le désistement est permis en toutes matières, sauf celles touchant à l'ordre public et aux bonnes mœurs.

3. — Ainsi, on se désiste d'un appel, d'une action, d'une plainte, d'une opposition à jugement, d'une surenchère, d'une hypothèque, d'une saisie et généralement de tous droits dont on a la libre disposition.

4. — **Forme.** — D'après la majorité des auteurs, le désistement n'est assujetti à aucune forme particulière et peut être fait soit par acte notarié, soit par acte privé, soit même par simple lettre missive (1).

5. — Il doit être accepté par celui à qui il profite.

6. — **Capacité.** — Le désistement qui porte sur le fond du droit, ne peut être consenti que par une personne capable de disposer du droit ou de l'action qu'elle abandonne.

7. — **Désistement d'acquisition.** — C'est celui qu'un acquéreur a le droit de faire pour éviter un supplément de prix, lorsque la contenance de l'immeuble acheté se trouve plus grande que celle énoncée au contrat (art. 1618 et suiv., C. civ.). Si le vendeur accepte le désistement qui lui est signifié, la propriété rentre dans sa main ; il est alors indispensable que l'acceptation du vendeur soit aussi notifiée à l'acquéreur.

8. — **Désistement d'appel.** — C'est l'acquiescement donné à un jugement qu'on avait attaqué et qu'on se décide à exécuter, en renonçant à l'appel interjeté.

Le tuteur peut, sans l'autorisation du conseil de famille se désister de l'appel d'un jugement relatif aux droits mobiliers des mineurs (2). Toutefois la question est controversée en doctrine.

9. — **Désistement d'action.** — C'est la renonciation à poursuivre judiciairement une demande intentée, dans le cas, par exemple, où on la reconnaît insuffisamment fondée.

10. — **Désistement d'hypothèque.** — C'est la renonciation par le créancier au gage hypothécaire donné par le débiteur pour s'en tenir à sa simple action personnelle contre lui.

11. — Il ne faut pas confondre le désistement d'hypothèque, avec la mainlevée qui peut n'avoir pour but ou que de dégrever de l'hypothèque tel immeuble désigné, ou même seulement de faire disparaître l'inscription hypothécaire; car dans l'un et l'autre cas, la garantie hypothécaire n'est pas éteinte.

---

(1) Cass., 24 mars 1873. | (2) Paris, 14 décembre 1881 (art. 22667, J. N.).

12. — **Désistement d'instance.** — C'est la renonciation à une procédure entamée.

Le désistement n'implique pas renonciation à l'action judiciaire.

13. -- **Désistement de privilège.** — C'est la renonciation que fait le vendeur d'un immeuble, en faveur d'un tiers ou de l'acquéreur, aux droits de préférence et de suite hypothécaire que lui accorde l'art. 2103, C. civ. pour le paiement du prix.

14. — Le désistement de privilège est plus qu'une mainlevée de l'inscription. c'est l'abandon complet du privilège; aussi pour être efficace, le consentement à la radiation d'une inscription d'office doit contenir, en outre, le désistement du privilège que cette inscription a pour but de faire connaître aux tiers; et le conservateur des hypothèques ne doit point opérer la radiation de l'inscription prise d'office au profit d'un vendeur, si la mainlevée ne contient pas renonciation ou désistement exprès du privilège (1).

15. — **Désistement de saisie immobilière.** — Le créancier poursuivant la saisie immobilière est toujours libre de s'en désister; mais le conservateur des hypothèques ne peut plus la rayer, aussitôt que la notification faite aux créanciers inscrits, afin de prendre communication du cahier des charges, a été mentionnée par lui en marge de la transcription de la saisie (art. 693, C. proc. civ.). Il faut alors l'adhésion de tous les créanciers inscrits.

16. — Il n'est pas douteux que ce désistement doive, même quand la saisie est transcrite, être donné devant notaire.

17. — **Désistement de surenchère.** — Le créancier surenchérisseur peut bien se désister de sa surenchère, mais s'il y a d'autres créanciers hypothécaires, son désistement n'empêche point que ceux-ci ne puissent requérir l'adjudication publique (art. 2190, C. civ.).

18. — **Désistement de signification de transport.** — Dans certains cas, le cessionnaire peut avoir intérêt à se désister de la signification de transport faite à sa requête entre les mains du débiteur, par exemple, s'il existe des oppositions et qu'il veuille éviter des contestations judiciaires.

19. — **Honoraires.** — Droit fixe de 3 à 6 francs.

20. — **Enregistrement.** — *Désistement d'acquisition.* — Droit fixe de 3 fr., à moins que l'acte de désistement ne soit dûment accepté et n'ait le caractère d'une véritable rétrocession (2).

21. — *Désistement d'appel.* — Droit fixe de 3 fr. (3).

22. — *Désistement d'héritage.* — Mêmes droits que pour le désistement d'acquisition.

23. — *Désistement d'hypothèque ou de privilège.* — (V. infrà, v° MAINLEVÉE).

24. — *Désistement d'instance.* — Droit fixe de 3 fr. (4).

25. — *Désistement de privilège de second ordre.* — Droit fixe de 3 fr. (5).

26. — *Désistement de signification de transport.* — Droit fixe de 3 fr. (6).

FORMULES.

1. *Désistement d'antichrèse.*	6. *Désistement d'instance.*
2. *Désistement d'acquisition.*	7. *Désistement de privilège.*
3. *Désistement d'appel.*	8. *Désistement de privilège de second ordre.*
4. *Désistement de gage.*	9. *Désistement de signification de transport.*
5. *Désistement d'héritage.*	10. *Désistement de surenchère.*

(1) Dijon, 17 juillet 1839 (art. 10550, J. N.); Cass., 24 juin 1844 (art. 12051, J. N.); Avignon, 28 mai 1860; Boulanger, *Rad. hypoth.*, t. II, nᵒˢ 500 à 510.

(2) LL. 22 frim. an VII, art. 69, § 2, nᵒ 11, 28 avril 1816 (art. 43, nᵒ 12 et 28 février 1872, art. 4).

(3) LL. 28 avril 1816 (art. 43, nᵒ 12 et 28 février 1872, art. 4).

(4) LL. 28 avril 1816 (ar,. 43, nᵒ 12 et 28 février 1872, art. 4).

(5) Mêmes lois.

(6) Mêmes lois.

1. — Désistement d'antichrèse.

Pardevant, etc...

    Ont comparu ;

M. Lucien Morel, rentier, demeurant à...

Et M. Auguste Perrot, propriétaire, demeurant à...

Lesquels ont exposé ce qui suit :

M. Perrot était débiteur envers M. Morel d'une somme principale de..., productive d'intérêts à 6 °/° par an, aux termes d'un jugement rendu par le tribunal de commerce de..., en date du .., et en vertu duquel une inscription a été prise au bureau des hypothèques de..., le..., vol..., n°... ;

Et pour garantir le remboursement de cette créance en capital et accessoires. M. Perrot a remis en antichrèse à M. Morel une maison située à..., rue..., n°..., suivant acte reçu par M°..., notaire à..., le..., transcrit audit bureau d'hypothèques de..., le .., vol..., n°.. ;

Ces faits exposés, M. Morel déclare se désister purement et simplement de l'antichrèse consentie à son profit aux termes de l'acte précité, et restituer à M. Perrot, qui accepte, la maison qui lui avait été remise en antichrèse, afin que celui-ci en reprenne l'administration et la jouissance à compter du...

Par suite il donne mainlevée, avec désistement de tous droits d'hypothèque, et consent à la radiation définitive :

1° De l'inscription prise à son profit contre M. Perrot, au bureau des hypothèques de..., le..., vol.., n°... ;

2° Et de la transcription de l'acte d'antichrèse faite au même bureau, le..., vol..., n°...

Pour faire opérer ces radiations, tous pouvoirs sont donnés au porteur d'une expédition des présentes.

En outre, M. Morel déclare se désister du transport d'indemnité en cas de sinistre contenu dans le même acte et de la signification qui en a été faite à la compagnie d'assurance, La P..., par exploit de..., huissier à..., en date du...

Au moyen des présentes, M. Morel est déchargé de l'administration de la maison dont il s'agit ; et il a à l'instant remis à M. Perrot, qui le reconnaît, la grosse du bail de la maison.

    Dont acte...

2. — Désistement d'acquisition.

Et le...

Pardevant, etc...

    Ont comparu :

M. Ernest Voisin, négociant, demeurant à...

Et M. Emile Ory, propriétaire et Mme Eugénie Renard, son épouse, qu'il autorise, demeurant ensemble à...

Lesquels ont dit et fait ce qui suit :

Par contrat passé devant M°..., notaire à..., le... non encore transcrit et dont la minute précède, M. et Mme Ory ont vendu à M. Voisin une pièce de..., etc...,

Depuis le jour de la vente un mesurage de cette pièce, fait contradictoirement entre les comparants, a constaté qu'elle contient..., ce qui constitue un excédant de plus d'un vingtième ;

En conséquence, M. Voisin usant de la faculté qui lui est accordée par l'art. 1618 du C. civ. et pour éviter de payer un supplément du prix fixé dans le contrat de vente du..., à la somme de...

Déclare se désister purement et simplement de la vente qui lui a été faite par M. et Mme Ory aux termes du contrat ci-dessus énoncé, et consentir à ce que ces derniers rentrent dans la pleine et absolue propriété de la pièce de..., comme s'ils n'avaient jamais cessé d'en être propriétaires.

Ce désistement est formellement accepté par M. et Mme Ory qui, en conséquence, déchargent M. Voisin de toutes les obligations qu'il avait contractées dans ledit contrat de vente, et notamment de payer le prix ; et ils lui ont à l'instant remboursé la somme de..., montant des frais et loyaux coûts dudit contrat.

    Dont acte...

3. — Désistement d'appel.

Pardevant, etc...
A comparu :
M. Alfred Lambert, propriétaire. demeurant à...
Lequel a, par ces présentes, déclaré se désister purement et simplement de l'appel qu'il
a interjeté suivant exploit de..., huissier à..., en date du..., etc., d'un jugement rendu
par le tribunal civil de..., le..., au profit de M. Louis Viard, rentier, demeurant à..., ici
présent et qui accepte le présent désistement.

Au moyen de quoi ledit appel sera considéré comme non avenu, et le jugement dudit
jour... sera exécuté selon sa forme et teneur, comme jugement définitif rendu en dernier
ressort.

Mention des présentes est consenti partout où elle est nécessaire.
Dont acte...

4. — Désistement de gage.

Pardevant, etc...
A comparu :
M. Pierre Grandjean, propriétaire, demeurant à...
Lequel déclare, par ces présentes, se désister purement et simplement du gage ou nantissement consenti à son profit par M. Lucien Gaudel, négociant, demeurant à..., aux termes
d'un acte reçu par Me..., notaire à..., le..., d'une inscription de 500 fr. de rente 3 °/₀ sur
l'Etat, actuellement inscrite sous le n°... de la...série... au nom de M. Gaudel avec men
tion de nantissement au profit du comparant en vertu de l'acte ci-dessus relaté.

Consentant que la mention de nantissement dont il s'agit soit retranchée de cette ins-
cription de rente pour que M. Gaudel puisse à l'avenir en disposer librement et requérant
Me..., l'un des notaires soussignés, de délivrer le certificat de propriété nécessaire à cet effet.
Dont acte...

5. — Désistement d'héritage.

Pardevant, etc...
Ont comparu :
M. Jules Renaud, propriétaire, demeurant à...
M. Léon Remy, négociant, demeurant à...
Et M. Henri Verdier, rentier, demeurant à...
Lesquels ont dit et fait ce qui suit :
Par acte sous signatures privées, en date à..., du..., et dont un double enregistré a été
déposé à Me..., notaire à..., par acte en date du..., M. Renaud a vendu à M. Remy... arcs
de terre labourable situés à..., etc., moyennant..., etc.;

M. Remy était depuis... ans en possession et jouissance paisible de l'objet de son acquisition, lorsque M. Verdier a formé tant contre lui que contre M. Renaud une action en
revendication fondée sur ce qu'aux termes d'un acte de partage passé devant Me..., etc., la
pièce de terre ci-dessus désignée a été comprise dans le lot qui lui est échu des biens de la
succession de..., son oncle..., décédé à..., le..., et qui en était propriétaire au moyen de l'acquisition qu'il avait faite de M. Adolphe Vincent, propriétaire, demeurant à..., suivant acte
passé devant Me..., le...

M. Renaud s'était cru propriétaire de ladite pièce de terre, parce qu'il l'avait trouvée dans
les biens dont était en possession au son décès M. Auguste Renaud, son père, décédé à...,
le..., et dont il était l'unique héritier ;

Mais MM. Renaud et Remy ne peuvent s'empêcher de reconnaître que, bien que depuis...
ans environ, M. Verdier comparant, ni son auteur n'aient eu la possession de la pièce de
terre litigieuse, ledit sieur Verdier n'en est pas moins resté le propriétaire légitime et
exclusif.

En conséquence, M. Remy, du consentement de M. Renaud s'est, par ces présentes,
désisté purement et simplement de l'acquisition qu'il avait faite de ce dernier de la pièce de
terre ci-dessus désignée par l'acte précité du..., et a consenti que M. Verdier en reprenne la
possession et jouissance à titre de propriétaire à partir de ce jour, ce qui est accepté par ce
dernier, qui, en raison de la bonne foi de M. Remy et du présent désistement, lui fait remise
de tous les fruits qu'il aurait pu avoir le droit de répéter contre lui.

Par suite de ce désistement, M. Renaud a présentement remboursé à M. Remy qui le reconnaît : 1° la somme de... formant le prix principal de la vente ci-dessus énoncée, qui lui avait été payée comptant (ou : suivant quittance passée devant M°..., etc.); 2° Et la somme de... pour tous frais et loyaux coûts d'acquisition.

Une expédition des présentes sera transcrite au bureau des hypothèque de... et s'il existe des inscriptions M. Remy devra en rapporter mainlevée à ses frais, à M. Verdier.

Mention des présentes est consentie, etc.

Dont acte..

6. — Désistement d'instance.

Pardevant, etc...

A comparu :

M. Joseph Charpentier, propriétaire, demeurant à...

Lequel déclare, par ces présentes, se désister purement et simplement de l'instance qu'il a introduite contre M. Achille Caron, rentier, demeurant à..., devant le tribunal civil de..., par exploit de..., huissier à..., etc. (*Expliquer les causes qui ont donné lieu à l'instance*).

Laquelle demande était fondée, etc. (*Énoncer ici les principaux motifs*).

En conséquence, M. Charpentier consent que cette instance soit considérée comme n'ayant jamais été introduite ; il déclare renoncer à en former une nouvelle pour les mêmes causes, et il donne tous pouvoirs nécessaires à M°..., avoué près le tribunal, etc., pour faire valoir ce désistement.

Dont acte...

7. — Désistement de privilège (V. *infrà*, v° Mainlevée).

8. — Désistement de privilège de second ordre.

Pardevant, etc...,

A comparu :

M. Henri Breton, propriétaire, demeurant à ..,

Lequel déclare, par ces présentes, se désister purement et simplement du privilège de second ordre qui milite à son profit sur le cautionnement de M. Charles Caron, notaire, demeurant à..., en vertu de la déclaration faite par ce dernier, suivant acte passé devant M°..., notaire à..., le..., que les fonds qu'il a versés au trésor public pour raison de son cautionnement appartenaient à M. Breton.

Le comparant consent à ce que son privilège soit éteint et que tous payeurs, en versant le montant de ce cautionnement entre les mains de qui de droit, soient valablement déchargés ; mais il déclare faire réserve de tous les autres droits qu'il peut avoir à faire valoir contre M. Caron, pour raison de la somme de..., que ce dernier lui doit et qui forme l'importance dudit cautionnement.

Dont acte...

9. — Désistement de signification de transport.

Pardevant, etc...

A comparu :

M. Émile Legros, propriétaire, demeurant à.. ,

Lequel déclare, par ces présentes, se désister purement et simplement de la signification faite à sa requête au trésor public, par exploit de..., huissier à..., en date du..., enregistré et visé le lendemain sous le n°..., d'un acte de transport fait par M. Louis Robert, rentier, demeurant à..., à M. Legros, comparant, suivant acte passé devant M°..., etc., de la somme de..., à prendre, par priorité et préférence à M. Robert, dans celle de..., due à ce dernier par l'état français, pour raison de...

En conséquence, il consent que cette signification soit considérée comme nulle et non avenue, et qu'elle soit rayée de tous registres où elle peut avoir été mentionnée ; mais il réserve néanmoins tous ses droits résultant du transport ci-dessus relaté dont il n'entend nullement se désister et qu'il pourra faire notifier de nouveau, tant qu'existera la créance de M. Robert sur l'état français.

Dont acte...

10. — Désistement de surenchère.

Pardevant, etc...,

A comparu :

M. Léon Legendre, propriétaire, demeurant à...,

Lequel a, par ces présentes, déclaré se désister purement et simplement de la surenchère par lui formée, suivant exploit de..., huissier à..., en date du .., enregistré, sur le prix d'une maison sise à..., vendue par M. Joseph Didier, négociant et Mme Léontine Bouland, son épouse, demeurant ensemble à..., à M. Louis Richard, rentier, demeurant à .., suivant contrat passé devant M^e... et son collègue, notaires à..., le. ., moyennant la somme de 40,000 francs de prix principal,

En conséquence, il consent que cette surenchère soit considérée comme nulle et non avenue, et que ledit sieur Richard demeure propriétaire incommutable de la maison dont il s'agit, moyennant le prix porté audit contrat.

Dont acte...

DISCIPLINE (1)

Sommaire :

§ 1. ORGANISATION ET COMPOSITION DES CHAMBRES DE NOTAIRES.

1. — Les *Chambres de discipline* sont des tribunaux de famille, établis dans le ressort de chaque tribunal civil, pour représenter les notaires dans le soutien de leurs droits et intérêts communs ; — prévenir et concilier les différends qui peuvent s'élever entre eux ; — veiller à l'observation exacte des règlements et des lois, ainsi qu'à l'accomplissement de tous les devoirs professionnels ; — juger et punir disciplinairement les fautes dont les membres de la corporation se rendent coupables.

2. — Ces Chambres n'existaient pas dans l'ancien droit ; elles ont été décrétées par la loi du 25 ventôse an XI (art. 50), puis organisées par l'arrêté du 2 nivôse an XII, remplacé aujourd'hui par l'ordonnance du 4 janvier 1843.

3. — Aux termes de l'art. 1er de cette ordonnance, il y a près de chaque tribunal civil de première instance, et dans la ville où il siège, une chambre des notaires, chargée du maintien de la discipline parmi les notaires de l'arrondissement.

---

(1) Nous donnerons sous ce mot toutes les explications relatives à l'organisation des chambres de notaires et à l'exercice de la discipline notariale.

4. — Les membres de chaque Chambre sont nommés par l'assemblée générale des notaires de l'arrondissement convoqués à cet effet, chaque année, dans la première quinzaine du mois de mai (1).

5. — La Chambre de Paris se compose de dix-neuf membres ; les Chambres établies dans les arrondissements où le nombre des notaires est au-dessus de cinquante, sont composées de neuf membres ; celles de tous autres arrondissements de sept ; à moins que ce chiffre n'ait été réduit par décret (2).

6. — Lorsque le nombre des notaires d'un arrondissement était primitivement supérieur à cinquante et a été réduit au-dessous de ce chiffre, le nombre des membres de la Chambre doit être également réduit de neuf à sept, ce qui a lieu de la manière suivante : à la première élection, on ne remplace qu'un des trois membres sortants ; les deux autres tiers doivent se renouveler successivement aux élections des deux années suivantes ; enfin, la quatrième année, les membres formant les deux tiers tirent au sort celui d'entre eux qui devra céder une place pour compléter la série entamée par suite de la réduction du nombre des notaires de l'arrondissement (3).

7. — La nomination a lieu à la majorité absolue des voix, au scrutin secret et par bulletin de liste contenant un nombre de noms qui ne peut excéder celui des membres à nommer (art. 25).

8. — Si deux scrutins n'ont pas donné de majorité absolue aux candidats, il n'y a pas lieu de procéder à un scrutin de ballotage, à la majorité relative, comme l'ont écrit quelques auteurs, et, en cas d'égalité de voix, de donner la préférence, dans l'élection, au membre le plus âgé ou le plus ancien en exercice. La chancellerie, a reconnu, qu'en présence du texte précis de l'art. 25, l'élection ne peut jamais avoir lieu qu'à la majorité absolue (4).

9. — La moitié au moins des membres est choisie dans les plus anciens en exercice, formant les deux tiers de tous les notaires du ressort ; *deux*, au moins des membres appelés à faire partie des Chambres établies dans un chef-lieu de Cour d'appel sont *nécessairement* choisis parmi les notaires résidant au chef-lieu ; — Quant aux autres chambres, un de leurs membres est *nécessairement* choisi parmi les notaires de la ville où siège le tribunal de première instance (art. 25).

Ce membre est ou le président, ou le syndic, ou le secrétaire ; — si ce n'est pas le secrétaire qui est choisi, le président ou le syndic a la garde des archives, tient le registre prescrit par l'art. 33 et délivre les expéditions des délibérations de la chambre (art. 8).

---

(1) Il y aura, chaque année, deux assemblées générales des notaires de l'arrondissement, (Ordonn. de 1843, art. 22). Ces deux réunions sont obligatoires ; elles se tiennent, la première du 1er au 15 mai et la seconde, d'ordinaire, dans la première quinzaine du mois de novembre.

D'autres assemblées générales pourront avoir lieu toutes les fois que la chambre le jugera convenable.

Les notaires doivent toujours être convoqués par lettre du président ou du syndic, que la réunion soit ordinaire ou extraordinaire.

Le local est celui des séances de la chambre ; on ne pourrait tenir régulièrement les réunions chez le président ou tout autre membre.

L'absence, sans motif légitime, aux assemblées générales est un manquement qui rend les notaires passibles de peines disciplinaires.

D'après l'art. 24 de l'ordonnance, la présence du tiers des notaires de l'arrondissement, non compris les membres de la chambre, est nécessaire pour la validité des délibérations.

L'assemblée générale a plusieurs sortes d'attributions : elle nomme les membres de la chambre ; elle établit la bourse commune ; elle délibère sur la rédaction des statuts ou règlements intérieurs et sur tout ce qui intéresse l'exercice des fonctions notariales. A ce dernier point de vue, toutes les décisions qu'elle prend n'ont que la valeur d'un simple *avis*, à moins qu'elles n'aient été soumises à l'approbation du ministre de la justice et sanctionnées par lui.

Elle ne peut émettre de vœux relativement à la réforme de la législation, sans les adresser hiérarchiquement à M. le garde des sceaux. Circul. min. just., 3 juin 1862 (art. 17454 et 17520, J. N.).

(2) Ord. 4 janvier 1843, art. 9 ; Décr., 14 octobre 1861 ; 23 juillet 1875, 11 oct. 1889 et 17 Sept. 1892.

(3) Déc. minist. just., 19 février 1887 et 3 mai 1845.

(4) Lettres au proc. gén. de Grenoble du 7 août 1883 ; au proc. de la Rép. de Cholet du 25 septembre 1884 ; au proc. gén. d'Orléans du 21 octobre 1885 ; au proc. gén. de Nancy du 26 juillet 1887 ; et au proc. de la Rép. de Châteaudun du 14 août 1888. — Pau, 21 février 1883 (S. 1883-2-187).

10. — Si dans la ville, siège du tribunal de première instance, il y a seulement deux notaires, un des deux qui vient d'être, pendant trois ans, membre de la chambre, ne peut être réélu, bien qu'ainsi l'élection de l'autre notaire soit forcée (1).

11. — Le notaire élu membre de la Chambre ne peut refuser les fonctions qui lui sont déférées, qu'autant que son refus aura été agréé par l'assemblée générale (art. 25).

12. — La Chambre est renouvelée *par tiers* chaque année, pour les membres qui comportent cette division et, par portion approchant le plus du tiers, pour les autres membres, en faisant alterner chaque année les portions inférieures et supérieures au tiers, mais en commençant par les inférieures ; et de manière que dans tous les cas, aucun membre ne puisse rester en fonctions plus de *trois ans consécutifs*; sauf ce qui est dit en l'article précédent (art. 26).

Ainsi, si une Chambre se compose de neuf membres, chaque année, il y aura lieu de réélire trois membres à la place des trois membres qui cesseront leurs fonctions.

Si la Chambre ne renferme que sept membres, la première année, deux membres sortiront et seront remplacés; la seconde année, trois membres; et la troisième, deux ; — la quatrième, deux ; la cinquième, trois ; et la sixième, deux ; — et ainsi de suite pour chaque période de trois années consécutives.

13. — La règle, posée par l'art. 26, qu'un membre de la Chambre ne peut conserver ses fonctions plus de trois ans consécutifs doit être rigoureusement appliquée ; il ne suffirait pas, pour satisfaire au vœu de la loi, que le membre ait été l'objet d'une réélection.

Le principe ne reçoit exception que dans le cas où il n'y a qu'un seul notaire au chef-lieu (2).

14. — Mais l'intervalle qui doit rester entre la cessation des fonctions et la réélection n'ayant pas été déterminé par la loi, il suffit qu'il se soit écoulé une seule année (3).

15. — Lorsqu'un membre de la Chambre vient à mourir ou à cesser ses fonctions avant l'expiration des trois années pour lesquelles il avait été nommé, celui qui le remplace ne doit être élu que pour le temps restant à courir de ces trois années (4).

16. — Les décisions par lesquelles le ministre de la justice statue sur la validité de l'élection des membres de la chambre des notaires sont susceptibles de recours, par la voie contentieuse, devant le Conseil d'Etat (5).

17. — Lorsque les membres de la Chambre ont été nommés par l'assemblée générale, la Chambre se réunit pour nommer ses officiers, c'est-à-dire un président, un syndic, un rapporteur, un secrétaire et un trésorier ; les autres élus sont simples membres.

Cette élection doit être faite, au plus tard, le 15 mai et la Chambre se constitue aussitôt après cette élection (art. 28).

Elle est renouvelée chaque année et les mêmes officiers peuvent être réélus.

18. — Quand la Chambre se réunit pour nommer ses officiers, le doyen d'âge prend la *présidence* et le plus jeune membre est secrétaire de la séance. Les nominations se font suivant le mode prescrit par l'art. 25, c'est-à-dire à la majorité absolue des voix, au scrutin secret et par bulletin de liste.

Les bulletins doivent contenir autant de noms qu'il y a de fonctions à donner et à côté de chaque nom doit être indiquée la fonction pour laquelle le membre

---

(1) Cons. d'Etat, 29 janvier 1857.
(2) C. d'Etat. 29 janvier 1857.
(3) Dict. du not., n° 51. Favier-Coulomb, sur l'article 26, note 12.

(4) Déc. min. just., 17 novembre 1876 (art. 2101, J. N.).
(5) Avis C. d'Etat, 29 janvier 1857.

est désigné; tout bulletin qui ne contiendrait pas cette indication spéciale, devrait être rejeté et annulé.

Comme pour l'élection des membres de la Chambre, l'élection doit avoir lieu à la majorité absolue, mais à égalité de voix, le plus âgé sera préféré (art. 27).

19. — Les officiers que la Chambre doit choisir sont :

a) Un *président*, qui est toujours pris parmi les plus anciens désignés dans l'article 25, sauf l'application de l'article 8 (art. 6 et 27)

Il a voix prépondérante, en cas de partage d'opinions, convoque la Chambre extraordinairement, quand il le juge à propos, ou sur la réquisition motivée de deux autres membres. — et à la police de la Chambre et des réunions générales.

b) Un *syndic*, chargé de poursuivre contre les notaires inculpés, soit d'office, soit à la requête du parquet ou des parties plaignantes.

Il est entendu préalablement à toutes les délibérations de la Chambre, qui est tenue de délibérer sur tous ses réquisitoires. Il a, comme le président, le droit de convoquer la Chambre, il poursuit l'exécution de ses délibérations et agit pour la Chambre dans tous les cas et conformément à ce qu'elle a délibéré.

Le nombre des syndics peut être porté à *trois* à Paris et à *deux* dans les Chambres dont le ressort comprend plus de cinquante notaires (art. 7).

c) Un *rapporteur*, qui recueille les renseignements sur les affaires portées contre les notaires inculpés et en fait rapport à la Chambre.

d) Un *secrétaire*, qui rédige les délibérations, garde les archives et délivre les expéditions.

e) Un *trésorier*, qui tient la bourse commune, fait les recettes et dépenses autorisées par la Chambre et en rend compte, à la fin de chaque trimestre, à la Chambre qui lui en donne décharge (art. 5).

20. — Indépendamment des attributions particulières données aux membres ci-dessus désignés, chacun d'eux a voix délibérative, ainsi que les autres membres, dans toutes les réunions; néanmoins, lorsqu'il s'agit d'affaires où le syndic est partie poursuivante, celui-ci ne prend pas part à la délibération (art. 10).

21. — Les Chambres ne peuvent délibérer valablement qu'autant que les membres présents et votants sont au moins au nombre de *douze*, pour Paris, de *sept* pour les Chambres composées de neuf membre — et de *cinq* pour les autres Chambres (art. 6) (1); et la nullité dont une délibération serait atteinte de ce chef ne saurait être couverte par le silence des parties (2).

22. — L'ordonnance de 1843 n'indique pas la mesure à prendre si, par suite de décès, d'absence, de récusation, d'abstention ou d'autre cause, la Chambre ne se trouve pas en nombre pour délibérer. Comment la Chambre doit-elle se compléter? Les membres présents désigneront-ils des notaires pris au chef-lieu de l'arrondissement, — ou parmi les plus anciens dans l'ordre du tableau? Ni l'un ni l'autre de ces deux systèmes n'a paru admissible, et la jurisprudence a décidé qu'en pareil cas, la Chambre ne peut se compléter que par la voie du *tirage au sort* (3).

23. — Les fonctions spéciales attribuées par l'article 6 à chacun des officiers de la Chambre peuvent être cumulées, lorsque le nombre des membres qui la composent est au-dessous de sept, dans le cas déterminé par l'article 9 de l'ordonnance ; et néanmoins les fonctions de président, de syndic et de rapporteur doivent toujours être exercées par trois personnes différentes (art. 11).

---

(1) Cass., 25 mai 1887 ; sauf si le nombre des membres a été réduit conformément à l'article 9. — (2) Cass., 10 janvier 1888 (J. du not., n° 3994). — (3) Cass., 21 février 1865 et 14 janvier 1867 (Rev. not., n° 1950); 7 juillet 1874 (art. 21020, J. N.); Rev. not., n° 4788); 22 novembre 1882 (art. 22836, J. N.); Lefebvre, Discipl. not., t. II, n°s 796 et suiv.; Amiaud sur Rutgeerts, p. 1856.

24. — Quel que soit le nombre des membres de la Chambre, les mêmes fonctions peuvent aussi être cumulées momentanément, en cas d'absence ou d'empêchement de l'un des membres désignés en l'article 6, lesquels, pour ce cas, se suppléent entre eux ou peuvent même être suppléés par un autre membre de la Chambre.

Les suppléants sont nommés par le président, ou, s'il est absent, par la majorité des membres présents en nombre suffisant pour délibérer (art. 11).

25. — Les membres élus officiers de la Chambre ne peuvent refuser ces fonctions, ou s'en démettre après avoir accepté (1); tout notaire, qui croirait avoir un légitime empêchement, le proposerait à la Chambre qui serait juge (art. 27).

§ 2. ATTRIBUTIONS DES CHAMBRES DE NOTAIRES.

26. — Les attributions conférées aux Chambres de notaires par la loi sont de plusieurs sortes; on les a divisées en : — pouvoirs d'administration; — pouvoirs de conciliation et pouvoirs de répression ou action disciplinaire.

Nous allons passer en revue ces diverses attributions.

ART 1er. — *Pouvoirs d'administration.*

27. — Nous avons dit que les Chambres sont chargées de représenter les notaires dans la défense de leurs droits et intérêts communs; elles sont aussi l'intermédiaire naturel et légal entre le gouvernement ou le pouvoir judiciaire et les notaires de chaque arrondissement. A ces divers points de vue, elles sont chargées :

    a) De donner leur avis sur toutes les demandes de création ou de suppression d'office, de transfert de résidence ;

    b) De donner leur avis sur la capacité et la moralité des aspirants au notariat et de délivrer ou refuser le certificat prescrit par la loi du 25 ventôse (articles 43 et 44).

    c) De proposer les notaires pour l'honorariat (2).

    d) De fournir : aux parquets, chargés avec elles de la surveillance sur les notaires, les renseignements utiles dans l'intérêt d'une bonne administration de la justice, soit à l'occasion des plaintes portées contre les notaires, soit pour tout autre motif, — au président du tribunal et au tribunal lui-même, des avis en matière de taxe.

    e) De prendre soin de la Bourse commune (3).

    f) De préparer les règlements intérieurs de la compagnie et de réunir les usages en matière de rémunération.

    g) De représenter les notaires de l'arrondissement dans les instances judiciaires où les intérêts de la corporation peuvent être engagés.

    h) De veiller à la tenue des registres et tableaux prescrits par la loi.

    i) De recevoir en dépôt le double des états de récolement des minutes des notaires et les états des minutes des études supprimées.

    j) De donner leur avis sur l'acceptation des dons et legs faits à la compagnie.

    k) Enfin de veiller à l'exécution des prescriptions du décret du 30 janvier 1890.

28. — **Avis à donner sur les demandes de création ou de suppression d'office et de transfert de résidence.** — Lorsque le gouvernement est sollicité de créer ou de supprimer un office de notaire, ou de transférer une résidence d'une localité dans une autre, une enquête est toujours faite par le parquet de l'arrondissement sur les causes qui rendent cette mesure nécessaire ; et parmi les autorités consultées, il faut compter en première ligne la Chambre des notaires de l'arrondissement.

---

(1) Dict. du not., nos 31, 68, 73; Rutgeerts et Amiaud, n° 1020.

(2) Ordonnance du 9 janvier 1843, art. 29.
(3) Même ordonnance art. 39.

La Chambre délibère spécialement sur les questions qui lui sont soumises, et donne son avis motivé, non seulement sur l'opportunité et l'utilité de la mesure proposée, mais encore sur l'indemnité qui en est presque toujours la conséquence, indique le chiffre qui lui paraît équitable et, en matière de suppression d'office, le mode de répartition qui lui semble préférable.

Une expédition de la délibération est transmise, par le parquet, à la chancellerie.

29. — Délivrance du certificat de capacité et de moralité. — Tout aspirant qui veut être notaire, doit demander à la Chambre de l'arrondissement dans lequel il désire exercer ses fonctions, un certificat constatant sa capacité et sa moralité. A cet effet, après avoir obtenu du président la convocation de la Chambre, il se présente devant elle au jour fixé, muni de son dossier de présentation. Il n'appartient point à la Chambre de prononcer sur la légalité des justifications imposées au candidat; elle doit se borner, après avoir pris des renseignements sur la conduite de l'aspirant et lui avoir fait un examen écrit ou oral, à émettre son avis sur la capacité et la moralité, ainsi que sur la sincérité des certificats qui lui ont été présentés. Le gouvernement seul a le droit de statuer en dernier ressort. (V. *infrà*, v° OFFICE).

La Chambre dresse, après la séance, une délibération, dans laquelle elle mentionne toutes les pièces produites par l'aspirant, le résultat de l'examen auquel elle s'est livrée et donne son avis sur la capacité et la moralité du candidat. Copie de cette délibération est adressée au procureur de la République, qui fait ses observations et autorise, s'il y a lieu, la délivrance du certificat. Cette délivrance est faite par le président ou le secrétaire de la Chambre.

Si le procureur de la République n'approuve pas la délibération, il adresse ses observations à la Chambre qui en délibère de nouveau et persiste ou change d'avis.

30. — Proposition à l'honorariat. — Aux termes de l'article 29 de l'ordonnance du 4 janvier 1843, la Chambre de discipline a le droit de proposer au gouvernement la nomination, comme notaires honoraires, des anciens notaires qui, dans son ressort, ont honorablement exercé leurs fonctions pendant vingt années consécutives. (V. *infrà*, v° HONORARIAT.)

31. — Renseignements au parquet et aux magistrats. — La Chambre de discipline, par son président, est un intermédiaire naturel entre le parquet et la compagnie pour tous les renseignements qui doivent être fournis, soit au gouvernement, s'il en a besoin dans un intérêt général, soit aux magistrats, à l'occasion des plaintes transmises contre les membres de la corporation.

Elle peut aussi être appelée à donner son avis au président du tribunal ou au tribunal lui-même, sur les difficultés relatives à la taxe des actes notariés (1).

32. — Surveillance de la bourse commune. — Toute compagnie de notaires, par arrondissement, doit avoir une *bourse commune*, pour les dépenses de la corporation (art. 39). Les dépenses et recettes sont consenties par l'assemblée générale qui décide le mode de contribution. Il en est deux principaux : un droit fixe d'entrée et une cotisation annuelle, habituellement proportionnelle au nombre des actes reçus; chaque notaire, tant qu'il appartient à la compagnie, doit y contribuer.

Les dépenses sont ordinaires ou extraordinaires : parmi les dépenses ordinaires, il y a lieu de comprendre les frais de location de la Chambre, d'impressions, de correspondance, de salaires des gens de service, d'éclairage, de chauffage, etc...; parmi les autres, figurent les sommes à payer pour contribuer à une suppression d'office, à l'acquisition d'un local pour les réunions de la Compagnie, à l'achat d'une bibliothèque, aux frais de procès à soutenir dans l'intérêt commun et à ceux du contrôle de la comptabilité. Elles doivent faire l'objet d'un vote spécial.

Les délibérations de l'assemblée générale qui fixent la bourse commune sont

_____

(1). L. du 25 ventôse, art. 51.

soumises à l'approbation ministérielle. Le rôle de répartition proposé par l'assemblée est rendu exécutoire par le premier président de la Cour d'appel, après avis du procureur général.

La Chambre doit prendre soin de la bourse commune; c'est à elle de décider, après avis de l'assemblée générale, l'emploi des fonds, d'en surveiller la rentrée, par l'intermédiaire du trésorier, et de lui donner décharge, quand il a rendu compte.

33. — Confection des règlements et des tarifs. — L'article 23 de l'arrêté du 2 nivôse an XII avait promis un règlement général pour le notariat; ce règlement n'a jamais été fait et l'ordonnance de 1843 n'a pas pourvu à tous les détails de la pratique notariale qu'il était utile de règlementer. Aussi presque toutes les Chambres, celle de Paris en tête (1), ont-elles essayé de suppléer au silence du législateur en déposant, dans des règlements intérieurs, les usages à suivre par les notaires de chaque compagnie.

Pour être efficaces, ces règlements ne doivent contenir aucune règle contraire, soit à la loi, soit aux légitimes attributions des pouvoirs législatifs, administratifs ou judiciaires. Ils n'ont, d'ailleurs, force exécutoire qu'autant qu'ils ont été approuvés par le Ministre de la justice; à défaut de cette approbation, ils ne peuvent être pris pour base d'une décision disciplinaire(2). (V. *infrà*, v° RÈGLEMENT.)

Les Chambres ont-elles le droit de coordonner, dans un tarif, les usages de rémunération appliqués par les membres de la compagnie? Un auteur (3) enseigne la négative, s'appuyant sur un jugement du 16 décembre 1835, d'un tribunal dont le nom n'est pas indiqué. Nous ne saurions partager cette opinion; que les notaires réunis en assemblée générale, ou la Chambre, n'aient pas le droit, après avoir rédigé un tarif, de le déclarer obligatoire soit pour les notaires, soit pour les parties, nous le reconnaissons, et cette doctrine fort juste a été consacrée par de nombreuses décisions judiciaires, ainsi que par des décisions ministérielles (4).

Mais la collection de ces usages n'a rien d'illégal et c'est pour les notaires, comme pour les magistrats chargés de la taxe, une source précieuse de renseignements.

34. — Droit d'intervention des Chambres. — Les Chambres, qui représentent tous les notaires de l'arrondissement, sont autorisées à intervenir dans toute instance judiciaire où les intérêts communs et généraux de la compagnie se trouveraient intéressés(5); par exemple, pour réprimer les empiètements commis sur les attributions notariales par d'autres officiers publics (6), pour faire prévaloir les intérêts communs des notaires en matière de taxe d'honoraires (7).

Les frais de cette intervention sont à la charge de la Chambre (8).

Un simple intérêt d'honneur pourrait suffire pour autoriser l'intervention de la Chambre; mais l'intervention ne serait pas justifiée, si la question portée devant les tribunaux n'intéressait que les droits particuliers du notaire en cause (9).

35. — Tenue des registres et tableaux prescrits par la loi. — La Chambre a naturellement la surveillance de certains registres dont la tenue est prescrite par la loi, ainsi que des tableaux de publicité dont l'affiche est imposée soit aux notaires, soit au secrétaire même de la Chambre : Registres de comptabilité

---

(1) Règlements des 26 octobre 1846 et 27 avril 1849.

(2) Ordon. de 1843, art. 23; Cass., 27 août 1851 et 29 janvier 1855, 12 novembre 1856; 7 avril et 10 décembre 1862; 25 avril 1870; 5 juillet 1875; 20 mars 1877; 17 juillet 1878 (art. 14439, 15449 15940, 17374, 17592. 19933 et 21283, J. N.); Cass., 10 janvier 1887.

(3) Ed. Clerc, t. II, p. 270.

(4) Bourges, 30 juin 1829; Cass., 29 avril 1853; 22 avril 1854; Lyon, 19 janvier 1865; Paris, 10 novembre 1866; Pau, 23 février 1867; Grenoble, 19 juin 1868 et 15 juin 1871; Dict. du not., n° 25; Rutgeerts et Amiaud, t. III, p. 1432 et 1452; Aubertin,

Honor. des not., p. 296 et suiv.; Circul. minist. just., 10 novembre 1854.

(5) Ord. de 1843, art. 2, 6, 7.

(6) Aix, 23 janvier 1832; Rouen, 23 juin 1844 et 27 février 1856; Caen, 31 mai 1851: Bruxelles, 14 août 1860; Cass., 25 juillet 1870; Besançon, 28 juillet 1877: Cass., 15 mai 1878 (*Rev. not.*, n° 5746; art. 21895, J. N.)

(7) Grenoble, 22 février 1853.

(8) Cass., 25 mai 1878 (J. du Not., n° 3108).

(9) Voir en ce sens : Paris, 9 décembre 1859; Lyon, 31 décembre 1863 et Rennes, 4 juillet 1865 (art. 17943 et 18895, J. N.), Çons, aussi Dict. du Not., n°* 425 et 426; Dalloz, v° *Notaire*, n° 685; Amiaud, *Tarif gén.*, t. II, p. 809 et suiv.

— registre des délibérations de la Chambre et de l'assemblée générale (1); — registre des recettes et dépenses de la bourse commune (2); — registre pour l'inscription du stage des clercs; — registre de dépôt et tableau pour l'exposition des extraits de demande et jugements de séparations de biens, de contrats de mariage de commerçants, de jugements d'interdiction ou de dation de conseil judiciaire (3).

Il importe que ces registres soient tenus d'une façon régulière et uniforme, et la Chambre doit y tenir la main.

36. — Dépôt des états de minutes. — Un autre devoir des Chambres consiste à recevoir en dépôt :

a) Les doubles des états de récollement dressés par chaque notaire qui entre en fonctions, des minutes de son prédécesseur (4).

b) Les états des minutes dépendant des études supprimées (5).

37. — Acceptation de dons et legs. — Les compagnies des notaires sont des corporations reconnues par la loi, qui ont la personnalité civile et qui, par suite, peuvent acquérir et recevoir. C'est ce que nous avons démontré en nous appuyant sur l'avis d'auteurs autorisés (6). Mais elles ne peuvent le faire et notamment accepter aucun don ni legs sans l'autorisation du gouvernement. Cette autorisation est donnée par décret, après acceptation par la Chambre (7).

37 bis. — Surveillance de la comptabilité. — V. *suprà*, v° COMPTABILITÉ.

ART. 2. — *Pouvoirs de conciliation.*

38. — Une des missions les plus importantes conférées aux Chambres par l'ordonnance de 1843, est celle « de prévenir ou concilier tous différends entre « notaires, et notamment ceux qui pourraient s'élever soit sur des communications, « remises, dépôts ou rétentions de pièces, fonds et autres objets quelconques, soit « sur des questions relatives à la réception et garde des minutes, à la préférence ou « concurrence dans les inventaires, partages, ventes, adjudications ou autres actes « en cas de non conciliation, *d'émettre leur opinion par simple avis* (art. 2, § 2).

« De prévenir ou concilier également toutes plaintes et réclamations de la « part de tiers contre les notaires, à raison de leurs fonctions; *donner simplement* « *leur avis* sur les dommages-intérêts qui pourraient être dus (art. 2, § 3).

« De *donner leur avis* sur les difficultés concernant le règlement des hono- « raires et vacations des notaires, ainsi que sur tous différends soumis à cet égard « au tribunal civil » (art. 2, § 4).

La loi prévoit donc trois ordres de difficultés sur lesquelles le pouvoir conciliateur de la Chambre peut avoir à s'exercer : différends entre notaires, — différends entre notaires et clients, — difficultés relatives au règlement des honoraires.

39. — Mais est-ce à dire que ce soient là les seules questions dans lesquelles les Chambres aient le droit d'intervenir pour concilier? Non, sans aucun doute, et tous les auteurs sont d'accord pour enseigner que les exemples indiqués par l'article 2 de l'ordonnance de 1843 ne sont pas *limitatifs*; que les Chambres de notaires sont, en principe, investies du droit de conciliation pour tous différends entre notaires et clients, *pourvu que ces différends concernent les fonctions notariales* (8).

40. — Lorsque la Chambre est appelée à statuer, comme conciliatrice, elle ne rend point de jugement et n'a le droit de prononcer aucune condamnation; elle ne peut émettre qu'un simple *avis*; une Chambre ne pourrait donc, sans commettre un excès de pouvoir, *décider*, sur une question de concurrence entre notaires :

(1) Ordonnance de 1843, art. 3.
(2) Même ordonnance, art. 39.
(3) Même ordonnance, art. 38.
(4) L. du 25 ventôse, art. 58.
(5) Ordonnance de 1843, art. 2, § 6.
(6) Rutgeerts et Amiaud, t. III, p. 1406 et suiv.
— Sic : Aubry et Rau, t. I, p. 188; Dard, *Des offices,*

p. 201-202; Dict. du Not., v° Etabliss. public, n° 22; Favier-Coulomb, *Comment.* de l'ordonn. de 1843, p. 16.

(7) Décr., 25 mars 1850 et 15 mars 1882.

(8) Rutgeerts et Amiaud, n° 1050; A. Dalloz, t. II, n° 9; Dict. du Not., n° 131.

a) Qu'un notaire sera admis à partager les honoraires d'actes reçus hors de son ressort (1);

b) Ou aura la garde de la minute d'un acte (2);

c) Ou devra restituer les honoraires perçus par lui (3);

d) Ou, après avoir prononcé contre un notaire une des peines édictées par l'article 14 de l'ordonnance de 1843, lui enjoindre de renvoyer un de ses clercs dans un délai déterminé (4).

Mais elle peut, sous forme d'*avis*, indiquer les raisons de convenance qui s'opposent à ce qu'un notaire emploie, comme clerc, le greffier de la justice de paix (5).

Art. 3. — *Pouvoirs de répression ou action disciplinaire.*

41. — Il résulte des articles 53 de la loi du 25 ventôse et des articles 1, 14 et suivants de l'ordonnance du 4 janvier 1843, que l'action disciplinaire, c'est-à-dire le pouvoir de poursuivre et de réprimer les infractions professionnelles commises par les notaires, est partagé entre les Chambres de notaires et les tribunaux. Aussi devons-nous, avant d'indiquer les règles spéciales à chacune de ces juridictions, étudier la délimitation de leurs attributions et les principes qui leur sont communs.

42. — **Compétence.** — Il est tout d'abord constant que les Chambres de notaires ne peuvent prononcer contre les notaires que les peines énumérées dans l'art. 14 de l'ordonnance de 1843 : le rappel à l'ordre, la censure simple, la censure avec réprimande, la privation de voix délibérative dans l'assemblée générale, l'interdiction de l'entrée de la Chambre pendant le maximum de trois ou de six ans, — toutes peines qu'on est convenu d'appeler *peines de discipline intérieure* (art. 14).

43. — Quant aux peines plus graves de la *suspension* et de la *destitution*, les Chambres n'ont que le droit de les provoquer, *par forme de simple avis* (art. 15), et il appartient aux tribunaux, seuls, de les prononcer (6).

44. — Mais les tribunaux ne peuvent-ils appliquer que ces deux peines et ne sont-ils plus compétents, s'il s'agit d'infliger une peine de discipline intérieure, — soit que sur une poursuite en suspension, ils estiment cette répression trop sévère, — soit que la Chambre saisie d'une poursuite n'ayant pas jugé à propos de punir le notaire, le parquet saisisse le tribunal de l'affaire? La question est très controversée dans la doctrine. Nous nous sommes prononcé, avec un certain nombre d'auteurs, contre la plénitude de juridiction des tribunaux et nous avons développé les motifs de notre opinion, dans notre deuxième édition de Rutgeerts (7).

La doctrine contraire est enseignée par Ed. Clerc (8), Rolland de Villargues (9), Dalloz (10), Morin (11), qui admettent la compétence du tribunal, concurremment avec la Chambre de discipline, tout au moins lorsque dans une poursuite à fin de suppression ou de destitution, les faits incriminés perdent de leur gravité dans le débat. La jurisprudence se prononce de plus en plus dans ce sens (12).

45. — Dès que les notaires sont entrés en fonctions, ils sont passibles de poursuites disciplinaires, s'ils commettent quelque infraction aux règles de leur profession; car c'est leur qualité de notaire qui les rend justiciables, soit de leur

---

(1) Cass., 24 juillet 1854 et 18 avril 1866 (S. 1866-1-199).

(2) Cass., 14 janvier 1867 (art. 18725, J. N.).

(3) Cass., 5 juillet 1875 (art. 21283, J. N.).

(4) Cass., 23 décembre 1868; 25 mai 1887 (*J. du not.*, n° 3936).

(5) Cass., 14 mars 1864 (art. 18012, J. N.).

(6) L. du 25 ventôse, art. 53.

(7) T. III, n° 1240; *Revue prat. du not. belge*, 1882, p. 406. On peut consulter dans le même sens : Dict. du not., v° *Discipline*, n° 280 et suiv.; Lefebvre, t. I, n°° 16 et suiv.; Jeannest Saint-Hilaire, n°° 818 et suiv.; Galopin, *J. belge du notariat*, art.

14597; Nancy, 2 juin 1834 et 9 juin 1843; Cass., 1er avril 1844 et 20 janvier 1847; Verviers, 15 juillet 1856; Grenoble, 11 août 1863; Arlon, 16 mai 1867; Angers, 23 janvier 1889.

(8) T. I, n° 949.

(9) N° 16.

(10) V° *Notariat*, n° 784.

(11) T. II, n° 413.

(12) Amiens, 10 juillet 1862; Bruxelles, 9 février 1863; Nîmes 24 juin 1878; Pau, 13 décembre 1881 (art. 23034, J. N.); Liège, 10 mai 1882; Cass., 8 avril 1845, 20 novembre 1848 et 12 janvier 1887 (art. 23771, J. N.); Tournon, 5 juillet 1888.

chambre de discipline, soit du tribunal de leur ressort. Un notaire pourrait même être poursuivi disciplinairement pour faits antérieurs à sa nomination, s'il les a dissimulés et a ainsi surpris la religion de la Chambre et du gouvernement (1).

Le notaire qui est réintégré dans le notariat, même dans une autre résidence, pourrait être poursuivi pour faits antérieurs, si les faits ont été découverts depuis sa réintégration (2).

46. — Un notaire ne saurait échapper au pouvoir disciplinaire par cela seul qu'il consent à résigner ses fonctions et donne sa démission; il serait ainsi trop facile aux officiers publics coupables de se soustraire à une juste punition. C'est ce qui a été jugé par la Cour de cassation, notamment le 12 avril 1837 et le 7 avril 1851, et décidé à plusieurs reprises par le Ministère de la justice.

47. — Les poursuites ne pourraient plus avoir lieu si le notaire est démissionnaire ou a été remplacé ou s'il était décédé. Il n'y a plus lieu de statuer (3). Mais le Gouvernement suspend toujours l'instruction du dossier de présentation, lorsqu'il est informé que le cédant est sous le coup de plaintes ou de poursuites graves.

48. — Le notaire remplacé qui, avant la nomination de son successeur, avait été condamné disciplinairement par défaut, n'a plus le droit de former opposition à la décision rendue contre lui (4); mais, bien qu'il ait cessé ses fonctions, il a le droit de se pourvoir en cassation contre une décision disciplinaire qui l'a condamné à la réprimande, par exemple, car il a intérêt à faire réparer les erreurs légales dont cette décision peut être entachée (5).

49. — Les notaires honoraires sont-ils soumis à l'action disciplinaire? Une décision du Ministre de la justice du 24 juin 1846 s'est prononcée pour l'affirmative et a déclaré que les notaires honoraires peuvent être frappés de peines disciplinaires, soit par leur Chambre, soit par le tribunal de l'arrondissement; mais ni le tribunal, ni la Chambre ne peuvent prononcer la révocation du titre de notaire honoraire; l'article 53 de la loi de ventôse est inapplicable. Ce droit n'appartient qu'au Gouvernement, sur la proposition du Ministre; il y a des précédents en ce sens (7).

50. — Si les Chambres de notaires, dans leurs délibérations, venaient à violer la loi, ou à résister aux justes injonctions de l'autorité, à commettre, en définitive, des actes répréhensibles, seraient-elles, pour de pareils faits, passibles de poursuites disciplinaires? Devant quelle autorité? La Chambre, comme être collectif, serait-elle poursuivie, — ou bien l'action serait-elle dirigée et la répression infligée aux membres de la Chambre individuellement? Les auteurs ne sont pas d'accord sur ces divers points. Les tribunaux qui ont eu à trancher la difficulté, ont, en général, frappé les membres individuellement (8).

D'après un auteur (9), aucun texte de loi n'autoriserait une action collective contre une Chambre, en tant qu'être moral, et les poursuites dirigées, en pareil cas, contre chaque membre individuellement n'aboutiraient qu'à un résultat injuste. Les juges ne peuvent pas *légalement* savoir dans quel sens a voté tel ou tel membre. Si la délibération est répréhensible, comme elle est l'œuvre de la Chambre, la Chambre toute entière devrait être condamnée, ce que la loi n'autorise pas.

Ce raisonnement pouvait être exact avant la promulgation du décret du 30 janvier 1890; il ne l'est plus aujourd'hui. En cas de manquements graves à leurs devoirs, notamment à ceux qui découlent pour elles des prescriptions de l'article 8 de ce décret, relatives à la surveillance et au contrôle de la comptabilité notariale,

---

(1) Nîmes, 20 août 1840; Cass., 20 juillet 1841 et 6 novembre 1850 (art. 11069 et 14217, J. N.); Lefebvre, t. I, n° 45.

(2) Cass., 10 mai 1864 (art. 18030, J. N.); Dict. du not., n° 38..

(3) Vassy, 28 novembre 1888; Pontarlier, 13 août 1890 (J. du not., p. 772).

(4) Lefebvre, n° 58; Cass., 28 avril 1885 (J. du not., n° 3755 et Rev. not., n° 7191).

(5) Cass., 10 janvier 1887 (art. 28733, J. N.).

(6) Art. 12828. J. N.

(7) Décr., 30 août 1877 et 18 février 1888 (V. infrà, v° HONORARIAT).

(8) Paimbœuf, 22 novembre 1844; Grenoble, 22 juillet 1843; Neufchâtel, 27 mars 1844; Saint-Calais, 16 juillet 1849 (art. 12187, 13885 et 14296, J. N.); Brignoles, 24 août 1855 (art. 15609 J. N.).

(9) Lefebvre, n°° 65 et suiv.

les Chambres de discipline peuvent être suspendues ou dissoutes par arrêté du Garde des sceaux, après avis de la première chambre de la Cour d'appel délibérant en chambre du conseil (1).

Le ministère public saisit la Cour par voie de citation donnée au président et au syndic de la Chambre de discipline. Le délai de la citation est de huitaine.

Le procureur général transmet, avec ses observations, l'avis de la Cour au Garde des sceaux pour être par lui statué ce qu'il appartiendra (art. 12).

La suspension ne peut être prononcée pour plus de six mois (art. 13).

Pendant la durée de la suspension, ou en cas de dissolution, les attributions de la Chambre de discipline sont transférées au tribunal, ou aux deux premières chambres dans les tribunaux composés de plus de deux chambres (art. 14).

La chambre des vacations aura les mêmes pouvoirs durant les vacances des tribunaux.

Le tribunal, ainsi constitué en Chambre de discipline, peut, dans le cas où il le juge nécessaire, désigner un ou plusieurs notaires honoraires ou en exercice, chargés d'agir pour la Chambre et conformément à ce qu'il aura délibéré. Néanmoins, les poursuites ne peuvent être exercées que par le ministère public.

A l'expiration du délai fixé par l'arrêté de dissolution, délai qui ne peut excéder trois années, le président du tribunal convoque l'assemblée générale des notaires pour procéder à l'élection d'une nouvelle Chambre de discipline (art 15).

Ces droits de suspension et de dissolution ne portent, d'ailleurs, aucune atteinte au droit qu'a le parquet, lorsqu'une délibération de la Chambre de discipline lui paraît illégale, de provoquer l'annulation de cette délibération, soit par la Cour de cassation, soit par le Garde des sceaux, selon le cas (2).

51. — Faits punissables. — Ni la loi de ventôse ni l'ordonnance de 1843 n'ont spécifié d'une façon explicite les divers faits qui peuvent donner lieu à une poursuite disciplinaire devant la Chambre. L'article 12 seulement de l'ordonnance précise sept interdictions dont la violation constituerait autant d'infractions punissables ; mais l'article 13 ajoute : « Les contraventions aux prohibitions portées en l'article précédent seront, *ainsi que les autres infractions à la discipline,* poursuivies et punies, selon la gravité des cas, conformément à la loi du 25 ventôse an XI, et à la présente ordonnance. »

52. — Quelles sont ces autres infractions à la discipline ? Si l'on s'attache, dit Dalloz, à la nature du pouvoir disciplinaire et aux motifs qui l'ont fait établir, on verra qu'il doit s'étendre aussi loin que les actes, quels qu'ils soient, qui pourraient porter atteinte à l'honneur de la corporation, ou qui s'écarteraient de la délicatesse, de la probité, de la bonne conduite, sans lesquelles un notaire perdrait l'estime et la confiance des citoyens et du Gouvernement. C'est assez dire que le pouvoir disciplinaire embrasse toutes les fautes et toutes les faiblesses.

Telle a été la pensée, conformes d'ailleurs aux traditions, des auteurs de la loi de ventôse : « Dans le commerce ordinaire de la vie, disait Réal, l'homme qui manque aux lois générales de la délicatesse, celui même qui ne fait pas tout ce que la probité commande, est presque toujours hors des atteintes des lois ; aucun tribunal ne peut lui infliger des peines. Mais, lorsqu'il s'agit d'un notaire, un manque de délicatesse est déjà un délit répréhensible et le défaut de probité est un crime qui doit être sévèrement puni. *Ce code pénal plus sévère, ce tribunal plus austère, nous le trouvons dans l'institution des Chambres de discipline...* Il faut que le notaire que la loi ne pourrait atteindre, il faut que le notaire que les tribunaux ne pourraient intimider, voie sans cesse dans ses confrères des juges aussi éclairés, aussi infaillibles que sa conscience, aussi inévitables que ses remords. »

53. — Le pouvoir disciplinaire, soit des tribunaux, soit des Chambres, com-

---

(1) Arrêtés min. just., 5 septembre 1890 et 26 avril 1892 (*J. du not.*, 1890, p. 641, et 1892, p. 342).

(2) Rutgeerts et Amiaud, p. 1379 ; Dalloz, v° *Notaire,* n° 748 ; Ed. Clerc, t. I, n° 959 ; Dict. du not., n°s 88 et s.

prend donc, non seulement les infractions commises par les notaires contre les lois de leur profession, mais même les actions blâmables qu'on pourrait leur reprocher en dehors de leur ministère et qui seraient de nature à engager le notaire dans une voie dangereuse pour sa dignité professionnelle (1).

54. — C'est le manquement au devoir qui justifie et motive l'action disciplinaire, en dehors de toute considération de préjudice pécuniaire; par suite, le notaire auquel une infraction est imputée ne saurait invoquer, comme moyen de défense, qu'il n'a porté préjudice à personne (2).

55. — On ne saurait prévoir tous les actes qui peuvent motiver une poursuite disciplinaire, mais par l'énumération des divers cas que nous citerons dans le cours de ce travail, on pourra, par analogie, résoudre plus facilement les difficultés qui pourront se produire. Nous diviserons les infractions en deux classes : celles qui ont pour cause la violation d'une prescription légale ou d'un devoir professionnel; — et celles qui se réfèrent à des faits étrangers aux fonctions notariales.

56. — **Infractions notariales.** — Parmi les infractions de ce genre, nous devons placer en première ligne celles qui résultent de la violation d'un texte formel de loi, telle que celle de l'article 12 de l'ordonnance de 1843 qui interdit aux notaires, soit par eux-mêmes, soit par personnes interposées, soit *directement*, soit *indirectement* :

I° *De se livrer à aucune spéculation de bourse, ou opération de commerce, de banque, escompte ou courtage.*

Les marchés à termes, les opérations de report, lorsqu'elles marquent des spéculations sur les différences, sont de véritables jeux de bourse (3) De même, il a été jugé que le notaire qui a pour habitude de recevoir de ses clients les sommes qu'ils ont à placer, qui s'engage personnellement à les placer et les emploie ensuite à ses risques et périls, même en les prêtant avec intérêt sur billet, en son nom, se livre, par ces faits, à des actes de commerce interdits par la loi (4).

II° *De s'immiscer dans l'administration d'aucune société, entreprise ou compagnie de finance, de commerce ou d'industrie.*

C'est ainsi que la Cour de Paris, par arrêt du 24 avril 1870, a condamné disciplinairement un notaire qui, en dissimulant sa personnalité au moyen d'un prête-nom, s'était immiscé dans l'administration d'une société industrielle et y touchait des appointements (5); mais un notaire pourrait exercer les fonctions d'administrateur d'une succursale de la Banque de France, le rôle de ces administrateurs étant celui d'un simple conseil n'encourant aucune responsabilité (6); — ou faire partie du Conseil des directeurs des Caisses d'épargne (7).

III° *De faire des spéculations relatives à l'acquisition et à la revente des immeubles* (8), *à la cession des créances, droits successifs, actions industrielles et*

---

(1) Dalloz, n° 176 ; Lyon, 5 juin 1883 (art. 23201, J. N.).

(2) Cass., 19 août 1844 ; Dalloz, n°° 755-772; Ed. Clerc, n° 964; Com. des not. des dép., VII, p. 376.

(3) Cass., 2 août 1859 et 18 juin 1872.

(4) Valenciennes, 10 janvier 1873 ; Roanne, 12 décembre 1882 ; Lyon, 5 juin 1883 (art. 23201, J. N.). Le notaire qui se livre à des actes de commerce peut être déclaré en faillite. Cass., 15 avril 1844 ; Paris, 24 mai 1849, 11 février et 1ᵉʳ août 1856 (art. 14996, 15747 et 15936, J. N.); Montpellier, 28 août 1858 ; Valenciennes, 10 janvier 1873 ; Dijon, 2 mars 1888; Montluçon, 11 mars 1884; Bourges, 8 juillet 1885; Cass., 14 mars 1888; Angers, 3 décembre 1889. Mais le ministère public n'a pas qualité pour provoquer la déclaration de faillite. Nancy, 21 mars 1874 (Rev. not., n° 4689).

(5) Art. 19909, J. N.

(6) Déc. min. just., 22 décembre 1886.

(7) Déc. min. com. et just., 28 mai 1888.

(8) Tout contrat constatant une association entre un notaire et des tiers pour l'achat et la revente des immeubles est nul. Cass., 14 mai 1888.

Le notaire qui, pour éviter les conséquences d'une action en responsabilité pour un acte de prêt fait par lui, se rend adjudicataire, par personne interposée, des immeubles affectés à la garantie de ce prêt, tombe-t-il sous l'application de l'art. 12? L'affirmative a été décidée dans un jugement du tribunal de Toulouse du 31 octobre 1887, dont nous recommandons les motifs à l'attention des notaires :

« Attendu, en droit, qu'il y a, en effet, spéculation relativement à l'acquisition et à la revente des immeubles, toutes les fois qu'un notaire se rend acquéreur d'un immeuble, dans le but d'obtenir, par sa revente, un prix supérieur au prix d'acquisition ; que *autres droits incorporels* (1).

IV° *De s'intéresser dans une affaire pour laquelle ils prêtent leur ministère.*

Tomberait même sous le coup de cette disposition légale, le notaire qui ferait faire un prêt à l'un de ses clients pour se payer des sommes à lui dues et recevrait l'acte d'emprunt (2) ; ou celui qui, chargé d'une vente publique de meubles, achèterait lui-même des objets mis en vente (3).

V° *De placer en leur nom personnel des fonds qu'ils auraient reçus, même à la condition d'en servir l'intérêt* (4).

VI° *De se constituer garants ou cautions, à quelque titre que ce soit, des prêts faits par leur intermédiaire ou qu'ils auraient été chargés de constater par acte public ou privé* (5).

Mais le cautionnement ainsi donné est valable et doit sortir son effet (6).

VII° *De se servir de prête-nom, en aucune circonstance, même pour des actes autres que ceux ci-dessus désignés.*

Le seul fait d'employer un prête-nom est donc susceptible d'entraîner une peine disciplinaire (7); et l'acte ainsi fait est frappé d'une nullité absolue (8).

57. — Le décret du 30 janvier 1890 interdit, en outre, aux notaires :

a) De recevoir ou conserver des fonds à charge d'en servir l'intérêt ;

b) D'employer, même temporairement, les sommes ou valeurs dont ils sont constitués détenteurs à un titre quelconque, à un usage auquel elles ne seraient pas destinées (9) ;

c) De retenir, même en cas d'opposition, les sommes qui doivent être versées par eux à la Caisse des dépôts et consignations dans les cas prévus par les lois, décrets ou règlements ;

d) De faire signer des billets ou reconnaissances en laissant le nom du créancier en blanc (10) ;

e) De laisser intervenir leurs clercs sans un mandat écrit dans les actes qu'ils reçoivent;

---

peu importe, à cet égard, le mobile auquel obéit l'officier public, qu'il agisse par pur esprit de lucre ou seulement avec la pensée de se rédimer d'une perte ; que dans l'un comme dans l'autre cas, il ne se livre pas moins à une entreprise hasardeuse, dont la conséquence est de le détourner de ses fonctions et de l'exposer à compromettre sa dignité professionnelle, si d'ailleurs elle ne l'entraîne pas à engager, par la mise en œuvre de cette spéculation, les fonds de ses clients dont il a le dépôt.

« Attendu, il est vrai, qu'une semblable prohibition peut avoir pour résultat d'empêcher les notaires de se prémunir contre les suites des mauvais placements dont ils sont responsables ; mais que d'une part, il leur appartient de veiller à la sûreté des prêts à raison desquels ils consentent à engager leur responsabilité et que, dans tous les cas, semblable danger serait évité si, *au lieu de devenir trop volontiers les gérants d'affaires de leurs clients*, ils se borναient, conformément à l'esprit de leur institution, à demeurer leurs conseils et les rédacteurs de leurs volontés... » — *Contrà :* Lefebvre, n°° 276 et 277 ; Cass., 19 août 1844 (art. 19072, J. N.).

(1) Lefebvre, n°° 268 et suiv.; Malines, 15 mai 1878 (*Rev. prat. not. B.*, 1879, p. 53); Cass., 14 mai 1888 (art. 24041, J. N.).

(2) Paris, 4 novembre 1885. — V. aussi Bordeaux, 8 août 1870 (*Rev. not.* L° 2920). —*Contrà :* Bordeaux, 1885 ; Cass., 11 décembre 1888 (*J. du not.*, 1889, p. 39).

(3) Chambéry, 28 novembre 1877 (art. 21919, J. N.).

(4) Valenciennes, 10 janvier 1878 ; Roanne, 12 décembre 1882, précités; Lefebvre, n° 290.

(5) Nancy, 9 avril 1870.

(6) Bordeaux, 2 janvier 1884 (art. 23186, J. N.).

(7) Orléans, 25 août 1841 (art. 11632, J. N.) ; Paris, 25 avril 1870 ; Gand, 25 juin 1874 ; Cass., 19 août 1874 ; Furnes, 19 avril 1884; Anvers, 4 février 1887; Paris, 28 février 1888 ; Mons, 17 février 1888 ; Douai, 2 février 1888 (*J. du not.*, n° 4009); Lefebvre, n° 295.

(8) Cass., 27 novembre 1876 (*J. du not.*, n° 2966); Cass., 11 décembre 1888 (art. 24169, J. N.).

(9) Roanne, 27 mars 1890 (*J. du not.*, 1890, p. 279).

(10) Le garde des sceaux, dans les instructions données aux parquets par la circulaire du 1er mars 1890, s'exprime ainsi sur ces diverses prohibitions :

Vous appellerez particulièrement l'attention de vos substituts sur les prohibitions édictées par l'article 1er. Comme celles de l'ordonnance de 1843, elles ont toutes pour but d'empêcher les notaires de se livrer à des spéculations en dehors et à côté de leurs fonctions et de faire, en un mot, *le trafic de l'argent*. Dans certaines contrées, ces pratiques ne sont pas seulement fréquentes, elles sont générales. Le notaire accepte de ses clients (qui croient la chose licite) des dépôts de fonds productifs d'intérêts à partir du jour du dépôt. Ces dépôts sont faits au notaire dans l'attente d'un placement hypothécaire que l'officier public s'engage à réaliser, ou même sans condition, selon le degré de confiance des clients. Le notaire, s'il ne dispose pas des fonds à son profit personnel, s'il ne cherche pas à les faire fructifier dans des spéculations plus ou moins périlleuses, les emploie soit en obligations **au porteur** dans lesquel-

f) De conserver durant plus de six mois les sommes qu'ils détiennent pour le compte de tiers, à quelque titre que ce soit (1).

58. — Le même décret enjoint aux notaires de tenir une comptabilité régulière; — aux Chambres de discipline de surveiller et contrôler cette comptabilité. — Et il dispose, dans son article 11 :

Seront punies, conformément aux dispositions de la loi du 25 ventôse an XI et de l'ordonnance du 4 janvier 1843, les contraventions au présent décret et au règlement prévu en l'article 17 ci-après, y compris celles qui seraient commises par les membres ou délégués des Chambres(1 *bis*).

59. — Donneraient encore lieu, sans aucun doute, à des poursuites disciplinaires, les infractions à une disposition formelle de la loi de ventôse, ou à la loi fiscale, par exemple :

a) Le fait par un notaire d'avoir instrumenté avant sa prestation de serment, ou, en cas de suspension, après notification de la peine prononcée contre lui (2).

b) D'avoir, dans une intention frauduleuse ou non, donné à un acte une date fausse (3).

c) D'avoir fait des additions ou modifications à un acte, en dehors des parties et après sa perfection, surtout après l'enregistrement (4).

d) De s'être fait remplacer par son clerc pour la lecture et la signature d'un acte, et avoir ainsi occasionné la nullité de l'acte (5).

e) D'avoir fait procéder, par son clerc, et hors de sa présence, à des adjudications (6).

f) D'avoir fait enregistrer un acte non signé de la partie principale, et d'en avoir délivré une grosse avec la fausse mention de la signature de cette partie (7).

---

les il devient personnellement créancier sous le nom d'un clerc ou de toute autre personne interposée, soit en prêts sur simples billets, quand il se croit assuré des garanties de solvabilité. Ces divers agissements, essentiellement contraires aux devoirs du notariat, transforment peu à peu les études des notaires en agences de spéculation et de banque. Avec l'aide des chambres, vous devez appliquer tous vos efforts à les faire disparaître. Ce n'est qu'à titre exceptionnel qu'on peut tolérer qu'un notaire, afin de rendre service à un client solvable et honnête, se fasse pour lui, à l'occasion, l'intermédiaire d'un prêt par billets. Quant à la gestion par les notaires des biens et de la fortune de propriétaires qui ne peuvent ou ne veulent s'occuper eux-mêmes de cette gestion, il serait rigoureux de l'interdire, les notaires auront, par suite, le droit d'encaisser des fermages, de toucher des loyers ou des intérêts, qui seront d'ailleurs soumis aux dispositions impératives des articles 4 et 6 du décret du 30 janvier. Mais, en tous autres cas, il faut que les notaires sachent bien qu'ils ne doivent se laisser remettre des fonds qu'à l'occasion des actes qu'ils ont reçus ou sont appelés à recevoir.

En dehors des emprunts qu'ils peuvent contracter pour leurs besoins personnels, il leur est absolument interdit de recevoir des fonds sans destination précise, pour les employer ou prêter à leur gré, ces remises, fussent-elles constatées par des reconnaissances productives ou non d'intérêts et causées « pour prêt », par exemple, ou avec autorisation expresse par les bailleurs de fonds au notaire de placer l'argent sous sa responsabilité.

(1) La circulaire du 1er mars 1890 contient, à ce sujet, les dispositions suivantes :

« Bien que l'article 2 du décret fixe à six mois le délai au delà duquel les notaires ne pourront rester détenteurs des dépôts, on n'en saurait induire que ces officiers donneront satisfaction aux intentions du législateur en conservant, durant tout ce temps, les fonds qui leur sont remis. Le décret indique un délai maximum applicable seulement à quelques cas particuliers où des difficultés peuvent mettre obstacle au paiement. Mais s'il s'agit de dépôts effectués après un acte d'emprunt, ou un contrat de vente, par exemple, ce qui est le cas le plus fréquent, l'accomplissement des formalités hypothécaires qui retarde la remise des fonds n'exige pas d'ordinaire un délai supérieur à deux ou trois mois, suivant les circonstances.

« A partir du 1er juillet 1890, le décret du 30 janvier entrera en vigueur pour ce qui a trait à la tenue de la comptabilité et aux dépôts à la Caisse des consignations. A cette date, aucun notaire ne devra donc se trouver dépositaire de sommes à lui remises depuis plus de six mois, à moins qu'une demande écrite des parties n'ait autorisé le notaire à conserver les fonds pour une nouvelle période de six mois. Cette demande, dont avis doit être donné immédiatement à la Chambre de discipline, devra, sans aucun doute, énoncer les motifs pour lesquels elle sera faite. Elle ne pourra être renouvelée. »

(1 bis) Rennes, 18 mai 1892 ; Louviers, 22 juil. 1892.
(2) Dalloz, n° 764.
(3) Poitiers, 6 décembre 1843 ; Agen, 16 août 1854 (art. 11886 et 15368, J N.).
(4) Vassy, 21 mai 1848 ; Rennes, 14 juillet 1845 (art. 12177, J. N.).
(5) Caen, 23 juillet 1861 ; Nancy, 5 décembre 1867 (art. 19111, J. N.).
(6) Louhans, 18 août 1843 ; Metz, 9 octobre 1844 ; Béthune, 15 janvier 1844 (art. 11925, 12150 et 12664, J. N.).
(7) Grenoble, 11 août 1863 (art. 17901, J. N.).

g) D'avoir procédé, hors de son ressort, à des adjudications d'immeubles et rédigé ensuite l'acte dans son étude (1).

h) D'avoir délivré en *brevet* une quittance de prix de vente d'immeubles et, par suite, de s'être dessaisi indûment d'un acte qu'il aurait dû recevoir en minute (2).

i) De s'être prêté, dans un contrat de vente, à une dissimulation du prix, pour frauder l'enregistrement (3).

j) D'avoir passé des procurations simulées à l'effet de déguiser la revente d'immeubles (4).

k) D'avoir, pour éviter une contravention fiscale, introduit des ratures et surcharges dans un acte après sa perfection (5).

l) D'avoir passé acte pour un établissement ecclésiastique, sans exiger la justification de l'autorisation gouvernementale et sans l'avoir insérée en entier dans l'acte, conformément à l'article 2 de l'ordonnance du 14 janvier 1831 ; de n'avoir pas, suivant l'ordonnance de 1831 et le décret du 30 juillet 1863, donné avis à l'administration des dons et legs faits à un établissement public ou religieux (6).

m) D'abandonner périodiquement sa résidence pour aller instrumenter à jours fixes dans celle d'un collègue (7), — ou, de la part d'un notaire nommé à une nouvelle résidence, de tenir à son ancienne résidence, une succursale de son étude où sont préposés des agents qui travaillent pour lui (8).

n) D'avoir, dans la rédaction de ses actes, fait sciemment des déclarations mensongères (9), spécialement en ce qui concerne la numération des espèces.

o) D'avoir procédé à une vente par adjudication de biens de mineurs, sans les formalités prescrites par la loi, alors même que des majeurs s'y porteraient fort pour les parties mineures (10).

p) D'avoir, après réception d'un acte, rédigé aussitôt une contre-lettre destinée à en détruire l'effet (11).

q) D'avoir concouru à une contre-lettre en matière de cession d'office, soit en la rédigeant, soit en recevant les fonds destinés à en assurer l'exécution (12).

r) D'avoir rédigé un acte en langue étrangère.

---

(1) Blois, 3 mars 1848 ; Rambouillet, 31 octobre 1871 ; Paris, 30 janvier 1872 (art. 20277, J. N.); Cass., 21 mai 1878 (art. 20680, J. N.).

(2) Arlon, 16 mai 1867.

(3) Bordeaux, 15 mars 1859 ; Bellac, 24 août 1860; Termonde, 7 août 1863 ; Grenoble, 28 août 1873 ; Foix, 1ᵉʳ septembre 1873 (*Rev. not.*, n° 4700); Douai, 31 juillet 1883 (art. 23386, J. N.); Tournon, 5 juillet 1888.

(4) Déc. min. 22 juin 1858. — Les notaires qui se prêtent à des opérations de ce genre, qui n'ont d'autre but que de dissimuler des actes sous seing privé, et de les soustraire aux droits de mutation, se rendent coupables d'une grave contravention à leurs devoirs professionnels.

(5) Pau, 13 décembre 1881 (art. 23034, J. N.).

(6) Circ. min. just., 30 avril 1881; 7 juin 1882 et 18 août 1884, 23 mars et 3 novembre 1888 (*J. du not.*, n° 4075) ; Chambéry, 2 décembre 1889.

(7) Bergerac, 16 janvier 1855 ; Agen, 4 août 1857; Cass., 1ᵉʳ avril 1868 (art. 15557 et 19236, J. N.); Gand, 23 novembre 1883. — Et la mention d'une réquisition des parties dans l'acte ne couvre pas l'infraction disciplinaire, s'il est constant qu'elle n'a été qu'une forme vaine destinée à pallier la concurrence illicite; Cass., 22 août 1860 ; Pau, 4 février 1862 (art. 16942 et 17353, J. N.).

(8) Gand, 29 juin 1887 (*Rev. prat. not. B.* 1887, p. 452).

(9) Cass., 12 août 1879 (*Rev. not.*, n° 5772); Seine, 24 septembre 1879.

(10) Un auteur (M. Defrénois, t. V, p. 18), enseigne que ce mode de procéder est permis en France où l'on ne trouve aucune disposition analogue à l'arrêté belge du 18 septembre 1822, et il cite l'art. 1120, C. civ., qui ne saurait, suivant nous, s'appliquer au cas où il y a des mineurs en cause. Nous ferons d'ailleurs remarquer qu'une circ. min. just. du 21 novembre 1826, enjoint aux parquets de poursuivre disciplinairement les notaires en pareil cas. Cons. aussi Eloy, *Respons. not.*, t. I, n° 67 ; Demolombe, t. VII, p. 533 et t. XXIV, p. 201; et le règlement des notaires de Paris, art. 10, § 3. — *Contrà* : Metz, 28 janvier 1858 (art. 16504, J. N.) ; Lefebvre, *Discipl. not.*, t. I, n° 327.

(11) Schlestadt, 18 novembre 1844 (art. 12506, J. N.).

(12) Nîmes, 24 juin 1878 (art. 21979, J. N.).

s) D'avoir commis des négligences répétées dans l'accomplissement de ses fonctions (1).

t) D'avoir induit un client en frais frustratoires (2).

u) D'avoir perçu des honoraires excessifs, alors que ces honoraires étaient fixés par un tarif légal.

60. — Dans un autre ordre d'idées, serait passible de poursuites disciplinaires :

a) Le notaire qui, étant membre de la Chambre, négligerait, sans motifs légitimes, de se rendre à une ou plusieurs séances.

b) Celui qui, sans excuse, ne se rend pas aux réunions de l'assemblée générale auxquelles il a été convoqué (3).

c) Celui qui opposerait un refus persistant aux convocations qui lui seraient adressées de comparaître devant la Chambre pour répondre à une plainte portée contre lui (4), — ou qui, appelé comme témoin, ne se présenterait pas ou refuserait de déposer (5).

Mais on ne saurait considérer comme un manquement aux devoirs professionnels, en l'absence de toute autre circonstance impliquant des intentions irrévérencieuses, le fait par un notaire inculpé de n'avoir pas obéi à la citation reçue (6).

d) Celui qui refuse de se soumettre à une *décision* de la Chambre régulièrement rendue ; — à moins qu'il ne s'agisse d'un cas où la Chambre n'a à donner qu'un avis, ou d'une délibération basée sur une disposition non approuvée du règlement, ou d'une question pour laquelle le recours aux tribunaux est de droit, comme une question d'honoraires, par exemple (7).

e) Celui qui livre à la publicité une décision de la Chambre rendue contre lui, ainsi que les documents de la poursuite (8).

61. — Serait également passible de poursuite disciplinaire, pour irrévérence envers la magistrature ou désobéissance aux pouvoirs établis :

a) Le notaire, secrétaire ou président de la Chambre, qui refuserait au parquet la communication des délibérations de la Chambre.

b) Le notaire qui refuserait de présenter ses minutes au président du tribunal, en déclarant qu'il ne se soumettrait à aucune réduction imposée par la taxe (9).

c) Celui qui, par ses actes ou ses paroles, aurait outragé ou injurié un membre de l'ordre judiciaire ou le chef de l'Etat (10).

d) Celui qui, invité à se présenter devant le juge de paix de son canton pour donner des renseignements sur des plaintes adressées par le parquet, refuserait de se présenter, prétextant qu'il n'a pas d'explications à fournir au juge de paix (11).

e) Celui qui, chargé par décret de payer une indemnité de suppression d'office, refuse de la verser (12).

f) Celui qui remettrait au chef du parquet, la réclamant pour l'exercice de l'action disciplinaire, une pièce qu'il saurait contenir un renseignement inexact (13).

---

(1) Bordeaux, 20 décembre 1842 ; Dijon, 16 novembre 1848 (art. 11611 et 11908, J. N.); Cass., 18 août 1864 (art. 18164, J. N.).
(2) Lefebvre, n°ˢ 468 et suiv.; Cass., 16 août 1881.
(3) Lefebvre, n°ˢ 384 et suiv.
(4) Cass., 80 juillet 1851 (art. 14428, J. N.).
(5) Lefebvre, n° 401.
(6) Cass., 17 juillet 1878 (art. 22276, J. N.).
(7) Cass., 29 janvier 1855, 27 août 1861; Lefebvre, n° 398.
(8) Niort, 28 janvier 1879 (art. 22109, **J. N**).

(9) Libourne, 6 mai 1841 ; Bordeaux, 8 août 1841 (art. 11631, J. N.).
(10) Pontarlier, 15 mai 1889.
(11) Nîmes, 29 novembre 1865 ; Rouen, 21 novembre 1888 (*J. du not.*, 1889, p. 57).
(12) Périgueux, 30 juin 1888 ; arrêté min. just. du 15 septembre 1888 ; Périgueux, 4 août 1888 ; V. cep. Bordeaux, 21 novembre 1888 (*J. du not.*, 1889 p. 118) et Cass., 25 juin 1889 (*J. du not.*, p. 489).
(18) Chambéry, 28 novembre 1877 (art. 21919, J. N.).

62. — Les notaires sont aussi tenus, les uns à l'égard des autres, à des devoirs de confraternité. Ils sont tenus d'observer ces règles de convenance, spécialement dans les rapports que nécessite l'exercice de leur profession. Par suite, est répréhensible, au point de vue disciplinaire :

a) Le notaire qui cherche à augmenter sa clientèle aux dépens de ses confrères par des moyens contraires à la dignité professionnelle, par des démarches et remises d'honoraires (1); celui notamment qui, après le décès d'un client, se présente au domicile, pénètre dans la chambre mortuaire et se fait remettre le testament du défunt (2).

b) Ou qui répand contre un confrère des imputations calomnieuses; ou qui va dans les foires et marchés, provoquer les clients, s'installer dans les cafés ou auberges, y reçoit les parties et passe des actes (3).

c) Qui abuse de sa situation de maire d'une commune autre que celle dans laquelle il réside, pour faire aux confrères qui résident dans cette commune une concurrence déloyale (4), ou pour se faire attribuer la clientèle de la commune, de l'hospice ou du bureau de bienfaisance (5).

d) Qui prend dans son étude, comme clerc, le greffier de la justice de paix (6), ou qui, pour se procurer des actes, en partage les honoraires avec un agent d'affaires chargé de lui en procurer (7).

e) Celui qui sollicite des affaires en faisant appel au public par des affiches ou par les journaux (8); celui qui accepte des imprimeurs des remises sur le tarif des annonces (Montauban, 8 mai 1891 (*J. du not.*, 1892, p. 54); Circ. min. just., 30 mai 1891 (*J. du not.*, 1891, p. 703).

f) Celui qui ne s'interpose pas, pour faire concourir à la passation d'un acte de vente, un de ses confrères dont l'acquéreur demande le concours et que le vendeur veut exclure (9).

g) Celui qui s'est refusé à faire auprès d'un de ses confrères une démarche en vue de prévenir un différend au sujet de la réception d'un acte de vente, et a exclu le confrère de toute participation à l'acte, bien que celui-ci eût rédigé acte sous seing privé (10).

h) Celui qui se livre à des manœuvres de nature à se faire commettre pour recevoir la minute d'un acte (11).

i) Le notaire qui, appelé à donner son avis sur l'admission d'un confrère à l'honorariat, en révélant des faits de nature à faire écarter l'admission demandée, accompagne sa communication d'expressions injurieuses et outrageantes, alors surtout que ses allégations sont reconnues inexactes (12).

63. — **Infractions pour faits étrangers aux fonctions notariales.** — Les Chambres de discipline peuvent infliger une peine de discipline intérieure à un notaire, aussi bien pour les fautes, les indélicatesses et les immoralités commises dans la vie privée, que pour celles qu'il commet dans l'exercice de son ministère public; car toutes sont de nature à compromettre la dignité des fonctions notariales. Il serait, en effet, difficile de séparer complètement l'homme public de l'homme privé (13).

64. — C'est donc avec raison qu'il a été jugé qu'on peut poursuivre :

(1) Seine, 10 mars 1848 (art. 13328, J. N.).
(2) Ch. de Fontainebleau, 2 septembre 1846.
(3) Limoges, 9 novembre 1842 (art. 11596, J. N.).
(4) Nîmes, 10 décembre 1862 (art. 17720, J. N.).
(5) Cass., 12 décembre 1866 (art. 18652, J. N.).
(6) Cass., 14 mars 1864 (art. 18012, J. N.).
(7) Gand, 8 novembre 1883.
(8) Cass., 7 novembre 1881 (art. 22611, J. N.).
(9) Cass., 5 juillet 1864 (art. 18058, J. N.).
(10) Cass., 16 février 1863 (art. 17699, J. N.).

(11) Cass., 28 juillet 1873 (art. 20306, J. N.).
(12) Cass., 15 juillet 1873 (art. 20808, J. N.); Cons. aussi Nancy, 8 février 1870 et Cass., 9 août 1870 (art. 20241 et 20334, J. N.). — V. sur ces divers points Dict. du not., v° *Discipline notar.*, et Lefebvre, *Discipline notar.*, n° 548 et suiv.
(13) Cass., 10 avril 1849; Loudun, 12 mars 1887 (*Rev. not.*, n° 7597); Dict. du not., n° 53; Lefebvre, n°* 572 et suiv.

a) Le notaire qui, par la licence scandaleuse de ses mœurs, compromet la dignité de son caractère et qui, notamment, s'est rendu coupable de complicité d'adultère (1).

b) Le notaire qui, dans les cafés, compromet sa considération et la dignité de la corporation (2).

c) Celui qui tolère que sa femme tienne un café dans la maison où il a son étude (3).

d) Celui qui reçoit des actes dans les auberges et cabarets (4).

e) Celui qui s'entend avec d'autres notaires pour placer des vins dans leur clientèle (5).

f) Le notaire dont les affaires sont en désordre par suite de sa négligence, et qui, ne payant pas ses dettes, se trouve exposé aux poursuites de ses créanciers (6), — ou qui, par des actes frauduleux, cherche à mettre ses biens à l'abri des recherches de ses créanciers.

g) Le notaire qui, sans provocation, insulte gravement un client qui lui réclame ses comptes (7).

h) Le notaire qui, ayant à réaliser la vente d'un immeuble lui appartenant, devant un autre notaire, s'entendrait avec son acquéreur pour dissimuler une partie du prix et donnerait ainsi l'exemple de la désobéissance aux lois (8).

§ 3. DÉLIBÉRATIONS DES CHAMBRES DE NOTAIRES.

65. — Le mode de procéder des Chambres diffère sensiblement, suivant qu'elles exercent leurs attributions disciplinaires et répressives ou qu'elles remplissent leurs fonctions d'administration et de conciliation. Dans tous les cas, toutefois, les séances ne sont pas publiques; par suite, il a été jugé que rien de ce qui y est *allégué* contre les parties en cause ou des tiers ne pourrait donner lieu à des poursuites pour injures ou diffamation (9), à moins que la *délibération* ne contienne des motifs de nature à porter atteinte à l'honneur, auquel cas les tiers lésés puiseraient dans ces imputations le principe d'une action en dommages-intérêts contre les membres qui ont coopéré à la délibération (10).

66. — Lorsque les Chambres ont à connaître de différends entre notaires ou entre notaires et clients, et toutes les fois qu'elles ont à délibérer sur des difficultés au sujet desquelles elles sont appelées à donner un simple *avis*, le mode de procéder est indiqué par l'article 18 de l'ordonnance de 1843 : les notaires peuvent se présenter contradictoirement et sans citation préalable devant la Chambre, sur la simple convocation du président; ils peuvent également y être cités, soit par simples lettres énonçant les faits, signées des notaires qui s'adressent à la Chambre et envoyées par le secrétaire auquel ils en remettent des doubles, soit par actes d'huissiers, dont les originaux seront déposés au secrétariat.

67. — Les lettres et citations seront préalablement visées par le président de la Chambre; le délai pour comparaître sera le même qu'en matière disciplinaire, c'est-à-dire ne pourra être inférieur à cinq jours.

68. — Les mêmes formes sont employées s'il s'agit d'une plainte déposée par un tiers contre un notaire et pour laquelle la Chambre est appelée à exercer ses pouvoirs de conciliation.

---

(1) Cass., **7** avril 1851; Nîmes, 27 février 1869 Cass., 20 juillet 1869.
(2) Orléans, 21 mai 1864 (art. 18071, J. N.).
(3) Mende, 8 octobre 1845.
(4) Poitiers, 2 février 1844 (art. 11987, J. N.); Lefebvre, n° 569 et suiv.
(5) Ch. de Béziers, 1875.
(6) Bordeaux, 16 avril 1858 (art. 15186, J. N.).

(7) Paris, 8 août 1851 et 16 mai 1854 (art. 14450 et 15241, J. N.); Cass., 29 juillet 1862 (art. 17515, J. N.).
(8) Courtrai, 16 juillet 1888.
(9) Paris, 8 mars 1865.
(10) Nancy, 8 février 1870, confirmé en Cassation le 9 août suivant (art. 20334, J. N.); Dict. du not., v° *Chambre*, n° 407.

69. — Les parties doivent toujours être appelées et entendues, avant que la Chambre donne son avis ; elles peuvent comparaître elles-mêmes devant la Chambre ou s'y faire représenter ou assister, soit par un autre notaire, soit par un avocat.

70. — Alors même que la Chambre ne parvient pas à mettre les parties d'accord, elle ne peut prononcer de décision et porter contre l'une ou l'autre des parties une condamnation quelconque ; elle fait simplement connaître son avis sur la difficulté qui lui est soumise, et il y a lieu, ensuite, de recourir, soit à l'action disciplinaire, soit aux tribunaux.

71. — **Rédaction.** — L'article 20 de l'ordonnance de 1843 règle, d'une façon générale, les formes de toutes les délibérations des Chambres : toute délibération doit être inscrite sur le registre, coté et paraphé, prescrit par l'article 3 (1), et contenir les noms des membres présents. Elles doivent être motivées et signées par le président et le secrétaire à la séance même où elles sont prises. Les délibérations étant secrètes, ne doivent point mentionner l'avis des membres et si elles ont été prises à l'unanimité, il convient qu'il n'en soit point fait mention ; toutefois, une pareille énonciation ne vicierait point la décision et ne saurait en entraîner la nullité (2). Elles ne sont, en aucun cas, sujettes à la formalité de l'enregistrement.

72. — **Communication.** — Les personnes qui sont parties intéressées, ayant naturellement le droit de connaître l'avis formulé par la Chambre, peuvent en demander communication ; mais ce droit n'appartient qu'à elles et au ministère public. C'est le secrétaire qui est chargé du soin de délivrer les expéditions et aucun salaire ne lui est dû à ce sujet (3).

73. — **Notification.** — Les délibérations sont, en principe, et doivent rester secrètes ; toutefois, la notification peut et doit même en être faite, par les soins du sociétaire, aux personnes qui ont intérêt à la connaître (4). La notification se fait dans la même forme que la citation (art. 20), c'est-à-dire par lettre du secrétaire, qui mentionne cette notification en marge de la délibération, ou par ministère d'huissier, ce qui est plus sûr (5).

74. — Les parties intéressées ont-elles le droit d'en demander expédition ? La personne contre laquelle la délibération a été rendue, a, sans aucun doute, ce droit (6) ; et on décide que le plaignant a généralement aussi ce même droit, alors surtout qu'il a conclu à la réparation d'un préjudice causé (7). Toutefois, si la plainte ne se référait qu'à un intérêt disciplinaire, le secrétaire serait fondé à lui refuser une expédition de la délibération (8).

75. — **Exécution.** — Ces délibérations n'ayant point le caractère de décisions, n'ont de force exécutoire qu'autant que les notaires ou les tiers qui les ont provoquées se soumettent volontairement à leur exécution ; les Chambres n'ont, en effet, aucun moyen de coercition contre les tiers. Quant aux notaires, il a été jugé, et nous approuvons cette décision, que le refus par un notaire d'exécuter une délibération de sa Chambre revêt le caractère d'insubordination et peut lui faire encourir une peine disciplinaire (9).

76. — **Recours.** — Les tribunaux sont incompétents pour statuer sur les difficultés auxquelles peuvent donner lieu les délibérations rendues, sous forme d'avis, par les Chambres ; et elles ne sont pas susceptibles, non plus, d'être attaquées par la voie du recours en cassation (10).

Mais, aux termes d'un arrêté de M. le garde des sceaux du 10 juillet 1841, les délibérations prises par les Chambres des notaires, à titre d'avis, ou en vertu

(1) Cir. min. just., 22 ventôse, an XII.
(2) Cass., 16 août 1881 (art. 22573, J. N.); Cons., Lefebvre, t. II, n° 929. — Contrà : J. du not., n° 4088.
(3) Déc. min. just., 16 février 1835.
(4) Cass., 29 mai 1875 (Rev. not., n° 5026).
(5) Lefebvre, n° 973 ; Cass., 29 juillet 1862.
(6) Paris, 28 avril 1832.

(7) Dalloz, v° Notaire, n° 822 ; Lefebvre, n° 979.
(8) Ch. des not. de Moissac, 26 octobre 1857 (art. 23951, J. N.).
(9) Cass., 2 décembre 1856.
(10) Cass., 7 avril 1869 et 9 août 1870 (S. 1872-1-133 et art. 20384. J. N.) et 10 avril 1872 (art. 2043, J. N.).

no leurs pouvoirs d'administration, sont des actes administratifs, soumis au contrôle du ministre de la justice, qui peut en prononcer la nullité (1), sauf recours au conseil d'Etat (2).

§ 4. EXERCICE DE L'ACTION DISCIPLINAIRE.

ART. 1er. — *Exercice de l'action disciplinaire devant les Chambres de notaires.*

77. — C'est toujours devant la Chambre de son arrondissement qu'un notaire doit être poursuivi disciplinairement, alors même que c'est un confrère d'un arrondissement voisin qui a porté plainte contre lui. Dans aucun cas, l'assemblée générale ne peut s'ériger en tribunal disciplinaire, même lorsqu'il s'agit de punir un membre pour son absence aux réunions (3).

78. — Tous les faits autres que ceux punis expressément des peines de la suspension ou de la destitution sont de la compétence des Chambres, sauf à celles-ci à ne prononcer que les peines que la loi les autorise à appliquer, — ou à dénoncer les infractions au parquet, si elles sont de nature à nécessiter l'intervention du tribunal.

79. — Mais les Chambres sont sans pouvoir pour prononcer des condamnations civiles, une amende, par exemple; — ou une restitution d'honoraires, ou la remise à un confrère de l'expédition d'un acte contesté, pour rester dans les minutes de son étude (4).

80. — Un notaire cité disciplinairement devant la Chambre ou le tribunal et renvoyé de la poursuite dirigée contre lui, ne peut plus être cité à nouveau, pour les mêmes faits, devant une juridiction de même nature, si le notaire vient, par exemple à changer de ressort.

81. — Mais le syndic aurait le droit de traduire devant la Chambre de discipline un notaire renvoyé par le tribunal des poursuites exercées contre lui (5).

82. — L'action disciplinaire devant la Chambre n'appartient qu'au syndic, qui remplit auprès d'elle les fonctions du ministère public, et qui lui défère tous les faits passibles de peines disciplinaires, soit d'office, soit sur l'invitation du parquet, la plainte des parties intéressées ou la provocation d'un des membres de la Chambre (6).

83. — **Procédure.** — Le notaire inculpé, dit l'art. 17, sera cité à comparaître devant la Chambre dans un délai qui ne pourra être au-dessous de cinq jours, à la diligence du syndic, par une lettre indicative des faits, signée de lui et envoyée par le secrétaire qui en tiendra note

Si le notaire ne comparaît point sur la lettre du syndic, il sera cité une seconde fois, dans le même délai, à la même diligence, par ministère d'huissier.

84. — Toute décision qui aurait été rendue sur simple invitation du président de la chambre sans aucune citation, serait nulle (7).

85. — Si au lieu de citer le notaire d'abord par simple lettre, le syndic l'a fait immédiatement assigner par huissier, il n'y aurait pas, dans ce fait, un motif de nullité de la poursuite, mais le notaire condamné pourrait se refuser à payer les frais de la citation (8).

---

(1) Notamment lorsqu'elles ont été prises par une Chambre illégalement ou irrégulièrement composée ; Lefebvre, t. II, nos 1048-1049.
(2) Lefebvre, n° 1017 et 1080.
(3) Déc. min. just., 24 août 1847.
(4) Cass., 5 juillet 1875 (art. 21233. J. N.).
(5) Lefebvre. n° 701.
(6) Ordonnance de 1843, article 17. — Le notaire poursuivi, soit devant la Chambre, soit devant le tribunal à l'occasion d'une plainte reconnue mal fondée, est autorisé à poursuivre, pour délit de dénonciation calomnieuse, l'auteur de la plainte et celui-ci peut être condamné à des dommages-intérêts ; Bordeaux, 18 mars 1886 ; Compiègne, 2 juin 1886 ; Seine, 7 juillet 1886 (*Rev. not.*, n° 7606).
(7) Cass., 17 juin 1857; 4 juillet 1864; 7 août 1874; 28 avril 1879 et 29 mai 1889.
(8) Lefebvre, n° 871.

86. — L'indication, dans la lettre ou dans la citation, des faits qui donnent lieu à la poursuite est nécessaire pour permettre au notaire inculpé de se défendre ; par suite, serait nulle la citation qui relaterait vaguement la nature de la faute reprochée au notaire, sans indiquer les faits (1) ; mais la citation doit être tenue pour régulière, toutes les fois qu'il en résulte que le notaire a eu connaissance certaine et complète des faits reprochés (2).

De même, il a été jugé que le consentement donné par un notaire à être jugé sans citation ou à accepter le débat sur des faits autres que ceux indiqués dans la citation, suffit pour lui enlever tout moyen de cassation de ce chef (3).

87. — Les formalités prescrites par l'article 17 de l'ordonnance de 1843, sont en effet substantielles (4).

88. — Le premier acte de la procédure devant la chambre, après la lecture de la citation, est le rapport du rapporteur ; aux termes de l'article 6 de l'ordonnance de 1843, le rapporteur recueille avec soin tous les renseignements sur les faits imputés au notaire et en fait rapport à la chambre. Ce rapport constitue une formalité substantielle dont l'omission entraînerait la nullité de la décision (5).

L'audition du rapporteur doit avoir lieu en présence du notaire inculpé. Par suite serait nulle la décision prononcée, s'il résultait des énonciations de la délibération, que le notaire n'a été appelé à la séance qu'après le rapport présenté par le rapporteur (6).

89. — Le syndic donne ensuite ses conclusions, qui, comme les explications du rapporteur, doivent avoir lieu en présence du notaire inculpé (7). Celui-ci présente ses moyens de défense soit oralement, soit par écrit ; il peut même se faire assister par un notaire ou tout autre défenseur (8), et la condamnation ne peut être prononcée qu'après les explications de l'inculpé (9).

90. — Lorsque le notaire poursuivi dénie les faits qui lui sont reprochés, la chambre peut et même, à notre avis, doit admettre le plaignant à produire des témoins qui sont entendus contradictoirement avec ceux de l'inculpé. Mais la chambre n'a pas le droit de les obliger à comparaître et à déclarer, sous la foi du serment, les faits dont ils ont connaissance. C'est là une lacune regrettable dans la procédure disciplinaire (10), et qui paralyse souvent l'action des Chambres.

91. — La Chambre ordonne la convocation, par simple lettre ou par citation, des témoins indiqués et reçoit la déposition de ceux qui consentent à être entendus. Son pouvoir ne va pas au-delà. Aucune loi ne prescrit, d'ailleurs, en matière disciplinaire, l'accomplissement des formalités exigées par le Code de procédure civile pour la validité des enquêtes ; il suffit que le droit de défense ait été respecté et que l'inculpé ait pu assister à la déposition des témoins et discuter les témoignages (11).

92. — Le procès-verbal qui constate que l'inculpé a comparu devant la Chambre et a présenté sa défense, établit suffisamment que l'inculpé a assisté aux débats, alors même que la séance a été suspendue, s'il ne résulte d'aucune énonciation que l'inculpé se soit retiré soit avant la suspension, soit après la reprise de la séance (12).

Il n'est pas non plus nécessaire qu'il soit constaté que la parole a été donnée à l'inculpé pour répliquer aux conclusions du syndic.

(1) Cass., 21 février 1865 ; 17 juin 1867 ; 5 mars 1873 ; 22 juillet 1874 ; 24 janvier 1881 : 16 janvier et 24 juin 1884 ; 14 janvier 1885 (art. 18223, 18993, 22449 et 23344, J. N.).

(2) Cass., 17 juillet 1878 ; 17 août 1880 et 11 avril 1881 (art. 22276, 22536 et 22593, J. N.) ; Lefebvre, nᵒˢ 868-869.

(3) Cass., 18 mai 1870 ; 8 février 1875 ; 16 janvier 1884 ; 14 janvier et 17 juin 1885 (art. 19932, 21147, 23091, 23344 et 23408, J. N.) ; Cass., 4 août 1885 (Rev. not., n° 7199) et 8 mai 1889 (J. du not., 1889 p. 393) ; Eloy, t. II, n° 1055.

(4) Dict. du not., nᵒˢ 102-103.

(5) Cass., 26 août 1862 ; 4 juillet 1864, 12 décembre 1866 et 1ᵉʳ mars 1870 (art. 17535, 18058 et 19864, J. N.) ; Cass., 8 mai 1889 et 13 février 1893.

(6) Cass., 8 août 1888 (J. du not., n° 4050).

(7) Cass., 27 mai 1878 (Rev. not., n° 5797).

(8) Cass., 11 avril 1881 (art. 22536, J. N.).

(9) Cass., 27 juillet 1885 (Rev. not., n° 7180).

(10) Dict. du not., n° 140 ; Lefebvre, nᵒˢ 847 et suiv. ; A. Dalloz, n° 285.

(11) Lefebvre, n° 899 ; Cass., 17 juillet 1875. (art. 22276, J. N.) ; Cass., 18 avril 1887 (J. du not., n° 8925).

(12) Cass., 18 mai 1870 (art. 19932, J. N.).

93. — De même, ne contient aucune violation du droit de défense, la délibération qui constate que le notaire a été entendu dans ses explications, après le rapport et que, le syndic ayant requis l'application d'une peine disciplinaire, l'inculpé a déclaré n'avoir rien à ajouter à sa défense (1).

94. — La délibération n'est valable qu'autant qu'elle a été prise par le nombre de membres prescrit par l'article 5 de l'ordonnance de 1843 (2). Mais, dès lors que les votants sont en nombre suffisant, il n'est pas nécessaire que tous les membres de la Chambre, qui ont assisté aux débats, prennent part à la délibération (3).

95. — Il est, au contraire, indispensable que tous les membres dont le vote est nécessaire à la validité de la délibération aient assisté à toutes les séances qui ont présenté, au point de vue de la poursuite, une importance essentielle (4).

96. — Si, après la mise en délibéré de l'affaire, un décès, une démission ou une nouvelle élection surviennent qui rendent insuffisant le nombre des membres nécessaire à la validité de la décision, le débat devrait être recommencé (5).

97. — Le droit de récusation peut être exercé contre un membre de la Chambre, notamment contre celui qui aurait signé et adressé une réclamation signalant les faits qui ont servi de base à la poursuite disciplinaire (6). La parenté peut aussi être un motif légitime de récusation (7).

98. — Il n'est pas nécessaire, sous peine de nullité, que le syndic, lorsqu'il est partie poursuivante, se soit absenté lors de la délibération ; l'article 10 de l'ordonnance de 1843 ne lui interdit pas d'être présent et les nullités ne se suppléent pas (8).

Mais il ne peut prendre part à la décision (9), et s'il n'est pas obligatoire que cette abstention soit mentionnée, en termes exprès (10), tout au moins est-il utile qu'elle résulte de l'ensemble des mentions du procès-verbal (11).

99. — Les délibérations disciplinaires des Chambres doivent, à peine de nullité, être motivées, précises et spécifier les faits incriminés, de façon à permettre à la Cour de cassation d'exercer, en connaissance de cause, le contrôle qui lui appartient au point de vue de la compétence et de l'application de la peine (12) ; et l'obligation de motiver existe, aussi bien en cas de renvoi des poursuites qu'en cas de condamnation (13).

La voix du président n'est pas prépondérante en matière disciplinaire.

100. — La délibération est rédigée par le secrétaire (art. 6 de l'ordonnance de 1843) ; mais celui-ci peut être aidé, dans ce travail, par un membre de la Chambre, quel qu'il soit (14) ; quand l'affaire est longue et exige plusieurs séances, il suffit de rédiger un seul procès-verbal, en indiquant les diverses séances et les formalités remplies dans chacune d'elles.

101. — **Peines.** — L'article 14 de l'ordonnance de 1843 contient l'énumération des peines que les Chambres peuvent prononcer (V. *suprà*, n° 42). Dans aucun cas et sous aucun prétexte, elles ne peuvent en appliquer d'autres.

Ainsi, il n'appartient pas à une Chambre, dans aucun cas, de condamner un notaire à l'amende (15), ni de prononcer contre lui des dommages-intérêts. Sur ces derniers points, elle ne peut qu'émettre un avis, si elle estime qu'une réparation pécuniaire est due par l'inculpé (16).

---

(1) Cass., 11 août 1881 (art. 22536, J. N.).
(2) Cass., 21 déc. 1874 et 29 avril 1879 (art. 22071, J. N. et Rev. not., n° 4822 et 5879) ; Cass., 25 mai 1887.
(3) Lefebvre, n° 931.
(4) Cass., 21 février 1865 (art. 18223, J. N.), et 4 juillet 1864 (art. 18058, J. N.).
(5) Dict. du not., n° 130 ; Cass., 4 juillet 1864.
(6) Cass., 24 janvier 1881 (art. 22449, J. N.).
(7) Ed. Clerc, n° 1003 ; Lefebvre, n° 792 et 826.
(8) Art. 15750, J. N. ; Dict. du not., n° 131 ; Cass., 22 juillet 1874.
(9) Cass., 28 avril et 29 avril 1879 art. 22071 et 22170, J. N.).

(10) Cass., 29 avril 1862 (art. 17515, J. F.).
(11) Cass., 12 mai 1862 (art. 17447, J. T.) ; Lefebvre, n° 921.
(12) Cass., 25 janvier 1870 (art. 19833, J. N.).
(13) Lefebvre, n° 937. La lecture de la décision en présence du notaire inculpé n'est pas prescrite à peine de nullité. Cass., 6 avril 1891 (J. du not., 1891, p. 326).
(14) Lefebvre, n° 942.
(15) Déc. min just., 24 août 1847 (art. 18652, J. N.) ; Cass., 5 juillet, 1875 (art. 21283, J. N.).
(16) Cass., 10 avril 1866 (art. 18516, J. N.).

Elle ne peut ordonner qu'un notaire sera rayé du tableau des membres de la Chambre, ou que la peine prononcée sera aggravée par une certaine publicité, etc.

102. — Une Chambre ne peut pas davantage imposer au notaire de faire amende honorable (1), — ni lui enjoindre d'être plus circonspect à l'avenir (2), — n'même lui donner un simple avertissement (3), ces diverses répressions ne figurant pas au nombre des peines disciplinaires prévues par la loi de ventôse et l'ordonnance de 1843.

103. — Les Chambres doivent donc appliquer textuellement les peines prévues et se servir des termes mêmes employés par le législateur.

104. — Les auteurs s'accordent à enseigner que le cumul des peines est interdit, alors surtout qu'une seule infraction est relevée contre le notaire inculpé, d'autant plus que la Chambre peut graduer la peine suivant la gravité des faits (4).

105. — **Cas où il y a lieu à suspension ou destitution.** — Les règles d'instruction dont il a été question jusqu'ici se rapportent aux affaires dans lesquelles les Chambres ont le droit de prononcer des peines disciplinaires ; mais lorsque les faits relevés contre un notaire sont de nature assez grave pour entraîner la suspension ou la destitution, les Chambres n'ont pas le droit d'infliger la peine encourue ; aux termes de l'art. 15 de l'ordonnance de 1843, elles doivent se borner à provoquer la peine.

106. — En ce cas, la Chambre s'adjoint, par la voie du sort, d'autres notaires de l'arrondissement, celle de Paris, dix notaires, et les autres Chambres un nombre inférieur de deux à celui de leurs membres.

La Chambre ainsi composée, émet, par forme de simple avis, et à la majorité absolue des voix, son opinion sur la suspension et sa durée — ou sur la destitution.

Les voix sont recueillies, en ce cas, au scrutin secret, par *oui* ou par *non* ; mais l'avis ne peut être formé qu'autant que les deux tiers au moins de tous les membres appelés à l'assemblée sont présents (art. 15).

107. — Quand la Chambre, ainsi composée, est d'avis de provoquer la suspension ou la destitution, une expédition du procès-verbal de sa délibération est déposée au greffe du tribunal et une autre expédition est remise au procureur de la République (art. 16). Nous pensons aussi, avec Rolland de Villargues (5), que la délibération doit être notifiée au notaire inculpé. Il importe, en effet, à ce dernier, de connaître les motifs de l'opinion si grave émise par ses collègues.

108. — **Voies de recours.** — Les décisions par lesquelles les Chambres prononcent une peine disciplinaire sont souveraines, et il n'appartient point aux cours ni aux tribunaux d'en connaître pour les approuver ou les infirmer (6).

Tout pourvoi même en cassation est irrecevable, s'il s'agit seulement du *bien ou mal jugé*, c'est-à-dire de l'appréciation plus ou moins exacte des faits soumis à l'action disciplinaire.

Si le parquet estime que la répression a été trop indulgente, il a le droit de traduire le notaire inculpé devant le tribunal pour les mêmes faits ; mais ce ne sera pas par voie d'appel de la décision disciplinaire rendue par la Chambre. Ce sera une action nouvelle, absolument indépendante de la première et par laquelle il devra demander au moins la suspension du notaire inculpé (7).

109. — **Opposition.** — Si la condamnation disciplinaire prononcée par la Chambre a été rendue par défaut, le notaire a le droit de faire opposition ; ce droit est reconnu par tous les auteurs (8).

---

(1) Cass., 15 décembre 1868 (art. 19473, J. N.).
(2) Cass., 8 mars 1859 et 30 novembre 1885.
(3) Grenoble, 22 février 1853 ; Agen, 16 août 1854 (art. 14962 et 15368, J. N.).
(4) Lefebvre, nᵒˢ 682, 683 ; Dalloz, nᵒ 818 ; Eloy nᵒ 1071.
(5) Nᵒ 145.

(6) Cass., 10 mars 1846 ; Bordeaux, 8 juin 1850 ; Nancy, 3 février 1870.
(7) Ed. Clerc, nᵒ 1024 ; A. Dalloz, nᵒ 328.
(8) Ed. Clerc, nᵒ 1022 ; Morin, *Discipl.*, t. II, nᵒˢ 778 et suiv. ; Lefebvre, nᵒˢ 1019 et suiv. ; *Dict. du not.*, nᵒˢ 217 et suiv. ; Rutgeerts et Amiand, t. III, p. 1389.

110. — Ce droit étant admis, le recours doit être sans doute, aux termes du Code de procédure, formé dans la huitaine à partir de la notification de la délibération de la Chambre par lettre du syndic (1), et la décision sur l'opposition est rendue dans la forme des délibérations disciplinaires.

111. — Pourvoi en cassation. — Nous avons dit (n° 108) que le mérite d'une décision disciplinaire régulièrement rendue par la Chambre, ne peut être déféré à aucune autre juridiction. Il ne saurait en être ainsi, bien entendu, si au lieu d'une délibération régulière, légale, la Chambre de discipline a pris une délibération en violation des formes prescrites, — ou en dehors de sa compétence, — ou a commis un excès de pouvoirs. Dans ces divers cas, il serait contraire à la bonne administration de la justice, que la juridiction des Chambres, par un privilège exceptionnel, restât sans contrôle. Ce contrôle, de l'avis de tous les auteurs, consacré par la jurisprudence, doit être celui de la Cour suprême, instituée pour réprimer les violations de la loi commises dans tous les actes présentant les caractères d'un jugement (2).

112. — Par suite, il y aurait lieu à annulation par la Cour de cassation d'une décision disciplinaire rendue par une Chambre *illégalement* composée ou constituée (3), — ou rendue par un nombre de membres insuffisant (4), — ou pour oubli des formes substantielles de l'instruction (5), — ou si la Chambre a prononcé par voie de décision, alors qu'elle ne devait émettre qu'un simple avis, — ou si elle a prononcé des peines qu'elle n'avait pas le droit d'infliger (6).

113. — Il y a encore lieu à pourvoi en cassation pour *excès de pouvoirs :*

    a) Si la Chambre a prononcé d'autres peines que celles limitativement prévues par la loi, par exemple, a adressé des reproches sévères au notaire sur sa manière d'agir ; — ou lui a enjoint de se montrer plus réservé et plus circonspect à l'avenir (7) ;

    b) Ou lui a infligé une peine *pécuniaire,* en décidant que le notaire sera tenu de verser, entre les mains du trésorier de la Chambre, le double des honoraires d'un acte retenu à tort par ce dernier (8) ;

    c) Si la Chambre a mis en demeure un notaire de renvoyer de son étude son prédécesseur qui y travaillait comme clerc, aucune loi professionnelle n'interdisant cette collaboration (9) ; ou a invité un notaire à se séparer d'un de ses clercs, dans le délai de trois mois (10) ; ou lui a enjoint de ne plus être administrateur d'une succursale de la Banque de France (Cass., 29 mai 1889).

    d) Ou si la Chambre, après avoir constaté que les déplacements d'un notaire hors de sa résidence n'avaient jamais eu pour but la recherche des affaires, lui défend néanmoins de renouveler à l'avenir ces déplacements et même d'envoyer périodiquement ou à jour fixe un clerc au chef-lieu de canton de sa résidence (11) ;

    e) Si la Chambre a prononcé une peine disciplinaire pour un fait qui ne présente rien d'indélicat (12), par exemple, parce qu'un notaire aurait reçu un acte, à l'exclusion d'un confrère, lorsqu'il n'a fait que déférer à la réquisition des parties (13) ;

    f) Ou pour avoir violé les règles du règlement de la compagnie non approuvé par le Ministre de la justice, en matière de réception des minutes (14), ou de plainte (15).

(1) Dalloz, v° *Notaire*, n° 829 ; Ed. Clerc, n° 1028.
(2) Dict. du not., n° 335 ; Cass., 10 avril 1849, 30 juillet 1850, 30 juillet 1851 et 4 février 1878.
(3) Cass., 21 février 1865, 14 janvier 1867 et 7 juillet 1874 ; Lefebvre, n° 1049.
(4) Cass., 25 mai 1887 ; Cass., 10 janvier 1888.
(5) Cass., 12 déc. 1860, 4 juillet 1864 et 17 juin 1867.
(6) Cass., 25 mai 1887.
(7) Cass., 2 mars et 30 novembre 1885.

(8) Cass., 14 janvier 1867, 14 décembre 1887, 24 juillet 1888 ; Dict. du not , n°° 113 et 302.
(9) Cass., 10 janvier 1888 (*J. du not.*, n° 3994).
(10) Cass., 6 août 1872 (*J. du not.*, n° 2566).
(11) Cass., 24 janvier 1882.
(12) Cass., 7 avril 1862 (art. 17385, J. N.).
(13) Cass., 3 juin 1863 (art. 17766, J. N.) et 4 mai 1892
(14) Cass., 10 décembre 1862 (art. 17592, J. N.).
(15) Cass., 4 janvier 1892 (*J. du not.*, 1892, p. 168).

g) Ou pour ne s'être pas interposé pour faire concourir à la réception d'un acte de vente un de ses confrères dont l'acquéreur voulait le concours, refusé par le vendeur (1) ;

i) Ou pour avoir fait comme témoin, devant une Cour d'assises, une déposition qualifiée diffamatoire par la Chambre (2) ;

j) Ou pour avoir communiqué directement au vendeur l'offre faite par un de ses clients, au lieu de s'adresser au notaire chargé de la vente et avoir ensuite, après l'acceptation de l'offre, reçu le contrat de vente (3) ;

114. — Toutefois, à l'occasion de l'arrêt de cassation du 16 juin 1867 et de la doctrine qu'il consacre, le *Journal des notaires* a émis des observations critiques fort judicieuses. Il est bien certain qu'un notaire ne peut être poursuivi disciplinairement à raison d'un acte qui serait le résultat des droits qui lui compètent légitimement et nécessairement, soit comme officier public, soit comme citoyen ; et la Cour de cassation a raison de poser en principe que la justice disciplinaire, quelle que soit l'étendue de son action, ne peut rechercher ou punir ces faits, s'ils n'ont rien de contraire à la probité, à la délicatesse ou à l'honneur (4) et ne sont que l'exercice d'un droit. Mais, à côté du fait lui-même, il y a les circonstances qui l'entourent, les agissements qui le précèdent et qui peuvent en altérer profondément le caractère ; il y a aussi le mauvais vouloir, l'intention de transgresser le statut intérieur qui peut changer en un véritable grief disciplinaire les actes, en apparence licites, de l'officier public. La Cour ne saurait faire abstraction de ces agissements, de cette intention ou l'apprécier autrement que la Chambre, sans sortir de son rôle, sans entrer dans le domaine du fait, et se constituer par cela même juge au second degré de décisions qui doivent sur ce point rester souveraines.

La juridiction disciplinaire n'a été confiée aux mains des pairs que pour la faire mieux accepter et la rendre plus compétente sur l'application de règles qui se sentent, bien plus qu'elles ne se formulent. Seule, la Chambre peut être en mesure d'apprécier certains manquements professionnels parce que, seule, elle en a le sentiment intime et peut les appliquer d'après les circonstances. Transporter un pouvoir pareil aux tribunaux et notamment à la Cour de cassation, qui voit trop les choses du haut des grands principes, ce serait non seulement violer la règle des compétences, mais porter un coup fatal au pouvoir disciplinaire.

La Cour de cassation avait jugé précédemment, avec beaucoup plus de raison, que s'il est vrai qu'un notaire ne peut être condamné pour avoir contrevenu à un règlement non approuvé ou pour avoir prêté son concours à des actes qui sont l'exercice d'un droit, il en est autrement lorsque les circonstances constituent de la part du notaire un manquement aux devoirs professionnels et aux sentiments de bonne confraternité. A cet égard, comme le disait l'arrêt, les appréciations de la Chambre doivent être souveraines (5).

Dans d'autres espèces, elle avait encore décidé qu'une Chambre est souveraine pour infliger un blâme à un confrère qui avait refusé de signer en second une minute irrégulière, à raison de son refus de régulariser cette minute et des procédés dont ce refus avait été accompagné (6).

Qu'un notaire, pour n'être pas légalement punissable à l'occasion d'un fait

---

(1) Cass., 4 juillet 1864 (art. 18058, J. N.).
(2) Cass., 5 août 1884 (*Rev. not.*, n° 6952).
(3) Cass., 16 juin 1867 (art. 18929, J. N.).
(4) Il ne faudrait cependant pas entendre ici la probité, la délicatesse et l'honneur, dans le sens qu'on y attache dans le monde, en général. Il ne peut s'agir que de la probité et de la délicatesse professionnelles, ce qui donne à chacune de ces qualités un sens plus étroit et plus rigoureux ; autrement, la théorie de la Cour de cassation nous paraîtrait fort contestable et serait même la négation de ce pouvoir disciplinaire plus rigide et plus austère que le législateur de l'an XI avait entendu confier aux Chambres de discipline.
(5) Cass., 10 avril 1866 (art. 18016, J. N.).
(6) Cass. 18 juin 1862 (art. 17461, J. N.).

non contraire à la loi, à la morale, à l'ordre public, peut être puni disciplinairement pour avoir reçu un acte de vente sans y appeler un confrère (1).

Elle disait encore dans un arrêt plus récent, attestant par là l'autorité des Chambres dans toutes ces questions de convenances qui sont, en définitive, toujours des questions de fait, que c'est à la conscience des membres de la Chambre à apprécier la gravité des fautes commises (2).

Elle avait sagement admis, dans un arrêt du 10 avril 1866 (3), que l'exercice de la faculté la plus légitime peut être compromis par des agissements qui en inriminent le caractère.

Cette jurisprudence, conforme aux principes, n'a pu se maintenir et, le 18 mai 1870, la Cour de cassation jugeait encore, en se livrant à une appréciation de circonstances et de faits qui n'étaient pas de son domaine, qu'il n'y a pas matière à condamnation disciplinaire dans les agissements d'un notaire qui prend l'initiative d'annoncer à une personne étrangère à sa clientèle, l'ouverture d'une succession qui lui est échue, alors que le testament est déposé chez un autre notaire, et fait procéder, au nom d'un de ses clients, créanciers de l'héritier, à une opposition à la levée des scellés (4).

115. — Procédure de pourvoi. — Le délai du pourvoi est de deux mois (5) pour la France continentale et de trois mois pour la Corse, à partir du jour de la signification par huissier, à la requête du syndic, à personne ou à domicile.

Les mêmes délais sont impartis au demandeur pour signifier l'arrêt d'admission rendu par la Chambre des requêtes.

Tous ces délais sont francs.

116. — Si la décision est par défaut, le délai ne court que du jour où l'opposition cesse d'être recevable.

117. — Le pourvoi contre une décision disciplinaire doit être formé contre le syndic ; il est irrecevable, s'il est formé contre la partie plaignante ou le président ; le président appelé en cette seule qualité devrait être mis hors de cause (6).

118. — Le pourvoi est jugé selon les règles suivies en matière civile ordinaire (7).

119. — Le syndic, ayant mission de défendre au pourvoi, constitue un avocat près la Cour de cassation, après avoir pris l'avis de la Chambre.

120. — Dans le cas où la décision est cassée pour excès de pouvoirs, ou pour violation des formes substantielles, ou parce que la Chambre a prononcé une peine qui ne pouvait être infligée, il y a lieu à renvoi devant une autre Chambre.

La citation devant la Chambre de renvoi doit être précédée de la signification de l'arrêt (8).

121. — Le syndic de la Chambre dessaisie doit communiquer au syndic de la Chambre de renvoi les pièces et renseignements se rattachant à l'affaire et l'instruction est reprise en entier (9).

122. — Le pourvoi en cassation n'est pas suspensif de la peine prononcée ; car les décisions disciplinaires sont exécutoires par provision (10).

123. — Le syndic ne peut se pourvoir en cassation contre une décision de la Chambre ; mais le ministère public, agissant *dans l'intérêt de la loi*, peut toujours

---

(1) Cass., 16 février 1868 (art. 17699, J. N.).
(2) Cass., 18 août 1864 (art. 18164, J. N.).
(3) Art. 18516, J. N.
(4) Art. 19982, J. N. — *Sic :* 16 janvier 1884 (art. 20091, J. N.). Voy. cependant Cass., 28 juillet 1873 (art. 20806, J. N.).
(5) L., 2 juin 1862, art. 1er, 5, 6 et 9.
(6) Cass., 24 janvier 1881 (art. 22449, J. N.) ; Cass.,

24 juillet 1888 ; Lefebvre, n° 1058.
(7) V. art. 17587, J. N.
(8) Cass., 17 août 1880 (art. 22593, J. N.).
(9) Cass., 28 août 1864 (art. 18164, J. N.) ; Lefebvre, n° 1067.
(10) Déc. min. just., 16 août 1847 (art. [...], J. N.).

déférer à la Cour de cassation les décisions des Chambres qui lui paraîtraient contraires aux principes de la discipline (1).

124. — L'action disciplinaire devant les tribunaux appartient au ministère public exclusivement, et le parquet, sous le contrôle du procureur général et du garde des sceaux, est seul juge de la question de savoir si cette action doit être exercée et si elle le sera devant la Chambre ou le tribunal.

125. — L'avis émis par une Chambre tendant à la suspension ou à la destitution d'un notaire n'enlève même pas au parquet sa liberté d'action ; de même, le ministère public peut provoquer, d'office, la suspension ou la destitution d'un notaire, sans avoir pris au préalable l'avis de la Chambre (2).

126. — Il est de principe constant que l'action *disciplinaire* est indépendante de l'action *civile* ou de l'action *criminelle* dont un notaire serait l'objet à raison des mêmes faits et le sort de l'une n'entraîne pas nécessairement le sort de l'autre. Ainsi, qu'un notaire soit poursuivi en Cour d'assises et acquitté, il pourra être poursuivi disciplinairement à raison des mêmes faits, et il ne saurait être admis à invoquer la chose jugée. La jurisprudence est formelle (3).

127. — Si, au lieu d'être acquitté ou de bénéficier d'une ordonnance de non lieu, le notaire est condamné, l'action disciplinaire, distincte de l'action publique, n'est point épuisée par cette condamnation ; l'honneur a été atteint, le notaire peut aussi l'être (4).

128. — L'indépendance des deux actions a encore cette conséquence, qu'il n'y a pas lieu de surseoir à statuer sur l'action disciplinaire jusqu'au jugement de l'action publique, lorsque ces deux actions sont poursuivies simultanément devant des juridictions différentes (5).

129. — De même, la décision au civil ne peut exercer aucune influence sur l'action disciplinaire et réciproquement (6).

130. — Ajoutons que l'action disciplinaire peut être exercée, pour les mêmes faits, par le syndic devant la Chambre et par le parquet devant le tribunal, sans violer la règle *non bis in idem*, car il peut arriver qu'un notaire, puni trop faiblement par la Chambre, soit ensuite poursuivi par le ministère public, — ou qu'un notaire, acquitté devant le tribunal, soit traduit avec raison devant la Chambre de discipline (7).

131. — Procédure. — Le tribunal, compétent pour connaître des actions disciplinaires, est le *tribunal civil* du ressort du notaire inculpé. Il suit de là que les jugements disciplinaires doivent être considérés comme rendus par la justice civile et n'ont pas le caractère de décisions correctionnelles ; il s'ensuit encore que, dans l'instruction de ces affaires, il y a lieu de suivre les règles de la procédure civile (8).

Il a pourtant été jugé, — mais cette opinion nous paraît critiquable et en tous cas, moins juridique, — que le tribunal n'est pas tenu de suivre exclusivement les

---

(1) Lefebvre, n° 1043 et suiv. ; Cass., 5 août 1884. — V. Toutefois Greffier, *Rev. not.*, n° 5801.
(2) Cass , 2 août 1848. — *Contra :* Angers, 23 janvier 1889.
(3) Cass., 22 avril 1837 ; Agen, 18 janvier 1842 ; Bordeaux, 20 décembre 1842 ; Cass., 21 mai 1851 ; Limoges, 9 novembre 1853 ; Cass., 16 mai 1859 ; Cass., 29 décembre 1884 ; Chambéry, 30 janvier 1885 ; Cass., 14 janvier 1890 (*J. du not.*, 1890, p. 70) ; Dict. du not., v^le *Destitution*, n°s 62 et suiv. ; *Discipl. not.*, n°s 283 et suiv. ; Eloy, n° 1008 ; Lefebvre, n° 703 et suiv. ; Rutgeerts et Amiaud, n° 1251.

(4) Dalloz, n° 264 ; Lyon, 30 août 1844.
(5) Coutances, 6 mars 1871 ; Lyon, 29 novembre 1873 (*J. du not* , n° 2702) ; Pau 4 janvier 1881 (art. 20828 et 22668, J. N.) ; Lefebvre, n° 1094 ; — *Contra :* Dijon, 5 décembre 1884.
(6) Cass., 25 novembre 1856 (art. 15068, J N) ; Toulouse, 18 janvier 1866 ; Nancy, 10 mai 1872.
(7) V. Rutgeerts, t. III n°s 1241 et suiv.
(8) Dalloz, v° *Notaire*, n° 888 ; Lyon, 19 avril 1872 (*Rev. not.*, n° 4501) ; Bordeaux, 8 mai 1875 (*Rev. not.*, n° 5468 · Cass. 1er décembre 1880 (*J. du not.* n° 3310).

formes de la procédure, et qu'il est autorisé à emprunter à la procédure criminelle les formes et les voies d'instruction propres à l'éclairer, à la condition de ne porter toutefois aucune atteinte au droit de la défense (1).

132. — Une jurisprudence constante établit que l'article 103 du décret du 30 mars 1808 n'est pas applicable aux notaires (2). Ce sera donc toujours en audience publique, que le tribunal devra connaître d'une action disciplinaire (3).

133. — Le notaire est assigné devant la Chambre civile où siège habituellement le président; le Tribunal a le droit d'interroger l'inculpé et, par suite, d'ordonner sa comparution personnelle (4).

134. — L'enquête, dans les poursuites disciplinaires, a lieu d'ordinaire, comme en matière sommaire, dans la forme déterminée par l'article 407 du Code de procédure civile (5); sans, toutefois, que les juges soient obligés de suivre cette forme. Il suffit que l'inculpé ait été mis en état de connaître les témoins et de débattre la sincérité de leurs déclarations (6).

Le secret des procédures criminelles ne fait pas obstacle à ce que les juges, saisis d'une action disciplinaire, recherchent la preuve des faits qui servent de base à cette poursuite dans le dossier de l'information pénale dirigée contre l'officier public inculpé, alors même que cette information n'aurait pas encore abouti à un arrêt de mise en accusation; si, d'ailleurs, l'officier public a pu se défendre sur les faits résultant de l'information criminelle (7).

135. — Le jugement doit être motivé, de manière à permettre à la Cour de cassation d'exercer son contrôle (8); mais le Tribunal n'est pas tenu de viser dans son jugement le texte des lois en vertu desquelles la condamnation est prononcée (9).

Il n'est pas nécessaire que la décision soit prononcée en présence du notaire condamné (10).

136. — Le partage des voix doit toujours entraîner l'acquittement de l'inculpé (11).

137. — Peines. — D'après l'opinion qui admet que les tribunaux seraient investis de la plénitude de la juridiction disciplinaire, il faudrait décider que toutes les peines spécifiées, soit par l'article 53 de la loi de ventôse, soit celles de discipline intérieure prévues par l'article 11 de l'ordonnance de 1843, peuvent être appliquées par les juges. Nous avons déjà dit que, selon nous, les peines prévues par l'article 53 de la loi de ventôse sont les seules que les Tribunaux puissent et doivent appliquer. Mais la jurisprudence (V. *supra*, n° 44) est contraire à cette opinion et la Cour de cassation vient encore de décider, par un dernier arrêt, du 12 janvier 1887, que les tribunaux peuvent prononcer, contre un notaire poursuivi à fin de suspension ou de destitution, même une peine de discipline intérieure, si les faits incriminés ne leur paraissent pas mériter la répression demandée par le ministère public.

138. — Et il résulte de la jurisprudence consacrée actuellement par la Cour suprême que la compétence du Tribunal se règle non d'après la nature de l'infraction, mais d'après celle de la peine requise; d'où il suit que le ministère public doit spécifier, dans sa citation, le genre de peine qu'il requiert et qu'il ne peut requérir directement l'application des peines prévues par l'article 11 de l'ordonnance de 1843, sous peine de voir l'inculpé opposer l'incompétence du Tribunal; mais, alors même qu'il a requis la suspension ou la destitution du notaire poursuivi, les juges restent

---

(1) Châteauroux, 30 mars 1859; Cass., 23 janvier 1855 et 10 mai 1864; Langres, 26 décembre 1889; Dreux, 12 mai 1891 (*J. du not.*, 1891, p. 455).
(2) Cass., 10 mai 1864, préc.
(3) Lefebvre, n° 1180; Dict. du not., n° 298; Déc. minist., 2 janvier 1861.
(4) Nancy, 26 janvier 1874 (*Rev. not*, n° 4687).
(5) Nancy, 9 mai 1845.

(6) Cass., 20 juillet 1869 et 12 mai 1873.
(7) Cass., 4 janvier 1887. *Contrà*, Lefebvre, t. II, p. 515; Dijon, 5 décembre 1884.
(8) Cass., 16 mai 1859 et 2 juin 1869.
(9) Lefebvre, n° 1157.
(10) Cass., 9 mai 1877 (*Rev. not.*, n° 5157).
(11) Cass., 6 avril 1858 (art. 16288, J. N.).

compétents pour appliquer les peines de discipline intérieure prévues par l'art. 11 de l'ordonnance.

139. — La suspension et la destitution sont donc deux peines exclusivement réservées à la compétence des tribunaux ; le gouvernement lui-même n'a pas le droit de les prononcer.

140. — Mais si un notaire poursuivi en destitution ou en suspension a donné sa démission et si cette démission a été acceptée par le gouvernement, l'action disciplinaire n'a plus d'objet et le Tribunal doit se dessaisir (1).

141. — Il y a lieu à destitution d'après la loi :

a) Lorsqu'un notaire, qui a été condamné pour avoir instrumenté hors de son ressort, tombe en récidive (2);

b) Lorsqu'il a agi frauduleusement, en commettant des surcharges, interlignes, ou ratures dans ses actes (3);

c) Lorsqu'il délivre une seconde grosse sans y être autorisé (art. 26);

d) Lorsqu'il est prouvé que l'omission du dépôt d'un contrat de mariage de commerçant est la suite d'une collusion frauduleuse (art. 68);

e) Lorsqu'il a conservé des sommes qu'il devait déposer à la Caisse des Dépôts et Consignations (4);

f) Lorsqu'il a contrevenu aux articles 5 et 6 du décret-tarif du 5 novembre 1851, relatif aux honoraires des ventes de fruits et récoltes.

142. — Les tribunaux ont encore prononcé la destitution des notaires dans les divers cas suivants :

a) Pour avoir subi une condamnation criminelle ou correctionnelle, ou pour s'être dérobé, par la fuite, à la justice et à la poursuite de ses créanciers ;

b) Pour avoir commis une dissimulation dans le prix d'un office, avoir fait ou s'être rendu complice d'une contre-lettre (5);

c) Pour avoir énoncé faussement la date d'un acte, la présence des parties, la lecture de l'acte et le lieu où il a été fait (6); pour en avoir altéré la date, afin d'échapper à des droits d'enregistrement (7);

d) Pour s'être approprié des fonds déposés et être tombé en déconfiture, à la suite de dépenses excessives (8);

e) Pour avoir, au mépris de la suspension dont il était frappé, instrumenté sous le nom d'un confrère ;

f) Pour s'être rendu adjudicataire, par personne interposée, d'objets qu'il vendait ;

g) Pour avoir manqué gravement aux devoirs de sa profession et avoir commis des faits entachant gravement sa considération (9);

h) Pour s'être servi d'un prête-nom dans ses actes ; avoir fait comparaître son clerc comme mandataire verbal de personnes décédées (10);

i) Pour avoir reçu des actes de remploi frauduleux (11).

143. — La suspension peut être prononcée d'après les prescriptions de la loi :

a) Lorsque le notaire a instrumenté hors de son ressort (12);

b) Lorsqu'il délivre une expédition ou donne communication d'un acte à d'autres qu'à ceux qui y ont droit (13)

---

(1) Cass., 7 avril 1851 et 26 décembre 1883 (*J. du not.*, n°.3621); Pontarlier, 13 août 1890 ; Lefebvre, t. II, n° 52 ; Morin, n° 663 ; Dalloz, n° 744.
(2) L. 25 ventôse, art. 6.
(3) L. 25 ventôse, art. 16.
(4) L. 3 juillet 1816, art. 10.
(5) Orléans, 7 février 1846 ; Cass., 19 août 1847, 6 novembre 1850 ; Circ. min. just.
(6) Poitiers, 6 décembre 1848 (art. 11886, J. N.).
(7) Bordeaux, 20 déc. 1842, 31 août 1849, 4 mars 1854.

(8) Paris, 10 novembre 1845 ; Lure, 30 novembre 1889 ; Pont-L'Evêque, 19 novembre 1889 ; Romme, 27 mars 1890 (*J. du not.*, 1890, p. 152, 279 et 312); Espalion, 16 juillet 1891 ; Dreux, 12 mai 1891.
(9) Poitiers, 6 décembre 1848 ; Cass., 7 août 1851.
(10) Château-Thierry, 12 décembre 1889 (*J. du not.*, 1890, p. 295).
(11) Paris, 7 janvier 1892; Toulouse, 18 janvier 1893.
(12) L. 25 ventôse, art. 6.
(13) L. 25 ventôse, art. 23.

c) Lorsqu'il ne rétablit pas son cautionnement entamé (art. 33).

d) Pour perception d'honoraires supérieurs à ceux fixés par le décret (1).

144. — En outre, la peine de la suspension a été prononcée contre les notaires dans les cas suivants :

1° Pour s'être fait représenter par son clerc dans une vente soit mobilière, soit immobilière, ou dans la passation d'un acte (2).

2° Pour avoir enlevé une jeune fille qu'il recherchait en mariage (3).

3° Pour sévices graves envers son épouse (4).

4° Pour refus de restituer des sommes reçues pour son client (5).

5° Pour avoir laissé protester des lettres de change (6).

6° Pour avoir altéré et surchargé les dates de plusieurs actes, afin de reculer l'échéance des droits d'enregistrement (7).

7° Pour avoir reçu, sous le nom d'un tiers, des actes qui l'intéressaient personnellement (8).

8° Pour désordre dans ses affaires personnelles (9).

9° Pour avoir enlevé deux feuilles de son répertoire et les avoir remplacées par deux nouvelles feuilles cotées par le président du tribunal comme feuilles supplémentaires (10).

10° Pour avoir constaté, contrairement à la vérité, la présence de l'une des parties intéressées et celle des témoins instrumentaires à la passation de l'acte (11). — Ou avoir mentionné, dans une grosse, l'existence d'une signature qui n'existait pas sur la minute (12).

11° Pour avoir énoncé, contrairement à la vérité, dans un acte de vente, que la totalité du prix avait été payée en espèces (13).

12° Pour avoir procédé à une vente publique d'immeubles dans un cabaret en faisant distribuer du vin aux enchérisseurs (14) ; — pour s'être rendu adjudicataire d'objets mobiliers dans une vente à laquelle il procédait par commission de justice (15).

13° Pour s'être livré à des voies de fait envers un particulier (16).

14° Pour avoir procédé hors de son ressort à la lecture d'un acte et y avoir reçu la signature des parties, et n'avoir apposé la sienne que dans son étude (17).

15° Pour avoir, en l'absence des parties, ajouté à l'approbation des mots rayés une mention spéciale pour approuver une barre destinée à remplir un blanc dans le corps de l'acte (18), — ou pour avoir fait parapher par les parties un renvoi en blanc et l'avoir rempli hors de leur présence (19).

16° Pour avoir rédigé une contre-lettre destinée à détruire l'effet de l'acte authentique qu'il venait de recevoir (20).

17° Pour avoir, comme président d'une chambre, refusé d'accuser

---

(1) Tarif du 5 novembre 1851.
(2) Nancy, 25 juin 1826 (art. 5682, J. N,) ; Louhans, 8 avril 1848 (art. 11925. J. N.) ; Paris, 14 décembre 1844 (art. 12207, J. N.) ; Béthune, 15 janvier 1846 (art. 3714, J. N.).
(3) Nantes, 21 août 1843 (art. 11832, J. N.).
(4) Gand, 14 août 1854.
(5) Gand, 8 août 1854.
(6) Tournai, 7 juillet 1851.
(7) Dijon, 16 novembre 1843 (art. 3112, J. N.).
(8) Pontarlier, 10 août 1843 (art. 12563, J. N.).
(9) Bordeaux, 16 août 1853 (art. 15140, J. N.) ; Orléans, 6 février 1854 (art. 15171, J. N.).
(10) Libourne, 22 novembre 1843 (art. 12037, J. N.).

(11) Tournon, 5 février 1843 (art. 12069, J. N.).
(12) Grenoble, 11 avril 1863 (art. 17904, J. N.).
(13) Civray, 9 mai 1844 (art. 12122, J. N.).
(14) Metz, 9 octobre 1844 (art. 12156, J. N.).
(15) Chambéry, 28 novembre 1877 (art. 21919, J. N.)
(16) Thionville, 8 mai 1844 (art. 12173, J. N.).
(17) Roanne, 5 décembre 1844 (art. 12378, J. N.) ; Gand, 4 juillet 1883.
(18) Rennes, 14 juillet 1845 (art. 12477, J. N.).
(19) Gand, 4 juillet 1883, *Rev. prat. not. B.*, 1883, p. 579.
(20) Schlestadt, 18 novembre 1844 (art. 12506, J. N.).

réception au ministère public d'une communication intéressant tous les membres d'un arrondissement et de leur en faire part (1).

18° Pour avoir permis à sa femme de continuer à tenir un café, malgré l'avertissement que lui avait donné la Chambre de discipline (2).

19° Pour avoir été condamné pour délit d'usure (3).

20° Pour avoir porté des entraves à la liberté des enchères (4).

21° Pour ne pas avoir employé à leur destination les deniers reçus pour payer des droits de succession (5); — ou pour ne pas avoir fait enregistrer des actes reçus par lui, bien qu'on lui ait versé les fonds (6).

22° Pour avoir commis, dans la vie privée, des actes qui compromettent gravement la considération et le caractère du notaire (7).

23° Pour avoir écrit une contre-lettre fraudant les droits d'enregistrement (8); — ou consenti une contre-lettre à son traité d'office (9).

24° Pour refus d'apporter une minute au président pour la faire taxer (10).

25° Pour avoir prêté sa signature à des agents d'affaires et avoir signé des actes passés hors de sa présence (11).

26° Pour abus de confiance et pour s'être approprié des sommes qui devaient servir à un remboursement (12).

27° Pour avoir encouru une condamnation en police correctionnelle (13).

28° Pour avoir refusé de prendre part à la délibération de la Chambre (14).

29° Pour avoir refusé son ministère sans motif légitime; pour ne s'être pas fait attester l'individualité des parties qu'il ne connaissait pas (15).

30° Pour avoir tenté de détourner la clientèle de ses confrères (16).

31° Pour avoir commis des infractions à l'ordonnance de 1843, avoir fait des opérations de banque, ou des actes de commerce, avoir spéculé sur l'achat et la vente des immeubles (17).

32° Pour n'avoir pas rempli le mandat dont il s'était chargé de rembourser les créances hypothéquées sur un bien vendu (18).

33° Pour avoir critiqué d'une façon injurieuse les membres du gouvernement (19).

34° Pour n'avoir pas tenu la comptabilité prescrite par le décret du 30 janvier 1890 (20).

145. — Les peines de la suspension et de la destitution ne sont pas les seules que les tribunaux puissent prononcer d'après l'article 53 de la loi de ventôse; le même article ajoute l'*amende* et les *dommages intérêts*.

146. — Les *dommages-intérêts* ne constituent qu'une condamnation purement pécuniaire et civile qui peut être infligée au notaire, en outre de la peine disciplinaire, si l'infraction commise a porté préjudice à la partie plaignante.

147. — Quant à l'*amende*, elle ne peut être infligée que dans des cas où une disposition spéciale de loi l'autorise, et l'article 53 ne se réfère évidemment qu'aux amendes prononcées par la loi même pour certaines infractions et dont la quotité est

---

(1) Paimbœuf, 22 novembre 1844 et 21 août 1845 (art. 12187, 12913, J. N.).
(2) Mende, 8 octobre 1845 (art. 12989, J. N.).
(3) Metz, 20 mai 1826 (art. 6664, J. N.); Bordeaux, 3 décembre 1827 (art. 6419, J. N.).
(4) Mâcon, 8 février 1845 (art. 12270, J. N.).
(5) Bruxelles, 13 août 1838 (art. 2077, J. N.).
(6) Saint-Gaudens, 3 décembre 1888.
(7) Paris, 14 décembre 1844; Cass., 10 avril 1849 et 7 avril 1851.
(8) Verviers, 29 octobre 1822; Gand, 4 juillet 1883.
(9) Aix, 23 janvier 1890 (J. du not., 1890, p. 248); Châtillon-sur-Seine, 23 décembre 1890.
(10) Bourges, 30 décembre 1829 (art. 7315, J. N.); Bordeaux, 14 août 1841.

(11) Bruxelles, 30 juillet 1855.
(12) Gand, 24 décembre 1856; Douai, 22 juillet 1874 (Rev. not., n° 4842); Vendôme, 26 avril 1890.
(13) Bruxelles, 29 novembre 1858.
(14) Circ. min. just., 18 ventôse an XIII.
(15) Amiens, 21 août 1843 (art. 11816, J. N.).
(16) Castellane, 5 janvier 1844 (art. 12069, J. N.).
(17) Pontarlier, 19 novembre 1843 et 27 juillet 1846; Paris, 25 avril 1870.
(18) Bruxelles, 30 juil. 1860; Louvain, 31 janv. 1862.
(19) Dijon, 29 janvier 1890 (J. du not., p 251).
(20) Dreux, 12 mai 1891; Privas, 10 mars 1891; Rennes, 18 mai 1892; Louviers, 22 juil. 1892; Saint-Brieuc, 27 septembre 1892; Langentière, 15 mars 1893 (J. du not., 1893, p. 810).

déterminée par les articles 12, 13, 16, 17, 23 de la loi de ventôse. Les juges ne sauraient frapper un notaire d'amendes à leur discrétion (1).

148. — L'article 4 de la loi de ventôse considère comme démissionnaires les notaires qui contreviennent à l'obligation de la résidence ; mais le tribunal n'a pas à prononcer cette démission, qui est décrétée par le gouvernement. Les juges n'ont à se prononcer que sur la question de savoir si le notaire a réellement contrevenu à l'obligation de la résidence.

149. — Les tribunaux ne peuvent ordonner l'impression ou l'affiche des décisions qui infligent au notaire des peines disciplinaires ; aucune loi n'autorise, en effet, cette peine additionnelle ; — ou que le jugement sera lu devant les membres réunis de la compagnie, ou inscrit sur le registre des délibérations de la chambre (2).

150. — Exécution des jugements. — D'après l'article 52 de la loi de ventôse, la suspension ou la destitution prononcée contre un notaire n'a d'effet qu'après notification du jugement qui l'ordonne au notaire condamné. Mais dès que cette notification lui a été faite, le notaire suspendu ou destitué doit immédiatement cesser ses fonctions, sous peine de nullité des actes reçus et de dommages-intérêts.

151. — Tout jugement disciplinaire est exécutoire *par provision*, nonobstant appel (3).

152. — Voies de recours. — Les jugements disciplinaires sont sujets à appel, quelque légère que soit la peine prononcée. L'appel peut être formé par le ministère public, comme par le notaire inculpé.

153. — Le délai d'appel est de deux mois et il y a lieu de suivre, pour la forme de l'appel, les règles du Code de procédure civile (4).

154. — Opposition. — Si le jugement a été rendu par défaut, il est susceptible d'opposition. Les formes et les délais de l'opposition sont ceux fixés par le Code de procédure civile.

155. — Pourvoi. — De ce que les jugements disciplinaires sont toujours susceptibles d'appel, il en résulte qu'il faut épuiser cette voie avant de se pourvoir en cassation ; autrement le pourvoi serait déclaré non recevable (5).

156. — Le pourvoi contre les décisions disciplinaires doit être formé selon les formes du droit commun en matière civile. Il n'est pas suspensif de l'exécution.

157. — Le pourvoi ne peut porter que sur l'appréciation du caractère légal des faits incriminés, ou de l'application de la loi ; car la preuve et la constatation des faits est abandonnée souverainement aux juges du fond (6).

La Cour suprême pourrait aussi casser un jugement pour incompétence, excès de pouvoirs, ou vice de formes essentielles.

158. — La *requête civile*, la *prise à partie* des membres d'un tribunal, sont recevables en matière de discipline notariale (7).

Il en est de même du *renvoi pour cause de suspicion légitime* et aussi du *renvoi pour cause de parenté* ou d'alliance prévu par l'art. 368 du Code de procédure civile.

159. — Grâce. — On avait décidé, à une certaine époque, que la grâce ne pouvait être accordée pour des peines disciplinaires et on en donnait pour motifs que ce n'étaient pas de *véritables peines* (8).

Nous comprenons cette doctrine restreinte à certaines peines de discipline intérieure prévues par l'article 11 de l'ordonnance de 1843 ; mais elle n'a aucune raison

---

(1) Cass., 11 janvier 1841 ; Paris, 29 juin 1852 ; Grenoble, 11 août 1868 (art. 17904, J. N.) ; Liége, 21 mars 1872 ; Rolland de Villargues, n° 173 ; Dict. du not., n° 821 ; A. Dalloz. n° 362 ; Rutgeerts et Amiaud, n° 1228. — Cons. toutefois, Cass., 12 août 1860.

(2) Cass., 28 août 1854 et 22 mai 1855.

(3) L. du 25 ventôse, art. 53.

(4) Dict. du not., n° 360 ; Lefebvre, n° 1179 ; Rutgeerts, n° 1257 ; Toulouse, 6 juillet 1874 ; Paris,

21 mars 1879 ; Cass., 17 février 1874 et 1er décembre 1880 (art. 22409. J. N. et J. du not., n° 3210). V. aussi art. 22063 et 22409, J. N.

(5) Cass., 20 juillet 1863 (art. 17794, J N) ; Dalloz, n° 868 ; Ed. Clerc, n° 1063 ; Rutgeerts et Amiaud, n° 1258 ; Lefebvre, n° 1188.

(6) Dalloz, *Notaire*, 872 ; Cass., 19 août 1844.

(7) Lefebvre, n° 1196 et 1201.

(8) Déc. min. just., 12 août 1839 et 11 janvier 1855.

d'être appliquée à des peines de la nature de celles que peuvent prononcer les tribunaux, comme la suspension et l'amende. Elle n'est plus, du reste, soutenue aujourd'hui ni par les auteurs qui admettent, en pareil cas, le droit de grâce (1), ni par la Chancellerie, dont la jurisprudence est également favorable (2).

La grâce se justifierait surtout depuis que la loi attache à certaines peines, comme la destitution du notaire, la déchéance des droits électoraux (3), ainsi que du droit de faire partie du jury. Toutefois, la Chancellerie n'admet pas que le droit de grâce puisse s'exercer envers les notaires destitués.

160. — Réhabilitation. — Avant la loi du 19 mars 1864, la réhabilitation d'un notaire destitué à la suite de poursuites disciplinaires n'était pas possible. Depuis cette loi, le notaire destitué peut obtenir sa réhabilitation, en remplissant les conditions imposées par le Code d'instruction criminelle, aux condamnés à une peine correctionnelle (art. 620 et suiv.). Il était statué sur la demande par décision ministérielle, après communication au conseil des ministres (5).

Mais une loi du 14 août 1885 a modifié la procédure en réhabilitation et transporté à la Cour d'appel le droit antérieurement conféré au gouvernement. La réhabilitation est donc aujourd'hui prononcée par arrêt de la Cour et elle efface la condamnation.

La réhabilitation n'a pas pour effet de réintégrer le notaire dans ses fonctions, s'il n'a pas encore été remplacé, mais seulement de le rendre apte à recevoir une investiture nouvelle (6).

Dans tous les cas, la chambre a toujours le droit d'apprécier si la conduite antérieure du notaire permet ou non de lui délivrer le certificat de capacité et de moralité qui lui serait demandé par un notaire réhabilité (7).

161. — Prescription. — L'action disciplinaire est, de l'avis de tous les auteurs, *imprescriptible*, même par la prescription de trente ans, la loi n'ayant rien prévu à ce sujet (8).

§ 5. Formules.

I. DÉLIBÉRATION DISCIPLINAIRE STATUANT PAR UN AVIS

L'an..., le..., à..., heures du...,
La Chambre de discipline des notaires de l'arrondissement de ...
S'est réunie à ..., au lieu ordinaire de ses séances, rue..., n°...,
Sur la convocation de M. le président faite par lettres adressées à chacun des membres la composant, à la date du premier de ce mois.
Sont présents :

M. A..., notaire à..., président.
M. B..., notaire à..., syndic.
M. C..., notaire à..., rapporteur.
M. D..., notaire à..., secrétaire.
M. E..., notaire à..., trésorier.
M. F..., notaire à..., membre.
Et M. G..., notaire à..., membre (9).

La Chambre ainsi constituée et se trouvant en nombre pour délibérer, M. le président a

---

(1) Morin, n° 839 ; Perriquet, n° 602 ; Rutgeerts et Amiaud, n° 1228 ; Lefebvre, n° 1075.
(2) Déc., 14 juillet 1869.
(3) L. du 2 février 1852, art. 15.
(4) L. du 22 novembre 1872, art. 2.
(5) Décr., 7 septembre 1870.
(6) Toulon, 30 novembre 1869 (art. 19945, J. N.).
(7) J. du not., 1889, p. 20.
(8) Dict. du not., n° 24 ; Morin, n° 656 ; Lefebvre, n° 686 ; Eloy, t. II, n° 993 ; Cass., 30 décembre 1824, 28 avril 1839 et 9 novembre 1852.
(9) En cas d'absence de l'un des membres, la Chambre examine préliminairement le motif fourni, et en fait mention :

Mᵉ G..., notaire à..., retenu hors de sa résidence par suite de la maladie dont il est atteint depuis plusieurs mois, et qui l'a obligé de se rendre aux eaux de..., où il se trouve actuellement en traitement, a informé par lettre M. le président de ce motif d'empêchement en le priant de faire agréer ses excuses par la Chambre. La Chambre, après en avoir délibéré, et M. le syndic ne s'opposant, a déclaré Mᵉ G... valablement excusé.

déclaré la séance ouverte et il a fait introduire M° X..., notaire à..., auteur de la plainte soumise à l'appréciation de la Chambre et M° Y..., notaire à..., contre qui elle est dirigée.

M. le président a exposé les faits de la manière suivante :

A la date du..., M° X... lui a écrit une lettre pour se plaindre des abus et du préjudice qui résulteraient pour son étude de l'emploi par M° Y... de M. K..., greffier de la justice de paix de leur canton commun, en qualité de son principal clerc ; qu'à diverses reprises il a fait des observations à son confrère à ce sujet en lui précisant des faits ; qu'aucun compte n'a été tenu de ses observations ; mais qu'un nouveau fait plus grave que les précédents venant de se produire, il ne lui restait plus qu'à déférer le grief à la justice de la Chambre, et qu'en conséquence il déposait une plainte contre M° Y... dans les circonstances suivantes :

Au cours du mois de..., M. R..., l'un de ses clients attitrés décédait laissant des mineurs parmi ses héritiers. Mme R..., la veuve, vint le consulter en son étude au sujet des formalités qu'elle avait à remplir pour constituer la tutelle, et elle aurait même désigné le jour de l'inventaire.

Après la réunion du conseil de famille, M° X... ne vit plus Mme R... revenir en son étude, et il apprit que l'inventaire avait été dressé par M° Y... à la date du..., et que diverses autres affaires de la succession avaient ensuite été traitées dans cette étude, d'où il serait résulté pour lui une série de préjudices.

Surpris d'un changement dont il ne croyait pas avoir donné de motif, M° X... alla parler de cette affaire à Mme R..., qui finit par lui avouer qu'elle avait cédé aux sollicitations du greffier de la justice de paix pour faire dresser l'inventaire et régler les affaires de la succession dans l'étude dont il était lui-même le principal clerc, et où il promettait qu'elle serait l'objet d'une attention particulière.

M° X... conclut en demandant à la Chambre de vouloir bien prescrire à M° Y... de lui tenir compte au moins des honoraires de participation à l'inventaire et d'avoir à remplacer à bref délai le greffier de la justice de paix dans les fonctions de principal clerc de son étude.

M. le président, après avoir échoué auprès des parties dans les tentatives de conciliation qu'il a cru de son devoir de faire, au préalable, dans l'intérêt du maintien d'une bonne confraternité, a renvoyé la plainte à M. le syndic de la Chambre.

Aussitôt en possession de la plainte, M. le syndic en a dressé une copie certifiée, qu'il a, par lettre du..., fait tenir à M° Y..., en invitant ce notaire à lui fournir ses justifications dans un délai de quinze jours, et lui demandant un accusé de réception. M° Y... répondit dès le lendemain à M. le syndic qu'il lui donnait acte de sa communication et qu'il lui soumettrait un mémoire dans le délai imparti.

Dès le... suivant, M° Y... a fourni ses moyens de défense à M. le syndic. Dans son mémoire il répond que les faits antérieurs auxquels M° X... a fait allusion, n'ont jamais présenté de caractère sérieux, qu'il les aurait dans ces conditions réprimés le premier, et que d'ailleurs n'étant pas précisés, ils demeurent écartés de toute discussion.

Quant au fait particulier de la succession de M. R... et au détournement de clientèle dont on lui fait grief comme conséquence des manœuvres reprochées à son clerc, dans l'exercice de ses fonctions de greffier, tout en repoussant, en principe, toute allégation qui tendrait à faire supposer pour le cas où cette action se serait produite, qu'il aurait pu la suggérer ou seulement l'approuver, il proteste de n'en avoir jamais eu connaissance. Il affirme que Mme R... s'est présentée d'elle-même pour lui confier ses affaires, et il ajoute que si elle a tenu contre le greffier le propos que M° X... lui attribue, ce n'a dû être pour elle qu'un moyen de mettre fin à des reproches qui l'importunaient, et, en réalité, pour ne pas avouer à M° X... les motifs qui l'avaient décidée à ne pas le conserver pour notaire.

L'affaire ainsi liée, M. le syndic a transmis le dossier à M. le rapporteur par lettre du..., pour qu'il eût à informer et à dresser son rapport.

Sur l'avis donné par M. le rapporteur que son enquête était terminée, et après s'être concerté avec le président sur l'époque de la convocation de la Chambre, M. le syndic a, par lettre, rappelant les faits de la cause, signée de lui à la date du..., et envoyée le même jour, sous pli recommandé, par M. le secrétaire de la Chambre, qui en a pris note, cité M° Y... à comparaître cejourd'hui, à..., heure du..., devant la Chambre de discipline assemblée pour voir statuer sur les fins de la plainte.

M° X... a été cité dans la même forme par M. le syndic et invité à venir soutenir ses affirmations.

En cet état, M. le président a donné la parole à M. le rapporteur qui a donné lecture de son rapport en la présence de MM. X... et Y... et de M. le syndic.

MM. X... et Y... ont alors été entendus dans leurs explications contradictoires.

M. le syndic a ensuite développé son réquisitoire et formulé ses conclusions en présence de Me Y..., faisant ses réserves sur l'opportunité qu'il pourra y avoir par la suite à exercer des poursuites directes contre le principal clerc de Me Y..., en vertu de l'art. 33 de l'ordonnance du 4 janvier 1843.

M. le président a, en dernier lieu, donné la parole à Me Y... qui a fait entendre sa défense.

Les débats terminés, les mémoires, rapports et conclusions déposés sur le bureau, M. le président a dit que la Chambre allait en délibérer, et après avoir invité les parties à se retirer, il a donné acte à M. le syndic de ce qu'il déclarait se retirer lui-même pendant le délibéré de la Chambre.

La Chambre a alors délibéré, et, après avoir constaté les votes, a pris, à la majorité des voix, la délibération suivante, qui a été rédigée et transcrite dans son entier, par M. le secrétaire, sur le registre de ses délibérations :

La Chambre :

Attendu qu'il ressort des explications fournies par les parties, du rapport présenté par M. le rapporteur et des conclusions de M. le syndic, qu'aucun fait personnel de détournement de clientèle n'est reprochable à Me Y... ;

Attendu que les agissements de M. K .., son principal clerc, paraissent de nature à avoir influencé la décision de Mme R.. , au sujet de son changement d'étude, mais sont demeurés l'œuvre personnelle de ce clerc ;

Attendu que la demande de participation aux honoraires de l'inventaire et subsidiairement aux honoraires de tous autres actes qui ont pu suivre, formée par Me X . équivaut à une demande de réparation civile qui excède la compétence de la Chambre ;

Renvoie Me Y... des fins de la plainte ;

Dit qu'il ne lui appartient pas de faire à Me Y... l'injonction d'avoir à renvoyer de son étude M. K .., son principal clerc, par ce seul motif qu'à ce titre il joint celui de greffier de la justice de paix, bien que cette double qualité présente, entre autres inconvénients, celui de rendre justiciable de la Chambre de discipline des notaires un officier ministériel faisant partie d'un tribunal et relevant de ce chef plus spécialement de la discipline judiciaire ;

Emet l'avis que Me Y... doit se priver du concours et des travaux en son étude de M. K... en raison de sa qualité d'officier ministériel, qu'il y a urgence à son prompt remplacement, et qu'il y aurait opportunité à ce qu'il y fût pourvu dans le délai d'un mois ;

Donne acte à M. le syndic de ses réserves visant M. K..., par application de l'art. 33 de l'ordonnance du 4 janvier 1843 ;

Et, sur la question de la participation aux honoraires, se déclare incompétente et renvoie Me X..., s'il y persiste, à se pourvoir devant le juge qu'il appartiendra.

Le délibéré terminé, M. le syndic et MM. les notaires X... et Y... ont été de nouveau introduits dans la salle des séances. M. le président leur a donné lecture de la présente délibération qui est demeurée close et qui a été signée, séance tenante, par M. le président et par M. le secrétaire.

(Signatures.)

II. DÉLIBÉRATION PRONONÇANT UNE PEINE DISCIPLINAIRE

L'an..., le..., à..., heures du...,

La Chambre de discipline des notaires de l'arrondissement de...

S'est réunie à..., au lieu ordinaire de ses séances, rue..., n°... (1),

Sur l'assignation prise et insérée dans le procès-verbal de la précédente délibération de la Chambre, en date du...

---

(1) Pour les Chambres ressortissant à un tribunal qui n'a pas son siège au chef-lieu de l'arrondissement, on modifie la formule de la manière suivante : « La Chambre des notaires de l'arrondissement de..., s'est réunie à..., siège du tribunal civil, au lieu ordinaire, etc... »

Sont présents :

M. A..., notaire à..., président.
M. B..., notaire à..., syndic.
M. C..., notaire à..., rapporteur.
M. D..., notaire à..., secrétaire.
M. E..., notaire à..., membre.
Et M. H..., notaire à..., membre suppléant.

La Chambre ainsi constituée et se trouvant en nombre pour délibérer, M. le président a déclaré la séance ouverte et il a fait introduire M⁰ X..., notaire à..., cité directement à comparaître par M. le syndic aux fins disciplinaires qui vont être présentées à la Chambre.

M⁰ G..., notaire à..., auteur de la plainte, cité par M. le syndic dans la forme de l'art. 17 de l'ordonnance du 4 janvier 1843, est également présent.

Préalablement à l'exposé de la poursuite, M. le président a rappelé, pour qu'il en soit fait mention au procès-verbal, que les faits d'infraction aux règles de la résidence et de concurrence irrégulière qui sont imputés à M⁰ X..., ont été signalés à M. le syndic par une lettre de plainte à lui adressée le..., par M⁰ G..., membre de la Chambre.

M. le syndic, une fois saisi de la plainte, a aussitôt adressé à M⁰ X..., une copie certifiée de la lettre de M⁰ G..., par pli recommandé en date du..., portant invitation de lui faire connaître ses moyens de défense dans un délai de quinze jours. Ce délai s'étant écoulé sans que M⁰ X... ait fait aucune réponse à cette communication, M. le syndic a transmis la plainte à M. le rapporteur pour qu'il fût par lui procédé à l'enquête qui doit faire l'objet de son rapport.

Sur l'avis donné par M. le rapporteur que son enquête était terminée, et après s'être concerté avec M. le président sur l'époque de la convocation de la Chambre, M. le syndic a, par lettre rappelant les faits de la cause, signée de lui à la date du... et envoyée le même jour sous pli recommandé par M. le secrétaire de la Chambre, qui en a gardé note, cité M. X... à comparaître le..., heure de midi devant la chambre de discipline séant à..., pour voir statuer sur les fins de la plainte.

La Chambre, au jour de cette convocation, était composée régulièrement, outre MM. A..., B..., C..., D... et E., de M. F..., notaire à..., trésorier, et de M⁰ G..., notaire à..., membre. M. G..., avant toute délibération, s'est déclaré auteur de la plainte, et s'est reconnu récusé par ce fait même. M. F..., a ensuite fait connaître à la Chambre qu'étant l'oncle par alliance du notaire cité, et, par suite, son parent au troisième degré, il s'abstiendrait de siéger en vertu des articles 8 de la loi du 25 ventôse an XI et 19 de l'ordonnance du 4 janvier 1843, et qu'il requérait la Chambre de lui décerner acte de sa déclaration. La Chambre, après avoir délibéré, M. le syndic entendu, sur ces deux demandes de récusation, a reconnu légitimes les motifs présentés par MM. F... et G..., et les a déclarés récusés.

Mais, ne se trouvant plus en nombre pour statuer disciplinairement, la Chambre a dû pourvoir à la nomination de membres suppléants en nombre suffisant pour atteindre le minimum de juges présents nécessaires pour délibérer. M⁰ H..., notaire à..., s'est trouvé désigné par la voie du sort parmi tous les notaires de l'arrondissement (1).

M⁰ H..., résidant au siège même de la Chambre, a été invité à se rendre immédiatement à la séance, ce qu'ayant pu faire, la Chambre s'est trouvée constituée.

M⁰ X... ne s'étant pas présenté sur cette première citation, M. le syndic a alors requis la Chambre qu'il fût prononcé le défaut avant faire droit contre ledit M⁰ X..., faute de comparaître sur la première invitation à lui faite par simple lettre, et qu'il plût à la chambre de s'ajourner à la date de ce jour, heure de..., pour statuer ce qu'il appartiendra, sur la poursuite tant en l'absence qu'en la présence de M⁰ X..., qui serait cité par ministère d'huissier à comparaître ledit jour.

Faisant droit à ces réquisitions, la Chambre a prononcé le défaut, faute de comparaître, contre M⁰ X..., et s'est ajournée pour l'entendre et pour délibérer à la date de ce jour.

En conséquence de cette première délibération, M. le syndic a, par exploit du ministère de... huissier à..., cité M⁰ X..., d'avoir à se présenter ce jour, heure de..., devant la chambre de discipline des notaires de l'arrondissement de ..., siégeant à ..., pour voir statuer

---

(1) Si le notaire suppléant désigné par la voie du sort, n'était pas présent au siège de la Chambre, la délibération serait close par le procès-verbal de tirage au sort. Avis en serait donné par le syndic au notaire suppléant et un nouvel ajournement par lettre sera donné au notaire cité d'avoir à comparaître devant la Chambre complétée.

sur la poursuite intentée contre lui sur la plainte déposée par M⁰ G..., et s'entendre condamner, s'il y a lieu, à telle peine disciplinaire que la chambre arbitrera.

Au fond, l'assignation reproche à M⁰ X... :

1⁰ D'être dans l'habitude, par infraction aux règles professionnelles de la résidence et
aux prescriptions des articles 4 et 45 de la loi du 25 ventôse an XI, de se transporter le dimanche de chaque semaine à l'issue de la grand'messe et des vêpres, dans les bourgs de...,
et de..., qui bien que dépendant du canton de..., ne sont ni l'un ni l'autre le lieu de sa résidence; de s'y installer dans les auberges du Cheval-Blanc et de la Poste, où il se tient à la
disposition du public, lie les affaires, fait signer les actes, opère des recouvrements et des
paiements dans les salles où il a établi ainsi de véritables succursales de son étude ;

2⁰ Et de se livrer malicieusement à des faits de concurrence déloyale en faisant répandre
par des gens à sa dévotion dans la clientèle de ses confrères le bruit que les actes sont
passés dans son étude à des conditions beaucoup plus économiques qu'ailleurs dans le
canton.

Lesquels faits constituent un manquement au devoir et à la dignité professionnels tom-
bant sous la répression de la Chambre.

Ces faits relatés, M. le président a prié M. le secrétaire de lire à la Chambre la lettre
de plainte et les pièces de procédure dont il vient de faire mention dans son exposé.

Cette formalité remplie, il a invité M. le rapporteur à donner lecture de son rapport.
M⁰ C... a aussitôt fait cette lecture à la Chambre, en présence de M⁰ X... et de M. le syndic.

De l'enquête faite par M. le rapporteur il résulte :

Sur le premier grief, — que les habitudes du transport périodique de M⁰ X..., dans les
bourgs de..., et de..., sont de notoriété publique, et qu'ils ont été attestés par MM. les maires
desdites communes, qui ont déclaré, du reste, que cette pratique n'avait pas été inaugurée
par M⁰ X..., mais qu'elle remontait à l'exercice de son prédécesseur à l'étude de...

Sur le second grief, — M. le rapporteur a entendu particulièrement la déposition d'un
sieur M..., ancien arpenteur à..., qui a été souvent chargé d'expertises par les différents
notaires du canton de..., et qui, s'étonnant du déplacement insolite de certaines affaires qui
lui paraissaient acquises à d'autres études, apprenait alors des clients que M⁰ X... passait
pour faire les actes à meilleur compte que ses confrères, notamment les actes de donations
entre époux et les partages; et qu'il savait d'ailleurs en toutes circonstances se prêter à des
diminutions de frais.

M. le rapporteur a recueilli, en outre, les dépositions expresses de M... et de M... dont
on lui avait plus particulièrement parlé comme s'étant trouvés dans des cas semblables. Ces
personnes ont avoué n'avoir aucun reproche à élever contre l'honorabilité des autres notaires
du canton, qu'il y en avait même qui passaient pour plus instruits que M⁰ X...; mais qu'ils
avaient été amenés à confier leurs affaires à ce dernier, par l'effet d'une rumeur publique très
générale et très persistante de laquelle il ressortait que M⁰ X..., prenait moins d'honoraires
et faisait payer moins de frais que ses collègues.

Ces témoins ayant consenti à renouveler leurs déclarations devant la Chambre, M. le
syndic a informé M⁰ X..., de leur déposition, et il lui a dénoncé son intention de les faire
entendre comme témoins à charge par lettre recommandée en date du... adressée par les
soins de M. le secrétaire.

Après la lecture de ce rapport, M. le président a interrogé M⁰ G..., notaire, plaignant (1),
sur les faits argués par lui; il a déclaré les maintenir dans les termes de sa lettre et n'avoir
rien de particulier à ajouter aux renseignements très précis et très concluants recueillis par
M. le rapporteur qui lui paraissent justifier l'utilité de la plainte.

La Chambre a alors procédé à l'audition des témoins appelés à charge.

M. le président a successivement fait introduire et a interrogé MM...; qui ont déclaré
parler selon leur conscience et pour rendre hommage à la vérité :

1⁰ M... a dit que...

Sa déposition terminée, M... s'est retiré.

2⁰ M... a dit que... (et ainsi de suite pour chacun).

Sur l'invitation de M. le président, M⁰ X... a présenté ensuite sa défense.

Sur le premier chef, il a répondu qu'il reconnaissait se transporter le dimanche à heures
fixes dans les bourgs de... et de..., mais que, s'il le faisait, c'est qu'il en avait trouvé la tra-

_____

(1) Dans le cas où l'interrogatoire du notaire plaignant offrirait un intérêt particulier, il pourrait y
avoir utilité à consigner ses déclarations.

dition établie en son étude et qu'il n'avait fait que continuer cette coutume ; que son prédécesseur ne s'y était résolu lui-même qu'à la sollicitation des habitants ; qu'à raison de la situation topographique de ces bourgs, il ne croyait pas avoir pu nuire à ses confrères, etc.

Sur le second grief, M⁰ X... a dit, etc., etc...

M. le syndic a ensuite développé et posé des conclusions tendant à ce que les deux chefs de reproches formulés dans la plainte soient retenus par la Chambre, et qu'il soit prononcé contre M⁰ X... telle peine disciplinaire que sa justice arbitrera.

Tout en respectant l'entière liberté de la Chambre sur le choix de la peine, qui lui appartient sans réserve, M. le syndic a émis l'opinion que les peines portant interdiction d'un droit devront être écartées de la sentence; que la peine du rappel à l'ordre ne serait pas assez grave pour la nature des fautes reprochées ; mais que des deux peines de la censure, celle de la censure simple lui paraissait contenir une répression suffisante, en considération de ce fait que la conduite de M⁰ X... n'avait, durant un long exercice, donné lieu à aucune plainte contre lui.

Invité par M. le président à répliquer, s'il le jugeait utile, pour sa défense, M⁰ X... a déclaré n'avoir rien à ajouter à ce qu'il venait de dire.

Les débats terminés, les assignations, rapport, réquisitoire et conclusions déposés sur le bureau, pour demeurer annexés à la délibération, M. le président a dit que la Chambre allait en délibérer; et après avoir invité M⁰ X... et M⁰ G... à se retirer, ce qui a été fait, il a donné acte à M. le syndic de ce qu'il déclarait lui-même se retirer pendant le délibéré de la Chambre.

La Chambre a alors délibéré et, après constatation des votes, a pris à la majorité des voix la présente délibération, qui a été rédigée et transcrite dans son entier par M. le secrétaire sur le registre de ses délibérations.

La Chambre :

1° Sur le fait du transport périodique de M⁰ X... hors de sa résidence :

Attendu qu'il résulte des constatations du rapport et de l'aveu de M⁰ X..., que ces déplacements sont constants ; qu'ils constituent une infraction à la règle de la résidence; qu'ils portent atteinte à la dignité professionnelle en transformant le ministère élevé du notaire en un courtage d'affaires, en provoquant la clientèle, et en faisant le notaire tenir étude dans des salles d'auberges ;

Attendu qu'ils constituent d'ailleurs une concurrence irrégulière et blâmable, dépassant les justes bornes fixées par l'art. 5 de la loi du 25 ventôse an XI, pour le seul cas où le transport a lieu sur la réquisition des parties ;

2° Sur le fait de concurrence au moyen de bruits tendant à détourner la clientèle par l'appât d'une réduction illicite des frais d'actes;

Attendu qu'il paraît certain que ces bruits ont été répandus malicieusement et que l'origine en est imputable à M⁰ X... ;

Attendu qu'ils ont déterminé plusieurs personnes et particulièrement MM... à quitter les études de notaires jusque là investis de leur confiance et qui en sont restés dignes, pour s'adresser à M⁰ X... ;

Attendu que ces faits constituent une concurrence déloyale et très répréhensible ; qu'ils sont de nature à porter atteinte à la considération de tous les notaires, en donnant à entendre qu'ils pourraient réclamer des frais et honoraires plus élevés que ceux auxquels ils auraient droit en vertu soit de la loi, soit des usages de la compagnie, connus et respectés, sous l'unique réserve de la taxe du juge ;

Par ces motifs,

Prononce contre M⁰ X..., la peine de la censure simple,

Dit qu'aux poursuite et diligence de M. le syndic, s'il y a lieu, il sera pourvu ès-mains de M. le trésorier, par M⁰ X..., au remboursement des frais d'instance avancés par la Chambre; autorise, en conséquence, M. le syndic à poursuivre le recouvrement de ces frais devant la juridiction compétente, ou à les faire comprendre dans les dépenses de la bourse commune pour, après la taxe qui sera faite par M. le premier président de la Cour d'appel de..., en conformité de l'art. 39 de l'ordonnance du 4 janvier 1843, en poursuivre le recouvrement par toutes les voies de droit ;

Et dit que les pièces déposées demeureront annexées à la délibération.

Le délibéré terminé, M. le syndic et MM. les notaires X... et G.., ont été de nouveau introduits dans la salle des séances.

M. le président a fait lecture en leur présence de la délibération qui précède et qui est demeurée close après avoir été signée, séance tenante, par lui et par le secrétaire.

(Signatures.)

III. DÉLIBÉRATIONS POUR AVIS DE SUSPENSION OU DE DESTITUTION.

1. — Délibération préjudicielle.

L'an..., le..., à... heures du...,

La Chambre de discipline des notaires de l'arrondissement de...,

S'est réunie à..., au lieu ordinaire de ses séances, rue..., n°...,

Sur la convocation de M. le président, faite par lettres adressées à chacun des membres, à la date du quinze mai dernier.

Sont présents :

M. A..., notaire à..., président.
M. B..., notaire à..., syndic.
M. C..., notaire à..., rapporteur.
M. D..., notaire à..., secrétaire.
M. E..., notaire à..., trésorier.
M. F..., notaire à..., membre.
Et M. G..., notaire à..., membre.

La Chambre ainsi constituée, étant en nombre pour délibérer, M. le président a déclaré la séance ouverte, et il a fait introduire Me X..., notaire à..., contre lequel Mme veuve Bernard, propriétaire à..., a déposé une plainte dans les circonstances qui vont être exposées.

Me X... s'est présenté assisté de Me R..., notaire à..., son défenseur, qui a été admis en cette qualité.

Mme veuve Bernard, auteur de la plainte, appelée à comparaître par M. le syndic en conformité des articles 17 et 20 de l'ordonnance du 4 janvier 1843, ne s'étant pas présentée, la Chambre, après en avoir délibéré, a prononcé défaut contre elle.

M. le président a préalablement résumé les faits de la plainte de la manière suivante :

Il a exposé qu'à la date du 2 avril dernier, Mme Bernard lui a adressé une lettre portant plainte contre Me X..., sous des imputations très précises, et vu la gravité de ce document il invite M. le secrétaire à en donner lecture à la Chambre et à l'insérer textuellement au procès-verbal.

M. le secrétaire a aussitôt lu la lettre dont la teneur suit :

« Le 2 avril ..., M. le président, j'ai l'honneur de porter à votre connaissance les faits suivants dont Me X..., notaire à..., s'est rendu coupable à mon égard et dont vous apprécierez la gravité.

« J'ai vendu, il y a trois ans, à M. Bertrand, manufacturier, demeurant à Tours, un immeuble sis en cette ville, moyennant un prix de 120,000 francs, sur lequel il m'a payé seulement 20,000 francs, restant créancière du surplus. M. Bertrand ayant subi des pertes commerciales, est devenu lui-même insolvable, et ses immeubles ont été saisis pour être vendus judiciairement. Inquiète sur le sort de mes 100,000 francs, je me suis rendue à l'étude de Me X..., mon notaire, investi de ma confiance, et qui dirigeait toutes mes affaires, pour lui exposer l'intérêt que j'avais à rentrer dans la possession de ce bien, et que je préférais m'en porter acquéreur au tribunal plutôt que d'intenter à M. Bertrand un long et ennuyeux procès en résolution de son contrat pour défaut de paiement du prix.

« Me X..., sans me détourner absolument de ce projet, souleva des objections embarrassées, me fit entrevoir l'énormité des frais ; bref, il me déclara qu'il ne consentirait pas à se charger de cette affaire, assuré qu'il serait d'encourir des reproches de ma part dans l'avenir. Hésitant à poursuivre mon projet après cette entrevue, je laissai la saisie suivre son cours, et l'immeuble a été vendu à l'audience des criées du tribunal civil de Tours, en date du..., moyennant le prix dérisoirement bas de 45 000 francs. M. X... m'informe lui-même du résultat de la vente, mais sans me faire connaître l'acquéreur. J'accourus à son étude lui parler des craintes que cette adjudication me faisait concevoir. Il me reçut froidement, se maintint sur la réserve et me fit des réponses évasives. Sortie de chez lui plus inquiète, j'allai prendre conseil ailleurs, et je retournai le surlendemain lui annoncer que je mettrais une surenchère. Il se récria fort, me reprocha ma défiance, et usant à la fois de menaces et de promesses, il finit par me détourner encore de mon dessein. Il me fit ensuite écrire à diverses reprises, et notamment dans une lettre du..., il me faisait dire par son caissier que si je me livrais à une seule démarche pour faire une surenchère, sa position serait perdue, il terminait en ajoutant qu'il avait vu l'adjudicataire et que tout était en bonne voie d'arrangement. Remplie de soupçons, néanmoins, j'écrivis à M. S..., avoué saisissant, pour lui demander le nom de l'acquéreur de mon ancien immeuble. Quel ne fut pas mon étonnement d'apprendre que cet acquéreur n'était autre que M. Simon, le caissier même de Mᵉ X... L'absence d'intérêt de M. Simon dans l'affaire et la situation modeste de sa fortune, d'ailleurs, ne permettaient pas de douter qu'il ne fût le prête-nom du notaire. J'allai les trouver l'un et l'autre, je leur reprochai leur entente sans parvenir à en obtenir l'aveu, et je leur déclarai alors que j'exigeais la rétrocession de mon bien ou que je porterais contre Mᵉ X... toutes les plaintes qui seraient nécessaires pour obtenir justice.

« N'ayant obtenu aucune offre ni aucune réponse de ce notaire jusqu'à ce jour, je viens, M. le président, déposer à la Chambre une plainte formelle contre Mᵉ X... pour demander la répression de ses agissements qui cachent certainement une spéculation personnelle faite, à mon détriment, sous le prête-nom de son caissier. Je me réserve, d'ailleurs, de poursuivre quand il y aura lieu la réparation du préjudice qu'il me cause, devant le tribunal civil. Agréez, etc... Signé : Veuve Bernard. »

Cette lecture terminée, M. le président poursuivant l'exposé de l'affaire, a dit qu'aussitôt en possession de cette plainte, il tenta d'user de conciliation auprès de Mᵉ X..., lui offrant ses bons offices pour intervenir auprès de Mᵐᵉ Bernard. Mᵉ X... répondit qu'il n'y avait pas d'entente à espérer de cette dame et que d'ailleurs il ne redoutait pas ses menaces.

Sur cette réponse, M. le président transmit la plainte à M. le syndic pour qu'il eût à lui donner telle suite qu'il apprécierait.

L'affaire parut à M. le syndic d'une gravité particulière. Il se hâta d'adresser une copie certifiée de la plainte à Mᵉ X..., par lettre datée du..., avec demande de lui en accuser réception et de vouloir bien lui faire connaître les réponses qu'il avait à y faire. M. le syndic ajoutait que si les faits venaient à être prouvés, comme ils constitueraient Mᵉ X.., en récidive disciplinaire après la délibération en date du..., par laquelle la Chambre lui a infligé la peine de l'interdiction d'entrée à la Chambre pendant trois ans pour précédentes contraventions en matière d'achats illégaux de droits litigieux et de spéculations de banque faites avec persistance à l'aide de dépôts de sommes d'argent pris à intérêt, son devoir était de saisir la Chambre d'une demande d'avis de suspension ou même de destitution.

Mᵉ X.. accusa réception de cette lettre à M. le syndic à .., le..., se bornant à répondre qu'il se réservait de faire valoir ses moyens de défense devant la Chambre de discipline.

Après l'expiration du délai fixé, M. le syndic transmit le dossier de la plainte à M. le rapporteur pour qu'il eût à enquérir.

Sur l'avis donné par M. le rapporteur que son enquête était terminée, et après s'être concerté avec M. le président sur l'époque de la convocation de la Chambre, M. le syndic a, par lettre rappelant les faits de la cause, signée de lui le..., et envoyée le même jour sous pli recommandé par M. le secrétaire, qui en a pris note, cité Mᵉ X..., d'avoir à comparaître cejourd'hui devant la Chambre de discipline pour voir statuer en sa présence sur les suites de la plainte qu'il portait contre lui tendant à obtenir un avis à fin de suspension (ou de destitution) de ses fonctions de notaire.

M. le président a invité M. le secrétaire à donner lecture des lettres de M. le syndic à Mᵉ X..., et après cette communication faite, il a prié M. le rapporteur de donner lecture de son rapport.

Le rapport a été lu par cet officier en présence de Mᵉ X..., assisté de son conseil, et de M. le syndic.

Il résulte de l'enquête faite par M. le rapporteur que les faits allégués par Mᵐᵉ veuve Bernard ont été reconnus conformes à ses déclarations par Mᵉ X... et par M. Simon. Les lettres rappelées par ladite dame dans sa plainte leur ont été représentées par M. le rapporteur, et ils en ont reconnu la teneur et la signature. Seulement, Mᵉ X... a déclaré pour sa défense que Mᵐᵉ Bernard a dénaturé la portée des faits et qu'ils doivent être interprétés d'une toute autre manière. Il soutient qu'au moment où cette dame lui a fait part de son intention d'acquérir à nouveau l'immeuble exproprié sur M. Bertrand, il était lui-même personnellement engagé pour de fortes sommes dans les affaires de M. Bertrand, et qu'il avait par suite, pour premier devoir, de sauvegarder ses propres intérêts, qui se confondaient d'ailleurs avec ceux de ses clients, etc., etc.

M. le rapporteur a terminé cette communication par la lecture de trois lettres émanées de l'étude de M⁰ X..., et qui lui ont été remises par Mᵐᵉ veuve Bernard, à l'appui des dépositions faites par elle et contenues dans le rapport.

Le rapport entendu, M. le président a donné la parole à M. le syndic pour son réquisitoire.

M. le syndic après avoir discuté les faits de la plainte, a déclaré que la faute de M⁰ X... lui paraissait dès maintenant établie ; il a rappelé que la conduite de ce notaire avait récemment donné lieu aux répressions les plus sévères de la discipline intérieure ; et il a conclu en disant qu'il y avait lieu aujourd'hui de prendre vis-à-vis de lui des mesures plus graves encore dans l'intérêt même du renom de la compagnie. Pour toutes ces causes, il se propose de conclure devant la Chambre constituée à cette fin à la prise d'un avis tendant à la suspension temporaire de M⁰ X..., de ses fonctions de notaire. En conséquence, il requiert qu'il plaise à la Chambre, délibérer que les faits de la plainte sont de nature, s'ils doivent être retenus par elle, à motiver un avis de suspension ou même de destitution ; et que, par suite, la Chambre se constituera pour en connaître, conformément aux prescriptions de l'art. 15 de l'ordonnance du 4 janvier 1843.

M⁰ X..., à qui la parole a été donnée ensuite, a présenté seulement les observations suivantes, savoir :...

Puis il a laissé la parole à M⁰ R..., pour qu'il présentât sa défense.

Reprenant les arguments de M. le syndic, M⁰ R... a particulièrement développé les réponses suivantes :

(*Résumer, s'il paraît utile, les principales justifications.*) (1)

Les débats terminés, M. le président a mis l'affaire en délibéré, et il a invité M⁰ X... et M⁰ R..., son conseil, à se retirer. M. le syndic resté dans la salle des séances a requis la Chambre qu'il lui fut donné acte de ce qu'il s'abstiendrait de prendre part à la délibération.

La Chambre a alors délibéré à huis-clos, sans que M. le syndic ait pris part à la délibération, et à la majorité des voix elle a pris la décision suivante, qui a été rédigée et transcrite sur le registre des délibérations par M. le secrétaire :

La Chambre,

Attendu que les faits qui font l'objet de la plainte sont graves, précis et concordants ; qu'ils constituent une présomption qui, si elle devait se transformer en un fait établi, serait de nature à motiver contre M⁰ X..., la prise d'un avis à fin de suspension ou de destitution ;

Par ces motifs,

Délibère qu'il y a lieu de constituer la Chambre conformément aux prescriptions de l'art. 15 de l'ordonnance du 4 janvier 1843, et de lui adjoindre en conséquence cinq membres à désigner par la voie du sort ;

Ordonne l'annexe des pièces, conclusions et rapports produits au cours de la séance ;

Et immédiatement faisant droit à cette délibération, il a été par M. le président procédé, en séance, au tirage au sort des membres supplémentaires, sur une liste formée de l'ensemble des notaires de la compagnie qui ne font pas déjà partie de la Chambre. En conséquence, les noms de tous ces notaires ont été écrits par M. le secrétaire sur des carrés de papier semblables et pliés de la même manière. Après avoir été comptés et vérifiés ils ont été jetés dans une boîte fermée et agités en sens divers. M. le président a ensuite tiré successivement cinq de ces papiers portant les noms de : M⁰ H..., notaire à... ; M⁰ I..., notaire à... ; M⁰ J..., notaire à..., M⁰ K..., notaire à..., et M⁰ L..., notaire à...

M. le syndic a été chargé de notifier à ces notaires leur nomination de membres supplémentaires de la Chambre, appelés à délibérer en cette qualité sur les fins de la plainte poursuivie disciplinairement à sa requête contre M⁰ X... ;

Le délibéré terminé, M. X... et M⁰ R..., son conseil, ont été de nouveau introduits dans la salle des séances.

M. le président a donné lecture en leur présence de la délibération dont la teneur précède, et qui est demeurée close après avoir été, séance tenante, signée de lui et du secrétaire.

(*Signatures.*)

---

(1) Si la Chambre ne se trouvait pas suffisamment éclairée, si elle désirait un supplément d'enquête, ou une audition de la partie plaignante ou de certains témoins, elle pourrait délibérer sur toutes ces mesures préjudicielles avec sa composition ordinaire. Toutes ces délibérations n'ont pour but que d'établir l'existence présumable du fait et non de statuer sur son appréciation, ni sur la peine qu'il paraît être de nature à comporter.

2. — Délibération disciplinaire.

Et le..., à... heures du...

La Chambre de discipline des notaires de l'arrondissement de..., composée extraordi-airement,

S'est réunie à..., au lieu ordinaire de ses séances, rue..., n°...,

Sur la convocation de M. le président, qui a eu lieu par lettres adressées à chacun des membres titulaires et supplémentaires, à la date du premier de ce mois.

Sont présents :

M. A..., notaire à..., président.
M. B..., notaire à..., syndic.
M. C..., notaire à..., rapporteur.
M. D..., notaire à..., secrétaire.
M. E .., notaire à..., trésorier.
M. F..., notaire à..., membre.
M. G..., notaire à..., membre.
M. H..., notaire à...
M. I ..., notaire à...
M. J ..., notaire à...
M. K..., notaire à ..
Et M. L..., notaire à...

Ces cinq derniers membres supplémentaires appelés à siéger en vertu des prescriptions de l'article 15 de l'ordonnance du 4 janvier 1843, et désignés par la voie du sort, ainsi que le tout est constaté dans le procès-verbal de la précédente délibération de la Chambre en date du premier juin dernier.

La Chambre ainsi constituée étant en nombre pour délibérer, M. le président a déclaré la séance ouverte, et il a fait introduire Me X..., notaire à..., cité à la requête de M. le syndic sur la plainte déposée par Mme veuve Bernard, propriétaire à...

Me X..., s'est présenté assisté de Me R..., notaire à..., son défenseur, et déjà admis par la Chambre en cette qualité.

Mme veuve Bernard, auteur de la plainte, citée à comparaître par M. le syndic, en conformité des art. 17 et 20 de l'ordonnance du 4 janvier 1843 ne s'étant pas présentée, la Chambre, après en avoir délibéré, a prononcé défaut contre elle.

Comme préliminaire de l'exposé des faits, M. le président a invité M. le secrétaire à donner lecture à la Chambre de la délibération prise le... dernier, des pièces qui y ont été annexées, et de la citation nouvelle donnée à Me X..., par M. le syndic d'avoir à comparaître ce jourd'hui, aux lieu et heure dits devant la Chambre de discipline.

Résumant les faits, M. le président a rappelé après cette lecture, que l'objet de la plainte formée par Mme Bernard contre Me X..., ayant paru de nature, s'il y était fait droit par la Chambre, à rentrer dans le cas prévu par l'article 15 de l'ordonnance ci-dessus visée, la Chambre s'était constituée comme il est prescrit pour pouvoir statuer sur le fond de la demande.

M. le syndic par une nouvelle lettre en date du..., a donné avis à Me X..., qu'il allait donner suite à la plainte déposée par Mme Bernard, dans le sens des conclusions prises par lui lors de la délibération préparatoire du... dernier, et qu'il l'invitait, s'il le jugeait convenable, à lui communiquer sous huitaine les nouveaux moyens de défense qu'il pourrait avoir à présenter.

Me X..., a fait réponse qu'il donnait acte de sa communication à M. le syndic, et qu'il n'aurait sans doute pas de modifications importantes à apporter aux justifications déjà soumises à la Chambre.

M. le syndic a alors transmis le dossier de la plainte à M. le rapporteur pour qu'il eût à procéder à une nouvelle enquête.

M. le rapporteur ayant fait connaître que son rapport était terminé, M. le syndic, après s'être concerté sur le jour de la convocation de la Chambre avec M. le président, a, lettre rappelant les faits de la cause, signée de lui le... et envoyée le... sous pli recommandé par M. le secrétaire, qui en a gardé note, et dont la Chambre vient d'entendre lecture, cité

M° X..., à comparaître aujourd'hui à..., heures du..., devant la Chambre de discipline pour voir statuer en sa présence sur les suites de la plainte formée par Mme Bernard, aux requête et diligence de M. le syndic tendant à la prise d'une délibération à fin d'avis de suspension (ou de destitution) de ses fonctions de no'aire.

Cet exposé terminé, M. le président a invité M. le rapporteur a donner lecture à la Chambre de son nouveau rapport: ce qui a été fait en présence de M. le syndic et de M° X..., et de son conseil.

De cette enquête il résulte que les faits et défenses déjà développés dans le premier rapport dont lecture vient d'être donnée à la Chambre, parties présentes, sont demeurés constatés et reconnus dans les mêmes conditions.

Mme Bernard a seulement ajouté sur la communication de la réponse faite par M° X..., qu'elle ne pouvait pas admettre comme un motif de justification pour ce notaire qu'il pouvait avoir des intérêts personnels à sauvegarder avant ceux d'une cliente qui réclamait son conseil; que la délicatesse lui commandait au moins de l'en informer et de lui dire nettement qu'elle eût à remettre ses intérêts en d'autres mains; qu'au contraire, par son attitude et son langage, il lui laissait entendre que ses hésitations n'avaient d'autre source que les difficultés de la situation, pour parvenir à la conservation de ses droits.

M° X... a répondu à cette objection qu'il ne croyait pas avoir jamais rien avancé à Mme Bernard qui ne fût conforme à la vérité; qu'il ne supposait pas avoir trahison de voir en prenant dans l'intérêt de sa propre créance, à la conservation de laquelle divers autres de ses clients se trouvaient d'ailleurs intéressés, les mesures que la prudence commandait dans une circonstance aussi délicate; qu'il n'avait pas omis de faire informer Mme Bernard du résultat de la vente par M. Simon lui-même; et qu'il ne se croyait tenu, ni moralement ni en droit, de céder à la prétention de Mme Bernard de lui faire obtenir une rétrocession de l'immeuble au prix d'adjudication.

Après l'audition de ce rapport et pour préciser certains points, M. le président a adressé à M° X... les questions suivantes :

1° (Question). — M° X... a répondu...

2° (Question). — M° X... a répondu...

Cet interrogatoire terminé, M. le président a donné la parole à M. le syndic.

M. le syndic a alors développé son réquisitoire. Il a dit notamment... et il a déclaré que les faits de la plainte lui paraissaient établis et prouvés d'une manière pertinente. Il a rappelé en terminant les faits graves qui ont motivé contre M° X... par la délibération encore récente du..., dernier, l'application de la plus haute des peines de la discipline intérieure, ce qui le constitue à très bref délai en cas de récidive; il a insisté sur l'obligation morale qui s'imposait à la Chambre de se montrer plus sévère encore, et il a conclu à ce qu'il lui plût délibérer qu'il y avait lieu d'émettre un avis aux fins de la suspension de M° X... de ses fonctions de notaire, pendant un délai qui dans son appréciation ne devrait pas être inférieur à six mois (ou de la destitution de M° X...).

M. le syndic a fait d'ailleurs toutes réserves au profit de l'action disciplinaire pour le cas où le notaire cité serait relaxé de la poursuite à fin de suspension temporaire.

M. le président a donné la parole à M° X... et à M° R..., son défenseur.

M° X..., ayant déclaré n'avoir rien à dire personnellement, M° R... a présenté la défense.

Il a fait valoir plus spécialement les arguments suivants qu'il a paru utile de consigner au procès-verbal, savoir :

(En faire l'analyse avec un développement convenable).

M. le syndic n'ayant pas répliqué, les débats sont demeurés clos.

M. le président a mis alors la cause en délibéré, et après avoir invité M° X .. et M° R..., à se retirer de la salle des séances, il a donné acte à M. le syndic de ce qu'il déclarait se retirer lui-même pendant la délibération.

La Chambre a délibéré dans ces conditions et à huis clos.

Il a ensuite été procédé au vote au scrutin secret et par bulletins de *oui* et *non*, dans la forme prescrite par l'article 15 de l'ordonnance du 4 janvier 1843.

M. le président a posé successivement les questions suivantes :

1° La Chambre apprécie-t-elle qu'il doive être délibéré un avis tendant à la suspension de M° X... de ses fonctions de notaire?

2° La Chambre apprécie-t-elle que la durée de cette peine serait équitablement fixée à six mois?

Sur ces deux questions, la Chambre ayant répondu « oui » à la majorité, il a été pris la délibération suivante, qui a été rédigée et écrite sur le registre des délibérations par M. le secrétaire :

La Chambre,

Attendu qu'il résulte des pièces produites et de l'aveu même de Me X..., qu'à l'audience des criées du tribunal civil de Tours, du..., il s'est rendu acquéreur sous le nom de Simon, son caissier, et moyennant le prix avili de 45,000 francs, d'un terrain exproprié sur le sieur Bertrand ;

Que dans cette opération il a eu non seulement le tort de dissimuler sa personne sous celle d'un prête-nom, mais qu'il a encore gravement manqué au devoir professionnel de conseil et à la délicatesse, en cherchant à faire une spéculation personnelle pour se couvrir d'avances d'un caractère mal défini, et bénéficier, en outre, de l'excédant probable du prix de la revente, le tout au détriment de Mme Bernard ;

Qu'en effet, cette dame avait antérieurement vendu l'immeuble adjugé à Simon, au prix de 120,000 francs, et qu'elle était restée créancière de 100,000 francs sur ce prix ;

Qu'elle avait le plus grand intérêt, pour sauvegarder sa créance, à rentrer dans la possession de l'immeuble ;

Que, pour se diriger dans une affaire aussi compliquée, elle est venue demander conseil à Me X..., son notaire, investi de sa confiance et qui gérait habituellement ses affaires ;

Qu'au lieu de se prêter à ce dessein, Me X .., après avoir entretenu Mme Bernard dans une fausse sécurité, a fait l'acquisition dudit immeuble à son profit personnel et à vil prix sous le nom de Simon ;

Qu'au lieu de lui révéler cette situation, il la lui a dissimulée avec soin ;

Qu'il a fait plus : Que sur l'intention manifestée par Mme Bernard de former une surenchère, dès qu'elle a connu la vente, il l'en a détournée, en mêlant les menaces aux prières, et en lui faisant écrire enfin par M. Simon, que si elle le faisait, sa position de notaire serait perdue, et que d'ailleurs l'affaire était en bonne voie d'arrangement ;

Que Mme Bernard n'est parvenue à se procurer des renseignements précis sur une situation aussi grave pour elle qu'en s'adressant à un avoué de la cause ;

Et qu'aux justes reproches de ladite dame et à sa demande de lui rétrocéder le bien, objet de son gage privilégié, Me X... a opposé un silence prolongé qui équivaut à un refus formel ;

Attendu enfin que Me X..., par suite de la délibération disciplinaire prise contre lui le ... se trouve en état de récidive, et ce, à très bref délai ;

Par ces motifs,

Emet l'avis que Me X... est passible de la peine de la suspension de ses fonctions, et que la durée de cette peine lui paraît devoir être équitablement fixée à six mois ;

Ordonne l'annexe au procès-verbal des citations et du réquisitoire du syndic, du rapport et autres pièces produites à la Chambre ;

Dit qu'il sera, par les soins de M. le secrétaire, délivré deux expéditions de la présente délibération et de la délibération préjudicielle du... dernier, dont l'une sera déposée au greffe du tribunal civil de..., et l'autre au parquet de M. le procureur de la République, aux fins de droit.

Le délibéré terminé, M. le syndic, ainsi que Me X... et Me R..., son conseil, ont été de nouveau introduits dans la salle des séances.

M. le président a donné lecture en leur présence de la délibération dont la teneur précède ; laquelle est demeurée close après avoir été, séance tenante, signée de lui et de M. le secrétaire.

(Signatures.)

BIBLIOGRAPHIE

Ed. Clerc, Traité de la discipline des notaires, dans le Formulaire, t. II.

Dalloz, Répert. général de législation et de jurisprudence, vis DISCIPLINE et NOTAIRE.

Dict. du not., vis CHAMBRE DE DISCIPLINE et DISCIPLINE.

Favier-Coulomb, Comment. de l'ordonn. de 1843.

Lefebvre, Traité de la discipline notariale, 2 vol. in-8°, 1876.

Morin, Discipline des Cours et tribunaux, 2 vol. in-8° ;

Rutgeerts et Amiaud, Commentaire de la loi du 25 ventôse an XI, 3 vol. in-8°.

Delacourtie et Robert, Traité de la discipline des notaires, 1 vol. in-8°, 1892.

DOMICILE

1. — Le domicile d'une personne est là où elle a formé son principal établissement (art. 102, C. civ.), où réside le siège de ses affaires et de ses intérêts.

2. — Le législateur de ventôse a parfois employé comme synonymes les mots *domicile* et *demeure* (V. art. 9, 11, 12, 13). En ce qui concerne les notaires, le mot *résidence*, employé dans l'art. 12, peut être considéré comme le domicile du notaire, car cet officier public est tenu pour des raisons diverses de demeurer au lieu de sa résidence.

3. — **Notaire instrumentaire.** — Tout acte notarié doit indiquer, à peine de vingt francs d'amende, la résidence du notaire qui le reçoit (1).

4. — **Notaire en second.** — La loi n'exige pas que la résidence du notaire en second soit mentionnée, mais il est préférable et conseillé par tous les auteurs de l'indiquer (2).

5. — **Parties.** — Tout acte notarié doit aussi indiquer, sous peine de vingt francs d'amende, la *demeure*, c'est-à-dire le domicile des parties (art. 13), et par *parties*, il faut entendre toutes les personnes intéressées à l'acte, les représentants (mandataires, porte-forts, etc.), aussi bien que les représentés (mandants, etc.) (3).

6. — **Témoins.** — L'énonciation du domicile est exigée, dans les actes notariés, pour les témoins *certificateurs*, comme pour les témoins instrumentaires (art. 12 et 13). Pour ces derniers, la mention est exigée à peine de nullité de l'acte et de dommages-intérêts.

On verra plus loin (v° TÉMOINS), que les témoins instrumentaires pour tous les actes, sauf pour les testaments, doivent être domiciliés dans l'arrondissement communal (ou judiciaire) ; on ne pourrait donc prendre pour témoins d'un acte ni un *clerc*, parce qu'il travaillerait dans une étude de l'arrondissement, s'il n'a pas son domicile personnel dans cet arrondissement, — ni un militaire, quelle qu'ait été la durée de sa résidence dans la ville où il se trouve (4).

7. — Aucun terme sacramentel n'est prescrit pour l'énonciation du domicile ; pourvu qu'on puisse connaître avec certitude la demeure indiquée. Il suffit de mettre : *domicilié à...*, ou *demeurant à...* L'une et l'autre expression réunies constitueraient une surabondance inutile.

8. — **Élection de domicile.** — Pour éviter les embarras qui pourraient résulter d'un changement de domicile des parties, en vue de l'exécution des engagements, il est d'usage de prévoir ce cas dans les actes, et de faire, soit dans l'étude où la convention est dressée, soit chez un autre officier public, *élection d'un domicile* invariable où tous paiements, par exemple, pourront être faits et tous actes de procédure signifiés valablement.

9. — Il y a même des cas où la loi exige une élection de domicile, par exemple, dans les bordereaux d'inscription hypothécaire (art. 2148, 2156, C. civ.).

10. — L'élection de domicile donne à chacune des parties contractantes la faculté de faire, au domicile élu, toutes les significations concernant l'exécution de la convention (art. 111, C. civ.). Mais elle n'est, de sa nature, relative qu'aux contestations qui peuvent s'élever entre les parties ; elle laisse sous l'empire du

---

(1) L , 25 ventôse an XI, art. 12 ; L., 16 juillet 1824, art. 10.
(2) Rutgeerts et Amiaud, n° 423 ; Dict. du not., v° *Notaire*, n° 224 ; Génébrier, p. 269.

(3) Art. 18003, J. N.; Rutgeerts et Amiaud, p. 725.
(4) Demolombe, t. I, n° 354; Aubry et Rau, t. I, p. 577 ; Laurent, t. II, n° 94 ; Angers, 18 novembre 1890 (*J. du not*, 1891, p. 135).

droit commun tout ce qui concerne l'exécution purement volontaire et non litigieuse de la convention (1).

11. — Il est d'usage de faire une élection de domicile dans tous les contrats synallagmatiques ; mais l'élection de domicile est surtout utile dans les actes de constitution d'hypothèque, les obligations et les contrats de vente dont le prix n'est pas payé comptant.

12. — Aucune disposition n'enjoint aux parties de faire élection de domicile pour l'exécution des actes qu'elles passent devant notaire, et les notaires peuvent l'omettre sans encourir aucune peine. Ils ne doivent même l'insérer qu'autant qu'ils en sont requis et en se rendant bien compte des conséquences qu'elle entraîne.

13. — L'élection de domicile conserve son effet après la mort des parties (2) et, faite en l'étude du notaire qui a reçu l'acte, elle subsiste chez le successeur de ce notaire (3).

14. — Responsabilité notariale. — L'élection de domicile emportant avec elle l'idée d'un mandat conféré à la personne chez laquelle elle est faite, cette personne, en acceptant expressément ou tacitement ce mandat, contracte l'obligation de transmettre à la partie qu'elles intéressent, les significations qui lui sont adressées (4).

15. — Et on doit considérer comme une acceptation tacite de ce mandat, le fait d'avoir reçu, sans protestation, les significations faites au domicile élu (5).

16. — Dès lors, tout notaire, même le notaire en second (Angers, 28 avril 1885), dans l'étude duquel a été faite une élection de domicile, est tenu de conserver les actes de procédure qui y sont signifiés et de les tenir à la disposition de la partie. Il est, en outre, obligé de la prévenir ou de lui faire parvenir la pièce (6), sous peine de responsabilité et de tous dommages-intérêts vis-à-vis de la partie qui n'a pas été informée des significations (7).

Il est donc prudent de prévenir, en tous cas, la partie intéressée par lettre recommandée et de faire signer un reçu de la pièce, si elle est remise de la main à la main (V. notre dissertation au *Journal du notariat*, 1891, p. 113).

17. — Le fait que l'étude a changé de titulaire ne modifie pas cette obligation (8).

18. — Mais si la seule déclaration du notaire qu'il a adressé les significations ne doit pas toujours être tenue pour vraie (9), au moins faut-il décider que la responsabilité ne peut être encourue, quand il y a présomption, résultant des circonstances de la cause, que le créancier les a reçues (10).

19. — En tout cas, une élection de domicile dans l'étude d'un notaire faite, pour une inscription hypothécaire, sans son aveu et à son insu, ne saurait devenir, à sa charge, le principe d'un mandat et engager la responsabilité de cet officier public (11). Douai, 23 novembre 1892.

20. — L'élection de domicile faite en l'étude du notaire rédacteur d'une obligation ou d'une vente ne confère point à ce notaire un mandat suffisant pour recevoir le remboursement et, par suite, le paiement fait en ses mains ne libère pas le débiteur. (V. *infrà*, v° QUITTANCE.)

(1) Cass., 6 avril 1842 ; Aubry et Rau, t. I, p. 590 ; Demolombe, t. I, n° 379.

(2) Caen. 17 novembre 1888.

(3) Aubry et Rau, p. 591, Demolombe, n° 875 ; Dijon, 22 janvier 1847.

(4) Cass., 9 mars 1837 ; Paris, 15 juin 1850 ; Nancy, 22 décembre 1853 (S. 1854-2-204) ; Aubry et Rau, p. 591 ; Demolombe, n° 372 ; Dict. du not., v° *Domicile élu*, n° 18.

(5) Aubry et Rau, p. 591-592 ; Paris, 15 juin 1859.

(6) Cass., 9 mars 1837 ; Versailles, 3 août 1864 ; Montpellier, 12 janvier 1852 ; Chambéry, 8 mai 1888 (art. 23026, J. N.) ; Nivelles, 30 mars 1885 ; Angers,

28 avril 1885 (art. 23425, J. N.) ; Laon, 8 juillet 1885 ; Cass., 1er mars 1886 (art. 23583, J. N.) ; Douai, 22 février 1892 ; Demolombe. n° 372.

(7) Paris, 15 juin 1850 ; Nancy, 22 décembre 1853 ; Compiègne, 12 août 1874 (*Rev. not.*, n° 4710) ; Nivelles, 30 mars 1885 (*Rev. not.*, n° 7619) ; Cass., 24 janvier 1887 (*Rev. not.*, n° 7572).

(8) Compiègne préc., 12 août 1874 ; Aix, 10 décembre 1881 (art. 22723, J. N.) ; Montpellier, 4 juillet 1888, *J. du not*, 1889, p. 104.

(9) Paris, 18 juin 1855 (art. 15587, J. N.).

(10) Cass., 24 janvier 1887.

(11) Paris, 6 mai 1872 (art 20434, J. N.)

Formules.

1. — Élection de domicile par un acte spécial.

Pardevant, etc...

Ont comparu :

M. Léon Renard, menuisier, et Mme Lucie Pierron, son épouse qu'il autorise, demeurant ensemble à...

Lesquels, pour l'exécution d'une obligation de la somme de 5,000 fr. qu'ils ont souscrite solidairement au profit de M. Arthur Vincent, rentier, demeurant à..., suivant acte passé devant M^e..., ont déclaré faire élection de domicile à..., en la demeure de M^e..., avoué près le tribunal civil de..., et consentir que tous actes qui leur seront signifiés en cette demeure produisent le même effet que si les significations avaient eu lieu à leur domicile réel.

Mention des présentes est consentie partout où besoin sera.

Dont acte...

2. — Élection de domicile dans un acte quelconque

Élection de domicile.

Pour l'exécution des présentes les parties élisent domicile, savoir :

M. Dubois, en l'étude de M^e..., l'un des notaires soussignés,

Et M. Renaud, en la demeure de M..., avoué près le tribunal de...,

DONATION ENTRE-VIFS

Sommaire :

§ 1. Principes généraux. Conditions de validité.

1. — La donation entre vifs est un acte par lequel le donateur se dépouille *actuellement* et *irrévocablement* de la chose donnée en faveur du donataire qui l'accepte (art. 894, C. civ.).

2. — Il résulte de cette définition que la donation est un *contrat* qui exige, pour sa validité, le concours du consentement réciproque des parties.

3. — Le contrat ne peut avoir pour objet que les *biens présents* du donateur (v. *infrà*, § 4), c'est à-dire les biens qu'il possède au moment du contrat et non ceux qu'il acquerra par la suite ou laissera lors de son décès. Il faut aussi que le donateur se dépouille ou se *dessaisisse actuellement* de la propriété des biens donnés. Si donc, la donation était faite, soit sous la condition expresse que la propriété des objets donnés ne serait transférée au donataire qu'autant que le donateur n'en aurait pas disposé avant son décès, soit avec des réserves qui auraient le même effet, la donation devrait être considérée comme non avenue (1).

4. — La donation doit aussi être *irrévocable* ; toutefois, elle peut être subordonnée à une condition suspensive ou résolutoire, pourvu que l'accomplissement de la condition ne dépende pas de la seule volonté du donateur (V. *infrà*, § 5), car, selon l'ancienne maxime, *donner et retenir ne vaut.*

5. — Enfin, la donation entre-vifs est gratuite de sa nature et doit conserver le caractère d'un contrat de bienfaisance. Elle peut bien être faite sous certaines charges et réserves, pourvu que ces charges ne soient pas telles qu'elles laissent au donateur le pouvoir de neutraliser, directement ou indirectement, les effets de la disposition.

§ 2. Formes de l'acte. Formalités.

6. — **Authenticité.** — Tout acte portant donation entre-vifs doit être passé devant notaire et il doit en rester *minute*, à peine de nullité (art. 931, C. civ.).

7. — L'authenticité n'est pas seulement une condition de la validité de la donation, c'est une condition même de son existence ; sans elle, selon l'expression de Demolombe (2), la donation est le *néant*. Il en résulte que toute donation, dépourvue des formes solennelles prescrites par la loi, ne peut être confirmée, car on ne peut confirmer ce qui n'existe pas (art. 1339, C. civ.) (3).

8. — Mais l'application de l'article 9 de la loi de ventôse, telle qu'elle a lieu pour les actes ordinaires n'est pas suffisante : La présence réelle du second notaire ou des témoins est requise, à peine de nullité, pour les donations entre-vifs, par l'article 2 de la loi du 21 juin 1843 ; cette présence est nécessaire à la lecture de l'acte par le notaire et à la signature par les parties et il doit en être fait mention, à peine de nullité (V. *infrà*, v° PRÉSENCE RÉELLE).

Il en doit être ainsi des donations *à titre rémunératoire*, qui ne sont dispensées des formes prescrites par l'art. 931, C. civ. et la loi de 1843, qu'autant qu'elles ont le caractère d'une dation en paiement (4). Toutefois, ne sont pas soumises à ces formes solennelles :

    a) Les libéralités qui consistent simplement dans l'abandon d'un droit, par exemple la renonciation faite par un créancier, un usufruitier (V. cep. Gien, 7 décembre 1892) ;

    b) Celles stipulées dans l'intérêt d'un tiers comme condition d'un contrat (art. 1121, C. civ.) (5).

    c) Celles cachées sous la forme d'un contrat onéreux (6), à moins que l'acte ait, dans sa forme aussi bien qu'au fond, le caractère d'une pure libéralité (7).

    Mais serait valable, alors même que le souscripteur aurait eu

---

(1) Aubry et Rau, t. VII, p. 8 ; Cass., 6 juillet 1863 (S. 1863-1-421).

(2) T. XX, n° 18.

(3) Aubry et Rau, p. 77 ; Laurent, t. XII, n° 227.

(4) Cass., 7 janvier 1862 et 23 mars 1870 ; Chambéry, 15 mai 1876 ; Cass., 23 mai 1876 (J. du not.,

n° 2931) ; Riom, 12 décembre 1883 ; Seine, 20 mars 1890 (J. du not., 1890, p. 459) ; Troplong, t. III, n° 1073.

(5) Douai, 28 mars 1887. V. Assur. sur la vie, n° 56

(6) Dict. du not., n° 184.

(7) Cass., 23 mars 1870 (art. 19583, J. N.) et 23 mai 1876 (art. 21457, J. N.).

l'intention de faire une libéralité, l'acte non revêtu des formes prescrites pour les donations par lequel une personne *déclare devoir* à une autre une rente jusqu'à sa mort (1).

d) Les *dons manuels*, pourvu que le donateur se soit dessaisi des objets ou valeurs donnés avec la volonté d'en attribuer irrévocablement la propriété au donataire (2).

Mais la donation d'une *commune* à l'Etat, avec affectation à un service public, n'est pas dispensée de la forme notariée. Elle doit ensuite être approuvée par décret et transcrite au bureau des hypothèques (3).

9. — En cas de *concours* entre le notaire du donateur et celui du notaire, les règlements sont d'accord pour attribuer la minute au notaire du donateur (4).

10. — **Acceptation.** — Les donations entre vifs n'engagent le donateur et ne produisent effet qu'à partir du jour où elles ont été acceptées en termes exprès (art. 932, C. civ.). Aussi l'acceptation est-elle une des formalités essentielles de la donation, et toute donation doit être acceptée soit dans l'acte même, soit par acte séparé (V. *Suprà*, v° ACCEPTATION DE DONATION).

11. — **Etat estimatif.** — Un acte de donation d'*objets mobiliers* n'est valable qu'autant que les objets ont été décrits et évalués, article par article, dans un état estimatif, signé du donateur et du donataire ou de ceux qui acceptent pour lui et annexé à la minute de la donation (art. 948, C. civ.) (5). Si les parties ne savent pas signer, l'état est notarié ou le détail inséré dans le contrat même de donation. L'estimation ne peut être faite en bloc (6). L'état est exigé aussi bien pour les meubles incorporels que pour les meubles proprement dits (7), et pour l'universalité ; comme pour une quote-part de l'universalité des meubles du donateur (Pau, 13 mai 1890 (S. V. 1891-2-228) ; Aubry et Rau, t. VII, p. 87).

Il peut être suppléé à l'état estimatif par le renvoi à un acte antérieur, tel qu'un inventaire, qui contient le détail et l'évaluation des objets donnés (8). Toutefois l'estimation est inutile, lorsque la donation a pour objet une créance qui porte elle-même son estimation (9) ; et l'état estimatif ne peut être exigé lorsque la donation a pour objet des droits certains et invariables, mais dont l'étendue et l'émolument ne peuvent être déterminés qu'au moyen d'une liquidation ultérieure, telle qu'une donation de reprises (10).

12. — **Etat des dettes.** — Si la donation est faite sous la condition d'acquitter des dettes du donateur, ces dettes doivent être indiquées soit dans l'acte même, soit dans un état annexé, et toute donation qui serait faite avec la condition de payer d'autres dettes que celles exprimées, serait nulle (art. 945, C. civ.).

13. — **Notification.** — Lorsqu'une donation comprend des choses incorporelles, des créances, par exemple, le donataire n'est saisi à l'égard des tiers que par la notification qu'il est tenu d'en faire au débiteur (11).

14. — **Procuration.** — Les mêmes formes et solennités exigées par la loi pour les donations le sont aussi pour la procuration donnée à l'effet de faire une donation. Cette procuration doit être en minute (art. 933, C. civ.) (12).

(1) Cass., 11 juillet 1888 (art. 24083, J. N.).
(2) Chambéry, 24 janvier 1868 (art. 19297, J N.); Lyon, 24 mars 1888; Dijon, 28 mai 1888; Aubry et Rau, t. VII, p. 82; Demolombe, *Don. et Test.*, t. III, n° 73; Dict. du not., v° *Don manuel*, n°s 8 et suiv.
(3) Décr. min. fin., 30 septembre 1884.
(4) Ed. Clerc, *Traité gén.*, n° 506 ; Règl. not. de Paris du 28 avril 1847.
(5) Lyon, 17 décembre 1862 (*Rev. not.*, n° 659).
( ) Cass., 17 mai 1848; Montpellier, 12 mars 1868

(*Rev. not.*, n° 2106); Lyon, 17 décembre 1862 (*Rev. not.*, n° 659.
(7) Limoges, 13 juin 1859.
(8) Cass., 11 juillet 1831, 11 avril 1854 ; Aubry et Rau, p. 87 ; Demolombe, n° 862.
(9) Demolombe, t. III, n° 851; Aubry et Rau, p. 660, note 10 ; Laurent, n° 884.
(10) Bordeaux, 19 juillet 1853 ; Cass., 11 avril 1854.
(11) Dict. du Not., v° *Donation*, n° 296. Demolombe, n° 228.
(12) L. 21 juin 1843, art. 2.

— Il en est de même de l'autorisation donnée à une femme mariée pour faire une donation (1).

15. — **Double date.** — Il a été jugé que l'acte de donation, quoique portant deux dates, ne forme qu'un tout indivisible et doit recevoir son exécution (2) ; mais cette décision est antérieure à la loi du 21 juin 1843, et il est vraisemblable que la question ne serait pas résolue de la même façon aujourd'hui, à moins que le notaire ait pris la précaution de mentionner, à chaque date, que les témoins ou le notaire en second étaient présents à la lecture et à la signature de l'acte (3). (V. *supra*, v° ACTE NOTARIÉ, n° 176).

16. — **Transcription.** — La donation qui comprend des biens immeubles ou susceptibles d'hypothèque, doit être transcrite ; — et si l'acceptation a eu lieu par acte distinct, on doit, en outre, faire transcrire cette acceptation et le procès-verbal de notification (art. 939, C. civ.) (4).

Cette formalité a pour but de faire connaître aux tiers la transmission de la propriété et tant qu'elle n'a pas été remplie, la donation reste sans effet vis-à-vis d'eux (art. 941, C. civ.). — Ainsi, les hypothèques que le donateur aurait consenties en faveur de tiers de bonne foi, depuis la donation, grèveraient valablement les biens donnés, si la donation n'avait pas été transcrite avant l'inscription hypothécaire.

Elle peut être requise par toute personne intéressée, spécialement par les créanciers du donataire (5).

17. — La donation ne devient pas nulle pour défaut de transcription et l'absence de cette formalité ne peut être opposée au donataire par le donateur, ni par ses héritiers ou successeurs universels, ou les créanciers de ce dernier (6).

Elle ne peut être invoquée davantage par le donataire ou ses créanciers (7).

Mais le défaut de transcription peut être opposé par tout tiers intéressé, c'est-à-dire par tous ceux qui n'étant pas tenus des engagements du donateur, ont intérêt à soutenir que la propriété des biens donnés n'a pas cessé de reposer sur sa tête (8).

18. — Au cas de deux donations successives des mêmes immeubles par un donateur, le second donataire obtiendrait-il la préférence, s'il avait fait transcrire la donation avant le premier ? Cette question a été longtemps discutée en doctrine et en jurisprudence et l'opinion dominante était en faveur de la négative (9). L'avis contraire est aujourd'hui presque incontesté et les tribunaux décideraient le maintien en possession du second donataire, puisqu'il aurait fait transcrire le premier, sauf recours de l'autre donataire contre le donateur (10).

§ 3. CAPACITÉ.

19. — En principe, toute personne peut disposer et recevoir à titre gratuit, si la loi ne l'en a pas déclaré incapable (art. 902, C. civ.). Nous passerons bientôt en revue ceux qui sont ainsi frappés d'incapacité, soit d'une façon absolue, soit d'une façon relative.

20. — Quand la donation et l'acceptation ont lieu par le même acte, le dona-

---

(1) Cass., 1er décembre 1846.
(2) Cass., 25 janvier 1843.
(3) Riom, 3 janvier 1852 (art. 14657, J. N.).
(4) L. 23 mars 1855, art 11.
(5) Aubry et Rau, p. 384.
(6) Demolombe, n° 306 ; Aubry et Rau, p. 388 ; Diss. (art. 23546, J. N.) ; Rouen, 14 août 1886 (art. 23681, J. N.).
(7) Cass., 1er mai 1861 (art. 17176, J. N.) et 15

janvier 1868 (S. 1861-1-481 et 1868-1-136); Demolombe, n° 312.
(8) Aubry et Rau, p. 389-390 ; Dict. du not. et suppl., v° *Transcription des donations.*
(9) Dict. du not., v° *Transcription des donations*, n° 34 ; Bordeaux, 28 août 1868 (art. 27911, J. N.).
(10) Grenoble, 17 janvier 1867 (art. 18912, J. N.); Pau, 29 mars 1871 ; Aubry et Rau, t. VII, p. 390; Demolombe, t. XX, n°° 298-299 ; Verdier, *Transcription*, t. I, n°° 341-342.

teur et le donataire doivent être l'un et l'autre capables au moment du contrat, alors même qu'il s'agirait d'une donation conditionnelle (1).

21. — Si l'acceptation a eu lieu postérieurement à la donation, le donateur doit avoir eu la capacité physique et légale de disposer, non seulement à l'époque de la donation, mais encore au moment de l'acte d'acceptation, et même, quand il n'y a pas concouru, à celui de la notification de cet acte, puisque c'est à ce dernier moment seulement que la donation devient irrévocable (2).

22. — Quant au donataire, il faut qu'il ait eu la capacité de recevoir tant au moment où le donateur a déclaré sa volonté de donner qu'à l'époque de l'acceptation. Mais il n'est pas nécessaire qu'il la possède encore au moment de la notification ; cette dernière formalité étant seulement exigée pour assurer à la donation la complète efficacité à l'égard du donateur (3).

Etudions maintenant les différents cas qui peuvent se présenter au point de vue de la *capacité du donateur* ou de la *capacité du donataire*.

ART. 1er. — *Capacité du donateur.*

23. — **Aliénés.** — Les aliénés, comme toutes les personnes qui ne sont pas saines d'esprit, ou celles qui par suite de maladie ou d'affaiblissement sénile, ne jouissent pas de la plénitude de leurs facultés intellectuelles, ne peuvent faire de donation (art. 901, C civ.) (4). La preuve que l'auteur d'une disposition à titre gratuit n'était pas sain d'esprit, peut être faite par témoins (5) ; et cette preuve serait recevable sans inscription de faux, bien que le notaire rédacteur de l'acte y eut énoncé que le donateur était parfaitement sain d'esprit, cette énonciation n'étant pas de celles dont le notaire est juge et qui font foi (6). L'insanité ne résulte pas suffisamment de ce que le donateur (ou le testateur) était placé dans un établissement d'aliénés (7).

24. — **Aveugle.** — L'aveugle peut disposer à titre gratuit (8).

25. — **Condamné.** — Le condamné à une peine afflictive perpétuelle ne peut faire aucune donation entre-vifs (9). Il peut cependant être relevé de cette incapacité par le gouvernement (10).

Le condamné aux travaux forcés à temps, à la détention ou à la réclusion, est aussi incapable, puisqu'il est en état d'interdiction légale (art. 29, C. pén.).

26. — **Conseil judiciaire (Pourvu de).** — L'individu pourvu d'un conseil judiciaire ne peut disposer entre-vifs, sans l'assistance de ce conseil ; ni même par contrat de mariage au profit de son conjoint (11).

27. — **Communautés religieuses.** — Nulle personne faisant partie d'un établissement religieux *autorisé* ne pourra disposer, par acte entre-vifs, soit en faveur de cet établissement, soit au profit de l'un de ses membres, au delà du quart de ses biens, à moins que le don ou legs n'excède pas la somme de 10,000 fr. ou que le donataire ne soit héritier en ligne directe de la donatrice (12).

28. — **Concubins.** — Toute donation entre concubins n'est pas, par cela

(1) Aubry et Rau, p. 42 ; Demolombe, n° 696 ; Laurent, t. XI, n°s 374 et suiv.

(2) Mêmes auteurs.

(3) Aubry et Rau, p. 43-44 ; Demolombe, t. 18, n°s 579, 703-704 et t. XX, n° 151 ; Laurent, n° 376 et suiv. ; Dict. du not., n°s 124 et suiv.

(4) Laurent, n°s 106-126 ; Bordeaux, 12 août 1861 ; Cass., 7 mars 1864 et 22 octobre 1890.

(5) Aubry et Rau, p. 17 ; Demolombe, t. XVIII, n° 364 ; Laurent, t. IV, n° 144 ; Bourges, 26 janvier 1855 ; Cass., 22 octobre 1888 (S. 1889-1-7).

(6) Cass.. 1er décembre 1851 ; Paris, 16 janvier 1874 ; Dijon, 8 décembre 1881 ; Laurent, t. XIII, n° 385.

(7) Demolombe, t. XVIII, n° 377 ; Gand, 25 juin 1874 ; Seine, 15 avril 1875.

(8) Aubry et Rau, p. 18 ; Demolombe, t. XVIII, n° 351 (V. *suprà*, v° CAPACITÉ, n° 13).

(9) L. du 31 mai 1854, art. 3.

(10) Loi préc., art. 4.

(11) Aubry et Rau, p. 20 ; Demolombe, t. VIII, n°s 736 à 740 ; Laurent, t. XI, n° 111 ; Cass. (ch. réunies), 21 juin 1892. — *Contrà*: Cass., 5 juin 1889.

(12) L. 18 mai 1825, art. 5 ; V. Demolombe, t. XVIII, n° 568 ; Aubry et Rau p. 22 (V. *infra*, n°s 42 et 43).

même, frappée de nullité et les dispositions de cette nature ont même été presque toujours validées, lorsqu'il n'était pas constant qu'il y avait eu suggestion ou captation de la part du donataire (1). Mais on ne saurait donner une telle cause à un acte de donation sans en compromettre la validité (2).

29. — Époux. — Deux époux peuvent conjointement disposer, par acte entre-vifs, des biens de la communauté, même au profit d'un étranger (3).

L'article 1422, C. civ., n'est applicable qu'au mari seul.

30. — Étranger. — L'étranger peut disposer, en France, de ses biens, comme le français, par acte entre-vifs, pourvu qu'il le fasse dans les formes prescrites par la loi française (4).

31. — Failli. — La faillite dessaisissant le failli de l'administration et de la disposition de ses biens (art. 443, C. com.), tant que dure ce dessaisissement, c'est-à-dire tant que la faillite n'a pas abouti à un concordat, ou qu'elle n'est pas close, en cas d'union, par la reddition du compte et la décharge des syndics, le failli est dans l'impossibilité de faire une donation entre-vifs.

Toute donation faite par le failli depuis l'ouverture de la faillite serait donc nulle à l'égard des créanciers ; il en serait ainsi de celles qui auraient pu être consenties, dans les dix jours qui ont précédé l'ouverture (art. 443, 446, C. com.).

32. — Femme mariée. — La femme mariée ne peut, même après séparation de biens et quel que soit le régime sous lequel elle a contracté, faire aucune donation entre-vifs, soit mobilière, soit immobilière, sans l'autorisation de son mari ou de la justice ; la donation fût-elle faite au mari lui-même.

Si elle est séparée de corps, elle peut faire une donation sans autorisation (L. 6 février 1893).

La femme mariée sous le régime dotal ne peut, même avec l'autorisation de son mari, donner ses biens dotaux que pour l'établissement de ses enfants (art. 1555, 1556, C. civ.). (V. *supra*, vᵒ CONTRAT DE MARIAGE.)

33. — Interdit. — Bien que M. Demolombe enseigne que l'interdit est capable de faire, durant les intervalles lucides, une donation entre-vifs (5), nous préférons cependant l'opinion partagée par la majorité des auteurs, qui refuse à l'interdit toute capacité de disposer par acte entre-vifs (6).

34. — Mandataire. — Il ne peut valablement consentir une donation entre-vifs, au nom de son mandant, qu'en vertu d'un pouvoir *exprès*, *authentique* et reçu, en *minute*, avec les formalités de la *présence réelle* du second notaire ou des témoins (7).

35. — Mari. — Il peut disposer de ses biens propres, sans le concours de sa femme, sauf les droits d'hypothèque légale de cette dernière.

En ce qui concerne les biens de la communauté, il ne peut disposer des immeubles et de l'universalité ou d'une quotité du mobilier que pour l'établissement des enfants communs (art. 1422, C. civ.) et sans s'en réserver l'usufruit. Mais il a pleine capacité pour disposer au profit de toutes personnes du mobilier, pourvu que ce soit à titre particulier et qu'il ne s'en réserve pas l'usufruit (même article).

Mais le mari peut, avec le *concours* de sa femme, donner les biens communs (8).

36. — Mineur. — Le mineur, quel que soit son âge, est incapable de dis-

---

(1) Cass., 2 juillet 1866 ; Colmar, 2 juillet 1868 ; Agen, 19 juillet 1869 ; Dijon, 23 décembre 1875 (art. 18576, 19455, 19798 et 21378, J. N.) ; Aix, 27 janvier 1887 ; Dict. du not., nᵒˢ 156 et suiv.
(2) Cass., 26 mars 1861 (art. 16831, J. N.).
(3) Cass., 4 février 1850 et 29 avril 1851.
(4) L. 14 juillet 1819, art. 1 ; Aubry et Rau, t. I, 283, 294 et 300.
(5) T. VIII, nᵒˢ 638 à 648 bis. Les juges du fond apprécient souverainement si un donateur, non inter-

dit au moment où il a disposé, était ou non sain d'esprit. Cass., 22 octobre 1890 (J. du not., 1890, p. 806).
(6) Aubry et Rau, p. 14 ; Laurent, nᵒ 107 ; Troplong, t. II, nᵒˢ 461 et suiv.
(7) Dict. du not., nᵒˢ 288 et suiv. ; Dalloz, vᵒ *Donation*, nᵒ 1421.
(8) Toulouse, 24 mars 1866 ; Besançon, 2 juin 1866 ; Cass., 31 juillet 1867 et 28 juin 1869 (art. 19063 et 19661, J. N.) ; Aubry et Rau, p. 328 ; Dict. du not., suppl., vᵒ *Communauté des biens*, nᵒ 388.

poser par donation entre-vifs (art. 903, C. civ.); sauf l'exception prévue dans l'article 1095, en cas de mariage.

Il n'y a aucune différence à faire entre le mineur émancipé ou non émancipé [1].

37. — Sourd-Muet. — Comme nous l'avons vu (*Suprà*, v° CAPACITÉ, n° 55), la jurisprudence actuelle et les auteurs décident que le sourd-muet, même illettré, peut faire une donation entre-vifs, pourvu qu'il puisse clairement et d'une manière non équivoque, manifester sa volonté (2).

À ce sujet, nous ne saurions trop recommander aux notaires appelés en pareil cas à faire une donation, de s'entourer de toutes les précautions possibles et de se faire assister, notamment, de personnes appelées à vivre avec le sourd-muet, à le comprendre et pouvant traduire et affirmer ses intentions. Ils consulteront avec fruit, sur ce point, l'arrêt de la Cour de Limoges du 5 juin 1878.

38. — Sourd. — Il faut également décider que le sourd peut disposer par donation, bien qu'il ne puisse entendre la lecture de l'acte; car il n'y a pas de motifs de lui refuser ce qu'on accorde au sourd-muet, alors surtout que, pouvant parler, il est en mesure d'affirmer, sans doute possible, ses intentions.

ART. 2. — *Capacité du donataire* (3).

39. — Aliéné. — L'aliéné interné, mais non interdit peut recevoir une donation et l'accepter lui-même dans un intervalle lucide (V. *suprà*, v° CAPACITÉ, n° 12). Si son état intellectuel ne lui permettait pas d'accepter, il y aurait lieu de faire nommer un administrateur provisoire par le Tribunal, avec pouvoir d'accepter.

40. — Condamné. — Le condamné à une peine afflictive perpétuelle ne peut recevoir une donation si ce n'est pour cause d'aliments, à moins que le gouvernement ne l'ait relevé de son incapacité (4).

41. — Chambre de notaires. — Les Chambres de notaires étant considérées par la majorité des auteurs comme des *personnes* civiles (5), ne peuvent accepter aucun don ou legs sans l'autorisation du gouvernement. Cette autorisation est donnée par décret rendu en Conseil d'Etat.

42. — Communauté et corporation religieuse ou autre. — Les corporations, communautés ou établissements, dont l'existence n'a pas été légalement reconnue, n'ayant aux yeux de la loi aucune personnalité juridique, les dispositions entre-vifs faites en leur faveur doivent être considérées comme non avenues (6).

43. — Commune. — D'après l'article 17 de la loi du 30 octobre 1886 sur l'organisation de l'enseignement primaire, aucune donation ne pourrait être faite actuellement à une commune sous la condition d'être affectée à une école communale tenue par des congréganistes.

44. — Congrégations religieuses d'hommes. — Toutes les communautés religieuses avaient été supprimées en France par la loi du 18 août 1792, et aucune loi, depuis, n'ayant reconnu les congrégations religieuses d'hommes, il en résulte que toutes celles qui existent aujourd'hui, en fait, n'ont point de personnalité civile et juridique et, par suite, sont incapables de recevoir, à l'exception des Lazaristes (7) et des Frères de la Doctrine Chrétienne (8).

---

(1) Aubry et Rau, p. 19 ; Demolombe, t. XVIII, n° 410.

(2) Aubry et Rau, p. 18; Demolombe, t. XX, n° 24 et 25 ; Laurent, t. XI, n° 125 ; Dict. du not., n° 180; Cass., 30 janvier 1844 ; Bordeaux, 9 décembre 1856 ; Colmar, 14 juin 1870 ; Limoges, 5 juin 1878 et Cass., 17 décembre 1878 (art. 11888, 16009, 20010, 21983 et 22012, J. N.); Bastia, 18 février 1891 (*J. du not.*, 1891, p. 365).

(3) Cons. *Rev. not.*, n°ˢ 2512, 2731 et suiv.

(4) L. 31 mai 1854, art. 8, 4.

(5) Dict. du not., v° *Etablissement public*, n° 22; Favier-Coulomb, p. 16 ; Aubry et Rau, t. I, p. 183; Rutgeerts et Amiaud, t. III, p. 1405, 1406.

(6) Aubry et Rau, p. 24 ; Demolombe, n° 586 ; Pau, 7 décembre 1861; Cass., 26 avril 1865 ; Nancy, 15 juin 1878 (*Rev. not.*, n° 5735); Pau, 23 janvier 1891.

(7) Décret du 7 prairial an XII.

(8) Décret du 17 mars 1808, art. 109; Demolombe, n° 597,

45. — Congrégations religieuses de femmes. — Les congrégations religieuses de femmes ne peuvent recevoir des donations qu'à titre particulier (1). Elles ne peuvent recevoir, même à titre particulier, d'une personne faisant partie de la communauté, que des libéralités qui n'excèdent pas le quart des biens, à moins que le quart ne s'élève pas à 10,000 francs (art. 5) (2).

46. — Conjoint. — Un époux peut recevoir de son conjoint toute donation entre-vifs, pourvu qu'elle ne dépasse pas la quotité disponible. (V. *infrà*, v° DONATION ENTRE ÉPOUX.)

47. — Curateur. — La prohibition de l'article 907, C. civ., en ce qui concerne les dispositions du mineur au profit de son tuteur ne s'applique pas au curateur (3).

48. — Enfant non conçu. — Une des conditions essentielles et imposées par la loi pour être capable de recevoir est d'exister. Aussi l'article 906, C. Civ., dispose-t-il que pour pouvoir accepter une donation, il faut être *conçu* au moment de la donation. Mais que faut-il entendre par ces mots? Est-ce le moment où l'acte de donation est passé par le notaire? Ou est-ce le moment de l'acceptation? La question est controversée, mais il semble qu'elle doit être résolue par le texte même de l'article 906 qui dit : *au moment de la donation* (4).

Il faut, en outre, pour que la donation produise son effet, que l'enfant naisse viable (C. civ., 906).

49. — Enfant adultérin ou incestueux. — Ces enfants ne peuvent rien recevoir de leurs parents, si ce n'est des aliments (art. 762, C. civ.). Toute autre disposition est nulle (5). Toutefois, lorsque la preuve de l'adultérinité n'a pas été faite judiciairement, il paraît constant que la libéralité faite à l'enfant par son père ou sa mère, sous forme de donation ou de testament, ne saurait être annulée, s'il n'est pas établi par l'acte même que l'adultérinité est la cause de cette libéralité (6).

50. — Enfant naturel. — L'enfant naturel *reconnu* ne peut recevoir de ses père et mère que dans les proportions fixées par la loi au titre des *successions* (art. 908, 756 et suiv., C. civ.), soit 1/3 de la portion héréditaire qu'il aurait eue s'il eût été légitime, dans le cas où le père ou la mère laisse des descendants légitimes ;

La 1/2, si le père ou la mère laisse des ascendants ou des frères et sœurs ;

Les 3/4, si le père ou la mère ne laisse ni descendants, ni ascendants, ni frère, ni sœur ;

La totalité, si le père ou la mère ne laisse pas de parents au degré successible (7).

L'enfant naturel *non reconnu* est considéré comme étranger et peut recevoir sans aucune réserve.

L'enfant naturel reconnu peut recevoir de toute autre personne que de ses père et mère, par exemple des ascendants de ses père et mère (8). De même, les enfants d'un enfant naturel décédé peuvent recevoir les libéralités qui leur sont faites par les père et mère de ce dernier (9).

51. — Etablissement ecclésiastique. — Tout établissement ecclé-

---

(1) L. 24 mai 1825, art. 4.
(2) Aubry et Rau, p. 86-87 ; Demolombe, n° 569 ; Lyon, 22 mars 1843 ; Cass., 31 mars 1846 (*Supra*, n° 27) ; Lyon, 25 février 1891 (*J. du not.*, 1891, p. 535).
(3) Aubry et Rau, p. 80 ; Demolombe, n° 491 ; Laurent, t. IX, n° 385.
(4) Aubry et Rau, p. 22 ; Demolombe, n° 579 ; Laurent, n° 158.
(5) Amiens, 14 janvier 1864 ; Cass., 22 janvier 1867 (*Rev. not.*, n°s 1146 et 1865).

(6) Limoges, 18 mai 1868 ; Seine, 11 août 1866 (art. 17839 et 19416, J. N.) ; Cass., 31 juillet 1860 (art. 16962, J. N.) ; Cass., 29 juin 1887 (*J. du not.*, n° 3946) ; Aubry et Rau, t. VI, p. 222 ; Dict. du not., v° *Enfant adultérin*, n°s 24 et suiv.
(7) Cass., 7 février 1865 (*Rev. not.*, n° 1419).
(8) Aubry et Rau, p. 35.
(9) Cass., 13 avril 1840 ; Montpellier, 28 janvier 1864 (*Rev. not.*, n° 848).

siastique, reconnu par la loi, peut recevoir, avec l'autorisation du gouvernement, les libéralités qui lui sont faites par acte entre vifs ou par testament (1). (V. *supra*, v° ACCEPTATION DE DONATION).

52. — Etablissements publics. — Les établissements publics, communes, hospices, bureaux de bienfaisance, départements et autres, reconnus par la loi, peuvent recevoir, par acte entre-vifs, pourvu que l'acceptation ait été autorisée par le gouvernement (2).

Sur le mode et les formes de l'acceptation. (V. *supra*, v° ACCEPTATION DE DONATION).

53. — Etranger. — L'étranger peut recevoir, en France, par donation entre-vifs (3).

54. — Femme mariée. — (V. *supra*, v° ACCEPTATION DE DONATION).

55. — Garde-malade. — Les gardes-malade ne sont pas compris dans la prohibition portée par l'article 909 du Code civil (4).

56. — Interdit. — (V. *supra*, v° ACCEPTATION DE DONATION).

57. — Médecin et chirurgien. — Aux termes de l'article 909 du Code civil, les docteurs en médecine et en chirurgie, les *officiers de santé* et les *pharmaciens* qui auront traité une personne pendant la maladie dont elle meurt, ne peuvent profiter des dispositions qu'elle pourrait avoir faites, entre-vifs ou par testament, en leur faveur, durant le cours de cette maladie. Cette prohibition est même applicable, d'après la majorité des auteurs, aux *empiriques* (5).

Mais elle ne s'étend pas au pharmacien qui n'a fait que fournir des médicaments ou au médecin qui n'aurait qu'assisté à une consultation, ou qui aurait donné des soins à sa femme (6).

Il y a toutefois exception à la prohibition de l'article 909, si la disposition est faite à titre rémunératoire et particulier ; — si la disposition, fût-elle universelle, est au profit d'un parent héritier jusqu'au quatrième degré inclusivement (7).

58. — Mineur. — (V. *supra*, v° ACCEPTATION DE DONATION).

59. — Ministre du culte. — La prohibition établie contre les médecins et chirurgiens dans l'article 909 du Code civil, est applicable au ministre du culte (catholique ou autre) qui a administré des *secours spirituels* au donateur pendant sa dernière maladie (8).

60. — Notaire. — Il n'est incapable de recevoir par donation, que par l'acte même qu'il dresse comme notaire (9).

61. — Officiers de marine. — Ils ne peuvent, à moins d'être parents des donateurs, recevoir de don ou legs fait en mer sur le vaisseau auquel ils sont attachés (art. 997, C. civ.).

---

(1) L. 2 janvier 1817 ; ordonnance du 2 avril 1817.
(2) Dict. du not., n° 240 ; Aubry et Rau, p. 37.
Le notaire qui reçoit un acte de donation au profit d'un établissement public, est tenu d'en donner immédiatement avis aux administrateurs, et cela, alors même que le don devrait être remis par l'intermédiaire d'un tiers (arrêté du 4 pluviôse an XII, art. 2 ; ordonnance du 2 avril 1817, art. 5 ; Dict. du not., n° 264).
Les pièces qui doivent composer le dossier d'une demande d'autorisation pour une donation entre vifs sont : 1° certificat de vie du donateur ; 2° procès-verbal d'estimation de l'objet donné ; 3° délibération du conseil de fabrique ; 4° acceptation provisoire du représentant de l'établissement ; 5° état de l'actif et du passif de la fabrique certifié par le préfet ; 6° renseignements transmis par le maire de la commune du donateur et de ses héritiers ; 7° avis de

l'évêque ; 8° avis du préfet en forme d'arrêté ; 9° copie de l'acte de libéralité.
Après testament, il y a lieu de fournir le consentement des héritiers naturels et du légataire universel, on la réclamation formée par eux contre le legs.
(3) L. 14 juillet 1819, art. 1.
(4) Aubry et Rau, p. 31 ; Demolombe, n°' 509, 510 ; Laurent, n° 341.
(5) Laurent, n° 341 ; Aubry et Rau, p. 36 ; Demolombe, n° 511.
(6) Aubry et Rau, p. 31 ; Demolombe, n° 506 ; Montpellier, 31 août 1852.
(7) Montpellier, 7 février 1871 (art. 20296, J. N.).
(8) Laurent, n°' 357 et suiv. ; Aubry et Rau, p. 34 ; Demolombe, n° 519.
(9) L. 25 ventôse, art. 8 ; Paris, 3 mai 1872 (art. 20456, J. N.).

62. — Personne incertaine. — La personne qui bénéficie de la libéralité faite par acte de donation doit être désignée de manière à ne laisser aucun doute sur son identité, car toute libéralité faite au profit d'une personne *incertaine* est nulle (1).

63. — Personne interposée. — Toute libéralité faite à un incapable, par l'intermédiaire d'une autre personne, est nulle. Sont présumées personnes interposées : les père et mère, — les enfants et descendants, — l'époux de l'incapable (art. 911, C. civ.).

La présomption légale d'interposition de personne ne s'applique qu'aux cas limitativement prévus par l'art. 911, C. civ. (2).

Par suite, la *fiancée* de l'enfant naturel de l'auteur d'une libéralité ne peut être assimilée à l'épouse (3).

64. — Pharmacien. — (V. *suprà*, n° 57).

65. — Sage-femme. — La sage-femme qui soigne une femme en couches, ne peut recevoir de cette dernière et est frappée de la même incapacité que le médecin (4).

66. — Sourd-muet. — (V. *suprà*, v° ACCEPTATION DE DONATION).

67. — Subrogé-tuteur. — Le subrogé-tuteur, pas plus que le tuteur *ad hoc*, n'ayant pas l'administration des biens des mineurs, n'est frappé de l'incapacité de recevoir des mineurs, par l'art. 907, C. civ.

68. — Tuteur. — Après la cessation de ses fonctions, le tuteur est incapable de recevoir de son ancien pupille, tant que le compte définitif de sa gestion n'a pas été rendu et apuré, conformément a l'art. 472, C. civ. (art. 907) ; à moins que dix ans se soient écoulés depuis la majorité du pupille. Il n'est pas nécessaire que le reliquat de compte soit soldé.

Cette incapacité s'applique au tuteur officieux, au protuteur, au cotuteur et au second mari de la mère qui a indûment conservé sa tutelle.

La loi ne fait d'exception que pour les *ascendants tuteurs* (5).

§ 4. BIENS QUI PEUVENT FAIRE L'OBJET D'UNE DONATION.

69. — Biens présents. — Une donation entre-vifs peut comprendre toute sorte de biens meubles et immeubles, pourvu qu'il s'agisse de biens présents (art. 943, C. civ.) ; — par biens *présents*, il faut entendre non seulement les biens possédés par le donateur au moment de la donation, mais encore ceux qui lui sont acquis, bien qu'ils ne soient pas encore en sa possession.

La donation actuelle et irrévocable d'une créance ou valeur déterminée, payable seulement au décès du donateur, doit être considérée comme une donation de biens présents, du moment que le donateur se dessaisit de la propriété et ne diffère que l'exigilité du paiement (6). Il ne serait autrement de la donation d'une somme à prendre sur les biens que le donateur laissera à son décès, ou à prendre sur sa succession (7), à moins qu'à la garantie du paiement de cette somme, le donateur ait conféré des sûretés particulières.

---

(1) Demolombe, n° 608.

(2) Troplong, *Donat. et Test.*, n° 718 ; Aubry et Rau, t. VII, § 650 *bis* ; Demolombe, t. XVIII, n° 658 ; Laurent, t. XI, n° 419.

(3) Bordeaux, 28 février 1887 (*Rev. not.*, n° 7724).

(4) Demolombe, n° 510 ; Laurent, n° 341 ; Dict. du not., n° 211.

(5) Aubry et Rau, p. 29 et 30 ; Demolombe, n°s 485 et suiv. ; Laurent, n°s 529 et suiv.

(6) Aubry et Rau, p. 150 ; Demolombe, n°s 391,

392 ; Laurent, t. XII, n° 426 ; Cass., 18 novembre 1861 (art. 17320, J. N.) ; Poitiers, 26 août 1863 ; Cass., 5 mars 1879 (*Rev. not.*, n°s 775 et 5242 ; Cass., 26 janvier 1886 (art. 23648, J. N.) ; alors surtout que le paiement de la somme donnée est garanti par une sûreté quelconque, notamment par une hypothèque conférée par le donateur sur ses biens ; Dict. du not., n° 88 ; Laurent, n°s 419-427 ; Dissert., art. 23998, J. N.

(7) Cass., 6 juillet 1863 (*Rev. not.*, n° 701).

Est encore une donation de biens présents, celle faite de la part d'un donateur dans une société dont il est membre ou actionnaire, bien que le partage qui fixera cette part n'ait pas encore eu lieu (1).

La donation peut comprendre tout ou partie des biens présents (2).

70. — Biens de communauté. — Le mari, durant le mariage, ne peut disposer seul, à titre gratuit des immeubles de communauté, si ce n'est pour l'établissement des enfants communs ; mais le mari et la femme peuvent faire valablement donation d'acquêts de communauté (3).

Un mari peut-il faire à sa femme ou la femme à son mari, donation actuelle de sa part dans les biens de communauté ou de sa part dans un immeuble déterminé de la société d'acquêts ? Nous le pensons, car il y a bien là donation de biens *présents* (4). Seulement, la donation par la femme deviendrait sans effet, si elle venait à renoncer à la communauté ou à la société d'acquêts.

71. — Biens à venir. — Les biens à venir ne peuvent pas être compris dans une donation, à peine de nullité (art. 943, C. civ.). Il n'y a d'exception que pour les libéralités faites par contrat de mariage ou entre époux.

72. — Biens présents et à venir. — La donation qui comprend tout à la fois des biens présents et à venir n'est valable qu'à l'égard des biens présents.

73. — Biens meubles. — Toute donation de bien meubles, comme nous l'avons dit (*suprà*, n°. 11), n'est valable qu'autant que les objets ont été décrits et évalués, article par article, soit dans l'acte même, soit dans un état estimatif annexé (art. 948, C. civ.).

Les meubles incorporels sont soumis à la formalité de l'état, et, en outre, à la formalité de la notification au débiteur (V. *suprà*, n° 13).

Si la donation comprend des valeurs de bourse nominatives, rentes sur l'Etat, actions ou obligations de chemins de fer, etc..., la propriété en est bien transmise au donataire par l'effet même de l'acte, mais il y a lieu, en outre, d'en faire opérer le transfert sur les registres du trésor ou de la Compagnie, formalité qui a lieu sur la production d'un certificat de propriété pour les rentes sur l'Etat, et d'un extrait de la donation, en ce qui concerne les autres valeurs, délivré par le notaire qui a reçu la donation. (V. *suprà*, v° CERTIFICAT DE PROPRIÉTÉ ET TRANSFERT) (5).

74. — Biens dotaux. — Les biens dotaux ne peuvent faire l'objet d'une donation de la part de la femme qu'autant que l'acte a pour but l'établissement des enfants communs (art. 1555, 1556, C. civ.).

75. — Nue propriété. — Une donation peut très bien ne comprendre que la nue propriété d'un bien meuble ou immeuble.

76. — Office. — Il a été décidé qu'un office ministériel, bien que cessible, ne saurait faire l'objet d'une donation entre-vifs (6). Aucun texte de loi ne prohibe cependant la transmission de la propriété d'un office par voie de donation ; au contraire, l'art. 6 de la loi du 25 juin 1841 prévoit expressément le cas de *transmission à titre gratuit* (7). Mais, ce qui est bien différent, la chancellerie qui ne veut pas avoir à faire modifier un acte auquel la loi attache un caractère irrévocable, exige toujours, bien qu'il y ait eu donation, que les parties lui produisent un traité ordinaire, avec évaluation du prix, qui est soumis à la sanction du gouvernement.

77. — Titres au porteur. — Il arrive fréquemment qu'en raison même de

---

(1) Cons., Cass., 26 janvier 1886 (art. 23548, J. N.).
(2) Dict. du not., n° 115.
(3) Cass., 5 février 1850, 29 avril 1851 ; Toulouse, 24 mars 1866 ; Besançon, 25 juin 1866 ; Cass , 31 juillet 1867 et 23 juin 1869 ; Poitiers, 16 février 1885 ; Aubry et Rau, § 509-14 ; Dalloz, n° 1176 ; Troplong, n°° 904 à 906. — *Contrà* : Rodière et Pont, n° 379.

(4) Laurent, t. XII, n° 414.
(5) V. aussi Cass., 24 juillet 1844 (art. 12225, J. N.).
(6) Déc. min. just., juin 1852, et 1er mars 1890.
(7) Perriquet, *Des offices*, n°° 424 et suiv.; Cass., 11 novembre 1857.

leur forme, les valeurs de cette nature sont transmises par simple tradition, de la main à la main, sans aucune des formalités prescrites pour la validité des donations entre-vifs. Ce mode de procéder peut être employé sans danger, dans certains cas, par exemple, lorsqu'un père donne des titres au porteur à son fils unique. Mais, le plus souvent, la simple remise du titre entraîne de graves inconvénients et amène des procès (1). Il est donc toujours prudent de constater par un acte le dessaisissement du donateur.

78. — Usufruit. — V. *infrà*, n° 84.

§ 5. CONDITIONS DE LA DONATION.

79. — Toute personne capable de disposer de ses biens à titre gratuit est libre de le faire purement et simplement ou d'apporter à sa libéralité tel terme ou telle condition, *casuelle, suspensive* ou *résolutoire*, qu'elle juge convenable, — de la grever de telles charges qu'il croit utiles. Toutefois, comme le dit Demolombe, cette liberté ne saurait être absolue. Elle est limitée d'abord par les principes généraux du droit auxquel toutes les conventions sont soumises ; puis la loi ne pouvait permettre certaines dispositions qui auraient dénaturé le caractère même de l'acte dans lequel elles auraient été insérées.

80. — Conditions impossibles ou illicites. — En premier lieu, il ne peut être permis d'insérer dans un acte de donation entre-vifs des conditions *impossibles* ou *contraires aux lois*, à l'*ordre public*, aux *bonnes mœurs* (art. 900, C. civ.). Toute condition de ce genre est réputée *non écrite* (2). Nous avons examiné (3) quelles sont celles que l'on répute *impossibles* ou *illicites*. Nous y renvoyons le lecteur, et nous n'ajouterons ici que quelques exemples de ces clauses plus spécialement applicables aux donations.

Ainsi, dans une donation faite à une femme mariée, on ne pourrait stipuler que le mari n'aurait pas l'administration ni la jouissance des biens donnés (4).

Que le donataire s'oblige à payer toutes les dettes que le donateur pourra laisser à son décès (art. 945, C. civ.) (5). Cette condition annulerait la donation.

Que le donateur renonce à la révocation de la donation pour cause de survenance d'enfants (art. 965, C. civ.)

Que le donataire ne se mariera pas ou ne se mariera qu'avec telle personne désignée (6) ; — ou qu'il fondera un établissement ecclésiastique que la loi ne reconnaît pas (7).

81. — Conditions potestatives. — Les conditions potestatives sont interdites. Toute donation est nulle, si elle est faite sous des conditions dont l'exécution dépendrait de la seule volonté du donateur (art. 944, C. civ.), ou qui lui laisserait directement ou indirectement le pouvoir, soit de révoquer la libéralité, soit d'en neutraliser ou d'en restreindre l'effet.

---

(1) Cons. Paris, 19 décembre 1871 ; Nancy, 8 février 1873 ; Pau, 12 janvier 1874, Paris, 19 juillet 1875 et 9 mars 1878 ; Cass., 5 août 1878 ; Seine, 26 janvier 1887. (*Rép. analyt.*, n° 173) ; Bressolles, *Traité pratique des dons manuels*, p. 101 et suiv.

(2) Mais si la condition avait été la cause impulsive et déterminante de la donation, il ne suffirait pas de considérer la condition comme non écrite, l'acte entier devrait tomber, puisqu'il n'aurait été fait qu'en vue de l'exécution de la condition. Paris, 12 novembre 1858 ; Cass., 8 juin 1863 ; Dijon, 7 décembre 1871 ; Cass., 20 novembre 1878 et 20 mai 1879 ; Aix, 25 février 1880 ; Cass., 17 juillet 1883 et 28 juin 1887 (art. 20534, 22011, 22208, 22546, 23016 et 28901, J. N.). Il en serait spécialement ainsi s'il s'agissait d'une libéralité faite à une commune ou à

un hospice sous la condition que l'immeuble donné serait affecté à une école dirigée par une congrégation religieuse, ou que l'instituteur serait nommé dans certaines conditions spéciales Cass., 20 novembre 1878 ; Aix, 25 février 1880 ; Cass., 28 juin 1887 précités (*J. du not.*, n° 8944).

(3) *Suprà*, v° *Contrat* et v° *Notaire*.

(4) Cependant serait valable la condition apposée à un legs fait à une femme mariée en communauté, qu'elle touchera les revenus des biens légués sur ses seules quittances sans autorisation de son mari. Paris, 5 mars 1846 (S. 1846-2-149).

(5) Lyon, 8 février 1867 (art. 18798, J. N., *Rev. not.*, n° 2064).

(6) Aubry et Rau, t. 6, p. 3 ; Dict. du not., n° 366.

(7) Cass., 24 novembre 1891 (*J. du not.*, 1892, p. 154).

Ainsi est nulle la donation faite sous la condition qu'elle restera sans effet, dans le cas où le donateur prendrait tel état, ou contracterait mariage (1).

Il en serait de même de la donation dans laquelle le donateur se serait réservé la faculté de disposer ultérieurement des biens donnés. Si le donateur ne s'était réservé que de disposer d'un ou plusieurs objets compris dans les biens donnés, la donation vaudrait pour le surplus (art. 949, C. civ.) (2). C'est une conséquence de la maxime *donner et retenir ne vaut*.

Mais une donation peut être faite sous une condition potestative de la part du donataire (3).

La condition *mixte*, c'est-à-dire qui dépend tout à la fois de la volonté du donateur et de la volonté d'un tiers (art. 1171, C. civ.) n'annule pas la donation.

82. — Réserve d'aliéner. — Le donateur peut-il imposer au donataire la condition de ne pas aliéner les biens donnés? Oui, mais à deux conditions : d'abord que l'interdiction soit temporaire et non absolue, par exemple, durant la vie du donateur ; et, en outre, qu'elle soit faite dans l'intérêt du donateur, du donataire ou d'un tiers (4).

83. — Charges. — Le donateur peut stipuler telles charges onéreuses que bon lui semble ; il peut, notamment, imposer au donataire l'obligation de payer certaines dettes ; mais la donation serait nulle si elle avait été faite sous la condition d'acquitter d'autres dettes ou charges que celles qui existaient à l'époque de la donation, ou qui seraient énoncées soit dans l'acte, soit dans l'état qui doit y être annexé, conformément à l'art. 945, C. civ.). (V. *suprà*, n° 12) (5).

Si le donataire n'a pas été spécialement chargé d'acquitter les dettes du donateur, le donataire en est-il tenu en cette seule qualité? La négative est certaine et la doctrine est d'accord sur ce point avec la jurisprudence (6).

En outre des charges particulières qui peuvent être imposées par le donateur, il en est qui doivent être naturellement supportées par le donataire ; telles que le paiement des impôts des biens donnés, l'entretien des servitudes, les frais de l'acte de donation.

84. — Réserve d'usufruit. — Comme nous l'avons dit, le dessaisissement actuel prescrit pour la validité de la donation peut ne comprendre que la nue propriété des objets donnés ; il est donc permis au donateur de faire réserve à son profit, ou de disposer au profit d'un autre de la jouissance des biens meubles ou immeubles donnés (art. 949, C. civ.) (7). Si la réserve est faite au profit du donateur, il est dispensé, de plein droit, de fournir caution, mais non de faire dresser, conformément à l'art. 600, C. civ., un état des immeubles dont il s'est réservé l'usufruit.

Si c'est une donation d'objets mobiliers qui a été faite avec réserve d'usufruit, le donataire est tenu, à l'expiration de l'usufruit, de prendre les effets donnés qui se retrouvent en nature, dans l'état où ils seront, et il aura action contre le donateur ou ses héritiers, pour raison des objets non existants, jusqu'à concurrence de la valeur qui leur aura été donnée dans l'état estimatif (art. 950, C. civ.), à moins que ces derniers prouvent que les objets non existants ont péri par cas fortuit (8).

(1) Orléans, 17 janvier 1846.
(2) Aubry et Rau, p. 367.
(3) Dict. du not., n° 844.
(4) Douai, 23 juin 1851 ; Cass., 16 juillet 1855 ; Lyon, 15 mars 1854; Paris, 15 avril 1858 ; Cass., 20 avril 1858 ; Paris, 16 février 1859 ; Cass., 23 juillet 1863 ; Cass., 12 juillet 1865 ; Cass , 9 mars 1868 ; Cass., 19 mars et 14 juillet 1877 (art. 21709 et 21817, J. N.) et 20 mai 1873 ; Angers, 18 décembre 1878; Seine, 22 mars 1881 ; Seine 9 mars 1886 ; Narbonne 28 octobre 1890; Demolombe, n° 292 ; Aubry et Rau, § 692-35 ;

Amiaud sur Rutgeerts, t. I, p. 372, note 1 ; Dict. du not. et supp , n° 359 ; v° *Inaliénabilité*, n°s 5 et suiv.
(5) Lyon, 18 février 1867 (art 18798, J. N.).
(6) Troplong, t. II, n°s 1214 et suiv. ; Aubry et Rau, § 706, note 2 ; Demolombe, t. XX, n°s 454 et suiv. ; Laurent, t. XII, n° 402 ; Douai, 12 février 1840 ; Caen, 15 janvier 1849 ; Bordeaux, 18 janvier 1858 ; Grenoble, 12 mai 1882 ; *infrà*, n° 97.
(7) Cass., 19 février 1878 ; Paris, 13 février 1886 (J. du not., n° 3826).
(8) Demolombe, t. XX, p. 490 ; Aubry et Rau, § 699-16.

85. — Retour conventionnel. — Il est permis au donateur de stipuler le droit de retour des biens donnés, en tout ou en partie, soit pour le cas de prédécès du donataire seul, soit pour le cas de prédécès du donataire et de ses descendants (art. 951, C. civ.).

Cette stipulation ne peut être faite qu'au profit du donateur.

86. — L'effet de cette clause est de résoudre toute aliénation des biens donnés, et de faire rentrer ces biens entre les mains du donateur, francs et quittes de toute charge et hypothèque conférées par le donataire, sauf toutefois l'hypothèque de la dot et des conventions matrimoniales, si les autres biens de l'époux donataire ne suffisent pas et dans le cas seulement où la donation lui aura été faite par le même contrat de mariage duquel résultent ces droits et hypothèques (art. 952, C. civ.).

87. — La stipulation du droit de retour doit être faite expressément, et pour éviter toute difficulté, les notaires doivent avoir soin de bien expliquer si le donateur stipule le droit de retour pour le cas de décès du donataire seul, auquel cas il devra s'exercer même si celui-ci laisse des enfants; — ou bien si le droit de retour ne devra s'exercer que dans le cas de prédécès du donataire et de sa postérité; alors le droit ne s'ouvre que par le prédécès de tous les enfants et descendants du donataire, sans exception (1).

88. — Rien n'empêche que le donateur stipule le droit de retour soit pour le cas de prédécès du donataire et de ses enfants au premier degré, ou de son fils aîné, ou de ses enfants mâles seulement (2).

89. — Les *enfants* qui font obstacle au retour, lorsqu'il a été stipulé pour le cas de prédécès du donataire ou de ses enfants, sont les enfants *légitimes* à tout degré, les enfants *légitimés*; mais ni les enfants adoptifs, ni les enfants naturels reconnus ne font obstacle au droit de retour, à moins qu'il ne soit établi que le donateur a entendu les comprendre parmi les enfants (3). Il est donc fort utile que le notaire se pénètre bien de la pensée et de la volonté du donateur et l'exprime d'une façon précise.

Si le droit de retour est la condition d'une donation faite aux époux par leur contrat de mariage, il est d'usage et il est utile de stipuler que la réserve de droit de retour ne fera pas obstacle à l'exercice des reprises de la future épouse et de ses conventions matrimoniales (si la donation est faite au mari), non plus qu'à l'effet des donations en usufruit que les futurs pourraient se faire au profit du survivant, soit par leur contrat de mariage, soit pendant leur mariage (4).

Si la donation et la réserve de droit de retour portent sur un immeuble ou sur des valeurs, il peut être, en outre, fort important de stipuler que cette réserve n'empêchera pas l'aliénation des biens donnés, par le donataire, sans le concours du donateur.

Il ne faut pas confondre le retour *conventionnel* qui est imposé par le donateur, comme condition d'une donation, avec le *retour légal*, droit de succession qui appartient, en certains cas, à l'ascendant donateur (V. *infrà*, v° MUTATION PAR DÉCÈS).

90. — Insaisissabilité. — Tout donateur peut déclarer insaisissables les sommes ou objets qu'il donne, et cette condition est valable même pour les immeubles. Mais elle ne peut s'appliquer qu'aux biens dont le donateur avait la disposition libre et entière, et n'est opposable qu'aux créanciers du donataire antérieurs à la donation (5).

---

(1) Demolombe, t. XX, n°° 504-505.
(2) Demolombe, n° 506.
(3) Dict. du not., *Retour convent.*, n°° 12-13; Demolombe, n°° 509-510.
(4) Une pareille clause comprend même les libéralités testamentaires. Seine, 27 mars 1890; Paris, 25 mars 1891 (*J du not.*, 1891, p. 293).

(5) Cass., 10 mars 1852 (art. 14670, J. N.); Paris, 15 juin 1858 (art. 16432, J. N.); Cass., 20 décembre 1861 et 9 mars 1868 (art. 19175, J. N.); Toulouse, 4 mars 1867; Aubry et Rau, § 692, p. 39 et 40. — *Contrà :* Demolombe, n° 311; Laurent, t. II, n° 472; Cass. Belge, 2 mai 1878 (S. 1880-2-108); Montpellier, 16 janvier 1862.

La clause d'insaisissabilité est sous-entendue, lorsqu'il s'agit de pension alimentaire (art. 581, C. proc. civ.).

Cette condition ne saurait avoir pour effet de rendre inaliénable d'une façon absolue les biens donnés, puisque le donateur ne peut imposer une pareille condition (1), l'inaliénabilité ne pouvant être que temporaire (V. *infrà*, v° Testament).

§ 6. Effets de la donation.

91. — Le principal effet des donations est de saisir immédiatement et irrévocablement le donataire de la propriété des biens donnés, du jour où l'acceptation a eu lieu, sans qu'il soit besoin de tradition (art. 938, C. civ.).

92. — Toutefois, les donations d'immeubles susceptibles d'hypothèques, quoique parfaites entre les parties et leurs successeurs universels par le seul effet du consentement, ne transfèrent au donataire, en ce qui concerne les tiers, la propriété des biens donnés, qu'à dater du jour, où elles ont été rendues publiques par la transcription d'une copie de l'acte au bureau des hypothèques de la situation des biens (art. 939, C. civ.).

93. — Obligations du donateur. — La donation, de sa nature, n'oblige pas le donateur à la garantie, pour cause d'éviction totale ou partielle des biens donnés ; par cela seul, en effet, que le donateur ne reçoit pas d'équivalent de ce qu'il donne, il doit être réputé n'avoir voulu transmettre que les droits qu'il avait, et tels qu'ils les avait ou supposait les avoir. Le donataire évincé n'aurait donc aucun recours contre le donateur, même pour le remboursement des dépenses qu'il aurait faites par suite ou à l'occasion de la donation, telles que les frais de l'acte (2).

94. — Toutefois, si l'éviction provenait du fait personnel du donateur, le donataire aurait droit à des dommages-intérêts ; il en serait ainsi, par exemple, dans le cas où le donateur aurait, depuis la donation acceptée, et avant la transcription, vendu ou hypothéqué les immeubles donnés (3).

95. — Le principe que la donation n'emporte pas obligation de garantie reçoit exception dans les cas suivants :

    a) Lorsque le donateur a formellement promis la garantie ;

    b) Lorsque les biens donnés se trouvant grevés de dettes hypothécaires non déclarées au donataire, celui-ci les a payées à l'acquit du donateur (4).

    c) Lorsqu'il s'agit d'une donation faite en faveur du mariage (art. 1440-1547, C. civ.).

96. — Obligations du donataire. — En outre de la reconnaissance qu'il doit au donateur, obligation dont les conséquences légales sont déterminées par l'art. 954, C. civ., le donataire est tenu de remplir toutes les charges qui lui ont été imposées dans l'acte de donation.

97. — Quant aux dettes du donateur, le donataire n'en est tenu personnellement qu'autant que par une clause expresse de l'acte, il s'est engagé à les acquitter (V. *suprà*, n° 83), en ce cas, il est tenu sur ses biens personnels et même au-delà

---

(1) Demolombe, n° 309 ; Cass., 31 mars 1826, 22 février 1831, 1ᵉʳ avril 1844 et 13 juillet 1875.
(2) Demolombe, n°ˢ 544-545.
(3) Demolombe, n° 501 ; Aubry et Rau, p. 401.
(4) Demolombe, n° 550.

de l'émolument de la donation (1). Il ne peut s'affranchir de cette charge, contre le gré du donateur, en offrant d'abandonner ou de rendre les biens donnés (2).

Si cependant la donation comprenait l'universalité des biens appartenant au donateur, alors même que le donataire ne se serait pas obligé à payer les dettes, on décide qu'il pourrait être contraint à payer les dettes existant au jour de la donation (3).

98. — Privilège. — Le donataire, pour l'exécution des charges qui lui ont été imposées, est soumis aux voies ordinaires de contrainte; mais le donateur n'a point, comme on l'a soutenu (4) et le croient quelques praticiens, de privilège sur les biens donnés (5). Aucune inscription d'office ne peut être prise à son profit, lors de la transcription de la donation. Aussi est-il prudent de faire conférer par le donataire une hypothèque conventionnelle sur les biens donnés, si le donateur ne veut pas se contenter de l'action révocatoire que la loi lui accorde et dont nous allons parler (6).

Toutefois, si la donation avait eu lieu pour des charges dont la valeur serait équivalente à celle de l'objet donné, l'acte quoique qualifié donation, devrait être considéré comme un contrat à titre onéreux et le donateur aurait, pour l'exécution des charges, un privilège et une action résolutoire; mais l'un et l'autre droit ne pourraient être exercés à l'encontre des tiers qu'autant qu'ils auraient été rendus publics conformément à la loi du 23 mars 1855 (7).

§ 7. Révocation des donations.

99. — Le donateur a, contre le donataire qui n'exécute pas les charges et conditions de la donation, une action en révocation (art. 955, C. civ.). Le droit du donateur de faire résoudre la donation procède du principe général posé dans l'art. 1184, C. civ., aux termes duquel l'action résolutoire est toujours sous entendue dans les contrats synallagmatiques, *pour le cas où l'une des parties ne satisfait pas à ses engagements.*

100. — Aussi faut-il appliquer à la révocation de la donation, pour cause d'inexécution des donations, les règles admises en matière de pacte commissoire, dans les contrats synallagmatiques.

Ainsi, la révocation n'a pas lieu de plein droit par le seul fait de l'inexécution des charges; le donataire doit être préalablement mis en demeure (art. 956, C. civ.) (8).

Il faut, de plus, que la révocation soit demandée par le donateur, et qu'elle soit prononcée par jugement.

101. — Toutefois ces règles cesseraient d'être applicables, s'il avait été formellement convenu dans l'acte que la donation serait résolue de plein droit par le seul fait de l'inexécution des conditions (9).

102. — Aux termes de l'article 954, C. civ., en cas de révocation d'une dona-

---

(1) Aubry et Rau, n° 407.
(2) Demolombe, n° 575; Aubry et Rau, loc. cit.
(3) Demolombe, n° 462; Aubry et Rau, eod. loc.
(4) Pont, art. 2103, n° 11.
(5) Douai, 6 juillet 1852; Agen, 4 janvier 1854; Nîmes, 29 novembre 1854; Colmar, 30 mai 1865; Paris, 11 mai 1886 (S. 1888-2 110); Amiens, 6 décembre 1888; Bordeaux, 22 juillet 1890 (J. du not., 1891, p. 186); Aubry et Rau, t. III, p. 169; Demolombe, n° 576.
(6) Demolombe, t. XX, n° 576; Troplong, t. III,

n° 1302; Orléans, 26 mai 1848; Douai, 6 juillet 1852; Agen, 4 janvier 1854; Paris, 11 mai 1886 (art. 23661, J. N.; Rev. not., n° 7874).
(7) Bourges, 16 avril 1832; Douai, 2 février 1850; Cass., 21 décembre 1887. — Sic: Aubry et Rau, § 707 bis; Demolombe, t. XX, n° 52.
(8) Cass., 3 mai 1852.
(9) Troplong, t. III, n°s 1296-1297; Aubry et Rau, p. 411; Demolombe, n° 606; Encyclop. du not., n° 960.

tion pour cause d'inexécution des donations, les biens rentrent en la possession du donateur libres de toutes charges et hypothèques du chef du donataire ; et le donateur a contre les tiers détenteurs des immeubles donnés tous les droits qu'il aurait contre le donataire lui-même.

103. — Cette révocation entraîne donc, non seulement l'extinction de toutes les hypothèques, mais aussi de toutes les aliénations que le donataire pourrait avoir consenties. Aussi ce droit du donateur rend-il excessivement précaires les garanties hypothécaires données par un donataire emprunteur, comme nous l'expliquerons plus loin (V. *infrà*, v° ORIGINE DE PROPRIÉTÉ).

Toutefois, il ne nous paraît pas douteux que le donateur pourrait, soit par l'acte de donation même, soit par un acte postérieur, renoncer à exercer son droit de révocation (1).

104. — L'action en révocation pour cause d'inexécution de conditions se prescrit seulement par trente ans (2).

105. — Il existe encore d'autres causes de révocation des donations :

 a) L'ingratitude du donataire ;

 b) La survenance d'enfant au donateur.

106. — La donation entre-vifs ne peut être révoquée pour cause d'ingratitude que dans les trois cas suivants, qui sont *limitatifs :*

 a) Si le donataire a attenté à la vie du donateur ;

 b) S'il s'est rendu coupable envers lui de sévices, délits ou injures graves ;

 c) S'il lui refuse des aliments (art. 955, C. civ.).

107. — La révocation de donation pour cause d'ingratitude n'a jamais lieu de plein droit, et la demande doit être formée dans l'année du jour du délit imputé au donataire. Elle ne peut être demandée par le donateur contre les héritiers du donataire, ni par les héritiers du donateur contre le donataire, à moins que, dans ce dernier cas, l'action n'ait été intentée par le donateur, ou qu'il ne soit décédé dans l'année du délit (art. 956, 957, C. civ.). (Paris, 20 février 1893 (*J. du not.*, 1893, p. 409).

108. — La révocation pour cause d'ingratitude ne préjudicie ni aux aliénations faites par le donataire, ni aux hypothèques et autres charges qu'il aurait pu imposer sur l'objet de la donation, pourvu que le tout soit antérieur à l'inscription qui aurait été faite de l'extrait de la demande en révocation, en marge de la transcription prescrite par l'art. 939, C. civ. (art. 958, C. civ.).

109. — Les donations, en faveur du mariage ne sont pas révocables pour cause d'ingratitude (art. 959, C. civ.). Mais cette exception ne s'applique pas aux donations faites entre époux, même par contrat de mariage (3).

110. — Toute donation entre-vifs, quelle que soit sa nature, à quelque titre qu'elle ait été faite, est révoquée *de plein droit* par la survenance d'un enfant légitime du donateur, fût-il posthume, ou par la légitimation par mariage subséquent d'un enfant naturel né depuis la donation, si le donateur n'avait point d'enfant ou de descendant légitime vivant au moment de la donation (art. 960, C. civ.).

111. — Cette révocation aurait lieu, encore que l'enfant du donateur fût conçu au temps de la donation (art. 961, C. civ.).

112. — La donation sera pareillement révoquée, lors même que le donataire

---

(1) Demolombe, n° 591 ; Caen, 28 avril 1841 ; Grenoble, 28 juillet 1862 (D. 1862-2-204).
(2) Demolombe, n° 602.

(3) Aubry et Rau, p. 416 ; Demolombe, t. IV, n° 528 ; Cass., 10 mars 1856 et 14 février 1873 (*Rev. not.*, n° 4348).

serait entré en possession des biens donnés et qu'il y aurait été laissé par le donateur depuis la survenance de l'enfant, sans néanmoins que le donataire soit tenu de
restituer les fruits par lui perçus, de quelque nature qu'ils soient, si ce n'est du jour
que la naissance de l'enfant ou sa légitimation lui aura été notifiée par exploit ou
autre acte en forme ; et ce, quand même la demande pour rentrer dans les biens
donnés n'aurait été formée que postérieurement à cette notification (art. 962,
C. civ.).

113. — Les biens compris dans la donation révoquée de plein droit, rentre-
ront dans le patrimoine du donateur, libres de toutes charges et hypothèques du
chef du donataire, sans qu'ils puissent demeurer affectés, même subsidiairement, à
la restitution de la dot de la femme du donataire, de ses reprises ou autres conventions matrimoniales ; ce qui aura lieu quand même la donation aurait été faite en
faveur du mariage du donataire et insérée dans le contrat et que le donateur se serait
obligé, comme caution, par la donation, à l'exécution du contrat de mariage
(art. 963, C. civ.).

114. — Les donations ainsi révoquées ne pourront revivre ni avoir de nouveau
leur effet, ni par la mort de l'enfant du donateur, ni par aucun acte confirmatif ; et
si le donateur veut donner les mêmes biens au même donataire, soit avant, soit après
la mort de l'enfant par la naissance duquel la donation avait été révoquée, il ne le
pourra faire que par une nouvelle disposition (art. 964, C. civ.).

115. — Toute clause ou convention par laquelle le donateur aurait renoncé à
la révocation de la donation pour survenance d'enfant, sera regardée comme nulle
et ne pourra produire aucun effet (art. 965, C. civ.) (1).

§ 8. Responsabilité notariale.

116. — La responsabilité du notaire, en matière de donation, peut être
encourue pour diverses causes :

    a) Pour inobservation des formes spéciales prescrites par la loi : par
        exemple, s'il a reçu une donation acceptée par un mandataire por-
        teur d'un pouvoir sous seing privé (2) ; — s'il a omis d'apposer sa
        signature à l'acte (3) ;

    b) Pour inaccomplissement des formalités prescrites, par exemple
        pour défaut d'acceptation ou de transcription de la donation (4).

    c) Pour énonciation dans la donation de clauses illicites viciant la
        donation, par exemple la charge de payer toutes les dettes que lais-
        sera le donateur (5).

    Mais la responsabilité devrait être écartée si le notaire, les parties étant encore
vivantes, a offert de refaire l'acte entaché de nullité et si le préjudice occasionné
par cette nullité n'a pu être évité par suite du refus par l'une des parties de donner
son consentement à un nouvel acte (6).

---

(1) Aubry et Rau, p. 427.
(2) Bordeaux, 22 mai 1861.
(3) Rouen, 22 décembre 1883 ; Cass., 22 juillet 1885
et 14 avril 1886 ; *J. du not.*, n° 3778. V. aussi Cass.,
12 avril 1844 et 19 août 1845 ; Rutgeerts, t. III,
n° 1335.
(4) Rennes, 20 mars 1841 ; Douai, 16 février 1855 ;

Cass., 27 mars 1889.
(5) Lyon, 8 février 1867 (*Rev. not.*, n° 2064, art.
18798, J. N.). V. aussi Chambéry, 13 juillet 1868
(*Rev not.*, n° 1169) et Colmar, 16 août 1864 (S.
1865-2-1).
(6) Colmar, 16 août 1864 (S. 1865-2-1).

§ 9. Honoraires.

117. — L'honoraire perçu sur les actes de donations entre-vifs est un honoraire proportionnel fixé dans presque tous les tarifs à 1 °/₀, mais dont le taux augmente ou diminue, dans beaucoup d'arrondissements, suivant que le donataire est parent plus ou moins rapproché du donateur ou un étranger. Nous avons établi, dans notre *tarif général* que cette distinction est absolument illogique et peu équitable (1) et nous avons proposé de ne faire que deux catégories de donations, avec différence d'honoraires : 1° Celles faites, en ligne directe, à un descendant successible, par préciput ; — à un ascendant ou à tout autre parent non successible, ou à un étranger ; 2° celles faites à toutes autres personnes.

§ 10. Enregistrement.

118. — Les donations dont l'effet est *actuel* sont soumises au droit proportionnel lors de l'enregistrement, les donations *éventuelles* ou faites sous une condition *suspensive* ne sont assujetties qu'à un droit fixe de 7 fr. 50, sauf la perception de droit proportionnel, lors de l'avènement (2).

119. — Les donations *non acceptées* ne sont passibles que d'un droit fixe de 3 fr. (3) et le droit proportionnel est perçu sur l'acceptation ultérieure (4).

120. — Les donations dont l'effet est subordonné au décès du donateur ne sont passibles que du droit fixe de 7 fr. 50 ; mais, lors du décès, on perçoit l'impôt de mutation (5).

121. — Le droit proportionnel est dû, alors même que la donation contiendrait une condition *résolutoire*, la transmission s'opérant actuellement.

122. — Les droits proportionnels varient suivant la nature mobilière ou immobilière des biens transmis et suivant le degré de parenté qui existe entre le donateur et le donataire ; l'alliance n'équivaut pas à la parenté, et les donations faites à un allié non parent, sont passibles du droit établi sur les donations entre étrangers (6).

123. — Le droit exigible sur la donation faite à un enfant naturel reconnu doit être celui fixé pour la ligne directe (7). Il en est de même pour celles faites à un enfant adoptif (8).

---

(1) Beaucoup de tarifs établissent une distinction que nous ne saurions complètement admettre. Ainsi, presque tous ces tarifs, après avoir fixé l'honoraire pour la donation en ligne directe, l'élèvent d'un *tiers* pour la donation en ligne collatérale, et de *moitié* s'il s'agit d'une donation entre étrangers.

Que l'honoraire proportionnel soit moins élevé, lorsqu'il s'agit d'une donation en ligne directe, nous le concevons, et il est juste qu'il en soit ainsi : les biens qui sont l'objet de la donation devant, dans un avenir plus ou moins éloigné, revenir à l'héritier à réserve qui les reçoit seulement à titre d'avancement d'hoirie, il est clair que la nullité de l'acte de donation ne ferait pas peser sur les notaires une responsabilité aussi étendue que si la libéralité avait été faite à un collatéral ou à un étranger. Il en serait cependant autrement, s'il était exprimé dans l'acte que la donation en ligne directe est faite par préciput, parce que la responsabilité du notaire serait, à cet égard, tout aussi engagée que dans la donation faite en faveur d'un étranger.

Mais pourquoi établir une distinction entre la donation faite en ligne collatérale et la donation entre étrangers ? On comprendrait cette distinction dans une loi relative à la perception des droits d'enregistrement. Une pareille loi est une loi fiscale, et à ce point de vue, il paraîtrait équitable de faire peser sur le donataire, qu'aucun lien de parenté ne rattacherait au donateur, un impôt plus élevé que sur celui qui, bien que n'étant pas l'héritier à réserve du donateur, n'est cependant pas un étranger pour lui, et pourrait peut-être un jour être appelé à prendre part à sa succession. Mais en ce qui concerne le notaire, qu'importe que la donation soit faite à un collatéral ou à un étranger ? Son travail étant le même et sa responsabilité n'étant pas plus engagée dans un cas que dans l'autre, il ne doit y avoir aucune différence dans l'honoraire.

(2) L. 28 avril 1816, art. 45 et 28 février 1877, art. 1.

(3) L. du 28 février 1872, art. 4.

(4) Cass., 9 avril 1828.

(5) L. 22 frimaire an VII, art. 68; L. 28 avril 1816, art. 45, n° 4, et 27 février 1872, art. 4.

(6) Cass., 22 décembre 1829 et 28 janvier 1839.

(7) Sol., 5 novembre 1884.

(8) Cass., 2 décembre 1822.

TABLEAU DES DROITS PERÇUS SUR LES DONATIONS ENTRE VIFS.

DEGRÉS DE PARENTÉ	DROIT %	
	MEUBLES	IMMEUBLES
	fr. c.	fr. c.
En ligne directe.	2 50	4 »
Entre époux, de biens actuels.	3 »	4 50
Entre frères et sœurs, oncles et tantes, neveux et nièces.	6 50	6 50
Entre grands-oncles et grand'tantes, petits-neveux et petites-nièces, cousins germains.	7 »	7 »
Entre personnes au delà du 4e degré jusqu'au 12e inclus.	8 »	8 »
Entre personnes non parentes.	9 »	9 »

(V. L. 22 frim. an VII, art. 69, § 4, 6; L. 28 avril 1816; L. 21 avril 1852; L. 18 mai 1858).

124. — Aux droits fixés par le tableau qui précède, il y a lieu d'ajouter les décimes imposés par les lois fiscales, mais le droit de 1 fr. 50 pour la transcription est compris dans les chiffres indiqués pour les donations d'immeubles.

Nous ferons aussi remarquer que ces droits ne s'appliquent qu'aux donations hors contrat de mariage (V. *infrà*, v° DONATION PAR CONTRAT DE MARIAGE) et pour les donations portant partage faites par des ascendants au profit de leurs enfants et descendants (V. *infrà*, v° PARTAGE D'ASCENDANTS).

125. — *Donation d'une créance.* — Droit proportionnel au taux indiqué ci-dessus sur le capital nominal de la créance et les intérêts échus ou courus (1).

126. — *Donations d'effets mobiliers.* — Droit proportionnel au taux indiqué ci-dessus sur la valeur estimative des objets.

127. — *Donation d'un manuscrit.* — Droit proportionnel au taux indiqué ci-dessus sur la valeur estimative déclarée conformément à l'article 16 de la loi du 22 frimaire an VII.

128. — *Donation d'une rente perpétuelle.* — Droit proportionnel au taux indiqué ci-dessus sur un capital formé de vingt fois la rente constituée (2).

129. — *Donation d'une rente sur l'Etat.* — Droit proportionnel au taux indiqué ci-dessus, sur le capital déterminé par le cours moyen de la Bourse à la date de la transmission (3).

130. — *Donation d'une rente viagère.* — Droit proportionnel au taux indiqué ci-dessus, sur un capital formé de dix fois la rente (4).

---

(1) L. 22 frimaire an VII, art. 14, n° 2.
(2) L. 22 frimaire an VII, art. 14, n° 9.
(3) L. 18 mai 1850, art. 7.
(4) L. 22 frimaire an VII, art. 14, n° 3.

131. — *Donation d'une somme d'argent payée comptant.* — Droit proportionnel au taux indiqué ci-dessus sur la somme payée.

132. — *Donation d'une somme payable à terme.* — Droit proportionnel au taux indiqué ci-dessus, sur la somme promise.

133. — *Donation en supplément de dot.* — Droit proportionnel au taux indiqué ci-dessus, la donation n'étant point faite par contrat de mariage.

134. — *Donation d'immeubles en toute propriété.* — Droit proportionnel au taux indiqué ci-dessus sur un capital formé de 25 fois, s'il s'agit d'immeubles ruraux, et de 20 fois, s'il s'agit d'autres immeubles, le produit des biens ou le prix des baux courants, sans distraction des charges (1).

135. — *Donation de la nue propriété à l'un et de l'usufruit à l'autre.* — Indépendamment du droit liquidé, ainsi qu'il est dit ci-dessus n° 134, pour la donation de nue-propriété, il est dû un droit proportionnel particulier, au taux fixé, suivant le degré de parenté des parties, sur un capital formé de douze fois et demie, s'il s'agit d'immeubles ruraux, et de dix fois, s'il s'agit d'autres immeubles, le produit des biens ou le prix des baux courants, sans distraction des charges (2).

135 bis. — **Don manuel.** — Les actes renfermant, soit la déclaration par le donataire ou ses représentants, soit la reconnaissance judiciaire d'un don manuel, seront sujets aux droits de donation (L. 18 mai 1850, art. 6, *J. du not.*, 1891, p. 81).

136. — **Liquidation du droit.** — En matière de donations mobilières, le droit se liquide d'après la déclaration estimative des parties, à moins qu'il ne s'agisse de valeurs telles que les créances et les rentes, dont l'évaluation est faite d'office par la loi (V. *suprà*, n° 125, 128, 130.)

137. — L'usufruit des meubles s'évalue à la moitié de la valeur entière.

138. — La valeur des immeubles est déterminée par l'évaluation du produit brut des biens; s'il y a un bail courant, c'est le bail qui sert de base à l'évaluation du produit; à défaut de bail, l'évaluation est fournie par les parties et peut être contrôlée par l'administration au moyen d'une expertise (3).

139. — Le revenu déclaré est multiplié, pour le droit à percevoir sur une transmission de *propriété* : par 20, s'il s'agit d'immeubles urbains et par 25 s'il s'agit d'immeubles ruraux ; et par 10 ou 12.50 sur la transmission d'*usufruit* (4).

140. — La nue propriété s'évalue comme la propriété entière, à moins qu'elle n'ait déjà acquitté les droits entiers, lors d'une transmission antérieure.

141. — Le droit est perçu sur les valeurs, sans distraction des charges.

§ 11. FORMULES.

---

(1) LL. 22 frimaire an VII, art. 15, n° 7, et 21 juin 1875, art. 2.
(2) LL. 22 frimaire an VII, art. 15 n° 8, et 21 juin 1875, art. 2.
(3) L. 22 frimaire an VII, art. 6 et 19.
(4) L. 22 frimaire an VII, art. 14, et 21 juin 1875, art. 2.

I. TABLEAU SYNOPTIQUE.

I. Comparution des parties.
    A. Donateur.
        1. Majeur.
        2. Femme mariée.
        3. Mari commun en biens.
        4. Représenté par mandataire.
        5. Sourd-muet.
    B. Donataire.
        1. Femme mariée.
        2. Mineur ou interdit.
        3. Mineur émancipé.
        4. Sourd-muet.
        5. Enfant naturel.
        6. Établissement public
        7. Médecin, ministre du culte.
        8. Représenté par mandataire.
II. Objet, nature et conditions des donations entre-vifs.
    A. Immeubles.
        1. En propriété.
        2. Pour l'usufruit à une personne et la nue propriété à une autre
    B. Créance, somme ou rente.
    C. Objets mobiliers. — État estimatif
    D. Somme payable au décès du donateur.
    E. Constitution de rente viagère avec hypothèque.
    F. Pension à titre d'aliments, incessible et insaisissable.
    G A terme.
    H. Conditionnelle.
        1. La chose donnée ne fera pas partie de la communauté.
        2. Réserve d'usufruit et condition d'inaliénabilité.
        3. Insaisissabilité.
    I. Réserve de droit de retour.
        1. Prédécès du donataire seul.
        2. **Prédécès du donataire sans postérité.**
        3. **Prédécès du donataire et de sa postérité.**
        4. **Hypothèque** légale sur les biens soumis au retour.
    J. Renonciation au droit de retour.
    K. Charges.
        1. De payer une somme au donateur.
        2. De payer les dettes du donateur et d'exécuter son testament.
        3. État des dettes.
        4. Réserve d'usufruit au profit du donateur.
        5. Réserve d'usufruit au profit d'un tiers.
        6. De servir une rente à un tiers.
        7. Faculté de disposer.
        8. Contributions.
III. Acceptation expresse.
    A. Par le donataire.
    B. Par ses représentants.
    C. Par un mandataire.
IV. Clauses particulières.
    A. Frais de l'acte.
    B. Remise des titres.
    C. Élection de domicile.
V. Présence réelle du second notaire ou des témoins.
VI. Transcription, si la donation est immobilière.

I. STYLES DIVERS DE DONATIONS.

1. — Donation à un mineur émancipé.

Pardevant, etc...

    A comparu :

M. Alfred Rigaut, propriétaire, demeurant à...

Lequel a, par ces présentes, fait donation entre-vifs à M. Henri Simon, étudiant en médecine, demeurant à..., mineur émancipé par délibération de son conseil de famille, prise sous la présidence de M. le juge de paix du canton de..., le... ;

Ce qui est accepté par le mineur Simon, ici présent, avec l'assistance de M. Jules Mengin, son oncle, rentier, demeurant à..., aussi à ce présent, nommé curateur à son émancipation par la délibération ci-dessus énoncée.

2. — Donation à une femme mariée.

Pardevant, etc..

    A comparu :

M. Emile Richard, rentier, demeurant à...

Lequel a, par ces présentes, fait donation entre-vifs, à Mme Léonie Thiébaut, épouse de M. Lucien Daudet, avocat, avec lequel elle demeure à...

Ce qui est accepté par Mme Daudet avec l'autorisation de son mari, tous deux ici présents.

3. — Donation à une femme mariée avec condition que la chose donnée ne tombera pas dans la communauté.

Pardevant, etc...

    A comparu :

M. Ernest Didier, propriétaire, demeurant à...

Lequel a, par ces présentes, fait donation entre-vifs à Mme Léontine Renaud, épouse de M. Louis Sigault, négociant, avec laquelle elle demeure à...

Ce qui est accepté par Mme Sigault avec l'autorisation de son mari, tous deux ici présents,

De..., etc. (*Désigner les objets donnés, exprimer les conditions imposées à la donataire, e terminer par cette clause*) :

La présente donation est faite en outre sous la condition expresse que les biens meubles présentement donnés ne feront point partie de la communauté légale qui existe à défaut de contrat de mariage, entre M. et Mme Sigault et resteront au contraire propres à ladite dame.

4. — Donation à un sourd-muet ne sachant pas écrire, avec acceptation par un curateur « ad hoc » (1).

Pardevant, etc...

    A comparu :

M. Léon Duval, propriétaire, demeurant à...

Lequel a, par ces présentes, fait donation entre-vifs,

A M. Victor Legrand, majeur, sourd-muet de naissance, demeurant à...

Ce qui est accepté pour lui, attendu qu'il ne sait pas écrire, par M. Joseph Vincent rentier, demeurant à..., ici présent, curateur *ad hoc* du donataire, nommé à cette qualité, qu'il a acceptée, par délibération du conseil de famille dudit sieur Legrand, prise sous la présidence de M. le juge de paix du canton de..., le..., dont une expédition est demeurée ci-annexée après mention par les notaires soussignés.

_____

(1) **V.** *suprà*, v° ACCEPTATION DE DONATION, n° 804.

5. — Donation par un sourd-muet ne sachant ni lire ni écrire.

Pardevant, etc...
     A comparu :
M. Jules Voirin, propriétaire, demeurant à..., sourd-muet de naissance, ne sachant ni lire ni écrire, assisté de M. Charles Rivard, professeur à l'institution des sourds-muets de..., demeurant à..., interprète choisi par les parties pour connaître, par la dactylologie et la mimique, les volontés de M. Voirin, les rendre et expliquer à Mme Dubois ci-après nommée (*la donataire*) et aux notaires et témoins soussignés.
Lequel a, par ces présentes, fait donation entre-vifs à Mme..., etc.

6. — Donation à une ville.

Pardevant, etc...
     A comparu :
M. Léon Desportes, propriétaire, demeurant à...
Lequel a, par ces présentes, fait donation entre-vifs à la ville de..., sauf acceptation ultérieure par ladite ville, après qu'elle y aura été régulièrement autorisée.

7. — Donation à un hospice.

Pardevant, etc...
     A comparu :
M. Joseph Deshayes, propriétaire, demeurant à...
Lequel a, par ces présentes, fait donation entre-vifs à l'hospice civil de la ville de..., sauf acceptation ultérieure par les membres composant le conseil d'administration dudit hospice, après qu'ils y auront été régulièrement autorisés.

8. — Donation par préciput à un héritier présomptif.

Pardevant, etc...
     A comparu :
M. Stanislas Lépine, propriétaire, demeurant à...
Lequel a, par ces présentes, fait donation entre-vifs par préciput, hors part et avec dispense de rapport (1).
A M. Victor Larue, avocat, demeurant à..., son neveu et son présomptif héritier, ici présent et qui accepte.

9. — Donation avec dispense de rapport en nature et clause de retour.

Pardevant, etc...,
     A comparu :
M. Emile Joubert, propriétaire, demeurant à... ;
Lequel a, par ces présentes, fait donation entre-vifs, en avancement d'hoirie,
A Mlle Victorine Joubert, sans profession, sa fille majeure, demeurant avec lui, ici présente et qui accepte,
D'une maison, etc.
M. Joubert dispense formellement sa fille, du rapport en nature de l'immeuble donné à la succession du donateur. En conséquence Mlle Joubert aura la propriété incommutable dudit immeuble à compter de ce jour, et le donateur lui impose l'obligation de rapporter à sa

---

(1) La quotité disponible (V. art. 913 à 918, C. civ.) peut être donnée en tout ou en partie par acte entre-vifs aux enfants ou autres successibles du donateur, sans être sujette au rapport (V. C. civ., art. 829) par le donataire ou le légataire venant à la succession, pourvu que la disposition ait été faite expres-

sément à titre de *préciput* ou *hors part*. — La déclaration que le don est à titre de préciput ou hors part peut être faite, soit par l'acte qui contient la disposition, soit postérieurement dans la forme des dispositions entre-vifs (C. civ., 919).

succession la somme de..., à laquelle il fixe dès à présent et d'une manière invariable la valeur rapportable de l'immeuble dont il s'agit.

M. Joubert déclare se réserver le droit de retour sur l'immeuble donné, pour le cas où la donataire viendrait à décéder avant lui, sans enfants ni descendant, et pour le cas encore où ceux qu'elle aurait laissés viendraient eux-mêmes à décéder, sans postérité avant le donateur. Toutefois cette réserve de droit de retour ne mettra pas obstacle à ce que la donataire puisse librement, sans le concours du donateur, aliéner à titre onéreux l'immeuble donné, sauf à ce dernier à exercer le droit de retour, s'il y a lieu, sur le prix de l'immeuble ou de la portion d'immeuble aliénée.

10. — Clôtures d'actes de donations.

1° *Deux notaires, toutes les parties sachant signer.*

Et les parties ont signé avec les notaires après lecture faite.

La lecture du présent acte par M°..., notaire en premier, et la signature par les parties, ont eu lieu en présence réelle de M°..., notaire en second.

2° *Deux notaires, une ou plusieurs parties ne sachant pas signer.*

Et les parties ont signé avec les notaires, à l'exception de M... et de M... qui, requis de signer, ont déclaré séparément ne pas savoir le faire; le tout après lecture faite.

La lecture du présent acte par M°..., notaire en premier, la signature par MM... et..., et la déclaration de ne pas savoir signer par M... et M... ont eu lieu en la présence réelle de M°..., notaire en second.

3° *Un notaire et deux témoins, toutes les parties sachant signer.*

Et les parties ont signé avec les témoins et le notaire après lecture faite.

La lecture du présent acte par M°..., et la signature par les parties, ont eu lieu en la présence réelle des deux témoins instrumentaires.

III. DONATION D'UN IMMEUBLE EN TOUTE PROPRIÉTÉ.

Pardevant, etc...,
          A comparu :
M. Charles Gérard, propriétaire, demeurant à...;
Lequel a, par ces présentes, fait donation entre-vifs, avec garantie de tous troubles et évictions,
A M. Léon Cartier, négociant, demeurant à..., ici présent, et qui accepte,
D'une maison située à..., etc..

Origine de propriété.

Cette maison appartient au donateur..., etc.

Entrée en jouissance.

Le donateur entrera en jouissance et disposera de ladite maison en toute propriété, à partir de ce jour.

Conditions.

Cette donation est faite aux conditions suivantes que le donataire s'oblige à exécuter :

1° Il prendra ladite maison dans son état actuel ;

2° Il supportera toutes les servitudes passives dont elle peut être grevée, sauf à s'en défendre et à faire valoir à son profit les servitudes actives, le tout, s'il en existe, à ses risques et périls ;

3° Il paiera à partir de ce jour, les contributions et charges de toute nature dont ladite maison peut et pourra être frappée;

4° Il entretiendra et exécutera les baux et les locations verbales qui peuvent exister, de manière que le donateur ne puisse aucunement être inquiété à cet égard ;

5° Il servira au donateur, à compter de ce jour, une rente annuelle et viagère de..., dont les arrérages seront payables tous les trois mois en la demeure de M. Gérard ;

6° Et il paiera les frais et honoraires des présentes.

Formalités hypothécaires.

Le donataire fera transcrire à ses frais..., etc.

Action révocatoire. — Hypothèque.

A défaut par le donataire d'exécuter les charges de la présente donation, le donateur pourra en faire prononcer la révocation.

En outre, pour assurer le service de la rente viagère imposée au donataire, celui-ci affecte et hypothèque l'immeuble ci-dessus désigné, sur lequel il sera pris inscription au profit de M. Cartier pour une somme capitale de...

État civil.

M. Girard déclare qu'il est célibataire et qu'il n'est et n'a jamais été tuteur de mineurs ou d'interdits.

Remise de titres.

Le donateur a présentement remis au donataire, qui le reconnaît,

1° L'expédition du contrat de vente, etc.

Quant aux titres dont M. Gérard n'a pu faire la remise à M. Cartier, il autorise ce dernier à se faire délivrer à ses frais tous extraits et expéditions qui pourraient lui être nécessaires.

Évaluation pour l'enregistrement.

Pour la perception du droit d'enregistrement seulement les parties déclarent évaluer à la somme de... le revenu brut annuel de l'immeuble qui forme l'objet de la présente donation.

Élection de domicile.

Pour l'exécution des présentes, etc.

    Dont acte...

IV. DONATION DE LA NUE PROPRIÉTÉ A L'UN ET DE L'USUFRUIT A L'AUTRE.

Pardevant, etc...

    Ont comparu :

M. Émile Guillon, propriétaire, et Mme Julie Pierret, son épouse qu'il autorise, demeurant ensemble à... ;

Lesquels ont, par ces présentes, fait donation entre-vifs, mais sans aucune garantie :

1° A M. Alfred Guillon, négociant, demeurant à..., ici présent, et qui accepte.

De l'usufruit pendant sa vie, sans être tenu de donner caution, des immeubles ci-après désignés ;

2° Et à M. Camille Mercier, avocat, demeurant à.., ici présent, et qui accepte.

De la nue propriété, à laquelle se réunira l'usufruit au jour du décès de M. Alfred Guillon, des immeubles ci-après désignés :

Désignation.

.   .   .   .

Jouissance.

M. Alfred Guillon jouira de l'usufruit desdits biens pendant sa vie et à compter de ce jour ; et M. Mercier disposera de la nue propriété de ces immeubles à partir d'aujourd'hui, et y réunira l'usufruit au moment du décès de M. Alfred Guillon.

Origine de propriété.

. . . .

Charges et conditions.

Cette donation est faite à la charge par les donataires, qui s'y obligent chacun en ce qui le concerne, d'exécuter les conditions suivantes :

1° Ils acquitteront les contributions foncières ou autres de toute nature dont lesdits immeubles pourront être grevés à compter du jour de leur entrée en jouissance ;

2° Ils supporteront les servitudes passives, apparentes ou occultes, continues ou discontinues, dont ces biens peuvent être tenus, sauf aux donataires à s'en défendre et à faire valoir à leur profit celles actives, s'il en existe, le tout à leurs risques et périls ;

3° Ils entretiendront et exécuteront pour le temps qui en reste à courir, le bail consenti par les donateurs à M..., demeurant à..., aux termes d'un acte passé devant Me..., etc., pour... années, à partir du.. , moyennant un loyer annuel de... francs payable les...

4° Et ils acquitteront les frais et honoraires des présentes.

Formalités hypothécaires.

. . . .

État civil des donateurs.

M. et Mme Guillon déclarent qu'ils sont mariés sous le régime de la communauté de biens, aux termes de leur contrat de mariage reçu par Me..., notaire à..., le..., et qu'ils n'ont jamais été tuteurs de mineurs ou d'interdits.

Remise de titres.

Les donateurs ont présentement remis à M. Alfred Guillon qui le reconnait :

1° L'expédition... (*Détailler les titres remis*).

Ces titres resteront entre les mains de M. Alfred Guillon pendant sa vie, et après son décès il oblige ses héritiers à les remettre à M. Mercier à sa première réquisition.

Évaluation pour l'enregistrement.

Les immeubles donnés sont loués aux termes du bail sus-énoncé à.. , moyennant la somme de... par an, en sus de l'impôt foncier s'élevant pour la présente année à... francs.

Élection de domicile.

Pour l'exécution des présentes, les parties élisent domicile...

Dont acte...

V. DONATION D'OBJETS MOBILIERS.

Pardevant, etc...

A comparu :

M. Arthur Merlin, propriétaire, demeurant à...

Lequel a, par ces présentes, fait donation entre-vifs,

A M. Henri Sabattier, avocat, demeurant à... ici présent et qui accepte :

De tous les livres qui composent sa bibliothèque, décrits et estimés à la somme de.. dans un état dressé par les parties à la date de ce jour et qui est demeuré ci-annexé après avoir été certifié véritable par ces derniers et revêtu d'une mention d'annexe par les notaires soussignés.

Le donataire disposera des objets compris dans la présente donation, comme lui appartenant en pleine propriété à compter de ce jour,

Le donateur a remis avant ce jour au donataire, qui le reconnait, tous les livres formant l'objet de la donation.

Les frais des présentes seront supportés par M. Sabattier.

Dont acte...

VI. DONATION D'UNE CRÉANCE.

Pardevant, etc...

A comparu :

M. Victor Colin, propriétaire, demeurant à...

Lequel a, par ces présentes, fait donation entre-vifs,

A M. Alexandre Bompard, sans profession, demeurant à..., ici présent et qui accepte,

D'une créance de la somme de..., montant d'une obligation souscrite au profit du donateur, par M. Stanislas Jacquemin, cultivateur et Mme Josephine Leroy, son épouse, demeurant ensemble à..., solidairement entre eux, par acte passé devant Me..., etc. ;

Cette créance est exigible le..., elle produit des intérêts sur le pied de... par an, payables... en la demeure du donateur, à partir du..., et se trouve garantie hypothécairement par une maison... sur laquelle il a été pris inscription au bureau des hypothèques de .., le... vol... n°...

M. Bompard pourra, au moyen des présentes, toucher ladite créance, sur ses simples quittances, ou en disposer comme de chose lui appartenant en toute propriété à compter de ce jour, mais il n'aura droit aux intérêts qu'à partir du...

Par suite de la présente donation, M. Colin subroge M. Bompard dans tous les droits, actions et hypothèque résultant à son profit de l'obligation relatée ci-dessus, et notamment dans l'effet de l'inscription du...: le tout sans aucune espèce de garantie de la solvabilité des débiteurs.

Ou bien : Par suite de la présente donation, M. Colin subroge M. Bompard, etc..., avec toute garantie de la solvabilité présente et future des débiteurs de la créance donnée, et il s'oblige en conséquence, envers le donataire, à lui en payer le montant en principal et accessoires, à défaut par les débiteurs de le faire, et ce, après un simple commandement de payer resté infructueux pendant un mois.

M. Colin a remis à M. Bompard, qui le reconnait, la grosse de l'obligation du..., et le bordereau de l'inscription prise pour sûreté de son remboursement.

Pour faire signifier ces présentes, etc.

Pour l'exécution des présentes...

Dont acte...

VII. DONATION D'UNE RENTE SUR L'ÉTAT.

Pardevant etc...

A comparu :

M. Paul Richard, rentier, demeurant à...

Lequel a, par ces présentes, fait donation entre-vifs en avancement sur sa succession future,

A M Auguste Berger, son neveu, avocat, demeurant à..., ici présent et qui accepte.

D'un titre de. . de rente 3 °/₀ sur l'Etat inscrit sur le grand-livre de la dette publique, au nom du donateur, sous le n°..., série...

M. Berger disposera de cette rente en toute propriété à compter de ce jour, et il aura droit aux arrérages qui en sont dus depuis le... dernier.

L'inscription donnée par M. Richard à M. Berger, est d'une valeur de... francs, calculée d'après le cours moyen de la Bourse d'hier ; en sorte que le donataire venant à la succession du donateur devra rapporter à cette succession ladite somme de... francs.

Me..., l'un des notaires soussignés, est requis de délivrer tout certificat de propriété nécessaire pour faire immatriculer ladite rente au nom du donateur.

M. Berger reconnait que M. Richard son oncle, lui a remis l'inscription de ladite rente portant jouissance du... dernier.

Les frais des présentes seront supportés par le donataire.

Dont acte...

VIII. DONATION D'UNE RENTE PERPÉTUELLE.

' Pardevant, etc...,
> A comparu :

M. Octave Lemaire, rentier, demeurant à...

Lequel a, par ces présentes, fait donation entre-vifs, par préciput et hors part,

A M. Jules Leroy, sans profession, demeurant à..., ici présent et qui accepte,

D'une rente annuelle et perpétuelle de... au capital de... que M. Lemaire s'oblige, par ces présentes, à payer au donataire ou à ses représentants, en... paiements égaux de... en... à partir du... prochain, en la demeure du donateur.

A la sûreté du service exact de cette rente et du paiement de son capital, s'il y a lieu, M. Lemaire affecte et hypothèque, etc.

Les frais des présentes seront supportés par M. Leroy qui s'y oblige.

Pour l'exécution des présentes, etc.
> Dont acte...

IX. DONATION D'UNE RENTE VIAGÈRE.

Pardevant, etc...,
> A comparu :

M. Henri Renaud, rentier, demeurant à...

Lequel a, par ces présentes, fait donation entre-vifs,

A M. Auguste Didier, sans profession, demeurant à..., ici présent et qui accepte,

D'une rente annuelle et viagère de..., qu'il s'oblige à lui payer en sa demeure à..., en... termes égaux de... en..., à partir du..., jusqu'au jour du décès de M. Didier.

Pour assurer le service de ladite rente viagère, le donateur affecte et hypothèque les immeubles ci-après désignés :

1°...

Le donateur consent qu'il soit pris inscription sur ces immeubles jusqu'à concurrence de.. francs, pour assurer le service de ladite rente viagère, et M. Didier consent, de son côté, à ce que cette inscription soit radiée sur la simple production de son acte de décès.

Les frais des présentes seront supportés par le donataire.
> Dont acte...

X. DONATION D'UN MANUSCRIT.

Pardevant, etc...,
> A comparu :

M. Félix Adam, professeur de droit civil à la faculté de..., demeurant à...

Lequel a, par ces présentes, fait donation entre-vifs,

A M. Léon Leroux, avocat, demeurant à..., ici présent et qui accepte,

Du manuscrit d'un ouvrage que M. Adam a composé, ayant pour titre : ..., devant former... volumes...

Le donataire disposera du manuscrit en toute propriété à partir d'aujourd'hui, à la charge par lui d'exécuter les conditions suivantes que le donateur lui impose :

1° Il fera imprimer l'ouvrage dans un délai de... mois ;

2° Il tirera l'ouvrage à... exemplaires dans le format... ;

3° Il employera à cette publication du papier... ;

4° Il se conformera, tant pour l'impression que pour les annonces et la vente, à toutes les lois qui régissent l'imprimerie et la librairie ;

5° Il remettra au donateur... exemplaires de l'ouvrage aussitôt que l'impression en sera complètement achevée ;

6° Il ne pourra faire au manuscrit aucuns changement, addition, correction ou suppression sans le consentement formel de l'auteur ;

7° Et il payera les frais et honoraires des présentes.

Pour satisfaire aux prescriptions de l'art. 948 du Code civil, et baser la perception du droit d'enregistrement, les parties évaluent le manuscrit donné à la somme de...

Pour l'exécution des présentes, etc.
> Dont acte...

XI. DONATION D'UNE SOMME D'ARGENT PAYÉE COMPTANT.

Pardevant, etc...
A comparu :
M. Ernest Thirion, rentier, demeurant à...
Lequel a, par ces présentes, fait donation entre-vifs,
A M. Auguste Thirion, son fils, avocat, demeurant à,.., ici présent et qui accepte,
De la somme de... en numéraire, que M. Thirion père a payée à l'instant à son fils qui le reconnait.
Cette somme de... est donnée en avancement sur la succession future du donateur, et sera rapportable à cette succession.
Les frais des présentes seront supportés par le donataire.
Dont acte...

XII. DONATION D'UNE SOMME PAYABLE A TERME.

Pardevant, etc...
A comparu :
M. Jules Didion, rentier, demeurant à...,
Lequel a, par ces présentes, fait donation entre-vifs,
A M. Emile Henrion, son neveu, avocat, demeurant à..., ici présent et qui accepte,
D'une somme de. ., que M. Didion s'oblige à verser à M. Henrion le..., avec intérêts sur le pied de... par an, à partir du..., payables les... jusqu'au paiement du principal.
A la sûreté et garantie du paiement de la somme de..., etc.
Les frais des présentes seront supportés, etc...
Dont acte...

XIII. DONATION EN SUPPLÉMENT DE DOT.

Pardevant, etc...
Ont comparu :
M. Amédée Henrion, propriétaire et Mme Alphonsine Germain, son épouse, qu'il autorise, demeurant ensemble à...
Lesquels ont, par ces présentes, fait donation entre-vifs,
A M. Eugène Henrion, docteur en médecine, leur fils, demeurant à.. , ici présent et qui accepte,
De la somme de..., qu'ils ont à l'instant versée en numéraire, en présence des notaires soussignés, à leur fils qui le reconnait.
Cette somme de... forme, avec les... constitués en dot par les donateurs à leur fils, aux termes de son contrat de mariage passé devant M°..., notaire à..., le... une somme totale de... et sera également imputable sur les droits du donataire d'abord dans la succession du prémourant des donateurs et subsidiairement, s'il y a lieu, dans celle du survivant ; et sera soumise au même droit de retour qui a été stipulé en faveur des donateurs, dans ledit contrat de mariage, pour le cas de décès du donataire et de sa postérité avant les donateurs.
Les frais des présentes seront supportés, etc.
Dont acte...

XIV. DONATION, A TITRE D'ALIMENTS, D'UNE RENTE INCESSIBLE ET INSAISISSABLE.

Pardevant, etc...
A comparu :
M. Edouard Masson, propriétaire, demeurant à...
Lequel voulant assurer l'existence de son neveu ci-après nommé, a, par ces présentes, fait donation entre-vifs,

A M. Léopold Renaud, son neveu, sans profession, demeurant à...

D'une rente annuelle et viagère de 1,500 fr. exempte de toute retenue, que M. Masson s'engage à servir au donataire, par trimestre et d'avance à compter de ce jour jusqu'au décès de M. Renaud, époque à laquelle cette rente sera éteinte.

Le donataire reconnaît que M. Masson lui a versé à l'instant la somme de 125 fr. pour le premier trimestre de ladite rente viagère.

Le trimestre dans lequel aura lieu le décès du donataire sera entièrement acquis aux héritiers et représentants de celui-ci.

Le donataire sera dispensé de produire un certificat de vie lorsqu'il touchera lui-même les arrérages de ladite rente.

Il est expressément stipulé par le donateur que la rente annuelle et viagère de 1,500 fr. qu'il vient de constituer à son neveu, à titre de pension alimentaire, sera toujours incessible et insaisissable.

Dont acte...

XV. DONATION A TITRE D'ÉGALISATION DE DOTS.

Et le...

Pardevant, etc...

Ont comparu :

M. Louis Girardot, propriétaire, et Mme Lucie Vincent, son épouse, qu'il autorise, demeurant ensemble à...

Et Mme Eugénie Girardot, épouse assistée et autorisée de M. Paul Dumont, avocat, avec lequel elle demeure à...

Lesquels, préalablement à la donation, objet des présentes, ont exposé ce qui suit :

Exposé.

I. — Aux termes du contrat de mariage de M. et Mme Dumont, comparants, reçu par Me... soussigné, et l'un de ses collègues, notaires à..., le..., dont la minute précède, M. et Mme Girardot ont constitué en dot, à Mme Dumont, leur fille, qui a accepté, en avancement d'hoirie, par imputation sur la succession du premier mourant des donateurs, et subsidiairement, s'il y avait lieu, sur les droits du survivant dans cette succession ou dans la communauté, et postérieurement sur la succession du survivant des donateurs, savoir :

1° Un trousseau d'une valeur de 10,000 francs, ci. . . . . 10 000 »

2° Et une somme de 25,000 francs en deniers comptants, ci. . . . . 25 000 »

Ensemble: 35,000 francs, ci. . . . . 35 000 »

Desquels trousseau et somme la célébration civile du mariage de M. et Mme Dumont a valu quittance et décharge aux donateurs.

M. et Mme Girardot, chacun en ce qui le concernait, se sont réservé le droit de retour, libre de toutes charges, sur la dot constituée, en cas de prédécès de la donataire et de ses descendants avant les donateurs.

II. — Suivant contrat passé devant le même notaire, le..., contenant les conventions civiles du mariage de M. Léon Girardot, docteur en médecine, autre enfant de M. et Mme Girardot, comparants, et de Mlle Léontine Dubois, M. et Mme Girardot ont constitué en dot, à leur fils, qui a accepté :

1° Un trousseau d'une valeur estimative de 10,000 francs, ci. . . . . 10 000 »

2° Et une somme de 40,000 francs en espèces, ci. . . . . 40 000 »

Ensemble : 50,000 francs, ci. . . . . 50 000 »

Desquels trousseau et somme la célébration civile du mariage de M. et Mme Girardot-Dubois a également valu quittance aux donateurs.

Cette dernière constitution de dot a eu lieu sous les mêmes conditions d'imputation et avec la même réserve du droit de retour que ci-dessus.

III. — De ce qui précède, il résulte que la dot constituée à M. Léon Girardot excède de 15,000 francs celle de Mme Dumont, sa sœur.

Donation.

Ces faits exposés, M. et Mme Girardot, voulant établir l'*égalité* entre les dots constituées à leurs deux enfants sus-nommés, font, par ces présentes, donation entre-vifs, à titre de constitution de dot supplémentaire, en avancement d'hoirie, par imputation sur la succession du premier mourant des donateurs, et subsidiairement, s'il y a lieu, sur les droits du survivant dans cette succession ou dans la communauté, et postérieurement sur la succession du survivant des donateurs,

A Mme Dumont qui accepte, avec l'autorisation de son mari,

D'une somme de 15,000 francs, en espèces, représentant l'excédent de la dot constituée au profit de M. Girardot fils sur celle de Mme Dumont ; laquelle somme M. et Mme Dumont reconnaissent avoir reçue des donateurs auxquels ils en consentent quittance, savoir : jusqu'à concurrence de 10,000 francs antérieurement à ce jour, et pour les 5,000 francs de surplus, à l'instant même, en espèces de monnaies et billets de la banque de France acceptés pour numéraire, comptés et délivrés à la vue du notaire soussigné.

M. et Mme Girardot, donateurs, déclarent se réserver expressément le droit de retour sur la somme présentement donnée, en cas de prédécès de la donataire et de ses descendants avant les donateurs.

Frais.

Les frais et honoraires des présentes seront acquittés par la donataire
Dont acte...

DONATION PAR CONTRAT DE MARIAGE
OU CONSTITUTION DE DOT

C'est la donation qui est faite, dans le contrat de mariage même, aux futurs époux ou à l'un d'eux, soit par ses père et mère ou d'autres parents, soit par un étranger.

Sommaire :

1. — Disons tout d'abord, car ces règles sont applicables à toutes les donations faites par contrat de mariage :

  a) Que toutes ces donations sont *dispensées de l'acceptation expresse* par le donataire ; la présence des parties au contrat et leurs signatures suffisent (art. 1087, C. civ.).
  b) Qu'elles sont toujours conditionnelles, c'est-à-dire subordonnées à la réalisation du mariage (art. 1088, C. civ.).

c) Qu'elles ne peuvent pas être révoquées pour cause d'ingratitude (art. 950, C. civ.), mais qu'elles sont révoquées pour cause de survenance d'enfants (art. 960, C. civ.).

d) Qu'elles peuvent avoir pour objet non seulement des biens présents, mais encore tout ou partie des biens à venir du donateur et simultanément les uns et les autres (art. 1082, 1084, 1093 et suiv., C. civ.).

e) Qu'elles sont susceptibles d'être faites sous des conditions ou charges qui laissent au donateur le pouvoir d'en modifier ou même d'en anéantir les effets (art. 1086, C. civ.). Ainsi, le donataire pourrait être chargé du paiement de toutes les dettes présentes ou futures du donateur (1). Ainsi encore, le donateur pourrait se réserver la faculté de disposer ultérieurement, en faveur d'un tiers, soit des biens compris dans la donation, soit d'une somme fixe à prendre sur ces biens (2).

§ 1. Constitutions de dot ou donations de biens présents.

Art. 1er. — *Formes. Formalités.*

2. — En ce qui concerne leur forme, les constitutions de dot ou donations de biens présents par les parents aux futurs époux sont soumises aux règles des donations ordinaires, avec cette seule différence qu'elles ne sont pas assujetties à la *présence réelle* du second notaire ou des témoins instrumentaires (V. *supra*, v° Contrat de mariage, n° 19).

Mais elles doivent être reçues nécessairement par *acte notarié*, et à double titre, puisqu'elles sont contenues dans un acte (le contrat de mariage) qui est lui-même soumis à cette forme. Le notaire doit aussi les recevoir en *minute*, puisque le contrat de mariage ne peut être délivré en brevet (3).

3. — **Procuration.** — Le mandat à l'effet de consentir une donation par contrat de mariage doit être *authentique ;* il en est de même de l'autorisation maritale donnée dans le même but (4).

Lorsqu'une femme mariée veut donner procuration pour constituer une dot à un de ses enfants, cette procuration et l'autorisation maritale pour la consentir doivent-elles être reçues en minute ?

L'assistance réelle du second notaire ou des témoins y est-elle nécessaire ?

Nous croyons, en droit, que la procuration pourrait être faite en brevet, puisque aucune disposition positive n'exige qu'elle soit en minute, et qu'en matière de formalités dont l'inobservation emporterait nullité, on ne saurait ajouter à la loi, ni créer des analogies.

Toutefois, il est plus prudent de faire faire la procuration en minute. Cela prévient toute difficulté.

4. — **Autorisation maritale.** — Quant à l'autorisation maritale, on a soutenu, conformément au texte de l'article 217, C. civ., qu'il suffit qu'elle soit donnée par écrit, et qu'elle pourrait être sous seing privé ; à plus forte raison en brevet (5). Mais un arrêt de la Cour de cassation du 1er décembre 1846, a assimilé, sous ce rapport, l'autorisation maritale à la procuration. Cet arrêt a, il est vrai, été rendu dans une espèce où l'autorisation était sous seing privé et décidé qu'elle aurait

---

(1) Cass., 3 mars 1852.
(2) Aubry et Rau, t. VIII, p. 56; Demolombe, t. XXIII, n°° 368 à 379.
(3) Aubry et Rau, t. VIII, p. 55.

(4) Cass., 1er décembre 1846.
(5) C'est ce qu'enseignent MM. Demolombe, *Mariage*, t. II, n° 194; et Aubry et Rau, t. V, p. 151, note 54.

dû être *authentique;* il ne suit pas nécessairement de là que la Cour aurait trouvé insuffisante la forme en brevet.

Quant à la présence réelle du second notaire ou de témoins, il n'en coûte pas beaucoup d'observer cette formalité, et c'est plus sûr. Néanmoins, nous ne la croyons pas ici strictement nécessaire, puisqu'il est bien reconnu que la présence réelle n'est pas obligatoire pour les contrats de mariage même contenant donation, et que la loi du 21 juin 1843 ayant dit : « *Et les procurations pour consentir ces divers actes* », il s'ensuit que la procuration ou l'autorisation n'est pas soumise à la règle, quand l'acte en vue duquel elle est faite n'y est pas soumis lui-même (1).

5. — Acceptation. — Comme toutes les donations faites par contrat de mariage, elles sont dispensées de la formalité de l'*acceptation* expresse (art. 1087, C. civ.) (*Suprà*, n° 3).

6. — Transcription. — Mais elles doivent être *transcrites* si elles contiennent des immeubles, ou accompagnées d'un état estimatif si elles renferment des objets mobiliers (art. 939 et 948, C. civ.) (2).

ART. 2. — Capacité.

7. — Ces donations sont soumises aux règles du droit commun des donations entre-vifs ordinaires; par conséquent, il faut exiger la capacité des parties à la même époque, c'est-à-dire au moment de la donation.

8. — Conseil judiciaire. — Une personne pourvue d'un conseil judiciaire ne peut, sans l'assistance de ce conseil, constituer une dot en faveur de ses enfants, fût-ce par avancement d'hoirie (3).

9. — Enfants. — Les donations de biens présents par contrat de mariage ne peuvent être faites au profit des enfants à naître, si ce n'est dans les cas de substitution permise, énoncés aux art. 1048 et suiv. (art. 1081, C. civ.).

10. — Père et mère. — La dot peut être constituée soit par le père seul, en biens de communauté ou en biens personnels, soit par la mère seule, soit par les deux époux conjointement; et dans ce dernier cas, les époux peuvent exprimer ou ne pas exprimer la portion pour laquelle chacun d'eux entend contribuer à la dot, ou stipuler que la dot sera imputable sur la succession du premier mourant, ou d'abord sur la succession du prémourant et subsidiairement sur celle du survivant. Enfin, la dot peut être constituée par le survivant des père et mère. Nous allons examiner séparément chacune de ces situations.

Rappelons, tout d'abord, que, avant le Code, on admettait dans les pays de *droit écrit* que le père, et à son défaut la mère, étaient obligés de doter, selon leurs facultés, leur fille qui trouvait un parti sortable. Dans les pays de droit coutumier, au contraire, on tenait pour maxime « *ne dote qui ne veut* ». Le Code civil a consacré cette dernière règle dans l'article 204 ainsi conçu: « L'enfant n'a pas d'action contre ses père et mère pour un établissement par mariage ou autrement.» Ce n'est pour eux qu'un devoir de nature (4).

11. — *Dot par le mari en biens de communauté.* — L'article 1439, C. civ., dispose que « la dot constituée par le mari seul à l'enfant commun en effets de la communauté (C. civ., 1422) est à la charge de la communauté; et, dans le cas où la communauté est acceptée par la femme, celle-ci doit supporter la moitié de la dot, à moins que le mari n'ait déclaré expressément qu'il s'en chargeait pour le tout ou pour une portion plus forte que la moitié ».

Cette disposition est applicable lorsque la dot est constituée par le *mari seul* à un *enfant commun.* Si elle était constituée par le mari (ou par la femme) a un

---

(1) *Nouv. Rev. not. et fisc.*, 1883, p. 20.
(2) **Laurent,** t. XV, n° 174.

(3) Demolombe, t. VIII, n° 738 ; Aubry et Rau, t. I, p. 592; Montpellier, 1ᵉʳ juillet 1840.
(4) Rodière et Pont, t. I, n° 95.

enfant qu'il aurait eu d'un autre **lit,** elle serait à sa charge personnelle exclusive. (C. civ., 1469) (1).

Il faut, de plus, que la dot soit fournie en effets de la communauté, c'est-à-dire en biens meubles ou immeubles ; ce qui s'appliquerait à la dot fournie ou promise en espèces, l'argent comptant ne pouvant être considéré comme constituant un bien propre.

Dans ce double cas, la dot est à la charge de la communauté ; si elle a été fournie, il n'y a lieu à aucune récompense. Si elle n'a pas été payée, elle est, comme toute autre dette de la communauté, à la charge de chacun des époux ou de ses héritiers pour moitié, sauf, pour la femme, le bénéfice de l'article 1483 2.

Toutefois, la femme, même acceptant la communauté, ne devrait supporter aucune part de la dot, si le mari avait déclaré qu'il s'en chargeait pour le tout, ou s'il avait constitué la dot en avancement d'hoirie sur sa succession, sans rien mettre à la charge de la communauté (3). Si le mari avait pris à sa charge une portion plus forte que la moitié, la femme ne serait tenue que de l'excédant, en acceptant la communauté ; mais le mari ne pourrait mettre à la charge de sa femme une part plus forte que la moitié pour le cas où elle accepterait la communauté (4).

12. — *Dot par le mari en biens personnels.* — La dot constituée par le mari en biens à lui propres est à sa charge personnelle. (V. les autorités citées, note 4). Il en est ainsi alors même quelle est constituée par le père seul pour droits paternels et maternels, et la mère, quoique présente au contrat, n'est point engagée. Les dispositions de l'art. 1544, 2e alinéa, à cet égard, n'ont rien de spécial au régime dotal et s'appliquent à tous les régimes (5).

13. — *Dot par la mère.* — La dot constituée par la mère seule, avec l'autorisation de son mari, n'engage pas ce dernier et reste à la charge exclusive de la constituante. Toutefois si la dot avait été constituée à l'enfant commun, en biens de la communauté, par la mère autorisée de son mari, elle serait à la charge de la communauté par application des art. 1409, 1419, 1426 et 1469, C. civ. 6. Il en serait ainsi, *à fortiori,* si la dot était constituée par la femme, autorisée par justice, en cas d'absence ou d'interdiction du mari (7).

14. — *Dot conjointe par les époux.* — Si les père et mère ont doté conjointement l'enfant commun, sans exprimer la portion pour laquelle ils entendent y contribuer, ils sont censés avoir doté chacun pour moitié, — soit que la dot ait été fournie ou promise en effets de la communauté, — soit qu'elle l'ait été en biens personnels à l'un des époux. Ce principe consacré par les art. 1438 et 1544, C. civ., est applicable à tous les régimes (8), que les père et mère aient doté conjointement ou ensemble (9).

Par suite, si la dot constituée conjointement est fournie en biens personnels à l'un des époux, l'autre époux doit récompense, pour la moitié de cette dot, d'après la valeur de l'objet donné au temps de la donation, C. civ. 1438 (10).

Si la dot est fournie ou promise en biens de communauté, la femme devra récompense à la communauté, si elle y renonce, à concurrence de moitié de la valeur de la dot, attendu que la dot constituée au moyen d'un bien de communauté par les deux époux conjointement, n'est pas une dette de communauté n'obligeant la femme que si elle accepte, mais constitue une charge personnelle des époux chacun

---

(1) Rodière et Pont, n° 885 ; Cass., 13 janvier et 18 avril 1862 (S. 1862-1-289 et 1036).
(2) Rodière et Pont, n° 105.
(3) Douai, 6 juillet 1853 (S. 1855-2-117); Rodière et Pont, n° 105; Aubry et Rau, § 500-12; Guillouard, t. I, n° 151.
(4) Rodière et Pont, n° 106; Guillouard, n° 151.
(5) Guillouard, n° 150.

(6) Rouen, 27 mai 1854 (S. 1855-2-17) ; Aubry et Rau, § 500-13; Laurent, t. XXI, n° 168 ; Guillouard, n° 152. — *Contra* : Troplong, n°s 846, 1231.
(7) Marcadé, art. 1439, 2.
(8) Guillouard, n° 143.
(9) Laurent, n° 166 ; Guillouard, n° 145.
(10) Bordeaux, 6 décembre 1833 (S. 1854-2-215).

pour moitié (1), — à moins qu'il ne soit stipulé *expressément* que la femme n'entend doter que sur sa part dans les biens de la communauté (2).

Si la dot a été constituée *solidairement* par les père et mère, l'enfant peut réclamer à l'un ou à l'autre le paiement de l'intégralité de la dot; mais dans les rapports respectifs des donateurs, la constitution dotale les oblige chacun pour moitié, sauf recours de celui qui a payé plus que sa part contre l'autre (3).

Les père et mère, en constituant conjointement la dot, peuvent déclarer qu'ils entendent y contribuer dans des proportions différentes (suivant leur fortune respective), par exemple le mari pour un tiers, et la femme pour deux tiers.

15. — *Imputation sur la succession du prémourant.* — La dot peut être constituée conjointement par les père et mère, avec cette stipulation assez fréquente qu'elle est constituée *en avancement d'hoirie sur la succession du prémourant*, ou encore, *qu'elle sera imputable pour le tout sur la succession du prémourant.* Quels sont les effets de cette imputation ? Il faut distinguer :

Tant que les deux époux vivent, on les considère provisoirement comme donateurs chacun pour moitié, et l'enfant peut s'adresser à chacun d'eux pour obtenir le paiement de la moitié de la dot (4), et même de la totalité, s'ils se sont obligés solidairement.

Au décès de l'un des époux, l'imputation produit son effet : le prédécédé est censé avoir doté seul ; il est seul débiteur de la dot ; l'enfant doté n'a d'action que contre sa succession, et le survivant, devenu absolument étranger aux effets de la constitution dotale, n'a aucun recours à craindre du donataire pour le paiement de la partie de la dot promise que celui-ci n'aurait pu recouvrer contre la succession du prémourant. Ce principe a été consacré par un remarquable arrêt de la Cour de cassation du 3 juillet 1872 (5).

Si la dot a été fournie du vivant des père et mère, l'enfant est obligé de la rapporter *en totalité* à la succession du prémourant (6). S'il renonce à la succession, il ne peut conserver la dot que jusqu'à concurrence de la quotité disponible (7), sans recours contre le survivant des père et mère, à raison de la perte qu'il pourrait éprouver. Si la dot a été payée par l'époux survivant, celui-ci a une action en répétition contre la succession du prédécédé, mais non contre l'enfant doté (8).

Il a été décidé que lorsque les père et mère ont constitué à leur fille une dot, chacun pour moitié, et par imputation sur la succession du prémourant, avec réserve de droit de retour pour le cas de prédécès de la donataire sans postérité, la clause d'imputation sur la succession du prémourant devient caduque et sans objet par suite du prédécès de la fille (9).

16. — *Imputation subsidiaire sur la succession du survivant.* — L'imputation de l'intégralité de la dot sur la succession du premier mourant des père et mère présente un sérieux danger pour l'enfant, dans le cas où la dot serait supérieure à ses droits dans cette succession, puisqu'elle l'expose à ne pouvoir réclamer l'excédant ou à le rapporter, sans recours contre l'ascendant survivant. Mais il est facile de faire disparaître ce danger en stipulant que la dot constituée par les père et mère, en avancement d'hoirie, *sera imputable sur les droits de l'enfant d'abord dans la succession du prémourant des donateurs et, subsidiairement en cas d'in-*

---

(1) Bourges, 29 juillet 1851 (S. 1853-2-345); Cass., 14 janvier 1856 (S. 1856-1-289) ; Amiens, 10 avril 1861 (S. 1861-2-413); Rodière et Pont, n° 102; Aubry et Rau, § 500-11 ; Laurent, n° 164 ; Guillouard, n°ˢ 143 et 144. — *Contrà:* Bordeaux, 17 janvier 1854 (S. 1854-2-513).

(2) Agen, 23 mai 1865 (S. 1865-2-191).

(3) Guillouard, n° 146.

(4) Orléans, 11 mai 1848 (S. 1850-2-146); Bourges, 29 juillet 1851 (S. 1853-2-345) ; Paris, 6 novembre 1854 (S. 1855-2-607); Rodière et Pont, n° 107 ;

Aubry et Rau, § 500-19 et 20; Laurent, n° 172; Guillouard, n° 147.

(5) (S. 1872-1-201). *Conf.*, Bordeaux, 22 mars 1859 (art. 16627, J. N.): Aubry et Rau, § 500-15 à 20 ; Dict. not. et suppl. Vᵒ *Dot*, n°ˢ 49 et suiv. ; Rodière et Pont, n° 107; Guillouard, n° 148.

(6) Paris, 16 mars 1850 (S. 1850-2-321); Cass., 3 juillet 1872 (*loc. cit.*); Aubry et Rau, § 500-17 ; Laurent, t. XXI, n° 173 ; Guillouard, n° 176.

(7) Cass., 11 juillet 1814, mêmes autorités
(8) Rodière et Pont, n° 107; Guillouard, n° 149.
(9) Paris, 22 juillet 1887 (art. 24011, J. N.).

suffisance, dans celle du survivant. Cette clause dont la validité n'est pas contestée (1), est très usitée surtout à Paris; elle a pour effet d'obliger l'enfant à rapporter sa dot à la succession du prémourant, mais seulement pour une part égale à ses droits héréditaires dans cette succession, sauf à rapporter ultérieurement le surplus à la succession du survivant (2). L'enfant est assuré de pouvoir réclamer l'intégralité de sa dot et de la conserver jusqu'au décès du survivant des donateurs. Enfin, ce mode d'imputation a aussi pour effet d'exonérer le survivant des père et mère de toute contribution à la dot à concurrence des droits de l'enfant doté dans la succession du prémourant. A tous ces points de vue, l'imputation dont il s'agit présente de sérieux avantages, et son emploi dans les contrats de mariage ne peut qu'être conseillé.

17. — *Dot constituée par le survivant des père et mère.* — Aux termes de l'art. 1545, C. civ., si le survivant des père et mère constitue une dot pour biens paternels et maternels, sans spécifier les portions, la dot se prendra d'abord sur les droits du futur époux dans les biens du conjoint prédécédé, et le surplus sur les biens du constituant. Cette disposition bien que placée sous le titre du régime dotal, s'applique à tous les régimes (3). Il en résulte que si la succession du prémourant des père et mère n'est pas encore liquidée et si le père constitue une dot, pour droits paternels et maternels, sans indiquer dans quelle proportion elle s'applique à chacun de ces patrimoines, la dot se prendra d'abord sur la succession du prédécédé, à concurrence des droits de l'enfant doté dans cette succession et, subsidiairement, sur la fortune du survivant. Si la dot avait été constituée tout entière sur la succession du prédécédé, le survivant serait tenu également au paiement intégral de la dot promise, même en cas d'insuffisance de ladite succession (4). Si l'enfant est mineur sous la tutelle du survivant de père et mère, la dot doit être stipulée imputable d'abord sur le reliquat du compte de tutelle que le constituant aura à lui rendre et sur les droits du futur dans la succession du prédécédé, et subsidiairement en avancement d'hoirie sur la succession du constituant.

Le survivant peut spécifier la portion qui sera prise sur la succession du prédécédé, et la portion pour laquelle il s'oblige lui-même, par exemple moitié pour chacun d'eux. Dans ce cas, il faut distinguer : si les droits de l'enfant dans la succession du prédécédé sont supérieurs à la moitié de la dot, le survivant n'en doit pas moins payer *de suo* la moitié de dot qu'il a promise (5) ; si ces droits sont inférieurs, le survivant doit compléter la moitié qu'il avait mise à la charge de la succession du prédécédé (6).

18. — *Observation pratique.* — Nous venons de parcourir les diverses hypothèses et les difficultés qui peuvent se présenter à l'occasion des constitutions de dot faites par les père et mère, ou l'un d'eux. L'imputation de la dot doit être stipulée suivant les circonstances. Mais, dans tous les cas, il importe de la rédiger avec soin, clarté et précision.

19. — *Aïeul et aïeule.* — Doit-on assimiler un aïeul au père, en ce qui concerne les constitutions de dot, en sorte que l'épouse de cet aïeul soit obligée d'exécuter la donation, si elle accepte la communauté, dans le cas où le mari a doté un petit-enfant commun avec des biens de cette communauté? La solution de cette question dépend du point de savoir comment on doit entendre la disposition de l'art. 1424, C. civ., qui permet au mari de donner les biens de la communauté pour l'établissement d'*enfants communs,* et si, par ces derniers mots, on ne doit entendre que les enfants au premier degré, ou, au contraire, les petits enfants aussi. Il semble que ces mots *enfants communs* n'ont été employés que par oppo-

---

(1) Paris, 16 mars 1850 (S. 1850-2-167) et les autorités citées aux notes précédentes.
(2) Seine, 13 août 1874 (art. 21104, J. N.).
(3) Guillouard, n° 153.

(4) Guillouard, n° 154.
(5) Rodière et Pont, n° 99 ; Guillouard, n° 153.
(6) Rodière et Pont, n° 100 ; Aubry et Rau, § 500.
14 ; Guillouard, n° 153.

sition aux enfants d'un seul des époux, issus d'un autre lit. Nous croyons donc que l'aïeul peut doter librement ses petits-enfants qui sont en même temps ceux de la femme. En effet, l'on décidait généralement autrefois qu'à défaut du père et de la mère, l'obligation de doter s'étendait à l'aïeul paternel ou maternel (1).

Lorsque les père et mère n'ont pas encore recueilli les successions de leurs auteurs et que leur fortune personnelle ne leur permet pas de doter ou de doter suffisamment leurs enfants, il arrive assez souvent qu'on a recours à l'aïeul. Celui-ci consent à constituer une dot à son petit-fils ou à sa petite-fille ; mais, s'il a plusieurs enfants, il a le légitime désir de maintenir l'égalité entre eux, et, dans ce but il apporte à sa libéralité cette condition que si le père (ou la mère) du donataire recueille sa succession, la dot sera imputable sur ses droits héréditaires. Nous avons vu cette clause d'imputation insérée dans plusieurs contrats de mariage. Mais il a été justement décidé (2) qu'elle est nulle ; que l'aïeul ne peut faire vala-blement au profit de ses petits-enfants, même du consentement de l'enfant, des libéralités imputables sur la réserve légale de celui-ci ; que le consentement donné par l'enfant aux stipulations dont il s'agit suppose nécessairement, de sa part, une renonciation définitive à des droits d'héritier, tout pacte sur une succession future étant prohibé par les art. 791 et 1130, C. civ.

Dans une étude spéciale (3), M. Houpin a considéré, et nous croyons avec lui, que le but proposé peut être légalement atteint en faisant constituer la dot dans les conditions suivantes :

L'aïeul et le fils feraient conjointement donation au petit-fils d'une somme à fournir par le premier ; et il serait stipulé :

Que la dot sera considérée avoir été constituée par l'aïeul seul au petit-fils : 1° si le fils vient à décéder avant l'aïeul ; 1° si le fils, survivant à l'aïeul, ne recueille pas sa succession ; que dans l'un ou l'autre de ces cas, la dot sera imputable sur les droits du petit-fils dans la succession de l'aïeul, s'il est son héritier, sinon sur la quotité disponible de cette succession (4).

Que si, au contraire — ce qui arrivera le plus souvent — la succession de l'aïeul est recueillie par le fils, ce dernier se trouvera seul donateur. En conséquence : 1° il devra restituer à la succession de l'aïeul le montant de la dot avancée par ce dernier, et l'imputer sur ses droits héréditaires ; 2° et cette dot devra être imputée par le petit-fils donataire sur ses droits dans la succession du fils, devenu seul donateur.

Bien que la dot soit constituée par deux personnes, il n'y aura définitivement qu'un seul donateur : l'aïeul, si le petit-fils donataire recueille sa succession ou si le fils y renonce ; — le fils, si cette succession est recueillie par lui, et, dans ce dernier cas, l'aïeul est réputé avoir fait au fils une simple avance ; ces stipulations sont licites. Enfin, au point de vue fiscal, la donation dont il s'agit ne peut donner lieu qu'à un seul droit proportionnel, puisqu'il n'y a qu'une transmission (5).

20. — Non parent. — La seule différence entre le cas où la dot est consti-tuée par un étranger ou non parent, et celui où elle est constituée par le père, paraît consister en ce que le mari peut, sans le concours de la femme, donner valablement les immeubles de la communauté ou une quote-part du mobilier, pour l'établissement des *enfants communs*, tandis qu'il n'a pas le même droit à l'égard d'autres personnes. Si donc, dans cette dernière hypothèse, le mari a constitué en

---

(1) Rodière et Pont, n° 110 ; Guillouard, n° 156. — *Contrà* : Dalloz, v° *Contrat de mariage*, n° 1173, et Troplong, n° 899, qui décide que la disposition de l'art. 1422 n'est applicable aux petits-enfants que lorsque l'enfant au premier degré n'existe pas.
(2) Orléans, 21 décembre 1882 (art. 22927, J. N.).
(3) Art. 23510, J. N.

(4) On pourrait aussi stipuler que l'aïeul sera do-nateur dans le cas seulement de prédécès du fils, et que, par suite, ce dernier se trouvera être seul dona-taire s'il est appelé à recueillir la succession de l'aïeul, qu'il accepte cette succession ou qu'il y renonce.

(5) Conf., art. 23516, J. N.

dot, seul, un immeuble de la communauté ou une quote-part du mobilier, et si la femme accepte ensuite la communauté, la donation ne pourra produire aucun effet vis-à-vis de cette dernière et n'aura d'effet qu'à l'égard du mari (1).

§ 2. Caractère; effets; conditions; garantie; intérêts.

21. — La donation par contrat de mariage de biens présents saisit irrévocablement le donataire (2) qui peut en disposer, et son prédécès, même sans postérité, ne rend pas la donation caduque; les choses données passent à ses héritiers, alors même que l'exécution de la donation serait différée jusqu'à la mort.

Ainsi, il a été jugé que la donation faite à la future d'une somme exigible seulement au décès du donateur constitue une donation de biens présents et que le mari peut céder cette créance du vivant du constituant (3).

22. — La donation par contrat de mariage n'est pas soumise aux règles concernant certaines conditions que la loi défend d'imposer aux donations ordinaires (art. 947, C. civ.). C'est ainsi qu'elles peuvent être soumises à des conditions potestatives de la part des donateurs, à des charges non encore existantes, à des réserves dont l'effet, en cas de non disposition, tourne au profit du donataire (art. 1086, C. civ.).

23. — Il faut bien distinguer, dans les donations de ce genre, ce qui est réservé, *avec la faculté d'en disposer*, — et ce qui est réservé par exception ou retranchement. Par exemple, je vous donne tous mes biens moins telle maison. La maison est, dans ce cas, exclue de la donation et si je n'en dispose pas, elle appartiendra, non au donataire, mais à mes héritiers (4).

De même, il y a lieu de remarquer que si la donation de biens présents a été faite sous une condition potestative, comme alors elle n'est plus en réalité qu'une donation essentiellement subordonnée au décès du donateur, elle devient caduque par le prédécès du donataire (5).

24. — Nous avons dit que les donations par contrat de mariage ne peuvent être révoquées pour cause d'ingratitude (art. 959, C. civ.); mais elles peuvent l'être pour cause de survenance d'enfants au donateur, à moins que la donation n'émane d'un ascendant (art. 960, C. civ.). Elles sont aussi révocables pour inexécution des conditions.

25. — La dot peut être constituée imputable sur le compte de tutelle que le père ou la mère doit à l'enfant; mais la renonciation que l'enfant ferait à demander un compte ne serait pas valable (art. 472, C. civ.).

De même, la clause que l'enfant doté par ses père et mère laissera le survivant d'eux jouir, pendant sa vie, de tous les biens du prédécédé, sans pouvoir demander aucun compte ni partage, serait nulle, attendu qu'elle implique renonciation à une succession future (6). Toutefois, si l'on ajoutait qu'en cas de demande de compte et de partage, la totalité de la dot serait imputée sur la succession du prédécédé, cette clause devrait recevoir son exécution; — ou si la dot ayant été constituée par le survivant des père et mère, il était convenu que l'enfant laissera jouir le donateur des biens du prédécédé, sans pouvoir demander compte ni partage, cette clause n'aurait rien de contraire à la loi, puisque la succession est ouverte (7).

26. — **Retour conventionnel.** — Le donateur peut stipuler le droit de

---

(1) Rodière et Pont, n° 109.
(2) La célébration du mariage ayant un effet rétroactif au jour du contrat, il en résulte que les donations faites par le contrat interdisent au donateur toute aliénation de biens donnés dans l'intervalle de la donation au mariage; Cass., 26 janvier 1847 (art. 12929, J. N.).

(3) Cass., 12 août 1846.
(4) Ed. Clerc, p, 427; Dict. du not., n° 80 et suiv.
(5) Dict. du not., n° 98.
(6) Cass., 16 janvier 1838.
(7) Ed. Clerc, p. 428.

retour; mais, dans l'espèce, les biens donnés au lieu de revenir au donateur francs et quittes de toutes dettes et charges, restent grevés de l'hypothèque légale de la femme (art. 952, C. civ.). (V. *suprà*, v° DONATION ENTRE-VIFS, n° 85.)

27. — Garantie. — Les donations par contrat de mariage sont moins des donations que des traités de famille, faisant partie des conventions matrimoniales; elles ont pour objet de soutenir les charges de mariage et, sous ce rapport, elles forment un contrat commutatif et onéreux, du moins à l'égard du mari.

C'est pourquoi il a été jugé qu'en cas d'éviction, elles donnent lieu à un recours en garantie de la part du donataire contre le donateur ou ses héritiers (1).

28. — Le principe de la garantie de la dot est tel qu'elle est due par toute personne qui l'a constituée et non pas seulement par ceux qui ont le devoir de doter, comme le père et la mère (2), et que l'action en garantie peut être exercée même après la dissolution du mariage, qu'il existe ou qu'il n'existe pas d'enfants (3).

29. — Cette garantie est-elle due pour les donations faites au mari, comme pour celles faites à la femme? La majorité des auteurs la restreignent aux donations faites à la femme (4). Mais la jurisprudence tend à se fixer en sens contraire (5).

Ainsi il a été décidé qu'en cas de donation faite au *mari* par contrat de mariage, l'ascendant donateur est responsable envers la femme de l'hypothèque constituée postérieurement à la donation, lorsqu'à raison du défaut de transcription de la donation, l'hypothèque consentie par l'ascendant donateur fait échec à l'exercice de l'hypothèque légale de la femme sur les biens donnés (6).

30. — De ce que la constitution de dot est considérée comme un véritable acte à titre onéreux, on décide et il a été jugé que l'action Paulienne (7) ne peut être admise contre cette constitution de dot qu'autant que toutes les parties le constituant, le mari et la femme, ont participé à la fraude (8).

31. — La foi due à l'énonciation, d'un contrat de mariage portant que la célébration du mariage vaudra quittance aux donateurs de la donation qu'ils ont promise, peut être détruite à l'aide de présomptions graves, précises et concordantes, appuyées d'un commencement de preuve par écrit (9). Ce n'est là, en effet, qu'une présomption libératoire qui doit céder à la preuve contraire (10).

Que décider, lorsque le contrat de mariage porte quittance de la dot, que cette dot est purement fictive et qu'elle dissimule une libéralité par l'un des conjoints à l'autre? D'après une opinion, la libéralité serait simplement réductible (11). D'après une autre, la libéralité serait nulle, si elle dépassait la quotité disponible (12). Pour nous, nous pensons qu'une telle libéralité est absolument nulle, alors surtout qu'elle émane d'un époux qui a des enfants d'un premier lit (13).

32. — Intérêts. — Aux termes des art. 1440, 1547 et 1548, C. civ., toute personne qui constitue une dot (peu importe le régime adopté), doit, si cette dot consiste en une somme d'argent, ou en une créance, l'intérêt du jour du mariage, bien qu'il y ait terme stipulé pour le paiement, à moins de stipulation contraire.

---

(1) Demolombe, *Des contrats*, t. II, n° 211; Aubry et Rau, t. IV, p. 188; Dict. du not., n°s 14 et suiv.
(2) Dalloz, n° 1286.
(3) Aubry et Rau, p. 228; Rodière et Pont, n° 112
(4) Aubry et Rau, p. 140; Demolombe, n° 214; Laurent, t. XVI, n° 453.
(5) Cass., 14 mars 1848 et 6 juin 1849; 18 novembre 1861 et 11 novembre 1878; Cass., 18 janvier 1887 (art. 28732, J. N.).
(6) Dijon, 11 janvier 1887 (art. 28774, J. N.).
(7) L'action Paulienne est celle par laquelle tout créancier, chirographaire ou hypothécaire, peut demander, en son nom personnel, la nullité des actes faits par son débiteur au préjudice ou en fraude de ses droits (art. 1167, C. civ.).
(8) Cass. préc., 18 novembre 1861 (art. 17342, J.N.);

11 novembre 1878 et 18 janvier 1887; Comp., Bordeaux, 30 novembre 1869; Caen, 7 mars 1870 et Nancy, 26 avril 1874.
(9) Rouen, 18 mai 1868 et 28 décembre 1871. — Contra : Paris, 24 février 1865.
(10) Cass., 22 août 1882 et 7 mai 1884 (*Rev. not.*, n°s 6778 et 7002, *J. du not.*, n° 3659); Bourges, 1er juin 1883; Fontainebleau, 27 mars 1889 (*J. du not.*, 1889. p. 472).
(11) Toul, 17 août 1882 (art. 6689, *Rev. not.*).
(12) Bordeaux, 16 février 1874 (*Rev. not.*, n° 4664).
(13) *Sic*: Orléans, 21 juillet 1865; Paris, 24 avril 1869; Cass., 10 décembre 1870; Pau, 24 juillet 1872 (art. 18681, 19607, 20341 et 20429, J. N. — *Rev. not.*, n° 4138); Seine, 2 janvier 1883 (*Rev. not.*, n° 6556). — *Contra* : Bordeaux, 16 février 1874 (art. 21154,

Si la dot a été stipulée payable dans un certain délai, sans intérêt, à défaut de paiement au terme fixé, l'intérêt est dû à partir du jour de l'exigibilité (1).

33. — Les intérêts se compensent-ils avec la nourriture et l'entretien des époux dans la maison du constituant? La plupart des auteurs enseignent l'affirmative, à moins que le constituant se soit obligé aussi à nourrir les époux (2).

Les intérêts de la dot se prescrivent par cinq ans, en vertu de l'article 2277 du Code civil.

§ 3. Institutions contractuelles ou donations de biens a venir.

34. — Les père et mère, les autres ascendants, les parents collatéraux des époux et même les personnes non parentes, peuvent, *par contrat de mariage*, disposer de la totalité ou de partie des biens qu'ils laisseront au jour de leur décès, tant au profit des époux, ou de l'un d'eux, qu'au profit des enfants à naître du mariage, dans le cas où le donateur survivrait à l'époux donataire (art. 1082, C. civ.).

C'est ce qu'on appelle *institution contractuelle*, car le donateur fait ainsi une véritable institution d'héritier.

35. — Formes. Formalités. — Les institutions contractuelles ne pouvant être faites que dans un contrat de mariage, il en résulte qu'en ce qui concerne leur forme extérieure, leur validité se trouve subordonnée à celle du contrat de mariage ou de la contre-lettre qui les contient. Elles ne peuvent donc être faites ni après le mariage ni par acte sous-seing privé (3).

36. — La formalité de *l'acceptation* n'est pas imposée, la loi en dispensant toutes les donations faites par contrat de mariage (art. 1087, C. civ.).

Il en est de même de celle de *l'état estimatif*, qui n'est prescrite et utile que pour les donations de biens présents (4).

Enfin, alors même que l'institution contractuelle a pour objet des immeubles, elle n'est pas soumise à la formalité de la *transcription*, car la transcription ne s'applique pas aux mutations par décès (5).

37. — Capacité. — L'institution contractuelle peut être faite tant par des étrangers (non parents) que par des ascendants ou des collatéraux des futurs époux.

Elle requiert, dans le disposant, la même capacité que celle qui est exigée pour faire une donation entre-vifs ordinaire; les personnes, même habiles à tester, ne peuvent donc pas disposer de leurs biens, par voie d'institution contractuelle, au profit des futurs époux ou de l'un d'eux, lorsqu'elles sont incapables de donner entre-vifs. La raison en est que l'institution contractuelle étant *irrévocable*, comme nous le verrons ci-après, et emportant renonciation à la faculté de disposer, à titre gratuit, est assimilée en ce qui concerne les conditions de capacité, bien plutôt à une donation qu'à un legs (6).

Nous renvoyons donc, en ce qui concerne les divers cas qui peuvent se pré-

---

J. N.); Cass., 2 mai 1855 et 25 juillet 1881 (S. 1882-1-49), art. 15529 et 22579, J. N.); Nîmes, 27 novembre 1882 (art. 23056, J. N); Dict. du not., v° *Donation déguisée*; Laurent, t. XV, n°⁵ 414 et 416. Mais la jurisprudence décide que la nullité d'une donation déguisée entre époux ne peut être invoquée par les héritiers non réservataires du donateur. — *Contrà* : Demolombe, *Don.*, t. VI, n° 615; Aubry et Rau, t. VIII, p. 104, suivant lesquels la nullité est absolue et peut être invoquée par toute personne y ayant intérêt.

(1) Poitiers, 28 mars 1860

(2) Rodière et Pont, n° 119; Michaux, *Contrat de mariage*, n° 592; Troplong, t, VI, n° 3096.
(3) Aubry et Rau, t. VIII, p. 64; Laurent, t. XV, n° 187, Dict. du not., n° 68.
(4) Aubry et Rau, p. 55-64; Demolombe, t. XXIII, n° 277; Laurent, n° 189.
(5) Aubry et Rau, p. 64; Demolombe, n° 277; Troplong, *Transc.*, n° 73 et suiv.; Mourlon, t. II, p. 766; Cass., 4 février 1867 et 15 mai 1876 (*Rev. not*, n°⁵ 1835 et 5177).
(6) Aubry et Rau, p. 65; Demolombe, n° 283; Bonnet, *Donat. par contrat de mar.*, t. II, n°⁵ 322-323.

senter, au mot *donation entre-vifs* (1) et nous n'examinerons ici que quelques hypothèses spéciales plus particulièrement applicables à l'espèce.

38. — Femme mariée. — La femme mariée ne peut faire d'institution contractuelle qu'avec l'autorisation de son mari ou de la justice, même en faveur d'un enfant d'un premier lit (2).

La femme mariée sous le *régime dotal* ne peut pas disposer de ses biens dotaux par institution contractuelle au profit d'autres personnes que ses enfants et pour leur établissement (3).

39. — Mineur. — Le mineur, fut-il âgé de plus de seize ans, ne peut, même dans la limite déterminée par l'article 904, C. civ., disposer par voie d'institution contractuelle (4).

40. — Institués. — L'institué doit être capable de recevoir, à titre gratuit, par acte entre-vifs. Mais, de même que pour l'instituant, la seule époque à considérer est celle de la passation du contrat de mariage. Ainsi, l'institution contractuelle faite au profit d'une personne *integri status*, resterait valable et efficace, bien que lors du décès de l'instituant, cette personne se trouvât frappée d'une peine afflictive perpétuelle (5).

L'institution contractuelle ne peut avoir lieu qu'au profit des *futurs époux* et des *enfants à naître* de leur mariage ; mais sous l'expression *enfants à naître*, on doit également comprendre les enfants *déjà nés*, qui viendraient à être légitimés par le mariage (6).

Toutes autres personnes sont inhabiles à recevoir par voie d'institution contractuelle. Ainsi, on ne peut instituer contractuellement, ni les enfants que l'un ou l'autre des futurs époux aurait d'un précédent mariage, ni les frères et sœurs des futurs époux ou de l'un d'eux (7).

L'institution contractuelle peut être faite au profit, soit des *futurs époux conjointement* (8), soit de *l'un d'eux* isolément.

Elle peut être restreinte aux futurs époux, ou étendue aux enfants et descendants à naître de leur mariage, lesquels, dans ce dernier cas, se trouvent substitués vulgairement (9) aux institués, c'est-à-dire appelés à recueillir de plein droit, à défaut de ceux-ci, le bénéfice de l'institution.

Cette substitution vulgaire a même lieu de plein droit, indépendamment de toute déclaration de l'instituant, qui doit, s'il entend restreindre aux futurs époux l'effet de l'institution contractuelle faite à leur profit, exprimer cette restriction. Cela résulte même de l'article 1082, d'après lequel l'institution, quoique faite au

---

(1) Pour l'institution contractuelle, comme pour la donation entre-vifs, la seule époque à considérer quant à la capacité de l'instituant, est celle de la passation du contrat de mariage. — Aubry et Rau, t. VIII, p 65; Demolombe, t. XXIII, n° 394.

(2) Aubry et Rau, p 65; Troplong, t. IV, n° 2368; Demolombe, n° 283; Dict. du not , n° 57.

(3) Aubry et Rau, p. 62; Demolombe, n° 284; Rodière et Pont, t. III, n° 1769; Laurent, n° 197; Guillouard, t. IV, n° 1852 ; Agen, 10 novembre 1867 ; Pau, 23 janvier 1868 (art 19343, J N); Grenoble, 13 août 1875 (art 21328, J N.); Rouen, 8 juin 1874 (Rev. not , n° 4802); Agen, 21 juillet 1873 (art 20716, J. N.); Poitiers, 13 juillet 1876 (Rev not., n° 5294 et 21499, J N) ; Rouen, 28 mars 1881 (art 22742, J. N.); Caen, 23 juin 1886 ; c'est en ce sens que s'est prononcée la Cour de cassation par arrêts des 8 mai 1877 (art. 21666, J. N.) et 25 avril 1887 (art. 23824, J. N.). - Contra : Nîmes, 1er février 1867 (art. 18842, J. N.); Bordeaux, 8 mai 1871 (art. 20171, J. N.) Dict du not., v° *Institution contract.*, n°s 54 et suiv.

(4) Aubry et Rau, p. 65; Coulin-Delisle, sur l'art. 1082; Troplong, t. IV, n° 2368 ; Laurent, n° 197 ; Dict. du not , n° 50.

(5) Aubry et Rau, p. 66; Demolombe, n° 294.

(6) Aubry et Rau, *loc. cit.*; Demolombe, n° 292.

(7) Aubry et Rau, *loc. cit* ; Demolombe, n° 293; Laurent, n° 206.

(8) L'institution contractuelle faite au profit des futurs époux, profite à chacun d'eux pour moitié, quand il n'y a pas d'indication de parts, que le constituant soit un ascendant ou un étranger. — Caen, 7 août 1848; Laurent, n° 209.

(9) La substitution *vulgaire* est celle par laquelle on subroge quelqu'un à l'héritier ou légataire, pour le cas où ce dernier ne voudrait ou ne pourrait pas recueillir l'hérédité ou le legs (art. 898, C. civ.). — Elle est permise , contrairement à la substitution *fidéicommissaire* qui impose au donataire la charge de conserver et de rendre et n'est autorisée par la loi que dans des cas spécialement déterminés (art. 898 et suiv., C. civ.).

profit seulement des époux ou de l'un d'eux, sera toujours, en cas de survie du donateur, présumée faite au profit des enfants et descendants à naître du mariage (1).

Mais l'instituant n'est point autorisé à limiter la substitution vulgaire, établie par la loi au profit de tous les enfants ou descendants, à quelques-uns d'entre eux, ni même à assigner à ces enfants ou descendants des parts inégales. Il ne peut davantage restreindre le bénéfice de l'institution contractuelle aux *enfants et descendants à naître*, en les instituant *per saltum*, à l'exclusion des futurs époux (2).

Enfant naturel. — Un enfant naturel reconnu peut être institué contractuellement par le père ou la mère ; mais ceux-ci ne peuvent lui attribuer, dans leur succession, au delà de la part déterminée par la loi (V. *J. du not.*, 1891, p. 145).

§ 4. BIENS QUI PEUVENT ÊTRE L'OBJET D'UNE INSTITUTION CONTRACTUELLE.

41. — D'après l'article 1082 du Code civil, l'institution contractuelle peut comprendre la totalité ou une partie des biens que les donateurs laisseront à leur décès. C'est une différence essentielle avec la donation entre-vifs, qui ne peut comprendre que des biens présents et est nulle, si elle s'applique à des biens à venir.

42. — Si l'instituant a donné tous les biens qu'il laissera à son décès, la donation est, en ce cas, universelle, et comme le legs universel, elle comprend toute l'hérédité du disposant, sans qu'il y ait lieu de rechercher la nature des biens, ni à quel titre et par quel événement ils sont venus en la possession du défunt (3).

43. — L'institution contractuelle peut aussi ne comprendre qu'une partie de l'hérédité de l'instituant et être à titre universel, comme le legs, — par exemple si elle porte sur tous les immeubles que le donateur laissera à son décès. Et si le donateur avait, avant sa mort, aliéné tous ses immeubles à titre onéreux, l'institué ne pourrait point en réclamer le prix, alors même qu'il serait encore dû (4).

44. — Enfin, l'institution contractuelle peut être limitée à une somme ou à un objet déterminé (5). La jurisprudence tend à se ranger à cette doctrine (6).

§ 5. CARACTÈRES ET EFFETS DE L'INSTITUTION CONTRACTUELLE.

45. — Le caractère distinctif de l'institution contractuelle consiste en ce que, d'une part, elle est à certains égards *irrévocable*, et en ce que, de l'autre, elle ne porte cependant que sur des biens à venir et se trouve subordonnée à la survie du gratifié. C'est par le premier de ces caractères que l'institution contractuelle diffère du legs et par le second qu'elle se distingue de la donation entre-vifs ordinaire.

46. — Un des caractères, avons-nous dit, de l'institution contractuelle est d'être *irrévocable*, en ce sens du moins que l'instituant ne peut plus disposer *à titre gratuit*, même avec le consentement de l'institué, des objets qui sont compris dans la disposition, si ce n'est par somme modique (art. 1083, C. civ.), soit à titre de récompense, soit pour présents d'usage, ou œuvre pie. (7).

L'application de cette règle est rigoureuse et indépendante de la nature, de la forme ou de l'étendue des dispositions faites **postérieurement** à l'institution contractuelle, c'est-à-dire qu'il est interdit à l'instituant de disposer à titre gratuit, soit à

---

(1) Aubry et Rau, p. 69, note 29.
(2) Aubry et Rau, p. 70 ; Laurent, n° 201 ; Demolombe, n° 289.
(3) Cass, 7 novembre 1832 ; Rouen, 20 juin 1868.
(4) Aubry et Rau, p. 61 ; Demolombe, n° 281 ; Laurent, n° 192 ; Cass., 28 mars 1841.

(5) Aubry et Rau, p. 61 ; Demolombe, n° 280 ; Laurent, n° 193.
(6) Rouen, 11 juillet et 20 décembre 1856 ; Besançon, 9 juin 1862 ; Bruxelles, 12 août 1862.
(7) Aubry et Rau, p. 74 ; Demolombe, n° 317 ; Laurent, n° 212.

titre de don manuel, soit par contrat de mariage, soit indirectement, par actes déguisés sous la forme d'actes onéreux (1).

Il a été décidé, par un arrêt de la Cour de Pau, du 20 juillet 1881 (2), que le donateur peut se réserver de disposer sans restriction des biens compris dans l'institution. Mais cette décision paraît contraire au caractère d'irrévocabilité de l'institution contractuelle, et à la nature même de la disposition.

47. — Sauf cette restriction, l'instituant conserve donc la jouissance pleine et entière de ses droits de propriété, tant en ce qui concerne les biens qu'il possédait au moment de l'institution qu'à l'égard de ceux qu'il a pu acquérir postérieurement; il peut, par suite, en disposer à titre onéreux, les échanger ou vendre, soit pour un capital, soit moyennant une rente perpétuelle ou viagère (3).

Il peut aussi grever les biens de droits réels, d'hypothèques ou de servitudes; ce droit est incontestable, à moins qu'il ne le fasse en fraude de l'institué et, selon l'expression de la Cour suprême, *en haine de l'institution par lui faite* (4).

48. — On s'est demandé si l'instituant pourrait ajouter aux rigueurs de la loi et s'interdire, dans le contrat de mariage, la faculté d'aliéner à titre onéreux. La question est controversée. Nous nous sommes prononcé pour la nullité de toute stipulation de ce genre dans une *Étude* que nous avons publiée dans la *Revue du notariat* (5). C'est aussi l'opinion enseignée par plusieurs auteurs (6). Elle a été consacrée, depuis, par une décision du tribunal d'Annecy (7).

49. — Toutefois, l'instituant peut se réserver de disposer à titre gratuit de certains objets compris dans l'institution ou d'une somme fixe à prendre sur les biens qui en font partie, et s'il vient à décéder sans avoir disposé de ces objets ou de cette somme, l'institué est en droit de les réclamer (art. 1086, C. civ.).

50. — Comme conséquence des principes qui viennent d'être exposés, l'institué est, du jour de l'institution, contractuellement investi du titre d'héritier ou de successeur de l'instituant et irrévocablement saisi du droit héréditaire que ce titre lui confère. Mais il n'a aucun droit *actuel* et ne deviendra propriétaire des biens faisant l'objet de l'institution qu'à partir du décès de l'instituant; il ne peut donc, pendant la vie de l'instituant, ni céder ce droit, ni y renoncer, ni disposer, à aucun titre, d'aucun des biens compris dans l'institution (8). Il ne peut qu'exercer des mesures conservatoires (9).

51. — Après le décès de l'instituant, l'institué devient, de plein droit, propriétaire de tous les biens compris dans l'institution, que les enfants à naître aient été ou non appelés à l'institution, car ces derniers ne recueillent l'hérédité qu'en cas de survie du donateur.

52. — Si de deux époux institués *conjointement*, l'un décède avant l'instituant et si l'autre survit, la part du prémourant accroît au survivant (10). Si les époux n'avaient pas été institués conjointement, la part du survivant serait recueillie par les enfants et descendants.

53. — Dans le cas où les enfants sont appelés à recueillir le bénéfice de l'institution, les enfants au premier degré partagent par tête. Les descendants d'enfants décédés avant l'instituant concourent avec les enfants survivants; le partage, dans ce cas, se fait par souche (11).

54. — Charges. Dettes. — L'institué peut être chargé de payer indistinctement toutes les dettes et charges de la succession du donateur, ou être soumis à

(1) Dict. du not., n° 7.
(2) Art. 22748, J. N.
(3) Aubry et Rau, p. 75; Demolombe, n° 312; Laurent, n° 213; Cass., 15 novembre 1836 et 26 mars 1845.
(4) Cass., 20 décembre 1825.
(5) 1874, n°° 4621 et 4626.
(6) Aubry et Rau, p. 76; Demolombe, n° 314; Laurent, n° 215.

(7) 27 juillet 1876 (*Rev. not.*, n° 5875, art. 21685, J. N.).
(8) Aubry et Rau, p. 78 à 80; Demolombe, n° 382; Laurent, n°° 223 et suiv.
(9) Dict. du not., n° 6; Paris, 9 février 1875 (art. 21102, J. N.).
(10) Aubry et Rau, p. 85; Demolombe, n° 326
(11) Aubry et Rau, p. 85; Demolombe, n° 328; Laurent, n° 233.

d'autres conditions (art. 1086, C. civ.). Le donataire, en ce cas, sera tenu d'accomplir ces conditions, s'il n'aime mieux renoncer à l'institution.

55. — Caducité. Révocation. — L'institution contractuelle devient *caduque*, lorsque ceux au profit desquels elle a été faite, soit en première ligne (les époux), soit en seconde ligne (les enfants à naître), se trouvent, les uns et les autres, dans l'impossibilité de la recueillir. Il en est ainsi :

    a) Dans le cas où le mariage, en vue duquel l'institution était faite, vient à ne pas être célébré (art. 1088, C. civ.).

    b) Lorsque les époux institués sont décédés avant l'instituant, sans laisser de postérité issue de leur mariage ; — comme aussi, lorsque les enfants ou descendants issus de leur mariage sont eux-mêmes prédécédés sans descendants (art. 1089, C. civ.).

    c) Lorsque l'époux ou les époux institués et les enfants ou descendants substitués renoncent après le décès de l'instituant, les uns au bénéfice de l'institution, les autres à celui de la substitution.

Mais l'institution ne serait pas caduque par suite de la mort de l'instituant avant la célébration du mariage (1).

56. — L'institution contractuelle est *révocable* pour inexécution des charges imposées à l'institué ; mais la révocation ne peut en être demandée pour cause d'ingratitude, à moins qu'elle n'ait été faite par l'un des époux au profit de l'autre (art. 959, C. civ.).

Elle est révoquée de plein droit pour survenance d'enfants au donateur, à moins que celui-ci ne soit un ascendant (art. 960, C. civ.).

§ 6. Promesse d'égalité.

57. — La clause dite *promesse d'égalité*, par laquelle des père et mère assurent à un de leurs enfants, par contrat de mariage, une part égale dans leur succession, à celle de leurs autres enfants, est assimilée à une *institution contractuelle*. Les ascendants renoncent par là à la faculté de disposer de la quotité disponible au profit de leurs autres enfants et au préjudice de l'institué (2).

Il va sans dire qu'il n'y a pas de termes sacramentels pour faire une promesse que la loi ne prévoit même pas.

58. — La promesse d'égalité peut être faite de diverses manières ; elle peut, si tous les enfants se marient, être répétée dans le contrat de mariage de chacun d'eux, de sorte que les père et mère assurent à chacun une portion égale dans tous les biens qu'ils posséderont à leur décès (3).

59. — Quel est l'effet de la promesse d'égalité ? on ne saurait répondre à cette question d'une manière absolue, puisque tout dépend de l'intention des parties contractantes et des termes de la convention. Mais on décide généralement qu'elle vaut comme institution contractuelle d'une part héréditaire dans la quotité disponible (4).

60. — Ce n'est toutefois qu'en faveur de l'enfant institué que la clause peut avoir cet effet, et elle ne saurait profiter aux autres enfants, alors même qu'ils auraient été présents au contrat (5). Relativement à l'institué lui-même, la promesse d'égalité n'a d'effet qu'à l'encontre des autres enfants, et afin seulement d'em-

---

(1) Aubry et Rau, p. 88.
(2) Besançon, 11 juin 1844 ; Cass., 26 mars 1845, *infrà*, n° 43.
(3) Limoges, 28 juillet 1862 ; Bordeaux, 20 janvier 1868.

(4) Aubry et Rau, p. 88 ; Demolombe, n° 302 ; *suprà*, n° 41.
(5) Aubry et Rau, n° 79 ; Demolombe, n° 304 ; Nîmes, 4 août 1889 (art. 19806, J. N.).

pêcher qu'ils n'obtiennent, par préciput, sa part héréditaire dans la quotité disponible.

L'instituant pourrait donc disposer, par préciput, au profit des autres enfants de tout ce qui excède la part héréditaire de l'institué dans la quotité disponible (1).

61. — Pourrait-il disposer de la quotité disponible au profit d'un étranger? La question est douteuse et les auteurs sont divisés comme les arrêts. Nous pencherions volontiers pour l'affirmative (2). Mais, nous le répétons, tout dépendra des termes même de la clause (3).

Lorsque, dans le contrat de mariage d'un de leurs enfants, les père et mère ont déclaré appeler la future épouse à partage égal dans leur succession et renoncer conséquemment à faire à leurs autres enfants ou à la descendance de ceux-ci, aucun avantage au préjudice de la future épouse, les juges ont pu décider, par interprétation de cette clause, que les donateurs avaient conservé le droit de disposer de la quotité disponible en faveur d'étrangers (4).

62. — Le père qui, dans le contrat de mariage d'un de ses enfants, lui promet l'intégralité de sa part héréditaire dans sa succession et s'interdit au profit de qui que ce soit, toute disposition qui aurait pour but de la diminuer, renonce par là même au droit de disposer à titre gratuit, mais conserve celui de répartir ses biens entre ses enfants pourvu que l'institué recueille toute sa part héréditaire. Il a donc le droit d'attribuer à ses autres enfants, dans son testament, un immeuble, à condition que l'institué en reçoive l'équivalent en argent, en valeurs mobilières ou en immeubles (5).

63. — Jugé que la promesse d'égalité faite par les père et mère dans le contrat de mariage d'un de leurs enfants est une véritable institution contractuelle qui doit, à défaut de stipulation contraire, être réputée faite tant au profit de l'époux donataire qu'au profit des enfants à naître du mariage.

Par suite, serait nulle et de nul effet l'attribution par testament faite, en contravention à la promesse d'égalité inscrite au contrat, de la quotité disponible à un des enfants issus du mariage, au préjudice d'un autre (6).

§ 7. Donations cumulatives des biens présents et a venir.

64. — La donation par contrat de mariage peut être faite cumulativement des biens présents et à venir, en tout ou en partie. Cette espèce de donation ne diffère, à vrai dire, de l'institution contractuelle que par le *droit d'option* dont jouit le donataire, droit en vertu duquel il est sous certaines conditions et après le décès du donateur, **autorisé à scinder** la disposition faite à son profit et à renoncer aux biens à venir, **pour s'en tenir aux** biens présents (7).

65. — Comme l'institution contractuelle, elle ne peut être faite valablement que par contrat de mariage, et ne peut être faite qu'au profit des futurs époux et des enfants ou descendants à naître du mariage (art. 1084, C. civ.). Les droits du donateur et du donataire sur les biens compris dans la donation, sont les mêmes que ceux de l'instituant et de l'institué, et la donation devient caduque pour les mêmes motifs.

66. — Le droit d'option ne peut s'exercer qu'à la mort du donateur et après

---

(1) Demolombe, n° 305 ; Cass., 11 février 1879 (art. 22051, J. N.).
(2) Conf. Cass, 15 décembre 1818 ; Bordeaux, 20 janvier 1863 ; *sic*; Aubry et Rau, p. 90 ; Demolombe, n°° 305 et 306; Dict. du not., v° *Promesse d'égalité.* n° 6.

(3) Laurent, n° 251.
(4) Ca-s , 22 février 1887 (*J. du not.*, n° 3913).
(5) Dijon, 8 mars 1878 ; Cass., 11 juin 1879 (*Rev. not.*, n°° 5610 et 5982 ; art. 22051, J. N.).
(6) Paris, 27 novembre 1885 (*Rev. not.*, n° 7275).
(7) Aubry et Rau, p. 93.

l'ouverture de la succession. Les créanciers du donataire ne pourraient (pas plus que pour une donation ordinaire) exercer, en vertu de l'art. 1166, C. civ., le droit d'option réservé à leur débiteur par l'art. 1084 (1). Ce droit, en outre, ne compète au donataire qu'autant qu'il a été annexé au contrat de mariage qui contient la donation, un état des dettes et charges du donateur, existant au moment où elle a été faite.

Le donataire n'est alors tenu que des dettes et charges existant au moment de la donation et dont l'état a été annexé au contrat de mariage ; — il est admis à demander la restitution ou le délaissement des immeubles présents compris dans la donation, que le donateur aurait aliénés, fût-ce même à titre onéreux et à les faire déclarer francs et quittes de toutes les hypothèques et autres droits réels établis du chef du donateur postérieurement à la donation (2), pourvu que la disposition faite à son profit ait été transcrite (3).

Quant aux objets mobiliers compris dans la donation cumulative de biens présents et à venir, le donataire ne peut, même à l'égard des héritiers du donateur, faire valoir cette disposition comme donation de biens présents que pour ceux de ces objets qui ont été décrits et estimés conformément à l'art. 948 (4).

67. — En l'absence de l'état des dettes, qui ne peut être suppléé par une simple déclaration indiquant le montant total de ces dettes, la donation de biens présents et à venir dégénère en une institution contractuelle pure et simple (art. 1085, C. civ.) (5). Et alors, le donataire est obligé d'accepter ou de répudier la donation pour le tout. En cas d'acceptation, il ne pourra réclamer que les biens qui se trouveront exister au jour du décès du donateur, et il sera soumis au paiement de toutes les dettes et charges de la succession (art. 1085, C. civ.).

68. — La donation de biens présents et à venir doit être *transcrite* pour empêcher les créanciers non compris dans l'état annexé de prendre inscription. Cette transcription devient principalement utile dans le cas où le donataire renonce aux biens à venir pour s'en tenir aux biens présents (6).

§ 8. Responsabilité notariale.

69. — Les principes sont, en cette matière, les mêmes que ceux applicables aux contrats de mariages et aux donations (V. *ces mots*).

§ 9. Honoraires.

70. — (V. *suprà*, v° Contrat de mariage, p. 645).

§ 10. Enregistrement.

71. — Il est perçu, sur les donations par contrat de mariage de biens présents, y compris le droit de transcription (1 fr. 50 °/₀ pour les immeubles), savoir :

---

(1) Laurent, t. XV et XVI ; Périgueux, 12 novembre 1888 (*Le Droit* des 19 et 20 novembre).
(2) Aubry et Rau, p. 97 ; Demolombe, n° 363 ; Laurent, nᵒˢ 276 à 279.
(3) *Infrà*, n° 51.

(4) Demolombe, t. XXIII, n° 368 ; Aubry et Rau, § 740-22 ; Cass., 27 février 1821.
(5) Aubry et Rau, p. 93 ; Demolombe, n° 345 ; Limoges, 26 novembre 1872.
(6) Aubry et Rau, § 740-21 ; Demolombe, t. XXIII, n° 388 ; Cass., 27 février 1821.

DEGRÉS DE PARENTÉ	DROIT %	
	MEUBLES	IMMEUBLES
	fr. c.	fr. c.
Entre époux, de biens actuels.	1 50	3 »
En ligne directe	1 25	2 75
Entre frères et sœurs, oncles et tantes, neveux et nièces.	4 50	4 50
Entre grands oncles et grand'tantes, petits-neveux et petites-nièces, cousins germains.	5 »	5 »
Entre parents au delà du 4e degré.	5 50	5 50
Entre étrangers	6 »	6 »

L. 22 frimaire an VII, art. 68, § 3, n° 1 et art. 69, § 4, 6-8; L. 28 avril 1816, art. 53-54 ; L. 21 avril avril 1832 ; L. 18 mai 1850, art. 10.

Ce tarif réduit n'est applicable qu'aux donations faites par contrat de mariage.

72. — Sur les donations soumises à l'avènement du décès, il n'est dû qu'un droit fixe de 7 fr. 50 (1).

73. — L'*institution contractuelle* est actuellement sujette, comme donation éventuelle, au droit fixe de 7 fr. 50.

74. — La donation cumulative de biens présents et à venir est essentiellement éventuelle, à moins que, par une clause expresse, le donataire ne soit actuellement investi de la propriété ou jouissance de tout ou partie des biens présents ; alors le droit proportionnel est dû sur la propriété ou sur l'usufruit de ces biens.

75. — Les donations de sommes d'argent à prendre *sur la succession du donateur, sur les biens qu'il laissera à son décès, sur les plus clairs deniers de sa succession*, sans stipulation opérant dessaisissement actuel, sont seulement sujettes au droit fixe.

76. — La simple *promesse d'égalité* est considérée également comme donation éventuelle et passible du droit fixe de 7 fr. 50.

77. — **Clauses diverses.** — Lorsque les parents, à titre de constitution dotale, s'engagent à loger et nourrir les futurs époux, cette convention donne ouverture au droit de 1 fr. 25 % sur l'évaluation qui est faite par les parties.

Si les père et mère recevaient l'*équivalent* de cette charge, par exemple, s'il était dit qu'elle se compensera avec l'intérêt de la dot promise, ce ne serait plus une donation, mais un bail à nourriture, passible du droit de 20 cent. %, sur le prix cumulé des années du bail, ou de 2 % sur le capital, lorsque la durée est illimitée.

78. — Ordinairement celui qui constitue une dot est réputé donateur ; toutefois, lorsque dans le cas prévu par l'art. 1545, C. civ., la dot est constituée par le survivant des père et mère, la loi admet que cette constitution puisse être faite sans qu'il y ait donation.

(1) LL. des 28 avril 1816, art. 45, et 28 février 1872, art. 4.

79. — En effet, porte l'*instruction générale* du 12 septembre 1830, si la dot se compose entièrement de biens déjà recueillis par l'un des futurs époux dans la succession antérieurement ouverte de son père ou de sa mère, il est évident que l'ascendant qui la constitue ne donne et ne transmet réellement rien ; il est garant de la dot, mais cette garantie se réduit alors à une simple attestation de l'existence des biens dotaux. — Dans ce cas, la constitution de dot se résout en une déclaration d'apport que le futur aurait la faculté de faire lui-même, et que son père ou sa mère, qui, dans cette circonstance, réunit ordinairement à cette qualité celle de tuteur ou de comptable des deniers de la succession, fait pour lui dans une forme plus favorable à la dignité paternelle.

80. — Mais il y a donation quand l'ascendant survivant qui constitue la dot imputable sur la succession du prédécédé, la fournit avec ses propres deniers : et ce fait, d'après le caractère général de libéralité attaché à la constitution de la dot, est toujours présumé, jusqu'à preuve contraire, résultant de l'inventaire ou de la liquidation des biens de l'ascendant prédécédé, ou d'autres titres irrévocables.

81. — Cette distinction, qui découle des principes du droit, peut être suivie pour la perception des droits d'enregistrement.

S'il est exprimé dans le contrat de mariage ou s'il est justifié par des actes d'inventaire ou de partage, que la dot constituée par le père ou la mère survivant se compose en entier d'effets mobiliers et de sommes existant dans la succession de l'ascendant prédécédé, la constitution de dot doit être considérée comme une simple déclaration d'apports qui, d'après l'art. 68, § 3, n° 1, de la loi du 22 frimaire an VII, ne donne ouverture à aucun droit particulier d'enregistrement.

82. — Seulement, si la délivrance de la dot avait lieu dans le contrat de mariage, ou s'il était stipulé que la célébration du mariage équivaudra à décharge, il sera dû le droit fixe de 3 fr. pour cette décharge, faite à l'ascendant survivant en sa qualité de tuteur du futur ou d'administrateur de la succession de l'époux prédécédé.

83. — Mais s'il n'est point énoncé dans le contrat, ou justifié par des actes authentiques, que les sommes ou valeurs constituées en dot se trouvent dans la succession échue au futur, cette constitution est alors censée faite avec les deniers propres du père ou de la mère survivant, et le droit proportionnel de donation est exigible au taux de 1 fr. 25 %.

84. — Lorsque la constitution de dot par le survivant des père et mère est faite avec imputation sur les droits du futur dans la succession du prédécédé, et avec renonciation à demander compte et partage de cette succession, c'est encore l'instruction générale de 1830 dont les prescriptions servent de règle à ce sujet.

85. — L'instruction établit d'abord les principes et en tire ensuite la conclusion.

Il y a lieu de reconnaître que la renonciation, par l'enfant doté, à demander compte et partage à l'ascendant survivant de la succession du conjoint prédécédé, lorsqu'elle est simple, n'opère par elle-même aucune cession des droits du futur dans cette succession ; que dans ce cas, elle n'exprime que l'ajournement du compte à rendre et la continuation, dans les mains du père ou de la mère survivant, de l'administration des biens de la succession ; que, nonobstant cette renonciation, le futur conserve la faculté de demander compte et partage en rapportant la somme constituée en dot ; que l'obligation qu'il contracte est purement potestative et résoluble à volonté ; et que les droits, soit sur le revenu, soit sur la propriété de la succession, subsistent dans leur intégrité ; que pour justifier la perception du droit de vente, il faut qu'elle résulte de termes exprès qui manifestent la commune intention des parties.

86. — On doit conclure de ces principes que la constitution de dot faite par le père ou la mère survivant avec imputation sur la succession du prédécédé et renonciation pure et simple par le futur à demander compte et partage de cette succession, ne peut être considérée pour la perception des droits, et d'après la distinction établie au § 1er de la présente, que comme une déclaration d'apports ou comme une donation mobilière selon que cette constitution est faite avec des valeurs provenant de la succession ouverte, ou avec les deniers propres de l'ascendant survivant.

87. — Mais si la renonciation des futurs à demander compte et partage, est conçue dans des termes qui la convertissent, d'un simple ajournement de compte en un abandon de droits successifs, s'il en résulte d'une manière explicite que le père survivant qui constitue la dot, fera les fruits siens des revenus des biens du prédécédé, ou même qu'il pourra disposer de la propriété, il y a lieu de percevoir le droit proportionnel de transmission, soit d'usufruit, soit de propriété, au taux déterminé par la nature mobilière ou immobilière des biens de la succession (1).

88. — La stipulation qu'en cas de prédécès du donataire et de ses enfants, l'objet donné fera retour au donateur, n'empêche pas de percevoir le droit proportionnel de donation.

§ 11. FORMULES.

I. CONSTITUTIONS DE DOT.

1. *Par le père seul pour le compte de sa communauté.*
2. *Par le père seul pour son compte personnel.*
3. *Par le père et la mère, avec imputation sur la succession du prémourant et subsidiairement sur celle du survivant.*
4. *Par le père et la mère, avec imputation intégrale sur la succession du prémourant.*
5. *Dot imputable sur des droits héréditaires non liquidés et sur un compte de tutelle.*
6. *Dot imputable d'abord sur compte de tutelle et succession échue, et ensuite sur la succession de la donatrice.*
7. *Dot imputable sur droits en toute propriété et en nue propriété avec renonciation à usufruit.*
8. *Constitution de dot sous la condition de ne pouvoir réclamer un compte de tutelle.*
9. *Constitution de dot sous la condition de laisser jouir le survivant.*
10. *Dot pour remplir le futur de ses droits dans une succession échue.*
11. *Dot constituée par moitié.*
12. *Dot constituée inégalement.*
13. *Dot d'une créance hypothécaire.*
14. *Dot garantie par une hypothèque.*
15. *Dot d'une rente viagère.*
16. *Dot constituée en immeuble.*
17. *Dot en immeubles d'une valeur supérieure à la somme donnée.*
18. *Dot de nourriture et logement.*
19. *Dot dont les intérêts sont compensés avec la nourriture et le logement.*
20. *Dot de meubles par un tiers.*
21. *Dot de meubles et immeubles.*
22. *Dot par l'aïeul et la fille au petit-fils et fils.*

II. INSTITUTIONS CONTRACTUELLES.

23. *Institution contractuelle par des père et mère.*
24. *Institution contractuelle par des père et mère ayant plusieurs enfants.*
25. *Institution contractuelle par une tante.*
26. *Donation à titre universel de biens à venir.*
27. *Donation cumulative de biens présents et à venir.*

III. ÉTATS.

28. *État estimatif des meubles.*
29. *État des dettes.*

I. CONSTITUTIONS DE DOT

1. — Par le père seul pour le compte de sa communauté.

En considération du mariage, M. Robert donne et constitue en dot, au nom et pour le compte de la communauté existant entre lui et Mme Léonie Vincent, son épouse, à M. Paul Robert, son fils, futur époux, qui accepte, la somme de 20,000 fr. en argent, qu'il lui a remise dès avant ce jour, ainsi que le futur époux le reconnaît.

(1) Inst. gén., 1883, § 2.

2. — Par le père seul pour son compte personnel.

En considération du mariage projeté, M. Robert donne et constitue en dot, personnellement, en avancement d'hoirie et par imputation sur les droits du donataire dans la succession du donateur, à M. Paul Robert, futur époux, son fils, qui accepte, la somme de 20,000 fr. en espèces, qu'il s'oblige à remettre à ce dernier, le jour même du mariage dont la célébration vaudra décharge.

3. — Par le père et la mère avec imputation sur la succession du prémourant et subsidiairement sur celle du survivant.

En considération du mariage, M. et Mme Robert donnent et constituent en dot à M. Robert, leur fils, futur époux, qui accepte, la somme de 50,000 fr. qu'ils s'obligent à payer à ce dernier le jour du mariage dont la célébration vaudra quittance; cette somme est donnée en avancement d'hoirie et devra être imputée sur les droits du futur époux d'abord dans la succession du premier mourant des donateurs et subsidiairement, s'il y a lieu, dans celle du survivant.

4. — Par le père et la mère avec imputation intégrale sur la succession du prémourant.

En considération du mariage, M. et Mme Robert, cette dernière autorisée par son mari, donnent et constituent en dot, en avancement d'hoirie et par imputation intégrale et exclusive sur les droits du futur époux dans la succession du premier mourant des donateurs, à M. Paul Robert leur fils, qui accepte, la somme de 50,000 fr. que M. et Mme Robert s'obligent, solidairement entre eux, à payer au futur époux, savoir : 10 000 fr. la veille du mariage, dont la célébration vaudra quittance, et le surplus moitié dans un an, et l'autre moitié dans deux ans, avec intérêt à 5 °/₀ par an, exigible en même temps que chaque portion du principal, le tout à compter du jour de la célébration du mariage.

5. — Dot imputable sur des droits héréditaires non liquidés et sur un compte de tutelle.

En considération du mariage, M. Robert donne et constitue en dot au futur époux, son fils, qui accepte, la somme de 20,000 fr. qu'il lui paiera le jour du mariage, dont la célébration vaudra quittance ; cette somme sera imputable d'abord sur le reliquat du compte de tutelle que doit rendre le donateur, au futur époux, ensuite sur les droits non liquidés de ce dernier dans la succession de sa mère décédée dont il est héritier pour moitié, et subsidiairement s'il y a lieu, par avancement d'hoirie sur la succession future du donateur.

6. — Dot imputable d'abord sur compte de tutelle et succession échue et ensuite sur la succession de la donatrice.

Mme veuve Robert s'oblige à remettre aux futurs époux, le jour même du mariage dont la célébration vaudra décharge, la somme de 50,000 fr. en espèces provenant des valeurs de la communauté d'entre elle et son défunt mari et de la succession de ce dernier. Cette somme sera imputable d'abord sur le reliquat du compte de tutelle, dont Mme veuve Robert serait comptable envers sa fille, et pour le surplus sur les droits de la future épouse dans la succession de son père.

Et pour le cas où les droits de la future épouse ne s'élèveraient pas à une somme de 50,000 fr. nette de tout passif, Mme veuve Robert déclare faire donation en avancement d'hoirie à Mlle Lucie Robert, sa fille, future épouse, qui accepte, de la somme qui formerait la différence entre le montant des droits de cette dernière, tels qu'ils résulteront de son compte de tutelle et de la liquidation à établir, et ladite somme de 50,000 fr.

Pour la perception du droit d'enregistrement seulement et sans tirer à aucune autre conséquence, les parties déclarent évaluer à la somme de... l'importance de la donation qui précède, et à celle de... les apports réunis des futurs époux.

7. — Dot imputable sur droits en toute propriété et en nue propriété avec renonciation à usufruit.

En considération du mariage, M. Robert père donne et constitue en dot, à M. Paul Robert, futur époux, son fils, qui accepte, la somme de 60,000 fr. qu'il s'oblige à payer le jour même du mariage dont la célébration vaudra décharge.

Cette somme sera imputée d'abord sur le reliquat du compte de tutelle que M. Robert aura à rendre au futur époux, ensuite sur les droits de ce dernier d'abord en toute propriété, puis en nue propriété dans la succession de Mᵐᵉ Robert, sa mère, dont il est héritier pour moitié, et subsidiairement, s'il y a lieu, en avancement d'hoirie, sur la succession future de M. Robert père.

Et comme les droits en toute propriété du futur époux dans la succession de sa mère, joints au reliquat de son compte de tutelle, ne s'élèveront pas à ladite somme de 60,000 fr., M. Robert père déclare, dès à présent, renoncer au profit du futur époux qui accepte, à son usufruit sur les droits en nue propriété de ce dernier dans la succession de sa mère.

Ou : Et pour le cas où les droits en toute propriété du futur époux dans la succession de sa mère, joints au reliquat de son compte de tutelle, ne s'élèveraient pas à ladite somme de 60,000 fr., M. Robert père déclare, dès à présent, renoncer au profit du futur époux, qui accepte, à son usufruit sur la somme qui, dans les droits en nue propriété de ce dernier, serait nécessaire pour compléter en toute propriété somme égale à celle ci-dessus constituée en dot.

8. — Constitution de dot sous la condition de ne pouvoir réclamer un compte de tutelle.

M. Robert donne et constitue en dot à M. Arthur Robert, futur époux, son fils, qui accepte, la somme de 35,000 fr., etc.

Cette constitution de dot est ainsi faite à la condition expresse que le futur époux ne pourra demander à son père aucun compte de la tutelle qu'il a eue de sa personne et de ses biens, et que, en cas d'inexécution de cette condition, ladite somme de 35,000 fr. sera imputable sur le reliquat de ce compte, et pour le surplus, s'il y a lieu, sur la succession du donateur.

9. — Constitution de dot sous la condition de laisser jouir le survivant.

M. Robert donne et constitue... (*comme en la formule qui précède*).

Cette constitution de dot est ainsi faite sous la condition expresse que le futur époux ou ses représentants ne demanderont au donateur aucun compte de la succession de son épouse décédée, et qu'ils le laisseront au contraire jouir pendant sa vie, à titre d'usufruitier avec dispense de caution et d'emploi, mais avec obligation de faire inventaire, des biens qui composent la succession de Mᵐᵉ Robert.

En cas d'inexécution de cette condition, le montant de la présente constitution de dot sera imputé sur les droits du donataire d'abord dans la succession du prémourant, et subsidiairement, s'il y a lieu, dans celle du donateur.

10. — Dot pour remplir le futur de ses droits dans une succession échue.

M. Robert donne et constitue en dot, au futur époux, qui accepte la somme de 100,000 fr. pour le remplir de ses droits mobiliers et immobiliers dans la succession de sa mère, décédée, dont il était seul et unique héritier, et en tant que de besoin, s'il y a lieu, en avancement d'hoirie sur la succession future du donateur ; cette somme sera payable, moitié la veille de la célébration du mariage, et l'autre moitié dans l'année, avec intérêt à 5 °/. par an, courant à partir du jour de la célébration du mariage et payable en même temps que le principal.

11. — Dot constituée par moitié.

M. et Mme Robert donnent et constituent en dot, chacun pour moitié, en avancement sur leurs successions futures, à M. Robert, leur fils, qui accepte, la somme de 12,000 fr. que les constituants s'obligent solidairement (ou sans solidarité) de payer la veille du mariage, dont la célébration vaudra quittance.

12. — Dot constituée inégalement.

M. et Mme Robert donnent et constituent en dot à M. Robert, futur époux, leur fils, qui accepte, la somme de 80,000 fr. qu'ils lui paieront le jour du mariage, dont la célébration vaudra quittance ; cette somme sera imputable, savoir : pour deux tiers sur la succession future de M. Robert, et pour un tiers seulement sur celle de Mme Robert.

13. — Dot d'une créance hypothécaire.

M. et Mme Robert donnent et constituent en dot, en avancement d'hoirie et par imputation sur les droits du futur époux, d'abord dans la succession du prémourant des donateurs et subsidiairement, s'il y a lieu, dans celle du survivant d'eux, à leur fils, futur époux, qui accepte, la somme de 30,000 fr., montant en principal d'une obligation souscrite au profit des donateurs par M. Jules Levert, marchand de bois, et Mme Louise Rollin, son épouse, demeurant ensemble à..., suivant acte reçu par M^e..., notaire à..., le...

Cette somme de 30,000 fr. est exigible le... et produit des intérêts à 5 °/. par an, payables les... de chaque année, en l'étude dudit M^e...

Elle est garantie par une inscription hypothécaire prise au bureau des hypothèques de.. le..., vol..., n°..., sur divers immeubles, maisons et terre, sis à...

Les futurs auront droit aux intérêts de cette créance, à compter du jour de la célébration du mariage, et ils pourront, à partir de cette époque, en disposer comme de chose leur appartenant en pleine propriété ; à l'effet de quoi M. et Mme Robert subrogent leur fils, avec toute garantie, dans l'entier effet des droits et hypothèques résultant à leur profit de l'obligation sus relatée et notamment dans l'inscription ci-dessus énoncée. Cette subrogation sera mentionnée en marge de ladite inscription en vertu d'un extrait des présentes.

M. et Mme Robert s'engagent à remettre à leur fils, la veille de la célébration du mariage, la grosse de l'obligation et tous les autres titres et pièces à l'appui ; laquelle célébration vaudra décharge de ces titres.

14. — Dot garantie par une hypothèque.

M. et Mme Robert donnent et constituent en dot, etc. (V. les formules précédentes) à M. Paul Robert, leur fils, qui accepte la somme de 45 000 fr. qu'ils s'obligent solidairement à payer au futur époux dans dix ans du jour de la célébration du mariage, avec intérêts à 5 °/. par an, payables annuellement à partir du même jour.

A la sûreté et garantie du paiement de ladite somme en principal, intérêts et accessoires, M. et Mme Robert affectent et hypothèquent spécialement au profit de leur fils, qui accepte, une maison sise à..., etc., appartenant à M. et Mme Robert, au moyen de l'acquisition qu'ils en ont faite de M..., suivant contrat reçu par M^e..., notaire à..., le..., moyennant un prix payé comptant.

M. et Mme Robert consentent qu'il soit pris sur ledit immeuble inscription à leurs frais au bureau des hypothèques de...

15. — Dot d'une rente viagère.

En considération du mariage, M. et Mme Robert donnent et constituent en dot à M. Paul Robert, futur époux, leur fils, qui accepte, une rente ou pension viagère de 3,000 fr. par an qu'ils s'obligent solidairement à servir et payer au futur époux et, après son décès, aux enfants à naître du mariage, s'il en existe, en quatre termes égaux, tous les trois mois, à compter du jour du mariage.

Cette rente s'éteindra en cas de décès du futur époux et de sa postérité avant les donateurs.

Elle s'éteindra en outre, — en totalité, si le futur époux ou ses enfants recueillent dans la succession du prémourant des donateurs un revenu effectif égal ou supérieur au montant annuel de ladite rente ; — ou jusqu'à concurrence seulement de ce revenu s'il était inférieur à ladite rente, le complément de cette rente devant continuer, dans ce dernier cas, d'être servi par le survivant jusqu'à son décès.

Le service des arrérages de ladite rente ne donnera lieu, bien entendu, à aucun rapport aux successions des donateurs.

16. — Dot constituée en immeubles.

M. et Mme Robert donnent et constituent en dot, chacun pour moitié, au futur époux, leur fils, qui accepte :

Le domaine de..., comprenant...

Ce domaine appartient à M. et Mme Robert au moyen de l'acquisition qu'ils en ont faite..., etc.

Au moyen des présentes. M. Robert fils aura la pleine propriété et la jouissance du domaine ci dessus désigné, à partir du jour de la célébration du mariage.

Il en paiera les impôts et les primes d'assurance à partir du même jour.

Et il souffrira les servitudes passives qui peuvent le grever, sauf à profiter de celles actives

(Indiquer s'il y a des locations)

Les donateurs déclarent dispenser expressément le futur époux de rapporter en nature, s'il y a lieu, le domaine donné, à leurs successions. En conséquence le futur époux aura la propriété incommutable de ce domaine à compter du jour du mariage ; et les donateurs lui imposent l'obligation de rapporter, s'il y a lieu, à leurs successions, suivant l'imputation ci-dessus stipulée, la somme de .. fr. à laquelle ils fixent dès à présent et d'une manière invariable la valeur rapportable du domaine dont il s'agit. *(Si l'immeuble est propre à l'un des époux, ajouter) :* Cette valeur de... fr. servira également de base pour la fixation de l'indemnité qui sera due à raison de la donation dudit domaine propre à monsieur (ou à madame) Robert et de ladite imputation.

M. et Mme Robert déclarent :

Qu'ils sont mariés sous le régime, etc...

Et qu'ils n'ont jamais été chargés d'aucune fonction emportant hypothèque légale.

Une expédition des présentes sera transcrite au bureau des hypothèques de..., et les donateurs s'engagent à rapporter les certificats de radiation des inscriptions qui pourraient frapper ledit domaine, soit de leur chef, soit du chef des anciens propriétaires.

Pour la perception des droits d'enregistrement, M. et Mme Robert déclarent que les immeubles donnés sont d'un revenu brut et annuel de...

17. — Dot en immeubles d'une valeur supérieure à la somme donnée.

M. et Mme Robert donnent et constituent en dot, chacun pour moitié, à leur fils, futur époux, qui accepte, jusqu'à concurrence d'une valeur de 100,000 fr., une maison sise à..., etc.

Les parties déclarent que la maison ci-dessus désignée est d'une valeur de 200,000 fr.

En conséquence le donataire (auquel l'entière propriété de ladite maison est transmise) devra, ainsi qu'il s'y oblige, tenir compte aux donateurs de la somme de cent mille francs représentant la différence entre la valeur donnée et celle de ladite maison.

« Cette somme sera payable dans un délai de... ans, et même par portions qui ne pourront être inférieures à 10,000 fr., en prévenant toutefois les donateurs un mois à l'avance; jusqu'au parfait paiement, ladite somme produira des intérêts à 4 °/₀ par an, qui seront payables, en la demeure des donateurs, par moitié de six en six mois, le tout à partir du jour de la célébration du mariage.

A la sûreté et garantie du paiement de ladite somme et de ses intérêts, la totalité de l'immeuble donné demeure affectée et hypothéquée par privilège réservé aux donateurs.

(*L'obligation de rendre les 100,000 fr. et de payer les intérêts pourrait être consentie par la future épouse, conjointement et solidairement avec le futur époux.*)

18. — Dot de nourriture et logement.

M. et Mᵐᵉ Robert s'engagent à nourrir et loger, dans leur maison et avec eux, les futurs époux et les enfants qui pourront naître du mariage (*ajouter, s'il y a lieu* : ainsi que leurs domestiques).

Cette obligation de loger et nourrir les futurs époux et leur suite durera tant qu'il plaira à M. et Mᵐᵉ Robert père et mère, lesquels seront toujours libres de s'en affranchir.

Mais lorsqu'ils voudront se dégager de cette obligation, ils seront tenus de payer aux futurs époux une pension annuelle de... fr., qui commencera à courir du jour où les futurs cesseront d'habiter et de prendre leur nourriture avec M. et Mᵐᵉ Robert, et sera payable, par quart, de trois en trois mois, en la demeure des futurs époux.

Les futurs pourront aussi faire cesser la nourriture et le logement en commun; mais ils seront obligés de prévenir M. et Mᵐᵉ Robert trois mois à l'avance de leur intention à cet égard, et dans ce cas, la pension qui vient d'être énoncée ne commencera à courir qu'à l'expiration de ces trois mois.

Il est encore convenu que l'engagement de loger et nourrir cessera de plein droit au décès du premier mourant de M. et Mᵐᵉ Robert, comme aussi dans le cas où M. Robert fils viendrait à décéder avant ses père et mère. Dans l'un et l'autre de ces cas, la pension de... fr. courra comme il est ci-dessus expliqué.

Les parties déclarent, pour la perception des droits d'enregistrement seulement, que la charge de nourriture et logement dont il s'agit est d'une valeur annuelle de 3,000 fr.

19. — Dot dont les intérêts sont compensés avec la nourriture et le logement.

M. et Mᵐᵉ Robert, donnent et constituent en dot, chacun pour moitié, à leur fils futur époux, qui accepte, une somme de 100,000 fr. qu'ils s'obligent à lui payer dans dix ans du jour du mariage ;

Cette somme produira des intérêts à 5 °/₀ par an qui seront payables, à partir du même jour, par moitié de six en six mois, mais seulement dans le cas qui sera indiqué ci-après.

Il est convenu, en outre, que M. et Mᵐᵉ Robert père et mère fourniront l'entretien, la nourriture et le logement, dans leur maison et avec eux, aux futurs époux et aux enfants qui naîtront du mariage.

Les parties déclarent que les frais de cette obligation de nourrir, loger et entretenir, sont évalués à la somme annuelle de 5,000 fr. qui sera compensée avec les intérêts de la dot ci-dessus constituée, de telle sorte que M. et Mᵐᵉ Robert n'auront à payer aucun intérêt tant que durera cette charge en commun.

Chacune des parties aura le droit de s'affranchir, à sa volonté, de cette obligation, et c'est seulement du jour où elle cessera que l'intérêt de la dot deviendra exigible.

(*Si la charge est évaluée à une somme inférieure à l'intérêt de la dot, on dit* :

Les parties ayant évalué les frais de nourriture, logement et entretien à la somme de 3,500 fr. par an, cette somme de 3,500 fr. sera compensée jusqu'à due concurrence avec les intérêts de la dot ci-dessus constituée, de telle sorte que les constituants n'auront plus à payer au futur époux, leur fils, que l'excédant, soit 1,500 fr. par an, de la manière et aux époques indiquées plus haut.

20. — Dot de meubles par un tiers.

M. Robert, fait donation à Mlle Amélie Raimond, sa filleule, future épouse, qui accepte de tous les meubles meublants et objets mobiliers garnissant l'appartement que cette dernière occupe, dans la maison de campagne du donateur, sise à..., lesquels meubles sont détaillés en un état estimatif, dressé par les parties sur une feuille de timbre à... centimes, certifié véritable par les comparants, et demeuré ci-annexé après mention.

La donataire jouira des meubles donnés, en pleine propriété à partir du jour de la célébration du mariage.

La présente donation est faite sans charge aucune.

Il est seulement convenu que les objets qui viennent d'être donnés appartiendront à la communauté pour la somme de 2,000 fr., montant de l'estimation contenue en l'état détaillé, et que la reprise à exercer ultérieurement à ce sujet se composera du montant de l'estimation dont il s'agit.

21. — Dot de meubles et immeubles.

M. et Mme Robert font donation à M. Georges Legrand, leur cousin, qui accepte :

1° De tous les meubles meublants, objets mobiliers, curiosités, galerie de tableaux, bibliothèque, garnissant les appartements du château ci-après désigné, lesquels objets sont détaillés et estimés à 48,000 fr. en un état dressé par les parties sur deux feuilles de papier à... centimes, certifié véritable et demeuré ci annexé après mention.

2° Et de leur château de..., sis en la commune de ce nom, avec toutes ses circonstances et dépendances, ensemble les jardins de la contenance de trois hectares, et le parc y attenant dont la superficie est de soixante dix-huit hectares, le tout entouré de murs, tenant etc...

Le donataire aura la pleine propriété et la jouissance du château et de ses dépendances, ainsi que des meubles donnés, à partir du jour de la célébration du mariage.

Les parties déclarent, pour l'enregistrement seulement, que le château est susceptible d'un revenu brut annuel de 1,500 fr.

La présente donation est faite à la charge par le donataire, qui s'y oblige, de servir aux lieu et place du donateur à M. Auguste Germain concierge du château, une rente annuelle et viagère de 1,000 fr., constituée par Mme veuve Robert, mère, suivant acte reçu par M^e..., notaire à..., le..., et payable par moitié, les... et... de chaque année.

22. — Dot par l'aïeul et la fille au petit-fils et fils.

En considération du mariage, M. Aubert et Mme veuve Berthault, sa fille, donnent et constituent en dot, conjointement :

À M. Berthault, leur petit-fils et fils, qui accepte,

Une somme de .. que M. Aubert s'oblige à payer au donataire, en espèces, le jour même du mariage dont la célébration vaudra quittance et décharge.

Cette constitution de dot est ainsi faite sous les conditions suivantes :

La dot ci-dessus sera considérée comme ayant été constituée par M. Aubert seul, à M. Berthault :

1° Si Mme veuve Berthault vient à décéder avant M. Aubert, son père ;

2° Si Mme Berthault, survivant à M. Aubert, ne recueille pas sa succession, par suite de renonciation ou autrement.

Dans l'un ou l'autre de ces deux cas, ladite dot sera imputable sur les droits de M. Berthault dans la succession de M. Aubert, s'il est son héritier, sinon sur la quotité disponible de cette succession.

Si, au contraire, Mme veuve Berthault recueille la succession de M. Aubert, son père, la dot sera constituée par ladite dame Berthault seule, à M. Berthault, son fils. En conséquence :

D'une part, Mme Berthault devra tenir compte à la succession de M. Aubert du montant de cette dot avancée, en son acquit, par ce dernier, et elle sera tenue de l'imputer sur ses droits dans ladite succession.

Et, d'autre part, la dot dont il s'agit sera imputable par M. Berthault sur ses droits dans ladite succession de Mme veuve Berthault, sa mère, devenue seule donatrice.

Celui de M. Aubert ou de Mme veuve Berthault, qui se trouvera être donateur de la somme de... ci-dessus constituée en dot au futur époux, d'après les stipulations qui précèdent, se réserve expressément le droit de retour sur ladite somme, pour le cas où ce dernier viendrait à décéder avant lui sans descendant, et pour le cas encore où les descendants qu'il aurait laissés viendraient eux-mêmes à décéder sans postérité avant le donateur.

Si le décès du futur époux et de sa postérité survenait durant la vie de M. Aubert, le droit de retour ci-dessus réservé s'exercerait bien entendu au profit de ce dernier, qui aurait fourni les fonds de la dot constituée.

Toutefois cette réserve de droit de retour ne fera pas obstacle à l'exercice des reprises de la future épouse, non plus qu'à l'effet de toutes libéralités viagères ou en usufruit que le futur époux pourrait faire au profit de la future épouse, même avec dispense de caution et d'emploi.

II. INSTITUTIONS CONTRACTUELLES

23. — Institution contractuelle par des père et mère.

M. et Mme Robert, conformément aux art. 1082 et 1083, C. civ., instituent M. Paul Robert, futur époux, leur fils, qui accepte, seul héritier de tous les biens meubles et immeubles qui pourront leur appartenir au jour de leur décès et composer leurs successions, sans aucune autre exception ni réserve que celle ci-après stipulée ; ils lui en font, à cet effet, donation irrévocable, dès à présent, s'interdisant l'un et l'autre de faire au préjudice du futur époux aucun acte de libéralité entre-vifs ou même testamentaire.

Toutefois, la présente institution contractuelle ne portera aucun préjudice aux avantages que M. et Mme Robert ont pu ou pourront se faire l'un en faveur de l'autre.

De plus, chacun d'eux se réserve expressément le droit de pouvoir faire, au profit de qui bon lui semblera, des dons modiques, pieux ou rémunératoires par actes entre-vifs ou par testament, pourvu toutefois que ces dons ou legs n'excèdent pas, pour chacun des donateurs, la somme de 5,000 fr.

En cas de prédécès du donataire, ses descendants à naître du mariage recueilleront le bénéfice de l'institution qui précède, s'ils survivent aux donateurs.

24. — Institution contractuelle par des père et mère ayant plusieurs enfants.

M. et Mme Robert, père et mère, usant de la faculté accordée par l'art. 1082, C. civ., déclarent vouloir assurer, par ces présentes, à leur fils, futur époux, qui accepte, tout ce qui pourra lui revenir dans leurs successions futures, lui faisant même dès aujourd'hui don de sa part dans la quotité dont la loi leur permet de disposer; et, pour assurer l'effet entier de la présente institution contractuelle, les donateurs renoncent formellement à faire à l'avenir aucune disposition de leurs biens présents et futurs au préjudice de leur fils, voulant qu'il recueille l'intégralité de ses droits dans leurs successions, ainsi que la portion dont ils pourraient disposer par préciput au moment de leur décès:

Toutefois, cette institution ne pourra arrêter l'effet des dispositions que les donateurs ont pu ou pourront se faire en usufruit l'un en faveur de l'autre.

En cas de prédécès du donataire (*voir la formule précédente*).

25. — Institution contractuelle par une tante.

Mme veuve Lemaire, tante du futur époux, usant de la faculté accordée par l'art. 1082 du Code civil, institue, par ces présentes, ledit futur époux, son neveu, héritier, par préciput, de l'universalité de ses biens présents et à venir ; et voulant qu'il recueille après sa mort l'intégralité de sa succession, elle s'interdit, dès à présent, de faire à son préjudice aucun acte de libéralité entre-vifs ou testamentaire.

Toutefois, elle se réserve de faire, en faveur de qui bon lui semblera, des dispositions modiques, dont le total ne pourra s'élever au-delà de la somme de 10,000 fr.

En cas de prédécès du donataire *(voir la formule n° 23)*.

26. — Donation à titre universel de biens à venir.

M. Robert fait donation à M. Léon Jacquemin, futur époux, qui accepte, du tiers de tous les biens meubles et immeubles qui lui appartiendront et composeront sa succession au jour de son décès.

Le futur époux aura la pleine propriété et jouissance du tiers des biens faisant l'objet de la présente donation, à compter du jour du décès du donateur.

La présente donation est faite à la charge par le donataire d'acquitter seulement une rente perpétuelle de 800 fr. due par le donateur à la commune de..., en vertu d'un acte reçu par M⁰..., notaire à..., le... ; laquelle rente est garantie par une inscription prise au bureau des hypothèques de..., le..., vol..., n°...

Le donataire ne sera tenu au paiement des arrérages de cette rente qu'à partir du jour du décès du donateur.

En cas du prédécès du donataire *(voir la formule, n° 23)*.

27. — Donation cumulative de biens présents et à venir.

Mᵐᵉ veuve Robert, usant de la faculté accordée par les art. 1084 et suiv. du Code civil, fait donation à M. Léon Dubois, son petit-fils, futur époux, qui accepte, de tous les biens meubles et immeubles qui lui appartiennent en ce moment et de ceux qui lui appartiendront au jour de son décès, à quelque titre que ce soit, sans exception ni réserve.

Il est expliqué que les biens actuels consistent en :

(Désigner tous les biens, ou s'ils sont trop nombreux, les détailler en un état séparé qui sera annexé au contrat).

Le futur époux aura la jouissance et la disposition desdits biens en pleine et absolue propriété à compter du décès de la donatrice.

Lors du décès de cette dernière, le donataire aura la faculté de s'en tenir aux biens présents en renonçant au surplus des biens ; ce qui aura pour effet de transformer la présente donation en une donation de biens présents.

La présente donation est faite à la charge par le donataire d'acquitter :

1° Toutes les dettes actuelles de la donatrice s'élevant à la somme de 30,000 fr. et détaillées en un état qui a été dressé par les parties sur une feuille de timbre à 60 cent., et qui est demeuré ci-annexé après avoir été certifié véritable par les parties et revêtu d'une mention d'annexe par les notaires soussignés ;

2° Et toutes les dettes futures de la donatrice, à moins toutefois que le donataire n'aime mieux s'en tenir aux biens présents, et renoncer au surplus des biens de la donatrice, conformément aux dispositions de l'art. 1084, du Code civil.

III. ÉTATS

28. — État estimatif des meubles.

État estimatif des objets mobiliers donnés par Mᵐᵉ veuve Robert à M. Léon Dubois, son petit fils, en considération de son mariage avec Mˡˡᵉ Eugénie Vincent :

1° Une armoire à glace, estimée cent francs, ci	100 »
2° Un meuble de salon composé de : 1 canapé, 4 fauteuils, 4 chaises, 1 table ovale, etc., estimé cinq cents francs, ci	500 »
3° Une pendule en bronze doré, estimée deux cents francs, ci.	200 »
4° Etc. (continuer ainsi la désignation et l'estimation des objets).	2.982 »
Total de l'estimation trois mille sept cent quatre-vingt-deuv francs, ci . . .	3.782 »

Certifié véritable par les parties à la somme de trois mille sept cent quatre-vingt-deux francs.

Signé : Veuve Robert, Léon Dubois, et E. Vincent.

29. — Etat des dettes.

Etat détaillé des dettes et charges dues actuellement par Mᵐᵉ veuve Robert, demeurant à...

1° 10,000 fr. dus à M. Victor Lemaire, propriétaire, demeurant à..., en vertu d'une obligation souscrite à son profit, suivant acte passé devant Mᵉ ..., notaire à..., le..., et dont les intérêts courent depuis le...	10.000 »
2° 1,800 fr. dus à M. Belliard, pour fourniture de marchandises, ci	1.800 »
3° 132 fr. dus à Mᵉ..., pour frais d'actes	132 »
4° Etc... (détailler ainsi toutes les dettes et charges).	18.068 »
Total des sommes dues par Mᵐᵉ veuve Robert, trente mille francs, ci . . .	30.000 »

Certifié véritable à...

Signé : Veuve ROBERT.

DONATION PAR PRÉCIPUT, RÉSERVE ET QUOTITÉ DISPONIBLE

CHAPITRE PREMIER

DONATION PAR PRÉCIPUT

Sommaire :

§ 1. Principes généraux.
§ 2. Formes. Formalités.
§ 3. Capacité.
§ 4. Honoraires et enregistrement.
§ 5. Formules.

1. — Il ne s'agit pas ici du *préciput conventionnel*, qui n'est pas à proprement parler une donation, mais une clause de contrat de mariage, par laquelle les futurs époux conviennent d'autoriser le survivant à prélever, sur la masse commune, avant tout partage, une certaine somme, ou certains objets mobiliers ou immobiliers (V. *suprà*, v° CONTRAT DE MARIAGE).

Nous voulons parler de la donation *préciputaire*, par laquelle un donateur accorde au donataire, son successible, un avantage, en sus de sa part héréditaire, avec dispense d'en faire le rapport.

§ 1. PRINCIPES GÉNÉRAUX.

2. — L'égalité entre les héritiers est la règle fondamentale des partages en matière de succession. Elle serait violée, si l'héritier pouvait cumuler, avec sa part héréditaire, les dons ou legs qui lui auraient été faits par le défunt. La loi exige donc que tout héritier qui n'a pas renoncé à la succession rapporte à la masse tout ce qu'il a reçu par acte de donation entre vifs, directement ou indirectement.

Telle est la règle générale. Mais cette règle peut être modifiée par la volonté contraire du donateur ou testateur qui peut faire les *dons et legs* EXPRESSÉMENT PAR PRÉCIPUT ET HORS PART, ou avec dispense de rapport (art. 843, C. civ.).

3. — En l'absence de toute manifestation de volonté en ce sens, de la part du disposant, ses libéralités sont donc toujours présumées faites en *avancement d'hoirie*, c'est-à-dire sous la condition tacite du rapport à sa succession.

4. Mais, dans aucun cas, les dons ou legs, faits par préciput et avec dispense de rapport, ne peuvent entamer la réserve des descendants ou ascendants, et tout ce qui excéderait la quotité disponible devrait être rapporté (art. 844-919, C. civ.).

5. — C'est ce qu'explique fort nettement ce dernier article. La quotité disponible « pourra être donnée en tout ou en partie, soit par acte entre-vifs soit par « testament, aux enfants ou autres successibles du donateur, sans être sujette au « rapport par le donataire ou le légataire venant à la succession, *pourvu que la « disposition ait été faite expressément, à titre de préciput ou hors part.* »

§ 2. FORMES. FORMALITÉS.

6. — Toute donation préciputaire est assujettie, nous n'avons pas besoin de le dire, aux formes et formalités imposées aux actes de donation entre vifs (V. ce mot). Mais, en outre, il résulte des termes formels des art. 843 et 919, C. civ., que la clause de préciput ou de dispense de rapport doit être *express* (1).

7. — Toutefois, la loi n'exige pas d'expressions *sacramentelles;* les mots *préciput, hors part, dispense de rapport* ne doivent pas être nécessairement employés et peuvent être remplacés par des termes équivalents, si d'ailleurs, la volonté du donateur est clairement indiquée (2).

8. — Il appartient donc aux juges, saisis de la difficulté, de rechercher et de constater quelle a été l'intention du déposant; et la dispense du rapport doit être accordée, si la volonté du testateur, bien que non littéralement exprimée, s'est manifestée d'une manière non équivoque (3).

9. — Elle peut résulter, soit d'une disposition précise ou spéciale, soit de la combinaison et du rapprochement entre elles des différentes clauses de l'acte (4).

10. — On doit également admettre que la disposition préciputaire est suffisamment exprimée lorsqu'elle résulte nécessairement de la nature ou du genre de la disposition; c'est ce qui a lieu lorsqu'il s'agit d'un legs universel (5) — ou d'un legs ayant pour objet la quotité disponible (6), — ou bien lorsqu'elle est faite par

---

(1) Gand, 7 mars 1872.
(2) Cass., 17 mars 1825 (art. 5388, J. N., et 5 avril 1854 art. 15355, J. N.); Seine, 19 juin 1888; Aubry et Rau, t. VI, p. 637 et 638; Demolombe, *Successions*, t. IV, n° 282; Laurent, t. X, n° 578; Dict. du not., v° *Préciput*, n°° 11 et suiv.
(3) Rennes, 8 juillet 1865 (art. 18849, J. N.).

(4) Cass., 28 juin 1882 (S. 1883-1-128). — *Sic :* Dijon, 11 juillet 1865 (art. 19081, J. N.
(5) Aubry et Rau, p. 638; Demolombe, n° 242; Dict. du not., n° 23; Montpellier, 9 juillet 1883; Cass., 14 mars 1853; Montpellier, 15 mars 1869. — *Contrà :* Laurent, n° 577.
(6) Caen, 16 décembre 1850; Aubry et Rau, § 632-10.

voie de partage d'ascendant (1), — ou d'une disposition en faveur d'un successible grevée de restitution au profit de ses enfants nés et à naître (2). La dispense virtuelle du rapport existe, en effet, dans tous les cas où la disposition, par sa nature, exclut l'idée d'un partage égal (3).

De même, le disposant peut, — ou fixer la quotité disponible qu'il a l'intention de donner, le tiers, le quart, etc... — ou se borner à dire qu'il donne toute la quotité dont la loi lui permet la libre disposition.

11. — La question de savoir si les *donations déguisées* sous la forme de contrats à titre onéreux (ventes, baux, reconnaissances, quittances, etc.) sont ou non dispensées du rapport, est très controversée (4). D'après la jurisprudence de la Cour de cassation, les donations déguisées ne sont pas, par elles-mêmes, dispensées du rapport ; mais il n'est pas nécessaire que la dispense soit exprimée en termes précis, elle peut résulter de l'intention du donateur manifestée par les faits de la cause (5).

12. — Les dons manuels ne sont pas, par eux-mêmes, dispensés du rapport ; mais cette dispense peut s'induire de l'intention du disposant résultant des faits et circonstances (6). La preuve des dons manuels peut être faite par témoins (7).

13. — La dispense de rapport peut être insérée non seulement dans l'acte même de donation, mais encore dans un acte postérieur, pourvu que cet acte soit revêtu des formes requises pour la validité des dispositions entre-vifs ou testamentaires (art. 919, C. civ.) (8).

Par conséquent, il faut, si la déclaration a lieu par acte entre-vifs, qu'elle soit reçue en la *présence réelle* de deux notaires ou d'un notaire et de deux témoins, en *minute*, et *expressément acceptée*, comme une donation directe.

14. — La dispense de rapport accordée par un acte de dernière volonté est révocable, lors même qu'elle s'applique à une donation entre-vifs (9).

15. — Le disposant ne peut dispenser du rapport par acte postérieur une donation faite sans clause de préciput dans un contrat de mariage (10).

§ 3. CAPACITÉ.

16. — **Capacité.** — C'est le donateur, et le donateur seul, qui peut dispenser du rapport et établir la clause de préciput hors part; car elle doit émaner de celui à la succession de laquelle le rapport serait dû.

17. — Il en résulte que la dispense de rapport attachée à une constitution de dot faite, au profit d'un enfant commun, par le mari seul, en biens de la communauté, est sans effet quant à la moitié de la dot, rapportable à la succession de la femme, qui a accepté la communauté (11).

18. — La dispense n'a besoin d'être exprimée qu'au profit d'un successible,

(1) Caen, 2 décembre 1847 ; Aubry et Rau, p. 639; Demolombe, n° 248 ; Limoges, 24 décembre 1888.
(2) Demolombe, t. XVI, n° 244 ; Aubry et Rau, § 632-11; Cass., 16 juin 1830 et 23 février 1831.
(3) Dict. du not., suppl., n° 24 ; Paris, 4 décembre 1872 ; Cass., 5 avril 1854 et 16 juillet 1855 (S. 1864-1-541 ; 1856-1-246).
(4) *Affirm.* : Toulouse, 7 juillet 1829, 9 juin 1830 ; Grenoble, 24 janvier 1834 ; Caen, 4 et 23 mai 1836 ; Paris, 8 février 1837 ; Bordeaux, 27 avril 1839 ; Lyon, 24 juin 1859 ; Douai, 27 février 1861 (S. 1861-2-395 ; Montpellier, 16 mai 1867 (art. 19058, J. N.); Marcadé, art. 851, n° 3 ; Aubry et Rau, § 632 17. — *Négat.*: Montpellier, 26 février 1830 ; Agen, 13 février 1831 ; Paris, 19 juillet 1833 ; Nancy, 26 novembre 1834 ; Limoges, 30 décembre 1887 ; Demolombe, t. IV, n° 258 ; Laurent, t. X, n° 581.

(5) Cass., 3 août 1841, 20 mars 1843, 10 novembre 1852, 16 juillet, 6 novembre et 31 décembre 1855, 18 août 1862 (S. 1863-1-265); Caen, 13 décembre 1877 (S.1873-2-251)
(6) Aubry et Rau, p. 645 ; Demolombe, n° 255 ; Lyon, 18 mars 1859 ; Cass., 19 novembre 1861 et 2 mai 1864 (art. 18 33, J. N.). — V. aussi Cass., 12 mars 1873 (S. 1873-1-208).
(7) Paris, 1er mars 1875.
(8) Aubry et Rau, p. 637 ; Seine, 19 juin 1888.
(9) Aubry et Rau, p. 637.
(10) Dict. du not. Suppl., v° *Préciput*, n° 42-2; Laurent, n° 572 ; Cass., 28 mars 1866 (art. 18513, J. N.)
(11) Douai, 26 janvier 1861; Aubry et Rau, p. 636.

en ligne directe ou en ligne collatérale, peu importe, si, à défaut de clause préciputaire, le donataire devrait être appelé à partage.

§ 4. HONORAIRES ET ENREGISTREMENT.

19. — Honoraires. — Les donations préciputaires doivent être rémunérées par l'honoraire principal le plus élevé fixé pour les donations entre-vifs, car ce sont celles qui entraînent pour le notaire la responsabilité la plus lourde et la plus directe (1). Cet honoraire, dans les divers tarifs de compagnie, varie entre 1 fr. et 1 fr. 50, avec des degrés de décroissance.

20. — Enregistrement. — Il n'est dû aucun droit particulier d'enregistrement sur la clause de préciput ou de dispense de rapport insérée dans l'acte même de donation.

Faite dans un acte postérieur distinct, elle est soumise au droit fixe de 3 francs (2).

§ 5. FORMULES.

1. — Donation d'immeubles et de créances par préciput.

Pardevant, etc...

A comparu :

M. Alfred Vincent, propriétaire, demeurant à...

Lequel a, par ces présentes, fait donation entre-vifs par préciput et hors part, et, par conséquent, avec dispense de rapport à sa succession,

A M. Adolphe Dubois, son neveu, avocat, demeurant à...

Des biens ci-après désignés :

Désignation.

1° Une maison située à..., rue... ;

2° Une pièce de terre labourable, située à... ;

3° Une créance de 5,000 fr. sur M..., etc... ;

4° Et 200 fr. de rente 3 % sur l'État français, inscrits au nom du donateur en un titre portant le n°... de la... série.

Tel que le tout existe actuellement sans exception ni réserve.

Établissement de propriété.

. . . .

Réserve d'usufruit. — Jouissance.

M. Vincent, donateur, se réserve l'usufruit pendant sa vie, avec dispense de caution et d'état de la maison comprise dans les biens donnés.

Par suite, M. Dubois sera à compter de ce jour propriétaire des biens présentement donnés, mais il n'en aura la jouissance que de la manière suivante :

De la maison, à partir du décès du donateur ;

De la pièce de terre, par la possession réelle, à compter du... (*ou par la perception du fermage à partir du...*);

De la créance, par la perception des intérêts dont elle est productive, à compter du...;

Et de la rente, par la perception des arrérages courant depuis le... ;

En conséquence, le donataire est subrogé dans tous les droits du donateur, et notamment

---

(1) V. Amiaud, *Tarif gén. et rais.* t. I, p. 418 et suiv. (2) L. 28 février 1872, art. 4.

dans le bénéfice de l'inscription prise contre M..., au bureau des hypothèques de..., le..., vol..., n°...

Impôts.

Les impôts de la pièce de terre seront acquittés par le donataire, à partir du...

Etat des biens. — Servitudes.

M. Dubois, donataire, prendra les biens donnés dans l'état où ils se trouvent; il supportera les servitudes pouvant grever les immeubles, sauf à s'en défendre et à profiter de celles actives, s'il en existe, à ses risques et périls;

Le donateur ne sera tenu à aucune garantie relative, soit à la contenance indiquée, soit à l'état des bâtiments.

Transcription et purge.

Le donataire fera transcrire une expédition des présentes au bureau des hypothèques de..., et il remplira, s'il le juge convenable, les formalités prescrites par la loi pour purger les hypothèques légales; et si l'accomplissement de ces formalités révèle l'existence d'inscriptions grevant les immeubles présentement donnés, le donateur devra en rapporter mainlevée et certificat de radiation, dans le plus bref délai de la loi à partir de la demande amiable qui en serait faite au domicile élu.

Etat civil et situation hypothécaire.

M. Vincent, donateur, déclare qu'il est célibataire et qu'il n'a jamais été tuteur ni comptable de deniers publics, et que les immeubles donnés sont libres d'hypothèques de toute nature.

Remise des titres.

Le donateur a remis à l'instant au donataire, qui le reconnaît ·
1°...

Réquisition de certificat de propriété.

M°..., notaire soussigné, est requis de délivrer le certificat de propriété nécessaire pour faire immatriculer la rente sur l'État au nom du donataire.

Evaluation pour l'enregistrement.

Pour la perception des droits d'enregistrement, les parties évaluent :

1° La maison, à un revenu brut annuel de...;

2° La pièce de terre, à un revenu de...;

3° Et la rente sur l'Etat, à un capital de..., d'après le cours de la Bourse d'hier qui était de...

Frais.

Les frais et honoraires des présentes seront supportés par le donataire.

Election de domicile.

Pour l'exécution des présentes, il est fait élection de domicile...
Dont acte...

2. — Dispense de rapport par acte postérieur.

Pardevant M°...
A comparu :
M. Jules Lemoine, rentier, demeurant à...

Lequel a, par ces présentes, déclaré dispenser formellement M. Léon Lemoine, son fils, ingénieur civil, demeurant à..., à ce présent et qui accepte expressément,

De rapporter à sa succession la somme de... et les immeubles... qu'il lui a donnés suivant acte passé devant Me..., notaire à..., le...

Voulant que le donataire conserve les biens donnés par préciput et hors part, sans imputation sur sa portion héréditaire dans la succession du donateur.

Dont acte...

CHAPITRE DEUXIÈME

RÉSERVE ET QUOTITÉ DISPONIBLE

Sommaire :

§ 1. DÉFINITIONS ET CARACTÈRES GÉNÉRAUX DE LA RÉSERVE ET DE LA QUOTITÉ DISPONIBLE.

1. — En principe toute personne majeure peut disposer gratuitement, par actes entre-vifs ou testamentaires, de la totalité de ses biens.

2. — Toutefois comme le législateur a garanti jusqu'à concurrence d'une certaine quotité, le droit héréditaire des parents en ligne directe, contre les dispositions entre-vifs ou de dernière volonté de la personne à la succession de laquelle ils sont appelés par la loi, il en résulte que si, au moment de son décès, le disposant laisse des héritiers en ligne directe, ceux-ci peuvent demander, non pas la *nullité*, mais la *réduction* des libéralités faites à leur détriment (C. civ., art. 913 et suivants).

3. — La portion de biens que le défunt n'a pu enlever par ses libéralités à ces héritiers favorisés par la loi est appelée *réserve*.

4. — Et celle qu'il a pu valablement donner ou léguer constitue la *quotité disponible*.

5. — Les héritiers qui ont droit à la réserve et qui sont appelés *héritiers réservataires* ou *héritiers à réserve* sont les descendants ou, à leur défaut, les ascendants, de la personne décédée.

6. — Par descendants il faut entendre :

Les enfants légitimes ou légitimés par le mariage et leurs descendants au même titre.

L'enfant adopté et ses descendants (1), sans distinction entre les descendants nés antérieurement à l'adoption et ceux nés depuis (2).

Et l'enfant naturel et ses descendants légitimes (C. civ., art. 759) (3).

7. — Les ascendants réservataires sont les ascendants légitimes seulement ; le père et la mère naturels ne sont point considérés comme tels (4).

8. — Pour avoir droit à la réserve il ne suffit pas d'être descendant ou ascendant du défunt, il faut être appelé à la succession de ce dernier.

9. — Cette condition suffit quant aux descendants, en ce sens qu'ils peuvent avoir droit à la réserve soit que l'hérédité leur ait été immédiatement déférée par le décès même du défunt, soit qu'elle ne leur ait été dévolue que par suite de la renonciation ou de l'indignité de descendants plus proches qui, en arrivant à la succession, les en auraient exclus (5).

10. — Quant aux ascendants, il y a lieu d'établir une distinction entre les père et mère du défunt d'une part et ses aïeuls d'autre part.

Les premiers ne sont exclus que par les descendants.

Mais les aïeuls ne peuvent avoir droit à la réserve qu'autant que le défunt n'a laissé ni descendants, ni frères ou sœurs ou descendants d'eux, qui en arrivant à la succession les en eussent écartés d'une manière absolue.

11. — Les ascendants ont droit à une réserve, même dans le cas où ils sont appelés à la succession par suite de la renonciation ou de l'indignité des descendants ou des frères et sœurs et descendants d'eux (6).

12. — Lorsqu'il il y a lieu à réserve en faveur des ascendants, ceux qui se trouvent dans la même ligne peuvent y avoir droit à quelque degré qu'ils se trouvent et lors même qu'ils n'arriveraient à la succession que par suite de la renonciation ou de l'indignité d'ascendants plus proches dans leur ligne.

13. — Les descendants ou ascendants dont l'existence est contestée en raison de leur absence sont à considérer sous le rapport de la réserve comme n'existant pas.

14. — On peut disposer de la quotité disponible au profit de toute personne même au profit des héritiers réservataires (7). Toutefois, pour que l'héritier favorisé cumule sa part héréditaire avec la quotité disponible, il faut que le défunt lui ait donné ou légué cette dernière par préciput et hors part.

§ 2. QUANTUM DE LA RÉSERVE ET DE LA QUOTITÉ DISPONIBLE.

ART. 1er. — *Disposant majeur.*

15. — **Descendants légitimes.** — La réserve des enfants varie suivant leur nombre. Elle est de la *moitié* des biens composant la succession des père et mère lorsque ceux-ci ne laissent à leur décès qu'un seul enfant; elle est des *deux tiers* s'ils laissent deux enfants et des *trois quarts*, s'ils en laissent trois ou un plus grand nombre.

---

(1) Marcadé, art. 350, 4. — *Contrà* : Demolombe, t. VI, n° 141; Aubry et Rau, § 560-6; Laurent, n° 18
(2) Nancy. 30 mai 1868 ; Cass., 10 novembre 1869 (S. 1868-2-161 ; 1870-1-18).
(3) Marcadé, art. 914-3.
(4) Aubry et Rau, p. 168, texte et note 4 ; Cass., 26 décembre 1860, 29 janvier 1862 et 12 décembre 1865 (S. 1861-1-321 ; S. 1862-1-534; S. 1866-1-73). — *Contrà* : Laurent, n° 53.

(5) Aubry et Rau, § 680-8. — *Contrà*: sur le dernier point, Laurent, n° 16.

(6) Demolombe, t. XIX, n°s 116 à 122 ; Laurent, n° 26 ; Cass., 11 mai 1840, 23 février 1868 (S. 1863-1-191 ; Rev not , n° 870). V. aussi Cass., 22 mars 1869 (S. 1870-1-9 ; Rev. not., n° 2380). — *Contrà*: Aubry et Rau, § 680-10.

(7) Laurent, n° 5 et suiv.

Par suite, la quotité disponible est de *moitié*, du *tiers* ou du *quart* dans les mêmes cas (art. 913, C. civ.).

Une disposition par laquelle une mère, en donnant par contrat de mariage à l'un de ses enfants, par préciput et hors part, la quotité disponible des biens meubles ou immeubles qui lui appartiendront au jour de son décès, confère en même temps à l'enfant donataire le droit de prendre cette quotité en biens qui seront le mieux à sa convenance, est valable et ne saurait être annulée comme portant atteinte à la réserve (1). — A moins toutefois que le droit d'option ait pour résultat de déprécier le surplus des immeubles à partager.

16. — La réserve des petits-enfants ou des descendants d'un degré ultérieur est la même que celle à laquelle auraient eu droit les enfants du premier degré dont ils descendent.

Il en est ainsi, soit que le défunt ait laissé à la fois des enfants du premier degré et des descendants d'un degré ultérieur, — ou qu'il n'ait laissé que des descendants de la dernière espèce, et soit que ceux-ci viennent à la succession par représentation ou qu'ils y arrivent de leur propre chef (2).

17. — Le montant de la réserve des enfants ou descendants se détermine d'après le nombre des enfants appelés à la succession et saisis de l'hérédité, peu importe que, de fait, l'un ou l'autre de ces enfants ne veuille y prendre part. Les enfants ou descendants qui ont renoncé n'en font donc pas moins nombre pour la computation de la réserve (3). L'enfant frappé d'indignité doit aussi être compté (4).

18. — Descendants naturels. — La quotité de la réserve de l'enfant naturel se détermine comparativement à celle qu'il aurait eue s'il avait été légitime et d'après les mêmes règles que son droit à la succession entière. En d'autres termes, la part revenant à l'enfant naturel dans la réserve qui lui compéterait s'il était légitime, est proportionnelle à celle qui lui reviendrait, en l'absence de disposition à titre gratuit dans la succession tout entière.

19. — Il faut donc, pour connaître la quotité de la réserve de l'enfant naturel dans les diverses hypothèses qui peuvent se présenter, le considérer fictivement comme légitime, et après avoir calculé le montant de la réserve à laquelle il aurait droit dans cette supposition, lui en attribuer le tiers, la moitié, les trois quarts ou même la totalité selon que le défunt aura laissé, soit des enfants ou descendants légitimes, soit des ascendants ou des frères et sœurs, soit des collatéraux plus éloignés, ou qu'il n'a pas laissé à son décès des parents légitimes au degré successible (arg., art. 757 et 758, C. civ.).

20. — Par suite, si le défunt a laissé un seul enfant légitime, la réserve de l'enfant naturel est d'un neuvième de la succession ; elle est d'un douzième si le défunt a laissé deux enfants légitimes et d'un seizième s'il en a laissé trois.

21. — Lorsque le défunt a laissé des ascendants, des frères ou sœurs, la réserve de l'enfant naturel est d'un quart (5). Cette réserve est également du quart, lorsque les frères et sœurs sont exclus par un légataire universel (6).

22. — Elle est des trois huitièmes lorsque le défunt n'a laissé que des collatéraux autres que des frères et sœurs, alors même qu'il serait en concours avec des

---

(1) Nîmes, 13 décembre 1837 ; Bastia, 4 janvier 1858 ; Montpellier, 27 décembre 1866; Bastia, 4 mars 1874; Pau, 3 décembre 1883; Orléans, 3 juillet 1889; Aubry et Rau, t. VII, § 683; Laurent, t XII, n° 148. — *Contra* : Chambéry, 17 janvier 1865 et 3 juillet 1889.

(2) Aubry et Rau, p. 172.

(3) Aubry et Rau, p. 173 ; Montpellier, 8 mars 1864; Paris, 9 juin 1864 et 11 mai 1865; Pau, 21 décembre 1866; Grenoble, 16 avril 1866 et 17 janvier 1867; Paris, 18 août 1886; Orléans, 5 avril 1867 ;

Cass., 13 août 1866, 25 juillet 1867 (S. 1866-1-383, 1868-1-12); 21 juin 1869 (S. 1870-1-482). — *Contra* : Rennes, 10 août 1868 ; Pau, 20 mai 1865 ; Montpellier, 28 mai 1866 (S. 1867-2-235); Demolombe, t. XIX, n° 99; François, *J. du not.*, 1889, p. 885.

(4) Douai, 25 juin 1891 (*J. du not.*, 1891, p. 518) ; Aubry et Rau, § 681, 5. — *Contra* : Demolombe, n° 101.

(5) Marcadé, n° 916, I ; Demolombe, t. XIX, n° 179.

(6) Demolombe, t. XIV, n° 84 *bis* et 121 ; t. XIX, n° 167; Cass., 15 mars et 31 août 1847, 29 juin 1857, 7 février 1865, 20 avril 1875.

neveux et nièces, puisque, dans ce cas, la part de l'enfant naturel est des trois quarts de la succession (1).

23. — Enfin elle est de la moitié des biens, s'il n'existe pas de parents légitimes au degré successible (2).

24. — Le procédé ci-dessus indiqué doit être suivi, soit qu'il n'y ait qu'un seul enfant naturel, soit qu'il y en ait plusieurs. Dans cette dernière hypothèse, ils doivent tous être fictivement et simultanément considérés comme autant d'enfants légitimes (3).

25. — **Ascendants légitimes.** — La réserve des ascendants est d'un quart pour chacune des lignes paternelle et maternelle, quels que soient le nombre et le degré des ascendants que le défunt laisse dans l'une ou l'autre ligne. Le montant de la réserve des ascendants est donc invariable (art. 915, C. civ.).

26. — Les biens ainsi réservés au profit des ascendants sont par eux recueillis dans l'ordre où la loi les appelle à succéder.

27. — La réserve des ascendants ne peut jamais excéder le quart pour chaque ligne; par suite la réserve des père et mère ne s'étend pas à l'usufruit que leur accorde l'art. 754 du Code civil lorsqu'ils sont en concours avec des collatéraux autres que des frères et sœurs ou descendants d'eux (4).

28. — Les biens que l'ascendant recueille à titre de retour légal, conformément à l'art. 747, C. civ., ne font pas partie de la succession ordinaire et ne doivent pas être compris dans la masse sur laquelle se calcule la quotité disponible et la réserve de l'ascendant (5).

29. — La difficulté disparaît bien entendu lorsque les biens donnés ne se retrouvent plus en nature dans la succession du donataire puisque l'article 747 n'est plus applicable. Tel est le cas où l'enfant a disposé des biens donnés, soit par donations, soit même par legs, lesquels font obstacle au retour légal (6).

30. — Ces principes doivent être suivis aussi bien lorsque l'ascendant donateur n'est point héritier dans la succession ordinaire que quand il est appelé à cette succession, seul ou en concours avec d'autres ascendants (7).

31. — Ils recevraient également leur application si l'ascendant donateur venait à la succession en concours avec d'autres ascendants; c'est-à-dire, qu'il reprendrait d'abord les biens par lui donnés, s'ils se retrouvaient en nature et que sur les biens personnels il exercerait son droit de réserve concurremment avec l'ascendant ou les ascendants de l'autre ligne (8).

32. — Lorsque l'ascendant donateur absorbe par l'exercice du droit de retour légal tout l'actif de la succession, il est tenu d'acquitter intégralement les legs de sommes d'argent, sans pouvoir invoquer un droit de réserve légale (9). Mais il peut, s'il y a intérêt, renoncer à la succession anormale pour s'en tenir à la succession ordinaire (10). La séparation de ces deux successions peut être invoquée par lui seul, et ne peut lui être opposée par les légataires et les créanciers de la succession (11).

33. — **Ascendants naturels.** — Nous avons déjà dit plus haut qu'aucune disposition de la loi ne permet d'admettre l'existence d'une réserve au profit des père et mère naturels et de déterminer la quotité de cette réserve. La Cour de

---

(1) Cass , 13 janvier 1862 et 4 janvier 1875 (S. 1862-1-225, 1875-1-53); Paris, 14 juillet 1871 ; Douai, 4 mai 1874; Paris, 24 mai 1886 et Cass., 2 mai 1888 (*J. du not.*, n° 4021); Laurent, t. IX, n° 119.

(2) Marcadé, art. 916, 1.

(3) Aubry et Rau. p. 284; Demolombe, t. XIX, n° 161

(4) Demolombe. n° 112; Aubry et Rau, p. 174, note 6.

(5) *Conf.*: Demolombe, n° 131; Marcadé, art. 747, n° 9 et 11 ; Troplong, t. II, p. 152 ; Laurent, n° 30;

Cass., 8 mars 1858 (art. 16295, J. N.). — *Contrà*: Aubry et Rau, § 687, 1.

(6) Demante, t. IV, n° 52 *bis* ; Demolombe, n° 132; Laurent, n° 30.

(7) Demolombe, t. XIII, n° 483; Aubry et Rau, § 608, 31 et 32.

(8) Laurent, n°s 32 et 33; Demolombe, n° 141. — *Contrà* : Aubry et Rau, p. 248 et suiv.

(9) Douai, 6 mai 1879 (art. 22145, J. N.).

(10) Demolombe, t. I°, n° 489.

(11) Bourges, 20 janvier 1879 (art. 22312, J. N.)

cassation s'est prononcée en ce sens par un arrêt très fortement motivé du 26 décembre 1860 (1).

34. — Ni descendant ni ascendant. — Dans ce cas, le disposant peut donner l'intégralité de ses biens. La réserve n'existe pas ; tout est disponible (art. 916, C. civ.).

ART. 2. — *Disposant mineur.*

35. — Avant seize ans, le mineur ne peut disposer d'aucune partie de ses biens. Parvenu à cet âge, il peut donner, par testament seulement, la moitié de ce dont il pourrait disposer s'il était majeur (art. 903 et 904, C. civ.).

36. — Par suite la réserve est :

Des *sept huitièmes* de ses biens, lorsqu'il a laissé trois enfants ou un plus grand nombre ;

Des *cinq sixièmes*, lorsqu'il en laisse deux ;

Des *trois quarts*, s'il ne laisse qu'un enfant, ou qu'à défaut d'enfants il laisse des ascendants dans les deux lignes ;

Des *cinq huitièmes*, lorsqu'il ne laisse d'ascendants que dans une seule ligne ;

Enfin de la *moitié*, lorsqu'il ne laisse que des collatéraux.

37. — La quotité disponible est donc de *un huitième*, d'un *sixième*, d'un *quart*, de *trois huitièmes* ou de la *moitié* dans ces différents cas.

38. — La réserve reste invariablement fixée à ces taux, malgré les changements que des renonciations ou des exclusions pour cause d'indignité pourraient apporter à la dévolution ou au partage de la succession.

39. — La quotité de biens dont l'art. 904 interdit la disposition au mineur ne constitue pas une réserve au profit de ses collatéraux ; elle ne peut même pas être considérée comme augmentant la réserve des descendants et des ascendants pour la portion dont elle excède cette réserve ; elle constitue une succession *ab intestat* dont le partage doit se faire d'après les règles du droit commun en matière de succession, à moins toutefois qu'un pareil partage ne donne point aux héritiers à réserve la portion de biens qui leur revient en cette qualité, ce qui arriverait dans le cas où le père et la mère du mineur, existant tous deux, se trouveraient en concours avec des frères et sœurs (2).

Cette conséquence devrait être admise, alors même que le mineur aurait laissé des ascendants dans une ligne et des collatéraux dans l'autre. Si donc, dans cette hypothèse, le mineur avait institué un légataire universel, celui-ci prendrait les trois huitièmes de la succession, et les cinq autres huitièmes se partageraient par moitié entre les ascendants et les collatéraux (3).

40. — Deux autres systèmes ont été proposés sur le partage de la quotité disponible dans l'hypothèse dont il s'agit.

D'après le premier, ce partage devrait se faire entre les ascendants et les collatéraux, dans la proportion d'après laquelle le mineur aurait pu, s'il avait été majeur, disposer au préjudice de chacune de ces classes d'héritiers. En admettant ce mode de partage, les ascendants auraient droit à un quart, à titre de réserve, plus à la moitié d'un autre quart, en vertu de l'art. 904, ce qui leur donnerait ensemble trois huitièmes, et les collatéraux ne recevraient que le quart de la succes-

---

(1) Art. 17004, J. N. ; *Conf.*: Marcadé, art. 915, n° 8 ; Demante, t. IV, n° 51 *bis* ; Demol., t. XIX, n° 184 ; Aubry et Rau, t. VII, p. 168, texte et note 4 ; Laurent, t. XII, n° 53 ; Paris, 18 novembre 1859 (art. 16744, J. N) et 26 décembre 1860 ; Cass., 29 janvier 1862 ; Bordeaux, 4 février 1863 ; Cass. (Ch. réun.), 12 décembre 1865 (S. 1866-1-78) ; Bourges, 18 décembre 1871 (S. 1871-2-198). — *Contra* : Pau, 27 février 1856.

(2) Aubry et Rau, p. 251 (V. *infra*, v° MUTATION PAR DÉCÈS,).

(3) Toullier, t. V, p. 117 ; Grenier, t. II, p. 583 *bis* et suiv. ; Duranton, t. VIII, p. 191 et suiv. ; Coin-Delisle, sur l'art. 915, n° 16 ; Troplong, t. II, p. 818 et 820 ; Demolombe, t. XVIII, n° 432 ; Angers, 16 juin 1825 (S. 1826-2-110).

sion, c'est-à-dire la moitié de leur portion héréditaire *ab intestat*, portion dont un majeur aurait pu les priver entièrement.

D'après le second système, les ascendants commenceraient par prélever leur réserve de droit commun, et le surplus de la quotité indisponible se partagerait par égales portions entre eux et les collatéraux. En opérant de cette manière, les ascendants prendraient un quart plus trois seizièmes, c'est-à-dire ensemble sept seizièmes et les collatéraux ne recevraient que trois seizièmes.

41. — Ces deux systèmes doivent être rejetéspar les motifs suivants :

1° Ils supposent, l'un et l'autre, que l'art. 904 a réglé la quotité disponible du mineur sous un rapport distributif, et que les termes *la moitié de biens dont la loi permet de disposer*, doivent s'entendre de la moitié des biens qui seraient revenus personnellement à chacun des héritiers. Or, cette supposition dénature évidemment le texte de l'art. 904, dont les termes sont clairs, et qui, tout en fixant le disponible du mineur par voie de comparaison avec celui du majeur, l'a cependant fait d'une manière absolue, c'est-à-dire sans égard à telle classe d'héritiers, et surtout sans s'occuper du mode de répartition de la quotité indisponible entre les divers héritiers que le mineur pourrait laisser ;

2° Les deux systèmes admettent les ascendants à prélever, à titre de réserve, une part de la succession dans des cas où, par le partage égal avec les collatéraux de l'autre ligne, ils seraient remplis, et même au-delà, de leur réserve, ce qui est contraire tout à la fois à la règle posée par l'art. 753 et à la disposition du second alinéa de l'art. 915, d'après laquelle les ascendants n'ont droit à une réserve que dans les cas où le partage fait conformément à l'art. 753 ne leur donne pas la quotité de biens à laquelle cette réserve est fixée (1).

42. — Le système que nous admettons serait applicable quoique l'ascendant lui-même eut été institué légataire universel.

Cette circonstance, en effet, ne doit influer, ni sur la fixation de la quotité indisponible, ni sur le partage de cette quotité entre l'ascendant et les collatéraux. L'héritier, donataire ou légataire par préciput, ne peut, en cette qualité, avoir plus de droit qu'un étranger.

La Cour de Bourges (2) et celle d'Aix (3), ont cependant jugé que l'ascendant, légataire universel, qui se trouve en concours avec des collatéraux, a droit, comme légataire, à la moitié de la succession, et comme héritier à la moitié de l'autre moitié, c'est-à-dire (ensemble) aux trois quarts de l'hérédité.

§ 3. DÉTERMINATION DE LA RÉSERVE ET DE LA QUOTITÉ DISPONIBLE.

43. — La réserve et la quotité disponible se déterminent d'après le nombre et la qualité des héritiers, en formant une masse des biens.

44. — La composition de cette masse varie suivant que le défunt a disposé soit d'une quotité des biens qui *existeront à son décès* ou *qu'il laissera à son décès*, soit d'une quotité des biens *qui composeront sa succession*.

Dans le premier cas, la masse ne doit comprendre que les biens existants au jour du décès, et la réserve et la quotité disponible se calculent uniquement sur ces biens, après déduction des dettes.

Dans le second cas, on fait d'abord entrer dans la masse tous les biens existants au décès du défunt ; on déduit de cet actif brut le montant de toutes les dettes, afin d'établir l'actif net; puis on y réunit fictivement les biens dont il a été disposé entre-vifs, d'après leur état à l'époque des donations et leur valeur au moment du décès du donateur.

---

(1) Aubry et Rau, t. VII, p. 251.
(2) 28 janvier 1831 (S. 1831-2-300).
(3) 9 juillet 1838 (S. 1837-2-205).

On obtient ainsi la masse héréditaire sur laquelle doivent être calculées la réserve et la quotité disponible.

Nous allons examiner successivement chacune de ces opérations.

ART. 1er. — *Formation de la masse des biens existants.*

45. — En principe, tous les biens meubles et immeubles laissés par le défunt, quelle qu'en soit l'origine, et qu'ils forment ou non l'objet de dispositions testamentaires, doivent figurer dans la masse.

Par suite, celle-ci doit comprendre les immeubles et droit immobiliers, les meubles corporels et incorporels, les choses fongibles ou non, les créances de toute nature, les propriétés littéraires, les biens acquis sous condition résolutoire et les fruits et revenus au jour du décès.

46. — Mais on ne doit point faire entrer dans cette masse les choses suivantes qui doivent rester en commun entre les héritiers :

a) Les créances douteuses ou mauvaises (1), à moins que les donataires ou légataires n'offrent une caution suffisante à l'héritier à réserve, ou ne prennent la créance pour leur compte, s'ils sont eux-mêmes solvables, ou ne la fassent entrer dans leur lot (2). Peu importe l'insolvabilité du débiteur, quand le testateur lui a fait la remise de la dette à titre de legs, ou lui a légué une somme égale ou supérieure avec laquelle il se fait compensation (3).

Toutefois, la créance de la succession sur un héritier insolvable doit figurer dans la masse pour le calcul de la quotité disponible, jusqu'à concurrence de la somme qui sera attribuée à l'héritier débiteur pour sa part héréditaire (4). En effet, la créance de la succession contre l'héritier, est toujours bonne jusqu'à concurrence de la part de l'héritier, puisque cette part héréditaire sera payée à l'héritier débiteur par compensation avec sa propre dette (5)

b) L'indemnité allouée à l'héritier à raison de la mort de son auteur (6).

c) La somme à payer aux héritiers en vertu d'un décret de nomination par le nouveau titulaire d'un office ministériel dont le défunt avait été destitué (7).

d) Les biens acquis sous condition suspensive, à moins que la condition ne soit accomplie au décès (8).

e) Les biens donnés au défunt par un ascendant, lorsqu'ils se retrouvent en nature, car le droit conféré à l'ascendant donateur par l'article 747, C. civ., est indépendant de la réserve. L'ascendant donateur exerce donc d'abord son droit de retour légal et fait valoir sa réserve sur les autres biens du descendant. (V. *supra*, paragraphe deuxième).

f) Et les tombeaux et portraits de famille, les insignes d'ordres, les médailles d'honneur, etc. (9).

47. — L'estimation des objets mobiliers et des fonds de commerce (achalandage, matériel et marchandises), se fait sur le pied de la prisée d'inventaire, ou de

---

(1) Cass., 11 décembre 1854 (S. 1855-1-364).
(2) Delvincourt, t. II, p. 255 ; Duranton, t. VIII, n° 332 ; Troplong, n° 948 ; Marcadé, art. 922, n° 5 ; Demolombe, n°° 282 et 283 ; Aubry et Rau, p. 186 ; Laurent, n° 60 ; Cass., 29 juillet 1861.
(3) Delvincourt et Duranton, *loc. cit.* ; Troplong, n° 919 ; Demolombe, n°° 277 à 279.
(4) Dijon, 19 mai 1882 (art. 22851, J. N.).

(5) Demolombe, n°° 277 à 279.
(6) Demolombe, t. II, n°° 257 et 258 ; Aubry et Rau, t. VII, p. 187 et 188.
(7) Mêmes auteurs.
(8) Demolombe, n°° 288 et suiv. ; Aubry et Rau, p. 187.
(9) Demolombe, n° 261.

la vente qui en aurait été faite depuis le décès (1) ; les bonnes créances sont portées pour leur capital et les intérêts courus au décès ; les fonds publics, actions et obligations, sont estimés d'après le cours de la Bourse au jour du décès (2).

Quant aux immeubles et même aux objets mobiliers et fonds de commerce, à défaut d'inventaire, ils sont estimés à leur valeur au jour du décès soit amiablement par toutes les parties agissant d'un commun accord, soit judiciairement par experts nommés par le tribunal.

48. — Le donateur ou le testateur n'a pas le droit d'estimer les biens de son vivant, et les héritiers peuvent ne tenir aucun compte de son estimation.

ART. 2. — Déduction des dettes.

49. — L'article 922 du Code civil dit, qu'après avoir formé la masse des biens existants et des biens donnés, on en déduit les dettes.

En appliquant à la lettre les prescriptions de cet article, il arriverait qu'à défaut de biens existants ou en cas d'insuffisance, les dettes devraient être déduites des biens donnés. Cette interprétation est contredite par l'article 921, d'après lequel les créanciers du défunt ne peuvent profiter de la réduction ; et ils en profiteraient si la déduction des dettes s'opérait sur les biens donnés. Mais il n'en est pas ainsi, car le législateur en disant que les dettes seront déduites de la masse, a prévu le cas le plus ordinaire, celui où l'actif excède le passif. Lorsque c'est le passif qui excède l'actif, les dettes sont encore déduites des biens existants en ce sens qu'on laisse aux créanciers leur gage insuffisant : on ne compte pas les dettes, on ne compte pas non plus les biens existants, et le disponible et la réserve se calculent sur les seuls biens donnés (3).

La marche à suivre est donc celle indiquée en tête du présent paragraphe.

50. — Les dettes qu'il y a lieu de déduire sont toutes les dettes sans exception, chirographaires ou hypothécaires, dont le défunt était débiteur à son décès.

51. — On y comprend aussi les dettes de succession postérieures au décès, comme les frais funéraires, y compris le deuil de la veuve, les frais de scellés, d'inventaire et de liquidation (4).

52. — Il faut déduire de l'actif les créances de l'un des héritiers contre la succession, malgré la confusion qui s'est opérée par la réunion des deux qualités de créancier et d'héritier (5).

53. — Il en est de même des dettes litigieuses (6).

54. — Les dettes solidaires ne doivent être portées que pour la part incombant au défunt (7).

55. — Les dettes pour loyers, contributions, gages de domestiques, etc., sont déduites, mais seulement quant au prorata couru jusqu'au décès. Toutefois, en pratique, les contributions personnelle et mobilière dues pour toute l'année, se portent entièrement.

56. — La dette ayant pour objet une rente viagère doit être évaluée en un capital suffisant pour produire les intérêts nécessaires au service de la rente ; ce capital est déduit de la masse, sauf à le répartir ensuite (8).

---

(1) Coin-Delisle, art. 922 ; Demolombe, t. XIX, n° 363.
(2) Aix, 30 avril 1833 ; Bordeaux, 12 mai 1834 ; Demolombe, t. XIX, n° 359.
(3) Demolombe, t. XIX, n° 397 ; Aubry et Rau, t. VII, p. 185, note 8 ; Laurent, t. XII, n° 102.
(4) Duranton, t. VIII, n° 814 ; Grenier, t. II, n° 612 ; Toullier, t. V, n° 144 ; Demolombe, t. XIX, n°° 415 et suiv. ; Aubry et Rau, p. 185, texte et note 2 ; Nîmes, 25 juillet 1865 ; Grenoble, 11 mars 1869 (art. 19983, J. N.). — Contrà : Laurent, n° 101.
(5) Delvincourt, t. II, p. 236 ; Duranton, t. VIII, n° 333 ; Demolombe, n° 401.
(6) Demolombe, n° 402.
(7) Laurent, n° 97 ; Demolombe, n° 405.
(8) Laurent, n° 98 ; Demolombe, n° 407.

57. — La dette du défunt envers l'héritier réservataire doit être déclarée comme les autres dettes (1).

ART. 3. — *Réunion fictive des biens donnés.*

58. — Tous les biens, meubles ou immeubles, corporels ou incorporels dont le défunt a disposé à titre gratuit, doivent être réunis fictivement à la masse nette des biens existants.

59. — Par suite, il ne pourrait être question des biens aliénés à titre onéreux, à moins que les aliénations n'aient été faites dans les circonstances énumérées par l'article 918, car alors elles auraient le caractère de véritables donations.

60. — Les biens à réunir fictivement sont :

a) Les biens donnés en avancement d'hoirie à l'un ou l'autre des successibles (2).

b) Les biens donnés à des étrangers (3).

c) Les biens donnés par préciput à des successibles (4).

d) Les biens compris dans un partage d'ascendants (5), à moins que le disposant n'ait expressément déclaré le contraire (6).

e) Les biens donnés, sujets au retour légal en faveur de l'ascendant, mais seulement lorsque le donataire en a disposé à titre gratuit.

f) L'excédant des charges imposées dans une donation faite à titre onéreux. Exemple : au sujet d'une donation d'un bien valant 10,000 francs, à charge de payer 8,000 francs, dûs par le donateur, on réunira 2,000 francs (7).

g) Les dons manuels, lorsqu'ils ne sont pas faits à titre rémunératoire (8).

h) Les biens donnés par donation rémunératoire, mais seulement en ce qui excède les services rémunérés (9).

i) Les constitutions de dot par contrats de mariage et les dots de religieuses (10).

j) Les avantages résultant des associations entre le défunt et l'un des successibles, alors qu'elles résultent d'actes sous seings privés, et non celles faites par actes authentiques (11).

k) Les remises de dettes ou acceptilations.

l) Les donations indirectes ou déguisées sous la forme d'un contrat à titre onéreux, à moins qu'il ne soit intervenu un jugement annulant la donation déguisée ; auquel cas le bien rentre dans la succession du donateur et on le porte dans la masse des biens existants (12).

m) Les aliénations à charge de rente viagère, à fonds perdu ou avec réserve d'usufruit, à l'un des successibles en ligne directe, excepté l'égard des successibles qui auraient donné leur consentement (art. 918 du C. civ.).

---

(1) Aubry et Rau, p. 187, note 6 ; Laurent, n° 100.
(2) Cass., 8 juillet 1826, 19 août 1829 et 2 mai 1838 ; Agen, 17 avril 1850 ; Cass., 30 août 1881 (art. 22662, J. N.).
(3) Colmar, 21 février 1855.
(4) Cass., 4 décembre 1876 (art. 21651, J. N.).
(5) Cass., 13 décembre 1843, 13 février 1860, 24 avril 1861, 17 août 1863, 14 mars 1866 (S. 1844-1-225 ; 1860-1-552 ; 1861-1-589 ; 1863-1-529 ; 1866-1-853) et 30 mars 1874 (S. 1876-1-250) ; Rennes, 20 décembre 1860 ; Douai, 26 janvier 1861 ; Bordeaux, 9 juin 1863 ; Paris, 15 mars 1873.

(6) Grenoble, 11 janvier 1864 ; Cass., 11 août 1868 ; 8 mars 1875 (S. 1875-1-301).
(7) Cass., 27 novembre 1877.
(8) Cass., 11 janvier 1882 ; Demolombe, n° 316 ; Aubry et Rau, p. 188.
(9) Demolombe, t. IV, n° 318 et suiv. ; Aubry et Rau, § 683-7.
(10) Cass., 20 mars 18   (S. 1856-1-673).
(11) Demolombe, t. XIX, n° 876 ; Maton, *Dict. prat. not.*, t. IV, p. 500.
(12) Cass., 20 juin 1821 (art. 8901, J. N.).

n) Le capital des assurances sur la vie contractées par le défunt au profit de ses héritiers ou d'un tiers (1).

o) Et les donations sur les revenus du donateur, lorsque par leur importance eu égard à la fortune du donateur, elles affectent son patrimoine (2).

61. — Les frais de nourriture, d'entretien, d'éducation et autres semblables sont moins des libéralités que l'acquittement d'une obligation du père, ils ne peuvent donc figurer dans la masse pour déterminer au profit des légataires étrangers la quotité disponible (3).

62. — On ne saurait non plus considérer comme des libéralités soumises à la réunion fictive, les sommes prélevées par le défunt sur ses revenus et distribuées à des tiers en secours ou gratifications (4), — ou les dons qui, à raison des circonstances de fait, doivent être considérés comme de simples actes de bienfaisance (5).

63. — L'estimation des biens donnés doit être faite d'après leur état au jour de la donation et leur valeur au jour du décès (art. 922 du C. civ.) (V. ce que nous avons dit plus haut pour l'estimation des biens existants au décès).

Par suite :

Les détériorations survenues aux biens donnés, par le fait du donataire, restent à sa charge ;

On doit lui tenir compte des améliorations qu'il a faites à ces biens ;

Et si, par des circonstances indépendantes de son fait, les objets donnés ont augmenté ou diminué de valeur, on les porte à la masse pour la valeur qu'ils ont au moment de l'ouverture de la succession (6). S'ils ont péri par cas fortuit, ils n'entrent pas dans la composition de la masse, alors même que le donataire aurait touché le prix du bien qui a ensuite péri aux mains du tiers acquéreur, à moins que l'aliénation n'ait été forcée (7).

ART. 4. — *Calcul de la réserve et de la quotité disponible.*

64. — Les opérations que nous venons d'examiner ont pour but d'établir la masse héréditaire à considérer pour la détermination de la réserve et de la quotité disponible.

Cette détermination s'obtient par l'application des règles relatives au nombre et à la qualité des héritiers réservataires.

65. — Premier exemple : *Succession solvable.*

Biens existants.	50 000 »
Dettes	10 000 »
Actif net.	40 000 »
Biens donnés.	20 000 »
Total de la masse héréditaire.	60 000 »

(1) V. *suprà*, v° *Assurance sur la vie*, n° 108.
(2) Caen, 28 mai 1879 ; Cass., 11 janvier 1882 (art. 22331 et 22634, J. N.) ; Cass., 27 novembre 1877 (art. 21767, J. N.).
(3) La considération qui a dicté la dispense de rapport en pareil cas, est que les libéralités désignées par l'art. 852 sont généralement modiques et prelevées sur les revenus du père de famille. Mais ces frais seraient soumis au rapport s'ils dépassaient la limite indiquée ; par exemple les frais d'éducation seraient rapportables s'ils étaient excessifs, eu égard à la fortune patrimoniale ou en disproportion avec les dépenses de même nature faites pour les autres

enfants. Poitiers, 10 août 1820 ; Nancy. 7 juillet 1873 (S. 1875-1-299) ; Chabot, sur l'art. 852 ; Demante, t. III, n° 188 bis ; Grenier, t. III, n° 240. — *Contrà* : Demolombe, t. XVI, n° 417 ; Laurent, t. X, n° 629.
(4) Aubry et Rau, p. 189 ; Cass., 20 juillet 1861 (art. 17259, J. N.).
(5) Cass., 14 janvier 1882 (art. 22634, J. N.).
(6) Toullier, t. V, n° 138 ; Duranton, t. VIII, n° 3367 ; Grenier, t. II, n° 636 ; Delvincourt, t. II, p. 239 ; Troplong, n° 969 ; Demolombe, n° 369 ; Aubry et Rau, p. 195, texte et note 4.
(7) Demolombe, t. XIX, n° 338 et 340.

Si le défunt a laissé un enfant, la réserve et la quotité disponible sont chacune de 30,000 francs.

S'il a laissé trois enfants, la réserve est de 45,000 francs, et la quotité disponible de 15,000 francs.

66. — Deuxième exemple : *Succession insolvable.*

Biens existants	50 000	»
Dettes	60 000	»
Actif net.	Nul.	
Biens donnés	20 000	»
Total de la masse héréditaire	20 000	»

Si le défunt a laissé un enfant, la réserve et la quotité disponible sont chacune de 10,000 fr., car nous avons vu plus haut que la réserve et la quotité disponible se calculent seulement sur les biens donnés lorsque le passif égale ou dépasse l'actif brut.

§ 4. IMPUTATION.

ART. 1er. — *Imputation des libéralités.*

67. — Les libéralités s'imputent ou sur la réserve ou sur la quotité disponible. En principe elles s'imputent :

 a) Sur la quotité disponible, lorsque le défunt en la faisant a entendu donner une partie des biens dont la loi lui permet de disposer ;

 b) Et sur la réserve, quand le défunt, en donnant à un de ses héritiers réservataires, a entendu lui faire une avance sur sa réserve, ce qu'on appelle un avancement d'hoirie (1).

68. — Par suite :

Sont imputables sur la quotité disponible :

 a) Les libéralités faites à des étrangers ou à des successibles non réservataires (art. 843 et 846 du Code civil), ou même à un successible décédé sans postérité avant le *de cujus* (2). En effet, il ne peut être question de les imputer sur la réserve des donataires, puisqu'ils n'ont droit à aucune réserve ;

 b) Les libéralités faites à un enfant, lorsque les petits-enfants viennent à la succession de leur chef.

 c) Celles faites aux réservataires avec dispense de rapport ou par préciput et hors part, et cela conformément à l'art. 919 ainsi conçu : « La quotité disponible pourra être donnée, en tout ou en partie, soit par acte entre-vifs, soit par testament, aux enfants ou autres successibles du donateur, sans être sujette au rapport par le donataire ou le légataire venant à la succession, pourvu que la disposition ait été faite expressément à titre de préciput et hors part. La déclaration que le don ou le legs est à titre de préciput ou hors part pourra être faite, soit par l'acte qui contiendra la disposition, soit postérieurement dans la forme des dispositions entre-vifs ou testamentaires. »

---

(1) Laurent, n° 108.

(2) Cass., 23 juin 1857. Limoges, 7 janvier 1860 (S. 1857-1-572 ; 1861-1-303).

69. — Toutefois, MM. Aubry et Rau (1) prétendent que cette règle n'est pas absolue et que les juges pourraient en appréciant les circonstances de la cause et par interprétation de l'intention des parties ou du disposant, déclarer qu'une donation faite à un ou à plusieurs successibles, même avec déclaration de dispense de rapport, n'a pas d'une manière absolue et pour tous les cas possibles, privé le défunt, dans la mesure de sa libéralité, de la faculté de disposer de ses biens à titre gratuit, et décider par suite que la donation s'imputera non point sur la quotité disponible, mais sur la réserve. Une pareille interprétation paraîtrait naturelle et devrait être facilement admise dans le cas où le défunt n'aurait pas laissé d'autre successible que le donataire, ou s'il s'agissait d'une donation faite à tous les successibles et divisée entre eux par égales portions (2).

La jurisprudence décide que le don fait en avancement d'hoirie, qui excède la part de l'enfant acceptant dans la réserve, peut être retenu par lui en entier et imputé par lui jusqu'à due concurrence sur la quotité disponible, malgré le legs préciputaire de la quotité disponible fait postérieurement à un autre enfant (3). La doctrine enseigne au contraire, que l'imputation doit se faire sur la réserve de tous les héritiers en masse (4).

70. — Mais on doit imputer sur la réserve :

    a) Les libéralités faites en avancement d'hoirie ;

    b) Les libéralités indirectes ;

    c) Celles faites sans acte, comme un don manuel, une remise de dette ;

Lorsque ces libéralités sont faites aux héritiers réservataires venant à la succession du donateur.

71. — Toutefois, si l'héritier donataire décède avant le donateur et ne laisse pas d'enfants, les biens donnés en avancement d'hoirie ne doivent pas être imputés sur la réserve, mais sur la quotité disponible.

72. — S'il laisse un enfant venant à la succession du donateur par représentation, l'imputation se fera sur la réserve.

Mais si cet enfant vient de son chef et non par représentation, l'imputation se fera sur la quotité disponible (5).

73. — Si l'héritier donataire renonce à la succession, la donation en avancement d'hoirie devient par le fait de la renonciation entièrement imputable sur la quotité disponible.

L'héritier renonçant ne peut retenir le don à concurrence de la réserve légale et de la quotité disponible. La jurisprudence est définitivement fixée sur cette question longtemps controversée (6).

74. — Le successible ne doit imputer sur sa réserve que la libéralité résultant d'une donation entre-vifs. Il a droit de cumuler le legs avec sa réserve, par exemple dans le cas où un fils, laissant pour héritier à réserve son père, a institué un légataire universel, et fait au père un legs particulier (7).

Quand il existe plusieurs enfants et qu'un d'entre eux, venant à la succession, a reçu un don en avancement d'hoirie, l'imputation de ce don se fait non pas sur la réserve de tous les donataires, mais d'abord sur sa réserve personnelle et ensuite sur la quotité disponible. En conséquence, le don en avancement d'hoirie

(1) P. 202.

(2) Cass., 9 décembre 1856 (S. 1857-1-344).

(3) Cass., 3 août 1870; Agen, 31 décembre 1879 ; Paris, 14 février 1881 (art. 22531, J. N.). *Conf.,* Labbé, *Rev. prat.,* 1861.

(4) Troplong, t. II, n°ˢ 982 et 1012 ; Demolombe, *Succ.,* t. IV, n° 291, et *Don.,* t. II, n°ˢ 488-489 ; Aubry et Rau, t. VII, p. 215 et 216.

(5) Demolombe, t. XIX, n° 480; Cass., 19 février 1845, 3 juin 1857, 12 novembre 1862, 20 avril

1862, 10 novembre 1869 (S. 1857-1-572 ; 61-1-138; 62-1-606 ; 70-1-18'.

(6) Agen, 28 mai 1860 ; Paris, 1ᵉʳ mars 1860; Bourges, 14 juin 1860 ; Bordeaux, 21 août 1860 et 7 décembre 1861 ; Rennes, 10 août 1863 ; Montpellier, 8 mars 1864 ; Grenoble, 30 juin 1864 ; Paris, 11 mai 1865 ; Dijon, 20 novembre 1865 ; Cass. (Ch. réun., 27 novembre 1863 (S. 1863-1-513) ; Cass., 22 août 1870 (S. 70-1-428).

(7) Cass., 31 mars 1869, 6 novembre 1871 (S. 1870-1-118 ; 71-1-287). —*Contrà* : Aubry et Rau, § 684 et 84 ; Demolombe, t. XIX, n° 487.

qui excède la part de l'enfant acceptant dans la réserve, peut être retenu par lui en entier et imputé jusqu'à due concurrence sur la quotité disponible, malgré le legs préciputaire de la quotité disponible fait postérieurement à un autre enfant (1).

ART. 2. — *Imputation des aliénations faites à charge de rentes viagères, à fonds perdu ou avec réserve d'usufruit.*

75. — La valeur en pleine propriété des biens aliénés soit à charge de rente viagère, soit à fonds perdu ou avec réserve d'usufruit, à l'un des successibles en ligne directe, sera imputée sur la portion disponible, et l'excédant, s'il y en a, sera rapporté à la masse. Cette imputation et ce rapport ne pourront être demandés par ceux des autres successibles en ligne directe qui auraient consenti à ces aliénations ni, dans aucun cas, par les successibles en ligne collatérale (art. 918 du C. civ.).

76. — Cet article a pour but d'empêcher qu'on ne puisse, à l'aide d'aliénations renfermant de véritables libéralités, éluder la loi qui fixe l'étendue de la réserve.

Aussi les aliénations faites aux successibles en ligne directe, ou plutôt aux héritiers présomptifs du donateur sont seules présumées à titre gratuit ; lorsqu'elles sont consenties à un collatéral ou à un étranger, elles sont réputées ventes ; toutefois cette présomption n'exclut point la preuve contraire.

§ 5. RÉDUCTION DES LIBÉRALITÉS.

77. — La réduction est la remise à la succession des libéralités dépassant la quotité disponible.

78. — **Objet de la réduction.** — Toute disposition entre-vifs ou à cause de mort, qui excède la quotité disponible, est réductible à cette quotité lors de l'ouverture de la succession (art. 920 du C. civ.).

79. — Si la disposition par acte entre-vifs ou par testament est d'un usufruit ou d'une rente viagère dont la valeur excède la quotité disponible, les héritiers au profit desquels la loi fait une réserve ont l'option, ou d'exécuter cette disposition, ou de faire l'abandon de la propriété de la quotité disponible (art. 917 C. civ.).

80. — **Qui peut la demander.** — La réduction des dispositions entre-vifs ne peut être demandée que par ceux au profit desquels la loi fait une réserve, — par leurs héritiers ou ayants-cause (art. 921 C. civ.), c'est-à-dire par :

    a) Les héritiers réservataires appelés à la succession et non renonçants ;

    b) Leurs héritiers légitimes ou irréguliers ;

    c) Leurs cessionnaires, donataires ou légataires ;

    d) Et leurs créanciers personnels, en cas de renonciation au préjudice de ces derniers.

81. — Mais ni les donataires, ni les légataires, ni les créanciers du défunt ne peuvent demander cette réduction ni en profiter (art. 921).

82. — L'action en réduction est divisible, comme toutes les actions héréditaires. Chaque héritier a un droit qui lui est particulier et qu'il exerce comme il l'entend. L'un d'eux peut donc agir en réduction sans le concours des autres ; les libéralités seront réduites dans la proportion du droit héréditaire du demandeur, et la réduction ne profitera qu'à lui (2).

---

(1) Cass. 3 août 1870 ; Agen, 31 décembre 1879 ; Paris, 14 février 1881 ; Cass., 31 mars 1885 ; Pau, 8 mars 1886 (art. 22531, 22376, 23371-7-4) ; Lau- | rent, t. XII, n° 108 ; Dict. not., v° *Portion disp.*, n° 371.

    (2) Laurent, n° 150.

83. — **A quelle époque et dans quel délai.** — Aux termes de l'art. 920 du Code civil, les dispositions qui excèdent la quotité disponible sont réductibles à cette quotité *lors de l'ouverture de la succession.*

L'héritier ne peut pas réclamer sa part héréditaire tant que l'hérédité n'est pas ouverte ; par le même motif, l'héritier réservataire ne peut réclamer sa réserve par voie d'action en réduction qu'après l'ouverture de la succession (1).

84. — L'action en réduction cesse en totalité ou en partie, lorsque les héritiers à réserve ont reçu du défunt des libéralités en simple avancement d'hoirie.

Elle peut cesser par la renonciation expresse ou tacite des héritiers à réserve.

85. — Le Code civil ne parle point de la prescription de l'action en réduction. Il s'ensuit qu'elle demeure soumise à la règle générale, c'est-à-dire à la prescription trentenaire à partir du jour du décès du donateur ou testateur. (C. civ., art. 2257 et 2262) (2).

86. — La prescription en faveur des tiers acquéreurs ne court comme celle de l'action personnelle qu'à partir de la mort du donateur (3).

87. — Lorsque les biens donnés ont passé entre les mains de tiers acquéreurs dont la possession présente les caractères requis pour la prescription de dix à vingt ans, l'action en réduction est éteinte à leur égard par l'accomplissement de cette prescription (4).

88. — **Sous quelles conditions.** — Pour que la réduction puisse être demandée, il faut que les dispositions entre-vifs ou à cause de mort excèdent la quotité disponible.

89. — C'est au réservataire qui agit en réduction à prouver que le disponible est dépassé, par application du principe qui impose au demandeur l'obligation de prouver le fondement de sa demande.

Il y a un cas dans lequel les réservataires sont dispensés de la preuve qui leur incombe, c'est lorsque le défunt a tout donné et qu'il ne reste rien dans la succession ; la preuve est toute faite, puisque les donations ont plus qu'entamé la réserve, elles l'absorbent (5).

90. — La preuve se fait au moyen des opérations indiquées sous le paragraphe troisième ci-dessus, c'est-à-dire en formant une masse des biens existants au décès d'après leur estimation au même jour, en déduisant de cette masse les dettes du défunt, en y réunissant ensuite fictivement les biens donnés entre-vifs et en déterminant le montant de la réserve et de la quotité disponible.

Il n'y a plus alors qu'à comparer la quotité disponible avec le montant des libéralités pour terminer la démonstration.

91. — D'après un arrêt de la Cour d'Orléans du 5 décembre 1842, la preuve ne peut résulter que d'actes réguliers de liquidation et de compte (6).

92. — L'héritier réservataire ne peut agir s'il y a dans la succession des valeurs mobilières suffisantes pour le remplir de sa réserve et que le défunt ait disposé entre-vifs de la totalité de ses immeubles ; il en est de même lorsque le testateur a légué au réservataire des valeurs mobilières pour sa réserve et qu'il a légué ses immeubles à un tiers (7).

93. — Le testateur peut autoriser le légataire de la quotité disponible à choisir tels biens qu'il voudra, en supposant bien entendu que la réserve soit intacte, car il ne peut, en aucun cas, y porter atteinte (8).

---

(1) Laurent, p. 189.
(2) Toullier, n°° 15 et 167 ; Duranton, n° 878 ; Grenier, n° 652 ; Troplong, n°° 1033 et 1034 ; Aubry et Rau, p. 230 ; Demolombe, n°° 236 et 240 ; Laurent, n° 167.
(3) Toullier, t. V, n° 151 ; Proudhon, n° 2153 ; Grenier et Delvincourt, n° 652 ; Duranton, n° 858 ; Troplong n° 1032 ; Lyon, 11 janvier 1825.
(4) Demolombe, n°° 241 et 242 ; Aubry et Rau,

p. 230, texte et notes 5 et 6. — *Contrà* : Laurent, n° 168.
(5) Laurent, n° 144.
(6) *Contrà* : Laurent n° 145.
(7) Laurent, n°° 146 et 147.
(8) Aubry et Rau, § 683 ; Laurent, n°° 148 et 149 ; Bastia, 4 mars 1874 ; Montpellier, 27 décembre 1866 ; Pau, 8 décembre 1883 (S. 1885-2-182) ; Gien, 6 mars 1888.

94. — Contre qui. — D'après l'article 930 du Code civil « l'action en réduction ou en revendication peut être exercée non seulement contre les donataires, mais aussi contre les tiers détenteurs des immeubles aliénés par les donataires, de la même manière et dans le même ordre que contre les donataires eux-mêmes et discussion préalablement faite de leurs biens. »

95. — Dans le cas où le donataire est insolvable, les réservataires peuvent, après avoir établi son insolvabilité par la discussion préalable de tous ses biens, agir en revendication contre les tiers détenteurs à titre onéreux ou gratuit des immeubles donnés. Si toutefois ces immeubles avaient été transmis au donataire par des actes déguisés sous l'apparence de contrats à titre onéreux et que les héritiers à réserve eussent accepté purement et simplement la succession du donateur, ils ne seraient plus recevables à les revendiquer contre les tiers qui les auraient acquis de bonne foi et à titre onéreux (1).

96. — La revendication contre les tiers ne s'applique qu'aux immeubles. Les meubles ne se suivent pas dans la main des tiers ; à leur égard la possession vaut titre. Lorsque les meubles donnés ont été aliénés par le donataire, l'héritier à réserve n'a donc qu'une action personnelle contre lui et ne peut en exercer aucune autre contre les tiers détenteurs (2).

D'après Aubry et Rau (3), les héritiers à réserve ne peuvent évincer les tiers que s'ils ont accepté la succession sous bénéfice d'inventaire. Suivant Demolombe (4), il faut distinguer selon que la simulation a constitué ou non une fraude à l'égard des tiers ; dans le premier cas, les héritiers ne peuvent évincer les tiers ; ils le peuvent dans le second.

Le tiers acquéreur ne peut opposer à l'héritier qui demande la réduction, la clause par laquelle le donateur, intervenant à la vente, a promis de garantir l'acquéreur de tous troubles et évictions (5).

La discussion des biens du donataire s'étend à tous ses biens quelconques, même au mobilier (6).

Mais pour se libérer de l'action en revendication, l'acquéreur a la faculté de payer en argent ce qui est dû à l'héritier réservataire (7).

97. — La garantie donnée par le donateur au tiers acquéreur du donataire ne met pas cet acquéreur à l'abri de l'action en réduction de la part des héritiers du donateur (8).

98. — Les donataires peuvent garantir leurs acquéreurs de l'action en revendication, en payant à l'héritier le complément de sa réserve (9). De même, le premier acquéreur pourrait empêcher de la même manière l'éviction du second (10).

99. — L'acquéreur peut toujours arrêter l'action en revendication dirigée contre lui en offrant la valeur estimative des biens donnés. Cette valeur doit être appréciée non au jour où l'action est exercée, mais au jour de l'ouverture de la succession (11).

100. — Le tiers acquéreur n'est pas obligé personnellement pour le donataire ; on ne peut donc lui appliquer les règles du cautionnement. Il s'en suit qu'il n'est pas obligé de requérir la discussion sur les premières poursuites dirigées

---

(1) Aubry et Rau, p. 226.
(2) Delvincourt, t. II, p. 68 ; Marcadé, art. 930, n° 1 ; Demolombe, n° 628 ; Conf. Rouen, 31 juillet 1843 (S. 1844-2-30) ; Marcadé, art. 930, n° 4.
(3) § 685 *ter*, 3.
(4) Demolombe, t. II, n°° 622 et suiv.
(5) Nîmes, 22 décembre 1866 (S. 1867-2-174) ; Cass., 20 juillet 1868 (S. 1868-1-362). — *Contrà* : Demolombe, n° 208.

(6) Aubry et Rau, § 685 *ter*-5 ; Demolombe, n° 635.
(7) Aubry et Rau, § 685 *ter*-10 ; Demolombe, n° 636.
(8) Art. 19113. J. N.
(9) Delvincourt, t. II, p. 69 ; Duranton, n° 372 ; Demolombe, n° 636.
(10) Delvincourt et Demolombe, *loc. cit.*
(11) Aubry et Rau, p. 227, texte et note 10 ; Demolombe, n° 637.

contre lui, ni d'avancer les frais de la discussion (1); mais les héritiers à réserve ne peuvent être astreints à discuter les biens litigieux (2).

101. — Dans quel ordre se fait la réduction. — La réduction porte d'abord sur les dispositions testamentaires (art. 923, C. civ.). En effet un testament étant essentiellement révocable n'a d'effet qu'au jour du décès du testateur; il est censé n'avoir pas d'autre date. Les legs ne peuvent donc porter atteinte aux donations entre-vifs, et la réduction commence par les dispositions testamentaires, alors même que les actes qui les renferment sont d'une date antérieure (3).

Il a donc été jugé que le don fait en avancement d'hoirie, qui excède la part de l'enfant acceptant dans la réserve, peut être par lui retenu jusqu'à concurrence de la quotité disponible, malgré le legs par préciput de la quotité disponible fait au profit d'un autre enfant (4).

La donation entre époux, bien que faite à condition de survie et révocable quand elle est passée depuis le mariage, est néanmoins une donation entre-vifs; elle produit son effet du jour de la passation de l'acte et saisit rétroactivement le donataire à la date du contrat (5).

102. — Les donations entre-vifs ne sont sujettes à réduction qu'autant que les biens libres et ceux dont le défunt a disposé par acte de dernière volonté ne suffisent pas pour remplir les héritiers à réserve de leurs droits.

103. — Lorsque la valeur des donations entre-vifs excède ou égale la quotité disponible, toutes les dispositions testamentaires sont caduques (art. 925, C. civ.).

104. — S'il y a lieu à réduction partielle des dispositions testamentaires, la réduction se fait au marc le franc, sans aucune distinction entre les legs universels, les legs à titre universel et les legs particuliers, lors même que ces derniers seraient faits au réservataire, soit de quantité, soit de corps certains, ou même de rentes viagères, et sans égard aux dates respectives des testaments dans lesquels les divers legs peuvent être contenus (art. 926, C. civ.) (6); — à moins que le testateur n'ait expressément déclaré qu'il entendait que tel legs soit acquitté de préférence aux autres, car ce legs ne serait sujet à réduction qu'après tous les autres (art. 927, C. civ.) (7).

105. — La réduction des donations entre-vifs faites par préciput ou en avancement d'hoirie s'effectue en commençant par la dernière et ainsi de suite en remontant des plus récentes aux plus anciennes (art. 923, C. civ.).

106. — Les donations ordinaires ne jouissent sous ce rapport d'aucune préférence sur les institutions contractuelles ni même sur les donations de biens présents faites entre époux pendant le mariage (8).

107. — Lorsque plusieurs donations sont contenues dans un seul et même acte, le retranchement s'opère sur toutes au marc le franc de leur valeur et sans égard à l'ordre de l'écriture.

108. — Cette manière de procéder est également applicable à deux donations faites le même jour, quoique par des actes différents, à moins que les deux actes ne mentionnent expressément l'heure à laquelle ils ont été passés (9).

---

(1) Duranton, t. VIII, n° 874; Troplong, n° 1030; Demolombe, n°° 633 à 635; Aubry et Rau, p. 226, note 5; Laurent, n° 198.

(2) Aubry et Rau, loc. cit.

(3) Delvincourt, t. II, p. 287; Grenier, n°° 603 et 604; Toullier, t. V, n°° 145 et 872; Duranton, t. VIII, n° 849; Troplong, n°° 993 et 1011; Demolombe, n° 542; Laurent, n° 175.

(4) Suprà, n° 74.

(5) Paris, 9 janvier 1889 (art. 21393, J. N.); Rapprocher: Caen, 8 mai 1866 (D P 1867-2-151).

(6) Aubry et Rau, p. 221 et 222 et les autorités qu'ils citent.

(7) Aubry et Rau, p. 222; Grenoble, 1er mars 1866; Caen., 10 août 1870 (S. 1871-1-180).

(8) Aubry et Rau, p. 223, texte et note 10; Laurent, n° 18.

(9) Aubry et Rau, p. 224; Demolombe, n°° 585 à 587.

109. — Cette règle reçoit exception lorsque le donateur a manifesté la volonté que l'une des donations faites par le même acte fut acquittée de préférence à l'autre (1) ; et la volonté du disposant peut s'induire, soit de la nature même de la disposition soit de la contexture des clauses de l'acte révélant l'intention du donateur.

110. — L'action en revendication contre les tiers doit être exercée suivant l'ordre des aliénations faites par le donataire, en commençant par la plus récente et sans distinction entre les aliénations à titre onéreux et celles à titre gratuit (art. 930, C. civ.).

111. — Mode de réduction. — La réduction se fait de l'une des trois manières suivantes :

a) *En nature*, c'est-à-dire par la remise de la chose donnée.

b) *En moins prenant*, lorsque le donataire impute sur sa part la valeur du don.

c) Et *par équivalent*, lorsque le donataire remet la valeur du don dans la masse, ou autorise chacun de ses cohéritiers à prélever une valeur égale.

112. — Lorsque les objets donnés se trouvent entre les mains du donataire, la réduction s'opère en nature, que la donation porte sur des meubles ou sur des immeubles. Ainsi le donataire d'objets mobiliers, de même que le donataire d'immeubles, a la faculté et peut être contraint de restituer en nature tout ou partie des objets à lui donnés (2).

113. — Cette règle s'applique à tous les successibles donataires, avec ou sans préciput, qui renoncent à la succession (3).

Il faut l'appliquer aussi au successible, donataire par préciput, qui accepte la succession.

114. — Toutefois, l'héritier donataire par préciput est autorisé à retenir sur les biens donnés la valeur de la portion qui lui appartiendrait comme héritier dans les biens non disponibles, pourvu que ces biens soient de même nature que ceux qu'il a reçus (art. 924, C. civ.).

115. — D'un autre côté, l'héritier donataire par préciput d'un immeuble jouit de la faculté de retenir cet immeuble en totalité, si le retranchement que sa donation doit subir ne peut s'opérer commodément en nature, et si la quotité dont le défunt pouvait disposer à son profit, excède la moitié de la valeur de cet immeuble (art. 866, C. civ.) (4).

116. — Quand les objets donnés ont péri par la faute du donataire, la réduction ne peut plus se faire en nature.

117. — Si ces objets ont été aliénés par le donataire, celui-ci est tenu d'en payer la valeur.

118. — Effets de la réduction. — La donation est annulée par la réduction ; elle est censée n'avoir jamais existé (5).

Par suite, tous les actes de disposition faits par les donataires doivent tomber, et les immeubles sont recouvrés sans charge de dettes ou hypothèques créées par le donataire (art. 929, C. civ.).

119. — L'action en réduction ou revendication peut être exercée par les

---

(1) Demolombe, n° 582 ; Cass., 10 août 1870 (art. 20128, J. N.).

(2) Aubry et Rau, p. 224, texte et note 1 ; Demolombe, t. XIX, n° 591 ; Laurent, n° 192.

(3) Demolombe, t. IX, n° 591 ; Troplong, t. II, n° 1003.

(4) Laurent, n° 198. — *Contra* : Demolombe, n° 593.

(5) Demolombe t. XVI, n° 533

héritiers contre les tiers détenteurs des immeubles faisant partie des donations et aliénés par les donataires, de la même manière et dans le même ordre que contre les donataires eux-mêmes et discussion préalablement faite de leurs biens. Cette action devra être exercée suivant l'ordre des dates des aliénations, en commençant par les plus récentes (art. 930, C. civ.).

120. — Ce principe est applicable aux actes de disposition émanant d'un donataire dont le titre est une libéralité déguisée sous la forme de contrat onéreux (1).

121. — Les autres charges créées par le donataire ou l'acquéreur, comme droits d'usufruit, d'usage ou d'habitation, disparaissent également par suite de l'action en réduction (2) ; la résolution de ces charges a lieu de plein droit.

122. — Le donataire évincé n'a aucun recours contre les autres donataires ; les premières donations ayant été faites sur le disponible sont par cela même à l'abri de la réduction.

123. — D'après l'article 928, le donataire doit restituer les fruits de ce qui excède la quotité disponible à compter du jour du décès du donateur, si la demande a été faite dans l'année, sinon du jour de la demande. Ainsi les donataires gagnent les fruits qu'ils ont perçus avant le décès du donateur.

Cette disposition est applicable à tout donataire, qu'il soit étranger ou héritier réservataire avec ou sans préciput.

124. — Les tiers détenteurs ne doivent les fruits qu'à compter du jour de la demande formée contre eux (art. 549, 550, C. civ.) (3). D'après MM. Aubry et Rau (4) et Laurent (5), l'article 928 serait soumis à l'action en revendication ; le tiers détenteur, d'après ces auteurs, est non pas un simple possesseur, mais un propriétaire dont le droit est soumis à révocation et auquel ne seraient point applicables les articles 549 et 550 du Code civil.

125. — Le donataire tenu de restituer tout ou partie des objets compris dans la donation a droit à la bonification de ses impenses utiles jusqu'à concurrence de la mieux value qui en est résultée et doit, d'un autre côté, indemniser les héritiers à réserve de la diminution de valeur que ces objets peuvent avoir subie par suite du défaut d'entretien ou même par suite de changements qu'il aurait faits de bonne foi. Ces principes s'appliquent également aux tiers détenteurs recherchés par les héritiers à réserve (6).

6. CONCOURS DE LA QUOTITÉ DISPONIBLE ORDINAIRE (ART. 913) AVEC LA QUOTITÉ DISPONIBLE ENTRE ÉPOUX (ART. 1094).

126. — Nous traiterons cette importante question au sujet de la quotité disponible entre époux (V. *infrà*, v° DONATION ET QUOTITÉ DISPONIBLE ENTRE ÉPOUX, chapitre II).

---

(1) Laurent, n° 202.
(2) Dict. du not., n° 107 ; Demolombe, t. XIX, n° 618 ; Laurent, n° 204.
(3) Grenier, n° 633 ; Duranton, t. VIII, n° 376 ; Marcadé, art. 928 ; Troplong, t. II, n° 1021 ; Demolombe, n° 639 et 640.

(4) P. 228, texte et note 15.
(5) N° 216.
(6) Aubry et Rau, p. 227 et 228 ; Laurent, n° 212 à 214.

DONATION ET QUOTITÉ DISPONIBLE ENTRE ÉPOUX

CHAPITRE PREMIER

DONATION ENTRE ÉPOUX

Sommaire :

1. — Deux époux peuvent se faire donation soit dans le contrat de mariage même, soit pendant le mariage, par acte spécial. La forme et les effets de cette espèce de libéralité n'étant pas les mêmes dans les deux cas, il nous faut traiter, dans deux paragraphes spéciaux, ces deux genres de donation.

§ 1. DONATIONS ENTRE ÉPOUX PAR CONTRAT DE MARIAGE.

2. — **Formes. Formalités.** — Les donations entre époux faites par contrat de mariage sont naturellement soumises aux formes du contrat dans lequel elles sont contenues. Elles ne sont pas assujetties à la présence réelle des témoins ou du second notaire (V. CONTRAT DE MARIAGE, n° 19).

Contrairement à la disposition de l'article 1097 du Code civil, qui défend aux époux de se faire, pendant le mariage, aucune donation mutuelle et réciproque par un seul et même acte, les deux époux peuvent se faire respectivement donation dans le même contrat de mariage.

Si la donation est faite de biens présents et comprend des meubles, il doit y être joint un état estimatif, comme pour les donations entre-vifs ordinaires.

La donation par contrat de mariage faite par un époux à son conjoint de tous ses biens présents et à venir, est une donation cumulative prévue par les articles 1084 et 1085 et non assujettie à la formalité de l'état estimatif (Cass., 19 novembre 1890).

Si elle comprend des immeubles, elle est assujettie à la transcription (1).

3. — **Acceptation.** — Comme les donations faites aux futurs époux par des tiers, les donations que les futurs époux peuvent se faire respectivement par contrat de mariage, n'ont pas besoin d'être acceptées *expressément* (art. 1087, C. civ.).

4. — **Capacité.** — La plus fréquente cause d'incapacité des époux est la *minorité.* « Le mineur, dit l'art. 1095 C. civ., ne pourra, *par contrat de mariage,* donner à l'autre époux qu'avec le consentement et l'assistance de ceux dont le consentement est requis pour la validité du mariage, et, avec ce consentement, il pourra donner tout ce que la loi permet à l'époux majeur de donner à l'autre conjoint ».

5. — Mais la seule présence au contrat des personnes dont le consentement est nécessaire au mariage constate suffisamment leur consentement à toutes les sti-

---

(1) Demolombe, *Don.*, t. VI, n°⁵ 442-443 ; Aubry et Rau, t. VIII, p. 105 et 106 ; Laurent, t. XV, n° 914 et art. 23546, J. N.

pulations du contrat, spécialement à la donation faite par le mineur à son conjoint (1).

6. — Le mineur qui contracterait valablement mariage avant l'âge de seize ans, soit par suite de dispense d'âge, soit, en ce qui concerne la femme, parce qu'elle aurait plus de quinze ans, peut consentir toutes les donations dont le contrat de mariage est susceptible, avec l'assistance de ceux dont le consentement est nécessaire à son mariage (2).

7. — L'époux pourvu d'un *conseil judiciaire* peut-il, avec l'assistance de ce conseil, donner par contrat de mariage à son conjoint et recevoir de lui? Certains auteurs, s'appuyant sur un arrêt de cassation du 24 décembre 1856 (3), distinguent entre les donations de biens présents et les donations de biens à venir et limitent aux premières l'incapacité du prodigue non assisté de son conseil (4). Mais cette distinction n'est pas admise par la majorité des auteurs et des arrêts (5).

La Cour de cassation vient de décider, par un arrêt du 5 juin 1889 (6), qui paraît résoudre définitivement la question, que le prodigue n'a pas besoin de l'assistance de son conseil pour faire une donation au profit de son conjoint, quelle que soit la nature de la libéralité.

8. — L'époux qui fait à l'autre époux une libéralité en usufruit, peut-il le dispenser de donner caution et de faire dresser inventaire? La dispense de caution est valable (art. 601, C. civ.) même lorsqu'il y a des héritiers à réserve (7). Quant à la dispense d'inventaire, elle devrait être considérée comme nulle et non avenue, comme contraire à une prescription d'ordre public (8). Mais le testateur peut mettre les frais à la charge des héritiers nu-propriétaires (9).

9. — **Biens dotaux.** — La femme mariée sous le régime dotal, ne peut, sous forme de donation entre époux, donner à son mari ni ses biens dotaux présents, ni ses biens dotaux à venir (10).

10. — **Quotité disponible.** — Un époux peut donner à son conjoint .

  a) Au cas où il ne laisserait ni enfants ni descendants, tout ce dont il pourrait disposer, *en propriété*, en faveur d'un étranger, et, en outre, tout l'usufruit de la portion réservée aux ascendants (art. 1094, C. civ.).

  b) Au cas où l'époux laisserait des enfants ou descendants, il pourra donner à son conjoint un *quart* en *toute propriété* et un autre *quart* en *usufruit*, — ou la *moitié* de tous ses biens en *usufruit* seulement (art. 1094).

  c) L'époux marié en secondes noces, qui a des enfants de son premier lit, ne peut donner à son second époux qu'une part d'enfant légitime le moins prenant, sans que, dans aucun cas, cette donation puisse excéder le quart des biens de l'époux donateur (art. 1098, C. civ.).

Telle est la règle, dont nous ne donnons ici que le principe, renvoyant les explications et les détails à la deuxième partie de cet article. (V. *infrà*, p. 186).

11. — **Ce que la donation peut comprendre. Ses effets.** — Aux termes de l'article 1091 du C. civ., les époux peuvent, par contrat de mariage se faire

---

(1) Montpellier, 4 décembre 1867.
(2) Demolombe, *Donations*, t. VI, n° 429. — V. *J. du not.*, 1886, p. 158. Le legs de l'usufruit de tous ses biens fait à son conjoint par l'époux mineur sans postérité, laissant un ascendant réservataire, doit être réduit au 4,8ᵉ de l'usufruit des biens. Cass., 9 février 1880 (art. 22245, J. N.).
(3) Art. 15966, J. N.
(4) Rodière et Pont, n° 45 ; Guillouard, t. I, n° 321, Demolombe, t. VIII, n° 737 ; Bordeaux, 7 février 1855 ; Pau, 31 juillet 1855 ; Agen, 21 juillet 1857 (art. 16211. J. N.) ; Le Mans, 30 juin 1886 (*J. du not*, n° 3796) ; Orléans, 11 décembre 1890).
(5) Aubry et Rau, t. V, p. 236 ; Laurent, t. V, n° 366 ;

(6) Art. 24278, J. N. ; *J. du not.*, 1889, p. 422.
(7) Cass., 26 août 1861, 5 juillet 1876 (S. 1861-1-329 ; S. 1877-1 345).
(8) Bordeaux, 12 avril 1851 ; Caen, 30 avril 1855 ; Bruxelles, 1ᵉʳ août 1863 ; Aubry et Rau, t. II, p. 473 ; Demolombe, t. X, n°ˢ 478-475 ; Laurent, t. VI, n° 497.
(9) Liège, 26 juin 1886 (V. *infrà*, v° INVENTAIRE, n° 10).
(10) Demolombe, *Donations*, t. VI, n° 464 ; Cass., 8 mai 1877. — Cons. *Rev. du not.*, n° 5602 et la dissertation en sens contraire publiée dans le *Journal des notaires*, sous le numéro 21927 (1878). V. *infrà*, n° 32).

réciproquement ou l'un des deux à l'autre, telle donation qu'ils jugeront à propos ; c'est dire que les époux peuvent se faire les mêmes donations que les tiers peuvent faire aux futurs époux, donc : une donation de *biens présents* (art. 1081) ; — une donation de *biens à venir* (art. 1082) ; — une donation cumulative de *biens présents et à venir* (art. 1084) ; — enfin une donation dérogeant à la règle de l'irrévocabilité (art. 1086).

12. — **Donation de biens présents.** — Les donations entre-vifs de biens présents sont soumises, comme nous l'avons dit déjà, à toutes les règles et formes prescrites pour les donations entre-vifs ordinaires, à l'exception de l'acceptation *expresse* (art. 1087).

13. — Quand y a-t-il donation de biens présents ? Cela dépend presque toujours des termes de l'acte et de la manifestation de volonté du donateur que les juges du fond interprètent souverainement (1).

14. — La donation d'une somme déterminée à prendre sur les biens que le donateur laissera à son décès, prend le caractère d'une donation entre-vifs des biens présents, s'il résulte des clauses de l'acte ou des circonstances, que le donateur a entendu se dessaisir actuellement et irrévocablement, par exemple, s'il s'est obligé à servir l'intérêt de la somme donnée, s'il a constitué une hypothèque pour garantir le paiement, s'il s'est réservé l'usufruit ou le droit de retour (2).

15. — Aux termes de l'art. 1092, C. civ., la donation entre-vifs de biens présents faite entre époux par contrat de mariage n'est point censée faite sous la condition de survie du donataire, si cette condition n'est pas *formellement*, c'est-à-dire expressément exprimée ; et, en cas de prédécès de l'époux donataire, les biens donnés passent à ses enfants ou autres héritiers, pourvu que le décès n'ait lieu qu'après la célébration du mariage.

D'où il résulte :

a) Que l'époux donataire de biens présents peut céder son droit, même conditionnel, car ce n'est pas un droit sur une succession future.

b) Qu'il pourrait reprendre, après le décès du donateur, dans le cas où ce dernier les aurait aliénés, les biens objet de la donation, libres de toutes dettes et charges.

c) Que l'hypothèque légale de la femme donataire garantit l'effet de la donation à compter du jour de la célébration du mariage (3).

16. — **Donation de biens à venir.** — La donation de biens à venir, au contraire, ne confère ni un droit de propriété, ni un droit de créance conditionnel, mais seulement un droit éventuel de succession (4).

Constitue une donation de biens à venir, la donation d'une somme d'argent à prendre sur les biens que le donateur laissera à son décès (5), à moins qu'il ne résulte des clauses de l'acte que le donateur a entendu se dessaisir actuellement et irrévocablement (V. *suprà*, n° 12).

17. — Ces donations, dit l'art. 1093, qu'elles soient de biens à venir seulement, ou de biens présents et à venir, simples ou réciproques, sont soumises aux règles établies pour les donations pareilles qui seraient faites aux futurs époux par des tiers ; sauf qu'*elles ne sont point transmissibles aux enfants issus du mariage, en cas de décès de l'époux donataire avant l'époux donateur.*

La donation est donc *caduque* par le prédécès du donataire, lors même que

---

(1) Cass., 3 décembre 1878 (art. 22003, J. N.).

(2) Cass., 18 novembre 1861 (art. 17320, J. N.) ; Poitiers, 26 août 1863 ; Cass., 28 février 1865 ; Seine, 6 février 1878 (art. 20577, J. N.); Cass., 26 janvier 1886 (art. 23548, J. N.).

(3) Dict. du not., v° *Hypothèque*, n° 125 et suiv.; Cass., 16 mai 1855 ; Rouen, 11 juillet et 20 décembre 1856 ; Paris 18 juin 1870 ; Paris, 15 juin 1874.

(4) Bordeaux, 14 décembre 1868 ; Paris, 18 juin 1870 et 15 juin 1874 (*Rev. not.*, n° 2953 et 4719).

(5) Demolombe, n° 404 ; Aubry et Rau, p. 151 ; Laurent, n° 426 ; Dict. du not., v° *Donation*, n° 80 et 81 ; Cass., 16 mai 1855 ; Rouen 11 juillet et 20 décembre 1856 ; Paris, 14 juillet 1859 (art. 16643, J.N.) ; Besançon, 9 juin 1862.

celui-ci laisse des enfants nés du mariage, et il a été jugé que la disposition finale de l'article 1093 C. civ. a la portée d'une prohibition absolue : que par suite, l'époux donateur ne pourrait y déroger en substituant, par une disposition formelle, à l'époux donataire, les enfants et descendants à naître du mariage (1).

18. — Quand la donation porte sur les biens à venir, on applique les principes qui régissent l'institution contractuelle. Le donateur conserve le droit de disposer à titre onéreux des biens compris dans la donation, mais il n'en peut disposer à titre gratuit que dans les limites tracées par l'art. 1083, C. civ. (2).

19. — Le donataire n'a aucun droit actuel sur les biens donnés, pas même un droit conditionnel. Si des créanciers en provoquent la vente, il ne peut pas s'y opposer; il ne peut même pas faire d'actes conservatoires.

Il est aussi de jurisprudence constante que les époux ne peuvent, pendant le mariage, renoncer à tout ou partie des libéralités ou gains de survie dont ils se sont gratifiés par le contrat de mariage, alors même que cette renonciation aurait pour but d'assurer l'effet d'une disposition préciputaire faite à l'un des enfants 3.

20. — Il a été jugé que la donation réciproque faite en contrat de mariage par deux époux au profit du survivant, de la moitié en usufruit des biens mobiliers et immobiliers *qui se trouveront dépendre de la succession du prémourant au moment de son décès*, n'équivaut pas à la donation de toute la quotité disponible en usufruit, calculée tant sur les biens qui sont réellement dans la succession, que sur ceux qui ont fait déjà l'objet de donations en avancement d'hoirie (4).

21. — Par suite, pour éviter toute difficulté ultérieure sur l'étendue de la disposition, nous ne saurions trop conseiller aux notaires de s'expliquer d'une manière précise sur les véritables intentions des donateurs, lorsqu'il existe des héritiers à réserve. Le disposant entend-il donner la quotité disponible entière? on fera donner *tous les biens qui composeront la succession du donateur, sans réserve,* et on ajoutera que, pour le calcul de la quotité disponible, la réunion fictive des biens donnés aura lieu conformément à l'art. 922.

Veut-il, au contraire, restreindre la libéralité aux seuls biens qui existeront au jour du décès? on devra dire qu'il est fait donation des biens dont le donateur sera propriétaire au jour de son décès et on prohibera le rapport fictif d'une façon expresse.

22. — **Donations cumulatives de biens présents et à venir.** — Aux termes de l'art. 1093 C. civ., il faut appliquer aux donations de cette espèce les art. 1084 et 1085; c'est ainsi notamment qu'elles ne constituent que de simples donations de biens à venir, si l'état des dettes au jour de la donation n'a pas été annexé au contrat de mariage. Si cette annexe a eu lieu, l'époux donataire jouit, lors du prédécès du donateur, du droit d'option de s'en tenir aux biens présents.

23. — **Irrévocabilité.** — Les donations entre époux faites par contrat de mariage, de quelques biens qu'elles se composent, sont *irrévocables,* comme le contrat qui les contient.

Ainsi, elles ne sont pas révocables pour cause de survenance d'enfants (art. 960, C. civ.) et il n'est pas permis à l'époux donataire d'y renoncer ou d'en modifier l'effet durant le mariage; mais elles sont révocables pour cause d'ingratitude (5).

24. — Les époux peuvent stipuler qu'elles seront révoquées en cas de convol

---

(1) Cass., 20 juin 1810 ; Bordeaux, 23 août 1865 (*Rev. not.,* n° 1662); Demolombe, t. XXIII, n° 417 ; Cohnet de Santers, t. IV, n° 269 *bis.* — *Contrà :* Aubry et Rau, t. VIII, p. 99 ; Laurent, t. XV, n° 311.
(2) Rouen, 11 juillet et 20 décembre 1856.
(3) Toulouse, 15 avril 1842 ; Cass., 11 janvier 1853 (art. 14891, J. N.) ; Agen, 17 décembre 1856; Caen, 23 mai 1861; Agen, 13 juillet 1868 ; Chambéry,

23 juillet 1873 ; Montpellier, 12 août 1874 (art. 20861 et 21126, J. N.); Dict. du not., v° *Contrat de mariage,* n° 254 ; Laurent, t. XV, n° 312.
(4) Orléans, 28 janvier 1869 (art. 19480, J. N.).
(5) Cass., 26 février et 10 mars 1856 ; Rouen, 4 mars 1856 ; Cass., 14 février 1873 (*Rev. not.*, n° 4348; Aubry et Rau, t. VII, p. 416 ; Demolombe, t. IV, n° 528.

en second mariage (1). Toutefois la question est controversée, lorsque le donataire n'a pas d'enfants (2).

§ 2. DONATIONS ENTRE ÉPOUX PENDANT LE MARIAGE.

25. — Caractère de la donation. — Dans l'ancien droit, la plupart des coutumes prohibaient toute libéralité entre époux; « *durant le mariage*, dit Coquille, « *l'amitié se doit entretenir et conserver par honneur et en l'intérieur du cœur et* « *non par dons* ». Le Code n'a pas maintenu cette prohibition; mais comme on pouvait redouter que ces donations ne fussent pas toujours l'expression de la libre volonté du donateur, le législateur a prévenu le danger, en déclarant ces libéralités toujours révocables, même s'il s'agit d'une donation de biens présents, et en permettant à la femme, après le décès de l'époux donataire et contre ses héritiers (3), de la révoquer sans l'autorisation du mari (art. 1090, C. civ.).

26. — D'où certains auteurs ont conclu que la donation entre époux doit être assimilée à un testament. Mais cette doctrine n'est pas exacte : les donations entre-vifs, sont des donations dont elles ne diffèrent que par la révocabilité. On doit leur appliquer les règles des donations entre-vifs, quand la libéralité a pour objet des biens présents, et les règles des institutions contractuelles, quand les époux se sont fait une donation de biens à venir ou de biens présents et à venir (4).

27. — Formes. Formalités. — Les donations entre époux faites durant le mariage étant des donations entre-vifs, il en résulte qu'elles sont soumises, quant à leur forme, et *à peine de nullité*, aux règles établies par l'art. 931, C. civ. (5).

Elles doivent donc être reçues par *acte notarié* et en *minute*. L'acte qui en est dressé doit mentionner la *présence réelle* du notaire en second ou des deux témoins, conformément à l'art. 2 de la loi du 21 juin 1843 (V. *infrà*, v° PRÉSENCE RÉELLE).

Toutefois, si une libéralité résulte de l'assurance que le mari a contractée sur sa vie au profit de sa femme, elle n'est pas, à raison de sa nature même, soumise aux formes imposées par la loi pour les donations (6).

28. — Acceptation. — Elles doivent être *expressément* acceptées par le donataire, car l'art. 1087, C. civ. ne dispense de l'acceptation formelle que les *donations par contrat de mariage* (7).

Et l'acceptation *expresse* d'une donation par la femme à son mari n'est pas suppléée par la présence de celui-ci au contrat et la mention qu'il autorise son épouse (8).

29. — Actes séparés. — Par exception aux règles ordinaires, les époux ne peuvent se faire, pendant le mariage, sous quelque forme que ce soit, aucune libéralité mutuelle ou réciproque par un seul et même acte (art. 1097, C. civ.) (9).

Mais rien n'empêche qu'ils ne se gratifient réciproquement, par actes séparés, quoique passés immédiatement l'un à la suite de l'autre, devant le même notaire et les mêmes témoins (10).

Il a été jugé que la disposition de l'art. 1097, C. civ. est même applicable au cas où deux époux, faisant entre leurs enfants le partage anticipé de leurs biens,

---

(1) Dict. du not., v° *Condition de mariage*, n° 19 et suiv.; Dalloz, n° 148 et suiv.; Éd. Clerc, p. 430 (art. 17375, J. N.); Rouen, 16 juillet 1804; Paris, 1er avril 1862; Demolombe, *Donations*, n° 250.
(2) V. Rodière et Pont, n° 58.
(3) Toulouse, 20 mai 1886; Aubry et Rau, § 744, note 26; Demolombe, t. XXIII, n° 470; Laurent, t. XV, n° 380.
(4) Cass., 16 juillet 1817; Laurent, p. 851; Aubry et Rau, t. VIII, p. 105; Demolombe, n° 461.

(5) Aubry et Rau, p. 101, Demolombe, n° 445.
(6) Seine, 25 juin 1875; Cass., 10 mai 1876; Nîmes, 25 février 1880 (S. 1880-2-327).
(7) Rennes, 20 mars 1841; Amiens, 24 novembre 1843; Demolombe, n° 446; Laurent, n° 518.
(8) Rennes, 20 mars 1841 (S. 1841-2-418).
(9) Cass., 26 mars 1855.
(10) Aubry et Rau, p. 102; Demolombe, n° 450.

se réservent l'usufruit de ces biens et stipulent la réversibilité de la totalité de l'usufruit au profit du survivant (1).

30. — État estimatif. — Lorsque la libéralité a pour objet soit certains objets mobiliers, soit tout ou partie du mobilier présent du donateur, elle n'est valable que pour les objets dont un état estimatif a été annexé à l'acte de donation, ou inséré dans l'acte même ; et cette formalité s'applique même, pour ce qui concerne le mobilier présent, aux donations cumulatives de biens présents et à venir, en tant du moins que le donataire voudrait opter pour les biens présents (2).

31. — Transcription. — Lorsque la donation a pour objet des biens immeubles présents, elle ne devient efficace, à l'égard des tiers, que par la transcription de l'acte (3).

32. — Testament. — Il est inutile de dire que les époux sont libres de se faire la libéralité par acte testamentaire, et, qu'en ce cas, l'acte est soumis aux formes ordinaires des *testaments* (V. *infrà,* v° TESTAMENT).

33. — Capacité. — Les donations entre époux faites pendant le mariage sont, quant à la capacité des parties, soumises aux règles des donations ordinaires ou des testaments, selon qu'elles ont lieu dans l'une ou l'autre de ces sortes d'actes.

Pour juger de la capacité des parties à donner ou à recevoir, on doit exclusivement s'attacher à l'époque de la donation ou de la notification de l'acceptation, si elle a lieu par acte séparé.

L'époux *mineur* ne peut, pendant le mariage, disposer, *par acte entre vifs,* au profit de son conjoint, ni de biens présents, ni de biens à venir seulement (4).

La personne pourvue d'un *conseil judiciaire* peut donner à son époux sans l'assistance de ce conseil (5).

Un *étranger* peut faire, pendant le mariage, donation à sa femme des biens qu'il possède en France, dans les limites et les formes prévues par la loi française, bien que sa loi nationale ne permette pas cette donation (6).

34. — Biens dotaux. — La femme mariée sous le régime dotal peut donner ses biens dotaux à son mari par forme de donation entre époux, puisque ce mode de libéralité est essentiellement révocable, et que la dot perd son caractère d'inaliénabilité aussitôt après la dissolution du mariage (7).

35. — Biens qui peuvent faire l'objet de la donation. — Les donations entre époux pendant le mariage, de même que les donations par contrat de mariage, peuvent comprendre, soit les *biens présents*, soit les *biens à venir*, ou les *biens présents et à venir* cumulativement (art. 947, C. civ.) (8).

36. — Règles et effets. — Nous avons dit, *suprà*, n° 25, que les donations faites entre époux, pendant le mariage, sont *essentiellement* révocables : toute clause par laquelle le donateur renoncerait à la faculté de révocation serait à considérer comme non avenue.

37. — Elles ne sont pas sujettes à la révocation pour cause de survenance d'enfants (art. 1096, C. civ.); mais la révocation peut en être demandée par les

---

(1) Réquier, *Partage d'ascendants*, n° 137; Demolombe, n° 449; Laurent, n° 324; Cass., 19 janvier 1881; Paris, 20 février 1884 (V. *infrà,* v° PARTAGE D'ASCENDANTS, n° 58); Cons. aussi l'avis du Conseil d'Etat, des 15 et 17 avril 1886 (art. 23789, J. N.).

(2) Aubry et Rau, p. 101; Demolombe, n° 448; Laurent, n° 320; Dict. du not., n° 67.

(3) Aubry et Rau, p. 105 et 106; Demolombe, n°* 442 et suiv.; Laurent, n° 319; Dict. du not., v° *Transcription des donations*, n° 11; Comp. Havre, 2 janvier 1886 (art. 23546, J. N.).

(4) Aubry et Rau, p. 108; Demolombe, n° 462; Cass., 12 avril 1843; Bordeaux, 18 décembre 1866. Mais l'époux, mineur de seize ans révolus, peut disposer par *testament*, au profit de son conjoint, de la

moitié des biens dont il pourrait disposer en faveur de ce dernier, s'il était majeur (art. 904, C. civ.).

(5) Cass., 5 juin 1889. — Contra : Demolombe, t. XXIII, n° 646; Bruxelles, 3 avril 1886.

(6) Cass, 4 mars 1857; Seine, 3 mars 1891 J. du not., 1891, p. 247).

(7) Aubry et Rau, § 537, note 15; Rodière et Pont, t. III, n° 1769; Massé et Vergé, t. IV, p. 238; Dalloz, v° *Dot*, n° 212; Odier, n° 1247; Troplong, n° 3273; Cass., 1er décembre 1824 ; Riom, 5 décembre 1825; Caen, 8 mai 1866. — Contra : Demolombe, t. XXIII, n° 464; Laurent, n° 337; Jouitou, *Régime dotal*, n° 129; Paris, 29 août 1834; Cass., 5 avril 1836 et 10 avril 1838 (V. *suprà,* n° 9).

(8) Dict. du not., n° 54; Aubry et Rau, n° 105.

héritiers du donateur, soit pour inexécution des charges imposées au donataire, soit pour cause d'ingratitude (art. 957, C. civ.).

38. — Elles ne deviennent *caduques*, par le prédécès du donataire, que s'il s'agit de donations de biens à venir. Toutefois, en ce qui concerne les donations de biens présents, la question est délicate et très controversée (1). Aussi est-il prudent que les parties s'expliquent dans l'acte à ce sujet.

39. — La quotité des biens dont les époux peuvent, pendant le mariage, disposer en faveur l'un de l'autre, est, comme celle dont ils peuvent disposer par contrat de mariage, réglée par les articles 1094 et 1098 du Code civil.

Le donataire n'est soumis à l'action en réduction qu'après le retranchement de toutes les dispositions testamentaires, puisque la donation entre époux a le caractère d'une donation entre-vifs.

Toute donation déguisée sous la forme d'un contrat onéreux, ou faite à personne interposée, pour violer les prescriptions de la loi sur la quotité disponible, est *nulle* et non pas seulement réductible (2) (art. 911 et 1099, C. civ.). Sont réputées personnes interposées : les enfants d'un premier lit de l'époux donataire et les parents dont cet époux est héritier présomptif au jour de la donation (art. 1100, C. civ.) (3).

40. — **Dispense de caution.** — Nous avons vu (*suprà*, n° 8), que l'époux donateur peut, lorsque la libération faite par lui à son conjoint consiste dans l'usufruit des biens, dispenser le donataire de donner caution. Mais si l'usufruitier n'offrait pas de garanties suffisantes au nu-propriétaire et s'il y avait péril, les tribunaux pourraient-ils, malgré la dispense de caution, exiger certaines garanties de l'usufruitier, par exemple le transfert en valeurs nominatives des valeurs mobilières au porteur ? La Cour d'Aix a décidé la négative, dans une espèce, il est vrai où il est constaté, en fait, que la veuve légataire offrait, par son honnêteté et sa solvabilité, toutes les garanties désirables (4). Cependant, on admet plus généralement que les tribunaux, en cas de mauvaise administration, pourraient prescrire des mesures conservatoires (5), alors surtout que l'usufruitier, en raison de son âge avancé, de son inexpérience, de son insolvabilité, ou de sa mauvaise gestion, peut mettre en péril les droits du nu-propriétaire (6). La Cour de cassation semble avoir mis fin à cette controverse en décidant que la dispense de fournir caution et de faire emploi a pour objet et doit avoir pour conséquence de laisser à l'usufruitier la libre jouissance des valeurs comprises dans ledit usufruit, suivant leur forme au moment où il vient de s'ouvrir, et sans que sa jouissance puisse, dès l'origine, être modifiée ou transformée par des mesures conservatoires prises dans l'intérêt du nu-propriétaire, notamment par la conversion en titres nominatifs des titres au porteur ou leur dépôt à la Banque de France, — *à moins qu'il ne soit établi, au cours de l'usufruit, que l'usufruitier met en péril par ses actes les droits du nu-propriétaire* (7).

40 bis. — **Dispense d'inventaire.** — L'époux donateur ne peut dispenser son conjoint donataire en usufruit de faire inventaire ; si cette dispense est établie, on est d'accord pour décider qu'elle a seulement pour effet de mettre les frais de l'inventaire à la charge du nu-propriétaire (8).

41. — **Révocation.** — La révocation des donations entre époux, pendant le mariage, peut avoir lieu *expressément* ou *tacitement*.

La révocation *expresse* ne peut avoir lieu que par testament (9) ou par un

---

(1) Cons. Cass., 18 juin 1845; Toulouse, 26 février 1861; Aubry et Rau, p. 110; Demolombe, n° 4869; Laurent, n°° 339 et suiv.

(2) Montpellier, 28 février 1876 (*Rev. not.*, n° 5200).

(3) Conf. Dijon, 7 mars 1866; Cass., 11 mars 1862, 5 août 1867 et 22 janvier 1873 (art. 20573, J. N.).

(4) Aix, 31 janvier 1879 (*J. du not.*, n° 3215).—Sic: Paris, 15 juin 1877 (art. 21759, J. N.).

(5) Dijon, 4 décembre 1878; Douai, 20 décembre 1872; Besançon, 8 février 1875; Pontoise, 4 mai 1875; Rouen, 19 janvier 1881; Nancy, 21 mai 1886; Dijon, 6 décembre 1886.

(6) Poitiers, 9 mai 1887 (art. 23931, J. N.): Riom, 24 novembre 1887; Aubry et Rau, t. II, p. 477-478; Demolombe, t. X, n°° 497-498.

(7) Cass., 11 juillet 1888 (art. 24881, J. N.).

(8) Bourges, 26 mai 1891 (*J. du not.*, 1891, p. 542).

(9) Cass., 28 août 1865 (art. 18454, J. N.).

acte notarié reçu conformément aux dispositions de l'article 2 de la loi du 21 juin 1843, c'est-à-dire en minute et en la *présence réelle* d'un second notaire ou de deux témoins. Elle peut avoir lieu même après le décès de l'époux donataire (1).

La femme peut révoquer la donation faite par elle, sans l'autorisation de son mari ni de la justice (art. 1096, C. civ.).

42. — La révocation *tacite* résulte de tous les faits ou actes de l'époux donateur qui indiquent, d'une manière non équivoque, son intention de révoquer la donation, notamment par toute disposition contraire et incompatible (2) ou par l'aliénation de tout ou partie de la chose donnée (3). Elle résulte encore du jugement qui a prononcé le divorce, mais au préjudice seulement de l'époux contre lequel le divorce a été obtenu (Seine, 5 mai 1893 (*J. du not.*, 1893, p. 488).

Du reste, les règles relatives à la révocation tacite des testaments sont applicables à la révocation tacite des donations faites entre époux pendant le mariage (4).

42 bis. — Lorsqu'une donation a été faite à la condition qu'elle serait révoquée en cas de convol en secondes noces, la révocation a lieu de plein droit par le seul fait du second mariage (5).

§ 3. RESPONSABILITÉ NOTARIALE.

43. — Les règles générales sur la responsabilité sont applicables en matière de donation entre époux. Ainsi le notaire rédacteur d'un acte de ce genre pourrait être déclaré responsable de la nullité occasionnée soit par un vice de forme : par exemple, pour avoir omis de signer l'acte (6), — soit pour omission d'une formalité essentielle à la validité de l'acte : par exemple, pour défaut d'acceptation.

C'est ainsi que la Cour d'Amiens a jugé, le 20 novembre 1843, que le notaire qui a reçu un acte de donation entre époux est responsable de la nullité de cet acte résultant du défaut de mention expresse de l'acceptation de l'époux donataire (7).

La Cour de cassation a déclaré également qu'un notaire est responsable s'il a reçu, dans la forme d'une donation entre-vifs et non dans celle d'un testament, une libéralité qu'un époux mineur au-dessus de seize ans voulait faire à son conjoint, si les parties s'en sont rapportées au notaire sur la forme à donner à l'acte (8).

§ 4. HONORAIRES.

44. — Comme les testaments, les donations entre époux, *pendant le mariage*, sont soumises à un droit fixe, ou droit de rédaction, perçu au moment de l'acte, et qui varie de 10 à 50 francs; — puis, au décès, à un honoraire proportionnel perçu suivant l'importance de la libéralité. Cet honoraire est, dans l'usage, le même que l'honoraire de *testament* (V. *infra*, v° TESTAMENT). Il est dû, après le décès de l'époux donateur, soit au notaire rédacteur de l'acte, soit, si ce dernier n'est plus en fonctions, à son successeur, alors même que le donataire aurait renoncé à la donation (9).

45. — Quant aux donations entre époux *par contrat de mariage*, elles sont assujetties, dans la plupart des tarifs de compagnies, aux mêmes règles que les donations faites pendant le mariage, et il semble, en effet, que l'équité commande de les traiter également. Toutefois, beaucoup de magistrats taxateurs refusent à rémunérer autrement que par un droit fixe les donations entre époux faites par contrat de mariage. Dans l'enquête sur le tarif, en 1862, plusieurs Cours ont adopté cette doctrine, notamment la Cour de Limoges, dont nous avons essayé de

---

(1) Toulouse, 20 mai 1886; Demolombe, t. XXIII, n° 470; Aubry et Rau, § 744-26; Laurent, t. XV, n° 830.

(2) Douai, 15 juillet 1851; Cass., août 1865; Aubry et Rau, p. 115; Demolombe, n° 481; Laurent, n° 331.

(3) Demolombe, n° 482; Aubry et Rau, p. 115; Laurent, n° 333.

(4) Demolombe, n° 480; Aubry et Rau, p. 114 et 115; Laurent, n° 332.

(5) Cass., 18 juin 1890.

(6) Cass., 14 avril 1886 (art. 23585, J. N.).

(7) *Sic* : Rennes, 20 mars 1841.

(8) Cass., 12 avril 1843.

(9) Montmédy, 28 novembre 1889, et Beauvais, 22 janvier 1892 (*J. du not.*, 1890, p. 95, et 1892, p. 86).

réfuter les objections dans notre Tarif. Mais la même théorie a été implicitement consacrée par plusieurs décisions judiciaires : un arrêt de la Cour d'Aix, du 18 juillet 1873, a jugé que l'honoraire dû sur un contrat de mariage est la rémunération de toutes les dispositions et de toutes les clauses qui y sont contenues ; qu'en conséquence, quand le notaire rédacteur du contrat a perçu les honoraires de cet acte, il ne peut être réclamé ultérieurement, soit par lui, soit par son successeur, un honoraire proportionné à l'importance des biens recueillis au décès de l'époux donateur par l'époux donataire.

Le tribunal de Nancy, le 22 janvier 1884, a également décidé que le notaire qui, lors de la rédaction d'un contrat de mariage, a perçu un honoraire proportionnel sur les apports et un honoraire fixe sur la donation entre époux, n'est pas fondé à réclamer un honoraire proportionnel à l'occasion de l'exécution de cette donation au profit de l'époux survivant. Nous ne saurions approuver ces décisions (1).

§ 5. Enregistrement.

46. — Les donations entre époux *par contrat de mariage*, soumises à l'événement du décès, sont assujetties au droit *fixe* de 7 fr. 50 (2). Mais si les donations entre-vifs de biens présents que se font les futurs expriment un dessaisissement actuel, elles sont passibles du droit proportionnel de 1 fr. 50 °/₀ sur les meubles et de 3 fr. °/₀ sur les immeubles, y compris le droit de transcription (3).

47. — Les donations entre époux, *pendant le mariage*, sont soumises au droit fixe de 7 fr. 50, lorsqu'elles sont éventuelles (4). Mais elles ne sont sujettes à la formalité de l'enregistrement que dans les *trois mois* du décès du donateur (5). Il en est de même de l'acte de révocation d'une donation éventuelle.

Mais si l'acte exprime le dessaisissement actuel de la propriété des biens donnés, le droit proportionnel est exigible à 3 °/₀ sur les meubles et à 4 fr. 50 °/₀ sur les immeubles, y compris le droit de transcription (6).

§ 6. Formules.

I. DONATION ENTRE ÉPOUX PAR CONTRAT DE MARIAGE.	*de communauté et en usufruit des biens propres.*
1. *Donation mutuelle en usufruit.*	4. *Donation d'une somme déterminée.*
2. *Donation en propriété par le futur et en usufruit par la future.*	5. *Donation d'une rente viagère.*
	6. *Donation actuelle de meubles.*
	7. *Donation actuelle d'un immeuble.*
II. DONATION ENTRE ÉPOUX PENDANT LE MARIAGE.	8. *Donation de biens présents et de biens à venir.*
1. *Donation en usufruit par un mari à sa femme.*	9. *Donation par une femme à son second mari.*
2. *Donation en pleine propriété par une femme à son mari.*	10. *Donation avec charges*
3. *Donation en pleine propriété des bénéfices*	11. *Donation avec clause de révocation en cas de convol.*
	III. RÉVOCATION DE DONATION ENTRE ÉPOUX.

I. DONATION ENTRE ÉPOUX PAR CONTRAT DE MARIAGE

1. — Donation mutuelle en usufruit.

Art... Les futurs époux font, par ces présentes, donation entre-vifs, mutuelle et irrévocable, au profit du survivant d'eux, ce qui est accepté respectivement par chacun d'eux

---

(1) Cons. *Tarif gén. et rais.*, t. I, p. 374 et 427.
(2) L. 28 février 1872, art. 4.
(3) LL. 28 août 1816, art. 53, et 18 mai 1850, art. 10.
(4) L. 28 février 1872, art. 4.
(5) Cass., 20 juillet 1836 et 22 janvier 1838.
(6) LL. 28 août 1816. art. 53 et 54; 18 mai 1850, art. 10; Avignon, 4 avril 1878 (art. 23098, J . N .).

pour ledit survivant, de l'usufruit de la moitié de tous les biens meubles et immeubles qui se trouveront composer la succession du prédécédé, sans réserve aucune.

Le survivant jouira de cet usufruit pendant sa vie, à compter du jour du décès de son conjoint, en bon père de famille, sans être tenu de donner caution, mais à charge de faire inventaire et de faire emploi des sommes et valeurs soumises à son usufruit, en rentes sur l'Etat français ou en obligations des grandes compagnies de chemins de fer français *(ou avec dispense de donner caution et de faire emploi, mais à charge de faire dresser inventaire).*

2. — Donation en propriété par le futur et en usufruit par la future.

Art... Le futur époux déclare faire donation irrévocable, à la future épouse qui accepte, pour le cas ou elle lui survivrait, du quart en *pleine propriété* des biens meubles et immeubles qu'il laissera à son décès *(ou qui composeront sa succession).*

La future épouse, de son côté, fait donation irrévocable au futur époux qui accepte, pour le cas où il lui survivrait, de l'*usufruit,* pendant sa vie, de la moitié de tous les biens meubles et immeubles qui composeront sa succession, sans réserve, avec dispense de caution et d'emploi, mais à charge de faire inventaire.

La future épouse se réserve néamoins le droit de disposer, à titre de préciput, par donation ou legs, au profit de celui de leurs enfants commun qu'elle désignera, de la nue propriété du quart de ses biens, en la laissant soumise à l'usufruit ci-dessus donné, et elle entend formellement que cette seconde libéralité ait sur la première tous les effets et avantages attachés à la priorité de date (1).

II. DONATIONS ENTRE ÉPOUX PENDANT LE MARIAGE (2)

1. — Donation en usufruit par un mari à sa femme.

Pardevant..., etc.

A comparu :

M. Louis Sauvage, propriétaire, demeurant à...

Lequel a, par ces présentes, fait donation entre-vifs, pour le cas où elle lui survivrait,

A Mme Eugénie Godard, son épouse, demeurant avec lui, ici présente, et qui accepte avec l'autorisation de son mari,

De l'usufruit de l'universalité des biens (ou : de la moité, ou : du quart, de tous les biens), meubles et immeubles qui composeront la succession de M. Sauvage au jour de son décès, sans exception ni réserve.

Mme Sauvage, si elle survit à son mari, jouira de cet usufruit pendant sa vie, à compter du jour du décès de ce dernier.

En cas d'existence d'enfants à l'époque du décès du donateur, cette donation sera réduite à la moitié en usufruit desdits biens en y comprenant les rapports.

En cas d'existence d'ascendants, la présente donation comprendra même l'usufruit de la partie qui leur est réservée par la loi.

Dans l'un et l autre cas, Mme Sauvage recueillera le bénéfice de la présente donation, sans être tenue de donner caution, ni de faire emploi ; mais elle devra faire faire inventaire.

Ou : Mme Sauvage devra donner caution et faire emploi des capitaux qui seront remboursés au cours de l'usufruit ; s'il existe, au décès, des titres au porteur, ils seront convertis en titres nominatifs, immatriculés au nom des nu-propriétaires et de l'usufruitière.

M. et Mme Sauvage déclarent qu'ils sont mariés sous le régime..., etc (3).

Dont acte...

2. — Donation en pleine propriété par une femme à son mari.

Pardevant..., etc.

A comparu :

Mme Amélie Renaud, épouse assistée et autorisée de M. Nicolas Ricard, propriétaire, avec lequel elle demeure à...

---

(1) Cette stipulation est parfaitement valable. Conf. Demolombe, t. XXIII, n° 535; Dutruc, *Rev. not.*, n° 2608; Colmet de Santerre, t. IV, n° 281 *bis*. V. Bonech, *Quot. disp.*, p. 476.

(2) V. sur les donations entre époux pendant le mariage notre *Étude, J. du not.*, 1891, p. 497 et 513.

(3) Il est utile de faire cette déclaration dans tous les actes de donation entre époux pendant le mariage. Rappelons, à cet égard, que la femme dotale ne peut faire donation de ses biens dotaux à son mari (V. *supra*, n° 34).

Laquelle a, par ces présentes, fait donation entre-vifs, pour le cas où il lui survivrait, A M. Ricard, son mari susnommé, ici présent et qui accepte,

De l'universalité des biens et droits mobiliers et immobiliers qui composeront la succession de la donatrice lors de son décès, sans exception ni réserve.

Pour le donataire, audit cas de survie, jouir et disposer de l'universalité de ces biens en pleine propriété, à partir du jour du décès de la donatrice.

En cas d'existence d'ascendants, la présente donation ne subira de réduction que quant à la nue propriété de la portion qui leur est réservée par la loi.

En cas d'existence d'enfants, ladite donation sera réduite à la plus forte quotité disponible entre époux, c'est-à-dire à un quart en pleine propriété et à un quart en usufruit desdits biens et droits, en y comprenant même les rapports.

Pour jouir de l'usufruit auquel il pourra avoir droit, le donataire ne sera pas tenu de donner caution ni de faire emploi, mais il devra faire faire inventaire.

Dont acte...

3. — Donation en pleine propriété des bénéfices de communauté, et en usufruit des biens propres.

... 1° De la pleine propriété de la part du donateur dans les biens meubles et immeubles qui composeront la communauté existant entre lui et la donataire.

2° Et de l'usufruit pendant sa vie, des biens propres et des reprises qui appartiendront au donateur au jour de son décès.

Mme Ricard si elle survit à son mari, profitera de cette donation à partir du jour du décès de ce dernier.

En cas d'existence d'enfants, la présente donation sera réduite à un quart en pleine propriété et à un quart en usufruit, et l'imputation se fera d'abord sur les biens de communauté surtout quant à la propriété, et subsidiairement sur les biens propres du donateur.

Dans l'un et l'autre cas, Mme Ricard jouira de l'usufruit auquel elle aura droit sans être tenue de donner caution ni de faire emploi (1), mais elle devra faire faire inventaire

4. — Donation d'une somme déterminée.

... De la pleine propriété de la somme de... à prendre sur les plus clairs et apparents biens qui composeront la succession du donateur.

Mme Ricard si elle survit à son mari, profitera de la présente donation à compter du jour du décès de ce dernier.

Les héritiers de M. Ricard auront un délai de... pour payer ladite somme de... à la donataire; mais ils devront les intérêts au taux de 5 °/$_0$, à compter du jour du décès du donateur.

En cas d'existence d'enfants, la présente donation sera réduite à la plus forte quotité disponible tant en pleine propriété qu'en usufruit.

Pour jouir de l'usufruit, etc...

5. — Donation d'une rente viagère.

... D'une rente annuelle et viagère de... fr. sur la tête et pendant la vie de la donataire, qui en recevra les arrérages de trois mois en trois mois, à partir du jour du décès du donateur.

---

(1) Si l'obligation d'emploi est imposée, il y a lieu d'ajouter :

Mme Ricard pourra recevoir seule, sans le concours des nu propriétaires, le remboursement des capitaux soumis à son usufruit, en donner quittances et consentir tous désistements, mainlevées et radiations.

Mais dans les deux mois de son encaissement, elle devra faire emploi des capitaux en rente sur l'État français ou en obligations du Crédit foncier de France ou de l'une ou de l'autre des six grandes compagnies de chemins de fer français, à son choix, et les valeurs ainsi acquises seront immatriculées à son nom pour l'usufruit et au nom des ayants droit pour la nue propriété.

Mme Ricard devra notifier cet emploi aux nu-propriétaires sur leur demande.

A défaut d'emploi dans le délai susfixé, Mme Ricard sera déchue de son droit d'usufruit sur les capitaux touchés, dont les nu-propriétaires pourront par conséquent réclamer la restitution pure et simple.

Les tiers ne seront, dans aucun cas, tenus de surveiller l'emploi.

Tous les héritiers et représentants du donateur seront indivisiblement obligés au service de cette rente et devront en assurer le paiement en fournissant une hypothèque sur les immeubles d'une valeur libre, d'au moins... fr.

Tous les frais que nécessiteront ces formalités seront supportés par les héritiers du donateur.

Si, en cas d'existence de l'enfant issu du premier mariage de M. Ricard, la présente donation excédait la quotité disponible, et si la réduction en était demandée par les héritiers du donateur, celui-ci entend que, dans ce cas, la donataire survivante ait droit à la plus forte quotité disponible entre époux tant en pleine propriété qu'en usufruit, dont il lui fait pour ce cas donation.

6. — Donation actuelle de meubles.

... Des meubles meublants et objets mobiliers garnissant l'appartement qu'ils occupent dans une maison située à..., et détaillés dans un état que le donateur en a dressé sur... feuilles de papier au timbre de. . Cet état, qui sera enregistré en même temps que les présentes, a été certifié véritable par le donateur et signé par les parties en présence des notaires soussignés pour demeurer ci-annexé.

Mme Ricard disposera de ce mobilier en toute propriété, à compter du jour du décès de son mari. En cas d'existence d'enfants lors du décès de son mari, etc...

7. — Donation actuelle d'un immeuble.

... D'une maison située à...

Mme Vincent sera propriétaire, dès ce jour, des biens donnés, mais sous la condition de survie ci-après exprimée, et elle en prendra la jouissance lors du décès de son mari.

Cette donation est subordonnée à la condition de survie de Mme Vincent, et conséquemment sera sans effet si cette dernière vient à décéder avant son mari.

M. Vincent est propriétaire desdits immeubles, savoir, etc...

Cette donation est faite à la charge, par la donataire qui s'y oblige :

1° De payer les dettes du donateur, établies dans l'état qu'il en a dressé sur... feuilles de papier au timbre de. . Cet état, qui sera enregistré en même temps que les présentes, a été certifié véritable par le donateur et signé par les parties, en présence des notaires soussignés, pour demeurer ci-annexé.

2° De... (énoncer les charges que le donateur a jugé à propos d'imposer à la donataire).

La présente donation ne recevra pas son effet à l'égard de ceux des biens dont le donateur pourrait disposer ultérieurement, soit à titre gratuit, soit à titre onéreux.

Une expédition des présentes sera transcrite au bureau des hypothèques de...

8. — Donation de biens présents et de biens à venir.

... De tous les biens meubles et immeubles présents et à venir du donateur, sans aucune exception.

La donataire en disposera en toute propriété, à partir du jour du décès du donateur.

Tous les biens présents du donateur ont été désignés en un état qu'il en a dressé sur... feuilles de papier au timbre de... Ledit état enregistré a été certifié véritable par le donateur et signé par les parties, en présence des notaires soussignés, pour demeurer annexé aux présentes.

(On peut établir la propriété des immeubles dans cet état, ou dans l'acte de donation, si on le préfère).

La présente donation est faite à la charge par la donataire, qui s'y oblige :

1° De payer, si elle recueille l'effet de cette donation, toutes les dettes et charges (1) de la succession du donateur, et même d'exécuter toutes les libéralités qu'il pourrait faire ultérieurement ;

---

(1) Il est toujours indispensable d'énoncer les charges qui grèvent les biens donnés ; l'art. 945 du | C. civ. le prescrit d'une manière impérative. La révocabilité de la donation n'est pas un motif pour

2° De... (*énoncer les charges que le donateur voudrait encore imposer à la donataire*).

Toutefois, la donataire aura la faculté de s'en tenir aux biens présents, pour n'être obligée de payer que les dettes et charges qui existent aujourd'hui, telles qu'elles sont énoncées et détaillées dans l'état que le donateur en a dressé sur une feuille de papier au timbre de..., lequel état est demeuré ci-annexé, après avoir été certifié véritable par les parties et revêtu d'une mention d'annexe par les notaires soussignés.

Le donateur a déclaré formellement qu'il entend que les prix d'aliénations, qui se trouveraient dûs au jour de son décès, fassent partie de la présente donation.

En cas d'existence d'enfants du donateur, etc.

Une expédition des présentes sera transcrite au bureau des hypothèques de...

9. — Donation par une femme à son second mari

Pardevant, etc...

A comparu :

Mme Marie Mengin, veuve en premières noces avec un enfant, de M. Nicolas Royer, et actuellement épouse en secondes noces de M. Paul Boquet, propriétaire, ici présent, par lui autorisée et avec lequel elle demeure à...

Laquelle a, par ces présentes, fait donation entre-vifs à son mari qui accepte, de tous les biens meubles et immeubles qui composeront sa succession.

M. Boquet, s'il survit à son épouse, disposera, à partir du jour du décès de cette dernière, de l'universalité desdits biens en pleine propriété.

En cas d'existence de l'enfant du premier mariage de Mme Boquet, la présente donation sera réduite à une part d'enfant le moins prenant, en pleine propriété, sans qu'elle puisse excéder le quart de ces biens ;

En cas d'existence d'enfants du second mariage seulement, la présente donation sera réduite à un quart en pleine propriété et à un quart en usufruit des mêmes biens en y comprenant même les rapports. A l'égard de cet usufruit, le donataire y aura droit pendant sa vie, à compter du jour du décès du donateur, sans donner caution ni faire emploi, mais il devra faire faire inventaire.

Dont acte...

10. — Donation avec charges.

Pardevant, etc...

A comparu :

M. Félix Bertrand, propriétaire, demeurant à...

Lequel a, par ces présentes, fait donation entre-vifs, pour le cas où elle lui survivrait,

A Mme Mélanie Josset, son épouse, demeurant avec lui, à ce présente et qui accepte avec l'autorisation de son mari.

Des biens meubles et immeubles, etc.

Pour la donataire, en jouir et disposer, en pleine propriété, à compter du jour du décès du donateur.

La présente donation est faite à la charge, par la donataire qui s'y oblige, de payer à M. Léonard Petit, domestique, demeurant à..., mais seulement pour le cas où il survivrait

---

s'en dispenser, et l'art. 1084 permet, en ce cas, au donataire, lors du décès du donateur, de s'en tenir aux biens présents, en renonçant au surplus des biens du donateur. — L'état des charges doit être rédigé dans la forme ci-après, à moins qu'on ne préfère énoncer toutes ces charges dans l'acte même de donation, ce qui peut se faire sans inconvénient.
État des dettes et charges de M.. dressé par lui pour être annexé à la donation qu'il a faite à Mme..., son épouse, de tous ses biens, etc.
Ces dettes et charges se composent :
1° De la somme de.., restant due sur le prix principal d'une maison située à..., qu'il a acquise de M...,

aux termes d'un contrat passé devant Me..., etc., ci . . . . » »
2° De la somme de... fr... cent , montant des intérêts de cette somme courus jusqu'à ce jour, ci . . . . » »
3° De la somme de..., ci . . . . » »

           Total . . . . » »

Reconnu exact, certifié véritable et signé par M .. et Mme... et annexé à la minute d'un acte de donation passé devant les notaires soussignés, au et ce d'hui.. mil huit...

aussi au donateur, la somme de six mille francs, exigible dans l'année du décès de celui-ci et productive d'intérêts à cinq pour cent du jour de ce décès.

En cas d'existence d'ascendants, la présente donation ne subira de réduction que quant à la nue propriété de la portion qui leur est réservée par la loi.

En cas d'existence d'enfants, ladite donation sera réduite à la plus forte quotité disponible entre époux, c'est-à-dire à un quart en pleine propriété et à un quart en usufruit de mes biens et droits, en y comprenant même les rapports.

Pour jouir de l'usufruit auquel il pourra avoir droit, le donataire ne sera pas tenu de donner caution ni de faire emploi, mais il devra faire faire inventaire.

Dont acte...

11. — Donation avec clause de révocation en cas de convol.

(La donation se fait dans les termes ordinaires ; on ajoute seulement à la fin de l'acte :

La donatrice entend expressément que la présente donation soit révoquée de plein droit et cesse d'avoir son effet, dans le cas où le donataire convolerait en secondes noces.

Mais si, au moment du second mariage, les enfants et petits-enfants de la donatrice étaient tous décédés, en un mot s'il n'existait alors aucun descendant d'elle, elle consent que la révocation n'ait point lieu, et que cette donation, au contraire, produise tous ses effets.

III. RÉVOCATION DE DONATION ENTRE ÉPOUX

Pardevant, etc...

A comparu :

Mme Louise Berton, épouse de M. Georges Ferrand, propriétaire avec lequel elle demeure à...

Laquelle a, par ces présentes, déclaré formellement révoquer la donation universelle en usufruit qu'elle a faite au profit de son mari, aux termes d'un acte reçu en minute et en présence de témoins, par M^e..., l'un des notaires soussignés, le...

Voulant que ladite donation soit considérée comme non avenue, et ne produise aucun effet.

Mention des présentes est consentie partout où elle sera nécessaire.

Dont acte...

CHAPITRE DEUXIÈME

QUOTITÉ DISPONIBLE ENTRE ÉPOUX

Sommaire :

§ 1. Notions générales.
§ 2. Quotité disponible de l'article 1094.
§ 3. Quotité disponible de l'article 1098.

§ 1. NOTIONS GÉNÉRALES.

1. — L'époux majeur peut disposer de la totalité de ses biens au profit de son conjoint, par contrat de mariage, — ou par actes entre-vifs ou testamentaires faits pendant le mariage.

2. — S'il est mineur, il peut disposer de la même quotité, *mais par contrat de mariage seulement* et à la condition qu'il le fasse avec le consentement et l'assistance de ceux dont le consentement est requis pour la validité de son mariage (art. 1095 et 1398 du C. civ.).

Pendant le mariage, il ne peut faire aucune donation à son conjoint; il ne peut disposer en sa faveur que par testament et dans les limites établies par l'art. 904, c'est-à-dire de *moitié* seulement de ce qu'il pourrait donner, s'il était majeur.

3. — Lorsqu'au décès du disposant, il existe des héritiers réservataires, c'est-à-dire des descendants ou des ascendants, les libéralités faites par lui au préjudice de ces héritiers, ne sont pas nulles, mais réductibles à la quotité disponible (nous avons vu, dans le chapitre second des donations par préciput ce qu'il faut entendre par *héritier réservataire, réserve, quotité disponible et réduction*).

La quotité disponible est invariablement fixée par le nombre d'enfants et d'ascendants que laisse le disposant, sans distinction de ceux qui renoncent et de ceux qui acceptent (1).

Toutes les libéralités entre époux sont, quelles que soient leurs formes, assujetties à la quotité disponible fixée par les art. 1094 et 1098, C. civ. En conséquence, si, pendant le mariage, le mari a contracté une assurance sur la vie, au profit de sa femme, la libéralité qui en résulte, quand elle excède la quotité disponible, est réductible dans les limites de la loi, lorsque l'assuré laisse à son décès des héritiers réservataires (2).

4. — Le législateur a établi deux sortes de quotité disponible entre époux :

La première est applicable au cas où le disposant ne laisse, à son décès, aucun enfant issu d'un précédent mariage, et varie, suivant que sa succession est dévolue à des descendants ou à des ascendants (art. 1094 du C. civ.).

Et la seconde concerne les dispositions faites par un époux laissant à son décès des enfants d'un mariage précédent (art. 1098).

§ 2. QUOTITÉ DISPONIBLE DE L'ARTICLE 1094.

5. — **Quantum.** — Aux termes de l'article 1094 du Code civil, l'époux qui ne laisse pas d'enfants, peut disposer en faveur de son conjoint, en *pleine propriété*, de tout ce dont il pourrait disposer en faveur d'un étranger, et en outre, de l'*usufruit* de la totalité de la portion dont la loi prohibe la disposition au profit des héritiers réservataires. L'article 1094 permet donc que l'époux, qui a des ascendants, donne à son conjoint, en propriété, la *moitié* ou les *trois quarts* de ses biens, selon qu'il y a des ascendants dans les deux lignes ou dans une ligne seulement, et en outre, l'usufruit de la *moitié* ou du *quart* qui forme la réserve des ascendants.

D'après le même article, quand l'époux donateur laisse des enfants ou descendants, il peut donner à son conjoint, ou un *quart* en *pleine propriété* et un autre *quart* en *usufruit* — ou la *moitié* de tous ses biens en *usufruit* seulement.

6. — Si l'époux décédé ne laisse pas d'enfants légitimes, mais seulement un ou deux enfants *naturels reconnus*, la quotité disponible est la même en faveur du conjoint que pour toute autre personne; l'enfant naturel ne pouvant invoquer contre l'époux donataire l'art. 1094, C. civ., qui ne s'occupe que des enfants et descendants légitimes (3).

---

(1) Montpellier, 8 mars 1864; Paris, 9 juin 1864 et 11 mai 1865; Dijon, 20 novembre 1865; Pau, 21 décembre 1865; Grenoble, 16 avril 1866; Paris, 24 août 1866; Grenoble, 17 janvier 1868 (art. 18918, J. N.); Cass., 27 novembre 1866, 13 août 1867, 21 juin 1869 (art. 18616 et 19970, J. N.) et 10 novembre 1880; Paris, 18 février 1886 (S. 1888-2-225); Aubry et Rau, p. 174; Labbé, *Revue pratique*, 1858, p. 319, 354,

882. — *Contrà* : Demolombe, t. II, n° 99 ; Laurent, t. XII, n° 21.

(2) Seine, 25 juin 1875 (*Rev. not.*, n° 4958); Cass., 10 novembre 1874 (*Rev. not.*, n° 5925) ; Paris, 16 novembre 1888 (art. 24284, J. N.).

(3) Cass., 12 juin 1866 (art. 18546, J. N.). — Grenoble, 7 mai 1879 (art. 22292, J. N.) ; Demolombe, n° 498 *bis*.

7. — La quotité disponible de l'art. 1094 est fixe et invariable, quel qu'il soit le nombre des enfants existant au décès de l'époux donateur; la jurisprudence et la majorité des auteurs sont d'accord sur ce point (1).

L'époux donateur ne peut modifier le disponible de l'art. 1094; ainsi, il ne pourrait donner à son conjoint, outre un quart en propriété, une fraction en nue propriété, alors même que ce dernier don ne dépasserait pas la valeur du quart en usufruit (2).

8. — S'il laisse des descendants, la donation universelle en pleine propriété, ou de la quotité disponible, sans restriction, qu'il aurait faite, est réductible à la donation d'un quart en pleine propriété et d'un quart en usufruit (3).

Dans le même cas d'existence de descendants, la donation universelle en usufruit est toujours réductible à la moitié de cet usufruit (4), à moins qu'il soit stipulé qu'elle sera réduite à un quart en toute propriété et un quart en usufruit (5).

9. — Concours avec la quotité disponible de l'article 913. — Les plus grandes difficultés et les plus longues controverses se sont élevées sur la question de savoir quelle est la portion dont un époux peut disposer au profit de son conjoint et au profit de l'un de ses enfants ou d'un étranger *cumulativement*, et si en ce cas, c'est l'article 913 ou l'article 1094 qui doit servir de règle pour déterminer l'étendue des dispositions.

10. — Les principes qui doivent servir à résoudre les difficultés résultant du concours de libéralités faites par le défunt au profit de son conjoint avec des libéralités faites en faveur d'un enfant ou d'un étranger peuvent se formuler ainsi (6) :

> a) Le montant cumulé des dispositions faites par l'époux soit en faveur de son conjoint, soit en faveur d'un étranger ou d'un enfant, ne peut pas excéder la quotité disponible la plus forte ;
>
> b) Chaque gratifié ne peut rien recevoir au-delà de la quotité disponible qui lui est particulière ;
>
> c) Les enfants ou les étrangers ne peuvent pas profiter du supplément de disponible en usufruit établi par l'article 1094.

11. — Cela posé, c'est à la quotité disponible revenant au plus favorisé par la loi, que doivent d'abord être réduites les libéralités excessives faites cumulativement à l'époux et à un autre légataire, sauf à réduire ensuite chacun des gratifiés à ce dont il était permis de disposer relativement à lui, si par l'effet de la première réduction, il retenait quelque chose au-delà ; de manière qu'il n'ait jamais une part plus forte que celle dont la loi permet la disposition en sa faveur. Ainsi on fixera la quotité disponible tantôt par l'article 913, tantôt par l'article 1094 (7).

12. — Les dispositions testamentaires faites en faveur du conjoint et celles faites à d'autres personnes, qui ne dépassent pas ensemble la quotité disponible la plus élevée, doivent être maintenues les unes et les autres, sans qu'il y ait à tenir compte ni de la date des testaments, ni de l'ordre dans lequel les libéralités se trouvent dans le même testament (8).

13. — Il faut remarquer :

> a) Que lorsque la quotité disponible en faveur du plus favorisé par la loi a été épuisée par une première donation entre-vifs, par un acte

---

(1) Demolombe, nᵒˢ 499 et suiv. ; Laurent, n° 348; Coin-Delisle, sur l'art. 1094 ; Cass., 4 janvier 1869 (art. 19508, J. N.).

(2) Laurent, n° 317 ; Rennes, 5 décembre 1854.

(3) Demolombe, t. XXIII, n° 505; Caen, 26 mars 1843 (S. 1843-2-455).

(4) Orléans, 15 février 1867 (art. 19508, J. N.) ; Cass., 10 mars 1873 (S. 1874-1-17) ; Orléans, 15 mai 1879 (S. 1879-2-217) ; Aubry et Rau, § 689-8 ; Demolombe, n° 502 ; Laurent, n° 356.

(5) Demolombe, t. XVIII, n° 281.

(6) Demolombe, n° 510 ; Aubry et Rau, p. 261 et 262, texte et notes 17 à 21.

(7) Delvincourt, t. II, p. 220 ; Toullier, t. V, nᵒˢ 870 et 873, Grenier, n° 584 ; Proudhon, n° 356 ; Duranton, n° 702 ; Toulouse, 20 juin 1809 ; Turin, 15 avril 1810 ; Agen, 27 août 1810 ; Limoges, 24 août 1822 ; Cass., 21 novembre 1842, 9 novembre 1846 et 23 août 1847.

(8) Aubry et Rau, p. 268 ; Demolombe, nᵒˢ 517 à 519 ; Cass., 20 décembre 1847, 12 juillet 1848 et 3 mai 1864.

irrévocable, toutes les autres libéralités, soit entre-vifs, soit testamentaires, sont nulles et non avenues (1).

b) Que si le quart en toute propriété qui est commun aux deux quotités disponibles a d'abord été irrévocablement donné, le disposant n'a plus à sa disposition que ce que la plus forte quotité peut avoir d'excédant; et il ne peut donner cet excédant, soit à l'époux, soit à l'étranger, que dans les limites de la quotité particulière à chacun d'eux (2).

c) Que lorsqu'il s'agit de combiner ensemble plusieurs legs, dont la masse est excessive, l'un fait au profit de la veuve, les autres à des enfants ou à des étrangers, on doit distribuer aux légataires la quotité disponible la plus forte proportionnellement à leurs legs et suivant l'intention présumée du testateur.

d) Que lorsque les libéralités sont toutes testamentaires et qu'il s'agit de legs de quotités, les uns en pleine propriété, les autres en usufruit, on doit faire porter l'usufruit légué à la veuve sur le legs de propriété fait à l'autre, toutes les fois que la masse de deux legs computés autrement serait excessive (3). D'après MM. Demolombe (4), et Aubry et Rau (5), le supplément de disponible en usufruit, établi par l'article 1094 en faveur de l'époux, ne saurait faire partie de la masse sur laquelle s'opère la réduction proportionnelle des legs et doit être dans tous les cas en dehors de la quotité disponible à l'égard des autres légataires.

e) Que, dans les autres cas de dispositions testamentaires, lorsque les libéralités excèdent la plus forte quotité disponible, la réduction en doit être faite au marc le franc, sans distinction entre les legs universels et les legs particuliers. Lorsque la disposition en usufruit porte sur des objets individuellement désignés, et qu'il y a lieu de rechercher si, jointe aux autres dispositions, elle excède la quotité disponible, il y a lieu de comparer la valeur des objets donnés en usufruit à celle des autres biens composant la masse et d'évaluer l'usufruit pour arriver à la réduction proportionnelle des legs (6).

14. — Lorsqu'une disposition faite au profit du conjoint dépasse la quotité de biens dont le défunt pouvait disposer à son égard, les autres donataires ou légataires contre lesquels les héritiers à réserve demandent la réduction ou auxquels ils refusent la délivrance de leurs legs, sont en droit d'exiger que cette disposition soit ramenée à sa mesure légale (7).

15. — Il a été jugé que, quand la quotité spéciale de l'article 1094 au profit du mari survivant a été dépassée par les dispositions testamentaires de l'époux prédécédé, rien ne s'oppose à ce que les légataires étrangers, dont la part se trouverait ainsi diminuée, demandent eux-mêmes la réduction et en profitent. Ainsi, au cas de legs faits par une femme concurremment à son mari et à des étrangers, en présence d'un enfant unique, la fraction du disponible qui excède la mesure fixée par l'article 1094 doit être prélevée au profit des légataires étrangers, et, s'ils ne sont pas remplis de leurs legs par ce prélèvement, ils peuvent, pour le surplus, concourir au marc le franc avec le mari (8).

16. — Nous allons maintenant examiner successivement les divers cas qui peuvent se présenter :

---

(1) Proudhon, n° 358.
(2) Proudhon, n° 360 ; Troplong, n° 2584.
(3) Coin-Delisle, art. 1094, n° 18; Marcadé, art. 1100, n° 8.
(4) N°° 539 à 542.
(5) P. 270.

(6) Aubry et Rau, p. 270.
(7) Aubry et Rau, p. 219 et 220, texte et note 3; Demolombe, t. II, n° 245, et t. VI, n° 513 et 514; Paris, 10 décembre 1864 ; Agen, 16 décembre 1864.
— *Contrà* : Caen, 24 décembre 1862.
(8) Cass., 4 janvier 1869 (art. 19508, J. N.).

17. — Un enfant. — La quotité disponible est alors de la moitié des biens. C'est à cette quotité que doivent être réduites les deux libéralités faites, l'une à l'époux et l'autre à un étranger ; mais le conjoint donataire ne peut retenir plus que la loi lui accorde par l'article 1094.

18. — Quelles que soient, donc, les combinaisons des dispositions faites à l'époux et à l'étranger, il faut qu'elles remplissent les deux conditions suivantes :

a) Qu'elles n'excèdent pas ensemble la moitié des biens.

b) Et que l'époux survivant ne reçoive pas plus d'un quart en pleine propriété et un quart en usufruit (1).

Ainsi supposons un sixième donné d'abord à l'étranger en pleine propriété, l'épouse ne pourrait recevoir ensuite un tiers en propriété, quoique les deux libéralités réunies n'excèdent pas la moitié qui est la plus forte portion disponible. La donation faite à l'épouse ne serait valable que pour un quart ou trois douzièmes de cette propriété, et elle serait réduite à l'usufruit pour le douzième restant (2).

19. — Si l'époux disposant par testament, a donné, dans le même acte, la moitié de ses biens à un étranger, et la moitié en usufruit à son épouse, le legs fait à l'étranger ne doit être considéré que comme portant sur la nue propriété.

20. — Si le testateur léguait la moitié à l'étranger, et à sa veuve un quart en propriété et un quart en usufruit, il faudrait réduire les deux dispositions de manière à les mettre au niveau de la plus forte quotité disponible qui est la moitié ; il y aurait donc nécessité d'estimer la valeur de l'usufruit de la veuve (nous verrons plus loin comment se fait cette évaluation). Par exemple, si l'usufruit était estimé à la moitié de la propriété, son legs serait d'un quart et demi ou trois huitièmes, et le legs fait à l'étranger étant de moitié ou quatre huitièmes, la plus forte quotité disponible devrait être divisée en sept parts, dont trois pour la veuve, quatre pour l'étranger ; l'une aurait trois quatorzièmes et l'autre quatre quatorzièmes. Ces deux parts réunies forment la moitié disponible et leur répartition entre l'épouse et l'étranger est la conséquence des articles 913 et 1094 combinés (3).

21. — Deux enfants. — La quotité disponible envers un étranger est d'un tiers et pour l'épouse d'un quart en pleine propriété et d'un quart en usufruit. Il faut rechercher quelle est la plus forte quotité disponible, en combinant ces deux disponibilités différentes.

Dans ce but, il faut d'abord déterminer la valeur de l'usufruit relativement à celle de la propriété. Cette évaluation qui varie selon la durée que l'usufruit doit vraisemblablement avoir, est laissée à l'appréciation des tribunaux ; car la loi fiscale du 22 frimaire, qui fixe à la moitié de la propriété la valeur de tout usufruit, n'avait que l'enregistrement pour objet ; et c'est là une question de fait qui ne tombe pas sous le contrôle de la Cour de cassation (4).

Exemple : L'époux décédé a légué la moitié en propriété à un étranger, plus à sa veuve un quart en propriété et un quart en usufruit, les limites du disponible sont évidemment excédées et il faut y ramener les deux legs. Supposons que d'après l'âge et l'état de santé de la veuve, l'usufruit soit estimé au tiers de la propriété, son legs s'élèverait à quatre douzièmes ou un tiers de la succession ; alors la quotité disponible prise, soit dans l'article 913, soit dans l'article 1094 serait toujours la même, c'est-à-dire d'un tiers de la succession. Ce tiers partagé entre la veuve et le légataire dans la proportion de leurs droits, montant à quatre douzièmes pour la veuve et six douzièmes pour l'étranger, il reviendrait quatre parties à la veuve et six à l'étranger (5).

(1) Dict. du not., n° 204.
(2) Toullier, t. V, n° 871 ; Duranton, t. IX, n° 793 ; Delvincourt, t. II, p. 221 ; Dict. du not., v° *Port. disp.*, n° 205.
(3) Proudhon, n° 359 ; Dict. du not., n°° 208 et 209.

(4) Cass., 28 mars 1866 (art. 18513, J. N.) ; Bordeaux, 2 juillet 1868 ; Pau, 21 juillet 1868 (*Rev. not.*, n° 2388) ; Toulouse, 20 décembre 1871 ; Lyon, 8 mai 1891 ; Laurent, n°° 876 et 877 ; Demolombe, t. XXIII, n° 547.
(5) Proudhon, n° 359 ; Dict. du not., n° 220.

22. — Lorsqu'un époux, qui a deux enfants, a donné *par contrat de mariage*, à son conjoint l'usufruit de ses biens, peut-il donner à un de ses enfants ou à un étranger le tiers en nue propriété? L'affirmative est soutenue par MM. Aubry et Rau, (1) et par Demolombe (2). Mais cette solution n'a pas été consacrée par la jurisprudence. La Cour de cassation, le 12 janvier 1853, et la Cour d'Aix, le 5 février 1861, ont jugé que l'époux donateur n'avait pu disposer que de la différence du quart au tiers, soit *un douzième* en pleine propriété. Une objection grave pouvait être faite à ce système qui a pour résultat de réduire aux cinq douzièmes la réserve des enfants restée libre en pleine propriété, alors qu'en cas d'existence d'un seul enfant, la réserve en pleine propriété est égale à la moitié.

Aussi la Cour de Paris a-t-elle jugé le 31 mai 1861 (3), que l'excédent de la portion disponible donné à l'enfant ne peut porter sur aucune part de pleine propriété et que, par suite, il doit être fixé à deux douzièmes en nue propriété.

23. — **Trois enfants ou plus.** — Le conjoint survivant peut toujours recevoir un quart en propriété et un quart en usufruit; mais un étranger ne peut recevoir plus d'un quart en pleine propriété (art. 913 et 1094, C. civ.).

24. — La question la plus importante qui se présente, dans ce cas, est celle de savoir si l'époux qui, laissant trois enfants ou plus, a donné à son conjoint l'usufruit de la moitié de ses biens, peut donner encore à un enfant ou à un étranger la nue propriété d'un quart.

La solution de cette question varie suivant que la donation faite au conjoint est *irrévocable*, comme celle contenue dans un contrat de mariage, — ou *révocable*, comme les donations entre époux pendant le mariage ou les testaments.

25. — Dans le *premier cas*, la libéralité faite au conjoint doit s'imputer sur la quotité disponible ordinaire résultant de l'article 913, après évaluation de l'usufruit. Si cet usufruit est évalué au quart en pleine propriété, la quotité disponible de l'art. 913 est épuisée et toute donation faite à un étranger ou à un enfant devient sans effet (4), — avec d'autant plus de raison qu'il a été décidé que les époux ne peuvent, pendant le mariage, renoncer à tout ou partie des gains de survie dont ils se sont gratifiés par leur contrat de mariage, alors même que cette renonciation a pour but d'assurer l'effet d'une disposition préciputaire faite à l'un de leurs enfants (5). Mais cette renonciation peut être faite après la dissolution du mariage (6).

Toutefois, pour échapper aux conséquences de la jurisprudence de la Cour de cassation, on pourrait insérer, dans les contrats de mariage, une clause par laquelle le donateur déclarerait qu'il entend ne maintenir le don fait à son époux, de l'usufruit de moitié, qu'à cette condition qu'il ne serait exécuté que prélèvement fait du don ou du legs qu'il pourrait faire à un enfant ou à un étranger. Une pareille clause serait valable, en vertu des art. 1086 et 1093, C. civ., qui permettent de faire, par contrat de mariage, des donations sous des conditions dont l'exécution dépend de la volonté du testateur (7).

26. — Dans le *second cas*, il y a concours des deux quotités disponibles des articles 913 et 1094, puisque aucun des gratifiés n'est définitivement investi de

(1) P. 264, note 25.

(2) T. VI, n° 533.

(3) Art. 17161, J. N.

(4) Cass., 7 janvier 1824, 21 mars 1837, 24 juillet 1839, 22 novembre 1843, 27 décembre 1848, 7 mars 1849, 11 et 12 janvier et 2 août 1853; Toulouse, 23 novembre 1853; Agen, 10 juillet 1854 et 9 novembre 1867; Toulouse, 20 décembre 1871; Montpellier, 12 août 1874 (art. 17064 et 21126, J. N.); Troplong, n° 2600 et suiv.; Laurent, t. XV, n° 369. —*Contra*: Demolombe, t. VI, n° 525 et suiv.; Aubry et Rau, t. VII, n° 268.

(5) Cass., 11 et 12 janvier 1853 (art. 14894, J. N.); Agen, 17 décembre 1856; Caen, 23 mai 1861; Chambéry, 23 juillet 1873; Montpellier, 12 août 1874 (art. 20864 et 21126, J. N.); Dict. du not., v° *Contr. de mar.*, n°' 253 et 254.

(6) Cass., 3 juin 1863; Bordeaux, 14 janvier 1868; Rouen 18 mai 1876 (art. 19282, 21682, J. N.); Nancy, 27 février 1879; Cass., 24 février 1880 (art. 22287, J. N.).

(7) Demolombe, t. VI, n° 535; Laurent, t. XV, n° 282; V. aussi Dissert. (art. 19363, J. N.); Grenoble, 4 juin 1879 (art. 22141, J. N.); Pau, 20 juillet 1881 (*Rev. not.*, n° 6433).

l'une d'elles; et il faut les combiner de manière que celle de l'article 913 profite à l'étranger ou à l'enfant et que l'excédant de l'article 1094 profite seulement à l'époux (1).

27. — Ascendants. — Nous avons vu que l'époux qui ne laisse que des ascendants peut disposer envers l'autre de tout ce qu'il pourrait donner ou léguer à un étranger et en outre de l'usufruit de toute la portion dont la loi prohibe la disposition au préjudice des héritiers, c'est-à-dire de l'usufruit de la réserve des ascendants (art. 915, 916 et 1094, C. civ.).

28. — Ainsi, lorsque l'époux donateur laisse son père et sa mère, l'autre époux, donataire universel, prend la moitié des biens en *pleine propriété* et l'autre moitié en *usufruit*; s'il ne laisse que son père ou sa mère, l'époux donataire a droit à la propriété des *trois quarts* et à l'usufruit de l'autre *quart* (art. 915 et 1094, C. civ.).

29. — Nous avons vu que le legs universel fait par un époux à son conjoint comprend l'usufruit de la réserve des ascendants, sans qu'il soit besoin d'une mention expresse.

Mais pour que cet usufruit soit compris dans la libéralité, il n'est pas même nécessaire que la disposition en ait été faite en termes exprès; c'est une question de fait et d'intention, qui est souverainement appréciée par les juges du fond (2). Ainsi il a été jugé que le legs universel fait par un époux à son conjoint comprend nécessairement l'usufruit de la réserve (3).

Il a été jugé, au contraire, que la disposition par laquelle un époux lègue à son conjoint tous ses biens meubles et immeubles, sans exception ni réserve, peut, en présence d'un ascendant et suivant les circonstances, être considérée comme ne comprenant pas l'usufruit de la réserve (4).

30. — Lorsque le testament qui lègue au conjoint l'usufruit de la réserve attribuée aux ascendants ne porte point dispense de fournir caution, l'époux est soumis à l'obligation de donner caution conformément au droit commun (5).

31. — Enfants naturels. — Si l'époux décédé ne laisse pas d'enfants légitimes, mais seulement un ou plusieurs enfants naturels reconnus, la quotité disponible est la même en faveur du conjoint que pour toute autre personne : ici ne s'applique pas l'article 1094, qui en parlant d'enfants ou descendants ne s'occupe que des enfants et descendants *légitimes*; l'enfant naturel ne peut invoquer cet article contre l'époux donataire (6).

32. — Il en est ainsi, alors même que l'enfant naturel se trouverait, au décès de son auteur qui l'a reconnu, son seul parent au degré successible. En conséquence, cet enfant, légataire en pleine propriété de la moitié des biens maternels ne peut se prévaloir de l'article 1094, pour obtenir la réduction à un quart en propriété et à un quart en usufruit du legs de l'autre moitié, fait au profit du conjoint (7).

33. — Lorsqu'il existe un enfant naturel et que la libéralité d'usufruit ou de rente viagère, faite au conjoint, dépasse la quotité disponible, il y a lieu non de réduire les libéralités, mais d'appliquer l'article 917 du Code civil, et l'enfant

---

(1) Cass., 9 novembre 1846, 23 août 1847, 12 juillet 1848, 8 juin 1863 et 3 mai 1864; Bordeaux, 14 janvier 1868 (*Rev. not.*, n° 2337); Rouen, 13 mai 1876.

(2) Cass., 19 mars 1862 et 15 mai 1865; Poitiers, 6 février 1888.

(3) Paris, 28 décembre 1860, 1er mars 1864 et 7 juin 1869 (art. 19088, J. N.); Rennes, 1er avril 1868 (art. 17094 et 19089, J. N); Cass., 19 mars 1862, 15 mai 1863 (S. 1865-1-371); Seine, 26 août 1884; Riom, 19 janvier 1887 (art. 23809 (J. N.); Au-

bry et Rau, p. 257; Laurent, t. XV, n°s 352-353; Demolombe, t. VI, n° 504 et suiv.

(4) Toulouse, 24 août 1868; Poitiers, 6 février 1888, précité.

(5) Paris, 7 juin 1869.

(6) Cass., 12 juin 1866; Grenoble, 7 mai 1879 (art. 18546 et 22292, J. N.); Demolombe, n° 498 *bis*.

(7) Cass., 12 juin 1866 précité. — *Contrà* : Laurent, n° 351.

naturel a le choix ou d'exécuter pour le tout la disposition en usufruit ou de faire l'abandon de la quotité disponible en pleine propriété.

34. — Réduction. — D'après l'article 920 du Code civil, les dispositions soit entre-vifs, soit à cause de mort, qui excèdent la quotité disponible, sont réductibles à cette quotité, lors de l'ouverture de la succession. Cette disposition, générale de sa nature, s'applique aussi bien à la quotité disponible entre époux (art. 1094, C. civ.), qu'à la vuotité disponible ordinaire (art. 913, C. civ.).

Par suite, tout ce que nous avons dit au sujet de la réduction de la quotité disponible ordinaire (V. *supra*, v° *Donation par préciput*, chapitre second), est applicable à la quotité disponible entre époux de l'article 1094, et sans distinction entre les donations de biens présents et les donations de biens à venir (2), sauf les particularités que nous allons faire connaître.

35. — L'article 921 dit que la réduction ne peut être demandée que par ceux au profit desquels la loi fait la réserve, et que les donataires et légataires ne peuvent demander la réduction ni en profiter.

Mais ce principe n'est pas applicable dans le cas où l'époux a disposé de la quotité disponible de l'article 1094 au profit de son conjoint et d'un étranger, sans entamer la réserve. Les réservataires sont, en effet, hors de cause, puisque leur réserve reste entière, et les donataires et légataires peuvent alors demander la réduction, puisqu'ils ont intérêt à le faire (3).

36. — Lorsque les libéralités, au lieu de consister dans une quotité des biens du disposant, ont pour objet un usufruit ou une rente viagère, il est indispensable de les évaluer.

37. — Pour déterminer le mode de réduction, il peut se présenter deux hypothèses :

La première et la plus simple, est celle où l'époux n'a fait de dispositions qu'en faveur de son conjoint. Dans ce cas, la réduction se fait d'après l'article 1094, quand le donateur a dépassé le disponible. C'est d'après les termes de l'acte que l'on décidera si l'époux a voulu disposer en propriété et en usufruit, ou en usufruit seulement, et la réduction se fait en conséquence (4).

La deuxième est celle où l'époux a fait des dispositions au profit de son conjoint et d'un enfant ou d'un étranger. Nous avons examiné plus haut les différents cas qui peuvent se présenter.

Lorsque l'époux donateur a choisi, pour gratifier son conjoint, celle des deux quotités disponibles fixées par l'art. 1094, C. civ., qui se compose uniquement d'usufruit, l'époux donataire ne peut, si la donation excède la quotité disponible, invoquer l'art. 917, C. civ., pour demander, soit l'exécution de la libéralité, soit l'abandon de la quotité disponible en pleine propriété, et les héritiers réservataires ont le droit de faire réduire la libéralité à la quotité en usufruit fixée par la loi (5).

§ 3. QUOTITÉ DISPONIBLE DE L'ARTICLE 1098.

38. — L'homme ou la femme qui, ayant des enfants d'un autre lit, contracte un second ou subséquent mariage, ne peut donner à son nouvel époux qu'une part d'enfant légitime le moins prenant et sans que, dans aucun cas, ses libéralités au profit de cet époux puissent excéder le quart des biens (art. 1098, C. civ.).

---

(1) Grenoble, 7 mai 1879 (art. 22292, J. N.).
(2) Paris, 9 janvier 1889 (art. 24308. J. N.) ; Aubry et Rau, t. VII, p. 223; Laurent, t. XII, n° 188.
(3) Paris, 10 décembre 1864; Cass., 5 août 1846 et 4 janvier 1869 (S. 1869-1-145); Aubry et Rau, § 685-9; Demolombe, t. II, n° 215.

(4) Laurent, n° 379.
(5) Aubry et Rau, t. VII. p. 257; Demolombe, t. II, n° 462 ; Laurent, t. XV, n° 256. Orléans, 12 janvier 1855 ; Caen, 24 décembre 1862 ; Cass., 10 mars 1873 ; Riom, 13 août 1881 ; Cass., 30 juin 1895 (art. 23178, J. N.).

39. — Pour qu'il y ait lieu à l'application de cet article, il faut que les enfants du précédent mariage existent non seulement au moment du second mariage, mais aussi au jour du décès de leur auteur.

Par *enfants* il faut entendre également leurs descendants.

40. — Il suffit que l'enfant soit conçu ; quand même il ne naîtrait qu'après la célébration du second mariage.

41. — L'existence d'un enfant *naturel* ne donnerait pas lieu à l'application de l'article 1098, à moins qu'il n'ait été légitimé par le mariage de ses père et mère [1].

42. — **Quantum.** — La quotité disponible de l'article 1098 est une part d'enfant le moins prenant. Si donc l'un des enfants avait reçu des libéralités par préciput, il faudrait les déduire de la masse sur laquelle doit être calculée la part du nouvel époux ; de cette manière, le donataire aura ce qu'obtiennent les enfants non avantagés qui prennent moins que les autres enfants [2].

43. — La loi fixe le maximum de la quotité disponible entre époux, mais il est bien entendu que l'on peut donner moins.

Toutefois l'héritier réservataire ne peut se soustraire à l'exécution des libéralités faites *en usufruit* par un conjoint au profit de l'autre, qu'en abandonnant au donataire la quotité disponible en pleine propriété. Ainsi, la seconde femme à laquelle il a été donné ou légué par son conjoint décédé un usufruit excédant la quotité disponible, ne peut être soumise par les enfants du premier ou du second lit à une réduction de cet usufruit qui aurait pour effet de la restreindre au quart des biens [3].

44. — Lorsque l'époux qui se remarie a fait donation à son conjoint d'une part d'enfant, et que les enfants du premier lit viennent à décéder avant lui, la libéralité doit être étendue au maximum de cette part, c'est-à-dire à un quart [4].

45. — La loi ne frappe pas l'époux, qui se remarie, d'incapacité de disposer de ses biens à titre gratuit ; elle réduit seulement la quotité de biens dont il peut disposer au profit de son nouveau conjoint. Hors le cas de cette restriction, il reste sous l'empire du droit commun. Il peut donc faire des libéralités au profit de toutes autres personnes que son conjoint jusqu'à concurrence de la quotité disponible.

46. — Si l'époux fait des libéralités à son nouveau conjoint et à des tiers, comment réglera-t-on les droits des divers donataires? Il ne saurait être question de faire concourir la quotité disponible ordinaire avec la quotité de l'article 1098; car cet article n'établit pas de quotité disponible spéciale, il se borne à disposer que l'époux ne peut pas donner la quotité disponible ordinaire à son conjoint, qu'il ne peut lui en donner qu'une fraction. Il n'y a donc qu'une seule quotité disponible sur laquelle s'imputeront les libéralités que l'époux fait, soit à son conjoint, soit à des étrangers.

47. — Lorsqu'avant de se remarier, l'époux a déjà fait des libéralités, il faut voir si elles ont ou non épuisé la quotité disponible ordinaire.

Dans le premier cas, l'époux ne peut plus rien donner à son conjoint.

Dans le second cas, il peut lui donner ce qui reste libre dans les limites de l'article 1098.

48. — Si l'époux n'a pas encore fait de libéralités, il peut donner à son conjoint une part d'enfant, et comme cette part est presque toujours moindre que la quotité disponible ordinaire, il pourra de plus faire des libéralités, au profit d'étrangers, de la différence entre la quotité disponible de l'article 1098 et celle de droit commun.

48 bis. — **Divorce.** — V. Partage et liquidation, n° 1650.

---

(1) Bordeaux, 22 juillet 1867 ; Paris, 7 janvier 1870 ; Nancy, 5 mars 1873 ; Cass., 1er juillet 1873 ; Bastia, 17 janvier 1876 (art. 10259, 19817, 20651, 20721 et 21584, J. N.) ; Aubry et Rau, p. 199 ; Demolombe, n° 462. V. infrà, n° 108.

(2) Troplong, t. II, p. 483, n° 2700 ; Aubry et Rau, p. 620 et note 6 ; Laurent, n° 386.

(3) Durantou, t. IX, p. 828, n° 802 ; Laurent, n° 388 ; Demolombe, t. XXIII, n° 569 ; Aubry et Rau, § 690-45.

(4) Laurent, n° 389 ; Demolombe, t. XXIII, n° 590. Aubry et Rau § 690-48.

49. — Détermination de la part d'enfant. — Comment se détermine la part d'enfant à laquelle le conjoint donataire a droit et quels sont les enfants qu'il faut compter pour fixer la part d'enfant qui peut être donnée au nouvel époux?

Tous les enfants laissés à sa mort par l'époux remarié, qu'ils proviennent du premier lit ou du deuxième ou subséquent mariage, doivent être comptés; donc l'époux survivant figure au nombre des enfants quels qu'ils soient (1) mais l'enfant adoptif ne saurait être assimilé à l'enfant né d'une précédente union. Il ne peut donc invoquer le bénéfice de l'art. 1098 (2).

50. — Si l'un des enfants est prédécédé laissant des descendants, ceux-ci comptent pour une seule tête (3).

51. — Les enfants renonçants ou indignes ne font pas nombre (4).

52. — S'il y a des enfants *naturels*, leur concours a pour effet de diminuer la part des enfants légitimes; or, d'après l'article 1098, l'époux ne peut donner à son nouveau conjoint qu'une part d'enfant légitime le moins prenant; de là suit qu'il faut distraire de la masse la part à laquelle les enfants naturels ont droit.

53. — Quand le nombre d'enfants est déterminé, on y ajoute le nouveau conjoint, de sorte que, s'il y a cinq enfants, le nouveau conjoint aura un sixième.

L'époux qui s'est marié plusieurs fois, peut-il donner à chaque nouveau conjoint la quotité déterminée par l'art. 1098? Non. Presque tous les auteurs enseignent que les divers conjoints ne peuvent recevoir à eux tous que la quotité prévue, et cette quotité une fois épuisée, les époux subséquents ne peuvent plus rien recevoir (5).

54. — Réduction. — Par quelque acte et de quelque manière que l'époux ait avantagé son nouveau conjoint, cet avantage, qu'il soit direct ou indirect, est sujet à réduction.

55. — Quand l'époux qui se remarie fait à son conjoint des donations, avant que le mariage soit célébré et en dehors du contrat de mariage, on doit présumer que la libéralité a été faite en considération du second mariage, quoique l'acte ne fasse aucune mention du mariage; cette libéralité est en conséquence sujette à réduction.

56. — Les dons mutuels sont également soumis à la réduction (6).

57. — L'action en réduction appartient aux enfants du premier lit, s'ils ont accepté la succession. S'ils renoncent à la succession, ils perdent leur droit à la réserve et sont déchus du droit de demander la réduction des libéralités qui entament ou absorbent la réserve (7).

58. — Les enfants du second lit n'ont pas le droit de demander la réduction, mais ils profitent de celle opérée sur la demande des enfants du premier lit; on leur refuse le droit d'agir, parce que ce n'est pas dans leur intérêt que la loi restreint la quotité disponible.

59. — Les libéralités qui excèdent la quotité disponible de l'article 1098 ne sont pas nulles, mais seulement réductibles; il faut donc appliquer les principes généraux qui régissent la réduction, notamment en ce qui concerne la formation de la masse (8).

L'article 923 dit que l'on réunit fictivement aux biens qui existent lors du décès du donateur, ceux dont il a disposé par donation entre-vifs. L'époux donataire peut exiger que les biens donnés à l'un des enfants soient rapportés fictivement pour déterminer le montant de la masse sur laquelle doit se calculer la quotité

---

(1) Marcadé, art. 1093-1; Demolombe, t. XXIII, n° 583.

(2) Aubry et Rau, p. 690-7; Gap, 22 mars 1876, (art. 21542, J. N.) — Voy. cependant Demolombe, t. XXIII, n° 560.

(3) Demolombe, t. VI, n° 565; Aubry et Rau, § 690-32.

(4) Demolombe, t. XXIII, n° 588.

(5) Aubry et Rau, t. V, p. 682; Demolombe, t. XXIII, p. 657, n° 572; Laurent, t. XV, n° 387.

(6) Pothier, n° 546; Aubry et Rau, t. V, p. 620 et note 9; Laurent, n° 396.

(7) Demolombe, t. XXIII, n° 589; Aubry et Rau, § 690-41; Laurent, n° 398.

(8) Colmar, 10 fév. 1845. Toute clause pénale qui interdirait cette réduction est nulle (Orléans, 2 juil. 1891).

disponible, à moins bien entendu que la libéralité ait été faite par préciput avant la donation de la part d'enfant.

60. — Lorsque les libéralités préciputaires faites à un enfant excèdent la quotité ordinaire, l'époux donataire peut demander que l'excédant soit réuni à la masse sur laquelle la part d'enfant doit être calculée.

61. — L'article 917 est applicable aux donations faites en vertu de l'article 1098, c'est-à-dire que si les réservataires prétendent que la disposition d'un usufruit ou d'une rente viagère excède la quotité disponible, ils ont l'option ou d'exécuter cette disposition ou de faire l'abandon de la propriété de la quotité disponible (1).

La disposition de l'article 917 n'est pas d'ordre public et le testateur peut en interdire l'application, mais il faut que sa volonté soit expressément formulée (2).

Mais s'il résultait de la volonté du disposant qu'il a entendu ne donner à son conjoint qu'un usufruit réductible en cas d'excès à la quotité disponible, les héritiers à réserve ne pourraient invoquer le droit d'option établi par l'article 917 (3).

62. — Lorsque l'époux donne l'usufruit de tous ses biens à son nouveau conjoint, ce dernier, si d'après le nombre des enfants laissés par le donateur il a droit au quart en pleine propriété, ne peut demander la moitié de l'usufruit donné, sous prétexte qu'il équivaut au quart en pleine propriété.

63. — **Libéralités indirectes, déguisées ou à personnes interposées.** — Les époux ne peuvent se donner indirectement au-delà de ce qui leur est permis par les dispositions ci-dessus. Toute donation déguisée, ou faite à personnes interposées est nulle (art. 1099, C. civ.).

64. — Sont réputées faites à personnes interposées les donations de l'un des époux aux enfants ou à l'un des enfants de l'autre époux, issus d'un autre mariage, et celles faites par le donateur aux parents dont l'autre époux est héritier présomptif au jour de la donation, encore que ce dernier n'ait point survécu à son parent donataire (art. 1100, C. civ.).

65. — Ces dispositions sont-elles applicables seulement à l'article 1098 auquel elles font suite ou s'étendent-elles aux articles 1094 et 1096 du Code civil?

Les auteurs et la jurisprudence sont divisés.

Plusieurs auteurs se prononcent pour la première solution (4) ; mais la jurisprudence a consacré l'opinion contraire (5).

66. — Nous venons de voir que la loi distingue les libéralités indirectes des libéralités déguisées ou faites à personnes interposées, et indique quelles sont les personnes interposées.

Un arrêt de la Cour de Toulouse du 13 mai 1835 a complété ces explications en disant que la donation indirecte est celle qui n'a pas été faite en termes directs par le donateur, mais qui résulte indirectement des effets d'un acte qui n'est pas une donation, sans qu'il y ait fraude ni déguisement.

67. — En règle générale, les dispositions qui dépassent la quotité disponible sont valables, mais réductibles, l'article 920 le dit et l'article 1099 applique ce principe aux libéralités indirectes ; mais la loi par l'article 1100 frappe de nullité les donations déguisées ou faites à personnes interposées. Celles-ci sont nulles même pour la quotité de biens que l'époux aurait pu donner à son conjoint.

---

(1) Demolombe, t. II, n° 462 ; Aubry et Rau, t. VII, p. 197 ; Dict. du not., n° 380 ; Bordeaux, 22 mai 1867 ; Paris, 17 janvier 1870 ; Nancy, 5 mars 1873 ; Cass , 1er juillet 1873 ; Bastia, 17 janvier 1876 (art. 21654, J . N.).
(2) Cass., 1er juillet 1873.
(3) Orléans, 6 août 1874 (art. 21129, J. N.).

(4) Toullier, t. V, n° 41 ; Duvergier, De la vente, n° 183 ; Grenier, t. VI, n° 686 ; Laurent, n° 328. 358 et 408. — Contrà : Aubry et Rau, t. VI, p. 286 et note 1 ; Troplong, n° 2741, et Demolombe, t. XXIII, n° 451 et 606 .

(5) Cass., 1er avril 1819 et 11 novembre 1834.

Exemples :

a) Un cohéritier renonce à une succession, sa part accroît à son cohéritier ; s'il en résulte pour celui-ci un avantage indirect excédant la quotité disponible, cet avantage sera maintenu jusqu'à concurrence de cette quotité, parce qu'il est l'effet d'une renonciation licite faite ouvertement dans la forme prescrite par la loi, sans déguisement aucun.

b) Lorsque par contrat de mariage, un époux ayant des enfants d'un premier lit, reconnaît à sa seconde femme un apport dotal supérieur à l'apport réel et que le fait peut être prouvé, il y a donation déguisée et déguisement frauduleux.

c) Quand le donateur, au lieu de donner à son conjoint, donne à une personne interposée pour remettre la chose donnée au conjoint, il y a également l'intention de frauder la loi en ce sens qu'il veut cacher la libéralité et la soustraire par conséquent à la réduction.

68. — Les libéralités déguisées ou faites à personnes interposées sont nulles, alors même qu'elles ne dépassent pas la quotité disponible. (V. *suprà*, CHAPITRE PREMIER, n° 39) (1).

69. — D'après la jurisprudence, le demandeur en nullité doit prouver que la donation est frauduleuse, de sorte que si la fraude n'était pas démontrée, la donation serait maintenue, sauf réduction, s'il y a lieu ; mais les auteurs sont d'un avis contraire (2).

70. — On doit considérer comme personnes interposées non seulement les enfants du premier lit dont parle l'article 1100, mais aussi leurs descendants (3).

71. — La présomption d'interposition n'a pas lieu lorsqu'il est impossible que le donateur ait entendu gratifier son conjoint par l'intermédiaire de la personne que la loi présume interposée.

72. — L'interposition peut avoir lieu en dehors des cas prévus par l'article 1100. C'est alors une question de fait que le juge décide d'après le droit commun (4).

73. — L'action en nullité ne peut être formée que par ceux dont la donation lèse les droits, c'est-à-dire par les enfants du premier lit (5) et par ceux du second lit (6). — V. toutefois Rennes, 7 avril 1892 (*J. du not.*, 1892, p. 566).

Si l'interposition de personne ou le déguisement a été employé pour soustraire la donation au principe de révocabilité posé dans l'article 1096, la nullité est d'ordre public et peut être invoquée par le donateur lui-même (7) et par ses créanciers exerçant ses droits (8).

74. — Cette action s'ouvre à la mort du donateur. Il a été jugé cependant que les enfants du premier lit sont recevables même du vivant de leur père à s'opposer à ce que sa femme, après avoir obtenu la séparation de corps, retire le montant d'une libéralité déguisée qui lui a été faite par leur père, sous titre de constitution de dot (9).

---

(1) Aubry et Rau, t. V, p. 625, note 25 ; Demolombe, t XXIII, n°° 451, 452, 614 ; Laurent, n° 406; Caen, 1ᵉʳ décembre 1870 (art. 20347, J, N.) ; Rouen, 28 décembre 1871; Pau, 24 juillet 1872 (art. 20429, J. N.) ; Cass., 17 février 1874; Montpellier, 28 février 1876 (*Rev. not.*, n° 5200). — *Contrà* : Cass., 7 février 1849 ; Grenoble, 21 mars 1870 ; Bordeaux, 16 février 1874 (art. 21154, J. N.).

(2) Aubry et Rau, t. V, p. 625, note 25 ; Demolombe, t. XXIII, p. 697, n° 614 ; Laurent, n° 407.

(3) Caen, 6 janvier 1845 ; Agen, 5 décembre 1849 ; Duranton, t. IX, n° 834 ; Demolombe, t. XXIII, n° 619 ; Laurent, n° 309.

(4) Laurent, n° 411.

(5) Cass., 2 mai 1855; Dijon, 10 avril 1867 (art. 19366, J. N.) ; Grenoble, 19 mars 1869 ; Cass., 5 décembre 1877 ; Aubry et Rau, t. V, p. 629, note 36 ; Laurent, n° 414.

(6) Rouen, 28 décembre 1871 (S. 1872-2-101).

(7) Cass , 16 avril 1850 et 22 janvier 1873 (S. 1850-1-591-1873-1-57).

(8) Montpellier, 24 février 1876 (S. 1876-2-241).

(9) Grenoble, 2 juillet 1831 ; Cass,, 2 mai 1855 ; Aubry et Rau, § 690-39 ; Laurent, t. XV, p. 416.

ÉCHANGE

L'échange est un contrat par lequel les parties s'abandonnent respectivement une chose pour une autre (art. 1702, C. civ.).

Lorsque les objets échangés sont d'égale valeur, l'échange est pur et simple; si, au contraire, les objets ne sont pas d'une valeur égale, le propriétaire de l'objet dont la valeur est inférieure, compense cette inégalité, en payant à l'autre une somme d'argent qu'on appelle *soulte*.

Sommaire :

§ 1. Formes. Formalités.
§ 2. Capacité des parties.
§ 3. Biens susceptibles d'être échangés.
§ 4. Obligations et droits des échangistes.
§ 5. Responsabilité notariale.
§ 6. Frais et honoraires.
§ 7. Enregistrement.
§ 8. Formules.

§ 1. FORMES. FORMALITÉS.

1. — Le contrat d'échange n'est soumis à aucune forme obligatoire. Il peut être fait par acte authentique ou privé, comme la vente (art. 1582 et 1707, C. civ.) — même par simple lettre missive, s'il en résulte clairement un consentement et un engagement réciproques.

Le contrat d'échange doit, toutefois, être notarié, lorsque les femmes des échangistes ou de l'un d'eux, interviennent pour renoncer à leur hypothèque légale sur les immeubles échangés (1).

2. — **Mention.** — Le notaire qui reçoit un acte d'échange doit, à peine de dix francs d'amende, donner lecture aux parties des art. 12 et 13 de la loi du 23 août 1871, après les avoir interpellées sur la sincérité du prix porté au contrat, — et faire mention expresse de cette lecture dans l'acte (2).

3. — **Brevet-Minute.** — Si le contrat est notarié, il ne peut-être reçu qu'en *minute*, comme tous les actes synallagmatiques. Il doit être porté au *Répertoire*.

4. — **Concours.** — Si les notaires des deux parties ne s'entendent pas pour la garde de la minute, c'est le plus ancien qui devra la retenir, lorsque l'échange aura lieu sans soulte; dans le cas contraire, elle revient au notaire de la partie qui paie ou doit la soulte.

5. — **Acceptation.** — Le contrat d'échange exigeant nécessairement le concours de deux volontés, il y a toujours lieu à acceptation de part et d'autre.

6. — **Transcription.** — L'acte d'échange qui comprend des immeubles est, comme la vente, parfait par le seul consentement des parties. Mais, pour pouvoir être opposable aux tiers, il doit être transcrit au bureau des hypothèques de la situation des biens échangés (3). Si tous les immeubles ne sont pas situés dans le même arrondissement, il est indispensable de faire opérer la formalité dans chaque arrondissement; le soin de l'accomplir n'incombé plus spécialement ni à

(1) LL. 23 mars 1555, art. 9 et 13 février 1889.   (3) L. 23 mars 1855, art. 1.
(2) L. 28 février 1872, art. 8.

l'un ni à l'autre des coéchangistes ; le plus diligent s'en acquitte, si le notaire n'en a pas été chargé.

§ 2. CAPACITÉ DES PARTIES.

7. — L'échange ne peut avoir lieu qu'entre parties capables d'aliéner.

8. — Communautés religieuses. — Aucun notaire ne peut passer un acte d'échange au nom d'une communauté religieuse, s'il ne lui est justifié de l'autorisation prescrite par l'ordonnance du 14 janvier 1831, art. 2, laquelle doit être insérée dans l'acte.

9. — Commune. — Les communes étant des êtres moraux, en état de minorité et placés sous la tutelle administrative, ne peuvent s'engager qu'après autorisation. Tout acte d'échange devra être nécessairement consenti par le maire, autorisé par délibération du Conseil municipal, expressément approuvée par le préfet (1).

10. — Condamné. — Le condamné à une peine afflictive et infamante, c'est-à-dire le condamné à mort, aux travaux forcés, à la déportation, à la détention ou à la réclusion, étant en état d'interdiction légale, est incapable de contracter et par suite de consentir un acte d'échange.

11. — Epoux. — Aux termes de l'art. 1707 C. civ., les règles de la vente s'appliquent à l'échange, s'il n'y a pas été expressément dérogé. L'échange est donc prohibé entre époux, lorsqu'il n'existe pas un motif légitime (2).

12. — Etranger. — L'étranger qui réside en France ou qui y est légalement domicilié peut disposer des biens qu'il possède, par voies d'échange, mais en se conformant aux prescriptions de la loi française qui régit ces biens (art. 3, C. civ.) (3).

13. — Etablissement ecclésiastique. — Aux termes de l'art. 2 de l'ordonnance du 14 janvier 1831, les notaires ne doivent passer aucun acte de vente, d'acquisition, d'*échange*, de cession, transport, etc., au nom d'un établissement public ou d'une corporation religieuse, s'il ne lui est justifié de l'autorisation gouvernementale, qui devra être insérée en entier dans l'acte (4).

14. — Etablissements publics. — Ils ne peuvent aliéner par voie d'échange sans une déclaration préalable du Conseil d'administration (ou de la Chambre, si c'est une corporation) approuvée par arrêté préfectoral ou par décret.

15. — Exécuteur testamentaire. — Il peut échanger, s'il y a été autorisé par le testament (5).

16. — Failli. — Le failli est dessaisi de l'administration de ses biens, *a fortiori* de la disposition ; il ne peut donc pas échanger. Le commerçant en état de liquidation judiciaire, peut échanger, s'il n'est pas dessaisi de la disposition de ses biens, avec l'assistance du liquidateur judiciaire.

17. — Femme mariée. — Ne peut, en principe, aliéner et, par suite, échanger qu'avec l'autorisation de son mari, — ou de justice, si le mari est absent, incapable ou refuse sans motif (art. 218, C. civ.).

La femme *séparée de biens* ne pourrait, sans autorisation, faire qu'un échange mobilier. La femme *séparée de corps* ou *divorcée* peut, sans autorisation, consentir un échange mobilier ou immobilier.

La femme *dotale* ne peut échanger ses biens paraphernaux, sans autorisation de son mari ou de la justice (art. 1576, C. civ.). — Pour les biens dotaux, V. *infrà*, n° 29.

---

(1) L. 3 décembre 1884, art. 68.

(2) Pau, 5 janvier 1885 ; Bufnoir. note (S. 1887-2-113) ; Jouitou, *Régime dotal*, n° 80 ; V. toutefois Agen, 30 décembre 1854 (art. 15491, J. N.) ; Limoges, 30 décembre 1861 (S. 1887-2-113) ; Guillouard, t. IV, n° 2056.

(3) L. 14 juillet 1819.

(4) Circul. min. just., 30 avril 1881 et 28 mars 1888.

(5) Metz, 18 mai 1869 (art. 19638, J. N.) ; Demolombe, t. V, n°° 84 à 92 ; Aubry et Rau, t. VI₁, p. 450.

La femme marchande publique peut, sans autorisation, consentir un échange d'immeubles, s'il est utile à son négoce (art. 7. C. com.).

18. — **Héritier apparent.** — L'échange fait par un héritier apparent est valable.

19. — **Héritier bénéficiaire.** — Ne peut échanger les immeubles de la succession sans encourir la déchéance du bénéfice d'inventaire.

20. — **Interdit.** — L'interdit, étant incapable de contracter, ne peut échanger (art. 502 et 1124, C. civ.).

21. — **Mari.** — Le mari peut échanger, sans le concours de sa femme, les biens de communauté, si cet échange n'est pas entaché de fraude.

22. — **Mineur.** — Les biens d'un mineur ne peuvent être échangés qu'après autorisation du conseil de famille, homologuée par le tribunal (art. 457-458, C. civ.) (1).

Le tuteur pourrait, toutefois, sans l'autorisation du conseil de famille, consentir la réalisation d'un acte d'échange dont les conventions auraient été arrêtées sous-seing privé par le père décédé du mineur. Il a été décidé, en effet, que la promesse de vente consentie par l'auteur du mineur peut être réalisée par le tuteur sans l'accomplissement des formalités prescrites pour les ventes des biens des mineurs (2).

23. — **Mineur émancipé.** — L'art. 575, C. civ. nous paraît s'opposer à un échange de ses biens par le mineur émancipé, même assisté de son curateur, sans une autorisation du conseil de famille, homologée par le tribunal.

24. — **Nu-propriétaire.** — Ne peut échanger que sous la réserve des droits de l'usufruitier.

25. — **Pourvu de conseil judiciaire.** — Peut échanger avec l'assistance de son conseil (art. 513, C. civ.).

26. — **Saisi.** — Ne peut, à partir du jour où la saisie a été transcrite, échanger les biens saisis, à peine de nullité.

§ 3. BIENS SUSCEPTIBLES D'ÊTRE ÉCHANGÉS.

27. — Tous biens quelconques, meubles ou immeubles, peuvent faire l'objet d'un échange ; l'échange se fait le plus souvent d'espèce à espèce, meuble avec meuble, immeuble avec immeuble ; mais rien ne s'oppose à ce que l'échange soit fait différemment (3).

28. — **Biens d'autrui.** — L'échange, comme la vente du bien d'autrui, est nul (art. 1599 et 1707, C. civ.).

29. — **Biens dotaux.** — Aux termes de l'art. 1559, C. civ., l'immeuble dotal peut être échangé, mais avec le consentement de la femme, contre un autre immeuble de même valeur, pour les quatre cinquièmes au moins, en justifiant de l'utilité de l'échange, en obtenant l'autorisation en justice et d'après une estimation par experts nommés d'office par le tribunal. L'immeuble ainsi échangé est dotal. S'il y a une soulte au profit de la femme, il en est fait emploi. Si c'est, au contraire, l'immeuble reçu par la femme qui était d'une valeur supérieure, il ne sera dotal que jusqu'à concurrence de l'immeuble cédé, à moins que la soulte n'ait été payée avec des deniers dotaux (4).

Lorsqu'il y a échange d'un bien dotal, il faut énoncer dans l'acte qu'il a lieu en vertu de l'autorisation obtenue en justice, relater le jugement qui l'a donnée, le rapport des experts qui ont procédé à l'estimation, et annexer ces deux pièces à

---

(1) Demolombe, t. VII, n° 747 ; Aubry et Rau, t. I, p. 450.
(2) Cass., 28 novembre 1873 (art. 20260, J. N.); Dissert. (art. 22438, J. N.).

(3) Dict. du not., n°° 9 à 11.
(4) Bordeaux, 28 mai 1866 ; Guillouard, t. Iʳ. n° 2049 ; Jouitou, *Régime dotal*, n°° 76 et suiv.

l'acte; elles sont indispensables pour la garantie de l'échangiste qui reçoit l'immeuble dotal.

30. — Bien indivis. — Ils ne peuvent être valablement échangés qu'avec le concours de tous les copropriétaires (1). Autrement, il y aurait échange de la *chose d'autrui*, contrat qui serait nul, conformément aux art. 1599 et 1707, (C. civ. 2).

Toutefois la partie indivise d'un immeuble pourrait, croyons-nous, être l'objet d'un échange par celui à qui elle appartient comme un immeuble ou une fraction d'immeuble.

§ 4. — OBLIGATIONS ET DROITS DES ÉCHANGISTES.

31. — Chacun des échangistes est tenu de garantir à l'autre la propriété et paisible possession des immeubles qu'il abandonne en échange; aussi, dans le cas où l'un des copermutants viendrait à être évincé, il a le choix de demander, soit l'exécution du contrat, et, par suite, le paiement de sa valeur, au moment de l'éviction, de la chose qui lui a été livrée, — soit la résolution du contrat, et, par conséquent. la restitution des sa propre chose avec dommages-intérêts (art. 1705 C. civ.).

Si le copermutant opte pour la répétition de l'objet livré par lui, il a une action contre les tiers détenteurs, à qui elle aurait été transmise par l'autre échangiste, sans que ceux-ci soient fondés à opposer la prescription pour le temps antérieur à l'éviction (3).

Et l'immeuble lui revient franc et libre de toutes les hypothèques et de toutes les charges dont il aurait pu être grevé par l'autre copermutant ou les tiers acquéreurs, sauf à lui tenir compte des impenses et améliorations dont il profite.

32. — Mais, pour pouvoir demander la résolution, il faut que l'éviction provienne d'une cause antérieure au courant; l'échangiste évincé pour une cause postérieure ne peut réclamer une indemnité (4).

33. — Il résulte aussi de l'obligation de garantie, que si l'un des immeubles est grevé d'inscriptions hypothécaires, l'échangiste du chef duquel elles existent, est tenu d'en rapporter mainlevée, alors même que les créanciers inscrits n'auraient dirigé aucune poursuite contre le nouveau propriétaire et si cette mainlevée n'est pas rapportée, le copermutant peut, — ou se refuser à livrer son immeuble, si la livraison n'a pas eu lieu, — ou le répéter, s'il l'a livré, à moins que l'autre partie n'offre une caution suffisante (5).

34. — Mais la désignation inexacte d'un immeuble cédé en échange et spécialement l'indication erronée d'un numéro du plan cadastral ne donnerait pas au coéchangiste évincé le droit d'exercer contre le possesseur une action en revendication, ni une action en garantie contre son auteur, s'il était constant, en fait, que l'erreur est purement matérielle et qu'aucune confusion n'a eu lieu dans l'esprit des parties (6).

35. — Privilège. Action résolutoire. — Le copermutant ne jouit d'aucun privilège, soit à raison des dommages-intérêts qui peuvent être dus en cas d'éviction, soit à raison des sommes que, pour conserver l'immeuble à lui livré, il a été obligé de payer aux créanciers ayant des hypothèques sur ces immeubles (7). Il faut en conclure, comme le font justement remarquer MM. Aubry et Rau, que l'action résolutoire qui appartient, en ce cas, à l'échangiste, pour obtenir la restitu-

---

(1) Dic. du not., n° 21.
(2) Montpellier, 10 juin 1867 (art. 10164, J. N.).
(3) Agen, 21 juillet 1862; Cass., 28 août 1860 et 28 janvier 1862 (art. 16945 et 17363, J. N.). — *Contra*: Aubry et Rau, t. IV, p. 462.
(4) Cass., 5 avril 1825.

(5) Dallez, v° *Échange* n°° 31 et 41. — Voyez cependant Douai, 1er décembre 1860.

(6) Cass., 17 avril 1876 (*Rev. du not.*, 1876, art. 21748, J. N.).

(7) Bordeaux, 8 avril 1855.

tion de son propre immeuble, n'est pas sujette aux causes de déchéance établies par l'art. 7 de la loi du 23 mars 1855 et l'art. 717 du Code de procédure civile.

Au contraire, le copermutant créancier, d'une soulte, jouit, pour le paiement de cette soulte, du privilège du vendeur (1); et sa position, quant à l'admissibilité de l'action résolutoire, pour défaut de paiement de la soulte, est donc la même que celle du vendeur non payé de son prix. Par suite, l'exercice de cette action se trouve soumis à l'application de l'art. 7 de la loi de 1855 et de l'art. 717 C. proc. civ.

36. — Rescision. — L'échange n'est pas soumis à la rescision pour cause de lésion (art. 1706, C. civ.). C'est une des principales différences qui distinguent ce contrat de la vente.

37. — Mesure. — Il y en a une autre qui doit être signalée, c'est que la disposition de l'art. 1617, C. civ., relatif à la garantie de la mesure, n'est pas applicable à l'échange, à moins d'une convention spéciale à ce sujet (2).

38. — Précautions pratiques. — Le droit de répétition qui appartient, en vertu de l'art. 1705, à l'échangiste évincé, même vis-à-vis des tiers acquéreurs, fait que la propriété des immeubles provenant d'un échange, est soumise à une incertitude toujours nuisible. Aussi les notaires ne sauraient-ils apporter trop de soins et de clairvoyance dans la rédaction des actes d'échange et dans l'examen de l'origine de la propriété des biens ainsi transmis. Il importe donc toujours de signaler ce point, soit à l'acquéreur, soit au prêteur et de faire mention, au besoin, du droit accordé par l'art. 1705. Pour éviter cet inconvénient, un auteur conseille aux échangistes de renoncer à l'action en répétition, pour ne conserver que l'action personnelle en dommages-intérêts. Le notaire, à notre avis, doit s'abstenir de donner un pareil conseil et il ne devrait se prêter à inscrire la clause dans l'acte qu'autant qu'elle serait le résultat de la volonté claire et expresse des contractants, et que l'origine de propriété paraîtrait absolument régulière.

§ 5. Responsabilité notariale.

39. — Le notaire qui, par sa négligence, ou son impéritie, dans la rédaction d'un acte d'échange, aurait exposé un client à une éviction préjudiciable, pourrait être déclaré responsable et condamné à des dommages-intérêts.

§ 6. Frais et honoraires.

40. — Frais. — Les frais de l'échange doivent être payés par moitié entre les échangistes, lorsqu'il est fait sans soulte. Quand il y a retour en argent, celui qui paye est acheteur pour cette partie, il doit supporter seul les frais occasionnés par la soulte.

41. — Honoraires. — L'honoraire perçu presque partout sur les actes d'échanges est un honoraire proportionnel de 1 °/₀, perçu sur la valeur de l'un des immeubles échangés, s'il y a égalité, — sur la plus forte des valeurs, s'il y a soulte. — Quelques tarifs, se basant sur ce que le notaire doit, dans les échanges, procéder à un double travail d'examen de titres, autorisent la perception de l'honoraire sur les valeurs réunies des deux objets échangés. Mais cette perception nous a paru excessive et nous l'avons repoussée dans notre *Tarif* (3) tout en proposant, en raison de la complication particulière de ces actes, de modifier le taux de l'honoraire dans les divers degrés de décroissance.

---

(1) Cass., 11 mai 1853; Pont, *Privil. et hypoth.*, | (2) Aubry et Rau, § 360-13.
n° 187 ; Aubry et Rau, p. 169. | (3) T. I, p. 428.

§ 7. Enregistrement.

42. — Le droit d'enregistrement sur les échanges a été fixé par la loi du 21 juin 1875 à 2 °/₀, indépendamment du droit de transcription, soit 3 fr. 50 pour droit d'échange et 5 fr. 50 sur les soultes (1).

Le droit est liquidé sur le revenu déclaré des immeubles ruraux, multiplié par 25 pour les transmissions de propriété et par douze et demi pour les transmissions d'usufruit (art. 2): pour les autres immeubles, sur le revenu annuel déclaré et multiplié par 20, sans distraction des charges (2).

43. — Il n'est dû que 20 c. par 100 fr. pour tout droit proportionnel d'enregistrement et de transcription sur les *échanges d'immeubles ruraux*, lorsque les immeubles échangés seront situés dans la même commune ou dans des communes limitrophes. — En dehors de ces limites, le tarif ainsi fixé n'est applicable que si l'un des immeubles échangés est contigu aux propriétés de celui des échangistes qui le recevra, et dans les cas seulement où les deux immeubles auront été acquis par les contractants par acte ayant au moins deux ans de date certaine, ou recueillis par eux à titre héréditaire.

44. — Le contrat d'échange contiendra l'indication de la contenance, du numéro de la section, du lieu dit, de la classe, de la nature et du revenu du cadastre de chacun des immeubles échangés et un extrait de la matière cadastrale desdits biens, qui sera délivré gratuitement par le maire ou le directeur des contributions directes, soit déposé au bureau de l'enregistrement. Il n'est pas permis de suppléer à ces formalités au moyen d'une déclaration ou d'un impôt ultérieurs (3).

On objecterait en vain qu'en raison des modifications survenues dans les héritages et de la tenue défectueuse du cadastre, il était impossible de satisfaire à la lettre même de la loi (4),

45. — **Soulte.** — Lorsque dans un acte d'échange d'immeubles, l'un des échangistes prend à sa charge la totalité des frais du contrat, le droit de soulte est exigible sur la part des frais qui, sans cette convention, auraient été payés par l'autre échangiste (5).

Le droit de soulte est également exigible, même s'il n'y a aucun retour stipulé, lorsque le revenu des biens d'une des parts est supérieur au revenu de l'autre. Il se calcule sur la différence du capital des deux revenus, le droit de 3 fr. 50 restant exigible sur le capital du revenu le moins fort (6).

Le retour stipulé peut être supérieur à la différence du capital des revenus de chacune des parts : le droit de soulte se perçoit alors sur le montant du retour (7); mais si le retour est inférieur à cette différence, le droit se perçoit sur cette dernière (8).

Si l'échangiste qui reçoit un immeuble d'un revenu inférieur à celui qu'il donne, paye néanmoins une soulte, le droit de 3 fr. 50 est dû sur le capital du revenu le plus élevé, et celui de 5 fr. 50 sur le montant de la soulte (9).

Enfin pour les cas prévus par la loi du 4 novembre 1884, le droit dû sur le montant de la soulte ou de la plus-value est réglé par l'article 52 de la loi du 28 avril 1816 (10).

---

(1) L. du 16 juin 1824, art. 2.
(2) L. du 22 frimaire an VII, art. 15.
(3) L. 3 novembre 1884, art. 1 et 2. Instr. Régie, 4 novembre 1884 (art. 23270, J. N.) et décision Min. Fin., 22 août 1885.
(4) Saint-Malo, 28 décembre 1888 (art. 23277, J. E.). Sol. Rég., 25 mai 1891.
(5) Seine, 4 août 1854; Cass., 10 mai 1865; Bressuire, 12 février 1867 (art. 18280 et 18863, J. N.),.

(6) Cass., 13 décembre 1809, 29 avril 1812, 22 février 1843 (art. 12588, J. N.).
(7) Cass., 8 décembre 1847 (art. 13226, J. N.).
(8) Inst. Rég. n° 2537. § 258; Seine, 8 avril 1859; Cass., 19 août 1872, 12 avril 1881 (art. 16580, 20469, 22577, J.-N.).
(9) Sol. Régie, 27 juillet 1867 (art. 19120, J. N.); Seine, 24 octobre 1890 (J. du not.), 1891, p. 314).
(10) L. 4 novembre 1884, art. 3.

§ 8. Formules.

1. *Tableau synoptique*
2. *Echange d'immeubles sans soulte.*
3. *Echange d'immeubles avec soulte.*

4. *Echange d'immeubles ruraux avec contiguité.*
5. *Echange d'immeubles ruraux san. contiguité.*

1. — Tableau synoptique.

Échangistes. . . .
- Majeurs et capables d'aliéner (Code civil, art. 1123, 1594, 1707).
- Tuteurs de mineurs ou d'interdits (Code civil, art. 457, 481, 509).
- Prodigue : conseil (art. 513).
- Femme mariée (art. 217, 1538, 1559, 1576).
- Mari seul.
- Administrateurs de personnes civiles.

Objets. . . . . . .
- Immeubles, désignation.
- Etablissement de propriété.
- Garantie (Code civil, art. 1603, 1625),

Conditions. . . . .
- Entrée en jouissance : baux.
- Contributions.
- Servitudes. superficie (art. 1614, 1641).
- Revendication en cas d'éviction.
- Payement des frais.

Soulte payée . . .
- Comptant en totalité.
- — en partie.
- A terme pour le tout.

- Lieu du paiement.
- Époque,
- Intérêts.
- Garantie : action résolutoire et privilège.

Transcription.
Remise des titres de propriété (Code civil, art. 1605),
Élection de domicile.
Évaluation du revenu des biens pour l'enregistrement.
Mention de la loi du 23 août 1871, art. 12 et 13.

2. — Échange d'immeubles sans soulte.

Pardevant, etc...
    Ont comparu :
    M. Charles Remy, propriétaire, et Mme Léontine Dubois, son épouse, qu'il autorise, demeurant ensemble à...
    Et M. Louis Varant, propriétaire, demeurant à...
    Lesquels ont fait entre eux l'échange suivant :
    I. — M. et Mme Remy, cédent à titre d'échange, avec toute garantie solidaire (1), à M. Varant, qui accepte.

---

(1) La garantie que le vendeur doit à l'acquéreur a deux objets : le premier est la possession paisible de la chose vendue ; le second, les défauts cachés de cette chose ou les vices rédhibitoires (C. civ., 1625). — Quoique, lors de la vente, il n'ait été fait aucune stipulation sur la garantie. le vendeur est obligé de droit à garantir l'acquéreur de l'éviction qu'il souffre dans la totalité ou partie de l'objet vendu, ou de charges prétendues sur cet objet, et non déclarées lors de la vente (C. civ., 1626). — Les parties peuvent,

Une maison située à..., etc...

II. — En contre-échange, M. Varant cède, avec toute garantie, à M. et Mme Remy, qui acceptent,

Une ferme située à..., etc...

Les immeubles ci-dessus désignés sont échangés tels qu'ils existent, sans aucune exception ni réserve, mais aussi sans que l'expression de la mesure des pièces de terre puisse donner lieu à aucune indemnité de part ni d'autre, dans quelque cas que ce soit, la différence en plus ou en moins s'élevât-elle au delà du vingtième.

Origine de propriété :

1° Immeuble cédé par M. et Mme Remy.

L'immeuble donné en échange par M. et Mme Remy...

2° Immeuble cédé par M. Varant.

Quant à l'immeuble cédé par M. Varant...

Jouissance.

Les échangistes auront respectivement la pleine propriété et jouissance des biens qu'ils se sont cédés de part et d'autre, à partir de ce jour.

Charges et conditions

Cet échange est fait avec les charges et aux conditions suivantes que les échangistes s'obligent respectivement à exécuter :

1° Ils souffriront les servitudes passives, apparentes ou occultes, continues ou disconti-nues dont les biens reçus en échange peuvent être grevés, sauf à s'en défendre s'il y a lieu, et à profiter de celles actives, s'il en existe, le tout aux risques et périls de chacun ;

2° Ils payeront les contributions foncières sur les biens reçus en échange, à compter du. . ;

3° Ils entretiendront et exécuteront, pour toute leur durée, les baux qui peuvent exister de la totalité ou partie des objets pris en échange ; le tout de manière que l'autre partie ne puisse être aucunement inquiétée ni recherchée ;

4° Le présent contrat étant subordonné à la tranquille possession et jouissance des objets échangés, il est expressément convenu qu'en cas d'éviction ou trouble, l'échangiste évincé ou troublé rentrera de plein droit dans la propriété de la chose par lui donnée en contre-échange, lors même qu'elle serait passée à des tiers détenteurs. les échangistes ayant déclaré s'interdire toute transmission autrement que sous cette condition (1).

Le présent échange est fait sans soulte ni retour.

Formalités hypothécaires.

Les échangistes feront transcrire une expédition du présent acte d'échange au bureau des hypothèques de... et rempliront en outre, si chacun d'eux le juge à propos, les formalités de purge des hypothèques légales ; et s'il existe ou survient des inscriptions hypothécaires sur les objets réciproquement cédés, celui des échangistes à la charge duquel elles subsiste-

---

par des *conventions particulières*, ajouter à cette obligation de droit ou en *diminuer l'effet* ; elles peu-vent même convenir que le vendeur ne sera soumis à *aucune garantie* (C. civ., 1627). — Quoiqu'il soit dit que le vendeur ne sera soumis à *aucune garantie*, il demeure cependant tenu de celle qui résulte d'un fait qui lui est personnel : toute *convention con-* *traire est nulle* (C. civ., 1628). — Ainsi l'échange d la chose d'autrui est nul, aussi bien que la vente (C. civ., 1599).

(1) L'échangiste ne serait plus recevable à deman-der la résolution du contrat et la répétition de sa chose, s'il se trouvait dans l'impossibilité de rendre la chose qu'il a reçue en échange.

ront, sera tenu d'en fournir la radiation à l'autre dans le plus bref délai de la loi à partir du jour de la dénonciation que celui-ci lui en fera faire (1).

État civil.

Les échangistes déclarent, savoir :

M. et Mme Remy, qu'ils sont mariés sous le régime de la communauté réduite aux acquêts..., etc.

Et M. Varant...

Remise des titres.

Les échangistes se sont respectivement remis les titres de propriété ci-dessus énoncés, savoir :

M. et Mme Remy à M. Varant : 1° une expédition du contrat d'acquisition du..., etc.

Et M. Varant à M. et Mme Remy.

Évaluation pour l'enregistrement.

Pour la perception du droit d'enregistrement les parties déclarent que les immeubles cédés en échange par chacune d'elles sont d'un revenu brut de... par an.

Élection de domicile.

Pour l'exécution des présentes, les parties..., etc.

Avant de clore, M^e..., l'un des notaires soussignés, a donné lecture aux parties des articles 12 et 13 de la loi du 23 août 1871 concernant les dissimulations.

Dont acte...

3. — Echange d'immeubles avec soulte.

Pardevant, etc...

Ont comparu :

M. Jules Rochat, propriétaire, et Mme Valentine Poncin, son épouse, qu'il autorise, demeurant ensemble à...

Et M. Léon Cartier, propriétaire, et Mme Marie Robert, son épouse, qu'il autorise, demeurant ensemble à...

Lesquels ont fait entre eux l'échange suivant :

I. — M. et Mme Rochat cèdent, à titre d'échange, avec toute garantie solidaire à M. et Mme Cartier qui acceptent,

Une maison située à..., etc.

II. — En contre-échange, M. et Mme Cartier cèdent, aussi avec toute garantie solidaire, à M. et Mme Rochat qui acceptent,

Une ferme située à...

Les immeubles ci-dessus désignés sont échangés tels qu'ils existent aujourd'hui, avec leurs circonstances et dépendances, sans aucune exception ni réserve, mais sans aucune garantie, soit du bon ou mauvais état des bâtiments, soit de la mesure des terres composant la ferme, l'expression de cette mesure ne devant donner lieu à aucune indemnité de part ni d'autre, dans quelque cas que ce soit, la différence en plus ou en moins s'élevât-elle au delà d'un vingtième.

---

(1) L'hypothèque dont l'immeuble échangé se trouve grevé n'est pas transférée sur l'immeuble reçu en contre-échange ; ainsi l'échangiste, comme un acquéreur, ne peut être à l'abri des hypothèques prises sur le fond acquis qu'en purgeant ce même fonds desdites hypothèques, suivant les formes prescrites par la loi. A cet effet, l'échangiste doit faire aux créanciers la notification prévue par l'art. 2183 du C. civ., en ayant soin d'y comprendre l'évaluation de la chose, selon ce même article, afin que cette évaluation serve de base, soit à l'obligation dont l'échangiste sera tenu envers les créanciers, soit à la surenchère que ces derniers pourront former.

Origine de propriété.

1° Immeuble cédé par M. et Mme Rochat.

La maison donnée en échange par M. et Mme Rochat appartient à ces derniers..., etc.

2° Immeuble cédé par M. et Mme Cartier.

La ferme donnée en échange par M. et Mme Cartier a été acquise par eux..., etc.

Jouissance.

Les échangistes auront respectivement la pleine propriété des biens qu'ils se sont cédés de part et d'autre, à partir de ce jour, et ils en auront la jouissance par la perception des fermages et loyers, aussi à compter d'aujourd'hui.

Charges et conditions.

Cet échange est consenti à la charge par les parties, qui s'y obligent, d'exécuter les conditions suivantes :

1° Les échangistes prendront les bâtiments échangés dans l'état où ils se trouvent :

2° Ils souffriront les servitudes passives, apparentes ou occultes, continues ou discontinues dont les biens échangés peuvent être grevés, sauf à s'en défendre s'il y a lieu et à profiter de celles actives, s'il en existe, le tout aux risques et périls de chacun ;

3° Ils payeront les contributions foncières sur les biens reçus en échange à compter de ce jour, sauf à les répéter contre le fermier ou locataire qui en est tenu ;

4° Ils entretiendront et exécuteront, savoir : M. et Mme Rochat, le bail que M. et Mme Cartier ont fait aux sieur et dame X..., de la ferme et de ses dépendances, pour... années, etc., moyennant... francs de fermage annuel, etc.; et M. et Mme Cartier, le bail que M. et Mme Rochat ont fait à M..., etc.;

5° Ils demeureront chargés des assurances contre l'incendie que chacun aurait pu faire faire des bâtiments échangés par telle compagnie ou pour tel temps que ce soit;

6° Ils supporteront les frais des présentes, chacun par moitié, sauf ceux afférents à la soulte ci-après stipulée, lesquels resteront à la charge de M. et Mme Cartier.

Soulte.

Cet échange est fait moyennant une soulte, de la part de M. et Mme Cartier, de la somme de... francs, qu'ils s'obligent solidairement à payer à M. et Mme Rochat, en l'étude de M^e..., l'un des notaires soussignés, le..., avec intérêts, jusqu'au paiement effectif, à raison de..., par an, payables les... à compter du...

Formalités hypothécaires.

Les échangistes feront transcrire une expédition des présentes au bureau des hypothèques de..., etc.

État civil.

Les comparants font les déclarations suivantes au sujet de leur état civil, savoir :...

Remise de titres...

M. et Mme Rochat ont à l'instant remis à M. et Mme Cartier qui le reconnaissent..., etc.

Renonciation.

Les échangistes renoncent respectivement au droit que leur réserve l'art. 1705 du C. civ. de répéter l'immeuble cédé en échange dans le cas où l'un d'eux viendrait à être évincé de l'immeuble reçu en contre-échange; ils se réservent seulement, dans ce cas, de réclamer des dommages-intérêts contre l'échangiste personnellement dont l'immeuble par lui cédé serait l'objet de l'éviction.

Évaluation pour l'enregistrement.

Pour la perception du droit d'enregistrement seulement, les parties déclarent que la maison cédée par M. et Mme Rochat est d'un revenu brut et annuel de..., et que la ferme cédée par M. et Mme Cartier est d'un revenu brut annuel de...

Élection de domicile.

Pour l'exécution des présentes, les parties élisent domicile, **etc.**
Avant de clore, etc... (V. *la formule précédente.*)
Dont acte...

4. — Échange d'immeubles ruraux avec contiguïté (1).
(Quand les communes ne sont pas limitrophes).

Pardevant, etc...

Ont comparu :

M. Paul Lurat, propriétaire, demeurant à...

Et M. Jacques Charpentier, cultivateur, demeurant à...

Lesquels ont fait entre eux l'échange suivant :

I. — Lurat cède, à titre d'échange, avec toute garantie de droit,

A M. Charpentier, qui accepte,

Une pièce de terre labourable, située commune de..., lieudit, ayant une contenance de 75 ares, et limitée au nord par M. Duval, à l'est par M. Renard, au midi par M. Langlois et à l'ouest par le chemin vicinal.

Cette pièce figure au plan cadastral de la commune de..., sous le n° 18 de la section C, comme terrain de deuxième classe et comme produisant un revenu annuel de 25 francs, ainsi que le constate un extrait de la matrice cadastrale délivré par le maire de ladite commune de..., le..., et qui sera présenté avec les présentes au bureau de l'enregistrement.

II. — En contre-échange, M. Charpentier cède à M. Lurat avec toute garantie de droit,

Une pièce de terre labourable située commune de .. département de..., lieudit..., ayant une contenance de 75 ares et limitée à l'est par M. Renaud, au midi par M. Vincent, à l'ouest par M. Dubois, et au nord par une pièce de terre portant le n° .. de la section... du cadastre et appartenant à M. Lurat.

La pièce de terre ci-dessus désignée est figurée, etc. (V. *plus haut.*)

Etablissement de propriété.

1° Immeuble cédé par M. Lurat.

La pièce de terre cédée par M. Lurat lui appartient au moyen de l'acquisition qu'il en a faite, etc...

---

(1) C'est le cas de l'application de la loi du 22 juillet 1870 modifiée par celle du 3 novembre 1884.
On doit donc, pour bénéficier du droit de 0,20 % pour l'enregistrement et la transcription du contrat d'échange, justifier :
1° Que l'un des immeubles échangés est contigu aux propriétés de celui des échangistes qui le reçoit.
2° Et que les immeubles échangés et celui dont la contiguïté justifie l'application du tarif réduit ont été acquis par les contractants par acte enregistré depuis plus de deux ans ou recueillis par eux à titre héréditaire.

En outre, le contrat d'échange doit renfermer l'indication de la contenance du numéro, de la section, du lieudit, de la classe, de la nature et du revenu du cadastre de chacun des immeubles échangés, et un extrait de la matrice cadastrale desdits biens, délivré gratuitement, soit par le maire soit par le directeur des contributions directes, pour être déposé au bureau lors de l'enregistrement.

2° Immeuble cédé par M. Charpentier.

M. Charpentier est propriétaire de la pièce de terre qu'il vient de céder à M. Lurat, pour l'avoir recueillie dans la succession de..., etc.

3° Immeuble contigu appartenant à M. Lurat.

M. Lurat est propriétaire de la pièce de terre à laquelle est contigu l'immeuble par lui reçu en échange par suite de l'acquisition qu'il en a faite de M..., suivant acte passé devant M°..., notaire à..., le...; ce qui justifie à son égard une possession de plus de deux ans.

Jouissance

Les échangistes auront respectivement la pleine propriété et la jouissance des biens qu'ils viennent de se céder, à partir de ce jour.

Charges et conditions.

Cet échange est fait avec les charges et conditions suivantes que les parties, etc.
Le présent échange a lieu sans soulte ni retour.

Formalités hypothécaires.

Les échangistes feront transcrire une expédition du présent acte au bureau des hypothèques de..., et rempliront, en outre, si chacun le juge à propos, les formalités de purge des hypothèques légales..., etc.

Etat-civil et situation hypothécaire.

Les échangistes font les déclarations suivantes, savoir: ...

Remise des titres.

M. Lurat a remis à l'instant, à M. Charpentier qui le reconnaît, les pièces suivantes : ...

Evaluation pour l'enregistrement.

Pour la perception du droit d'enregistrement, les parties déclarent que l'immeuble cédé en échange par chacune d'elle, est d'un revenu brut de... par an.

Election de domicile.

Pour l'exécution des présentes les parties élisent domicile, etc...
Avant de clore, M°..., l'un des notaires soussignés, a donné lecture aux parties des articles 12 et 13 de la loi du 23 août 1871 concernant la sincérité de la déclaration des prix de soulte.

Dont acte...

5. — Echange d'immeubles ruraux sans contiguité (1)
(Quand les communes sont limitrophes).

Pardevant, etc...
Ont comparu :
M. Joseph Macquart, propriétaire, demeurant à...
Et M. Lucien Renaud, cultivateur, demeurant à...

---

(1) Cette formule est l'application de la loi du 8 novembre 1884 en vertu de laquelle il n'est perçu que 0 fr. 20 °/o pour tout droit proportionnel d'enregistrement et de transcription lorsque les immeubles échangés sont situés dans la même commune ou dans des communes limitrophes.
Voir pour la justification des déclarations cadastrales, page 208, note 1 *in fine*.

Lesquels ont fait entre eux l'échange suivant de biens ruraux situés dans la même commune (*ou* : dans des communes limitrophes).

I. — M. Macquart cède à titre d'échange avec toute garantie de droit,

A M. Renaud qui accepte,

Une pièce de terre labourable, située commune de..., lieu dit..., ayant une contenance de 50 ares et limitée au nord par M. Evrard, à l'est par M. Chevalier, au sud par Mme veuve Charon et à l'ouest par M. Bonnard.

Cette pièce figure au plan cadastral de la commune de..., sous le n° 85 de la section A, comme terrain de deuxième classe et comme produisant un revenu annuel de 15 fr. ainsi que le constate un extrait de la matrice cadastrale délivré par le maire de ladite commune de..., le..., et qui sera présenté avec les présentes au bureau de l'enregistrement.

II. — En contre-échange M. Renaud cède à M. Maquart avec toute garantie de droit,

Une pièce de terre labourable, etc.

(*Pour l'établissement de propriété et la suite de cet acte voir la formule précédente sauf qu'il n'y a plus à justifier d'une propriété biennale ou à titre héréditaire*) (1).

BIBLIOGRAPHIE

Aubry et Rau, t. IV, p. 459 et suiv.
Dict. du not., v° *Echange*.
Duvergier, t. XVIII et XIX.

Laurent, t. XXIV.
Troplong, *Comment. de l'Echange*, 2. vol. in- .

EMPHYTÉOSE (V. *suprà*, v° BAIL EMPHYTÉOTIQUE)

ENREGISTREMENT (2)

L'enregistrement est une formalité qui consiste, — pour certains actes, dans la copie littérale, sur un registre à ce destiné, — et pour d'autres, dans la relation sommaire, aussi sur des registres spéciaux, des clauses qui en font le caractère légal. Tout acte présenté à la formalité doit acquitter un droit, s'il n'en est expressément affranchi.

L'ensemble des droits ainsi perçus constitue l'*impôt de l'enregistrement*.

Les droits d'enregistrement, tels qu'ils sont établis aujourd'hui, réunissent sous une même dénomination ceux qui étaient connus, dans notre ancienne législation, sous le nom de droits de *contrôle*, d'*insinuation*, de *centième denier*, et sous d'autres dénominations particulières à certaines provinces.

Les principales lois qui régissent actuellement la matière sont : la loi organique du 22 frimaire an VII, celles des 28 avril 1816, 16 juin 1824, 25 juin 1841, 18 mai, 7 août et 10 décembre 1850 ; 23 juin 1857 ; 11 juin 1859 ; — le décret du 11 juin 1862 ; les lois des 27 juillet 1870 ; 23 août 1871 ; 16 septembre 1871 et 28 février 1872 ; 30 mars 1872 ; 24 juin 1875 ; 3 novembre 1884, etc.

---

(1) Il n'est pas nécessaire, d'après la loi du 3 novembre 1884, que les immeubles soient tenus depuis plus de deux ans en la possession des échangistes.

(2) Nous ne donnons ici que les principes généraux relatifs à cette formalité ; le lecteur trouvera, sous chaque acte, l'indication des droits spéciaux à percevoir.

Sommaire :

§ 1. PRINCIPES GÉNÉRAUX. DÉTERMINATION ET ASSIETTE DES DROITS.

1. — Les droits d'enregistrement sont *fixes* ou *proportionnels* (1).

2. — Le droit *fixe* s'applique aux actes qui ne contiennent ni obligation, ni libération, ni condamnation, collocation ou liquidation de sommes et valeurs, ni transmission de propriété, d'usufruit ou de jouissance de biens meubles ou immeubles (2).

3. — Le droit *fixe* varie suivant la nature des actes et contrats. Il est spécialement déterminé pour chacun d'eux par diverses lois de finances.

4. — Le droit *proportionnel* est établi pour les obligations, libérations, condamnations, collocations ou liquidations de sommes et valeurs, et pour toute transmission de propriété, d'usufruit ou de jouissance de biens meubles et immeubles, soit entre-vifs, soit par décès (3).

5. — Ce droit est assis sur les valeurs ; et ces valeurs sont spécialement déterminées pour chaque nature d'actes ou de mutations.

6. — La perception du droit proportionnel suit les sommes et valeurs de 20 fr. en 20 fr., inclusivement et sans fraction (4).

7. — Il n'y a point de fraction de centime dans la liquidation du droit proportionnel. Lorsqu'une fraction de somme ne produit pas un centime de droit, le centime est perçu au profit de l'Etat (5).

8. — Il ne peut être perçu moins de 25 centimes pour l'enregistrement des actes et mutations dont les sommes et valeurs ne produiraient pas 25 centimes de droit proportionnel (6).

9. — Lorsque les sommes et valeurs ne sont pas déterminées dans un acte donnant lieu au droit proportionnel, les parties sont tenues d'y suppléer, avant l'enregistrement, par une déclaration estimative certifiée et signée au pied de l'acte (7).

Cette déclaration estimative, s'il s'agit surtout de charges modiques et secondaires, peut être faite par le notaire, au nom des parties (8).

10. — Lorsqu'un acte translatif de propriété ou d'usufruit comprend des meubles et des immeubles, le droit d'enregistrement est perçu sur la totalité du prix au taux réglé pour les immeubles, à moins qu'il ne soit stipulé un prix particulier

---

(1) L. 22 frimaire an VII, art. 2.—Il y a lieu d'ajouter deux décimes et demi à tous les droits principaux d'enregistrement (LL. 6 prairial an VII; 28 août 1871, art. 1ᵉʳ; 30 décembre 1873, art. 2)

(2) L. 22 frimaire an VII, art. 3; L. 28 avril 1893, art. 20.

(3) L. 22 frimaire an VII, art. 4; L. 28 avril 1893, art. 19.

(4) L. 27 ventôse an IX, art. 2.

(5) L. 22 frimaire an VII, art. 5.

(6) L. 27 ventôse an IX, art. 3.

(7) L. 22 frimaire an VII, art. 16.

(8) Garnier, *Rép. gén.*, nᵒ 5928 ; Dict. enreg., vᵒ *Déclaration*, nᵒ 87; Cass., B., 27 mars 1884.—Comp. Cass., Fr., 10 juillet 1871 (*J. du not.*, nᵒ 3791).

pour les objets mobiliers et qu'ils ne soient désignés et estimés article par article dans le contrat (1).

11. — Une autre espèce de droit, dit *droit fixe gradué*, était établi sur certains actes dont les uns étaient sujets au droit fixe simple et les autres au droit proportionnel, d'après les distinctions indiquées ci-dessus nos 2 et 4.

12. — Étaient assujettis à ce droit fixe gradué : 1° Les actes de formation et prorogation de société ; 2° les actes translatifs de propriété de biens immeubles sis à l'étranger ; 3° les ventes de marchandises avariées par suite d'événements de mer et de débris de navires ; 4° les contrats de mariage ; 5° les partages ; 6° les délivrances de legs ; 7° les consentements à mainlevée totale ou partielle d'hypothèque ; 8° les prorogations de délai ; 9° les marchés dont le prix devait être payé directement par le trésor public et les cautionnements relatifs à ces marchés ; 10° les titres nouvels et reconnaissances de rentes (2).

13. — Mais le droit gradué a été supprimé par la loi du 28 avril 1893 qui a soumis au droit proportionnel tous les actes désignés dans l'article 1er de la loi du 28 février 1872, et que nous venons de rappeler.

14. — La quotité de ce droit proportionnel est fixée à 0 fr. 15 % pour les partages, et à 0 fr. 20 % pour les autres actes (3).

15. — Si, dans le délai de deux années à partir de l'enregistrement, la dissimulation des sommes ou valeurs ayant servi de base à la perception du droit proportionnel est établie par des actes ou écrits émanés des parties ou par des jugements, il sera perçu, indépendamment des droits simples supplémentaires, un droit en sus, qui ne peut être inférieur à 50 fr. (4).

16. — **Pluralité des droits.** — Lorsque dans un acte quelconque, il y a plusieurs dispositions indépendantes ou ne dérivant pas nécessairement les unes des autres, il est dû un droit particulier pour chacune d'elles, selon son espèce (5).

17. — Toutefois, d'après la loi du 28 avril 1893, il n'est dû qu'un seul droit pour les exploits relatifs aux procédures de délaissement par hypothèque, de purge des hypothèques légales ou inscrites, de saisie immobilière, d'ordre judiciaire et de contribution judiciaire, —quel que soit le nombre des demandeurs et des défendeurs.

Il n'est également dû qu'un seul droit fixe pour chaque acte distinct d'acceptation de succession ou de renonciation à succession passé au greffe, quel que soit le nombre des acceptants ou des renonçants et celui des successions acceptées ou répudiées. — Il en est de même pour les renonciations à communauté par acte au greffe (6).

§ 2. — Délais pour l'enregistrement.

18. — Le délai, pour faire enregistrer les actes notariés, est de dix jours, pour les notaires qui résident dans la commune où le bureau d'enregistrement est établi ; et de quinze jours, pour ceux qui n'y résident pas (7).

19. — Toutefois, le délai n'est que de quatre jours pour les protêts faits par eux (8).

20. — Pour les baux des hospices et autres établissements de bienfaisance,

---

(1) L. 22 frimaire an VII, art. 9.
(2) L. 28 février 1872, art. 1er.
(3) L. 28 avril 1893, art. 19 (*J. du Not.*, 1893, p. 285, 385 et 444).
(4) L. 28 avril 1893, art. 21 (*J. du Not.*, 1893, p. 285, 385 et 444).

(5) L. 22 frimaire an VII, art. 14.
(6) L. 28 avril 1893, art. 23 (*J. du Not.*, 1893, p. 285, 385 et 444).
(7) L. 22 frimaire an VII, art. 20.
(8) L. 24 mai 1834, art. 23.

passés devant notaires, le délai est de quinze jours à partir du jour de la remise au notaire par le maire, de l'arrêté d'approbation (1).

21. — Pour les autres actes notariés soumis à l'approbation administrative, le délai est de vingt jours, à partir de la remise au notaire de cette approbation (2).

22. — Pour les actes des chambres de discipline qui sont sujets à l'enregistrement comme actes d'établissement public, le délai est également de vingt jours (3).

23. — Le délai de l'enregistrement des actes qui ne peuvent être consommés qu'en plusieurs séances court à partir de chaque vacation et non à partir de la date de la dernière (4).

24. — Les *testaments* déposés chez les notaires ou par eux reçus peuvent n'être enregistrés que dans les trois mois du décès des testateurs et à la diligence des héritiers, légataires ou exécuteurs testamentaires (5).

25. — Il en est ainsi des *révocations de testament* et des *donations entre époux* dont l'exécution est subordonnée au décès du donateur (6).

26. — Les *actes de suscription* des testaments mystiques qui sont censés ne former qu'un seul et même acte avec le testament, peuvent n'être présentés à l'enregistrement que dans les trois mois du décès.

§ 3. Bureaux où les actes doivent être enregistrés.

27. — Les notaires ne peuvent faire enregistrer leurs actes qu'aux bureaux dans l'arrondissement desquels ils résident (7).

28. — Les actes passés en double minute sont enregistrés au bureau de la résidence de chaque notaire. Les droits sont acquittés par le notaire désigné dans les actes (8).

29. — Lorsqu'un notaire substitue un de ses confrères, l'acte doit toujours être enregistré au bureau du notaire *substitué* (9).

30. — C'est aussi au bureau du notaire *décédé* que doivent être présentés les actes faits, durant la gérance de l'étude, par le notaire commis (10).

31. — Lorsqu'un notaire de Cour d'appel est appelé à dresser un *inventaire* hors de sa résidence, il est autorisé par décision du ministre des finances en date du 12 thermidor an XII, à faire enregistrer la minute au bureau du lieu où il a instrumenté, dans le délai de dix à quinze jours de chaque vacation, suivant que la commune où il a procédé est ou non le chef lieu du bureau (11).

§ 4. Paiement des droits.

32. — Les droits des actes doivent être payés avant l'enregistrement. Nul ne peut en atténuer, ni différer le paiement, sous prétexte de contestation sur la quotité, ni pour quelque autre motif que ce soit, sauf à se pourvoir en restitution s'il y a lieu (12).

33. — Les droits sont acquittés par les notaires pour les actes passés devant eux (13) et pour ceux qui leur sont déposés ou qui sont annexés à des actes notariés (14).

34. — Les notaires ne sont tenus de faire l'avance que des droits légalement

---

(1) Décr. 12 août 1807, art. 5; Déc. min. fin., 8 septembre 1882 et 10 octobre 1890 (*J. du not.*, 1891, p. 516).
(2) Déc. min. fin., 22 janvier 1855.
(3) L. 22 frimaire an VII art. 20.
(4) Décr. 10 brumaire an XIV, art. 1, 2 et 3.
(5) L. 22 frimaire an VII, art. 21.
(6) Déc. min. fin., 26 mars 1838.
(7) L. 22 frimaire an VII, art. 26

(8) Garnier, *Rép. gén.*, n° 11376; Dict. enreg., v° *Acte de notaire*, n° 143.
(9) Dict. enreg., n° 145.
(10) Dict enreg., v° *Acte notarié*, n° 131, 132, 146; Sol., 18 août 1872.
(11) Dict. enreg., n° 142.
(12) L. 22 frimaire an VII, art. 28.
(13) L. 22 frimaire an VII, art. 29.
(14) L. 16 juin 1824, art. 18.

dus suivant la nature des actes reçus par eux (1); et si le receveur croit pouvoir critiquer les actes à raison de l'insuffisance des déclarations estimatives ou des énonciations de prix, ou encore pour dissimulations, ou s'il s'agit d'un supplément de droits à percevoir, c'est contre les parties que l'action doit être dirigée (2).

Mais cette obligation de faire l'avance des droits s'étend à tous les actes, même à ceux dans lesquels le notaire agit en vertu d'une commission judiciaire (3).

35. — Toutefois le double droit n'est pas exigible du notaire en même temps que le droit simple, si, d'après l'acte enregistré, il y a présomption de mutation antérieure.

36. — Le notaire ne peut se prévaloir du défaut de consignation des droits entre ses mains, pour se dispenser de soumettre l'acte à l'enregistrement dans les délais, ni pour refuser d'y apposer sa signature et priver ainsi l'acte de l'authenticité.

Si la somme consignée par un notaire pour l'enregistrement de ses actes est inférieure au montant des droits exigibles, le receveur de l'enregistrement peut ou refuser l'enregistrement ou retenir les actes tant que la somme encore due ne lui a pas été payée par le notaire (4).

L'action en paiement des droits d'enregistrement auxquels un acte est soumis peut être exercée contre toute partie qui a figuré dans cet acte, sauf le recours de cette partie contre celui qui doit définitivement supporter les droits (5).

37. — L'officier public qui a fait, pour les parties, l'avance des droits d'enregistrement, peut prendre exécutoire du juge de paix du canton pour le remboursement (6).

38. — Aucune autorité publique, ni la Régie, ni ses préposés ne peuvent accorder de remise ou modération des droits établis, ni en suspendre ou faire suspendre le recouvrement sans en devenir personnellement responsables (7).

39. — Tout droit d'enregistrement perçu régulièrement ne peut être restitué, quels que soient les événements ultérieurs (8); mais cette règle ne doit pas être étendue aux droits dus, mais non perçus (Cass., 28 janvier 1890 (*J. du not.*, 1890, p. 402).

40. — Mais les restitutions de droits indûment perçus sur les actes de notaires peuvent être réclamées par ces officiers publics et ordonnancées à leur profit.

§ 5. Peines en cas d'omission de la formalité.

41. — Les notaires qui n'ont point fait enregistrer leurs actes dans les délais prescrits sont passibles d'une amende de dix francs s'il s'agit d'un acte sujet au droit fixe, ou d'une somme égale au montant du droit exigible s'il s'agit d'un acte sujet au droit proportionnel, sans que dans ce cas la peine puisse être au-dessous de dix francs (9).

42. — Lorsqu'un acte notarié n'a pu être enregistré dans le délai légal, par suite du refus du notaire de souscrire au pied de l'acte une déclaration nécessaire pour asseoir la perception du droit proportionnel exigible, cet officier public doit supporter personnellement la peine du droit en sus qui est encouru (10).

43. — S'il s'agit d'un acte notarié dont les droits fixes réunis s'élèvent à plus de dix francs, l'amende exigible n'est toujours que de dix francs. — Si l'acte est

---

(1) Cass., 12 février 1834; Lyon, 11 août 1880 (*J. du not.*, n° 3349).
(2) L. 22 frimaire an VII, art. 4, 14, 17, 28, 56; L. 23 août 1871, art. 13; Cass., 12 février 1834.
(3) Le Havre, 17 février 1818; Limoges, 24 août 1874 (*Rev. not.*, n° 1774).
(4) Seine, 20 décembre 1863 et 19 août 1865; Besançon, 9 mars 1880; Nîmes, 6 mai 1885 (art. 23609, J. N.). — *Contrà* : *J. du not.*, n° 3899 et suiv.

(5) Cass., 10 mars 1858 et 1er février 1859; Reg., 28 juillet 1868; Cass., 21 décembre 1868; Cass., 21 décembre 1870.
(6) L. 22 frimaire an VII, art. 30.
(7) L. 22 frimaire an VII, art. 59.
(8) L. 22 frimaire an VII, art. 60.
(9) LL. 22 frimaire an VII, art. 33 et 16 juin 1824, art. 10.
(10) Nîmes, 6 mai 1885 (art. 23609, J. N.).

sujet à des droits proportionnels et à des droits fixes, le droit en sus ne se calcule que sur les droits proportionnels exigibles, sans égard aux droits fixes, sauf perception du minimum de dix francs (1).

44. — Pour les actes administratifs des chambres de discipline qui ne sont pas enregistrés dans le délai prescrit, la peine encourue est celle du droit en sus sans minimum.

45. — Lorsqu'un acte en *double minute* a été présenté à l'enregistrement, dans le délai légal, par celui des notaires qui a la charge de la minute et du paiement des droits, le notaire qui a reçu la seconde minute n'encourt aucune amende, s'il omet de la soumettre à l'enregistrement; ce n'est là, en effet, qu'une mesure d'ordre non imposée par la loi (2).

46. — Le refus d'enregistrement, la négligence ou l'absence du receveur doivent, pour mettre le notaire à l'abri de toute action, être constatés par acte extra-judiciaire (3).

§ 6. Poursuites et instances.

47. — Le premier acte de poursuite pour le recouvrement des droits d'enregistrement et le paiement des peines et amendes est une contrainte.

Elle doit être décernée par le receveur et déclarée exécutoire par le juge de paix du canton où le bureau est établi.

L'exécution ne peut être arrêtée que sur une opposition formée par le redevable, et motivée avec assignation à jour fixe devant le tribunal civil de l'arrondissement (4).

48. — L'instruction se fait par simples mémoires respectivement signifiés (5) sans plaidoiries; et les parties ne sont point obligées d'employer le ministère des avoués (6).

49. — Les jugements sont rendus dans un délai de trois mois (Cass., 2 décembre 1889) sur le rapport d'un juge fait en audience publique et sur les conclusions du ministère public; ils sont sans appel et ne peuvent être attaqués que par voie de cassation (7).

§ 7. Prescriptions.

50. — Il y a prescription pour la demande des droits, après *deux années* à compter du jour de l'enregistrement. s'il s'agit d'un droit non perçu sur une disposition particulière dans un acte, ou d'un supplément de perception insuffisamment faite, ou d'une fausse évaluation dans une déclaration et pour la constater par voie d'expertise (8).

51. — Les parties sont également non recevables, après le même délai pour toute demande en restitution de droits perçus (9).

52. — La prescription n'est valablement interrompue que par des demandes signifiées et enregistrées avant l'expiration du délai fixé (10).

53. — Et la prescription ainsi suspendue est acquise ensuite irrévocablement,

(1) Dict. du not., suppl., v° *Enregistrement*, n° 569-1.
(2) Garnier, n° 981; Dict. enreg., n° 150.
(3) Poitiers, 20 mars 1870.
(4) L. 28 frimaire an VII, art. 64.
(5) Il est nécessaire que la signification des mémoires produits soit constaté pour que le jugement soit régulier; c'est là une formalité substantielle; mais il suffit que la mention des significations soit faite dans les qualités. Cass., 16 février 1881; 18 août

et 30 décembre 1884, 19 octobre 1886 (art. 22522, 23367, 23199 et 23799, J. N.); Cass., 23 mars 1887 et 13 juin 1888.
(6) LL. 22 frimaire an VII, art. 65, et 27 ventôse an IX, art. 17.
(7) L. 22 frimaire an VII, art. 65.
(8) L. 22 frimaire an VII, art. 61, n° 1.
(9) L. 22 frimaire an VII, art. 61.
(10) L. 22 frimaire an VII, art. 61.

si les poursuites commencées sont interrompues pendant une année, sans qu'il y ait d'instance devant les juges compétents, quand même le premier délai pour la prescription ne serait pas expiré (1).

54. — La prescription de deux ans s'applique aussi aux amendes de contravention, et elle commence à courir du jour où les préposés ont été mis à portée de constater la contravention au vu de chaque acte soumis à l'enregistrement, ou du jour de la présentation des répertoires à leur visa (2).

55. — La prescription pour le recouvrement des droits simples d'enregistrement des actes qui n'ont pas été présentés à la formalité, est de *trente ans* (3).

56. — La prescription est d'*un an* seulement pour requérir l'expertise des immeubles transmis à titre onéreux (4) et de *trois mois*, pour faire constater par expertise l'insuffisance des prix de vente de fonds de commerce ou de clientèles (5).

§ 8. Obligations spécialement imposées aux notaires en ce qui concerne l'enregistrement.

57. — Il est défendu aux notaires de délivrer en brevet, copie ou expédition, aucun acte soumis à l'enregistrement sur la minute ou l'original, ni de faire aucun acte en conséquence, avant qu'il ait été enregistré, quand même le délai pour l'enregistrement ne serait pas encore expiré, sous peine de 10 fr. d'amende, outre le paiement du droit (6).

58. — Néanmoins, à l'égard des actes qui sont reçus par le même notaire, et dont le délai n'est pas encore expiré, il peut les énoncer, avec la mention que les actes seront présentés en même temps à l'enregistrement, mais dans aucun cas l'enregistrement du second acte ne pourra être requis avant celui du premier, sous peine de 10 fr. d'amende (7).

59. — Il est également défendu aux notaires de faire ou de rédiger un acte en vertu d'un acte sous signature privée ou passé en pays étranger, de l'annexer à ses minutes, de le recevoir en dépôt, ni d'en délivrer copie, extrait ou expédition, s'il n'a été préalablement enregistré, sous peine de 10 fr. d'amende et de répondre personnellement du droit (8).

60. — Mais ils ont la faculté de présenter les actes en même temps à la formalité, sous condition d'être personnellement responsables de tous les droits et amendes auxquels les actes énoncés peuvent être assujettis (9).

61. — Il doit être fait mention dans toutes les expéditions de la quittance des droits perçus sur la minute par une transcription entière et littérale de cette quittance. Pareille mention doit être faite dans les minutes d'actes faits en vertu d'actes sous seing privé ou passés à l'étranger sous peine de 5 fr. d'amende (10).

62. — Lorsqu'un acte sujet au timbre et non enregistré est mentionné dans un acte public et ne doit pas être représenté au receveur lors de l'enregistrement de ce dernier, on doit, sous peine d'une amende de 10 fr. par chaque contravention, déclarer expressément si le titre est revêtu du timbre prescrit et énoncer le montant du droit de timbre payé (11).

63. — Dans tout contrat de mariage, on doit mentionner, sous peine de

---

(1) L. 22 frimaire an VII, art. 61, dernier alinéa.
(2) L. 16 juin 1824, art. 14.
(3) L. 16 juin 1824, art. 14, et C. civ., art. 2262.
(4) L. 22 frimaire an VII, art. 17.
(5) L. 28 février 1872, art. 8.
(6) LL. 22 frimaire an VII, art. 41, et 16 juin 1824, art. 10; Cass., 17 février 1890 (*J. du not.*, p. 329).

(7) L. 28 avril 1816, art. 56.
(8) LL. 22 frimaire an VII, art. 42, et 16 juin 1824, art. 10; Lyon, 1er août 1889 (*J. du not.*, 1891, p. 262).
(9) L. 16 juin 1824, art. 13.
(10) LL. 22 frimaire an VII, art. 44, et 16 juin 1824, art. 10.
(11) L. 5 juin 1850, art. 49.

10 fr. d'amende, qu'il a été donné lecture aux parties du dernier alinéa des art. 1391 et 1394 C. civ. (1).

64. — Et dans tout contrat de vente, d'échange et de partage comprenant des immeubles, des fonds de commerce ou clientèles, le notaire est tenu de donner lecture aux parties des art. 12 et 13 de la loi du 23 août 1871, et de faire mention expresse de cette lecture sous peine d'une amende de 10 fr. (2).

65. — Les notaires doivent de plus inscrire tous leurs actes sur un répertoire tenu jour par jour, sans blanc ni interligne et par ordre de numéros, à peine de 5 fr. d'amende pour chaque omission (3).

N. B. — Pour connaître le droit spécial à percevoir sur chaque acte, les notaires devront se reporter au paragraphe *Enregistrement* qui se trouve à la fin de l'article consacré à cet acte (V. aussi *infrà*, v° RÉPERTOIRE).

§ 9. RÉCLAMATIONS.

66. — **Voie administrative.** — La voie de réclamation administrative est ouverte aux parties par l'art. 63 de la loi du 22 frimaire an VII, pour la solution des difficultés qui peuvent s'élever relativement à la perception des droits d'enregistrement. Les pétitions doivent être rédigées sur papier timbré (4). On peut les remettre directement au receveur de l'enregistrement du bureau que l'affaire concerne, ou les envoyer au directeur qui réside au chef-lieu de chaque département, ou enfin les adresser par la poste soit au directeur général de l'enregistrement à Paris, soit au ministre des finances.

67. — Les notaires ont qualité pour demander en leur nom ou pour leurs clients, la restitution des droits d'enregistrement indûment perçus.

68. — Les pétitions adressées aux directeurs particuliers des départements doivent être affranchies.

69. — La réclamation administrative n'a point pour effet d'interrompre la prescription biennale prononcée par l'article 61 de la loi du 22 frimaire an VII en matière de restitution de droits. Cette interruption ne peut résulter que d'une demande signifiée et enregistrée avant l'expiration du délai de deux ans (5).

70. — **Voie judiciaire.** — C'est devant le tribunal civil de l'arrondissement du bureau où la perception a été faite ou de celui qui a décerné la contrainte que doit être portée l'instance. S'il s'agit d'une restitution de droits le tribunal est saisi par une assignation qui est signifiée par un huissier à la régie en la personne soit du receveur du bureau, soit du directeur du département, soit du directeur général, à Paris. S'il s'agit d'un supplément de droit réclamé par la régie, on doit attendre la signification de la contrainte qui est le premier acte de poursuite pour le recouvrement des droits : mais pour en interrompre l'exécution, il faut signifier *immédiatement* soit au receveur lui-même, soit au directeur du département, soit au directeur général à Paris, une opposition contenant assignation à jour fixe ou dans les délais de la loi devant le tribunal civil de l'arrondissement du bureau d'où émane la contrainte. Cette opposition doit être *motivée* et renfermer une élection de domicile dans la commune où siège le tribunal (6).

71. — L'instruction se fait ensuite par simples mémoires respectivement signifiés, sans plaidoiries. Les parties ne sont point obligées d'employer le ministère des avoués (7). Mais elles peuvent s'en servir; seulement les frais d'avoués

---

(1) L. 10 juillet 1850.
(2) LL. 23 août 1871, art. 13, et 28 février 1872, art. 8.
(3) LL. 22 frimaire an VII, art. 49, et 16 juin 1824, art. 10.

(4) L. 13 brumaire an VII, art. 12.
(5) Cass., 15 janvier 1836.
(6) L. 22 frimaire an VII, art. 64.
(7) L. 27 ventôse an IX, art. 17.

restent en tous cas à leur charge; elles ne peuvent les répéter contre la régie, même lorsque celle-ci succombe et est condamnée aux dépens.

72. — Les pièces des instances en matière d'enregistrement doivent donc être remises au greffe du tribunal civil par les parties elles-mêmes ou leurs mandataires, et pour obtenir la désignation du juge rapporteur et l'appel de la cause, elles doivent s'adresser directement au président.

73. — Les jugements sont rendus sur le rapport d'un juge fait en audience publique et sur les conclusions du ministère public; ils sont sans appel, mais ils peuvent être attaqués par voie de cassation (1).

74. — Dans les pétitions, et plus spécialement dans les mémoires, on doit exposer avec fidélité et dans un ordre méthodique les faits de la cause, rappeler ou même transcrire littéralement les dispositions des actes qui donnent naissance au litige, ainsi que toutes celles qui peuvent en aider et faciliter l'interprétation. De l'exposé des faits, on fait découler la question, on la pose en termes clairs et précis et on passe à la discussion. Les dispositions de la loi, l'interprétation des conventions, l'appréciation de leur nature et de leurs effets d'après les règles du droit civil, la jurisprudence et l'opinion des auteurs doivent former les éléments de la discussion. Puis on arrive aux conclusions qui doivent être présentées avec soin et embrasser toutes les questions agitées même subsidiairement, au procès.

75. — Les frais d'une instance en matière d'enregistrement ne se composent que des droits d'enregistrement, de timbre, et des frais de signification des contraintes, oppositions et mémoires échangés ainsi que des droits d'enregistrement et de timbre du jugement; ils sont ordinairement peu élevés et ne dépassent guère 30 à 40 francs. Mais la partie doit en outre des honoraires particuliers pour le mémoire qu'elle fait rédiger, et ce, sans pouvoir en réclamer le remboursement à la régie, en cas de condamnation contre celle-ci.

76. — **Pourvois en cassation.** — Le délai pour se pourvoir en cassation est de deux mois à partir de la signification du jugement. Les formes et délais sont les mêmes qu'en matière civile. Les parties doivent en conséquence s'adresser à un avocat à la Cour de cassation pour former leur pourvoi. Elles ne doivent pas attendre pour cela au dernier moment, car il faut que l'avocat ait le temps de préparer sa requête, de la déposer au greffe de la Cour de cassation et de consigner l'amende, ce qui doit avoir lieu dans les deux mois de la signification du jugement, à peine de déchéance.

77. — **Amendes et suppléments de droits.** — Lorsqu'il s'agit d'amendes encourues et que les contraventions sont excusables ou proviennent d'erreur, on peut se pourvoir auprès du ministre des finances pour obtenir la remise entière ou partielle des amendes. La pétition, rédigée sur papier timbré, peut être remise au receveur du bureau ou adressée par la poste soit au directeur général à Paris, soit au ministre des finances. On peut également se pourvoir par la même voie, afin d'obtenir soit des délais pour le paiement des suppléments de droit et des amendes, soit des prorogations de délai pour passer les déclarations de successions. Les notaires peuvent faire ces réclamations pour les parties.

§ 10. NOMENCLATURE DES AMENDES ENCOURUES POUR CONTRAVENTION AUX LOIS SUR L'ENREGISTREMENT (2).

78. — **5 Francs.** — *Acte d'huissier* ou autre ayant pouvoir de faire des exploits ou procès-verbaux (sujet au droit fixe non enregistré dans le délai (3).

---

(1) L. 22 frimaire an VII, art. 65. Il suffit, pour la validité du jugement, que la signification des mémoires échangés soit constatée par les qualités; Cass., 19 octobre 1886 et 18 janvier 1890.

(2) *Deux décimes et demi par franc sont perçus en sus* (LL. 26 prairial an VII et 23 août 1871, art. 1er et 30 décembre 1873, art. 2).

(3) L. 22 frimaire an VII, art. 34.

Défaut de mention du coût d'un exploit, à la fin de l'original ou de la copie (Code de procédure, art. 67).

Chaque omission (ou intercalation) sur les répertoires (1).

Défaut de mention de la quittance des droits d'enregistrement, par une transcription littérale de cette quittance : 1° dans les expéditions ; 2° dans les minutes des actes publics faits en vertu d'actes sous seing privé ou passés en pays étranger assujettis à l'enregistrement (2).

Défaut, par le receveur, d'indication sommaire, dans sa quittance, de chaque droit perçu (3).

Chaque article non écrit *en toutes lettres* dans un procès-verbal de vente de meubles aux enchères (4).

Défaut de transcription, en tête du procès-verbal, de la déclaration préalable (5).

79. — 10 francs. — Défaut d'enregistrement, *dans le délai*, de : 1° chaque *acte notarié* sujet au droit fixe, ou dont le droit proportionnel ne s'élève pas à 10 francs (6) ; 2° toute vente de meubles ou autre acte des huissiers ou autres ayant pouvoir de faire des procès-verbaux, dont le droit proportionnel ne s'élève pas à 10 fr. (7).

Tout brevet, copie ou expédition d'acte assujetti à l'enregistrement, délivré sans enregistrement préalable de cet acte ou pour tout acte fait en conséquence par les notaires, greffiers, huissiers et secrétaires d'administrations publiques (8).

Toutefois, à l'égard des actes reçus par le *même officier public* et dont le délai d'enregistrement n'est pas expiré, il peut énoncer la date, avec la mention que ledit acte sera présenté à l'enregistrement avec celui qui contient cette mention (9).

Tout acte public fait en vertu d'un acte sous seing privé ou passé en pays étranger ; annexe, dépôt, délivrance de copie, extrait ou expédition dudit acte, s'il n'a été préalablement enregistré (10).

Les *notaires* peuvent faire des actes en vertu et par suite d'actes sous seing privé non enregistrés et les énoncer dans leurs actes, sous la condition que chacun de ces actes sous seing privé demeurera annexé à celui dans lequel il se trouve mentionné, qu'il sera soumis *avec lui* à la formalité de l'enregistrement et que les notaires seront personnellement responsables non seulement des droits d'enregistrement et de timbre, mais encore des amendes auxquelles les actes sous seing privé se trouveront assujettis (11).

Tout acte reçu en dépôt par un notaire ou un greffier sans qu'il en ait été dressé acte (12).

Défaut de mention dans les contrats de mariage de la lecture prescrite par la loi du 20 juillet 1850.

Défaut de mention, dans les actes de vente, d'échange et de partage, de la lecture prescrite par l'art. 13 de la loi du 23 août 1871. Cette lecture n'est pas obligatoire dans les *adjudications publiques* (13).

Défaut de mention, dans les actes de vente de fonds de commerce et de clientèles, de la lecture prescrite par l'art. 13 de la loi du 23 août 1871 et par l'art. 8 de celle du 23 février 1872.

Omission sur les répertoires tenus par les sociétés et entreprises d'assurances (14).

---

(1) L. 22 frimaire an VII, art. 49.
(2) L. 22 frimaire an VII, art. 44.
(3) L. 22 frimaire an VII, art. 57.
(4) L. 22 pluviôse an VII, art. 7.
(5) L. 22 pluviôse an VII, art. 7.
(6) L. 22 frimaire an VII, art. 33.
(7) L. 22 frimaire an VII, art. 34.

(8) L. 22 frimaire an VII, art. 41.
(9) L. 28 avril 1816, art. 56.
(10) L. 22 frimaire an VII, art. 42.
(11) L. 16 juin 1824, art. 13.
(12) L. 22 frimaire, an VII, art. 48.
(13) L. 8 août 1875, art. 8.
(14) L. 5 juin 1850, art. 36 et 46.

Refus de communication aux préposés de l'enregistrement par les notaires, huissiers, greffiers, secrétaires et dépositaires publics, soit de leurs répertoires, soit des titres publics et registres dont ils sont chargés (1).

Refus de communication par les dépositaires des registres à souche d'où sont tirés les titres ou certificats d'actions des sociétés et d'obligations négociables des départements, communes, établissements publics et des compagnies (2).

Refus de communication des polices d'assurances en cours d'exécution ou expirées depuis moins de 2 mois (3).

Refus de communication des registres des magasins généraux de marchandises (4), et des registres à souche que doivent tenir les compagnies de chemins de fer, pour la délivrance des récépissés destinés aux expéditeurs qui ne demandent pas de lettres de voitures (5).

Défaut de remise d'extraits des jugements et actes dont les droits n'ont point été consignés aux mains des greffiers et secrétaires (6). Retard de présentation des répertoires des officiers publics au visa trimestriel (7). Retard de présentation des répertoires des sociétés et entreprises d'assurances au visa trimestriel (8). Retard de remise des notices de décès par les maires ou leurs secrétaires (9). Défaut d'établissement en une colonne distincte, dans les états de taxe, du montant des droits de toute nature payés au Trésor (10).

80. — 20 fr. — Défaut de déclaration préalable à une vente de meubles aux enchères. Chaque article adjugé et non porté au procès-verbal. Chaque altération du prix des articles adjugés, faite dans le procès-verbal (11).

81. — 50 fr. — Contravention aux dispositions du règlement déterminant le mode de perception et les époques de payement de la taxe établie pour tenir lieu du droit d'enregistrement sur les contrats d'assurance maritime et contre l'incendie (12).

82. — 50 fr. à 1,000 fr. — Vente de meubles aux enchères sans ministère d'officier public (13).

83. — 50 fr. à 3,000 fr. — Contravention aux dispositions de la loi sur les ventes aux enchères de marchandises neuves, à prononcer solidairement contre le vendeur et l'officier public l'ayant assisté, par les tribunaux correctionnels (14).

84. — 100 fr. à 5,000 fr. pour toutes contraventions aux dispositions de la loi du 23 juin 1857, et du décret réglementaire du 17 juillet 1857, relatifs aux droits de transmission sur les cessions de titres ou promesses d'actions et d'obligations dans une société, compagnie ou entreprise quelconque, financière, industrielle, commerciale ou civile et aux règlements faits pour leur exécution, sans préjudice des peines portées par l'article 39 de la loi du 22 frimaire an VII, pour omission ou insuffisance de déclaration (15). Même amende est due pour toute infraction tant aux dispositions de la loi du 28 avril 1893, relatives aux opérations de Bourse, qu'à celles du règlement d'administration publique du 20 mai suivant.

85. — Demi-droit en sus. — Déclaration de succession faite après l'expiration du délai légal (16).

86. — Double-droit. — Défaut d'enregistrement, *dans les délais :* 1° de tout acte public (de notaire, huissier ou tout autre ayant pouvoir de faire des procès-verbaux) assujetti à un droit proportionnel excédant 10 fr. et de tout testament reçu ou déposé chez un notaire (17); 2° de tout acte judiciaire (jugement et actes au greffe)

(1) L. 22 frimaire an VII, art. 52 et 54.
(2) L. 5 juin 1850, art. 16 et 28.
(3) L. 5 juin 1850, art. 35, 36, 44 et 46.
(4) L. 28 mai 1858, art. 18.
(5) L. 13 mai 1863, art. 10.
(6) L. 22 frimaire an VII, art. 37.
(7) L. 22 frimaire an VII, art. 51.
(8) L. 7 juin 1850, art. 36, 45.
(9) L. 3 juin 1850, art. 55.

(10) L. 26 janvier 1892, art. 21.
(11) L. 22 pluviôse an VII, art. 7.
(12) L. 28 août 1871, art. 10.
(13) L. 22 pluviôse an VII, art. 7.
(14) L. 25 juin 1841, art. 7.
(15) L. 23 juin 1857, art. 9 ; décret du 17 juillet 1857, art. 12 ; L. 28 avril 1893, art. 32.
(16) L. 22 frimaire an VII, art. 39.
(17) L. 22 frimaire an VII, art. 33, 34 et 38.

ou **administratif (1)** ; 3° de tout acte sous seing privé translatif de propriété d'usufruit ou de jouissance d'immeubles ou de droits immobiliers ; 4° de toute mutation entre-vifs de propriété ou d'usufruit d'immeubles, sans conventions écrites (2) ; 5° de tout bail sous seing privé ou verbal d'immeubles (3). Le minimum de l'amende est de 50 fr. en principal pour les baux écrits ou verbaux et pour les ventes écrites ou verbales d'immeubles ; et une amende égale est à la charge personnelle du bailleur ou du vendeur, s'il ne fait pas le dépôt du bail sous seing privé, de la vente sous seing privé ou la déclaration de vente verbale autorisés dans le délai supplémentaire d'un mois qui lui est accordé à cet effet (4) ; 6° des ventes de fonds de commerce ou de clientèles. Le minimum de l'amende est de 50 fr.; et le vendeur en est également passible, si, à défaut d'enregistrement ou de déclaration par l'acquéreur dans les trois mois, il ne fait pas lui-même, dans le mois qui suit, le dépôt de l'acte ou la déclaration de la vente au bureau de l'enregistrement (5) ; 7° de tout contrat d'assurance passé à l'étranger pour des biens sis en France, lorsqu'il en est fait usage avant l'enregistrement. Le droit en sus ne peut être inférieur à 50 fr. (6).

Omission ou insuffisance d'évaluation dans une déclaration de succession (7). Insuffisance d'évaluation dans un échange ou une donation d'immeubles, et insuffisance de prix dans une vente d'immeubles, constatées par expertise ; s'il s'agit d'une vente, il faut que l'estimation excède d'un huitième au moins le prix porté au contrat (8). Insuffisance d'évaluation dans les déclarations de baux verbaux (9). Insuffisance du prix de vente de fonds de commerce et clientèles, lorsqu'elle a été constatée par une expertise qui ne peut être requise que dans les trois mois de l'enregistrement et qu'elle excède un huitième du prix exprimé dans l'acte (10). Dissimulation des sommes ou valeurs ayant servi de base à la perception du droit proportionnel, lorsque cette dissimulation est établie, dans les deux ans de l'enregistrement, par des écrits émanés des parties ou par des jugements. Le droit en sus ne peut, en ce cas, être inférieur à 50 francs. Production, au cours d'une instance, d'un titre non enregistré avant la demande. Insuffisance d'évaluation, simulation de prix, ou défaut d'enregistrement dans les cas prévus par la loi du 25 juin 1841, art. 11, 12 et 13, en matière de transmission d'*offices*. Omission ou insuffisance, soit d'évaluation, soit d'indication du prix dans les relevés et transferts pour la perception des droits de transmission établis sur les actions et obligations par les lois des 23 juin 1857, art. 10, et 16 septembre 1871. art. 11.

87. —**Un vingtième** des valeurs portées inexactement ou omises sur les répertoires tenus par les personnes se chargeant d'opérations de Bourse, sans que cette amende puisse être inférieure à 3,000 francs (L. 28 avril 1893, art. 32 (*J. du Not.*, 1893, p. 285, 385 et 444).

88. — **Un quart de la somme dissimulée** sur les prix de vente et sur les soultes de partage et d'échange de biens immeubles (12), et sur les prix de vente des fonds de commerce ou de clientèles (13).

§ 11. Formules.

1. *Demande en remise de droits ou demi-droits en sus, ou d'amendes.*
2. *Demande en restitution.*
3. *Réclamation, par la voie administrative, de droits indûment perçus.*
4. *Assignation en restitution.*
4. *Opposition à contrainte.*
6. *Mémoire.*

---

(1) L. 22 frimaire an VII, art. 35 et 36.
(2) L. 27 ventôse an IX, art. 4.
(3) L. 23 août 1871, art. 11.
(4) L. 23 août 1871, art. 14.
(5) L. 28 février 1872, art. 8.
(6) L. 23 août 1871, art. 9.
(7) L. 22 frimaire an VII, art. 39.

(8) L. 26 ventôse an IX, art. 5.
(9) L. 23 août 1871, art. 11, § 3.
(10) L. 28 février 1872, art. 8.
(11) L. 28 avril 1893, art. 21.
(12) L. 23 août 1871, art. 11.
(13) L. 28 février 1872, art. 8.

1. — Demande en remise de droits ou demi-droits en sus, ou d'amendes.

A Monsieur le Ministre des Finances,

Monsieur le Ministre,

Le soussigné..., notaire à..., a l'honneur de vous exposer les faits suivants :

(*Faire connaître en détail les circonstances de l'affaire*).

Dans cet état, l'Administration de l'enregistrement réclame une somme de... pour droits (ou 1/2 droits) en sus (ou pour amendes).

Mais il y a lieu de remarquer que... (*donner les motifs d'excuse des parties*.)

Ces motifs, monsieur le Ministre, sont dignes d'être pris en considération (*insister sur l'état de fortune, l'honorabilité des parties, etc.*)

Le soussigné ose donc espérer que vous voudrez bien tempérer *ta* rigueur de la loi, à raison de la bonne foi de ses clients, et leur accorder la remise de la totalité ou de la plus grande partie des droits ou 1/2 droits) en sus (ou amendes) réclamés. Ils offrent, d'ailleurs, d'acquitter immédiatemement les droits simples et la portion qui sera réservée des droits (ou 1/2 droits) en sus (ou des amendes).

Veuillez agréer, Monsieur le Ministre, l'expression des sentiments dévoués de votre serviteur.

(*Signature.*)

2. — Demande en restitution de droits ou demi-droits en sus, ou d'amendes.

(*Même formule que ci-dessus, avec cette seule différence qu'au lieu d'expliquer que la Régie réclame, il faut dire qu'elle a perçu, et qu'au lieu de demander la remise, on demandera la restitution à titre de remise.*)

3. — Réclamation, par la voie administrative, de droits indûment perçus

A Monsieur le Directeur de l'enregistrement à...

Monsieur le Directeur,

Je soussigné.. , notaire à..., ai l'honneur de vous exposer ce qui suit :

Suivant acte reçu par moi, le... (*énoncer sommairement les dispositions de l'acte*).

Cet acte a été présenté à la formalité de l'enregistrement au bureau de..., le..., et il a été perçu... (*donner in extenso le détail des droits*).

Cette perception paraît exagérée (*donner les explications particulières, en motivant, par les textes de loi et la jurisprudence, la véritable perception qui aurait dû être faite*) ;

En conséquence, il n'était dû sur l'acte dont il s'agit que... (*donner le détail, principal et décimes, des droits dus*);

Or, il a été, au contraire, perçu... (*reproduire en bloc, principal et décimes, le chiffre des droits perçus*;

D'où il résulte une différence de..., dont j'ai l'honneur de demander la restitution à mon profit, comme ayant fait l'avance des droits.

Agréez, Monsieur le Directeur, l'expression de mes sentiments distingués.

(*Signature.*)

4. — Assignation en restitution.

L'an mil...

A la requête de... (*noms et prénoms des parties*)... qui demeurent à..., et font élection de domicile à...

J'ai..., huissier...

Donné assignation à M. le Directeur général de l'enregistrement, des domaines et du timbre dont le domicile est à Paris, rue de Rivoli, n° 192, représenté à..., par M..., receveur, qui a reçu copie et visé l'original, à comparaître à huitaine franche et dans le délai de la loi pardevant MM. les président et juges composant le tribunal civil de 1re instance de..., pour :

Attendu que suivant acte... (*Voir la formule n° 3 ci-dessus*).

Attendu, dès lors, que l'Administration de l'enregistrement a ainsi perçu au préjudice de mes réquérants une somme de...

Voir dire que ladite administration sera contrainte par les voies de droit à la leur rembourser.

5. — Opposition à contrainte.

L'an...

A la requête de..., etc.

J'ai, huissier...

Signifié à M. le Directeur général..., représenté par M..., receveur (*celui qui a décerné la contrainte*), qui a reçu copie et visé l'original, que mes requérants s'opposent formellement à l'exécution de la contrainte qui leur a été signifiée le..., par acte de...,

Et ce, attendu que la perception originairement faite est régulière, que les droits réclamés ne sont pas dus, ainsi qu'il en sera ultérieurement justifié par le mémoire qui sera produit conformément à la loi du 22 frimaire an VII.

Et j'ai, ès même requête, immédiatement assigné M. le Directeur général de l'enregistrement à comparaître, etc...

Pour voir annuler ladite contrainte.

6. — Mémoire.

A MM. les président et juges composant le tribunal de première instance de...

Pour M...

Contre M. le Directeur général de l'Administration de l'enregistrement, des domaines et du timbre, poursuites et diligences de M. le Directeur du département de...

Exposé des faits.

(*Indiquer ici avec fidélité et dans un ordre méthodique les faits de la cause, ou même transcrire littéralement les dispositions des actes qui ont donné naissance au litige ainsi que toutes celles qui peuvent en aider et faciliter l'interprétation, rappeler la contrainte et les arguments invoqués, et terminer cet exposé en posant la question en termes clairs et précis*).

Discussion.

(*Les éléments de la discussion doivent consister dans les dispositions de la loi, l'interprétation des conventions, l'appréciation de leur nature et de leurs effets d'après les règles de droit civil, la jurisprudence et l'opinion des auteurs*).

Conclusions.

Par ces motifs et autres de droit et d'équité à suppléer, s'il y a lieu, M..., conclut à ce qu'il plaise au tribunal :

Vu les mémoires respectivement signifiés, entendu le juge commis, en son rapport, et le ministère public en ses conclusions.

Dire et ordonner que la contrainte dont il s'agit sera considérée comme nulle et non avenue.

Débouter M. le Directeur de l'Enregistrement de ses demandes et prétentions; le condamner aux dépens de l'instance.

M... joint à ce mémoire;

1° Copie des actes qui donnent lieu à la réclamation;

2° L'avertissement qui a précédé la contrainte ;

3° La contrainte ;

4° L'original de l'opposition à contrainte, etc.

Fait à..., le...

(*Signature*).

BIBLIOGRAPHIE

Aubertin, *Explication des lois des 23 août 1871,* 28 *février et 30 mars* 1872 ; 2 vol. in-8°.

Ed. Clerc, *Traité général de l'enregistrement,* 2° éd., avec supplément par M. Amiaud, 2 vol. in-8°, 1880.

Demante, *Exposition raisonnée des principes de l'enregistrement,* 3° éd., 2 vol. in-8°, 1880.

Dictionnaire des droits d'enregistrement, par les rédacteurs du *Journal de l'enregistrement,* 5 vol. in-4°.

Garnier, *Répertoire général et raisonné de l'enregistrement,* 6° édit., 5 vol. in-4°.

Naquet (E.), *Traité théorique et pratique des droits d'enregistrement,* 3 vol. in-8°, 1881.

EXÉCUTOIRE DE FRAIS (V. *infrà*, v° Honoraires)

EXPÉDITION

C'est la copie littérale de la minute d'un acte délivrée par le notaire qui en est dépositaire.

L'expédition prend le nom de *grosse*, quand elle est revêtue de la *formule exécutoire ; — d'extrait*, quand elle ne reproduit qu'une partie de l'acte.

Sommaire :

§ 1. Formes. Formalités, 1.
§ 2. Par qui sont délivrées les expéditions, 38.
§ 3. A qui doivent être délivrées les expéditions, 41.
§ 4. Actes dont il peut être délivré expédition, 49.
§ 5. Responsabilité notariale, 56.
§ 6. Honoraires et enregistrement, 57.
§ 7 Formules.

§ 1. FORMES. FORMALITÉS.

1. — Toute expédition doit être la copie littérale, fidèle et exacte de la minute ; elle doit même conserver la ponctuation et l'orthographe, surtout pour les testaments et spécialement pour les testaments olographes ou mystiques. Les notaires mentionnent d'ordinaire que l'expédition est littéralement conforme au testament déposé.

Quelques auteurs enseignent que l'usage admet certaines variations pour les mentions qui se réfèrent spécialement à la minute : Ainsi, lorsqu'il est dit dans la minute : *annexé à ces présentes,* ou *la grosse des présentes,* on pourrait mettre : *annexé à la minute des présentes* ou *la présente grosse,* etc. (1). Nous croyons avec M. Harel-Delanoë et plusieurs autres spécialistes, qu'aucun texte n'autorise ces changements et que, par suite, ils ne doivent pas être admis (2) ; on sait très bien, d'ailleurs, selon la remarque de l'auteur de l'orthographe des actes notariés (3), que c'est la minute qui parle, lorsqu'on lit une expédition.

Les expéditions, comme les minutes, doivent être écrites en un seul et

_____

(1) Defrénois, *Traité pratique et formulaire,* t. I, n° 494 ; Dict. du not.. n°° 83 et suiv. ; Vélain, *Cours du notariat,* n° 65 ; Ledru, *Clef du notariat,* p. 8.

(2) *Sic :* Mailland, p. 358 ; Maton, *Dict. prat. not.,* t. II, p. 472 ; Génébrier, n° 518.

(3) P. 75.

même contexte, lisiblement, sans abréviation, blanc, lacune ni intervalle et énoncer en toutes lettres les sommes et les dates; la défense relative aux surcharges, interlignes et additions s'applique aussi bien aux expéditions qu'aux minutes; tous les auteurs sont d'accord sur ce point. Mais les art. 13 et 16 de la loi de ventôse ne visant pas les expéditions et les pénalités ne pouvant pas être appliquées par analogie d'un cas à un autre, l'amende ne saurait être encourue (1).

Enfin, les renvois et ratures doivent être approuvés par le notaire de la même manière que sur les actes (art. 15).

2. — Abréviations. — Les abréviations de mots qui se trouvent sur la minute ne doivent pas être reproduites dans l'expédition, à moins que le sens du mot ainsi abrégé ne soit douteux. Quant aux abréviations de phrases usitées autrefois dans les actes et qui consistaient à terminer la phrase commencée, par des etc..., le notaire doit les transcrire textuellement, car il ne saurait se permettre d'interpréter les phrases incomplètes (2).

3. — Autorisation administrative. — S'il s'agit d'un acte passé au nom d'un établissement public ou d'une corporation religieuse, le décret ou arrêté d'autorisation administrative doit être transcrit en entier à la suite de l'expédition de l'acte.

4. — Assistance judiciaire. — Aux termes de l'art. 16 de la loi du 30 janvier 1851, les notaires ne sont tenus de la délivrance gratuite des actes et expéditions réclamés par l'assisté que sur une ordonnance du juge de paix ou du président; mais, s'il lui est justifié de l'ordonnance, le notaire devrait délivrer l'expédition réclamée, alors même qu'il ne serait pas payé des frais et honoraires de l'acte. Le texte général de l'art. 851, C. proc. civ., a été modifié sur ce point par la disposition spéciale de la loi de 1851.

5. — Blanc. — Il est d'usage que les notaires remplissent, dans les expéditions, les blancs de chaque alinéa par une barre tirée jusqu'au bout de la ligne, c'est une sage précaution.

6. — Collation. — Les notaires doivent, bien qu'aucun texte n'en fasse une obligation expresse, collationner les expéditions, avant de les délivrer, pour s'assurer qu'elles sont bien conformes à la minute. C'est là une sage précaution, dont mention est faite dans la formule de délivrance (3).

7. — Copie photographique. — (V. infrà, n° 53).

8. — Cote et paraphe. — Les notaires ont aussi adopté l'usage de coter les rôles des expéditions et de parapher la mention, ou simplement de parapher au bas le recto de chaque feuille; cette mesure a pour but de prévenir toute intercalation ou suppression de feuille (4).

9. — Date. — Les expéditions ne sont pas datées (V. infrà, n° 20), excepté dans le cas où elles sont délivrées par le successeur du notaire qui a reçu l'acte.

10. — Écriture. — Les expéditions sont d'ordinaire écrites par le notaire ou les clercs de l'étude; mais rien ne s'oppose à ce qu'elles soient écrites par d'autres personnes, sous la surveillance et la responsabilité du notaire, qui ne doit, sous aucun prétexte, autoriser le déplacement des minutes.

Elles doivent être manuscrites. Il n'est pas convenable que les notaires les fassent imprimer, lithographier ou autographier, à moins que ce soit dans quelques cas particuliers et exceptionnels, comme lorsqu'il s'agit, par exemple, des statuts d'une société (5). Enfin, les notaires doivent employer des encres indélébiles (6).

11. — Enregistrement. — Les expéditions et extraits sont exempts d'enregistrement (7). Mais l'enregistrement de la minute doit être rapporté, à la fin de la

---

(1) Rutgeerts et Amiaud, t. II, n°° 461 et 674.
(2) Dict. du not., n°° 102, 104. — *Contra* : Garnier, R. G., n° 8337.
(3) Rutgeerts et Amiaud, t. II, p. 958.
(4) Id. p. 954.

(5) Éd. Clerc, t. II, n° 1847; Dict. du not., n° 1623; Maillard, p. 359.
(6) Circ. Min. Just., 1er février 1888, art. 21047, § 3.
(7) L. 22 frimaire an VII, art. 8.

copie, par une transcription littérale et entière de la mention écrite par le receveur, sous peine de cinq francs d'amende (1).

Aucune expédition d'acte soumis à l'enregistrement ne peut être délivrée avant qu'il ait été enregistré, à peine de dix francs d'amende; exception est aussi toutefois pour les testaments et donations entre époux, qui ne sont sujets à l'enregistrement que dans les trois mois du décès (2), ainsi que pour certains actes qui doivent être soumis à l'approbation administrative (V. *infrà*, v° MINUTE).

12. — **Expressions féodales.** — Il est défendu de les reproduire dans les expéditions, sous peine d'une amende de vingt francs, qui est doublée en cas de récidive (3). La suppression en est indiquée, dans le corps de l'acte, par etc., etc... et à la fin de l'expédition par une mention (4).

13. — **Formule exécutoire** (V. ce mot *infrà*, p. 242).

14. — **Illisible** (Minute). — Si la minute dont une expédition est requise était illisible, par suite de l'emploi de caractères gothiques ou autres que le notaire ne pourrait déchiffrer, il y aurait lieu de requérir du président du tribunal la nomination d'un expert, dont la traduction serait annexée à la minute et dont le notaire délivrerait une expédition. Mais le notaire ne pourrait se refuser à la délivrance sous prétexte que la minute est illisible (5). Jugé toutefois qu'on ne saurait faire grief à un notaire de ce que, dans l'expédition qu'il a délivrée, il a remplacé plusieurs mots par la mention *illisible*, si ces mots n'ont pu réellement être lus (6).

Si la minute était illisible en totalité ou en grande partie par suite de vétusté, le notaire devrait demander un *compulsoire* (7).

15. — **Irrégularités.** — Lorsque la minute contient des irrégularités, par exemple, des blancs, ratures, surcharges, interlignes, additions ou renvois non approuvés ou non signés par toutes les parties, le notaire doit copier l'acte tel qu'il se trouve et reproduire les irrégularités, en ayant soin d'en faire mention à la fin de l'expédition (8). La mission du notaire n'est pas, en effet, d'apprécier et de juger, mais de transcrire exactement (9).

16. — **Langue étrangère.** — Le notaire ne doit délivrer copie d'une minute écrite en langue étrangère qu'après s'être fait assister d'un interprète assermenté et c'est sur la traduction faite par ce dernier qu'il délivre une expédition (10).

17. — **Légalisation.** — L'expédition mentionne si l'acte est légalisé et par qui il l'a été. Il est même d'usage de transcrire en entier la formule de légalisation, comme celle de l'enregistrement (11).

18. — **Lignes** (Nombre des). — Les expéditions de tous les actes reçus par le notaire, y compris celles des inventaires et de tous procès-verbaux et à l'exception seulement des copies notifiées des actes respectueux, ne peuvent contenir, compensation faite d'une feuille à l'autre, plus de vingt-cinq lignes par page de moyen papier, plus de trente lignes par page de grand papier, et plus de trente-cinq lignes par page de registre (à 3 fr.), à peine de 5 francs d'amende (12).

La signature du notaire ne doit pas compter dans le calcul des lignes (13). Mais le nombre et la longueur des renvois pourraient augmenter le nombre des lignes et motiver l'amende (14).

19. — **Lecture.** — Le notaire n'est pas tenu de donner lecture des expédi-

(1) LL. 22 frim. an VII, art. 41 et 16 juin 1824, art. 10.
(2) LL. 22 frim. an VII, art. 41 et 16 juin 1824, art. 10.
(3) L. 25 ventôse, art. 17 et 16 juin 1824, art. 19.
(4) Dict. du not., n° 108; Clerc, t. II, n° 1837. — Contra : Garnier-Deschênes, *Traité du not.*, p. 121.
(5) Gand, 9 mars et 17 juillet 1876 (*Rev. prat. not.*, 1876, p. 570) ; Cass. B., 7 novembre 1876 (*Rev. prat. not.*, 1877, p. 58).
(6) Courtrai, 23 décembre 1875.
(7) Dict. du not., n° 92.
(8) Dalloz, n° 4293; Ed. Clerc, t. II, n° 1838; Dict. du not., n° 95-97.

(9) Contra : Toullier, t. VIII, n° 111-128.
(10) Dalloz, n° 3448; Dict. du not., n° 90; Maillard, p. 360.
(11) Encyclop. not., n° 13 ; Clerc, n° 1844; Dict. du not., n° 117.
(12) L. du 18 frimaire an VII, art. 20-26, n° 2; L. du 16 juin 1824, art. 10 ; Déc., 16 février 1807, art. 17 ; L. du 2 juillet 1862, art. 17.
(13) Sol. Rég. du 30 août 1865 (art. 18375, J. N.).
(14) Senlis, 16 février 1841; Châteaubriant, 26 septembre 1842 (art. 10987 et 11490, J. N.).

tions qu'il délivre, mais il doit les collationner avant la délivrance (V. *suprà*, n° 6).

20. — Mention de délivrance. — Le notaire n'est point tenu de faire mention sur la minute de la délivrance des expéditions ; ce ne peut être qu'une mesure d'ordre, et le défaut de mention ne sauraitavoir les inconvénients qui résulteraient du défaut de mention de délivrance des grosses (1).

21. — Mention finale. — En outre des mentions spéciales qui peuvent être faites, dans des cas déterminés, à la fin des expéditions et dont nous avons parlé ci-dessus, toute expédition doit contenir, *in fine*, une mention marginale indiquant le nombre des rôles, des renvois, et des mots rayés comme nuls qu'elle contient, cette mention est signée par le notaire (2).

22. — Noblesse (Titres de). — Il n'existe plus aujourd'hui de prohibition pour les notaires, en ce qui concerne les énonciations des titres de noblesse. Toutefois les expressions de : *Seigneur de tel endroit, haut et puissant seigneur*, etc., ne pourraient être admises, comme rappelant la féodalité (3).

Il est aussi du devoir des notaires d'exercer un contrôle sérieux, bien qu'ils ne puissent être déclarés responsables des abus possibles, sur les titres et qualités que les parties prennent dans les actes authentiques (4).

23. — Notes d'actes. — Les notaires ne peuvent, sous peine d'une amende de 20 francs, délivrer, sur papier libre, aucune note signée d'eux et relative aux actes de leurs études (5).

24. — Procuration. — Lorsque l'une des parties a été représentée à l'acte par un mandataire, il y a lieu de transcrire à la suite de l'expédition de cet acte la teneur entière ou un extrait de la procuration. — *Contra* : Bourges, 30 juillet 1891 (*J. du not.*, 1892, p. 105).

25. — Plan figuratif. — Les plans annexés aux actes peuvent être reproduits, dans l'expédition, sous leur propre forme.

26. — Ratures (V. *suprà*, n°s 1 et 21).

27. — Refus de délivrance. — Le notaire n'a le droit de se refuser à la délivrance d'une expédition que dans les cas suivants :

a) Si la personne qui la requiert n'a pas qualité ;

b) Si les frais de la minute ne lui sont pas payés (art. 851, C. proc. civ.), que la délivrance soit demandée par la partie débitrice des frais ou par les autres parties (6). (V. toutefois, *suprà*, n° 4.)

c) Si les frais de l'expédition requise ne sont pas consignés.

Mais ce droit n'existe que pour l'acte dont les frais sont dus et le notaire ne pourrait se refuser à délivrer expédition d'un acte, parce que les frais d'autres actes lui seraient dus par la même personne qui réclame l'expédition (7).

Le notaire qui se refuserait, sans motif légitime, à la délivrance d'une expédition, pourrait y être contraint par jugement et condamné à des dommages-intérêts. Mais il ne saurait être passible de la contrainte par corps, comme le dit à tort un auteur (8). La contrainte par corps a, en effet, été abolie, en matière civile, par la loi du 22 juillet 1867.

28. — Renvoi (V. *suprà*, n°s 1 et 21).

29. — Rôles (V. *suprà*, n°s 8, 18 et 21).

30. — Sceau. — Toute expédition doit porter l'empreinte du sceau du notaire qui la délivre ; cette empreinte est placée à gauche de la signature du notaire (9).

31. — Signature de la minute. — Doit-on reproduire, dans l'expédition, les signatures apposées sur la minute ? Les auteurs font une distinction : S'il s'agit, disent-ils, d'un acte reçu par un prédécesseur du notaire, les signatures doivent

---

(1) Dict. du not., n° 148.
(2) Dict. du not., n° 142; Clerc, t. II, n° 1841.
(3) Lorient, 9 août 1819.
(4) Circ. min. just., du 19 juin 1858.
(5) Mailland, p. 892; Cass., 23 mai 1808.

(6) Rutgeerts et Amiaud, t. II, n° 679 Vouziers, 14 mai 1886; Alger, 17 avril 1888.
(7) Alger, 17 avril 1888 (J. du not., 1889, p. 108).
(8) Defrénois, t. I, p. 94.
(9) Dict. du not., n° 45.

toutes être indiquées, car le notaire ne pouvant répondre de la vérité de cet acte, ne doit omettre aucun des renseignements qui peuvent en faire apprécier la valeur. — Mais si l'acte expédié a été reçu par le notaire même qui délivre la copie, il suffit de mentionner que la minute a été signée des parties (1). Nous croyons qu'il est plus régulier et préférable de relater, en tous cas, toutes les signatures de la minute.

32. — Signature du notaire. — Il suffit que l'expédition soit signée par le notaire qui la délivre (2). Peu importe que l'acte ait été reçu en la présence réelle d'un second notaire ou de témoins ; — qu'il s'agisse d'une première et subséquente expédition, — que l'expédition soit délivrée par le notaire qui a reçu la minute ou son successeur, il suffit que la délivrance soit faite par le notaire possesseur de l'acte, pour que le concours d'un second notaire soit inutile (3).

Bien que l'expédition contienne des annexes, le notaire n'appose sa signature qu'une fois, à la fin de la copie.

33. — Style. — Lorsqu'une expédition est délivrée par un successeur, un notaire substituant ou commis par justice, il doit être ajouté à la suite de l'expédition une formule indiquant en quelle qualité il agit pour cette délivrance. — Pareille mention se met pour les expéditions de pièces déposées ou annexées.

34. — Syllabes. — Les expéditions ne doivent contenir que quinze syllabes à la ligne (4). Cependant, il n'y aurait pas lieu à amende, si elles en contenaient davantage ; aucune loi n'en prononce (5).

35. — Tableau. — Les tableaux en chiffres contenus dans les actes peuvent être reproduits sous la même forme dans les expéditions (6), pourvu que le nombre des lignes déterminé par la loi ne soit pas dépassé.

36. — Tiers. — Si l'expédition est demandée par un tiers en faveur duquel une stipulation a été faite dans un acte où il n'est pas intervenu, le notaire ne peut la délivrer que sur ordonnance du président du tribunal. Il n'est point besoin dans ce cas d'y appeler les parties ou de dresser procès-verbal. Le notaire mentionne simplement à la fin de l'acte, qu'il a fait la délivrance en vertu de l'ordonnance, dont il énonce la date et dont il fait, au besoin, le dépôt pour minute, pour lui servir de titre et de décharge (7).

37. — Timbre. — Toute expédition, tout extrait d'acte, toute note ou tout certificat relatant les dispositions d'un acte passé devant un notaire, s'il est revêtu de sa signature, doit être écrit sur timbre (8).

Mais un simple paraphe sur une note ne saurait être assimilé à la signature (9).

Le timbre dont les notaires se servent ordinairement est le timbre de moyen papier ou d'expédition ; ils sont autorisés à faire timbrer à l'extraordinaire du parchemin pour expédition.

Les actes exempts de timbre, ou visés gratis pour timbre, peuvent être expédiés également sur du papier exempt de timbre ou visé gratis pour timbre.

Aux termes de l'art. 23 de la loi du 13 brumaire an VII, il ne peut être expédié deux actes, à la suite l'un de l'autre, sur le même timbre ; mais cette règle ne s'applique pas aux annexes, aux ratifications, aux quittances de prix de vente, aux inventaires et procès-verbaux qui ne peuvent être terminés dans la même vacation (10).

§ 2. PAR QUI SONT DÉLIVRÉES LES EXPÉDITIONS.

38. — Le droit de délivrer expédition d'un acte appartient au notaire dépositaire de la minute (11).

---

(1) Dict. du not., n° 111 à 111 ; Ed. Clerc, n° 1818.
(2) Seine, 11 avril 1833 ; Paris. 25 janvier 1834.
(3) Dict. du not., n° 131-136 ; Rutgeerts et Amaud, n° 669 ; Anvers, 23 mars 1876.
(4) Déc. 16 février 1807, art. 174.
(5) Dict. du not., n° 128 ; Instruct. régie, n° 912.

(6) Dict. du not., n° 127.
(7) Mailland, p. 358.
(8) L. 13 brumaire an VII, art. 12.
(9) Villefranche, 25 janvier 1850.
(10) L. 13 brumaire an VII, art. 13.
(11) L. 25 ventôse art. 21.

Quand l'acte a été reçu en *double minute*, ce droit est commun aux deux notaires détenteurs (1).

Après décès, destitution ou suspension d'un notaire, la délivrance a lieu par le notaire commis comme dépositaire provisoire des minutes (2) ; mais l'honoraire de rôle perçu ne peut être que celui alloué d'après la classe du notaire remplacé.

Enfin, en cas d'absence ou d'empêchement, le notaire substituant peut délivrer les expéditions au lieu et place du notaire substitué (3).

39. — On décide généralement, que lorsqu'un notaire est appelé à délivrer expédition d'un acte dont il est dépositaire, mais qui l'intéresse ou qui intéresse quelqu'un de ses parents ou alliés, il convient de présenter requête au président du tribunal, pour qu'il charge un autre notaire de la délivrance de l'expédition ; le notaire commis mentionne alors, au bas de la copie, l'ordonnance en vertu de laquelle il agit (4).

40. — Le notaire suspendu ou destitué doit s'abstenir de délivrer des expéditions des actes de son étude ; s'il en délivre après l'époque où il a eu connaissance officielle de la cessation de ses fonctions, il tombe sous l'application de l'art. 197 du Code pénal (5) ; alors même que cette délivrance a eu lieu avec le consentement du successeur et en vertu d'une convention passée avec lui (6).

Le fait par le notaire de remettre aux parties, sans réserve, l'expédition de la grosse d'un acte emporte-t-il, à son égard, présomption du paiement des frais de cet acte ? (V. *infrà*, vᵒ GROSSE).

§ 3. A QUI DOIVENT ÊTRE DÉLIVRÉES LES EXPÉDITIONS.

41. — Les notaires ne peuvent, sans une ordonnance du président du tribunal, délivrer expédition des actes à d'autres qu'aux *personnes intéressées en nom direct, héritiers et ayants droit*, à peine de dommages-intérêts, d'une amende de vingt francs et d'être, en cas de récidive, suspendus de leurs fonctions pendant trois mois (7).

Par *personnes intéressées en nom direct*, il faut entendre celles qui, bien qu'elles ne figurent pas à l'acte, doivent en retirer un avantage direct par la volonté des contractants, du testateur ou de la loi. Ce sont notamment :

a) Ceux pour qui l'on s'est porté fort (8),

b) Les légataires ;

c) Le donataire qui n'a pas accepté une donation faite à son profit ;

d) Ceux qui sont appelés à bénéficier d'une clause d'une donation ou d'un testament ;

e) Les enfants à naître d'un mariage, en faveur desquels des avantages ont été stipulés dans le contrat de mariage ;

f) La femme commune en biens, pour les actes faits par son mari pendant la communauté ;

g) Les créanciers délégataires pour l'acte qui contient la délégation ;

h) L'enfant naturel pour l'acte de reconnaissance qui le concerne ;

i) L'associé commanditaire qui, par l'acte de société, a stipulé que son apport serait productif d'intérêt (9), etc...

---

(1) Dict. du not., n° 68.
(2) L. 25 ventôse, art. 51.
(3) Rutgeerts et Amiaud, t. II, n° 667 ; Montluçon, 12 janvier 1865.
(4) Dict. du not., n° 32 ; Rutgeerts et Amiaud, n° 670 (art. 1352, J. N.). — Nous ne croyons cependant pas que la prohibition de l'art 8 puisse légalement s'appliquer à la délivrance des expéditions ; les mêmes inconvénients ne sont pas, en effet, à redou-

ter, puisque le notaire ne peut rien modifier à la minute dont il est dépositaire (*J. du not.*, 1877, p. 187).
(5) Colmar, 25 mai 1858 (art. 16680, J. N.) ; Orléans 10 décembre 1859 ; Paris, 3 avril 1869.
(6) Grenoble, 26 novembre 1869 (art. 18893, J. N.).
(7) L. 25 ventôse an XI, art. 23.
(8) Cass. belge, 7 décembre 1847.
(9) Angers, 21 novembre 1888 (*J. du not.*, 1888 p. 12).

42. — Mais ne peuvent être considérés comme intéressés, dans le sens de la loi, par exemple :

a) Les créanciers mentionnés dans un inventaire ou un partage;

b) Les créanciers qui demanderaient expédition des actes de leur débiteur, sous prétexte qu'ils ont intérêt à connaître ses affaires ;

c) Le curateur à la succession vacante d'un ancien notaire, pour obtenir des expéditions des actes de l'étude [2] ;

d) L'ancien titulaire d'un office ou son clerc, pour se faire délivrer des grosses ou expéditions des actes de l'étude [3] ;

e) Le père qui n'a fait qu'assister au contrat de mariage de son fils mineur, sans y être partie [4].

43. — Par *ayants droit*, il faut entendre, outre les héritiers des parties, les légataires universels et à titre universel :

a) Les *héritiers naturels* du défunt évincés par un testament postérieur [5].

L'héritier évincé a, en effet, un intérêt de premier ordre à contrôler la régularité des formes du testament qui le déshérite et à en étudier les dispositions; l'arrêt de 1864 ne paraît pas viser le cas spécial que nous indiquons; on peut supposer qu'il s'agissait, dans l'espèce, d'un parent qui n'était appelé à la succession ni par la volonté du testateur, ni par la loi, et, dans ce cas, en effet, toute communication serait interdite au notaire.

De même, celui qui se prétendrait héritier, mais ne pourrait ou ne voudrait justifier de sa qualité, ne serait pas recevable à exiger la communication [6].

b) Les *légataires, donataires* ou *acquéreurs* d'un immeuble, lorsqu'ils demandent expédition de titres antérieurs consentis par leur auteur.

c) Le *cessionnaire* d'une créance, lorsqu'il requiert expédition d'actes que le cédant aurait eu le droit de se faire délivrer.

d) Les *mandataires* et *tuteurs*, comme représentants de leurs mandants et pupilles, tant que le mandat n'a pas cessé et que les pupilles ne sont pas majeurs [7].

e) Le *syndic* de faillite qui demande expédition des actes passés par le failli.

44. — Le notaire a naturellement le droit, avant de faire la délivrance d'une expédition, d'exiger, s'il ne connaît pas la partie, qu'elle justifie de sa qualité [8].

La partie contre laquelle un acte notarié a été annulé *au fond*, n'a pas d'action pour en obtenir une expédition [9].

Mais il a été jugé qu'une partie ne peut s'opposer à la délivrance de l'expédition d'un contrat de mariage et de l'acte qui a résilié ce contrat, à l'autre partie qui la réclame, sous prétexte que cet acte résilié est pour lui sans intérêt [10].

45. — Le légataire particulier n'a pas le droit, d'après la jurisprudence de la Cour de cassation, d'exiger, en certains cas, une expédition entière du testament qui renferme son legs, mais un extrait seulement des dispositions qui le concernent [11].

(1) Bruxelles, 16 novembre 1863 (*Rev. not.*, n° 1002).
(2) Cass., 25 janvier 1870 ; Sarlat, 12 août 1874 (art. 21004, J. N.); Cass., 25 janvier 1874 et 25 janvier 1878 ; J. *du not.*, 1890, p. 371.
(3) Toulouse, 5 mars 1868 (*Rev. not.*, n° 2378); Poitiers, 4 février 1884; Cass., 17 octobre 1888 (J. *du not.*, n° 4074, J. N.).
(4) Gand, 11 mai 1871.
(5) Villefranche, 14 décembre 1883; Dict. du not., suppl., n° 21 *bis*. — *Contrà* : Paris, 29 avril 1864; Rutgeerts, t. II, p. 1039.

(6) Arg. Cass., 28 janvier 1835.
(7) *Rev. not.*, n° 4325; Rutgeerts et Amiaud, n° 755.
(8) Arg. Cass., 28 janvier 1835; Rutgeerts et Amiaud, p. 1039.
(9) Cass., 15 mars 1886 (art. 9485, J. N.).
(10) Seine, 22 août 1877 (*Rev. not.*, n° 5172).
(11) Cass., 11 février 1868 ; Paris, 16 juillet 1866, art. 18559 et 19173, J. N.) ; Seine, 4 juillet 1873 (*Rev. not.*, n° 4898).

La Cour paraît laisser au notaire le soin d'apprécier si la délivrance est réellement utile. En effet, le légataire est un intéressé en nom direct qui peut avoir un intérêt à connaître le testament entier (1).

Une circulaire du ministre de la justice du 7 juin 1882 (2), prescrit aux notaires de délivrer non pas un extrait, mais une copie entière des testaments aux légataires, en vue d'obtenir du Conseil d'État l'autorisation gouvernementale, lorsqu'il s'agit de legs faits aux hospices, aux pauvres, aux établissements publics ou religieux.

46. — Lorsque, par suite d'aliénation du fonds dotal, la femme obligée au remploi a acquis un autre immeuble et fait dans l'acte d'acquisition la déclaration prescrite pour la validité de ce remploi, les tiers dont les fonds sont ainsi employés et qui sont responsables de l'emploi ont-il le droit pour en surveiller la validité de demander une copie entière de l'acte d'acquisition ou un simple extrait ? Nous pensons qu'un simple extrait doit suffire, pourvu qu'il contienne toutes les parties de l'acte que les tiers sont intéressés à connaître et notamment la copie littérale de la déclaration de remploi (3).

47. — Le juge d'instruction a le droit de requérir d'un notaire la délivrance de l'expédition d'un acte passé par le prévenu et se rattachant à une procédure criminelle ; mais il ne peut prendre lui-même cette copie ni la faire prendre par un officier de police délégué. Le magistrat doit la requérir lui-même et le notaire a seul le droit de la délivrer (4). La copie peut être délivrée sur papier libre.

48. — Les notaires doivent aussi délivrer aux préposés de l'administration de l'Enregistrement les expéditions qu'ils jugent devoir demander dans l'intérêt de la perception de l'impôt (5).

§ 4. ACTES DONT IL PEUT ÊTRE DÉLIVRÉ EXPÉDITION.

49. — Le notaire a le droit d'expédier tous les actes dont il est dépositaire, à quelque titre que ce soit (L. 25 ventôse an XI, art. 21), qu'il ait reçu lui-même la minute, ou la tienne d'un prédécesseur, ou qu'il en soit possesseur en vertu d'un dépôt provisoire ou définitif.

Tout notaire peut aussi délivrer expédition d'un acte qui lui a été déposé pour minute (art. 21), ainsi que de toutes pièces annexées, car elles font en quelque sorte partie de la minute, comme celles déposées. Il faut l'entendre non seulement d'une expédition d'annexes à la suite de celles de l'acte auquel la pièce est jointe ; mais encore d'une expédition isolée. Ce droit ne peut, en principe, être révoqué en doute (6).

Mais par des motifs de convenance, ce droit a été soumis à quelques restrictions. C'est ainsi qu'il est d'usage que les notaires s'abstiennent de délivrer expédition ou extrait séparés des annexes qui existent en minute chez un autre notaire de leur résidence. Il en est de même pour les jugements, arrêts ou autres actes judiciaires et les actes de l'état civil, déposés ou annexés ; le notaire usurperait, autrement, les fonctions de greffier ou de maire.

50. — Si le notaire est requis de donner expédition d'un *acte imparfait* (V. *ce mot*), il y est procédé de la manière suivante : La partie obtient, par voie de requête, une ordonnance du président du tribunal ; la comparation, la réquisition de délivrance et la délivrance sont constatées dans un procès-verbal auquel est

---

(1) V. Rutgeerts et Amiaud, n° 752; Anvers, 9 février 1856 ; Brignoles, 13 août 1856.
(2) Art. 22770, J. N. (V. aussi cir. du 3 novembre 1888 (*J. du not.*, 1888, p. 701).
(3) Dict. du not., v° *Expéditions*, n° 47; Dalloz, n° 829.

(4) Art. 16700, J. N.; déc., 18 juin 1811, art. 2; art. 87 et 88, C. instr. cr.
(5) L. 22 frimaire an VII, art. 54.
(6) Rolland de Villargues, v° *Annexe*, n° 53; Dict. du not., n° 69; Ed. Clerc, n° 1830.

annexée l'ordonnance et qui est signé par la partie et les notaires ; après quoi, l'acte est présenté à l'enregistrement et la copie est délivrée. Au bas de la copie, le notaire mentionne que la délivrance a été faite en exécution de l'ordonnance (art. 841, C. proc. civ.) (1).

Il a été jugé que le président du tribunal peut ordonner de délivrer copie d'un testament qui n'a pu être achevé, parce que le testateur a perdu connaissance avant l'accomplissement des formalités légales (2), et la Cour de cassation a maintenu cette décision (3).

51. — Le testament ne peut être expédié qu'après le décès du testateur, à moins que l'expédition ne soit demandée par le testateur lui-même, auquel cas elle peut être délivrée avant tout enregistrement. Il en est de même des donations entre époux (4).

52. — Le notaire ne peut pas se refuser à délivrer aux parties une expédition d'un contrat de mariage, même avant la célébration, mais il doit avoir soin de mentionner que cette expédition a été délivrée, par réquisition, avant le mariage (5).

53. — Un notaire peut-il laisser prendre des copies photographiques d'un testament olographe déposé dans son étude ? Une ordonnance du président du tribunal de la Seine en 1859 (6), et un arrêt de la Cour de Bordeaux du 7 janvier 1869 (7), ont décidé la négative. Mais l'opinion contraire a été consacrée par un jugement du tribunal de Troyes du 13 mai 1879 (8), un arrêt de la Cour de Caen du 29 juillet 1879 (9), et deux jugements du tribunal de la Seine des 18 mars 1885 et 9 février 1887 (10). Ces deux jugements autorisent les parties, après consignation des frais entre les mains du notaire dépositaire, à faire procéder à la reproduction photographique par un homme de l'art choisi par le notaire, sous sa surveillance et en présence de tous les intéressés, fixent le nombre des épreuves à tirer, qui seront signées par le notaire, et ordonnent que le cliché sera détruit, en présence du notaire, aussitôt après l'opération. Nous ne pouvons approuver ces décisions qui sont manifestement contraires au texte de l'article 21 de la loi de ventôse (11).

54. — Les parties peuvent-elles requérir plusieurs expéditions d'un même acte? Aucun texte de loi ne s'y oppose.

55. — Sur la foi due aux expéditions. V. art. 1335 et suivants du Code civil.

§ 5. RESPONSABILITÉ NOTARIALE.

56. — Un notaire qui délivre une expédition incomplète ou fautive, manque à un devoir qui lui est imposé comme fonctionnaire public et peut, de ce chef, être condamné à des dommages-intérêts, *s'il y a lieu.*

Un notaire a été déclaré responsable : pour avoir mis dans l'expédition une autre date que celle de l'acte et pour avoir ainsi causé un préjudice aux parties (12); pour avoir délivré une expédition incomplète d'un procès verbal d'adjudication, ce qui avait fait faire une procédure nulle à l'adjudicataire (13); pour avoir, dans l'expédition d'un procès-verbal d'adjudication, transcrit que l'adjudicataire d'un lot était tenu de bâtir un mur à la hauteur de six pieds, *y compris les fondations,* tandis que la minute portait : *non compris les fondations* (14).

(1) Rutgeerts et Amiaud, n° 677.
(2) Caen, 15 décembre 1857.
(3) Arrêt de rejet du 28 avril 1862 (art. 16412 et 17194, J. N.).
(4) Déc. min. fin., 25 avr. 1809; Sol. Rég., 23 avr. 1892.
(5) Rutgeerts et Amiaud, n° 679.
(6) Art. 16775 J. N.
(7) Art. 19849, J. N.
(8) J. du not., n° 3310.
(9) Art. 22231, J. N ; J du not., n° 3285

(10) *J. du not.*, n° 8825. — Sic : Yvetot, 18 janvier 1891, qui décide qu'un notaire agit prudemment en refusant à un expert de vérifier, décalquer ou photographier un testament à lui confié.
(11) V. Rutgeerts et Amiaud, n° 679 ter, — et infra, v° TESTAMENT OLOGRAPHE n° 15.
(12) Bourges 28 août 1832.
(13) Cass., 22 mars 1852.
(14) Cass., 19 janvier 1832. — V. aussi Cass., 30 novembre 1830.

§ 6. Honoraires et enregistrement.

57. — Les notaires ont, pour les expéditions, comme pour les grosses et extraits, une rémunération spéciale (1) qui s'appelle *droit de rôle*, parce que cet honoraire se calcule à raison de tant... par rôle, ce qui comprend deux pages d'écriture sur moyen papier.

58. — Pour ce qui concerne ces droits de rôle, les notaires sont divisés en quatre classes (V. *infrà*, v° Honoraires) et reçoivent :

a) Ceux de Paris, Lyon, Bordeaux, Rouen, Marseille,
Toulouse, Lille et Nantes. . . . . 3 fr. »

b) Ceux qui résident au siège des autres Cours d'appel ou
dans les villes dont la population excède 30,000 habit.   2   70

c) Ceux des autres villes où réside un tribunal de première
instance. 2   »

d) Partout ailleurs. 1   50

59. — Les article, 14 et 16 de l'ordonnance du 10 octobre 1841 fixent le prix du rôle des cahiers de charges, dressés pour les adjudications judiciaires savoir :

a) Pour les notaires de Paris, Bordeaux, Lyon, Marseille,
Toulouse, Lille et Nantes, à. . . . . 2 fr. »

b) Pour ceux des villes où siège une Cour d'appel ou dont
la population dépasse 30,000 habitants. 1   80

c) Pour les autres notaires. 1   50

60. — Le décret du 5 novembre 1851 fixe encore des droits moins élevés :
« S'il est requis expédition ou extrait des procès verbaux de vente (de fruits
« et récoltes) il est alloué, outre le timbre, *un franc* pour chaque rôle de vingt-
« cinq lignes à la page et de quinze syllabes à la ligne ».

61. — Une décision des ministres des finances et de la justice du 9 janvier 1808 fixe à soixante-quinze centimes pour Paris, à cinquante centimes pour les départements, l'honoraire dû aux notaires, pour chaque rôle des expéditions qu'ils délivrent aux préposés de l'enregistrement (2).

62. — L'honoraire de rôle à percevoir sur les copies sur papier libre des contrats qui intéressent les communes et qui doivent être soumis à l'approbation préfectorale, est l'honoraire ordinaire (3).

Il en est de même pour les copies d'actes se rattachant à une procédure criminelle, qui seraient requises par un juge d'instruction (4).

63. — Lorsqu'une expédition contient moins d'un rôle d'écriture, il est dû néanmoins le prix du rôle entier ; mais quant aux rôles subséquents, il y a lieu de réduire proportionnellement le droit, lorsque ces rôles ne se trouvent écrits qu'en partie. C'est ce qui résulte d'une décision ministérielle du 10 octobre 1835 (5).

64. — **Enregistrement.** — Les expéditions ne sont pas soumises à la formalité de l'*enregistrement*.

§ 7. Formules.

1. — Style d'expédition délivrée par le notaire rédacteur de l'acte.

Après avoir transcrit l'acte en entier et littéralement, on rapporte ainsi qu'il suit les signatures des parties et des notaires.

---

(1) Décret du 16 février 1807
(2) V. toutefois Amiaud, *Tarif général*, t. I, p. 155, note.
(3) Décision Minist. Justice et Intérieur de 1858

(art. 16548, J. N.) et 20 mars 1891 (art. 24696 J. N.).
(4) Art. 16709, J. N.
(5) Amiaud, *Tarif*, p. 196 ; Dict. du not., v° *Honoraire*, n° 187 ; Bonnesœur, p. 243, 69.

Ont signé la minute : Bertrand, Raimond, Jeanne Ripert femme Raimond, A... et B..., ces deux derniers notaires.

Puis on ajoute :

En marge (ou à la fin) dudit acte se trouve la mention suivante :

    Enregistré à... le... (copier littéralement la mention d'enregistrement).

Puis à la fin de l'expédition, en marge et en face des dernières lignes, on met :

Expédition en ... rôles, contenant ... renvois approuvés ... chiffres et ... mots rayés nuls.

Si les parties ont été représentées à l'acte par des mandataires, on ajoute à la fin de l'expédition une copie ou un extrait, selon les cas, des procurations annexées, précédés des mots :

Suit la teneur (ou l'extrait) de l'annexe... ou des annexes.

2. — Clôture d'une expédition délivrée par le successeur du notaire qui a reçu la minute.

L'an ... le .. , les présentes ont été expédiées et collationnées, sur la minute de l'acte ci-dessus transcrit, par Me X..., notaire soussigné, en sa qualité de successeur de M. D...

3. — Clôture d'une expédition délivrée en vertu d'une ordonnance du président du tribunal.

L'an ... le ..., les présentes ont été expédiées et collationnées par Me ..., notaire à .. soussigné, sur la minute dudit acte, et délivrées à M..., demeurant à. ., en vertu d'une ordonnance de M. le président du tribunal de première instance de... en date du... dont l'original a été déposé au notaire soussigné par acte du... enregistré.

4. — Clôture d'une expédition délivrée par un notaire dépositaire provisoire des minutes d'un confrère décédé.

L'an ..., le..., les présentes ont été expédiées et collationnées par Me X..., notaire à..., soussigné, sur la minute d'un acte qui est en sa possession par suite du dépôt provisoire fait en ses mains des minutes de M. A... décédé, aux termes d'une ordonnance de M. le président du tribunal de première instance de... en date du... enregistrée.

5. — Clôture d'une expédition délivrée par un notaire substituant.

L'an ..., le..., les présentes ont été expédiées et collationnées sur la minute dudit acte par Me X..., notaire à..., soussigné substituant Me A..., son confrère momentanément absent (ou empêché).

6. — Clôture d'une expédition d'une pièce annexée.

L'an ... le ... les présentes ont été expédiées et collationnées par Me ..., notaire à ..., soussigné sur l'original dudit compte qui est annexé à la minute d'un partage reçu par ledit notaire le ...

7. — Clôture d'une expédition d'un testament olographe.

Tel est le testament olographe de M. Alfred Vignon, en son vivant propriétaire, demeurant à ..., décédé en son domicile le ...

L'original de ce testament a été déposé pour minute à Me..., notaire à..., soussigné, suivant ordonnance de M. le président du tribunal civil de première instance de. . contenue en son procès-verbal d'ouverture et de description (ou de description, *seulement*) dudit testament en date du ..., dont une expédition est annexée à ce dernier.

8. — Expédition de testament authentique délivrée au testateur.

Cette expédition a été délivrée par M⁰ X..., notaire à..., soussigné, à M. D. testateur, sur sa réquisition expresse.

9. — Expédition d'acte imparfait.

.L'an. . le..., les présentes ont été expédiées et collationnées par M. X..., notaire a.... soussigné, sur l'acte dont expédition précède revêtu seulement des signatures de .. et déli- vrées à M... en vertu d'une ordonnance de M. le président du tribunal civil de..., en date du..., dont l'original enregistré est annexé à la minute du procès-verbal de délivrance de cette expédition qui a été dressé par ledit M⁰ X... à la date de ce jour.

EXTRAIT

On nomme extrait la copie partielle d'un acte que le notaire peut délivrer en certains cas.

Sommaire :

§ 1. Formes.
§ 2. Actes dont il peut être délivré des extraits.
§ 3. Responsabilité notariale.
§ 4. Honoraires.
§ 5. Timbre.
§ 6. Formules.

§ 1. FORME.

1. — On distingue deux sortes d'extraits : l'extrait *littéral* et l'extrait *ana-lytique*.

> *a)* Le notaire qui délivre un extrait littéral copie exactement et mot à mot les dispositions de la partie de l'acte dont copie est réclamée, sans en changer les termes.
> *b)* Dans l'extrait analytique, il se borne à rendre fidèlement la substance de l'acte et le sens des dispositions.

Un extrait peut être à la fois littéral pour une partie de l'acte et analytique pour l'autre (1).

2. — Pour la délivrance des extraits, il y a lieu d'appliquer les règles que nous avons expliquées au sujet des expéditions (V. *supra*, v° EXPÉDITION, n⁰ˢ 3, 4, 7 et suiv.). Les obligations et les droits des notaires, la foi qui est due aux extraits, le droit de se les procurer, le mode de les expédier, tout est régi par les mêmes règles afférentes aux expéditions.

3. — La loi ne s'occupe (art. 21 et 23 de la loi du 25 ventôse an XI) que de la délivrance des grosses et expéditions; résulte-t-il de là que les notaires peuvent se refuser à la délivrance des extraits qui leur sont demandés, en dehors des cas spécifiés par la loi? Il y a lieu de distinguer s'il s'agit d'extrait littéral ou ana-lytique.

Nous estimons qu'un notaire peut toujours être astreint à délivrer des extraits littéraux à la demande des parties, qui sont juges de l'usage qu'elles veulent en

---

(1) Dict. du not., v⁰ *Extrait*, n° 7.

faire et peuvent en fixer l'étendue au notaire, dont la responsabilité n'est en rien engagée, s'il s'est conformé à la réquisition (1).

Toutefois, nous estimons que le notaire devrait comprendre dans l'extrait les dispositions modifiant celles demandées par les parties, par exemple, la clause qui, sous le régime de la communauté, soumettrait certains biens au régime dotal, etc.

Mais, en ce qui concerne l'extrait analytique, nous croyons devoir donner une solution contraire ; le notaire ne saurait être contraint à donner des extraits *analytiques* de ses actes, parce qu'il ne saurait, sans danger, se rendre juge du sens, des effets et de la portée des conventions, ce qui aurait lieu, s'il était tenu de délivrer de pareils extraits.

4. — La forme de l'extrait littéral doit toujours être de préférence appliquée :

    a) Pour les dispositions testamentaires, parce qu'il est important d'en conserver fidèlement les expressions et l'orthographe ;

    b) Pour les actes destinés à être représentés aux officiers de l'état civil :

    c) Pour les actes à produire au bureau des hypothèques, quand l'expédition entière n'est pas exigée. Une instruction de la Régie du 24 août 1838, autorise les conservateurs à recevoir des extraits *littéraux* pour les transcriptions, radiations, subrogations, pourvu qu'à la suite de l'extrait, le notaire certifie qu'il a reproduit tout ce qui a rapport à la formalité demandée et que l'acte ne contient ni réserve, ni restriction, ni modification (2) ;

    d) Pour les procurations ; il importe, en effet, de connaître exactement les termes des pouvoirs conférés (V. *infrà*, n° 9).

5. — Tout extrait, littéral ou analytique, doit reproduire les parties principales de l'acte qui sont nécessaires pour en faire comprendre la nature et le sens général ; puis, il mentionne spécialement : 1° La date de l'acte ; — 2° la formule entière de l'enregistrement ; — 3° le nom et la résidence du notaire qui l'a reçu, les noms et demeures des parties avec l'énonciation des qualités dans lesquelles elles ont agi ; enfin, tout ce qui tient à la substance de l'acte, de manière qu'on puisse, d'après l'extrait, juger si l'acte est valable au fond comme en la forme (3).

En outre, chaque extrait contient, en particulier, toutes les clauses de l'acte que les parties ont voulu en extraire.

Il doit porter l'empreinte du sceau du notaire (4).

§ 2. ACTES DONT IL PEUT ÊTRE DÉLIVRÉ DES EXTRAITS.

6. — Tout acte notarié peut, en principe, être expédié sous forme d'extrait. Mais c'est là une faculté dont les notaires, on le comprend, n'usent que sur la demande expresse des parties ; car l'expédition pure et simple offre pour eux moins de dangers.

7. — La loi prescrit la production ou l'affiche de certains extraits dans les cas suivants :

    a) En cas de compulsoire, lorsqu'un tiers a été autorisé à obtenir expédition ou extrait d'un acte dans lequel il n'a pas été partie (art. 846. C. proc. civ.).

    b) L'art. 983, C. proc. civ., prescrit au greffier ou au notaire de délivrer *tels extraits*, en totalité ou en partie, du procès-verbal du partage judiciaire que les parties intéressées requerront, parce qu'il suffit à chaque copartageant d'avoir la copie du partage en ce qui concerne son lot.

---

(1) Dict. du not., n° 25 ; Génébrier, p. 462 ; Rutgoerts c. Amiaud, t. II, n° 687.

(2) Orléans, 28 janvier 1839 ; Strasbourg, 29 juillet

1861 ; Orange, 24 novembre 1874. Cons. aussi Boulanger. *Des Radia ions*, n° 35 et suiv

(3) Dict. du not., n° 28.

(4) L. 25 ventôse an XI

c) Aux termes de l'art. 2194, C. civ., extrait du contrat de vente sur lequel l'acquéreur entend faire accomplir les formalités de la purge, doit être affiché pendant deux mois dans l'auditoire du tribunal.

d) La loi prescrit encore au notaire la publication et l'affiche d'un extrait du contrat de mariage des époux commerçants, etc.

8. — Les extraits peuvent remplacer les expéditions toutes les fois que la loi ne parle pas d'expéditions entières, par exemple, dans les cas des art. 2181 et 2158, relatifs à la transcription des contrats et à la radiation des inscriptions hypothécaires (1).

Lorsqu'un acte de donation entre-vifs comprend tout à la fois des meubles et des immeubles, on peut ne présenter à la transcription qu'un extrait de cet acte relatif à la donation immobilière ou à quelques-uns des immeubles donnés.

9. — Dans la pratique notariale, lorsque des extraits de procuration sont faits à la suite de l'expédition d'actes qui ont eu lieu en vertu de ces procurations, on ne se borne pas à dire que les pouvoirs donnés sont spéciaux à l'effet de passer ces actes, ce qui est une formule insuffisante et dangereuse, on doit rapporter les termes mêmes dans lesquels le pouvoir a été formulé.

10. — Un extrait peut être placé à la suite d'une expédition littérale, s'il est fait sur une pièce annexée à l'acte dont on délivre expédition. Mais on ne peut, à la suite d'une expédition, faire extrait d'un autre acte qui ne serait pas annexé, alors même qu'il aurait été passé dans la même étude.

11. — Un extrait peut-il être délivré en forme de *grosse* ? Aucun texte de loi ne le défend et l'usage est général (2). Lorsque, par exemple, une obligation a été souscrite par un débiteur à plusieurs créanciers, avec des stipulations quelquefois différentes pour chacun d'eux, il serait inutile de délivrer, en forme de grosse, à chaque créancier, la partie de l'acte qui ne le concerne pas, et ce seraient des frais frustratoires ; il y a donc intérêt à délivrer des extraits en forme de grosse. Mais, pour mettre sa responsabilité à couvert, le notaire se fait autoriser, dans l'acte, à délivrer la grosse de cette manière, et il fait mention de cette autorisation dans le style de délivrance. En outre, il a soin de ne délivrer qu'un extrait *littéral* et de n'omettre aucune clause qui puisse avoir de l'influence sur la disposition principale. Il indique à qui la grosse est délivrée.

12. — S'il délivre l'extrait, en forme de grosse, d'un procès-verbal d'adjudication, il doit joindre à chaque extrait copie du cahier des charges.

13. — Le notaire, dépositaire d'un testament, a-t-il le droit de ne délivrer qu'un *extrait* de ce testament au légataire particulier institué qui lui réclame une expédition entière ? La jurisprudence le décide ainsi (3), consacrant l'opinion de quelques auteurs (4). Nous nous sommes prononcés en sens contraire (V. *supra*, v° EXPÉDITION, n° 45, et dans notre *Comment. de la loi d ventôse*, t. II, p. 1045, où nous avons donné tous les motifs à l'appui. Deux circulaires du ministre de la justice des 7 juin 1882 et 3 novembre 1888 (5), consacrent notre opinion qui nous paraît plus conforme au texte et à l'esprit de l'art. 23 de la loi de ventôse.

§ 3. RESPONSABILITÉ NOTARIALE.

14. — Le notaire ne peut encourir aucune responsabilité, s'il a eu soin de mentionner que c'est à la réquisition des parties qu'il n'a délivré qu'un extrait

---

(1) Caen, 18 janvier 1877.
(2) Dict. du not., n° 106; Rolland de Villargues, n° 52; Ed. Clerc, *Formul.*, p. 3; Génébrier, p. 463; Mailland, p. 868.
(3) Paris, 16 juillet 1866; Cass., 11 février 1868

(art. 18559, J. N.); Seine, 4 juille. 1873 (*Rev. not.*, n° 4398).
(4) A. Dalloz, n° 829; Dict. du not., v° *Expédition*, n° 47.
(5) Art. 22770, J. N., et J. du not., 1888, p. 107.

littéral. On peut citer, il est vrai, un arrêt de la Cour de Douai, du 21 novembre 1840, qui a jugé qu'un notaire est responsable de l'insuffisance d'un extrait; mais, dans l'espèce, il avait agi plutôt comme mandataire que comme notaire.

15. — Un notaire ne saurait être déclaré responsable des omissions qui ont été faites dans un extrait par lui délivré, s'il est prouvé que le préjudice provient de la négligence de celui qui a requis l'extrait (1).

Quoiqu'il en soit, les notaires ne doivent délivrer un extrait qu'avec précaution, veiller à ce que les clauses utiles, notamment celles modifiant les dispositions rapportées, ne soient point omises ou soient toujours fidèlement reproduites et mentionner la réquisition qui leur a été faite par la partie.

§ 4. Honoraires.

16. — Les honoraires sont les mêmes droits de rôle que ceux alloués pour les expéditions. (V. ce mot.)

§ 5. Timbre.

17. — Le timbre sur lequel doivent être rédigés les extraits est celui employé pour toutes les expéditions de la minute d'un acte, car un extrait n'est qu'une expédition abrégée.

Par suite, toutes les règles fiscales applicables aux expéditions le sont également aux extraits ; ainsi, ils ne peuvent être délivrés avant que la minute ait été enregistrée, et ils doivent contenir la transcription littérale de la mention d'enregistrement, à peine de 5 francs d'amende.

18. — La limitation du nombre des lignes à la page et des syllabes à la ligne prescrite par l'art. 20 de la loi du 13 brumaire an VII, est applicable aux extraits.

19. — On ne peut comprendre dans un même extrait plusieurs actes, de même qu'on ne peut expédier plusieurs actes à la suite les uns des autres sur le même timbre.

§ 6. Formules.

I. EXTRAITS LITTÉRAUX.

1. *Extrait d'une minute par le notaire qui a reçu l'acte.*
2. *Extrait d'une minute reçue par un prédécesseur.*
3. *Extrait d'une pièce déposée pour minute.*
4. *Extrait d'une pièce annexée.*
5. *Extrait d'un acte dont le notaire est dépositaire provisoire.*
6. *Extrait en forme de grosse.*
7. *Extrait d'un contrat de mariage.*
8. *Extrait d'un testament authentique.*
9. *Extrait d'un testament olographe.*

II. EXTRAITS ANALYTIQUES.

1. *Extrait à la suite d'une expédition.*
2. *Extrait d'adjudication amiable.*
3. *Extrait de société.*
4. *Extrait d'intitulé d'inventaire.*
5. *Extrait d'un partage.*
6. *Extrait de procuration.*
7. *Extrait de quittance pour faire rayer une inscription.*

I. EXTRAITS LITTÉRAUX

1. — **Extrait d'une minute par le notaire qui a reçu l'acte.**

D'un acte reçu par Me..., soussigné, et l'un de ses collègues, notaires à..., le..., portant la mention suivante :

_____

(1) Cass., 17 juin 1856 ; Dalloz, 56-1 462.

Enregistré à..., le..., folio..., recto (ou verso), case... Reçu..., signé :...

Il a été extrait littéralement ce qui suit :

. . . .

Pour extrait :

2. — Extrait d'une minute reçue par un prédécesseur.

D'un acte reçu par M°... et l'un de ses collègues, notaires à..., le..., portant la mention suivante :

Enregistré à..., le..., folio..., recto (ou verso), case... Reçu..., signé :...

Il a été extrait littéralement ce qui suit :

. . . .

L'an ..., le..., les présentes ont été extraites littéralement de la minute dudit acte, par M°..., notaire à..., soussigné, qui en est détenteur en qualité de successeur immédiat (ou médiat) dudit M°...

Pour extrait :

3. — Extrait d'une pièce déposée pour minute.

D'un acte reçu par M°... et l'un de ses collègues, notaires à..., le..., portant la mention suivante :

Enregistré à..., le..., folio..., recto (ou verso), case... Reçu..., signé :...

Il a été extrait littéralement ce qui suit :

. . . .

L'an ..., le..., les présentes ont été extraites par M°..., notaire à..., soussigné, du brevet original de ladite procuration qui lui a été déposé pour minute par acte du...(*Si la pièce a été déposée pour minute au prédécesseur du notaire qui délivre l'extrait il faut dire :* ... du brevet original de ladite procuration qui est en sa possession comme ayant été déposé pour minute à M°..., son prédécesseur immédiat (ou médiat) par acte du...)

Pour extrait :

4. — Extrait d'une pièce annexée.

D'un acte... etc. (comme en la formule précédente).

L'an ... le..., les présentes ont été extraites par M°..., notaire à..., soussigné, du brevet original de ladite procuration qui est annexé à la minute d'un acte reçu par lui le...

Pour extrait :

5. — Extrait d'un acte dont le notaire est dépositaire provisoire.

L'an..., le..., les présentes ont été extraites par M°..., notaire à..., soussigné, de la minute dudit acte dont il est en possession, comme détenteur provisoire des minutes de M°..., notaire à .., décédé, en vertu d'une ordonnance de M. le président du tribunal civil de..., en date du...

Pour extrait :

6. — Extrait en forme de grosse.

République française, au nom du peuple français.

D'un acte passé devant M°..., soussigné, et l'un de ses collègues, notaires à..., le.. portant la mention suivante :

Enregistré à..., etc.

Il a été extrait littéralement ce qui suit :

. . . .

En conséquence, le Président de la République française, etc. (V. *infrà*, v° FORMULE EXÉCUTOIRE).

Pour extrait :

7. — Extrait d'un contrat de mariage.

D'un contrat passé devant M°..., soussigné, et l'un de ses collègues, notaires à..., le..., contenant les conditions civiles du mariage d'entre M. Lucien Bertheaume, avocat, demeurant à..., et M¹¹° Eugénie Thomas, majeure, sans profession, demeurant à...

Il a été extrait littéralement ce qui suit :

ART. 1ᵉʳ. —

. . . .

En suite (ou en marge) dudit contrat se trouve la mention suivante :
Enregistré, etc...

Pour extrait :

8. — Extrait d'un testament authentique.

Du testament de M. Alexandre Muller, propriétaire, décédé en son domicile à..., le..., reçu par M°..., notaire à..., soussigné, et portant la mention suivante :
Enregistré, etc...

Il a été extrait littéralement ce qui suit :

. . . . , ...

Pour extrait :

9. — Extrait d'un testament olographe.

Du testament de M. Alexandre Muller, propriétaire, décédé en son domicile à..., le..., fait, en la forme olographe à..., le..., et dont l'original a été déposé pour minute à M°..., notaire à..., soussigné, le..., en vertu d'une ordonnance de M. le président du tribunal civil de..., contenue en son procès-verbal d'ouverture et de description dudit testament, en date du même jour.

Il a été extrait littéralement ce qui suit :

. . . .

En suite (ou en marge) de ce testament, se trouve la mention suivante :
Enregistré etc...

Pour extrait :

II. EXTRAITS ANALYTIQUES

1. — Extrait à la suite d'une expédition.

De la procuration ci-dessus énoncée et datée portant cette mention :
Enregistré, etc...

Il résulte que M. Lenormand ci-dessus prénommé, qualifié et domicilié, a donné à M. Robert, aussi ci-dessus prénommé, qualifié et domicilié, entre autres pouvoirs, ceux ci-après littéralement transcrits :

. . . .

2. — Extrait d'adjudication amiable.

Suivant procès-verbal d'adjudication dressé par M°..., notaire à..., soussigné, en présence de témoins, le..., portant la mention suivante :
Enregistré à...

A la requête de M. Arthur Liégeard, propriétaire, et Mᵐᵉ Emilie Renard, son épouse, demeurant ensemble à...

M. Émile Richard, propriétaire, demeurant à.., s'est rendu adjudicataire de l'immeuble ci-après désigné :

Désignation.

Une pièce de pré située sur le territoire de la commune de..., au lieudit... entre M.., etc.

Origine de propriété.

Cette pièce de pré appartenait à M. et Mme Liégeard au moyen de l'acquisition qu'ils en avaient faite de M..., etc.

Jouissance.

L'entrée en jouissance a été fixée au jour de l'adjudication. En conséquence...

Prix.

L'adjudication a eu lieu moyennant... francs qui ont été stipulés payables le..., à..., avec intérêts...

Conditions.

Cette adjudication a eu lieu notamment sous les conditions ci-après rappelées :
1° ...

Et l'état civil.

Les vendeurs ont déclaré qu'ils étaient mariés, tous deux en premières noces, sous le régime de...

Pour extrait :

3. — Extrait de société (V. infrà, v° SOCIÉTÉ ET SOCIÉTÉ PAR ACTIONS).

4. — Extrait d'un intitulé d'inventaire.

L'inventaire, après le décès arrivé en son domicile à..., le..., de M. Auguste Adam, rentier, a été dressé par Me..., soussigné, et l'un de ses collègues, notaire à... le...

A la requête de Mme Eugénie Bernard, veuve de M. Auguste Adam, sus-nommée, demeurant à...,

Ayant agi :

I. — En son nom personnel.
1° A cause de la communauté de biens qui avait existé entre elle et son mari aux termes de leur contrat de mariage passé devant Me..., notaire à..., le...;
2° A raison des reprises et créances qu'elle avait à exercer tant contre cette communauté que contre la succession de son mari ;
3° Comme donataire... etc...;
4° Et comme ayant la jouissance légale des biens de son fils mineur ci-après nommé, jusqu'à l'évènement de l'une des causes prévues par la loi pour l'extinction de cet usufruit.

II. — — Et au nom et comme tutrice légale de...

Et en présence de M. Jules Vincent, négociant, demeurant à..., ayant agi en qualité de subrogé tuteur du mineur, etc...

Le mineur Bernard, habile à se porter seul héritier de son père sus-nommé.

En fin dudit inventaire se trouve la mention suivante :
Enregistré..., etc.

Pour extrait :

5. — Extrait d'un partage.

Suivant acte passé devant Me..., soussigné, et l'un de ses collègues, notaires à..., le..., portant la mention suivante :

Enregistré..., etc.

Il a été procédé aux opérations de compte, liquidation et partage des biens dépendant tant de la communauté qui a existé entre M. Joseph Lemaire, propriétaire, décédé à..., le..., et Mme Ernestine Dubois, restée sa veuve, que de la succession dudit sieur Lemaire entre :

I. — Mme veuve Lemaire susnommée, demeurant à...

Ayant agi, etc.

II. — M. Emile Lemaire, négociant, demeurant à...

Ayant agi, etc.

Pour fournir à M. Emile Lemaire le montant de ses droits, il lui a été attribué notamment :

Vingt-cinq obligations nominatives de la compagnie des chemins de fer du Nord, etc...

L'entrée en jouissance divise a été fixée au...

Pour extrait :

6. — Extrait de procuration.

Suivant acte reçu en brevet par M^e..., et l'un de ses collègues, notaires à..., le..., portant les mentions suivantes :

Enregistré..., etc.

Vu pour légalisation..., etc.

M. Ernest Gigout, propriétaire, demeurant à..., a constitué pour son mandataire, M. Lucien Beaumont, rentier, demeurant à..., auquel il a donné les pouvoirs ci-après littéralement extraits :

. . . .

L'an..., le..., les présentes ont été extraites par M^e..., notaire à..., soussigné, du brevet original de ladite procuration qui est annexée à la minute d'un acte de... reçu par lui le...

7. — Extrait de quittance pour faire rayer une inscription.

D'un acte reçu par M^e..., soussigné, et l'un de ses collègues, notaires à..., le..., portant la mention suivante :

Enregistré à...

Il a été extrait littéralement ce qui suit :

A comparu :

M. Paul Vincent, propriétaire, demeurant à...

Lequel a, par ces présentes, reconnu avoir reçu de M. Emile Renault, menuisier, demeurant à..., la somme de... montant d'une obligation pour prêt souscrite par M. Renault au profit du comparant.. , suivant acte reçu par M^e..., notaire à..., le...

De laquelle somme, M. Vincent donne quittance à M. Renault.

Par suite de ce paiement, M. Vincent donne mainlevée avec désistement de ses droits d'hypothèques et consent la radiation définitive d'une inscription prise à son profit contre M. Renault en vertu dudit acte, au bureau des hypothèques de... le... volume... numéro... et décharge le conservateur qui opérera la radiation de ladite inscription.

Pour extrait :

FORMULE EXÉCUTOIRE

1. — C'est le style par lequel on clôt certaines expéditions pour leur conférer la force de l'exécution parée. L'expédition revêtue de la formule exécutoire s'appelle *Grosse* (V. ce mot).

2. — En vertu de cette formule, le chef du gouvernement, au nom duquel la grosse est délivrée, proclame comme loi privée des parties la convention qui fait l'objet de l'acte et ordonne à toutes les autorités, chacune en ce qui la concerne, de prêter assistance pour l'exécution de cet acte.

3. — La formule exécutoire varie nécessairement avec les diverses formes de gouvernement. Le texte de la formule actuelle a été fixé, en dernier lieu, par le décret-loi du 25 septembre 1871, ainsi conçu :

Art. 2. — L'expédition des arrêtés, jugements, mandats de justice, ainsi que les grosses et expéditions des contrats et de tous autres actes susceptibles d'exécution parée seront intitulées ainsi qu'il suit :

« *République française,*

« *Au nom du peuple français :* »

Et terminées par la formule suivante :

« *En conséquence, le président de la République française mande et ordonne à tous huissiers, sur ce requis, de mettre ledit acte à exécution, aux procureurs généraux et aux procureurs de la République près les tribunaux de première instance d'y tenir la main, à tous commandants et officiers de la force publique de prêter main forte, lorsqu'ils en seront légalement requis.*

« *En foi de quoi la présente grosse a été signée par le notaire dépositaire de la minute.* »

4. — Les porteurs de grosses revêtues de la formule prescrite par le décret du 6 septembre 1870 peuvent les faire mettre à exécution sans faire ajouter la formule ci-dessus (1). Mais les grosses délivrées avant le 7 septembre 1870 doivent, avant toute exécution, être préalablement présentées aux notaires, afin qu'ils ajoutent la formule prescrite par le décret loi de 1871 (art. 3) (2). Aussi a-t-il été jugé que le commandement fait en vertu d'un titre revêtu de la formule exécutoire du second empire est nul (3). Mais l'addition de la formule nouvelle n'implique pas l'annulation de l'ancienne formule, qui continue de faire partie intégrante du titre exécutoire, auquel elle a pu seule, dans le principe, imprimer ce caractère (Art 2461, J. N.).

5. — Cette addition peut être faite par un notaire autre que celui qui a délivré la grosse (4), et elle doit être inscrite sans frais.

6. — On doit toujours transcrire exactement et littéralement la formule exécutoire ; toutefois, la jurisprudence semble avoir reconnu que cette formule ne serait pas nulle par cela seul que quelques-uns des termes y auraient été omis, si d'ailleurs les expressions les plus importantes s'y trouvent (5).

7. — Lorsqu'à la suite d'une grosse, se trouvent expédiées des annexes, la dernière partie de la formule doit être placée après la copie de l'annexe qui fait partie intégrante de l'acte (6).

8. — Un notaire n'a pas le droit de transformer en grosse une expédition une fois délivrée, en y ajoutant la formule exécutoire (7). — *Contrà* : Agen 31 mai 1837 ; Dalloz, v° *Obligation*, n° 4417.

GAGE

C'est le contrat par lequel un débiteur, ou un tiers au nom de ce dernier, remet au créancier une chose mobilière, corporelle ou incorporelle, en garantie de ce qu'il doit (art. 2073, et suiv., C. civ.).

Le mot *gage* s'emploie aussi dans le langage ordinaire pour désigner la chose engagée.

---

(1) Décr. 2 septembre 1871 (art. 2009, J. N.).

(2) Poitiers, 17 juin 1875 ; Chambéry, 12 février 1867 |*Rev. not.*, n° 7673) ; Espalion, 9 décembre 1884 ; Chinon, 5 août 1886 (*J. du not.*, n° 8961).

(3) Poitiers, 20 décembre 1886 ; Chambéry, 12 février 1887. — *Contrà* : La Roche sur-Yon, 12 mai 1886.

(4) Décret, 12 juin 1860, art. 3, 4.

(5) Nancy, 9 juillet 1829 ; Riom, 12 mars 1841 (art. 12079, J. N.).

(6) Rennes, 13 février 1838 ; Cass., 12 juin 1839 (art. 10411, J. N.) ; Dict. not., n° 153 ; Rutgeerts et Amiaud, t. II, p. 1113).

(7) Pradines, *J. du not.*, n° 2731 et art. 10110, J. N.; Amiaud sur Rutgeerts, p. 1116, note 1.

Sommaire :

§ 1. FORMES. FORMALITÉS.

1. — Le contrat de gage n'est soumis, en ce qui concerne sa validité entre les parties, à aucune forme spéciale ; il suffit que le créancier, nanti du gage, en établisse la détention par un acte quelconque, ou par la possession seule, si elle est de bonne foi (1).

2. — Vis-à-vis des tiers, le contrat de gage, pour être valable, c'est à-dire pour pouvoir être opposé aux autres créanciers du débiteur, doit être assujetti à certaines formalités que nous allons passer en revue.

3. — Si la valeur de l'objet donné en gage est inférieure à 150 fr., aucun écrit n'est nécessaire et la convention peut être établie par témoins (art. 2074, C. civ.) (2).

4. — Si la créance pour sûreté de laquelle le gage est fourni et la valeur de l'objet engagé excèdent, l'un ou l'autre, la somme de 150 francs, le contrat de gage doit être constaté par acte authentique ou sous seing privé, enregistré, alors même qu'il s'agit de valeurs au porteur (3).

5. — L'acte de gage sous seing privé doit être fait en double original, conformément à l'art. 1325, C. civ., puisqu'il contient des conventions synallagmatiques, mais on décide généralement que l'enregistrement n'est pas une condition essentielle à sa validité, et que l'acte peut acquérir date certaine par l'une des circonstances énoncées en l'art. 1328, la mort de l'un des signataires, par exemple (4).

6. — Mais que l'acte soit authentique ou sous seing privé, il doit contenir : 1° La déclaration de la somme due ; 2° l'espèce et la nature des choses remises en gage, ou un état annexé de leur qualité, poids et mesure (art. 2074, C. civ.). La mention de la nature et de la date de la créance, ainsi que de l'époque de l'exigibilité, n'est pas nécessaire (5).

7. — Si l'acte est passé devant notaire, il doit être reçu en *minute* et porté sur le *répertoire*.

8. — En cas de concours, entre deux notaires, pour la réception d'un acte de gage, c'est le notaire du créancier qui doit conserver la minute (6).

9. — **Formalités. Signification.** — Si l'objet remis en gage consiste en une chose incorporelle, comme une créance, le contrat de gage, pour avoir effet vis-à-vis des tiers, ne doit pas seulement être constaté par acte notarié ou par acte sous seing privé enregistré ; il faut, en outre, que le nantissement soit signifié au débiteur de la créance donnée en gage (art. 2075, C. civ.). Cette signification est faite par acte d'huissier.

10. — Il a même été jugé qu'elle ne peut être remplacée par l'acceptation

---

(1) Aubry et Rau, t. IV, p. 700 ; Laurent, XXVIII, n° 450; Dalloz, n°° 77 et suiv. ; Cass., 18 juillet 1824.
(2) Aubry et Rau, p. 701.
(3) Seine, 6 décembre 1877 (*Rev. not.*, n° 5558).
(4) Dijon, 18 décembre 1855 ; Cass., 17 février 1858;

Pont, n° 1091. — *Contrà* : Aubry et Rau, § 432-7 ; Laurent, t. XXVIII, n° 451.
(5) Aubry et Rau, p. 701 ; Laurent, n° 455.
(6) Régl. not., Paris, 26 octobre 1843.

du débiteur, fût-elle formulée par acte authentique (1). Il convient donc, au point de vue pratique, de toujours procéder par voie de signification.

11. — Cette formalité est-elle nécessaire pour l'efficacité du nantissement des titres au porteur? (V. *infrà*, n° 15).

12. — En cas de faillite, la signification peut être faite valablement, après la cessation des paiements; il suffit qu'elle ait eu lieu avant le jugement déclaratif de faillite (2).

13. — **Tradition.** — Une autre condition essentielle de la validité du nantissement, c'est la tradition réelle de l'objet donné en gage. Il faut nécessairement que le créancier ait été mis et soit resté en possession de la chose elle-même et, s'il s'agit d'une créance, du titre qui la constate (art. 2076, C. civ.) (3). Et il est de l'essence du contrat que la mise en possession du créancier soit un fait apparent, d'une notoriété suffisante pour avertir les tiers que le débiteur est dessaisi (4).

Quand la chose donnée en gage est une *créance*, il suffit que le débiteur ait remis au créancier gagiste, comme titre, une expédition authentique de l'acte; la remise de la grosse même n'est pas nécessaire (5). Quoiqu'il en soit, nous estimons, au point de vue pratique, qu'il est préférable, conformément à l'usage suivi, de remettre la grosse, lorsqu'elle existe.

14. — Le gage ou le titre du gage doit être remis au créancier *ou à un tiers convenu entre les parties* (art. 2076, C. civ.). Si ce tiers n'intervient pas à l'acte de nantissement, cet acte doit lui être signifié.

15. — S'il s'agit de titres au porteur, la remise manuelle étant suffisante pour en transmettre la propriété, il paraît naturel de décider *à fortiori*, qu'ils peuvent être valablement donnés en gage au moyen de cette seule remise, sans qu'il soit nécessaire d'observer les formalités prescrites par les art. 2074 et 2075, C. civ. Toutefois, cela n'est exact qu'entre les parties et pour que le gage soit constitué également d'une manière efficace à l'égard des tiers, il nous paraît indispensable que non seulement la tradition réelle ait eu lieu, mais encore que le nantissement ait été signifié au débiteur des titres (6).

16. — En matière *commerciale*, lorsque l'objet remis en gage est un effet négociable ou à ordre, le nantissement peut être établi, d'une manière efficace, même à l'égard des tiers, sans l'accomplissement des formalités prescrites par l'art. 2075, C. civ., au moyen d'un endossement régulier, indiquant que la valeur a été remise à titre de garantie (art. 91, C. com.) (7).

17. — De même, les actions, les parts d'intérêts, les obligations nominatives des sociétés financières industrielles ou commerciales, dont la transmission s'opère par un transfert sur les registres de la société, peuvent être efficacement mises en gage au moyen d'un transfert à titre de garantie sur lesdits registres (art. 91, C. com.).

18. — Pour les meubles corporels, il y a lieu de s'en référer à la loi du 23 mai 1863, qui a modifié sur ce point l'art. 91, C. com.

---

(1) Besançon, 24 novembre 1868 ; Cass., 11 août 1869 (art. 20068, J. N.; *Rev. not.*, 2065) ; Paris, 18 août 1881. — *Contrà* : Pont, n° 1106 ; Aubry et Rau, § 432, p. 704

(2) Cass., 4 janvier 1847 et 19 juin 1848, 18 juin 1862 ; Aubry et Rau, p. 705.

(3) Rouen, 14 juin 1847 ; Bourges, 9 juin 1851 ; Cass., 11 mars 1879.

(4) Cass., 29 décembre 1875 (S. 1876-1-109).

(5) Cass., 20 janvier 1886 et 13 mars 1888 (*Rev. not.*, n°s 7830 et 7831) ; Sic : Bruxelles, 30 décembre 1875 ; Laurent, t. XXVIII, n° 478 ; Lyon-Caen, note

sous arrêt de Cass. (S. 1886-1-806). — *Contrà* : Liège, 31 décembre 1859.

(6) Cass., 19 juin 1860 ; Amiens, 2 mars 1861 ; Rouen, 24 janvier 1861 ; Bordeaux, 24 janvier 1861 ; Cass., 30 novembre 1864 (S. 1864-1 503), 10 avril 1867 (S. 1867-1-278) et 13 janvier 1868 (S. 1868-1-181) ; Compiègne, 18 février 1874 (art. 20908, J. N.) ; Aubry et Rau, p. 702. — *Contrà* : Dijon, 18 décembre 1855 (S. 1856-2-353 et art. 17570, J. N.).

(7) Aubry et Rau, p. 708 ; Cass , 29 novembre 1865 ; Cass. B , 11 mars 1887.

§ 2. Capacité.

19. — En règle générale et sauf certaines exceptions que nous signalerons, pour constituer valablement un gage, il faut être capable d'aliéner la chose qui en est l'objet (1).

20. — **Femme mariée.** — La femme séparée de biens peut donner son mobilier en gage, car elle peut en disposer et l'aliéner (art. 1449 et 1536, C. civ.

21. — **Liquidateur.** — Le liquidateur d'une société peut donner en nantissement les valeurs mobilières de la société (2).

22. — **Mineur émancipé.** — Il peut donner ses meubles corporels en gage, sans l'assistance de son curateur (3). Mais s'il s'agissait de meubles incorporels, il ne pourrait, à notre avis, les donner en gage, même avec l'assistance de son curateur, que conformément aux dispositions de la loi du 27 février 1880.

23. — **Mari.** — Le mari qui a donné en gage, après la dissolution de la communauté, un objet appartenant à cette communauté, n'a pu conférer aux créanciers un droit de gage utile que dans la mesure de son droit de copropriété indivise, c'est-à-dire jusqu'à concurrence de la moitié de la valeur de la chose (4).

24. — **Mandataire.** — Il ne peut valablement consentir un acte de nantissement au nom de son mandant, qu'en vertu d'un pouvoir *exprès* (art. 1988, C. civ.) (5).

25. — **Tiers.** — Le gage peut être donné par un tiers au nom du débiteur (art. 2077, C. civ.

26. — **Tuteur.** — Le tuteur a capacité pour donner en gage les meubles de son pupille, puisqu'il peut même les vendre (art. 452, C. civ.). Mais il faut que l'emprunt à l'occasion duquel le gage est donné existe déjà ou que, conformément à l'article 457, C. civ., il ait été autorisé par le conseil de famille (6). S'il s'agit de meubles incorporels, il y a lieu de se conformer aux dispositions de la loi du 27 février 1880.

§ 3. Biens qui peuvent être donnés en gage. Effets du gage.

27. — Le *gage* ne peut avoir pour objet que des choses mobilières (art. 2072, C. civ.); le nantissement d'une chose immobilière constituant un contrat particulier, dont nous avons déjà expliqué les effets et qui s'appelle *antichrèse*.

Mais, il n'y a pas lieu de distinguer entre les choses mobilières corporelles et les choses mobilières incorporelles; les unes et les autres peuvent être données en gage, pourvu qu'elles soient dans le commerce. Il en est ainsi notamment des créances mobilières, des actions industrielles et de tous autres titres, négociables ou non (7).

28. — **Assurance sur la vie.** — La police d'un contrat d'assurance sur la vie peut faire l'objet d'un gage soit civil, soit commercial.

Si le gage est commercial, c'est-à-dire donné soit par un commerçant, soit par un non-commerçant pour un acte de commerce, il est constitué conformément aux dispositions de l'art. 91, C. comm.

Si le gage est civil, il n'est établi à l'égard des tiers que conformément aux prescriptions des art. 2075 et 2076, C. civ. La signification, en ce cas, est néces-

---

(1) Dict. du not., nᵒˢ 9 et 11 ; Dalloz, nᵒ 66.
(2) Cass., 5 mai 1850.
(3) Dict. du not., nᵒ 10.
(4) Cass., 17 décembre 1878.

(5) Dict. du not., nᵒˢ 12 et 17.
(6) Dict. du not., nᵒ 15.
(7) Laurent, t. XXVIII, nᵒ 444.

saire, lors même que la police serait à ordre ou transmissible autrement que dans la forme voulue par l'art. 1690 (1).

La dation en gage d'une police d'assurance sur la vie peut valablement résulter à l'égard des héritiers de l'assuré, de sa remise aux mains du créancier, accompagnée d'une lettre portant qu'il peut la garder comme hypothèque jusqu'au remboursement entier de la créance (2).

29. — Les *rentes sur l'État* peuvent être données en gage, malgré leur insaisissabilité, puisqu'elles sont cessibles et que rien ne s'oppose à ce que le créancier les fasse vendre à la Bourse pour se faire payer (3).

Le Trésor admet l'affectation d'un titre de rente en nantissement d'une créance authentique ; et si les parties veulent faire mentionner l'engagement sur le titre, il y a lieu d'opérer comme en matière de mutation, en produisant un certificat de propriété constatant les droits des parties (V. *suprà*, v° CERTIFICAT DE PROPRIÉTÉ).

Mais le nantissement ne permet pas au créancier de demander, en cas de non paiement, le transfert en son nom du titre de rente donné en gage (4). Il a été jugé, toutefois, que lorsque l'usufruit d'une rente sur l'État a été légué à titre de pension alimentaire incessible et insaisissable, le légataire ne peut valablement déléguer, à son créancier, même temporairement, les revenus de cet usufruit, à titre de nantissement (5).

30. — Un *brevet d'invention* est valablement donné en gage, sous les seules conditions que le nantissement soit constaté par acte enregistré et que le titre soit remis au créancier. Il n'est pas nécessaire de faire de signification, comme au cas où le gage a pour objet une créance, ni de procéder à l'enregistrement à la préfecture prescrit pour la cession d'un brevet par l'art. 20 de la loi de 1844 (6).

31. — Le *droit à un bail* peut également être l'objet d'un nantissement consenti par le preneur à un de ses créanciers ; mais le gage doit, conformément aux art. 2074 et 2075, être constaté par acte public ou sous seing privé enregistré et signifié au débiteur, et la grosse du bail doit être remise au créancier (7).

32. — Un *fonds de commerce* peut, comme tout droit incorporel, être donné en gage et la remise du titre de propriété du fonds, grosse ou expédition, suffit pour opérer la remise du gage en la possession du créancier (8).

33. — Mais il a été jugé qu'une créance *éventuelle*, non établie par titre, ne peut faire l'objet d'un nantissement, puisque, dans ce cas, la condition de remise effective du titre ne peut être remplie (9).

34. — Le contrat de gage donne naissance au profit du créancier gagiste à deux droits principaux : un droit de *rétention* qui lui permet de retenir l'objet jusqu'au paiement de ce qui lui est dû, et un droit de *privilège*, qui lui permet, en cas de réalisation du gage, de se faire payer par préférence aux autres créanciers.

35. — **Droit de rétention.** — Le créancier, avons-nous dit, a le droit de retenir le gage jusqu'à parfait paiement de ce qui lui est dû, en capital, intérêts et frais (art. 2082, C. civ.). Il y a plus, si le créancier, postérieurement à l'acte de gage, avait prêté au même débiteur une nouvelle somme, *devenue exigible* avant le paiement de la première dette, il pourrait refuser de rendre le gage jusqu'à ce

---

(1) P. Pont, *Petits contr.*, t. II, n° 1119 ; Seine, 20 mars 1888.

(2) Aix, 16 mai 1871 (art. 20648, J. N.).

(3) Pont, t. II, n°s 1080 et 1151 ; Buchère, n° 137 ; Dict. du not., n° 6 ; Paris, 17 janvier 1854 et 17 janvier 1868 (Rev. not., n° 2141 et art. 19148, J. N.) ; Paris, 21 mars 1889 (art. 24324, J. N.).

(4) C. d'État, 6 août 1878.

(5) Douai, 17 janvier 1885. — Contrà : Seine, 1er avril 1887.

(6) Art. 18394, J. N. ; Paris, 29 août 1865 (Rev. not., n° 1492) ; Aubry et Rau, p. 700 ; Pont, n° 1103 ;

V. aussi Aubry et Rau, t. IV, p. 705 ; Laurent, t. XXVIII, n° 465.

(7) Cass., 13 avril 1859 et 6 mars 1861 (S. 1861-1-718) ; Grenoble, 4 janvier 1860 ; Paris, 29 novembre 1864, 11 avril et 31 mai 1866 (Rev. not., n°s 1088 et 1648 ; art. 18528, J. N.) ; Laurent, t. XXVIII, n° 461 ; Pont, n° 1103.

(8) Grenoble, 16 avril 1886 (Rev. not., n° 7748) ; Cass., 20 janv. 1886 et 13 mars 1888 ; Seine, 3 sept. 1890 ; Paris, 21 juillet 1892 (J. du not., 1892, p. 632).

(9) Lyon, 31 janvier 1839 ; Seine, 7 décembre 1875 (art. 21392, J. N.).

qu'il ait été payé des deux dettes, lors même qu'il n'y aurait aucune espèce de stipulation pour affecter le gage au paiement de la seconde (art. 2082, C. civ.) (1).

Toutefois, cette extension du droit de rétention ne trouve son application qu'entre le débiteur et le créancier, et elle ne saurait être invoquée contre les tiers (2).

36. — Le droit de rétention du créancier est *indivisible,* en ce qu'il affecte chacun et chaque partie des objets donnés en gage et qu'il subsiste en entier jusqu'au paiement intégral de la créance (art. 2083, C. civ.).

37. — Le droit de rétention finit, avec le *paiement,* c'est-à-dire non seulement par l'acquit du montant de la dette, mais par toutes les causes qui éteignent l'obligation dont le gage garantit l'exécution.

38. — Le droit de rétention, s'il était seul conféré au créancier, pourrait souvent être insuffisant; aussi a-t-il encore le droit, si la dette n'est pas payée à échéance, de faire ordonner en justice que le gage lui demeurera en paiement jusqu'à due concurrence, d'après estimation faite par experts, — ou qu'il sera vendu aux enchères aux frais du débiteur (art. 2978, C. civ.) (3).

39. — Le choix de l'un ou de l'autre de ces deux moyens d'exécution appartient au créancier, mais non au débiteur ; de sorte que malgré l'offre d'abandon du gage faite par le débiteur, le créancier pourrait toujours requérir la vente aux enchères.

40. — Mais le créancier n'a pas le droit de s'approprier le gage et d'en disposer à son gré, car le gage n'est qu'un dépôt dans ses mains (art. 2079, C. civ.), et la loi frappe même de nullité toute convention par laquelle le débiteur autoriserait le créancier à s'approprier le gage ou à le vendre, sans l'observation des formalités qui viennent d'être indiquées (art. 2078, C. civ.) (4).

D'où il résulte que le créancier, lorsqu'il a été payé, doit restituer le gage (art. 2082-2083, C. civ.), — qu'il doit veiller à sa conservation et répondre de la perte ou de la détérioration survenue par sa négligence (art. 2080, C. civ.) (5), — que si la chose donnée en gage vient à périr par cas fortuit, elle périt pour le compte du débiteur, qui doit, même en ce cas, tenir compte au créancier des dépenses utiles faites pour la conservation du gage.

41. — Lorsque le créancier, usant du droit d'option que la loi lui donne, demande la vente du gage, le tribunal doit lui adjuger sa demande ; mais auparavant, il doit mettre le débiteur en demeure de payer, soit par un commandement, s'il y a titre exécutoire, — s'il n'y en a pas, par une sommation.

42. — Ce droit d'exécution ne peut être exercé, bien entendu, qu'à l'échéance de la dette, à moins que le débiteur n'ait, par son fait, diminué les sûretés conférées au créancier (art. 1188, C. civ.).

43. — Si le gage a pour objet des valeurs cotées à la Bourse, des rentes sur l'Etat, par exemple, le créancier peut, en vertu de l'autorisation du juge, les faire vendre à la Bourse, par le ministère d'un agent de change (6), mode de vente de de ces valeurs, sans être astreint à faire procéder à une vente publique aux enchères (7).

44. — **Droit de privilège.** — Lorsque l'objet donné en nantissement a été vendu, le créancier nanti a le droit de se faire payer sur le prix, par privilège et préférence aux autres créanciers (art. 2073, 2102, C. civ.).

45. — Mais ce droit de préférence n'a lieu qu'autant :

    a) Que le gage a été constaté dans les formes prescrites (art. 2074, 2075, C. civ.) ;

---

(1) Aubry et Rau, p. 711 ; Laurent, n° 506.

(2) Dict. du not., n° 55 ; Troplong, n° 465 ; Aubry et Rau, t. IV, p. 711.

(3) Cass., 22 mai 1818.

(4) Cass., 11 mai 1855 ; Aix, 25 mars 1874 ; Aubry et Rau, n° 712.

(5) Aubry et Rau, p. 714.

(6) Paris, 13 janvier 1854.

(7) Aubry et Rau, p. 718 ; Dict. du not., n° 63

b) Que la chose sur laquelle il repose a été mise et est restée en la possession du créancier ou au lieu convenu entre les parties (art. 2076, C. civ.).

46. — Si c'est une créance qui a été donnée en gage, le créancier devra, dans le cas où cette créance produirait des intérêts, tenir compte de ces intérêts au débiteur, en les imputant d'abord sur ceux qui lui sont dus, ensuite sur le capital de la créance (art. 1254, 2081, C. civ.).

47. — **Fin du gage.** — Le gage, et par suite, les droits qu'il confère, finissent :

a) Par l'abus que le créancier ferait de la chose qui lui a été déposée (art. 2082, C. civ.) ;

b) Par la perte de la chose engagée (art. 1302, C. civ.) ;

c) Par la confusion ou la réunion sur la même tête des qualités de créancier et de débiteur ;

d) Par la résolution du droit de celui qui l'a donné ;

e) Par l'extinction de l'obligation qu'il garantit ;

f) Enfin par la restitution qu'en fait volontairement le créancier gagiste (1).

48. — Mais les dispositions qui précèdent ne sont pas applicables aux maisons de prêts sur gage autorisées par la loi, à l'égard desquelles on doit suivre les règlements qui les concernent.

§ 4. Responsabilité notariale.

49. — Le notaire chargé de rédiger un contrat de gage, peut être rendu responsable des vices de forme de l'acte. Il ne peut l'être de l'inaccomplissement des formalités prescrites qu'autant qu'il est constant qu'il avait reçu mandat de les remplir.

§ 5. Honoraires.

50. — La grande majorité des tarifs particuliers rémunère par un honoraire proportionnel, la rédaction du contrat de gage ; et cet honoraire varie de quotité (25 c., 50 c. ou 1 %) suivant que le gage est donné par acte séparé de l'obligation primitive ou qu'il constitue le seul titre du créancier, ou qu'il est donné par un tiers.

La majorité des Cours, dans l'enquête sur le tarif légal, en 1862, a proposé l'adoption de l'honoraire proportionnel (2).

§ 6. Enregistrement.

51. — Droit fixe de 3 fr., si le nantissement est fourni par le débiteur (3). — Droit proportionnel de 50 cent. % s'il est consenti par un tiers (4). — Quand la créance pour laquelle le nantissement est consenti par le débiteur ne résulte pas d'un acte précédemment enregistré, c'est le droit de 1 % qui est exigible pour reconnaissance de dette (5).

52. — Le droit d'enregistrement des actes de prêt sur dépôt ou consignation de marchandises, fonds publics français et actions de sociétés, dans les cas prévus par l'art. 95, C. comm., est de 3 francs en principal (6).

53. — On ne peut considérer, comme un transport pur et simple, passible du droit proportionnel d'enregistrement, celui qui est fait à titre de nantissement, ou

---

(1) Dict. du not., n°° 84 et suiv.
(2) V. Amiaud, *Tarif gén. et rais.*, t. I, p. 416.
(3) LL. du 18 mai 1850, art. 8, et 28 février 1872, art. 4.
(4) LL. du 22 frimaire an VII, art. 69, § 2, n° 8.

(5) LL. du 22 frimaire an VII, art. 10, art. 69, § 3, n° 3).
(6) I.L. du 8 septembre 1830, art. 1er ; 28 février 1872, art. 4.

de garantie, alors même que, dans l'acte, le créancier gagiste est autorisé à toucher seul et sans le concours du cédant, la somme cédée à titre de garantie (1).

§ 7. FORMULES.

1. *Gage d'objets mobiliers.*   4. *Gage d'une rente sur l'Etat.*
2. *Gage d'une créance.*   5. *Gage de valeurs industrielles.*
3. *Gage d'une partie de créance.*

1. — Gage d'objets mobiliers.

Pardevant, etc...
        A comparu :
    M. Albert Renaud, bijoutier, demeurant à...
    Lequel voulant garantir à M. Alfred Picard, rentier, demeurant à.., le remboursement d'une créance de 2,000 francs, exigible le..., productive d'intérêts aux taux de 5 % par an payables.., et résultant d'une obligation pour prêt souscrite par acte passé devant M⁰ ... notaire à..., le...
    A, par ces présentes, remis à titre de gage, à M. Picard sus-nommé ici présent et q i accepte,
    Les objets mobiliers ci-après désignés :
        (*Etablir la désignation dans l'acte ou dans un état estimatif annexé*).
    Ces objets seront rendus à M. Renaud, par M. Picard qui s'y oblige, dans l'état actuel dès que sa créance lui aura été remboursée.
    A défaut de paiement M. Picard aura le droit de poursuivre en justice la vente des objets mobiliers remis en gage, après un simple commandement resté sans effet pendant huit jours, afin d'être payé par privilège et préférence à tous autres créanciers, sur les deniers à provenir de la vente, de tout ce qui leur sera dû en principal intérêts et accessoires.
        Dont acte...

2. — Gage d'une créance.

Pardevant, etc...
        Ont comparu :
    M. Léon Cordier, cultivateur, demeurant à...
    Et M. Paul Adam, rentier, demeurant à...
    Lesquels, préalablement au gage qui va faire l'objet des présentes, ont exposé ce qui suit :
    Aux termes d'un acte, etc... (énoncer le titre constitutif de la créance).
    Ces faits exposés, et pour garantir le remboursement de la somme de... principal de ladite créance, ainsi que le paiement de tous intérêts, frais et accessoires, M. Cordier remet à titre de gage,
    A M. Adam qui accepte,
    Une créance de... et ses intérêts et accessoires due à M. Cordier par M. Auguste Vincent, menuisier, demeurant à..., en vertu d'une obligation reçue par M⁰..., notaire à..., le...; cette créance est exigible le..., productive d'intérêts à 5 % l'an payables par semestres les... de chaque année, et garantie par une inscription prise au profit de M. Vincent, au bureau des hypothèques de..., le..., vol..., n°..., sur...
    Afin d'assurer à M. Adam le privilège résultant du présent nantissement, M. Cordier lui a remis, ainsi qu'il le reconnait, la grosse de l'obligation susénoncée et le bordereau d'inscription, pour en demeurer nanti, conformément à l'art. 2076 du C. civ., jusqu'au remboursement des sommes qui lui sont et seront dues par M. Cordier en vertu de l'acte précité du...
    Par suite M. Adam exercera sur la créance à lui remise en nantissement les droits et

_____
(1) *J. du not.,* r⁰⁰ 3975 et 3976 ; J. N. art. 17786.

privilèges résultant de la loi, jusqu'à concurrence du montant de sa créance contre M. Vincent en principal, intérêts et accessoires.

A l'effet de quoi, M. Cordier subroge M. Adam dans tous ses droits, actions et hypothèque contre M. Vincent et notamment dans l'entier effet de l'inscription sus-énoncée prise, etc.

Pour faire signifier ces présentes à M. Vincent, tous pouvoirs sont donnés au porteur d'une expédition ou d'un extrait.

Pour l'exécution des présentes, etc.

Dont acte...

3. — Gage d'une partie de créance.

Pardevant..., etc.

. . . . (Voir la formule qui précède). . . . .

La somme de... à prendre par priorité et préférence à M. Cordier, sur celle de..., à lui due, etc.

Afin d'assurer à M. Adam le privilège résultant du présent nantissement, M. Cordier, du consentement de M. Adam, a remis à M. Louis Didier, avocat, demeurant à..., à ce présent et intervenant, qui accepte, la grosse de l'obligation susénoncée et le bordereau de l'inscription, pour en demeurer nanti, conformément à l'art. 2076 du C. civ., comme tiers dépositaire convenu entre les parties, jusqu'au remboursement des sommes qui seront dues à M. Adam.

Malgré cette remise en nantissement, il est convenu que M. Cordier continuera à toucher lui-même les intérêts de la totalité de ladite créance; mais en cas de retard dans le service des intérêts de la créance de M. Adam, ce dernier serait en droit, par une simple opposition signifiée à M. Vincent d'arrêter le paiement des intérêts applicables aux... cédés en nantissement, et de les toucher par privilège à tous autres, comme affectés spécialement à la garantie de sa créance.

Par suite de ce nantissement, M. Cordier subroge M. Adam jusqu'à due concurrence et par priorité et préférence à lui-même et à tous autres, dans tous ses droits. . (voir pour le surplus la formule précédente).

4. — Gage d'une rente sur l'État.

...A la garantie du montant en principal intérêts et accessoires de la présente obligation, M. Legros affecte à titre de gage et de nantissement au profit de M. Lambert qui accepte la nue propriété et l'usufruit éventuel de 2,500 francs de rente 3 % sur l'État français compris en une inscription portant le numéro... de la .. série et immatriculé de la manière suivante : Vincent (Eugénie) pour l'usufruit, la nue propriété à Joseph Legros.

Le titre de ces 2,500 francs de rente a été à l'instant remis à M. Lambert qui le reconnaît.

Par suite de ce nantissement, il sera fait mention sur le titre de rente de l'affectation qui vient d'être consentie, et M. Legros requiert le notaire soussigné de délivrer tout certificat de propriété nécessaire à cet effet.

5. — Gage de valeurs industrielles.

... A la sûreté..., etc..., M. Legros affecte à titre de gage et de nantissement, au profit de M. Lambert qui accepte, 150 obligations de 500 francs 3 % de la Compagnie des chemins de fer de l'Ouest comprises en un certificat portant le n°... et inscrit au nom de M. Joseph Legros.

Et il a à l'instant remis à M. Lambert, qui le reconnaît, le certificat d'obligations susénoncé avec pouvoir d'y faire mentionner l'affectation ci-dessus consentie.

M. Lambert pourra toucher les revenus de ces 150 obligations et les imputer sur les intérêts de sa créance.

Et à défaut de remboursement à l'échéance, et un mois après un simple commandement de payer resté infructueux, il pourra faire ordonner la vente desdites obligations et en toucher le prix par préférence jusqu'à concurrence de sa créance en principal intérêts et accessoires.

BIBLIOGRAPHIE

Aubry et Rau, t. IV, p. 699.
Dict. du not., v° *Gage.*
Encyclop. du not., v° *Gage.*

Laurent, t. XXVIII.
Pont, *Petits contrats*, t. II.
Troplong, *Du nantissement*, 2 vol. in-8°.

GROSSE

Sommaire :

§ 1. ACTES QUI PEUVENT ÊTRE DÉLIVRÉS EN FORME DE GROSSE.

1. — On donne le nom de *grosse* à l'expédition revêtue de la formule exécutoire. On l'appelle ainsi, sans doute, parce qu'elle doit être écrite en caractères plus gros que ceux de la minute.

2. — Pour qu'un acte puisse être délivré en forme de grosse, il faut :

a) Qu'il soit authentique et en minute ;

b) Qu'il contienne obligation de payer une somme, soit périodiquement, soit à époque fixe, ou de livrer des denrées susceptibles d'être évaluées par les mercuriales ;

c) Que la dette soit *certaine* et *liquide* (art. 2213, C. civ., art 551, C. proc. civ.) (1).

3. — Comme conséquence des principes qui viennent d'être posés, il faut dire qu'on ne peut délivrer une grosse :

a) D'un acte reçu en brevet (2), à moins qu'il ne soit déposé pour minute par toutes parties avec reconnaissance d'écriture et de signatures, ou que l'une d'elles ait reçu pouvoir à ce sujet (3).

---

(1) Dict. du not., v° *Grosse*, n°ˢ 19 et suiv.; 34 et suiv.

(2) Dict. du not., n° 24 ; Amiaud sur Rutgeorts, p. 1120.

(3) Le notaire, auquel a été déposé pour minute, *par le créancier seul*, un acte obligatoire reçu en brevet, soit par lui, soit par un autre notaire, peut-il délivrer une grosse de l'acte déposé pour exercer des poursuites contre le débiteur ? Nous nous sommes prononcés pour la négative dans notre *Commentaire de la loi de ventôse* précité, par le motif que les parties, en requérant la délivrance de l'obligation en *brevet*, ont manifesté l'intention que cet acte ne fût pas susceptible d'*exécution parée* ; il ne peut donc pas dépendre du créancier seul d'ajouter à ses droits et de se procurer, sans le consentement du débiteur, les avantages d'un titre exécutoire. Cette opinion a été consacrée par jugements des tribunaux d'Issoire, 17 janvier 1888 (art. 24071, J. N.), et de Privas, 5 novembre 1891.— Cons. aussi *Encyclop. du not.*, v° RAPPORT POUR MINUTE, n° 14. Mais le tribunal de Clermont-Ferrand s'est prononcé en sens contraire, conformément à la doctrine enseignée par le Dict. du not., v° *Rapport pour minute*, n° 6 ; V. aussi Aubusson, 18 juillet 1844 (art. 12210, J. N.). Ce jugement n'étant pas motivé, nous persistons dans notre opinion. Toutefois, nous ferons remarquer avec l'annotateur du *Journal des notaires*, que pour écarter cette diffi-

b) D'un acte imparfait (1).

c) D'un acte sous seing privé, même déposé dans les minutes de l'étude, si le dépôt n'a pas été fait par toutes parties ou tout au moins par le débiteur, avec reconnaissance de signatures.

d) D'un acte qui a pour objet la livraison d'effets mobiliers ou d'immeubles, ou une obligation de faire ou de ne pas faire.

e) D'un acte conditionnel ou portant simplement qu'un compte est dû, ou que des dommages-intérêts seront payés, sans qu'ils soient liquidés (2).

4. — Mais on peut délivrer une grosse des actes suivants :

a) D'une adjudication d'immeubles.

b) D'un acte d'apprentissage, s'il contient engagement de payer une somme déterminée.

c) D'un arrêté de compte de tutelle ou autre, s'il renferme obligation de payer un reliquat.

d) D'un atermoiement.

e) D'un bail.

f) D'un cautionnement *solidaire*, le cautionnement pur et simple n'étant pas exécutoire *de plano* contre la caution.

g) D'un contrat de mariage, qui contient engagement de payer une somme ou valeur appréciable en argent; mais la future épouse ne saurait avoir droit à une grosse contre son mari à raison de ses apports en mariage.

h) D'une délégation, si par le fait de l'acceptation du débiteur, elle constitue un titre susceptible de recevoir exécution, sans la production du titre définitif.

i) D'un acte déposé pour minute, si le dépôt a été fait par toutes les parties, avec reconnaissance de leurs signatures, et si l'acte déposé est de nature à comporter cette délivrance.

j) D'une donation entre-vifs de somme non payée ou de valeur appréciable en argent,

k) D'un échange contenant une soulte payable à terme.

l) D'une licitation faite moyennant un prix payable à terme.

m) D'une liquidation ou d'un partage contenant obligation de payer une somme d'argent.

n) D'une obligation ou ouverture de crédit, pourvu, dans ce dernier cas, que la réalisation du crédit soit reconnue.

o) D'une constitution de rente.

p) D'une société contenant promesse d'apport de sommes.

q) D'un titre nouvel.

r) D'une transaction portant obligation de payer une somme d'argent.

s) D'un transport-cession de droits ou de créances, accepté par le débiteur.

t) D'une vente d'immeubles moyennant un prix payable à terme.

u) D'une prorogation de délai.

5. — Que faut il décider pour les ventes de biens meubles? Le notaire ne peut délivrer une grosse du procès-verbal qu'autant que l'acte a été signé par l'adjudicataire (3).

culté, on pourrait insérer, dans les obligations en brevet, une clause ainsi conçue : « *L'emprunteur paiera les frais du prêt et, s'il y a lieu, ceux de la grosse dont le prêteur aura le droit de requérir la délivrance, sur le rapport pour minute du présent brevet.* » Cons. notre *Étude* (*J. du not.*, 1892, p. 81).

(1) Grenoble, 11 août 1868 ; Rutgeerts, n° 799.

(2) Génébrier, p. 457; Rutgeerts, n° 797.

(8) Rutgeerts, n° 804 ; Gagnereaux, sur l'art. 28 ; Génébrier, p. 459; Namur, 30 décembre 1857; Dinan, 19 mars 1859.

6. — Le testament ne peut être délivré en forme de grosse au légataire, quand même il contiendrait un legs de somme d'argent en sa faveur (1).

7. — Le notaire ne peut délivrer une grosse d'un acte qu'il sait avoir été déjà exécuté. Mais il peut délivrer une grosse d'un titre, bien qu'il ait trente ans de date, car il ne lui appartient pas de préjuger si la prescription est acquise (2).

§ 2. FORMES. FORMALITÉS.

8. — Les formes, pour la délivrance des grosses, sont les mêmes que pour la délivrance des *expéditions* (V. ce mot), avec cette différence, toutefois, que les grosses sont toujours revêtues de la *formule exécutoire* (V. ce mot).

9. — En outre, il doit être fait mention sur la minute de la délivrance de la grosse faite à chacune des parties intéressées (3). — Cette mention se met d'ordinaire sur la première page, en marge, et est paraphée par le notaire Il est bon qu'elle soit datée. Comme le but de cette mention est d'empêcher le créancier de se faire délivrer une seconde grosse, soit par le notaire qui a reçu la minute, soit par son successeur, il faut qu'elle soit rédigée de manière à pouvoir faire foi et à prouver que la délivrance a été réellement faite. Les simples mots *fait grosse* seraient insuffisants (4).

10. — Il peut être délivré une première grosse de tout acte authentique susceptible d'exécution parée, sans qu'il y ait lieu de remplir aucune formalité particulière, et alors même qu'il aurait été déjà délivré une ou plusieurs expéditions de cet acte.

11. — Le notaire peut délivrer autant de premières grosses d'un acte qu'il y a de parties ayant droit d'en poursuivre l'exécution (5).

12. — Une grosse peut-elle être délivrée en forme d'extrait littéral? Oui, tel est l'usage généralement suivi, et cet usage ne nous paraît contraire à aucun texte de loi (6). Toutefois, pour mettre sa responsabilité à couvert, le notaire fera bien de se faire autoriser dans l'acte à délivrer la grosse de cette manière (7).

13. — Lorsqu'un acte de nature à être grossoyé, a été délivré aux parties sous la forme d'une simple expédition, le notaire pourrait-il, après coup, y ajouter la formule exécutoire, et transformer ainsi l'expédition en grosse? La question est controversée. Cependant la jurisprudence semble autoriser cette transformation, d'accord avec le dernier état de la doctrine (8).

§ 3. PAR QUI ET A QUI SONT DÉLIVRÉES LES GROSSES.

14. — Le droit de délivrer la grosse d'un acte, comme les expéditions, n'appartient qu'au notaire *possesseur* de la minute; il faut entendre par ces mots non seulement le notaire qui a reçu l'acte ou le successeur qui en est dépositaire, mais encore le notaire désigné par le président du tribunal pour conserver les minutes d'un notaire décédé ou destitué, et le notaire substituant appelé à remplacer un confrère malade ou absent (9).

15. — Si un acte a été reçu en *double minute*, le droit de délivrer la grosse doit être déterminé dans l'acte.

---

(1) Dict. du not., n° 45 ; Rutgeerts, n° 805 ; Toullier, t. V, n° 637.
(2) Rutgeerts, n° 806 ; Génébrier, p. 459.
(3) L. 25 ventôse, art. 26.
(4) Orléans, 24 juin et 18 août 1839 ; Rutgeerts, n° 809 ; A. Dalloz, n° 744.
(5) L. 25 ventôse, art. 26.

(6) Dict. du not., n° 106.
(7) Rutgeerts, n° 794 ; Génébrier, p. 463 ; Dalloz, n° 4325.
(8) Nérac, 9 juin 1836, et Agen, 31 mai 1837 ; art. 24788, 2° J. N.; Rutgeerts, n° 793; Dalloz, v° *Oblig.*, n° 4417. — *Contra*: Pradines (J. du not., n° 2731).
(9) Rutgeerts, n° 796 et suiv.

16. — Il peut être délivré une grosse, d'après l'art. 21 de la loi de ventôse, à chacune des parties *intéressées*, c'est-à-dire à celles qui ont le droit de poursuivre l'exécution de l'acte.

Mais chaque grosse n'est délivrée que pour ce qui est dû à celui qui la requiert, et il en est fait mention dans le style de la délivrance.

17. — Le notaire qui a procédé à la vente sur licitation d'immeubles indivis, est tenu de délivrer une grosse à chacun des vendeurs colicitants, s'ils la demandent (1), et les frais de ces grosses, s'il n'y a clause contraire, doivent être payés par l'acquéreur.

Les associés commanditaires qui ont stipulé que leur apport serait productif d'intérêts, sont aux termes des art. 23 et 26 de la loi de ventôse, des *parties intéressées*, et ont le droit d'exiger du notaire rédacteur de l'acte social la grosse ou un extrait en forme de grosse de cet acte (2).

18. — Il ne peut être délivré autant de grosses d'un titre nouvel qu'il y a d'héritiers co-créanciers ; le débiteur ne leur doit qu'un titre à tous.

19. — Le notaire est fondé à refuser la délivrance d'une grosse, non seulement dans le cas où la partie qui la requiert n'a pas le droit de poursuivre l'exécution de l'acte, et dans les cas où il aurait le droit de refuser la délivrance d'une *expédition* (V. ce mot), mais encore dans les cas suivants :

    a) Si la délivrance est demandée par un mandataire porteur d'un pouvoir sous seing privé, ou par un cessionnaire en vertu d'un acte non authentique.

    b) S'il n'est pas payé des frais de l'acte (art. 851, C. proc. civ.) (3).

20. — Le fait, par un notaire, de remettre aux parties, sans réserves, la grosse (ou l'expédition) d'un acte emporte-t-il, à son égard, présomption du paiement des frais de cet acte ?

L'affirmative est admise par la majorité des auteurs (4), qui s'appuient sur l'ancien adage : *Pièces rendues, pièces payées*, et sur une jurisprudence qui paraît constante (5).

« La remise d'expéditions aux parties, dit Dalloz, doit constituer, sinon une preuve complète, du moins une *présomption grave* que celles-ci sont payées, pour peu que cette présomption se trouve appuyée de quelques circonstances favorables aux obligations des parties. On doit l'admettre ainsi d'autant plus facilement que, par suite de l'usage blâmable de certains notaires de ne pas donner quittance des sommes reçues (usage dont les notaires eux-mêmes peuvent être victimes, en ce qu'il tend à autoriser contre eux la preuve testimoniale), les expéditions d'un acte sont les seules preuves de libération que les parties puissent produire. »

Remarquons toutefois que, d'après les divers arrêts rendus sur cette matière, la remise des pièces n'établit qu'une *présomption* et non une *preuve régulière, absolue;* c'est ainsi que la Cour de Douai n'a admis cette présomption, comme justification, dans l'espèce qui lui était soumise, que parce qu'elle était corroborée par dix-sept années de silence. Ainsi, de ce que le notaire a remis une expédition ou une grosse, il n'en peut résulter *de plano* preuve de paiement ; seulement, au lieu de n'avoir qu'à représenter sa minute ou l'expédition pour justifier de sa dette,

---

(1) Besançon, 13 août 1864 (art. 18106, J. N.).
(2) Angers, 21 novembre 1888 (*J. du not.*, n° du 3 janvier 1888).
(3) Vouziers, 14 mai 1886 ; Rutgeerts, n°s 1190 et 821.
(4) Favard de Langlade, *Rép.*, v° HONORAIRES, n° 19 ; Fabvier-Coulomb, *Législ. du not.*, p. 88, note 7 ; Rolland de Villargues, *Rép.*, v° HONORAIRES, n° 292 ; Rémy, p. 124 ; Garnier-Deschêne, *Traité sur le notariat*, n° 120 ; Augan, *id.*, p. 210 ; Chauveau et Godoffre, t. I, n° 355 ; Ed. Clerc, t. I, n° 706 ;

Fons, p. 302, n° 8 ; Dalloz, *Rép. gén.*, v° NOTAIRE, n° 534 ; Gagneraux, t. II, n° 146 ; Bastiné, *Cours de not.*, n° 804, note 2.

(5) Cass., 18 novembre 1818, 4 avril 1826 ; Douai, 13 février 1834 (S. 1836-2-95) ; Moulins, 23 janvier 1848 (D. 1845-4-308) ; Dijon, 13 avril 1847 (S. 1848-2-388) ; Toulouse, 17 mars 1857 ; Cass., 26 janvier 1858 (*J. du not.*, 1858, n° 1306) ; Seine, 17 août 1858 (*J. du not.*, 1858, n° 1381) ; Cass., 6 février 1860 (S. 1860-1-337).

le notaire doit combattre la présomption que fournit contre lui la remise des titres, en établissant, par d'autres moyens, la preuve que sa créance n'a pas été éteinte; c'est-à-dire qu'il s'est mis dans la nécessité de prouver qu'il n'a pas été payé, et qu'il est soumis, pour l'établissement de cette preuve, à toutes les conditions prescrites par la loi.

Malgré les atténuations admises par la jurisprudence, nous ne pouvons pas admettre une doctrine aussi contraire à tous les principes juridiques, et nous persistons dans l'opinion que nous avons émise ailleurs, avec Rutgeerts, qui combat, d'après la doctrine et la jurisprudence belges, la théorie française. Voici les motifs que nous avons donnés à l'appui de notre opinion:

« Depuis l'introduction du Code civil, le notaire et ses clients rentrent dans le droit commun; si le premier doit prouver que les honoraires lui sont dus, les seconds sont tenus de prouver qu'ils les ont acquittés, en produisant la quittance.

« On ne peut pas admettre des présomptions qui ne sont pas établies par la loi; or, la loi ne dit nulle part que lorsqu'un notaire remet l'expédition ou la grosse d'un acte à ses clients, il est présumé avoir été payé.

« L'art. 851, C. pr. civ., reconnaît, il est vrai, au notaire, à défaut de paiement des frais et honoraires, le droit de refuser la délivrance de l'expédition de l'acte qu'il a reçu; mais d'abord il ne fait pas de ce refus une obligation, et l'article ne dit point qu'il y aura présomption légale de paiement, si le notaire a délivré l'expédition.

« Nous pensons qu'il est inutile de dire que l'art. 1283, C. civ. (1), n'est, en aucune manière, applicable à la question qui nous occupe, comme l'a fort bien jugé le tribunal de Namur, le 22 février 1854.

« Les arrêts de la Cour de cassation de France du 26 janvier 1858 et du 6 février 1860 ne nous paraissent pas fortement motivés. L'arrêt de 1858 porte: « Attendu qu'aux termes de l'art. 1283, C. civ., la remise volontaire de la grosse du titre par le créancier au débiteur constitue en faveur de ce dernier une présomption légale; que ce principe est applicable au notaire, créancier, pour déboursés et honoraires, qui remet au débiteur la grosse du titre dont les frais lui sont dus... »

« Nous ne concevons pas trop comment la remise de la grosse faite par le notaire au créancier peut opérer la libération du débiteur, qui est tenu de payer les honoraires dus au notaire, de même qu'il serait libéré envers le créancier, si celui-ci lui avait fait la remise volontaire de la grosse; car la grosse n'est pas le titre de la créance du notaire; ce n'est pas lui qui aurait pu mettre la grosse à exécution contre son client.

« L'arrêt du 6 février 1860 est encore moins motivé: « Attendu, y est-il dit, que la remise faite à L... par D..., alors notaire, des grosses et expéditions des actes par lui reçus, faisait légalement présumer le paiement des frais et honoraires qui auraient été dus à raison de ces actes, l'arrêt attaqué n'a violé ni l'art. 1283, C. civ., ni aucune autre loi... »

---

(1) Cet article, qui n'a pas été admis dans la loi sans quelque difficulté, ne décide que *pour les parties* dont la grosse constitue le titre, et qui ne peuvent guère le remettre à leur contractant que comme quittance ou remise de la dette, mais il n'est nullement applicable au notaire. La loi civile n'a pas eu à s'occuper des rapports tout spéciaux qu'ont les officiers publics avec leurs clients; d'ailleurs, le notaire qui remet une grosse ou une expédition livre, non pas son titre, mais son travail, et s'il est prudent de ne se dessaisir de son travail que contre paiement du salaire, cette précaution n'est jamais tellement essentielle que l'oubli en fasse présumer l'extinction de la dette. Cette présomption serait ici d'autant moins rationnelle que le notaire conserve toujours, dans ses minutes, la preuve du labeur auquel il s'est livré et le moyen de poursuivre le recouvrement de ce qui lui est dû.

Nous comprendrions le raisonnement, si le notaire avait remis un exécutoire qui lui aurait été délivré, ou la grosse d'un jugement de condamnation obtenu par lui contre les parties, parce que ces actes seraient bien des titres pour le notaire, dans le sens de l'art. 1283; mais il ne peut en être ainsi de la grosse ou de l'expédition de tout acte reçu par un notaire, ces pièces n'étant pas pour lui un titre contre le client.

« On voit que ces arrêts ne rencontrent aucun de nos arguments. Ajoutons que cette jurisprudence favorise évidemment la mauvaise foi ; car les notaires n'envoient ordinairement leur mémoire à leurs clients qu'à la fin de l'année, et ils leur remettent souvent, pendant l'année, les grosses et expéditions dont ils peuvent avoir besoin. Est-ce là un motif pour les clients de se prétendre libérés ? »

Depuis, le tribunal de Castres, par jugement du 8 juillet 1885 (art. 23419, J. N.), les Cours de Bourges, le 11 juillet 1879, de Bordeaux, le 8 mars 1889 (*J. du not.*, 1889, p. 472), et la Cour de cassation par arrêt du 14 mai 1888, se sont prononcés dans le même sens, mais sans motiver davantage leurs décisions.

Nous pensons donc que l'art. 1283, C. civ. ne saurait être appliqué aux notaires parce que, selon la remarque fort juste de MM. Aubry et Rau (1), l'expédition ou la grosse d'un acte ne constitue point pour le notaire qui l'a reçu, *le titre de sa créance ;* par suite la remise par le notaire de la grosse n'emporte, en aucun cas, présomption de libération en faveur du client, et l'action en paiement d'honoraires, avant comme après la remise des pièces, se trouve régie par les principes du droit commun. C'est donc au notaire à justifier, par la présentation de ses minutes, qu'il a fait le travail dont il prétend être payé ; c'est aux parties qui allèguent l'extinction de la dette à en apporter la preuve. Si la somme réclamée est de plus de 150 francs, cette preuve devra être fournie par écrit (2) ; si elle ne s'élève pas à ce chiffre, la preuve pourra se faire par témoins ou à l'aide de présomptions ; mais les présomptions qui ne sont pas établies par la loi ne sont jamais admissibles que dans le cas où la preuve testimoniale elle-même est permise. L'art. 1353 le décide expressément (3).

Quoi qu'il en soit, en présence des décisions de la jurisprudence, les notaires doivent bien se garder de délivrer un acte avant que les frais leur aient été payés, à moins, dit Rolland de Villargues (n° 294) : 1° Qu'ils ne prennent la précaution de *mentionner sur l'expédition qu'ils l'ont délivrée, quoique leurs honoraires leur fussent encore dûs ;* 2° ou qu'ils ne se fassent donner une reconnaissance du montant de leurs déboursés et honoraires ; il convient alors que la reconnaissance exprime la cause réelle de l'obligation et contienne même le détail des frais, pour éviter le soupçon d'avoir voulu dénaturer la créance et ôter les moyens de la vérifier (4).

Le notaire pourrait aussi déférer le serment à la partie qui invoquerait la présomption de paiement résultant de la délivrance des expéditions (5).

§ 4. EFFETS DES GROSSES. FOI QUI LEUR EST DUE.

21. — Le but et l'effet de la grosse est d'assurer à celui à qui elle est délivrée la voie d'exécution de plein droit ; aussi la remise volontaire de la grosse du titre fait-elle présumer la remise de la dette ou le paiement, sauf la preuve contraire (art. 1283, C. civ.).

22. — L'exécution en vertu d'une grosse ne peut être arrêtée que par l'inscription de faux.

23. — Lorsque l'original subsiste, les grosses ne font foi que de ce qui est contenu à la minute (art. 1334, C. civ.).

---

(1) T. IV, § 328, note 44 ; *Sic* : Demolombe, t. V, n° 444 ; Laurent, t. XVIII, n° 847 ; Aubertin, p. 157 ; (art. 23419, J. N.). — Voy. aussi en ce sens : Dijon, 14 août 1879, 25 juin 1884 et 5 juillet 1885 ; Alger, 30 mai 1888 (art. 24210, J. N.).

(2) Les registres du notaire peuvent être, dans certains cas, un commencement de preuve par écrit. Ainsi jugé par la Cour de Rouen, le 28 juin 1852.

(3) Cass., 14 avril 1811 et 4 avril 1826 ; Toulouse, 20 avril 1847 (*J. du palais*, 1847, 2, 362) ; Loret, *Elém.*, p. 491 ; Lefebvre, *J. du not.*, 1858, n° 1306 ; Vernet, p. 79.

(4) *Dict. du not.*, v° HONORAIRE, n° 396 ; Rémy, p. 124.

(5) *Dict. du not.*, *loc. cit.*, n° 400 ; Rolland de Villargues, v° *Honoraires*, n° 297.

24. — Si la minute n'existe plus, les grosses font la même foi qu'elle (art. 1335).

§ 5. DES SECONDES GROSSES.

25. — Un notaire ne peut, sous peine de destitution, délivrer plus d'une grosse d'un acte à la même partie (1). Toutefois, il ne serait passible d'aucune peine, si cette délivrance avait eu lieu de bonne foi, dans le cas, par exemple, où le prédécesseur n'aurait pas mentionné sur la minute la délivrance d'une première grosse (2).

26. — Si le créancier, détenteur de la première grosse l'avait perdue, ou si par suite d'accident, le titre se trouvait dans un tel état qu'il fût inservable, il y aurait lieu de remplir les formalités prescrites par la loi pour obtenir la délivrance d'une *seconde grosse*.

27. — La partie présente, à cet effet, requête, par ministère d'avoué, au président du tribunal de première instance de la résidence du notaire. Si le président juge la requête bien fondée, il rend une ordonnance, en vertu de laquelle le créancier fait sommation au notaire pour faire la délivrance, et aux parties intéressées pour y assister (art. 844, C. proc. civ.) (3).

28. — Aux jour et heure indiqués par la sommation, le notaire dresse un procès-verbal constatant la délivrance de la grosse et, s'il y a lieu, le défaut des parties qui n'ont pas comparu, ou leur opposition ; on annexe au procès-verbal l'ordonnance et l'original de la sommation.

29. — Ce procès-verbal est soumis à toutes les formalités des actes notariés.

30. — En cas de non comparation de l'une des parties sommées, il est d'usage d'attendre au moins une heure avant de donner défaut, à moins qu'il ne soit énoncé dans la sommation qu'il sera donné défaut *de suite*.

31. — En cas de contestation ou d'opposition à la délivrance, de la part du débiteur, le notaire dresse procès-verbal des prétentions respectives et renvoie les parties à se pourvoir en référé devant le président du tribunal (art. 845, C. proc. civ.

32. — Lorsque, sur ce référé, il est ordonné que le notaire délivrera la grosse, le créancier doit faire signifier copie de la décision au notaire, avec certificat constatant qu'il n'est survenu ni opposition ni appel, et sommation de lui faire cette délivrance. Il devient, dans ce cas, inutile d'appeler le débiteur pour être présent à la délivrance (art. 843, C. proc. civ.).

33. — Mais le notaire dresse néanmoins un procès-verbal, dans lequel comparaît le créancier et qui contient l'analyse de la procédure.

34. — Les sommations ne sont pas nécessaires, lorsque, *postérieurement à l'ordonnance*, le débiteur consent à la délivrance de la grosse ; en ce cas, le notaire dresse procès-verbal de ce consentement et délivre la grosse sans autre formalité (4).

35. — Dans le cas où la créance aurait été acquittée ou cédée en partie, le procès-verbal doit en faire mention et la seconde grosse indiquera pour quelle somme on pourra exécuter. Elle mentionnera aussi l'ordonnance et le procès-verbal dressé (art. 844, C. proc. civ.). Mais la loi n'exige pas que le notaire expédie le procès-verbal de délivrance avec la grosse.

36. — Un notaire pourrait-il délivrer une seconde grosse avec le seul consentement de toutes parties, sans ordonnance du président du tribunal ? Nous ne le pensons pas, contrairement à l'avis de quelques auteurs. La formule exécutoire et

---

(1) L. 25 ventôse, art. 26.
(2) Dalloz, n° 4344 ; Rolland de Villargues, n° 88.
(3) Paris, 6 juillet 1885.
(4) Clerc, t. I, p. 122.

les effets qui en découlent sont une délégation de l'autorité publique qui n'a été confiée au notaire que pour la délivrance de la première grosse. Pour la seconde, la loi veut qu'il l'obtienne de l'autorité judiciaire (1).

37. — Lorsque la première grosse a été annulée comme manquant des formalités qui constituent ce titre exécutoire, une grosse qui n'est alors véritablement qu'une *première* peut être délivrée sans l'observation des formalités judiciaires (2).

38. — Nous croyons de même que le notaire dont les minutes et les grosses ont été détruites par un *incendie* ou une *inondation* peut, sans recourir aux formalités judiciaires, délivrer une nouvelle grosse de tous les actes pour lesquels il aura acquis la certitude que les parties n'en ont pas déjà reçu une première.

39. — Il n'est pas nécessaire, mais convenable, de faire mention sur la minute de la délivrance d'une seconde grosse (3).

40. — Les frais occasionnés par la délivrance d'une seconde grosse ne sont pas à la charge du débiteur, mais bien du créancier qui l'obtient, et elle peut être refusée par le notaire, tant que les frais de la première ne sont pas payés.

§ 6. Responsabilité notariale.

41. — Le notaire qui délivrerait une grosse à une partie qui n'y aurait pas droit, ou qui délivrerait la grosse d'un acte non susceptible d'être grossoyé, pourrait être déclaré responsable du préjudice qu'il aurait occasionné.

42. — Il s'exposerait aussi à des poursuites disciplinaires. C'est ainsi qu'un notaire qui avait délivré une grosse d'un acte imparfait a pu être puni de la peine de suspension (4).

43. — Nous avons vu, *suprà*, n° 25, que le notaire qui délivre une seconde grosse sans ordonnance du président du tribunal, peut être puni de la destitution (5).

§ 7. Honoraires (V. *suprà*, v° Expédition, et *infrà*, v° Honoraires, § 2).

§ 8. Timbre et enregistrement.

44. — Pour tout ce qui concerne le timbre et l'enregistrement (V. *suprà*, v° Expédition).

Le procès-verbal de délivrance d'une seconde grosse est actuellement assujetti au droit fixe de 3 francs (6).

§ 9. Formules.

1. *Grosse faite sur la minute de l'acte.*
2. *Grosses du même acte délivrées à plusieurs créanciers.*
3. *Grosse d'un acte reçu par un prédécesseur.*
4. *Procès-verbal de délivrance de seconde grosse lorsque le débiteur ne comparaît pas.*
5. *Procès-verbal de délivrance de seconde grosse lorsque le débiteur comparaît et donne son consentement.*
6. *Procès-verbal sur une demande de délivrance de seconde grosse à laquelle le débiteur déclare s'opposer.*
7. *Style à placer au bas de la seconde grosse délivrée.*

---

(1) Rutgeerts et Amiaud, n° 822; Ed. Clerc, p. 124; *Encyc. du notariat*, n° 86 *bis.*—Contrà · Dict. du not, n° 164; Defrénois, n° 577.
(2) Cass., 24 mars 1885.

(3) Ed. Clerc, p. 122.
(4) Grenoble, 11 août 1863.
(5) L. 25 ventôse, art. 26 ; Eloy, t. I, n° 482.
(6) L. 28 février 1872, art. 4.

1. — Grosse faite sur la minute d'un acte.

Intitulé.

République française,
Au nom du peuple français.
Pardevant, etc...

Clôture.

En conséquence, le Président de la République française, mande et ordonne à tous huissiers, sur ce requis, de mettre ces présentes à exécution; aux procureurs généraux et aux procureurs de la République près les tribunaux de première instance d'y (1) tenir la main ; à tous commandants et officiers de la force publique de prêter main forte lorsqu'ils en seront légalement requis.

En foi de quoi ces présentes ont été signées et scellées par M⁰...

2. — Grosses du même acte délivrées à plusieurs créanciers.

Après la formule exécutoire, on ajoute :

En foi de quoi, ces présentes ont été signées et scellées pour être délivrées à M... sus-nommé, afin de lui servir séparément de titre exécutoire jusqu'à concurrence de sa créance s'élevant en principal à...

3. — Grosse d'un acte reçu par un prédécesseur.

République française,
Au nom du peuple français.

Pardevant, etc...

En conséquence le Président de la République française mande et ordonne, etc...

L'an..., le..., ces présentes ont été mises pour la première fois en forme exécutoire, et collation en a été faite par M⁰..., notaire à.. . soussigné, sur la minute dudit acte, dont il est en possession comme successeur immédiat dudit M⁰ X...

Mention à faire sur la minute.

Fait grosse en... rôles, le..., délivrée à M....

4. — Procès-verbal de délivrance de seconde grosse lorsque le débiteur ne comparaît pas.

L'an mil huit..., le..., à...heures du...,
Pardevant, etc...
A comparu :
M. Emile Viriot, rentier, demeurant à...,
Lequel a exposé ce qui suit :

Par exploit de..., huissier, etc., en date du..., enregistré, il **a fait sommation à M. Léon** Weiss, menuisier, demeurant à..., de se trouver aujourd'hui à... heure du..., défaut de suite, en l'étude de M⁰... l'un des notaires soussignés pour assister, si bon lui semble, à la délivrance qui doit être faite au comparant, en vertu d'une ordonnance de M. le président du tribunal civil de... en date du... d'une seconde grosse (la première étant adirée) d'un acte passé devant M⁰..., etc., contenant obligation par M. Weiss au profit de M. Viriot d'une somme de..., etc.

---

(1) Le décret du 6 septembre 1870 porte « de », et le décret du 2 septembre 1871, « d'y » (*Rec. des Lois*, 1870-71, p. 6 et 422).

Les originaux de ces sommation et ordonnance, représentés par le comparant, sont demeurés ci-annexés, après que dessus mention de leur annexe a été faite par les notaires soussignés.

Puis M. Viriot a requis la délivrance de la grosse dont il s'agit tant en l'absence qu'en présence de M. Weiss.

Et il a signé après lecture (Signature).

Attendu qu'il est... heures et que M. Weiss n'a pas comparu ni personne pour lui, M. Viriot requiert les notaires soussignés de donner défaut contre M. Weiss et de procéder à l'instant à la délivrance de la seconde grosse dont il est question.

Obtempérant, à cette demande, les notaires soussignés ont donné défaut contre M. Weiss, et procédé de suite à la délivrance de ladite seconde grosse, conformément à l'ordonnance ci-dessus relatée.

De tout ce qui précède il a été dressé le présent procès-verbal, les jour, mois et an ci-dessus indiqués.

Et M. Viriot a signé avec les notaires, après lecture faite.

5. — Procès-verbal de délivrance de seconde grosse lorsque le débiteur comparaît et donne son consentement.

L'an mil huit..., etc. (V. la formule précédente).

Et il a signé après lecture (Signature).

Et à l'instant a comparu M. Léon Weiss, menuisier, demeurant à...

Lequel a dit qu'il comparait pour satisfaire à la sommation qui lui a été faite par l'exploit ci-dessus énoncé, et qu'il ne s'oppose pas à la délivrance de la seconde grosse requise par M. Viriot.

Et il a signé après lecture (Signature).

Dans cette situation, les notaires soussignés obtempérant à la réquisition de M. Viriot, ont immédiatement procédé à la délivrance de ladite seconde grosse conformément à l'ordonnance ci-dessus énoncée.

De tout ce que dessus, etc.

6. — Procès-verbal sur une demande en délivrance de seconde grosse à laquelle le débiteur déclare s'opposer.

L'an mil huit..., etc...

Et il a signé après lecture (Signature).

Et à l'instant a comparu : M. Weiss, ci-dessus prénommé, qualifié et domicilié ;

Lequel a dit qu'il comparait pour satisfaire à la sommation que lui a faite M. Viriot, par l'exploit ci-dessus relaté, mais qu'il entend formellement s'opposer à la délivrance de la seconde grosse demandée par lui, attendu (expliquer ici les motifs sur lesquels l'opposition est fondée).

Et M. Weiss a signé après lecture (Signature).

Attendu les difficultés survenues entre MM. Viriot et Weiss, au sujet de la délivrance de cette seconde grosse, les notaires soussignés ont renvoyé les parties à se pourvoir devant qui il appartiendra, et de tout ce qui précède ils ont dressé le présent procès-verbal, etc.

7. — Style à placer au bas de la seconde grosse délivrée.

L'an... le.., les présentes ont été délivrées pour la seconde fois en forme de grosse et remises à M..., demeurant à.., par M..., notaire à..., soussigné, détenteur de la minute, en vertu de l'ordonnance de M. le président du tribunal civil de..., en date du.., et conformément au procès-verbal dressé par ledit Mᵉ... aujourd'hui même, auquel est annexé l'original de ladite ordonnance.

HONORAIRES

On appelle ainsi la rémunération que les notaires ont le droit ou sont dans l'usage d'exiger des parties qui requièrent leur ministère.

Sommaire :

§ 1. PRINCIPES GÉNÉRAUX. DIVISION DES HONORAIRES (1).

1. — Le droit des notaires d'exiger des honoraires repose sur ce principe de droit naturel que *tout travail mérite salaire*, et il a été consacré depuis longtemps par les législateurs, depuis les Capitulaires de Charlemagne et l'ordonnance royale de juillet 1304, qui recommandait à ces officiers publics de fixer équitablement leurs salaires, jusqu'à la loi du 6 octobre 1791 et à celle du 25 ventôse an XI, qui ont établi les bases de la rémunération actuellement encore en vigueur.

2. — Les honoraires, perçus par les notaires sont, ou *tarifés par la loi*, — c'est le plus petit nombre, — ou conventionnels, c'est-à-dire fixés d'accord entre le notaire et le client.

D'après la nature des actes, les difficultés de leur rédaction, les soins et la responsabilité qu'ils entraînent, l'usage a fait prévaloir une autre division des honoraires en honoraires *fixes*, — honoraires *proportionnels* — et honoraires de *vacation*.

Les premiers s'appliquent aux actes qui ne contiennent aucune énonciation de valeurs, qui sont d'une rédaction simple et facile, qui se bornent à constater un fait, un consentement, une déclaration, et pour lesquels la responsabilité du notaire est le plus souvent limitée à la forme de l'acte et à la garde de la minute (V. *infrà*, n° 4).

Les seconds s'appliquent aux actes d'une rédaction plus complexe, d'une nature plus importante, qui exigent du notaire plus d'intelligence, de savoir, d'expérience, et pour lesquels sa responsabilité peut se trouver plus engagée ; ce sont ceux qui ont d'ordinaire pour objet des valeurs déterminées ou susceptibles de l'être, c'est-à-dire portant transmission de propriété ou de jouissance, obligation, attribution de droits ou de biens, libération, etc... (V. *infrà*, n° 5).

---

(1) Nous n'entendons exposer ici que les questions de principe sur la matière. Les questions de l'application des honoraires à chaque acte seront traitées sous chaque mot correspondant. Pour les détails et la discussion des théories relatives, soit aux questions de principe, soit aux applications de ces principes, on pourra consulter notre *Tarif général et raisonné*, où toutes ces difficultés sont approfondies.

Enfin, un troisième mode de rémunération est en usage pour certains actes qui ne rentrant ni dans la catégorie des actes à honoraires fixes, ni dans celle des actes à honoraires proportionnels, ne peuvent être pour ainsi dire rétribués qu'en raison du temps passé à leur rédaction. C'est l'honoraire dit *de vacation*, fixé à tant par heure ou par vacation de trois heures, selon la durée, par conséquent, du travail qu'ils ont occasionné (V. *infrà*, n° 15).

3. — Honoraire fixe.

— L'honoraire *fixe*, consacré par la doctrine et la jurisprudence, admis, en 1862, par toutes les Cours dans leurs projets de tarif légal, est appliqué, sans exception, dans tous les tarifs particuliers des Compagnies. Il convient bien, en effet, aux actes qui, par leur simplicité ordinaire, leur identité presque constante de formules, n'offrent qu'accidentellement des difficultés particulières de préparation ou de rédaction et n'entraînent qu'une responsabilité limitée, d'ordinaire, à la garde de la minute.

L'usage a consacré l'application d'honoraires fixes, soit *invariables*, soit variant entre un *minimum* et un *maximum*, soit *gradués*, d'après l'importance de certains actes.

C'est ainsi que le consentement à mariage est tarifé, dans le plus grand nombre des arrondissements, au droit fixe invariable de 3, 4 ou 5 francs.

La procuration, l'acte de reconnaissance d'enfant naturel, de 4 à 50 francs, selon les circonstances.

La mainlevée hypothécaire, à 6, 10, 15, 20, 25 francs, etc., d'après l'importance de la créance qui garantissait l'inscription.

Nous admettons le droit fixe *gradué* et le droit fixe *invariable*, plus ou moins élevé suivant les actes auxquels il s'applique ; mais nous n'admettons pas le droit fixe avec minimum et maximum, qui n'est qu'une règle arbitraire. Nous en avons développé les raisons (1).

4. — Honoraire proportionnel. Principe.

— L'honoraire proportionnel a une double raison d'être : rétribuer le notaire de son travail et des soins particuliers qu'exigent certains actes, — l'indemniser de la responsabilité que ces actes lui font encourir et qui ne résulte pas seulement de la garde de la minute dont il a le dépôt, mais aussi des omissions, des erreurs commises, des vices de forme qui peuvent entraîner la nullité des conventions.

5. — Le principe de l'honoraire proportionnel a été reconnu de tout temps, sous l'ancienne jurisprudence, — où pourtant on ne connaissait que la responsabilité occasionnée par la garde des minutes, — les plus anciens textes de notre législation en font foi (2).

Il a été législativement appliqué, comme nous le verrons, par l'art. 172 du décret de 1807, — par l'ordonnance du 10 novembre 1841, sur les ventes judiciaires d'immeubles, — par le décret du 5 novembre 1851, pour les ventes volontaires de fruits et récoltes.

Il a été proposé, dans leurs projets de tarif légal, en 1862, par toutes les Cours et les tribunaux de l'Empire.

Il a été consacré, dans les colonies, par la promulgation de plusieurs tarifs légaux, (3) — pour les chanceliers de consulat, par les décrets du 17 novembre 1865 ; et la doctrine, la jurisprudence dans de nombreux arrêts, en ont reconnu la légitimité (4).

---

(1) *Tarif général*, p. 142 à 145.

(2) V. dans notre *Tarif général*, l'exposé historique de la question, p. 9, 13 et suiv.

(3) 30 décembre 1775, 3 novembre 1805, 18 mars 1820, 17 décembre 1832 (V. *Code du notariat*, de Rolland de Villargues, p. 461 et suiv.).

(4) Cons. notre *Tarif général*, t. I, p. 145 à 176 ; Rutgeerts et Amiaud, *Comment. de la loi de ven-*

tôse, t. 3, n°s 1072 et suiv ; Aubertin, *Des honoraires des notaires*, p. 111 et suiv., Robert, *Rapport sur le Tarif*, §§ 3 et 4 ; Dict. du not., v° *Honoraires* ; Epernay, 30 avril 1875 (*Rev. not.*, n°s 49 et suiv. ; Rouen, 27 novembre 1883 (art. 23108, J. N.) ; Chambéry, 24 décembre 1883 (art. 23428, J. N.) ; Lyon, 12 janvier 1884 ; Paris, 16 mars 1887 (*J. du not.*, p. 268).

Enfin, il est appliqué, dans tous les tarifs particuliers des compagnies, en France, officieusement et sous le contrôle du magistrat taxateur, comme il l'est officiellement dans tous les pays étrangers, où des tarifs légaux ont été promulgués (1).

6. — Application. — L'application de l'honoraire proportionnel a donné lieu à d'assez nombreuses divergences relatives :

a) Aux actes qui doivent être soumis à cet honoraire.

b) A la quotité de cet honoraire, suivant la nature des actes.

c) A la perception indéfinie ou décroissante.

7. — Des actes soumis à l'honoraire proportionnel. — L'honoraire proportionnel est soumis, pour son application, à deux conditions :

1° Il faut qu'il ait pour base la valeur même des conventions à l'occasion desquelles il est accordé ;

2° Que cette valeur soit assez nettement déterminée pour qu'elle ne puisse donner lieu aux recherches et aux appréciations arbitraires de l'officier public ;

D'où il résulte nécessairement que la rémunération proportionnelle ne peut pas être réclamée à propos de tous les actes qui engagent la responsabilité du notaire, les reconnaissances d'enfant naturel, par exemple (2). Elle ne peut être perçue qu'à l'occasion des actes qui, constatant une mutation de biens meubles ou immeubles, ou un mouvement réel de valeurs déterminées, créent le motif d'un honoraire en rapport avec cette mutation et ce mouvement (3).

Il y a donc lieu de classer dans la catégorie des actes à honoraire proportionnel tous les actes qui constatent une mutation de propriété ou de jouissance, soit de biens meubles et immeubles, soit de droits réels immobiliers, — ou attribution, à titre de partage, des mêmes biens et droits, — tous les actes contenant obligation, libération, collocation, — tous ceux enfin qui opèrent sur des valeurs déterminées ou susceptibles de l'être.

8. — Quotité des honoraires. — Toutefois, le chiffre des valeurs ne saurait servir de base unique à ce genre d'émoluments, car il devrait alors être le même pour tous les actes de cette classe. Il faut remarquer qu'il se fonde, en outre, sur le degré de responsabilité que les conventions entraînent; elle est plus *engagée*, si l'acte est plus difficile ou exige des précautions de formes particulières; elle est plus lourde, si les valeurs sont importantes ; d'où ressort la nécessité de former plusieurs séries d'actes dans lesquelles ces divers éléments d'appréciation trouvent place et permettent d'établir un chiffre d'honoraire en rapport avec l'importance de l'acte, les difficultés que sa rédaction aura présentées et la responsabilité du notaire.

D'après ces principes, il nous paraît hors de doute et on reconnaît généralement, par exemple, que les honoraires pour les ventes aux enchères de meubles ne sauraient être fixés au même taux que ceux des ventes aux enchères d'immeubles ; que même les ventes aux enchères d'immeubles, avec affiches, visite de lieux, estimation et lotissement, ne peuvent être rémunérées sur le même pied que les ventes volontaires et de gré à gré ;

Qu'il doit également y avoir une différence de rémunération entre les actes de libéralité et les actes à titre onéreux ou les obligations ; entre celles-ci et les partages: que ces derniers ne sauraient non plus être rétribués comme les quittances, encore moins comme les actes de baux ou les autres petits actes accessoires, secondaires, tels que cautionnements, affectation hypothécaire, titre nouvel, etc...

Mais le nombre et l'infinie variété des actes soumis à l'honoraire proportionnel

(1) *Alsace-Lorraine*,Tarif légal du 26 décembre 1873; *Autriche*, L. du 25 juillet 1871 ; *Bavière*, O. des 19 janvier 1862 et 7 juin 1863 ; *Espagne*, Décret, 11 juin 1870; *Italie*, L. du 25 juin 1875 ; *Russie*, L. du 27 juin 1867; *Suisse*, Tarifs des cantons de Genève, Neufchâtel, Vaud ; *Luxembourg*, arrêté du 24 décembre 1857 et

L. du 9 décembre 1862; *Pays-Bas*, L. du 31 mars 1847.

(2) Délibération de la Chambre des notaires de Versailles du 29 avril 1858.

(3) Girardin, *Etudes sur les principes généraux d'émolumentation des actes notariés*, p. 30. — Rapport de la Cour de Dijon du 3 décembre 1862.

soulèvent de très graves difficultés et d'assez grandes divergences d'appréciation.

Nous ne sommes pas, sur ce point, entièrement d'accord avec les tarifs locaux et les projets de tarif délibérés en 1862 par les Cours d'appel, qui admettent bien la distinction par *catégories*, mais qui sont tous divisés lorsqu'il s'agit de savoir sur quels principes sera basé ce classement et quel sera le nombre des catégories. En effet, pendant que les uns distinguent deux seules séries d'actes, les autres en font trois, quatre, cinq, sept, huit, dix et douze classes, avec des subdivisions multiples.

La plupart de ces distinctions ne sont pas le plus souvent motivées et paraissent simplement avoir leur raison d'être dans des usages locaux plus ou moins répandus et plus ou moins anciens.

9. — Pour opérer ce travail de classification, y a-t-il lieu de s'attacher à un principe absolu et de le suivre rigoureusement, dans toutes ses conséquences, comme la Cour de Limoges qui, divisant les actes suivant *la nature des conventions*, est arrivée, en suivant cette règle, à créer cinq sections qui comprennent :

La première, toutes les transmissions à titre gratuit ;
La deuxième, les aliénations immobilières ;
La troisième, les aliénations mobilières ;
La quatrième, les obligations ;
La cinquième, les actes de libération.

Nous ne le pensons pas ; dans ce système, trop inflexible, on s'expose à ne pas tenir compte suffisamment de l'un ou de l'autre des éléments qui justifient l'honoraire proportionnel, éléments qui peuvent se trouver réunis, en proportions différentes, dans des actes qui ont parfois le même caractère.

Nous n'admettons pas surtout qu'une division en deux ou trois catégories soit suffisante pour tarifer convenablement la classe si importante, si nombreuse et si variée des actes à honoraires proportionnels. Un pareil classement doit nécessairement conduire aux plus injustes résultats, par exemple à tarifer également, dans la première classe, les testaments et les obligations, les ventes et les donations, les ordres, les devis et marchés, les partages purs et simples et les constitutions de rentes viagères ; dans la seconde, les quittances et les titres nouvels, les concordats et les baux.

La *pluralité* des classes et la combinaison des divers éléments qui motivent l'honoraire proportionnel sont donc, à notre avis, deux conditions indispensables et sans lesquelles il est impossible d'arriver à établir une rémunération vraiment équitable ; d'autres éléments doivent être pris en considération : il est des actes auxquels s'attache une faveur particulière, soit parce qu'ils émanent de personnes dont il ne faut point augmenter les charges déjà lourdes, soit parce que le législateur, dans un intérêt public, désire en faciliter le développement.

10. — Ces diverses questions résolues, il reste à fixer le taux de l'honoraire proportionnel pour chaque catégorie, et d'abord, quel doit être le chiffre maximum de cet honoraire.

On ne peut considérer comme devant être généralisé, ni le taux alloué aux commissaires-priseurs (1) (6 °/₀) par la loi du 25 juin 1843, ni celui accordé par le décret du 5 novembre 1851 (2 °/₀) pour les ventes de fruits et récoltes. Ces honoraires ne sont, en effet, applicables qu'aux matières qu'ils concernent, et ils sont trop élevés pour servir de règle. Aussi la majorité des usages adopte-t-elle pour taux maximum, le chiffre de 1 °/₀, fixé par l'article 14 de l'ordonnance du 10 octobre 1841, tout en conservant toutefois les exceptions déjà créées par le législateur lui-même et en classant en dehors quelques actes qui méritent une rémunération

---

(1) Et par analogie aux notaires. (Circulaires ministérielles des 24 décembre 1852, 28 février 1853 et 14 décembre 1855).

supérieure et exceptionnelle. Le chiffre de 1 °/₀ paraît, en effet, suffisamment rémunérateur; c'est le chiffre généralement accepté, dans les tarifs locaux, pour les actes de la première classe, testaments, donations, ventes, liquidations, échanges, etc... (1).

11. — Catégories des actes à honoraires proportionnels. — Comme nous l'avons déjà dit, les tarifs locaux offrent d'assez nombreuses variations, en ce qui concerne la classification des honoraires proportionnels. Ils ne s'accordent ni sur les actes qu'il y a lieu de classer dans telle ou telle catégorie, ni sur la quotité de l honoraire par catégorie. Rien ne serait, cependant, plus désirable et plus juste que l'uniformité en cette matière; on ne s'explique pas, en effet, que les actes notariés coûtent plus cher à Bordeaux qu'à Lille ou moins cher à Rennes qu'à Nancy, alors que tous autres frais sont taxés au même prix. Rien ne justifie cette diversité dans des usages qui devraient être partout les mêmes.

On peut affirmer, toutefois, que dans la généralité des tarifs de compagnie, les donations, les testaments, les ventes, les obligations de sommes, les échanges, les liquidations sont tarifés au droit proportionnel de 1 °/₀.

On taxe à 75 cent. °/₀ les comptes de toute nature, les actes de société, les ordres et contributions, etc. ;

A 50 cent. °/₀ les quittances et généralement tous les actes qui ont un caractère libératoire ;

A 25 ou 30 cent. °/₀, les actes accessoires, contenant garantie, cautionnement avec hypothèque, les certificats de propriété et tous les autres actes susceptibles de donner lieu à un honoraire proportionnel, mais non prévus dans les autres catégories.

12. — Décroissance de l'honoraire. — Le droit proportionnel doit-il être perçu indéfiniment, quelle que soit l'importance des sommes ou valeurs portées au contrat, ou bien l'honoraire doit-il subir une décroissance, à mesure que s'élèvera le capital qui y sera soumis ?

Au premier abord, la question paraît facile à résoudre; car si le principe de l'honoraire proportionnel repose principalement sur celui de la responsabilité pécuniaire dont les notaires sont menacés ; si, ce qui n'est pas moins incontestable, cette responsabilité s'accroît en raison de l'importance des valeurs portées dans les actes et du préjudice causé aux parties, il faudrait nécessairement décider que les honoraires proportionnels doivent aussi augmenter à mesure que les sommes augmentent. Toutefois, le système de la décroissance indéfinie a, depuis longtemps été repoussé et il a été proposé, en 1862, comme une disposition inséparable de tout tarif légal par les Cours d'appel et les tribunaux.

« Nous n'admettons l'honoraire proportionnel qu'avec décroissement, disait la Cour d'Amiens... Si le décroissement n'existait pas, lit-on dans la délibération de la Cour de Bourges, on arriverait à des sommes exorbitantes, à des perceptions absurdes. Telle est la seule raison invoquée. Mais il serait imprudent, de la part du notariat, d'essayer d'aller à l'encontre de cette opinion qui a aujourd'hui la force d'une vérité acquise et qui a reçu la consécration de plusieurs textes législatifs. Autre chose est la logique inflexible des principes, autre chose la raison pratique, et bien que le système de la décroissance progressive ne se justifie point en droit, il faut l'accepter, sauf à adoucir la rigueur de la règle empruntée au tarif de 1807 et à l'ordonnance de 1841 par des tempéraments que le renchérissement de toutes choses, l'augmentation des charges et l'avilissement du numéraire, depuis près d'un siècle, rendent absolument équitables.

---

(1) La majorité des Cours d'appel a aussi admis le taux de 1 °/₀ comme chiffre maximum de l'honoraire proportionnel. Deux Cours, Grenoble et Limoges, ont proposé un chiffre supérieur pour les donations et les testaments (1.25 et 1.50 °/₀).

A cet égard, bien des combinaisons ont été adoptées.

La majorité des tarifs locaux a élevé les degrés de décroissance fixés par le tarif de 1807 ; mais autant il y a de tarifs, autant nous pourrions trouver de systèmes différents. Les uns comptent uniformément, et pour tous les actes, le premier degré de décroissance à 20,000 francs, d'autres à 30,000, d'autres à 50,000 francs et même 100,000 francs. Une théorie plus savante et admise dans quelques arrondissements consiste à nuancer la décroissance suivant la nature des actes, c'est-à-dire à la faire commencer, pour telles catégories d'actes, à tel chiffre, et pour telle autre catégorie à tel autre chiffre ; pour les obligations, par exemple, les baux, les comptes, les donations, les quittances, etc., à 50,000 francs ; pour les contrats de mariage, les échanges, les ventes de gré à gré, à 100,000 francs ; pour les partages anticipés, les liquidations, à 200,000 francs (1).

Mais le grand inconvénient de ce mode de procéder est qu'il ne saurait convenir à un tarif uniforme (et c'est à ce but que doit tendre le notariat), attendu que si 50,000 francs peuvent être, à Versailles, un chiffre de vente très ordinaire, ils peuvent constituer un prix très important et assez rare en tout autre lieu. Pareillement, une succession de 200,000 francs sera une succession opulente et peu commune dans beaucoup de petites villes et de campagnes, alors qu'à Versailles, Orléans et ailleurs, elle sera considérée comme tout à fait ordinaire.

Quelques spécialistes, MM. Renaud et Vernet, ont aussi critiqué les gradations fixées par le décret de 1807 (1 à 10,000, 10,000 à 50,000, 50,000 à 100,000). Ils pensent qu'il vaudrait mieux modérer davantage la décroissance et établir des subdivisions de 10,000 à 30,000, de 30,000 à 60,000 et de 60,000 à 100,000. Ces observations ont paru fondées et beaucoup de tarifs locaux en ont tenu compte (2).

Le Comité des notaires ne paraît pas s'être jamais prononcé d'une façon précise sur ce point. Dans une circulaire de 1852, relative au projet de tarification des obligations souscrites en faveur du Crédit foncier, il demandait que le premier degré de décroissance fût fixé à 100,000 francs. Cette prétention fut abandonnée, en présence des dispositions peu favorables de la commission chargée de fixer les bases du tarif.

Plus tard, dans une autre circulaire, relative au projet de tarification des ventes judiciaires, les délégués ont paru considérer comme acceptable la proposition de fixer à 20,000 francs le premier degré de la décroissance.

La majorité des Cours a proposé, en 1862, de conserver les bases établies par le tarif de 1807 et reproduites dans l'ordonnance de 1841. Nous pouvons citer, comme ayant opiné dans ce sens, les Cours d'Aix, Amiens, Angers, Besançon, Bordeaux, Caen, Dijon, Grenoble, Nîmes, etc .. Les Cours de Bourges, Douai, Limoges et Toulouse ont opté pour la décroissance nuancée ou relative, et elles font commencer le premier échelon de décroissance à 1,000, 2,000, 5,000, 10,000, 20,000 et même 50,000 francs, selon l'importance et la nature des contrats.

Ce dernier système, nous le répétons, nous paraît incompatible avec un tarif uniforme ; il présente aussi un autre défaut, celui de compliquer, sans nécessité, le tarif de distinctions trop nombreuses ; mais le maintien de l'échelle décroissante du tarif de 1807 ne nous paraît pas moins inacceptable. Qu'on se rapporte, en effet, au temps où ce tarif a été promulgué, et qu'on nous dise si 10,000 francs de l'époque valaient 10,000 francs d'aujourd'hui. Une vente, une obligation, une quittance d'une somme de 10,000 francs étaient alors une chose assez rare, et le législateur, considérant cette importance relative, avait assurément raison de fixer à ce chiffre le premier degré de la décroissance. Mais serait-il équitable de conserver cette base

---

(1) Tarif des notaires de Versailles, Clamecy, Laval, Saint-Calais, Nevers, Bourges, Caen, Lyon, Orléans, Tours, Reims, Rouen, Montauban, etc.

(2) Robert, *Rapport sur le Tarif*, p. 35.

qui n'a plus sa raison d'être ? Est-ce que la diffusion de l'argent, le renchéris-
ment général qui s'est produit depuis 1807 et surtout depuis 1841, n'ont pas dou-
blé, triplé, dans quelques pays, la valeur des immeubles et des choses ? Il est donc
impossible de maintenir des règles de décroissance qui pouvaient être équitables
il y a plus de soixante ans, qui ne le sont plus aujourd'hui. Le gouvernement, du
reste, l'avait déjà compris en 1867, et le projet de tarif, qui devait compléter les
réformes préparées sur les ventes judiciaires et les partages, améliorait sensiblement non seulement le chiffre d'honoraires, mais aussi les proportions de la décroissance, puisqu'il allouait :

1 fr. 50 °/₀ jusqu'à 5,000 francs ;
1 °/₀ jusqu'à 20,000 francs ;
0 fr. 50 °/₀ jusqu'à 50,000 francs ;
0 fr. 25 °/₀ de 50,000 à 300,000 francs ;
Et 0 fr. 12 1/2 °/₀ après 300,000 francs indéfiniment.

Nous avons proposé, dans notre *Tarif général*, un système qui s'éloigne tout
à la fois du tarif légal et des propositions faites jusqu'à ce jour. Nous le rappellerons
ici, parce que nous avons la conviction que, s'il était uniformément appliqué, il sa-
tisferait également tous les intérêts.

Nous avons repoussé l'inégalité de classe, proposée par certaines cours et
appliquée dans quelques rares arrondissements au sujet des honoraires fixes et proportionnels. Nous avons dit que cette inégalité aurait l'inconvénient de maintenir
la division des notaires en classes et de perpétuer des distinctions que rien ne justifie entre des fonctionnaires dont on exige partout la même compétence et qui sont
soumis aux mêmes devoirs. Nous avons dit encore que l'honoraire proportionnel
ayant principalement pour cause la responsabilité encourue par l'officier public, et
que cette responsabilité étant appliquée partout, en vertu des mêmes principes, il
n'y a aucune différence à établir, pour le tarif de cet honoraire, entre le notaire de
la ville et le notaire de la campagne, et nous avons demandé qu'on attribuât aux
notaires de toutes classes et de toute résidence la même rétribution.

Mais, d'autre part, il y a lieu de remarquer que les affaires traitées par les notaires des villes sont plus importantes que celles confiées aux notaires de campagne,
et d'autant plus importantes que la ville est plus populeuse, plus industrielle. La
responsabilité des notaires qui habitent ces grands centres de population s'accroît
donc, par voie de conséquence, avec l'importance des affaires, et il nous paraît
impossible de ne pas tenir compte de cette situation exceptionnelle. Dans le but d'y
faire face, nous proposerions de reculer graduellement, selon la résidence du notaire, la décroissance dans les sommes ou valeurs soumises à l'honoraire proportionnel, et nous pensons que ce mode de procéder, qui permettrait de supprimer
les distinctions créées par le décret de 1807 pour les vacations et les rôles, suffirait
à indemniser équitablement les notaires des grandes villes non seulement de la
différence de responsabilité dont nous parlons, mais aussi de toutes ces autres
charges occasionnées par le séjour dans les grandes villes, charges dont on ne
saurait nier l'existence, sans en méconnaître cependant la diminution progressive ;
et, de cette façon, tous les notaires se trouveraient placés sur le même pied d'égalité entre eux, ce qui doit être ; ils auraient la même rémunération, étant tous
sujets à des travaux de même nature et tous responsables de leurs actes ; l'importance seule de cette rémunération varierait avec l'importance des affaires et la
grandeur de la responsabilité, ce qu'il faut chercher à obtenir.

Cette gradation, du reste, existe déjà, en fait, dans le plus grand nombre des
tarifs particuliers de tous les points de la France. C'est ainsi qu'à Paris l'échelle
décroissante est bien plus adoucie qu'à Melun ou à Fontainebleau, ou même qu'à
Versailles et à Orléans. — A Lyon, à Marseille, le premier degré de décroissance
est, d'ordinaire, 100,000 francs ; il est loin d'atteindre ce chiffre dans les arron-

dissements limitrophes. — A Bordeaux, Toulouse, Montpellier, le tarif n'impose aux notaires aucune limite de décroissance. Les tarifs des compagnies voisines l'admettent pour certains actes et dans des proportions diverses. — Dans le Nord, les mêmes faits se reproduisent : les proportions de décroissance sont bien plus favorables aux notaires à Lille, Rouen, Brest, Cambrai, que dans les petites villes de la même région, Falaise, Quimperlé, Ploermel, Loudéac, Saint-Ouen, Béthune, Yvetot, Neufchâtel, etc...

Quant aux bases mêmes de la gradation, en ce qui concerne la division des résidences et la décroissance du taux de l'honoraire, nous les emprunterons presque en entier aux dispositions des tarifs légaux de 1807 et de 1841, mais en ne tenant compte cependant que du chiffre de la population.

I. — Paris, auquel les affaires les plus considérables sont naturellement réservées, formerait seul une première division que sa situation exceptionnelle justifie suffisamment.

Les honoraires, pour la capitale, se percevraient donc dans les proportions suivantes :

Le droit tout entier serait perçu jusqu'à . . . . 300.000 fr.
Le premier degré de décroissance irait de 300,000 fr.
jusqu'à . . . . 600.000 fr.
Le deuxième, de 600,000 fr. à . . . . 1 million.
Le troisième, de 1 million, indéfiniment.

Ce sont les chiffres adoptés par le tribunal de la Seine pour la taxe des notaires de Paris (1).

II. — Les principales villes de France, Lyon, Bordeaux, Marseille, Rouen, Lille, Nantes, Toulouse, dont l'importance est de beaucoup inférieure à celle de la capitale, mais aussi de beaucoup supérieure à la moyenne des autres villes, et qui, pour ce dernier motif, ont été mises par divers décrets au rang de Paris (2), composeraient la seconde division :

Pour ces sept villes, le premier degré de décroissance
serait à . . . . 100.000 fr.
Le deuxième degré serait de 100,000 fr. à . . . . . 300.000 fr.
Le troisième degré serait de 300,000 fr. à . . . . . 600.000 fr.
Le quatrième degré serait de 600,000 fr. à 1 million et au-dessus.

III. — Les villes dont la population excéderait 30,000 habitants seraient rangées dans la troisième division.

Nous avons fixé le chiffre de 30,000 habitants, accepté aussi comme limite par le troisième décret de 1807 et l'ordonnance de 1841. Il semble, en effet, qu'on ne puisse reconnaître aujourd'hui à une ville le nom et l'importance d'une grande cité, si elle n'a une population agglomérée d'au moins 30,000 habitants.

Règles de la décroissance :
Premier degré, de 1 fr. à . . . . 50.000 fr.
Deuxième degré, de 50,000 fr. à . . . . 100.000 fr.
Troisième degré, de 100,000 fr. à . . . . 300.000 fr.
Quatrième degré, de 300,000 fr. à 1 million et au-dessus.

En fixant à 50,000 francs le premier degré de décroissance, le second à 100,000 francs, etc..., nous avons cru nous renfermer dans des limites équitables.

(1) Travail rédigé en 1856, pour la taxe des notaires, par une commission du tribunal, rapporté par Mollot dans son *Traité des liquidations judiciaires*, p. 244 et 245.

(2) Troisième décret de 1807 ; 22 juin 1856; 13 et 16 décembre 1862.

Un assez grand nombre de tarifs privés et, en général, tous les projets de tarif rédigés par les cours d'appel ne fixent même plus de progression au delà de 100,000 fr. Cela tient à ce que les divisions n'étant pas exactement les mêmes, le taux de l'honoraire se trouve déjà réduit, à 100,000 francs, à un chiffre relativement minime qui peut se relever au-dessus indéfiniment. Le mode adopté par nous, plus convenablement rémunérateur, est conforme à la grande majorité des usages établis dans les villes qui se trouvent comprises sous notre troisième division.

IV. — Enfin, dans la quatrième division, se trouveraient nécessairement les villes ayant moins de 30,000 habitants et toutes les autres localités.

On nous reprochera peut-être de placer ici au même rang, d'assimiler des villes de 20,000, 30,000 âmes et le plus petit chef-lieu de canton ou la plus modeste résidence du département des Landes ou du Limousin. On dira peut-être que ce rapprochement est dérisoire. Mais non ; car il n'est point ici question d'égalités ou de différences relatives au taux même de l'honoraire proportionnel. Certes, si, après avoir admis le système de rémunération proportionnelle par classe, nous avions songé à classer dans la même catégorie les notaires de Poitiers, Cherbourg, Dijon, Tarbes ou Avignon et ceux des plus petites communes rurales, il y aurait lieu, en effet, de s'en étonner et de s'en plaindre, puisque la théorie de l'inégalité dans l'honoraire repose précisément et ne peut logiquement reposer que sur les différences de position occasionnées par l'importance de la résidence. Mais le chiffre de l'honoraire, nous l'avons dit, reste le même et partout et pour tous, et il ne s'agit plus maintenant que de pourvoir à un accroissement de responsabilité, en diminuant plus ou moins la décroissance sur les valeurs sujettes à la rémunération. Or, confondre, en vue de cette décroissance, dans la même catégorie, les villes de 20 ou 30,000 âmes et les communes rurales ne saurait avoir de bien graves conséquences, parce que, d'une part, le premier degré de décroissance que nous fixerons à 30,000 francs est suffisamment élevé et en rapport avec l'importance des affaires qui se produisent dans les petites villes ; en second lieu, parce que ce chiffre de rémunération n'est pas trop favorable aux notaires ruraux, dont les affaires les plus importantes n'atteignent qu'exceptionnellement le chiffre de 30,000 francs.

La décroissance serait donc ainsi fixée pour la quatrième division :

Le premier degré, de   1,000 fr. à . . . .   30.000 fr.
Le deuxième degré, de   30,000 fr. à . . . .   60.000 fr.
Le troisième degré, de   60,000 fr. à . . . .   100.000 fr.

Le quatrième degré, de 100,000 fr. et au-dessus indéfiniment.

Sauf le premier degré de décroissance, qui est plus élevé que celui fixé dans les tarifs légaux, les autres bases sont à peu près les mêmes. Nous ne croyons donc pas qu'on puisse faire aucune objection aux divisions de cette quatrième classe, qui sont, nous devons le dire, encore inférieures à celles fixées par plusieurs tarifs d'arrondissement. Mais cette œuvre de classification s'adressant indistinctement aux notaires de toute la France, il y aurait lieu de prendre en considération la majorité des usages et la moyenne des chiffres, sans s'arrêter aux habitudes particulières de telle ou telle compagnie, habitudes que rien, d'ailleurs, ne justifie spécialement.

13. — Perception de l'honoraire proportionnel. — Mais l'honoraire proportionnel ne saurait être rigoureusement appliqué aux actes qui auront pour objet des valeurs de peu d'importance ; car il arriverait alors, surtout si le taux de l'honoraire était déjà minime, que cet honoraire ne rémunérerait pas pas suffisamment le travail de l'officier public. On aggraverait ainsi d'une façon intolérable la position déjà si difficile des notaires de campagne, dont le ministère n'est souvent requis que pour de petites transactions.

C'est ce qui explique pourquoi, dans un assez grand nombre d'arrondissements, dans ceux notamment où la fortune publique est le moins développée, les tarifs prennent, pour base de l'honoraire, une échelle de proportion d'après laquelle la rémunération à percevoir est plus élevée pour les petites valeurs jusqu'à un certain chiffre, 1,000 francs, par exemple, puis devient progressivement inférieure, à mesure qu'augmente l'importance de l'acte. Ce système a le défaut de trop charger la petite propriété, déjà grevée outre mesure par les frais énormes d'enregistrement et par les frais proportionnels de timbre et de transcription (1). Nous lui préférons l'usage admis par la majorité des compagnies notariales et approuvé par la magistrature, de fixer un minimum d'honoraires au-dessous duquel la rétribution ne peut descendre.

Ce minimum qui ne saurait être uniforme, puisque tous les actes n'occasionnent ni le même travail ni la même responsabilité, ne peut non plus être le même pour tous les actes de chaque catégorie soumise à l'honoraire proportionnel, plus élevé pour les actes de la première classe, et progressivement moins élevé, selon la classe à laquelle appartiendrait la convention. Les cours de Bordeaux et de Limoges ont cependant proposé qu'il en soit ainsi; nous pensons qu'il serait préférable de déterminer le minimum de chaque acte en particulier, suivant sa nature et sa classe, bien entendu, mais aussi et surtout suivant le travail et les difficultés probables de sa rédaction.

Sur toutes les valeurs qui ne donneront pas ouverture au droit minimum, mais à l'honoraire proportionnel, la rémunération devrait être calculée de *centaine* en *centaine* de francs; mais toute fraction de 100 francs ne pourrait point être comptée, si elle était inférieure à 50 francs: elle compterait, au contraire, comme centaine complète, si elle était supérieure à 50 francs. Ce mode de procéder nous a paru plus convenable que les systèmes extrêmes, qui consistent soit à compter toute centaine commencée comme centaine entière, soit à rejeter rigoureusement, pour le calcul de l'honoraire, toute fraction, fût-elle de 99 fr. 99.

Sur quelles bases d'évaluation le tarif devrait-il asseoir l'honoraire proportionnel? Cette question ne présente aucune difficulté lorsque la valeur qui figure au contrat est la valeur réelle, comme dans les prix de vente, les obligations, les quittances, les donations ou partages de sommes d'argent ou de créances, etc...; alors, pas de doute possible, l'honoraire doit être calculé sur le prix ou la valeur objet de l'acte. Et même quand il s'agit d'un partage de biens immeubles, d'apports mobiliers ou immobiliers, dans un contrat de mariage ou une société, comme les nouvelles lois fiscales imposent aujourd'hui aux parties l'obligation de déclarer la valeur réelle des biens partagés ou des constitutions de dot ou des mises sociales, il devrait être interdit au notaire de rechercher d'autres bases à ses honoraires que la déclaration faite par les parties pour la perception des droits d'enregistrement.

Mais que décider lorsque des immeubles sont transmis par donation, ou par testament, ou par échange? Quelle base d'évaluation faudra-t-il adopter pour asseoir l'honoraire proportionnel?

« Les notaires, dit la Cour de Limoges (2), ne reconnaissent pas d'autres bases que leur propre appréciation, et ils fixent leurs honoraires d'après cette appréciation arbitraire; il arrive alors souvent que les parties, trouvant cette base erronée, s'adressent au juge taxateur qui, manquant lui-même d'éléments pour en vérifier l'exactitude, se trouve dans un inextricable embarras. Quel parti prendre? Il n'y en a qu'un: c'est de dire que les honoraires du notaire seront calculés soit sur les évaluations faites dans l'acte, si les immeubles sont évalués, soit sur les bases acceptées par l'administration de l'enregistrement pour la perception du droit fiscal. On sait

---

(1) Ce serait une réforme bien utile et bien juste que celle qui consisterait à faire payer les droits de timbre et de transcription, comme l'impôt de l'enregistrement, proportionnellement à l'importance de l'affaire. Plusieurs législations étrangères nous ont déjà donné l'exemple de cette amélioration que nous recommandons au législateur. — Vraye, *l'Agriculture et la propriété foncière*, p. 290 et suiv.

(2) Délibération du 30 juillet 1862.

que le droit de transmission de propriété, par donation ou par décès, est basé sur le revenu cadastral rectifié d'après un tarif de rehaussement admis par l'administion. »

Ce système établit une règle précise, et à ce point de vue, il est assurément préférable à tous ceux · qui tendraient à laisser aux notaires ou au juge taxateur le soin d'arbitrer, suivant leur appréciation personnelle, le chiffre des honoraires; mais il est injuste et erroné.

Injuste, en ce qu'il ne se préoccupe que d'une chose, c'est de donner un auxiliaire au Trésor en intéressant le notaire à la fixation du chiffre, qui devra servir de base tout à la fois à la perception fiscale et à la perception de l'honoraire.

Erroné, car ce procédé est tout à fait contraire aux principes admis en matière de rémunération notariale. L'honoraire proportionnel est accordé au notaire non seulement comme rétribution de son travail, mais encore et surtout à titre d'indemnité de la responsabilité que ses fonctions lui font encourir. Or, si un notaire occasionnait, par sa faute, la nullité d'une donation ou d'un testament, de quelle valeur serait-il responsable et sur quelle base serait estimé le préjudice causé? Serait-ce sur les valeurs admises pour le paiement des droits d'enregistrement? Nous ne le pensons pas, et les magistrats de la Cour de Limôges seraient certainement de notre avis. C'est donc sur la *valeur réelle*, sur la *valeur vénale* que l'honoraire doit être assis, et non pas sur les évaluations acceptées par l'administration de l'enregistrement.

Nous proposerons donc de prendre pour base le chiffre de revenu exprimé dans les actes ou, pour les testaments, déclaré au bureau d'enregistrement, mais en multipliant ce revenu par un taux variant selon le cours de la valeur des immeubles et que le prix des ventes fait bien connaître dans chaque contrée. C'est, d'ailleurs, l'usage qui s'est établi dans beaucoup d'arrondissements où les notaires ont reconnu que les bases admises par le législateur de l'an VII sont devenues tout à fait insuffisantes.

§ 2. Honoraires fixés par la loi.

14. — Les honoraires fixés par la loi sont de plusieurs sortes, bien qu · peu nombreux. Ils s'appliquent, en général, aux actes qui tiennent à la juridiction contentieuse. Nous allons les passer en revue, en distinguant ceux qui sont établis ou fixés à raison du temps employé dans l'affaire (*vacation*), — de ceux qui sont établis ou fixés à raison de l'importance pécuniaire de l'affaire.

Nous étudierons aussi certaines rétributions que le législateur a accordées aux notaires pour les copies d'actes (*droits de rôle*) ou pour indemnités de voyage.

Art. 1er. — *Honoraires par vacation.*

15. — La base de l'*honoraire par vacation* est la durée du travail et du temps qu'exigent certains actes ou certaines opérations (1). » On dit : Ce notaire a employé trois vacations, c'est-à-dire a travaillé durant neuf heures, car la vacation représente trois heures de travail (2).

Lorsque le notaire a vaqué moins de trois heures, il peut compter une vacation complète, s'il ne s'agit que d'une seule vacation ; au moins, l'art. 1er du tarif le décidait ainsi pour les juges de paix, et nous croyons qu'on peut, par analogie, faire l'application de ce texte aux notaires.

Mais, dans tous autres cas, le notaire ne peut compter qu'une fraction proportionnée au temps qu'il a employé, puisque le tarif dit qu'une vacation doit être au

---

(1) Bonnecœur, p. 444.

(2) L. du 27 mai 1791, art. 8 ; Décret du 16 février 1807, art. 168.

moins de trois heures, de sorte que si un notaire fait une vacation de quatre heures, il ne peut porter en compte qu'une vacation entière et un tiers de vacation. Telle est l'opinion de la plupart des auteurs qui ont écrit sur le tarif (1).

Aux termes de l'art. 151 du tarif de 1807, il ne peut être passé aux notaires plus de trois vacations par jour, quand ils opèrent dans le lieu de leur résidence, savoir : deux par matinée et une seule dans l'après-midi. Quand l'opération se fait hors du lieu de leur résidence, ils peuvent faire jusqu'à quatre vacations par jour (2).

Les actes rétribués par vacation, dans l'art. 168 du décret de 1807, sont :

a) Les compulsoires faits en l'étude d'un notaire (art. 849, C. pr. civ.);

b) Les transports devant le juge, lorsqu'ils sont requis (art. 852, C. pr. civ.) ;

c) Les actes respectueux (art. 151, 154, C. civ.) ;

d) Les inventaires (art. 941 et suiv., C. pr. civ.) ;

e) Les référés devant le président du tribunal (art. 944, C. pr. civ.) ;

f) Les procès-verbaux dans lesquels les notaires sont tenus de constater le temps qu'ils y auront employé (art. 977 et suiv., C. pr. civ.), tels sont les procès-verbaux de défaut contre une partie citée à se rencontrer dans l'étude d'un notaire, soit pour passer ou ratifier un acte, soit pour tout autre objet ; ceux d'enquête, ceux d'offres réelles et de consignation, ceux de refus d'un conservateur des hypothèques de transcrire les actes de mutation ou d'inscrire le bordereaux ; ceux de déclaration de témoins, et autres procès-verbaux ou actes descriptifs ;

g) Les comparutions au greffe pour y déposer la minute du procès-verbal des difficultés élevées dans les partages, contenant les dires des parties (art. 977, C. pr. civ.) ;

h) Les présentations des testaments mystiques et olographes.

Dans toutes ces circonstances, la rétribution est accordée plutôt pour le temps que le notaire a employé que pour les difficultés de rédaction de l'acte, et, dans le cas où il est alloué des vacations, il n'est rien dû au notaire pour les minutes des procès-verbaux (3).

Mais l'article 168, qui fait l'énumération de tous les actes de la juridiction contentieuse attribués aux notaires par le Code civil et par le Code de procédure n'est pas limitatif, et il y a beaucoup d'autres procès-verbaux de débats de compte, de visites, de reconnaissance et d'états de lieux, etc. :

Le notaire qui est commis pour représenter un absent dans un inventaire ou un partage a également droit à des vacations selon le temps employé par lui à ces opérations.

D'après l'article 168 du même décret, combiné avec les articles 1er et 2 du troisième décret de 1807, et plusieurs décrets postérieurs, le tarif des vacations est différent, selon la classe du notaire à qui elles sont dues :

Pour une vacation de trois heures, les notaires de première classe (Paris, Bordeaux, Lyon, Rouen, Toulouse, Marseille, Lille, Nantes (4), comptent. Fr. 9 »

Les notaires de deuxième classe (ceux habitant les villes où siège une cour d'appel, ou dont la population excède 30,000 âmes). 8 10

Les notaires de troisième classe (ceux habitant les villes où siège un tribunal de première instance). Fr. 6 »

Tous les autres notaires (quatrième classe). . . . . 4 »

---

(1) Rutgeerts, t. II, n° 1100; Bonnesœur, *op. cit.,* p. 172; Sudraud-Desisle, p. 192; n° 635; Chauveau, t. II, p. 422; Carré, p. 391; Amiaud, *Tarif*, p. 177.
(2) Dalloz, *Rép. gén.*, v° NOTAIRE, n° 456.

(3) Art. 169 du tarif de 1807.

(4) Décret des 12 juin 1856, 30 avril et 13 décembre 1862.

16. — Comptes et liquidations. — L'article 171 du même décret porte, en outre : « Il sera payé aux notaires, pour la formation des comptes que les copartageants pourront se devoir, de la masse générale de la succession, des lots et des fournissements à faire à chacun des copartageants, une somme correspondante au nombre des vacations que le juge arbitrera avoir été employées à la confection de l'opération. »

Cet article a été l'objet, dans le *Répertoire* de Dalloz, de critiques si judicieuses que nous ne saurions mieux faire que de les reproduire ici :

« De toutes les dispositions réglementaires en matière de taxe, celle-ci est incontestablement la plus embarrassante pour la conscience du magistrat le plus éclairé.

« Une liquidation ne peut être établie uniquement comme un procès-verbal d'inventaire ou d'expertise, par vacations exprimées, sans devenir inutilement volumineuse, sans mentionner des vacations arbitraires de la part du notaire, pour le travail qu'il accomplit seul en dehors des clients, et sans constater des rendez-vous qui, tenus avec l'une ou l'autre des parties, doivent souvent rester ignorés pour faciliter la conciliation des copartageants. Le travail le mieux fait, dans l'intérêt des affaires, est celui qui ne laisse subsister aucune trace de débats péniblement apaisés, et qui présente avec clarté et précision les résultats à consacrer légalement. Comment le juge taxateur pourrait-il se rendre compte de travaux que rien ne lui révèle dans la liquidation, et que le notaire ne peut lui faire connaître, même verbalement, sans compromettre le secret de sa profession ? Aussi l'usage semble-t-il avoir prévalu, pour l'avantage de tous, juges et parties, de déterminer les honoraires d'une liquidation suivant le nombre et la position sociale des copartageants, et suivant le chiffre des biens liquidés. Nous verrons plus tard que le législateur lui-même a pris l'importance des biens pour base des tarifs publiés postérieurement à la disposition qui vient d'être rappelée. Cette règle d'interprétation sera souvent la plus juste, parce que les intérêts considérables sont ordinairement ceux qui, par leur diversité, sont les plus compliqués ; parce que ce sont ceux aussi qui appellent un travail plus sérieux, en raison de la responsabilité plus grande qu'ils entraînent ; et elle sera toujours la plus équitable, car elle exonérera les petites fortunes.

« Toutefois, et quelle que soit la justesse de ces considérations, on ne peut se dissimuler qu'il n'est aucun juge qui consente à accepter, sans notes ni explications, (alors surtout que le notaire est relevé par les parties de toute obligation de garder le silence sur tous les préliminaires de l'opération) le chiffre qui lui est présenté par le notaire et qui est contesté par le client. C'est à ce magistrat à se pénétrer de tout ce qui, dans une grande opération, est emporté de la mémoire par le temps et de tout ce que la sagacité, le travail et l'expérience du notaire doivent exercer d'influence dans le règlement des honoraires.

« Aussi a-t-il été jugé que les honoraires des notaires, en matière de liquidation, doivent être fixés d'après le nombre des vacations arbitrées par le juge avoir été employées aux termes des art. 171 et 173 du décret du 17 février 1807, et non consister, selon les usages du notariat, dans une remise proportionnelle calculée sur l'actif des successions (1).

« Certes, cette décision ne saurait être critiquée en droit rigoureux, puisque le décret de 1807 ne parle que de vacations ; mais il est à remarquer qu'en supputant par vacations, l'arrêt aboutit, en fait, à confirmer le chiffre d'honoraires qui avait été proposé d'après une base proportionnelle, de sorte que la critique est amenée à constater que si les considérations équitables qui viennent d'être exprimées ne

---

(1) Paris, 4 janvier 1840 ; Aubertin, p. 86.

peuvent entrer dans le libellé du jugement, elles doivent, du moins, entrer dans la conscience du juge. »

Il est difficile de mieux apprécier la disposition légale de l'article 171 ; on ne saurait mieux surtout en faire ressortir le vice fondamental. Pourquoi obliger le magistrat taxateur à dénaturer sa décision ? Pourquoi le forcer à rémunérer le notaire sous la forme unique des *vacations* ? C'est-à-dire du temps indéterminé qui a pu être employé à la confection de l'acte de liquidation, alors qu'il puise ailleurs les divers éléments de sa conviction ? Et si le magistrat, au lieu de prendre en considération et le nombre des ayants droit à la succession, et leurs intérêts divers et l'importance de la masse à partager..., préfère s'en tenir strictement aux jours, aux semaines, aux mois, aux heures qu'il supposera avoir été consacrés au travail qui lui est soumis, qu'adviendra-t-il ? Il adviendra ce qui est advenu, en 1869, à un honorable et consciencieux notaire d'Alsace qui n'a pu obtenir du président du tribunal de Strasbourg qu'un chiffre de 60 francs, représentant quarante-cinq heures de travail « temps bien suffisant, au dire du magistrat, pour rédiger la liquidation », tandis que les honoraires péniblement gagnés, auraient dû s'élever à 500 francs au moins ! Nous n'insisterons pas davantage ; l'art. 171 du tarif de 1807, rigoureusement appliqué ne peut être que la source de flagrantes injustices (1).

En définitive, il faut reconnaître, comme nous l'avons fait observer dans notre *Tarif général* (2), que le principe de la rémunération *proportionnelle* des partages et liquidations est de beaucoup préférable à la rémunération *par vacations*. Il facilite la tarification et le contrôle des états de frais, en en simplifiant les éléments ; il est conforme aux principes de la rémunération, qui veulent que l'honoraire soit en rapport, non seulement avec les difficutés du travail accompli par le notaire, mais aussi avec l'intérêt que les parties retirent de la convention et la responsabilité que l'officier public peut encourir. Il a cet avantage qu'il mesure rigoureusement la rémunération d'après les ressources des ayants-droit, minime dans les successions de peu d'importance, élevé pour les successions opulentes. Enfin, et c'est là surtout ce qui en fait la supériorité, c'est qu'en étant juste et rationnel dans les limites du possible, il constitue une règle sûre, positive, qui supprimera tout arbitraire et qui protégera les parties contre les prétentions exagérées des notaires, et les notaires contre le pouvoir absolu ou l'erreur involontaire, mais inévitable, du juge taxateur (3).

Il n'en faut pas moins reconnaître qu'en l'état actuel de la législation, toute tarification d'une liquidation judiciaire faite autrement que par vacation, par exemple, en ayant seulement égard à la nature, à l'importance et aux difficultés de l'acte, serait irrégulière et devrait être réformée par le tribunal ou la Cour. L'art. 171 du décret de 1807 est seul applicable (4).

17. — Vérifications d'écritures. — En outre des vacations énoncées dans les art. 168 et 171, nous devons aussi mentionner les vacations qui font l'objet de l'art. 166 du décret du 16 février 1807 et de l'art. 13 du tarif criminel du 18 juin 1811, dont voici le contenu :

     a) Il sera taxé aux dépositaires qui devront représenter les pièces de comparaison en vérification d'écriture ou arguées de faux incident, indépendamment de leurs frais de voyages, par *chaque vacation*

---

(1) Aubertin, *Des hon. des notaires*, p. 37-38.
(2) T. II, p. 498 ; Robert, *Rapport*, p. 48.
(3) Dès 1856, le tribunal de la Seine, dans un travail complet sur la taxe des actes notariés, fixait aussi de la manière suivante le taux des honoraires proportionnels sur les liquidations :
  1 °/. jusqu'à 300,000 francs ;

1/2 °/. de 300,000 à 600,000 francs ;
1/4 °/. de 600,000 francs à 1 million ;
1/8 °/. au delà de 1 million (Mollot, *Liquid. judic.*, p. 244).

(4) Bruxelles, 13 juillet 1887 et 2 mai 1888 (*Bulletin de la taxe*, 1888, p. 88).

de trois heures, devant le juge-commissaire ou le greffier, savoir :

Aux notaires { de Paris. . . . . Fr.   9 »
{ des départements. 6 75

b) Il leur sera alloué, pour *chaque vacation de trois heures* la même indemnité qui leur est accordée par l'art. 166 de notre décret du 16 février 1807, relativement à l'inscription de faux incident.

On le voit, le chiffre des vacations est le même, quel que soit le tribunal devant lequel a lieu la procédure en vérification d'écritures ou en inscription de faux. Les notaires sont purement et simplement divisés en deux classes, ceux de Paris et ceux des départements et il n'y a pas lieu d'admettre les distinctions de l'art. 168 combiné avec le troisième décret du 16 février 1807 et les décrets subséquents.

18. — Ventes judiciaires de meubles. — Des vacations pour les *ventes judiciaires de meubles* sont encore accordées aux notaires par l'art. 39 du décret du 16 février 1807, dont le § 3, combiné avec les décrets postérieurs dispose :

Pour chaque vacation de *trois heures*, à la vente, le procès-verbal compris, il sera taxé à l'huissier (1), dans les lieux où les huissiers sont autorisés à le faire :

A Paris, Lyon, Bordeaux, Rouen, Toulouse, Marseille, Lille,
Nantes . . . . Fr.   8 »
Pour les villes où siège une autre Cour d'appel et les villes dont la
population excède 30,000 habitants 7 20
Pour les villes où siège un tribunal de première instance . . . . . .   5 »
Partout ailleurs . . . .   4 »
Indépendamment de ces vacations, il est alloué aux notaires :

a) Une indemnité pour vacations à la déclaration préalable au bureau de l'enregistrement (2) ;
b) Des droits de publication et d'exposition (3) ;
c) Des droits de taxe (4) ;
d) Des vacations pour le dépôt des deniers à la caisse des dépôts et consignations (5) ;
e) Des frais de voyage, s'il y a lieu.

19. — Ventes volontaires de fruits et récoltes. — Rappelons enfin qu'en outre des honoraires proportionnels alloués aux notaires, comme nous allons le voir, par le décret des 5-8 novembre 1851, il leur est accordé des *vacations.*

Pour versement à la caisse des consignations, paiement des contributions ou assistance aux référés, s'il y a lieu ; les vacations sont taxées :

A Paris, Lyon, Bordeaux, Rouen, Toulouse et Marseille. . . . . Fr.   4 »
Et partout ailleurs. . . . .   3 »

ART. 2. — *Honoraires proportionnels.*

20. — Les honoraires *proportionnels*, c'est-à-dire fixés en raison de l'importance pécuniaire de l'affaire, — et expressément tarifés par la loi, sont les suivants :

21. — Ventes judiciaires d'immeubles. — Les ventes judiciaires d'immeubles étaient primitivement tarifées par l'article 172 du décret du

---

(1) L'article 39 ne mentionne que *l'huissier*, mais l'article 88, dont il est le complément, porte : « l'huissier ou *autre officier* qui procédera à la vente. »

D'autres auteurs prétendent, au contraire, que c'est le § 8 de l'article 168 qui est applicable aux notaires. Bonnesœur, *Manuel de la taxe*, p. 10. — Dict. du not., v° *Vente de meubles*, n°s 121-122. — C'est aussi l'opinion que nous avons soutenue dans notre *Traité géner.*, t. II, p. 146 ; mais la jurisprudence et la chancellerie ont consacré la doctrine contraire.

(2) Loi du 22 pluviôse an VII, art. 17.
(3) Décr. 1807. art. 37 et 41.
(4) Décr. 1807, art. 42.
(5) Décr. 1807, art. 42.

16 février 1807; mais ce texte a été expressément abrogé par l'article 20 de l'ordonnance des 10-25 octobre 1841, rendue en exécution de la loi du 2 juin de la même année et qui règle actuellement les honoraires.

Dans les cas où les tribunaux renverront des ventes d'immeubles par devant notaires, ceux-ci auront droit, pour la grosse du cahier des charges, *par rôle contenant 25 lignes à la page et 12 syllabes à la ligne, à Paris* . . . .   2 »

Partout ailleurs. 1 50

Ils auront droit, en outre, sur le prix des biens vendus :

Jusqu'à 10,000 francs. . . . .   1 °/₀

Sur la somme excédant 10,000 fr., jusqu'à 50,000 fr. . . . . . 1/2 °/₀

Sur la somme excédant 50,000 fr., jusqu'à 100,000 fr. . . . . . 1/4 °/₀

Sur la somme excédant 100,000 fr., indéfiniment . . . . 1/8 °/₀

Moyennant les allocations ci-dessus, les notaires sont chargés de la rédaction du cahier des charges, de la réception des enchères et de l'adjudication; ils ne pourront rien exiger pour les minutes de leurs procès-verbaux d'adjudication.

Les avoués restent chargés de l'accomplissement des autres actes de la procédure; ils auront droit aux émoluments fixés pour ces actes et, lorsque l'expertise est facultative et n'aura pas été ordonnée, les avoués auront droit, en outre, à la différence entre la remise allouée, pour ce cas, par l'art. 2 de la présente ordonnance et la remise fixée par le § 2 du présent article (art. 14).

Art. 16, § 4... Les remises proportionnelles fixées par les art. 11 et 14 seront perçues sans distinction de résidence.

Art. 18. — Dans tous les cahiers de charges, il est défendu expressément de stipuler au profit des officiers ministériels *d'autres et plus grands droits* que ceux énoncés au présent tarif. *Toute stipulation, quelle qu'en soit la forme, sera nulle de droit.*

Art. 19. — Outre les fixations ci-dessus, seront alloués les simples déboursés, justifiés par pièces régulières...

Ces dispositions, à première lecture, semblent très simples ; elles ont, cependant, donné lieu à des difficultés dont nous devons faire connaître la solution :

a) Quelle est l'étendue des dispositions du § 3 de l'art. 14 ? Faut-il n'appliquer cette rémunération qu'au cahier des charges et au procès-verbal d'adjudication ? La Cour de cassation a jugé le 5 juillet 1853 qu'il n'est dû au notaire commis aucun honoraire pour la minute du procès-verbal destiné à constater l'absence d'enchérisseur et l'ajournement de l'adjudication ; — que la déclaration de command reçue par le notaire qui a procédé à une vente judiciaire n'est qu'une annexe et le complément même du procès-verbal d'enchères et ne donne lieu, par suite, à aucune rémunération spéciale ; — enfin, qu'on doit considérer la remise proportionnelle, allouée par l'art. 14, comme rétribuant le notaire de l'ensemble de toutes les opérations qui constituent la transmission de propriété, même des quittances par lesquelles l'adjudicataire sera postérieurement libéré de son prix (1).

Nous avons combattu la théorie, par trop rigoureuse, consacrée par cette jurisprudence (2).

b) Les notaires peuvent-ils calculer comme les avoués, leur remise proportionnelle sur chaque lot adjugé, lorsque les lots sont composés d'immeubles distincts, par application du § 15 de l'article 11 de l'ordonnance ?

Malgré l'avis contraire, enseigné par la majorité des auteurs (3),

---

(1) Dunkerque, 23 juillet 1857, et Cass., 10 mai 1858 (J. du not., n° 1344).

(2) Cons. notre *Tarif général*, t. II, p. 210.

(3) V. notre *Tarif général*, p. 215 et suiv.

la Cour de cassation, dans ses arrêts des 4 juin 1851 et 10 mai 1858,
a consacré la négative ; la remise doit toujours être calculée sur le
prix total des lots réunis (1).

c) L'acte de dépôt du cahier des charges est un acte inutile et
frustratoire qui n'est pas passé en taxe au notaire qui l'a
dressé (2).

d) Les notaires peuvent-ils exiger des honoraires pour les expéditions
et extraits de l'adjudication, délivrés aux vendeurs ou aux adjudicataires ? Sans aucun doute ; c'est l'avis généralement admis par
les auteurs (3).

e) Toutes les charges imposées à l'adjudicataire, qui peuvent être
évaluées en argent, doivent être ajoutées au prix pour le calcul
de la remise proportionnelle (4).

f) La disposition de l'art. 18 qui défend de stipuler d'autres et plus
grands droits que ceux énoncés au tarif, et qui frappe de nullité
toute stipulation de cette nature, a été déclarée d'ordre public,
intéressant toutes les parties, et pouvant être invoquée par chacune
d'elles. Dès lors, soit avant, soit après le paiement des honoraires
stipulés, la taxe peut être exigée, alors même qu'une clause particulière interdirait à l'un des contractants le droit de requérir
cette taxe, une telle clause étant d'avance entachée de nullité (5).

22. — Ventes publiques volontaires de fruits et récoltes. — Les
ventes publiques *volontaires* de fruits et récoltes pendant par racines et de coupes
de bois taillis donnent également droit à un honoraire proportionnel, tarifé par
le décret des 5-8 novembre 1851, ainsi conçu :

« ART. 1er. — Il est alloué, pour les droits d'honoraires, non compris les
« déboursés, à l'officier public chargé de procéder à une vente volontaire et aux
« enchères de fruits et récoltes pendants par racines, ou coupes de bois taillis,
« une remise sur le produit de la vente, qui est fixée à 2 %, jusqu'à 10,000 francs
« et 1/4 % sur l'excédant, sans distinction des ventes faites au comptant et de
« celles faites à terme.

« En cas d'adjudication par lots, consentie au nom du même vendeur, la
« remise proportionnelle, établie au présent article, est calculée sur le prix total
« des lots réunis.

« La remise ne peut, en aucun cas, être inférieure à 6 francs.

« ART. 2. — Lorsque l'officier public qui a procédé à une vente à terme est
« chargé d'opérer le recouvrement du prix, il a droit à une remise de 1 % sur
« le montant des sommes par lui recouvrées.

« ART. 3. — S'il est requis expédition ou extrait des procès-verbaux de
« vente, il est alloué, outre le timbre, 1 franc par chaque rôle de vingt-cinq
« lignes à la page et de quinze syllabes à la ligne.

« ART. 4. — Pour versement à la caisse des consignations, paiement des con-
« tributions ou assistance aux référés, s'il y a lieu, il est alloué : à Paris, Lyon,
« Bordeaux, Toulouse, Marseille, Lille, Nantes, 4 francs.

« Partout ailleurs, 3 francs.

« ART. 5. — Toutes perceptions directes ou indirectes, autres que celles
« autorisées par le présent règlement, à quelque titre et sous quelque dénomina-
« tion qu'elles aient lieu, sont formellement interdites.

---

(1) *Tarif gén.*, p. 215.
(2) *Tarif gén.*, p. 209.
(3) Dict. du not., v° *Vente judiciaire*, n° 208 ;
Bonnesœur, p. 315 ; *Tarif général*, p. 214.

(4) Aubertin, p. 48 (note) ; *Tarif général*, p. 215 ;
Rutgeerts et Amiaud, n° 1148.
(5) Paris, 20 décembre 1859 ; Cass., 29 juin 1869
(art. 15762, 16775 et 16874, J. N.).

« En cas de contravention, l'officier public pourra être suspendu ou destitué,
« sans préjudice de l'action en répétition de la partie lésée et des peines pronon-
« cées par la loi contre la concussion.

« Art. 6. — Il est également interdit aux officiers publics de faire aucun
« abonnement ou modification, à raison des droits ci-dessus fixés, si ce n'est avec
« l'État et les établissements publics.

« Toute contravention sera punie d'une suspension de quinze jours à six
« mois; en cas de récidive, la destitution pourra être prononcée. » (V. *infrà*;
v° VENTE DE MEUBLES, § 2).

23. — **Certificat de vie.** — Les certificats de vie des pensionnaires de
l'État sont tarifés, en proportion des arrérages à percevoir, et à un taux différent,
suivant qu'il s'agit des pensions *civiles*, des pensions *militaires* ou de pensions de
la légion d'honneur et de la médaille militaire. (V. *suprà*, v° CERTIFICAT DE VIE.)

ART. 3. — *Honoraires fixes.*

24. — Quelques actes, en raison de la faveur particulière que le législateur
y a a hait, ont été l'objet encore d'une tarification légale et soumis à un honoraire
fixe minime ; tels sont :

> *a)* Les contrats ou *brevets d'apprentissage*, tarifés au droit fixe de
> 2 *francs*, par l'art. 2 de la loi du 22 février 1851.
>
> *b)* Les *protêts*, tarifés par le décret du 13 mars 1848. (V. *infrà*,
> v° PROTÊT, et notre TARIF GÉNÉRAL ET RAISONNÉ) (1).

ART. 4. — *Droits de rôle.*

25. — Outre l'honoraire des minutes, qui se divise, on l'a vu, en droits fixes,
proportionnels ou de vacation, il est d'usage d'accorder aux notaires une rétribution
particulière pour les expéditions, grosses et extraits qu'ils délivrent de leurs actes
aux parties. C'est ce qu'on appelle le *droit de rôle*, parce que cet honoraire se
calcule à raison de *tant* par rôle, ce qui comprend deux pages d'écriture sur
papier d'expédition ou moyen papier.

L'art. 174 du tarif du 16 février 1807 contient à ce sujet la disposition suivante :

« Les expéditions de tous les actes reçus par les notaires, y compris celles des
inventaires et de tous procès-verbaux, contiendront vingt-cinq lignes à la page et
quinze syllabes à la ligne (2) et leur seront payées par chaque rôle :

« A Paris, 3 francs ;

« Dans les villes où il y a un tribunal de première instance, 2 francs ;

« Partout ailleurs, 1 fr. 50. »

Et le troisième décret du 16 février 1807 porte :

« ART. 1er. — Le tarif des frais et dépens en la Cour d'appel de Paris,
décrété aujourd'hui, est rendu commun aux cours d'appel de Lyon, Bordeaux et
Rouen.

« Toutes les sommes portées en ce tarif seront réduites d'un dixième pour la
taxe des frais et dépens dans les autres cours d'appel. »

26. — De la combinaison de ces articles et de décrets postérieurs que nous
avons déjà cités (page 273), il résulte que le prix de chaque rôle d'expédition est
actuellement fixé ainsi qu'il suit :

> *a)* Pour les notaires de Paris, Lyon, Bordeaux, Rouen, Toulouse,

---

(1) T. II, p. 53 à 56.   (2) Loi du 13 brumaire an VII sur le timbre.

Marseille, Lille et Nantes. . . . . Fr.   3 00
  b) Pour ceux qui résident au siège des autres cours d'appel.   2 70
  c) Pour ceux qui résident dans les villes où il y a un tri-
     bunal de première instance. 2 00
  d) Partout ailleurs. 1 50

27. — Ces droits ont été modifiés par l'ordonnance du 10 octobre 1841, pour les ventes judiciaires de biens immeubles, et par le décret du 5 novembre 1851, en ce qui concerne la vente des fruits et récoltes.

Les articles 14 et 16 de l'ordonnance du 10 octobre 1841 fixent le prix du rôle de grosse ou d'expédition, savoir :

Pour les notaires de Paris, Bordeaux, Lyon, Marseille, Lille et Nantes, à. . . . . Fr.   2 00

Pour les notaires des villes où siège une Cour d'appel ou dont la population est supérieure à 30,000 âmes, à. 1 80

Enfin, pour les autres notaires, à. 1 50

Les droits fixés par le décret de 1851 sont encore moindres. L'article 3 de ce décret est ainsi conçu :

« S'il est requis expédition ou extrait des procès-verbaux de vente, il est « alloué, outre le timbre, 1 franc pour chaque rôle de vingt-cinq lignes à la page « et de quinze syllabes à la ligne. »

28. — Enfin, une décision des Ministres des finances et de la justice du 9 janvier 1808 fixe à 0,75 centimes pour Paris et à 0,50 pour les départements, outre les droits de timbre, l'honoraire dû aux notaires pour chaque rôle des expéditions qu'ils délivrent aux préposés de l'enregistrement et des domaines dans l'intérêt public (1).

29. — Les notaires ont-ils droit à des honoraires de rôle pour les copies sur papier libre des contrats intéressant les communes ou établissements publics qu'ils doivent soumettre à l'approbation préfectorale ? Cette question avait été résolue négativement dans une consultation donnée par le *Journal des notaires* (art. 16548), et nous savons que quelques magistrats, s'appuyant sur des décisions administratives inapplicables à la difficulté, refusent de passer en taxe des honoraires de rôle en pareil cas. Les notaires doivent leur opposer la décision concertée, en 1858, entre les Ministres de la justice et de l'intérieur, qui autorise formellement l'allocation du droit de rôle, tel qu'il est établi par l'art. 175 du décret de 1807 (2).

30. — Lorsqu'une expédition contient moins d'un rôle d'écriture, c'est-à-dire que le recto et le verso du papier d'expédition ne se trouvent pas entièrement remplis, il est dû néanmoins le prix d'un rôle entier.

Mais quant au second rôle et aux subséquents, il y a lieu de réduire proportionnellement le droit, lorsque ces rôles ne se trouvent écrits qu'en partie (3). C'est

(1) Inst. gén. du 23 février 1808, n° 369.
Toutefois, cette décision, motivée sur l'article 14 de la loi du 19 décembre 1790, paraît contestable. Cet article, qui limitait aux actes de l'année antérieure le droit de communication des préposés de l'enregistrement, et qui, à l'égard des actes plus anciens, leur conférait le droit d'en demander expédition, moyennant 2 sols 6 deniers par rôle, a été abrogé par l'article 54 de la loi du 22 frimaire an VII, qui a étendu le droit de communication à tous les actes dont les notaires sont dépositaires, à l'exception des testaments.
Puis, la fixation établie par M. le ministre des finances, de sa propre autorité, serait-elle bien régulière ? Nous ne le croyons pas. On peut donc dire que, depuis la loi du 22 frimaire an VII, chaque fois que l'administration a besoin, non pas d'une simple copie qu'elle peut faire prendre, sans frais,

par ses préposés, mais d'une expédition en règle qui ne peut être délivrée que par le notaire, elle est assujettie pour le paiement des honoraires aux règles du droit commun. (Dict. du not., v° HONORAIRES, n° 180 ; Rutgeerts, t. II, n° 1123 : Boucher d'Argis, éd. Sorel, *Dictionnaire raisonné de la taxe*, v° NOTAIRE, n° 339).
(2) *Bulletin du min. de l'intérieur*, 1858, p. 203; Amiaud, *Tarif*, p. 194 ; *J. du not.*, 1859, n° 1388.
(3) Décision du minist. just., 10 octobre 1835; Ed. Clerc, *Traité du notariat*, t I°, n° 645 : Rolland de Villargues, v° *Honoraires*, n° 39 ; Dict. du not., v° HONORAIRES, n° 187 et suiv.; Rutgeerts, t. II, n° 1121 ; Rémy, p. 164; Fons, *Les tarifs en matière civile*, art. 174, n° 2 ; Armand Dalloz, *Code des notaires expliqué*. n° 1210 : Bonnescœur. *Manuel de la taxe*, p. 243. 6°; Dalloz, *Répertoire général*, v° NOTAIRE, n° 477.

ce qui résulte d'une décision ministérielle du 10 octobre 1835, et l'usage est conforme. Cependant on compte d'ordinaire le demi-rôle entier, quand la première moitié de la première page est dépassée, et le rôle entier, quand le second demi-rôle est plus qu'à moitié fait. Cette perception pourrait être maintenue (1).

31. — Dans cette même lettre, M. le Ministre de la justice examine la question de savoir quel est le droit dû à un notaire qui délivre une expédition de minutes dont il est dépositaire et qui appartiennent à un notaire d'une autre classe que la sienne : « Pour la fixation de ce droit d'expédition, dit-il, il paraît nécessaire d'éta-« blir la distinction suivante : si le dépôt n'est que provisoire, le droit est dû à « raison de la classe de l'étude dans laquelle les minutes sont réintégrées; si, au « contraire, le dépôt est définitif, le notaire est forcé de réclamer le droit alloué à « la classe dont il fait partie. »

Cette distinction nous paraît fondée, et nous ne saurions partager ici l'opinion de Rutgeerts; cet auteur prétend que la loi ne fait aucune différence, quant au droit d'expédition, entre les actes placés provisoirement et ceux placés définitivement au rang des minutes d'un notaire; et que, dans l'un et l'autre cas, le notaire peut demander le droit alloué à la classe dont il fait partie. Nous répondrons que l'expédition est délivrée par le notaire non pas en son nom, mais comme représentant du notaire décédé ou substitué, dont les minutes lui ont été provisoirement confiées (2) ; c'est donc le tarif de ce dernier qui doit être suivi.

32. — Les droits de rôles sont dus au notaire, indépendamment de l'honoraire de la minute, mais ils ne sont dus qu'autant que les parties jugent utile de requérir une expédition ; ils ne sont pas dus non plus pour les copies faites sur papier libre, à moins que ces copies ne soient formellement dispensées du timbre.

Lorsque le notaire perçoit des honoraires fixes ou proportionnels, les droits de rôle de la première grosse ou de la première expédition sont-ils compris dans ces honoraires? M. Rutgeerts enseigne l'affirmative, et dans l'enquête judiciaire de 1862, quelques tribunaux ont demandé qu'il en fût ainsi pour certains actes, pour les liquidations, les partages, les adjudications, notamment, afin d'éviter les écritures inutiles (3), ou bien lorsque les honoraires de l'acte dépasseraient 1,000 fr. (4). Nous ne saurions admettre cette opinion. Le droit de rôle est un droit distinct, créé pour rémunérer un travail particulier et tout à fait indépendant du travail de préparation ou de rédaction de l'acte rétribué par l'honoraire fixé, proportionnel ou de vacation. Il est donc juste de l'allouer au notaire qui, du reste, en débourse une partie dans les frais qu'il paie à son expéditionnaire.

« Malgré l'usage de Paris, dit à ce sujet la Cour d'Amiens dans son rapport du 26 janvier 1863, nous sommes unanimement d'avis que les droits de rôle de la première expédition doivent être, comme les autres, payés à part et en dehors des honoraires de chaque acte. C'est l'usage général dans toute la France ; les tarifs légaux en donnent l'exemple, et il y aurait, à procéder autrement, plus d'un inconvénient. On comprend, en effet, à quel point cette confusion de droits ferait obstacle à la tarification et combien il serait difficile d'ajouter à l'avance, soit à un honoraire proportionnel, soit à des vacations, le profit légitime à retirer d'un nombre de rôles nécessairement inconnu ; on comprend encore que de pareils erre-ments diminueraient sensiblement la consommation du timbre, car les notaires auraient alors la tentation contraire à celle que nous critiquions tout à l'heure et s'ingénieraient à abréger et à réduire. »

Ajoutons que cette diminution de droits n'est commandée par aucune règle

(1) Rapport de la Cour de Bourges.
(2) Éd. Clerc, n° 646; Dict. du not., n° 182. — Contra : Rutgeerts, t. II, n° 1122.
(3) Tribunal de Reims (délibération du 24 juin 1862). — Délibération du tribunal de Melun, qui

demande que les droits d'expédition soient toujours compris dans l'honoraire proportionnel (10 juillet 1862.
(4) Tribunal de Chartres (délibération du 24 janvier 1863, art. 2).

d'équité ou de convenance; qu'elle ne serait pas possible pour le grand nombre des actes, pour ceux d'une médiocre importance, et à plus forte raison pour ceux qui sont rétribués par un honoraire fixe; enfin, que toutes les cours d'appel ont été unanimes pour demander le maintien des droits de rôle (1).

Mais il serait désirable que le droit de rôle soit tarifé d'une façon uniforme à 2 fr. 50 (2).

Art. 5. — *Indemnités de voyage.*

33. — Les indemnités de voyage sont une rétribution particulière accordée aux notaires quand ils sont obligés de se transporter à une certaine distance de leur résidence à l'occasion de leurs fonctions. Cette rétribution est fixée par l'art. 170 du tarif du 16 février 1807, et, en matière criminelle, par les art. 15, 91, 95 et 96 du décret du décret du 18 juin 1811. Nous allons étudier chacune de ces dispositions.

L'art. 170 du tarif civil du 16 février 1807 est ainsi conçu : « Quand les notaires seront obligés de se transporter à *plus d'un myriamètre* de leur résidence, indépendamment de leur journée, il leur sera alloué pour frais de voyage et de nourriture, par chaque myriamètre, un cinquième de *leurs* vacations, — et autant pour le retour. Et, par journée qui sera comptée à raison de *cinq myriamètres,* aussi pour l'aller et le retour, *quatre vacations.*

Le législateur a fait ce raisonnement : Pendant que les notaires voyagent, ils travaillent; donc ils doivent être rémunérés; et, calculant le temps employé à raison d'une lieue à l'heure, il leur a alloué quatre vacations (douze heures) pour douze lieues parcourues. De plus, il leur a accordé, pour frais de voyage et de nouriture, une indemnité proportionnée à l'honoraire spécial de la *journée de route;* rien de plus juste que cette indemnité. En effet, dit avec raison Renaud, s'il n'était rien passé aux notaires pour leurs frais de transport et de nourriture, ils seraient forcés d'employer tout ou partie de ce qui leur est accordé pour leur journée de voyage ; car, enfin, pour ces voyages, ils sont obligés de vivre dans les auberges, ou chez les traiteurs, et de payer leur voiture. S'ils employaient à cela tout ou partie de ce qui leur est accordé pour leur voyage, leur émolument ne serait plus entier ; et c'est précisément ce que l'art. 170 a voulu éviter en allouant une indemnité particulière pour subvenir à ces frais (3).

Ainsi, *en outre* des émoluments, quels qu'ils soient, des actes que les notaires sont appelés à recevoir à une certaine distance de leur résidence, l'art. 170 stipule **deux** sortes de rétributions :

      a) Des vacations pour la durée du voyage, séparées bien entendu des vacations consacrées à l'opération elle-même ;

      b) Et des frais de voyage et de nourriture calculés sur ces vacations (4).

---

(1) Voir notamment le rapport de la Cour de Rouen de 1852, dans lequel le rapporteur s'est attaché à démontrer la justice de cette allocation. Dans ce sens : Dict. du not., vº HONORAIRE, nº 176 ; Ed. Clerc, nº 651 ; Délibération de la chambre des notaires de Versailles du 29 avril 1853.

(2) Le législateur lui-même a déjà donné raison, à plusieurs reprises, à cette opinion que nous avons défendue dans notre tarif.

  a) Par l'ordonnance du 25 octobre 1841, dont l'article 14 ne divise les notaires en deux classes, ceux de Paris et ceux de toutes les autres résidences ;

  b) Par la loi du 20 juin 1843, qui alloue à tous les commissaires-priseurs, indistinctement, le même droit de rôle, et qui, dans l'article 1er, n'établit que *deux* classes pour les honoraires de vacation ;

  c) Par le décret du 8 novembre 1851, portant tarif des ventes de fruits et récoltes, qui, dans les articles 3 et 4, alloue à tous les notaires le même droit de rôle et ne fait que *deux* catégories pour les vacations, classant dans la première les notaires de Paris, Lyon, Bordeaux, Rouen, Toulouse et Marseille, et dans la seconde, les notaires de toutes les autres résidences;

  d) Enfin, par l'arrêté du 38 décembre 1842, réglant l'organisation du notariat en Algérie, et qui accorde à tous les notaires de la colonie, sans distinction, 8 fr. 10 pour les vacations et 2 fr. 50 pour les rôles.

  — V. ce que nous avons dit à ce sujet et sur la fixation uniforme des vacations dans notre *Tarif,* p. 174 et suiv., et p. 192 et suiv.

(3) *Du tarif,* t. I, p. 202 et suiv.

(4) Rolland de Villargues, nº 9 ; Dict. du not., nº 6 ; Renaud, p. 112 ; Vernet, p. 35 et 36 ; Amiaud, t. I, p. 207 ; Aubertin, p. 13-14.

34. — Quelle est l'importance numérique de ces allocations ?

Aux termes de l'art. 168 et des art. 1 et 2 du troisième décret du 16 février 1807, ainsi que des décrets postérieurs des 12 juin 1856, 30 avril et 13 décembre 1862, les vacations, nous l'avons vu, sont fixées :

A 9 francs pour les notaires de Paris, Bordeaux, Lyon, Rouen, Toulouse, Marseille, Lille et Nantes ;

A 8 fr. 10 cent. pour les villes où siège une autre Cour d'appel ou dont la population excède 30,000 habitants ;

A 6 francs pour les villes où siège un tribunal de première instance ;

A 4 francs partout ailleurs.

— Dès lors, si un notaire de Paris, Bordeaux, Lyon, Rouen, Toulouse, Marseille, Lille ou Nantes, se transporte à cinq myriamètres, il aura droit à :

a) Quatre vacations de 9 francs chacune.	36 »
b) Un cinquième de ces vacations pour chaque myriamètre (7 fr. 20).	36 »
Ensemble	72 »
Autant pour le retour	72 »
Total.	144 »

— S'il s'agit d'un notaire résidant dans une ville où siège une Cour d'appel autre que celles ci-dessus indiquées, ou dont la population excède 30,000 habitants, il aura droit à :

a) Quatre vacations de 8 fr. 10 cent. chacune. . . .	32 40
b) Un cinquième de ces vacations, pour chaque myriamètre (6 fr. 48).	32 40
Ensemble	64 80
Autant pour le retour.	64 80
Total.	129 60

— S'il s'agit d'un notaire résidant dans une ville où siège un tribunal de première instance, il aura droit à :

a) Quatre vacations de 6 francs chacune	24 »
b) Un cinquième de ces vacations pour chaque myriamètre (4 fr. 80).	24 »
Ensemble	48 »
Autant pour le retour.	48 »
Total.	96 »

— Et s'il s'agit d'un notaire résidant partout ailleurs, il aura droit à :

a) Quatre vacations à 4 francs l'une.	16 »
b) Un cinquième de ces vacations pour chaque myriamètre (3 fr. 20).	16 »
Ensemble	32 »
Autant pour le retour.	32 »
Total.	64 »

De sorte que la journée de route, retour compris, s'élève, selon la résidence, à 144 francs, — ou à 129 fr. 60, — ou à 96 francs, — ou à 64 francs; et cette journée se double, se triple, se quadruple, suivant que le transport est à 10, à 15, ou à 20 myriamètres de cette résidence.

Cette interprétation, qui a été contestée (1), est conforme à une délibération de la Chambre des notaires de Paris du 1er avril 1819 et à l'opinion généralement exprimée par les auteurs (2). Enfin, elle a été consacrée par un arrêt de la Cour de Paris du 1er décembre 1882 (3).

Quant aux *fractions de myriamètre*, le décret du 16 février 1807 n'en fait point mention, et les auteurs du Dict. du not., dans le silence de la loi, ont cru pouvoir raisonner ainsi : « Puisque pour chaque myriamètre, il est dû au notaire le cinquième de quatre vacations, pour chaque kilomètre, qui est le dixième du myriamètre, il recevra le dixième de ce cinquième, ou un cinquantième. Mais ce raisonnement n'est point accepté par la jurisprudence (4).

Ce que nous venons de dire s'applique au cas où le transport comporte une distance supérieure à un myriamètre. Est-il possible de l'étendre au cas où la route à faire est d'un myriamètre seulement, ou inférieure à un myriamètre? Cette question, qui intéresse particulièrement les notaires des résidences rurales, a été vivement débattue. Elle nous paraît résolue par le texte même de l'art. 170, qui est clair et précis et qui n'alloue d'indemnité que si le notaire se transporte à *plus* d'un myriamètre (5).

---

(1) V. notre *Tarif général*, t. I, p. 213.

(2) Dict. du not., v° *Voyage*, n° 7 ; Boucher d'Argis et Sorel, p. 389 ; Aubertin, p. 16.

(3) Art. 22868, J, N.

(4) La majorité des auteurs enseigne qu'il y a lieu de se reporter au tarif criminel du 18 juin 1811, qui renferme cette prescription formelle : L'indemnité sera réglée par myriamètre et demi-myriamètre ; les fractions de huit ou neuf kilomètres seront comptées pour un myriamètre, et celles de trois à sept kilomètres pour un demi-myriamètre. (Boucher d'Argis et Sorel, p. 392 ; Chauveau et Godoffre, t. I, n° 1421 ; Ed. Clerc, t. I, n° 612 ; Amiaud, *Tarif général*, t. I, p. 211 ; Ar. Dalloz, *Code du not.*, n° 1221).

(5) Nous avons jugé intéressant de reproduire ici les éléments de la discussion, tels que nous les avons donnés dans notre *Tarif* :

Si la route à faire par le notaire est de moins d'un myriamètre, ou d'un myriamètre juste, le notaire ne peut-il rien réclamer pour frais de voyage ou de nourriture?

MM. Rolland de Villargues (*Répertoire*, v° VOYAGE, n° 6), Boucher d'Argis (*Dict. raisonné de la taxe*, éd. Sorel, v° *Notaires*, p. 392) ; Ed. Clerc (*Traité du notariat*, t. Ier, n° 609), Carré (*Taxe en matière civile*, p. 524) ; Fons (*Les tarifs en matière civile*, art. 170, n° 2, p. 291), se prononcent expressément pour l'affirmative

« Lorsque le voyage, dit ce dernier auteur, est à une distance moindre d'un myriamètre ou à une distance exacte d'un myriamètre, le notaire ne peut rien compter ou réclamer pour les frais de voyage ; on suppose, dans ce cas, dit Rémy (p. 59), qu'il n'aura eu aucune dépense pour son transport ni pour sa nourriture, puisque cette distance lui permet de faire le voyage à pied et de prendre sa nourriture chez lui. »

M. Rutgeerts, tout en enseignant, en principe, la même doctrine, croit cependant « que si le domicile des parties était assez éloigné (mais qui arbitrera le degré de l'éloignement?) le notaire pourrait exiger une vacation ». (*Comment. de la loi du 25 ventôse an XI*, t. II, n° 1114).

MM. Renaud (*Tarif des notaires*, p. 109) ; Vernet (*Tarif des notaires*, p. 83); Serieys (*Répert. de jurisp.*, v° HONORAIRES, p. 198); Chauveau et Godoffre *Comment. du tarif*, t. I, n° 1421, p. 411), et les juris-consultes du *Dictionnaire du notariat*, v° VOYAGE,

n° 10, pensent, au contraire, qu'il est toujours dû au notaire une rétribution, mais que cette rétribution sera proportionnelle à la distance parcourue, en prenant pour base les dispositions de l'art. 170.

« En statuant, dit M. Renaud, que la journée des notaires en voyage sera comptée *à raison de quatre vacations par cinq myriamètres*, et qu'ils auront, *en outre de leur journée*, telle indemnité si le voyage fait est au-dessus d'un myriamètre, l'art. 170 ne s'est-il pas assez expliqué? Dire que quand les voyages des notaires ne seront que d'un myriamètre et au-dessous les notaires n'auront aucune indemnité, *en outre de leur journée*, n'est-ce pas sous-entendre qu'ils auront, du moins, cette journée ou les vacations qu'elle représente?

« Ce raisonnement paraît démonstratif. Veut-on savoir pourquoi il n'est passé aucuns frais de transport et de nourriture pour les voyages qui ne sont qu'à un myriamètre de la résidence du notaire ou au-dessous de cette distance? C'est par la raison toute simple que le notaire pouvant alors faire le voyage à pied et revenir prendre sa nourriture chez lui, on a supposé qu'il n'aurait, en ce cas, aucun débours à faire, ni pour son transport, ni pour sa nourriture. Mais, l'indemnité à part, les petits voyages, toute proportion gardée, doivent être rétribués comme les voyages plus considérables. »

« Serait-il juste, en effet, selon la remarque de M. Vernet, qu'un notaire fût appelé gratuitement à cinq kilomètres de sa résidence (ces voyages sont les plus fréquents), à toute heure du jour et de la nuit, par des chemins souvent dangereux ou impraticables, et qu'on pût le contraindre de s'exposer sans rétribution, quelquefois même au péril de sa vie (comme dans les pays de montagne), à l'intempérie des saisons, pendant une heure et demie ou deux heures de course?

« Serait-il même convenable qu'un notaire fût obligé de se déplacer pour un acte qui lui procurerait une simple rétribution de 8 francs (somme qui formerait à peine le salaire d'une simple commissionnaire envoyé à pareille distance), tandis qu'il s'exposerait à perdre l'émolument d'un acte important pour lequel on se serait présenté chez lui pendant son absence? (*Sic : Annales du notariat*, t. VII, p. 83 et suiv.).

N'allouer une indemnité de déplacement qu'au

Elle paraît avoir été ainsi tranchée par un arrêt de la Cour de cassation du 14 février 1887 (1).

35. — Frais de voyage en matière criminelle. — L'art. 13 du tarif criminel du 17 juin 1811 dispose :

Art. 13. — Lorsqu'en conformité des dispositions du Code d'instruction criminelle sur le faux, et dans les cas prévus notamment par les articles 452 et 454, des dépositaires publics, tels que les greffiers, notaires, avoués et huissiers, seront tenus de se transporter au greffe ou devant un juge d'instruction pour remettre les pièces arguées de faux, ou des pièces de comparaison, il leur sera alloué, pour chaque vacation de trois heures, la même indemnité qui leur est accordée par l'article 168 de notre décret du 16 février 1807, relativement à l'inscription de faux incident. — Les dépositaires publics auront toujours le droit de faire en personne le transport et la remise des pièces, sans qu'on puisse les obliger à les confier à des tiers.

L'art. 15 ajoute : « Dans les cas prévus par les deux articles précédents, les frais de voyage et de séjour des greffiers, notaires, avoués et dépositaires particuliers, seront réglés ainsi qu'il sera dit dans le chapitre VIII ci-après, pour les médecins, chirurgiens, etc. — Quant aux huissiers, on se conformera aux dispositions dudit chapitre VIII en ce qui les concerne. »

Et, d'après les art. 91, 95 et 96 dudit chapitre VIII, les notaires qui se transportent au greffe pour remettre les pièces arguées de faux, ont droit à des frais de voyage qui se règlent ainsi :

a) Par chaque myriamètre parcouru, en allant et en revenant, à raison de 2 fr. 50 ;

---

delà d'un myriamètre de distance, ajouterons-nous, c'est refuser évidemment toute rétribution, de ce chef, aux notaires des cantons et des résidences rurales dont le ressort est peu étendu, qui font cependant, l'hiver surtout, c'est à dire dans la saison la plus rigoureuse, beaucoup de voyages, mais qui ont assez rarement l'occasion de s'éloigner à plus d'un myriamètre de leur résidence.

Un système intermédiaire est accepté par le *Dictionnaire du notariat* :

« Dans le cas où le notaire se transporte à la distance d'un myriamètre ou au-dessous, lisons-nous dans cet ouvrage, l'usage est de suivre la règle d'après laquelle le notaire ne peut réclamer plus de trois vacations par jour (Tarif, art. 151) ; mais on ajoute le temps du voyage à celui employé au travail de l'acte ou procès-verbal. En effet, d'une part, il est certain que le notaire a le droit de constater, dans ses actes ou procès-verbaux, qu'il a procédé par double ou triple vacation, tant aux opérations qu'à son transport ; d'autre part, on peut appliquer, par analogie, l'art. 1er, § 2, du tarif portant : « Dans la première vacation seront compris le temps du transport et du retour au juge de paix ». La même règle paraît devoir être suivie par les notaires lorsqu'ils se transportent à une distance d'un myriamètre ou au-dessous de leur domicile (J. N., art. 484).

« Toutefois, il peut arriver : 1° que l'acte pour lequel le notaire se déplace ne soit pas rétribué par vacation ; 2° que, s'il s'agit d'un acte à vacation, le notaire n'ait constaté que celles employées au travail, afin d'épargner aux parties un droit d'enregistrement sur les vacations employées au voyage. Alors il paraît convenable d'admettre ce qu'enseignent MM. Renaud et Vernet, que l'on doit partir de la base de quatre vacations par journée de cinq myriamètres, aller et retour compris, pour fixer proportionnellement l'honoraire ou émolument du voyage à une distance d'un myriamètre et au-dessous, ou bien adopter pour base une lieue par heure ; encore

sur ce point est-il contesté, parce que le tarif semble n'accorder aux notaires de frais de voyage qu'au delà d'un myriamètre ».

Malgré ces dernières autorités, nous croyons que l'art. 170 ne dispose que pour le cas où le notaire est obligé de se transporter à plus d'un myriamètre de sa résidence. C'est pour ce cas spécial qu'il règle et l'honoraire de voyage et les frais qu'il occasionne. Le texte nous paraît très clair sur ce point : « *Quand les notaires seront obligés de se transporter à plus d'un myriamètre de leur résidence*, est-il dit, il leur sera alloué, etc... » Donc, s'ils ne se transportent qu'à un myriamètre ou à une distance inférieure, l'art. 170 n'est pas applicable.

A la vérité, il peut paraître injuste, selon la remarque de Rolland de Villargues, de refuser une rétribution au notaire qui s'est transporté à un myriamètre et qui a parcouru, pour l'aller et le retour, deux myriamètres (quatre lieues anciennes) ; toutefois, cette considération d'équité disparaît devant la disparition formelle du décret de 1807. (Se sont prononcées dans ce sens, dans leurs rapports à la chancellerie, les cours de Bourges, Caen, Amiens, Dijon, etc.

Au surplus, la rigueur du tarif est tempérée, à juste titre, par l'usage qui s'est, du reste, fort régulièrement établi, et dont parle le *Dictionnaire du notariat* (n** 10, 11, 12), de comprendre, dans le chiffre des vacations, pour les actes dont les honoraires se règlent par vacations, le temps du transport, quand la distance n'est pas supérieure à un myriamètre. (S'c : Ed. Clerc, t. Ier, n° 610). — M. Rolland de Villargues désapprouve ce mode de procéder, parce que, dit-il, on jetterait ainsi les parties dans un surcroît de droits d'enregistrement. Nous répondrons que ce n'est pas là une objection sérieuse ou un correctif s'il en a le droit. Au surplus, les parties ont un moyen bien simple d'éviter ce surcroît de frais, c'est de payer d'avance les frais de transport du notaire.

(1) *Rev. not.*, n° 7811 ; *J. du not.*, 1887, p. 101.

b) Pour chaque jour de séjour forcé dans la ville où se fait l'instruction, et qui n'est point celle de leur résidence.

A Paris . . . . Fr.   4 »
Dans les villes de 40,000 habitants et au-dessus . . .   2 50
Partout ailleurs. . . . .   2 »

c) Enfin, pour chaque jour de séjour en route, à raison de 2 francs.

Il n'y a pas, pour les notaires, d'autre rétribution en matière criminelle (1).

— L'art. 166 du tarif civil de 1807 accorde aux notaires des *frais de voyage*, toutes les fois qu'ils sont obligés de se transporter au-delà d'un myriamètre « *pour aller déposer ou représenter des pièces de comparaison ou vérification d'écritures ou arguées de faux, en inscription de faux incident.* » Mais, cet article n'indique pas le *quantième* de ces frais de voyage et on s'est demandé, comment il doivent être taxés. Faut-il appliquer les dispositions du tarif criminel, que nous venons de transcrire ? — Ou bien n'y a-t-il pas lieu plutôt de s'en référer à l'art. 170 qui règle les frais de voyage dus aux notaires ? C'est dans ce dernier sens que se prononce M. Aubertin (2), malgré un jugement du tribunal de Vesoul du 14 novembre 1838, — et nous pensons qu'il a raison.

Aux termes d'une décision du Ministre de la justice du 4 mars 1820, il serait également dû au notaire des frais de voyage, d'après le même tarif, si, par une circonstance indépendante des notaires, l'opération ne s'achevant pas dans la journée, cet officier public était obligé de se déplacer une seconde fois pour aller reprendre ses minutes.

§ 3. Honoraires conventionnels. Règlement amiable. Tarifs locaux.

36. — Les honoraires fixés par la loi sont, on le voit, fort peu nombreux, puisqu'en dehors des rôles, des vacations, des frais de voyage, le législateur n'a tarifé que les ventes et partages judiciaires, le contrat d'apprentissage, les certificats de vie et les protêts.

Quant aux autres actes, et le nombre en est grand, la rémunération en a été laissée, en principe, à la libre appréciation des notaires qui doivent la fixer d'accord avec les parties.

Le 1er floréal an VIII, une résolution du Conseil des Cinq-Cents portait : « Les honoraires des notaires sont réglés par les parties de *gré à gré*, sinon par « les tribunaux, sur simples mémoires, d'après un *tarif* qui sera fait par une loi « particulière. » Mais cette proposition fut rejetée par le Conseil des Anciens, où l'on jugea qu'un tarif « *ne pouvait régler pareille matière.* »

Et le législateur du 25 ventôse an XI, reprenant la disposition déjà formulée dans la loi du 6 octobre 1791, décida que « les honoraires et vacations de notaires « seraient réglés à *l'amiable* entre eux et les parties, sinon par le tribunal civil « de la résidence du notaire, sur l'avis de la chambre, et par simples mémoires, « sans frais, » (art. 51.)

Ainsi, *honoraires conventionnels, règlement amiable entre le notaire et les parties,* — sauf taxe, quand il y aurait désaccord, et, en ce cas, *avis préalable de la chambre,* — telles sont les règles générales adoptées par le législateur et qui devaient servir de base aux relations des notaires avec leurs clients en cette matière.

37. — Mais ces règles ont été modifiées, soit par des textes législatifs posté-

---

(1) Aubertin, p. 22; Remy, p. 110. | (2) P. 23.

rieurs, soit par l'interprétation que la jurisprudence a donnée à l'article 51 de la loi de ventôse.

C'est ainsi que le décret du 16 février 1807, dont on a exagéré d'ailleurs l'importance, a substitué la juridiction du président du tribunal à celle du tribunal, remplacé et l'avis de la chambre par les renseignements du notaire et des parties (1).

Mais la modification la plus profonde qui ait été apportée dans cette partie de la législation est l'interprétation donnée par la Cour de cassation aux dispositions du décret de 1807 :

Il résultait, en effet, très clairement et très certainement, des dispositions de l'art. 51 de la loi de ventôse et de l'art 173 du décret de 1807 combinées, que le règlement amiable des honoraires entre le notaire et le client doit être, pour tous les actes non expressément tarifés, la loi absolue des parties ; si le notaire et le client ne peuvent s'entendre sur le chiffre de la rémunération, l'intervention du président du tribunal devient alors nécessaire; mais cette intervention n'est recevable qu'en cas de désaccord, c'est-à-dire, en l'absence du *règlement à l'amiable* posé comme règle par la loi ; et, si, conformément à l'art. 51 de la loi de ventôse, les honoraires d'un acte ont été fixés et réglés à l'amiable, le client ne peut plus ultérieurement attaquer le règlement comme excessif, à moins qu'il n'y ait eu dol. Il y a eu contrat et, comme le décide l'art. 1134, C. civ., la convention légalement formulée doit tenir lieu de loi à ceux qui l'ont faite.

C'est bien ainsi que l'avaient compris tous les auteurs et que l'avaient décidé les tribunaux et, en particulier, la Cour de cassation elle-même jusqu'en 1841 (2).

En 1841, la Cour de cassation, sur un pourvoi formé contre un jugement du tribunal de Joigny, du 27 mai 1837, décida que l'art. 51 de la loi de ventôse ayant été abrogé par le décret de 1807, le règlement amiable, intervenu entre le notaire et ses clients, dans quelques conditions et à quelque moment qu'il ait eu lieu et, alors même qu'il a été *volontairement exécuté,* ne peut empêcher le client de requérir la taxe; car cette taxe est d'ordre public, et tous les actes des notaires, sans exception, y sont soumis durant trente ans (3).

C'était le renversement de tous les principes établis par la loi de ventôse. Il est superflu d'ajouter que les Cours et les tribunaux ont docilement suivi la Cour suprême (4). La contestation n'est donc plus possible aujourd'hui et il ne reste aux notaires qu'à se soumettre.

38. — Mais on peut dire que, par suite de cette jurisprudence, le règlement amiable a été condamné à disparaître ; car, en substituant la taxe du président, c'est-à-dire le pouvoir arbitraire d'un homme, au sage principe de la liberté des conventions, elle a rendu suspecte de plein droit toute convention amiable, soumis les notaires à une incertitude perpétuelle sur leurs droits, et, en autorisant les restitutions scandaleuses, infligé à ces officiers publics la plus humiliante dégradation.

Cependant, comme le disait en 1862 la Cour de Bordeaux, la taxe manque aujourd'hui des conditions essentielles à toute bonne administration de la justice;

---

(1) Mais, pas plus que ne l'était l'avis de la chambre, les renseignements à fournir par les parties ne sont actuellement obligatoires pour le président. Cass., 9 mars 1858 ; Cass., 29 juillet 1862 et 19 juin 1865 (*Rev. not.*, n° 401 et 1315) ; Cass., 2 janvier 1872 (S. 1872-1-57); Louviers, 21 décembre 1882 (*Rev. not.*, n° 6606).

(2) Favard de Langlade, *Répert.*, v° HONORAIRES, p. 502, n° 9 ; Scrieys, v° *Honoraires ; Annales du not.*, t. V, p. 543 ; *Jurisprud. du not.*, t. I, n° 174 ; Rolland de Villargues, n°° 12, 29, 32 ; Robert, *Rapport*, p. 78 ; Paris, 21 avril 1806 ; Orléans, 13 avril 1809 ; Cass., 29 décembre 1818 et 4 décembre 1822 ; Paris, 4 décembre 1822 ; Amiens, 9 mars 1823 ; Paris, 7 avril 1827 ; Cass., 19 mars, 27 mai 1829 ; et 19 janvier 1831 ; Douai, 17 juin 1831 ; Nogent-le-Rotrou, 24 décembre 1836 ; Apt, 15 mars 1839 ; Montdidier, 20 mai 1838.

(3) Nous avons, dans notre *Tarif général et raisonné*, donné tous les éléments de cette discussion ; et les principaux arguments qu'on peut opposer à la doctrine consacrée par la Cour suprême; nous ne pouvons qu'y renvoyer nos lecteurs, en ajoutant que notre opinion n'a pas varié. La Cour de cassation a persisté dans sa jurisprudence : Cass., 19 mars 1851, 14 mars 1853, 22 août 1854, 4 avril 1859, 2 janvier 1872, 12 avril 1875.

(4) Paris, 14 mars 1861 et 18 mai 1874 ; Grenoble, 15 juin 1871 et 7 août 1874 ; Nîmes, 4 juin 1879, etc.

perpétuellement mobile dans ses évaluations, elle change, elle varie non seulement d'un arrondissement à un autre, mais encore d'un magistrat à un autre dans le même tribunal, parfois même d'un jour à l'autre dans les décisions d'un même magistrat; abandonnée aux inspirations de la conscience, n'ayant pas de frein qui la contienne, de règle qui la dirige et l'éclaire, elle court risque de léser tantôt les intérêts du public, tantôt ceux des officiers ministériels... »

« Il arrive ainsi, disait M. Moulin à la Chambre des députés, qu'un président de tribunal accorde ce qu'un autre refuse, que des différences étranges, choquantes existent, quant au règlement des honoraires, entre deux arrondissements contigus, que notaires et clients sont forcés de subir les incertitudes, les inégalités, les erreurs d'une volonté et d'une appréciation purement individuelles; et cet état de choses, déjà fâcheux pour le notariat, s'est encore aggravé sous l'influence de l'arrêt de la Cour de cassation du 1er décembre 1841. »

La situation des notaires devint, en effet, à la suite de cette jurisprudence, si incertaine, si précaire et si exposée aux attaques des clients de mauvaise foi, que la corporation presque tout entière se leva pour réclamer une réforme de la législation sur ce point. La question de la création d'un tarif légal, qui avait toujours été repoussée avec indignation par les notaires et, pour ainsi dire, comme une injure faite à leur dignité, une atteinte portée à l'indépendance de leur ministère, se présenta alors sous un jour nouveau; les chambres cessèrent de voir dans la réforme projetée un attentat contre leurs privilèges, pour considérer les avantages qui pourraient résulter d'un tarif, au point de vue de l'honneur de la corporation, de sa considération, de sa sécurité. Un grand nombre de compagnies adressèrent des pétitions aux pouvoirs publics pour réclamer la mise à l'étude d'un tarif légal. Les rapports faits aux Chambres sur ces pétitions furent presque tous favorables à la réforme et la recommandèrent au Gouvernement qui, en 1862, consulta pour la seconde fois les corps judiciaires. La Cour de cassation, comme les Cours d'appel, se prononcèrent pour la création d'un tarif légal et cette grande réforme, dont l'opportunité et la nécessité étaient partout affirmées, se serait certainement accomplie sans des interventions puissantes et intéressées (1), qui la firent échouer au dernier moment. Nous osons espérer qu'elle sera reprise (2).

39. — Pour remédier aux inconvénients résultant de l'absence d'un tarif légal, et se préserver des attaques injustes des clients ou de la concurrence déloyale des confrères, les notaires ont alors entrepris de se faire eux-mêmes un tarif. Dans tous les arrondissements, chaque compagnie a formulé les règles de rémunération dont l'usage s'était perpétué et qui devraient être suivies; et l'exécution de ces règlements locaux a été imposée à tous les membres, comme un engagement d'honneur. Mais si les compagnies ont le droit, ce qui ne nous paraît pas douteux (3), de tracer, en assemblée générale, et par *simple voie de conseil*, des règles de conduite à tous leurs membres, si elles peuvent s'entendre pour coordonner ces règles, — ces règlements, tant qu'ils n'ont pas reçu la sanction ministérielle et ils ne peuvent la recevoir sur ce point), sont dépourvus de *force obligatoire*. On ne saurait admettre qu'une corporation quelconque ait le droit de tarifer elle-même les actes de sa compétence. Au législateur seul appartient ce droit. Les tarifs particuliers ne sauraient donc être imposés même par la chancellerie, comme règlement, ni aux parties, ni aux magistrats, et c'est ce qui a été jugé à plusieurs reprises (4).

---

(1) Voir l'histoire de cette longue et intéressante discussion dans notre *Tarif*, t. II. p. 338 à 392.

(2) Nous avons établi, ailleurs, qu'un tarif légal est possible, qu'il est désirable et nécessaire, dans l'intérêt même du notariat, s'il est équitablement fait. (V. notre *Tarif*, p. 43 et suiv.; Aubertin, *Des honor. des not.*, p. 293 et suiv.); Robert, *Rapport*, p. 18-19.

(3) Cela résulte des articles 21, 22, 23 de l'ordonnance de 1843 qui permet aux notaires de se concerter sur ce qui intéresse l'exercice de leurs fonctions, et qui met, parmi les attributions de la Chambre, le droit de donner son avis sur les difficultés relatives au règlement des honoraires.

(4) Bourges, 20 juin 1829; Cass., 12 août 1854 et 29 janvier 1855 (art 15449, J. N.); Paris, 20 novembre 1866; Lyon, 19 janvier 1855; (art. 15293

Et quant aux notaires, il a aussi été décidé que les assemblées générales et les Chambres commettraient un excès de pouvoirs, si elles prétendaient imposer à leurs tarifs un caractère obligatoire et leur donner pour sanction une poursuite disciplinaire, — ou si elles décidaient même « qu'aucun notaire nouveau ne serait admis « qu'après avoir pris l'engagement d'observer le tarif de la compagnie » (1).

Les auteurs sont même d'accord avec la jurisprudence pour enseigner que les tribunaux exéderaient leurs pouvoirs en approuvant ou en annulant le tarif arrêté par une assemblée générale de notaires (2).

40. — Actuellement donc, la situation des notaires, telle qu'elle résulte d'une jurisprudence incontestable, peut être résumée de la manière suivante :

a) Tous les actes du ministère des notaires sont indistinctement soumis à la taxe du président du tribunal civil (3).

b) Cette taxe est d'ordre public, et les parties intéressées peuvent, en tout état de cause, avant ou après règlement amiable des frais, avant ou après paiement, recourir à cette taxe, alors même que le client aurait souscrit un billet à ordre au notaire pour le paiement de ses frais (4).

c) Les parties ne peuvent compromettre sur le règlement des honoraires et renoncer à demander la taxe ; toute convention de ce genre est nulle, comme contraire à l'ordre public (5).

d) Les parties ont *deux* ans (6) pour réclamer la taxe, et si cette taxe leur est favorable, le même délai pour demander la restitution des honoraires perçus en sus de la taxe (7).

e) Les tarifs particuliers édictés par les compagnies notariales ne sont obligatoires ni pour les parties, ni pour les magistrats, ni pour les notaires ; ce ne sont que de simples renseignements que le juge taxateur a le devoir de consulter, mais dont il a aussi le droit de ne pas tenir compte, s'il ne les trouve pas équitables.

§ 4. Droits divers et commissions particulières.

41. — Dans l'honoraire fixe ou proportionnel, perçu par le notaire, se trouve ordinairement comprise la rémunération des soins, démarches, conférences, correspondances qu'a exigés la préparation de l'acte. Mais, en dehors, ou à l'occasion de leurs actes, les notaires sont parfois chargés de travaux particuliers ou de commissions spéciales, pour lesquelles il est d'usage de leur accorder une rémunération distincte (8) ; car il est de principe que tout travail mérite salaire. Nous allons passer en revue les divers cas qui peuvent y donner lieu, en indiquant, pour chacun d'eux, les solutions qui sont intervenues et la rétribution qui est perçue.

42. — Acte imparfait. — Si l'imperfection provient de la faute du notaire,

---

J. N.) ; Paris 25 février 1867 (art. 18793, J. N.) ; Grenoble, 12 juin 1868 et 15 juin 1871 ; Nîmes, 13 février 1880 ; Chambéry, 24 décembre 1883 ; Nancy, 21 janvier 1884 (art. 23428 et 23198, J. N.) ; Lyon, 12 janvier 1884 ; Paris, 16 mars 1887 (art. 23794, J. N.) ; Bruxelles, 2 mai 1888 (*Bulletin de la taxe*, 1888, p. 88).

(1) Cass., 22 août 1854. Conf., Dict. du not., n° 25. Amiaud, t. II, p. 292 ; Morin, *Discipl des cours et trib.*, t. I, p. 880.

(2) Nîmes, 80 août 1811 ; Bourges, 80 juin 1829 ; Cass., 26 janvier 1841 et 16 décembre 1850.

(3) Cass., 22 août 1854 et 4 avril 1859 ; Paris, 9 décembre 1859 et 80 janvier 1860 ; Paris 17 mai 1866 et 18 mai 1874.

(4) Cass., 21 avril 1845 (S. 1845-1-887) ; Paris, 5 décembre 1891.

(5) Cass., 1er décembre 1841, 14 mars 1853, 4 avril 1859, 20 juin 1860, 25 juillet 1871, 2 janvier 1872 ; Orléans, 11 décembre 1861 ; Nancy, 28 mars 1874 (*Rev. not.*, n° 4170) ; Paris, 18 mai 1876 (art. 17324, 20304, 20984, J. N.).

(6) Au lieu de trente ans, depuis la loi du 5 août 1881.

(7) Lefebvre, *J. du not.*, n° 2012 et n° 2185.

(8) Paris, 20 novembre 1866 (*Rev. not.*, n° 1710) Lyon, 8 avril 1876 (*Rev. not.*, n° 5226) ; Valogne, 25 janvier 1877 (*Rev. not.*, n° 5318) ; Saint-Étienne, 3 janvier 1877 (*Rev. not.*, n° 5120) ; Lyon, 8 avril 1882 (*Rev. not.*, n° 6512) ; Mont-de-Marsan, 6 février 1885 (*Rev. not.*, n° 7222) ; Nancy, 6 juin 1887 (*J. du not.*, n° 8969).

par exemple, s'il n'a pas signé l'acte ou a omis de le faire signer, soit par le second notaire ou les témoins instrumentaires, il peut d'autant moins exiger des honoraires (1) qu'il demeure responsable de la nullité (2).

‹ Lorsque l'imperfection provient, au contraire, de la faute des parties, le notaire a droit, incontestablement, à des honoraires pour ses peines et soins (3).

Toutefois, il paraît convenable de laisser au notaire le soin, comme le font certains tarifs, d'exiger ou de ne pas exiger cette rémunération, selon les circonstances.

Mais quel honoraire peut être exigé? Ce ne peut être l'honoraire proportionnel, il n'y a pas de responsabilité. Le droit fixe ne peut être davantage perçu, car l'acte peut avoir été ou très court ou très long, très simple ou très compliqué, et l'honoraire fixe pourrait être ou trop faible ou trop élevé.

Nous croyons qu'il serait équitable de percevoir soit un honoraire de vacation, soit un droit de 6 fr. par rôle de minute, sans que l'honoraire puisse dépasser la moitié de l'honoraire proportionnel, ou le droit fixe entier qui aurait été dû pour l'acte parfait.

43. — Acte sous seing privé. — Il n'est pas absolument interdit aux notaires de rédiger des actes sous seing privé; les anciennes ordonnances (4) qui en portaient prohibition, ont été expressément abrogées par les lois du 19 décembre 1790 et 22 frimaire an VII (5). Mais il est convenable que le notaire s'abstienne, autant que possible, d'écrire ces sortes d'actes; il doit même s'y refuser formellement, lorsque ce sont des conventions frauduleuses ou des contre-lettres tendant à détruire les stipulations consignées dans un acte notarié.

Mais il est permis à un notaire de rédiger, par exemple, un sous-seing privé de bail, de vente, etc., qui doit être, dans les trois mois, converti en acte authentique (6). Dans ce cas, comme dans tous les autres où le sous-seing sera destiné à préparer un acte notarié, le notaire n'aura droit à aucun honoraire. Cet usage est constant dans le notariat.

En toute autre circonstance, le notaire devra régler, à l'amiable, avec les parties, la rétribution qui lui sera due.

44. — Affiches (Rédaction ou insertion d'). — Les affiches et insertions que font ou font faire les notaires pour les ventes de meubles, de fonds de commerce et les adjudications ou ventes d'immeubles, donnent droit incontestablement à un honoraire particulier.

Cet usage de perception est établi dans beaucoup d'arrondissements, sur tous les points du territoire (7), à l'exception cependant du nord de la France, où les notaires ont l'habitude de comprendre les frais de publicité dans le *tant pour cent* qui leur est payé pour tous frais.

Les auteurs sont généralement d'accord pour reconnaître que cet honoraire est légitimement dû (8).

La Cour de Bordeaux, dans son projet de tarif légal, fixait les honoraires du notaire, en tous cas, à *3 fr.* ; la cour de Bourges, de 1 à 6 fr. ; la cour d'Amiens, à 0 fr. 25 par chaque affiche manuscrite ; la cour d'Angers, une vacation.

---

(1) Arg., art. 1031, C. proc. civ.
(2) Dict. du not., n° 97.
(3) Cass., 24 juillet 1832; Cambrai, 11 mai 1877; Compiègne, 10 août 1887; Lyon, 12 décembre 1889 (*J. du not.*, 1890, p. 381). Dict. du not., n° 99; Rutgeerts et Amiaud, n° 1163.
(4) Déclaration du roi du 19 mars 1693; arrêts du conseil des 21 juillet 1696 et 9 novembre 1706.
(5) Avis du Conseil d'Etat, 26 mars-1er avril 1808.
(6) Un arrêt de la Cour de cassation, du 16 décembre 1818, a jugé qu'un avoué a le droit d'exiger des honoraires pour la rédaction d'un acte sous-seing privé dont il a été chargé. Le notaire ne peut

pas être placé dans une position moins favor. car, pas plus que l'avoué, il n'est tenu de per?. temps et de faire profiter gratuitement les de son expérience et de son savoir. Le notaire rait même retenir le titre rédigé par lui jusqu'à ce qu'il ait été désintéressé (Cass., janvier 1866).
(7) Toulouse, Carcassonne, Montauban, Chambéry, Montbéliard, Verdun, Grenoble, Bourg, Grise, Nevers, Sens, Bourges, Laval, Poitiers, Angers, Marennes, Brest, etc.
(8) Renaud, p. 125; Vernet, p. 68; Dict. du not., v° *Honoraires*, n° 110; Rolland de Villargues, *cod. verbo*, n° 142.

grande majorité des tarifs particuliers alloue ou un droit de vacation, ce qui laisse trop de facilité à l'arbitraire, ou un droit fixe qui varie entre 3 et 6 fr.

L'article 68 du tarif des frais et dépens accorde aux huissiers, pour rédaction d'affiches, 1 fr. par chaque affiche manuscrite, à Paris, et 0 fr. 50 partout ailleurs. Nous pensons qu'on pourrait appliquer cette disposition, en la modifiant légèrement. Les notaires pourraient donc percevoir : '

Pour les affiches manuscrites, 1 fr. pour la première, et 0 fr. 50 pour chacune des autres ; 3 fr. par chaque insertion faite au journal, si elle a moins d'un demi-rôle de minute, 6 fr. au-dessus. Ce droit s'appliquerait, bien entendu, à toute la série des insertions relatives à chaque affaire.

45. — Bordereaux d'inscription hypothécaire. — Le notaire qui rédige, sur la demande de son client, des bordereaux d'inscription, soit à la suite d'un acte d'obligation, soit en renouvellement, a droit sans aucun doute à une rétribution particulière pour cette rédaction et le dépôt des bordereaux au bureau des hypothèques ; car ces soins ne rentrent pas dans les attributions obligatoires de cet officier public et on ne saurait lui refuser un honoraire que la jurisprudence accorde aux avoués (1) ; — avec d'autant plus de raison que les tribunaux ont plus d'une fois prononcé la responsabilité des notaires par suite de la nullité d'inscriptions prises par eux (2).

Dans plusieurs tarifs d'arrondissement, on perçoit un droit fixe de 3 ou 6 francs, suivant l'importance de la créance ; — dans quelques autres, un droit proportionnel de 0 fr. 10 %. Ces deux perceptions nous paraissent inacceptables ; l'une est trop minime, l'autre excessive, dans la plupart des cas. Nous croirions plus équitable de percevoir un droit *fixe gradué*, d'après l'importance de la créance inscrite, comme l'ont proposé, en 1862, les Cours de Bourges, Nîmes et Riom ; ce droit pourrait être fixé ainsi qu'il suit :

Jusqu'à 500 fr. 3
De 500 à 1,000 fr. 4
De 1,000 à 2,000 fr. 6
De 2,000 à 5,000 fr. 8
De 5,000 à 10,000 fr. 10
De 10,000 à 20,000 fr. 15
De 20,000 fr. et au delà indéfiniment 25

46. — Communication des actes, répertoires, etc. — Est-il dû un honoraire au notaire qui donne communication d'un acte ? Tous les auteurs enseignent l'affirmative et ce droit est consacré par plusieurs tarifs légaux étrangers.

Mais nous croyons qu'il n'y a lieu d'accorder la rétribution qu'autant qu'il s'agirait d'actes reçus par des prédécesseurs du notaire.

La rétribution peut être fixée à 0 fr. 50 par acte, si la communication est partielle, à 1 fr., si elle est d'un acte entier (3).

47. — Consignation de deniers. — Le notaire qui consigne le produit d'une vente de meubles ou de fruits et récoltes, a droit à un honoraire de vacations (4).

Il en devrait être ainsi dans tous les cas où il serait chargé de faire une consignation pour d'autres causes (5).

48. — Consultation. — On a prétendu qu'un notaire ne peut rien exiger pour les consultations qu'on réclame de lui, ni pour les avis qu'il donne, attendu

---

(1) Cass., 16 décembre 1818, 13 janvier 1819 10 août 1831 et 18 juin 1837 ; Paris, 16 avril 1850.
(2) Cass., 9 août 1836 ; Bordeaux, 24 juillet 1846 ; Marvejols, 13 janvier 1851 ; Bordeaux, 21 janvier 1852 ; Rennes, 8 décembre 1866 ; Bordeaux, 4 avril 1870 ; Paris, 26 janvier 1872 (art. 20266, J. N.).

(3) Cons. Dict. du not., v° *Communication*, nos 35-36 ; Rolland de Villargues, n° 26 et notre *Tarif*, t. I, p. 344.
(4) V. décret 8 novembre 1851, art. 4.
(5) Dict. du not., v° *Honoraires*, n° 114 et notre *Tarif*, t. I, p. 354.

qu'il a été dit, dans l'Exposé des motifs de la loi organique de ventôse, que les notaires sont les *conseils désintéressés* des parties. Nous concevons qu'un notaire ne puisse rien demander pour un avis qu'il donne à son client, avant de passer un acte, attendu que la rémunération de ces conseils sera comprise dans les honoraires qu'il recevra, et qui seront proportionnés à ses peines et soins. Mais lorsqu'une personne se rend chez un notaire pour le consulter, elle sait d'avance que la consultation qu'elle va demander n'est pas gratuite. Cette consultation peut exiger des recherches et des peines, et c'est ici le cas de dire, avec la Cour de cassation, que le mandat donné à un notaire peut, selon les circonstances, être considéré comme non gratuit (1).

Toutefois, Rolland de Villargues pense (2) qu'il ne convient pas que les notaires se fassent payer les avis et conseils qu'ils donnent, non seulement à leurs clients habituels, mais aux citoyens qui s'adressent à eux, les notaires étant, par état, des conseils désintéressés (3). Cependant, ajoute-t-il, si un notaire avait le titre d'avocat et donnait, en cette qualité, une consultation développée, qui eût exigé du travail et des soins, il ne lui serait pas interdit de recevoir un honoraire.

Nous admettons, en principe, que le notaire a droit à un honoraire de consultation chaque fois qu'il est appelé à donner un avis réfléchi, oral ou écrit, sur une affaire qui n'a pas donné ou ne donnera pas lieu à un acte de son ministère, qu'il soit ou non avocat ; mais nous croyons aussi que l'appréciation de cet honoraire doit être laissée à la conscience de l'officier public et ne peut être soumise à la taxe ; nous voudrions même que le notaire n'eût pas le droit de réclamer en justice cette rétribution, qu'il ne doit tenir que de la reconnaissance et du bon vouloir de ses clients (4).

49. — Déclaration de succession. — Les déclarations de succession, après décès, sont très souvent préparées par les notaires, et il faut convenir que ces officiers publics sont particulièrement aptes à les faire, en sauvegardant, comme il convient, l'intérêt de leurs clients. Lorsqu'ils sont chargés de ce travail, qui est un véritable résumé de liquidation, il est équitable qu'ils soient rémunérés de leur peine. Un usage ancien et très répandu dans le notariat leur alloue, en pareil cas, la moitié des rôles de l'expédition de l'inventaire. Mais ce mode de rétribution est bien imparfait ; il est inapplicable dans tous les cas, — et ils sont nombreux en province, — où il n'a pas été fait d'inventaire.

Nous pensons que la rémunération la plus aisément applicable est un honoraire de *vacation*.

50. — Dépôt d'extrait de contrat de mariage, de société de commerce. — Tous les tarifs admettent que les peines et soins du notaire chargé d'accomplir les diverses formalités prescrites, en pareil cas, par la loi, doivent incontestablement être l'objet d'une rémunération.

Ainsi, pour les contrats de mariage de commerçants, il pourrait être alloué, en sus des droits de rôle des extraits :

    a) Pour l'acte de dépôt, un droit *fixe* de *4 francs.*

    b) Pour le dépôt des quatre extraits aux lieux désignés et le retrait des certificats de dépôt, *une vacation*, si le notaire réside au chef-lieu d'arrondissement.

        S'il réside hors du chef-lieu, il lui serait payé en sus une indemnité de *voyage* (5).

---

(1) Rutgeerts, *Commentaire*, t. II, n° 1164. Voir dans le même sens ; Rémy, p. 101, et Vernet p. 41 ; Dict. du not., v° *Honoraire*, n° 116.
(2) V° *Honoraires*, n° 148.

(3) Chauveau, n° 42.
(4) Ancien tarif de Strasbourg, *Honoraires facultatifs*, et notre *tarif*, p. 858.
(5) Cons., Déc. min. just., 25 septembre 1850.

— Pour les actes de société, il pourrait être alloué, en sus des rôles d'extraits :

a) Pour l'acte de dépôt, un droit *fixe de 4 francs ;*

b) Pour le dépôt des trois extraits et la rédaction de celui qui sera destiné à l'insertion dans le journal, ainsi que pour le retrait des certificats, *une vacation,* si le notaire réside au chef-lieu de l'arrondissement ;

S'il réside hors du chef-lieu, il lui serait payé, en outre, une indemnité de *déplacement* ou de *voyage ;*

c) Pour faire légaliser la signature de l'imprimeur sur l'extrait inséré au journal, par analogie avec le cas prévu par l'article 105 du tarif de 1807, au lieu de 1 fr. 80, *2 francs.*

51. — Enregistrement. — Le notaire qui ne réside pas dans le lieu où se trouve situé le bureau d'enregistrement, n'a pas le droit d'exiger des parties une indemnité de déplacement ; il s'agit là d'un devoir légal qui lui est imposé et qu'il doit remplir gratuitement (1).

52. — Garde des minutes. — Il n'est dû aux notaires aucun droit de garde des minutes de leurs prédécesseurs ou de celles qu'ils reçoivent (2).

53. — Formule exécutoire. — L'apposition de la formule exécutoire sur un ancien acte doit être faite sans frais (3).

54. — Formalités hypothécaires. — La loi n'oblige pas les notaires à remplir les formalités hypothécaires qui sont la suite et le complément des actes qu'ils reçoivent, mais ils peuvent en être naturellement chargés, comme mandataires ou *négotiorum gestores* de leurs clients. En pareil cas, on ne saurait leur refuser un émolument parfaitement justifié et, comme le fait observer le Dict. du not. (4), cette solution est d'autant plus équitable que les tribunaux n'hésitent pas à rendre les notaires responsables des erreurs ou négligences commises dans l'accomplissement de ce mandat.

La grande majorité des usages (5) alloue un émolument qui varie entre 1 franc et 4 francs, selon les formalités. Pour les transcriptions, la rétribution, dans plusieurs tarifs, est graduée en raison de l'importance des contrats de mutation, sans cependant dépasser 25 francs, chiffre déjà excessif. Un seul arrondissement notarial, Marennes, adopte, pour les transcriptions, l'honoraire proportionnel de 0 fr. 05 %, ce qui est inacceptable, puisqu'il ne s'agit que de payer un déplacement et une perte de temps. Bourges, conformément à l'art. 7 de l'ordonnance sur le tarif du 10 octobre 1841, accorde 4 fr. 50 pour chaque formalité hypothécaire. Nous estimons que ce droit, appliqué d'une façon absolue à chaque acte et à chaque formalité, serait trop élevé, parce qu'il se répète plus souvent dans l'exercice du notaire que pour les avoués ; et puis, il y a lieu, croyons-nous, de faire une différence entre l'émolument attribué aux notaires qui habitent le chef-lieu d'arrondissement et celui alloué aux autres notaires. Il est incontestable, en effet, que ceux-ci, qui ont à se déplacer, à payer des frais de transport ou de correspondance, soit pour l'aller, soit pour le retour des pièces, doivent être plus largement indemnisés que les premiers. Il faut encore remarquer que, parmi les diverses formalités, il y en a une qui est beaucoup plus importante que les autres, qui exige une attention et un travail minutieux, et entraîne inévitablement la responsabilité du notaire qui s'en charge ; nous voulons parler des réquisitions d'états d'inscription. Il y a là plus qu'une indemnité de temps ou de déplacement à payer, il faut encore

---

(1) Bonnesœur, p. 243 ; Rutgeerts et Amiaud, n° 1108 ; Dict. du not., v° *Honoraires,* n° 122 ; Amiaud, *Tarif,* t. I, p. 482.

(2) Déc. min. just., 6 septembre 1825 et 10 octobre 1835 (art. 9334, J. N) ; Dict. du not., n° 124 ; Chauveau, *Tarif,* t. I, n° 208 ; Amiaud, t. I, p. 447.

(3) Dict. du not., n° 127.

(4) V° *Honoraires,* n° 128.

(5) On peut aussi consulter, parmi les tarifs étrangers qui allouent cet émolument, le tarif légal Suisse du canton de Genève du 12 novembre 1869, art. 23 ; de Fribourg, 16 mai 1851, art. 33 ; le tarif légal pour les notaires d'Alsace-Lorraine du 26 décembre 1873, § 9. — Presque tous les tarifs Belges et Français.

rétribuer le notaire de la rédaction de la réquisition, qui n'est pas toujours sans difficultés, enfin, des périls auxquels il s'expose.

a) Ce ne serait donc rien exagérer que de fixer, pour cette formalité, un honoraire fixe de 4 francs aux notaires habitant le chef-lieu d'arrondissement et 6 francs aux autres notaires. Cet honoraire comprendrait le droit de rédaction de la *réquisition d'état* et l'indemnité de transport ou de correspondance due à ce sujet (dépôt et retrait des pièces).

b) Pour chaque *transcription*, il serait équitable d'allouer une rétribution de 3 francs, par chaque acte, aux notaires habitant le chef-lieu d'arrondissement ; de 4 francs pour les autres. Ce dernier chiffre a été adopté dans le projet de tarif légal de la Cour de Bordeaux.

c) Pour chaque certificat de *radiation* ou de *subrogation* (dépôt de l'extrait et retrait du certificat), aux notaires du chef-lieu, 1 franc ; aux autres notaires, 2 francs.

d) Il ne serait rien dû pour dépôt et retrait de *bordereaux d'inscription* hypothécaire, en raison de l'allocation de l'honoraire fixe gradué, proposé comme émolument de rédaction (1).

Nous croyons aussi qu'il serait équitable de déclarer toutes les formalités hypothécaires gratuites, chaque fois que l'intérêt de l'acte ne serait pas supérieur à 200 francs (2).

55. — **Intérêt.** — Le notaire ne saurait prétendre à l'intérêt de ses honoraires que du jour de la demande en justice (3), à moins de convention contraire.

Mais que faut-il décider en ce qui concerne l'intérêt des sommes qui lui sont dues pour avances des droits d'enregistrement et autres déboursés. La question est toujours controversée ; pendant que la majorité des auteurs et quelques tribunaux se prononcent pour l'affirmative (4), la Cour de cassation et la majorité des Cours d'appel persistent à consacrer l'opinion contraire et à refuser aux notaires l'intérêt (5).

Toutefois le client qui a payé volontairement l'intérêt, a exécuté une obligation naturelle et n'est pas recevable à revenir contre ce paiement (6) ; et il a été jugé qu'il peut être stipulé, soit dans l'acte même, que les déboursés produiront intérêt (7), soit après règlement de compte, que la somme due produira intérêt à partir du jour de ce règlement ; alors même que les frais n'auraient pas été taxés, les intérêts ne pouvant porter que sur le montant des honoraires dont le client serait définitivement reconnu débiteur (8).

(1) Voir *suprà*, n° 45.
(2) Usage emprunté à beaucoup de tarifs particuliers.
(3) Cass., 18 mars 1850 ; Paris, 4 novembre 1885 (art. 23479, J. N.) ; Dict. du not., n° 440.
(4) La Rochelle, 15 août 1826 ; Seine, 10 février 1833 ; La Flèche, 10 juin 1833 ; Grenoble, 14 juillet 1838 ; Riom, 8 décembre 1838 ; Bourgoin, 23 décembre 1842 et 25 février 1843 (Rev. not., n° 2258) ; Gagneraux, t. II, p. 128 ; Fabvier-Coulomb, sur l'art. 51 ; Bonnesœur, p. 254 ; Bastiné, n° 309 ; Rutgeerts, n° 1171 et 1182 ; Pont, *Petits contrats*, n° 1096 ; Caillemer, *Intérêts*, p. 212 ; Chauveau, *Comment. du tarif*, n° 323 ; Pradines, *J. du not.*, n° 1329, 1330 ; Lefebvre, *J. du not.*, n° 1662 et 2009 ; Amiaud, *Tarif*, t. I, p. 458 à 474 ; Aubertin, n° 218 à 231.
(5) Cass., 30 mars 1830, 11 novembre 1833, 24 juin 1840, 18 mars 1850 ; Caen, 7 juin 1837 ; Dijon,

22 avril 1844 ; Douai, 10 juillet 1847 ; Orléans, 2 décembre 1853 ; Grenoble, 17 décembre 1858 ; Pau, 25 février 1867 ; Metz, 17 décembre 1858 ; Douai, 26 juin 1863 ; trib. de Grenoble, 8 février 1870 et 7 août 1874 (Rev. not., n° 4742) ; Périgueux, 15 juin 1889 (J. du not., p. 646). — Sic : Larombière, Oblig., t. I°, n° 25 ; Aubry et Rau, Droit civil, t. IV, p. 648, note 3 ; Troplong, Du mandat, n° 684. — Rapport de M. Corta au Sénat sur pétition de M. Molineau (J. officiel, 18 mai 1870) ; Rivière, Des variat. de la jurisp. de la Cour de cassation, n° 538, 539 ; Ducruet (J. du not., 1857, n° 1844).
(6) Riom, 20 juin 1880 (art. 22158, J. N.).
(7) Cass., 24 janvier 1853 (art. 14891, J. N.) et Riom, précité du 20 juin 1880.
(8) Nîmes, 4 juin 1879 (art. 22169, J. N.) ; Cass., 21 juin 1880 ; Auxerre, 31 août 1880 (art. 22169, 22331, 22459, J. N.).

56. — Légalisation. — Les notaires, d'après le *Dictionnaire du notariat* (1), n'auraient pas droit à un honoraire pour la légalisation de leur signature ; ils ont seulement le droit de réclamer le remboursement de leurs déboursés et une indemnité de déplacement. C'est aussi l'avis de Rolland de Villargues (2). Renaud et Vernet se sont prononcés en sens contraire et cette dernière opinion, que nous avons suivie dans notre *Tarif* (3), est appliquée dans un certain nombre de compagnies, où le tarif alloue, d'ordinaire, 0 fr. 25 par légalisation.

57. — Projet d'acte. — Il n'est dû aucun honoraire aux notaires pour les projets d'acte qu'ils peuvent faire et soumettre aux parties, lorsque l'acte est ensuite réalisé devant eux ; l'honoraire perçu sur un acte comprend, en effet, tous les travaux préparatoires auxquels cet acte a pu donner lieu (4).

Mais si le projet d'acte est resté sans suite, ou si l'acte a été réalisé devant un autre notaire, il est dû, sans aucun doute, au notaire qui l'a rédigé, des honoraires pour ses peines et soins (5). Il a ainsi été jugé que le notaire qui, après avoir fait une tentative infructueuse d'adjudication, a procuré à l'amiable un acquéreur avec lequel le vendeur a ensuite traité devant un autre notaire, a droit, en outre de ses déboursés, à une rémunération qui peut être égale à l'honoraire proportionnel de vente (6). Nous croirions équitable de fixer cet honoraire à la *moitié* de celui dû pour l'acte réalisé (7).

Quant aux actes dressés sur projets fournis par les parties, ils sont passibles des mêmes honoraires que s'ils avaient été rédigés entièrement par le notaire (8).

58. — Purge légale. — Il est dû des honoraires aux notaires qui se chargent des formalités qu'il y a lieu de remplir pour arriver soit à la purge des hypothèques inscrites, soit à celle des hypothèques légales. (V. *infrà*, v° PURGE.)

59. — Recettes (Droits de). — C'est l'honoraire que perçoivent les notaires, dans certains arrondissements, sur les sommes encaissées par eux à titre de mandataires ou de *negotiorum gestores*.

Les notaires sont, en effet, souvent chargés, en dehors de leurs attributions légales, de recevoir, pour leurs clients, des intérêts, des arrérages, des dividendes, des loyers, des fermages, etc..., d'administrer des propriétés, de recouvrer l'actif d'une succession ouverte et d'en payer le passif ; ils peuvent être nommés séquestres et, à ce titre, toucher des revenus ou des capitaux, acquitter des dettes et dépenses, etc... Un des mandats les plus fréquents dont ils soient encore chargés est celui d'encaisser le prix de la vente des biens meubles et immeubles des personnes qui veulent liquider leur position, de s'entendre avec les créanciers et de faire la répartition des fonds.

« Qu'au point de vue du ministère du notaire, l'opération entraîne aussi une vente ou des quittances, dit un auteur, il importe peu ; ces actes sont en dehors du mandat ; ils produisent des honoraires ordinaires, tels que ceux d'actes reçus par le notaire sur la simple réquisition des parties et sans aucun autre soin pour le fonctionnaire que celui de rédiger ces actes ; d'ailleurs, les honoraires de vente et ceux de quittance sont payés par l'acquéreur ; ils sont donc tout à fait étrangers à ceux du mandat donné au notaire, soit par le vendeur, soit par ses créanciers (9). »

Et ce mandat ne saurait être gratuit, « car le mandataire, comme le dit très bien

---

(1) V° *Honoraires*, n° 129.
(2) N° 161.
(3) T. I, p. 484-485.
(4) Dict. du not.. v° *Projet d'acte*, n° 20 ; Rolland de Villargues, v° *Honoraires*, n° 111.
(5) Alger, 20 octobre 1874 (S. 1876, 2-247) ; Louviers, 21 décembre 1882 (*Rev. not.*, n° 6606) ; Dijon, 8 janvier 1884 (*Rev. not.*, n° 6836) ; Lyon, 12 décembre 1880. Mais un notaire ne peut présenter *utilement* à la taxe un acte resté en projet qu'autant qu'il prouve

qu'il avait reçu des parties mandat de le préparer ; Mont-de-Marsan, 6 février 1885 (*Rev. not.*, n° 7222).
(6) Cambrai, 11 mai 1877 (art. 21671, J. N.) ; Valogne, 25 janvier 1877.
(7) Dict. du not., *loc. cit.* ; Amiaud, *Tarif*, t. II, p. 46-47.
(8) Amiaud, *Tarif*, t. II, p. 47 ; Dél., Cour de Bordeaux, du 21 janvier 1863.
(9) Méline, *Rev. not.*, n° 2228.

M. Paul Pont (1), n'a consenti à donner ses soins que parce qu'il avait la certitude d'en être rétribué; le mandat n'a pu les réclamer que dans la pensée de rémunérer celui qui les a rendus. »

Aussi la Cour de Paris a-t-elle décidé, le 20 novembre 1866 (2), que lorsqu'un notaire a été chargé de recouvrer des prix de vente et d'opérer des règlements avec les créanciers des vendeurs, ce mandat, étant distinct de ses attributions légales, donne droit, en sa faveur, à une rémunération spéciale et indépendante des honoraires de ses actes (3).

Par application de ces principes, l'usage s'est introduit dans d'assez nombreuses compagnies de notaires, dans les grandes villes principalement, de réclamer un tant pour cent sur les recettes faites en capitaux et revenus.

Mais le *quantum* de l'honoraire varie selon les lieux et d'après des distinctions si nombreuses que nous ne reproduirons ici que les principales. Ainsi, tandis que Grenoble et Chambéry laissent au notaire le soin de s'entendre amiablement avec le client, — dans certaines compagnies on perçoit 1 °/₀ sur les capitaux et 5 °/₀ sur les revenus encaissés, si l'administration a été donnée volontairement; — et s'il s'agit d'une administration judiciaire, 5 °/₀ sur les capitaux et revenus.

A Vendôme, Gex, Rocroi, etc..., les tarifs allouent indistinctement 1 °/₀ ou 2 fr. 50 °/₀ sur les recettes.

A Gray, Tours, Auch, Perpignan, Tarbes, Toulouse, Limoux, Carcassonne, l'honoraire varie selon que la recette s'applique à des capitaux ou à des revenus, et il s'élève, pour les premiers, de 0 fr. 50 à 1 fr. 50 °/₀; pour les derniers, de 0 fr. 50 à 2 °/₀.

Bourges, Nancy, Sens, Reims perçoivent de 0 fr. 50 à 1 °/₀ d'honoraire, selon le détail et l'importance des recettes, ou suivant que le notaire est obligé ou non de se déplacer pour arriver au recouvrement.

Gray, Dijon, Lons-le-Saulnier, Saint-Calais, Clamecy, Angers, Laval, Tours, fixent à 0 fr. 50, 1 franc, 1 fr. 50, 2 francs ou 5 francs °/₀ le droit de recette, mais n'autorisent cette perception que dans certains cas expressément déterminés : Dijon, pour le recouvrement des prix de vente d'immeubles en détail; Angers, pour les ventes de meubles; Tours et Clamecy, pour les recettes et dépenses effectuées au cours d'une liquidation de communauté, de succession ou de faillite; Gray, pour les sommes dont le recouvrement a été confié au notaire.

En principe, nous l'avons dit, l'honoraire de recettes et dépenses est un honoraire dont la légitimité est incontestable; il ne serait pas juste que le notaire qui se charge de recouvrer des revenus ou des capitaux, de les encaisser et de les conserver, qui, par suite, est obligé de tenir une comptabilité compliquée, de faire des démarches, qui donne une partie de son temps à ces diverses opérations et encourt tout au moins la responsabilité du dépôt des fonds, n'ait pas le droit d'exiger une indemnité pour tout ce travail et cette responsabilité. Mais, du reste, la doctrine a depuis longtemps reconnu l'équité de cette prétention (4).

Et la jurisprudence a consacré la légalité de ces usages par plusieurs arrêts, notamment :

Par un arrêt de la Cour de Poitiers du 10 avril 1851 (5), qui taxa 3 °/₀, à titre de droit de recettes, à un notaire de Rochefort, pour recouvrement et encaissement de diverses sommes dépendant de la succession d'un ancien boulanger;

Par l'arrêt de la Cour de Paris du 20 novembre 1866, déjà cité;

---

(1) *Petits contrats*, t. Ier, n° 886.
(2) *Rev. not.*, n° 1710 et art. 18635, J. N.
(3) Consult. dans le même sens : Cass., 24 juillet 1832 (S. V., 1832-1-621); Liége, 2 juillet 1859 (art. 16,788, J. N., Lyon, 19 janvier 1865); Cass., 13 mars 1866 (*Rev. not.*, n°° 1329 et 1681); Langres, 31 décembre 1880 (art. 22705, J. N.). — *Contrà* : Paris, 4 novembre 1885.

(4) Vernet, *Du tarif*, p. 58; Rolland de Villargues, *Rép.*, v° *Honoraires*, n°° 174 et suiv.; Dict. du not., *cod. verbo*, n°° 125, 143, 145; *Rev. not.*, 1866, n°° 2223 et 2225; Rapport de la Cour de Dijon du 8 décembre 1862.

(5) *J. du not.*, 1851, n° 734.

Et par un jugement du tribunal d'Arcis-sur-Aube du 20 août 1863, confirmé par la Cour de Paris, le 30 août 1864, et en cassation, le 13 mars 1866 (1).

Enfin, le législateur lui-même a pris soin de justifier cette rémunération ; car, aux termes du décret du 5 décembre 1851, le notaire ou autre officier public qui, ayant procédé à une vente à terme de fruits et récoltes pendants par racines, est chargé d'opérer le recouvrement des prix, a droit à une remise de 1 °/₀ sur le montant des sommes par lui recouvrées (2).

Nous croyons qu'il en devrait être ainsi, en matière d'adjudication volontaire ou judiciaire d'immeubles. On objecte, à la vérité, pour les ventes judiciaires, que le tarif de 1841 interdit la perception d'aucun droit en dehors de ceux qu'il établit ; mais l'ordonnance du 10 octobre 1841 n'est pas aussi exclusive qu'on veut la faire : « Moyennant les allocations ci-dessus, dit l'art. 14, les notaires sont chargés « de la rédaction du cahier des charges, de la réception des enchères et de l'adju-« dication ; *ils ne pourront rien exiger pour les minutes de leurs procès-verbaux* « *d'adjudication.* » Tel est le texte de la loi ; il ne dit donc pas que les notaires n'auront droit à aucune rétribution pour les soins et travaux dont ils peuvent se charger en dehors de ceux rémunérés et prévus par le tarif. Or, le recouvrement des prix de vente est une opération tout à fait étrangère aux fonctions du notaire dans l'adjudication ; et s'il s'en charge à titre officieux, il a droit à une indemnité particulière.

Nous ferons la même observation pour le cas où un notaire est constitué séquestre de deniers, par exemple, lorsqu'il s'est chargé de toucher les revenus d'un individu non commerçant qui a fait l'abandon de ses biens ; — pour le cas encore où un notaire, après une vente, après un emprunt, reçoit la mission de recouvrer les fonds, de les encaisser et de liquider la position du vendeur ou de l'emprunteur, en payant tous les créanciers ; — pour le cas encore où un notaire, dans le cours d'une liquidation de communauté ou de succession, est chargé, par les ayants-droit, d'administrer provisoirement, de payer le passif et de recevoir L'actif (Lyon, 7 mai 1890 (*J. du not.*, 1890, p. 520 et 1891, p. 433).

Dans ces divers et d'autres également qu'il serait trop long d'énumérer, le notaire a droit à un honoraire ; mais cet honoraire ne sera réellement dû, sur les sommes encaissées, qu'autant que le notaire aura accompli un mandat en dehors de ses fonctions. Encore y a-t-il lieu de distinguer, au point de vue du taux de la rétribution, si les sommes recouvrées proviennent ou non d'actes faits par le notaire receveur, car si la gestion a déjà donné lieu à des actes, soit de liquidation, soit de vente, soit de quittance, il est souverainement équitable que le notaire qui a déjà reçu, pour ces actes, une rémunération, modère son droit de recette sur les sommes encaissées. L'idée de cette distinction existe dans plusieurs tarifs (3). Nous la croyons juste et proposons d'en généraliser l'application.

En tous cas, le droit de recette alloué au notaire devra être proportionné à la difficulté des recouvrements opérés. Ce droit doit être porté au crédit du notaire seulement en fin de compte (4).

Quant au chiffre de l'honoraire, il paraîtrait équitable de le fixer ainsi qu'il suit, du moins en règle générale :

    a) Sur les sommes provenant d'une gestion qui n'a procuré aucun acte au notaire :

---

(1) *Rev. not.*, 1863, n° 1681 ; Langres, 31 déc. 1880.
(2) Dans la Prusse rhénane, le tarif des notaires, édicté le 25 avril 1872, alloue pour le droit de recette, au notaire qui encaisse le montant d'une lettre de change, 4 °/₀ sur toute somme encaissée. — Voir aussi tarif Bavarois, tarif Autrichien, dans notre chapitre sur la *Législation étrangère.* — Le tarif

légal pour les notaires d'Alsace-Lorraine, du 16 décembre 1873, alloue 2 fr. 50 °/₀ sur toute somme déposée inférieure à 3,000 francs, et 1 °/₀, si la somme est supérieure à ce chiffre (§ 11).
(3) Laval, Rennes, Autun, Lons-le-Saulnier, etc.
(4) Langres, 31 décembre 1880 (art. 22705, J. N.).

> Capitaux. . . . . 1.50 %
> Revenus . . . . 5 %

b) Sur les sommes provenant d'une gestion qui a procuré des actes au notaire, ou reçues en exécution d'actes faits par lui :

> Capitaux. . . . . 1 %
> Revenus . . . . 2 %

60. — **Recherche** (Droit de). — Ce droit est autorisé par une décision ministérielle du 10 octobre 1835 et reconnu par tous les auteurs (1).

Les tarifs locaux varient beaucoup sur le *quantum* de la rétribution. Nous avons proposé et pensons qu'il serait équitable d'établir ainsi la rémunération : 25 centimes, si la date précise est indiquée ; si l'année seule est indiquée, 50 centimes ; s'il faut parcourir plusieurs années du répertoire, 1 franc par année de recherches. Mais il ne serait dû aucun droit, si l'acte avait été reçu par le notaire même chargé de la recherche.

61. — **Répertoire.** — Ce droit, longtemps repoussé par les taxateurs, paraît admis aujourd'hui. Il est inscrit dans beaucoup de tarifs, mais encore contesté par certains auteurs (2).

Il a été rejeté par un arrêt récent de la Cour de Paris, du 16 mars 1887 (3).

Il y a lieu de remarquer que la rétribution minime qui est demandée ne représente à peu près que les déboursés faits par le notaire en papier timbré et que, par suite, il y aurait injustice à ne pas allouer ce droit (4).

62. — **Sceau.** — Il n'est rien dû au notaire pour apposition de son sceau sur les brevets et expéditions (5).

63. — **Soins et commissions particuliers.** — Aucune loi n'interdit aux notaires de prêter à leurs clients le concours de leurs soins et lumières pour des actes même étrangers à leurs fonctions proprement dites. Ils ont droit, alors, à une rémunération fixée à l'amiable ou, en cas de désaccord, par les tribunaux (6).

Il en est ainsi lorsqu'un notaire a été chargé de démarches afin de trouver un acquéreur pour la vente des immeubles d'un client (7) ;

Lorsqu'il a été chargé de recouvrer des prix de vente et d'opérer des règlements entre des créanciers du vendeur (8) ;

Lorsqu'il a été chargé de gérer les biens et affaires d'une personne absente (9) ;

Pour démarches multiples nécessitées par des expropriations qu'une compagnie de chemins de fer a opérées dans son ressort (10) ;

Pour des correspondances et des démarches ayant pour objet d'aplanir, dans l'intérêt commun de ses clients, des difficultés sérieuses, et pour voyages les concernant (11) ;

Pour des frais de voyage à l'effet de présenter un testament olographe au président du tribunal et payer les droits de mutation par décès (12) ;

Et dans tous les cas où les notaires ont été chargés d'opérations et démarches, étrangères à leur professions, pourvu que ces démarches n'aient pas été entreprises

---

(1) Renaud, p. 134 ; Vernet, p. 42 ; Chauveau, n° 298 ; Gagneraux, t. II, p. 97 ; Fabvier-Coulomb, p. 84, note 3 ; Amiaud, t. II, p. 67 et suiv., Rutgeerts, n° 1168.

(2) Car é, p. 531; Boucher d'Argis et Sorel, v° *Répert.*

(3) Art. 28791, J. N.; Pontoise, 12 mai 1892 (J. du not., p. 458).

(4) Diss., art. 17711, J. N ; Amiaud, *Tarif*, t. II, p. 97 à 100.

(5) Bonnesœur, p. 244 ; Dalloz, v° *Notaire*, n° 320; Dict. du not., v° *Honoraires*, n° 134 ; Rutgeerts, n° 831; Amiaud, *Tarif*, t. II, p. 116.

(6) Paris, 12 mars 1860; Rennes, 21 novembre 1861 (art. 16800, 17762, J. N.); Cass, 6 août 1878; Saint-

Etienne, 4 janvier 1877 (art. 21624, J.N.) ; Lyon, 8 avril 1822; Mont-de-Marsan, 6 février 1885 ; Digne, 3 mars 1891 (J. du not., 1891, p. 539).

(7) Valognes, 25 juillet 1877 ; Saint-Etienne, 3 janvier 1877 ; Nancy, 6 juin 1887 (Rev. not., n°° 5343-5420 et 7809) ; Lyon, 8 avril 1876 et 8 avril 1882 (Rev not., n°° 5226 et 6512).

(8) Paris, 20 novembre 1866 (Rev. not., n° 1710 et art. 18635, J. N.).

(9) Cass., 23 juillet 1832.

(10) Paris, 12 mars 1860 (art. 16800, J. N.).

(11) Rennes, 21 novembre 1861 (art. 17762, J. N.)

(12) Lyon, 19 janvier 1865 (art. 18293, J. N.; Rev. not., n° 1329).

spontanément et soient compatibles avec la réserve que leur imposent leurs fonctions et leur caractère d'officiers publics (1).

C'est ainsi encore que beaucoup de notaires qui se chargent de procurer des fonds à leurs clients et se font ainsi les intermédiaires des emprunts réalisés, perçoivent un droit de négociation de 1 ou 1,50 %, en sus de l'honoraire de leurs actes Un assez grand nombre de tarifs consacre même cet usage en fixant la commission due en pareil cas au notaire négociateur. Nous ne saurions dire que ce genre de négociations soit contraire aux principes qui régissent le notariat et que le notaire qui fait de pareilles démarches abdique son caractère d'officier public et enfreint les règles de sa profession. Mais c'est là, nous ne saurions trop le répéter, une habitude périlleuse, qui expose tout au moins le notaire à de graves responsabilités et dont il serait sage de s'abstenir.

Dans tous les cas où le notaire est rétribué, non comme notaire, mais comme mandataire, les règles de droit commun lui sont applicables, en ce qui concerne la compétence et la juridiction (2).

Et la prescription de trente ans, seule, serait applicable (3).

64. — Taxe. — Il n'est rien alloué au notaire pour faire taxer ses honoraires (4).

§ 5. A qui sont dus les honoraires. A qui ils peuvent être réclamés.

65. — Les honoraires d'un acte appartiennent, en principe, au notaire rédacteur de l'acte, c'est-à-dire à celui qui a le droit de conserver la minute.

Toutefois on décide que lorsqu'un notaire *substitue* un confrère malade ou absent, c'est à ce dernier, qui garde la minute, que reviennent exclusivement les honoraires, le notaire substituant n'exerçant, dans la circonstance, son ministère qu'aux lieu et place du notaire substitué (5).

66. — Notaire en second. — Le notaire en second n'a, en règle générale, aucun droit de participer aux honoraires de l'acte qu'il signe, *sans réquisition des parties* et pour tenir lieu simplement des témoins instrumentaires, — qu'il s'agisse d'un acte ordinaire ou d'un des actes *solennels* pour lesquels la présence réelle est exigée par la loi du 21 juin 1843.

Il n'y a lieu à participation aux honoraires, pour le notaire en second, qu'autant que celui-ci a été appelé par les parties pour les assister dans l'élaboration de leurs conventions et qu'il a *effectivement coopéré à la rédaction ou à la réception de l'acte* (6).

Et la règle du partage des honoraires, malgré l'avis contraire de quelques auteurs, spécialement de M. Labbé (7), ne nous paraît pas applicable dans tous les cas où le notaire concourt, même nominativement, à la réception d'un acte, car s'il prête au notaire instrumentaire un concours légal, il ne participe point réellement au travail de préparation et de rédaction (8).

La présence du notaire en second ne saurait augmenter les frais de l'acte. Les honoraires se partagent soit par moitié, soit par portions inégales, selon la somme de travail apportée par chaque notaire ; car le partage par moitié n'est pas une conséquence rigoureuse du concours (9).

(1) Seine, 6 janvier 1886 (*Rev. not.*, n° 7812).
(2) *Rev. prat.*, t. XXXVIII, p. 380 et suiv.; Amiaud, *Tarif*, t. I, p. 451 ; Dissert., art. 17651 J. N. ; Cass., 2 janvier 1872.
(3) Fontainebleau, 15 décembre 1887 (*Rev. not.*, n° 7801).
(4) Dict. du not., n° 185.
(5) Amiaud, *Tarif*, t. II, p. 127, 128.
(6) Cass., 7 janvier 1879 (art. 21998, J. N. — Sic :

Versailles, 18 juin 1880 (art. 22317, J. N) ; Lunéville, 28 février 1890 ; Nancy, 31 janvier 1891 (*J. du not.*, 1891, p. 185).
(7) S. 1879-1-242.
(8) Dict. du not., n° 203 ; Aubertin, p. 126 ; Amiaud, *Tarif*, t. II, p. 84. — Consult. de MM. Demolombe et Carrel, art. 21779, J. N.).
(9) Nîmes, 15 janvier 1885 (art. 23355, J. N.).

En tous cas, il n'y a pas lieu à partage des honoraires pour un notaire qui concourt à un acte hors de son ressort ; il n'assiste à l'acte que comme conseil (1).

Le notaire en second peut-il agir directement contre la partie en paiement de la portion d'honoraires qui lui est dûe ? Nous ne le pensons pas. Comme le disent MM. Demolombe et Carrel, dans leur consultation précitée (art 21779. J. N., p. 16), il naît de tout acte une *créance unique* pour la totalité de l'honoraire au profit du notaire en premier, rédacteur et dépositaire de la minute. Mais le notaire en second a un recours contre son collègue pour le paiement de ce qui lui revient dans ces honoraires ; les usages sont unanimes en ce sens.

67. — Office vacant. — En cas de vacance d'office, lorsqu'un notaire a été commis pour gérer l'étude, à qui appartiennent les honoraires des actes et expéditions ? Nous pensons qu'il faut distinguer : entre le cas où le titulaire de l'étude a été *suspendu, destitué* ou est sous le coup de poursuites qui doivent amener la destitution, — et celui où le notaire est *décédé* ou *démissionnaire*.

a) Dans le premier cas, on décide généralement que le notaire commis pour gérer l'étude, doit profiter, sans réserve, de tous les émoluments, car il a réellement la responsabilité de la gestion. C'est en ce sens que se sont prononcés un jugement du tribunal de Laon, du 24 août 1875, et un arrêt de la Cour de Caen, du 14 janvier 1877 (2).

b) Dans le cas où l'office est vacant par suite du décès ou de la démission du titulaire, on considère que le notaire commis n'est qu'un intérimaire et, par convenance professionnelle, il est d'usage que les minutes des actes reçus restent à l'étude et que le produit des actes passés durant la gérance soit abandonné à la veuve ou aux héritiers, après déduction des déboursés (3).

Nous devons faire remarquer, toutefois, qu'aux termes de l'art. 4 du règlement intérieur des notaires de l'arrondissement d'Autun, approuvé par M. le garde des sceaux, le 1er septembre 1884, en cas de décès d'un notaire, sa veuve et ses héritiers ont droit à la *moitié* des honoraires des actes reçus par le notaire commis, et ce dernier à l'autre moitié. Ce partage est équitable et pourrait être pris pour règle.

Si c'est un notaire d'une classe supérieure qui est commis pour gérer l'office, les droits d'expéd ton ou de vacation doivent-ils être calculés et payés d'après le tarif applicable à la classe du notaire commis ou du notaire remplacé ? Nous pensons que ces droits doivent être calculés comme si le notaire destitué ou décédé recevait l'acte lui-même ; car le tarif, en pareil cas, est applicable d'après la résidence où les actes sont faits et dressés et non en raison de la classe du notaire commis. Du moins cette solution nous paraît équitable (V. *suprà*, n° 31).

67 bis. — Successeur. — Sur les droits du successeur à percevoir les honoraires proportionnels des *donations entre époux* et *testament* reçus par l'ancien titulaire et exécutés après la cession de l'office, V. les mots *Donation entre époux*, n° 44, et *Testament*.

68. — A qui les honoraires peuvent être réclamés. — « En général, dit M. Augan (4), les frais occasionnés par les actes sont à la charge de la partie qui doit profiter de la convention, ou dans la main de qui elle doit former un titre utile ; ainsi, les frais de quittance sont à la charge de la partie qui se libère (art. 1248, C. civ.), et les frais de vente sont à la charge de l'acheteur (art. 1559, C. civ.). »

C'est le principe écrit dans l'article 31 de la loi du 22 frimaire an VII, qui

---

(1) Cass., 20 avril 1853 (art. 14942, J. N.), et 24 juillet 1854 ; Blois, 16 janvier 1884 (*J. du not*, 1890, p. 705).

(2) *Rev. not.*, n°s 5028 et 5445. et art 21291, J.N. — *Contrà* : Carcassonne, 22 juin 1887 (*Rev. not.*, n° 7682, *J. du not.*, 1887, p. 468).

(3) Dict. du not., n° 197 ; Amiaud, *Tarif*, t. II,

p. 128 ; Aubertin, p. 185 ; Chalon-sur-Saône, 15 janvier 1889.

(4) *Traité sur le notariat*, t. II, n° 203 ; Dalloz, *Rép.*, v° NOTAIRE, n° 526 ; Dict. du not , *loc. cit.*, n° 284 ; Rutgeerts, t. III, n° 1175 ; Rémy, p. 131 ; Rolland de Villargues, *loc cit.*, n° 208 ; Seine, 8 déc, 1864 (art. 18172, J. N.) ; Annecy, 21 juin 1888 (*J. du not.*, n° 4050).

dispose que « les droits des actes emportant obligation, libération ou translation de propriété ou d'usufruit de meubles ou immeubles, seront supportés par les *déliteu·s* et *nouveaux possesseurs*, et que ceux de tous les autres actes le seront par *les parties auxquelles les actes profiteront*, lorsque, dans ces divers cas, il n'aura pas été stipulé de dispositions contraires dans les actes. »

Telle est la règle *entre les parties* ; aussi, lorsque les honoraires ont été payés par celle des parties qui est tenue de les supporter, aux termes de la loi ou de la convention, tel qu'un acquéreur ou un débiteur, cette partie n'a pas de recours contre l'autre.

Mais si le vendeur ou le créancier avaient fait le paiement des frais, sans les avoir pris à leur charge, ils auraient un recours contre l'acquéreur ou le débiteur (1).

69. — *Vis-à vis du notaire*, toutes les parties qui ont concouru à l'acte sont tenues solidairement des frais. Ce point est constant aujourd'hui et n'est plus débattu par personne.

« La jurisprudence, disent les jurisconsultes du *Dictionnaire du notariat*, considère le notaire comme un mandataire qui, chargé par plusieurs personnes d'une affaire commune, a une « action solidaire contre chacune d'elles pour le « remboursement de ses avances et le paiement des salaires qui peuvent lui être « dûs (art. 1999, 2002, C. civ.). Rien de plus juste, en effet ; les parties s'adressent « ensemble au notaire ; l'acte est rédigé dans leur intérêt commun et pour leur « avantage réciproque ; enfin, l'acte, par sa nature, forme un tout indivisible. Il « est donc évident que le notaire agit pour toutes les parties, et comme l'affaire est « nécessairement commune, elles doivent être tenues solidairement envers lui (2). »

70. — Le notaire peut exercer cette action :

a) Lorsque toutes les parties ont requis son ministère ;

Elle existe pour tous les actes, qu'ils aient été reçus par le notaire à la suite d'un accord amiable des parties, — ou par suite d'une commission judiciaire.

b) Lorsqu'une seule des parties a requis le ministère du notaire, si les autres ont comparu devant lui et figuré au contrat ; car ce fait seul démontre qu'elles ont consenti à ce que l'officier public donnât l'authenticité à l'acte dans l'intérêt commun (3) ;

c) Alors même que la loi, un jugement ou une convention, aurait mis les honoraires à la charge exclusive de l'une des parties ; car le notaire n'est pas lié par les dispositions de la loi, du jugement ou de la convention, qui ne sauraient déroger au principe de la solidarité établie à son profit (4).

---

(1) Rutgeerts, *loc. cit.*; Cass., 26 juin 1812, 26 juin et 15 novembre 1820 ; Cass., 19 avril 1826 et 20 mai 1829 ; Paris, 29 août 1836 ; Dijon, 20 février 1867 (*J. du not.*, 1867, n° 2180).

(2) Cass., 11 octobre 1811, 27 janvier 1812 (S. V., C. N., 1, 14), 26 juin et 15 novembre 1820 (J. N., art. 5675 et 5729), 19 avril 1826 (S V., 8-1-322) ; Cass., 10 novembre 1828 (S. V., 9-1-178) ; Cass., 20 mai 1829 (S. V., 9-1-295) ; Cass, 8 décembre 1832 (J. N. art. 9467) ; Lyon, 21 février 1850 ; Grenoble, 17 avril 1858 (J. N., art. 16313) ; Versailles, 31 mai 1861 ; Bruxelles, 25 juin 1864 (J. N., art. 16018) ; Dijon, 20 février 1867 (*J. du not.*, 1867, n° 5180) ; Trib. de Toulouse, 4 juillet 1867 (*J. du not.*, 1869, n° 2369) ; Anvers, 1er mars 1873 (*J. du not.*, n° 2773) ; Epinal, 20 décembre 1873; Aix, 29 février 1876 ; Perpignan, 13 décembre 1876 ; Nîmes, 17 octobre 1877 ; Auxerre, 31 août 1880 (art. 20188, 21428, 21609, 21836 et 22459) ; Cass , 7 novembre 1882 (*Rev. not*, n° 6573) ; Annecy, 21 juin 1888 (*J. du not.*, n° 4050) ; Cass., 30 janvier et 29 octobre 1889 (*J. du not.*, 1889, p. 168 et 764) ; Merlin, *Rép.*, v° *Notaire*, § 8; Rolland de Villargues, *Rép.* v° *Notaire*, n°⁸ 76 et suiv., 171 et suiv.; Championnière et Rigaud, Dict. du not., v° *Notaire*, n°⁸ 36 et suiv. ; Duvergier, *De la vente*, t. I, n° 171 ; Favard de Langlade *Rép.* v° *Notaire*, § 2, n° 5; Rodière, *De la solid.*, n° 222 ; Larombière, art. 1202, n° 18 ; Aubry et Rau, *Cours de droit civil*, t. IV, p. 649, note 12 ; Paul Pont, *Petits contrats*, t. I, n° 1126 ; Devill et Gilbert, *Table générale*, v° *Notaire*, n° 25; et suiv. ; Dalloz, *Rép. gén.*, v° *Notaire*, n° 5279 ; Vernet, p. 86 ; Fons, p. 301, note 3 ; Gagneraux, t. I, p. 211 ; Rémy, p. 131 ; Bonnesœur, p. 244; Rutgeerts, t. III, n° 1173; Amiaud, *Tarif*, p. 312 et suiv.; Aubertin, p. 151 et suiv.

(3) Bruxelles, 5 décembre 1856 (*Monit. du not.*, 1856, p. 406) ; Grenoble, 17 avril 1859 (*Monit. du not.*, 1859, p. 241) ; Seine, 8 décembre 1863 (*Monit. du not.*, 1866, p. 19) ; Amiens, 28 décembre 1849 (Dalloz, 1852, t. II, p. 2).

(4) Cass., 10 novembre 1828 (art. 6744, J. N.` ; Seine, 18 décembre 1857 ; Toulouse, 4 juillet 1867 (*J. du not.*, 1869, n° 2369) ; Périgueux, 14 avril 1883 (*J. du not.*, n° 4050) ; Lyon, 7 février 1889 ; Bruxelles, 30 mars 1889

d) Et pour poursuivre le paiement contre chacun des débiteurs solidaires, le notaire n'est lié par aucun délai autre que celui de la prescription quinquennale (1) et n'est pas tenu de justifier de l'insolvabilité de l'une des parties, avant de poursuivre l'autre (2).

La solidarité porte même sur les parties qui sont représentées dans l'acte, le mandant, par exemple, et il n'y a point de doute aussi qu'elle n'ait son effet contre celui qui stipule pour un autre, quelle que soit sa qualité (3). Et cette solidarité pourrait aussi être exercée contre des héritiers qui ont procédé à un partage ; il ne s'agit pas là d'une dette de la succession divisible entre eux, mais d'une dette personnelle à ces héritiers (4).

Elle ne saurait se perdre par cela seul que le notaire aurait accordé des délais à la partie débitrice (5), ou laissé écouler un certain laps de temps, pendant lequel le débiteur serait tombé en faillite et devenu insolvable (6) ; — ou parce que l'acte n'aurait pas reçu son entière exécution (7) ; — ou parce que le notaire aurait accepté de l'une des parties des billets à ordre en paiement, cette acceptation ne pouvant constituer une novation de créances (8).

La partie ne pourrait non plus se soustraire à l'action solidaire exercée contre elle, en invoquant une convention, non prouvée par écrit, et de simples présomptions tendant à démontrer que le notaire aurait abandonné ses droits contre elle et se serait contenté de la garantie des autres intéressés (9).

71. — Mais il n'y a que les frais dûs lors de la passation de l'acte et ceux qui en sont une suite immédiate qui soient à la charge commune des parties ; tels sont les frais de transcription pour les ventes, de radiation pour les quittances, de subrogation et de signification pour les transports, d'inscription pour les obligations, etc.; ceux qui ne naissent qu'après que l'acte est passé sont à la charge de celle des parties qui y a donné lieu et qui a requis séparément le ministère du notaire. C'est ainsi qu'il faut décider que la première expédition est comprise dans les honoraires de l'acte, mais non plus les expéditions ultérieures qu'il plairait à l'une ou l'autre des parties de requérir (10).

72. — Toutefois, l'action solidaire n'existe contre les parties qu'autant que celles-ci figurent dans l'acte avec des intérêts identiques ; celui qui intervient dans un acte de vente, comme prêteur, n'est tenu que de la portion des frais afférents à l'acte de prêt (11).

L'acheteur, à l'insu et malgré les protestations duquel un acte sous seing privé contenant promesse de vente a été déposé par le vendeur chez son notaire, ne peut être tenu de payer les frais et honoraires de cet acte (12).

---

(1) Cass., 30 janvier, 28 et 29 octobre 1889 (*J. du not.*, 1889, p. 168) ; Mantes, 21 février 1890.

(2) Alger, 3 juin 1889 (*J. du not.*, 1889, p. 645).

(3) Rémy, p. 131 ; Rolland de Villargues, *loc. cit.*, n° 221; Dict. du not., *loc. cit.*, n° 239. Cependant, au regard du mandataire, la question est controversée (Rutgeerts et Amiaud, n°° 293 et 1174 ; arguments *a contrario* ressortant d'un arrêt de la Cour de Grenoble du 27 mai 1811, (art. 11405, J. N.).

(4) Cass., 27 janvier 1812 ; Ed. Clerc, t. I°,n° 698.

(5) Toulouse, 20 avril 1847 ; Perpignan, 12 décembre 1876 (*Rev. not.*, n° 5401).

(6) Cass., 15 novembre 1820 et 30 janvier 1889 (art. 24200, J. N.) ; Alger, 3 juin 1889. — On cite cependant, en sens contraire, deux jugements du tribunal de Marseille des 17 mars et 30 juin 1865, (*J. du not.* n°° 2014 et 2048), et un jugement de Toulouse, du 9 février 1885 (*Rev. not.*, n° 7089), qui ont jugé que le notaire rédacteur d'un acte de vente a négligé de se faire remettre par l'acheteur, devenu plus tard insolvable, les fonds nécessaires pour ses frais et honoraires, commet une faute qui le

rend non recevable à réclamer ensuite le paiement de ces frais au vendeur ; alors que par suite de cette insolvabilité, le vendeur ne pourrait plus exercer aucun recours utile contre l'acquéreur. — *Sic* : Aix, 29 février 1876. Mais ces décisions se sont écartées du principe admis par toute la doctrine et sont jusqu'à présent restées isolées.

(7) Bagnères, 3 avril 1878.

(8) Auxerre, 31 août 1880 ; Loudun, 14 janvier 1888.

(9) Dijon, 20 février 1867 (*J. du not.*, n° 2180) ; Cass., 9 avril 1850 (J. N., art. 14017).

(10) Rémy, p. 132 ; Vernet, p. 93 ; Chauveau et Godoffre, n° 320 ; Rolland de Villargues, *loc. cit.*, n°° 226, 227 et 228 ; Rutgeerts, t. III, n° 1172 ; Dict. du not., *loc. cit.*, n°° 270 et suiv. ; Armand Dalloz, *Code du not.*, n° 1255.

(11) Auxerre, 31 août 1880 ; Agen, 28 mai 1887 (*Rev. not.*, n°° 6114 et 7688). — *Contrà* : Langres, 14 mai 1884 (*Rev. not.*, n° 6902 ; *J. du not.*, n° 3759).

(12) Toulouse, 11 décembre 1880 (art. 22457, J. N.; *J. du not.*, n° 3366).

La solidarité ne peut résulter, en tous cas, que du concours des parties à l'acte ; et celles qui n'y auraient pas comparu, bien qu'elles y fussent intéressées, ne pourraient être actionnées par le notaire. Leur seule protestation de n'avoir pas donné commission au notaire de faire l'acte suffirait pour qu'elles ne pussent être contraintes à en payer le coût (1). Ainsi, le notaire qui a rédigé une promesse de vente, sur la demande du vendeur, et sans mandat de l'acheteur, ne peut réclamer ses honoraires que contre le vendeur.

La seule comparution des parties à l'acte ne justifie même pas l'action solidaire ; il faut encore que l'acte ait été requis par toutes les parties et dressé dans leur intérêt commun ; par suite, le débiteur cédé n'est pas tenu des frais et honoraires de la quittance subrogative dans laquelle il a comparu, mais où il n'est intervenu que pour dispenser des frais de notification (2).

Et il a été jugé que l'action solidaire du notaire en paiement des frais d'un contrat de vente, contre chacune des parties, ne lui appartient pas contre le créancier du vendeur délégataire du prix, qui n'est intervenu que pour accepter cette délégation (3).

Lorsqu'un procès-verbal d'adjudication est resté imparfait par le refus de quelques-unes des parties, le notaire n'est pas fondé à réclamer la totalité des frais et honoraires de ceux qui ont figuré à l'adjudication. Pareillement, le notaire qui a avancé les droits d'enregistrement d'un acte de vente d'immeubles, déposé dans son étude, n'a pas d'action pour se faire rembourser contre le vendeur, mais seulement contre le déposant, bien que les parties se soient entendues l'une et l'autre pour faire le dépôt de cet acte (4).

73. — La solidarité existe en faveur du notaire pour tous les frais qu'il a exposés, pour ses honoraires comme pour ses déboursés de timbre, d'enregistrement, etc... Le principe sur lequel la solidarité est fondée est le même dans tous les cas ; la Cour de cassation dit, en effet, dans son arrêt du 28 juin 1830, que le « recours « donné aux notaires par l'art. 30 de la loi de frimaire est conforme au droit « commun, suivant lequel le mandataire, constitué par plusieurs personnes pour « une affaire commune, a une action solidaire contre chacune d'elles pour le « remboursement de ses avances et le paiement du salaire qui peut lui être dû.

74. — Mais le notaire n'a recours à ces moyens exceptionnels qu'autant que la partie, qui est naturellement et légalement débitrice des frais, ne peut les payer.

D'ordinaire, les actes indiquent toujours quelle est la partie qui doit avoir la charge de ces frais et à laquelle le notaire doit s'adresser tout d'abord ; et, dans le cas où aucune stipulation n'a été établie à cet égard, la loi et l'usage ont fixé des règles qu'il est utile de rappeler.

C'est ainsi que l'art. 1248, C. civ., met les frais de quittance à la charge du débiteur qui se libère ; l'art. 1559 fait supporter les frais de la vente par l'acquéreur (5). C'est ainsi que, d'après l'usage, l'emprunteur paie les frais de l'obligation (6) ; le débiteur, de la mainlevée, le cédant, du transport, quand la créance n'est pas exigible ; le donataire, ceux de la donation qui lui est faite ; les échangistes, ceux de l'échange sans soulte, par moitié entre eux, etc.

75. — **Contrat de mariage.** — Lorsqu'un contrat de mariage ne dit pas comment et par qui les frais seront payés, quel est le débiteur ? Nous avons déjà examiné la question (V. *infrà*, vº CONTRAT DE MARIAGE).

---

(1) Cass., 5 janvier 1819, art. 2966, J. N. ; Dict. du not., nº 266.
(2) Seine, 5 juin 1886 (*J. du not.*, nº 8867) ; Cass., 5 nov. 1888 (*J. du not.*, p. 660) ; Agen, 11 janv. 1888.
(3) Agen, 11 janvier 1888 ; Cass., 5 novembre 1888 (*J. du not.*, 1889, p. 660) et 17 juin 1890.
(4) Amiens, 28 décembre 1849. Cet arrêt est cependant critiqué par Rutgeerts, t. III, nº 1174.

(5) Les dispositions de ces articles n'ont d'effet qu'entre les parties, mais ne mettent point obstacle à l'action solidaire du notaire. — Tr. Ypres, 6 juillet 1887 ; Périgueux, 12 avril 1888 (*J. du not.*, nº 4650). — *Sic* : Seine, 18 décembre 1857 ; Toulouse, 4 juillet 1867 ; Anvers, 1ᵉʳ mars 1873 ; Epinal, 30 décembre 1875 ; Rutgeerts et Amiaud, t. III, p. 1639.
(6) Annecy, 21 juin 1888.

76. — **Donation.** — Les frais de donation sont naturellement à la charge du donataire.

Un notaire qui a reçu un acte de donation faite par une mère à ses deux enfants dont l'un est une femme mariée sous le *régime dotal*, a-t-il le droit de poursuivre les frais de cet acte contre cette dernière et sur les biens reçus par elle dans cette donation, bien qu'ils soient dotaux ?

Il y a tout d'abord un principe qui paraît aujourd'hui incontesté ; c'est que l'exécution des obligations légales imposées à la femme dotale comme propriétaire des biens dotaux peut être poursuivie sur ces biens (1). Par application de ce principe, il été jugé que le recouvrement des droits de mutation dus à l'occasion d'une succession recueillie par la femme mariée sous le régime dotal peut être poursuivi sur les immeubles dotaux, même par voie de saisie, à la requête de la régie ou d'un notaire qui en aurait fait l'avance (2). Il y a donc, en vertu de ce principe, toute une part des frais dus au notaire en raison d'un acte de donation qu'il peut incontestablement poursuivre contre la femme dotale ; ce sont tous les frais relatifs aux droits d'enregistrement, de timbre, de mutation, en un mot tous les déboursés qu'il a faits en son nom pour satisfaire aux exigences de la loi.

Quant aux frais qui sont personnels au notaire et à ses honoraires, nous croyons qu'il peut également en poursuivre le recouvrement sur les biens dotaux, en vertu du principe que ces frais ont été faits non pas seulement pour la conservation, mais pour la constitution même de la dot.

La jurisprudence reconnaît que l'avoué qui a occupé pour la femme dans une instance en séparation de biens peut recouvrer ses frais, et même ses honoraires de plaidoirie sur les biens dotaux lorsque la demande a été accueillie (3). Le notaire qui, par son acte, ne défend pas seulement la dot mais la constitue, doit avoir les mêmes droits (4).

77. — **Inventaire.** — Les frais d'*inventaire*, après décès, doivent être payés, s'il s'agit d'un inventaire de succession, par les héritiers ou légataires, dans la proportion de leurs droits (art. 810, C. civ.).

Les frais faits pour l'inventaire des biens dépendant d'une communauté sont à la charge de cette communauté (art. 1482, C. civ.) ; mais, en cas de renonciation par la femme, ils sont à la charge du mari ou de sa succession (art. 1494, C. civ. (5).

Lorsque l'inventaire a pour objet de constater tout à la fois l'importance d'une communauté et d'une succession, les frais sont supportés par la communauté (6).

Les donataires ou légataires universels ou à titre universel contribuent, comme l'héritier *ab intestat*, aux frais de l'inventaire. Ce point ne peut faire difficulté, puisqu'ils sont tenus de contribuer au paiement des dettes et charges de la succession (7).

L'usufruitier, tenu de faire dresser inventaire (art. 600, C. civ.), doit payer les frais occasionnés par cette formalité. S'il est dispensé de faire inventaire, cette dispense a pour conséquence de le décharger des frais et de les mettre à la charge du nu-propriétaire.

— Le donataire ou légataire universel en usufruit, qui est tenu de supporter, comme prenant part dans la succession, une partie des frais de l'inventaire fait pour établir l'actif de cette succession, doit-il contribuer dans ces frais pour une plus forte part, puisque cet inventaire le dispense de celui qu'il aurait été obligé

---

(1) Suppl. au Dict. du not., v° *Régime dotal*, n° 123 ; Aubry et Rau, t. V, page 615.

(2) Suppl. au Dict. du not., *loc. citat.* ; Caen, 18 juin 1880.

(3) Aubry et Rau, *loc. citat.*, p. 612 ; Cass., 5 février 1868 et suppl. au Dict. du not.

(4) J. du not., n° 4016.

(5) Rouen, 1er juillet 1841.

(6) Michaux, *Liquid. et part.*, n° 2421. — Une opinion soutient qu'une part proportionnelle des frais est due par la succession (Dict. du not., v° *Inventaire*, n° 510) ; mais la pratique est contraire.

(7) Dict. du not., v° *Inventaire*, n° 511.

de faire faire à ses frais, aux termes de l'article 600, C. civ. ? Il faut décider que non. L'inventaire dont il s'agit « n'est pas fait dans son intérêt exclusif, quelquefois il peut même ne pas lui suffire; mais, dans le cas où il lui tiendrait lieu de celui prescrit par la loi, c'est une circonstance heureuse dont il doit profiter (1).

— Quand un époux, marié sous le régime de la communauté, a institué sa femme légataire en usufruit de tous ses biens, *avec dispense de faire inventaire*, les frais de l'inventaire dressé après le décès du mari doivent-ils être supportés par les héritiers ou par la femme légataire?

En règle générale, dit Lefebvre (2), la dispense de faire inventaire, insérée par le testateur, dans un legs universel d'usufruit, ne produit pas d'autre effet que d'affranchir l'usufruitier de l'obligation de faire cet inventaire et d'en supporter les frais, s'il y est procédé à la requête d'intéressés (3). Parmi les autorités que nous citons plus bas, l'arrêt de la Cour de Toulouse du 23 mai 1831 va beaucoup plus loin; il décide que, lors même que le testateur l'aurait interdit à ses héritiers, ils n'auraient pas moins le droit de faire l'inventaire à leurs frais; la prohibition serait nulle, ainsi que la clause pénale qui l'accompagnerait; et la question ne ferait certainement aucun doute, si la clause de prohibition devait avoir pour résultat de porter atteinte à la réserve (4).

— Le mineur, devenu majeur, n'est pas exonéré, par le fait de sa renonciation, des frais de l'inventaire fait à la requête de son tuteur, lors de l'ouverture de la succession de son père (5).

78. — Partage. — Les frais d'un *partage* ou d'une *liquidation* sont supportés par les ayants-droit, dans les proportions de leur émolument. Peu importe qu'il s'agisse d'un partage fait en justice, ou d'un partage volontaire.

Lorsque les biens partagés sont soumis à un usufruit, les frais de partage sont une charge de la propriété et doivent être supportés par le nu-propriétaire et l'usufruitier, dans les termes de l'art. 609 du C. civ.

Quand le partage s'opère entre des héritiers naturels, d'une part, et des légataires universels ou à titre universel, d'autre part, les frais sont supportés par tous les intéressés, en proportion de leurs droits. C'est ce qui a été jugé par un arrêt de la Cour de Bordeaux du 28 juillet 1860, ainsi conçu : « Attendu que le tribunal a « sagement ordonné que les frais faits dans un intérêt commun seraient supportés « par les héritiers et les légataires, dans la proportion de leurs droits; qu'il doit en « être de même des frais de la liquidation, qui sont aussi nécessaires aux héritiers « qu'aux légataires, puisqu'ils servent à déterminer l'étendue de la réserve et à « faire réduire, s'il y a lieu, les libéralités qui y portent atteinte ».

Le pourvoi formé contre cet arrêt a été rejeté par la Cour de cassation, le 29 juillet 1861 (6), en ces termes : « Attendu que la Cour, en ordonnant que les « frais d'inventaire, de partage et de liquidation, qui sont faits dans un intérêt « commun, seront supportés par les héritiers et les légataires dans la proportion « de leurs droits, n'a porté aucune atteinte à la disposition de l'art. 1016, C. civ., « qui ne parle que des frais de la demande en délivrance, et qui même les « met à la charge de la succession, etc... »

« Ces arrêts, dit Rutgeerts, paraissent fondés, lorsqu'il s'agit de légataires universels ou à titre universel en concours avec des héritiers à réserve ou avec des héritiers légitimes; mais les légataires particuliers de sommes ou d'objets détermi-

---

(1) Dict. du not., v° *Inventaire*, n° 513.
(2) *J. du not.*, 1864. n° 1895.
(3) Dict. du not., v° *Usufruit*, n° 836 ; Delvincourt, *Droit civil*, t. I°, p. 364; Proudhon, *De l'usufruit*, n° 801; Demolombe, *Traité de l'usufruit*, t. II, n° 461, 473 et suiv.; Zacharie Aubry et Rau, t. II, p. 473 et 474; Bruxelles, 18 octobre 1811 ; Poitiers, 29 avril 1807 ; Toulouse, 23 mai 1831

(4) Pau, 24 août 1835 (S. V., 1843-1-461); Bordeaux, 12 avril 1851 (S. V., 1851-2-527); Cass., 10 janvier 1859 (S. V., 1859-1-225); Ducauroy, Bonnier et Roustaing, t. II, n° 194; Demante, *Cours analyt.*, t. II, n° 441 *bis*.
(5) Seine, 8 décembre 1864 (art. 18172, J. N.).
(6) S. V., 1862-1-716.

nés ne doivent pas, à notre avis, contribuer à ces frais, à moins que le testateur n'ait manifesté une intention contraire » (1).

79. — Testament. — Mais que faut-il décider pour les frais de *testament*? Par qui doivent-ils être payés? Nous avons traité cette question dans notre *Tarif raisonné*, au mot *Testament public* (2). Nous résumerons seulement ici les solutions que nous avons données. Il faut distinguer, avons-nous dit, entre les honoraires de rédaction, exigibles immédiatement après la réception du testament, et les honoraires proportionnels, perçus après le décès. Les premiers sont dus par le testateur et, s'il est décédé sans les payer, tombent à la charge de la succession ; les autres doivent être acquittés par les héritiers ou légataires institués, dans la proportion des droits qu'ils recueillent (3). C'est l'application des principes de droit commun qui veulent que les frais des actes soient payés par ceux auxquels les conventions profitent (4).

— Un arrêt de la Cour de cassation du 19 février 1866 (5), cassant un jugement du tribunal de Versailles du 28 janvier 1863, a cependant décidé que le notaire, qui a prêté son ministère pour recevoir un testament, devient immédiatement créancier du testateur pour tous les frais dus à cette occasion, et que le paiement de ces frais n'est soumis à l'éventualité d'aucun terme et d'aucune condition.

Cette décision nous paraît erronée et inconciliable avec les principes universellement admis pour la tarification des dispositions testamentaires.

— Mais les légataires sont-ils obligés solidairement vis-à-vis du notaire pour le paiement des honoraires proportionnels du testament? Nous ne le pensons pas, et cette solution, qui paraît être, au premier abord, une exception à la règle générale de la solidarité, ne fait, au contraire, que confirmer ce principe.

En effet, les légataires n'ont point comparu au testament, ils n'ont contracté aucune dette personnelle envers le notaire (6), et il ne suffit point que le testament leur profite pour que l'action solidaire soit fondée ; il faudrait encore qu'ils aient fait appel au ministère et à l'intervention de l'officier public (7).

Le tribunal d'Uzès a jugé le contraire, le 19 janvier 1867 (8), mais dans une espèce où le testament contenait le partage des biens de la succession entre les colégataires qui l'avaient accepté. Ceux-ci devaient donc, il nous semble, supporter solidairement les frais de ce testament contenant partage, aussi bien que les frais d'un partage auquel ils auraient volontairement procédé.

Il faudrait également décider qu'il n'y aurait pas solidarité entre les légataires au cas de dépôt d'un testament olographe ou mystique, car ce dépôt est le fait du juge et non celui des parties (9). Toutefois, il en serait autrement, si le dépôt était fait par tous les légataires réunis et contenait acceptation de leur part.

---

(1) T. III, n° 1176.
(2) T. II, p. 167 et suiv.
(3) Brignoles, 23 août 1856 ; Épernay, 2 juin 1870; (*Rev. not.* n° 2712); Grenoble, 19 juin et 14 novembre 1868 (*Rev. not.*, n°s 7384, 7537 et 7672); *J. du not.*, n° du 1er août 1868 et 1889, p. 17. — *Contrà* : Saint-Quentin, 25 janvier 1884. — Et le notaire peut, ou s'adresser à chaque légataire particulier, pour sa part et portion, ou, pour le tout, au légataire universel, sauf le recours de ce dernier contre ses co-légataires — à moins que tous les frais aient été mis, par une disposition formelle, à la charge du légataire universel. Gap, 8 février 1885 (*J. du not.*, n° 3734) ; Vienne, 5 novembre 1886 (art. 23727, J. N.). — *Contrà* : Fontainebleau, 23 juin 1887 (art. 23877, J. N.).
Mais le notaire ne saurait, sans faire double emploi, réclamer du légataire universel un honoraire sur la totalité de la masse héréditaire, et, en outre, de chaque légataire particulier un autre honoraire

sur l'importance de chaque legs. (Domfront, 15 juin 1887 (*J. du not.*, n° 4046).
(4) Amiaud, *Tarif*, t. II, p. 167 et suiv. ; Dict. du not., n° 256.
(5) *J. du not.*, 1866, n° 2050.
(6) Rolland de Villargues, v° *Honoraires*, n° 224, et les jurisconsultes du Dict, du not., *eodem verbo*, n° 261, s'appuient pour refuser la solidarité sur ce que les honoraires de testament, étant une dette de la succession, se divisent entre les légataires de plein droit (art. 870, 873, C. civ.). Mais cet argument est vicieux ; nous avons démontré dans notre *Tarif*, (voir *Testament public*), que les honoraires du testament ne sont pas une dette de la succession, mais qu'ils sont à la charge personnelle des héritiers ou légataires.
(7) Rolland de Villargues, *loc. cit.*, n° 224 ; Dict. du not., *loc. cit.*, n° 261 ; Ed. Clerc, t. Ier, n° 649.
(8) *J. du not.*, 1867, n° 2173.
(9) Trib. de Grenoble, 19 juin 1868.

§ 6. Voies ouvertes au notaire pour obtenir le paiement de ses honoraires.

80. — De tout temps, les notaires n'ont eu recours aux voies judiciaires qu'avec la plus grande circonspection ; c'est souvent leur intérêt et on estime généralement que c'est là une question de convenance, équivalant presque à un devoir professionnel. Mais en cela, comme en toutes choses, l'excès est un défaut et, comme le faisait remarquer M. le garde des sceaux Dufaure, dans sa circulaire de 1876, par laquelle il invitait les notaires à exiger régulièrement leurs frais d'actes, il n'est pas bon, dans l'intérêt du notaire, non moins que dans celui des clients, que le recouvrement des créances de cette nature soit indéfiniment retardé.

Toutefois, avant d'en arriver aux poursuites judiciaires, dont nous parlerons bientôt, il y a divers moyens dont les notaires peuvent user et que la loi met à leur disposition pour contraindre les parties à payer.

81. — Refus d'expédition. — Aux termes de l'art. 851, C. proc. civ., si les frais et déboursés de la minute de l'acte sont dus au dépositaire, il pourra refuser expédition, tant qu'il ne sera pas payé desdits frais, outre ceux d'expédition.

Un notaire est donc dans son droit en exigeant d'être payé, avant toute délivrance de l'expédition qui lui est demandée (1), que cette demande lui soit faite par le débiteur direct (2) des frais, — ou par celle des parties qui ne les doit qu'en vertu de la solidarité ; — ou par un tiers-cessionnaire d'une créance, alors même qu'une première grosse aurait été délivrée au créancier primitif (3) — ou par un syndic de faillite, pour les actes dus par le failli (4).

L'art. 851 doit s'appliquer également et surtout à l'acte en *brevet*, car en le remettant à la partie, sans en exiger les frais, le notaire remettrait le seul titre en vertu duquel il pourrait les réclamer (5).

— Si la partie débitrice des frais de plusieurs actes, demandait l'expédition de l'acte le plus récent, dont elle offrirait le coût sans vouloir néanmoins acquitter ce qu'elle doit sur les actes antérieurs, le notaire pourrait-il se refuser à remettre cette expédition ? Nous ne le pensons pas. L'art. 1253 C. civ. est applicable, bien que le contraire ait été jugé (6), mais dans une espèce où les circonstances particulières imposaient cette solution (7).

82. — Rétention de pièces. — En outre, si des pièces ont été fournies à un notaire pour la rédaction d'un acte, il a le droit de les retenir jusqu'à ce qu'il ait été payé des déboursés et honoraires dus pour cet acte. Cette solution, d'abord contestée par un jugement du tribunal de la Pointe-à-Pitre (8), n'est plus aujourd'hui contestée et elle a été consacrée par deux arrêts de la Cour de Bordeaux (9), un arrêt de la Cour de cassation (10) et un jugement de Montélimar (11).

Le notaire ne saurait, en effet, être placé dans une situation moins favorable que les avoués et les huissiers, à qui la jurisprudence accorde le droit de retenir les pièces jusqu'à l'entier remboursement de leurs frais.

C'est par application de ce principe qu'il a été jugé qu'un notaire, à qui a été remis un titre de rente à l'effet de rédiger le certificat de propriété nécessaire pour

---

(1) Déc. minist. just., 15 novembre 1844; Vouziers, 14 mai 1886 (*Rev. not.*, n° 7826).
(2) Alger, 17 avril 1888 (*J. du not.*, 1889, p. 106).
(3) Paris, 27 novembre 1834 ; Rutgeerts, n° 1192.
(4) Dalloz, n° 532 ; Aubertin, p. 130.
(5) Rutgeerts, n° 1190 ; Amiaud, t. II, p. 277).
(6) Paris, 9 janvier 1823.
(7) Dict. du not., n° 373 ; Amiaud, t. II, p. 261 ; Aubertin, p. 131.

(8) 13 mars 1838.
(9) 30 mars 1847, 7 février 1866.
(10) 10 août 1870 (*J. du not.*, n° 2490).
(11) 6 mars 1868. — *Sic* : Liège, 26 juillet 1888, Dict. du not., n° 374 ; Amiaud, *Tarif*, t. II, p. 261 ; Pont. *Petits contrats*, t. II, p. 715 ; Rutgeerts, t. III n° 1191. — Voy. aussi notre *Etude* au *J. du not.*, 1889, p. 65. et Amiens, 4 janvier 1893 (*J. du not.*, 1893, p. 203).

le transfert de cette valeur, est fondé à retenir, jusqu'au paiement intégral des frais et honoraires de ce certificat, le titre dont il se trouve nanti (1).

83. — Mais ces divers moyens coercitifs ne sont praticables, on le comprend, que lorsque les parties se trouvent dans la nécessité de retirer, avant paiement, soit les expéditions de leurs actes, soit les titres ou pièces qu'elles ont déposées pour la rédaction de ces actes. Dans le cas contraire, les notaires sont forcés de s'adresser aux tribunaux pour faire établir leur créance et obtenir la condamnation des débiteurs récalcitrants.

C'est ce qu'il nous reste à étudier.

Trois voies s'ouvrent alors au notaire, il peut :

> *a)* Par une *procédure sommaire*, réclamer simplement le paiement de ses déboursés, en demandant un *exécutoire* au juge de paix ;
>
> *b)* Ou demander, après taxe, un *exécutoire* de tous les frais et honoraires qui lui sont dus, au président du tribunal, et, après délivrance, faire commandement de payer au débiteur.
>
> *c)* Ou assigner directement les parties débitrices devant le tribunal.

84. — *a)* **Exécutoire de frais délivré par le juge de paix.** — Le notaire qui a fait à un client l'avance des droits d'enregistrement et de timbre d'un acte et qui veut obtenir promptement le remboursement de ces frais, a un moyen légal et rapide d'y arriver, c'est de prendre exécutoire du juge de paix de son canton (2). Cet exécutoire est délivré au bas de la requête que le notaire présente au juge de paix et en tête ou à la suite de laquelle le notaire transcrit la quittance des droits d'enregistrement avancés par lui.

La représentation de la minute doit être faite au juge de paix, et cette présentation est constatée dans l'exécutoire. Elle prouve légalement les déboursés faits par le notaire (3).

Bien que l'art. 38 de la loi de frimaire ne parle que des droits d'enregistrement (4), la jurisprudence autorise le notaire à comprendre le *timbre de la minute* dans l'exécutoire (5).

Mais, la disposition de l'art. 30 de la loi de frimaire constituant un droit exceptionnel qui doit être restreint dans les termes de la loi qui l'a créé, il en résulte que ce mode spécial de procéder ne saurait être étendu aux droits de timbre d'expédition ou de grosse, ni à ceux de répertoire ou de transcription (6). A plus forte raison, l'exécutoire ne saurait comprendre aucun honoraire.

Le droit de demander exécutoire appartient au notaire démissionnaire, comme au notaire en fonctions et même aux héritiers du notaire décédé (7).

L'opposition faite à cet exécutoire et toutes les contestations qui s'élèvent à ce sujet sont jugées suivant les formes particulières aux instances poursuivies en matière d'enregistrement, c'est-à-dire que l'instruction se fait par simples mémoires respectivement signifiés (8), à moins que le notaire ne renonce à cette procédure spéciale (9).

Toutefois, si la partie alléguait que la perception d'un droit a été faite par la faute du notaire, le tribunal serait incompétent pour statuer, dans la forme susdite,

---

(1) Dijon, 27 janvier 1887 (*J. du not*, 1888, p. 22), et *Rev. not.*, n° 7645). — *Contrà* : Liège, 26 juillet 1888.
(2) L. 22 frimaire an VII, art. 30.
(3) Cass., 24 avril 1826.
(4) Ces droits comprennent non seulement ceux perçus par le receveur lors de l'enregistrement de l'acte, mais aussi les suppléments de droits relevés ultérieurement par les agents du fisc, et payés par le notaire.
(5) Lombez, 18 mars 1842 ; Saint-Marcellin, 2 décembre 1858 (art. 16668, J. N.) ; Fabvier-Coulomb, sur l'art. 51, note 3 ; Dalloz, v° *Notaire*, n° 536 ; Amiaud, *Tarif général et rais.*, 2° éd., t. II, p. 265 ; Dict. du not., v° *Exécutoire*, n° 4.
(6) Tr. Saint-Marcellin précité, 2 décembre 1858 ; Carré, *Code annoté des juges de paix*, p. 697 ; Amiaud, *loc. cit.* ; Bonnesœur, p. 174.
(7) Amiaud, *Tarif*, p. 264.
(8) L. frimaire, an VII, art. 65.
(9) Cass., 9 février 1870 (art. 17864, J. N.).

sur cette prétendue faute, qui devrait donner lieu à une action ordinaire en responsabilité (1).

Le notaire n'a pas besoin de demander la taxe avant d'obtenir exécutoire ; lorsque l'exécutoire lui a été délivré, il peut poursuivre le remboursement, après un simple commandement.

L'exécutoire délivré par le juge de paix n'emporte point hypothèque judiciaire et le notaire ne peut requérir inscription en vertu d'un titre de cette nature (2).

85. — *b*) Exécutoire délivré par le président. — Si le notaire ne veut pas se borner à la réclamation de ses déboursés, s'il veut être payé de tout ce qui lui est dû, pour avances et honoraires, sans procéder par la voie de l'assignation directe devant le tribunal, dont nous parlerons ci-après, il peut recourir à l'exécutoire que la loi nouvelle du 5 août 1881 l'autorise à se faire délivrer par le président du tribunal de son ressort.

Ce nouveau moyen octroyé aux notaires offre plusieurs avantages : il leur permet d'obtenir plus rapidement un titre exécutoire contre leur débiteur et, en outre, de ne pas exposer une somme de frais importante, eu égard au chiffre le plus souvent minime de la dette.

L'art. 3 de la loi de 1881 est ainsi conçu : « La taxe des actes notariés, régulièrement faite par le président du tribunal donnera ouverture à un *exécutoire* qui sera délivré, sur la réquisition du notaire, par le greffier. Cet exécutoire sera susceptible d'opposition de la part de la partie.

« Les oppositions à la taxe seront jugées en audience publique, comme en matière sommaire.

« Les jugements sont susceptibles d'appel dans les délais et formes ordinaires. »

Disons d'abord que l'exécutoire n'est pas toujours, et en tous cas, le complément obligé et nécessaire de la taxe. Le notaire a le droit de ne pas le requérir et conserve, comme avant la loi de 1881, la faculté de se contenter de la taxe et d'assigner directement devant le tribunal de son ressort (3).

Si le notaire préfère agir par la voie de l'exécutoire, il dépose au greffe la taxe qu'il aura obtenue du président, d'après le mode ordinaire, et il demande au président de rendre une ordonnance d'exécutoire. Cette demande peut même être formulée en même temps que la demande de taxe, sur l'état de frais. Le président rend l'ordonnance demandée. (V. la formule, *infrà*, p. 326.)

Le mode de procédure édicté par l'art. 3 n'est pas seulement à la disposition du *notaire en exercice*; il peut être employé par le *notaire démissionnaire* ou par le successeur, *cessionnaire* des recouvrements de l'étude.

De même, le texte de l'art. 3 étant général, et ne spécifiant pas que l'exécutoire sera délivré contre le débiteur principal des frais, nous pensons, par suite, qu'il peut être exécuté contre toute partie tenue solidairement des frais d'un acte, bien qu'il ne dénomme pas d'une façon expresse la partie contre laquelle les poursuites seront exercées.

De même, il a été jugé avec raison, que la disposition de l'art. 3 est une disposition générale qui s'applique à tous les actes notariés, sans qu'il soit possible d'admettre que l'expression « *actes notariés* » permette de distinguer au point de vue de la taxe, deux catégories d'actes, les uns soumis à la taxe du juge commissaire, les autres à la taxe du président du tribunal de l'arrondissement du notaire (4).

---

(1) Le Havre, 27 juillet 1869 (art. 19787, J. N.).
(2) Dalloz, v° *Hypothèque*, p. 173 ; Valette, *Revue de droit français*, t. IV ; Cass., 28 janvier 1828. — *Contrà* : Pont, *Hypoth.*, n°° 518 et suiv. ; Aubry et Rau, t. III, p. 254.
(3) Largentière, 21 mars 1882 (art. 22687, J. N.) ; Chambéry, 30 octobre 1882 ; La Châtre, 13 mars 1884 ; Langres, 14 mai 1884 (art. 23197, J. N.) ; Privas,

18 juillet 1886 (art. 23807, J. N.) ; Louhans, 28 janvier 1887 (*Rev. not.*, n° 7666 ; *J. du not.*, n° 3906) ; Bourges, 21 juillet 1887 ; Cass., 8 août 1888 (*J. du not.*, n° 3958) ; Alger, 3 juin 1889 (*J. du not.*, 1889, p. 645) ; Lyon, 21 mars 1890 (*J. du not.*, p. 648) ; Amiaud, *Explicat. de la loi du 5 août 1881*, p. 36. — *Contrà* : Seine, 19 août 1882 (art. 22802, J. N.).
(4) Nantes, 21 mars 1888 (*J. du not.*, n° 4045).

Le notaire qui a reçu d'un client un billet en paiement de ses frais et honoraires, ne peut être considéré comme ayant fait novation de sa créance primitive, résultant du mandat qu'il a rempli ; il conserve donc le droit, si le billet est impayé, de le rendre à son client, de faire taxer ses frais et honoraires, de se faire délivrer un exécutoire en conséquence de l'ordonnance de taxe et de poursuivre son débiteur en vertu de son exécutoire (1). (V. *infrà*, n° 94.)

L'exécutoire étant un mandement de payer, véritable ordonnance judiciaire, doit être mis au rang des minutes du greffe ; mais nous ne croyons pas qu'il y ait lieu, pour le greffier, d'en dresser acte de dépôt. Il porte seulement l'ordonnance au répertoire et expédie l'ordonnance en forme de grosse (2).

Cet exécutoire est signifié par huissier à la partie débitrice des frais, avec commandement de payer, et à défaut de paiement, la saisie mobilière ou immobilière peut être poursuivie.

Si le client se croit en droit de contester la taxe du président, il fait opposition à l'exécutoire.

Mais si, après avoir requis exécutoire, le notaire assigne, les frais de l'exécutoire restent à sa charge (3).

Le délai d'opposition est le même qu'en matière du jugement par défaut, c'est-à-dire qu'elle peut être faite jusqu'à l'exécution (4).

« Le jugement est réputé exécuté, lorsque les meubles saisis ont été vendus, — « ou que la saisie d'un ou de plusieurs des immeubles du débiteur lui a été notifiée, « — ou que les frais ont été payés, — ou enfin, lorsqu'il y a quelque acte duquel « il résulte nécessairement que l'existence du jugement a été connue de la partie « défaillante », — ou jusqu'au moment où l'existence de l'exécution est nécessairement connue du débiteur (5).

Toute opposition, ainsi faite, doit être portée par voie d'assignation, au tribunal, en audience publique et non en chambre du conseil (6).

— L'exécutoire délivré par le président du tribunal emporte-t-il *hypothèque* et le notaire peut-il prendre inscription sur les biens de son débiteur en vertu de l'ordonnance ? La question est délicate et controversée. La négative a prévalu en ce qui concerne l'exécutoire délivré par le juge de paix. (V. *suprà*, n° 84). Mais l'opinion contraire, nous paraît préférable relativement à l'exécutoire du président, et nous l'avons soutenue dans notre *Commentaire sur la loi du 5 août 1881*. L'art. 2117, C. civ. fait résulter l'hypothèque judiciaire non seulement du jugement proprement dit, mais aussi des actes judiciaires ; or, l'ordonnance du juge contenant exécutoire, présente le caractère d'un acte judiciaire emportant hypothèque. Toutefois, la doctrine (7) et la jurisprudence sont divisées sur la question. Les tribunaux

(1) Loudun, 14 janvier 1888.
(2) Amiaud, p. 36, n° 41.
(3) Cass., 8 août 1888 précité.
(4) Amiaud, p. 44 ; Périgueux, 31 janvier 1884 (*Rev. not.*, n° 6886), art. 23141, J. N.) ; Seine, 24 octobre 1889 (*J. du not.*, 1890, p. 39). — *Contrà :* Agen, 18 janvier 1889 (*J. du not.*, 1889, p. 712).
(5) Douai, 30 mai 1888 (*J. du not.*, n° 4054).
(6) Nevers, 17 août 1884 (*Rev. not.*, n° 7141). Dissa. (art. 24099, J. N.).
(7) Contre l'hypothèque : Didio, *Rev. not.*, n° 6400 ; Defrénois, *Comment. de la loi de 1881*, n° 24 ; Dutruc, *Bull. de la taxe*, 1886, p. 92 ; Vignancourt, *Comment. de la loi de 1881*, p. 25. — Pour l'hypothèque : Amiaud, *Comment. de la loi de 1881*, n° 46 (art. 22712, J. N.) ; Aubertin, *Des honor. et frais d'actes des not.*, p. 180 et suiv.
Dans une étude qu'il a publiée dans la *Rev. du not.* (1888, n° 7821), et où il discute très longuement la question, sans opposer aucune raison nouvelle, M. de Cosnac, président du tribunal d'Arbois, argumente surtout, contre nous, du caractère de l'ordonnance de taxe, avant la loi du 5 août 1881 ; mais, comme l'ont fait remarquer M. le conseiller Aubertin (p. 183) et les juges de Brives, si l'ordonnance du président, qui est un véritable jugement rendu sur production du titre et emportant condamnation, si cette ordonnance ne doit conférer aucune garantie aux notaires, si ce titre ne doit pas les autoriser à prendre inscription (mesure simplement *conservatoire* et qui ne saurait causer au client de préjudice appréciable), il faudra que le notaire se résigne à assigner, *comme autrefois*, et alors à quoi aura servi d'édicter la disposition de la loi nouvelle, dont on attendait les meilleurs résultats, mais qui restera ainsi le plus souvent sans application ? M. le président du tribunal d'Arbois voudra-t-il bien le reconnaître ? En introduisant l'art. 8 dans la loi du 5 août 1881, le Sénat s'était, sans aucun doute, proposé un tout autre but.

L'intention était manifeste : On voulait faire disparaître les inconvénients des errements suivis jusde Largentière (1), de Langres (2), de La Châtre (3), laissent supposer que l'hypothèque ne serait pas valable. Les tribunaux de Valence (4) et de Bourges (5) ont tranché expressément la difficulté, dans le sens de la négative, et la Cour de cassation semble se ranger implicitement à cette doctrine, par son arrêt du 3 août 1887 (6).

Mais on peut citer, en faveur de notre opinion, trois jugements des tribunaux de Privas (7), d'Alger (8) et de Brives (9). Ce dernier jugement, très fortement motivé, nous paraît décider la question (10).

En tout cas, il n'appartient pas au conservateur, requis de prendre inscription en vertu d'un exécutoire, de trancher négativement la question; car, en vertu de l'art. 2199, C. civ., ces agents ne peuvent, *dans aucun cas*, refuser ni retarder l'accomplissement des formalités hypothécaires.

L'exécutoire, de même que sa signification, sont insuffisants pour faire courir l'*intérêt* des sommes allouées au profit de celui qui les a obtenues (11).

86. — c) Assignation. — L'assignation est la troisième voie conférée au notaire pour arriver au paiement des frais qui lui sont dus; c'est la plus rigoureuse et elle n'est d'ordinaire employée que lorsque l'officier public ne croit pas pouvoir obtenir satisfaction par les autres moyens. Elle peut l'être, nous l'avons dit (n° 85), même depuis la loi du 5 août 1881.

Mais avant d'intenter son action, le notaire doit, tout d'abord, prouver la dette dont il poursuit le recouvrement et faire opérer la taxe des frais réclamés.

87. — Preuve. — Il fait la preuve de sa créance en représentant la minute ou l'expédition qui a donné lieu aux déboursés et honoraires (12).

Si la demande d'honoraires n'est pas basée sur des titres ou des actes reçus par le notaire, ou si elle est basée sur un acte resté imparfait par le défaut de signatures d'une ou plusieurs parties, la preuve testimoniale est admissible, lorsque la somme réclamée est inférieure à 150 francs; dans le cas contraire, il faut un commencement de preuve par écrit (13).

— Une autre question peut se présenter: Le notaire a remis aux parties l'expédition de l'acte, sans réserve des frais; cette remise constitue-t-elle une présomption de paiement? La jurisprudence décide que le notaire qui remet volontairement aux parties les copies des actes qu'il a reçus pour elles est légalement présumé en avoir reçu le paiement (14).

Il nous paraît plus exact de décider que la délivrance de la grosse ou de l'expédition peut faire présumer, en fait, le paiement des frais et honoraires de l'acte, mais qu'on ne saurait appliquer la présomption légale de l'art. 1283, C. civ., parce que l'expédition ou la grosse ne forme point pour le notaire le titre de sa créance (15). (V. *suprà*, v° Grosse, n° 20.)

---

qu'alors et on n'a pu songer un seul instant, croyons-nous, à édicter un moyen nouveau de recouvrement qui fût dénué du plus précieux de ses effets, du plus grand de ses avantages, la garantie de l'hypothèque.
(1) 21 mars 1882 (*J. du not.*, n° 3578).
(2) 14 mai 1884 (*J. du not.*, n° 3789).
(3) 18 mars 1884 (art. 23197, J. N.).
(4) 4 août 1884 (art. 23286, J. N., et *J. du not.*, n° 3690).
(5) 21 juillet 1887 (*J. du not.*, n° 3949).
(6) Art. 23879, J. N. (*J. du not.*, n° 3953).
(7) 15 juillet 1886 (art. 23807, J. N.).
(8) 23 juillet 1886.
(9) 10 novembre 1886 (*J. du not.*, n° 3994).
(10) Toutefois, en présence des controverses qui s'agitent sur cette question, et de la division des tribunaux, nous avons conseillé et conseillons encore aux notaires, de ne pas avoir une confiance absolue dans la validité de l'inscription qu'ils pourraient requérir. Nous n'en avons pas moins notre *conviction personnelle bien assise*, quoi qu'en dise M. le président du tribunal d'Arbois. Mais nous savons, depuis

longtemps, que les juges ne sont pas toujours d'accord avec la loi et que, comme les flots, les arrêts sont changeants; or, en pratique, la prudence est la mère de la sûreté.
(11) Bordeaux, 13 juin 1881; Lyon, 29 mars 1884; *Explic. de la loi de 1881*, n° 44; Aubertin, S., 179.
(12) Cass, 14 octobre 1811 et 4 avril 1826; Bordeaux, 8 octobre 1835; Dict. du not., n° 886; Amiaud, *Tarif*, t. II, p. 270; Aubertin, p. 153.
(13) Largentière, 26 août 1845; Aubertin, p. 154. —*Contrà*: Dict. du not., n° 391 et art. 12516, J. N. Amiaud, *Tarif*, p. 270-271.
(14) Cass., 26 janvier 1858; trib. Seine, 17 août 1858; Castres, 8 juillet 1885 et Cass., 14 mai 1888 (art. 16269 et 16378, J. N.); Bordeaux, 8 mars 1889 (*J. du not.*, 1889, p. 472). V. dans le même sens Fabvier-Coulomb, p. 88, note 7; Chauveau et Godoffre, n° 355; Pons, p. 802; Gagnéraux, t. II, n° 396.
(15) Demolombe, *Des contrats*, t. V, n° 444; Aubry et Rau, t. IV, p. 210, texte et note 4; Laurent t. XVIII, n° 347; Amiaud, t. II, p. 273 à 277; Dijon, 14 août 1879 (art. 22202, J. N.); Aubertin, p. 157-158.

§ 7. Taxe des honoraires. Opposition. Assignation. Procédure.

88. — La taxe à laquelle le législateur de 1807 et la loi du 5 août 1881, dont nous avons parlé (*suprà*, n° 85) ont soumis les actes notariés, n'est pas seulement une garantie accordée aux clients contre les prétentions excessives des notaires, c'est aussi, nécessairement, la formalité préalable à toute action judiciaire du notaire contre le client. Il a, en effet, été jugé — et c'est là encore une innovation, que la jurisprudence a tirée de l'interprétation de l'art. 173 du décret de 1807, — que toute action ayant pour objet le paiement de frais et honoraires dus aux notaires, doit être précédée d'une taxe faite par le président du tribunal (1) et la partie contre laquelle est dirigée l'action peut toujours opposer à la demande une fin de non recevoir tirée du défaut de taxe (2), à moins que la question de taxe ne se présente qu'incidemment et comme accessoire dans un litige, par exemple, dans une demande en reddition de compte. Le tribunal peut alors apprécier directement la régularité des émoluments réclamés (3) (V. *infrà*, n° 89).

Il est donc important de savoir en quoi consiste cette taxe, par quel magistrat elle doit être opérée, par qui elle peut être requise, à quel acte elle s'applique et d'après quels principes elle a lieu.

La taxe est l'application du tarif aux actes reçus par les notaires, ou, si l'acte n'a pas été l'objet d'un tarif légal, c'est la fixation discrétionnaire par le juge des honoraires auxquels a droit le notaire qui a reçu l'acte.

89. — **Magistrat compétent.** — L'exercice de ce pouvoir délicat et important, de ce haut arbitrage, a toujours été du domaine du juge. L'article 51 de la loi de ventôse, en confiant la taxe au tribunal lui-même, et l'art. 173, plus tard, en l'attribuant au président du tribunal, n'ont fait qu'appliquer les principes admis de tout temps dans notre ancienne législation (4).

C'est au président du tribunal dans le ressort duquel le notaire a sa résidence, et au président seul, en Algérie (5), comme en France, qu'il appartient de taxer les actes de cet officier. Il y a là une dérogation aux règles générales du Code de procédure civile (6), mais elle est formellement établie par l'art. 173 du décret du 16 février 1807, que nous avons déjà cité.

En cas d'absence ou d'empêchement du président, c'est le juge chargé des fonctions de ce magistrat qui doit faire la taxe (7), et quand la taxe a été faite par un juge, au lieu de l'être par le président, il y a lieu de supposer que le juge taxateur a procédé en remplacement du président empêché (8).

En matière de partage judiciaire, c'est le juge-commissaire, désigné par le tribunal pour surveiller les opérations du partage (9), qui devait opérer la taxe et le tribunal la confirmait ou la modifiait par l'homologation (10) ; mais, depuis la loi du 5 août 1881, la taxe de tous les actes doit être faite par le président du tribunal (11).

---

(1) Cass , 7 mai 1839 ; Thiers, 25 juin 1846 ; Cass., 7 mai 1850 ; Colmar, 16 mars 1854 ; Saint-Marcellin, 11 avril 1867 et 29 juin 1870 (*Rev. not.*, n°° 1934 et 2984) ; Grenoble, 7 août 1874 (*Rev. not.*, n° 4742) ; Tulle, 5 janvier 1884 (*Rev. not.*, n° 6838 .

(2) Lefebvre, *J. du not.*, 1867, n° 2172.

(3) Cass., 18 mars 1866 ; Nîmes, 4 juin 1879 (art. 22169, J. N. et *Rev. not.*, n°° 1681 et 5918).

(4) Ordon. de Philippe IV, juillet 1304, art. 20 ; Coutume du Bourbonnais, art. 82 ; Ordon. d'Orléans de janvier 1560, art. 85 ; Arrêt de règlement du 4 décembre 1688 (*Code du not.*, de Rolland de Villargues, p. 88, 121, 137, 231).

(5) Alger, 5 décembre 1888 (*J. du not.*, 1889, p. 138).

(6) Orléans, 15 mars 1882 ; Déc. minist. de la justice, 15 décembre 1843.

(7) Audier, *J. du not.*, 1872, n° 2573.

(8) Cass., 17 février 1861 (S. V., 1864-1-169) ; Cass., 2 janvier 1872 (S. V., 1872-1-57).

(9) Art. 171 du décret de 1807. « Il sera passé au « notaire pour la formation des comptes que les « copartageants peuvent se devoir, de la masse gé- « nérale de la succession, des lots et des fournisse- « ments à faire à chacun des copartageants, une « somme correspondante au nombre des vacations « que le *juge* arbitrera avoir été employées à la con- « foction de l'opération. »

(10) Carré, *De la taxe*, p. 527, ; Dict. du not., n° 310 ; Mollot, *Liquid. jud.*, n° 998 ; Pont, p. 294 ; Amiaud, p. 287 ; Aubertin, p. 105.

(11) Nantes, 21 mars 1888 (*J. du not*, n° 1045. art. 24176, J. N.). Il a été jugé toutefois que lorsque le tribunal a commis un notaire étranger à son ressort, ce n'est pas le président du tribunal de la rési-

Lorsqu'une question de taxe d'honoraires d'un notaire ne se présente qu'incidemment dans un litige, dont elle n'est qu'un accessoire, le tribunal, saisi de la demande, peut *exceptionnellement* fixer lui-même le montant des honoraires, sans qu'il y ait lieu de renvoyer les parties devant le président, afin qu'il procède à la taxe (1). La jurisprudence est constante (V. *supra*, n° 88).

90. — Qui peut la requérir. — Le droit de requérir la taxe est réciproque, et il appartient aussi bien au notaire qui a reçu l'acte qu'aux parties intéressées. Pour l'obtenir, le notaire envoie son mémoire au greffe, avec ou sans requête; il y joint les pièces justificatives de sa réclamation (2). Mais rien n'empêcherait d'assigner directement la partie devant le président pour y assister contradictoirement à la taxe.

Si la taxe est requise par le client qui a payé, la même marche peut être suivie. Il peut s'adresser directement au président, sans appeler le notaire devant le magistrat, ou bien l'y appeler pour que la taxe soit contradictoire (3).

91. — Pouvoirs du président. — Le président, saisi de la demande de taxe, statue — soit sur les seules justifications qui lui sont fournies, — soit après avoir mis les parties en présence et leur avoir demandé de lui fournir tous les renseignements utiles. Cependant, quelques tribunaux ont jugé que l'art. 173 impose au président l'obligation positive de demander des renseignements au notaire et à la partie, et de faire, en un mot, une taxe contradictoire; que l'omission de cette obligation rend la taxe irrégulière et vicie la décision du juge taxateur (4).

MM. Chauveau et Godoffre pensent que ces tribunaux se sont montrés plus exigeants que la loi (5).

C'est, en effet, ce qui a été jugé plusieurs fois par la Cour de cassation (6).

« Attendu, dit cette Cour, que l'art. 173 du décret du 16 février 1807, por-
« tant que la taxe des actes du ministère des notaires sera faite par le président du
« tribunal, sur les renseignements qui lui seront fournis par le notaire et les parties,
« n'impose pas à ce magistrat taxateur l'obligation, mais lui donne simplement la
« faculté de prendre ces renseignements. »

C'est aussi l'avis généralement admis par la doctrine (7).

Il y a donc simplement obligation morale pour le président. Toutefois, il faut autant que possible, que les formalités prescrites par l'art. 173 soient scrupuleusement observées, et on doit considérer comme un devoir rigoureux, pour chaque magistrat taxateur, de s'entourer de tous les renseignements susceptibles de l'éclairer, afin d'éviter de commettre des injustices, soit envers les notaires, soit envers les parties (8).

Lorsque le président veut entendre les parties et recevoir leurs explications, il n'est tenu à aucune forme spéciale (9); il peut prévenir le notaire ou le client par simple lettre missive et sans qu'il soit besoin de citation judiciaire (10).

Il peut se faire apporter, par le notaire, les minutes des actes dont il y a lieu

dence de ce notaire, mais bien le président du tribunal duquel émane la commission, qui a qualité pour taxer les frais et honoraires dus au notaire commis. Rennes, 17 décembre 1888 (art. 24366, J. N.).

(1) Cass., 5 décembre 1825, 10 avril 1827, 13 mars 1866 (S. V., 1866-1 147); *Rev. not.*, n° 1691; Paris, 30 janvier 1860; Nîmes, 4 juin 1879; Michot, *Rev. not.*, n° 2801; Audier, *Revue*, n° 4742.

(2) Toutefois, le notaire qui joindrait à son mémoire une expédition destinée à éclairer le président du tribunal, ne pourrait réclamer des parties le coût de cette expédition (Grenoble, 17 décembre 1858; *Archives du not.*, 1859, p. 268; Charolles, 28 juillet 1852).

(3) Chauveau et Godoffre, t. I, n° 328 et suiv.

(4) Tours, 22 avril 1847 (*J. des avoués*, t. LXXIII,

p. 424); Saint-Marcellin, 11 avril 1867 (*J. du not.*, 1867, n° 2171).

(5) Chauveau et Godoffre, t. I, n° 331.

(6) 19 décembre 1849; 19 juin 1865 (S. V., 1865-1-808; *J. du not.*, n° 1969); 2 janvier 1872 (S. V., 1872-1-57; *Rev. not.*, 1872, n° 4080); Rennes, 4 juillet 1865 (*Juris. not.*, 1865, p. 681; D. P., 1865-2-186).

(7) Boucher d'Argis et Sorel, *Dict. de taxe*, p. 895, note a; Ed. Clerc, p. 675; *Dict. du not.*, *loc. cit.*, n° 821, 822; Audier, *loc. cit.*; Armand Dalloz, *Code du notariat*, n° 1241.

(8) Rolland de Villargues, *loc. cit.*; Rutgeerts, t. III, n° 1077.

(9) Rennes, 4 juillet 1865, précité.

(10) Fons, p. 298; Rolland de Villargues, *loc. cit.*, n° 265; *Dict. du not.*, v° *Honoraires*, n° 328; Audier, *loc. cit.*

de taxer les frais. Il n'y a pas, dans ce fait, dessaisissement de la minute et, par suite, contravention à l'art. 22 de la loi du 25 ventôse an XI (1). Mais le président, croyons-nous, ne pourrait conserver les minutes sans une ordonnance qui déchargerait l'officier public (2).

Le notaire qui refuserait d'apporter ses minutes, malgré l'invitation du président, et protesterait d'avance contre la taxe, pourrait, selon les circonstances, être considéré comme ayant manqué de déférence envers le magistrat taxateur et devenir passible d'une peine disciplinaire (3).

Le président est investi par la loi d'un pouvoir *discrétionnaire*, mais non *arbitraire* (4), ainsi que le fait remarquer fort judicieusement Rutgeerts (5) ; car, d'après l'art. 173 du tarif, il doit apprécier et fixer les honoraires des actes *suivant leur nature et les difficultés que leur rédaction aura présentées*, et toujours « le plus justement que faire se pourra » (6).

Par suite, il a été jugé que le président n'est point tenu de se conformer au tarif arrêté entre son prédécesseur et la chambre de discipline des notaires de l'arrondissement (7), encore moins aux tarifs faits par les compagnies notariales, attendu qu'ils sont dépourvus de toute force légale ou obligatoire (8), et qu'ils n'ont d'autre valeur que celle d'un simple renseignement.

Mais il est aussi de jurisprudence constante aujourd'hui que, pour fixer le chiffre de l'honoraire, le magistrat taxateur peut prendre en considération, non seulement les difficultés de l'acte, mais aussi l'importance des sommes qui en font l'objet et l'étendue de la responsabilité encourue par l'officier public (9).

Il a même été jugé que, bien que les tarifs des chambres ne soient point obligatoires, les tribunaux peuvent avec raison s'y conformer, surtout lorsque ces tarifs sont exécutés depuis un certain nombre d'années, en présence des chefs de la magistrature locale (10). Au reste, certaines règles sont depuis longtemps admises dans la pratique, que le juge taxateur ne saurait ignorer ou méconnaître ; elles préviennent l'arbitraire, en même temps qu'elles sont susceptibles de concilier l'intérêt du notariat et des parties (11).

— Le président est-il astreint, avant de rendre son ordonnance de taxe, à demander l'avis de la chambre des notaires de l'arrondissement ? La négative est admise par quelques auteurs, et a été consacrée par la jurisprudence (12).

(1) Bourges, 30 décembre 1829 (S. V., 1830-2-149) ; Bordeaux, 14 août 1841 (J. N., art. 11341).

(2) Lefebvre, *J. du not.*, 1865, n° 1873.

(3) Bordeaux, 14 août 1841; Rolland de Villargues, v° *Honoraires*, n° 266 ; Dict. du not., *loc. cit.*, n° 380 ; Andier, *loc. cit.* ; Fons, p. 298, note 11.

(4) Le pouvoir discrétionnaire n'est pas la même chose que le pouvoir arbitraire : le premier dépend de l'appréciation de circonstances extérieures déterminées ; l'autre ne relève que de la volonté de celui qui l'exerce (Bonnesœur, p. 255). La remarque de M. Bonnesœur est très exacte et son explication très française ; nous ne pouvons cependant pas nous dispenser de faire remarquer que, lorsque le pouvoir discrétionnaire est souverain (Cass., 28 juillet 1862 et 10 juin 1865), comme celui du président taxateur (car les appréciations qui en émanent échappent à la censure de la Cour de cassation), il est bien près de devenir un pouvoir arbitraire. La différence n'est plus que dans la forme et dans le mot. Au fond et en fait, c'est exactement la même chose.

(5) *Comment.*, t. III, n° 1075.

(6) Ordon. de Blois, 1579, art. 160.

(7) Paris, 20 novembre 1866 (*J. du not.*, 1866, n° 2118).

(8) Cass., 22 août 1854 (*J. du not.*, 1854, n° 984) ; Cass., 29 janvier 1855 (S. V., 1855-1-432) ; Lyon,

19 janvier 1865 (S. V., 1865-2-79) ; Paris, 20 novembre 1866 (*J. du not.*, n° 2118) ; Pau, 25 février 1867 (S V., 1868-2-185) ; Grenoble, 19 juin 1868 et 15 juin 1871 (S. V., 1871-2-182 et 1866-2-320) ; Cass., 7 janvier 1891 ; Dalloz, v° *Notaire*, n° 498 ; Maillard, *Notariat simplifié*, v° *Tarif*, p. 440.

(9) Cass., 22 août 1854 (*J. du not.*, 1854, n° 984) ; Cass., 14 novembre 1855 (*J du not.*, 1855, n° 1096) ; Die, 9 août 1864 ; Lyon, 19 juin 1865, Pau, 25 février 1867 ; Grenoble, 19 juin 1868 ; Epernay, 2 juin 1870 ; Dict. du not., n° 31 ; Aubertin, p. 101 et suiv.

(10) Colmar, 17 février 1840 (J. N., art. 10623).

(11) Armand Dalloz, n° 1235 ; Rolland de Villargues, *loc. cit.*, n°° 490, 491, 492 ; Robert, *op. cit.*, p. 21.

(12) Boucher d'Argis et Sorel, *Dict. raisonné*, p. 394, 395 ; Rivoire, v° *Notaire*, n° 8 ; Fons, p. 296, n° 7 ; Carré, *Analyse raison.*, p. 520, note ; Bonnesœur, p. 218 ; Aubertin, p. 103. — La jurisprudence s'est également prononcée dans ce sens : Cass., 24 mars 1825, 29 mars 1828, 12 février 1838, 29 juillet 1862 (*J. du not.*, 1862, n° 1716), et 19 juin 1865 (*J. du not.*, 1865, n° 1989); Bourges, 30 décembre 1829); Douai, 17 juin 1831 ; Rennes, 28 novembre 1840 (S. V., 1841-2-419); Orléans, 7 janvier 1852 ; Rennes, 17 juillet 1861 ; Angoulême, 27 février 1864 (S. V., 1865-1-303).

Mais la majorité des auteurs est de l'avis contraire (1).

92. — Sur quels actes porte la taxe ? — Elle porte sur tous les actes sans exception. Le président a donc le droit de taxer non seulement les honoraires des actes volontaires et non tarifés, mais ceux prévus par le tarif, et même ceux que la loi rétribue par vacations, comme les inventaires, les procès-verbaux de tout genre, etc. Cela résulte des art. 51 de la loi de ventôse et 2, § 4, de l'ordonnance de 1843. Le magistrat taxateur peut donc réduire le nombre des vacations, s'il lui paraît être exagéré (2), alors même que le nombre des vacations est constaté par le procès-verbal du juge de paix (3). Toutefois, dit Rolland de Villargues (4), on conçoit que le juge taxateur ne doit se décider ici qu'en connaissance de cause ; il s'agit de détruire l'assertion d'un officier public, assertion qui, lorsque cet officier public est un notaire, a d'autant plus de poids qu'elle est appuyée du témoignage des parties. Aussi est-il sans exemple, peut-être, que des vacations d'inventaire aient été réduites à la taxe (5).

Le président peut donc allouer plus ou moins à l'officier public ; il peut même ne lui rien allouer du tout, sans qu'on puisse lui reprocher un déni de justice ou l'excès de pouvoirs, — quand, par exemple, la décision constate que le notaire, à qui il n'est alloué aucun honoraire pour la rédaction d'un acte de liquidation et partage, avait reçu d'avance, *comme expert et arbitre*, un honoraire plus que suffisant pour le désintéresser (6) ; — quand encore l'acte soumis à la taxe est reconnu inutile aux parties et frustratoire par l'imprudence ou la faute du notaire (7), — ou s'il est entaché de collusion et provoqué par l'officier public, uniquement pour profiter des émoluments qu'il aurait pu lui rapporter (8).

L'appréciation faite de ces divers points par le magistrat taxateur est souveraine et échappe à la censure de la Cour de cassation (9).

Le juge qui taxe les frais d'un acte n'a pas le droit de mentionner la taxe sur la minute ; car on ne peut mettre sur une minute que les mentions exigées par la loi, celles relatives à l'enregistrement et à la délivrance des grosses (10). Il existe cependant une exception en matière de vente de meubles par suite de saisie. L'article 657, C. pr. civ., dispose expressément que la taxe sera faite par le juge sur *la minute du procès-verbal*.

La taxe est mise ordinairement sur l'expédition ou la grosse de l'acte (11), et le notaire n'est point fondé à demander que l'ordonnance de taxe apposée sur la grosse d'un acte et qui a réduit le chiffre de ses honoraires soit biffée comme blessante pour lui (12).

Si les frais et honoraires ont été taxés sur mémoire, la partie qui paie, après taxe, n'a pas le droit de demander que ce mémoire lui soit remis (13).

93. — Voies de recours contre la taxe. — En attribuant au président

(1) Dans ce sens : Ed. Clerc, t. Iᵉʳ, nᵒˢ 672, 673 ; Chauveau et Godoffre, t. Iᵉʳ, nᵒˢ 302 et 345 ; Vervoort, *Des tarifs*, p. 282, note *b* ; Dict. du not., vᵒ *Honoraire*, nᵒ 331 ; Favard de Langlade, vᵒ *Honoraires*, § 2, nᵒ 11 ; Rolland de Villargues, *loc. cit.*, nᵒ 267 ; Levebvre (J. du not., 1862, nᵒ 1716 ; 1865, nᵒ 1989) ; Gagneranx, t. II, p. 209, nᵒ 68. V. l'examen de cette question dans notre *Tarif*, t. II, p. 293.

(2) Lyon, 19 janvier 1865 (S. V., 1865-2-79).

(3) Paris, 13 et 20 novembre 1866 (S. V., 1867-2-8) ; Chauveau et Godoffre, t. Iᵉʳ, nᵒ 300 ; Bonnesœur, p. 257 et 258 ; Ed. Clerc, t. Iᵉʳ, nᵒ 676.

(4) *Loc. cit.*, nᵒ 272.

(5) Rolland de Villargues ne pourrait plus parler ainsi aujourd'hui, et nous avons cité au mot *Inventaire* plusieurs exemples du contraire. Les taxes sont-elles devenues plus sévères ou les officiers publics moins scrupuleux ?

(6) Aurillac, 7 juin 1861, confirmé en Cassation le 29 juillet 1862 (J. du not., nᵒˢ 1716, 1722).

(7) Toulouse, 13 août 1821 ; Cass., 24 août 1828 ; Issoudun, 28 décembre 1833 (*Jurispr. not.*, art. 2635) ; Caen, 14 août 1876 (art. 21605, J. N.) ; Rolland de Villargues, *loc. cit.*, nᵒ 75 ; Dict. du not., vᵒ *Honoraires*, nᵒˢ 106 et 107 ; Dalloz, *loc. cit.*, nᵒ 521.

(8) Cass., 20 janvier 1869 (S. V., 1869-1-200).

(9) Cass., 25 mars 1851 (D. P., 1854-5-416).

(10) Dict. du not., *loc. cit.*, nᵒ 339.

(11) Rennes, 4 juillet 1865 (*Jurispr. not.*, 1865, p. 601 (S. V., 1866-2-109.)

(12) Rennes précité.

(13) V. cependant, en sens contraire, Dict. du not., nᵒ 340 ; J. du not., 1867, nᵒ 2148 — Nous croyons le premier avis préférable ; le notaire doit pouvoir conserver la taxe, pour justifier plus tard, s'il y a lieu, de la régularité de sa perception.

du tribunal la taxe des actes du ministère des notaires, la loi n'a pas conféré à ce magistrat le pouvoir de statuer souverainement et en dernier ressort.

Mais la jurisprudence est divisée sur la question de savoir quelle est la voie de recours ouverte contre la taxe du président. Tandis que la Cour de cassation juge que les règlements de taxe sont susceptibles d'opposition devant le tribunal (1), la majorité des auteurs et d'autres tribunaux décident que la taxe n'a point le caractère d'un jugement, que ce n'est qu'un avis, un avant-faire-droit, et que si les parties veulent exercer un recours contre la taxe, il y a lieu simplement de se pourvoir devant le tribunal, par voie directe et principale (2).

Aussi, aux termes de la loi du 5 août 1881, le président peut délivrer un exécutoire de sa taxe, mais la partie qui se croit lésée par la taxe, a le droit de former opposition devant le tribunal civil, qui juge en audience publique (3). (V. *suprà*, n° 85.)

Ce jugement est lui-même susceptible d'appel, si la demande de frais est supérieure à 1,500 fr. (4), ou de pourvoi en cassation (5).

Avant la loi du 5 août 1881, le client avait trente ans pour demander la taxe des frais qui lui étaient réclamés ; l'art. 2 de cette loi a réduit ce délai à *deux ans* et aussi celui des actions en restitution ; ce délai court du jour du paiement ou du règlement par compte arrêté, reconnaissance ou obligation.

Mais les parties sont toujours libres de renoncer expressément ou tacitement au recours que la loi autorise contre la taxe.

De même, l'acceptation de la taxe, dans un compte, ou le paiement des honoraires taxés fait sans réserves, impliquent acquiescement à la taxe et s'opposent à ce que la partie critique la taxe et demande la revision du compte ou la restitution des honoraires (6).

94. — Procédure de l'assignation. — L'art. 9 du deuxième décret du 16 février 1807 dispense du *préliminaire de conciliation*, les demandes des officiers publics et par conséquent des notaires, en paiement des frais qui leur sont dus.

Par *frais*, il faut entendre les *frais des actes* reçus par les notaires ; l'art. 9 serait inapplicable aux déboursés et honoraires réclamés par les notaires, à raison des travaux ou commissions qui ne rentreraient pas légalement dans leurs fonctions (7).

Le *tribunal compétent* est toujours celui dans le ressort duquel le notaire exerce ou a exercé ; ce tribunal doit être saisi, à l'exclusion du juge de paix, quelle que soit la modicité de la somme réclamée, alors même que le notaire se serait fait souscrire en paiement un billet inférieur à 200 francs ; et le tribunal est compétent pour connaître de toutes les actions relatives aux honoraires des notaires de son ressort, qu'elles soient formées par eux ou contre eux, ou par un cessionnaire subrogé dans leurs droits (8) ; — qu'il s'agisse d'une demande en restitution de frais payés par une partie à son notaire (9), même démissionnaire et domicilié dans un autre arrondissement (10), — et alors même que l'action aurait pour objet les déboursés et honoraires d'actes *restés imparfaits*, par exemple, une tentative d'adjudication

(1) Cass., 19 juin 1865 ; 28 août 1867 ; Rennes, 17 juillet 1861 ; Grenoble, 5 août 1872 ; Seine, 22 juin 1875 (art. 21253, J. N.).
(2) Rouen, 17 juillet 1861 ; Chaumont, 8 février 1862 (art. 17895, J. N.); Sarrebourg, 22 juin 1865 ; Senlis, 11 avril 1888 (J. *du not.*, 1889, p. 88) ; Chauveau et Godoffre, t. Iᵉʳ, n° 337 ; Boucher d'Argis et Sorel, p. 397 ; Ar. Dalloz, n° 1237 ; Bastiné, n° 304 ; Amiaud, t. II, p. 302.
(3) Nevers, 17 août 1884 (*Rev. not.*, n° 7141).
(4) Dijon, 20 février 1867 (J. *du not.*, n° 2180).
(5) Bonnesœur, p. 251 252 ; Dict. du not., n° 866-482 ; Rutgeerts et Amiaud, t. III, n° 1204.

(6) Cass, 13 mars 1866, 28 août 1867 (art. 19062, J. N., et 16 décembre 1885 (n° 7268, *Rev. not.*) ; Nîmes, 4 juin 1879 ; Cass., 21 juin 1880 (art. 22334, J. N.); Domfront, 15 juin 1887 (J. *du not.*, n° 4046).
(7) Libourne, 17 janvier 1843 ; Toulouse, 23 février 1867 ; Bruxelles, 17 novembre 1884 (*Rev. not.*, n° 7072); Amiaud, *Tar f*, t. II, p. 283.
(8) Poitiers, 27 janvier 1840 ; Cass., 7 décembre 1847 ; Paris, 21 juillet 1856 (art. 15837, J. N.); Cass., 25 janvier 1859 (art. 16513, J. N.; Pau, 11 janvier 1861 ; Paris, 14 mars 1861.
(9) Orléans, 12 décembre 1844.
(10) Paris, 13 mars 1854.

qui n'a pas abouti par la faute du vendeur (1), — un acte de vente ou une donation entre-vifs qui n'ont pas été régularisés par suite d'un changement de volonté d'une des parties (2).

Le tribunal est compétent en ce qui concerne les frais et honoraires de *tous actes* reçus par le notaire dans l'exercice de ses fonctions ; et dans l'application de la règle de compétence, il n'y a pas lieu de distinguer entre les frais dus au notaire, à raison d'actes dressés par suite d'une commission de justice, et les frais des actes dressés volontairement par les parties (3), — et entre le cas où les frais auraient été l'objet d'une transaction amiable ou n'auraient pas été réglés (4).

La règle fixée par l'art. 60, C. pr. civ., ne souffre même pas d'exception, quand la demande d'honoraires est relative à des travaux, soins et démarches accomplis par le notaire dans l'exercice de ses fonctions, par exemple, à l'occasion d'une tentative d'adjudication (5), ou est connexe à une autre demande formée devant le tribunal du domicile du défendeur. Dans ce cas, le tribunal doit se dessaisir et renvoyer l'affaire devant le tribunal du domicile du notaire (6).

Il en serait autrement s'il s'agissait d'une demande en paiement d'honoraires formée par un notaire à raison d'actes ne rentrant pas essentiellement dans ses attributions officielles et accomplis par lui en qualité de mandataire ou de *negotiorum gestor* (7). On rentre alors dans le droit commun, et il faut appliquer la procédure ordinaire. C'est ce qui a été reconnu par la Cour de cassation (8) le 21 juin 1865, dans une espèce où le notaire réclamait les frais d'une expédition qu'il avait été chargé de lever pour son client chez un autre notaire.

Il résulte même d'un arrêt de la Cour de Paris, du 12 mars 1860 (9), que la demande formée par un notaire en paiement tout à la fois de frais faits par lui pour l'exécution d'un mandat et d'honoraires dus à raison d'actes de son ministère, doit être portée, suivant la règle générale, devant le tribunal du domicile du défendeur, alors surtout que les honoraires concernant cette dernière espèce d'actes n'entrent que très accessoirement et pour une très faible partie dans la demande. Mais nous pensons que la solution contraire devrait être admise si les frais faits par le notaire en cette qualité, étaient supérieurs ou tout au moins égaux en quotité aux frais dépensés en vertu du mandat. Dans le cas contraire, on obligerait le notaire à intenter deux actions distinctes, ce qui multiplierait inutilement les frais.

La compétence du tribunal du domicile du notaire, en matière de règlement d'honoraires, n'est pas établie seulement dans l'intérêt de cet officier public ; elle l'est également dans l'intérêt des parties, pour que le règlement des frais soit fait par le tribunal le mieux en état d'apprécier l'affaire et de se faire représenter les minutes sans danger. Conséquemment, le débiteur des honoraires assigné devant le tribunal de son domicile peut invoquer le bénéfice de l'art. 60, C. proc. civ., et demander son renvoi devant le tribunal du domicile du notaire (10).

---

(1) Douai, 21 novembre 1876; Cambrai, 11 mai 1877 (art. 21671, J. N.); Compiègne, 27 juillet 1887 (J. du not., n° 4013).

(2) Lyon, 8 mars 1888 (J. du not., n° 4056 et art. 24072, J. N.) ; Fons, p. 804-805 ; Bonnescœur, p. 247 ; Chauveau et Godoffre, p. 341-342; Ar. Dalloz, n° 1268 ; Boucher d'Argis et Sorel, p. 397, note a ; Dict. du not., n° 418, 419 ; Rutgeerts, t. II, n° 1195 ; Amiaud, t. II, p. 278 et suiv. ; Aubertin, p. 184 et suiv.

(3) Orléans, 10 mars 1832.

(4) Paris, 15 mars 1861 (S. V., 1861-2-352).

(5) Dijon, 3 janvier 1884 ; Compiègne, 27 juillet 1887 (Rev. not., n°° 6836 et 7800, art. 23970, J. N.) ; Lyon, 4 janvier 1889 (J. du not, 1889, p. 585).

(6) Louviers, 28 juin 1854 (J. N., art. 12854).

(7) Ou s'il s'agissait, non pas du règlement d'honoraires et de leur quotité, mais de la question de savoir si des honoraires sont dus, car il résulte des arrêts de cassation des 19 février 1826 et 24 juillet 1819 que les formes particulières de procédure, tracées par l'art. 51 de la loi de ventôse, ne sont applicables qu'en cas de débat sur la quotité des honoraires. Les autres difficultés auxquelles une demande d'honoraire peut donner lieu, telle que la question de savoir si les honoraires n'ont pas déjà été payés, ou si la partie qui les réclame est bien le créancier, sont des contestations de droit commun, soumises aux formes ordinaires de la procédure.

(8) S. V., 1865-1-304; Bourges, 22 février 1842 (S. V., 1845-2-142).; Cass., 2 mars 1846 (J. N., art. 12648); Rutgeerts, t. II, n° 1085 ; Vernet, p. 106 ; Dict. du not., v° Honoraires, n° 439.

(9) S. V., 1860-2-407.

(10) Châtellerault, 17 mars 1841 ; Cass., 21 avril 1845; Louviers, 28 juin 1854 ; Lyon, 6 mars 1888, précité; Dict. du not., loc. cit., n° 421.

— Le tribunal saisi doit statuer en *audience publique* et non en chambre du conseil ; c'est ce qu'a décidé la Cour d'Orléans (1).

De même, le tribunal doit statuer sur simple mémoire et sans frais ; car, bien que l'art. 173 du décret du 16 février 1807 n'ait pas reproduit la prescription de l'art. 51 de la loi de ventôse, cette prescription n'en doit pas moins être observée. Mais elle n'est pas d'ordre public et on peut y déroger (2).

Le jugement est en *dernier ressort*, si la demande n'excède pas 1,500 francs, ou si, au cours des débats, elle a été réduite à cette somme.

Il est en premier ressort et sujet à *appel*, si la demande est supérieure à 1,500 francs. La loi du 5 août 1881 n'a modifié en quoi que ce soit les règles de droit commun qui déterminent les divers degrés de juridiction (3).

La décision est soumise, d'ailleurs, à toutes les voies édictées par la loi contre les jugements (4).

— Une demande en paiement d'honoraires, formée collectivement par deux notaires qui ont concouru à la rédaction d'un acte, est susceptible d'appel, si ces honoraires pris en totalité excèdent 1,500 francs, bien qu'ils aient été réclamés dans le même exploit, et que les notaires aient conclu d'une façon précise à ce que ces honoraires leur fussent attribués à chacun par moitié.

Cette solution s'impose, en pareil cas, non seulement parce que l'objet de l'obligation a été, par la convention même des parties, considéré comme *indivisible*, mais aussi parce que l'indivisibilité résulte de la nature même de l'obligation (5).

— La compensation ne pouvant avoir lieu qu'entre créances liquides et exigibles (art. 1289-1291, C. civ.), le notaire ne peut opposer en compensation, avec les sommes qu'il a pu toucher pour un client, les frais d'actes qui lui sont dus, avant que ces frais aient été taxés (6) ; mais rien ne s'oppose à ce que les parties et le notaire conviennent d'opérer une compensation, en réservant le bénéfice de la taxe (7).

— Le notaire, qui a reçu d'un client un billet en paiement de ses frais et honoraires, ne peut être considéré comme ayant fait *novation* de sa créance primitive ; alors surtout que le billet est causé « valeur en paiement des frais dus » ; le notaire conserve donc le droit, si le billet ne lui est pas payé, de le rendre à son client, de faire taxer ses frais et de poursuivre son débiteur, soit en prenant un exécutoire, soit en assignant directement devant le tribunal (8).

— Les frais et honoraires dus à un notaire pour la régularisation d'un acte qu'il a reçu, constituent une créance reposant sur un titre authentique et le jugement rendu sur opposition à la taxe de ces frais, est *exécutoire par provision* et nonobstant appel (9).

§ 8. PRIVILÉGE DES HONORAIRES. PRESCRIPTION.

95. — En général, les honoraires des notaires, comme les autres frais qui leur sont dus, ne sont que des créances ordinaires qui ne sont garanties ni par privilège ni par hypothèque (10). Pour avoir une hypothèque, les notaires doivent obtenir un exécutoire (V. *supra*, n° 85) ou un jugement de condamnation.

(1) 7 janvier 1852.
(2) Cass., 10 avril 1827 et 24 juillet 1849 ; Dict. du not., n° 424 ; Aubertin, p. 190.
(3) Alger, 9 avril 1888
(4) Cass., 3 décembre 1836 ; Alger, 9 avril 1888 ; Dict. du not., n°' 485-486 ; Aubertin, p. 190.
(5) Agen, 15 juillet et 4 août 1887 ; Cass., 5 juin 1888 (art. 24302, J. N. ; J. du not., 1889, p. 454).
(6) Orléans, 22 juin 1858 ; Cass., 18 avril 1854 ; Bruxelles, 7 août 1867 ; Rutgeerts, t. II, n° 1884.
(7) Cass., 22 juillet 1878 et 29 juin 1880 ; Nîmes, 4 juin 1879 (V. *Etude, J. du not*, 1890, p. 465).

(8) Auxerre, 31 août 1880 (art. 22459, J. N. ; *Rev. not.*, n° 6114) ; Loudun, 14 janvier 1888 (*Rev. not*, n° 7810 ; J. du not., n° 4029).

(9) Amiens, 10 août 1882 (*Rev. not.*, n° 6608).

(10) Rolland de Villargues, v° *Honoraires*, n° 301 ; Vernet, p. 109 et suiv. ; Dict. du not., v° *Honoraires*, n° 442 ; Chauveau et Godoffre, n° 321 ; Rutgeerts, t. II, n° 1170 ; Ed. Clerc, t. I, n° 725 ; Mailland, *Notariat simplifié*, v° *Frais d'actes*, p. 365 ; Amiaud, t. II, p. 326 ; Aubertin, p. 207.

Toutefois, en certains cas déterminés que nous allons étudier, les notaires jouissent de *privilèges* spéciaux :

Aux termes de l'art. 657 du Code de procédure civile, « faute par le saisi et les créanciers de s'accorder dans le mois, *l'officier* qui aura fait la vente sera tenu de consigner, dans la huitaine suivante, et à la charge de toutes les oppositions, le montant de la vente, *déduction faite de ses frais, d'après la taxe qui aura été faite par le juge sur la minute du procès-verbal...* »

C'est là plus qu'un privilège, dit Paul Pont (1), c'est un droit de prélèvement ou de retenue, que la loi consacre en faveur de *l'officier* qui a fait la vente, et ce droit appartient aux notaires, comme à tous les officiers qui peuvent être chargés d'une vente de meubles.

Mais la disposition de l'art. 657 étant exceptionnelle, il ne faut pas l'étendre à d'autres cas qu'à celui prévu par cet article, celui de vente après saisie. Ainsi, il ne saurait être invoqué par un notaire qui aurait fait la vente d'un mobilier dépendant d'une succession vacante (2).

Si, en consignant le prix de la vente, le notaire négligeait de faire la déduction, dans ce cas, il serait sur le même rang que les autres créanciers *privilégiés pour frais de justice* et viendrait en concours avec eux (3).

— Ce cas n'est pas le seul où le notaire puisse avoir un privilège ; il peut invoquer ce bénéfice toutes les fois que ses actes ont le caractère de *frais de justice* (4).

Mais quand peut-on dire que les frais dus aux notaires ont vraiment le caractère de frais de justice ? La question ne manque pas que d'être embarrassante, et la jurisprudence est loin d'être fixée sur ce point. On décide toutefois que les frais sont privilégiés, lorsqu'ils ont profité à la masse des créanciers, qui concourent à la distribution de l'actif (5).

On décide donc, d'après ces principes, que les notaires pourraient demander une collocation par privilège :

    a) Pour les frais d'inventaire (6) ;

    b) Pour les frais du compte de gestion rendu soit par un héritier bénéficiaire, soit par un curateur à succession vacante ;

    c) Pour les frais d'une vente de meubles aux enchères, autorisée judiciairement ou opérée volontairement ;

    d) Pour les frais d'un ordre ou d'une distribution amiable ;

    e) Pour les frais d'un partage ou d'une liquidation judiciaire, si l'acte a servi l'intérêt commun des créanciers, si spécialement la procédure a été faite sur leurs poursuites (7).

Il en serait autrement des frais d'un partage soit amiable, soit judiciaire, si ces actes avaient été faits entre des héritiers même bénéficiaires, mais dans leur intérêt exclusif et sans l'intervention d'aucun créancier (8).

Quid, s'il s'agissait des frais d'une liquidation de reprises de la femme, après

(1) *Privilèges et hyp.,* t. I, n° 70.

(2) Cass., 8 décembre 1825 (S. V., 1826-1-202) ; Pont, *Priv. et hyp.,* t. I, n° 70 ; Mourlon, *Comment crit. des priv.,* p. 93.

(3) Pont, *loc. cit.,* Valette, *Des priv. et hyp.,* n° 24.

(4) Dalloz, v° *Notaire,* n° 524 ; Rolland de Villargues, v° *Honoraires,* n° 202 ; Ed. Clerc, t. I, n° 725 ; Dict. du not., v° *Honoraires,* n° 443 ; Rutgeerts, t. II, n° 1179.

(5) Aubry et Rau, t. III, p. 128 ; Pont, *Hypoth.,* t. I, n° 122 ; Dalloz, n° 131 (*J. du not.,* 1867, n° 2169) ; Cass., 24 juin 1867 ; Lyon, 11 juin 1886.

(6) Pont, n° 69 ; Laurent, t. XXIV, n° 330 *bis* ; Amiaud, t. II, p. 330 ; Cass., Belge, 30 décembre 1875 ;

Lyon, 9 juin 1865 ; Seine, 27 juillet 1886. Sont privilégiés, même à l'égard de la faillite de la veuve, les frais de l'inventaire dressé après la dissolution de la communauté, pour constater les forces de cette communauté et la succession de l'époux prédé-édé : Gand, 26 mai 1886.

(7) Condom, 24 novembre 1864 ; Cass., 5 avril 1865 et 24 juin 1867 ; Rouen, 28 décembre 1881 ; Cass., B., 30 décembre 1875 ; Mayenne, 23 janvier 1890 ; Aubry et Rau, p. 128 ; Laurent, t. XXIX, n°° 338 et suiv. — *Contra* : Pau, 12 mai 1863 ; Toulouse, 16 mai 1863 (S. 1863-2-197).

(8) Douai, 31 mai 1886 ; Cass., 14 avril 1853 ; Liège, 24 juillet 1858.

faillite du mari ? Le notaire n'aurait point, à notre avis, de privilège (1), mais ces frais étant un accessoire de la créance de la femme, il aurait le droit d'exercer, en vertu de l'art. 1166, C. civ., les droits de la femme dans tout ordre ou toute contribution.

Il a cependant été jugé par le tribunal de Saintes (2), que les frais de la liquidation des reprises sont directement à la charge de la faillite, comme frais privilégiés, ce qui n'empêche pas le notaire d'avoir son action solidaire contre le syndic qui a comparu à la liquidation (3).

c) Enfin, nous ferons remarquer, avec M. Paul Pont, qu'il est encore une circonstance où, bien que le notaire n'ait contre les parties, pour le paiement de ses frais, que l'action personnelle et solidaire ordinaire, il peut acquérir le bénéfice d'une *collocation privilégiée*. Nous voulons parler du cas où, après vente, le débiteur a revendu l'immeuble acquis ou bien a été exproprié, et où il s'agit de faire la distribution du prix de cet immeuble. Si les frais du contrat de vente sont encore dus au notaire, ce dernier ne pourrait, sans aucun doute, se présenter à l'ordre et y réclamer, de son chef, une collocation privilégiée, pour ces frais. Mais il peut se présenter comme exerçant, en vertu de l'art. 1166 du Code civil, les droits du vendeur qui, par une application (qu'on ne conteste plus aujourd'hui) de l'art. 2002, est aussi son débiteur, et même son débiteur solidaire; il doit alors être colloqué comme le vendeur lui-même, soit directement, si le vendeur ne demande pas collocation pour les frais, soit en sous-ordre, si les frais se trouvent compris dans la collocation du vendeur. La doctrine est à peu près unanime (4), et la jurisprudence se prononce de plus en plus favorablement à cet égard (5).

Un des derniers arrêts rendus sur la question (6) décide même que le privilège des frais et loyaux coûts de contrat existe en faveur du vendeur, quelle que soit l'époque à laquelle il a payé ces frais; qu'il existerait même, s'il ne les avait pas payés; car il suffit, pour qu'il puisse réclamer une collocation privilégiée, qu'il soit exposé à les payer, ou, comme dans l'espèce jugée par la Cour, que « *le paie-* « *ment lui soit imposé par une demande de collocation en sous-ordre formée par* « *le notaire ;* en effet, la raison qui fait admettre le privilège, pour le cas où le « paiement des frais et loyaux coûts des actes a été antérieurement opéré, se ren- « contre aussi dans la circonstance, et la décision doit, par suite, être la même. »

Et l'inscription de privilège pourrait être requise par le notaire, même dans le cas où le vendeur aurait été payé de son prix (7), à moins que le vendeur n'ait renoncé complètement à son privilège.

Il y a plus; aux termes d'un arrêt de la Cour de cassation du 7 novembre 1882 (8), lorsque le notaire a ainsi obtenu une collocation par privilège, il ne saurait être contraint de partager le bénéfice de cette collocation avec les autres créanciers du vendeur.

— De la même façon et pour les mêmes motifs, nous pensons que le notaire qui aurait reçu un acte de prêt (obligation, transport, quittance subrogative, ouverture de crédit, etc...), pourrait obtenir, sur les biens du débiteur, une collocation *hypothécaire* pour le montant des frais du titre de créance, qui sont un accessoire de cette

(1) Nantes, 30 novembre 1887 ; Angers, 11 janvier 1888.
(2) 22 juin 1881; Valenciennes, 16 décembre 1885.
(3) Art. 23699, J. N.; Saint-Omer, 9 décembre 1887 (*Rev. not.*, 1888, p. 183).
(4) Paul Pont, *Priv. et hyp*, t. I, n° 196 ; Aubry et Rau, t. III, p. 128 ; Troplong, *Priv. et hyp.*, t. I, n° 220 ; Rolland de Villargues, v° *Honor.*, n° 252 ; Mourlon, *loc. cit.*, n° 161 ; Dict. du not., v° *Privilège*, n° 229 et *Honoraire*, n° 443 ; Aubry et Rau, *Droit civil*, t. III, 4° édit., § 363, p. 167 ; Lefebvre (J. du not., 1868, n°° 1777, 1784, 1841 ; 1874, n° 2737); Aubertin, p. 215, 216.

(5) Limoges, 9 janvier 1841 (S. V., 1842-2-270) ; Bordeaux, 6 janvier 1844 (S. V., 1844-2-246); Metz, 21 décembre 1859 (S. V., 1860-2-253); Cass., 1" avril 1863 (S. V., 1863-1-239) ; Cass. (ch. civ.), 1" décembre 1863 (S. V., 1864-1-46); Lyon, 23 mars 1865 (S. V., 1866-2-92); J. du not., 10 août 1865; Nîmes, 14 décembre 1872 (J. du not., 1874, n° 2737) ; Limoges, 27 décembre 1878; Villefranche, 6 juin 1881 (art. 20915, 22084 et 22547, J. N.).
(6) Nîmes, 14 décembre 1872.
(7) Art. 21025, J. N.
(8) Art. 22842, J. N.

créance. Mais, à la différence de ceux dont nous parlions au numéro qui précède, ces frais ne sont conservés qu'autant que l'inscription en fait mention et en indique le montant ou l'évaluation approximative (1).

Il a aussi été jugé que le notaire, créancier d'une succession, pour frais d'acte, peut requérir l'inscription de séparation des patrimoines, malgré la contestation soulevée par les héritiers sur le chiffre des frais dus (2).

96. — Prescription. — Avant la loi du 5 août 1881, les déboursés et honoraires dus aux notaires se prescrivaient, conformément au droit commun, par *trente ans*. Mais, d'après l'art. 1er de cette loi, la prescription est de *cinq ans*, à partir de la date des actes.

Cette prescription cesse de courir s'il y a eu compte arrêté, reconnaissance, obligation ou citation en justice non périmée (3).

Pour les actes dont l'exécution est subordonnée au décès, tels que les testaments et donations entre époux pendant le mariage, les cinq ans ne commencent à courir que le jour du décès de l'auteur de la disposition (4).

§ 9. DE L'ACTION EN RESTITUTION.

97. — Sous l'empire de l'art. 51 de la loi de ventôse, la demande de taxe, nous l'avons vu, ne pouvait être formulée et admise contre un règlement amiable que dans les cas prévus par la loi, où le consentement est vicié, c'est-à-dire en cas d'erreur, de violence ou de dol. Ce sont là, en effet, des exceptions qui rendent tout contrat annulable et gouvernent tout le domaine du droit (5).

Les mêmes principes étaient applicables aux demandes en restitution de la part du client contre le notaire.

Aujourd'hui, la jurisprudence, autorisant la demande en taxe, en tous cas, c'est-à-dire avant ou après paiement, qu'il y ait eu ou non règlement amiable, — par voie de conséquence, si la taxe se trouve inférieure au chiffre des honoraires perçus, les parties ont le droit d'intenter l'action en restitution, non pas seulement lorsqu'il y a eu erreur, dol ou violence, absence ou surprise de consentement (6), — mais encore lorsqu'il y a eu règlement amiable librement et volontairement consenti. Il n'y a pas lieu de distinguer non plus entre les honoraires d'actes légalement tarifés et ceux dont la taxe est, en cas de désaccord, dans les attributions du magistrat taxateur.

Deux voies s'ouvrent donc aux parties, selon que les frais ont été déjà payés ou qu'ils sont encore dus au notaire :

a) Si les frais sont dus, demande de taxe et, après la taxe, paiement ou contestation devant le tribunal.

b) Si les frais ont été payés et que la taxe soit inférieure aux honoraires perçus, demande en restitution.

98. — Mais les clients n'ont plus trente ans pour faire leur demande de taxe ou exercer cette action en restitution ; ce délai a été réduit à *deux ans* par la loi du 5 août 1881 (art. 2) et le délai court du jour du paiement ou du règlement par compte arrêté (7), reconnaissance ou obligation et la prescription de

---

(1) Aubry et Rau, t. III, § 274 ; Pont, t. II, n° 991.
(2) Cass., 2 février 1885 (art. 23323, J. N.).
(3) La reconnaissance donnée par le débiteur des frais ne saurait empêcher le codébiteur solidaire d'opposer la prescription, si la reconnaissance n'avait pas acquis *date certaine* avant l'accomplissement de cette prescription : Bordeaux, 28 décembre 1861 (S., 1862-2-319).

(4) V. l'Explication de la loi du 5 août 1881, p. 10 à 25.
(5) Amiens, 9 mai 1828 ; Cass., 18 août 1827 ; Cass., 19 janvier 1831 ; Cass., 12 février 1838.
(6) Cass., 10 avril 1827, 7 mai 1837 ; Montdidier, 20 mars 1838 (J. N., art. 7097, 10490).
(7) Et le règlement du compte arrêté avec l'un des codébiteurs solidaires fait courir la prescription vis-à-vis de autres (Vendôme, 23 juil. 1892 (J. du not., p. 677).

deux ans ne peut être interrompue ni par une lettre missive réclamant la taxe, ni par une sommation, mais seulement par une demande en justice (1), conformément au droit commun.

Toutefois, il a été jugé qu'un paiement volontaire ou un règlement de compte amiable ne peuvent servir de point de départ à la prescription biennale au profit du notaire que contre les parties qui les a effectués ou consentis (2). Ainsi, le paiement fait par l'acquéreur n'a pu faire courir contre le vendeur étranger à ce paiement la prescription de l'action en taxe pour les frais fixés à forfait.

Cette solution ne nous paraît pas à l'abri de toute critique ; la loi, en effet, ne distingue pas et il semblerait naturel de décider que ses prescriptions devraient s'appliquer à toute partie qui requiert la taxe, alors qu'il y a eu paiement, et bien que ce paiement n'ait pas été fait par elle, en raison de la solidarité qui lie toutes les parties envers le notaire.

99. — C'est la partie qui a payé les honoraires qui doit intenter l'action ; mais elle peut aussi être exercée par ses héritiers ; il a même été jugé qu'elle pouvait être formée à la requête d'un créancier hypothécaire non utilement colloqué (3).

Elle doit être dirigée contre le notaire qui a reçu l'excédent de taxe, ou contre ses héritiers, s'il est décédé.

100. — La demande en restitution d'honoraires doit être portée devant le tribunal qui aurait connu la demande en paiement des honoraires, c'est-à-dire devant le tribunal de l'arrondissement dans lequel se trouve la résidence du notaire. Toute action relative à des frais et honoraires ne peut, en effet, être régulièrement appréciée que par les juges qui sont chargés de fixer ces frais. Ces motifs s'appliquent à tous les cas où il s'agit d'apprécier les honoraires d'un notaire, que la demande soit formée par l'officier public ou contre lui.

La compétence est donc ici toujours déterminée par la nature de la contestation, sans avoir égard à la position des parties dans le débat ; par voie de conséquence, le juge de paix n'est point compétent pour en connaître, alors même que la demande serait inférieure à deux cents francs, et la procédure spéciale établie par l'art. 60, C. pr. civ., est seule applicable (4).

101. — En matière d'adjudication, lorsque les frais ont été fixés à forfait, le vendeur ou les adjudicataires ont-ils indifféremment le droit de provoquer la taxe et d'intenter l'action en restitution contre le notaire ?

Cette question est gravement controversée.

Disons d'abord que, d'après la jurisprudence, la question est complètement étrangère au notaire qui n'a point à la discuter. En outre, il est généralement admis que la clause d'un cahier des charges qui fixe à forfait les frais à payer étant nulle et cette nullité étant d'ordre public (5) (V. cep. Châlons-sur-Marne, 9 mai 1890 (*J. du not.*, 1890, p. 709), le bénéfice de la taxe et de la restitution des honoraires peut être réclamé par toutes les parties à l'acte (6).

Mais, d'autre part, le prix étant invariablement fixé par le procès-verbal ou le jugement d'adjudication, et les frais et honoraires par la taxe, il faut décider que l'adjudicataire est libéré vis-à-vis du vendeur par le paiement du prix, et vis-à-vis du notaire, par le paiement des frais après taxe ; d'où il suit que la portion retranchée des honoraires, s'il y a réduction, appartient à l'adjudicataire (7).

---

(1) Senlis, 11 avril 1888 (art. 21133, J. N.).
(2) Amiens, 7 juin 1888 (art. 24128, J. N.).
(3) Paris, 20 mai 1836 (*J. du pal.*, 1836, p. 1356, J. N., art. 9294).
(4) Cass., 10 avril 1827 ; Orléans, 12 décembre 1844 ; Nîmes, 29 juin 1861 ; Rolland de Villargues, n° 317, *loc. cit.*; Dict. du not., v° *Honoraires*, n°' 458 et suiv.; Rutgeerts, t. II, n° 1206 ; Amiaud, t. II, p. 392 et suiv.
(5) Cass., 22 août 1882 ; Paris, 2 août 1884 (art. 22790 et 23253, J. N.).

(6) Paris, 17 mai 1866 ; Cass., 4 avril 1859 et 28 juin 1860 , Nancy, 28 mars 1874 ; Cass., 7 avril 1875 (*J. du not.*, n° 2815 et 2821 ; Amiens, 3 mai, 1880 ; Cass., 22 août 1882 (art. 22790, J. N.) ; Amiens, 7 juin 1888 (art. 24128, J. N.). — *Contrà :* Paris, 4 novembre 1885, 30 janvier 1860 (art. 16762 et 16763, J. N.), qui ne reconnaissent le droit qu'à l'acquéreur.
(7) Cass., 22 août 1882 (S., 1883-1-449) ; Paris, 2 août 1884. — *Sic :* Amiaud, *Tarif*, t. II, p. 398.

102. — Le notaire qui a perçu un honoraire supérieur à celui fixé par la taxe du président, et qui est condamné à la restitution de la différence, doit-il l'intérêt de cette différence du jour de la perception ou du jour de la demande en remboursement ?

Nous croyons que cet intérêt n'est dû que du jour de la demande ; on ne peut, en pareil cas, assimiler, sans motif grave, l'officier public à un débiteur de mauvaise foi ; puisqu'il a reçu ce qu'il croyait lui être dû légitimement, il conserve l'intérêt de la somme payée jusqu'au jour de l'action en restitution. C'est ce qui a été jugé par la Cour d'Amiens, le 21 novembre 1823 (1).

103. — Mais si la demande de taxe, au lieu de donner lieu à une réduction des honoraires, était suivie, au contraire, d'une augmentation des droits du notaire, ce dernier pourrait-il majorer ses honoraires et serait-il recevable à réclamer de la partie l'excédant de frais taxés ?

Sous l'empire du règlement amiable, il faudrait répondre négativement, car l'officier public, comme le client, est lié par la fixation qu'il a faite volontairement de ses honoraires.

Mais la jurisprudence, décidant aujourd'hui que le règlement amiable des honoraires fait entre le notaire et les parties n'est que provisoire et n'empêche pas les intéressés, même après paiement, de se pourvoir en taxe, il paraît impossible d'admettre ce système et de refuser au notaire la faculté qu'on accorde au client. De deux choses l'une, en effet : ou le règlement conventionnel des honoraires est obligatoire, ou il ne l'est pas ; s'il est obligatoire, la taxe ne doit être admise pour personne ; s'il n'est que provisoire, le notaire doit avoir le même droit que le client, car il y a même raison de décider en sa faveur. La loi veut, comme l'équité, qu'en matière de taxe, tout soit égal entre les parties ; on objecte vainement que le notaire connaît mieux le tarif et qu'il peut mieux apprécier, en parfaite connaissance, le chiffre de ses honoraires, sur lesquels il peut, d'ailleurs, consentir une remise. Le client, maître de ses droits, qui adhère au mémoire des frais et qui le paie, doit aussi savoir ce qu'il fait, et aucune disposition n'empêche une partie de gratifier le notaire dont elle est satisfaite. Du reste, en réclamant la taxe, ne renonce-t-elle pas à tous les effets de la convention intervenue ; ne remet-elle pas les choses dans l'état où elles étaient avant le règlement ; ne se soumet-elle pas, en un mot, à la décision du magistrat textateur, qui a la même autorité vis-à-vis de tous ?

Cependant, la négative a été jugée par le tribunal de Saint-Amant (Cher), le 15 janvier 1855 (2). Il résulte de cette décision que les notaires seraient *obligés* de faire *volontairement* des dons à leurs clients, et naturellement aux plus ingrats de leurs clients. La théorie nous paraît un peu tyrannique, et le tribunal nous permettra de ne pas souscrire à cette injonction. — M. le garde des sceaux s'était aussi prononcé dans le même sens, le 4 décembre 1826, par ce motif « que le notaire connaît ses droits et qu'il est censé avoir fait remise de ce qu'il a exigé de moins qu'il ne lui était dû (3). Mais cette décision avait été rendue sous l'empire de la loi de ventôse, et elle était alors incontestable.

Nous ne demandons, sous la jurisprudence actuelle, que l'application à tous des mêmes principes de justice et d'équité ; car, comme le dit judicieusement M. Rutgeerts (4), si la taxe du président est supérieure au taux des honoraires réclamés ou perçus par le notaire, c'est une preuve irrécusable que le notaire a travaillé

(1) J. N., art. 7378 ; Rolland de Villargues, v° *Honoraires*, n° 319 ; Dict. du not., *eod. verbo*, n° 466. — La Cour de Nancy, le 28 mars 1874 et la Cour de cassation, le 7 avril 1875, ont cependant jugé le contraire en matière d'adjudication, dans une affaire où les frais avaient été fixés à forfait (10 °/₀).

(2) J. du not., 1855, n° 1034.
(3) J. N., art. 7000.
(4) *Comment. de la loi de ventôse an XI*, t. III, n° 1088.

au-dessous des prévisions du tarif. Or, un notaire ne peut pas, en règle générale, travailler au-dessous du tarif, à moins que ce ne soit pour faire un acte de bienfaisance, et un acte de bienfaisance ne se présume ni ne s'impose ; il doit être fait librement et volontairement.

C'est aussi l'opinion émise par MM. Hennequin (1), Rolland de Villargues (2), par les auteurs du *Dictionnaire du notariat* (3), M. Merville, dans la *Revue pratique* (4), et par MM. Chauveau et Godoffre (5). Elle a été récemment consacrée par un jugement du tribunal de Castellane (6), rendu sous la présidence de M. Aubertin, aujourd'hui conseiller à la Cour de Lyon (7).

104. — Le droit à la taxe et à l'action en répétition est définitivement éteint pour les parties, nous l'avons vu, *deux ans* après la date de l'acte qui a donné lieu à l'honoraire.

Il a aussi été jugé, avec raison (8), que le paiement des honoraires taxés fait par une partie sur le vu de la taxe, sans protestation ni réserve, constitue un acquiescement à cette taxe, et, par suite, s'oppose à ce que la même partie critique plus tard la taxe et demande la restitution d'une portion des honoraires payés.

Comment, en effet, pourrait il en être autrement? Si le droit de demander la taxe a été considéré comme touchant à l'ordre public, c'est notamment parce qu'on a craint que le règlement amiable rende illusoire la règle du tarif, d'après laquelle les parties peuvent recourir à la taxe du président, en permettant aux notaires de profiter du besoin que les clients ont souvent de leur ministère, pour leur imposer d'avance leurs conditions. On craignait encore que les notaires, à l'aide de leur influence et de la confiance qu'ils inspirent, n'obtinssent facilement le paiement d'honoraires exagérés, surpris à la bonne foi de gens ignorants ou illettrés.

105. — Mais ces dangers, bien exagérés du reste, n'existent plus quand la taxe est accomplie. Le règlement des honoraires fait par le magistrat désigné par la loi, offre, contre toute prétention abusive, toutes les garanties possibles, et le paiement fait après ce règlement ne peut pas être considéré comme surpris à la confiance des clients. Il faudrait que l'officier public ait obtenu ce paiement par des moyens frauduleux, pour que la partie pût être recevable à l'attaquer ; et, comme la Cour de cassation l'a décidé, on ne saurait même prétendre qu'un paiement, fait dans ces conditions, n'a pas eu lieu librement par cela seul qu'il a été opéré à la suite d'une assignation en justice. Cette circonstance, au contraire, donne à ce paiement tous les caractères d'un quasi contrat judiciaire (9).

Dans ce même ordre d'idées, il a été jugé par la Cour de Nîmes (10), et par la Cour de cassation (11), que le règlement amiable des frais et honoraires intervenu entre un notaire et ses clients, antérieurement à toute demande de taxe, peut produire les effets légaux attachés à tout arrêté de compte, notamment opérer compensation et produire intérêts, s'il est fait sous la réserve des réductions qui pourraient résulter de la taxe et si la taxe ne fait que ratifier le règlement de compte (12).

106. — Lorsqu'un acte a été annulé, à la requête d'une des parties, cette nullité fait-elle perdre au notaire son droit aux honoraires, et si ces honoraires ont

---

(1) J. du not., 1855, n° 1025 ; 1858, n° 1377.
(2) V° Honoraires, n° 30.
(3) Eod. verbo, n° 303.
(4) 1857, t. III, p. 521.
(5) Comment. du tarif, t. I. n° 326.
(6) 25 novembre 1880.
(7) V. son Etude sur les honoraires, p. 85 et suiv.
(8) Cass., 13 mars 1866 (J. du not., 1866, n° 2056) ; Cass., 28 août 1867 (J. du not., 1867, n° 2205), et

17 août 1870; Nogent-le-Rotrou, 8 juin 1889; Gand, 21 juin 1890 (J. du not., 1891, p. 22). — Cons. aussi Riom, 20 juin 1880 (art. 22458, J. N.); Agen, 3 février 1886 ; Domfront, 15 juin 1887.
(9) Lefebvre, J. du not., 1875, n° 2012.
(10) 4 juin 1879.
(11) 29 juin 1880.
(12) Art. 22169 et 22384, J. N.

été payés, la partie qui a payé, est-elle fondée à en demander la restitution? Non, si la nullité n'est pas imputable au notaire. C'est ce qui a été décidé à l'occasion de la nullité d'un contrat de rente viagère annulé par suite du décès du crédi-rentier dans les vingt jours qui avaient suivi le contrat (1).

§ 10. Formules.

1. — Requête au juge de paix pour obtenir exécutoire.

A Monsieur le juge de paix du canton de...

M. Alfred Raimond, notaire, à la résidence de X..., a l'honneur de vous exposer que, comme notaire, chargé de recevoir un contrat de vente intervenu, le dix janvier mil huit cent quatre-vingt..., entre M. Pierre Simon, cultivateur, demeurant à..., et M. Henri Rivet, négociant, demeurant à..., il a fait l'avance audit M. Rivet, acquéreur, d'une somme totale de six cent quatre-vingt-huit francs soixante-dix centimes, montant des droits de timbre et d'enregistrement de cet acte, ainsi qu'il résulte de la mention d'enregistrement ci-après transcrite littéralement :

« Enregistré à..., le... etc. Reçu pour droit de vente, cinq cent cinquante francs ; décimes ; « cent trente-sept francs cinquante centimes. (Signé) : X... »

En conséquence, il vous prie, monsieur le juge de paix, conformément à l'art. 30 de la loi du 22 frimaire an VII, de lui délivrer exécutoire contre M. Rivet, jusqu'à concurrence de la somme ci-dessus énoncée... (2).

Fait à..., le...

(Signature du notaire).

2. — Ordonnance du juge de paix.

Nous juge de paix, du canton de..., soussigné,

Vu la requête ci-dessus,

Vu la minute de l'acte de vente reçu par M. Raimond, notaire à..., le..., et la mention d'enregistrement dont elle est revêtue.

Avons, en exécution de l'art. 30 de la loi du 22 frimaire an VII, délivré au requérant, contre le sieur Henri Rivet, négociant, demeurant à..., l'exécutoire demandé..., à fin de paiement de la somme de six cent quatre-vingt-huit francs soixante-dix centimes, montant des frais d'enregistrement et de timbre avancés par lui ; et pour lequel le sieur Rivet pourra être contraint par toutes les voies de droit.

Fait et délivré en notre cabinet le...

(Signature).

(1) Troyes, 7 juillet 1885 (J. du not., n° 8787).
(2) La taxe préalable n'est pas nécessaire pour le remboursement des droits de timbre et d'enregistrement ; elle a été établie uniquement pour régler les honoraires et ne peut être étendue à des déboursés spéciaux, dont le paiement ne peut être différé ; alors même qu'il aurait été stipulé, dans les conditions d'un acte de vente, par exemple, que les droits de timbre, d'enregistrement, etc..., et les honoraires du notaires seraient payés par l'acquéreur, d'après le tarif, le tout sauf taxe (Verviers, 26 février 1862).

3. — Requête de taxe, et ordonnance d'exécutoire par le Président en matière de frais de justice.

État des frais et honoraires dus à M⁰..., notaire à..., par..., pour les actes dont le détail suit (1) :

NUMÉROS DU RÉPERTOIRE	LIEU ET DATE DES ACTES	OBJET DES ACTES	DÉTAIL DES ACTES	SOMMES DUES POUR		OBSERVATIONS
				DROITS PAYÉS AU TRÉSOR	AUTRES DÉBOURS ET HONORAIRES	
315	Poitiers, en l'étude. 2 mai 1894	Vente époux X... à Jean B... (10000)	Timbre minute...	»	»	
			Enregistrement...	»	»	
			Timbre grosse....	»	»	
			Timbre expédition.	»	»	
			Transcription	»	»	
			État sur transcription	»	»	
			... Rôles........		»	»
			Vacation à transcription		»	»
			Correspondance ..		»	»
			Honoraires.......		»	»
400	Poitiers, en l'étude. 15 juin 1894	Obligation époux X... à Louis M... (8000)	Timbre minute...	»	»	
			Enregistrement...	»	»	
			Timbre grosse....	»	»	
			Timbre bordereaux	»	»	
			Inscription.......	»	»	
			État des inscriptions	»	»	
			État des transcriptions..........	»	»	
			... Rôles........		»	»
			Rédaction des bordereaux.......		»	»	»
			Correspondance ..		»	»	»
			Honoraires......		»	»	»
			Total......	»	»	»	»

Vu par le président de la chambre des notaires de l'arrondissement de..., qui certifie le présent état conforme au tarif de la compagnie.

              (*Signature.*)

Certifié véritable par le notaire soussigné, le... 189...

              (*Signature.*)

---

(1) « Les états de frais dressés par les avoués, huissiers, notaires commis devront faire ressortir distinctement, dans une colonne spéciale et pour chaque débours, le montant des droits de toute nature payés au Trésor.

« Toute contravention à cette disposition sera punie d'une amende de 10 francs en principal, qui sera recouvrée comme en matière d'enregistrement. » L. 26 janvier 1892, art. 21 (art. 21888, J. N.).

Les prescriptions de la loi du 26 janvier 1892, relatives aux frais de justice, ne sont pas ordonnées pour la taxe des actes ordinaires, mais il est préférable qu'elles soient suivies.

RÉQUISITION DE TAXE.

Après avoir dressé l'état des frais et honoraires à taxer, le notaire ajoute :

En conséquence de l'état de frais qui précède, dont le montant (ou le reliquat) s'élève à la somme de..., le soussigné requiert, en vertu des articles 173 du décret de 1807 et 3 de la loi du 5 août 1881, qu'il vous plaise, monsieur le président, de taxer la somme qui lui est due, et d'ordonner que votre taxe soit mise au rang des minutes du greffe du tribunal, pour qu'il en soit délivré exécutoire en forme de grosse, à première demande du soussigné (1).

A..., le... 189...

(Signature du notaire).

ORDONNANCE D'EXÉCUTOIRE.

Nous, soussigné, président du tribunal civil de X...,

Vu les actes énoncés dans l'état de frais qui précède ,

Vu l'art. 173 du décret du 16 février 1807 et l'art. 3 de la loi du 5 août 1881 ;

Vu l'avis émis par M. le président de la chambre des notaires de l'arrondissement ;

Après avoir entendu les parties dans leurs observations respectives (2).

Avons fixé les déboursés et honoraires dus pour lesdits actes, à raison de leur nature et des difficultés que leur rédaction a présentées, à la somme totale de..., pour le paiement de laquelle, si le notaire le requiert, il sera délivré, par M. le greffier au présent siége, une grosse en forme exécutoire.

Donné à... le... 189 ..

(Signature du président).

En conséquence et pour l'exécution de la présente ordonnance de taxe, il est par nous, greffier soussigné, délivré exécutoire à Me X..., notaire à.. , pour la somme de...

Afin qu'il puisse contraindre, par toutes les voies de droit, les sieurs..., demeurant à..., à lui en effectuer le paiement.

Fait au greffe, à..., le... 189...

En conséquence, le Président de la République française mande et ordonne à tous huissiers sur ce requis de mettre le présent à exécution ; aux procureurs généraux et aux procureurs de la République près les tribunaux de première instance d'y tenir la main ; à tous commandants et officiers de la force publique de prêter mainforte, lorsqu'ils en seront légalement requis.

En foi de quoi le présent exécutoire a été signé par nous, greffier du tribunal civil.

(Signature du greffier).

(1) Cette requête n'est pas obligatoire, surtout lorsque le notaire ne veut pas requérir d'exécutoire. Nous savons que, dans la majorité des tribunaux, le président se contente d'une simple réquisition verbale.

(2) Le président n'est pas tenu de faire comparaître les parties et le notaire devant lui.

TABLEAU

Des sommes dues aux notaires pour vacations de route et frais de transport et de nourriture, mais non compris les vacations de séjour, pour les distances au delà d'un myriamètre (aller et retour).

NOTAIRES DE PREMIÈRE CLASSE								
COURS DE PARIS, LYON, BORDEAUX, ROUEN et TOULOUSE; Tribunaux de MARSEILLE, LILLE et NANTES(1)				TOUTES LES AUTRES COURS D'APPEL				
DISTANCE entre la Résidence du Notaire et le lieu où il instrumente.	RÉTRIBUTION de journée ou de voyage.	INDEMNITÉ pour frais de transport et de nourriture	TOTAL des 2 colonnes	DISTANCE entre la Résidence du Notaire et le lieu où il instrumente.	RÉTRIBUTION de journée ou de voyage.	INDEMNITÉ pour frais de transport et de nourriture	TOTAL des 2 colonnes	
1 kilomètre . .	1.44	1 44	2 88	1 kilomètre . .	1.29	1.29	2.58	
2 kil.	2.88	2.88	5.76	2 kil.	2.58	2.58	5.16	
3 kil.	4.32	4 32	8.64	3 kil.	3.87	3.87	7.74	
4 kil.	5.76	5.76	11.52	4 kil.	5.16	5.16	10.32	
5 kil.	7.20	7.20	14.40	5 kil.	6.45	6.45	12.90	
6 kil.	8.64	8.64	17.28	6 kil.	7.74	7.74	15.48	
7 kil.	10.08	10.08	20 16	7 kil.	9.03	9.03	18.06	
8 kil.	11.52	11.52	23.04	8 kil.	10.31	10.31	20.32	
9 kil.	12.96	12.96	25.92	9 kil.	11.60	11.60	23.20	
1 *myriamètre* .	14.40	14.40	28.80	1 *myriamètre* .	12.89	12.89	25.78	
1 myr. 1 kil. .	15.84	15 84	31.68	1 myr. 1 kil. .	14.18	14.18	28.36	
— 2 kil. .	17.28	17.28	34.56	— 2 kil. .	15.47	15.47	30.94	
— 3 kil. .	18.72	18.72	37.44	— 3 kil. .	16.76	16.76	33.52	
— 4 kil. .	20.16	20.16	40.32	— 4 kil. .	18.05	18.05	36.10	
— 5 kil. .	21.60	21.60	43.20	— 5 kil. .	19.34	19.34	38.68	
— 6 kil. .	23.04	23.04	46.08	— 6 kil. .	20.63	20.63	41.26	
— 7 kil. .	24.48	24.48	48.96	— 7 kil. .	21.92	21.92	43.84	
— 8 kil. .	25.92	25.92	51.84	— 8 kil. .	23.21	23.21	46.42	
— 9 kil. .	27.36	27.36	54.72	— 9 kil. .	24.50	24.50	49.00	
2 *myriamètres.*	28 80	28.80	57.60	2 *myriamètres.*	25.79	25.79	51.58	
2 myr. 1 kil. .	30.24	30.24	60.48	2 myr. 1 kil. .	27.08	27.08	54.16	
— 2 kil. .	31.68	31.68	63.36	— 2 kil. .	28.37	28.37	56.74	
— 3 kil. .	33.12	33.12	66.24	— 3 kil. .	29.66	29.66	59.32	
— 4 kil. .	34.56	34.56	69.12	— 4 kil. .	30.95	30.95	61.90	
— 5 kil. .	36 »»	36.»»	72.»»	— 5 kil. .	32.24	32.24	64.48	
3 *myriamètres.*	43.20	43.20	86.40	3 *myriamètres.*	38.88	38.88	77.76	
4 *myriamètres.*	57.60	57.60	115.20	4 *myriamètres.*	51.94	51.94	103.88	
5 *myriamètres.*	72.»»	72.»»	144.»»	5 *myriamètres.*	64.80	64.80	129.60	
faisant une journée de route ou 4 vacations (art. 170 du décret de 1807).				faisant une journée de route ou 4 vacations (art. 170 du décret de 1807).				

NOTA. — La rétribution des distances d'un kilomètre à un myriamètre n'est indiquée dans ce tableau que pour le cas où le voyage excède de l'une de ces fractions de distance, la journée ordinaire de 2 myriamètres et demi, ou 5 myriamètres, *aller et retour* (V. *suprà*, p. 283 et 284).

(1) Les notaires de ces villes ont été assimilés aux notaires de 1re classe pour les vacations et les rôles (V. *suprà*, p. 273.)

TABLEAU

Des sommes dues aux notaires pour vacations de route et frais de transport et de nourriture, mais non compris les vacations de séjour, pour les distances au delà d'un myriamètre (aller et retour).

NOTAIRES de DEUXIÈME CLASSE				NOTAIRES de TROISIÈME CLASSE			
DISTANCE entre la Résidence du Notaire et le lieu où il instrumente.	RÉTRIBUTION de journée ou de voyage.	INDEMNITÉ pour frais de transport et de nourriture	TOTAL des 2 colonnes	DISTANCE entre la Résidence du Notaire et le lieu où il instrumente.	RÉTRIBUTION de journée ou de voyage.	INDEMNITÉ pour frais de transport et de nourriture	TOTAL des 2 colonnes
1 kilomètre . .	0.96	0.96	1.92	1 kilomètre .	0.64	0.64	1.28
2 kil.	1.92	1.92	3.84	2 kil.	1.28	1.28	2.56
3 kil.	2.88	2.88	5.76	3 kil.	1.92	1.92	3.84
4 kil.	3.84	3.84	7.68	4 kil.	2.56	2.56	5.12
5 kil.	4.80	4.80	9.60	5 kil.	3.20	3.20	6.40
6 kil.	5.76	5.76	11.52	6 k l.	3.84	3.84	7.68
7 kil.	6.72	6.72	13.44	7 kil.	4.48	4.48	8.96
8 kil.	7 68	7.68	15 36	8 kil.	5.12	5.12	10.24
9 kil.	8.64	8.64	17.28	9 kil.	5.76	5.76	11.52
1 *myriamètre* .	9.60	9.60	19.20	1 *myriamètre* .	6.40	6.40	12.80
1 myr. 1 kil. .	10.56	10.56	21.12	1 myr. 1 kil. .	7.04	7.04	14.08
— 2 kil. .	11.52	11.52	23.04	— 2 kil. .	7.68	7.68	15.36
— 3 kil. .	12.48	12.48	24.96	— 3 kil. .	8.32	8.32	16 64
— 4 kil. .	13.44	13.44	26.88	— 4 kil. .	8.96	8.96	17.92
— 5 kil. .	14.40	14.40	28.80	— 5 kil. .	9.60	9.60	19.20
— 6 kil. .	15.36	15.36	30.72	— 6 kil. .	10.24	10.24	20.48
— 7 kil. .	16.32	16.32	32.64	— 7 kil. .	10.88	10.88	21.76
— 8 kil. .	17.28	17.28	34.56	— 8 kil. .	11.52	11.52	23.04
— 9 kil. .	18.24	18.24	36.48	— 9 kil. .	12.16	12.16	24.32
2 *myriamètres.*	19.20	19.20	38.40	2 *myriamètres.*	12.80	12.80	25.60
2 myr. 1 kil. .	20.16	20.16	40.32	2 myr. 1 kil. .	13.44	13.44	26.88
— 2 kil. .	21.12	21.12	42.24	— 2 kil. .	14.08	14.03	28.16
— 3 kil. .	22.08	22.08	44.16	— 3 kil. .	14.72	14.72	29.44
— 4 kil. .	23.04	23.04	46.08	— 4 kil. .	15.36	15.36	30.72
— 5 kil. .	24.»»	24.»»	48.»»	— 5 kil. .	16.»»	16.»»	32.»»
3 *myriamètres.*	28.80	28.80	57.60	3 *myriamètres.*	19.20	19.20	38.40
4 *myriamètres.*	38.40	38.40	76.80	4 *myriamètres.*	24.80	24.80	49.60
5 *myriamètres.* faisant une journée de route ou 4 vacations (art. 170 du décret de 1807).	48.»»	48.»»	96.»»	5 *myriamètres.* faisant une journée de route ou 4 vacations (art. 170 du décret de 1807).	32.»»	32.»»	64.»»

NOTA. — La rétribution des distances d'un kilomètre à un myriamètre n'est indiquée dans ce tableau que pour le cas où le voyage excède, de l'une de ces fractions de distance, la journée ordinaire de 2 myriamètres et demi, ou 5 myriamètres, aller et retour (V. suprà, p. 283 et 284).

BIBLIOGRAPHIE

Amiaud, *Tarif général et raisonné des notaires*, 2ᵉ édition, 2 vol. in-8°, Paris, 1881.
Aubertin, *Des honoraires des notaires*, 1 vol. in-8°, Paris, 1885.
Boucher d'Argis et Sorel, *Dictionnaire de la taxe en matière civile*, 1 vol. in-8°, 3ᵉ édition, Paris.
Bonnesœur, *Manuel de la taxe des frais*, 1 vol. in-8°, Paris, 1864.
Carré, *La taxe en matière civile*, 1 vol. in-8, Paris, 1851.

Chauveau et Godoffre, *Commentaire du Tarif en matière civile*, 2 vol. in-8°, Paris, 1864.
Dictionnaire du notariat, v° *Honoraires*.
Maton, *Traité des honoraires des notaires*, in-8°, 1891.
Rolland de Villargues, v° *Honoraires*.
Robert, *Rapport sur le tarif des notaires* (Cholet), in-8°; Angers, 1882.
Tyman, *Honoraires et droits des notaires*, 3 vol. in-8°; Gand, 1886.
Vernet, *Du tarif des notaires*, in-8°, Paris, 1829.

HONORARIAT

1. — La loi du 25 ventôse an XI avait omis de s'expliquer sur les conditions utiles pour obtenir l honorariat. L'ordonnance du 4 janvier 1843 a comblé cette lacune en rétablissant officiellement le titre de notaire honoraire, qui existait déjà sous l'ancienne législation (1).

2. — Aux termes de l'art. 29 de cette ordonnance, le titre de notaire honoraire peut être conféré par le chef du gouvernement, sur la proposition de la chambre et le rapport du garde des sceaux, ministre de la justice, à tout notaire qui aura exercé ses fonctions pendant *vingt années consécutives*.

3. — Les vingt années d'exercice sont rigoureusement exigées par la chancellerie ; c'est là une condition à laquelle la jurisprudence ministérielle n'a cru pouvoir admettre aucune exception, même pour les notaires d'Alsace-Lorraine, dépossédés en 1871, qui ne justifiaient pas du temps formellement prescrit par la loi.

4. — Mais l'exercice peut avoir été fractionné en deux ou plusieurs périodes, si l'intervalle n'a pas été trop prolongé, ou si l'interruption a été occasionnée par force majeure, ou cause légitime.

5. — Il n'est pas non plus absolument exigé que les fonctions aient été remplies dans la même étude, dans la même classe et dans le même arrondissement. L'ordonnance n'impose pas de conditions particulières de résidence.

6. — La durée de l'exercice n'est pas la seule condition imposée pour obtenir l'honorariat ; il faut que durant ses fonctions, le notaire ait été exempt de tout reproche. La moindre peine disciplinaire, et *à fortiori*, une suspension quelque courte qu'elle ait été, suffirait pour rendre le notaire inapte à obtenir le titre de notaire honoraire (2).

7. — Le gouvernement ne peut statuer que sur la proposition de la chambre dans le ressort de laquelle le notaire a exercé. Il ne saurait nommer d'*office* un notaire honoraire ; le gouvernement qui se reconnaît le droit de ne pas donner suite à une proposition de la chambre, ne saurait s'arroger celui de nommer en dehors de toute proposition.

8. — La proposition de la chambre doit être *spontanée ;* aux termes d'une lettre adressée par M. le garde des sceaux au parquet de Paris, le 5 septembre 1860, l'intervention personnelle et directe des notaires auprès de la chancellerie est inutile. C'est aux chambres à prendre l'initiative des propositions.

9. — La décision que prend une chambre sur ce point est un acte de juridiction gracieuse : sa délibération n'a pas besoin d'être motivée ; si elle juge à propos d'en prendre une, elle n'est susceptible d'aucun recours.

10. — Quand une proposition a été faite par la chambre, copie de la délibéra-

---

(1) Lettres patentes d'août 1673 ; arrêt du conseil du 18 février 1685.

(2) Pradines, n° 1068.

tion est transmise au procureur de la République qui l'adresse, avec la supplique du candidat et son rapport au procureur général près la Cour d'appel. Ce dernier envoie le tout, avec son avis, au garde des sceaux.

11. — Le décret de nomination, si le candidat remplit les conditions prescrites, est aussitôt présenté au chef de l'Etat, à moins qu'il ne se soit pas encore écoulé six mois entre la cessation des fonctions et l'envoi du dossier.

12. — Il a été décidé que l'honorariat ne peut être accordé aux anciens notaires qui exercent des fonctions administratives ou judiciaires. L'exercice d'une magistrature ne peut s'allier convenablement avec le titre de notaire honoraire qui obligerait celui qui en est investi à des devoirs incompatibles avec ses fonctions, ou le soumettrait à une discipline et à une juridiction autre que celle à laquelle il est naturellement soumis (1).

C'est pour ce motif que l'honorariat a été refusé à un conseiller de préfecture, à des juges de paix — mais on ne le refuse pas aux suppléants de juge de paix (2).

13. — Nous pensons aussi que les droits et prérogatives de l'honorariat sont suspendus pour les notaires honoraires qui, après avoir obtenu le titre, sont investis de fonctions judiciaires. Ils ne doivent donc plus ni être convoqués, ni assister aux assemblées générales et n'appartiennent pas à la juridiction disciplinaire.

14. — Le notaire honoraire a le droit d'assister aux assemblées générales de son ancienne compagnie et y a voix consultative. Ce droit ne saurait lui être méconnu, alors même que, depuis, il exercerait les fonctions de clerc de notaire dans le même arrondissement.

15. — **Discipline.** — L'ordonnance de 1843, dans les art. 29 et 30, les seuls textes qui régissent l'*honorariat*, n'a point parlé de la discipline ; est-ce à dire que les notaires honoraires soient affranchis de toute action disciplinaire ? Nous ne le pensons pas et la majorité des auteurs décide que, par cela seul qu'ils continuent à faire partie de la corporation, qu'ils ont le droit d'assister aux assemblées générales et y ont voix consultative, ils doivent rester soumis aux règles disciplinaires qui régissent cette corporation. Leurs écarts de conduite, leurs fautes contre la dignité et la probité professionnelles ne compromettraient pas moins la compagnie que celles des notaires en exercice (3).

C'est donc par une juste interprétation de l'ordonnance de 1843, que la chancellerie a décidé que les notaires honoraires appartiennent assez intimement au corps des notaires pour en avoir les obligations et en subir la discipline (4).

16. — C'est ainsi que le notaire honoraire peut être l'objet d'une action disciplinaire :

a) A raison des faits commis lorsqu'il était pourvu de son office et qui ne se sont révélés que depuis.

b) S'il se conduit avec ses anciens confrères, contrairement aux devoirs professionnels, et, par exemple, cherche à leur nuire par une concurrence illicite (5), ou par des propos malveillants et diffamatoires (6).

c) S'il commet des actes d'insubordination, ou manque de déférence envers la chambre.

---

(1) Déc. min. just., 23 août 1844 ; 14 octobre 1847 ; 6 décembre 1847 ; 30 juillet 1879 et 22 janvier 1881 ; Combes, *J. du not.*; Pradines, nᵒˢ 1069-1070, Dict. du not.

(2) Déc. min. just., 27 novembre 1864.

(3) Dalloz, *Répert.*, vᵒ NOTAIRE, nᵒ 17745 et suiv.; Dict. du not., vᵒ *Discipline*, nᵒ 85 ; Fabvier Coulomb, *Comment. de la loi de 1848*, nᵒ 301 ; Morin, *Discipl.*, nᵒ 482 *bis* ; Lefebvre, *Discipl. notar.*, t. I, nᵒ 579 et suiv.

(4) Déc. min. Just., 24 juin 1846.

La chambre des notaires de Paris, par une délibération approuvée par le garde des sceaux avait, dès le 1ᵉʳ mai 1813, décidé que la chambre de discipline connaît de toutes les plaintes qui peuvent être portées contre un notaire honoraire.

(5) Dijon, 25 novembre 1873 (*J. du not.*, nᵒ du 20 juin 1874) ; Lefebvre, p. 671.

(6) Rouen, 4 février 1870 (S. 1870-2-327) ; Lefebvre, p. 701.

d) S'il compromet sa dignité et son honorabilité dans des spéculations financières, ou se livre à des opérations commerciales qui pourraient entraîner une déclaration de faillite, par exemple, en dirigeant un cabinet d'affaires (1).

e) De même, l'intervention de la chambre pourrait être justifiée par tous actes, en général, d'improbité, d'inconduite notoire et scandaleuse.

f) S'il commet quelque infraction aux prescriptions du 30 janvier 1890, dans l'exercice des fonctions de délégué de la chambre pour la vérification de la comptabilité des études (art. 11).

17. — Comme conséquence de ce droit d'action disciplinaire de la chambre contre les notaires honoraires, il faut décider qu'ils seront passibles de toutes les peines disciplinaires qui ne supposent pas l'exercice des fonctions notariales. Et si l'inculpation dirigée contre un notaire honoraire est assez grave pour justifier sa *radiation* comme notaire honoraire, la chambre en délibère, après s'être adjoint, conformément à l'art. 18 de l'ordonnance de 1843, un certain nombre de notaires, transmet sa délibération, par l'intermédiaire du parquet, au ministre de la justice qui prononce, par décret, la suppression du titre de notaire honoraire. Les tribunaux sont incompétents à cet égard (2).

Le garde des sceaux peut aussi, dans certains cas, inviter le notaire honoraire à donner sa démission, qui est acceptée par décret (3).

18. — Le notariat dans les colonies ou en Algérie, comme celui de France, donne droit à l'honorariat.

1. — Formule de demande d'honorariat.

Monsieur le président de la République,

Le soussigné, A. B..., ancien notaire, a l'honneur de vous exposer qu'il a exercé ses fonctions à..., durant plus de vingt ans ; — que la chambre des notaires de l'arrondissement de..., a par délibération en date du..., fait en sa faveur une proposition dans le but d'obtenir que le titre de notaire honoraire lui fût conféré.

Il vous prie, en conséquence, Monsieur le Président de la République, de vouloir bien lui conférer l'honorariat.

Daignez agréer, etc.

2. — Pièces à fournir.

1° Copie de la délibération de la Chambre.
2° Expédition du procès-verbal de prestation de serment de l'ancien notaire.
3° Expédition du procès-verbal de prestation de serment de son successeur.
4° Supplique du candidat.

(*Sur timbre*).

HYPOTHÈQUE CONVENTIONNELLE (V. *suprà*, v° AFFECTATION HYPOTHÉCAIRE et *infrà*, v° INSCRIPTION HYPOTHÉCAIRE).

---

(1) J. du not.. 1890, p. 532.
(2 Agen, 2 décembre 1850 ; Décret 30 août 1877 et 18 février 1888. — Cons. aussi Régl. chambre des notaires de Paris, des 26 octobre et 4 novembre 1846 art. 19.
(3) Décr. 30 mars 1878 et 1er mai 1886

HYPOTHÈQUE LÉGALE (INSCRIPTION. SUBROGATION. RENONCIATION.)

Sommaire :

§ 1. DES DIVERSES HYPOTHÈQUES LÉGALES. CARACTÈRES GÉNÉRAUX.

1. — L'hypothèque *légale* est celle que la loi accorde, de plein droit, indépendamment de toute manifestation de volonté du débiteur, pour la garantie des droits et créances :

    a) Des femmes mariées sur les biens du mari ;
    b) Des mineurs et interdits, sur les biens de leurs tuteurs ;
    c) De l'Etat, des communes et des établissements publics, sur les biens des receveurs et administrateurs comptables.

2. — Le caractère particulier des hypothèques légales est d'être dispensées d'inscription pour la conservation de leur rang au jour où elles ont pris naissance (art. 2122-2135, C. civ.), sauf celle du trésor, des communes et des établissements publics ; — et d'être générales de leur nature, c'est-à-dire de frapper les biens présents et à venir du débiteur.

Elles grèvent, en conséquence, non seulement les immeubles que le tuteur, le mari ou le comptable possédaient déjà au moment de l'ouverture de la tutelle, de la célébration du mariage, ou de l'entrée en fonctions, mais encore ceux qu'ils acquièrent ou qui leur adviennent, à un titre quelconque, dans le cours de la tutelle, du mariage, ou des fonctions ; elles s'étendent même aux immeubles qui leur sont advenus depuis la cessation de la tutelle, la dissolution du mariage et la démission ou la révocation du comptable (1).

En cas d'échange, l'immeuble reçu par le tuteur, le mari ou le comptable, passe sous l'affectation de l'hypothèque légale, sans pour cela que l'immeuble livré en échange soit affranchi de cette affectation.

Les immeubles acquis par le tuteur, le mari ou le comptable sont frappés de l'hypothèque légale, dès le moment de leur acquisition, dans le cas même où celle-ci résulte d'un titre sujet à transcription. Toutefois, dans ce cas, l'hypothèque ne s'établit que sous la réserve des droits qui, dans l'intervalle de la passation à la transcription du titre, ont pu être acquis par des tiers, du chef du précédent propriétaire.

Quant aux immeubles aliénés, soit par le mari avant la célébration du mariage, soit par le tuteur avant l'ouverture de la tutelle, ou par le comptable avant son

---

(1) Aubry et Rau, t. III, p. 201 ; Pont, n° 509 ; Demolombe, t. VIII, n° 30 à 32 ; Cass., 17 juillet 1844 ; Lyon, 28 novembre 1850. ..

entrée en fonctions, ils n'en tombent pas moins, d'après la loi du 23 mars 1855, sous le coup de l'hypothèque légale, lorsque les actes d'aliénation n'ont été transcrits qu'après l'évènement qui avait donné naissance à cette hypothèque.

3. — L'hypothèque légale constituant un droit d'ordre purement civil, la femme *étrangère* n'a point d'hypothèque légale sur les biens de son mari situés en France (1), lorsqu'aucune convention diplomatique ne la lui accorde (2).

La même solution doit être appliquée aux mineurs, même dans le cas où ils auraient le droit de réclamer la qualité de français à leur majorité (3).

§ 2. HYPOTHÈQUE LÉGALE DES MINEURS ET INTERDITS.

4. — La loi n'accorde cette hypothèque qu'aux *mineurs* et aux interdits et ne la leur confère que sur les biens de leur tuteur. Or, comme les dispositions légales, qui établissent des droits de préférence, ne sont susceptibles d'aucune extension, il faut décider, avec la majorité des auteurs et la jurisprudence :

a) Que les absents, les individus pourvus d'un *conseil judiciaire*, ainsi que les personnes *non interdites*, placées dans un établissement d'aliénés, ne jouissent d'aucune hypothèque légale (4). — *b)* Que, durant le mariage, l'enfant légitime n'a pas d'hypothèque légale sur les immeubles de son père, administrateur légal de ses biens (5). — *c)* Que l'hypothèque légale des mineurs et interdits ne s'étend pas aux biens du subrogé-tuteur (6) ; — *Ou* des personnes qui, sans être investies de la qualité de tuteur, ont provisoirement géré la tutelle ; — *Ou de l'administrateur provisoire* nommé en exécution de l'article 497, C. civ.; — *Ou* du curateur nommé au mineur émancipé (7). Les tuteurs des enfants maltraités ou abandonnés remplissent leurs fonctions sans que leurs biens soient grevés de l'hypothèque légale du mineur. Toutefois, au cas où le mineur possède ou est appelé à recueillir des biens, le tribunal peut ordonner qu'une hypothèque générale ou spéciale soit constituée jusqu'à concurrence d'une somme déterminée (L. 24 juillet 1889, art. 10).

Mais, dans les cas prévus par les art. 396 et 417, C. civ., l'hypothèque légale du mineur ne frappe pas seulement les biens du tuteur principal, elle s'étend encore à ceux du co-*tuteur* et du *pro-tuteur* (8).

5. — Cette hypothèque est, d'ailleurs, indépendante du mode de délation de la tutelle ; elle dérive de la tutelle *testamentaire* ou *dative*, comme de la tutelle *légale* et elle s'attache aussi à la tutelle *officieuse* (9).

Et, lorsque la mère survivante, qui a convolé en secondes noces sans satisfaire

---

(1) Bordeaux, 14 juillet 1845 ; Metz, 6 juillet 1853; Cass., 20 mai 1862 (art. 17434, J. N,) ; Grenoble, 23 avril 1868 (art. 17751. J. N.) ; Cass., 5 février 1872 (S., 1872-1-190) ; Paris, 20 août 1872 (art. 20477, J. N.) ; Aix, 8 novembre 1875 (art. 20477 et 21329, J. N.); Cass., 4 mars 1888 ; — Aubry et Rau, t. I, p. 306, t. III, p. 216 ; Demolombe, t. I, n° 88. — *Contrà* : Demangeat, n° 82 ; Pont, *Hypoth.*, t. I, n° 483 ; Alger, 21 mars 1860.

(2) Les femmes Italiennes peuvent, à ce point de vue, se prévaloir du traité intervenu le 24 mars 1760 entre la France et la Sardaigne, étendu à toute l'Italie, et revendiquer le bénéfice de l'hypothèque légale en France (Grenoble, 29 mars et 27 août 1855; Cass., 5 février 1872 et 6 novembre 1878 (art. 21963, J. N.).

Les femmes Suisses ont également hypothèque légale sur les biens de leurs maris situés en France en vertu du traité passé le 30 mai 1827 entre la France et la Suisse. Paris, 19 août 1851 (S., 1853-2-47).

Il en est ainsi des femmes Turques, par suite des conditions de réciprocité résultant au profit des femmes françaises en Turquie, de la loi du 16 juin

1867 et du protocole du 9 juin 1868(Seine, 8 mars 1888 ; Paris, 1891 août 1889).

Mais il n'y a point hypothèque légale, en France, pour les femmes Belges, bien que la loi du 15 décembre 1851, reconnaisse l'hypothèque légale ; car il n'existe pas de traité avec la Belgique (Paris, 20 août 1872 précité); — ni avec l'Espagne (art. 21730, J. N.).

(3) Amiens, 18 août 1884 ; Rennes, 30 août 1845; Alger, 31 janvier 1868, (S., 1872-1-190) ; Versailles, 13 juillet 1877; Seine, 12 mai 1883 ; Seine, 20 juillet 1888.

(4) Aubry et Rau, p. 206 ; Pont, n° 496.

(5) Aubry et Rau, p. 206 ; Pont, n° 493 ; Demolombe, t. VI, n° 420 ; Bordeaux, 10 avril 1815 ; Grenoble, 4 janvier 1850 ; Toulouse, 2 janvier 1863.

(6) Aubry et Rau, p. 207 ; Pont, n° 497 ; Demolombe, t. VII, n°s 389-390.

(7) Aubry et Rau, p. 208 ; Pont, n° 496.

(8) Aubry et Rau, *loc. cit.*; Pont, n° 499 ; Demolombe, t. VII, n°s 135 et 211.

(9) Aubry et Rau, p. 209 ; Demolombe, t. VI, n° 286.

aux prescriptions de l'art. 395, C. civ. et a été déchue de la tutelle de ses enfants du premier lit, a cependant continué de fait à gérer leurs biens, l'hypothèque légale garantit la gestion postérieure au second mariage et s'étend même aux immeubles du second mari (1).

6. — Créances garanties. — L'hypothèque légale des mineurs et interdits conserve tous les droits et créances qu'ils peuvent avoir contre leur tuteur, en cette qualité et en raison de sa gestion.

Elle garantit non seulement les sommes que le tuteur a réellement perçues, mais encore celles qu'il aurait dû toucher et que, par sa négligence, il n'a pas recouvrées (2), ainsi que les dommages-intérêts dont il peut être passible à raison des fautes ou des malversations commises dans sa gestion ; et les créances résultant du redressement que le mineur pourrait faire opérer au compte de tutelle dans les dix ans de sa majorité (3).

Elle garantit même les sommes dont le tuteur était *personnellement* redevable envers son pupille au moment de l'ouverture de la tutelle, ou dont il est devenu débiteur, au cours de la tutelle, pour des causes indépendantes de sa gestion, si, d'ailleurs, ces dettes étant venues à échéance pendant la tutelle, il y a eu pour le tuteur obligation d'en exiger le paiement (4).

Mais l'hypothèque légale ne garantirait pas le prix de licitation d'immeubles dépendant de la communauté conjugale restés indivis entre la mère tutrice et son fils mineur, et dont la mère serait devenue adjudicataire après la cessation de la tutelle (5).

7. — Le mineur, placé sous la tutelle de son père, a pour sûreté des droits et reprises de sa mère, non seulement l'hypothèque légale qui appartenait à celle-ci et qui milite en sa faveur, mais encore l'hypothèque qui lui appartient de son chef sur les biens de son tuteur.

Cette dernière hypothèque n'est pas, en cas de *faillite* du père tuteur, soumise à la restriction spéciale établie par l'art. 563, C. comm., et frappe indistinctement tous les immeubles dont le tuteur était déjà propriétaire, lors de son entrée en fonctions, ou qu'il a acquis depuis, à quelque titre que ce soit (6).

8. — Date et durée de l'hypothèque. — Les effets de l'hypothèque légale attachée à la gestion tutélaire remontent invariablement au jour de l'acceptation de la tutelle, ou pour mieux dire, au jour où a commencé la responsabilité du tuteur ; et ce, pour tous les droits et créances du pupille, sans distinction (7).

Elle s'éteint par la prescription de l'action en reddition ou en revision du compte qui appartient au mineur ou à ses héritiers, ou par la mainlevée de l'hypothèque légale, donnée, après reddition du compte, par le mineur devenu majeur ou ses ayants-droit.

9. — Réduction de l'hypothèque. — La loi autorise le conseil de famille, appelé à nommer un tuteur, à restreindre par une déclaration insérée dans l'acte de nomination, l'hypothèque légale du mineur ou de l'interdit à certains immeubles déterminés (art. 2141, C. civ.).

Mais le conseil ne peut ni affranchir, d'une manière absolue, de l'hypothèque légale, tous les immeubles présents et à venir du tuteur, ni même en dégrever tous les immeubles présents, en décidant qu'il ne sera pas pris d'inscription sur ces immeubles ; — mais il peut procéder par voie de dégrèvement de tels ou tels

(1) Cass., 15 décembre 1825 et 14 décembre 1836 ; Cass., 27 juin 1877 (art. 21974, J. N.) ; Aubry et Rau, p. 210 ; Demolombe, t. VI, n° 124 et suiv., n° 128 ; Pont, n° 500 ; Laurent, t. XXX, n° 264.
(2) Seine, 11 mars 1884.
(3) Rouen, 10 mai 1875 ; Bordeaux, 16 mars 1888 et 21 février 1893.
(4) Aubry et Rau, p. 212 ; Pont, n° 501 ; Cass.,

12 mars 1811 ; Paris, 26 mars 1836 ; Pau, 17 juin 1837.
(5) Périgueux, 12 décembre 1887.
(6) Aubry et Rau, p. 213 ; Bourges, 6 mars 1855 et 17 février 1872 ; Paris, 21 janvier 1875 ; Villefranche, 26 août 1882 ; Seine, 11 mars 1884.
(7) Aubry et Rau, p. 215 ; Pont, n° 747 ; Troplong, t. II, n° 572.

immeubles présents du tuteur (1), ou limiter l'hypothèque à certains immeubles désignés, en affranchissant tous les autres. L'hypothèque, ainsi spécialisée, n'en conserve pas moins son caractère d'hypothèque légale dispensée d'inscription.

Dans les tutelles légales ou testamentaires, l'hypothèque légale ne peut être restreinte à certains immeubles qu'au moyen d'un jugement rendu conformément à l'art. 2143, C. civ. (2).

10. — **Publicité.** — Nous avons dit (*supra*, p. 333) qu'un des caractères particuliers de l'hypothèque légale est d'être dispensée d'inscription, d'où le nom qu'on lui a donné d'hypothèque *occulte*. Cette dispense d'inscription a pour cause l'*impossibilité physique* (3) ou *morale* (4), dans laquelle se trouvent les incapables auxquels l'hypothèque est accordée, de la faire inscrire eux-mêmes.

Mais cette dispense devait rationnellement cesser avec sa cause. Aussi l'art. 8 de la loi du 23 mars 1855 dispose-t-elle que « si la veuve, *le mineur devenu majeur*, *l'interdit relevé de l'interdiction*, leurs héritiers ou ayants-cause, n'ont pas pris inscription dans l'année qui suit la dissolution du mariage ou la *cessation de la tutelle*, leur hypothèque ne date, à l'égard des tiers, que du jour des inscriptions prises ultérieurement. »

Quant aux héritiers du mineur ou de l'interdit mort en état d'incapacité, comme ils ne sont pas à l'égard du tuteur, dans cet état de dépendance qui avait motivé la dispense d'inscription, ils ne sont point dispensés d'inscrire. La dispense d'inscription cesse également pour les héritiers du mineur ou de l'interdit, même lorsqu'ils sont *eux-mêmes mineurs*, car la loi ne distingue pas (5).

Mais la dispense d'inscription qui cesse par la majorité du mineur, par sa mort, ne cesse point par son émancipation (6), ni par le changement de tuteur (7).

11. — Dès lors que l'hypothèque a été dispensée d'inscription, elle rentre dans le droit commun. Si elle n'a pas été prise dans le délai imparti par la loi, elle ne datera, à l'égard des tiers, que du jour de l'inscription prise ultérieurement, et elle ne produirait aucun effet, si elle se trouvait, alors, avoir été prise après le jugement déclaratif de la faillite du débiteur, ou après une vente ou une saisie suivie de transcription.

L'hypothèque légale des mineurs et interdits doit aussi être inscrite au cas de *purge légale* (art. 2194 et suiv., C. civ.) (V. *infra*, v° PURGE LÉGALE).

§ 3. HYPOTHÈQUE LÉGALE DES FEMMES MARIÉES.

12. — L'hypothèque légale des femmes mariées n'est subordonnée à aucune autre condition que celle de la célébration du mariage, et elle est indépendante du régime sous lequel les époux sont mariés. Elle existe au profit de la femme française séparée de biens, comme au profit de la femme commune ou de celle mariée sous le régime dotal (8).

Elle existe même lorsque le mariage a été contracté, à l'étranger, entre Français et au profit de la femme étrangère qui épouse, en pays étranger, un Français, et cela encore bien que l'acte de célébration n'ait pas été transcrit en France sur le registre des mariages (V. *supra*, n° 3) (9).

---

(1) Aubry et Rau, p. 211 ; Pont, n°˚ 543 à 546.

(2) Lorsque l'hypothèque n'aura pas été restreinte par l'acte de nomination du tuteur, celui-ci pourra, dans le cas où l'hypothèque générale sur ses immeubles excéderait notoirement les sûretés suffisantes pour sa gestion, demander que cette hypothèque soit restreinte aux immeubles suffisants pour opérer une pleine garantie en faveur du mineur.

La demande sera formée contre le subrogé-tuteur et elle devra être précédée d'un avis de famille (art. 2143, C. civ) ; Paris, 27 juin 1879 (art. 22357, J. N.). Le subrogé-tuteur ne peut consentir cette restriction, sans l'autorisation du conseil de famille ; Bordeaux, 14 mai 1890 (*J. du not*, 1890, p. 503).

(3) *Physique*, lorsque le mineur est en bas âge.

(4) *Morale*, à cause de l'état de dépendance et de subordination dans lequel le mineur et la femme mariée se trouvent vis-à-vis de leur tuteur ou mari.

(5) Cass., 22 août 1876, 2 juillet 1877.

(6) Amiens, 5 février 1864 ; Alger, 25 février 1880 (S., 1881-2-254).

(7) Grenoble, 10 juillet 1867.

(8) Aubry et Rau, t. III, p. 217 ; Pont, n° 429.

(9) Cass., 29 novembre 1840 ; Douai, 25 août 1851.

13. — Créances garanties. — La femme mariée a hypothèque (1) sur les biens de son mari, en principe, pour toutes les créances qu'elle a le droit d'exercer contre lui (art. 2121, C. civ.) (2). Mais quelles sont ces créances ? L'art. 2135, C. civ., en énumère trois catégories spéciales :

a) **La dot.** — Que faut-il entendre par *dot* ? Faut-il comprendre, sous cette dénomination, dans la circonstance, tout ce que la femme apporte en mariage ? Non, sans doute, mais seulement les apports dont la femme s'est expressément ou tacitement réservé la reprise et à raison desquels il lui compète contre son mari une action en restitution (3), et la femme n'est, d'ailleurs, admise à faire valoir son hypothèque qu'à la condition de justifier, d'une façon régulière (art. 1499, 1502, C. civ), de l'existence de ses droits.

b) **Les conventions matrimoniales.** — Les termes « *conventions matrimoniales* » comprennent deux classes différentes de droits : d'une part, les créances que la femme a pu acquérir contre son mari, comme administrateur de ses biens personnels, soit en vertu d'un mandat formel inséré au contrat de mariage, soit en vertu des pouvoirs virtuellement inhérents au régime adopté ; — d'autre part, les avantages que le mari a conférés à sa femme par des clauses expresses du contrat de mariage (4).

Et peu importe que ces avantages soient actuels ou éventuels, qu'ils aient pour objet des biens présents ou à venir. Ainsi l'hypothèque légale garantit non seulement l'exécution des *donations* pures et simples, ou de *gains de survie* portant sur des biens présents (5), mais encore l'effet d'une *institution contractuelle*, ou d'une donation éventuelle en usufruit, ou de la donation d'une somme à prendre sur les valeurs les plus claires de la succession du mari (6).

Il a, en conséquence, été jugé que le *préciput* stipulé au profit de la femme constitue une créance garantie par l'hypothèque légale, dès le jour du mariage (7), lorsque la femme y a droit, même en renonçant à la communauté.

Que le bénéfice de l'hypothèque légale s'étend encore à la créance de ses *habits de deuil* par elle expressément stipulés dans le contrat de mariage (8).

---

(1) Art. 2135. — L'hypothèque existe, indépendamment de toute inscription :

1° Au profit des mineurs et interdits, sur les immeubles appartenant à leur tuteur, à raison de sa gestion, du jour de l'acceptation de la tutelle.

2° Au profit des femmes, pour raison de *leurs dot et conventions matrimoniales*, sur les immeubles de leur mari, et à compter du jour du mariage.

La femme n'a hypothèque pour les sommes *dotales qui proviennent de successions à elle échues, ou de donations à elle faites pendant le mariage,* qu'à compter de l'ouverture des successions ou du jour que les donations ont eu leur effet.

Elle n'a hypothèque pour *l'indemnité des dettes qu'elle a contractées avec son mari, et pour le remploi de ses propres aliénés,* qu'à compter du jour de l'obligation ou de la vente.

(2) Cass., 28 janvier 1879 (art. 22105, J. N. ; Bourges, 17 février 1872.

(3) C'est ainsi que la femme ne saurait avoir d'hypothèque légale pour garantie de ses apports mobiliers sous le régime de la communauté légale,

puisque sa fortune mobilière tombe dans cette communauté (Cass., 15 juin 1842 ; Bordeaux, 2 mars 1848 et 2 juin 1875. Voy. cep., Aix, 16 août 1872).

(4) Aubry et Rau, p. 220 ; Pont, n° 437 ; Laurent, n° 342.

(5) Cass., 27 décembre 1859 ; Grenoble, 8 février 1879 (S. 1880-2-69).

(6) Troplong, *Donat.*, t. IV, n° 2545 ; Aubry et Rau, p. 221 ; Laurent, n° 345 ; Labbé, sous Chambéry (S. 1875-2-257) ; Cass., 4 février 1835 ; Valence, 29 mars 1867 (art. 19300, J. N.) ; Paris, 18 juin 1870 ; Grenoble, 8 février 1879. Mais la question est vivement controversée : — Contrà : Cass., 16 mai 1855 ; Rouen, 20 décembre 1856 ; Bordeaux, 1° décembre 1868 ; Chambéry, 1er mai 1874 ; Pont, n° 438 ; Demolombe, *Donat,* t. VI, n° 415. Toutefois, il a été jugé avec raison que la femme ne serait pas admise à rechercher les acquéreurs à titre onéreux (Cass., 12 mai 1875.

(7) Paris, 7 juillet 1874.

(8) Riom, 20 juillet 1853 ; Alger, 6 mars 1882 ; Laurent, n° 345 ; Aubry et Rau, p. 222.

Mais elle n'a pas d'hypothèque légale pour les aliments qu'elle réclamerait en vertu de l'art. 214, C. civ. (1).

c) **Successions et donations.** — En second lieu, la femme a, aux termes de l'art. 2135, hypothèque légale pour garantie des *sommes dotales* qui proviennent de *successions à elle échues* ou de *donations à elle faites* pendant le mariage. L'expression *sommes dotales* s'applique à toutes sommes, argent, valeurs ou créances qui, soit sous le régime de la communauté, soit sous le régime dotal, appartiennent à la femme, mais que le mari a le droit de percevoir, comme administrateur (2) ; toutefois, il est bien entendu que ces sommes doivent être propres à la femme et, par suite, il faut que l'existence en ait été régulièrement constatée. Une rente active est une véritable créance, et si le mari en reçoit le remboursement, il ne fait pas un acte d'aliénation, mais un simple acte d'administration, et la femme a hypothèque à partir de la date de l'ouverture de la succession (3).

Lorsque la donation à la femme, par son contrat de mariage, est d'une somme à prendre sur les biens les plus clairs de la succession du donateur, si celui-ci s'en libère de son vivant aux mains du mari, la femme a une hypothèque légale du jour de ce paiement, sans qu'il y ait lieu de rechercher si le paiement anticipé a ou non constitué une infraction aux conventions matrimoniales (4).

d) **Indemnités.** — La femme a encore hypothèque légale pour l'*indemnité des dettes* qu'elle a contractées avec son mari (art. 2135, C. civ.) ; de ce chef, elle a hypothèque pour tout ce qu'elle est en droit de réclamer contre son mari, à quelque titre que ce soit, sous le régime dotal, comme sous le régime de la communauté (5), et par conséquent, pour la créance résultant du paiement par elle fait de dettes personnelles à son mari, alors même que ce paiement a été volontaire et sans obligation préexistante de sa part (6).

— Pour s'être obligée solidairement avec lui au paiement d'une dot constituée à un enfant commun, et l'hypothèque prend rang à la date du contrat de mariage (7).

— Lorsque la femme concourt avec son mari à un acte d'emprunt et cède aux créanciers son hypothèque légale, elle doit être considérée comme caution de son mari ; par suite, sa créance existe en vertu même du concours apporté par elle à l'acte d'emprunt, et le bénéfice de l'hypothèque peut être réclamé soit par elle, soit par le cessionnaire subrogé, sans qu'au préalable il ait été procédé à la liquidation des reprises de la femme (8).

— La femme d'un commerçant qui, postérieurement à l'époque fixée pour la cessation des paiements de son mari, s'est obligée solidairement avec lui pour dettes *antérieurement contractées*, a pour sûreté de l'indemnité qui lui est due à raison de cette obligation, une hypothèque légale dans l'effet de laquelle elle a pu valablement subroger le créancier envers lequel elle s'est obligée ; — alors surtout qu'il est constaté, en fait, qu'au moment où elle consentait cette

---

(1) Liège, 29 mars 1862 ; Grenoble, 6 février 1868 ; Troplong, n° 418 *bis*. — *Contrà* : Aubry et Rau, p. 223.
(2) Cass., 5 mai 1841.
(3) Caen, 18 août 1871.
(4) Cass., 28 janvier 1879 (art. 22105, J. N.).

(5) Grenoble, 23 novembre 1870.
(6) Cass., 9 août 1870 (S. 1871-1-157) ; Rennes 31 mai 1888.
(7) Rouen, 2 janvier 1875.
(8) Cass., 26 janvier 1875 (art. 21218, J. N.).

subrogation, la femme ne connaissait pas la situation de son mari (1).

— La femme étant réputée *caution* de son mari pour les engagements par elle contractés, peut, même avant d'avoir payé, agir contre son mari pour être indemnisée dans les cas déterminés par l'art. 2032, C. civ., et spécialement en cas de faillite ; il s'ensuit que le droit d'indemnité appartenant à la femme, par suite de ses engagements, est un droit actuel et non simplement éventuel, dont le débiteur est tenu de l'affranchir. Dès lors, la femme ou le créancier subrogé à ses droits ont droit d'être colloqués à l'ordre ouvert sur le prix d'immeubles vendus par le mari, pour l'indemnité résultant de cet engagement (2).

Et les titres des créanciers envers lesquels la femme s'est engagée suffisent à justifier le montant de l'indemnité pour lequel la femme demande à être colloquée (3).

e) **Remplois.** — La dernière cause d'hypothèque légale indiquée par l'art. 2135, C. civ., est le *remploi* des immeubles *propres* de la femme aliénés par le mari durant le mariage.

Ce mot de *propres* n'est usité que dans le régime de la communauté, parce que, sous ce régime, il y a des biens qui ne restent pas propres à la femme, par exemple, le mobilier qui tombe, dans certains cas, dans la communauté. Si donc un propre de la femme est aliéné, la femme, à la dissolution de la communauté, a droit d'en faire la reprise en deniers, et cette reprise est garantie par l'hypothèque légale (4).

Sous les autres régimes, la femme a aussi une hypothèque légale pour garantie du remboursement du prix de ses biens aliénés, lorsque le mari l'a touché. Il en est ainsi, à défaut de remploi des biens paraphernaux aliénés (5).

S'il s'agit de l'aliénation d'immeubles dotaux qui ne pouvaient être aliénés qu'à charge de remploi, l'hypothèque légale remonte non pas seulement au jour de la vente, mais au jour du mariage (6).

f) **Intérêts et frais.** — L'hypothèque s'étend aux *intérêts* de la dot et des reprises de la femme (7).

La femme qui obtient sa séparation de biens a droit également aux intérêts de sa dot et de ses reprises à partir du jour de la demande en séparation (8), et l'hypothèque légale s'étend aux frais de la demande (9).

— S'étend-elle à la pension alimentaire que le mari est condamné à servir à sa femme, séparée de corps ? L'affirmative a été jugée par arrêt de la Cour de Nancy du 3 juin 1882, par un jugement du tribunal de la Seine, du 28 novembre 1891 et elle a été consacrée par arrêt de la Cour de cassation du 2 juillet 1891 (10).

---

(1) Cass., 9 déc. 1868 ; Bourges, 1er avril 1870 ; Bordeaux, 12 mai 1873 ; Lyon, 6 janvier 1876 (S. 1876-2-207) ; Poitiers, 5 mai 1879 ; Nancy, 19 mai 1879. Voy. cep., Cass, 11 décembre 1876 (art. 21596, J. N.).

(2) Cass., 24 mai 1869 (art 19769, J. N.) ; 26 janvier 1875 et 22 août 1876 (art. 21218 et 21581, J. N.) ; Villefranche, 26 août 1882 ; Lyon, 18 mai 1889.

(3) Rennes, 31 mai 1888.

(4) Paris, 18 juin 1863 (art. 17869, J. N.).

(5) Cass., 27 avril et 27 décembre 1852 ; Paris, 7 mai 1853.

(6) Toulouse, 12 juin 1860 ; Cass., 16 mai 1865 ; Riom, 16 juin 1877 (art. 21996, J. N.) ; Nîmes, 21 janvier 1879. — *Contrà* : Aix, 17 août 1867 ; Grenoble, 23 novembre 1870 ; Caen, 29 novembre 1872 ; tr. Grenoble, 11 juin 1874 (*J. du not.*, n° 2738).

(7) Riom, 3 août 1863 ; Cass., 13 mars 1872 ; Bordeaux, 28 mai 1873.

(8) Agen, 29 avril 1868 ; Dijon, 3 décembre 1869 ; Cass., 13 mars 1872 ; Bordeaux, 28 mai 1873.

(9) Cass., 18 novembre 1820 et 3 février 1868 ; Chambéry, 1er mai 1874.

(10) Mais on peut citer en sens contraire d'autres décisions ; Grenoble, 6 février 1868 ; Lyon, 16 juillet 1881 ; Saint-Marcellin, 11 avril 1883 ; Caen, 21 août 1883. — *Sic* : Pont, § 264 *bis*, note 6.

— Mais l'hypothèque légale de la femme ne garantit pas sa part dans la communauté, et ne peut, dès lors, s'appliquer aux frais de liquidation de cette communauté (1).

14. — Biens soumis à l'hypothèque. — L'hypothèque de la femme mariée frappe tous les immeubles présents et à venir de son mari, mais elle n'affecte définitivement que ceux dont il est devenu propriétaire incommutable (2).

Elle ne porterait pas sur un immeuble dont le mari ne serait en réalité que propriétaire apparent, si la femme connaissait la situation (3).

Elle s'étend à toutes les améliorations faites, pendant le mariage, aux immeubles du mari, ainsi qu'aux constructions qui peuvent y avoir été élevées (4).

Elle frappe aussi les biens advenus au mari après la dissolution du mariage (5).

Frappe-t-elle les acquêts de communauté ? La question est controversée ; mais l'opinion la plus généralement admise est que l'hypothèque légale frappe les acquêts comme les immeubles propres (6), toutefois les effets de cette hypothèque sont plus ou moins complets, suivant que la femme renonce à la communauté ou qu'elle l'accepte.

Pas de difficulté en cas de *renonciation*, car les immeubles acquis deviennent alors propres du mari et il en résulte que la femme qui a renoncé peut exercer son hypothèque sur les conquêts aliénés par le mari durant la communauté ; — et que cette hypothèque, remontant à la même date que sur les autres biens du mari, prime ainsi les hypothèques constituées ou acquises postérieurement à cette date (7).

Si la femme *accepte*, son hypothèque légale frappe bien la part attribuée au mari dans les acquêts, mais comme elle est censée avoir toujours été commune en biens, son hypothèque subit nécessairement l'influence de la qualité de commune ; par suite, on doit en conclure, d'une part, — qu'elle ne saurait ni avoir d'hypothèque sur les biens composant sa part dans la communauté (8), ni exercer son hypothèque légale sur les conquêts aliénés par le mari durant la communauté (9), — et, d'autre part, qu'elle se trouve primée, sur les acquêts échus au lot du mari, par les hypothèques conférées par ce dernier durant la communauté (10).

Toutefois, la femme peut, malgré son acceptation, exercer l'hypothèque légale contre les tiers au profit desquels le mari n'aurait aliéné ou hypothéqué des conquêts que depuis la dissolution de la communauté (11).

Lorsque, avant la dissolution de la communauté, un ordre est ouvert pour la distribution du prix de conquêts aliénés par le mari, la femme est admise à faire valoir son hypothèque légale, mais à titre provisoire seulement ; elle sera donc colloquée éventuellement et à charge de consignation des fonds, qui seront délivrés à la femme, si elle renonce à la communauté, et aux créanciers colloqués après elle, si elle l'accepte (12).

15. — Réduction de l'hypothèque. — La loi accorde aux futurs époux la faculté de réduire, au moyen d'une déclaration insérée dans le contrat de mariage, l'hypothèque légale de la femme à un ou plusieurs immeubles déterminés. Cette faculté toutefois n'est conférée qu'autant que la future épouse est *majeure* au moment de la confection du contrat de mariage (art. 2140, C. civ.) (13), et la réduction doit

(1) Cass., 9 janvier 1855 ; Bastia, 25 janvier 1862 ; Lyon, 19 janvier 1888 ; Aubry et Rau, t. III, § 264 *ter*, note 21.

(2) Nîmes, 25 avril 1887.

(3) Besançon, 15 juin 1887.

(4) Rennes, 16 février 1886.

(5) Cass., 17 juillet 1844 ; Lyon, 28 novembre 1850 et 3 juillet 1867 (S., 1869-1-345) ; Aubry et Rau, p. 201 ; Pont, n° 509.

(6) Besançon. 15 juin 1887. — *Contrà* : Dijon, 12 février 1890.

(7) Aubry et Rau, p. 225 ; Pont, n°s 521, 524 ;

Troplong, t. II, n° 483 ; Laurent, n° 869 ; Mérignhac, n° 91.

(8) Aubry et Rau, p. 228 ; Cass., 1er août 1848 et 4 février 1856.

(9) Dijon, 27 juin 1866 (art. 19492, J. N.) ; Bordeaux, 28 juin 1870 ; Grenoble. 6 décembre 1878 ; Caen, 14 janvier 1880 (art. 22367, J.N.).

(10) Aubry et Rau, p. 227 ; Laurent, *loc. cit.*

(11) Aubry et Rau, p. 228.

(12) Lyon, 7 avril 1854 ; Bastia, 25 janvier 1862.

(13) Paris, 26 juillet 1850 ; Chambéry, 3 décembre 1860 ; Limoges, 2 avril 1887 ; Aubry et Rau, p. 233 ; Pont, n° 551.

être spécifiée dans le contrat; la clause d'un contrat de mariage réservant à la future épouse le droit, *au cours du mariage*, de cantonner son hypothèque légale sur une ou plusieurs propriétés de son mari, est nulle de plein droit et ne saurait produire aucun effet (1).

Mais la loi ne faisant aucune distinction, la réduction peut être stipulée quel que soit le régime matrimonial adopté.

Rien n'empêche les époux, au lieu de spécialiser l'hypothèque en la réduisant à un ou plusieurs immeubles déterminés, de procéder par voie de simple dégrèvement d'une partie des immeubles du mari; dans ce cas, l'inscription n'affecte que les immeubles qui n'ont pas été exclus (2).

Rien ne s'oppose aussi à ce qu'au lieu d'établir la réduction pour tous les droits de la femme indistinctement, ils la limitent pour telles ou telles créances, par exemple, à la dot et aux conventions matrimoniales. En ce cas, l'hypothèque conserve sa généralité quant aux autres droits de sa femme (3).

Mais il est *expressément interdit* aux époux d'affranchir les immeubles du mari d'une façon absolue, et toute clause par laquelle il serait stipulé, — ou que la femme n'aura pas d'hypothèque légale, — ou qu'elle pourra, durant le mariage, en affranchir les biens du mari, serait *radicalement nulle* (art. 2140, C. civ.).

L'hypothèque légale, bien que restreinte ou spécialisée n'en conserve pas moins son caractère d'hypothèque légale dispensée d'inscription (4).

16. — Lorsque l'hypothèque n'aura pas été restreinte dans le contrat de mariage, le mari pourra, du consentement de sa femme, et après avoir pris l'avis des quatre plus proches parents d'icelle, réunis en assemblée de famille, demander que l'hypothèque générale sur tous ses immeubles, pour raison de la dot, des reprises et conventions matrimoniales, soit restreinte aux immeubles suffisants pour la conservation entière des droits de la femme (art. 2144, C. civ.).

Et il a été jugé que cette restriction ne peut être ordonnée que sous les conditions imposées par la loi, c'est-à-dire après *consentement de la femme* et *avis des parents* (5).

Le consentement de la femme peut être donné soit par *acte notarié*, soit par acte *sous seing privé*, si la femme sait écrire. La loi n'impose point de forme spéciale.

Les jugements sur les demandes des maris ne seront rendus qu'après avoir entendu le procureur de la République et contradictoirement avec lui (art. 2145, C. civ.).

Dans le cas où le tribunal prononcera la réduction de l'hypothèque à certains immeubles, les inscriptions prises sur tous les autres seront rayées.

17. — En cas de faillite (6) du mari (7), et lorsqu'il était commerçant à l'époque de la célébration du mariage, — ou lorsque n'ayant en ce moment pas d'autre profession, il est devenu commerçant dans l'année, — l'hypothèque légale de la femme se trouve soumise à une double *restriction* par les art. 563 et 564, C. com. dans l'intérêt des créanciers du failli. Le second de ces articles refuse à la femme le bénéfice de l'hypothèque légale pour ses *avantages matrimoniaux*, de quelque nature qu'ils soient; — quant à l'article 563, il limite l'exercice de l'hypothèque légale de la femme, pour sa dot, ses reprises, remplois ou indemnités aux *immeubles dont le mari était propriétaire au jour de la célébration du mariage, ou qui lui sont échus depuis à titre de succession, donation ou legs.*

(1) Nîmes, 4 mai 1888 (*J. du not.*, n° 4053).
(2) Aubry et Rau, p. 231; Bordeaux, 24 juillet 1864; Cass, 6 décembre 1865.
(3) Cass., 18 août 1856 (art. 15907, J. N.).
(4) Cass., 2 août 1880 (art. 22424, J. N.); Aubry et Rau, p. 238.
(5) Cass., 2 juin 1862 (art. 17487, J. N.); Caen,

26 décembre 1867; Cass., 23 juin 1868 (art 19360, J. N.).
(6) Mais non au cas de simple insolvabilité : Cass., 18 avril 1869 (art. 19628, J. N.).
(7) Même s'il s'agit d'un notaire déclaré en faillite; Douai, 15 décembre 1887 (art. 24067, J.N.).

Par suite, la femme du failli n'a pas d'hypothèque sur les immeubles acquis, pendant le mariage, à titre onéreux, la loi présumant que ces biens ont été payés avec les deniers des créanciers. — Elle ne frappe pas, en conséquence, les constructions et améliorations faites par le mari sur ses immeubles personnels (1).

Mais on considère comme bien advenus au mari à titre gratuit, la totalité d'un immeuble dans lequel il avait des droits indivis et dont il s'est rendu adjudicataire par licitation ou qui lui a été attribué en partage (2).

Toutefois la femme est recevable à prouver, dans les termes du droit commun, que les biens ont été payés de ses deniers (Paris, 16 novembre 1891).

18. — Date et durée de l'hypothèque. — L'hypothèque légale de la femme mariée n'a pas un point de départ invariable; l'effet en remonte à des dates différentes, selon la nature des droits qu'elle est destinée à garantir et selon les époques auxquelles ces droits ont pris naissance. Disons d'abord que les parties ne peuvent, ni fixer elles-mêmes l'époque à laquelle devra remonter l'hypothèque, ni assigner à cette hypothèque une autre date que celle que lui attribue l'article 2135 du Code civil.

Mais cet article ne fixant pas le rang de tous les droits et créances de la femme, il y a lieu de décider par analogie les autres cas qui peuvent se présenter.

a) Pour la dot et les conventions matrimoniales, la femme a hypothèque *du jour du mariage* (3) ;

b) C'est aussi du jour du mariage que date l'hypothèque pour les créances ou effets mobiliers apportés en dot et touchés par le mari (4) ;

c) Pour les sommes que le mari a touchées par suite de l'exercice d'une action rescisoire ou autre, comprise dans les biens apportés en dot (5) ;

d) Pour les dommages-intérêts qui peuvent être dus à la femme à raison des dégradations ou détériorations survenues à ses biens propres, et en général, à raison des fautes quelconques commises par le mari dans l'administration de ces biens ;

e) L'hypothèque légale remonte, pour les sommes qui proviennent à la femme de *successions* à elle échues, *au jour de l'ouverture des successions* 6), peu importe que le mari n'ait pas reçu immédiatement les sommes et valeurs qui en dépendent, car il en est devenu responsable du jour de l'ouverture de la succession ;

f) Pour les sommes échues à la femme à *titre de donation*, l'hypothèque légale prend rang *à compter du jour où les donations ont eu leur effet ;* par conséquent aussitôt que le contrat est devenu parfait par l'acceptation, si la donation est pure et simple, — et à partir de la réalisation de la condition, si elle est conditionnelle.

La femme n'a d'hypothèque légale qu'à compter du *jour du décès* de son mari pour une donation de rente viagère qui lui a été faite par contrat de mariage, sous condition de survie, à prendre sur les biens qu'il laisserait à son décès (7).

g) Pour la reprise de la femme relativement à une indemnité d'assurance touchée par le mari après incendie d'un propre de la femme,

---

(1) Montpellier, 29 juillet 1867 ; Toulouse, 29 janvier 1891 ; Pont, n° 535 ; Aubry et Rau, p. 235. — *Contrà* : Grenoble, 28 juin 1858.

(2) Angers, 27 mai 1864 ; Metz, 14 novembre 1867 ; Donai, 26 novembre 1868 ; Cass., 10 novembre 1869 (art. 19755, J. N.) ; Pont, n° 536. — *Contrà :* Caen, 21 août 1866 ; Demolombe, t, XVII, n° 328 : Aubry et Rau, p. 245-246, qui décident que la femme n'a hypothèque que sur la part qui appartenait originairement au mari.

(3) Et non du jour du contrat de mariage : Caen, 5 juin 1876 ; Cass., 22 janvier 1878 (art. 21931, J. N.,1),

Aubry et Rau, p. 239 ; Pont, n° 753 ; Dict. du not., n° 166. — *Contrà* : Trib. Montpellier, 7 janvier 1870 (art. 20167, J. N.).

(4) Paris, 9 janvier 1856 ; Aubry et Rau, p. 242 ; Baudry-Lacantinerie, t. III, p. 767.

(5) Aubry et Rau, *loc. cit.* ; Pont, n° 777.

(6) Aubry et Rau, p. 241 ; Troplong, p. 2, n° 523 ; Cass., 5 mai 1841.

(7) Bordeaux, 21 février 1854 ; Cass., 16 mai 1855 ; Agen, Cass., 22 janvier 1884. — V. Grenoble, 8 février 1879,

— à partir du jour où l'immeuble a été soumis à l'administration du mari (1).

h) Pour l'*indemnité des dettes* qu'elle a contractées avec son mari, l'hypothèque légale prend rang à *dater du jour de l'obligation*, si l'acte est authentique, et du jour où l'acte a acquis date certaine, si l'obligation est constatée par sous-seing privé (2).

i) En ce qui concerne le remploi de ses propres aliénés, l'hypothèque légale de la femme ne date pas seulement du jour du paiement du prix, mais *du jour de l'acte d'aliénation*, quel que soit le régime matrimonial adopté (3).

Toutefois, cette opinion ne paraît pas admise généralement en doctrine et en jurisprudence et la Cour de cassation décide que lorsqu'il s'agit, sous le régime dotal, de biens qui ne pouvaient être aliénés qu'à charge de remploi ou qui étaient inaliénables, l'hypothèque remonte *au jour du mariage* (4).

j) Pour le *remploi* des sommes provenant de valeurs paraphernales et touchées par le mari durant le mariage, l'hypothèque légale prend rang du jour de l'aliénation et non de celui où le mari a touché les prix de vente (5).

19. — Extinction. — L'hypothèque légale de la femme mariée s'éteint soit par la prescription, soit par la purge (art. 2194 et suiv.), soit par la renonciation de la femme (art. 2180, C. civ.) (V. *infrà*, n° 35). Elle n'est pas éteinte par la séparation de corps et de biens, alors même que cette séparation aurait été suivie d'une liquidation constatant que la femme n'est pas créancière de son mari, si elle a le droit de prétendre à des avantages résultant de son contrat de mariage (6).

Lorsqu'une femme laisse, après son décès, son mari donataire ou légataire en usufruit des biens qui composent ses reprises, et que, par suite de la liquidation, le mari reste détenteur de ces biens en sa nouvelle qualité, il y a novation et l'hypothèque légale est éteinte, alors surtout que le mari est formellement dispensé de caution ou d'emploi (7).

20. — Publicité. — Comme l'hypothèque légale des mineurs et des interdits, l'hypothèque légale de la femme mariée doit être inscrite dans l'année qui suit la dissolution du mariage, que le mariage soit dissous par le prédécès de la femme ou par la mort du mari. Les héritiers ou ayants cause de la femme prédécédée sont donc tenus, comme la veuve, de prendre inscription (8).

Si l'hypothèque n'a été inscrite qu'à une date postérieure à celle fixée par la loi de 1855, elle ne remonte plus à l'époque du mariage et redevient une hypothèque ordinaire, non dispensée d'inscription (9).

Et l'état de minorité où se trouveraient les héritiers de la femme, au moment de la dissolution du mariage, ne donnerait lieu à aucune prorogation de délai en leur faveur (10), ces héritiers fussent-ils ses enfants placés sous la tutelle légale de leur père (11).

---

(1) Nancy, 20 juillet 1889 (*J. du not.*, 1890, p. 166).
(2) Aubry et Rau, p. 241; Pont, n° 761; Cass., 15 mars 1859; Agen, 10 juin 1859; Bordeaux, 1er mars 1887 (art. 24033, J. N.; (*J. du not.*, n° 3992).
(3) Aubry et Rau, p. 241; Baudry-Lacantinerie, t. III, p. 764; Pont, n° 770.
(4) Cass., 27 juillet 1826; 26 mai 1865; Toulouse, 12 juin 1860; Orange, 17 février 1891; Rodière et Pont, t. II, n° 677; Troplong, n° 579 *bis*; Benech, p. 212 et 250.
(5) Cass., 27 avril 1852; Paris, 7 mai 1853.
(6) Cass., 20 mai 1878 (art. 21934, J. N.).
(7) Cass., 3 déc. 1834; 15 nov. 1837 et 27 juin 1876 (S. 1877-1-241); Limoges, 28 fév. 1879; Seine, 5 juil. 1888; Aubry et Rau, t. III, § 264 *bis*; note 83.

(8) L. 23 mars 1855, art. 8.
(9) Agen, 14 janvier 1868; Lyon, 19 janvier 1888.
(10) Aix, 10 janvier 1861.
(11) Grenoble, 29 janvier 1858; Toulouse, 2 janvier 1863; Grenoble, 26 février 1863; Cass., 2 mai 1866; Aix, 15 janvier 1867; Bourges, 17 février 1872; Aix, 9 janvier 1875; Paris, 21 janvier 1875; Cass., 22 août 1876; Douai, 23 juin 1879; Alger, 12 mai 1880; Aubry et Rau, p. 306. — *Contrà* Pont, n° 809; Bonniceau-Gesmon, *Revue prat.*, t. XXI, 449 et t. XXIII, p. 97; Saint-Dié, 30 juin 1862; Riom, 3 août 1863; Alger, 6 décembre 1864; Martinique, 23 juillet 1866; Le Puy, 12 janvier 1865; Toulouse, 9 juillet 1875; Lyon, 11 janvier 1876; Pamiers, 29 juin 1882.

L'inscription de l'hypothèque légale des femmes mariées doit encore avoir lieu en cas de *purge* (V. *infrà*, v° PURGE LÉGALE).

Sur la collocation en cas d'ordre, de la femme à raison de son hypothèque légale (V. *infrà*, v° ORDRE, n° 51 *bis*, *J. du not.*, 1890, p. 721, 1891, p. 49).

§ 4. INSCRIPTION.

21. — Nous traiterons de tout ce qui est relatif à l'inscription de l'hypothèque légale au mot INSCRIPTION HYPOTHÉCAIRE.

§ 5. SUBROGATION.

22. — L'engagement personnel contracté par la femme a, sans aucun doute, pour effet d'engager ses biens, mais n'emporte aucune affectation spéciale de son *hypothèque légale* au paiement de la dette. Or, comme cette hypothèque crée une cause de préférence au profit de la femme, il était naturel que l'on cherchât à utiliser cette cause de préférence et à en faire bénéficier les créanciers envers lesquels la femme était appelée à s'obliger. C'est le résultat obtenu par les stipulations connues sous le nom de *subrogation à l'hypothèque légale*, stipulations imaginées et utilisées par la pratique, bien avant que la loi du 23 mars 1855 (art. 9) les ait consacrées et réglementées (1).

On a beaucoup disserté sur la nature et les effets de cette convention : Des auteurs y ont vu un *nantissement*, d'autres une *cession d'antériorité*, d'autres, enfin, une *cession* des droits et reprises de la femme. Nous n'entrerons pas dans l'examen des critiques qu'on a faites de ces divers systèmes. Bornons nous à dire simplement que, si l'interprétation à donner à la convention dépend principalement des termes dans lesquels elle aura été libellée, cependant on s'accorde à n'y voir aujourd'hui, en général, qu'un simple *transfert de son hypothèque* effectué par la femme au profit des créanciers, — la femme demeurant investie de ses droits et reprises, — le subrogé acquérant le droit de faire colloquer sa propre créance au rang de l'hypothèque légale de la femme, au détriment de cette dernière et à sa place (2). Ce qui n'empêche pas, d'ailleurs, la femme, soit de céder une créance déterminée contre son mari, soit de céder son droit d'antériorité à un créancier déjà inscrit sur les biens de son mari. Si la femme cède son hypothèque légale, d'une manière générale et sans restriction, elle est censée la céder pour toute l'étendue de ses droits et il a été jugé que cette subrogation embrasse tous les biens présents et à venir du mari (3). Toutefois, il faut dire qu'à moins que la stipulation ne soit conçue dans des termes généraux et absolus, une telle extension n'est pas d'ordinaire dans la pensée des parties qui n'ont le plus souvent en vue d'établir la subrogation que sur les immeubles spécialement hypothéqués au contrat.

Il est donc fort utile, afin de prévenir toute difficulté de rédiger toujours les clauses de subrogation d'une façon assez précise et assez claire pour qu'il n'y ait pas d'équivoque sur l'étendue des droits conférés au créancier subrogé.

Ajoutons qu'il est loisible à la femme de restreindre l'effet des subrogations qu'elle consent, en les limitant soit à une partie des immeubles soumis à son hypothèque légale, soit à une certaine nature de droits et créances. En cas de contestation sur l'étendue de ces conventions, il appartient aux juges d'en déterminer la

---

(1) Dans le cas où les femmes peuvent céder leur hypothèque légale ou y renoncer, cette cession ou cette renonciation doit être faite par acte authentique, et les cessionnaires n'en sont saisis à l'égard des tiers que par l'inscription de cette hypothèque prise à leur profit, ou par la mention de la subrogation en marge de l'inscription préexistante. — Les dates des inscriptions ou mentions déterminent l'ordre dans lequel ceux qui ont obtenu des cessions ou renonciations exercent les droits hypothécaires de la femme (art. 9).

— Cons., notre *Etude de droit pratique* sur cette matière, in-8°, Paris, 1876.

(2) Mérignhac, *Des contrats relatifs à l'hypoth. lég.*, n°° 19 et suiv.

(3) Paris, 18 août 1876 (art. 21588, J. N.).

portée d'après l'intention des parties et la règle d'après laquelle toute renonciation doit être strictement interprétée (1).

23. — Capacité. — L'art. 2 de la loi du 23 mars 1855 n'a posé aucune règle relative à la capacité de la femme pour subroger à son hypothèque légale. « *Dans le cas*, dit le législateur, *où les femmes mariées peuvent céder leur hypothèque légale...* »

La capacité de la femme doit donc être établie d'après les principes généraux du droit ; par application de ces principes, il faut dire que la femme peut, lorsqu'elle est *majeure*, et *autorisée de son mari* (2), subroger en toute hypothèse à son hypothèque légale, sous la seule réserve, *si elle est mariée sous le régime dotal, de ne porter directement ou indirectement aucune atteinte à l'inaliénabilité de ses reprises dotales* (3).

Ainsi, sous tout autre régime que le régime dotal, elle pourra subroger pour ses reprises de toute nature, et sous le régime dotal, pour toutes ses créances paraphernales (4).

Il est aussi admis par la jurisprudence que la faculté, réservée dans le contrat de mariage, d'aliéner les biens dotaux, faculté qui ne comporte point celles de les hypothéquer ou échanger, n'autorise pas davantage la subrogation à l'hypothèque légale garantissant le prix de leur aliénation (5), — et la séparation de biens, laissant subsister l'inaliénabilité de la dot mobilière, ne donne point à la femme le droit d'aliéner ses garanties hypothécaires (6).

— La femme, dont le mari était commerçant au moment du mariage, n'ayant point d'hypothèque légale, en cas de faillite de celui-ci, sur un immeuble par lui acquis depuis le mariage, un créancier, subrogé dans l'hypothèque légale de ladite femme, ne saurait à cet égard avoir plus de droit qu'elle, et est, par suite, sans droit à surenchérir du dixième le prix dudit immeuble, lorsqu'il a été aliéné (7).

La femme ne peut subroger à son hypothèque légale un créancier de son mari, après la cessation de paiement de ce dernier, s'il est établi qu'au moment où la femme s'obligeait et consentait la subrogation, elle connaissait, ainsi que le créancier, la cessation des paiements (8). Mais la subrogation serait efficace, s'il était constant que la femme ignorait la cessation des paiements (9).

24. — Forme. — La subrogation, pour être valable entre les parties, n'a pas besoin d'être *expresse* ; elle peut être *tacite*, et résulter de l'obligation contractée par la femme solidairement ou conjointement avec son mari, si le mari a, dans les mêmes actes constitué une *hypothèque* au profit des créanciers (10) ; mais, lorsqu'elle est tacite, elle ne s'applique qu'aux immeubles compris dans l'affectation hypothécaire (11) ; aussi, dans toute obligation où la femme s'oblige avec son mari et entend donner au créancier la garantie de son hypothèque légale, est-il de bonne pratique de toujours s'expliquer *expressément* sur l'étendue de la subrogation à cette hypothèque. D'ordinaire, la subrogation est limitée aux immeubles hypo-

---

(1) Aubry et Rau, p. 463 ; Cass., 2 juillet 1866 (art. 18525, J. N.).

(2) Cette autorisation est nécessaire, tant que dure le mariage et la séparation de biens n'en dispense pas la femme. — *Contrà* : Nîmes, 5 août 1862 ; mais en cas de refus, il peut y être suppléé par celle de la justice (art. 212 et suiv., C. civ.).
L'autorisation est donnée soit *expressément*, soit *tacitement* par le fait du concours du mari à l'acte.

(3) Cass., 14 novembre 1846 et 6 décembre 1859.

(4) Bordeaux, 24 juillet 1841.

(5) Cass., 4 juin, 2 juillet, 1er et 21 août, 17 décembre 1866 ; Cass., 7 août 1868 ; Agen, 16 mars 1887. — V. aussi Cass., 19 novembre 1888 (*J. du not.*, 1889, p. 102).

(6) Seine, 25 janvier 1868 (art. 18551, 19244 et 19286, J. N.).

(7) Paris, 20 janvier 1888.

(8) Paris, 16 janvier 1854 ; Nancy, 4 août 1860 ; Cass., 24 décembre 1860, 11 décembre 1876 et 18 avril 1887 (art. 15218, 16958, 17060, 21596 et 23847, J. N.). V. aussi Poitiers, 5 mai 1879 et Dijon, 29 mars 1882 (art. 22307 et 22814, J. N.).

(9) Cass., 9 décembre 1868 ; Bourges, 1er avril 1870 ; Bordeaux, 12 mai 1873 ; Lyon, 6 janvier 1876 (S. 1876-2-207) ; Seine, 12 août 1880 ; Paris, 8 juin 1882.

(10) Cass., 8 août 1854 ; 26 juin 1855 ; 5 février 1856 ; Metz, 22 janvier 1856 ; Cass., 25 février 1862 ; Limoges, 2 décembre 1885 ; Rennes, 31 mai 1888 ; Aubry et Rau, p. 464 ; Pont, n° 464 ; Verdier, t. II. n° 688.
La femme peut subroger un tiers dans son hypothèque légale, sans être personnellement obligée à la dette du mari, pourvu que le contrat soit sincère (Cass., 26 avril 1864 ; Pont, n° 454).

(11) Cass., 24 janvier 1888.

théqués. Si elle est générale, il peut être utile d'en excepter formellement les biens aliénés, pour éviter des difficultés avec les acquéreurs de ces biens. La simple obligation, même solidaire, de la femme, n'entraîne point subrogation, alors même que le créancier aurait plus tard obtenu jugement contre le mari et la femme (1).

25. — Avant la loi de 1855, la forme authentique n'était pas requise pour la subrogation à hypothèque légale; on admettait aussi d'une façon à peu près unanime, que la publicité n'était pas nécessaire et que la date seule réglait l'ordre de préférence entre les divers subrogés (2). Actuellement, et aux termes de l'art. 9 de la loi de 1855, l'acte *authentique* est exigé pour toute cession ou subrogation à l'hypothèque légale de la femme; il est requis non *ad probationem*, mais *ad solemnitatem*; c'est dire que toute subrogation consentie par acte sous seing privé serait radicalement nulle et ne pourrait produire aucun effet, et la nullité pourrait être proposée par la femme ou ses créanciers (3).

26. — Publicité. — En outre, les subrogations ne deviennent efficaces, *à l'égard des tiers*, que du jour où elles ont été rendues publiques par l'inscription de l'hypothèque légale au profit du créancier subrogé, ou par la mention de la subrogation en marge de l'inscription, si elle a déjà été prise.

Les dates des inscriptions ou mentions déterminent l'ordre dans lequel ceux qui ont obtenu des subrogations exercent les droits hypothécaires de la femme.

La double condition d'*authenticité* et de *publicité* est requise, dans le cas où la femme, voulant subroger à son hypothèque légale, a déclaré *céder ses droits et reprises* même, aussi bien que dans celui où elle s'est bornée à céder cette hypothèque (4).

Lorsque le créancier subrogé dans l'hypothèque légale de la femme a requis l'inscription de cette hypothèque d'une façon générale et sans distinction entre ses droits et ceux de la femme, se bornant à faire mentionner sa subrogation, cette inscription profite à la femme aussi et la mainlevée donnée par le créancier subrogé n'autorise le conservateur à rayer l'inscription qu'en ce qui concerne le créancier (5).

Mais l'inscription d'hypothèque conventionnelle et légale, telle qu'elle est prise d'ordinaire, dans la pratique, à la suite d'un contrat par lequel la femme a subrogé dans son hypothèque légale, est évidemment prise dans l'intérêt exclusif du créancier subrogé et ne doit profiter qu'à lui seul (6). Le conservateur ne serait donc pas fondé, lorsque le créancier en donne mainlevée définitive, à en réserver l'effet au profit de la femme (7).

Le créancier subrogé dans l'hypothèque légale n'étant saisi à l'égard des tiers que par l'inscription de cette hypothèque ou par la mention de subrogation faite à son profit (8), ne peut bénéficier des effets de la subrogation, au regard d'un cessionnaire postérieur, que dans les limites même fixées par l'inscription; par suite, s'il n'a requis inscription de l'hypothèque légale que pour les intérêts de droit, il ne peut être colloqué, de ce chef, que pour deux années et l'année courante (9).

27. — Mention de subrogation. — Pour faire mentionner la subrogation en marge de l'inscription préexistante, le créancier subrogé n'est tenu de produire au conservateur que l'expédition de l'acte même de cession ou de subrogation (10). Un extrait analytique ne suffirait pas et le conservateur serait en droit de refuser subrogation (11).

(1) Cass., 14 mars 1865 (art. 18266, J. N.).
(2) Lyon, 28 août 1857 (art. 16262, J. N.); Cass., 8 août et 13 novembre 1854 (art. 15920, 15440, J. N.).
(3) Aubry et Rau, p. 468; Bertauld, n** 82-83. Dict. du not., n° 220 et Mourlon, t. II, n° 1005; Mérignhac, n° 49; Grenoble 7 mai 1877; Seine, 28 décembre 1878 (art. 21848 et 22039, J. N.).
(4) Pont, n° 469; Aubry et Rau, p. 468.
(5) Amiens, 31 mars 1857; Cass., 2 juin 1858 (art. 16213, 16523, J. N.); Cass., 25 février 1862 et 3 juillet 1866 (art. 17382 et 18595, J. N.);

Compiègne, 4 août 1875, Aubry et Rau, p. 470.
(6) Cass., 5 février 1861 et 1er mai 1866.
(7) (Art. 16988 et 17017, J. N.); Dict. du not., n** 223 et suiv.
(8) Et non par la signification de la cession; Bordeaux, 18 novembre 1890 (J. du not., 1891, p. 249).
(9) Cass., 17 novembre 1879 (art. 22225, J. N.); Epernay, 22 novembre 1890.
(10) Lyon, 12 juillet 1878 (art. 21945, J. N.).
(11) Joigny, 13 octobre 1871 (art. 20255, J. N.).

Le créancier subrogé ne saurait, sans une subrogation expresse consentie à son profit et en se basant seulement sur l'art. 1166, C. civ., faire inscrire l'hypothèque légale de la femme en sa faveur et la radiation d'une inscription prise ainsi indûment pourrait être demandée par les autres créanciers (1).

Les auteurs enseignent que la condition de publicité se trouverait remplie, même au cas où la femme aurait déjà fait inscrire son hypothèque, par une inscription nouvelle prise à son profit par le subrogé, sans qu'il soit utile de faire mentionner la subrogation (2).

28. — Procuration. — Si la femme donnait pouvoir de faire en son nom la subrogation, la procuration devrait également être reçue en la forme authentique (3).

29. — Acceptation. — La convention de subrogation constituant un véritable contrat, l'acceptation du créancier subrogé devra être mentionnée à l'acte pour le rendre irrévocable vis à-vis de la femme.

30. — Signification. — Mais la signification au mari, formalité imposée par l'art. 1690, C. civ., pour les actes de cession, paraît inutile, à moins que la stipulation ne révèle d'une façon certaine, le caractère d'un transport de créances (4).

31. — Effets de la subrogation. — Nous avons vu que la subrogation peut affecter trois modes différents et se présenter, soit sous la forme d'une cession de l'hypothèque légale détachée de la créance, — soit sous la forme d'une cession de la créance hypothécaire elle-même, soit encore sous celle d'une cession de droit de priorité qui appartient à la femme.

    a) La validité de la cession de l'hypothèque légale seule est toujours controversée ; toutefois, depuis surtout la loi de 1855, on s'accorde à dire que cette cession peut intervenir au profit d'un créancier de la femme ou au profit d'un créancier chirographaire du mari. Par l'effet de cette cession, le subrogé ne pourra faire valoir ses droits que jusqu'à concurrence du montant des créances de la femme garanties par l'hypothèque cédée.

    b) Si la femme cède la créance hypothécaire qu'elle a contre son mari, le cessionnaire se trouvant ainsi investi des droits de la femme et par suite de l'hypothèque légale qui s'y trouve attachée, pourra exercer cette hypothèque dans la mesure du droit qu'il a acquis lui-même en contractant avec le mari. Mais la femme, toutefois, conservera sa créance, qui deviendra seulement chirographaire.

    c) Cession du droit de priorité. A la différence des deux autres modes qui peuvent intervenir soit au profit d'un créancier de la femme, soit au profit d'un créancier du mari, celui-ci ne peut intervenir qu'au profit d'un créancier du mari et seulement d'un créancier hypothécaire. Il a pour résultat d'opérer une interversion de rang entre la femme et le créancier hypothécaire au profit duquel la cession a eu lieu.

Par suite, la cession du droit de priorité est moins désavantageuse pour la femme que la cession d'hypothèque ou de créance hypothécaire. Quant au cessionnaire, les effets de la stipulation sont les mêmes, puisqu'il obtient de toute façon la subrogation dans l'hypothèque légale de la femme.

32. — Mais la subrogation dans l'hypothèque légale, de quelque manière et sous quelque forme qu'elle se soit opérée, n'investit point le créancier subrogé de la propriété des créances de la femme contre son mari ; elle confère seulement au subrogé le droit d'exercer éventuellement, et jusqu'à concurrence de sa créance, les droits hypothécaires de la femme, dans la même mesure et sous les mêmes condi-

---

(1) Paris, 7 mai 1878 (art. 20670, J. N.).
(2) Bertauld, n° 296 ; Aubry et Rau, p. 469.

(3) Cass., 27 juin 1861, 24 mai 1886, J. du n°., n° 3847
(4) Mérignhac, n° 42.

tions qu'elle pourrait le faire elle-même, et à l'époque ou la femme pourrait l'exercer :
À l'époque où la femme pourrait l'exercer, c'est-à-dire lorsque la créance sera
devenue exigible, ce qui n'a lieu qu'à la dissolution du mariage, ou à la séparation
de corps ou de biens (1) ;

*Dans la mesure seulement où la femme pourrait exercer elle-même cette
hypothèque,* — c'est-à-dire jusqu'à concurrence des créances qui seront reconnues
appartenir à la femme, lors du règlement de ses droits ; de sorte que l'effet de la
subrogation demeure subordonné à la double condition que la femme se trouve
créancière de son mari et que son hypothèque ait été conservée; elle s'évanouirait
donc, s'il résultait de la liquidation des reprises qu'au lieu d'être créancière, la
femme est débitrice de son mari ou de la communauté (2).

La subrogation dans l'hypothèque légale d'une femme mariée peut donc, dans
certains cas, n'offrir au créancier qu'une garantie fort incertaine et même illusoire.

33. — La subrogation a pour objet de conférer au créancier subrogé le droit
d'être colloqué, dans tous ordres, de préférence : 1° à la femme ; 2° à tous ses créanciers chirographaires ; 3° à ses créanciers subrogés qui ont fait inscrire postérieurement leur subrogation ; 4° aux créanciers du mari inscrits postérieurement à la
date de l'hypothèque légale de la femme (3).

34. — Le créancier dont la subrogation est *générale,* en ce sens qu'elle n'a pas
été restreinte à certains immeubles du mari, est autorisé à exercer les droits hypothécaires de la femme même sur les biens aliénés antérieurement à la convention
de subrogation (4) ; aussi les conservateurs, en présence de la jurisprudence qui
soumettait les acquéreurs, même bénéficiaires d'une renonciation à l'hypothèque
légale de la femme, à inscrire cette hypothèque, se croyaient-ils obligés de délivrer
dans l'état d'inscription requis sur la transcription de la vente, les subrogations
consenties par la femme même *postérieurement* à cette transcription (5).

Ces inconvénients ont disparu depuis la loi du 13 février 1889, dont nous allons
parler ; malgré cela, il est toujours utile, dans la pratique des affaires, de limiter
les subrogations d'hypothèque légale, au moins en ce qui concerne les biens antérieurement aliénés et sur lesquels la femme a déjà renoncé à son hypothèque, ce
qui n'est que juste.

§ 6. RENONCIATION.

35. — Lorsque les parties, au lieu d'employer la forme de la cession ou de la
subrogation, qui est la forme la plus rationnelle et la plus juridique, se sont servis,
par un abus de langage usité parfois dans la pratique, de la forme de la renonciation *in favorem,* — la stipulation, si le bénéficiaire a eu l'intention d'être investi
de l'hypothèque vis-à-vis des tiers, produit les mêmes effets que la subrogation
et les règles que nous venons d'énumérer plus haut lui sont également applicables.
C'est pourquoi le législateur, dans l'art. 9 de la loi de 1855, ne voulant point
modifier les pratiques reçues, a confondu et assimilé dans leurs effets la subrogation et la renonciation *translative.*

Mais la *véritable renonciation,* celle qui a pour but d'anéantir, en tout ou en
partie, l'hypothèque légale de la femme et non de la transmettre, est toute autre.
Non seulement elle diffère dans ses effets, c'est pourquoi on l'appelle *extinctive,*
mais elle n'a jamais lieu au profit des mêmes personnes ; tandis, en effet, que la pre-

(1) Toutefois, le créancier subrogé pourrait demander à être colloqué, même pendant la durée de
la communauté, pour le montant de l'indemnité que
la loi accorde à la femme en qualité de caution de
son mari (Cass., 24 mai 1869 et 26 janvier 1875
(art. 19769 et 21218, J. N.); Lyon, 18 mai 1889
(*J. du not.,* 1890, p. 208).

(2) Aubry et Rau, p. 472.
(3) Cass., 25 mars 1834 ; Amiens, 18 mai 1887.
(4) Cass., 18 décembre 1854 et 2 juillet 1866 (*J. du
not.,* n° 2715); Lyon, 3 juillet 1867
(5) Charolles, 10 décembre 1871 (art. 22216, J. N.);
Seine, 27 décembre 1872 (S., 1872-2-312) ; Seine,
18 janvier 1874.

mière, celle que nous appellerons renonciation *in favorem*, intervient au profit d'un créancier qui veut se prévaloir de l'hypothèque légale de la femme, — la seconde est consentie à l'acquéreur d'un immeuble du mari, qui veut purger cette hypothèque.

Cette seconde espèce de renonciation extinctive n'avait nullement été prévue par le législateur, dans l'art. 9 de la loi de 1855; par suite, elle était restée sous l'empire du droit commun, et se trouvait régie, depuis cette loi, comme elle l'était avant, par les principes généraux relatifs à la capacité de la femme et aux renonciations. Aussi de nombreuses difficultés s'étaient-elles élevées sur la forme à laquelle ces renonciations étaient assujetties, sur le mode de publicité et sur les effets de la stipulation. Une controverse particulièrement grave divisait les auteurs et la jurisprudence relativement à l'application de l'art. 9 de la loi de 1855 aux renonciations extinctives.

Cet article qui édicte, pour tous les cessionnaires de l'hypothèque légale d'une femme mariée, l'obligation de faire insérer ou mentionner la subrogation au bureau des hypothèques, était-il également applicable à l'acquéreur dont le contrat, contenant renonciation par la femme du vendeur à son hypothèque légale, avait été transcrit?

La négative était énergiquement soutenue par plusieurs jurisconsultes (1).

Mais l'affirmative était enseignée par d'autres auteurs (2).

La jurisprudence n'était pas moins divisée (3) :

Le notariat se rendait surtout compte des troubles et des embarras que cette divergence pouvait entraîner dans la pratique : L'acquéreur se bornerait-il à faire transcrire son contrat ? il pouvait voir surgir tout à coup sur son immeuble une inscription prise en vertu d'une subrogation consentie ultérieurement par la femme de son vendeur (inscription que les conservateurs se disaient autorisés à délivrer et qu'ils se refusaient de radier), — et était exposé ainsi au double danger de payer deux fois ou d'être évincé.

Ferait-il, au contraire, inscrire sur son immeuble, l'hypothèque légale à laquelle, cependant, la femme de son vendeur avait renoncé ? Combien de temps devrait-il maintenir et renouveler cette inscription, qui ne le dispensait pas, du reste, de la purge légale ?

Telle était la situation inextricable dans laquelle on se trouvait. C'était l'hypothèque générale et indéfinie de toute la petite propriété ; c'était le trouble jeté dans les mutations immobilières, l'exploitation de l'acquéreur par les vendeurs de mauvaise foi ; c'était la purge légale rendue inévitable même pour les ventes des plus minimes, l'ordre et la consignation en permanence, — l'acquéreur ne pouvant payer un vendeur qui ne pouvait dégrever son immeuble.

36. — C'est alors que l'auteur de ce traité, pour mettre fin à cette situation, eut l'idée, en 1880, d'adresser au Parlement, de concert avec plusieurs autres prési-

---

(1) Paul Pont, *Priv. et Hypoth.*, t. I, n° 484, et *Rev. du Not.*. t. VIII, n° 1928 ; Boulanger, *Radiat. hypoth.*, n° 112 ; Mourlon, *Transcr. hypoth.*, t. II, n°° 990, 996, 1105-1106 ; Grosse, *Explic. de la loi de 1855*, n° 253 ; Labbé, *J. du palais*, 1864, p. 231 ; Bufnoir, *J. du pal.*, 1881, p. 1206 ; Thézard, *Priv. et hypoth.*, n° 114 ; Larombière, *Obligations*, t. III, p. 251, 252 ; Amiaud, *Renonc. à l'hypoth. lég.*, p. 82 et suiv., p. 165 et suiv. Mérignhac, *Contrats relat. à l'hypoth. légale*, p. 150 et suiv. ; Dict. du not., n°° 215 et suiv. ; Circul. du comité des not., *Passim* ; nous nous étions prononcé dans le même sens, *Rev. prat.* 1867, p. 481 et 1869, p. 58 ; *Rev. not.*, 1868, n° 2017.

(2) Aubry et Rau, t. III, p. 466 ; Bertauld, *Subrog. à l'hypoth. légale*, n° 99 ; Verdier, *Transcript. hypoth.*, t. II, n°° 661-662 ; De Folleville, *La Loi*, du 18 juillet 1881 ; Ducruet, *Transcription*, n° 42 ; Rivière et Huguet, *Questions sur la transcription*, n° 391 ; Hervieu, *J. des conserv.*, t. II, p. 296, etc.

(3) Dans le premier sens : Autun, 16 février 1874 (*J. du not.*, n° 2711) ; La Flèche, 26 août 1878 ; Beaune, 28 août 1879 ; Le Mans, 28 janvier 1880 ; Douai, 15 mars 1888 (art. 24112, J. N.; *Rev. not.*, n° 8101) ; Dijon, 4 août 1880 et 6 février 1889, (art. 21969-22215-22324 et 22333, J. N.). Dans le second sens : Charolles, 6 septembre 1879 ; Lyon, 6 mars 1880 ; Douai, 22 décembre 1887 (art. 24086, J. N.): en outre, un arrêt de la Cour de cassation du 29 août 1866, rapproché surtout d'un arrêt du 22 décembre 1880, laissait craindre que la Cour suprême ne vînt consacrer cette doctrine. Elle l'a définitivement répudiée par arrêt du 5 mai 1890 (*J. du not.*, 1890, p. 340).

dents de chambres de notaires, une pétition tendant à faire interpréter ou modifier, dans le sens de la pratique notariale, l'art. 9 de la loi de 1855 (1). Trois cents cinquante-sept chambres de notaires, comprenant bien l'importance de la mesure sollicitée, adhérèrent à la pétition qui, sur un rapport favorable de M. Plessier, député, fut renvoyée au Ministre de la justice, avec invitation à présenter un projet de loi.

Ce fut le point de départ de la proposition qui est devenue la loi du 13 février 1889 et qui dispose :

Il sera ajouté à l'art. 9 de la loi du 23 mars 1855 une disposition ainsi conçue :

« La renonciation par la femme à son hypothèque légale au profit de l'acquéreur d'immeubles grevés de cette hypothèque en emporte l'extinction et vaut purge à partir, soit de la transcription de l'acte d'aliénation si la renonciation y est contenue, soit de la mention faite en marge de la transcription de l'acte d'aliénation si la renonciation a été consentie par acte authentique distinct.

« Dans tous les cas, cette renonciation n'est valable et ne produit les effets ci-dessus que si elle est contenue dans un acte authentique.

« En l'absence de stipulation expresse, la renonciation par la femme à son hypothèque légale ne pourra résulter de son concours à l'acte d'aliénation que si elle stipule, soit comme co-venderesse, soit comme garante ou caution du mari.

« Toutefois, la femme conserve son droit de préférence sur le prix, mais sans pouvoir répéter contre l'acquéreur le prix ou la partie du prix par lui payé de son consentement, et sans préjudice du droit des autres créanciers hypothécaires.

« Le concours ou le consentement donné par la femme soit à un acte d'aliénation contenant quittance totale ou partielle du prix, soit à l'acte ultérieur de quittance totale ou partielle, emporte même, à due concurrence, subrogation à l'hypothèque légale sur l'immeuble vendu, au profit de l'acquéreur vis-à-vis des créanciers hypothécaires postérieurs en rang; mais cette subrogation ne pourra préjudicier aux tiers qui deviendraient cessionnaires de l'hypothèque légale de la femme sur d'autres immeubles du mari, à moins que l'acquéreur ne se soit conformé aux prescriptions du paragraphe 1er du présent article. »

37. — Comme on le voit, la loi du 13 février 1889 n'a édicté aucun principe nouveau; car les prescriptions additionnelles relatives au droit de préférence de la femme n'ont fait qu'étendre, dans son application, le principe, déjà reconnu par la loi du 21 mai 1858, de la survivance du droit de préférence au droit de suite.

C'est donc à vrai dire une loi d'interprétation, comme on l'a fait à plusieurs reprises remarquer dans la discussion législative; d'où l'on doit conclure qu'elle est appelée à calmer les inquiétudes aussi bien pour le passé que pour l'avenir; cette opinion, qui était déjà confirmée par l'arrêt de la Cour de Dijon, du 6 février 1889, a été définitivement établie par la Cour suprême le 5 mai 1890 (2).

38. — Capacité. — Remarquons aussi que la loi nouvelle doit être appliquée sous la restriction établie par le paragraphe 1er de l'art. 9 de la loi de 1855, c'est-à-dire que la validité de la renonciation consentie au profit de l'acquéreur reste toujours subordonnée à cette condition expresse que la femme puisse, à raison du régime sous lequel elle est mariée, renoncer utilement à son hypothèque légale.

Or, sous tout autre régime que le régime dotal, la renonciation est permise à la femme d'une façon absolue, comme la subrogation.

Sous le *régime dotal*, la femme ne peut renoncer à son hypothèque légale, que dans le cas où elle a la libre disposition de ses reprises.

Dans les cas où la renonciation est permise à la femme, celle-ci, en l'effectuant dans un contrat au profit d'un tiers acquéreur d'un immeuble de son mari,

---

(1) D'autres pétitions ont été formulées à diverses époques : en 1862, par un notaire de la Dordogne, en 1869, par M. Daulnoy, notaire à Toul ; la même année, par le comité des notaires. Ces pétitions, ou furent repoussées, ou n'eurent pas de suite

(2) *J. du not.*, 1889, p. 181 et 1890, p. 340.

n'est pas tenue de se conformer aux formalités requises par les art. 2144 et 2145, C. civ., qui ne concernent que les cas où la renonciation pour restreindre l'hypothèque légale intervient au profit du mari seul (1).

Il n'est pas non plus nécessaire que la renonciation soit la conséquence d'une obligation immédiate ou antérieure, comme l'ont jugé le tribunal de Dinan (2) et la Cour de Rennes (3). Il suffit que la renonciation ne soit pas faite dans l'intérêt du mari seul (4).

39. — Formes de la renonciation. — Toute renonciation faite par la femme du vendeur à son hypothèque légale peut être *expresse ou tacite*.

Elle est *expresse*, lorsqu'elle résulte d'une clause formelle du contrat d'aliénation, par exemple, lorsqu'il est dit à l'acte :

Comme conséquence de l engagement de garantie pris ci-dessus par Mme (la femme du vendeur), cette dernière déclare formellement renoncer à son hypothèque légale sur l'immeuble vendu et ne s'en réserver les effets que sur la partie du prix restant due.

Elle est *tacite*, et résulte, en dehors de toute clause explicite, du concours de la femme à l'acte, lorsque celle-ci y stipule soit comme *co-venderesse*, soit comme *garante* ou *caution* de son mari (5).

La simple comparution, la simple signature de la femme au contrat ne suffiraient pas pour emporter renonciation à son hypothèque légale ; et c'est un des points expressément indiqués par la nouvelle loi du 13 février 1889. Le législateur a pensé avec raison que pour que la renonciation pût résulter du concours de la femme à la vente, il était nécessaire que le concours ait pour objet un engagement de la femme envers l'acquéreur ; elle est alors, en effet, la conséquence naturelle et obligée de la garantie stipulée, en vertu du principe de droit : *Quem de evictione tenet actio eumdem agentem repellit exceptio* (6).

Donc, si la femme vend conjointement avec son mari un immeuble de communauté, par exemple, il sera inutile de mentionner dans le contrat que la venderesse renonce à son hypothèque légale ; la renonciation a lieu de plein droit.

La renonciation résultera également, de plein droit, de tout contrat de vente où la femme s'engagera simplement à garantir la vente faite par son mari : ce qui aura lieu, soit lorsque l'immeuble aliéné sera un propre du mari (7), la femme, en ce cas, n'ayant pas le droit de se porter co-venderesse, — ou même lorsque l'immeuble dépendra de la communauté, le mari ayant le droit de l'aliéner sans le consentement de sa femme (art. 1421, C. civ.).

Il y a, enfin, un troisième cas visé par la loi du 13 février 1889, et dans lequel il y a renonciation *tacite*, c'est lorsque la femme se porte caution de la vente faite par son mari. Nous ne nous rendons pas bien compte de la différence que le législateur a cru voir entre le cas où la femme garantit la vente et celui où elle se porte caution de son mari. Nous pensons que la différence existe plutôt dans la forme qu'au fond et que le législateur a voulu embrasser toutes les hypothèses où la femme pourrait s'être engagée, quelle que soit la forme ou la nature de cet engagement, pourvu qu'il ait pour but la sauvegarde du droit de propriété transmis à l'acquéreur.

---

(1) Art. 2293 5, J. N.; Cass., 26 avril 1864 (art. 18023, J. N.); Montpellier, 10 décembre 1864; Nantes, 17 juillet 1871 ; Dinan, 17 juillet 1877 (art. 21756, J. N.); Pont, n° 454.

(2) 18 juillet 1877.

(3) 6 juin 1870.

(4) V. toutefois Alençon, 16 juillet 1878 (art. 22150, J. N.).

(5) L. du 13 février 1889, § 3.

(6) Amiens, 2 mars 1853 et 16 février 1854 ; Cass., 6 novembre 1855 (art. 15707, J. N.) ; 26 août 1862 ; Paris, 9 février 1883 (art. 17564 et 22939, J. N.).

(7) Un auteur, M. Defrénois, prétend que le cas est tellement rare que, durant sa longue pratique notariale, il n'a jamais vu le fait se produire. Le cas n'est pas aussi rare qu'on le pense, et il doit se produire chaque fois que la femme intervient dans la vente d'un immeuble propre au mari. S'il ne se produit pas alors, c'est par suite d'une rédaction vicieuse adoptée par trop de notaires et dont l'auteur que nous citons donne lui même (§ 55 de son Commentaire de la loi et formule 247, p. 261) des exemples regrettables. La femme ne peut et ne doit figurer comme co-venderesse qu'autant qu'elle a un droit de propriété dans l'immeuble aliéné. Dans les autres cas, elle doit intervenir comme garante ou caution.

40. — La renonciation peut avoir lieu, soit dans le contrat de vente même, soit, ultérieurement, par *acte séparé*.

Le plus souvent elle a lieu dans le contrat même d'aliénation ; mais, quelquefois, par suite de circonstances exceptionnelles, — telles que l'absence momentanée de la femme ou sa maladie, ou même en cas de refus momentané, ou encore en cas de minorité au moment du contrat, — l'intervention de la femme n'est pas possible, et elle a lieu, plus tard, par acte distinct.

Le législateur devait prévoir ce cas, qui n'est pas le plus fréquent, mais qui peut se présenter ; il le devait d'autant plus que les partisans de la doctrine opposée à la pratique notariale avaient fait de cette hypothèse possible un de leurs plus sérieux arguments, prétendant, qu'en ce cas, les tiers ne pouvaient connaître la renonciation de la femme, puisque l'acte n'était pas soumis à la transcription (1) — et, dans son rapport sur notre pétition, en 1880, M. Plessier avait même émis l'avis qu'il n'y avait pas lieu de se préoccuper de la renonciation qui interviendrait postérieurement à la vente.

La renonciation, faite par acte séparé, en dehors des faits que nous avons indiqués, s'explique et se justifie fort bien ; car il peut convenir à la femme de ne donner sa renonciation qu'en connaissance de cause, « d'attendre pour la faire que les formalités de transcription aient été remplies, pour connaître au préalable les charges qui pèsent sur l'immeuble vendu. »

La renonciation ainsi faite aura donc, à l'avenir, la même efficacité que si elle avait été consentie dans l'acte même de vente ; mais elle devra être *expresse* ; il ne suffirait pas, croyons-nous, que dans cet acte, la femme du vendeur déclarât se porter garante de la vente ou caution de son mari. Nous n'aurions de doute que, pour le cas où la femme, co-propriétaire comme commune en biens, par exemple, de l'immeuble vendu, agirait, dans l'acte ultérieur, en qualité de co-venderesse, et garantirait en même temps la vente déjà faite par son mari. En tout cas, il est toujours facile d'aller au devant de la difficulté et de l'éviter en ayant soin de faire renoncer expressément la femme à son hypothèque légale.

41. — Mais que la renonciation soit *expresse* ou *tacite*, qu'elle résulte du contrat de vente, ou soit contenue dans un acte ultérieur, une condition essentielle de sa validité est qu'elle soit *authentique*, c'est-à-dire que l'acte d'où elle résulte ait été passé devant un notaire. C'est ce qu'exprimait, en termes non équivoques, le Rapporteur à la Chambre des députés, lorsqu'il disait : « Nous mentionnons, pour ordre, « que le Sénat, comme la Chambre des députés, exige que la renonciation de la « femme soit, *dans tous les cas*, contenue dans un acte authentique. »

Ainsi pas d'exception à cette règle :

— Si la femme renonce expressément à son hypothèque légale dans le contrat de vente ;

— Ou, si sans exprimer formellement cette renonciation, elle vend conjointement avec son mari ;

— Ou se porte garante de la vente, ou caution de son mari ;

— Si, dans un acte postérieur, quittance ou acte spécial, elle intervient pour renoncer à son hypothèque, quand elle n'a pu le faire au contrat primitif ;

Dans toutes ces hypothèses, l'acte qui contient la renonciation ou d'où elle ressort, doit être notarié.

42. — Egalement devront être notariées : la *procuration* donnée par la femme

---

(1) Cependant cette disposition a été vivement critiquée : « *Il ne s'explique pas* (sic), a-t-on dit, *que le législateur en ait fait le pivot de la loi nouvelle* ; cela tient à son *ignorance absolue* de la pratique des affaires qu'il faudrait connaître à fond pour la rédaction des lois, etc... (Defrénois, *Comment.*, p. 292). » Nous n'avons pas besoin de faire ressortir et l'injustice et l'inconvenance de ces critiques. Non seulement, en effet, la disposition était nécessaire, comme nous l'avons dit plus haut, mais loin d'en avoir fait le pivot (?) de la loi nouvelle, le législateur n'en a parlé que comme d'une hypothèse accessoire et d'une façon incidente.

dans le but de consentir à ces divers actes (1) ; et la *ratification* faite par la femme d'une vente dans laquelle son mari se serait porté fort pour elle, en promettant sa renonciation ou sa garantie.

Cette authenticité est exigée dans l'intérêt de la femme, pour qu'elle ne soit pas livrée, sans défense, aux exigences parfois abusives de l'autorité maritale, — et aussi parce qu'il est conforme aux principes admis par nos lois civiles que tout acte destiné à créer, à restreindre ou à éteindre un droit hypothécaire, soit constaté en la forme authentique (2) (art. 2127-2145-2158, C. civ. ; L. 23 mars 1855, art. 9).

Ajoutons que l'acte qui contient la renonciation de la femme, surtout s'il contient mainlevée de l'inscription qui aurait pu être prise de son hypothèque légale, doit être reçu *en minute* par le notaire, puisque le conservateur ne peut radier cette inscription qu'après remise de l'expédition de l'acte authentique qui contient le consentement à radiation (art. 2158, C. civ.).

43. — **Publicité.** — Enfin, une dernière condition est imposée par la loi pour la validité de la renonciation de la femme ; il faut qu'elle soit rendue *publique*. Cette condition, conséquence du système de publicité organisé par le législateur de 1855, a été imposée dans l'intérêt des tiers. Mais quelle est la publicité imposée ? La loi nouvelle du 13 février 1889 est précise à cet égard ; elle a décidé que la publicité serait différente, selon qu'il s'agirait de la renonciation contenue dans le contrat de vente ou de celle formulée dans un acte postérieur.

Dans le *premier cas,*

Que la renonciation soit expresse ou qu'elle résulte de l'intervention, au contrat, de la femme comme covenderesse **ou** garante, *la transcription du contrat de vente suffit.* L'acquéreur n'a pas besoin de faire connaître autrement, la renonciation faite à son profit ; par exemple, par une inscription de l'hypothèque légale de la femme ou par une mention de subrogation dans cette hypothèque faite en marge de l'inscription préexistante, comme on le soutenait avant la loi nouvelle.

Dans le *second cas,*

Lorsque la renonciation a eu lieu par acte postérieur, elle doit être *mentionnée* en marge de la transcription du contrat d'aliénation, — quel que soit cet acte. Nous inclinerions même à penser, en présence des termes formels de la loi, que même dans le cas où la renonciation se traduit par une mainlevée partielle de l'inscription prise, la mention prescrite doit avoir lieu et être effectuée tout à la fois en marge de l'inscription et du contrat de vente.

Dans ce second cas, il suffira, pour que la formalité puisse être accomplie, que le notaire dépose au bureau des hypothèques une expédition de l'acte de renonciation ou de la mainlevée. Le conservateur en délivrera un certificat constatant qu'il a effectué la mention.

44. — **Délai.** — La loi nouvelle n'accorde à l'acquéreur, pour rendre publique la renonciation, aucun délai spécial ; il y a donc intérêt à ce qu'il procède, dans le plus bref délai possible, à l'accomplissement de la formalité prescrite. A cette condition seulement, il pourra déjouer les surprises ou la fraude de la femme et se prémunir contre les cessions d'hypothèque légale dont l'inscription aurait lieu entre la date de la renonciation et la transcription du contrat d'acquisition.

45. — **Effets de la renonciation.** — Les effets de la renonciation, tels qu'ils résultent actuellement de la loi nouvelle, sont indiqués dans les §§ 1 et 4 du texte ajouté à la loi de 1855.

« La renonciation, par la femme, à son hypothèque légale au profit de l'ac-

---

(1) Cass., 24 mai 1886.
(2) Bourganeuf, 27 février 1869 ; Cass., 22 novembre 1880 (art. 22435, J. N.). Le défaut d'authenticité entraînerait sans aucun doute la nullité *absolue* de la renonciation, nullité que la femme elle-même pourrait invoquer : Paris, 8 janvier 1886 ; Cass., précité.

Mais il faudrait décider la validité d'une renonciation, bien que consenti sous signature privée, si elle avait été déposée pour minute à un notaire par les parties intéressées, avec reconnaissance de leurs signatures.

quéreur d'immeuble grevé de cette hypothèque, dit le § 1er, en *emporte l'extinction et vaut purge*, à partir soit de la transcription de l'acte d'aliénation, si la renonciation y est contenue, soit de la mention faite en marge de la transcription de l'acte d'aliénation, si la renonciation a été consentie par acte authentique distinct. »

Il ne faudrait pas induire de ce texte que l'acquéreur seul est admis à bénéficier de la disposition nouvelle. Les mots *acquéreurs, aliénation*, sont pris ici dans leur sens le plus général; la loi ne distingue pas, et il n'y a aucune bonne raison qui puisse empêcher d'appliquer la loi au *co-échangiste* et au *donataire*, par exemple (1).

46. — Il faut également décider, bien que la loi ne s'en explique pas, — parce que cela est d'évidence, — qu'entre la femme et l'acquéreur, la renonciation n'a pas besoin d'être publiée pour produire ses effets ; elle est parfaite, dès que la convention est régulièrement constatée; car il est de principe, dans notre droit moderne, que l'aliénation d'un immeuble, même non transcrite, ne laisse pas d'être valable entre les parties contractantes et leurs ayants-droit (V. *infrà*, v° TRANSCRIPTION.

La publicité n'est exigée qu'au regard des *tiers* ; par *tiers*, il faut entendre spécialement les créanciers auxquels la femme viendrait à céder son hypothèque légale et qui, sans cette publicité, pourraient être induits en erreur sur la valeur et la portée des droits de la femme. Donc, vis-à-vis de ces tiers, la renonciation, avec les effets qui en découlent, n'aura d'existence que si elle a été rendue publique. Lorsqu'ils auront accepté une subrogation postérieurement à la transcription du contrat d'aliénation, ils ne pourront prétendre à aucun droit sur l'immeuble aliéné, si le prix a été versé régulièrement par l'acquéreur. Si le prix n'a pas été payé, ils pourront, sur le prix, exercer le droit de préférence que la femme elle-même pourrait faire valoir et dans les mêmes conditions.

47. — En ce qui concerne l'acquéreur, s'il a fait transcrire le contrat de vente contenant la renonciation de la femme, ou s'il a fait mentionner cette renonciation en marge du contrat primitif, — lorsqu'elle aura eu lieu par acte distinct, — la renonciation emportera *extinction* de l'hypothèque légale de la femme du vendeur et *vaudra purge* à son profit ; c'est à dire (en rapprochant la disposition du § 1er de la loi, du § 4 dont on ne saurait la séparer) que l'acquéreur sera désormais à l'abri de toute action hypothécaire de la part de la femme ou de tous subrogés postérieurs et de toute surenchère; en un mot l'hypothèque légale est éteinte, d'une manière absolue, au point de vue du *droit de suite*. L'acquéreur n'a plus besoin, ni de recourir aux formalités longues et dispendieuses de la purge légale, ni même, comme le soutenaient certains auteurs, de prendre à son profit, en vertu de la renonciation consentie, inscription de l'hypothèque légale de la femme.

48. — Du principe que le droit hypothécaire de la femme se trouve éteint sur l'immeuble aliéné par la renonciation faite en faveur de l'acquéreur, il faut conclure que cet acquéreur pourrait demander et obtenir la mainlevée de l'inscription d'hypothèque légale qui aurait été prise par un créancier subrogé postérieurement à la transcription de la vente ou à la mention en marge ; ce qu'avaient déjà décidé, sous l'empire de la loi ancienne, plusieurs jugements (2) et un arrêt de la Cour de Dijon du 4 août 1880 (3).

Il faut décider aussi que les conservateurs des hypothèques devront désormais s'abstenir de comprendre dans les états d'inscriptions requis sur un immeuble, les inscriptions prises par des créanciers subrogés dans l'hypothèque légale de la femme du vendeur, lorsqu'il résultera de la transcription de l'acte de vente ou de la mention mise en marge de cette transcription, que la femme a renoncé à son hypothèque légale sur cet immeuble et que la subrogation n'a eu lieu qu'après la transcription.

---

(1) Comp. Rennes, 6 décembre 1888 (art. 24267, J. N.). | (art. 20558, J. N.) ; Beaune, 28 août 1879 ; Le Mans, 28 janvier 1880.
(2) Metz, 31 décembre 1867 ; Sens, 27 décembre 1872 | (3) *J. du not.*, n° 3329.

49. — Tout cela est très simple, très clair, très conforme aux principes juridiques admis par la doctrine et la jurisprudence que le notariat a toujours suivies (1) ; mais, comme nous l'avons déjà dit, ces règles si sages étaient méconnues non seulement par un parti nombreux et autorisé de la doctrine, mais encore par des décisions judiciaires ; et c'est pour cela que le notariat avait demandé et qu'il était nécessaire de consacrer législativement ces principes.

La loi nouvelle l'a-t-elle fait utilement et en termes suffisants ? On l'a nié. On a prétendu que l'intervention législative sur ce point était regrettable et inutile, qu'elle ne servirait qu'à susciter une infinité de procès ; — que l'expression *vaut purge* n'est *pas exacte*, qu'elle est *triviale*, et que le législateur n'aurait *pas dû* l'employer (2).

L'adhésion donnée par le notariat tout entier au projet de loi formulé dans notre pétition a si bien prouvé l'inanité de la première objection, qu'il n'est pas besoin de s'y arrêter. Quant aux inexactitudes d'expressions, relevées par un critique par trop puriste, nous n'aurions pas pris la peine d'en parler si un autre commentateur de la loi nouvelle, M. Escorbiac, ne s'était chargé fort judicieusement d'en faire, au contraire, ressortir l'exactitude et la juste application (3). Nous citons textuellement le passage :

« *Et vaut purge* »... Ces mots, qui restreignent les précédents, traduisent exac-
« tement la pensée de la loi. La renonciation vaudra purge : elle en remplacera
« les formalités multiples et onéreuses ; elle en produira les effets.

« Ainsi donc, sous l'empire de la loi nouvelle, l'acquéreur ne sera plus tenu,
« pour débarrasser l'immeuble de l'hypothèque légale de la femme, d'en requérir
« d'abord l'inscription ; il ne sera plus tenu, après avoir fait transcrire son titre
« d'acquisition, d'en déposer une copie dûment collationnée au greffe du tribunal
« civil de la situation de l'immeuble, de notifier à la femme et au procureur de la
« République l'acte du dépôt dressé par le greffier, de maintenir affiché pendant
« deux mois dans l'auditoire du tribunal l'extrait de l'acte d'acquisition. Dans
« l'hypothèse prévue par la loi nouvelle, ces diverses formalités n'auront plus leur
« raison d'être ; la femme, en renonçant à son hypothèque, en a dispensé l'acquéreur.

« Quant aux effets de la renonciation, *ils seront rigoureusement identiques à*
« *ceux qu'aurait produits l'accomplissement de la formalité.* La femme et l'acqué-
« reur, après que l'acte constatant la renonciation aura été dressé, se trouveront
« vis-à-vis l'un de l'autre dans la situation prévue par l'art. 2196, C. civ. ; aux
« termes de cet article, le créancier à hypothèque légale n'a, pour prendre
« inscription, qu'un délai de deux mois, et ce délai court du jour où l'extrait de
« l'acte d'acquisition a été affiché dans l'auditoire du tribunal. Le même délai lui
« est imparti, sous peine de déchéance, pour exercer sur l'immeuble déjà aliéné
« et par voie de surenchère le droit de suite attaché à son hypothèque. Si donc
« il laisse expirer ce délai, non seulement sans prendre inscription, mais encore
« sans requérir une surenchère, son droit de suite s'évanouit ; il lui est interdit
« d'évincer l'acquéreur. Son hypothèque se transforme en un simple droit de
« préférence à l'encontre des autres créanciers inscrits sur le même immeuble.

« *Tels sont les effets de la purge* ; tels seront aussi les effets de la renonciation.
« La femme renonçante sera déchue de son droit de suite ; elle ne conservera que
« son droit de préférence sur le prix... »

50. — **Réserve du droit de préférence.** — En attribuant à la renonciation de la femme les effets juridiques de la purge, la loi nouvelle n'a d'ailleurs fait

---

(1) Pont, *Privilège et hypothèque*, t. I, p. 483 et suiv. ; Paris, 4 février 1883 ; Douai, 15 mai 1888 ; Dijon, 6 février 1889 (*J. du not.*, 1889, p. 181).
(2) Defrénois, *Répert. gén. du not.*, 1889, p. 305.
(3) Ajoutons que l'expression *vaut purge* n'est ni *triviale* ni inusitée : le législateur l'avait déjà employée dans l'art. 2108, C. civ., où il est dit que « la transcription du contrat faite par l'acquéreur *vaudra inscription* pour le vendeur, etc... »

que sanctionner la pratique ancienne à laquelle le notariat était toujours resté fidèle. Mais en renonçant à son hypothèque légale au profit de l'acquéreur, la femme n'entend pas renoncer au profit des autres créanciers hypothécaires qui peuvent avoir des droits sur l'immeuble, et ces créanciers, qui ne sont point partie à l'acte, ne sauraient profiter de la renonciation de la femme (1).

Aussi, le législateur de 1889 n'a-t-il pas cru, la renonciation et la purge légale assimilées en principe, devoir poursuivre cette assimilation dans toutes ses consé quences et déclarer notamment, qu'après l'extinction du droit de suite, le droit de préférence ne jouirait que d'une survivance très courte et devrait être exercé dans les brefs délais impartis par l'art. 772, C. proc. civ. Le droit de préférence est, au contraire, maintenu dans toute sa force ; et, pendant *trente ans*, si le prix de vente n'est pas payé, la femme pourra se prévaloir de son privilège sur le prix.

Le législateur a pensé que, dans le cas de renonciation, la femme ne pourrait être forclose par l'expiration d'un simple délai, comme elle l'est après les formalités de purge légale, alors que le droit de préférence ne s'évanouit qu'après une notification par huissier faite à la femme et une mise en demeure d'inscrire son hypothèque et de produire.

Peut-être eût-il été préférable, comme le demandait M. le sénateur Clément « de s'en tenir au projet des notaires ». En ajoutant au texte que nous avions formulé à la suite de notre pétition, et en légiférant sur le droit de préférence, il est à craindre que le Sénat n'ait introduit dans la loi une innovation regrettable. « Des « cinq paragraphes dont la loi se compose, dit M. Escorbiac (p. 125), les trois « premiers, œuvre commune des notaires et de la Chambre, contiennent d'utiles et « excellentes choses ; les deux derniers, œuvre exclusive du Sénat et de la « Chambre, sont, on ne saurait le dire trop haut, à tous égards, détestables... »

Quoi qu'il en soit, la loi est ainsi faite. La femme, y est-il dit, conserve son droit de préférence sur le prix, mais sans pouvoir répéter contre l'acquéreur le prix ou la partie du prix par lui payé de son consentement, — et sans préjudice du droit des autres créanciers hypothécaires. Examinons dans quelles conditions le droit de préférence est conservé et dans quelles circonstances le législateur a cru devoir en reconnaître l'extinction.

51. — Durée du droit de préférence. — Nous avons dit que, dérogeant à la loi du 21 mai 1858, qui avait pris soin de restreindre l'exercice du droit de préférence, la loi nouvelle n'avait pas cru devoir en limiter la durée. La femme aura le droit de le faire valoir durant le long intervalle de trente ans, et sans être tenue, tant qu'il reste entre ses mains, d'en manifester l'existence par aucune espèce de publicité. Il sera donc d'un grand intérêt pour l'acquéreur et pour ceux qui pourraient avoir à traiter avec le mari, — pour une cession du prix de vente, par exemple, — de s'enquérir si la femme a toujours conservé son droit de préférence ou si ce droit est éteint.

Quant aux tiers qui auront à traiter avec le mari, ils devront, dans tous les cas, se faire représenter le contrat de vente, s'assurer dans quelles conditions la femme est intervenue et exiger, s'il s'agit d'une cession du prix, son concours à la cession.

Quant à l'acquéreur, il ne doit point davantage se reposer sur la quittance qui pourrait lui être donnée par le mari. C'était déjà une question controversée (2), avant

---

(1) Pont, t. I, n° 485 ; Aubry et Rau, t. III ; Laurent, t. XXXI, n° 332 ; Cass , 26 août 1862 ; Angers, 17 mai 1864 ; Agen, 14 et 21 mars 1866 ; Cass., 12 février 1868 ; Paris, 10 novembre 1866 et 7 février 1883 ; Douai, 15 mars 1888 (art. 24112, J N.).

(2) Pour l'affirmative : Pont, n° 485 ; Aubry et Rau, p. 388 ; Metz, 31 décembre 1867 ; Cass., 12 février 1868.— *Contra* : Agen, 21 mars et 12 avril 1866 ; Dijon, 17 novembre 1876 (S. 1877-2-261). — V. aussi Paris, 9 février 1888 (22:59, J. N.).

Il avait même été jugé que le droit de préférence de la femme subsistait sur le prix, bien que le contrat contînt quittance, s'il n'était pas constaté que le prix ait été remis aux vendeurs et s'il était constant, d'autre part, qu'il n'y avait point eu paiement effectif et que le prix avait été simplement déposé par l'acquéreur aux mains du notaire. Douai, 15 mars 1888, précité.

la loi du 13 février 1889, que de savoir si la femme, en renonçant à son hypothèque par son concours à la vente, autorisait ainsi le mari à recevoir le prix ou à en disposer ; — sous la loi nouvelle, le doute n'existe plus ; à l'avenir, la renonciation de la femme n'aura plus pour conséquence d'autoriser le mari à toucher le prix de l'objet vendu et ce droit ne résultera pas davantage des pouvoirs du mari considéré comme administrateur de la communauté. Si le prix n'a pas été payé dans le contrat même qui contient la renonciation de la femme, l'acquéreur, pour payer valablement la totalité ou une portion de son prix, devra exiger le consentement de la femme au paiement ; sinon, il s'exposera à payer deux fois.

52. — De là, nous devons tirer cette conséquence pratique que le notaire devra exiger le concours de la femme, — malgré toute renonciation tacite, et malgré toute mainlevée d'inscription même postérieure au contrat de vente, — dans toute quittance des sommes versées par l'acquéreur, comme dans toute cession ou délégation de prix que voudrait faire le mari, si la femme n'a pas formellement renoncé à son droit de préférence.

53. — Le consentement de la femme au paiement fait par l'acquéreur de la totalité ou d'une partie du prix, met l'acquéreur à l'abri de toute réclamation de la femme ; mais, dit la fin du § 5, il ne saurait *préjudicier aux droits des autres créanciers hypothécaires*. Quels sont le sens et la portée de cette disposition ? Les travaux parlementaires nous le font connaître : on suppose des immeubles vendus 30,000 fr., sur lesquels la femme a une hypothèque légale qui conserve 15,000 fr. de reprises ; il existe, en outre, d'autres créanciers hypothécaires postérieurs en rang à la femme. Celle-ci a renoncé à son hypothèque légale en faveur de l'acquéreur, et en outre elle a donné son consentement au paiement entre les mains de son mari d'une partie du prix, soit 10,000 fr. Quel sera, en cette hypothèse, le droit de la femme sur la portion du prix restant due ? Pourra-t-elle exercer son hypothèque légale pour 15,000 fr. ? Un pareil résultat serait inadmissible ; il compromettrait de la manière la plus inique le droit des créanciers postérieurs à la femme et permettrait aux deux époux de s'entendre pour consommer la ruine de leurs créanciers. En consentant au paiement de 10,000 fr. entre les mains de son mari, la femme se trouve dans la même situation que si elle les avait touchés elle-même ; elle perd son droit hypothécaire jusqu'à concurrence de la somme payée par l'acquéreur et sa créance ne pourra plus s'exercer que pour 5,000 fr., reliquat du prix (1). Les autres créanciers seront donc colloqués pour 15,000 fr.

54. — Cas de subrogation au profit de l'acquéreur. — La loi nouvelle n'a pas seulement prévu et réglementé le cas où la femme renonce à son hypothèque légale au profit de l'acquéreur, pour purger cette hypothèque ; elle a aussi prévu, dans le § 6, l'hypothèse où cet acquéreur aurait intérêt à être lui-même subrogé dans l'effet de l'hypothèque légale de la femme de son vendeur

Ce texte est ainsi conçu :

« Le concours ou le consentement donné par la femme, soit à un acte d'aliénation contenant quittance totale ou partielle du prix, soit à l'acte ultérieur de quittance totale ou partielle, emporte même, à due concurrence, subrogation à l'hypothèque légale sur l'immeuble vendu, au profit de l'acquéreur, vis-à-vis des créanciers hypothécaires postérieurs en rang ; mais cette subrogation ne pourra préjudicier aux tiers qui deviendraient cessionnaires de l'hypothèque légale de la femme sur d'autres immeubles du mari, à moins que l'acquéreur ne se soit conformé aux prescriptions du § 1er du présent article. »

Le rapport complémentaire rédigé par M. le sénateur Merlin, indique très nettement le but de ce texte, qui n'est autre que de réglementer le droit de préférence conservé à la femme et de résoudre certaines difficultés, signalées dans la

---

(1) *J. des not. et des av.*, 1889, p. 260-261.

discussion par M. Lacombe, auxquelles pourrait donner lieu l'exercice de ce droit.

Supposons, en effet, un immeuble du mari vendu avec le concours de la femme ; l'acte d'aliénation porte quittance totale ou partielle du prix ; il existe sur cet immeuble des inscriptions conventionnelles ou judiciaires. L'acquéreur n'a plus à compter avec l'hypothèque légale de la femme, puisqu'elle y a renoncé en sa faveur. Mais il a devant lui les créanciers inscrits qui peuvent faire valoir sur l'immeuble leur droit de suite et qui tiendront d'autant plus à l'exercer que, l'hypothèque légale de la femme ayant disparu, ils arriveront les premiers en rang. De sorte qu'en réalité, dans cette hypothèse, ce sont les créanciers inscrits qui profiteraient de la renonciation de la femme et ce, au préjudice de l'acquéreur qui serait obligé de payer deux fois.

La première partie du § 6 de la loi a pour objet de faire disparaître l'injustice d'une semblable conséquence : le consentement de la femme au paiement du prix, ou, ce qui revient au même, son concours à l'acte portant quittance, *emportera, de plein droit, subrogation au profit de l'acquéreur* et, dès lors, ce dernier exercera, vis-à-vis des créanciers inscrits, le droit de priorité que possédait la femme. Il les exercera jusqu'à concurrence du prix ou de la portion du prix qu'il aura payé et, par suite, la renonciation de la femme à son hypothèque légale lui profitera réellement. Dans ce cas, la subrogation peut s'accomplir de plein droit et sans aucune autre formalité de publicité, le contrat intervenu entre la femme et l'acquéreur ne modifiant pas la situation des créanciers inscrits.

55. — « Il est un autre cas, cependant, où la condition de publicité exigée par le premier paragraphe de l'art. 9 devra être imposée à l'acquéreur ; c'est celui où l'hypothèque légale de la femme grève d'autres immeubles du mari que l'immeuble vendu avec le concours de la femme. La femme, alors, reste libre de traiter avec les tiers de cette hypothèque, à laquelle elle n'a pas renoncé ; elle peut la céder ou y subroger ; mais on comprend que la créance que l'hypothèque générale était destinée à garantir se trouve réduite de la somme représentant le prix ou la portion du prix de l'immeuble vendu au paiement duquel elle a consenti, et que, dès lors, elle ne peut, sans tromper les tiers avec lesquels elle traitera, leur céder qu'une garantie correspondant à ce qui lui reste effectivement dû sur sa créance. »

De là la nécessité de la publicité imposée à l'acquéreur.

56. — Quelle sera cette publicité ? sera-ce celle établie par l'ancien article 9, — ou celle créée par le premier paragraphe de la loi du 13 février 1889 ? En d'autres termes, la subrogation devra-t-elle être mentionnée en marge de la transcription de la vente, — ou bien l'acquéreur devra-t-il faire inscrire sa subrogation ? C'est cette dernière interprétation qui doit être suivie ; cela résulte du rapport complémentaire au Sénat de M. Merlin, où il est dit que l'acquéreur, pour rendre la subrogation publique, devra se conformer aux premières dispositions de l'art. 9.

Donc, comme l'acquéreur peut se trouver en présence, non pas de créanciers inscrits en rang postérieur à la femme, mais bien de créanciers que la femme aurait subrogés dans son hypothèque légale tant sur l'immeuble à lui vendu que sur tous les autres immeubles du mari, l'acquéreur, pouvant avoir besoin de faire valoir l'hypothèque légale de la femme et la subrogation faite à son profit, devra remplir les formalités de publicité prescrites par l'art. 9 de la loi de 1855. C'est là, comme on l'a fait remarquer, la consécration législative de la solution donnée à la question par les arrêts de la Cour de Lyon et de la Cour de cassation, des 22 décembre 1863 et 29 août 1866.

Sans doute, il est fâcheux que cette addition, assez obscure si on ne se reporte pas aux difficultés passées et aux travaux parlementaires, ait été introduite dans la loi — et le Sénat eût mieux fait, comme le lui conseillait un de ses membres les plus compétents, de « s'en tenir au projet des notaires » ; mais il ne faut pas oublier que cette disposition ne vise que des situations exceptionnelles et les cas, heureusement fort rares où l'acquéreur, payant sans se préoccuper de la situation hypothécaire de l'immeuble, aura besoin, pour sauvegarder ses droits dans un ordre ultérieur, de se prévaloir de l'hypothèque légale de sa venderesse. — *Vigilantibus jura tantum subveniunt.*

57. — Conclusions pratiques. — Il résulte donc de la loi nouvelle :

1° Que la renonciation à son hypothèque légale par la femme du vendeur au profit de l'acquéreur doit toujours être consentie *par acte notarié*, qu'elle soit *expresse* ou *tacite*, donnée dans le contrat même de vente ou par acte ultérieur séparé ;

2° Que si elle est *expresse*, aucun terme sacramentel n'est imposé ; il suffit que le consentement de la femme soit donné en termes non équivoques ;

3° Qu'elle n'existe *tacitement* qu'autant que la femme s'est portée co-venderesse, garante ou caution de son mari ;

4° Que pour pouvoir être opposée par l'acquéreur aux tiers, elle doit être rendue *publique*, soit par la transcription du contrat de vente, si elle y est contenue, soit par la mention en marge de cette transcription de la renonciation, si elle a eu lieu par acte séparé postérieur ;

5° Qu'aucun délai de grâce n'étant accordé à l'acquéreur pour remplir cet formalités, il doit y pourvoir dans le plus bref délai possible, et ne payer son prix qu'après s'être assuré qu'entre la date de la renonciation et celle de la transcription, il ne s'est produit aucune subrogation dans l'hypothèque légale de la femme ;

6° Que, d'ailleurs, aucun paiement ne doit être fait pas l'acquéreur au mari, soit dans le contrat, soit postérieurement, sans le consentement de la femme, la femme conservant, malgré sa renonciation, son droit de préférence sur le prix ;

7° Enfin, que l'acquéreur qui aura besoin de se prévaloir de l'hypothèque légale de la femme contre d'autres cessionnaires subrogés dans cette même hypothèque, devra faire mentionner sa subrogation ou prendre une inscription, conformément à l'ancienne disposition de l'art. 9 de la loi de 1855.

§ 7. Hypothèques légales établies au profit de l'état et autres personnes morales ; — au profit des légataires particuliers ; — au profit des créanciers du failli.

58. — Les personnes morales qui, d'après l'art. 2121, C. civ., jouissent d'une hypothèque légale sur les biens de leurs receveurs et administrateurs comptables, sont l'*État*, les *communes* et les *établissements publics*.

Les *départements* ont aussi une hypothèque légale sur les biens de leurs receveurs comptables (1).

Les établissements publics sont ceux dont les deniers se trouvent rangés, sous le rapport de la gestion et du mode de comptabilité, dans la catégorie des deniers publics. Tels sont les *hospices* et *hôpitaux*, les *bureaux de bienfaisance*, les *Monts-de-Piété*, etc.

Mais on ne saurait ranger dans cette classe les institutions et associations d'ordre privé, dont l'existence, comme personnes morales, a été autorisée à titre d'établissements d'*utilité publique*, comme les *caisses d'épargne*, les sociétés de *secours mutuels* (2).

Il a été jugé, par application de ce principe, que les biens des *trésoriers* de fabriques d'église ne sont point frappés d'une hypothèque légale (3).

L'hypothèque légale accordée à l'État, aux départements, aux communes et

---

(1) Décis., 31 mai 1862.

(2) Cass., 5 mars 1856 et 8 juillet 1856 (S. 1856-1-

1878-1 ; Aubry et Rau, p. 248 ; Laurent, n° 419. — *Contrà* : Pont, n° 505.
(3) Langres, 19 mars 1866 (art. 18098, J. N.).

aux établissements publics, est, aux termes de l'art. 2122, C. civ., une hypothèque générale qui s'étend à tous les biens présents et à venir des comptables.

Elle n'est point dispensée d'inscription.

59. — **Légataires.** — En outre du privilège de la séparation des patrimoines dont nous parlerons plus loin (V. *infrà*, v° INSCRIPTION DU PRIVILÈGE, n° 13, le légataire particulier acquiert, dès le jour du décès du testateur, une hypothèque légale sur tous les immeubles de la succession, C. civ., 1917 (1).

Cette hypothèque ne prend rang et n'a d'effet qu'à dater de son inscription, C. civ., 2134; elle est accordée, non seulement contre les héritiers du testateur, mais encore contre tous autres débiteurs du legs.

60. — Ce droit à l'hypothèque légale offre pour le légataire une conséquence pratique importante, contre les débiteurs du legs: d'une part, celui qui n'est tenu personnellement du legs que pour partie, peut être forcé hypothécairement d'abandonner les immeubles de la succession compris dans son lot, si mieux il n'aime acquitter le legs pour le tout; d'autre part, celui que le testateur aurait affranchi de l'obligation de contribuer à l'acquittement du legs, n'en est pas moins tenu hypothécairement pour le tout, à moins que le testateur n'eût déclaré l'affranchir aussi de l'action hypothécaire du légataire (2).

61. — L'hypothèque légale du légataire est susceptible de réduction si elle porte sur plus de domaines qu'il n'est nécessaire pour la sûreté du legs, alors même que le testateur l'aurait spécialisée sur certains immeubles (3).

Toutefois, il y a lieu de faire remarquer:

a) Que le testateur est libre de priver le légataire de toute action hypothécaire (4).

b) Que le légataire ne peut puiser dans son hypothèque légale un droit de préférence sur les créanciers du défunt (5).

c) Que le légataire ne pourrait plus se prévaloir de l'hypothèque légale, s'il avait été rempli de son legs, alors même que la somme à lui attribuée serait soumise à un usufruit (6).

62. — On peut dire que l'hypothèque légale du légataire sur tous les immeubles du testateur constitue un droit exorbitant, car elle assure à celui qui n'a d'autre titre que la libéralité du défunt, une condition préférable à celle des créanciers chirographaires du testateur.

Tout rédacteur d'un testament doit donc prévoir cette hypothèque légale, et comme le fait observer un auteur (7), insérer des clauses précises pour éviter aux héritiers les ennuis qu'elle peut occasionner, particulièrement pour les legs de rentes viagères.

63. — **Faillite.** — Une hypothèque légale, attachée au fait même de la déclaration de faillite, est accordée aux créanciers du commerçant failli sur les immeubles que ce dernier possède au moment du jugement déclaratif, C. com., art. 490 et sur ceux à venir (8).

Cette hypothèque est une hypothèque légale, et non une hypothèque judiciaire (9).

Aux termes de l'art. 490, C. com., les syndics, aussitôt après leur entrée en

---

(1) Toulouse, 23 décembre 1870 (S. V. 1872-2-41); Rennes, 21 mai 1875 (S. 1879-1-252); Pont, 424; Demolombe, t. XVI, 673. — *Contrà*, Aubry et Rau, § 722, note 24); Laurent, t. XXX, n° 543.

(2) Demolombe, t. XXI. 675.

(3) Rennes, 21 mai 1875. — *Contra* : Angers, 23 juillet 1830.

(4) Bordeaux, 27 février 1840; Angers, 22 novembre 1850.

(5) Bordeaux, 26 avril 1864.

(6) Cass., 9 août 1882.

(7) André, t. II, p. 690.

(8) Cass., 29 décembre 1858; Paris, 21 avril 1861 et 27 mars 1864; Besançon, 16 avril 1862; Dijon, 5 août 1862; Dalloz. *Priv. et hypoth.*, n° 1095; Alauzet, t. IV, n° 1752; Renouard, *Des faillites* t. I, sur l'art. 490.

(9) Dalloz, *loc. cit.*; Flandin, *Rev. du not.*, n° 1406.

fonctions, sont tenus de prendre inscription, au nom de la masse des créanciers, sur les immeubles du failli.

L'hypothèque, ainsi prise, profite à chacun des créanciers individuellement par l'homologation du concordat, qui doit être mentionnée, à moins qu'il n'en ait été décidé autrement, au bureau des hypothèques, soit en marge de l'inscription déjà prise, soit par une inscription nouvelle.

§ 8. Enregistrement.

64. — La subrogation à hypothèque légale consentie par une femme mariée au profit d'un créancier dans un acte de prêt ne donne ouverture à aucun droit particulier d'enregistrement.

Il en est ainsi de la renonciation à cette hypothèque faite par la femme, co-venderesse ou garante, dans un contrat de vente, au profit de l'acquéreur.

Consentie par acte séparé, la subrogation serait assujettie au droit fixe de 3 francs (1).

La renonciation serait passible d'un droit fixe de 5 francs, comme mainlevée d'inscription sur des immeubles déterminés (2), ou mieux, comme réduction d'hypothèque.

La renonciation expresse de la femme, par le même acte, à son hypothèque légale sur des immeubles vendus à des acquéreurs distincts, ne donne ouverture qu'à un seul droit fixe de 5 francs (3).

§ 9. Formules.

I. INSCRIPTIONS.

1. *Inscription au profit de la femme pendant le mariage.*
2. *Inscription au profit de la femme après séparation de biens judiciaire.*
3. *Inscription au profit de la femme ou de ses héritiers après dissolution du mariage.*
4. *Inscription au profit d'un mineur ou d'un interdit.*
5. *Inscription au profit de l'État.*
6. *Inscription au profit de la masse des créanciers d'une faillite.*
7. *Inscription au profit d'un légataire particulier.*

II. RESTRICTIONS.

8. *Clause de restriction d'hypothèque légale à insérer dans un contrat de mariage.*
9. *Consentement par la femme à la restriction de son hypothèque légale pendant le mariage.*

10. *Inscription d'hypothèque légale restreinte.*

III. SUBROGATIONS.

11. *Clause de subrogation à l'hypothèque légale de la femme.*
12. *Restriction d'une subrogation générale dans l'hypothèque légale de la femme.*

IV. RENONCIATIONS.

13. *Renonciation par la femme dans une vente de biens propres au mari (Prix payé comptant).*
14. *Renonciation par la femme dans une vente de biens propres au mari (Prix payable à terme).*
15. *Renonciation par la femme dans un acte de vente d'un acquêt de communauté.*
16. *Renonciation par la femme au moyen d'un acte spécial.*
17. *Clause de contrat de mariage sous le régime dotal contenant faculté de renonciation.*

---

(1) **L.** du 28 février 1872 (art. 4).
(2) **L.** du 28 février 1872 (art. 1); *Dict. de l'enre-* gistr., vᵒ Mainlevée, 74 et 76.
(3) Sol. Reg., 3 août 1868.

I. INSCRIPTIONS D'HYPOTHÈQUE LÉGALE

1. — Inscription au profit de la femme pendant le mariage.

Inscription d'hypothèque légale est requise au bureau des hypothèques de...,
A i profit de Mme Marie Martin, épouse de M..., avec lequel elle demeure à...
Pour laquelle domicile est élu à...
Contre M..., son mari, ci-dessus nommé.
En vertu des articles 2121, 2135 et 2153 du Code civil, et de tous autres titres, s'il y a lieu ;
Pour sûreté :
1° De la somme de 50,000 francs, montant de la dot constituée à la requérante dans son contrat de mariage dressé par M^e^..., etc. ;
2° De la somme de 20,000 francs recueillie par elle dans la succession de...;
3° Des autres reprises, créances et avantages matrimoniaux actuellement indéterminés qu'elle pourra avoir à exercer contre son mari,
Sur les immeubles présents et à venir de M..., situés dans l'arrondissement de...

2. — Inscription après séparation de biens judiciaire.

Inscription d'hypothèque légale est requise au bureau des hypothèques de...
Au profit de Mme Paule Martin, épouse de M. Emile Raimond, négociant, avec laquelle elle demeure à...
Pour laquelle domicile est élu à...
Contre M. Raimond, son mari, ci-dessus nommé,
En vertu :
1° Des art. 2121 et 2135, C. civ. ;
2° Du contrat de mariage... ;
3° D'un jugement de séparation de biens rendu par le tribunal civil de..., le...;
4° Et d'un acte passé devant M^e^..., notaire à..., le..., contenant liquidation des reprises de Mme Raimond contre son mari ;
Pour sûreté :

1° De la somme de 25,000 fr., dont Mme Raimond est restée créancière contre son mari pour ses reprises ; laquelle somme est actuellement exigible et produit des intérêts au taux de 5 °/₀ à compter du..., ci.	25 000 »
2° Des intérêts dont la loi conserve le rang	Mémoire.
3° De toutes autres créances et avantages matrimoniaux, indemnités, répétitions que Mme Raimond peut ou pourra avoir à exercer contre son mari ; le tout indéterminé.	Mémoire.
4° Des frais de mise à exécution et autres accessoires, évalués à 1,500 fr., ci.	1 500 »
Total sauf mémoire	26 500 »

Sur tous les immeubles présents et à venir de M. Raimond, situés dans l'arrondissement de...

3. — Inscription au profit de la femme ou de ses héritiers après dissolution du mariage.

Inscription d'hypothèque légale est requise au bureau des hypothèques de...,
au profit de Mme Paule Martin, veuve de M. Ernest Dumont, demeurant à...,
Pour laquelle domicile est élu...
Contre M. Dumont, son mari sus-nommé, décédé à..., le..., ou ses héritiers.

(Les désigner, s'ils sont connus) (1).

En vertu :

1° Des actes 2121 et 2135 C. civ. et de l'art. 8 de la loi du 23 mars 1855 ;

2° Du contrat de mariage de M. et Mme Dumont, reçu par M°...,

3° Et de tous autres titres qu'il y aura lieu de faire valoir (2).

Pour sûreté de... *(Le surplus comme à la formule n° 1).*

4. — Inscription au profit d'un mineur ou d'un interdit.

Inscription d'hypothèque légale est requise au bureau des hypothèques de...,

Au profit de M. Louis Picard, mineur (*ou* : interdit par jugement du tribunal de 1re instance de..., en date du..., enregistré), sous la tutelle de M. Alfred Martin, avocat, demeurant à.. , élu à cette qualité, qu'il a acceptée, par délibération du conseil de famille du mineur (*ou* : interdit), prise sous la présidence de M. le juge de paix du canton de .., le...;

Pour lequel domicile est élu, etc...,

Contre M. Martin, sus-nommé, tuteur dudit mineur (*ou* : interdit),

Pour sûreté de la gestion et de l'administration des biens du mineur dont M. Martin se trouve chargé, ensemble du paiement des sommes et créances dont, par suite de cette gestion, il pourra se trouver reliquaire ou débiteur envers ce dernier, le tout actuellement indéterminé ,

Sur tous les biens présents et à venir de M. Martin, situés dans l'étendue de l'arrondissement du bureau des hypothèques de...

Si l'hypothèque légale a été limitée sur certains immeubles, par un avis de parents, il faut dire :

Sur les biens ci-après désignés que le conseil de famille a déclaré devoir être seuls frappés de l'hypothèque légale du mineur..., aux termes de sa délibération prise sous la présidence de M. le juge de paix du canton de..., le..., en vertu de l'art. 2141 du C. civ. :

1°... *(Désigner les biens.)*

5. — Inscription au profit de l'État.

Inscription d'hypothèque légale est requise au bureau des hypothèques de...,

Au profit de l'État.

A la requête de M. Lucien Richaud, directeur de l'enregistrement à..., lequel élit domicile à..., etc ,

Contre M. René Labruyère, receveur particulier des finances, demeurant à...

Pour sûreté de la gestion de M. Labruyère, et des sommes dont, en sadite qualité, il pourra se trouver comptable envers le Trésor public; lesquelles sommes sont actuellement indéterminées ;

Sur tous les biens immeubles présents et à venir de M. Labruyère, et situés dans l'étendue de l'arrondissement du bureau des hypothèques de...

6. — Inscription au profit de la masse des créanciers d'une faillite

Inscription d'hypothèque légale est requise au bureau des hypothèques de...

A la requête de M. Louis Renard, licencié en droit, demeurant à..., syndic de la faillite

---

(1) Si c'est la femme qui est prédécédée, l'inscription est requise au profit de ses héritiers nominativement, ainsi qu'il suit :

Au profit de :

1° M. Paul Dumont, négociant, demeurant à...

2° Mlle Lucie Dumont, mineure, sous la tutelle légale de M. Ernest Dumont, son père.

Seuls enfants et héritiers, chacun pour 1/2, de Mme veuve Dumont, leur mère, décédée...

Pour lesquels domicile est élu à...

Contre M. Ernest Dumont, propriétaire, demeurant à.

En vertu, etc...

(2) Si les reprises sont liquidées, il est nécessaire de prendre l'inscription en vertu de l'acte de liquidation, pour le montant de ces reprises.

de M. Laurent ci-après nommé, en vertu d'un jugement rendu par le tribunal de commerce de..., le...

Pour lequel domicile est élu..., etc.

Au profit de la masse des créanciers de M. Nicolas Laurent, restaurateur, demeurant à...

Contre ledit sieur Laurent.

En vertu de l'art 490 du code de commerce.

Pour, sûreté de toutes les sommes en principal, intérêts et accessoires dont M. Laurent est débiteur et qui sont actuellement indéterminées.

Sur la totalité des immeubles que M. Laurent possède dans l'arrondissement de... et qui consistent notamment dans...

7. — Inscription au profit d'un légataire particulier.

Inscription d'hypothèque légale est requise au bureau des hypothèques de...

Au profit de M. Lucien Ferry, négociant, demeurant à...

Pour lequel domicile est élu à...

Contre la succession de M. Paul Ferry, en son vivant propriétaire, demeurant à... représenté par MM. Pierre Ferry, avocat, demeurant à. ., et Raoul Ferry, avoué, demeurant à, neveux et héritiers légitimes du *de cujus*,

En vertu de l'article 1017 du C. civ., et d'un testament authentique reçu par M. X..., notaire à..., le..., aux termes duquel M. Paul Ferry sus-nommé a légué à son cousin, M. Lucien Ferry, requérant, une somme de 10,000 francs, exigible deux ans après son décès, sans intérêt.

Pour sûreté de ladite somme de 10,000 francs, montant du legs fait au requérant et dont le paiement est à la charge des héritiers du défunt, ci.	10 000 »
Des frais de poursuite et de mise à exécution évalués approximativement à.	500 »
Ensemble.	10 500 »

Sur les immeubles ci-après désignés, auxquels le testateur a restreint le droit hypothécaire de M. Lucien Ferry, savoir :

1°... 2°...

Si le testateur n'a pas spécialisé les immeubles auxquels serait restreinte l'hypothèque du légataire, il faut dire :

Sur tous les immeubles dépendant de la succession de M. Paul Ferry, consistant en maisons d'habitation et dépendances, cour, jardin, terres labourables, prés, bois et vignes, le tout situé dans la commune de..., arrondissement de..., sans exception ni réserve.

II. RESTRICTIONS

8. — Clause de restriction d'hypothèque légale à insérer dans un contrat de mariage (1).

ART...

Mlle Louise Tillet, future épouse, après avoir pris connaissance de la fortune immobilière de M. Emile Raimond, estime qu'une hypothèque générale sur toutes les propriétés du futur époux excéderait de beaucoup la garantie à laquelle elle a droit pour sûreté de ses créances, reprises et droits de toute nature, et que cette hypothèque ne ferait qu'entraver, sans raison, la libre administration de son mari. En conséquence, elle consent à ce que cette hypothèque soit restreinte aux propriétés de... (*désigner les propriétés*), situées à..., sur lesquelles seules

---

(1) Cette clause ne peut être établie que si la future épouse est majeure ; si elle était mineure, l'assistance des personnes dont le consentement au mariage est requis ne suffirait pas. Pont, n° 551 ; Aubry et Rau, p. 231. Dict. du not., v° *Contrat de mariage*, n° 148 ; Lyon, 30 mai 1844 ; Grenoble, 25 août 1847 ; Paris, 26 juillet 1850 ; Chambéry, 8 décembre 1860 (art. 14141, J. N.).

pourra être inscrite son hypothèque légale. Tous les autres immeubles présents et à venir de **M.** Raimond en étant dès à présent affranchis.

9. — Consentement par la femme à la restriction de son hypothèque légale pendant le mariage.

Pardevant...

A comparu :

Mme Louise Tillet, sans profession, épouse assistée et autorisée de M. Emile Raimond, propriétaire, avec lequel elle demeure à...

Laquelle a, par ces présentes, déclaré formellement consentir à ce que l'hypothèque légale que la loi lui confère sur tous les biens de son mari pour la garantie de ses droits, créances et reprises, soit restreinte aux immeubles ci-après désignés, qui sont estimés suffisants à la conservation de ses droits... (*désigner avec soin les immeubles*).

En conséquence, elle autorise M. Raimond, son mari, à former devant le tribunal civil de..., la demande en restriction prescrite par les art. 2144 et 2145, C. civ.

Dont acte...

10. — Inscription d'hypothèque légale restreinte.

Inscription d'hypothèque légale est requise au bureau des hypothèques de...

Au profit de Mme Louise Tillet, majeure, épouse de M. Emile Raimond, propriétaire, demeurant à...

Pour laquelle domicile est élu à...

Contre M. Emile Raimond, son mari sus-nommé, demeurant à...

En vertu :

1° Des art. 2121, 2135, C. civ. ;

2° De son contrat de mariage reçu par M^e..., notaire, à..., le...,

3° Et de tous autres titres, s'il y a lieu.

Pour sûreté (V. *la formule n° 1*).

Sur les biens dont la désignation suit, auxquels l'hypothèque de M. Raimond a été restreinte par son contrat de mariage ci-dessus rappelé. (*Désigner les immeubles qui restent grevés.*)

Ou : (*si l'hypothèque a été limitée par jugement*).

Sur les biens immeubles, dont la désignation suit, auxquels l'hypothèque légale de Mme Raimond a été restreinte, conformément à l'art. 2144, C. civ., par un jugement du tribunal de.., en date du...

(*Désigner les immeubles qui restent grevés*).

III. SUBROGATIONS

11. — Clause de subrogation à l'hypothèque légale.

Pour plus de garantie, Mme Raimond, avec l'autorisation de son mari, cède à M. Adam, qui accepte, l'hypothèque légale que la loi lui confère pour sûreté de ses droits et créances contre son mari. M. Adam pourra exercer cette hypothèque, dans laquelle il est subrogé, aux lieu et place de Mme Raimond, dans tous ordres et réclamer jusqu'à concurrence du montant de sa créance, le rang de préférence dû à cette dernière.

En conséquence, il est autorisé à requérir à son profit l'inscription de l'hypothèque légale de Mme Raimond, au bureau des hypothèques de... Ou (*si l'hypothèque est déjà inscrite*), à faire mentionner cette subrogation en marge de l'inscription déjà prise par Mme Raimond (1).

Autre formule :

Pour plus de garantie, Mme Adam, autorisée de son mari, cède et transporte à M. Brun qui accepte, somme égale au montant en principal, intérêts et accessoires de la présente obligation, à prendre, avec priorité et préférence à elle même, dans les droits, créances, reprises et avantages matrimoniaux, qu'elle a et pourra avoir à exercer contre son mari en

---

(1) Nous préférons cette formule à celle que nous donnons à la suite, qui est généralement usitée dans les études et qui ne nous paraît pas susceptible de produire plus d'effet que la nôtre.

vertu soit de leur contrat de mariage, soit de tous autres titres ; à l'effet de quoi elle le met et subroge, jusqu'à due concurrence. et avec lesdites préférence et priorité dans l'effet de son hypothèque légale contre son mari (inscrite le..., vol..., n°...) ; mais seulement en ce qu'elle frappe sur la maison ci-dessus hypothéquée.

M. Adam déclare se tenir ledit transport pour dûment signifié.

12. — Restriction d'une subrogation générale dans l'hypothèque légale de la femme.

Pardevant..., etc.

    A comparu

M. Emile Martin, rentier, demeurant à...

Lequel a exposé ce qui suit :

Aux termes d'une obligation passée devant M°..., notaire à..., le. ., M. Louis Grosjean et Mᵐᵉ Ernestine Renaud, son épouse, demeurant ensemble à..., se sont reconnus débiteurs envers le comparant d'une somme principale de 20,000 fr., pour sûreté de laquelle ils ont hypothéqué la ferme de..., située commune de...

Pour plus de garantie, Mᵐᵉ Grosjean a subrogé M. Martin, par préférence à elle-même et jusqu'à concurrence de ladite somme de 20,000 fr., dans l'effet de son hypothèque légale sur les biens de son mari ;

Par suite de cet acte, inscription d'hypothèque conventionnelle et légale a été prise au bureau des hypothèques de..., le..., vol..., n°...

Mais l'hypothèque légale a été inscrite sans aucune restriction ; cependant M. Martin reconnaît qu'il était dans l'intention des sieur et dame Grosjean de ne lui conférer des droits hypothécaires que sur la ferme..., spécialement affectée et hypothéquée dans l'obligation sus-énoncée.

En conséquence, il déclare restreindre à cette ferme l'effet de la subrogation consentie en sa faveur par Mᵐᵉ Grosjean, dans son hypothèque légale sur les biens de son mari, et affranchir de cette subrogation tous autres biens de M. et Mᵐᵉ Grosjean, notamment une maison sise à...

Et il donne mainlevée, avec désistement des droits d'hypothèque légale et consent à la radiation de l'inscription sus-énoncée, en ce que ces droits et inscription peuvent grever, à raison de l'hypothèque légale, tous immeubles autres que la ferme hypothéquée et ci-dessus désignée.

Autorisant, le conservateur à mentionner cette restriction partout où besoin sera, et à faire, en conséquence, toutes radiations nécessaires.

    Dont acte...

IV. RENONCIATIONS

13. — Renonciation par la femme dans une vente de biens propres au mari.

(Prix payé comptant).

Aux présentes est intervenue :

Mᵐᵉ Ernestine Lefebvre, épouse autorisée de M. Mengin, vendeur,

Laquelle, après avoir pris connaissance de la vente qui précède, a, par ces présentes, déclaré se désister expressément, au profit de M. Lucas acquéreur, qui accepte, de tous les droits et actions que son hypothèque légale lui confère sur l'immeuble vendu, tant au point de vue du droit de suite que du droit de préférence ;

Consentant que cette renonciation vaille purge de son hypothèque légale sur l'immeuble dont il s'agit. Mais faisant toute réserve des droits que cette hypothèque lui confère sur les autres immeubles qui appartiennent ou pourront appartenir à son mari.

(Si l'hypothèque légale avait été inscrite avant la vente, il faudrait en faire donner main-levée dans les termes suivants) :

En outre, Mᵐᵉ Mengin déclare faire mainlevée et consentir à la radiation de l'inscription de cette hypothèque qui a été prise à son profit au bureau des hypothèques de..., le..., vol..., n°.... mais seulement en ce qu'elle grève l'immeuble présentement vendu.

Consentant la décharge de M. le conservateur des hypothèques qui opérera ladite radiation.

14. — Renonciation par la femme dans un acte de vente de biens propres au mari.

(Prix payable à terme).

Aux présentes est intervenue :

Mme Ernestine Lefèvre, épouse autorisée de M. Mengin, vendeur.

Laquelle, après avoir pris connaissance de la vente qui précède, a déclaré se désister expressément au profit de M. Lucas acquéreur, qui accepte, de tous les droits et actions que son hypothèque légale lui confère sur l'immeuble vendu, tant au point de vue du droit de suite qu'au point de vue du droit de préférence.

Autorisant M. Lucas à payer valablement, même hors de sa présence, soit à son mari, soit à tous créanciers, utilement inscrits, la totalité (ou la partie restant due) de son prix d'acquisition.

15. — Renonciation par la femme dans un acte de vente d'un acquêt de communauté.

Par devant M^e...

Ont comparu :

M. Paul Mengin, cultivateur, et Mme Ernestine Lefebvre, son épouse, qu'il autorise, demeurant ensemble à...

Lesquels ont, par ces présentes, vendu en s'obligeant solidairement à garantir l'acquéreur contre toutes évictions, et Mme Mengin, spécialement, en renonçant aux droits de suite et de préférence que son hypothèque légale lui confère sur l'objet vendu.

À M...

16. — Renonciation par la femme au moyen d'un acte spécial.

Pardevant M^e..., etc...

A comparu :

Mme Marie Didier, épouse assistée et autorisée de M. Louis Blaise, propriétaire, avec lequel elle demeure à...

Laquelle, après avoir pris communication, par la lecture qui lui en a été faite, d'un contrat reçu par M^e..., notaire à..., le..., dont une expédition a été transcrite au bureau des hypothèques de..., le..., vol..., n°..., aux termes duquel M. Blaise, son mari, a vendu à M. Jules Aron, négociant, demeurant à..., une maison avec ses dépendances, située à..., moyennant le prix de dix mille francs stipulé payable à terme ;

Et usant du droit qui lui appartient en vertu du régime de la communauté réduite aux acquêts sous lequel elle est mariée, suivant contrat passé devant M^e..., notaire à..., le... (ou bien : en vertu du régime de la communauté légale sous lequel elle se trouve mariée, à défaut de contrat qui ait précédé son union célébrée à la mairie de..., le...);

A, par ces présentes, déclaré se désister expressément de tous les droits que son hypothèque légale lui confère sur son mari, mais seulement en ce que cette hypothèque frappe ladite maison et ses dépendances.

Consentant que cette renonciation vaille purge de son hypothèque légale sur ladite propriété ; mais faisant toute réserve des droits que cette hypothèque lui confère sur tous autres immeubles qui appartiennent ou pourront appartenir à son mari (ou bien : mais faisant toute réserve tant du droit de préférence qui lui appartient sur le prix de ladite vente, que des droits que cette hypothèque lui confère sur tous autres immeubles qui appartiennent ou pourront appartenir à son mari).

En conséquence, tout droit de suite sur ledit immeuble, du chef de Mme Blaise, se trouvera éteint au bénéfice de M. Aron à partir de ce jour au regard de ladite dame, et, vis-à-vis des tiers, à partir de la mention qui sera faite des présentes en marge de la transcription dudit contrat de vente ; Mme Blaise ne se réservant que le droit de faire valoir son droit de préférence sur le prix non encore payé par M. Aron.

Aux présentes, est intervenu M. Aron, acquéreur ci-dessus nommé, lequel a déclaré accepter la renonciation au bénéfice de son hypothèque légale, qui vient d'être consentie par Mme Blaise en sa faveur.

Mention de cet acte sera faite sur tous registres d'hypothèque où besoin sera.

Les frais des présentes seront supportés par M. Aron.

     Dont acte...

17. — Clause de contrat de mariage sous le régime dotal contenant faculté de renonciation.

La future épouse pourra, en cas de vente des immeubles propres au mari (ou d'pendant de la société d'acquêts), consentir soit par intervention à l'acte même, soit par acte distinct, toute renonciation à son hypothèque légale pour valoir purge, subroger les acquéreurs dans les droits que cette hypothèque lui confère, en donner même mainlevée, limitativement aux biens vendus, si elle a été inscrite, et en aliéner ainsi l'exercice utile pour le paiement de ses reprises dotales et non dotales, le tout dans les conditions prévues par la loi du 13 février 1889.

———

HYPOTHÈQUE MARITIME

Sommaire :

§ 1. FORME. FORMALITÉS. CONDITIONS DE VALIDITÉ DE L'HYPOTHÈQUE MARITIME.

1. — Les navires ne peuvent être hypothéqués que par la convention des parties (1).

Il n'y a donc pour les navires ni hypothèque légale, ni hypothèque judiciaire.

2. — Le contrat d'hypothèque maritime doit être rédigé par écrit; mais il peut être fait par acte sous seing privé ou par acte notarié. Si l'acte est reçu devant notaire, il peut être dressé en *brevet* et doit être porté au *répertoire.*

3. — Il résulte du rapprochement et de la combinaison des art. 8 et 15 de la loi du 11 juillet 1885, que le contrat fait par acte sous seing privé doit, bien qu'il soit unilatéral, être rédigé en deux exemplaires : l'un présenté au receveur principal des douanes au moment de l'inscription et déposé à la douane ; l'autre communiqué au même receveur au moment de la radiation (2).

4. — Le titre constitutif de l'hypothèque peut être *à ordre* et, par suite, transmissible par voie d'endossement. Cette négociation emporte translation du droit hypothécaire (3).

———

(1) L. 11 juillet 1885, art. 1 (*J. du not.*, n° 3829).   (2) Ruben de Couder, n° 13; Mallet, *Hyp. mar.*, p. 18.
                                                    (3) L. 11 juillet 1885, art. 12.

5. — Les navires de vingt tonneaux et au-dessus sont seuls susceptibles d'hypothèque (art. 36).

6. — L'hypothèque consentie sur le navire ou portion du navire s'étend, à moins de convention contraire, au corps du navire, aux agrès, apparaux, machines et autres accessoires (1).

Par une clause spéciale, les parties pourraient restreindre l'hypothèque à la coque du bâtiment, mais, à l'inverse, elles ne pourraient convenir que l'hypothèque porterait seulement sur les accessoires.

7. — Les parties ne pourraient davantage faire porter l'hypothèque sur le frêt du navire, qui, n'étant pas un accessoire du bâtiment, n'est pas compris dans l'hypothèque du navire. Telle est l'opinion générale.

8. — L'hypothèque maritime peut être constituée sur un navire en construction. Dans ce cas, elle doit être précédée d'une déclaration faite au bureau du receveur des douanes du lieu où le navire est en construction. Cette déclaration indique la longueur de la quille du navire, et approximativement ses autres dimensions, ainsi que son port présumé. Elle mentionne l'emplacement de la mise en chantier du navire (2).

Il faut que la quille soit au moins sur le chantier, sinon l'hypothèque serait nulle faute d'objet; au fur et à mesure de la construction, l'hypothèque atteindra les travaux achevés (3).

Lorsque le navire est construit à forfait, le constructeur est seul, d'après l'opinion générale, considéré comme propriétaire jusqu'à la livraison, et, par suite, peut seul hypothéquer jusqu'à ce moment (4).

9. — Une hypothèque constituée valablement sur un navire étranger produit ses effets en France (5). Il n'est pas besoin, pour que cette hypothèque puisse être exercée, que les formalités de publicité prescrites par la loi française aient été observées (6).

Mais il faut du moins que les contrats passés en pays étranger, pour conférer en France une hypothèque sur un navire étranger, y aient été déclarés exécutoires (7).

§ 2. Capacité.

10. — Au propriétaire seul, soit du navire, soit d'une portion de navire, appartient le droit d'hypothéquer son bâtiment ou sa part de bâtiment (8).

11. — **Mandataire.** — Le propriétaire peut toutefois déléguer cette faculté à un mandataire muni d'un pouvoir spécial. Il n'est pas nécessaire que ce mandat soit authentique; mais il doit conférer d'une manière spéciale le droit de consentir telle hypothèque maritime, et non pas seulement le droit d'hypothéquer d'une manière générale, aux termes de l'art. 1998, C. civ. (9).

12. — **Copropriétaire.** — Dans le cas où l'un des copropriétaires voudrait hypothéquer sa part indivise dans le navire, il ne peut le faire qu'avec l'autorisation de la majorité, conformément à l'art. 220, C. com. (10).

Du reste, dans le même cas de copropriété, les hypothèques consenties durant l'indivision par un ou plusieurs des copropriétaires, sur une portion de navire, continuent à subsister après le partage ou la licitation (11). Cette dérogation aux principes généraux du partage a été nécessitée par l'état fréquent d'indivision de la propriété des navires, qui aurait enlevé toute utilité à l'hypothèque maritime, s'il en eût été autrement.

---

(1) L. 11 juillet 1885, art. 4; art, 2118 C. civ.
(2) Même loi, art. 5.
(3) Mallet, p. 44; Ruben de Couder, n°* 32 et. 33
(4) Cass., 20 mars 1872; Rennes, 28 juillet 1873.
(5) Cass., 25 novembre 1879.
(6) Cass., 25 novembre 1879. — *Contrà:* Aix, 22 mai 1876; Ruben de Couder, n° 22 *bis.*

(7) Cass., 25 novembre 1879 précité.
(8) L. 11 juillet 1885, art. 8.
(9) Mêmes loi et article.
(10) Morel, *Comment. de la loi du 10 décembre 1874*, p. 33; Herbault, *Hypot. marit.*, p. 51; Ruben de Couder, *Dict. de dr. com.*, v° HYP. MARIT., n° 17.
(11) L. 10 juillet 1885, art. 3 et 17.

Toutefois, pour ne pas s'exposer à sacrifier les intérêts des propriétaires par indivis dont les actes de leurs copropriétaires auraient pu engager la part, il a été décidé que les cas d'indivision résultant de la dissolution d'une communauté conjugale ou d'une succession resteraient soumis aux règles ordinaires de l'effet déclaratif du partage (art. 17).

13. — Armateur. — Si le navire a plusieurs propriétaires, il peut être hypothéqué par l'armateur titulaire pour les besoins de l'armement ou de la navigation, avec l'autorisation de la majorité, telle qu'elle est établie par l'art. 220, C. com., et celle du juge, comme il est dit à l'art. 233 (L. 10 juillet 1885; art. 3).

14. — Capitaine. — Exceptionnellement, et par dérogation à l'art. 233, C. com., le capitaine du navire tient de l'art. 35 de la loi nouvelle mandat d'hypothéquer, quand le bâtiment est frété du consentement des propriétaires et que quelques-uns d'entre eux font refus de contribuer aux frais nécessaires pour l'expédition.

15. — Vente. — (V. *infrà*, v° VENTE D'IMMEUBLES).

§ 3. PUBLICITÉ DE L'HYPOTHÈQUE MARITIME.

16. — L'inscription des hypothèques maritimes a été confiée aux receveurs principaux des douanes (1).

Il a semblé préférable d'en investir les fonctionnaires que la législation déjà en vigueur chargeait de constater la propriété des navires et les mutations qu'elle subissait.

Les agents des douanes sont seuls responsables de leurs actes, comme fonctionnaires chargés de la publicité de l'hypothèque maritime. La régie des douanes décline toute responsabilité à cet égard (2).

Mais, pour assurer les intérêts particuliers, l'art. 5 du décret du 23 avril 1875 impose, de ce chef, aux employés des douanes chargés du service un cautionnement supplémentaire égal au dixième de leur cautionnement actuel. Ce cautionnement devra être fourni en immeubles ou en rentes nominatives sur l'État, conformément à ce qui est réglé pour les hypothèques terrestres. Il ne se trouve libéré qu'après trois années écoulées depuis le dernier jour de la gestion du receveur principal (3). Du reste, ces agents sont responsables, comme les conservateurs des hypothèques, et en vertu des principes de droit commun, de tout préjudice causé par leur faute ou leur négligence (4).

17. — Inscription. — Les inscriptions s'effectuent sur un registre dont la circulaire de la direction des douanes du 28 avril 1875 donne la description, et qui est divisé en trois parties : la première, pour les inscriptions ; la seconde, pour les changements de domicile et les mutations et subrogations ; la troisième, pour les radiations.

A côté de ce registre d'inscription, les receveurs principaux doivent tenir un registre identique, mais spécial, pour les inscriptions prises en cours de route.

Enfin, sur un registre de recette et de dépôt, ils prennent note des diverses pièces déposées.

18. — Le registre des inscriptions ne doit présenter ni blanc ni interligne ; chaque inscription est datée et signée du receveur principal qui, à la fin de la journée, doit arrêter le registre.

19. — L'inscription doit être mentionnée le jour même où elle est requise. Aucune rectification ne peut être faite ultérieurement. Si toutefois le receveur principal s'apercevait d'une omission ou d'une inexactitude, il devrait effectuer une seconde inscription, dont l'effet remonterait seulement à la date de la rectification, sauf la responsabilité du receveur à l'égard du créancier hypothécaire.

---

(1) L. 11 juillet 1885, art. 6 et 8.
(2) Même loi, art. 87.
(3) Art. 21282, J. N.
(4) Aubry et Rau, t. III, p. 293.

20. — Pour compléter les garanties, il est établi un répertoire par ordre alphabétique des navires existant dans chaque port. Mention est faite de chaque hypothèque grevant le navire, dans une colonne réservée à cet effet. Dans les grands ports, on tient un répertoire distinct pour les navires en construction; seulement la table alphabétique porte le nom du constructeur et non celui du bâtiment (1).

21. — Les receveurs principaux sont seuls aptes à recevoir l'inscription. « Pour les navires en construction, dit la circulaire de la direction générale du 28 avril 1875, le bureau compétent pour l'inscription, aussi bien que pour la déclaration de construction, est le bureau principal de la circonscription dans laquelle est compris l'emplacement du chantier. Pour les navires munis d'un acte de francisation, le bureau compétent est le bureau principal où le navire a été immatriculé ».

Les navires, aujourd'hui attachés à un bureau subordonné, sur lesquels on voudrait constituer une hypothèque, devront donc au préalable être immatriculés au port du bureau principal; mais, dans ce cas, les receveurs subordonnés pourront, en leur qualité de délégués du receveur principal, être chargés par les intéressés de transmettre à celui-ci les pièces et titres relatifs à l'inscription. Il est, en outre, d'obligation absolue, pour les navires pourvus d'un acte de francisation, qu'au moment où l'inscription est requise ils se trouvent dans l'un des ports de la principalité (2).

22. — Quand le capitaine, en vertu de l'exception indiquée ci-dessus (nᵒ 14), hypothèque le navire, tous les receveurs principaux sont compétents pour inscrire l'hypothèque; l'inscription devra, aussitôt après le retour du navire à son port d'immatricule, être reportée sur le registre du bureau, avec rappel de sa date réelle.

23. — Le receveur principal des douanes est tenu de délivrer à tous ceux qui le requièrent l'état des inscriptions subsistantes sur un navire ou un certificat qu'il n'en existe aucune (3).

La réquisition que fait l'intéressé doit être rédigée par écrit. Dans le cas où le requérant ne saurait pas écrire, le receveur principal doit transcrire, en tête du certificat qu'il délivre, les termes de la demande verbale.

Si les hypothèques ont été constituées en cours de voyage, le consul ou le receveur principal sera tenu de délivrer un certificat concernant seulement les inscriptions des hypothèques établies au cours du voyage. La partie intéressée devra rechercher, au port d'attache, s'il n'y a pas d'autres hypothèques sur le navire.

24. — Au point de vue des effets de la péremption, du renouvellement et de la radiation, l'inscription de l'hypothèque maritime est soumise, en principe, aux mêmes règles que l'hypothèque foncière.

25. — L'inscription a lieu sur la production d'un des originaux ou d'une expédition du titre constitutif d'hypothèque, suivant qu'il est sous seing privé, reçu en brevet ou qu'il en existe minute, et de deux bordereaux mentionnant :

    a) Les noms, prénoms et domiciles du créancier et du débiteur, et leur profession, s'ils en ont une ;

    b) La date et la nature du titre ;

    c) Le montant de la créance exprimée dans le titre ;

    d) Les conventions relatives aux intérêts et au remboursement ;

    e) Le nom et la désignation du navire hypothéqué, la date de l'acte de francisation ou de la déclaration de la mise en construction ;

    f) Election de domicile par le créancier dans le lieu de la résidence du receveur principal des douanes (4).

---

(1) Alauzet, *Comment. de la loi du 10 décembre 1874*, p. 113.
(2) Circ., 28 août 1875.

(3) L. 11 juillet 1885, art. 16.
(4) Même loi, art. 8.

26. — La loi exige que les bordereaux soient signés du requérant (1), alors même que le titre hypothécaire est authentique.

27. — Le receveur principal inscrit alors au registre le contenu des bordereaux ; il doit le reproduire scrupuleusement, sans modifications d'aucune sorte, sous peine d'engager sa propre responsabilité. Il certifie ensuite l'inscription sur l'un des bordereaux qu'il remet au requérant (2).

Le receveur certifie l'inscription dans les mêmes termes sur le contrat d'hypothèque ou sur son expédition authentique, dont la représentation a dû lui être faite (3).

L'expédition du titre authentique est ensuite rendue au requérant, et le double original de l'acte en brevet ou sous seing privé est conservé par le receveur principal (4).

28. — Les changements de domicile, subrogations et autres modifications à apporter dans les énonciations de l'inscription, se constatent au moyen d'une mention faite en regard de l'inscription, datée et signée par le receveur.

29. — Pas plus que le conservateur des hypothèques, le receveur n'est responsable des inexactitudes ou des lacunes qui existeraient aux bordereaux par lesquels l'inscription est requise.

30. — En vertu du principe posé ci-dessus (n° 24), nous croyons également que, suivant le droit commun, il faut distinguer, pour la sanction de l'omission ou de l'irrégularité de l'une des énonciations prescrites par la loi, entre les énonciations indispensables à la réalisation de la publicité, ou, si l'on veut, substantielles, et les énonciations qui n'ont qu'un objet accessoire ou secondaire et qu'on pourrait appeler réglementaires (5).

31. — L'inscription détermine le rang de l'hypothèque, quand celle-ci est en concours avec d'autres.

Si plusieurs hypothèques ont été inscrites le même jour, elles viennent en concurrence, nonobstant la différence des heures de l'inscription (6).

32. — L'inscription garantit, au même rang que le capital, deux années d'intérêts en sus de l'année courante (7). C'est une dérogation à l'art. 214, C. com., d'après lequel tout créancier colloqué l'est au même rang pour le principal et les intérêts.

Bien entendu, le créancier peut prendre des inscriptions portant hypothèque à compter de leur date, pour les arrérages autres que ceux conservés par la première inscription.

33. — Afin de sauvegarder le rang des inscriptions et le droit des créanciers antérieurs, et pour ne pas rendre illusoires les garanties que les créanciers postérieurs croient obtenir, tout propriétaire d'un navire construit en France, qui demande à le faire admettre à la francisation, est tenu, aux termes de l'art. 7 de la loi du 10 décembre 1874, de joindre aux pièces requises à cet effet un état des inscriptions prises sur le navire en construction ou un certificat qu'il n'en existe aucune.

Les inscriptions non rayées sont reportées d'office à leurs dates respectives, par le receveur principal des douanes, sur l'acte de francisation ainsi que sur le registre du lieu de la francisation, si ce lieu est autre que celui de la construction.

Si le navire change de port d'immatricule, les inscriptions non rayées sont pareillement reportées d'office, par le receveur des douanes du nouveau port où le navire est immatriculé, sur son registre, avec mention de leurs dates respectives.

34. — L'inscription peut être requise aussitôt après l'établissement de l'hypo-

(1) Loi du 11 juillet 1885, art. 8.
(2) Même loi, art. 6 et 9.
(3) Même loi, art. 9.
(4) Art. 8 et 9.

(5) Aubry et Rau, t. III, p. 346.
(6) L. 11 juillet 1885, art. 10.
(7) Même loi, art. 13.

thèque et jusqu'à ce que le navire ait cessé d'être, par rapport au créancier, la propriété de celui qui l'a hypothéqué, c'est à dire, au cas où le navire est francisé, jusqu'au moment de la transcription en douane du contrat translatif de propriété, et, au cas contraire, jusqu'à la signature de la convention.

35. — L'inscription conserve l'hypothèque maritime, pendant dix ans, à compter du jour de sa date, et non pendant trois ans comme le décidait l'art. 4 de la loi du 10 décembre 1874.

36. — Si le créancier ne veut pas que l'inscription cesse de produire son effet, il doit la faire renouveler avant l'expiration de ce délai. Ce renouvellement est effectué sur le registre de la douane (1) et mentionné sur l'acte de francisation, dès le retour du navire au port où il est immatriculé.

Il a lieu dans la forme de l'inscription primitive. Le créancier doit remettre au receveur un bordereau en double expédition renfermant toutes les mentions prescrites par l'art. 8. Il doit en outre indiquer, sous peine de perdre le rang primitif, que l'inscription nouvelle est prise à titre de renouvellement de l'inscription originaire.

37. — La loi ne s'étant pas expliquée sur la question de savoir jusqu'à quelle époque le renouvellement est utile, il faut suivre sous ce rapport le droit commun, en matière d'hypothèque ordinaire.

38. — Les inscriptions sont rayées soit du consentement des parties intéressées ayant capacité à cet effet, soit en vertu d'un jugement en dernier ressort ou passé en force de chose jugée (2).

39. — A défaut de jugement, la radiation totale ou partielle de l'inscription ne peut être opérée, par le receveur principal des douanes, que sur le dépôt d'un *acte authentique* de consentement à la radiation, donné par le créancier ou son cessionnaire justifiant de ses droits.

Dans le cas où l'acte constitutif de l'hypothèque est sous-seing privé, ou si, étant authentique, il a été reçu en brevet, il est communiqué au receveur principal des douanes, qui y mentionne séance tenante la radiation totale ou partielle (3).

40. — Bien qu'un acte sous seing privé soit suffisant pour constituer l'hypothèque, la loi s'est montrée avec raison plus sévère pour la radiation ; elle exige un acte authentique. Cette exigence se justifie par le motif qu'une inscription prise sans droit cause peu de préjudice, tandis qu'une radiation opérée irrégulièrement peut entraîner de graves conséquences.

§ 3. EFFETS DE L'HYPOTHEQUE MARITIME.

41. — L'hypothèque maritime confère, comme l'hypothèque terrestre, un droit de préférence et un droit de suite.

42. — « Les créanciers, ayant hypothèque inscrite sur un navire ou portion de navire, le suivent en quelques mains qu'il passe, suivant l'ordre de leurs inscriptions. » C'est dans ces termes que l'article 17 de la loi du 11 juillet 1885 accorde les droits de préférence et de suite aux créanciers hypothécaires.

Ceux-ci viennent dans leur ordre d'inscription après les créanciers privilégiés et avant les créanciers chirographaires.

43. — Les créanciers hypothécaires ont, en conséquence, le droit de saisir et de faire vendre les navires affectés à leurs créances, pour se payer sur le prix. L'effet de la saisie, une fois transcrite, s'oppose à la conversion et à l'inscription ultérieure de tout droit privatif (4).

Quand l'hypothèque ne grève qu'une portion de navire, le créancier ne peut,

---

(1) L. 11 juillet 1885, art. 11.
(2) Même loi, art. 14.

(3) L. 11 juillet 1885, art. 15.
(4) Cass., 6 novembre 1893 (art. 25296, J. N.).

bien entendu, exercer ce droit de saisie et de vente que sur la portion qui lui est affectée. C'est ainsi qu'en cas de licitation d'un navire, faite en justice suivant les formes prescrites par l'art. 201, C. com., le droit de préférence ne porte que sur la portion du prix afférente à l'intérêt hypothéqué (1).

44. — Toutefois, si plus de la moitié du navire se trouve hypothéquée, le créancier peut, après saisie, le faire vendre en totalité, à charge d'appeler à la vente les copropriétaires (2).

45. — L'art. 17 constitue une dérogation au droit commun; le créancier qui a hypothèque sur une portion indivise de navire ne se trouve pas obligé, en effet, comme l'exige l'art. 2205, C. civ., de provoquer la licitation des biens indivis, avant de commencer les poursuites.

§ 4. EXTINCTION DE L'HYPOTHÈQUE MARITIME.

46. — L'hypothèque maritime suit, en principe, les règles de l'hypothèque ordinaire. Elle s'éteint donc, d'abord, par l'extinction de l'obligation principale, et notamment par la prescription de l'action personnelle du créancier.

47. — Elle s'éteint ensuite d'une manière directe : notamment par la renonciation du créancier et par la prescription de l'action hypothécaire accomplie au profit d'un tiers détenteur non personnellement obligé à la dette. Cette prescription s'opère par le temps qui serait nécessaire au tiers détenteur pour la prescription de la propriété à son profit, c'est-à-dire, suivant les cas, par un laps de dix à trente ans (art. 2262 et 2265, C. civ.) : c'est l'application des règles générales.

48. — Par une application des mêmes règles, nous pensons, avec M. Ruben de Couder (3), que la démolition du navire éteint l'hypothèque, alors même que le navire serait reconstruit avec les mêmes matériaux, sauf aux créanciers à veiller à la conservation de leurs droits par les mesures qu'ils croiront devoir provoquer (4). L'hypothèque ayant, par la démolition du navire, cessé un instant d'exister, ne peut renaître ultérieurement d'elle-même (5).

49. — Les art. 18 à 24 de la loi du 11 juillet 1885 règlent la procédure de purge applicable à l'hypothèque maritime ; ils ont à cet égard modifié, en la simplifiant, la procédure de purge ordinaire.

50. — Tout d'abord, remarquons que, suivant le droit commun, l'hypothèque maritime est purgée par le fait d'une vente en justice du navire ou de la portion de navire soumise à l'hypothèque ; les créanciers ne peuvent plus alors exercer que leur droit de préférence (6).

51. — Les art. 18 et 20 de la loi du 11 juillet 1885 ne font qu'appliquer à l'hypothèque maritime les dispositions des art. 2183 et 2184, C. civ.

L'acquéreur d'un navire ou d'une portion de navire hypothéqué, qui veut se garantir des poursuites autorisées par l'article précédent, est tenu, dit l'art. 19, avant la poursuite ou dans le délai de quinzaine, de notifier à tous les créanciers inscrits sur l'acte de francisation, au domicile élu dans leurs inscriptions :

    a) Un extrait de son titre indiquant seulement la date et la nature de l'acte, le nom du vendeur, le nom, l'espèce et le tonnage du navire et les charges faisant partie du prix ;

    b) Un tableau sur trois colonnes, dont la première contiendra la date des inscriptions, la seconde, le nom des créanciers, la troisième, le montant des créances inscrites.

52. — Aux termes de l'art. 19, l'acquéreur devra déclarer par le même acte

---

(1) L. 11 juillet 1885, art. 17.
(2) Mêmes loi et article.
(3) N° 105.

(4) Aubry et Rau, t. III, p. 427.
(5) *Contrà* : Herbault, p. 118 et 119.
(6) L. 10 décembre 1874, art. 18 et 24.

qu'il est prêt à acquitter sur-le-champ les dettes hypothécaires jusqu'à concurrence de son prix, sans distinction des dettes exigibles ou non exigibles.

53. — L'art. 18 n'astreint l'acquéreur d'un navire à faire de notifications qu'aux créanciers hypothécaires inscrits sur le registre du port d'immatricule. Mais l'acquéreur prudent fera bien de lever l'état général des inscriptions (1) et de faire les notifications à tous les créanciers inscrits.

54. — Les notifications ont pour effet de mettre en demeure les créanciers d'accepter les offres ou de pratiquer une surenchère du dixième, en donnant caution pour le paiement du prix et des charges.

55. — Tout créancier peut requérir la mise aux enchères du navire ou portion du navire, en offrant de porter le prix à un dixième en sus et de donner caution pour le paiement du prix et des charges (2).

La jurisprudence restreint le cautionnement prescrit par l'art. 2185 à l'obligation prise par le surenchérisseur de faire porter le prix à un dixième en plus du prix offert par le tiers détenteur; mais elle décide que la caution est déchargée lors de la surenchère (3). Cette décision de la jurisprudence doit s'appliquer à l'hypothèque maritime.

56. — La réquisition, signée du créancier, doit être signifiée à l'acquéreur dans les dix jours des notifications. Elle contiendra assignation devant le tribunal civil du lieu où se trouve le navire, ou, s'il est en cours de voyage, du lieu où il est immatriculé, pour voir dire qu'il sera procédé à l'adjudication (4).

57. — Les art. 20 et 21, contrairement à la disposition de l'art. 2185, C. civ., ne portent pas la mention : « le tout à peine de nullité. » L'opinion unanime des auteurs est qu'il faut suppléer cette mention dans la loi nouvelle.

58. — La vente aux enchères aura lieu à la diligence, soit du créancier qui l'aura requise, soit de l'acquéreur, dans les formes établies pour les ventes sur saisie (5). C'est la reproduction de l'art. 2187, C. civ. (6).

59. — La surenchère n'est pas admise en cas de vente judiciaire (7).

60. — Faute par les créanciers de s'être réglés entre eux, à l'amiable, dans le délai de quinzaine, pour la distribution du prix offert par la notification ou produit par la surenchère, il est procédé entre les créanciers privilégiés, hypothécaires et chirographaires, dans les formes établies par les articles 31 et 32 de la loi du 11 juillet 1885. Les créanciers ont huit jours pour déposer au greffe une demande de collocation avec leurs titres à l'appui (8). En cas de distribution du prix d'un navire hypothéqué, l'inscription vaut opposition au profit du créancier inscrit.

61. — On a donné à l'inscription le caractère et les effets d'une opposition sur le prix, pour que le créancier n'encoure pas la déchéance prononcée par l'article 213, C. comm.

62. — Les règles que nous venons de rappeler s'appliquent également à la purge d'hypothèques établies sur un navire en construction. Les formalités à accomplir sont les mêmes. Il y a seulement lieu d'exiger en plus, pour les navires francisés, la transcription en douane du contrat d'acquisition, qui doit précéder toutes autres formalités (9).

63. — Le tiers acquéreur pourrait également délaisser, bien que la loi nouvelle se soit occupée exclusivement de la purge, en raison des formalités spéciales qu'elle prescrivait (10).

---

(1) V. Circ. de la direction générale des douanes du 28 avril 1876, *État des inscriptions* (art. 21233, J. N.).
(2) L. 11 juillet 1885, art. 20.
(3) Cass., 2 août 1870.
(4) L. 11 juillet 1885, art. 21.
(5) Même loi, art. 22.

(6) Sur les formes de la vente, V. *infrà*, v° VENTE VOLONTAIRE D'IMMEUBLES.
(7) L. 11 juillet 1885, art. 29.
(8) Même loi, art. 31.
(9) Ruben de Couder, n°ˢ 67 et 110.
(10) Herbault, p. 169; Mallet, p. 107.

§ 6. Honoraires.

64. — Les honoraires des actes relatifs à l'hypothèque et à la vente des navires sont les mêmes que ceux perçus en matière d'immeubles.

Le décret qui, aux termes de l'art. 37 de la loi du 11 juillet 1885, devrait fixer ces droits, n'a pas été promulgué.

§ 7. Enregistrement, timbre et hypothèques.

65. — L'acte notarié sous seing privé par lequel l'hypothèque maritime est consentie, est passible, à l'enregistrement, d'un droit proportionnel de 1 franc par 1,000 francs sur les sommes ou valeurs portées au contrat (1).

66. — Les bordereaux produits pour faire inscrire l'hypothèque maritime sont des pièces ou documents d'ordre non soumis à l'enregistrement (2).

67. — Les réquisitions écrites d'états ou de certificats d'inscription, demandés aux receveurs des douanes, sont des pièces d'ordre exemptes aussi de l'enregistrement (3).

68. — Les états et certificats délivrés par les receveurs principaux des douanes ne sont pas non plus sujets à l'enregistrement. Ce sont des actes émanés d'une administration, exempts de l'enregistrement, en vertu de l'art. 70, § 3, n° 2, de la loi du 22 frimaire an VII (4).

69. — Quant aux actes de cession ou autres, qui sont produits aux receveurs principaux des douanes pour opérer des mentions de subrogation, ou des changements quelconques dans les indications des inscriptions, ils doivent être enregistrés, avant qu'on en puisse ainsi faire usage (5).

70. — Les mainlevées totales ou partielles d'inscriptions d'hypothèque maritime ne sont sujettes qu'au droit fixe de 3 fr. On ne saurait leur appliquer le droit gradué qui n'a été établi par la loi du 28 février 1872, art. 1er, n° 7, que pour les mainlevées d'hypothèques immobilières, ou terrestres, les seules existantes à cette époque. Les mainlevées d'hypothèque maritime ne sont passibles que du droit fixe ordinaire de 3 fr., de même que le désistement de gages mobiliers (6).

71. — Les registres des inscriptions d'hypothèque maritime et les extraits ou certificats y relatifs sont assujettis au timbre spécial du service des douanes. Le droit est de 0 fr. 75 (7).

72. — **Hypothèque.** — Les droits à percevoir par les receveurs principaux de l'administration des douanes chargés du service de l'hypothèque maritime se composent de remises et de salaires payables d'avance.

73. — La remise est fixée à 1/2 °/₀ du capital des créances donnant lieu à l'hypothèque, quel que soit le nombre des navires sur lesquels il est pris inscription. Toutefois, dans le cas où les navires affectés à la garantie d'une même créance sont immatriculés dans des ports dépendant de recettes principales différentes, la remise est due au receveur de chacune des recettes.

En cas de renouvellement des inscriptions hypothécaires, la remise est calculée d'après les règles fixées au paragraphe précédent.

74. — Les salaires seront d'un franc :

    a) Pour l'inscription de chaque hypothèque requise par un seul bordereau, quel que soit le nombre des créanciers ;

    b) Pour chaque inscription reportée d'office, en vertu de l'art. 7 de

---

(1) L. 11 juillet 1885, art. 2.
(2) Art. 21778, § 4, J. N.
(3) Art. 21778, § 4, J. N.
(4) Art. 21778, § 5, J. N.

(5) Art. 21778, § 6, J. N.
(6) Art. 21778, § 6, J. N.
(7) Circ. du directeur général des douanes, du 28 avril 1875 (art. 21233, J. N.).

la loi du 10 juillet 1885, sur le registre du lieu de la francisation ou sur le registre du nouveau port d'attache.

c) Pour chaque déclaration, soit de changement de domicile, soit de subrogation, soit de tous les deux par le même acte;

d) Pour chaque radiation d'inscription;

e) Pour chaque extrait d'inscription ou pour le certificat qu'il n'en existe pas;

f) Pour la transcription du procès-verbal de saisie, conformément à l'art 24 de la loi du 10 juillet 1885.

75. — Chaque bordereau d'inscription ne peut s'appliquer qu'à un seul navire. Dans le cas de changement de domicile, de subrogation ou de radiation, il est fait aussi une déclaration distincte par inscription (1).

§ 8. Formule.

Inscription d'hypothèque maritime.

Inscription d'hypothèque maritime est requise au bureau de la recette principale des douanes, à...

Au profit de M. Louis Muller, rentier, demeurant à...

Pour lequel domicile est élu, à..., en...

Contre M. Amédée Langlois, armateur, demeurant à...

En vertu d'un acte reçu par M°..., notaire, à..., le .., contenant :

I. — Obligation par M. Langlois au profit de M. Muller de la somme de 100,000 fr. pour prêt stipulée remboursable le..., et productive d'intérêts, au taux de 5 °/₀ par an, payables... avec convention, etc... (*Rapporter les conditions relatives au remboursement.*)

II. — Et affectation hypothécaire sur le navire ci-après désigné.

Pour sûreté :

1° De ladite somme de 100,000 fr., exigible et productive d'intérêts comme il vient d'être dit	100 000 »
2° Des intérêts dont la loi conserve le rang.	Mémoire
3° Et des frais de mise à exécution et autres loyaux coûts évalués approximativement à 5,000 francs.	5 000 »
Total, sauf mémoire	105 000 »

Sur :

(*Indiquer l'espèce et le nom du navire*), jaugeant (*tonnage, d'après l'acte de francisation* (*en toutes lettres*), conformément à l'acte de francisation délivré par M. le Ministre des finances le (*date, d'après l'acte de francisation, en toutes lettres*) actuellement immatriculé au bureau de... suivant la soumission y souscrite le... sous le n°

Le requérant,
(*Signature.*)

INDIVIDUALITÉ DES PARTIES

1. — Aux termes de l'art. 11 de la loi du 25 ventôse an XI, le notaire doit connaître le nom, l'état et la demeure des parties qui se présentent devant lui, sinon, il doit exiger qu'ils lui soient attestés par deux citoyens, connus de lui, qu'on appelle *témoins certificateurs* et qui viennent certifier, dans l'acte même, l'identité des personnes qui comparaissent avec celles dont le nom, l'état, et la demeure sont indiqués au contrat.

---

(1) Décret du 18 juin 1886 (art. 3 et 4).

2. — Dans un intérêt d'ordre public, le législateur ne pouvait laisser les notaires instrumenter pour des personnes qui leur auraient été totalement inconnues; il en serait résulté des inconvénients fort graves pour le repos et la fortune des familles. Des faussaires auraient pu se présenter pour d'autres personnes, emprunter et hypothéquer pour elles, ou bien faire un testament sous un nom supposé, d'où des conséquences qui auraient jeté le désordre dans les affaires.

3. — L'art. 11 n'admet pas d'exception; il doit être observé par les notaires, sans qu'il y ait lieu de distinguer s'il s'agit d'un acte unilatéral ou synallagmatique, volontaire ou reçu par suite d'une délégation judiciaire (1). L'individualité des parties est une des conditions essentielles de l'authenticité.

4. — Le notaire ne doit pas se contenter de l'attestation réciproque d'individualité qui serait faite dans l'acte par les parties, car elles pourraient s'entendre pour tromper ainsi un tiers cessionnaire (2), — ni de la dispense qui lui aurait été donnée par les parties de prendre des témoins certificateurs; et la déclaration des témoins ne peut être remplacée par d'autres preuves équivalentes, telles que l'exhibition d'un passeport ou de titres et papiers justificatifs d'identité, le livret d'un ouvrier, la feuille de route d'un militaire, la commission d'un fonctionnaire, etc... L'art. 11 est d'ordre public et il ne doit pas y être dérogé. Si le notaire ne trouve pas de témoins pour attester l'identité des personnes qui réclament son ministère, il doit le refuser.

5. — Pour être dispensé de recourir à l'attestation de témoins certificateurs, il faut que le notaire connaisse par lui-même le *nom, l'état* et la *demeure* des parties, c'est-à-dire tout ce qui, le plus souvent, suffit pour bien constater l'identité d'une personne.

Nous n'avons pas d'explication à donner en ce qui concerne le nom et la demeure; ces mots ne sauraient prêter à équivoque; le nom patronymique d'un individu et le lieu de sa demeure habituelle sont, en effet, des signes certains pour le distinguer. La loi n'a pas exigé que le notaire connût les *prénoms*, c'eût été apporter à la réception des actes des entraves vexatoires; mais comme le prénom est, assez souvent, le seul moyen de distinguer les enfants d'une même famille, il sera prudent de la part du notaire de s'assurer aussi, autant que possible, du prénom, qui doit, d'ailleurs, être énoncé dans l'acte (3).

6. — **Etat.** — Que faut-il entendre par l'état d'une partie? Le législateur a-t-il voulu y attacher le même sens qu'au mot *qualité* employé dans l'art. 13 de la loi de ventôse. Nous le croyons. Le mot *état*, à notre avis, indique la profession que la personne exerce et, à défaut de profession, sa qualité ou sa position sociale, c'est-à-dire ce qui, dans la société, est de nature à distinguer un individu d'un autre qui porte le même nom que lui (4).

Ce que la loi a voulu, c'est que, comme l'exigeait déjà l'art. 12 de l'ordonnance de 1535, les parties soient, par les notaires et les témoins, *témoignées être celles qui contractent.*

Deux frères, par exemple, sont, l'un avocat et l'autre rentier; le notaire doit connaître la *profession* de l'un et la *qualité* de l'autre; il doit savoir si celui qui a pris le titre d'avocat ou la qualité de rentier avait bien réellement cet *état*, afin de prévenir toute supposition de personnes.

7. — **Capacité.** — Le mot état ne se rattache en aucune manière à la capacité juridique des parties, que les notaires ne sont point tenus de connaître ni de se faire attester. Ils ne sauraient être surtout garants de l'exactitude des déclarations que les parties peuvent faire relativement à cette capacité, spécialement pour leur *âge,* leur *état civil,* leur situation de célibataire, de mari, de femme, de veuve, etc...

---

(1) Dict. du not., v° *Individualité*, n°˙ 7 et 8; NOTARIÉ, n° 167; Rutgeerts et Amiaud, n° 409; Ton-Dalloz, n° 386; Ed. Clerc, n° 276; Rutgeerts et Amiaud, t. II, n° 405.

(2) Dict. du not., n° 31; *Pandectes belges*, v° ACTE

gres, 19 mai 1869; Anvers, 25 juin 1870.

(3) Art. 13, L. 25 ventôse an XI.

(4) Orléans, 24 juillet 1856 (art. 15871, J. N.).

On ne pourrait donc pas déclarer un notaire responsable, parce qu'un individu aurait contracté dans son étude avec une *femme mariée*, — ou *mineure*, que le notaire croyait célibataire, — ou *majeure*, s'il n'y avait, d'ailleurs, aucun doute sur son individualité (1) ; — ou parce que le notaire n'aurait pas fait constater la capacité légale des parties.

Toutefois, le notaire pourrait être déclaré responsable, si la qualité de la personne était tellement de notoriété publique, qu'on dût attribuer la fausse déclaration soit à une extrême imprudence de la part de l'officier public, soit à un concert frauduleux avec les parties. C'est en ce sens, croyons-nous, qu'il faut interpréter l'arrêt d'ailleurs fort rigoureux rendu par la Cour de cassation, le 11 août 1857, et aux termes duquel un notaire fut déclaré responsable de la nullité d'un cautionnement consenti en vertu d'une procuration où la femme avait pris faussement la qualité de *veuve*, alors qu'elle était *mariée*.

8. — Témoins. — L'art. 11 exige que les témoins certificateurs soient connus des notaires et qu'ils aient les mêmes qualités que celles requises des témoins *instrumentaires;* ils doivent donc être citoyens français, savoir signer et être domiciliés dans l'arrondissement communal où l'acte se passe (V. *infrà*, v° Témoins). Il y a lieu d'ajouter qu'ils ne doivent être ni parents, ni alliés au degré prohibé du notaire et des parties (2).

9. — Le notaire pourrait, à la rigueur, employer, comme témoins certificateurs, les témoins instrumentaires; la loi de ventôse n'y met aucun obstacle, comme le remarque un arrêt de cassation du 7 juin 1825 (3). Mais nous croyons qu'il est préférable de recourir à des témoins spéciaux (4).

10. — Les noms, prénoms, qualités et demeures des témoins certificateurs doivent être énoncés dans l'acte, à peine de 20 francs d'amende contre le notaire contrevenant (5).

11. — L'individualité des militaires et marins peut être attestée, d'après une circulaire du ministre de la justice, par deux officiers ou sous-officiers (6). Mais cette décision ministérielle ne nous paraît pas légale et on se demande si une modification aussi importante faite à l'art, 11 peut avoir lieu autrement que par une loi (7).

12. — Responsabilité notariale. — Si le notaire avait absolument négligé de se faire certifier l'individualité des parties, l'acte ne serait pas nul, puisque l'art. 11 n'est pas compris dans l'énumération des nullités faites par l'art. 68 de la loi de ventôse (8). Le notaire qui aurait négligé cette formalité, bien qu'il ne connût pas les parties, n'encourrait même aucune peine disciplinaire, si les parties comparantes sont bien celles dénommées à l'acte (9).

13. — Mais si les *parties* ou les *tiers* ont éprouvé quelque préjudice par suite de l'omission de la formalité imposée par la loi, le notaire pourrait être déclaré responsable et condamné à des dommages-intérêts (10).

14. — Et les tribunaux ont le droit d'apprécier le degré de faute du notaire

---

(1) Amiens, 6 janvier 1857; Pau, 17 mars 1860; Vienne, 20 février 1862; Metz, 17 juin 1863 ; Seine, 27 janvier 1869 (*Rev. not.*, n° 2809 et art. 19500; J. N.); Paris, 11 avril 1869; Dijon, 12 avril 1880 ; Douai, 9 mai 1889 (art. 24289, J. N.). — *Sic* : Dict. du not., n°ˢ 18-19 ; Fabvier-Coulomb, p. 80; Dalloz, n°ˢ 3342 et 3348; Génébrier, p. 258; Rutgeerts et Amiaud, p. 634.

(2) Eloy, n° 383; Génébrier, p. 268; *Pandectes belges*, n° 164; Rutgeerts et Amiaud, n° 413.

(3) Art. 5450, J. N.

(4) Bastiné, n° 119 , Génébrier, p. 268; Rutgeerts et Amiaud, n° 414. — *Contrà* : Dict. du not., n° 215 et v° *Individualité*, n° 19.

(5) L. 25 ventôse an XI, art. 13 ; L. 16 juin 1824, art. 10.

(6) Dalloz, n° 3350.

(7) Rutgeerts, p. 641.

(8) Dalloz, n° 3451 ; Dict. du not., n° 40; Rouen, 13 février 1828; Nivelle, 21 juillet 1875.

(9) Bruges, 12 mai 1874 ; Gand, 25 juin 1874.

(10) Bordeaux, 28 avril 1829 ; Cass., 8 janvier 1823, 17 mars 1828 et 29 décembre 1828; Bourges, 28 août 1882; Bruxelles, 21 février 1844 ; Paris, 29 janvier 1847; Anvers, 25 juin 1870; Charleroi, 26 mars 1874; Roanne, 16 juillet 1884; Cass., 18 novembre 1885 (art. 23500, J. N.); *J. du not.*, n° 8797; Amiens, 9 janv. 1890; Orthez, 18 janv. 1893 (*J. du not.*, 1893, p. 359).

pour y proportionner les dommages-intérêts, dans le cas, par exemple, où les parties auraient réciproquement certifié leur individualité (1).

En tout cas, le notaire ne peut être responsable que du dommage qui est directement et exclusivement la suite de sa faute (2).

15. — L'emploi des témoins certificateurs met le notaire à l'abri de toute responsabilité, en cas d'erreur sur l'individualité des parties, et, dans ce cas, les témoins seraient eux-mêmes responsables.

Il a été jugé, en ce sens, que le notaire qui, sur la déclaration de deux témoins certificateurs, rédige une procuration au nom d'une personne autre que celle qui se présente devant lui, n'encourt aucune responsabilité et que les témoins seuls doivent répondre de la nullité du prêt hypothécaire fait en vertu de cette procuration (3).

Que les témoins certificateurs qui ont attesté, des faits qu'ils ne connaissaient point, commettent un *quasi-délit* et doivent réparation du préjudice par eux causé, si les faits attestés sont reconnus contraires à la vérité (4).

16. — **Enregistrement.** — Les certificats d'individualité sont actuellement sujets au droit fixe de 3 francs (5) ; mais la déclaration d'identité faite dans un acte par les témoins certificateurs n'est soumise à aucun droit.

FORMULE.

(Cette formule se place, soit au commencement, soit à la fin de l'acte).

... En présence de MM. Pierre Legrand, bijoutier, et Jules Dumont, opticien, demeurant l'un et l'autre à..., qui ont attesté aux notaires soussignés, le nom, l'état et la demeure des parties contractantes.

INSCRIPTION HYPOTHÉCAIRE

C'est la formalité par laquelle un créancier fait mentionner sur un registre tenu à cet effet au bureau des hypothèques, la garantie privilégiée ou hypothécaire que la loi lui confère ou qui lui a été consentie sur les immeubles de son débiteur (art. 2114, 2134, C. civ.).

Sommaire :

---

(1) Mons, 26 mars 1874; Pas., 1875-3-162. V. aussi Reims, 22 juillet et 12 août 1876 (*Rev. not,*, n° 5127).
(2) Mons, 21 avril 1876.
(3) Rennes, 13 juillet 1875 (art. 21729, J. N.).
(4) Liège, 22 janv. 1878 (*Rev. prat. not.*, 1879, p.119)
(5) L. 28 février 1872, art. 4.

§ 1. NÉCESSITÉ DE L'INSCRIPTION POUR CONSERVER L'HYPOTHÈQUE. HYPOTHÈQUES QUI EXISTENT INDÉPENDAMMENT DE L'INSCRIPTION.

1. — Dans notre ancien droit français, les hypothèques restaient occultes ; c'était la règle générale et le droit commun. Aujourd'hui le créancier n'aurait entre les mains qu'un droit et un titre inertes, s'il n'en révélait pas l'existence dans les formes prescrites par la loi. C'est, en effet, par l'inscription que l'hypothèque se vivifie et constitue réellement au profit de celui qui l'a obtenue la *cause de préférence* dont parle l'art. 2094 du C. civ. Car, sans inscription, le créancier, quoique pourvu d'une hypothèque, ne peut ni poursuivre les immeubles hypothéqués entre les mains des tiers acquéreurs (art. 2166, C. civ.), ni réclamer sur le prix de ces immeubles un droit de préférence au détriment des autres créanciers, (art. 2134, C. civ.).

2. — Mais cette inscription n'est utile et exigée que vis-à-vis des tiers ; en ce qui concerne le débiteur hypothéqué et ses héritiers et successeurs universels, l'effet de l'hypothèque est indépendant de toute inscription ; d'où il suit que le débiteur ne peut ni opposer le défaut d'inscription, ni attaquer une inscription comme vicieuse ou incomplète, ni se prévaloir du défaut de renouvellement (1). D'où il suit encore que le créancier hypothécaire peut, sans avoir pris inscription, et malgré le principe de la division des dettes entre les héritiers du débiteur, poursuivre pour le total de sa créance, l'héritier détenteur de l'immeuble ou de l'un des immeubles hypothéqués (2).

3. — Ces principes, fort importants, résultent des dispositions des art. 2092, 2093, 2094 et 2134 du C. civ., ainsi conçus :

« ART. 2092. — Quiconque s'est obligé personnellement, est tenu de remplir son engagement sur tous ses biens mobiliers et immobiliers, présents et à venir.

« ART. 2093. — Les biens du débiteur sont le gage commun de ses créanciers ; et le prix s'en distribue entre eux par contribution, à moins qu'il n'y ait entre les créanciers des causes légitimes de préférence.

« ART. 2094. — Les causes légitimes de préférence sont les *privilèges* (V. *infrà*, v° INSCRIPTION DE PRIVILÈGE) — et les *hypothèques*.

« ART. 2134. — *Entre les créanciers*, l'hypothèque, soit légale, soit judiciaire, soit conventionnelle, n'a de rang que du jour de l'inscription prise par le créancier sur les registres du conservateur, dans la forme et de la manière prescrites par la loi, sauf les exceptions portées en l'art. 2135. »

4. — La loi dispense, d'une manière plus ou moins complète, certains privilèges et certaines hypothèques de la formalité de l'inscription. (Pour les privilèges dispensés, v. *infrà*, v° INSCRIPTION DE PRIVILÈGE, n° 8).

Les hypothèques qui jouissent de cette faveur sont les hypothèques légales des femmes mariées, des mineurs et des interdits (art. 2121 et 2135, C. civ.) ; elles en jouissent non seulement en ce qui concerne le droit de préférence, mais aussi quant au droit de suite, et les personnes qui en sont pourvues peuvent donc les faire valoir, sans inscription préalable, soit en demandant leur collocation dans les ordres ouverts pour la distribution du prix des immeubles hypothéqués, soit par voie de surenchère en cas de purge par aliénation volontaire, soit même par voie de poursuite hypothécaire contre les tiers détenteurs (3).

5. — Toutefois des restrictions à cette faveur ont été apportées par la loi sur la transcription hypothécaire du 23 mars 1855 et par la loi sur les ordres du 21 mai 1858.

a) Aux termes de l'art. 8 de la loi de 1855, l'hypothèque légale de la

---

(1) Cass., 16 avril 1839 et 17 août 1868 ; Pont, *Hypoth.*, n° 786 ; Aubry et Rau, t. III, p. 286.
(2) Laurent, t. XXX, n°° 553 et suiv.

(3) Pont, n° 1120 ; Aubry et Rau, n° 301 ; Toulouse, 12 juin 1860 ; Cass., 14 décembre 1863.

femme mariée, du mineur ou de l'interdit doit, en cas de dissolution du mariage ou de cessation de la tutelle, être inscrite dans
l'année qui suit cette dissolution ou cette cessation. En outre,
d'après l'art. 9 de cette même loi, les créanciers qui auraient été
subrogés dans l'hypothèque légale d'une femme mariée, sont
tenus, quand cette hypothèque n'a pas été inscrite, d'en requérir
inscription à leur profit ou de faire mentionner leur subrogation
en marge de l'inscription existante.

 b) Les créanciers à hypothèque légale (femmes, mineurs ou interdits)
qui n'ont pas fait inscrire leur hypothèque avant la transcription
du jugement d'adjudication — même en cas d'expropriation
forcée, — conservent encore leur droit de préférence sur le prix,
s'ils ont produit, avant l'expiration du délai fixé par l'art. 754,
C. proc., dans le cas où l'ordre se règle judiciairement, ou s'ils
ont fait valoir leurs droits avant la clôture, si l'ordre se règle
amiablement, conformément aux art. 751 et 752.

 c) Enfin, même sous l'empire du Code civil, la nécessité de l'inscription a toujours été imposée aux femmes, mineurs et interdits, dans
le cas où l'acquéreur des biens du mari ou du tuteur remplit les
formalités de purge légale prescrites par les art. 2193 et suiv. du
C. civ. (V. *infrà*, v° PURGE LÉGALE).

 6. — Tous les créanciers à l'hypothèque spéciale, inscrits le même jour,
exercent en concurrence leur hypothèque, si elle est de la même date, sans distinction entre celle du matin et celle du soir, alors même que cette différence
aurait été indiquée par le conservateur (art, 2147, C. civ.).

 Et il en est ainsi même pour les hypothèques légales soumises à l'inscription
et pour les privilèges dégénérés en hypothèque, dans le cas de l'art. 2113, C. civ.

 7. — Mais cette disposition n'est applicable qu'aux créanciers hypothécaires,
nantis de titres différents ; elle ne s'applique pas aux cessionnaires partiels et
successifs d'une même créance ; dans ce cas, la préférence entre les cessionnaires
se règle d'après les principes en matière de *transport* (V. ce mot). Le premier
cessionnaire doit, selon nous, primer les cessionnaires ultérieurs (1).

 8. — Les hypothèques générales existant contre la même personne gardent leurs
rangs respectifs sur les immeubles qui n'entrent que, postérieurement à leur naissance, dans le patrimoine du débiteur ; de ce qu'elles frappent l'immeuble au
même moment, il ne s'ensuit pas qu'elles concourent au même rang (2).

 Ainsi, l'immeuble acquis par un homme, marié et tuteur des enfants d'un
premier lit, se trouve bien grevé, le même jour, de l'hypothèque légale de la femme
et de celle des enfants mineurs, mais cette dernière, dont la date est antérieure à
celle de la femme, conserva son rang et son antériorité (3).

 9. — De même, l'hypothèque générale, sujette à inscription, et inscrite le
jour même où un immeuble devient la propriété du débiteur par acquisition, succession ou donation, est primée par l'hypothèque légale, dispensée d'inscription,
dont le même débiteur est grevé (4).

 10. — Dans le concours des hypothèques générales et des hypothèques spéciales, le principe de l'indivisibilité de l'hypothèque donne lieu à plusieurs difficultés : Il faut tenir pour constant, comme règle, que le créancier ayant une
hypothèque générale, peut se faire colloquer sur celui des immeubles du débiteur
qu'il a intérêt à choisir (5).

---

(1) Cass., 20 novembre 1865 (S. V., 1866-1-201). — *Contrà :* Aubry et Rau, p. 446 ; Pont, n° 289, qui enseignent que les cessionnaires sont tous colloqués au marc le franc ; Comp. Cass., 20 mai 1866.
 (2) Seine, 31 mai 1866 (*Rev, not.*, n° 1566).

(3) Toulouse, 18 décembre 1826 ; Caen, 5 avril 1856
(4) Art. 9877, J. N.
(5) Cass., 14 décembre 1831 et 3 mars 1856 ; Caen, 26 novembre 1879 ; Douai, 9 décembre 1871 ; Nîmes, 10 juin 1875 ; Paris, 27 avril 1888.

11. — Toutefois, cette règle souffre certains tempéraments imposés par l'équité; ainsi, lorsque, dans un même ordre, des hypothèques spéciales se trouvent en concours avec une hypothèque générale antérieure, celle-ci peut être colloquée sur certains immeubles seulement, de manière à ne pas nuire à l'exercice des hypothèques spéciales (1) (V. *infrà*, v° ORDRE AMIABLE).

§ 2. DES TITRES EN VERTU DESQUELS L'INSCRIPTION EST PRISE.
PAR QUI ELLE PEUT ET DOIT ÊTRE REQUISE.
CONTRE QUELLES PERSONNES. A QUEL BUREAU. DANS QUEL DÉLAI.

12. — Suivant que l'hypothèque est *légale, judiciaire* ou *conventionnelle*, l'inscription peut être prise en vertu de la loi, d'un jugement ou d'un acte authentique.

13. — L'inscription d'hypothèque *légale* des femmes mariées, des mineurs et interdits, de l'Etat, des communes et établissements publics est prise en vertu des dispositions des art. 2117 et 2121, C. civ.

14. — L'inscription d'hypothèque *judiciaire* peut être prise en vertu de tout jugement soit contradictoire, soit par défaut définitif ou provisoire qui porte condamnation à une somme d'argent (art. 2123, C. civ.). Il n'est pas nécessaire que le jugement par défaut ait été signifié (2), ou, s'il est contradictoire, que les délais d'appel soient expirés (3).

15. — Jugé aussi que l'inscription étant une simple mesure conservatoire, et non un acte d'exécution, ne serait pas nulle, parce qu'elle aurait été prise aussitôt après la prononciation du jugement, et avant qu'il ait été expédié et enregistré (4).

Une inscription hypothécaire ne peut être prise valablement en vertu de contraintes décernées soit par les préposés de l'Enregistrement (6), soit par les préposés des contributions indirectes, pour le recouvrement des droits dont la perception leur est confiée (5), — ni en vertu d'un exécutoire de frais délivré par le juge de paix.

Peut-elle être prise en vertu d'un exécutoire délivré par le président du tribunal (V. *suprà*, v° HONORAIRES, p. 309).

16. — L'inscription d'hypothèque *conventionnelle* peut être prise en vertu d'un acte authentique passé devant notaire et contenant une stipulation d'hypothèque spéciale (art. 2127-2129, C. civ.).

L'acte notarié n'a pas besoin d'être enregistré (7). Il n'est pas non plus de ceux qui doivent, à peine de nullité, être passés en *minute;* ainsi une inscription d'hypothèque peut être valablement prise en vertu d'un billet à ordre ou au porteur, reçu en brevet (8). L'article 2148 du Code civil autorise, en effet, à prendre inscription en vertu de l'*original en brevet* de l'acte qui donne naissance à l'hypothèque (9). Toutefois, nous avons conseillé de ne pas recevoir un acte de ce genre en brevet.

17. — On ne pourrait pas prendre inscription en vertu d'une simple stipulation de garantie non accompagnée d'une constitution d'hypothèque (10).

18. — Si l'hypothèque a été constituée par une personne sans mandat et si elle a besoin, pour sa validité, de la ratification d'un tiers, la ratification est opposable aux créanciers inscrits postérieurement, et l'inscription prise en vertu de l'acte constitutif d'hypothèque produit son effet du jour de sa date vis-à-vis des

---

(1) Lyon, 24 mai 1850; Cass., 17 août 1830 et 5 août 1847; Agen, 3 janvier 1844.
(2) Cass., 21 mai 1811; Rouen, 27 mai 1834; Paris, 23 juillet 1840; Lyon, 29 juin 1890.
(3) Bordeaux, 22 août 1854.
(4) Cass., 29 août 1824 et 19 juin 1833.
(5) Cass., 28 janvier 1828 (art. 6464, J. N.).
(6) Paris, 16 décembre 1879 ; Cass., 9 novembre 1880 (art. 22461, J. N.).

(7) Toulouse, 12 décembre 1825 (art. 9287, J. N.).
(8) Alger, 7 mai 1870 (S. V., 1871-1-105, art. 20287, J. N.).
(9) Aubry et Rau, t. III, p. 273 ; Pont, t. II, n° 665 ; Dict. du not., v° *Hypothèque*, n° 417 *bis*; Laurent, t. XXXI, n° 31.
(10) Dict. du not., v° *Inscription*, n° 122.

créanciers qui n'avaient pas d'inscription avant la ratification, sans qu'il soit besoin d'une nouvelle inscription d'hypothèque ratifiée (1). Néanmoins, nous conseillons de prendre une première inscription de l'acte de constitution de l'hypothèque et une seconde inscription, nouvelle et en renouvellement de la première, en vertu de cet acte et de l'acte de ratification.

19. — Capacité. — Nulle capacité n'est requise du créancier qui prend inscription. Les femmes mariées non autorisées, les mineurs ou interdits peuvent requérir inscription valablement.

20. — D'ordinaire, l'inscription est prise par le créancier lui-même ; mais elle peut l'être aussi par ses héritiers ou ayants-droit, représentants, tuteurs, mandataires, etc... ; elle peut l'être aussi par d'autres personnes, sans que celles-ci soient tenues de justifier d'aucun mandat ; car le conservateur lui-même pourrait prendre une inscription sans réquisition (2).

21. — L'inscription peut être prise par le cessionnaire au nom du cédant (3), ou en son propre nom, même avant la notification ou l'acceptation du transport (4).

22. — D'après un arrêt de cassation du 11 août 1819, le cessionnaire par acte sous seing privé ne pourrait pas requérir l'inscription en son nom ; mais l'opinion contraire paraît plus généralement admise (5).

23. — Si l'inscription est prise en vertu d'une délégation, cette délégation doit être acceptée (6) ; elle ne saurait être valablement requise au profit d'un créancier bénéficiaire d'une simple indication de paiement (7).

24. — Lorsqu'une créance appartient à plusieurs divisément ou indivisément, l'inscription peut être prise au nom de tous collectivement ou de chacun pour sa part. Cass., 4 août 1890 (*J. du not.*, 1891, p. 12).

25. — L'inscription prise au nom de l'usufruitier ne conserve pas les droits du nu propriétaire (8) et réciproquement.

26. — Une inscription peut être prise au nom d'un créancier qui serait décédé (9). Mais il est préférable qu'elle **soit** requise au nom des héritiers individuellement ou au nom de la succession.

27. — Si la créance à inscrire appartient à une société de commerce, l'inscription peut être prise au nom de la raison sociale (10).

Lorsqu'une société souscrit une ouverture de crédit par voie d'émission d'obligations hypothécaires transmissibles, l'inscription peut être valablement prise au nom des représentants des obligataires ou de la société civile qui serait constituée, sans qu'il soit nécessaire d'indiquer les noms des propriétaires des obligations (11).

28. — L'inscription prise en vertu d'une obligation au porteur ne peut être requise valablement *pour et au profit du porteur ;* elle doit contenir en outre les noms et prénoms du créancier actuel (12).

29. — Les créanciers du titulaire d'une créance garantie par une hypothèque conventionnelle ou légale, peuvent, pour la conservation des droits de leur débiteur, requérir l'inscription de cette créance, mais seulement au nom de celui-ci (art. 775, C. proc. civ. et art. 1166, C. civ.) (13).

C'est par application de ce principe qu'il a été jugé que le notaire, rédacteur d'un acte de vente d'immeubles, peut, comme exerçant les droits du vendeur,

(1) Cass., 25 novembre 1856, 3 août 1859 et 13 décembre 1875 (art. 15960, 16714 et 21339, J. N.).
(2) Cass., 13 juillet 1841 ; Agen, 4 janvier 1854 ; Dalloz, *Priv. et hypoth.*, n° 1456.
(3) Cass., 16 novembre 1840.
(4) Pont, n° 931; Aubry et Rau, *loc. cit.*
(5) Roll. de Villargues, n° 71; Persil, *Quest. hypoth.*, t. I, p. 894 ; Ed. Clerc, p. 64 ; Aubry et Rau, p. 318.
(6) Cass., 21 février 1810, 27 janvier 1856 et 7 mars 1862 ; Aubry et Rau, *loc. cit.*
(7) Aix, 27 juin 1846; Mont-de-Marsan, 26 mai 1887 (*J. du not.*, n° 8954)

(8) Aubry et Rau, p. 320.
(9) Cass., 19 février 1809.
(10) Cass., 1er mars 1810.
(11) Paris, 15 mai 1878 (art. 22096, J. N.); Douai, 12 août 1880 ; Lyon, 6 mai 1886.
(12) Poitiers, 15 décembre 1829. Si la garantie hypothécaire est attachée à des obligations au porteur émises par des compagnies, établissements et particuliers, Cons., art. 21750, J. N.).
(13) Pont, n° 932 ; Aubry et Rau, t. III. p. 819 ; Laurent, t. XXXI, n° 10 ; Paris, 18 avril 1885 (*J. du not.*, n° 3803.

débiteur solidaire des frais de l'acte, faire inscrire le privilège de ce dernier pour le paiement du prix et des accessoires (1).

30. — En outre du créancier hypothécaire, il y a des personnes qui sont tenues, sous leur responsabilité personnelle, de requérir l'inscription, ou qui sont autorisées à le faire. Tous ceux, notamment, qui en vertu d'un mandat légal ou conventionnel, sont chargés de l'administration de la fortune d'autrui, doivent, à peine de tous dommages-intérêts, requérir l'inscription des créances hypothécaires comprises dans les biens dont la gestion leur est confiée.

    a) Les maris et tuteurs sont tenus de rendre publiques, par l'inscription, les hypothèques dont leurs biens sont grevés (art. 2136, C. civ.), et les subrogés-tuteurs doivent veiller à ce que ces inscriptions soient prises (art. 2138, C. civ.) (2).

    b) A défaut par les maris, tuteurs et subrogés-tuteurs, de faire faire ces inscriptions, elles sont requises par le procureur de la République du domicile des maris et tuteurs (art. 2138, C. civ.).

    c) Les parents, soit du mari, soit de la femme, et les parents du mineur ou, à défaut de parents, ses amis, peuvent aussi requérir inscription (art. 2139, C. civ.). Mais les personnes, dénommées en l'art. 2139, C. civ., ont seules le droit de requérir l'inscription et celui qui l'a fait, sans qualité, engage sa responsabilité (3).

    d) Les receveurs d'enregistrement et les conservateurs d'hypothèques sont tenus de requérir inscription sur les biens des comptables, au profit du trésor public (4).

    e) Le maire, sur les biens des receveurs municipaux.

31. — Le notaire qui a reçu un acte de constitution d'hypothèque n'est pas tenu, en principe, et à moins d'en avoir été chargé par mandat exprès ou tacite, de requérir l'inscription de cette hypothèque (5).

32. — L'inscription doit être prise contre la personne qui a consenti l'hypothèque, qu'elle soit le débiteur direct ou qu'elle se soit engagée comme caution (6).

33. — Si le débiteur contre qui l'inscription est requise est décédé, l'inscription peut être faite sous la simple désignation du défunt (art. 2149, C. civ.) ou de ses héritiers, qu'il n'est pas nécessaire de dénommer (7). Cependant, il est plus prudent de les désigner individuellement (8).

34. — En cas d'aliénation de l'immeuble hypothéqué, on inscrit purement et simplement contre le débiteur, comme s'il n'y avait pas eu mutation (9). L'inscription prise contre le tiers détenteur serait nulle, si elle ne désignait pas en même temps le débiteur principal (10).

35. -- **Bureau où l'inscription doit être prise.** — C'est au bureau des hypothèques dans l'arrondissement duquel sont situés les biens grevés d'hypothèque que doit être prise l'inscription (art. 2146, C. civ.).

Lorsqu'il y a des biens situés dans plusieurs arrondissements, il y a lieu de prendre une inscription distincte dans chaque arrondissement.

Toute inscription qui serait prise dans un autre arrondissement que celui où sont situés les biens serait nulle.

---

(1) Nimes, 14 décembre 1872; Grenoble, 5 avril 1876; Limoges, 27 décembre 1878; Villefranche, 15 juin 1881; Cass., 7 novembre 1882 (art. 2091, 21483, 22034, 22517, J. N., et *Diss.*, 21025 et 21592, J. N.; Amiaud, *Tarif. gén.*, t. II, p. 335.

(2) Douai, 28 juin 1879 et Nancy, 28 février 1880 (art. 22306 et 22327, J. N.).

(3) Cass , 4 août 1874 (*Rev. not.*, n° 4723). V. aussi Cass., 29 juin 1870 (*Rev. not.*, n° 2889). Les créanciers de la femme peuvent requérir l'inscription de son hypothèque légale en vertu de l'article 1166 du Code civil. Paris, 18 février 1885 (*J. du not.*, n° 3751).

(4) Art. 7, L. 5 septembre 1807

(5) Cass , 4 juillet 1817; Paris, 28 juillet 1851; Rouen, 24 novembre 1852; Cass., 14 février 1855 et 22 août 1864; Seine, 24 avril 1868; Toulouse, 24 mars 1879 (art. 20799 et 22178, J. N.); Pont, n° 937; Aubry et Rau, p. 320; Amiaud, *Tarif*, t. I, p. 438.

(6) Pont, n° 976; Aubry et Rau, p. 322.

(7) Cass., 2 mars 1812.

(8) Pont, n° 978; Aubry et Rau, p. 323.

(9) Pont, n° 975.

(10) Cass , 27 mai 1816; Aubry et Rau, *loc. cit.*

S'il s'agit d'immeubles fictifs, tels que les actions de la Banque de France et autres valeurs immobilisées, l'inscription est prise à Paris (1er bureau), où siègent les administrations de ces valeurs. (V. *infrà*, n° 55.)

36. — Tous les créanciers inscrits le même jour exercent en concurrence une hypothèque de la même date, sans distinction entre l'inscription du matin et celle du soir, quand même cette différence serait marquée par le conservateur (art. 2147, C. civ.).

En cas de concours entre une inscription et une transcription du même jour, l'antériorité est déterminée par le registre d'ordre du conservateur (1).

37. — Délai. — Les inscriptions doivent être prises, dans le plus bref délai possible, aussitôt après la constitution de l'hypothèque ; elles peuvent l'être même avant l'enregistrement de l'acte (à moins qu'il n'y ait terme fixé ou convention contraire), et tant que les immeubles grevés restent dans le patrimoine du débiteur et même, après leur aliénation, tant que l'acte d'aliénation n'a pas été transcrit. Le droit de prendre inscription ne se forclôt donc que par la *transcription* (2).

38. — Mais cette règle ne concerne que les aliénations entre vifs ; les testaments n'ayant pas besoin d'être transcrits, il en résulte que la propriété des immeubles légués est, dès le jour du décès du testateur, à l'abri des inscriptions des créanciers hypothécaires du défunt (3).

39. — Les inscriptions ne produisent aucun effet, si elles sont prises, contre un débiteur en faillite, dans le délai pendant lequel les actes faits avant l'ouverture de la faillite sont déclarés nuls (art. 2146, C. civ.), c'est-à-dire depuis l'époque déterminée par le tribunal de commerce comme étant celle de la cessation des paiements, ou dans les dix jours qui auront précédé cette époque (art. 446, C. comm.) si la constitution d'hypothèque a eu lieu dans ce délai.

Si les droits d'hypothèque ont été valablement acquis, l'inscription pourra être prise jusqu'au jour du jugement déclaratif de faillite (4). Néanmoins les inscriptions prises après l'époque de la cessation de paiement ou dans les dix jours qui précédent, pourront être déclarées nulles, s'il s'est écoulé plus de quinze jours entre la date de l'acte constitutif de l'hypothèque et celle de l'inscription (art. 448, C. com.) (5).

40. — Une inscription ne peut pas être prise valablement au profit d'un créancier d'une succession, depuis l'ouverture, dans le cas où cette succession n'a été acceptée que sous bénéfice d'inventaire (art. 2146, C. civ.) par une partie ou par la totalité des héritiers majeurs ou mineurs : la loi ne fait pas de distinction (6).

41. — Il en est de même des inscriptions prises contre une succession vacante, lorsqu'elles ont été prises avant ou après la déclaration de vacance de cette succession (7).

Mais cette nullité ne frappe que les inscriptions requises pour la première fois et ne s'étendent point à celles prises en renouvellement d'inscriptions non périmées, puisqu'elles n'ont pour objet que de conserver un droit acquis.

42. — Elle n'atteint pas davantage l'inscription de l'hypothèque légale des femmes, des mineurs et interdits, qui peut être utilement prise depuis la faillite ou après l'ouverture de la succession bénéficiaire ou vacante, si toutefois le droit à l'hypothèque est antérieur à ces évènements et si l'hypothèque n'est pas assujettie à l'inscription par l'art. 8 de la loi du 23 mars 1855 (8).

---

(1) Arras, 15 juillet 1860; Déc., 17 juin 1868 ; Nice, 15 novembre 1883; Flandin, n° 925; Mourlon, t. II, n° 519. — *Contrà* : Bastia, 12 décembre 1881.
(2) L. du 23 mars 1855, art. 6.
(3) Aubry et Rau, p. 330.
(4) Amiens, 26 décembre 1855; Grenoble, 19 août 1882.
(5) Cass., 17 avril 1849 ; Colmar, 15 janvier 1852; Cass., 2 mars 1863.

(6) Cass, 18 novembre 1833.
(7) Toulouse, 15 février 1838; Bourges, 8 avril 1886 (*Répert. anal.*, n° 713); Pont, n° 916 ; Aubry et Rau, p. 335.
(8) Besançon, 14 décembre 1861; Pont, n° 826 ; Narbonne, 19 novembre 1885; Marmande, 5 août 1886.

43. — Lorsque, en cas d'insuffisance des biens présents, un débiteur a hypothéqué ses biens à venir, l'inscription sur ces derniers biens ne peut être utilement prise qu'au fur et à mesure qu'ils sont entrés dans le patrimoine du débiteur (art. 2130, C. civ.) (1).

§ 3. FORMES DE L'INSCRIPTION.

44. — La formalité de l'inscription s'accomplit par la remise ou présentation au bureau des hypothèques de l'arrondissement où les biens hypothéqués sont situés de l'*original en brevet* ou d'une *expédition authentique* de l'acte ou du jugement qui donne naissance à l'hypothèque, avec deux bordereaux sur timbre contenant la réquisition d'inscription et les énonciations prescrites par les art. 2148 et 2153, C. civ., pour la validité de cette inscription.

45. — L'un des bordereaux est rendu avec le titre au créancier, après mention certifiée par le conservateur, de la date, du volume et du numéro de l'inscription; l'autre reste déposé au bureau à l'appui de la formalité.

La représentation du titre n'est pas utile, lorsqu'il s'agit d'inscriptions d'hypothèques légales ou d'un renouvellement d'inscription; et même, dans les cas où la loi l'exige, si le conservateur ne l'a pas demandée, l'inscription n'en est pas moins valable.

Il n'est pas non plus nécessaire de représenter une expédition entière du titre; un extrait littéral suffit (2).

Le conservateur ne peut refuser d'opérer l'inscription d'une hypothèque conventionnelle, sur la représentation de la *minute* de l'acte constitutif de la créance, même avant d'être enregistrée. Il faut, en effet, considérer les mots *original en brevet* employés par l'art. 2148 comme synonymes de *titre original* (3).

46. — Il n'est pas dans l'usage de dater ni de signer les bordereaux; la loi ne l'exige pas, le défaut de signature ne peut être relevé contre la validité de l'inscription (4), et ils peuvent être rédigés par le créancier lui-même; mais il est si important de n'oublier dans cette rédaction aucune des indications prescrites par la loi, sous peine de nullité, que les parties auraient le plus grand tort de ne pas confier ce travail à un officier public expérimenté.

D'un autre côté, nous ne saurions trop recommander aux notaires, qui sont fréquemment appelés à rédiger les bordereaux d'inscription, d'observer rigoureusement toutes les formalités prescrites, car le moindre oubli peut entraîner, avec la nullité de l'inscription, une action en responsabilité et en dommages-intérêts.

47. — Ces formalités doivent être observées, sinon en termes exprès, au moins en termes équipollents, car la loi n'exige point de termes sacramentels (5).

48. — La loi ne prononce pas non plus la nullité de l'inscription pour omission de telle ou telle indication. C'est la jurisprudence qui décide quelles sont celles qui doivent être considérées comme substantielles, c'est-à-dire indispensables à la validité de l'inscription. Nous aurons soin de les signaler, tout en constatant la grande divergence des décisions judiciaires sur ce point.

ART. 1er. — *Hypothèque conventionnelle.*

49. — Pour l'hypothèque conventionnelle, les énonciations prescrites pour la validité des inscriptions sont consignées dans l'art. 2048, C. civ.

50. — Indication du créancier. — L'inscription doit, en principe, être

---

(1) Paris, 20 janvier 1888; Aubry et Rau, p. 324.
(2) Déc. minist. fin., 8 août 1888; Inst. rég., 24 août 1888.
(3) Cass., 29 novembre 1824 et 19 juin 1833

(art. 8110, J. N. et *Diss.*, art. 18287. J. N.); Prades, 2 avril 1884 Douai, 4 juillet 1884; Annecy, 11 août 1887; Dict. du not., *Suppl.*, n° 200.
(4) Liège, 3 mai 1871.
(5) Ed. Clerc, p. 68; Dalloz, *Code civ. annoté*, p. 1022.

prise au nom du titulaire de la créance garantie par l'hypothèque (1). Elle doit donc contenir les nom, prénoms, profession et domicile du créancier; car c'est le moyen le plus sûr de constater son individualité. Ce n'est pas là une formalité *substantielle*.

51. — L'inscription ne serait donc pas nulle parce que le nom du créancier serait mal orthographié, ou indiqué par un surnom sous lequel il est connu, ou parce qu'une erreur se serait glissée dans les prénoms, ou que tous les prénoms ne seraient pas exactement indiqués, si d'ailleurs le créancier est clairement désigné (2), ou parce que l'inscription serait prise par les héritiers ou ayants droit au nom du créancier, bien que ce dernier soit décédé (3).

Remarquons toutefois que l'indication de l'ortographe même des nom et prénoms doit toujours être faite avec soin, car il existe souvent des personnes portant le même nom et la moindre erreur peut donner lieu à des méprises ou à des lacunes dans les états d'inscriptions et, par suite, à de graves inconvénients.

52. — La désignation de la profession et du domicile réel n'est qu'une formalité secondaire, dont l'omission n'entraîne pas la nullité de l'inscription (4).

53. — **Election de domicile du créancier.** — Le bordereau doit contenir élection de domicile par le créancier dans un lieu quelconque de l'arrondissement (art. 2148, C. civ.). L'élection peut être faite au domicile réel.

54. — Les auteurs et les tribunaux sont divisés sur la question de savoir si le défaut d'élection de domicile vicie ou non l'inscription.

Dans un premier système, on soutient que l'élection de domicile n'étant utile que dans l'intérêt du créancier, n'est pas une formalité substantielle (5), si surtout il n'en est résulté aucun préjudice pour le débiteur ou les tiers (6).

Dans un second système, on soutient que l'élection de domicile est une formalité *substantielle* dont l'omission entraîne la nullité de l'inscription (7). C'est l'opinion qui a définitivement prévalu devant la Cour de cassation, mais avec ce tempérament qu'il est suffisamment satisfait aux prescriptions de l'art. 2148, lorsque le créancier a indiqué son domicile réel dans l'arrondissement de la conservation des hypothèques (8).

55. — A Paris, où le décret du 16 novembre 1859 a réparti le service de la conservation des hypothèques, dans le département, entre trois bureaux, il est nécessaire ou au moins préférable. bien que la ville ne forme qu'une unité administrative, que l'élection soit faite dans le ressort du bureau où sont situés les biens hypothéqués (9).

56. — Il est loisible au créancier ou à ses représentants de changer sur le registre des hypothèques le domicile élu et d'en indiquer un autre (art. 2152, C. civ.); mais cette déclaration doit être signée.

57. — Le domicile élu n'est pas changé par le décès soit du créancier, soit de la personne chez laquelle a été faite l'élection de domicile (art. 2156, C. civ.).

58. — **Indication du débiteur.** — Le bordereau doit contenir les nom, prénoms et domicile du débiteur, sa profession, s'il en a une ; — ou une désignation individuelle et spéciale telle que le conservateur puisse reconnaître et distin-

(1) Aubry et Rau, p. 318.
(2) Cass., 15 mai 1809, 15 février 1810, 3 juin 1811 et 17 mars 1813 ; Besançon, 4 août 1812.
(3) Caen, 21 février 1887 (*Répert. anal.*, n° 642).
(4) Cass., 1ᵉʳ octobre 1810, 14 août 1811 et 17 mars 1813 ; Besançon, 4 août 1812 ; Cass., 1ʳᵉ février et 26 juillet 1825 ; Dalloz, *Code civil annoté*, p. 1028, n° 67.
(5) Agen, 4 janvier 1854 ; Orléans, 4 juin 1860 ; Agen, 7 février 1861 ; Narbonne, 19 novembre 1885 ; Marmande, 5 août 1886.
(6) Alger, 8 février 1868 ; Rennes, 27 janvier 1874 ; Seine, 8 juillet 1874 ; Poitiers, 10 juin 1878 ; Nîmes, 11 février 1882 (art. 16857-17162-20940-21106 et

22697, J. N.; et *J. du not.*, n° 3464); Pont, n° 978; Aubry et Rau, p. 350 ; Dalloz, *Priv. et hyp.*, n° 1525 ; Troplong, n° 3679.
(7) Cass., 27 août 1828, 6 janvier 1835, 12 juillet 1836 et 26 juillet 1858 (art. 16422, J. N.).
(8) Cass., 14 janvier 1863 (art. 17622, J. N.), 3 février 1874, 24 février 1880, 28 mars et 26 juillet 1882 *J. du not.*, nᵒˢ 3462 et 8515); Amiens, 3 mars 1882 ; Douai, 4 juil. 1884 ; Prades, 2 avril 1884 ; Paris, 25 avril 1891 (*J. du not.*, p. 758) ; Sic : Zacharie, t. II. § 276 ; Persil, sur l'article 2148 ; Dict. du not., n° 243-243 *bis*.
(9) Art. 19308, J. N — Contrà : Seine. 10 avril 1883 (art. 22967, J. N.), et 29 juin 1889 (*J. du not.,* 1889, p. 726).

guer, dans tous les cas, l'individu contre lequel est requise l'hypothèque (art. 2148, C. civ.) ; c'est là une énonciation substantielle.

59. — Une simple erreur dans les noms ou prénoms du débiteur ne serait pas une cause de nullité, si, d'ailleurs, cette erreur n'avait occasionné aucune incertitude sur l'identité de la personne (1).

60. — Est également valable l'inscription prise contre une société, bien qu'elle n'indique pas tous les noms des associés formant la raison sociale, alors surtout qu'il est constant, en fait, que cette omission n'a pu porter préjudice aux tiers (2).

61. — Mais il a été jugé que l'inscription hypothécaire qui donne au débiteur pour domicile une commune où il n'a jamais eu son domicile, où il ne paie pas ses contributions, où il n'exerce pas ses droits politiques et dans laquelle il a seulement exploité une usine pendant quelque temps, est nulle, alors même que le domicile avait été donné au débiteur dans un jugement par défaut et dans un arrêt (3).

62. — **Énonciation du titre.** — L'inscription doit contenir la *date* et la *nature* du titre (art. 2148, C. civ.). Bien que quelques jurisconsultes enseignent que cette formalité n'est pas substantielle (4), et qu'on puisse citer quelques décisions judiciaires en ce sens, la majorité des auteurs et la jurisprudence sont aujourd'hui fixés en sens contraire (5) ; les notaires ne doivent donc pas omettre de mentionner le titre hypothécaire et sa date (6). — Il a même été jugé que l'inscription doit, à peine de nullité, énoncer que le titre est authentique (7).

Toutefois l'erreur sur la date du titre n'entraînerait pas la nullité de l'inscription, si cette erreur pouvait être réparée par les autres énonciations du bordereau et si les tiers n'avaient pu ainsi, ni être induits en erreur, ni être victimes d'aucun préjudice (8).

63. — Le titre que l'inscription doit énoncer est celui qui crée non pas l'obligation, mais l'hypothèque. Il ne serait pas nécessaire (bien que cela soit conseillé dans la pratique) de mentionner dans les bordereaux la série des actes qui ont fait parvenir la créance aux mains du requérant, mais seulement le titre constitutif de l'hypothèque (9) ; d'où il suit que le cessionnaire peut rigoureusement se dispenser d'énoncer son acte de cession et se borner à énoncer le titre originaire (10). Mais si le titre constitutif de l'hypothèque a été l'objet d'une ratification ultérieure, cette ratification doit être énoncée.

64. — La mention du nom du notaire qui a reçu le titre ne fait pas partie des formalités prescrites par la loi, dans le bordereau produit pour obtenir l'inscription. Son omission n'est pas une cause de nullité (11).

65. — **Indication du chiffre de la créance.** — L'art. 2148 exige aussi que l'inscription mentionne le montant du capital des créances exprimées dans le titre ou évaluées par l'inscrivant pour les rentes, prestations, droits éventuels, conditionnels ou indéterminés, comme aussi le montant des accessoires de ces capitaux, c'est-à-dire les frais et les intérêts, et l'époque de l'exigibilité.

66. — L'énonciation du capital de la créance est substantielle, car elle forme le principal élément au moyen duquel on peut connaître la situation du débiteur (12).

(1) Paris, 23 janvier 1810 ; Cass., 8 juillet 1840 ; Bordeaux, 19 juin 1849 ; Rouen, 24 avril 1874. V. aussi Lyon, 22 août 1862 (art. 17539, J. N.) ; Liège, 17 mars et 17 juin 1875 ; Aubry et Rau, p. 318.
(2) Cass., 13 juillet 1841.
(3) Chambéry, 22 mars 1872 (art. 20526, J. N.).
(4) Troplong, t. III, p. 682 ; Pont, n° 984.
(5) Cass., 19 juin 1833 ; Montpellier, 27 juin 1846 ; Cass., 2 mars 1858, 1er mai 1860 et 9 janvier 1888 (art. 23962, J. N.) ; Limoges, 28 février 1879 (Rev. du not., n° 5880) ; Agen, 16 février 1887 (Rev. du not., n° 7595) (J. du not., n° 3941) ; Aubry et Rau, p. 848.
(6) Cass., 9 janvier 1888 (J. du not., n° 3999).
(7) Cass., 19 juin 1833.

(8) Cass., 17 août 1813 et 9 novembre 1825 Rennes, 7 mars 1820 ; Toulouse, 27 mai 1830 ; Bordeaux, 14 juillet 1836.
(9) Bordeaux, 6 mai 1848.
(10) Pont, n° 982 ; Dict. du not., Suppl., n° 299.
(11) Lyon, 28 décembre 1881, confirmant jug. Lyon, 1er juillet 1880 (D. P., 1883-2-294).
(12) Cass., 19 août 1810 ; 15 novembre 1852 ; 30 juin 1863 et 15 juillet 1864 (Rev. not., n° 525 et art. 17991 et 18080, J. N.) ; Cass., 23 juillet 1863 (Rev. not., n° 791) ; Grenoble, 10 mars 1865 (Rev. not., n° 1332) ; Limoges, 28 février 1879 (S. V., 1880-2-265)! Nancy, 27 décembre 1879 (S. V., 1880-2-174) ; Massé et Vergé, t. V., p. 217 ; Pont, n° 992 ; Aubry et Rau, p. 315.

67. — L'indication du *capital* a pour but d'avertir les tiers de l'importance des charges qui grèvent les biens. Mais l'erreur dans le chiffre de la créance ne serait pas une cause de nullité. L'inscription ne vaudrait en tout cas que pour la somme réelle, si une somme supérieure était exprimée (1).

68. — L'inscription prise pour des *prestations en nature* non évaluées peut être annulée (2). L'évaluation du capital des rentes est aussi nécessaire, qu'il s'agisse de rentes en argent, perpétuelles ou viagères. En ce qui concerne ces dernières, l'évaluation à faire par le créancier devra porter sur le capital estimé nécessaire pour assurer le service de la rente pendant toute la vie de la personne sur la tête de laquelle elle a été constituée (3).

69. — L'inscription conservant de plein droit, pour l'avenir, deux années d'intérêts entières et l'année courante, c'est-à-dire la partie de la troisième année courue jusqu'au jour où les intérêts cessent (art. 2151, C. civ.) (4), il n'est nécessaire d'énoncer que les intérêts dus au jour de l'inscription. Quant aux intérêts non compris dans les deux années et l'année courante, ils ne sont garantis qu'à la condition qu'il aura été pris pour eux une inscription spéciale (5).

70. — Mais la collocation d'intérêts permise par l'art. 2151 ne peut pas comprendre les intérêts de ces intérêts, alors même qu'ils ont été stipulés entre le créancier et le débiteur (6). Il y a lieu de prendre pour eux une inscription distincte, lorsqu'ils sont échus.

71. — Les frais qui doivent être évalués dans l'inscription sont ceux du titre dont le créancier a fait ou est exposé à faire l'avance, ceux de l'inscription et tous ceux qui ne sont pas privilégiés comme frais de justice (7).

72. — Le défaut d'évaluation des frais et intérêts ne rend pas l'inscription nulle, mais il rend le créancier non recevable à les faire colloquer au rang du capital conservé (8).

73. — On doit aussi comprendre, dans les accessoires de l'inscription, les dommages-intérêts, les dépens dus au créancier par suite de contestations relatives à la validité ou à l'exécution du titre; ces frais sont fixés à une somme approximative; mais il n'y a pas lieu de mentionner dans l'inscription le montant éventuel des frais que pourront occasionner la réalisation du gage et la procédure d'ordre; ces frais étant privilégiés (art. 713, 714, 759, 766, 774) (9).

74. — **Exigibilité.** — La mention de l'époque de l'exigibilité est une énonciation substantielle; et la nullité pour défaut de mention d'exigibilité peut être invoquée même par un tiers qui connaîtrait cette exigibilité (10). Il a cependant été jugé que l'énonciation erronée de l'exigibilité de la créance ne saurait entraîner la nullité de l'inscription, si l'erreur n'a porté aucun préjudice aux tiers (11).

75. — L'époque de l'exigibilité étant une mention substantielle, il nous paraît utile de relater également dans l'inscription les conditions relatives à l'exigibilité, celle notamment d'après laquelle la créance serait exigible, à défaut de paiement de l'intérêt.

76. — Si l'époque de l'exigibilité est passée, il suffit de dire que la créance est exigible, sans préciser depuis quel moment cette exigibilité est survenue (12).

---

(1) Toulouse, 3 avril 1840 (art. 10789, J. N.), Dict. du not., n° 315.
(2) Riom, 18 janvier 1844; Caen, 24 janvier 1851.
(3) Aubry et Rau, p. 338; Cass., 5 novembre 1862.
(4) Cass , 1er juillet 1850 et 24 février 1852.
(5) Annecy, 21 juin 1888; Pont, t. II, n° 1014; Laurent, t. XXXI, n° 66.
(6) Angers, 25 novembre 1846; Bourges, 30 avril 1853.
(7) Annecy, 21 juin 1888.
(8) Grenoble, 2 mai 1870. V. aussi Cass., 30 décembre 1868, 8 juillet 1879, 8 juillet 1882 et 14 août 1883; Annecy, 21 juin 1888 (J. du not., n° 4050);

Troplong. t. III, n° 688; Pont, n° 991; Priv. et Hypoth., n° 1325.
(9) Aubry et Rau, p. 341; Pont, n° 991; Dict. du not. et suppl., n° 507; Laurent, t. XXXI, n° 65.
(10) Cass., 6 décembre 1814; Cass., 30 juin 1863; 15 juin 1864 (art. 17992 et 18089, J. N.); Grenoble, 10 mars 1866; Alger, 13 février 1869; Chaumont, 4 mai 1875 (art. 21350, J. N.); Mont-de-Marsan, 21 mai 1887 (J. du not., n° 3954), Limoges, 28 février 1879; Nancy, 27 décembre 1879; Bordeaux 12 janvier 1887 (J. du not., n° 4049).
(11) Chaumont précité.
(12) Grenoble, 13 mars 1858.

77. — En ce qui concerne les rentes perpétuelles ou viagères, comme il n'y a pas d'exigibilité pour le capital, on énonce la nature de la créance et les époques de paiement des arrérages.

78. — La mention d'exigibilité est nécessaire aussi pour les intérêts, à moins qu'ils n'aient été l'objet d'une inscription spéciale (1).

79. — Il n'est pas douteux que la mention de l'exigibilité puisse être exprimée par équipollent; en tout cas, il suffirait, pour la validité de l'inscription, qu'on pût l'induire de l'ensemble des énonciations établies (2). Ainsi, elle résulterait de l'inscription qui, reproduisant littéralement l'acte constitutif d'hypothèque, indique, au lieu d'une date précise, l'acte ou le fait qui doit déterminer l'exigibilité et règle l'échéance (3).

80. — **Indication des biens.** — L'inscription doit, enfin, contenir l'indication de l'*espèce* et de la *situation* des biens sur lesquels le créancier requiert hypothèque (4) (art. 2148, C. civ.).

81. — Cette formalité, cela va de soi, est *substantielle* et l'omission de cette énonciation entraînerait, sans aucun doute, la nullité de l'inscription. Toutefois, la loi n'exige point de termes ou d'indications sacramentels. La désignation doit être faite de telle sorte qu'on puisse toujours aisément reconnaître l'immeuble hypothéqué (5). Ainsi, il a été jugé qu'il suffit que l'inscription contienne une indication générale des immeubles hypothéqués, de nature à renseigner les tiers sur la situation hypothécaire du débiteur et à éviter toute erreur (6), et que les énonciations du bordereau relatives à l'espèce et à la situation des biens peuvent être suppléées par des équipollents ne laissant aucun doute sur les immeubles soumis à l'hypothèque (7).

La question de savoir si cette désignation est suffisante rentre dans les attributions souveraines des juges de fait (8).

82. — Comme dans l'acte de constitution d'hypothèque (art. 2129, C. civ.), on doit désigner, dans l'inscription, la nature et la situation des biens, sans qu'il soit obligatoire, toutefois, de reproduire cette désignation dans les termes mêmes de l'acte d'affectation hypothécaire, bien que cela soit préférable; on indique l'*espèce* ou la *nature* des biens, en disant si c'est une maison, un pré, un bois, une vigne. Mais un pré ou une vigne pourrait être compris sous la dénomination générique de pièce de terre, si d'ailleurs les autres indications ne permettaient pas de se méprendre sur l'objet hypothéqué (9).

83. — Il ne suffirait donc pas de mentionner que l'inscription est requise sur *divers immeubles appartenant au débiteur, dans telle commune ou tel arrondissement* (10); car c'est surtout pour les hypothèques conventionnelles que la loi requiert plus particulièrement une désignation spéciale (art. 2189, C. civ.).

84. — Divers arrêts ont, cependant, jugé qu'il y a désignation suffisante, lorsque l'inscription porte sur *tous les immeubles* appartenant au débiteur dans *telles communes déterminées* (11). Mais il y a aussi des décisions contraires (12); aussi nous ne saurions trop recommander aux notaires, alors même que le débiteur hypothéque ses immeubles d'une façon collective, d'exprimer, en outre, qu'ils

---

(1) Cass., 28 juillet 1863 (art. 17992, J. N.).

(2) Cass., 1er février et 26 juillet 1825.

(3) Cass., 8 mars 1853 et 15 juin 1864 (art. 18089, J. N.).

(4) Cass., 1er mai 1876.

(5) Cass., 1er mai 1860; Pont, n° 1004; Aubry et Rau, p. 850. — V. Houpin, J. du not., 1890, p. 401.

(6) Cass., 4 mars 1873 (art. 20623, J. N.).

(7) Grenoble, 13 janvier 1872 (art. 20503, J. N., et J. du not., n° 2561.

(8) Dalloz, Priv. et hypoth., n° 1295; Pont, Hypoth., n° 675; Aubry et Rau, § 266, note 60; Cass.,

8 avril 1844; Lyon, 29 mars 1867; Cass., 12 juil. 1881.

(9) Grenoble, 6 juin 1856.

(10) Grenoble, 1er juin 1823; Angers, 16 août 1826; Cass., 19 février 1828.

(11) Bourges, 24 avril 1841; Nancy, 30 mai 1843; Bordeaux, 6 mai 1848; Paris, 18 février 1860; Cass., 28 août 1821 et 15 février 1836 (art. 14012 et 15336, J. F.); Cass., 25 novembre 1868 et 12 mars 1869; Paris, 9 avril 1869 (Rev. not., n° 2520; Niort, 19 mai 1883 (Rép. anal., 1881, n° 897); Toulouse, 27 août 1881; Paris, 11 avril 1892 (J. du not., 1892, p. 489.

(12) Cass., 9 février 1828 et 26 avril 1852 art. 11722, J. N.); Chambéry, 20 mars 1868 (Rev. not., n° 2235).

consistent en maisons, bâtiments, cours, jardins, terres labourables, vignes, prés, bois, etc...

85. — La loi n'a exigé, ni l'indication de la contenance et des confrontations; bien que ces renseignements soient souvent utiles, surtout lorsque les immeubles hypothéqués sont des pièces isolées ; — ni la nature du droit du débiteur sur les immeubles (1).

86. — L'énonciation de la *situation* des biens est, au contraire, toujours *essentielle*. Elle se fait, en général, pour les immeubles urbains, en désignant la ville, la rue et le numéro ; — pour les immeubles ruraux, en indiquant le lieudit, la commune et l'arrondissement, et les énonciations cadastrales, s'il s'agit de parcelles de terre isolées les unes des autres ; — et en indiquant le nom de la propriété, la commune et l'arrondissement, s'il s'agit d'un domaine, d'une ferme, d'une exploitation agglomérée (2).

87. — Mais l'erreur dans la désignation de l'arrondissement ou de la commune de la situation des biens ne serait pas une cause de nullité de l'inscription, si les immeubles étaient d'ailleurs désignés de manière à empêcher toute confusion (3).

88. — Comme on vient de le voir, d'après la jurisprudence actuelle, on doit considérer comme *énonciations substantielles*, dans toute inscription d'hypothèque conventionnelle : 1° L'élection par le créancier d'un domicile dans l'arrondissement des biens hypothéqués ; 2° l'indication du débiteur ; 3° l'indication du titre, du capital de la créance, de l'exigibilité du capital et des intérêts ; 4° la désignation des biens hypothéqués.

89. — MM. Aubry et Rau (4) enseignent que l'omission de toute énonciation substantielle entraîne la nullité de l'inscription, et que le juge ne peut se dispenser de prononcer cette nullité, alors même que l'omission n'aurait causé aucun préjudice aux tiers (5) ; Troplong et Paul Pont (6) estiment, au contraire, que la validité ou la nullité de l'inscription est subordonnée au point de savoir si l'omission relevée a, ou non, lésé un intérêt que la publicité devait éclairer. En présence de ces opinions diverses, le devoir des notaires est de se conformer rigoureusement aux prescriptions de l'art. 2148.

ART. 2. — *Hypothèque légale.*

90. — L'hypothèque *légale* est celle que la loi confère elle-même, dans un texte formel (art. 2117, C. civ.), et sans qu'il soit besoin d'un acte, comme pour les hypothèques conventionnelles (art. 2124), ou d'un jugement, comme pour les hypothèques judiciaires (art. 2123).

91. — Elle existe, d'après les art. 2121 et 2135, C. civ., au profit : 1° Des femmes mariées, avec ou sans contrat, sur les biens de leur mari ; 2° des mineurs et interdits, sur les biens de leurs tuteurs, co-tuteurs, tuteurs officieux ; 3° de l'état des communes et des établissements publics sur les biens des receveurs et administrateurs comptables ; 4° enfin au profit des légataires particuliers sur les immeubles de la succession (art. 1017, § 2, et 2148, n° 5) (7).

92. — L'hypothèque légale concédée aux femmes mariées prend rang, nous l'avons expliqué, *supra*, p. 342, pour garantie de leur dot (8) et autres conventions

---

(1) Chambéry, 3 juin 1889 (*Rev. not.*, n° 8138).
(2) Cass., 18 juillet 1825.
(3) Cass., 11 juillet 1815 ; Lyon, 27 mars 1832 ; Montluçon, 25 juin 1874 (art. 20968, J. N.).
(4) P. 316.
(5) T. III, n° 665.
(6) N° 959.
(7) Toulouse, 23 décembre 1876 (S. 1872-2-41) ; Rennes, 21 mai 1875 (S. 1879-1-252 : Angers. 23 juillet 1880 ; Bordeaux, 9 mai 1887 (*J. du not.*, n° 4012). Cette hypothèque est indépendante de la séparation des patrimoines résultant des art. 878 et

2111 du Code civil et est soumise à l'inscription ; mais comme toute inscription d'hypothèque légale, elle peut ne pas énoncer la nature et la situation des biens. Rennes, 21 mai 1875 ; Bordeaux, 5 mai 1887 ; Demolombe, t. XXI, n° 674. — *Contrà* : Pont, n° 1001.
(8) Peu importe que la dot soit payée en totalité ou en partie à une époque postérieure au mariage (Bordeaux, 10 août 1853 ; Pont, n° 752 ; Dalloz, n° 908), — ou que constituée en argent, elle ait été payée en immeubles aliénés ensuite par le mari (Gaillac, 3 mai 1884).

matrimoniales (1), à dater du jour du mariage ; — pour garantie des sommes et reprises qui proviennent de successions à elles échues ou de donations à elles faites durant le mariage, à compter du jour de l'ouverture des successions ou du jour où les donations ont eu leur effet ; — et pour l'indemnité des dettes qu'elle a pu contracter avec son mari et pour le remploi de ses propres biens aliénés, à partir du jour de l'obligation ou de la vente (art. 2135, C. civ. ; — pour le remboursement des sommes touchées par le mari pour le compte de sa femme, à partir du jour du recouvrement, sauf pour les cas spéciaux indiqués *suprà*, v° HYPOTHÈQUE LÉGALE, n° 18.

93. — L'hypothèque légale des mineurs et interdits prend rang du jour de l'acceptation expresse ou tacite de la tutelle (art. 2135, C. civ.).

94. — L'hypothèque légale des femmes mariées et des mineurs et interdits est générale ; elle grève tous les biens présents et à venir du débiteur (art. 2122, C. civ.), sauf les exceptions ci-après indiquées :

95. — Lorsque les inscriptions de ces hypothèques porteront sur plus de domaines différents qu'il n'est nécessaire à la sûreté des créances, elles pourront être réduites en ce qui excède la proportion convenable à la demande du débiteur (art. 2161 et suiv., C. civ.).

96. — En outre, l'hypothèque légale de la femme peut être restreinte, dans le contrat de mariage, à certains immeubles déterminés, si toutes les parties majeures y consentent (art. 2140, C. civ.) et, pendant le mariage, le mari peut, du consentement de sa femme et après avoir pris l'avis des quatre plus proches parents de cette dernière réunis en assemblée de famille, demander que l'hypothèque générale qui frappe ses biens soit restreinte aux immeubles suffisants pour la conservation des droits de sa femme (art. 2144-2145, C. civ.).

97. — De même l'hypothèque légale du mineur ou de l'interdit pourra être soit limitée à certains immeubles, lorsque les parents, en conseil de famille, auront émis cet avis, — soit restreinte, dans le cours de la tutelle, à des immeubles suffisants, lorsque l'hypothèque générale excédera notoirement les sûretés suffisantes à la gestion du tuteur. La demande du tuteur, dans ce dernier cas, sera formée contre le subrogé-tuteur et devra être précédée d'un avis du conseil de famille (art. 2141-2143, C. civ.).

Lorsque le mari est commerçant au moment du mariage, ou lorsque n'ayant pas alors de profession déterminée, il est devenu commerçant dans l'année, les immeubles qui lui appartenaient à l'époque de la célébration du mariage ou qui lui sont advenus depuis par succession ou par donation entre-vifs ou testamentaires, sont seuls, en cas de faillite du mari, soumis à l'hypothèque légale de la femme (art. 563, C. comm.).

98. — L'hypothèque légale des femmes mariées, des mineurs et interdits existe indépendamment de toute inscription ; la loi, par l'art. 2135 du Code civil, les en dispense expressément. Elle oblige bien les maris et tuteurs à faire faire cette inscription, mais, dans la pratique, les art. 2136 et suiv. ne sont pas exécutés ; aussi a-t-on justement appelé ces hypothèques *tacites* ou *occultes*.

99. — Il y a cependant certains cas où l'hypothèque des femmes et mineurs doit nécessairement être inscrite, sous peine de déchéance: 1° Lorsqu'un acquéreur des biens du mari ou du tuteur remplit les formalités de purge prescrites par les art. 2193 et suiv. du Code civil ; 2° dans l'année qui suit la dissolution du mariage ou la cessation de la tutelle (2), et cette obligation existe pour les héritiers ou ayants-cause de la femme prédécédée; ceux du mineur ou de l'interdit décédé en

---

(1) Par conventions matrimoniales, il faut entendre, le préciput, le donaire, les gains de survie stipulés par contrat de mariage (Cass., 19 août 1840 ; Bordeaux, 9 juillet 1844 ; Riom, 12 novembre 1856 ; Bordeaux, 25 janvier 1858 ; Agen, 22 janvier 1884). (V. *suprà*, v° HYPOTHÈQUE LÉGALE.)

(2) L. du 23 mars 1855 art. 8.

minorité, comme pour la veuve, le mineur devenu majeur et l'interdit relevé de l'interdiction (1). Peu importe que les enfants mineurs héritiers de la mère se trouvent soumis à la tutelle du père (2) ; 3° enfin l'hypothèque légale des femmes mariées doit être inscrite, sans délai, lorsqu'elle a été cédée à un créancier, à peine d'être sans effet à l'égard des tiers. Si elle a déjà été inscrite, elle doit être émargée d'une mention de subrogation (3). Les dates des inscriptions ou mentions déterminent l'ordre dans lequel ceux qui ont obtenu des cessions ou renonciations exercent les droits hypothécaires de la femme (V. *suprà*, v° HYPOTHÈQUE LÉGALE).

100. — Toute hypothèque légale s'inscrit, comme les hypothèques conventionnelles et judiciaires, sur la représentation de deux bordereaux contenant : 1° Les nom, prénoms, profession et domicile réel du créancier et le domicile par lui ou pour lui élu dans l'arrondissement ; — 2° les nom, prénoms, profession et domicile du débiteur ; — 3° la nature des droits à conserver et le montant de leur valeur quant aux créances déterminées, sans être tenu de le fixer, quant aux droits qui sont conditionnels, éventuels ou indéterminés (art. 2153, C. civ.).

Ces énonciations sont essentielles et il a été jugé que l'inscription est nulle si elle n'indique pas, notamment, la nature et l'étendue des droits à conserver (4).

101. — L'énonciation et la présentation du titre, l'évaluation de la créance(5), l'époque de l'exigibilité et la désignation des biens ne sont pas exigées pour les hypothèques légales (6). Pour les biens, il suffit de dire qu'ils sont situés dans l'étendue de tel arrondissement, et l'inscription frappe les biens à venir, comme les biens présents, sans qu'il soit besoin de prendre une nouvelle inscription au fur et à mesure des acquisitions (7). Toutefois, si l'hypothèque légale a été restreinte, les biens qui restent grevés doivent être spécifiés, comme pour l'hypothèque conventionnelle (art. 2140, C. civ.) (8). Quant aux accessoires, il y a lieu de remarquer que, par exception, l'hypothèque légale de la femme et des mineurs conserve tous les intérêts qui sont dus (9).

102. — Lorsque la femme a consenti au créancier muni déjà d'une hypothèque conventionnelle sur ses biens et ceux de son mari, une subrogation dans son hypothèque légale, l'inscription de cette hypothèque légale doit-elle être requise séparément ou peut-elle être prise cumulativement et par les mêmes bordereaux que l'hypothèque conventionnelle ? Elle peut être cumulative, pourvu que les mêmes bordereaux répondent à la fois aux prescriptions de l'article 2148, pour l'hypothèque conventionnelle, et à celles de l'article 2153 pour l'hypothèque légale (10).

Mais la loi exigeant soit l'inscription, soit la subrogation en marge de l'inscription préexistante, il ne suffirait point que le créancier ait, à la suite des bordereaux d'hypothèque conventionnelle, rappelé la subrogation consentie dans l'acte, avec réquisition au conservateur de la mentionner (11).

103. — L'hypothèque légale de l'État, des communes et des établissements publics est, pour son inscription, soumise aux dispositions de l'article 2153 du Code civil ; mais à la différence des autres hypothèques légales, elle doit toujours être inscrite, à peine d'être sans effet (12).

---

(1) Bordeaux, 12 mars 1860 ; Aix, 16 janvier 1861 ; Metz, 19 mars 1861 : Riom, 2 août 1863 ; Agen, 6 décembre 1864.
(2) Toulouse, 2 janvier 1863 ; Grenoble, 26 février 1868 ; Cass., 2 mai 1866 ; Aubry et Rau, p. 299 ; Verdier, *Transcript.*, t. II, n° 626 ; Flandin, t. II, n° 1018 ; Mourlon, t. II, n° 871.
(3) L. 23 mars 1855, art 9.
(4) Saint-Omer, 24 décembre 1885 (*J. du not.*, n° 3876).
(5) A moins qu'elle n'ait été déterminée par une liquidation. Rouen, 1850 ; Caen, 18 juin 1879 ; Bordeaux, 18 novembre 1890 (*J. du not.*, 1891, p. 249) ;

Aubry et Rau, t. III, p. 345 ; Pont, t. II, p. 397, et notre *Étude J. du not.*, 1892, p. 129. — *Contrà* : Aix, 20 novembre 1891.
(6) Caen, 21 février 1887 ; Bordeaux, 9 mai 1887.
(7) Cass., 3 août 1819.
(8) Dict. du not., n° 371.
(9) Bordeaux, 10 août 1840 ; Metz, 26 août 1863.
(10) Aubry et Rau, t. III, p. 469 ; Pont, *Priv. et hypoth.*, n° 790 ; Cass., 9 décembre 1872 ; Cahors, 15 février 1878 (art. 20608 et 21920, J. N.).
(11) Aubry et Rau, t. III, p. 469 ; Cass., 1er juin 1858 et 21 juillet 1863 (S. 1863-1 489).
(12) Dict. du not., n° 266 ; Dalloz, n° 1071.

Art. 3. — *Hypothèque judiciaire.*

104. — L'hypothèque judiciaire, comme nous l'avons déjà dit, est celle qui résulte d'un jugement (art. 2123, C. civ.).

105. — Elle est générale et frappe sur tous les immeubles présents et à venir du débiteur situés dans l'arrondissement du bureau (art. 2148 *in fine*). Il a été jugé cependant que l'hypothèque judiciaire ne frappe pas nécessairement les biens présents et à venir et que l'inscription prise « sur les immeubles appartenant à X... ne comprend que les biens présents » (1).

106. — Il est constant, d'ailleurs, qu'il n'est pas besoin de prendre de nouvelles inscriptions au fur et à mesure des acquisitions du débiteur; la première suffit, si elle est prise sur tous les immeubles présents et à venir (2).

107. — Toute hypothèque judiciaire doit être inscrite, à peine d'être sans effet (art. 2134, C. civ.).

108. — L'inscription est requise dans les mêmes formes que l'hypothèque conventionnelle et les bordereaux doivent contenir les mêmes énonciations, sauf en ce qui concerne la désignation des biens, car il suffit de dire que l'inscription est requise sur tous les immeubles présents et à venir du débiteur situés dans l'arrondissement du bureau.

Art 4. — *Hypothèque maritime.*

Nous avons traité séparément tout ce qui concerne cette matière (V. *supra*, v° Hypothèque maritime).

§ 4. Rectification et ratification des inscriptions irrégulières. Péremption et renouvellement. Effet légal.

109. — **Rectification.** — Les *erreurs* ou *omissions* commises par le créancier dans les bordereaux d'inscription ne peuvent être réparées que dans de nouveaux bordereaux et par la réquisition d'une autre inscription qui ne prend date que du jour où elle a été faite.

110. — Les erreurs ou omissions commises par le conservateur peuvent être réparées par lui-même et sous sa responsabilité.

La nullité d'une inscription ne peut être effacée par la constatation de la régularité du bordereau remis par le créancier au conservateur, sauf le recours contre ce dernier, s'il a omis une formalité substantielle (3).

111. — **Ratification.** — Si une hypothèque a été consentie par un mineur ou une femme mariée sans le concours ou l'assistance de leurs représentants ou mandataires légaux, sans les autorisations ou les homologations exigées par la loi, l'hypothèque et, par suite, l'inscription prise n'est pas nulle de plein droit; elle n'est qu'annulable (4), et, si elle est ratifiée par le constituant, après la cessation de l'incapacité, l'hypothèque est validée; mais peut-on admettre que la ratification ait un effet rétroactif au jour où l'hypothèque a été consentie? La question est délicate et controversée. Dans le sens de la rétroactivité, se prononcent MM. Aubry et Rau (5); l'opinion contraire paraissait plus généralement admise en doctrine et en jurisprudence et l'art. 1338, C. civ., qui réserve en pareil cas, expressément *les droits des tiers* nous semblait de nature à consacrer ce système (6).

---

(1) Limoges, 8 juin 1871 (art. 20259, J. N.).
(2) Dalloz, n° 1388.
(3) Agen, 16 février 1887 (*Rec. not.*, n° 7595).
(4) Cass., 25 novembre 1856.
(5) T. III, p. 262; Pont, *Priv. et hypoth.*, t. II,

n° 616; Troplong, n° 487; Paris, 15 décembre 1830.
(6) Dalloz, v° *Hypoth.*, p. 190, n° 9; Larombière, art. 1338; Massé et Vergé, t. III, p. 486; Paris, 12 juillet 1888; Douai, 18 mai 1840; Montpellier, 6 janvier 1866.

Mais un arrêt de la Cour de cassation du 13 décembre 1875 (1) a tranché la difficulté. Cet arrêt décide :

a) Que la ratification a un effet rétroactif qui remonte à *la date de l'acte ratifié ;*

b) Qu'il faut distinguer, en ce qui concerne les tiers, entre les créanciers auxquels cette ratification est opposée ; s'ils n'ont fait inscrire leurs hypothèques que *postérieurement* à la ratification, l'inscription prise en vertu de l'acte ratifié leur est opposable. — Si, au contraire, ils ont pris une inscription valable et régulière avant la ratification, cette ratification et l'inscription prise en vertu de l'acte ratifié ne peuvent leur être opposées.

c) Enfin le même arrêt décide qu'une inscription *nouvelle* de l'hypothèque ratifiée n'est pas nécessaire et que l'inscription prise en vertu de l'acte ratifié produit son effet du jour de sa date, vis-à-vis des créanciers qui n'ont pas pris d'inscription avant la ratification (2).

112. — Renouvellement. — Les inscriptions hypothécaires, quelles que soient leur nature et leur forme, doivent, pour conserver leur effet, être renouvelées dans les dix ans à compter du jour de leur date, faute de quoi elles se périment et perdent leur valeur (art. 2154, C. civ.). Cette règle s'applique non seulement aux inscriptions originaires, mais à celles prises en renouvellement, et le délai de dix ans, pour celles-ci, court du jour où a eu lieu le renouvellement (3) et non de la date de l'inscription originaire.

Doivent donc être renouvelées les inscriptions d'hypothèque conventionnelle, d'hypothèque judiciaire, d'hypothèque légale même dispensée d'inscription (4) ; les inscriptions de privilège et les inscriptions prises d'office (5).

Cependant les inscriptions prises à la requête du Crédit foncier sont dispensées du renouvellement décennal (6) ; — alors même qu'elles profiteraient à un créancier subrogé dans les droits du Crédit foncier.

113. — L'inscription non renouvelée dans le délai légal est considérée comme n'ayant jamais existé et le créancier se trouve dans la même position que s'il n'avait jamais fait inscrire son droit (7). Et il y a lieu de remarquer qu'il s'agit ici non pas de la prescription de l'hypothèque, mais seulement de la péremption de l'inscription, c'est-à-dire de la perte de son rang. Aussi, le créancier dont l'inscription est primée peut, tant que son hypothèque ou que son privilège n'a pas été prescrit, conformément à l'article 2180 du Code civil, et qu'une aliénation de l'immeuble grevé n'a pas été transcrite, prendre une nouvelle inscription, mais qui ne produira d'effet qu'à sa date (8).

114. — Dans la supputation du délai de dix ans, on ne doit point compter le jour où l'inscription a été prise, le *dies à quo ;* mais on doit compter le *dies ad quem,* alors même que ce jour est un jour férié ou un dimanche. Ainsi, une inscription prise le 1er février 1870 a pu être valablement renouvelée le 1er février 1880 (9).

115. — Le renouvellement se fait à la requête du créancier ou en son nom même pour les inscriptions d'office.

---

(1) Art. 21339, J. N.
(2) *Conf.,* Cass., 25 novembre 1856 et 3 août 1859 (art. 15960 et 16714, J. N.).
(3) Art. 24333, J. N.).
(4) Av. Cons. d'État, 15 décembre 1807 ; 22 janvier 1808 ; Aubry et Rau, p. 374.
(5) Cass., 7 mars 1874 (art. 18274, J. N.).
(6) Déc. 28 février 1852, art. 17.
(7) Cass., 16 janvier 1884.
(8) Cass., précité.

(9) Cass., 5 avril 1825, Riom, 8 avril 1843; Paris, 6 août 1864 (art. 19673, J. N.); Pont, n°ˢ 1039 et 1040; Aubry et Rau, p. 381 et 382.

Deux décrets des 9 septembre et 8 octobre 1870 ont suspendu les prescriptions et péremptions en matière civile pendant la durée de la guerre et la jurisprudence a décidé que ces décrets étaient applicables non pas seulement aux inscriptions hypothécaires qui devaient tomber en péremption pendant la durée de la guerre, mais aussi à celles dont le dé-

116. — Les inscriptions en renouvellement sont, en principe, soumises à la même forme et aux mêmes formalités que les inscriptions originaires. Ainsi, les bordereaux doivent contenir : 1° les mêmes énonciations que l'inscription primitive ; 2° relater que la nouvelle inscription est prise en renouvellement de telle autre inscription qu'on désigne (1). Toutefois des auteurs autorisés enseignent et des arrêts ont décidé qu'il n'est pas indispensable que l'inscription prise en renouvellement contienne toutes les indications exigées par les articles 2148 et 2153 du Code civil (par exemple la désignation du créancier (Douai, 8 mai 1890 et Cass., 9 février 1891 (*J. du not.*, 1891, p. 150), lorsque, d'ailleurs, l'inscription première y est rappelée d'une manière tellement précise qu'il est impossible de se méprendre sur cette inscription qui sert alors de complément à la nouvelle (2). Mais si l'inscription ne contenait pas l'indication qu'elle est prise en renouvellement, elle ne vaudrait que comme inscription première (3).

117. — Le créancier qui requiert le renouvellement d'une inscription, n'est pas tenu de représenter au conservateur le titre en vertu duquel l'inscription est prise ; mais il doit toujours remettre les deux bordereaux (4).

118. — Le renouvellement, opéré en temps utile, conserve à l'inscription primitive toute son efficacité pendant un nouveau délai de dix ans.

119. — Le renouvellement cesse d'être nécessaire dans le cas où l'inscription a produit son *effet légal*, avant l'expiration du délai de dix ans. Mais quand l'inscription a-t-elle produit son effet légal ? C'est là une des questions les plus controversées de la doctrine et de la jurisprudence. En principe, l'hypothèque a produit son effet légal lorsque la garantie qu'elle représentait s'est réalisée, sinon par un paiement effectif, au moins par un droit sur le prix de la chose.

120. — En matière de *vente volontaire*, il ne suffit pas que l'immeuble hypothéqué ait été vendu et que le contrat en ait été transcrit ; il faut encore qu'il ait été notifié aux créanciers inscrits, conformément aux art. 2183 et 2184, C. civ., avec offre de payer les créances exigibles et non exigibles. Car il résulte de cette notification un véritable contrat entre l'acquéreur et les créanciers. Le renouvellement devient alors inutile et il ne reste plus qu'à faire la distribution du prix des immeubles entre les créanciers, suivant leur rang d'inscription, qui se trouve alors définitivement fixé (5).

La dispense de renouvellement existe à compter du jour même de la notification, avant l'expiration du délai de quarante jours accordé aux créanciers pour l'exercice du droit de surenchère (6), et la notification n'a pas besoin d'être suivie de la consignation ou du paiement du prix (7).

---

lai décennal n'expirait que postérieurement. Ainsi une inscription prise le 9 décembre 1861 a conservé son efficacité après les dix ans jusqu'en novembre 1872 et a pu être valablement renouvelée à cette époque (Angoulème, 2 mars 1874 ; Paris, 20 janvier 1874 (art. 20912, J. N.) ; Cass., 17 août 1874 et 20 avril 1875 (21168, J. N.) ; Montpellier 8 février 1875 ; Quimper, 10 janvier 1876 ; Aix, 14 décembre 1876 (art. 21627, J. N.).

Depuis une loi du 20 décembre 1879, art. 22267, J. N., a décidé :

« Que le délai légal des prescriptions et péremptions en matière civile, qui avait fait l'objet des décrets des 9 septembre et 3 octobre 1870 et de la loi du 6 mai 1871, ne serait plus augmenté du temps de suspension prévu par les décrets.

« Toutefois cette loi n'était pas applicable aux prescriptions et péremptions qui arriveraient à échéance dans l'année de la promulgation. »

(1) Dict. du not., n° 497 (art. 17334, J. N.) ; Mourlon, t. III, n° 1589 ; Ed. Clerc, t. I, n° 151,p. 75.

(2) Cass., 22 février 1825 ; Agen, 7 février 1861

(S. V., 1861-2-449) ; Metz, 22 janvier 1862 (S. V., 1862-2-380) ; Paris, 6 août 1868 (S., 1869-2-13) ; Toulouse, 15 juillet 1886 ; Dijon, 23 décembre 1891 ; Pont, n° 1052 ; Aubry et Rau, p. 388 ; J. du not., 1889 p 431.—V. Houpin, J. du not., 1891, p. 33.

(3) Cass., 25 janvier 1853 et 16 février 1864 (S. V. 1864-1-289) ; Agen, 22 janv. 1861 ; Cass., 6 juil 1881.

Lorsque, dans l'intervalle entre l'inscription de l'hypothèque légale d'une femme et le renouvellement de cette inscription, la femme est décédée, il n'est pas nécessaire d'indiquer dans le renouvellement que, par ce décès, la créance est devenue exigible et de prendre l'inscription au profit des héritiers de la femme (Caen, 21 février 1887).

(4) Cass., 14 avril 1817 ; Paris, 27 décembre 1831 ; Cass., Belg., 17 juin 1886 ; Instr. rég., 13 avril 1865 ; Pont, n° 1051 ; Aubry et Rau, p. 383.

(5) Cass., 30 mars 1831 ; Dijon, 13 août 1855 ; Cass., 20 avril 1875 et 15 mars 1876 (art. 21403, J. N.) ; Aubry et Rau, p. 379 ; Dalloz, n° 1686.

(6) Cass., 21 mars 1848 et 19 juillet 1853.

(7) Bourges, 20 novembre 1852 ; Dijon, 13 août 1855.

121. — Il en est ainsi en matière de vente sur licitation (1), sur conversion de saisie immobilière (2).

122. — Le renouvellement n'est plus utile à compter de l'adjudication sur surenchère, en matière de vente judiciaire ou volontaire (3).

123. — Au cas de vente sur saisie immobilière, l'inscription a produit son effet légal et se trouve dispensée du renouvellement à partir de la transcription du jugement d'adjudication, car, depuis la loi de 1855, c'est cette transcription seule qui arrête le cours des inscriptions (4).

Mais lorsque l'aliénation volontaire ou forcée a été suivie d'une revente, les créanciers hypothécaires ne peuvent conserver le droit de suite à l'encontre des sous-acquéreurs et le droit de préférence vis-à-vis des créanciers personnels de ces derniers qu'à la condition du renouvellement, en temps utile, de leurs inscriptions, alors même qu'il y aurait eu ordre et délivrance de bordereaux sur le premier acquéreur (5). Il est donc utile de toujours renouveler les inscriptions.

124. — Lorsque l'immeuble hypothéqué vient à être exproprié pour cause d'utilité publique, l'inscription ne doit être considérée comme ayant produit son effet légal qu'à l'expiration de la quinzaine qui suit la transcription du jugement d'expropriation (6).

125. — On ne saurait considérer comme cause suffisante pour faire cesser la nécessité du renouvellement : ni la faillite du débiteur hypothécaire (7), ni la vacance ou l'acceptation de la succession sous bénéfice d'inventaire (8), — ni la saisie des immeubles hypothéqués, même suivie de la sommation prescrite par les art. 691 et suiv. du Code de proc. civ. (9), — ni le jugement condamnant le tiers détenteur à payer ou à délaisser (10), — ni le délaissement par le tiers détenteur (11), — ni la vente au créancier inscrit de l'immeuble grevé de son hypothèque (12).

§ 5. RÉDUCTION ET RADIATION DES INSCRIPTIONS.

126. — Les inscriptions sont radiées ou réduites, soit en vertu d'un acte de mainlevée consenti par les ayants droit (V. *infrà*, v° MAINLEVÉE), soit en vertu d'un jugement (art. 2157, C. civ.).

§ 6. INSCRIPTIONS D'OFFICE.

127. — On appelle inscription d'office celle que les conservateurs d'hypothèques sont tenus de prendre eux-mêmes, sans réquisition, et sous leur responsabilité, lors de la transcription de certains contrats.

128. — Ces inscriptions libellées sur un registre spécial ne sont constatées que par une mention mise au bas de l'expédition transcrite ; mais pour leur renouvellement, le créancier est tenu de faire des bordereaux en la forme ordinaire.

---

(1) Cass., 14 novembre 1866 (S. V. 1867-1-21).
(2) Paris, 24 mars 1860 (art. 16840, J. N.).
(3) Dijon, 15 août 1855 ; Cass., 19 juillet 1858 (art. 15366 et 16420, J. N.) ; Nîmes, 2 février 1870 (art. 19888, J. N. ; Saucerre, 29 décembre 1874 (art. 21261, J. N.).
(4) Cass., 22 janvier 1877 (art. 21670, J. N.) ; Aix, 14 juin 1884 ; Nîmes, 11 juillet 1884 ; Bordeaux, 1er décembre 1885 ; Cass., 4 mai 1891 (*J. du not.*, 1891, p. 397); Flandin, *Transc.*, n° 1023; Mourlon, t. II, n° 586. — *Contrà*: Bordeaux, 19 nov. 1868 ; Caen, 9 mai 1871 ; Agen, 16 nov. 1886 ; Pont, n° 1056 ; Aubry et Rau, § 280, note 14, suivant lesquels la dispense de renouvellement existe dès le jour de l'adjudication.

(5) Cass., 21 mars 1848 ; Aubry et Rau, p. 380.
(6) Aubry et Rau, *loc. cit.* V. cep., Cass., 30 janvier 1865 (S. V. 1865-1-141).
(7) Cass., 15 décembre 1829 et 2 décembre 1833 (S. V. 1864-1-57) ; Paris, 19 août 1811 ; Pont, n° 1054; Aubry et Rau, p. 375.
(8) Bordeaux, 15 décembre 1826 et Cass., 29 juin 1830.
(9) Cass., 9 août 1821 et 18 août 1830.
(10) Cass., 31 janvier 1854 (art. 15193, J. N.).
(11) Cass., 24 février 1830.
(12) Cass., 5 février et 1er mai 1828 ; Metz, 6 juin 1866 ; Pont, n° 1054 ; Dict. du not., n° 493 ; Aubry et Rau, p. 878.

Elles sont prises en faveur :

 a) Du vendeur qui n'est pas payé de son prix de vente (art. 2108, C civ.) ;

 b) De celui qui a payé pour l'acquéreur, en se faisant subroger aux droits du vendeur ;

 c) De celui qui vend un immeuble moyennant la prestation d'une rente annuelle ;

 d) De l'échangiste auquel est dû une soulte (V. *supra*, v° INSCRIPTION DE PRIVILÈGE).

 129. — Le conservateur n'est dispensé de prendre l'inscription d'office qu'autant qu'on lui représente en même temps le contrat de vente et la quittance authentique du prix ; le consentement du vendeur serait insuffisant pour le dispenser de prendre inscription, à moins que, dans le contrat de vente, il n'ait déclaré se désister de tous droits de privilège et d'action résolutoire et dispenser expressément le conservateur de prendre l'inscription (1).

 130. — Si le vendeur déclare donner quittance du prix *payé en valeur de satisfaction*, le conservateur doit faire l'inscription d'office, à moins que l'acte ne contienne une renonciation expresse aux droits de privilège et d'action résolutoire. La quittance expresse et pure et simple, donnée par le vendeur, emporte, seule, extinction du privilège (2).

 Il a également été jugé que si l'on présente à la transcription un acte de vente d'un immeuble dotal, dont le prix est quittancé, sans qu'il soit justifié d'un remploi régulièrement effectué, conformément aux conditions imposées par le contrat de mariage, le conservateur peut et *doit* prendre l'inscription d'*office* pour assurer la garantie des intérêts des tiers et conserver les droits de la femme (3).

 131. — Il n'y a pas lieu de faire dans les actes de vente une élection de domicile spéciale pour la validité de l'inscription d'office, et le conservateur des hypothèques n'est pas tenu d'y suppléer. En cas de renouvellement de l'inscription d'office par le vendeur, s'il y a utilité pour ce dernier à élire un domicile, aucune disposition de loi ne lui en fait une obligation (4).

§ 7. RESPONSABILITÉ NOTARIALE.

 132. — Les notaires ne sont pas, à raison de leurs fonctions, chargés des formalités extérieures des actes, c'est-à-dire de celles qui ont pour objet d'en assurer l'exécution (V. *infra*, v° NOTAIRE). Ils n'ont donc à s'occuper de prendre une inscription hypothécaire qu'autant qu'ils ont reçu mandat à cet effet (5). Mais, dans ce cas, ils sont alors responsables, soit du défaut d'inscription (6), soit du retard apporté dans la prise de l'inscription (Cass., 18 janvier 1892), soit d s nullités qu'ils pourraient occasionner dans la rédaction des bordereaux, en omettant, par exemple, des énonciations substantielles (7).

 133. — C'est ainsi qu'un notaire a été déclaré responsable de la nullité d'une inscription prise par lui dans un bureau autre que celui de la circonscription dans laquelle se trouvait l'immeuble hypothéqué (8) ;

---

(1) Dict. du not., n° 589 ; Montluçon, 27 janvier 1865 (art. 18267. J. N.) ; Marennes, 18 mars 1873 (S. 1873-2-120) ; Château-Gontier, 26 juillet 1876 ; Boulanger, t. II, n° 510.

(2) Sarlat, 14 juin 1872 et Marennes, 18 mars 1873 (art. 20481 et 20667, J. N.) ; Dict. du not., *Supp.*, n° 589. — *Contrà* : Seine, 8 janvier 1863 (art. 17642. J. N.).

(3) Pau, 26 juillet 1886 (art. 21054, J. N.) ; Caen, 16 avril 1883 et 4 avril 1887.

(4) J. du not., 1889, p. 431 ; Douai, 27 décembre 1892 (J. du not., 1893, p. 277).

(5) Orléans, 18 janvier 1879 (J. du not., n° 3192, Toulouse, 24 mars 1879 ; Aix, 27 mai 1879 ; Caen, 8 mars 1880 ; Seine, 29 avril 1881 (art. 22178, 22264, 2243·5, 22587, J. N.).

(6) Douai, 25 août 1855 ; Paris, 14 janvier 1854 ; Montpellier, 21 juillet 1863 ; Cass., 23 août 1864 (S. 1864-1-449) ; Ruffec, 12 mars 1881.

(7) Limoges, 2 août 1883 et Cass , 24 janvier 1887.

(8) Paris, 26 janvier 1872 ; Cass., 25 novembre 1872 (Rev. du not., n° 4110 et 4302).

— De la nullité d'une inscription dans laquelle avait été omise la mention de l'exigibilité (1) ;

— De la nullité prononcée pour interposition des noms du créancier et du débiteur dans les bordereaux (2).

Mais le notaire ne saurait être déclaré responsable d'une erreur qu'il a commise, lorsqu'il s'agissait d'un point de droit, objet de controverses dans la doctrine et dans la jurisprudence ; par exemple, de la manière dont il convient de spécialiser la désignation des immeubles dans une inscription de séparation des patrimoines, question controversée en doctrine et en jurisprudence (3).

134. — Nous devons faire remarquer ici que si, en principe, les notaires qui reçoivent un acte emportant affectation hypothécaire, partage, obligation, contrat de mariage, ne sont pas tenus de prendre inscription pour le créancier, alors que celui-ci n'en a pas spécialement chargé l'officier public, toutefois, les tribunaux ont considéré souvent, comme preuve d'un mandat tacite, des faits tellement insignifiants, que le notaire doit toujours, si la formalité ne doit pas être remplie, se mettre en garde contre les réclamations possibles des parties ; c'est ainsi que le notaire a été rendu responsable dans le cas où, étant *conseil habituel des parties illettrées*, il était *vraisemblable* de penser que celles-ci avaient entendu le charger de faire le nécessaire pour rendre leur garantie efficace (4).

135. — Renouvellement. — Si les notaires ne doivent être rendus responsables du défaut d'inscription ou de l'irrégularité des inscriptions prises, qu'autant qu'ils ont reçu du client un mandat exprès pour l'accomplissement de ces formalités qui sont la conséquence immédiate et le complément naturel des actes par eux reçus, à plus forte raison y a-t-il lieu d'exiger le mandat et de n'en pas facilement présumer l'existence, lorsqu'il s'agit d'une surveillance à exercer et de diligences à faire dans un avenir plus ou moins éloigné, comme un renouvellement d'inscription.

136. — Aussi a-t-il été jugé, plusieurs fois, qu'on ne saurait admettre sans une preuve positive, qu'un notaire ait accepté le mandat de pourvoir, sous sa responsabilité, à de semblables formalités (5). Toutefois il semble que la jurisprudence tende à se départir de cette doctrine si équitable et si juridique. Ainsi, il a été décidé :

a) Que, lorsqu'un notaire, dépositaire de la grosse d'une obligation a renouvelé *tardivement* à ses frais, l'inscription affectée à la garantie de cette obligation, il peut être par cela même déclaré mandataire du créancier pour opérer ce renouvellement, et, comme tel, responsable des conséquences de ce retard (6).

b) Que le notaire, alors même qu'il n'est plus dépositaire de la grosse de la créance, doit, s'il a reçu l'acte de prêt, et a été pour le placement, le mandataire du prêteur, surveiller et opérer le renouvellement de l'inscription (7).

c) Enfin il a été décidé que la preuve du mandat donné au notaire de conserver les droits du créancier résulte suffisamment de l'élection de domicile dans l'étude, de la conservation du titre ;… et le notaire ne doit pas seulement veiller au renouvellement de l'inscription durant son exercice, sa responsabilité est maintenue même s'il a vendu son office et s'il n'en a pas avisé ses clients (8).

---

(1) Riom, 22 juillet 1878 ; Cass., 2 mai 1882 (art. 22902, J. N)

(2) Joigny, 17 mars 1859 (D. P., 1859-3-46).

(3) Caen 7 février 1888 (*Gaz. du pal.*, n° du 23 juin 1878).

(4) Montpellier, 21 juillet 1868 ; Cass., 22 août 1864.

(5) Rouen, 13 mars 1854 ; Lyon, 14 mars 1855 ; Toulouse, 16 juin 1888 (*J. du not.*, n° 4060) ; Mont-didier, 26 décembre 1890 (*J. du not.*, 1891, p. 279).

(6) Cass , 19 mars 1857.

(7) Saint-Etienne, 17 mars 1873 ; Cass., 15 décembre 1874 (*Rev. du not.*, n° 4852) ; Auxerre, 14 mars 1889. *Contrà :* Montdidier, 26 décembre 1890.

(8) Aix, 27 mai 1879 et 10 décembre 1881 (*J. du not.*, n° 3144).

§ 8. Frais et honoraires.

137. — Les frais de l'inscription sont toujours à la charge du débiteur, sauf convention contraire. Ils sont avancés par le créancier inscrivant, sauf en ce qui concerne les hypothèques légales, et les créances appartenant aux départements, aux hospices et aux établissements publics (1), spécialement aux fabriques (2); pour lesquelles la loi accorde au conservateur un recours direct contre le débiteur (art. 2155, C. civ.).

138. — Les frais consistent dans les droits de timbre, le droit d'hypothèque, le salaire du conservateur et l'honoraire du notaire, si l'inscription a été prise par son intermédiaire.

139. — L'*honoraire* du notaire consiste dans un droit soit *fixe*, soit de *vacation*, soit même *gradué*, suivant l'importance de l'inscription. Les usages des diverses compagnies ne sont pas d'accord sur ce point. Le plus souvent, on perçoit un droit fixe de 3 à 6 francs par bordereau, plus une vacation pour dépôt et retrait au bureau des hypothèques. En tout cas, les auteurs enseignent que le créancier ne saurait répéter contre le débiteur ce qu'il a payé de ce chef (3).

§ 9. Timbre et hypothèques.

140. — **Timbre.** — Les bordereaux sont soumis au timbre; l'un d'eux peut être écrit sur la grosse du titre (art. 2148, C. civ.). Les bordereaux en renouvellement peuvent être écrits à la suite des bordereaux primitifs (4).

141. — **Hypothèques.** — Les bordereaux ne sont point soumis à l'enregistrement; l'inscription au bureau des hypothèques donne lieu à la perception de : 1° un droit de un pour mille (1 °/oo) plus les décimes, et perçu de 20 fr. en 20 fr. au profit du Trésor, sur le montant du capital de la créance, sans ajouter ni intérêts, ni frais (5); 2° un droit de timbre du registre sur lequel l'inscription est transcrite; 3° et le salaire de 1 fr. fixe au profit du conservateur (6).

142. — Le droit de 1 °/oo n'est pas dû sur les intérêts et arrérages à échoir, ni sur les frais à faire, mais il est dû sur les intérêts échus et les frais faits.

143. — Toutefois, si le bordereau mentionne des frais faits avec des frais à faire, sans distinction d'évaluation, le droit est perçu sur le chiffre total (7).

144. — Lorsqu'un créancier requiert, par un seul et même bordereau, l'inscription d'hypothèque conventionnelle consentie à son profit par deux époux et celle de l'hypothèque légale de la femme, il n'est dû qu'un salaire de 1 franc pour cette inscription collective (8).

145. — En matière de rente viagère, le droit se perçoit sur le capital exprimé dans le bordereau.

146. — Lorsqu'une inscription est prise dans plusieurs bureaux, il n'est dû aucun droit sur celle qui est prise en second lieu, mais seulement, outre le timbre, le salaire du conservateur, sur la représentation de la quittance constatant le paiement du droit de la première inscription; à cet effet, le conservateur du premier bureau est tenu de délivrer à celui qui paie le droit autant de duplicata de la quittance qu'il lui en est demandé, moyennant vingt-cinq centimes par duplicata,

(1) L. 21 ventôse an VII, art. 8.
(2) Arr. gouv., 24 pluviôse an XIII.
(3) Rolland de Villargues, n° 340; Dict. du not., n° 426; Clerc, *Form.*, n° 175; Defrénois et Vavasseur, n° 5781.
(4) Art. 17908, J. N.; Sol. Rég., 12 juin 1863.
(5) Sol. Rég., 6 février et 15 mars 1886 (art. 23810 J. N.).
(6) LL. 21 ventôse an VII, art. 16 et 10; 28 avril 1816, art. 60; 28 août 1871, art. 5; Déc., 21 septembre 1810.
(7) Sol., 15 mars 1886.
(8) Art. 23843, J. N.

en sus du papier timbré (1) ; ordinairement, la quittance par duplicata est mise sur l'un des bordereaux.

147. — Il n'est payé qu'un seul droit pour chaque créance, quel que soit le nombre des créanciers et celui des débiteurs (2).

148. — L'inscription requise par le même bordereau contre le débiteur et la caution ou au profit de plusieurs créanciers sur un gage commun, ne donne lieu qu'à un seul droit (3).

149. — Les inscriptions indéfinies prises pour la conservation d'un droit d'hypothèque éventuelle, sans créance existante, ne sont pas immédiatement sujettes au droit de 1 °/₀₀; celles qui sont prises en vertu d'une ouverture de crédit y sont seules assujetties par exception (4).

150. — Il en est ainsi de celles prises par la femme ou par un cessionnaire contre le mari (5); par un mineur contre son tuteur; par un acquéreur, pour la restitution de son prix en cas d'éviction; par un héritier contre son cohéritier, pour la garantie du partage ou du paiement des dettes (6).

151. — L'acquéreur de plusieurs lots dans une adjudication de biens immeubles en détail et contre lequel il est pris inscription, ne doit qu'un seul salaire; et le conservateur ne doit prendre qu'une seule inscription (7).

Mais il en serait autrement si les lots provenaient de propriétaires différents et non solidaires; dans ce cas, il devrait être pris autant d'inscriptions qu'il existerait de vendeurs et il serait dû autant de salaires (8).

152. — Les inscriptions prises pour le cautionnement des comptables et celles d'hypothèques légales ne donnent pas lieu non plus, à la perception immédiate du droit proportionnel.

153. — Les renouvellements donnent ouverture au droit proportionnel, comme l'inscription primitive (9).

Si une seconde inscription est prise uniquement pour rectifier une erreur commise dans la première, elle est exempte du droit de 1 °/₀₀ (10).

154. — Les deux inscriptions prescrites pour la conservation du privilège du constructeur, ne donnent lieu qu'à une seule perception du droit proportionnel (11).

155. — **Salaires.** — Il est alloué au conservateur un salaire de 1 franc pour chaque inscription d'hypothèque ou de privilège.

Le conservateur, en formalisant une inscription d'hypothèque conventionnelle et légale prise par le même bordereau, n'a droit qu'à un seul salaire de 1 franc (12).

§ 10. Formules.

I. INSCRIPTIONS D'HYPOTHÈQUE CONVEN-
TIONNELLE.

1. *Inscription pour sûreté d'un prêt.*
2. *Inscription pour garantie de fermages.*
3. *Inscription pour sûreté d'un crédit.*
4. *Inscription pour sûreté d'une rente perpé-tuelle.*
5. *Inscription pour sûreté d'une rente viagère.*

6. *Inscription contre une caution.*
7. *Inscription sur des actions immobilisées de la Banque de France.*
8. *Inscription en vertu d'un acte de création d'obligations hypothécaires négociables ou au porteur.*

II. INSCRIPTION D'HYPOTHÈQUE CONVENTIONNELLE
ET LÉGALE.

---

(1) L. 21 ventôse, art. 22.
(2) L. 27 ventôse an VII, art. 21.
(3) Cass., 17 décembre 1845.
(4) Sol., 25 octobre 1867; L. 23 août 1871, art. 5.
(5) Sol., 25 octobre 1867.
(6) Cass., 23 août 1880.
(7) Sol. rég., 11 octobre 1887 et J. du not., n° 4046.
— Contrà : Cass., 11 mars 1891 (J. du not., 1891, p 197).
(8) Dict. du not., n° 36; J. du not., n°˟ 4008 et 4013.

(9) Déc. min. fin., 29 juillet 1806, 5 juillet 1809; Seine, 3 avril 1869.
(10) Déc. min. fin., 15 mai 1816.
(11) Sol., 18 janvier 1875.
(12) Déc. dir. génér. de l'Enreg., du 25 juin 1887 (art. 24089, 23813, J. N.) ; Instr. du 10 août 1888 (J. du not., n° 4048). Sic : J. du not., n°˟ des 5 novembre 1877 et 15 décembre 1880.

III. INSCRIPTION D'HYPOTHÈQUE JUDICIAIRE.

IV. INSCRIPTIONS EN RENOUVELLEMENT.

1. *Inscription renouvelée au profit du créancier primitif.*

2. *Inscription renouvelée au profit d'un cessionnaire.*

3. *Inscription renouvelée au profit d'un héritier du créancier contre la succession du débiteur.*

I. INSCRIPTIONS D'HYPOTHÈQUE CONVENTIONNELLE

1. — Inscription pour sûreté d'un prêt.

Inscription d'hypothèque conventionnelle est requise au bureau des hypothèques de...
Au profit de M. Lucien Ferry, rentier demeurant à...
Pour lequel domicile est élu à..., en l'étude (ou en la demeure) de M...
Contre M. Louis Duclos, propriétaire, demeurant à...
En vertu d'un acte reçu par Mᵉ..., notaire à..., le..., contenant:

I. — Obligation souscrite par M. Duclos au profit de M. Ferry de la somme principale de 40,000 fr., pour prêt stipulé exigible le..., et productive, à compter du..., jusqu'au remboursement, d'intérêts au taux de 5 °/₀ par an payables par semestre les..., de chaque année, avec conventions notamment:

1°... (*Reproduire les clauses qu'il est utile de faire connaître, spécialement celles relatives à l'exigibilité.*)

II. — Et affectation hypothécaire des immeubles ci-après désignés à la garantie dudit prêt.
Pour sûreté:

1° De la somme principale de 40,000 fr., montant de l'obligation ci-dessus relatée, ci	40 000	»
2° Des intérêts dont la loi conserve le rang	Mémoire.	
3° Et des frais de mise à exécution et autres loyaux coûts évalués à la somme de 1,000 fr., ci	1 000	»
Total, sauf mémoire, 41,000 francs, ci	41 000	»

Sur les immeubles ci-après désignés:
(*Reproduire littéralement la désignation contenue en l'obligation.*)

2. — Inscription pour garantie de fermages.

Inscription d'hypothèque conventionnelle est requise au bureau des hypothèques de...;
Au profit de M. Joseph Legrand, propriétaire, demeurant à...
Pour lequel domicile est élu à...
Contre M. Léon Bernard, cultivateur, demeurant à...,
En vertu d'un acte reçu par Mᵉ..., notaire à..., le.... contenant:

I. — Bail de la ferme de..., située à..., consenti par M. Legrand, au profit de M. Bernard, pour 12 années qui commenceront à courir par la récolte à faire en..., moyennant un fermage annuel de 5,000 fr., payable..., etc., avec conventions, notamment:

1°... (*Reproduire les conditions qu'il est utile de rappeler.*)

II. — Et affectation hypothécaire des immeubles ci après désignés, à la garantie des fermages et de l'exécution des autres conditions du bail.
Pour sûreté:

1° De la somme de 15,000 fr., montant de trois années de fermage à prendre au choix du requérant pendant tout le cours du bail, ci	15 000	»
2° De celle de..., à laquelle sont évaluées les autres charges imposées par le bail à M. Bernard, à raison de..., par année, ci	»	»
3° De celle de..., à laquelle sont évalués les indemnités et dommages-intérêts qui pourraient être dus à M. Legrand, pour inexécution des conditions du bail ou pour toute autre cause.	»	»
4° Et des frais de mise à exécution, s'il y a lieu et autres loyaux coûts évalués à	»	»
Total	»	»

Sur les immeubles ci-après désignés:...

3. — Inscription pour sûreté d'un crédit.

Inscription d'hypothèque conventionnelle est requise au bureau des hypothèques de...
Au profit de M. Paul Royer, négociant, demeurant à...
Pour lequel domicile est élu, etc...
Contre M. Victor Tramier, négociant, demeurant à...
En vertu d'un acte reçu par Me..., notaire a..., le..., contenant :
I. — Ouverture de crédit de la somme principale de 80,000 fr. par M. Royer au profit de
M. Tramier, avec stipulation que ce dernier pourra user de son crédit en tout ou en partie,
comme bon lui semblera dans l'espace de... années, à partir du...
Et que ladite somme de 80,000 fr., produira des intérêts à raison de 6 °/₀ par an, à partir
du jour où les fonds auront été remis par M. Royer à M. Tramier ou seraient sortis de sa
caisse pour le compte de M. Tramier jusqu'au jour où il en aura été couvert.
(Rapporter les autres conditions de l'ouverture de crédit.)
II. — Et affectation hypothécaire des immeubles ci-après désignés, par M. Tramier au
profit de M. Royer, à la garantie du montant en principal, intérêts et accessoires de ladite
ouverture de crédit.

Pour sûreté :
1° De la somme principale de 80,000 fr., montant de ladite ouverture

de crédit, ci	80 000 »
2° Des intérêts dont la loi conserve le rang	Mémoire.
3° Et des frais de mise à exécution, s'il y a lieu, et autres loyaux coûts évalués approximativement à 1,000 fr., ci	1 000 »
Total, sauf mémoire, 81,000 fr., ci	81 000 »

Sur les immeubles ci-après désignés : ...

4. — Inscription pour sûreté d'une rente perpétuelle.

Inscription d'hypothèque conventionnelle est requise au bureau des hypothèques de...
Au profit de M. Henri Delamare, rentier, demeurant à...
Pour lequel domicile est élu, etc.
Contre M. Léopold Beck, propriétaire, demeurant à...
En vertu d'un acte reçu par Me..., notaire à..., le..., contenant :
I. — Constitution par M. Beck, au profit de M. Delamare, d'une rente perpétuelle de
3,000 fr., exempte de toute retenue, au capital de 60,000 fr. ; ladite rente payable, etc.
II. — Et affectation hypothécaire des immeubles ci-après désignés pour assurer le ser-
vice de cette rente et, le cas échéant, le payement du capital.

Pour sûreté :

1° De la somme de 60,000 fr., capital non exigible de ladite rente, ci . . .	60 000 »
2° Des arrérages dont la loi conserve le rang.	Mémoire
3° Et des frais de mise à exécution et autres loyaux coûts évalués approxi- mativement à la somme de 1,000 fr., ci	1 000 »
Total, sauf mémoire, 61,000 fr., ci	61 000 »

Sur les immeubles ci-après désignés : ...

5. — Inscription pour sûreté d'une rente viagère.

Inscription d'hypothèque conventionnelle est requise au bureau des hypothèques de...
Au profit de M. Henri Delamare, rentier, demeurant à...
Pour lequel domicile est élu, etc...
Contre M. Léopold Beck, propriétaire, demeurant à...
En vertu d'un acte passé devant Me..., etc., contenant :
I. — Constitution par M. Beck au profit et sur la tête de M. Delamare, d'une rente an-
nuelle et viagère de 3,000 fr., payable tous les trois mois à compter du..., avec conventions:
1° qu'à défaut de payement à leur échéance de deux termes consécutifs des arrérages de

ladite rente et un mois après un simple commandement demeuré infructueux, la somme de...
moyennant laquelle ladite rente a été constituée, serait immédiatement et de plein droit
exigible, si bon semblait à M. Delamare sans qu'il ait rien à restituer à raison des arrérages qu'il aurait perçus, et sans qu'il soit nécessaire de remplir aucune formalité judiciaire;
2° et que la présente inscription serait radiée par M, le conservateur sur la simple justification de l'acte de décès de M...;

II. — Et affectation hypothécaire par M. Beck des immeubles ci-après désignés.
Pour sûreté :

1° De la somme de 75,000 fr. non exigible (si ce n'est dans le cas sus-indiqué), formant
le capital nécessaire pour assurer le service de la rente viagère de 3,000 francs, constituée
ainsi qu'il est dit ci-dessus, et, s'il y a lieu, le remboursement du capital de
ladite constitution de rente, ci . . . . | 75 000 «
2° Des arrérages dont la loi conserve le rang. . . . . | Mémoire
3° Et des frais de mise à exécution, s'il y a lieu, et autres loyaux coûts,
évalués approximativement à 1,000 fr. . . . . | 1 000 »

Total, sauf mémoire, 76,000 fr., ci. . . . . | 76 000 »
Sur les immeubles ci-après désignés : ...

6. — Inscription contre une caution.

Inscription d'hypothèque conventionnelle à prendre au bureau des hypothèques de...
Au profit de M. Michel Chevalier, rentier, demeurant à...
Pour lequel domicile est élu...
Contre M. Jules Thiébaut, propriétaire, demeurant à...
En vertu d'un acte reçu par Mᵉ..., notaire à..., le..., contenant :

I. — Obligation souscrite par M. Léon Vincent, architecte, demeurant à..., au profit de
M. Chevalier requérant, de la somme principale de 50,000 fr., pour prêt, exigible le... et
productive d'intérêts..., etc., avec conventions, notamment...

II. — Intervention audit acte de M. Thiébaut sus-nommé, lequel s'est rendu caution de
M. Vincent pour sûreté dudit prêt en principal, intérêts et accessoires.

III. — Et affectation hypothécaire par M. Thiébaut des immeubles ci-après désignés.
Pour sûreté :

1° De la somme de 50,000 fr., montant de l'obligation sus-énoncée et dont
M. Thiébaut s'est rendu caution, ci. . . . . | 50 000 »
2° Des intérêts dont la loi conserve le rang . . . . | Mémoire
3° Et des frais de mise à exécution et autres loyaux coûts évalués approxi-
mativement à la somme de 1,000 fr., ci. . . . . | 1 000 »

Total, sauf mémoire, 51,000 fr., ci. . . . . | 51 000 »
Sur les immeubles ci-après désignés : ...

7. — Inscription sur des actions immobilisées de la Banque de France.

Inscription d'hypothèque conventionnelle est requise au premier bureau des hypothèques
de la Seine.
Au profit de M. Charles Cordier, propriétaire, demeurant à...
Pour lequel domicile est élu en l'étude de Mᵉ..., notaire à Paris, sise, rue..., n°...
Contre M. Eugène-Gaston Daix, négociant, demeurant à..., rue..., n°...
En vertu d'un acte reçu par Mᵉ..., notaire à..., le..., contenant :

I. — Obligation, pour prêt, par M. Daix, au profit de M. Cordier, de la somme de
5,000 fr., stipulée remboursable le..., et productive d'intérêts à 5 °/₀, payables annuellement
à compter du..., avec conventions que le débiteur ne pourrait rembourser par anticipation,
sans le consentement écrit du créancier; et qu'à défaut de paiement d'une seule année d'intérêts, à son échéance, et un mois après un simple commandement resté infructueux, le capital
de ladite obligation deviendra exigible, si bon semble au créancier, sans qu'il soit nécessaire
de remplir aucune formalité judiciaire;

II. — Et affectation hypothécaire, par M. Daix au profit de M. Cordier, des actions
immobilisées de la Banque de France, ci-après désignées.

Pour sûreté :

1° De la somme de 5,000 fr , capital de l'obligation sus-énoncée, ci	5 000 »
2° Des intérêts conservés par la loi, au même rang que le capital.	Mémoire
3° Et des frais de mise à exécution, s'il y a lieu, et autres loyaux coûts évalués approximativement à.	500 »
Total, sauf mémoire, 5,500 fr., ci.	5 500 »

Sur quatre actions immobilisées de la Banque de France, inscrites au registre... des actions immobilisées, au nom de M. Daix (Pierre Eugène) qui les a immobilisées le..., suivant sa déclaration inscrite sur lesdits registres de la Banque.

8. — Inscription en vertu d'un acte de création d'obligations hypothécaires négociables ou au porteur.

Inscription d'hypothèque conventionnelle est requise au bureau des hypothèques de...
Au profit de :
1° M. Virgile Foucault, banquier, demeurant à... ;
2° M. Stéphane Cordier, banquier, demeurant à... ;
        Au nom et comme étant constitués les représentants légaux, avec les pouvoirs ci-après énoncés, de tous les porteurs et propriétaires actuels et futurs quels qu'ils soient, des obligations hypothécaires créées par l'acte relaté plus loin ; et comme étant, d'ailleurs, eux-mêmes les souscripteurs et premiers titulaires desdites obligations (1) ;
Pour lesquels domicile est élu à..., en l'étude de Me..., notaire.
Contre la société anonyme dite Compagnie chaufournière du Nord, ayant son siège à Paris, rue..., n°..., dont les statuts ont été établis suivant acte reçu par Me..., notaire à..., le... ; ladite société constituée définitivement aux termes d'une délibération des actionnaires, en date du... suivant, dont une copie a été déposée aux minutes dudit Me..., par acte du..., et publiée conformément à la loi, ainsi qu'il résulte de diverses pièces déposées pour minute au même notaire, suivant acte reçu par lui, le...
En vertu d'un acte reçu par Me..., notaire à .., le... aux termes duquel M. Eugène Fleury, propriétaire, demeurant à Paris, rue..., en sa qualité de membre du conseil d'administration de la Compagnie chaufournière du Nord, et ayant été spécialement autorisé à cet effet aux termes d'une délibération de l'assemblée générale des actionnaires prise devant Me..., notaire à..., qui en a dressé acte, le..., et par une délibération du conseil d'administration dressée devant le même notaire, le..., a créé mille obligations hypothécaires de 500 fr. chacune, représentant ensemble un emprunt de 500,000 fr., que MM. Foucault et Cordier ont souscrites, chacun par moitié.
Audit acte, il a été stipulé ce qui suit :
Sur les 500 fr. montant de chaque obligation, 125 fr. ont été payés par MM. Foucault et Cordier ; les 375 fr. de surplus ont été stipulés payables par ceux-ci, savoir : 225 fr., le 1er octobre 18.. ; 125 fr., le 1er novembre 18.., et 125 fr., le 1er décembre suivant.
Les obligations dont il s'agit produiront un intérêt annuel de 25 fr., soit 5 °/o par an, payables en deux termes égaux de 12 fr. 50 c., les 1er janvier et 1er juillet de chaque année, mais le terme à payer le 1er janvier 1878 ne devant comprendre que les prorata d'intérêt alors courus calculés pour chaque versement à partir de l'époque où il aura dû avoir lieu. L'intérêt cessera de courir de plein droit sur les obligations sorties au tirage pour le remboursement, à partir du jour de ce tirage.
Le remboursement du capital desdites obligations aura lieu dans le délai de dix années, de la manière suivante :
Chaque année, pendant dix ans, le jour de l'assemblée générale ordinaire de la Compagnie chaufournière du Nord, qui a lieu de droit à Paris, dans le courant du mois de mars, et pour la première fois en mars 18..., il sera procédé au tirage au sort d'un certain nombre d'obligations à rembourser, le premier juillet de chaque année dans les proportions suivantes :

---

(1) Ou, s'il y a société civile : Au profit de M... et M..., en qualité de seuls administrateurs, aux termes d'un acte relaté plus loin, de la société civile formée entre eux et les autres souscripteurs des obligations dont il sera parlé ci-après.

1° En .... soixante-quinze obligations, ci.	75
2° En .... quatre-vingts, ci.	80
3° En .... quatre-vingt-cinq, ci	85
4° En .... quatre-vingt-dix, ci.	90
5° En .... quatre-vingt-quinze, ci.	95
6° En .... cent, ci.	100
7° En .... cent cinq, ci.	105
8° En .... cent quinze, ci.	115
9° En .... cent vingt-cinq, ci.	125
10° En .... cent trente, ci	130
Ensemble mille obligations, ci.	1 000

La Compagnie chaufournière du Nord aura la faculté d'anticiper les époques de tirage qui viennent d'être fixées ou d'augmenter lors des tirages le nombre des obligations déterminé ci-dessus.

A la sûreté et garantie du remboursement desdites mille obligations, formant ensemble un capital de 500,000 fr., du payement de leurs intérêts, ainsi que de tous frais et accessoires, M. Fleury, en sadite qualité, a affecté et hypothéqué, ce qui a été accepté par MM. Foucault et Cordier, les immeubles ci-après désignés.

Il a été fait, en outre, dans ledit acte du..., les stipulations suivantes, littéralement rapportées :

(*Insérer textuellement les conditions relatives à la nomination et aux pouvoirs des représentants des obligataires*) (1).

Pour sûreté :

1° De la somme de 500,000 fr. formant le capital des mille obligations créées par la Compagnie chaufournière du Nord, aux termes de l'acte sus-énoncé ; lesdites obligations remboursables par voie de tirage au sort et productives d'intérêts, ainsi qu'il est expliqué ci-dessus, ci. . . . . | 500 000 »

2° Des intérêts à 5 °/₀ dont la loi conserve le même rang d'hypothèque que pour le capital. . . . . | Mémoire

3° Et des frais de mise à exécution, s'il y a lieu et autres accessoires évalués approximativement à 4,000 fr., ci . . . . | 4 000 »

Total, sauf mémoire 504,000 fr. ci. . . . . | 504 000 »

Sur les immeubles suivants :... (*Rapporter la désignation comme dans l'acte d'obligation.*)

II. INSCRIPTION D'HYPOTHÈQUE CONVENTIONNELLE ET LÉGALE (2).

Inscription d'hypothèque conventionnelle et légale est requise au bureau des hypothèques de..., au profit de M. René Henrion, rentier, demeurant à..., pour lequel domicile est élu..., etc.

Savoir :

D'hypothèque conventionnelle. — Contre M. Alfred Mengin, propriétaire et M°° Louise Richard, son épouse, demeurant ensemble à... — Débiteurs solidaires ;

Et d'hypothèque légale. — Contre ledit sieur Mengin, comme étant, le requérant, subrogé aux droits de M°° Mengin, ainsi qu'il va être expliqué.

En vertu d'un acte reçu par M°..., notaire à..., le..., contenant :

I. — Obligation, pour prêt, souscrite par M. et M°° Mengin, solidairement entre eux, au profit de M. Henrion, de la somme de 10,000 fr. stipulée remboursable le..., et productive d'intérêts à 5 °/₀ l'an payables par... à partir du.. ; avec conventions : 1°... etc.

II. — Affectation hypothécaire par M. et M°° Mengin, des immeubles ci-après désignés.

III. — Et cession et transport, à titre de garantie, par M°° Mengin, au profit de M. Henrion, de ses reprises et créances sur son mari, et subrogation dans l'effet de son hypothèque

---

(1) S'il avait été formé une société civile entre les obligataires il y aurait lieu de rapporter ici les principales dispositions, constitutives de cette société, en ce qui concerne les pouvoirs des administrateurs quant à l'hypothèque et aux inscriptions, et le mode de nomination de leurs successeurs.

(2) Pour les inscriptions d'hypothèque légale, V. *supra*, v° HYPOTHÈQUE LÉGALE.

légale contre ce denier ; le tout, jusqu'à due concurrence, par préférence à ladite dame et seulement en ce que l'hypothèque légale frappe sur les immeubles hypothéqués.

Pour sûreté :

1° De la somme de 20,000 fr., capital de l'obligation sus-énoncée	20 000	«
2° Des intérêts dont la loi conserve le rang.	Mémoire.	
3° Des frais de mise à exécution, s'il y a lieu, et autres loyaux coûts évalués approximativement à 1,000 fr., ci.	1 000	»
4° Des droits, reprises, créances et avantages quelconques de Mme... contre son mari, par elle cédés à M... et ce, jusqu'à concurrence du capital de ladite créance, des intérêts à courir jusqu'au jour du remboursement et des frais et accessoires ; le tout indéterminé	Mémoire.	
Total, sauf mémoire, 21,000 fr., ci.	21 000	»

Sur les immeubles ci-après désignés : ...

III. INSCRIPTION D'HYPOTHÈQUE JUDICIAIRE (1)

Inscription d'hypothèque judiciaire est requise au bureau des hypothèques de...,

Au profit de M. Joseph Martin, rentier, demeurant à...,

Pour lequel domicile est élu...,

Contre M. Lucien Picot, propriétaire, demeurant à...

En vertu d'un jugement du tribunal civil de.. , rendu contradictoirement (ou : par défaut), le..., enregistré (ou : d'une sentence arbitrale rendue par MM..., le. ., déposée au greffe du tribunal de première instance de..., le..., enregistrée, revêtue de l'ordonnance d'exécution de M. le président dudit tribunal, en date du..., enregistrée ;

Pour sûreté :

1° De là somme de 3,783 fr. 85 (2), montant en principal des condamnations prononcées au profit de M. Martin contre M. Picot par le jugement sus-énoncé, pour le paiement de laquelle ledit jugement a accordé terme et délai de... mois, à partir de sa date, ci.	3 783	85
2° Des intérêts de cette somme à raison de... par an, à compter du... jour de la demande, pour lesquels la loi conserve le rang. ci.	Mémoire.	
3° De la somme de 148 fr. 35, montant des frais liquidés par le jugement, ci.	148	35
4° Et du coût de ce jugement, de sa signification, et des frais de mise à exécution, évalués à 1,000 fr., ci.	1 000	»
Total, sauf mémoire, 4,932 fr. 20, ci.	4 932	20

Sur tous les biens immeubles présents et à venir de M..., situés dans l'arrondissement du bureau des hypothèques de...

IV. INSCRIPTIONS EN RENOUVELLEMENT

1. — Inscription renouvelée au profit du créancier primitif.

Inscription d'hypothèque conventionnelle est requise au bureau des hypothèques de...

(*Reproduire exactement l'inscription qu'il s'agit de renouveler et terminer par la clause suivante* :)

La présente inscription est requise tant pour valoir à sa date comme inscription nouvelle, qu'en renouvellement de celle prise audit bureau d'hypothèques, le ., vol..., n°...

---

(1) Tout ce qui est prescrit par l'art. 2148 du C. civ. pour l'hypothèque conventionnelle est applicable à l'hypothèque judiciaire, sauf l'exception finale.
(2) L'évaluation des créances éventuelles ou indéterminées, est-elle nécessaire, à peine de nullité, dans l'inscription des hypothèques judiciaires ? La ques-

tion est controversée. *Affirm.*, Chambéry, 22 déc. 1879 ; Pont, n° 989 ; Aubry et Rau, p. 339. — *Négat.*, Cass., 4 août 1825 ; Limoges, 5 décembre 1829 ; Rouen, 8 février 1851 ; Troplong, n° 684. Dans le doute, il est bon de se conformer à la lettre des art. 2132 et 2158 C. civ. en évaluant la créance dans l'inscription.

2. — Inscription renouvelée au profit d'un cessionnaire.

Inscription d'hypothèque conventionnelle est requise au bureau des hypothèques de...
Au profit de M. Jules Nicloux, rentier, demeurant à...
Pour lequel domicile est élu...
Contre M. Emile Blaise, propriétaire, demeurant à...,
En vertu :

I. — D'un acte reçu par Me..., notaire à..., le..., contenant obligation par M. Blaise, au profit de M. Arthur Legros, négociant, demeurant à..., de la somme de 10,000 fr., stipulée productive d'intérêts à 5 % l'an, payables...; et affectation hypothécaire des immeubles ci-après désignés.

II. — D'un acte reçu par le même notaire, le..., contenant :

1° Transport par mondit sieur Legros au requérant, de la créance résultant de l'obligation sus-énoncée, et par suite subrogation de ce dernier dans tous les droits, hypothèque et inscription du cédant ;

2° Et, sur la demande du débiteur intervenant, prorogation par M... de l'exigibilité de ladite créance au... avec conventions..., etc.

Pour sûreté :

1° De la somme de 10,000 fr. principal de la créance résultant des actes sus-énoncés, ci.	10 000	»
2° De celle de... pour... années d'intérêts de cette créance échues le . .	»	»
3° Des intérêts conservés par la loi.	Mémoire.	
4° Et des frais du présent renouvellement et ceux de mise à exécution, s'il y a lieu, évalués à 1,000 fr., ci.	1 000	»
Total, sauf mémoire, ... fr., ci	»	»

Sur...

La présente inscription est requise tant pour valoir à sa date comme inscription nouvelle qu'en renouvellement de celle prise contre M. Blaise au profit de M. Legros, le..., vol..., n°...

3. — Inscription renouvelée au profit d'un héritier du créancier contre la succession du débiteur.

Inscription d'hypothèque conventionnelle est requise au bureau des hypothèques de...
Au profit de M. Léon Meunier, rentier, demeurant à...,
      Seul héritier de M. Nicolas Meunier, son père, décédé à..., le..., ainsi que cette qualité est constatée par un acte de notoriété dressé par Me..., notaire à..., le...,
Pour lequel domicile est élu à..., etc,
Contre la succession de M. Louis Médard, en son vivant propriétaire, demeurant à..., où il est décédé le... (Si l'on connaît les noms de ses héritiers on ajoute : ladite succession représentée par 1°..., 2°...)
En vertu :
(Pour le surplus voir les formules précédentes.)
La présente inscription est requise tant pour valoir à sa date comme inscription nouvelle qu'en renouvellement de celle prise audit bureau d'hypothèques au profit de M. Nicolas Meunier contre M. Médard, le..., vol..., n°...

BIBLIOGRAPHIE

André. — *Traité pratique du Régime hypothécaire* ; 1 vol. in-8°.
Aubry et Rau, t. III, p. 111 et suiv.
Dict. du not., v° *Hypothèque et Inscription hypothécaire.*
Encyclop. du not., v° HYPOTHÈQUE et PRIVILÈGE.
Laurent. — *Principes du droit civil,* t. XXX.

Pont. — *Traité des privilèges et hypothèques,* 2 vol. in-8°.
Troplong. — *Commentaire du titre des privilèges et hypothèques,* 1 vol. in-8°.
Thézard. — *Des privilèges et hypothèques,* 1 vol. in-8°.

INSCRIPTION DE PRIVILÈGE

Sommaire :

§. 1. Généralités Diverses espèces de privilèges.

1. — Le *privilège* est un droit que la seule qualité de la créance (1), c'est-à-dire la faveur qu'elle mérite aux yeux de la loi, donne à un créancier d'être payé de préférence aux autres créanciers, même hypothécaires, sur le prix des meubles ou des immeubles de son débiteur (art. 2095, C. civ.).

Les privilèges ne peuvent résulter que d'une disposition légale (art. 2095, C. civ.), et il n'est pas au pouvoir du débiteur de créer, au profit d'un ou de plusieurs de ses créanciers, des privilèges en dehors de ceux qui sont établis par la loi (2).

2. — Le rang des créanciers privilégiés se détermine d'après le degré de faveur dont leurs créances jouissent aux yeux de la loi et sans égard à la date des créances (art. 2096, C. civ.). S'il y a plusieurs créanciers privilégiés au même rang, ils sont payés par concurrence (art. 2097).

3. — Les privilèges peuvent porter sur les meubles, aussi bien que sur les immeubles (art. 2099, C. civ.), mais il y a une différence importante à signaler entre les privilèges qui frappent sur les meubles et ceux qui grèvent les immeubles. Les premiers, en effet, produisent leur effet par cela seul qu'ils existent, sans aucune publicité ; les privilèges immobiliers, au contraire, doivent être rendus publics par la voie de l'inscription ou de la transcription.

Le Code civil distingue des privilèges généraux sur les meubles ; des privilèges sur certains meubles ; — des privilèges sur certains immeubles ; — des privilèges qui s'étendent aux meubles et aux immeubles (3).

§ 2. Privilèges généraux sur les meubles.

4. — Les créances que la loi déclare privilégiées sur la généralité des meubles sont :

a) Les frais de justice. — On entend par frais de justice ceux faits dans l'*intérêt commun* des créanciers, pour la conservation (4), la liquidation, la réalisation des biens du débiteur, et pour la distribution des prix en provenant, comme les frais de saisie, de poursuite de vente, d'ordre et de distribution de deniers (5).

---

(1) Toutefois, le privilège résultant du gage est indépendant de la qualité de la créance et forme exception au principe posé (V. *suprà*, v° Gage).
(2) Cass., 26 juillet 1852 ; Amiens, 3 juillet 1862 (S. 1863-2-84) ; Bordeaux, 6 avril 1865 (S. 1865-2-317).

(3) Il existe encore d'autres privilèges, créés par des lois spéciales ; tous ceux dont il ne sera pas question dans le cours de cet article, seront indiqués *infrà*, v° Ordre amiable.
(4) Paris, 15 novembre 1875.
(5) Bordeaux, 26 juillet 1875.

Il en est ainsi des frais de scellés, d'inventaire (1), de partage judiciaire (2), de compte de gestion par l'héritier bénéficiaire ou le curateur à une succession vacante (3).

Pour que ces frais soient considérés comme frais de justice privilégiés, il n'est pas nécessaire qu'ils aient été faits devant le tribunal, la seule condition requise est qu'ils profitent à la masse des créanciers (4). D'où il suit que les frais d'un partage amiable devraient être privilégiés, aussi bien vis-à-vis des créanciers de la succession qu'à l'égard des créanciers des héritiers. Cependant l'opinion contraire a été consacrée par plusieurs décisions judiciaires (5), et les auteurs se prononcent en ce sens (6), au moins quand le partage a lieu sans l'intervention des créanciers.

b) Les frais funéraires. — Ces frais comprennent, outre les dépenses d'ensevelissement et de sépulture du débiteur, les émoluments de la fabrique et les honoraires du ministre du culte, mais ils ne s'appliquent pas aux sommes dues, soit pour le deuil de la veuve et des domestiques, soit pour l'érection d'un monument sur la tombe du défunt, quelque modeste qu'il soit (7).

Ce privilège doit, dans tous les cas, être restreint aux dépenses proprement dites d'inhumation et jugées conformes à la condition du défunt (8).

Sont aussi privilégiés sur les biens des débiteurs les frais faits par lui pour les funérailles de ses enfants ou de ses proches parents (9).

c) Les frais de dernière maladie. — Le privilège ne s'étend pas aux frais des autres maladies qui ont précédé la distribution de deniers, ni à celles des enfants ou proches parents du débiteur (10). Il ne s'appliquait, avant la loi du 30 novembre 1892, qu'au cas de décès du débiteur (11); mais cette loi (art. 12) a étendu le privilège du médecin et autres ayants droit, même au cas de faillite, de liquidation judiciaire ou de déconfiture du débiteur, et *quelle qu'ait été la terminaison de la maladie.*

d) Les salaires des gens de service. — *Les gens de service* sont ceux qui engagent leur travail ou leur industrie pour un temps déterminé et moyennant un gage fixé, au service soit d'une personne ou d'un ménage, soit d'une exploitation rurale, ou d'une société quelconque : tels sont les domestiques proprement dits, femme de chambre, concierges, valets de ferme, etc., pourvu qu'ils soient à demeure (12).

Le salaire acquis aux ouvriers directement employés par le débiteur pendant les trois mois qui ont précédé l'ouverture de la liquidation judiciaire ou la faillite, est admis au nombre des créances privilégiées, au même rang que le salaire des

---

(1) Le notaire a un privilège pour les frais d'inventaire (Seine, 27 juillet 1886). Spécialement, la créance résultant d'un inventaire dressé à la requête d'une femme commune en biens est privilégiée sur les biens de la communauté (Cass. Belg., 30 décembre 1875 ; Rev. prat. not., 1876, p. 156 et 304 ; trib. Rouen, 23 décembre 1881). V. supra, v° HONORAIRES.

Jugé également que les frais de l'inventaire dressé après dissolution de communauté, pour constater les forces de cette communauté et de la succession de l'époux prédécédé, sont privilégiés, même à l'égard de la faillite de la veuve (Gand, 26 mai 1886).

(2) Il a été jugé qu'un notaire commis par justice n'aurait pas de privilège pour les frais d'une liquidation judiciaire à laquelle il procède dans le seul intérêt des héritiers bénéficiaires, attendu que, par *frais de justice,* il faut entendre ceux faits pour la cause commune de la masse des créanciers. Douai, 31 janvier 1836, (Pau, 12 mai 1863 ; Toulouse, 16 mai 1863 ; Cass., 24 juin 1867 ; S. 1867-1-285 et art. 18930, J. N.). Mais le notaire aurait un privilège, si l'acte avait servi l'intérêt commun des créanciers ; si, spécialement, la procédure a eu lieu sur leurs poursuites : (Condom, 24 novembre 1864 ; S. 1865-2-350 ; Die, 29 mars 1865 ; S. 1866-2-97 ; Cass., 5 avril 1865 (S. 1865-1-375).

Les frais d'une liquidation de reprises sont privilégiés, comme suite nécessaire de la séparation de biens (art. 23699, J. N.); Douai, 22 avril 1874 ; Paris, 22 mars 1876 ; Cass., 11 juin 1877 et 23 février 1880 (art. 21525, 21860, J. N.); Saintes, 23 juin 1881 (J. du not., n° 3916) (V. supra, v° HONORAIRES).— Contrà : Paris, 6 mars 1885.

(3) Aubry et Rau, t. III, p. 128 ; Laurent, t. XXIX, n° 82 ; Bordeaux, 12 avril 1853 ; tr. Lyon, 11 juin 1886.

(4) Lyon, 11 juin 1886.

(5) Cass., 14 février 1853 ; Bourges, 16 novembre 1853.

(6) Pont, n° 69 ; Aubry et Rau, loc. cit. ; Laurent, n° 341.

(7) Aubry et Rau, p. 130 ; Laurent, n° 358 ; Dict. du not., n° 46 ; Seine, 6 mai 1873 (art. 20777, J. N.).

(8) Paris, 9 février 1887 ; Seine, 7 février 1888 et 16 novembre 1889 (J. du not., 1890, p. 26).

(9) Aubry et Rau, § 260, note 12 ; Pont, n° 71.

(10) Cass., 21 novembre 1864; Saint-Jean-d'Angély, 1er décembre 1881 ; Caen, 29 octobre 1882 ; Aubry et Rau, p. 131 ; Pont, n° 78.

(11) Cass., 21 mars 1884 ; Saint-Amand, 6 janvier 1865 ; Chartres, 26 août 1867 (art. 18182, 19027 J. N.).

(12) Cass., 26 juin 1878 ; Pont, n° 80 ; Aubry et Rau, p. 133 ; Laurent, n° 365.

gens de service (C. comm., art. 549, modifié par l'article 22 de la loi du 4 mars 1889).

Mais ne peuvent point bénéficier du privilège, les gens de travail à la journée ou à la tâche, bien qu'ils soient employés habituellement dans la même maison, et qu'ils ne reçoivent leur salaire que mensuellement ou à la fin de l'année (1) ; — les secrétaires, précepteurs, bibliothécaires, professeurs, ainsi que les commis de négociants(2), les clercs ou employés des fonctionnaires (3), ou les artistes dramatiques (4).

La *nourrice* qui allaite et soigne un enfant, soit à son domicile personnel, soit au domicile des parents, jouit d'un privilège sur la généralité des meubles, en vertu de la loi du 23 décembre 1874, art. 14. Ce privilège prend rang après les frais de dernière maladie.

Le privilège accordé par la loi aux gens de service garantit ce qui leur est dû, à titre de salaire, pour l'année échue et pour l'année courante au moment du décès, de la faillite ou de la déconfiture.

e) Les *fournitures de subsistances*. — On entend par *subsistances*, la nourriture, le chauffage, l'éclairage et les autres choses de consommation journalière, mais non les vêtements (5). Ce privilège s'applique aux fournitures faites en détail pour les besoins du débiteur, de sa famille et des personnes à son service. Il ne s'applique pas aux fournitures de luxe telles que liqueurs et vins fins (5 *bis*).

Quant à son étendue, le privilège est limité à une période de six mois pour les marchands en détail, et à une année pour les maîtres de pension et marchands en gros. Cette période de temps est celle qui précède immédiatement la mort du débiteur, la déclaration de sa faillite ou sa déconfiture.

Les fournitures de subsistances faites par des individus non commerçants, ne jouissent d'aucun privilège (6).

f) Les *sommes dues au Trésor*, pour le recouvrement des contributions directes (7) ou indirectes (8), pour droits de douanes (9), pour frais de justice criminelle (10), pour les droits et amendes de timbre (11), pour le paiement des droits de mutation par décès, pour les débets des comptables (12), etc., pour recouvrement, en cas d'assistance judiciaire, des droits de greffe, d'enregistrement et de timbre (13).

§ 3. PRIVILÈGES SUR CERTAINS MEUBLES.

5. — Les créances auxquelles le Code civil confère un privilège sur certains meubles sont les suivantes :

Iº Les créances *résultant de baux de maisons ou de biens ruraux*. — Toute

---

(1) Paris, 1ᵉʳ août 1834 et 24 avril 1887 ; Lyon, 6 mai 1842 ; Pau, 17 février 1866 (S. 1866-2-289).

(2) Voy. toutefois, en sens contraire, pour les employés, commis et caissiers de sociétés, tr. Seine, 20 juin 1876.

(3) Cass., 5 janvier 1855 (art. 15485, J. N.) ; Lille, 3 août 1875 (art. 21549, J. N.) ; Seine, 1ᵉʳ juin 1880 (J. du not., p. 863) ; Aubry et Rau, p. 133-134 ; Pont, nº 81 ; Dict. du not., V. Clerc, nº 21.

(4) Aix, 10 mars 1861 ; Paris, 20 juin 1863 ; Cass., 24 février 1864 ; Aubry et Rau, p. 134.

(5) Seine, 8 juin 1880 ; Aubry et Rau, p 135 ; Pont, nº 92.—(5 bis) Cass., 19 déc. 1892 (art. 25069, J. N.).

(6) Aubry et Rau, p. 136 ; Pont, nº 89.

(7) Le privilège relatif à la contribution *foncière* affecte les récoltes, fruits, loyers et revenus des immeubles sujets à la contribution, alors même que les immeubles ont passé dans les mains de tiers acquéreurs. — Le privilège pour le recouvrement des autres contributions directes est général et affecte tous les meubles et effets mobiliers appartenant aux

redevables. Il est restreint à ce qui est dû pour l'année échue et pour l'année courante. L. 12 novembre 1808 ; Cass., 15 juillet 1858 ; Aubry et Rau, p 485 ; Pont, nᵒˢ 50 à 53.

(8) Ce privilège affecte tous les meubles et effets mobiliers des redevables. L. 1ᵉʳ germinal an XIII, art. 47 ; Paris, 29 novembre 1864 ; Cass., 26 novembre 1872 ; Pont, nᵒˢ 35 à 37.

(9) L. 28 avril 1816, art. 58 ; Cass., 12 décembre 1822 ; Pont, nᵒˢ 30 à 33.

(10) L. 5 septembre 1807 ; Rennes, 13 août 1878 ; Pont, nº 106. Les honoraires du défenseur priment les frais dûs au Trésor (Cass., 18 mai 1887). Le Trésor a un privilège pour le paiement des frais de justice criminelle sur l'indemnité de l'office supprimé d'un notaire destitué (Limoges, 6 août 1888, J. du not., nº 4064).

(11) L. 1ᵉʳ germinal an XIII, art. 47 ; L. 28 avril 1816, art. 76 ; Cass., 26 juin 1875 et 6 juillet 1880.

(12) L. 5 septembre 1807, art. 2 ; Nancy, 8 mars 1884 ; Cons. Aubry et Rau, t. III, p. 177 à 178.

(13) L. 21 janvier 1851 (art. 17 et 18)

personne qui a loué des immeubles, qu'elle soit propriétaire, usufruitière ou locataire principal, est privilégiée d'après l'art. 2102, C. civ. :

    a) Sur les fruits de la récolte de l'année, alors même qu'ils auraient été déposés dans des bâtiments appartenant à un tiers, mais sauf le privilège du propriétaire de ces bâtiments ; même sur les récoltes des années précédentes, si elles se trouvent encore dans les bâtiments loués (1) ;

    b) Sur tous les meubles corporels et marchandises garnissant la maison ou la ferme louée, qu'ils appartiennent au locataire ou à sa femme, dotale ou séparée de biens (2).

    c) Sur tout ce qui sert à l'exploitation de la ferme, quoique déposé provisoirement dans un autre local appartenant au bailleur (3), notamment sur le prix des chevaux, vaches et voitures servant à l'exploitation (Douai, 29 juillet 1890 (*J. du not.*, 1891, p. 38).

    d) Sur l'indemnité allouée par le jury pour expropriation (4).

    e) Sur les meubles des sous-locataires, dans la limite des loyers par eux dus (5).

    f) Sur les objets prêtés ou loués au locataire par des tiers, à moins que ceux-ci n'aient fait signifier leur droit de propriété au locateur (6).

    g) Sur l'indemnité due, en cas d'incendie, au locataire, qui a contracté une assurance pour garantie des objets soumis au privilège (7).

Le privilège ne s'étend pas :

    a) au numéraire,

    b) aux bijoux à l'usage du locataire,

    c) aux titres de créance,

    d) aux brevets d'invention, à l'achalandage d'un fonds de commerce (8).

Le privilège du locateur conserve non seulement les loyers et fermages, mais encore le montant de réparations, détériorations, impositions, frais de poursuites, indemnités de résiliation et les autres avances faites au cours du bail (9). Il a même été jugé que le privilège couvre les avances faites par le bailleur au fermier, en vue de la bonne exploitation des terres (10). Le privilège garantit tous les loyers et fermages *échus* et non prescrits, que le bail soit écrit et enregistré ou seulement verbal. Quant aux loyers ou fermages à *échoir*, il y a lieu de distinguer : si le bail a acquis date certaine, antérieurement à la saisie ou au jugement déclaratif de faillite, le bailleur est privilégié pour tout ce qui reste à courir. — A défaut de bail enregistré, le privilège est limité à l'année courante et à celle qui suit (11).

---

(1) Vervins, 19 juin 1884; Meaux, 29 février 1889; Pont, n° 128 ; Aubry et Rau, § 261, notes 14 à 16).

(2) Cass., 4 août 1856 et 9 novembre 1869; Bordeaux, 30 mai 1881; André, p. 46.

(3) Cass., 9 novembre 1869 et 3 janvier 1883; Pont, n° 121.

(4) Rouen, 12 juin 1863.

(5) Paris, 7 avril 1873 (art. 20772, J. N.); Pont, n° 119 ; Aubry et Rau, p. 141.

(6) Cass., 14 avril 1858; Cass., 17 mars 1873.

(7) Avant la loi du 19 février 1889, le privilège ne portait pas sur cette indemnité qui était distribuée, par contribution et au marc le franc, entre tous les créanciers du débiteur. (Douai, 2 décembre 1869 ; Aix, 3 mars 1879 ; Paris, 8 décembre 1879, art. 22397, J. N ; Seine, 28 décembre 1883 ; Aubry et Rau, p. 139).

L'art. 2 de la loi nouvelle dispose :

Les indemnités dues par suite d'assurances contre la grêle, contre la mortalité des bestiaux ou les autres risques, sont attribuées sans qu'il y ait besoin de délégation expresse, aux créanciers privilégiés ou hypothécaires suivant leur rang.

Néanmoins, les paiements faits de bonne foi avant opposition sont valables.

Il en est de même des indemnités dues en cas de sinistre par le locataire ou par le voisin, par application des art. 1733 et 1382 du Code civil.

En cas d'assurance du risque locatif ou du recours du voisin l'assuré ou ses ayants droit ne pourront toucher tout ou partie de l'indemnité sans que le propriétaire de l'objet loué, le voisin ou le tiers subrogé à leurs droits, aient été désintéressés des conséquences du sinistre (*J. du not.*, 1889, p. 112 et 673).

(8) Lyon, 25 avril 1860 (art. 16910, J. N.) ; 26 décembre 1863.

(9) Cass., 3 janvier 1887 et 19 janvier 1880 ; Paris, 5 mars 1872; Nancy, 16 avril 1877 ; Alger, 25 juin 1878 ; Bordeaux, 17 mars 1879 ; Rouen, 20 avril 1880; Rennes, 20 avril 1880; Toulouse, 27 mai 1890 (*J. du not.*, 1890, p. 681); Aubry et Rau, p. 143 ; Laurent, n° 408 ; André, p. 47.

(10) Rennes, 6 juin 1861; Cass., 19 janvier 1880 (art. 22335, J. N.); Pont, n° 125.

(11) Pont, n° 127 ; Aubry et Rau, p. 143-144.

Lorsque le bailleur a obtenu collocation pour un ou plusieurs termes à échoir, les autres créanciers sont autorisés à relouer la maison ou la ferme et à faire leur profit des loyers ou fermages, à la charge toutefois de payer au bailleur tout ce qui lui serait encore dû.

Toutefois. l'art. 2102, C. civ., a été modifié, en ce qui concerne les immeubles *ruraux*, par une loi du 19 février 1889 (1). D'après l'art. 1er de cette loi et pour tous les baux postérieurs à sa promulgation, le privilège accordé au bailleur d'un fonds rural ne pourra être exercé, quelle que soit la forme du bail, qu'il soit authentique, ou sous seings privés, qu'il ait acquis ou non date certaine, que pour le fermage des *deux dernières années échues*, de *l'année courante*, et d'une année à partir de l'expiration de l'année courante, — ainsi que pour tout ce qui concerne l'exécution du bail et pour les dommages-intérêts qui pourront être accordés par les tribunaux.

— Le privilège du locateur n'a pas seulement pour effet, comme le privilège mobilier, en général, de donner un droit de préférence sur le prix des objets qui en sont grevés ; il autorise, en outre, le locateur à suivre entre les mains des tiers possesseurs, même de bonne foi, et à revendiquer ou frapper de saisie ceux de ces objets qui auraient été déplacés sans son consentement (2).

Ce droit de suite ne dure que *quarante jours* à compter du déplacement, s'il s'agit du mobilier d'une ferme et *quinze jours*, s'il s'agit du mobilier garnissant une maison (art. 2102, C. civ.).

— A l'égard des objets achetés dans une foire, la revendication en peut être aussi exercée par le bailleur sans être obligé de rembourser au possesseur le prix d'achat, ou les frais de garde et de nourriture, comme l'ont jugé plusieurs décisions judiciaires et soutenu quelques auteurs (3).

La majorité des tribunaux se prononce en faveur de notre opinion (4).

— En cas de *faillite* du locataire, le privilège du bailleur est modifié par les art. 450 et 550 du Code de commerce (5).

---

(1) *J. du not.*, 1889, p. 112 et 673.

(2) Cass , 30 octobre 1888 et 10 juillet 1889.

(3) Hazebrouck, 2 octobre 1880 ; Montmédy, 20 mars 1884 ; Aubry et Rau, p. 149 ; Pont, n° 131.

(4) Gray, 3 mars 1881 ; Senlis, 28 novembre 1881 ; Amiens, 27 juin 1882 ; Saint-Nazaire, 2 novembre 1883 ; Pontarlier, 27 décembre 1883 ; Nancy, 12 novembre 1884 et 6 décembre 1884 ; Angers, 2 avril 1886 ; Cass., 30 octobre 1888 (art. 24100, J. N.) ; Chambéry, 13 octobre 1886 ; Cass.. 10 juillet 1889 (*J. du not.*, 1889, p. 505). Sic : art. 24018, J. N.). — *Contra :* Aurillac, 8 mars 1888 (art. 24052, J. N.).

(5) Art. 450. Les syndics auront, pour les baux des immeubles affectés à l'industrie ou au commerce du failli, y compris les locaux dépendant de ces immeubles et servant à l'habitation du failli et de sa famille, huit jours, à partir de l'expiration du délai accordé par l'art. 492 du Code de commerce aux créanciers domiciliés en France pour la vérification de leurs créances, pendant lesquels ils pourront notifier au proprié aire leur intention de continuer le bail, à la charge de satisfaire à toutes les obligations du locataire. — Cette notification ne pourra avoir lieu qu'avec l'autorisation du juge-commissaire et le failli entendu. — Jusqu'à l'expiration de ces huit jours, toutes voies d'exécution sur les effets mobiliers servant à l'exploitation du commerce ou de l'industrie du failli, et toutes actions en résiliation du bail seront suspendues, sans préjudice de toutes mesures conservatoires et du droit qui serait acquis au propriétaire de reprendre possession des lieux loués. —Dans ce cas, la suspension des voies d'exécution établie au présent article cessera de plein droit. — Le bailleur

devra, dans les quinze jurs qui suivront la notification qui lui sera faite par les syndics, former sa demande en résiliation. — Faute par lui de l'avoir formée dans ledit délai, il sera réputé avoir renoncé à se prévaloir des causes de résiliation déjà existantes à son profit.

Art. 550. Si le bail est résilié, le propriétaire d'immeubles affectés à l'industrie ou au commerce du failli, aura privilège pour les deux dernières années de locations échues avant le jugement déclaratif de faillite, pour l'année courante, pour tout ce qui concerne l'exécution du bail et pour les dommages-intérêts qui pourront lui être alloués par les tribunaux.

« Au cas de non-résiliation, le bailleur, une fois payé de tous les loyers échus, ne pourra pas exiger le payement des loyers en cours ou à échoir, si les sûretés qui lui ont été données lors du contrat sont maintenues, ou si celles qui ont été fournies depuis la faillite sont jugées suffisantes.

« Lorqu'il y aura vente et enlèvement des meubles garnissant les lieux loués, le bailleur pourra exercer son privilège comme au cas de résiliation ci-dessus, et. en outre. pour une année à échoir à partir de l'expiration de l'année courante, que le bail ait ou non date certaine.

« Les syndics pourront continuer ou céder le bail pour tout le temps restant à courir, à la charge par eux ou leurs concessionnaires de maintenir dans l'immeuble gage suffisant, et d'exécuter, au fur et à mesure, ou si celles qui ont été fournies toutes les obligations résultant du droit ou de la convention, mais sans que la destination des lieux loués puisse être changée

« Dans le cas où le bail contiendrait interdiction

II° *Sommes dues pour semences.* — Les sommes dues pour semences ou pour les frais de la récolte de l'année, sont privilégiées sur le prix de cette récolte. Les sommes dues pour fournitures ou réparations d'ustensiles aratoires, jouissent aussi d'un privilège sur le prix des ustensiles fournis ou réparés (1).

Mais les créances pour prix d'engrais ne jouissent pas du privilège relatif aux semences et frais de récoltes (2).

Aucun droit de suite n'est attaché à ce privilège, de sorte qu'il ne peut s'exercer quand la récolte est devenue la propriété d'un tiers de bonne foi (3), ou du bailleur par suite de résiliation de bail, — ou sur le prix des récoltes vendues avec l'immeuble ou immobilisées par une saisie immobilière (4).

III° *La créance sur le gage* dont le créancier est saisi (V. *suprà*, v° GAGE).

IV° *Les frais faits pour la conservation de la chose.* — Il est juste que les créanciers dont le gage a été conservé dans l'intérêt commun, laissent prélever sur la chose elle-même les sommes dues pour cette conservation (5).

Peu importe qu'il s'agisse d'un meuble corporel ou incorporel; sont donc également privilégiés les frais faits pour assurer la conservation ou le recouvrement d'une créance (6).

Mais on ne peut appliquer ce privilège aux frais d'amélioration, quelle que soit l'augmentation de valeur en résultant. Dans ce cas, le droit du créancier se borne à la rétention de la chose (7).

V° *Le prix d'effets mobiliers non payés.* — Celui qui a vendu, au comptant ou à terme, des objets mobiliers non payés, a un privilège sur le prix de revente de ces objets.

Ce privilège s'applique à tout ce qui est déclaré meuble par la loi (8), spécialement aux meubles corporels, aux créances et rentes, aux fonds de commerce, aux offices ministériels (9).

Il garantit le prix de vente et ses accessoires, c'est-à-dire les intérêts et frais du contrat (10).

Le privilège porte sur les objets vendus, s'ils sont encore en la possession du débiteur, où sur le prix *encore dû*, lorsque les objets ont été aliénés, que la vente ait eu lieu à l'amiable ou en justice, mais non sur le prix des reventes ultérieures (11).

Les changements de forme ne produisent pas l'extinction du privilège, si l'origine et l'identité des objets sont, d'ailleurs, suffisamment établies (12).

En ce qui concerne les *offices*, le privilège porte seulement sur la valeur pécuniaire (V. le mot).

— Le vendeur d'objets mobiliers peut aussi demander la résolution de la vente à défaut de paiement du prix. Mais il y a des restrictions à l'exercice de cette action, qui ne peut être pratiquée contre un tiers possesseur de bonne foi (art. 2279, C. civ.).

Le vendeur, au comptant, a aussi la faculté de revendiquer l'objet vendu et

---

de céder le bail ou de sous-louer, les créanciers ne pourront faire leur profit de la location que pour le temps à raison duquel le bailleur aurait touché ses loyers par anticipation et toujours sans que la destination des lieux puisse être changée.

« Le privilège et le droit de revendication établis par le n° 4 de l'art. 2102 du Code civil, au profit du vendeur d'effets mobiliers, ne peuvent être exercés contre la faillite. »

(1) Bordeaux, 1er janvier 1872.
(2) Cass., 9 novembre 1857 ; Amiens, 2 mai 1863 ; Douai, 21 janvier 1865 (S. 1865-2-287); Rennes, 4 mai 1871.
(3) Bourges, 8 mars 1877.
(4) Cass., 11 décembre 1861 et 7 janvier 1880.

(5) Chambéry, 6 août 1873 ; Bordeaux, 26 juillet 1875 ; Lyon, 1er avril 1881.
(6) Aubry et Rau, p. 151 ; Pont, n° 139.
(7) Cass., 25 février 1878 et 15 mars 1882 ; Pont, n°° 141-142 ; Aubry et Rau, *loc. cit.*; Laurent, n° 457.
(8) Paris, 11 juin 1872.
(9) Pont, n° 147 ; Aubry et Rau, p. 153 ; Cass., 2 janvier 1838 et 28 novembre 1857 ; Toulouse, 12 juillet 1851 ; Paris, 11 juin 1872 (art. 20564, J. N.) ; Riom, 20 mars 1879 ; Seine, 30 juin 1885.
(10) Thézard, *Privil. et hypoth.*, n° 356 ; Laurent, n° 475.
(11) Cass., 8 août 1860 ; Aubry et Rau, p. 154 ; Pont, n° 149. ; Dict. du not., n° 179.
(12) Pont, n° 153 ; Aubry et Rau, p. 157.

d'en empêcher la revente, si les meubles sont reconnaissables, s'ils sont encore en la possession de l'acheteur, et si la demande est faite dans les *huit jours* de la livraison (art. 2102, 4°).

VI° *Les fournitures de l'aubergiste.* — L'aubergiste est privilégié, pour les *dépenses d'hôtel* des voyageurs, faites au cours de leur séjour à l'hôtel, sur tous les *effets mobiliers*, sans exception, apportés et laissés par eux dans l'hôtel, qu'ils appartiennent ou non aux voyageurs, si l'aubergiste les a reçus dans l'ignorance de cette circonstance (art. 2102, 5°) (1).

Ce privilège est subordonné à la condition que les effets du voyageur soient restés déposés dans l'hôtellerie ou dans les locaux en dépendant (2).

Il s'applique à toutes les fournitures et dépenses relatives au logement et à la nourriture du voyageur, de sa famille, de ses domestiques et de ses animaux ; mais l'aubergiste n'aurait point de privilège pour l'argent prêté par lui au voyageur (3).

Il n'est pas accordé aux cafetiers et cabaretiers (4).

VII° *Les frais de voiture et dépenses accessoires de transport.* — Le voiturier jouit, pour ces frais et dépenses, d'un privilège sur les objets transportés, tant qu'il en a conservé la possession réelle ou dans un entrepôt (5).

Il faut entendre par *voiturier*, tous ceux qui se chargent de transports par terre ou par eau.

VIII° *Les créances résultant d'abus et prévarications commis par des fonctionnaires publics dans l'exercice de leurs fonctions.* — Ces créances sont privilégiées sur le capital du cautionnement fourni par le fonctionnaire et les intérêts qui en sont dus.

Ce privilège n'a lieu que pour les créances résultant de *faits de charge* proprement dits, c'est-à-dire de faits qui rentrent dans l'exercice légal et obligé de la charge du fonctionnaire public. Ainsi, il existe en cas de détournement, par un huissier, de fonds par lui reçus à la suite d'un commandement ou d'un protêt, etc...

Mais il ne s'appliquerait ni à la restitution de sommes confiées à un notaire pour en opérer le placement (6), ni au remboursement de sommes qu'un avoué aurait touchées sans mandat de son client (7).

Ce privilège ne s'étend pas aux amendes prononcées contre les fonctionnaires publics pour les crimes ou délits de droit commun dont ils se sont rendus coupables dans l'exercice de leurs fonctions (8), mais il s'applique aux condamnations prononcées à titre de restitution, de dommages-intérêts ou de frais et aux amendes purement civiles que les officiers publics ont encourues pour contraventions aux règles de leur profession ; encore le Trésor est-il, quant aux amendes de cette nature, primé par les créanciers pour faits de charge proprements dits.

IX° *Annuités échues des prêts faits par le Crédit foncier.* — Aux termes de l'article 30 du décret du 28 février 1852, le Crédit foncier a privilège, pour les annuités échues des prêts qu'il a consentis et pour les frais, sur les revenus ou récoltes des immeubles qui lui ont été hypothéqués. Ce privilège prend rang, immédiatement après ceux qui sont attachés aux frais faits pour la conservation de la chose, aux frais de labour et de semences, et aux droits du Trésor pour le recouvrement de l'impôt.

X° *Privilège des fournisseurs pour les travaux de l'État.*

Le privilège des fournisseurs en matière de travaux faits pour le compte de

---

(1) Aubry et Rau, p. 161 ; Pont, n° 165 ; Dijon, 11 juillet 1872 (S. 1873-2-104).
(2) Nantes, 20 septembre 1873 (S. 1874-2-256).
(3) Pont, n° 164 ; Laurent, n° 505.
(4) Pont, n° 163 ; Laurent, n° 506.

(5) Paris, 29 août 1855 ; Lyon, 11 juillet 1857.
(6) Paris, 11 mars 1852, 15 novembre 1853 ; Cass, 18 janvier 1854 (S. 1854-1-198) et 28 juin 1868.
(7) Aubry et Rau, p. 164.
(8) Cass., 26 juillet 1858 (S. 1858-1-822).

l'État a été réglementé par les décrets des 26 pluviôse an II (Travaux publics), 13 juin et 12 décembre 1806 (Guerre), l'avis du Conseil d'État du 11 juin 1810, et l'ordonnance du 20 février 1828 (Marine et Colonies).

Aux termes de l'art. 3 du décret du 26 pluviôse an II, il est accordé aux ouvriers et fournisseurs des entrepreneurs des travaux de l'État un droit de préférence sur les autres créanciers pour saisir et arrêter dans les caisses de l'État les sommes qui peuvent être dues à ces entrepreneurs. En cas de faillite d'un entrepreneur ils doivent être admis par privilège au passif de la faillite (1).

Mais ce privilège ne peut être invoqué par les fournisseurs qu'autant qu'il s'agit de travaux exécutés pour le compte de l'État. Il n'est pas applicable en matière de travaux faits pour le compte des départements et des communes. Il constitue en outre, au profit des ayants droit, non seulement un droit de préférence au regard de la masse des autres créanciers, mais encore un droit privatif (2).

§ 4. PRIVILÈGES SUR LES IMMEUBLES.

6. — Les créances qui, d'après l'art. 2101, C. civ., sont privilégiées sur la généralité des meubles, le sont également sur la généralité des immeubles (art. 2104, C. civ.), mais le privilège dont elles jouissent n'affecte les immeubles que *subsidiairement*, c'est-à-dire au cas seulement où la fortune mobilière du débiteur est insuffisante pour les acquitter. De sorte que le créancier privilégié sur les meubles qui aurait négligé de se présenter à la distribution du prix du mobilier serait déchu de tout recours contre la masse immobilière (3).

Si la distribution du prix des immeubles précédait celle du mobilier, les créanciers à privilèges généraux seraient fondés à demander une collocation éventuelle, réductible aux sommes dont ils ne seraient pas payés sur la masse mobilière, qu'ils seraient obligés de discuter dans un délai fixé par le juge (4).

Ces privilèges ne sont pas soumis, pour produire effet, à la formalité de l'*inscription* au bureau des hypothèques (art. 2107, C. civ.).

7. — **Privilège du vendeur.** — Tout vendeur d'immeubles jouit en principe, d'un privilège sur l'immeuble vendu par lui, pour le paiement du prix (art. 2103, C. civ.), que le contrat de vente soit authentique ou fait sous seings privés (5).

Ce privilège garantit :

a) Le prix exprimé au contrat, que ce prix soit un capital, ou une rente, ou toute autre charge payable directement au vendeur ou à un tiers (6).

b) Trois années d'intérêt du prix, l'art. 2151, Code civil, s'appliquant au privilège du vendeur, en vertu de la loi du 17 juin 1893 (7).

c) Les frais que le vendeur a dû faire pour parvenir au recouvrement du prix (8), ainsi que les frais et loyaux coûts du contrat, y compris ceux de transcription (9), peu importe que le vendeur les ait payés à l'acquit de l'acquéreur, ou se trouve seulement exposé à les payer (10).

---

(1) Paris, 31 octobre 1889 (*Gaz. des trib.*, 13 décembre 1889).

(2) Niort, 27 novembre 1888 (*Le Droit*, 12 novembre 1889).

(3) Limoges, 9 juin 1842; Aubry et Rau. p. 165.

(4) Aubry et Rau, p. 166.

(5) Aubry et Rau, p. 166.

(6) Aubry et Rau, p. 167; Laurent, t. XXX, n° 9; Cass., 12 juin 1855

(7) *J. du not.*, 1893, p. 415.

(8) Ainsi jugé à plusieurs reprises.—Metz, 21 décembre 1859 (art. 16793, J. N.).

(9) Pont, n° 194.

(10) Cass., 1er avril et 1er décembre 1863 (art. 17703 et 17892, J. N.), et 7 novembre 1882 (art. 22842, J. N.); Lyon, 23 mars 1865 (S. 1866-2-92); Nimes, 14 décembre 1872 (art. 20915, J. N.); Aubry et Rau, p. 167.

Mais le privilège ne garantit pas les dommages-intérêts résultant de l'inexécution du contrat, ni l'intérêt de l'intérêt (1).

Si le prix avait été stipulé payable en billets ou autres valeurs, le privilège subsisterait malgré la quittance insérée au contrat, à moins qu'il n'y ait renonciation formelle au privilège ; mais si le contrat portait purement et simplement quittance du prix, le vendeur ne pourrait plus se prévaloir de son privilège, bien qu'en réalité l'acquéreur n'ait donné en paiement que des billets non acquittés (2).

Le privilège s'étend à tout ce qui a été incorporé à l'immeuble qui en est grevé, ainsi qu'aux améliorations et constructions (3).

Au cas de plusieurs ventes successives, dont le prix est encore dû en totalité ou en partie, le premier vendeur est préféré au second, le deuxième au troisième et ainsi de suite, en supposant, bien entendu, que les divers vendeurs aient conservé leur privilège (art. 2103) (4).

Celui qui a fait, dans une société, l'apport d'un immeuble et doit retirer l'équivalent du prix, non pas en actions, mais en argent payable soit à lui, soit à ses créanciers, peut exercer le privilège du vendeur sur le prix des immeubles apportés (5).

8. — Échangiste. — Bien que la loi n'accorde expressément de privilège qu'au *vendeur* d'un immeuble, on doit cependant placer sur la même ligne, l'*échangiste* qui, en vertu de l'acte d'échange, a le droit de réclamer une soulte (6).

Mais ne peuvent prétendre à un privilège :

a) L'acquéreur sous faculté de rachat (7).

b) Le donateur d'un immeuble à raison des charges, même pécuniaires, imposées au donataire (8).

9. — Bailleur de fonds. — Ceux qui ont fourni des deniers pour l'acquisition d'un immeuble jouissent du privilège du vendeur, s'il est authentiquement constaté — par l'*acte d'emprunt* — que la somme était destinée à cet emploi et — par la *quittance* du vendeur — que le paiement a été fait au moyen de ces fonds. Il va de soi que le privilège du bailleur de fonds est comme celui du vendeur lui-même, subordonné à la condition que l'acte de vente constate que totalité ou partie du prix est encore due (9).

10. — Notaire. — Le notaire, rédacteur d'un acte de vente, et auquel sont dus les frais de ce contrat, peut invoquer le privilège du vendeur, le faire inscrire à son profit et produire à l'ordre ouvert sur le prix de la vente de l'immeuble, comme exerçant les droits de ce vendeur, obligé solidairement vis-à-vis de lui (10) ;

Si le privilège du vendeur n'a pas été inscrit, parce que le prix a été payé comptant, le notaire peut encore inscrire à son profit le privilège pour conservation de ses frais (11).

Mais nous ne pensons pas que cette inscription puisse être utilement faite au cas où le vendeur, en donnant mainlevée de l'inscription d'office, aurait consenti au désistement, sans réserve, de son privilège (12).

11. — Privilège des copartageants. — Les cohéritiers et, plus généralement, tous ceux qui ont partagé, soit une masse composée de meubles et d'im-

(1) Cass., 4 août 1873.

(2) Aubry et Rau, p. 168 ; Pont, n° 190 ; Dict. du not., n°° 234-235.

(3) Cass., 15 juillet 1867 (art. 19040, J. N.); Colmar, 8 décembre 1868 ; Bordeaux, 28 avril 1873 ; Dict. du not., n° 238 ; Demolombe, t. I, n° 214 *bis*; Laurent, n° 17.

(4) Aubry et Rau, p. 168.

(5) Paris, 15 mai 1878 ; Orléans, 11 mai 1882 (art. 22096-22740, J. N.).

(6) Cass., 11 mars 1863 ; Bordeaux, 6 avril 1865 ; Aubry et Rau, p. 169 ; Pont, n° 187, mais il n'a pas de privilège pour la garantie en cas d'éviction.

(7) Cass., 26 avril 1827 ; Aubry et Rau, p. 169 ; Pont, 189.

(8) Agen, 4 janvier 1854 ; Nîmes, 29 novembre 1854 ; Colmar, 30 mai 1865 (S. 1865-2-348 ; Paris, 11 mai 1886 (*Rev. not.*, n° 7374) ; Aubry et Rau, p. 169 ; Demolombe, t. XX, n° 576.

(9) Aubry et Rau, p. 170.

(10) Nîmes, 14 décembre 1872; Limoges, 27 décembre 1873; Villefranche, 16 juin 1881; Cass., 7 novembre 1882 (art. 20915-22034-22547 et 22842, J. N.).

(11) Pont, n° 196.

(12) Dissert. (art. 21025, J. N.).

meubles, soit un ou plusieurs immeubles déterminés, ont privilège pour la garantie du partage et des soultes ou retour des lots, ainsi que pour le prix des immeubles adjugés par licitation à l'un d'eux (1).

Ce privilège a lieu dans les partages anticipés faits conformément à l'art. 1075 et suivants, C. civ., tout aussi bien que dans les partages faits, après décès, entre cohéritiers (2).

Le cohéritier ou copropriétaire, qui a vendu sa part indivise à son communiste, jouit du privilège du copartageant et non de celui du vendeur, lorsque cette vente, ayant fait cesser l'indivision d'une façon absolue, équivaut à partage (3).

Le privilège accordé aux copartageants a pour objet de maintenir l'égalité entre eux, en les garantissant réciproquement de toutes les pertes qui auraient pour résultat de rompre cette égalité. Il s'applique donc :

a) A la garantie de toutes les valeurs, soit mobilières, soit immobilières, qui dépendent de la masse commune, notamment aux rapports à faire entre cohéritiers, ainsi qu'aux restitutions de fruits dus par l'un des copartageants.

b) Au recours du copartageant obligé de payer soit une dette commune au delà de sa part, soit une dette mise par le partage à la charge exclusive d'un autre copartageant.

c) Au montant du prix de licitation, des soultes ou retours de lots, en capital et intérêts.

Le privilège relatif à la garantie, aux soultes de lots (4) et au recours de partage, grève tous les immeubles partagés (5).

Celui concernant le prix de licitation ne porte que sur l'immeuble licité (6).

12. — Architectes. Entrepreneurs. Ouvriers. — Les architectes, entrepreneurs, maçons ou autres ouvriers qui ont été employés par les propriétaires pour édifier, reconstruire ou réparer des maisons, bâtiments ou d'autres ouvrages du même genre, jouissent, pour les sommes qui leur sont dues, y compris les frais occasionnés par les expertises dont il va être parlé, d'un privilège qui grève l'immeuble sur lequel ces travaux ont été exécutés (art. 2103, C. civ.). Mais les architectes et ouvriers qui ont traité directement avec le propriétaire jouissent seuls de ce privilège, qui ne peut être invoqué ni par les sous-entrepreneurs, ni par les fournisseurs de matériaux. (Une loi du 25 juillet 1891 a étendu le privilège aux ouvriers et fournisseurs des entrepreneurs des travaux des départements, des communes et établissements publics.) L'obtention de ce privilège est subordonnée à une double condition :

a) Qu'il ait été dressé, avant le commencement des travaux, par un expert nommé d'office par le tribunal de la situation de l'immeuble, à la demande, soit des architectes et entrepreneurs, soit du propriétaire lui-même, un procès-verbal constatant l'état des lieux relativement aux ouvrages à exécuter.

b) Que les ouvrages aient été, dans les *six mois* au plus de leur perfection, reçus par un expert également nommé d'office.

C'est par la comparaison des éléments fournis par ces deux procès-verbaux, que peut se déterminer la plus-value de l'immeuble ; et le privilège, quoique frappant l'immeuble entier, ne l'affecte que dans la mesure de cette plus-value (7).

Les tiers ou *bailleurs de fonds* qui ont prêté les deniers pour payer les architectes, entrepreneurs ou ouvriers, jouissent du même privilège que ces derniers,

---

(1) Rouen, 20 janvier 1860 (art. 16971, J. N.); Toulouse, 20 mai 1881 ; Paris, 11 juillet 1889 ; Aubry et Rau, p. 170 ; Pont, n° 200 ; Laurent, n° 26.

(2) Montpellier, 19 février 1852 ; Bordeaux, 26 août 1868 ; Aubry et Rau, p. 171 ; Pont, n° 206.

(3) Riom, 17 août 1853 ; Nîmes, 22 août 1865 ; Aubry et Rau, p. 171.

(4) Toutefois, le privilège ne peut s'exercer sur le lot de chaque cohéritier que jusqu'à concurrence de la part de soulte dont ce cohéritier est tenu (Cass., 19 juillet 1864 ; Pont, n° 207 ; Aubry et Rau, p. 172-173).

(5) Aubry et Rau, p. 172 ; Demolombe, t. XVII, n° 869.

(6) Pont, n° 208 ; Aubry et Rau, loc. cit.

(7) Aubry et Rau, p. 174-175.

à la double condition que ce privilège soit régulièrement établi et que la destination et l'emploi des deniers soient authentiquement constatés.

♦ 13. — Séparation des patrimoines. — La séparation des patrimoines est la faculté accordée aux créanciers et légataires d'une personne décédée de se faire payer sur les biens héréditaires, par préférence aux créanciers personnels des héritiers (art. 878 et 2111, C. civ.) (1), en obtenant que les biens et dettes du défunt soient séparés de ceux des héritiers.

Bien que les auteurs ne s'accordent pas sur la question de savoir si elle constitue un véritable privilège, ce qui ne nous paraît pas contestable, en présence des termes des art. 2111 à 2113, C. civ., nous avons cru devoir en parler ici.

Tout *créancier* de la succession, privilégié, hypothécaire ou même chirographaire est fondé à demander la séparation des patrimoines; il n'y a pas non plus à distinguer entre les créances pures et simples et celles à terme ou conditionnelles.

Il importe peu que la créance ne soit pas liquide au moment où l'inscription est prise : spécialement, un *notaire*, créancier de la succession pour frais d'actes, a pu requérir l'inscription de séparation des patrimoines, malgré la contestation soulevée par les héritiers sur le chiffre de ces frais (2).

Les *légataires* à titre particulier sont, comme les créanciers de la succession, autorisés à demander la séparation des patrimoines; ce droit compète à chacun des créanciers ou légataires individuellement et il ne profite qu'à celui ou à ceux qui l'ont demandé.

Le droit de préférence qui résulte de la séparation des patrimoines s'applique à tous les biens mobiliers et immobiliers dépendant de la succession, fruits et fonds (3).

On décide généralement qu'il faut un jugement pour que la séparation des patrimoines existe et qu'il ne suffirait pas que des mesures conservatoires soient prises contre l'héritier ou ses créanciers. La demande judiciaire est donc formée devant le tribunal civil du lieu de l'ouverture de la succession, suivant les règles ordinaires de la procédure, soit contre l'héritier ou les créanciers connus, soit contre l'héritier seul, s'il n'y a pas de créanciers (4); elle peut l'être par voie d'exception et pour la première fois, en appel (5).

Le jugement obtenu (6), les créanciers ou légataires doivent prendre les mesures conservatoires nécessaires pour empêcher la confusion des biens de la succession avec ceux de l'héritier :

 a) Relativement aux immeubles, ils doivent prendre inscription sur *chacun* des immeubles de l'hérédité, dans les *six mois* à compter de l'ouverture de la succession, afin que l'héritier ne puisse consentir des hypothèques à leur préjudice, et cette inscription n'est valable qu'autant qu'elle a été prise sur les immeubles spécialement désignés par leur nature et leur situation (7).

 Les créanciers ou légataires pourraient encore inscrire après le délai de six mois, mais le privilège ne serait plus qu'une simple

---

(1) Lorsqu'une succession est acceptée purement et simplement, les biens et les dettes du défunt sont confondus avec les biens et les dettes des héritiers. Pour éviter les dangers de cette confusion, le législateur a accordé à l'héritier le *bénéfice d'inventaire*, qui permet à celui-ci de ne payer les dettes que jusqu'à concurrence de l'actif recueilli, — et aux créanciers et légataires, le *bénéfice de la séparation des patrimoines* dont nous expliquons ci-dessus les effets.

(2) Cass., 2 février 1885 (art. 23323, J. N.).

(3) Caen, 5 avril 1881 (art. 22512, J. N.); Aubry et Rau, t. VI, p. 480 ; Demolombe, t. XVII, n°ˢ 131-132.

(4) Aubry et Rau, t. VI, p. 475-476 ; Laurent, n° 15 ; Paris, 15 novembre 1856 et 14 août 1867 ;

Caen, 28 mars 1871; Nancy, 14 juillet 1875; Paris, 2 novembre 1889 et 14 février 1891. — *Contrà* : Demolombe, t. V, n° 186; Metz, 27 mai 1868.

(5) Aubry et Rau, p. 476 ; Laurent, n° 17; Cass., 17 octobre 1809 ; 8 novembre 1815; Paris, 26 avril 1864.

(6) La demande ne peut plus être formée par le créancier qui a accepté l'héritier comme débiteur, ce qui résulterait de toute convention transformant la dette ou de toute acceptation de garantie (Demolombe, n° 163 ; Paris, 2 novembre 1889).

(7) Lyon, 24 décembre 1862; Agen, 23 janvier 1867; Dijon, 23 novembre 1876 ; Cass., 30 juillet 1878 ; Caen, 7 février 1888 ; Aubry et Rau, p. 484 ; Laurent, t. X, n° 47. — *Contrà* : Dict. du not., n° 73

hypothèque, ne prenant date, vis-à-vis des tiers, que du jour de l'inscription (art. 2113, C. civ.) (1).

b) En ce qui concerne les meubles, les créanciers ou légataires peuvent requérir l'apposition des scellés et un inventaire ; pratiquer des saisies-arrêts entre les mains des débiteurs de la succession ou obtenir la nomination d'un séquestre.

Le droit de demander la séparation des patrimoines (2) se prescrit, en ce qui concerne les meubles, par le laps de *trois ans*, à compter de l'ouverture de la succession ; mais il peut être perdu avant l'expiration de ce délai, soit par la confusion des meubles de la succession avec ceux de l'héritier, soit par le fait de l'aliénation du mobilier effectuée par l'héritier qui en a touché le prix avant toute mesure conservatoire (3).

Quant aux immeubles, l'action en séparation des patrimoines peut être exercée, tant qu'ils existent entre les mains de l'héritier (art. 888, C. civ.), ou, même en cas d'aliénation, tant que le prix en est encore dû (4).

Si les immeubles sont encore entre les mains de l'héritier, les créanciers du défunt ayant pris inscription dans les six mois de l'ouverture de la succession seront préférés aux créanciers hypothécaires de l'héritier, lors même que ceux-ci auraient inscrit antérieurement. — Si, au contraire, les créanciers héréditaires ne prennent inscription qu'après l'expiration des six mois, leur privilège dégénère en hypothèque ; par suite, ils ne seront payés qu'à la date de l'inscription, c'est-à-dire après les créanciers hypothécaires de l'héritier inscrit avant eux.

Si les immeubles de la succession ont été vendus par l'héritier, les créanciers du défunt et les légataires ayant pris inscription avant la transcription de l'aliénation auront un droit de préférence sur le prix et un droit de suite (5) leur permettant de surenchérir comme tout créancier inscrit (6) ; à défaut d'inscription antérieure à la transcription de la vente, le droit de suite contre l'acquéreur est perdu, alors même que l'inscription serait prise dans les six mois de l'ouverture de la succession. Mais, malgré l'article 6 de la loi du 23 mars 1855, le droit de préférence sur le prix encore dû est conservé par l'inscription prise dans les six mois, même après la transcription de la vente (7).

Le privilège de la séparation des patrimoines produit deux effets principaux :

a) *Droit de préférence* au profit de tout créancier, même chirographaire du défunt, sur tous les créanciers même hypothécaires de l'héritier, en ce qui concerne tous les biens de l'hérédité. Mais l'inscription prise par quelques créanciers de la succession n'établit aucun droit de préférence par rapport aux autres (8).

b) *Droit de suite*, à l'égard des immeubles, contre les tiers acquéreurs, et comme conséquence, droit de surenchère pour les créanciers ayant inscrit la séparation.

14. — **Privilège du Trésor public.** — Le Trésor jouit d'un privilège sur les immeubles, en ce qui concerne les frais de justice criminelle, sur les biens des

---

(1) Bordeaux, 26 avril 1864.

(2) L'acceptation bénéficiaire de la succession précédée ou suivie d'un inventaire emporte de plein droit séparation des patrimoines au profit des créanciers et légataires du défunt, sans qu'ils aient à remplir aucune formalité (Cass , 11 janvier 1862 ; 8 juin 1863 ; Seine, 9 juillet 1889.

(3) Demolombe, nᵒˢ 180-181.

(4) Cass., 7 août 1860 (S. 1861-1-1257) ; Metz, 27 mai 1868 ; Aubry et Rau, p. 482 ; Demolombe, nᵒ 205.

(5) Des auteurs dénient tout droit de suite aux créanciers du défunt. Cependant tout privilège immobilier donne le droit de suite ; c'est la disposition formelle de l'article 2166 du Code civil. Ce même article

attache aussi le droit de suite aux hypothèques ; or, le privilège de la séparation des patrimoines implique une hypothèque, d'après l'article 2123 du Code civil. Donc les créanciers ont, en tous cas, le droit de suivre les immeubles de la succession entre les mains des tiers, s'ils ont pris inscription dans le délai de six mois (Barafort, nᵒ 187 ; Demolombe, *Successions*, t. V, nᵒˢ 208-209).

(6) Cass , 27 juillet 1870 (S. 1872-1-153).

(7) Aubry et Rau, p. 479 et 487 et suiv. ; Pont, nᵒ 314 ; Aix, 18 mars 1873. — V. Demolombe, nᵒ 202.

(8) Bordeaux, 26 avril 1864 ; Cass., 4 décembre 1871 ; Cass., 15 juillet 1891 (*Gaz. du pal.*, 24 octobre 1891).

condamnés; encore le privilège ne peut-il s'exercer qu'après les hypothèques légales ou autres, antérieures au mandat d'arrêt ou au jugement de condamnation (1).

Ce privilège ne peut s'exercer sur la masse immobilière qu'à défaut de mobilier (art. 2098, 2105, C. civ. combinés) (2).

Et il ne peut s'exercer sur les biens immeubles des condamnés qu'après les autres privilèges et droits suivants :

   a) Les privilèges énumérés en l'art. 2101 du Code civil ;
   b) Les privilèges indiqués à l'art. 2103 du même Code, pourvu qu'ils aient été dûment conservés ;
   c) Les hypothèques légales existant indépendamment de l'inscription, lorsqu'elles sont antérieures, soit au mandat d'arrêt décerné contre le condamné, soit au jugement de condamnation, s'il n'a pas été décerné de mandat d'arrêt ;
   d) Les autres hypothèques, résultant d'actes antérieurs au mandat d'arrêt ou au jugement de condamnation ;
   e) Les sommes dues pour la défense personnelle du condamné.

Le Trésor a encore un privilège, à raison des délits commis, sur les immeubles des *comptables* de deniers publics (3), acquis par eux à titre onéreux, depuis leur nomination ou acquis de la même manière et depuis la même époque, par leurs femmes, même séparées de biens, à moins que celles-ci ne justifient légalement que les deniers employés à l'acquisition leur appartenaient (4).

En aucun cas il ne peut préjudicier : — 1º Aux créanciers privilégiés désignés dans l'art. 2103 du Code civil, lorsqu'ils ont rempli les conditions prescrites pour obtenir privilège ; — 2º Aux créanciers désignés aux articles 2101, 2041 et 2105 du Code civil, dans le cas prévu par le dernier de ces articles ; — 3º Aux créanciers du précédent propriétaire qui auraient, sur le bien acquis, des hypothèques légales, existantes indépendamment de l'inscription, ou toute autre hypothèque valablement inscrite (5).

Les immeubles acquis avant la nomination, bien que payés depuis, ceux acquis en échange, ou recueillis à titre gratuit, ne sont pas frappés de privilège; ils ne sont soumis qu'à l'hypothèque légale, conformément aux art. 2121 et 2134, C. civ. (art. 6 de la loi du 5 septembre 1807) (6).

15. — Privilège des bailleurs de fonds sur la mine. — Aux termes de l'art. 20 de la loi du 21 avril 1810, sur les mines, ceux qui ont fourni des fonds pour la recherche d'une mine où pour les travaux de construction des machines nécessaires à son exploitation, jouissent, sur la mine même, du privilège établi par l'art. 2103, § 5, à la charge de se conformer aux prescriptions de cet article.

16. — Privilège en matière de drainage. — Une loi du 17 juillet 1856 accordait à l'Etat pour le remboursement des prêts destinés à faciliter les opérations de drainage, un double privilège sur les récoltes des terrains drainés et sur ces terrains eux-mêmes. Ces prêts ayant cessé d'être faits par l'Etat, la Société du Crédit foncier lui a été substituée par une loi du 28 mai 1858, et les privilèges concédés par la loi de 1856 ont été transférés au Crédit foncier.

17. — Privilège des concessionnaires pour desséchement de marais. — Les indemnités dues à l'Etat ou aux concessionnaires, à raison de la plus-value résultant du desséchement de marais, sont privilégiées sur cette plus-value, mais à la charge de la transcription aux bureaux respectifs des hypothèques,

(1) L. du 5 septembre 1807, art. 1 à 4; Aubry et Rau, t. III, p. 186.
(2) Aubry et Rau, p. 188, Cass., 22 août 1886.
(3) Sont considérés comme comptables du Trésor, tous ceux qui, opérant les recettes ou des paiements pour le compte de l'Etat, ont le maniement de deniers publics, qu'ils soient ou non justiciables de la Cour des comptes ; l'énumération de l'art. 7 de la loi du 6 septembre 1807 n'est pas limitative.
(4) L. du 5 septembre 1807, art. 4.
(5) L. du 5 septembre 1807, art. 5.
(6) Aubry et Rau, p. 181 ; Cass., 5 mars, 1855.

du décret qui ordonne le desséchement au profit de l'Etat ; ou de l'acte de concession (1).

L'art. 4 de la loi de 1856 définit, dans les termes suivants, le privilège attribué aux associations syndicales constituées également pour l'exécution de grands travaux agricoles, tels que ceux de drainage : — Le privilège sur les terrains drainés, tel qu'il est établi par l'article précédent, est accordé : 1° aux syndicats, pour le recouvrement de la taxe d'entretien et des prêts ou avances faits par eux ; 2° aux prêteurs, pour le remboursement des prêts faits à des syndicats ; 3° aux entrepreneurs, pour le payement du montant des travaux de drainage par eux exécutés ; 4° à ceux qui ont prêté des deniers pour payer ou rembourser les entrepreneurs en se conformant aux dispositions de l'art. 2103, § 5, C. civ. — Les syndicats ont, en outre, pour la taxe d'entretien de l'année échue et de l'année courante, le privilège sur les récoltes ou revenus, tel qu'il est établi par l'art. 3. — Le privilège n'affecte chacun des immeubles compris dans le périmètre du syndicat que pour la part de cet immeuble dans la dette commune.

Le Trésor public (Crédit foncier), les syndicats, les prêteurs et les entrepreneurs n'acquièrent le privilège que sous la condition d'avoir préalablement fait dresser un procès-verbal, à l'effet de constater l'état de chacun des terrains à drainer, relativement aux travaux de drainage projetés, d'en déterminer le périmètre et d'en estimer la valeur actuelle d'après les produits... Le procès-verbal est dressé par un expert désigné par le juge de paix du canton où sont situés les biens. Les entrepreneurs qui ont exécuté des travaux pour des propriétaires non constitués en syndicat doivent, de plus, faire vérifier la valeur de leurs travaux, dans les deux mois de leur exécution, par un expert désigné par le juge de paix. Le montant du privilège ne peut excéder la valeur constatée par ce second procès-verbal, art. 6.

L'art. 6 est complété comme il suit par l'art. 10 du décret du 23 septembre 1858 : Les frais d'expertise, ceux de l'acte de prêt, de l'inscription de privilège et de l'hypothèque supplémentaire, dans le cas où elle a été requise, enfin le coût des mainlevées et de la quittance, sont seuls à la charge de l'emprunteur. Le montant en est recouvré par le Crédit foncier, dans le cas où il en aurait fait l'avance.

§ 5. Mode de conservation des privilèges.

18. — En règle générale, les privilèges portant sur les immeubles ne sont efficaces, à l'égard des tiers, que par leur inscription au bureau des hypothèques ; de sorte qu'en l'absence d'une inscription valable, le créancier privilégié, comme le créancier hypothécaire, ne peut ni suivre les immeubles entre les mains des tiers acquéreurs, ni réclamer sur le prix un droit de préférence à l'encontre des autres créanciers (2).

Toutefois, quelques privilèges sont dispensés de la formalité de l'inscription ; ce sont les privilèges généraux pour frais de justice, frais funéraires, de dernière maladie, etc., et tout ceux, en un mot, énumérés dans l'art. 2101, C. civ. (art. 2107). Mais la dispense d'inscription n'existe qu'en ce qui concerne le droit de préférence ; et ces privilèges y sont soumis pour l'exercice du droit de suite contre les tiers détenteurs des immeubles du débiteur (3).

Tout privilège qui n'a pas été inscrit dans le délai imparti par la loi, dégénère en hypothèque légale et ne prend rang, à l'égard des tiers, qu'à la date de l'inscription (art. 2113, C. civ.).

19. — **Privilège du vendeur.** — Le vendeur conserve son privilège sur les immeubles par lui vendus, soit au moyen d'une inscription directe, soit indé-

---

(1) L. du 16 septembre 1807.
(2) Pont, n° 725 ; Laurent, t. XXX, n° 66 ; Aubry et Rau, p. 285.

(3) Pont, n° 1122.

pendamment de toute inscription, par la transcription, opérée au bureau des hypothèques, du contrat de vente constatant que la totalité ou partie du prix est encore due (art. 2108, C. civ).

C'est pourquoi l'art. 2108 oblige le conservateur, sous peine de tous dommages-intérêts, à faire d'office l'inscription, sur ses registres, des créances résultant de l'acte translatif de propriété (1). Toutefois le fonctionnaire ne doit faire cette inscription qu'autant que le prix n'est pas payé comptant, ou qu'il résulte de l'acte même qu'il reste dû en totalité ou en partie au vendeur.

Mais il ne saurait être dispensé de prendre inscription, à moins qu'il n'y ait en même temps renonciation expresse au privilège.

     a) Ni lorsque le prix de la vente est déclaré réglé en billets à ordre ou autres valeurs, puisque cette transformation de créance n'emporte pas novation (2). Mais il devrait en être autrement si le vendeur avait déclaré, en recevant les valeurs de satisfaction, les accepter formellement comme numéraire (3).

     b) Ni lorsque le prix est déclaré *payé* en valeurs à la satisfaction du vendeur (4).

     c) Ni même, lorsque, sans qu'il y ait désistement, les parties déclarent dispenser le conservateur de prendre inscription, car l'inscription n'est pas seulement requise dans l'intérêt du vendeur, mais aussi des tiers (5).

La transcription de la dernière vente serait insuffisante pour conserver le privilège d'un précédent vendeur, alors même que sa créance serait mentionnée dans l'origine de propriété du contrat transcrit (6).

20. — Délai. — La loi accorde au vendeur un délai de *quarante-cinq jours* à partir du contrat de vente, pour rendre public son privilège par inscription directe ou par la transcription de son titre, et cette formalité ainsi accomplie sera utilement remplie, nonobstant toute transcription d'acte opérée dans le délai (7). A défaut d'inscription ou de transcription dans le délai imparti, le privilège du vendeur devient sans objet à l'égard des tiers acquéreurs qui ont fait transcrire leur contrat d'acquisition.

Néanmoins, tant que l'immeuble vendu se trouve dans la possession de l'acquéreur ou de ses héritiers, le vendeur conserve son privilège sans inscription et peut l'opposer à tous les créanciers hypothécaires de l'acquéreur (8).

Il a donc été jugé, avec raison, que l'inscription du privilège du vendeur, prise même après péremption de l'inscription d'office, mais avant la transcription de la revente des biens, remonte, quant à ses effets, au jour de la vente, et peut être opposée aux créanciers hypothécaires du premier et du second acquéreurs (9).

Si le vendeur n'a pas rendu son privilège public dans le délai de quarante-cinq jours et si l'acquéreur vient à être déclaré en faillite, ou si l'immeuble a été entre ses mains l'objet d'une saisie suivie de transcription, le privilège ne peut plus être utilement inscrit à partir du jugement déclaratif (10); mais il peut être valablement inscrit après l'ouverture d'une succession bénéficiaire (11).

---

(1) Mais l'omission ou l'irrégularité de cette inscription d'office ne saurait porter aucune atteinte au privilège, tel qu'il résulterait du titre transcrit (Pont, n° 270).
(2) Marennes, 18 mars 1873 (S. 1873-2-120).
(3) Art. 24215, 4° J. N.
(4) Sarlat, 14 juin 1872; Marennes, 18 mars 1873. — *Contrà*: Seine, 8 janvier 1863 (*J. du not.*, n°ˢ 1869, 1948 et 2059).
(5) Montluçon, 27 janvier 1865; Château-Gontier, 26 juillet 1876; Boulanger, *Rad. hypoth.*, t. II, n° 510.
(6) Paris, 20 novembre 1860; Pont, n° 265
(7) L. 23 mars 1855, art. 6.

(8) Besançon, 14 décembre 1861; Orléans, 19 décembre 1863; Poitiers, 18 juillet 1864; Montpellier, 5 mai 1869; Alger, 24 juin 1870; Seine, 20 février 1874; Sancerre, 22 avril 1874; Paris, 17 août 1877 (art. 19425 et 21742, J. N); Poitiers, 10 juillet 1889.
(9) Grenoble, 11 août 1883 (art. 23084, J. N.); Aubry et Rau, t. III, p. 355-384; Verdier, *Transcription hypoth.*, t. II, n° 513; Dict. du not., *Inscription hypoth.*, n° 445 et p. 608 et suiv.
(10) Cass., 1ᵉʳ mai 1860; Grenoble, 24 mai 1860; Dijon, 18 juin 1864 (S. 1864-2-244); Cass., 2 décembre 1873; Toulouse, 8 mai 1888. Aubry et Rau, p. 358;
(11) Cass., 27 mars 1861; Montpellier, 5 mai 1869.

21. — Bailleurs de fonds. — Ceux qui ont fourni des deniers pour l'acquisition d'un immeuble, jouissent du privilège du vendeur; ils le conservent, soit par une inscription prise en vertu de l'acte d'emprunt et de la quittance subrogative, soit au moyen de la transcription de l'acte *authentique* de vente établissant que le vendeur a été payé avec les deniers empruntés.

Si les droits du bailleur de fonds n'ont été établis que par un acte postérieur, le conservateur peut refuser de prendre l'inscription d'office, alors même que les deux actes seraient présentés simultanément (1).

22. — Renouvellement. — Sous le bénéfice de l'observation faite dans le n° 20 ci-dessus, il n'est pas contesté que l'inscription du privilège du vendeur est soumise au renouvellement décennal (2).

Mais l'inscription requise en renouvellement d'une inscription de privilège prise d'office est valable, en tant qu'elle s'y réfère, bien qu'elle ne précise pas l'époque de l'exigibilité de la créance (3).

La transcription d'un acte de revente ne vaut pas, pour le vendeur originaire, comme renouvellement de son inscription, alors même que cet acte contiendrait à son profit délégation du prix de la revente (4).

De tout ce qui précède il résulte :

    a) Que celui qui vend un immeuble ne doit point laisser passer le délai de quarante-cinq jours à compter de la date de l'acte de vente sans faire inscrire son privilège (à moins qu'il ne se soit assuré que le titre a été transcrit), car il s'exposerait à perdre son privilège par suite de la transcription effectuée par un sous-acquéreur;

    b) Que celui qui achète un immeuble fera bien de ne pas payer son prix avant d'avoir fait transcrire son titre et de s'être assuré qu'il n'existe à ce moment aucune transcription faite par un autre acquéreur; autrement, il s'exposerait à être évincé et pourrait n'avoir qu'un recours illusoire contre un vendeur insolvable.

23. — Privilège du copartageant. — Il n'en est pas du privilège du copartageant comme du privilège du vendeur; car tandis que celui-ci produit effet par la seule transcription de l'acte, le privilège du cohéritier ou copartageant ne se conserve qu'au moyen d'une inscription directe (art. 2109, C. civ.) (5). Cette inscription doit être prise dans les *quarante-cinq jours*, à dater de la licitation ou du partage, en cas de revente et pour conserver le *droit de suite* malgré toute transcription d'acte d'aliénation faite dans ce délai (6). Inscrit dans les *soixante jours*, le privilège assure au copartageant la *préférence* sur tous les créanciers hypothécaires de son débiteur, même antérieurement inscrits. Après le délai de *soixante jours*, le privilège dégénère en hypothèque, ne prend rang qu'à la date de l'inscription et, par suite, se trouve primé par les hypothèques inscrites antérieurement (7).

Le délai pour inscrire le privilège court :

    a) Au cas de partage, à partir du jour du partage, bien que la liquidation de l'indivision ne s'effectue que postérieurement (8).

    b) Au cas de licitation, du jour de la licitation et non du partage qui suivrait, alors même que des incapables s'y trouveraient intéressés (9).

---

(1) Joigny, 13 octobre 1871 (arr. 20255, J. N.).
(2) Cass., 2 décembre 1863 et 7 mars 1865 (S. 164-67-1); Alger, 17 mai 1865; Seine, 2 juillet 1889; Aubry et Rau, p. 372 et 373; Pau, 2 mars 1891.
(3) Rennes, 21 juillet 1888. Sic : Toulouse, 5 juillet 1886. — Mais le principe ne paraît pas utilement conservé par une inscription prise après la faillite du débiteur. Cass., 24 mars 1891 (art. 34649, J. N.).
(4) Cass., 22 avril 1845; Paris, 30 novembre 1860 (S. 1861-2-29).

(5) Aubry et Rau, p. 362; Cass., 23 juin 1890 (*J. du not.*, 1890, p. 741).
(6) Seine, 30 août 1867 (art. 19054, J. N.).
(7) Cass., 24 décembre 1866.
(8) Lyon, 23 janvier 1866; Aubry et Rau, p. 362. — Pour le privilège relatif à la garantie des lots, le délai court du jour de l'acte qui a fixé les droits des copartageants (Lyon, 13 mars 1886).
(9) Cass., 17 nov. 1861 et 10 nov. 1862; Orléans, 18 janv. 1879 (art. 22092, J. N.); Aubry et Rau, p. 362.

c) S'il s'agit d'un partage anticipé, du jour où il est devenu définitif par l'acceptation de tous les enfants (1).

24. — Privilège des architectes. — En ce qui concerne les architectes, entrepreneurs et ouvriers, la conservation du privilège est soumise à une double inscription (art. 2110, C. civ.) :

a) Celle du procès-verbal constatant l'état des lieux avant le commencement des travaux (2) ;

b) Et celle du procès-verbal de réception des travaux exécutés, prise dans les *six mois* de l'achèvement des travaux, faute de quoi le privilège dégénère en véritable hypothèque (3).

Cette double inscription est prescrite *à peine de nullité*.

— En cas d'aliénation volontaire ou forcée, l'inscription du premier procès-verbal doit être faite avant la transcription de l'acte d'aliénation, et ce à peine de déchéance absolue du privilège, tant au point de vue du droit de suite, que du droit de préférence (4).

D'un autre côté, l'inscription de ce premier procès-verbal est inefficace pour conserver le droit de préférence au regard des créanciers de la faillite du débiteur, et de de ceux de sa succession bénéficiaire ou vacante, lorsqu'elle n'a pas été requise avant le jugement déclaratif de faillite ou l'ouverture de la succession (5).

Quant au second procès-verbal, il doit, au cas même où l'immeuble n'est pas sorti des mains du débiteur, être inscrit dans les *six mois* de l'achèvement des travaux et, s'il y avait eu aliénation ou expropriation de l'immeuble dans le cours des travaux ou dans les six mois qui ont suivi leur achèvement, l'inscription du second procès-verbal pourrait toujours, nonobstant toute transcription antérieure, avoir lieu d'une manière efficace dans les *six mois* à partir soit de l'époque où le nouveau propriétaire a fait cesser les travaux, soit de leur achèvement, s'il les a fait continuer (6).

Ces règles s'appliquent également à la conservation du privilège de ceux qui ont fourni les deniers pour payer les architectes, entrepreneurs et ouvriers (art. 2110, C. civ.) ; et il n'est pas nécessaire pour assurer ce privilège, de faire inscrire l'acte authentique constatant la destination et l'emploi des sommes prêtées (7).

25. — Séparation des patrimoines. — Le privilège des créanciers ou légataires doit être inscrit, nous l'avons déjà vu, *supra*, n° 13, sur chacun des immeubles de l'hérédité, dans les *six mois* à compter de l'ouverture de la succession, pour la conservation du droit de préférence, et avant toute inscription d'aliénation, fût-ce même dans les six mois, pour conserver le droit de suite.

L'inscription peut être requise par tout créancier, fût-il sans titre, ou en vertu d'une créance non liquide (8).

Elle doit, à peine de nullité, comme toute inscription d'hypothèque, mentionner la nature et la situation des immeubles qui y sont soumis (9).

---

(1) Cass., 28 août 1859 ; Pont, n° 294.
(2) Ce procès-verbal doit être préalable à tous travaux (Lyon, 11 février 1869 ; Cass., 1er mars 1858, 11 juillet 1855 ; Paris, 25 avril 1873).
(3) Aubry et Rau, p. 868 ; Flandin, n° 1089. — *Contrà* : Pont, n° 270 ; Dalloz, P. 1869-1-89.
(4) Cass., 18 novembre 1868.
(5) Aubry et Rau, p. 868 ; Limoges, 1er mars 1847.
(6) Cass., 18 novembre 1868 (S. 1870-1-241).
Les frais auxquels peuvent donner lieu les mesures à prendre par un architecte ou un entrepreneur, pour la conservation du privilège que lui accorde l'art. 2103, C. civ., sur les constructions dont il est chargé, notamment les frais à exposer pour la commission d'expert prescrite par l'article susvisé, doivent, en principe, demeurer à la charge dudit architecte ou entrepreneur.
Ces frais n'incomberaient au propriétaire qu'autant qu'il aurait indûment résisté aux justes prétentions du demandeur à cet égard (Paris, 23 mars 1886).
(7) Pont, n° 287 ; Aubry et Rau, p. 370.
(8) Cass., 2 février 1885. V. toutefois Demolombe, n° 106 ; Aubry et Rau, p. 471 et 483, suivant lesquels le créancier sans titre devrait se faire autoriser par requête à prendre inscription.
(9) Dijon, 28 novembre 1876 ; Cass., 30 juillet 1878 (S. 1879-1-154) ; Cass., 7 février 1888 (art. 24069, J. N.) ; Aubry et Rau, § 619-41 ; Laurent, t. X, n° 82.

Par suite, serait nulle l'inscription prise avec cette simple mention : » *sur tous les biens dépendant de la succession du sieur X..., situés dans tel arrondissement* » (1).

26. — Trésor public. — Le privilège du Trésor sur les biens des condamnés se conserve toujours par une inscription prise dans les *deux mois* du jugement de condamnation (Loi du 5 septembre 1807, art. 3).

En cas d'aliénation des immeubles grevés, le droit de suite s'éteint à défaut d'inscription prise avant la transcription de la vente; mais le droit de préférence continue de subsister, si l'inscription est prise dans le délai de *deux mois* (2).

Le Trésor conserve également son privilège sur les immeubles que les comptables ont acquis à titre onéreux depuis leur nomination, par une inscription prise dans les *deux mois* de l'enregistrement de l'acte d'acquisition (3).

La déclaration de faillite du débiteur ne fait pas obstacle à ce que le privilège du Trésor soit utilement inscrit dans le délai de deux mois (4).

27. — Privilège en matière de drainage. — Le privilège établi par les lois des 17 juillet 1856 et 28 mai 1858, sur les terrains drainés, jusqu'à concurrence de la plus-value résultant du drainage, se conserve aux termes de l'article 7, par une inscription prise :

    a) Pour le Trésor public (actuellement le Crédit foncier) et pour les prêteurs, dans les deux mois de l'acte de prêt ;

    b) Pour les syndicats, dans les deux mois de l'arrêté qui les constitue ;

    c) Pour les entrepreneurs, dans les deux mois du procès-verbal constatant, avant le commencement des travaux, l'état, le périmètre, et la valeur des terrains à drainer.

L'inscription doit, dans tous les cas, contenir un extrait sommaire de ce procès-verbal. De plus, lorsque les travaux ont été exécutés par des entrepreneurs, il doit être fait, en marge de l'inscription, mention du procès-verbal de vérification des travaux, et ce dans les deux mois de la date de ce procès-verbal.

28. — Privilège relatif au desséchement des marais. — L'État ou les concessionnaires de travaux de desséchement conservent leur privilège sur la plus-value résultant de ces travaux, par la transcription du décret qui a ordonné le desséchement, ou de l'acte de concession (5).

La conservation de ce privilège est, du reste, régie par des règles analogues à celles qui régissent la conservation du privilège des architectes, entrepreneurs et ouvriers ; et ce privilège prime toujours les créanciers inscrits antérieurement au desséchement, si la transcription prescrite a eu lieu avant l'inscription de ces créanciers (6).

§ 6. — FORMES DE L'INSCRIPTION.

29. — Pour les formes des inscriptions de privilège, qui sont les mêmes que celles requises pour les *inscriptions hypothécaires*, il en est référé à ce mot (V. *suprà*, p. 387 et suiv.). On décide, d'ailleurs, en principe, que la règle de la spécialisation du gage, dans l'inscription, s'applique dans tous les cas où le privilège est limité dans son objet et affecte spécialement un ou plusieurs immeubles déterminés (7). Il n'est pas nécessaire d'y introduire une élection de domicile, de même que pour l'inscription prise en renouvellement, si le titre n'en contient pas (8).

§ 7. RESPONSABILITÉ NOTARIALE (V. suprà, v° *Inscription hypothécaire*, p. 399).

---

(1) Caen, 7 février 1888. — Cependant, quant au légataire, V. Nîmes, 26 janvier 1890 (art. 24190, J. N.).
(2) Pont, n°" 803-804; Aubry et Rau, p. 870.
(3) Loi du 5 septembre 1807, art. 5.
(4) Besançon, 30 août 1856 ; Aubry et Rau, p. 870.

(5) Loi du 16 septembre 1807, art. 23.
(6) Pont, n°" 803-804; Aubry et Rau, p. 371.
(7) Pont, n° 1001; Nîmes, 4 mai 1887 (art. 24019, J. N.).
(8) J. du not., Dissertation, 1889, p. 431; Douai, 27 décembre 1892 (J. du not., 1893, p. 277).

§ 8. Frais et honoraires (V. *suprà*, v° Inscription hypothécaire, p. 400).

§ 9. Timbre et hypothèques (V. *suprà*, v° Inscription hypothécaire, p. 401).

§ 10. Formules.

I. PRIVILÈGE DU VENDEUR.

1. *Inscription au profit du vendeur.*
2. *Inscription au profit d'un bailleur de fonds.*
3. *Inscription au profit du notaire pour sûreté des frais du contrat de vente.*

II. PRIVILÈGE DE COPARTAGEANT.

4. *Inscription pour sûreté d'une soulte.*
5. *Inscription pour garantie de partage.*

III. PRIVILÈGE DE COLICITANT.

6. *Inscription au profit d'un colicitant.*

IV. PRIVILÈGE DE CONSTRUCTEUR.

7. *Inscription en vertu du procès-verbal constatant l'état des lieux.*
8. *Inscription en vertu du procès-verbal de réception des travaux.*

V. PRIVILÈGE DE SÉPARATION DE PATRIMOINES.

9. *Inscription au profit d'un créancier.*
10. *Inscription au profit d'un légataire.*

VI. PRIVILÈGE DU TRÉSOR PUBLIC.

11. *Inscription contre un comptable.*
12. *Inscription contre un condamné.*

I. — PRIVILÈGE DU VENDEUR

1. — Inscription au profit du vendeur.

Inscription de privilège est requise au bureau des hypothèques de...
Au profit de M. René Lambert, négociant demeurant à...
Pour lequel domicile est élu en l'étude de M°..., notaire à..., sise rue..., n°...
Contre M. Victor Pierron, propriétaire, demeurant à...
En vertu d'un contrat passé devant M°... et l'un de ses collègues, notaires à..., le..., enregistré mais non transcrit (1), contenant vente par M. Lambert à M. Pierron de l'immeuble ci-après désigné, moyennant le prix principal de 50,000 francs, stipulé payable dans un délai de cinq années à compter du jour du contrat, et productif d'intérêts au taux de 5 °/° par an, payables le... de chaque année, à compter du même jour.

Pour sûreté :

1° De la somme principale de 50,000 francs, formant le prix de la vente ci-dessus relatée, ci. . . . . 50 000 »

2° Des intérêts dont la loi conserve le rang. . . . . Mémoire.

3° Et des frais de mise à exécution et autres loyaux coûts évalués approximativement à 1,000 francs, ci. . . . . 1 000 »

Total, sauf mémoire, 11,000 fr., ci . . . . 11 000 »

Sur :

Une maison sise à..., rue..., n°..., consistant en...; etc. (*Reproduire la désignation qui figure au contrat de vente*).

2. — Inscription au profit d'un bailleur de fonds.

Inscription de privilège est requise au bureau des hypothèques de...
Au profit de M. Louis Morant, épicier, demeurant à...

---

(1) Cette inscription n'aurait pas sa raison d'être si le contrat avait été transcrit, puisque le conservateur aurait inscrit d'office le privilège du vendeur.— Quant à l'élection de domicile, **V.** *J. du not.*, 1889, p. 481, et 1893, p. 277

Pour lequel domicile est élu en sa demeure susindiquée,

Contre M. Alfred Vincent, cultivateur, demeurant à...

En vertu :

1° D'un contrat reçu par Me.... notaire à..., le..., contenant vente par M. Léon Joussot, propriétaire demeurant à..., à M. Vincent susnommé, de l'immeuble ci-après désigné, moyennant le prix principal de 40,000 francs, productif d'intérêts à 5 % par an.

2° D'un acte reçu par Me.... notaire à..., le..., contenant :

Obligation, pour prêt, par M. Vincent au profit de M. Joussot, de la somme de 40,000 fr. stipulée remboursable le... et productive d'intérêts à 5 % par an, payables par semestre à compter du...; avec convention que le débiteur ne pourrait se libérer par anticipation sans le consentement exprès et par écrit du créancier (ou qu'il pourrait se libérer par anticipation en prévenant le créancier un mois d'avance), et qu'à défaut de paiement à son échéance, d'un seul terme d'intérêts et un mois après un simple commandement de payer resté infructueux le capital de ladite créance deviendrait immédiatement et de plein droit exigible, si bon semblait au créancier, sans qu'il fût besoin de remplir aucune formalité judiciaire;

Et promesse par M. Vincent d'employer la somme empruntée au paiement du prix de la vente susénoncée.

3° Et d'un acte reçu par ledit Me..., le..., contenant : 1° quittance par M. Morant à M. Vincent du prix de la vente ci-dessus relatée; 2° déclaration par M. Vincent que la somme par lui payée provenait de l'emprunt fait de M. Joussot par ladite obligation; 3° et par suite, subrogation de M. Joussot dans tous les droits, actions et privilège de M. Morant contre M. Vincent.

Pour sûreté :

1° De la somme de 40,000 francs, principal de la créance résultant au profit de M. Joussot des actes sus-énoncés, ci. . . . . | 40 000 »

2° Des intérêts dont la loi conserve le rang. . . . . | Mémoire.

3° Et des frais de mise à exécution et autres loyaux coûts, évalués approximativement à 1,000 francs, ci . . . . | 1 000 »

Total, sauf mémoire, 41,000 fr., ci. . . . . | 41 000 »

Sur une maison située à..., rue..., n°..., consistant en... etc...

3. — Inscription au profit du notaire pour sûreté des frais du contrat de vente.

Inscription de privilège est requise au bureau des hypothèques de...

Au profit de Me Louis Richard, notaire à..., exerçant les droits de son débiteur, M. Xavier Muller, propriétaire, demeurant à..., conformément à l'article 1166 du Code civil; ledit sieur Muller, tenu envers Me Richard comme obligé solidairement avec l'acquéreur ci-après nommé, au paiement des frais du contrat de vente dont il va être parlé;

Pour lequel domicile est élu à...

Contre M. Alfred Martin, propriétaire, demeurant à...

En vertu :

1° D'un contrat passé devant le requérant, le..., contenant vente par M. Muller à M. Martin de l'immeuble ci-après désigné;

2° Des articles 2103 du Code civil et 775 du Code de procédure civile.

Pour sûreté :

1° De la somme de..., montant des frais, déboursés et honoraires, du contrat de vente précité; ladite somme taxée et exigible (1) :

2° Des intérêts de cette somme, dont la loi conserve le rang;

3° Des frais de mise à exécution, évalués à...

Sur : (Désigner l'immeuble vendu).

---

(1) L'inscription peut être prise avant la taxe des frais. Cependant, il vaut mieux faire taxer au paravant.

II. PRIVILÈGE DE COPARTAGEANT

4. — Inscription pour sûreté d'une soulte.

Inscription de privilège est requise au bureau des hypothèques de...,
Au profit de M. Louis Renault, docteur en médecine, demeurant à...,
Pour lequel domicile est élu en l'étude de Me..., notaire à...,
Contre Mlle Lucie Renault, sa sœur, célibataire majeure, demeurant à...,
En vertu d'un acte passé devant Me..., notaire à..., le..., contenant liquidation et partage des biens composant la succession de M. Joseph Renault, père des susnommés, dont ils étaient héritiers chacun pour moitié,

      Pour sûreté :

1° De la somme de 2,500 francs, montant de la soulte imposée à Mlle Lucie Renault, au profit de M. Louis Renault, son frère, aux termes du partage susénoncé, exigible le..., et productive d'intérêts sur le pied de 5 °/. par an, à compter du..., payables en même temps que le capital, ci. . . . . | 2 500 " |

2° Des intérêts conservés par la loi. . . . . | Mémoire. |

3° Des frais de mise à exécution et autres loyaux coûts évalués approximativement à 500 francs, ci. . . . . | 500 " |

    Total, sauf mémoire, 3,000 fr., ci. . . . . | 3 000 " |

Sur une maison située à..., attribuée à Mlle Lucie Renault par l'acte de partage ci-dessus énoncé, et consistant en... etc.

5. — Inscription pour garantie de partage.

Inscription de privilège est requise au bureau des hypothèques de...
Au profit de M. Lucien Roussel, propriétaire, demeurant à...
Pour lequel domicile est élu en l'étude de Me..., notaire à...
Contre M. Paul Roussel, négociant, demeurant à...
En vertu d'un acte reçu par Me..., notaire à..., le..., contenant partage, entre MM. Roussel susnommés, des biens dépendant de la succession de M. Pierre Roussel leur père, et obligeant M. Lucien Roussel à acquitter seul une somme de 10,000 francs, due à M. Georges Durand, rentier, demeurant à..., en vertu de..., etc., et exigible le..., sans intérêts jusque-là.

      Pour sûreté :

1° De la somme de 10,000 francs, dont il est dû garantie au requérant à raison de la dette ci-dessus et qui lui serait due pour le cas où il serait obligé de la payer, ci. . . . . | 10 000 " |

2° Des intérêts dont la loi conserve le rang. . . . . | Mémoire. |

3° Et des frais de mise à exécution et autres loyaux coûts, évalués approximativement à 500 francs, ci. . . . . | 500 " |

    Total, sauf mémoire, 10,500 fr., ci. . . . . | 10 500 " |

Sur les immeubles attribués à M. Lucien Roussel et consistant dans..., etc...

III. PRIVILÈGE DE COLICITANT

6. — Inscription au profit d'un colicitant.

Inscription de privilège est requise au bureau des hypothèques de...
    Au profit de :
1° M. Emile Martin, rentier, demeurant à...,
2° M. Léon Martin, négociant, demeurant à...,
Pour lesquels domicile est élu à...,
Contre M. Jules Martin, propriétaire, demeurant à...,
En vertu d'un procès-verbal dressé par Me..., notaire à..., le..., aux termes duquel

M. Jules Martin susnommé s'est rendu adjudicataire des immeubles ci-après désignés indivis entre lui et les requérants, moyennant le prix principal de 15,000 francs, stipulé payable le..., et productif d'intérêts au taux de 5 °/₀ par an, exigibles le... de chaque année à partir du...

Pour sûreté :

1° De ladite somme principale de 15,000 francs (1), exigible et productive d'intérêts comme il vient d'être dit, ci. . . . . | 15 000 »

2° Des intérêts dont la loi conserve le rang. . . . . | Mémoire.

3° Et des frais de mise à exécution et autres loyaux coûts, évalués approximativement à la somme de 1,000 francs, ci. . . . . | 1 000 »

Total, sauf mémoire, 16,000 fr., ci. . . . . | 16 000 »

Sur les immeubles adjugés à M. Jules Martin, situés à... et consistant dans :
1°...

IV. PRIVILÈGE DE CONSTRUCTEUR

7. — Inscription en vertu du procès-verbal constatant l'état des lieux

Inscription de privilège est requise au bureau des hypothèques de...
Au profit de M. Joseph Picard, entrepreneur de travaux publics, demeurant à...
Pour lequel domicile est élu à...
Contre M. Nicolas Prot, propriétaire, demeurant à...
En vertu :
1° Des articles 2103-4°, et 2110 du Code civil ;
2° D'un procès-verbal dressé le..., par M..., expert désigné à cet effet par le tribunal civil de..., le...; ledit procès-verbal constatant l'état d'un terrain appartenant à M. Prot, situé à..., rue..., d'une superficie de..., relativement à la construction que ce dernier a le dessein d'y faire élever et qui consistera en une maison et divers bâtiments, le tout détaillé audit procès-verbal.
Cette inscription est requise afin d'établir, en faveur de M. Picard, un privilège de constructeur sur ledit terrain et les constructions qui y seront édifiées, pour le paiement des sommes qui lui seront dues à raison des travaux qu'il y aura exécutés.

8. — Inscription en vertu du procès-verbal de réception des travaux

Inscription de privilège de constructeur est requise au bureau des hypothèques de...
Au profit de M. Joseph Picard, entrepreneur, demeurant à...;
Pour lequel domicile est élu à...
Contre M. Nicolas Prot, propriétaire, demeurant à...
En vertu d'un procès-verbal dressé le..., par M..., expert, commis d'office par le tribunal civil de..., le...,contenant la réception des travaux de construction faits par M. Picard sur le terrain ci-après désigné dont l'état avait été constaté par un premier procès-verbal du même expert en date du..., inscrit audit bureau de..., vol..., n°...

Pour sûreté :

1° De la somme principale de... due par M. Prot à M. Picard pour le montant desdits travaux, ainsi que le constate le procès-verbal de réception susénoncé; ladite somme exigible le... et productive d'intérêts à 5 °/₀ l'an payables de six en six mois à compter du..., ci. . . . . | » »

2° Des intérêts conservés par la loi . . . . | Mémoire.

3° Et des frais de mise à exécution, s'il y a lieu, évalués approximativement à. . . . . | » »

Total, sauf mémoire. | » »

Sur... (désigner l'immeuble avec les constructions).

---

(1) Lorsque l'immeuble licité est la seule chose indivise, l'inscription ne doit être prise que pour le | prix représentant les parts acquises. Dans le cas contraire, elle doit être prise pour la totalité du prix.

V. PRIVILÈGE DE SÉPARATION DES PATRIMOINES

9. — Inscription au profit d'un créancier.

Inscription de privilège est requise au bureau des hypothèques de...
Au profit de M. Jules Lesourd, rentier, demeurant à...
Pour lequel domicile est élu à...
Contre la succession de M. Nicolas Grandjean, docteur en médecine, demeurant à...
et contre M. Paul Grandjean, son frère et seul héritier.
En vertu des articles 878 et 2111 du Code civil.

Pour sûreté :

1° De la somme de 5,000 francs, due au requérant par la succession de M. Grandjean (1), ladite somme exigible et productive d'intérêts à 5 °/₀ par an depuis le..., ci.	5 000 »
2° Des intérêts dont la loi conserve le rang.	Mémoire.
3° Et des frais de mise à exécution et autres loyaux coûts, évalués approximativement à 500 francs, ci	500 »
Total, sauf mémoire, 5,500 fr., ci.	5 500 »

Sur tous les immeubles dépendant de la succession de M. Nicolas Grandjean et spécialement sur... (*Désigner chacun des immeubles*).

10. — Inscription au profit d'un légataire.

Inscription de privilège est requise au bureau des hypothèques de...
Au profit de M. Paul Magny, rentier, demeurant à...
Pour lequel domicile est élu..,
Contre la succession de M. Lucien Berton, propriétaire, décédé en sa demeure à...,
rue..., n°..., le..., et contre M. Albert Berton, avocat, demeurant à..., son fils et seul héritier.
En vertu :
1° Des articles 878 et 2111 du Code civil ;
2° Et du testament de M. Lucien Berton, fait en la forme olographe à..., le..., dont l'original a été déposé, etc...; lequel testament contient, notamment, au profit de M. Magny, requérant, un legs particulier de 20,000 fr., payable sans intérêts dans l'année du décès du testateur.

Pour sûreté :

1° De ladite somme de 20,000 fr. exigible comme il vient d'être dit, ci. . .	20 000 »
2° Des intérêts (s'il y a lieu) dont la loi conserve le rang	Mémoire
3° Et des frais de mise à exécution et autres loyaux coûts évalués approximativement à 1,000 fr., ci.	1 000 »
Total, sauf mémoire, 21,000 fr., ci.	21 000 »

Sur tous les immeubles dépendant de la succession de M. Lucien Berton et plus spécialement sur... (*Désigner chacun des immeubles*).

VI. PRIVILÈGE DU TRÉSOR PUBLIC

11. — Inscription contre un comptable.

Inscription de privilège est requise au bureau des hypothèques de...
Au profit du Trésor public,
A la diligence de M. Louis Martin, etc...
Pour lequel domicile est élu à...

---

(1) Il a été décidé que l'usage fait d'un acte sous seing privé dans cette inscription rend obligatoire l'enregistrement de cet acte (Mayenne, 5 juin 1889, J. du not., 1889, p. 717. — Contrà : Nantes, 1ᵉʳ juin 1848 ; Lunéville, 11 mars 1874. — Nous ferons observer que l'indication de la créance n'est pas une obligation prescrite par la loi pour la validité de l'inscription de ce privilège.

Contre M. Léon Pierrard, receveur particulier des finances, demeurant à...

En exécution de la loi du 5 septembre 1807.

Et en vertu d'un contrat passé devant Me..., notaire à..., le (1), contenant vente de l'immeuble ci-après désigné, par M. Louis Renaud, propriétaire à..., à M. Pierrard, susnommé, moyennant le prix de douze mille francs.

Pour sûreté de la gestion de M. Pierrard et de toutes les sommes dont il pourra se trouver comptable envers le Trésor public, le tout indéterminé, mais néanmoins évalué à douze mille francs,

Sur une maison située à..., et composée de..., etc...

12. — Inscription contre un condamné.

Inscription de privilège est requise au bureau des hypothèques de...

Au profit du Trésor public.

A la diligence de M. Louis Martin, etc...

Pour lequel domicile est élu à...

Contre M. Charles Musart, journaliste, demeurant à...

En vertu d'un jugement rendu par le tribunal correctionnel de..., le...

    Pour sûreté :

1° De la somme de deux mille francs, montant en principal des condamnations prononcées contre M. Musart par ledit jugement, laquelle somme est actuellement exigible, ci. . . . . 2 000 »

2° De celle de deux cents francs pour frais faits, et également exigibles, ci. . . . . 200 »

3° Et des frais à faire, évalués à cinq cents francs, ci. . . . . 500 »

    Total à inscrire, deux mille sept cents francs, ci. . . . . 2 700 »

Sur tous les immeubles de M. Musart, situés dans l'arrondissement du bureau des hypothèques de...

BIBLIOGRAPHIE

André, Traité pratique du régime hypothécaire, 1 vol. in-8°.

Aubry et Rau, t. III, p. 111 et suiv.

Dict. du not., v° Hypothèque et Inscription hypothécaire.

Encyclop. du not., v° Hypothèque et Privilège.

Laurent, Principes de droit civil, t. XXX.

Pont, Traité des privilèges et hypothèques, 2 vol. in-8°.

Troplong, Commentaire du titre des privilèges et hypothèques, 4 vol. in-8°.

Thézard, Des privilèges et hypothèques, 1 vol. in-8°.

INTERPRÈTE (V. suprà, v° ACTE NOTARIÉ, n° 117; et infrà, v° TÉMOIN INSTRUMENTAIRE, § 1, et TESTAMENT, § 1.

INVENTAIRE

C'est l'acte qui a pour objet de constater, par une énumération détaillée, descriptive et estimative, l'actif et le passif d'une succession, d'une communauté, etc., dans le but de conserver les droits des parties intéressées.

Dans un sens plus spécial, ce mot s'applique, en matière commerciale, à l'état de situation que les commerçants ont l'habitude de dresser à la fin de chaque

---

(1) Pour que le privilège du Trésor existe sur les immeubles des comptables de deniers publics, il est nécessaire que ces immeubles aient été acquis à titre onéreux depuis leur nomination.

année; mais cet état se faisant toujours sans le ministère des notaires, c'est de l'acte notarié, dans le sens indiqué plus haut, que nous devons nous occuper ici.

Sommaire :

§ 1. CAS OU IL Y A LIEU DE PROCÉDER A UN INVENTAIRE. DES DÉLAIS IMPARTIS PAR LA LOI. DU LIEU OU IL DOIT ÊTRE FAIT. DISPENSE D'INVENTAIRE.

1. — Tous ceux qui ont des droits à faire valoir dans une succession ou une communauté — ou contre elles, — ont intérêt à la confection d'un inventaire, car il conserve les biens pour les créanciers, il empêche la confusion des patrimoines, il fait connaître aux héritiers présomptifs les forces de la succession et les met en mesure de prendre une décision sur l'acceptation ou la répudiation. Tout en étant un simple acte conservatoire, l'inventaire a donc une très grande importance, et il importe au notaire de bien connaître non seulement les formes qu'il doit observer dans la rédaction du procès-verbal, mais encore de savoir dans quels cas il doit être fait, dans quel délai, par qui il doit être requis, quels biens doivent être inventoriés, etc...

2. — L'inventaire est *obligatoire* ou *facultatif*; mais, alors même qu'il est facultatif, cet acte est presque toujours utile, car nul ne peut répondre qu'une contestation imprévue ne le mettra pas, un jour donné, dans la nécessité de justifier de ce qu'il a recueilli.

Une personne meurt laissant pour héritier un enfant ou des enfants majeurs. Sans aucun doute, un inventaire, même en pareil cas, sera utile, si les parties ne sont pas d'accord pour opérer le partage amiablement; il s'imposera même, au cas d'un héritier unique, si cet héritier est marié, pour que les valeurs mobilières qu'il recueille ne se confondent pas dans la communauté de biens ou la société d'acquêts qui peut exister entre lui et sa femme: mais l'inventaire, dans ces divers cas, n'est pas obligatoire, c'est-à-dire imposé par la loi, sous peine de quelque déchéance.

3. — L'inventaire est exigé par la loi, par suite *obligatoire*, lorsque parmi les ayants-droit, il se trouve des *incapables,* des *mineurs* ou des *absents* et des *femmes mariées;* spécialement, dans quelques autres cas que nous indiquerons.

4. — Il y a donc lieu de dresser un inventaire :

a) Lorsqu'il s'agit d'une succession recueillie par une personne *présumée absente* (art. 113, C. civ.., ou après l'envoi en possession provisoire des biens d'un *absent,* pour constater l'importance de sa fortune mobilière (art. 126, C. civ.).

b) Quand parmi les héritiers il existe une ou plusieurs personnes, non interdites, mais placées dans un établissement *d'aliénés* (1).

c) Lorsque parmi les successibles, il existe des *mineurs* (art. 451-1031, C. civ.), ou des *interdits* (art. 509, C. civ.).

d) Lorsqu'un *tuteur* (même le père) est investi de la tutelle d'un enfant mineur (art. 451, C. civ.).

e) Au cas de *divorce* ou de *séparation,* si la femme commune en biens a requis, pour la conservation de ses droits, l'apposition des scellés sur les effets mobiliers de la communauté (art. 270, C. civ.; L. du 27 juillet 1884).

f) Au commencement de tout *usufruit,* de tout *usage,* pour que l'usufruitier ou l'usager puissent entrer légalement en possession (art. 600-626, C. civ.).

g) Lorsqu'à défaut d'héritiers légitimes, une succession est déférée à un *enfant naturel,* à *l'époux survivant* ou à l'État (art. 769-773, C. civ.).

h) Lorsque l'héritier ne veut accepter la succession qui lui est échue que sous *bénéfice d'inventaire* (art. 794, C. civ.).

i) Lorsqu'il s'agit d'une *succession vacante* (art. 813, C. civ. et 1000, C. proc. civ.).

j) Lorsqu'il y a un exécuteur testamentaire (art. 1031, C. civ.).

k) Lorsque le défunt a fait quelque disposition avec substitution, c'est-à-dire à charge par le légataire de rendre à ses enfants nés ou à naître (art. 1058, C. civ.).

l) Quand une succession qui échoit à l'un des époux, commun en biens, est en partie mobilière et en partie immobilière (art. 1414, C. civ.).

m) Pour constater le mobilier appartenant aux futurs époux, lors du mariage, ou échu depuis, afin qu'il ne tombe pas dans la communauté ou dans la société d'acquêts (art. 1499-1504, C. civ.).

n) A la dissolution de toute communauté, lorsque la femme survivante ou ses héritiers veulent conserver la faculté de renoncer à la communauté, — ou de n'être tenus aux dettes que jusqu'à concurrence des émoluments (art. 1456-1459-1483, C. civ.), — ou, s'il existe des enfants mineurs, pour que l'époux survivant ne perde pas la jouissance légale des biens (art. 442, C. civ.).

o) Lorsque deux époux, mariés sous le régime de la communauté ont exclu de cette communauté leur mobilier futur (art. 1504, C. civ.).

p) En cas de mariage sans communauté, pour constater le mobilier, advenu à la femme, et dont on ne peut faire usage sans le consommer (art. 1532, C. civ.).

q) Au cas où les scellés ont été apposés, s'il survient des oppositions à leur levée (art. 937-940, C. proc. civ.).

(1) Loi du 30 juin 1838, art 36.

r) En cas de faillite (art. 479-486, C. com.); mais en ce cas, il est dressé par les syndics (V. toutefois, *infrà*, n° 22).

5. — En dehors de ces divers cas, l'inventaire, bien que très utile, peut être considéré comme facultatif.

6. — Si le défunt n'a laissé aucun objet mobilier, il n'y a pas lieu de dresser un inventaire, mais un simple procès-verbal de *carence*, constatant qu'il n'existe rien dans la succession. Au cas où l'apposition des scellés aurait été requise, le procès-verbal est fait par le juge de paix; au cas contraire, le notaire a compétence pour le dresser. Il est même d'usage de dresser un procès-verbal de ce genre toutes les fois que la valeur des objets mobiliers trouvés par l'officier public n'excède pas 30 francs (1).

7. — **Délais.** — L'inventaire, fait après décès, ne peut avoir lieu que *trois jours* francs après l'inhumation, s'il n'y a pas eu apposition de scellés et, dans ce dernier cas, trois jours après leur apposition, *à peine de nullité* et de dommages-intérêts (art. 928, C. proc. civ.). Ce délai a été fixé pour des raisons de convenance et aussi pour donner aux intéressés le temps de produire leurs réclamations et de comparaître (2).

Toutefois, en cas d'urgence, par exemple, si, par suite d'un congé, il y a lieu de quitter la maison, le président du tribunal peut, sur requête, rendre une ordonnance pour autoriser à procéder aux opérations d'inventaire avant le terme fixé. L'ordonnance doit être annexée à l'inventaire.

8. — **Curateur.** — Aux termes des art. 813, C. civ. et 1000 du C. de proc. civ., le curateur à une succession vacante doit, *avant tout*, c'est-à-dire avant de faire aucun acte d'administration, faire dresser un inventaire des forces et charges de la succession.

9. — **Envoyé en possession.** — Aucun délai ne lui est assigné pour faire dresser l'inventaire des biens de l'absent; mais cette formalité doit être remplie avant son entrée en jouissance.

10. — **Epoux héritier. Etat.** — Lorsqu'une succession est dévolue, à défaut de parents, au conjoint survivant ou à l'Etat, l'inventaire doit être fait dans les *trois mois* accordés par la loi à l'héritier bénéficiaire (art. 769, C. civ.).

11. — **Epoux survivant.** — Il doit faire dresser inventaire des biens de la communauté et de la succession dans les mêmes délais que l'héritier (V. *infrà*, n° 15) ; sinon, il perd l'usufruit légal des biens de ses enfants mineurs (V. *infrà*, n°s 120 et 121).

12. — **Exécuteur testamentaire.** — Il y a lieu de croire que la faculté de faire inventaire lui est accordée pendant l'*année* du décès, puisque la loi ne lui fixe point de terme précis, et que ce n'est qu'à l'expiration de ce délai qu'il est tenu de rendre compte de sa gestion (art. 1031, C. civ.).

13. — **Femme divorcée.** — La femme demanderesse ou défenderesse en divorce, peut, *en tout état de cause*, à partir de la date de l'ordonnance dont il est fait mention en l'art. 138, requérir inventaire des biens mobiliers de la communauté (art. 270, C. civ.).

14. — **Grevé de substitution.** — Il a le même délai que l'héritier.

15. — **Héritier.** — L'*héritier*, la *veuve*, la femme séparée de corps ou de biens, ont *trois mois* pour faire inventaire et quarante jours pour délibérer : l'héritier sur l'acceptation ou la renonciation, — la veuve et la femme séparée sur leur renonciation à la communauté, — le tout à compter du jour de l'ouverture de la succession ou de la dissolution de la communauté (art. 795, 1456, C. civ.). S'il y a motif suffisant, ce délai peut être prorogé par le tribunal (art. 798,

---

(1) Augier, v° *Carence*, n° 3 ; Dict. du not., v° *Carence*, n°s 1, 17 et suiv.

(2) Dict. du not., v° *Inventaire*, n° 62; Debelleyme, p. 220.

1458, C. civ.) ; *sur les conséquences du défaut d'inventaire ou du retard dans sa confection* (V. *infrà*, § 6, p. 465).

Si la femme meurt avant l'expiration des trois mois sans avoir fait ou terminé l'inventaire, ses héritiers ont un nouveau délai de trois mois après son décès pour le faire ou le terminer, et de quarante jours pour délibérer après sa clôture (art 1461, C. civ.).

15 bis. — Héritier bénéficiaire. — Si l'héritier a accepté la succession sous bénéfice d'inventaire, il est tenu de faire dresser l'inventaire dans les trois mois du jour de l'ouverture de la succession (C. civ., 795). S'il justifie d'un empêchement, un nouveau délai peut lui être accordé (C. proc., 174).

Il conserve néanmoins, après l'expiration de ces délais, le droit de faire dresser l'inventaire : 1° S'il n'a pas fait acte d'héritier ; 2° s'il n'existe pas contre lui de jugement passé en force de chose jugée qui le condamne en qualité d'héritier pur et simple (C. proc., 174).

16. — Syndic. — Le syndic de faillite doit faire dresser inventaire dans les *trois jours* de sa nomination ou de l'apposition des scellés (art. 479, C. com.).

17. — Tuteur. — Il doit faire inventaire dans les *dix jours* qui suivent sa nomination (art. 451-509, C. civ.). En matière de substitution, il a *un mois* à partir de l'échéance du délai accordé au grevé (art. 1060, C. civ.).

18. — Usufruitier. Usager. — Ils sont tenus de faire dresser inventaire des biens soumis à leur usufruit ou usage, avant leur entrée en jouissance ; jusqu'à ce que la formalité soit remplie, le nu-propriétaire peut s'opposer à cette entrée en jouissance.

18 bis. — Veuve. — (V. *suprà*, n° 15).

19. — Lieu. — L'inventaire ne peut être valablement fait que dans les lieux où sont situés les objets mobiliers et qui sont, d'ordinaire, aussi celui du domicile du défunt. Il serait donc irrégulier, s'il était dressé dans l'étude du notaire, sur des notes prises par l'officier public ou sur un état remis par les parties (1). (V. pour les papiers, *infrà*, n° 83). Le notaire et les officiers présents sont, par suite, obligés de se transporter en personne dans les divers endroits occupés par le défunt et où se trouvent les objets mobiliers. Toutefois, lorsque les meubles sont de très peu d'importance, le président du tribunal peut ordonner, sur la demande des parties, — ou, si toutes les parties sont majeures et présentes, il peut être convenu — que tous les meubles seront réunis dans un seul endroit, qui est d'ordinaire celui où l'inventaire a été commencé (2).

Il est d'usage d'indiquer non seulement le lieu, c'est-à-dire la ville ou la commune où se fait l'inventaire, mais aussi la maison et, dans cette maison, les diverses pièces, dans laquelle le notaire instrumente successivement.

20. — Dispense d'inventaire. — Les personnes auxquelles la loi impose l'obligation de faire dresser inventaire, peuvent-elles être dispensées de remplir cette formalité ? Spécialement, l'exécuteur testamentaire, le tuteur, l'usufruitier peuvent-ils être dispensés par le testateur, comme condition de la disposition testamentaire ? Nous ne le pensons pas. Il y a, en effet, un motif péremptoire, pour la nullité de la clause qui entraînerait prohibition absolue de faire inventaire, c'est que cette formalité est d'ordre public ; aussi toute clause pénale serait nulle, comme la condition elle-même. La doctrine et la jurisprudence, malgré quelques arrêts contraires, paraissent se fixer en ce sens (3).

---

(1) Un arrêt du Parlement de Paris du 26 avril 1760 avait jugé qu'un notaire peut faire l'inventaire dans son étude sur les notes et déclarations des parties, si les objets mobiliers sont de minime valeur, et ce mode de procéder s'est perpétué dans la pratique de certaines études. Il est absolument irrégulier et il ne faut pas oublier que l'inventaire est un acte so-lennel, pour la validité duquel les formes imposées par les lois de procédure sont de rigueur.

(2) Dict. du not., n° 308-309 ; Dalloz, n° 238 ; De Belleyme, t. II, p. 236 ; Rutgeerts et Amiaud, t. I, p. 123.

(3) Bordeaux, 12 avril 1851 ; Caen, 30 avril 1855 ; Bruxelles, 1er août 1863 ; Dict. du not., v° *Usufruit*,

§ 2. Officier public compétent pour procéder a un inventaire. Choix du notaire. Commissaire-priseur. Experts.

21. — Les juges de paix et les greffiers avaient autrefois et, dans certaines provinces, la concurrence avec les notaires pour la réception des inventaires (1). Mais, sous la législation actuelle, c'est aux notaires qu'appartient *exclusivement* le droit de procéder aux inventaires (2).

22. — Il n'y a point d'exception pour les successions dévolues à l'Etat par déshérence, droit d'aubaine ou autrement (3).

Toutefois, en matière de faillite, l'art. 479, C. comm. réserve aux syndics le droit de dresser l'inventaire prescrit par la loi, mais sans toutefois exclure les notaires, dans le cas où les parties jugeraient leur ministère utile (4).

23. — La loi ne prononce point de peine contre les greffiers et les juges de paix qui s'immisceraient dans la confection des inventaires ; mais ces actes seraient nuls et les effets de cette nullité rendraient responsables les auteurs de ces empiétements sur les fonctions notariales (5).

24. — Il appartient aux parties intéressées de désigner le notaire qui devra procéder aux opérations et retenir la minute de l'inventaire (6). Si plusieurs notaires sont choisis et si, en dehors de l'intervention des parties qui s'en désintéressent, la question de la réception de la minute est débattue entre les officiers publics désignés, ceux-ci doivent chercher à s'entendre amiablement, sinon soumettre la difficulté à la Chambre de discipline, qui la tranche d'après les usages et traditions consignés dans le règlement intérieur de la compagnie.

25. — Concours entre notaires. — En aucun cas, le notaire en premier ne peut refuser d'admettre le concours d'un second notaire choisi par une partie ayant droit de requérir l'inventaire ou d'y assister (7).

26. — Si les parties ne s'entendent pas sur le choix du notaire qui doit procéder à un inventaire, ou si, parmi plusieurs notaires choisis, il y a lieu de décider à qui restera la garde de la minute, l'art. 935 du Code de procédure civile charge le président du tribunal de cette désignation. La loi ne soumettant le droit conféré à ce magistrat à aucune restriction, n'imposant aucune condition spéciale au choix qui lui appartient, il faut en conclure qu'il est investi à cet égard d'un pouvoir discrétionnaire (8).

---

n° 335 ; Aubry et Rau, t. I, p. 487, t. II, p. 478, t. VII, p. 451, note 18 ; Demolombe, t. VII, n°° 548-549, t. X, n°° 478, 475, t. XXII, n° 63 ; Laurent, t. V, n° 10, t. VI, n° 497. « Si un testateur, en faisant un legs d'usufruit, disent Aubry et Rau, avait dispensé l'usufruitier, par exemple, de faire inventaire, cette clause ne saurait priver les héritiers, même non réservataires, de la faculté d'y procéder en présence de ce dernier, ou lui dûment appelé. Cette faculté leur appartiendrait, alors même que le testateur aurait *défendu* de dresser inventaire, et l'on devrait considérer comme non avenue toute clause pénale destinée à assurer l'exécution de cette défense, notamment les dispositions additionnelles ordonnant que, si elle n'était pas respectée, le legs d'usufruit serait converti en legs de pleine propriété. La dispense ou la prohibition de faire un inventaire ont seulement pour effet de mettre à la charge des héritiers les frais de celui qu'ils jugent convenable de dresser. » (Toulouse, 11 novembre 1885).

(1) Langlois, chap. XXI et suiv. ; Denisart, v° *Inventaire* ; Ferrières, cod., v°.

(2) L. 27 mars 1791, art. 10 ; Dict. du not., n°° 204-205 ; Merlin, v° *Inventaire*, § 1.

(3) Art. 1789, J. N.

(4) Dict. du not., n° 208.

(5) Cons. Rutgeerts et Amiaud, t. I, n° 206.

(6) Lorsque, par son testament, le défunt a désigné un notaire pour procéder à l'inventaire, les héritiers sont-ils obligés de respecter ce choix ? On décide généralement la négative (Dict. du not, n° 225 ; Dalloz, n° 193 ; Orléans, 10 juillet 1885 (S. 1886-1-215). Toutefois, on comprend que le président du tribunal, s'il est appelé en ce cas à nommer le notaire, tienne grand compte de la désignation du testateur, alors que cette désignation se justifie par l'intérêt des parties.

Les créanciers n'ont pas le droit de choisir le notaire (Toulouse, 18 juillet 1887 (*Rev. not.*, n° 7721).

(7) Dijon, 2 décembre 1874; Versailles, 10 mars 1875.

(8) Demolombe, *Donat. et test.*, t. V, n° 64 ; Dalloz, *Scellés*, n° 183 ; Bertin, *Ordonn. sur référé*, n° 651 ; Lancelin, *Traité inédit* ; Rutgeerts, t. I, n° 327 et suiv. ; Colmar, 24 décembre 1831 ; Bordeaux, 15 avril

A ce point qu'il a été jugé que le président n'est point tenu de faire connaître, dans les motifs de son ordonnance, les considérations qui ont déterminé son choix (1).

27. — Toutefois, on ne saurait croire que le pouvoir du président soit *arbitraire et souverain*. Il est, en effet, de jurisprudence constante, que sa décision est contentieuse et sujette à appel (2).

On décide donc qu'il ne saurait désigner le notaire d'après le simple caprice de sa volonté, et à moins qu'il n'existe des motifs sérieux, en dehors des indications fournies par les intéressés (3), que son choix doit être déterminé, d'après des règles précises et des raisons positives tirées de la qualité et du degré d'intérêt des parties qui requièrent la désignation (4) ; et qu'il peut spécialement se déterminer par ce motif que tous les actes de la famille ont été reçus par le notaire indiqué et qu'il a en mains tous les matériaux de l'inventaire (5).

28. — On avait prétendu, tout d'abord, que la loi elle-même avait pris soin d'indiquer les motifs de préférence par l'ordre qu'elle avait suivi dans le libellé de l'art. 935, C. proc. civ., et que le président, par suite, devait toujours désigner, en cas de désaccord entre les parties: en premier lieu, le notaire de l'époux commun en biens, — puis, celui des héritiers, — en troisième rang, le notaire de l'exécuteur testamentaire, — enfin et en dernier lieu, le notaire du légataire universel ou à titre universel (6). Mais cette solution a été justement critiquée (7), et finalement repoussée (8).

29. — L'opinion qui a dominé longtemps dans les compagnies notariales, qui est encore suivie dans presque tous les règlements, notamment dans celui des notaires de Paris (9), est qu'en règle générale et alors qu'il n'y a pas concours avec le notaire d'un époux survivant commun en biens, la minute doit appartenir au notaire le plus ancien. Cette solution a été admise par de nombreux arrêts et admise d'une façon absolue (10); car, quelles que fussent les circonstances qui pouvaient être de nature à faire préférer le notaire plus jeune ou plus ancien, ce dernier était invariablement choisi, alors même que le notaire le moins ancien avait reçu le testament et était à l'inventaire le représentant des intérêts les plus considérables de la succession.

30. — La base de ces décisions était peu solide et difficile à justifier. Ce ne sont pas, en effet, les usages plus ou moins traditionnels admis dans les règlements des Chambres, encore moins le titre d'un officier public, mais l'intérêt des parties en cause qui doit ici déterminer le juge. La qualité du notaire plus ancien pourra, avec raison, être prise en considération par les magistrats dans certains cas, lorsque, par exemple, plusieurs héritiers ou légataires ayant des droits égaux, se disputent le choix de l'officier public (11), ou lorsqu'aucune autre circonstance ne

1885 ; Paris, 8 octobre 1839 ; Orléans, 27 novembre 1857 ; Caen, 30 avril 1862 ; Limoges, 22 mai 1869 (*Rev. not.*, n° 2726) ; Cass., 31 janvier 1870 (*Rev. not.*, n° 2760) ; Paris, 8 février 1874 ; Dijon, 2 décembre 1874 ; Rouen, 20 janvier 1879 (art. 22189, J. N.) et 30 août 1884 ; Gand, 4 novembre 1885 ; Paris, 31 décembre 1885 (art. 23561, J. N.; *J. du not.*, n° 8810) ; Cass., 26 janvier 1886 (art. 23688, J. N.).

(1) Chambéry, 27 avril 1880.
(2) Orléans, 27 novembre 1857 ; Gand, 16 avril 1858 ; Chambéry, 27 avril 1880 ; Bertin, n° 651.
(3) Gand, 27 novembre 1861. Si le président a des motifs sérieux de ne pas choisir un des notaires indiqués par les parties, il nomme d'ordinaire le président de la Chambre. Ordonn. du président de la Seine, 25 mars 1847.
(4) De Belleyme, t. II. p. 486 ; Lancelin, *op. cit.*
(5) Paris, 14 juin 1881 (*Rev. not.*, n° 6269 ; Paris, 31 décembre 1885. Mais ce choix fait, il n'appartient

pas aux Chambres de notaires, s'il a eu lieu en dehors des règlements de la compagnie, de le critiquer et d'infliger aucune peine ou restitution d'honoraires au notaire qui n'a fait qu'exécuter la mission judiciaire à lui confiée (arrêt de cassation du 5 juillet 1875, cassant la décision de la Chambre des notaires de La Flèche du 28 juillet 1874, art. 21283, J. N.).
(6) De Belleyme, t. II, p. 301 ; Ordonn. du président de Versailles du 6 décembre 1865.
(7) Carré, *Quest.*, 3130 ; Lancelin, *op. cit.*
(8) Caen, 12 juin 1854 ; Demolombe, t. V, n° 64.
(9) Statuts du 26 avril 1847, art. 31-32; Délib. du 2 décembre 1869.
(10) Colmar, 30 juillet 1825 ; Paris, 22 août 1831, 13 juillet 1832, 4 janvier 1838 ; Bordeaux, 19 avril 1835 ; Nancy, 24 août 1835 ; Bourges, 24 novembre 1815.
(11) Bourges, 24 novembre 1845.

commandera un autre choix (1). Mais le fait seul de l'ancienneté ne saurait être déterminant, alors qu'il existe des causes de préférence, telles que la qualité ou l'intérêt des parties qui parlent en faveur du notaire le moins ancien (2).

31. — C'est dans le dernier sens que se prononcent aujourd'hui les cours et tribunaux ; et comme conséquence du principe admis, il a été jugé :

a) Que le conjoint survivant, fût-il commun en biens, et légataire en usufruit, n'a pas, de droit absolu, le choix du notaire ; qu'il a seulement droit à la préférence, lorsque d'autres intérêts plus sérieux n'exigent pas qu'il en soit autrement ordonné (3) ;

b) Que le notaire, moins ancien, du légataire universel peut être choisi pour dresser l'inventaire, de préférence au notaire de l'époux survivant et donataire en usufruit, lorsqu'il est constant que le légataire a un plus grand intérêt que l'époux à la conservation de l'acte, ce légataire fût-il un étranger, une fabrique, par exemple (4);

c) Que le notaire de l'héritier légitime doit avoir la préférence sur le notaire de l'exécuteur testamentaire (5) ;

d) Que le légataire universel doit avoir le droit de choisir son notaire, de préférence à l'héritier non réservataire (6) ;

e) Que le notaire de l'usufruitier doit être désigné de préférence au notaire du nu-propriétaire (7), à moins que la validité du titre qui confère l'usufruit ne soit mise en question (8) ; ou que l'usufruitier ait été dispensé de faire inventaire ;

f) Que lorsque la femme demanderesse en séparation de corps a fait apposer les scellés et procéder à l'inventaire, la garde de la minute de cet inventaire doit appartenir au notaire de la femme (9) ;

g) Que c'est à l'administrateur d'une succession et non aux créanciers de cette succession qu'il appartient de désigner le notaire chargé de procéder à l'inventaire prescrit par l'art. 491 du C. de proc. civ. 10).

32. — Et, comme l'intérêt des parties sera presque toujours que l'inventaire soit reçu et conservé par le notaire du lieu où la succession s'est ouverte, lequel est d'ordinaire aussi le notaire du défunt, on arrive à cette conséquence que, dans la majorité des cas (11), le notaire choisi devra être le notaire du lieu de l'ouverture de la succession (12) ; — solution éminemment équitable et juridique, car il est dans l'esprit de la loi, comme le reconnaissent tous les auteurs et comme le disaient les magistrats de la Cour de Paris, que tous les actes relatifs à une succession et pouvant servir à la détermination des droits qui s'y rattachent, aient leur dépôt plus accessible à toutes les recherches, au lieu où la succession s'est ouverte (13).

---

(1) Bruxelles, 11 juillet 1876.

(2) Paris, 21 mai 1879 (*J. du not.*, n° 3201) ; Versailles, 27 février 1891.

(3) Paris, 19 mars 1850 ; Caen, 12 juin 1854 ; Ord. du prés. de Versailles, 6 décembre 1865 ; Cass., 30 janvier 1870 (art. 19839, J. N.) ; Dijon, 2 décembre 1874 (*Rev. not.*, n° 4968).

(4) Dijon, 2 décembre 1874 ; trib. de Langres, du 20 octobre 1874 (*Rev. not.*, n° 4968).

(5) Orléans, 27 novembre 1857.

(6) Paris, 30 décembre 1868 ; Seine, 9 septembre 1871 (art. 19512 et 20118).

(7) Arg. Cass., 31 janvier 1870 (art. 19839, J. N.) ; Bordeaux, 17 décembre 1879 (art. 22309, J. N.) ; Demolombe, *Distinct. des biens*, n° 461-462 ; Bertin, *Ordonn. sur réf.*, n° 644.

(8) Caen, 4 janvier 1886 (*J. du not.*, n° 3816) ; Bourges, 25 mai 1891 (*J. du not.*, 1891, p. 542).

(9) Angers, 16 avril 1853 ; Termonde, 2 décembre 1870 ; Paris, 21 mai 1879 ; Agen, 10 mai 1886. — *Contrà* : Versailles, 10 mars 1875 (art. 21167, J. N.) ; Ord. Redon, 3 avril 1885 ; Rambouillet, 22 février 1892

(10) Amiens, 26 mai 1879 (art. 22118, J. N., et *Rev. du not.*, n° 3200).

(11) Nous disons dans la majorité des cas, car on ne saurait admettre la doctrine absolue soutenue par M. Vavasseur, qui fait une question d'intérêt public de la confection de l'inventaire et de la retenue de la minute au lieu d'ouverture de la succession, et qui voudrait que cette considération primât toujours et nécessairement l'intérêt des parties, alors que cet intérêt commanderait le choix d'un autre notaire. Notre opinion est partagée par M. Lancelin qui reconnaît que M. Vavasseur a exagéré la portée de l'arrêt de Paris du 8 février 1874.

(12) Paris, 31 juillet 1878 et 14 juin 1881 (art. 22525, J. N.; *J. du not.*, n° 3885) ; Rouen, précité, 30 août 1884 (*J. du not.*, n° 3705).

(13) Paris, 17 janvier 1845-19 mars 1850-11 décembre 1860 ; Ordonn. du prés. de Versailles du 28 juin 1868 ; Paris, 31 janvier 1874 (art. 20873, J. N.) ; Rouen, 20 janvier 1879 ; Paris, 21 mai 1879 ; Amiens, 26 mai 1879 ; Besançon, 17 novembre 1880 (art. 22127, 21110, J. N. ; *J. du not.*, n° 3898).

33. — Un inventaire ne peut être fait par plus de deux notaires (1) (art. 935, C. proc. civ.). Les autres notaires appelés par les parties peuvent assister aux opérations en qualité de conseils, mais ils n'ont aucun droit aux honoraires des notaires instrumentaires (2).

34. — Un notaire institué légataire par des dispositions testamentaires, alors même qu'elles sont attaquées par les héritiers du sang, ne peut dresser l'inventaire de la succession ; car il est interdit aux notaires de recevoir les actes qui les intéressent, directement ou indirectement, ou même éventuellement (3).

La même solution est applicable au notaire choisi comme exécuteur testamentaire.

35. — Le notaire, suppléant du juge de paix, ne peut, sans aucun doute, procéder tout à la fois à la levée des scellés et à l'inventaire. Ce cumul de fonctions est incompatible. Mais le notaire, parent soit du juge de paix qui lève les scellés, soit du greffier, soit du commissaire-priseur, peut-il dresser l'inventaire? Nous ne voyons aucune raison sérieuse qui s'y oppose; du moins aucun texte ne contient de prohibition à cet égard (4). Toutefois, il est préférable de s'abstenir.

36. — Commissaire-priseur. Expert. — L'estimation ou *prisée* des objets qui doivent être portés à l'inventaire est faite d'ordinaire par des officiers publics qui portent le nom de *commissaires-priseurs*. Dans la commune de la résidence de ces officiers, eux seuls sont exclusivement chargés de cette opération (5). Dans tous les autres lieux, ils peuvent être choisis, concurremment avec les notaires, greffiers et huissiers (Langres, 2 juillet 1890, *J. du not.*, 1891, p. 121). Si parmi les objets à estimer il en est qui nécessitent des connaissances spéciales, tels que bijoux, tableaux, livres, fonds de commerce, etc..., les officiers priseurs peuvent demander l'assistance d'experts (6), pour les aider dans leur travail.

Mais les officiers-priseurs, comme les experts, sont choisis par les parties. Si les parties ne s'accordent pas sur le choix des uns ou des autres, le choix est fait par le président, de la même manière que pour le notaire (art. 935, C. proc. civ.).

37. — Le greffier, qui assiste le juge de paix dans la levée des scellés, peut, en même temps qu'il rédige son procès-verbal, procéder comme officier-priseur, à l'estimation des objets inventoriés (7); mais il n'a pas droit à double vacation; il ne peut que choisir celles qui sont taxées par le tarif au taux le plus élevé.

38. — Le notaire, qui dresse l'inventaire, peut aussi, là où il n'existe pas de commissaire-priseur, faire lui-même la prisée des meubles à inventorier (8), et au besoin se faire assister d'un expert. Il agit souvent ainsi dans les successions de peu de valeur, pour éviter des frais. Mais on lui refuse avec raison, en pareil cas, le droit de percevoir des vacations comme notaire et comme officier-priseur (9).

§ 3. Capacité des parties. Qui a le droit de requérir l'inventaire. Quelles parties doivent être présentes aux opérations.

39. — L'inventaire ne peut avoir lieu d'*office*; il faut, pour qu'il y puisse procéder, que le notaire soit requis, soit par toutes les parties intéressées, soit par quelques-unes d'entre-elles, sauf à faire sommer ou représenter les autres (10).

---

(1) L. 25 ventôse an XI, art. 9 ; Règl. not. de Paris, 27 avril 1847, art. 31.

(2) Dict. du not., n° 243.

(3) Rouen, 21 janvier 1879 (*Rev. not.*, n° 5771, art. 22189, J. N.).

(4) Rutgeerts et Amiaud, p. 491 ; art. 21281, J. N.

(5) L. 25 ventôse an XI; 28 avril 1816, art. 89.

(6) L'*expert* qui peut être choisi par le subrogé-tuteur dans le cas prévu par l'art. 453, C. civ., n'est autre qu'un officier-priseur. Dict. du not., v° *Prisée* n°° 24-31; Mailland, p. 153.

(7) Déc. min., 6 avril 1835; Grenoble, 5 décembre 1839.

(8) Grenoble, 5 décembre 1839 (art. 10732, J. N.).

(9) Dict. du not., n°° 214-21; Rutgeerts et Amiaud, t. I, n° 97; Douai, 26 août 1835; Orléans, 12 août 1837 ; Cass., 19 décembre 1838 et 28 décembre 1846 (art. 9058, 9833, 10240, J. N.).

(10) Dalloz, *Codes annotés*, art. 941, C. proc. civ., n° 10.

40. — On distingue, dans les inventaires, les parties *requérantes*, c'est-à-dire celles qui ont droit personnellement à une part de la communauté ou de la succession dont il est fait inventaire, comme l'époux survivant commun en biens, l'héritier, le légataire, etc..., — et les parties *présentes*, qui n'ont qu'un droit de surveillance pour la conservation de leurs droits ou de ceux des intéressés qu'ils représentent, par exemple, le subrogé tuteur, les créanciers opposants, les notaires commis, etc...

Cette distinction, comme le fait très justement remarquer Ed. Clerc (1), bien qu'elle soit depuis longtemps suivie dans la pratique, ne se trouve point écrite dans la loi, qui a pour but, non de régler un mode particulier de rédaction, mais de déterminer surtout quelles sont les personnes dont l'assistance est nécessaire à la validité de l'inventaire. Nous la conserverons néanmoins, puisqu'elle est en usage, tout en faisant observer qu'il n'y a pas lieu d'y attacher une importance spéciale et qu'il suffit pour le notaire de veiller à ce que toutes les parties qui doivent concourir à l'acte y soient régulièrement représentées.

41. — **Parties requérantes.** — L'inventaire, en règle générale, peut être requis par tous ceux qui prétendent avoir un droit dans la communauté ou dans la succession (art. 909, 930, 941, C. proc. civ.), — par tout créancier porteur d'un titre exécutoire ou autorisé par une permission soit du président du tribunal, soit du juge de paix du canton où les scellés ont été apposés ; — par l'exécuteur testamentaire ; par le curateur à succession vacante.

Nous allons passer en revue les divers cas qui peuvent se présenter :

a) *Adoptant.* — L'adoptant, qui prétend exercer dans la succession de l'adopté le droit de retour autorisé par l'art. 351, C. civ., a le droit de requérir l'inventaire (2).

b) *Ascendant donateur.* — Le même droit appartient à l'ascendant donateur qui prétend exercer le droit de retour que lui accorde l'art 747, C. civ.

c) *Créanciers.* — Les créanciers d'une succession ou d'une communauté peuvent requérir l'inventaire. Ils ont, en effet, intérêt à la constatation et à la conservation des biens, et doivent veiller à ce qu'ils ne se confondent pas avec ceux des héritiers.

D'autre part, les créanciers des héritiers peuvent aussi provoquer l'inventaire pour prévenir la soustraction et la dissipation des valeurs mobilières et constater la part qui revient à leur débiteur (art. 1166 C. civ., 934, C. proc. civ.).

d) *Conjoint survivant.* — Le conjoint survivant, que ce soit la femme ou le mari, quand il y avait entre les époux communauté de biens, a le plus grand intérêt à la confection d'un inventaire ; d'abord, en raison de la part qui lui appartient dans la communauté, puis pour conserver la jouissance légale des biens de ses enfants mineurs, s'il en existe (art. 1442, C. civ.).

Si c'est la femme qui a survécu, elle doit aussi faire faire inventaire, pour conserver la faculté de renoncer à la communauté, si cette communauté n'a pas été fructueuse, ou, en cas d'acceptation, pour n'être tenue aux dettes que jusqu'à concurrence de son émolument (art. 1456-1483, C. civ.). Son droit de requérir l'inventaire est donc incontestable, bien qu'aux termes de l'art. 941, C. proc. civ., la présence de l'époux survivant semble seule être exigée. Mais nous avons déjà remarqué que le législateur n'a pas attaché d'importance

(1) P. 526.   (2) Bordeaux, 4 janvier 1831.

à la distinction que la pratique notariale fait entre les parties requérantes et les parties présentes et qu'il les confond souvent.

La qualité d'usufruitier légal ou de *donataire* ou de *légataire* universel ou à titre universel donne encore à l'époux survivant un titre de plus pour pouvoir requérir l'inventaire.

Si l'époux survivant est appelé à la succession, comme héritier, conformément à l'art. 767 du C. civ., son droit de requérir l'inventaire n'est pas non plus contestable.

Si la veuve, tutrice de ses enfants, est mineure, elle ne peut requérir l'inventaire sans l'assistance d'un curateur (1).

e) Curateur à succession vacante. — La loi l'obligeant à faire dresser inventaire, lui donne par cela même le droit de requérir l'accomplissement de cette formalité (art. 813, C. civ., et 1000, C. proc. civ.).

f) Donataire. — Les donataires soit universels, soit à titre universel, ont le droit de requérir un inventaire et de faire constater l'état de la succession, pour ne pas être tenus *ultra vires* et pour pouvoir justifier, au besoin, du montant des biens, s'il se présentait des héritiers à réserve.

g) Enfant. — Les enfants *légitimes* ou petits enfants, étant héritiers, soit qu'ils viennent de leur chef, soit par représentation de leur père et mère décédés, ont incontestablement le droit de requérir inventaire (art. 745, C. civ., art. 909, 932, 941, 942, C. proc. civ.) ; si l'un des enfants est, en outre, donataire ou légataire par préciput, il doit requérir l'inventaire en sa double qualité.

h) Enfant adopté. — Les enfants adoptifs et leurs descendants étant assimilés aux enfants légitimes, en ce qui concerne la succession de l'adoptant (art. 350, C. civ.), ont droit de requérir l'inventaire.

i) Enfant naturel. — L'enfant naturel reconnu, peut requérir l'inventaire, soit qu'il vienne en concours avec des héritiers légitimes ou autres successeurs, pour réclamer la quote-part que la loi lui accorde (art. 757, C. civ), soit qu'il soit appelé à la totalité de la succession lorsque ses père et mère ne laissent pas de parents au degré successible (art. 758, C. civ.) (2).

j) Envoyé en possession. — On ne saurait contester aux envoyés en possession provisoire des biens d'un absent le droit de requérir l'inventaire de ces biens, puisqu'aux termes de l'art. 126, C. civ., ils doivent faire procéder à l'inventaire du mobilier et des titres, en présence du procureur de la République près le tribunal de première instance, ou d'un juge de paix requis par le procureur.

k) Etat. — L'Etat, appelé à succéder à défaut de parents, d'enfant naturel et de conjoint (art. 767, 768, C. civ.), a le droit de requérir inventaire et il y est tenu, aux termes de l'art. 769 ; c'est à l'Administration de l'enregistrement que ce droit est conféré par la loi.

l) Exécuteur testamentaire. — L'art. 1031, C. civ., impose à l'exécuteur testamentaire l'obligation de faire dresser, en présence de l'héritier ou des héritiers présomptifs, ou eux dûment appelés, l'inventaire des biens de la succession. Il a donc le droit de requérir cet inventaire.

---

(1) *Répert. jurisp. not.*, vᵒ INVENTAIRE, nᵒ 96.

(2) De Belleyme, t. II, p. 425 ; Dict. du not., nᵒ 129 ; Demolombe, t. XIV, nᵒ 37.

m) *Femme enceinte.* — La femme enceinte au moment du décès de son mari, a le droit de requérir inventaire, au nom de l'enfant dont elle est appelée à devenir la tutrice légale, en présence du curateur au ventre et des héritiers qui succéderaient, si l'enfant ne naissait pas viable (1).

n) *Femme mariée successible.* — Quand les époux sont mariés sous le régime de la communauté, ou sans communauté, ou sous le régime dotal, avec soumission à la dotalité des biens qui doivent être compris à l'inventaire, l'inventaire des biens dépendant d'une succession échue à la femme peut être requis par le mari seul, en sa qualité d'administrateur légal des biens de sa femme (2) ; ce qui n'empêche pas, il paraît superflu de l'ajouter, que la réquisition ait lieu au nom du mari et de la femme conjointement.

Dans les autres cas, par exemple lorsque les époux sont séparés de biens contractuellement ou judiciairement (2 *bis*), ou mariés sous le régime dotal, si les biens recueillis doivent être paraphernaux, l'inventaire doit être requis par la femme avec l'autorisation du mari, ou si ce dernier refuse, avec l'autorisation de la justice..

En cas de séparation de corps, le mari est sans qualité pour requérir l'inventaire d'une succession échue à sa femme, et la femme peut y procéder seule (3). Il a toutefois été jugé que le mari aurait le droit d'être présent, si les biens provenant de la succession devaient être dotaux, puisqu'il doit veiller à la conservation de la dot (4).

o) *Grevé de substitution.* — Dans le cas où il s'agit d'un inventaire après le décès d'une personne qui a disposé, à charge de restitution, l'inventaire a lieu à la requête du grevé de restitution (art. 1059, C. civ.), — ou, à son défaut, à la requête du tuteur nommé pour l'exécution (art. 1060), — ou, à défaut de celui-ci, à la diligence des personnes dénommées en l'art. 1057, savoir : des appelés, s'ils sont majeurs, — de leurs tuteurs ou curateurs, s'ils sont mineurs ou interdits, — de tout parent des appelés,. — ou même d'office, à la requête du procureur de la République près le tribunal du lieu où la succession s'est ouverte (art. 1061, C. civ.) (5). (V. *infrà*, n° 54).

p) *Héritier.* — Tout héritier présomptif ou appelé par la loi, a le droit de requérir l'inventaire de la succession. S'il est héritier à réserve, il peut le faire, sans aucun doute, malgré l'existence de tout donataire ou légataire universel institué.

Quid, s'il n'est pas réservataire ? Il a toujours le droit de requérir l'inventaire, tant que le testament ne lui a pas été notifié. Si le légataire s'y oppose, il faut distinguer : La succession a-t-elle été dévolue à un légataire universel, en vertu d'un testament *olographe*? Nous pensons que l'héritier naturel peut toujours requérir l'inventaire, car l'écriture du testament peut être déniée et on peut trouver un testament postérieur ; à moins que le légataire n'ait déjà été envoyé en possession, auquel cas, si le légataire requiert lui-même l'inventaire, l'intérêt de l'héritier est suffisamment sauve-

---

(1) De Madre, *Formul.*, p, 27 ; Bioche, v° *Inventaire*, n° 75 ; Ed. Clerc, p. 596 ; Dict. du not., n° 80.
(2), En ce cas, on mentionne toujours le contrat de mariage et le régime adopté par les époux.

(2 *bis*) *Contrà:* Orléans,15 fév.1898 (*J. du not*., p.848).
(8) Dijon, 15 février 1844 (art. 12099, J. N.).
(4) Paris, 18 août 1868.
(5) Dict. du not., n° 102.

gardé par l'autorisation qui lui est donnée par le juge d'assister à l'inventaire (1).

Si le légataire est institué en vertu d'un testament *public*, nous admettrions volontiers qu'en ce cas, le légataire étant saisi de plein droit et le testament faisant pleine foi de son contenu, le légataire peut repousser la réquisition de l'héritier, surtout si ce dernier n'a pas manifesté l'intention d'attaquer le testament (2). Toutefois, nous devons reconnaître qu'il y a dans la jurisprudence quelques divergences : En effet, non seulement il a été jugé que les héritiers non réservataires, alors même qu'il y a un légataire universel envoyé en possession, peuvent requérir inventaire, sauf à faire l'avance des frais (3), mais encore la Cour de Paris a décidé, le 4 mars 1886, que le légataire universel, institué par testament authentique, et saisi de plein droit, aux termes de l'art. 1006, C. civ., ne peut faire précéder à la levée des scellés, apposés d'office, qu'en présence des héritiers présomptifs, bien que ceux-ci n'aient ni requis l'apposition de scellés, ni formé opposition à la levée, ni formé aucune demande en nullité du testament (4).

Cette dernière décision nous paraît très contestable ; elle est contraire, non seulement à la pratique générale, mais à tous les principes de droit et elle peut créer de nombreuses difficultés, en obligeant, dans tous les cas, le légataire universel à faire inventaire et, si les héritiers sont inconnus ou absents, à les faire représenter par un notaire. La doctrine qui nous paraît la plus exacte, la plus juridique est celle qui déclare que le légataire universel, institué par testament authentique, est fondé à demander la levée des scellés, sans inventaire et sans y appeler les héritiers naturels, si ceux-ci n'attaquent pas le testament. C'est en ce sens, d'ailleurs, que se prononcent la majorité des décisions judiciaires (5).

Le droit de requérir inventaire appartient à l'héritier institué contractuellement, à l'exclusion des héritiers présomptifs qui ne sont pas réservataires (6).

q) Légataire. — Les légataires universels ou à titre universel ont le droit de requérir inventaire pour faire constater la masse de la succession, tant à l'égard des héritiers à réserve qu'à l'égard des créanciers de la succession ; et, s'ils ont été envoyés en possession ou ont obtenu la délivrance de leurs legs, ce droit leur appartient à l'exclusion des héritiers présomptifs, alors même que ces derniers ont formé une demande en nullité du testament authentique (7).

Toutefois, il a été jugé que le légataire universel *en usufruit* qui n'a pas encore obtenu la délivrance de son legs et auquel cette qualité est même déniée par les héritiers naturels, est non recevable à requérir l'inventaire (8).

(1) Paris, 27 juin 1878 (art. 22113, J. N.) ; Anvers, 22 mai 1876 ; Paris, 28 janv. 1887 ; Poitiers, 2 mars 1892.

(2) Rousseau, et Laisnez, Dict. de proc. V. *Inventaire*, n° 2 ; Nîmes, 26 décembre 1847 ; Riom, 29 mars 1879 ; Rennes, 2 avril 1884 ; Agen, 19 septembre 1885.

(3) Rennes, 11 août 1858 ; Tours, 23 mai 1874 (art. 20965, J. N.) ; Nancy, 6 mars 1885 (art. 23587, J. N. ; J. du not., n° 3815).

(4) J. N., art. 23587, et J. du not., n° 3882.

(5) Bordeaux, 3 décembre 1868 (art. 19548, J. N.) ; Riom, 29 mars 1879 ; Rouen, 18 janvier 1882 ; Rennes, 2 avril 1884 ; Doullens, 6 août 1885 ; Agen, 19 septembre 1885 ; Seine, 27 mai 1886 ; Epernay, 27 juin 1886 ; Trib. Orléans, 5 juillet 1887 ; Comp., Dict. du not., n° 92 et suiv ; Rutgeerts et Amiaud, t. I, n° 103.

(6) Cass., 16 avril 1839 (art. 10356, J. N.).

(7) Paris, 31 décembre 1868 ; Bordeaux, 3 décembre 1868 ; Seine, 9 septembre 1871 (art. 19512, 19548 et 20118, J. N.) ; Seine, 12 juin et 24 juillet 1886 ; Paris, 24 juillet 1887 ; Auxerre, 7 août 1890 ; Besançon, 28 novembre 1892 (J. du not., 1893, p. 13).

(8) Caen, 4 janvier 1886 (J. du not., n° 3816).

r) *Tuteur.* — Le tuteur d'un mineur appelé à recueillir une succession, a le droit de requérir, au nom de ce dernier, l'inventaire des biens de cette succession. S'il y a opposition d'intérêts entre plusieurs mineurs ayant le même tuteur, on doit leur donner à chacun un tuteur spécial (1).

s) *Usufruitier.* — L'usufruitier ou l'usager, lorsque l'inventaire est nécessaire à l'exercice d'un droit d'usufruit ou d'usage, a nécessairement le droit de requérir cet inventaire que la loi lui proscrit (art. 600-626, C. civ.).

42. — Si plusieurs parties requièrent en même temps l'inventaire, il doit être fait au nom de celle que l'art. 909, C. proc. civ., indique comme étant préférée pour la demande d'apposition de scellés. Ainsi l'époux survivant, d'abord, les héritiers, ensuite, excluent les créanciers.

Si le concours a lieu entre tous les prétendants droit, il se fait concurremment au nom de la masse, ou bien, d'après certains auteurs, il appartient au président du tribunal de choisir entre le conjoint commun, les héritiers, l'exécuteur testamentaire, les légataires (2).

43. — **Parties présentes.** — Quelles que soient les parties requérantes, l'inventaire doit être fait, en tous cas, en présence, s'ils existent :

a) Du conjoint survivant, sans distinguer s'il est commun en biens, ou non ;

b) Des héritiers présomptifs ;

c) De l'exécuteur testamentaire, si le testament est connu ;

d) Des donataires, légataires universels, ou à titre universel, soit en propriété, soit en usufruit ;

Ou eux dûment appelés, s'ils demeurent dans la distance de cinq myriamètres du lieu d'ouverture de la succession. Si ces diverses parties demeurent au delà, il sera appelé, pour tous les absents, un seul notaire nommé par le président du tribunal, pour représenter les parties appelées et défaillantes (art. 942, C. proc. civ.).

Si les héritiers ou ayants-droit, résidant dans la distance de cinq myriamètres, refusent de se présenter, il leur est fait sommation par la partie requérante, et s'ils ne comparaissent pas aux jour, heure et lieu indiqués, le notaire donne défaut contre eux, dans son procès-verbal, et passe outre aux opérations.

44. — **Créanciers opposants.** — Les créanciers de la succession, qui ont formé opposition à la levée des scellés, doivent être appelés à l'inventaire ; mais après la première vacation, ils sont tenus de se faire représenter aux vacations suivantes par un seul mandataire, dont ils conviendront. Toutefois, si l'un des créanciers avait des intérêts différents de ceux des autres, ou des intérêts contraires, il pourrait assister en personne à l'inventaire, ou par un mandataire spécial, à ses frais (art. 932, 933, C. proc. civ.).

Si les créanciers n'ont pas formé opposition, il n'y a pas nécessité de les appeler, même pour l'héritier bénéficiaire ; mais ils peuvent y assister volontairement.

Le tiers qui ne justifie pas de sa qualité de créancier est sans droit pour assister à l'inventaire (3).

45. — **Enfant naturel.** — L'enfant naturel reconnu doit être appelé à l'inventaire de la succession requis par les héritiers légitimes (4).

Il en est ainsi de l'enfant né après le divorce des époux et dont l'état peut être contesté.

46. — **Héritier.** — Lorsque l'inventaire est requis par un légataire universel ou à titre universel institué par testament olographe ou authentique, il doit appeler

---

(1) Dict. du not., n° 117.
Arg., art. 935, C. proc. civ.

(3) Amiens, 14 octobre 1882.
(4) Paris, 21 octobre 1830.

à l'inventaire les héritiers présomptifs, si ceux-ci ont formé une demande en nullité du testament (V. *suprà*, n° 41).

Le légataire universel, héritier bénéficiaire, n'est pas obligé, croyons-nous, sous peine d'être déclaré héritier pur et simple, d'appeler à la confection de l'inventaire les héritiers présomptifs du défunt, si ces héritiers ne sont pas réservataires (1).

Mais les héritiers collatéraux ne peuvent demander d'être présents à la levée des scellés et à la confection de l'inventaire, lorsqu'il existe des héritiers en ligne directe, encore que ces héritiers tiennent leurs droits d'une adoption et que cette adoption soit attaquée par les collatéraux (2).

47. — Légataire particulier. — Sa présence, sauf lorsqu'il est légataire en usufruit de la totalité ou d'une partie de la succession, n'est pas imposée à la confection de l'inventaire; s'il veut y être appelé, il peut se rendre opposant (3).

48. — Mari. — Si les biens, à raison desquels il est appelé à l'inventaire, doivent tomber dans l'administration qu'il peut avoir de ceux de sa femme, il a qualité pour se présenter et assister seul à l'inventaire, comme exerçant les droits mobiliers de cette dernière. Hors ce cas, il doit agir en vertu d'un mandat régulier ou faire concourir sa femme aux opérations, et l'autoriser (4).

48 bis. — Militaire absent. — Si une succession est échue à une personne appartenant à l'armée lors de sa disparition, l'art. 136, C. civ. n'est pas applicable. Il y a lieu, quand l'absence n'a pas été déclarée, de faire représenter ce militaire à l'inventaire par un curateur (5).

49. — Notaire commis. — Il y a lieu d'exiger la présence d'un notaire commis (6) :

> *a)* Pour représenter les parties intéressées qui résident à plus de cinq myriamètres (art. 942, C. proc. civ.) ;
>
> *b)* Pour représenter un *présumé absent* à l'inventaire d'une succession qu'il a recueillie (art. 113, C. civ.) ;
>
> c) Pour représenter les *non présents*, alors même qu'ils demeurent dans la distance de 5 myriamètres, s'il y a urgence à faire inventaire avant l'expiration du délai de trois jours fixé par l'art. 928, C. proc. civ. : auquel cas, le notaire est nommé d'office dans l'ordonnance du président ;
>
> *d)* Pour représenter les *aliénés non interdits* placés dans une maison de santé, lorsqu'il ne leur a pas été nommé d'administrateur provisoire (7).

Ces cas sont limitatifs. Ainsi, il a été jugé qu'il n'y a pas lieu de nommer un notaire pour représenter à la confection d'un inventaire un présomptif héritier dont l'existence n'est pas reconnue, puisque, dans ce cas, la succession est dévolue à ceux qui auraient concouru avec lui ou l'auraient recueillie à son défaut (8).

— (Voyez toutefois, quand l'absent est militaire, *suprà*, n° 48 *bis*).

Le notaire qui représente les *présumés absents* ne peut représenter en même temps les *non présents* et les *défaillants*; car leurs intérêts peuvent être différents ; mais un seul notaire suffit pour chacune de ces classes de personnes, quel qu'en soit le nombre.

Le notaire commis doit avoir compétence dans le ressort dans lequel il est procédé à l'inventaire (9).

---

(1) Cass., 16 avril 1839 ; Dict. du not., v° *Bénéfice d'inventaire*, n° 80. — *Contrà* : Limoges, 3 janvier 1820 (art. 3757, J. N.).

(2) Paris, 25 avril 1877 (art. 21700, J. N.).

(3) Dict. du not., n° 124.

(4) Dict. du not., n° 112 ; Rutgeerts et Amiaud, p. 119 ; Dijon, 15 février 1844.

(5) L. du 11 ventôse an II ; Dict. du not., v° *Absence*, n° 408 et *Inventaire*, n° 153 ; Cass., 17 février et 9 mars 1819, 17 février 1829 et 28 août 1837.

(6) La commission a lieu par ordonnance du président du tribunal du lieu où la succession est ouverte, sur requête présentée par un avoué au nom des parties requérantes, ou, s'il y a scellés, sur référé introduit par le juge de paix.

(7) Loi du 30 juin 1838.

(8) Paris, 14 janvier, 2 avril 1861 et 24 mars 1863 : Lyon, 27 mai 1863 (art. 17026, 17093, 17778 et 17862, J. N.) ; Dict. du not., n°° 149 et suiv.).

(9) Dict. du not., n° 164 ; Rutgeerts et Amiaud, n° 142.

Il ne peut, en même temps, instrumenter comme notaire en second dans l'inventaire.

49 bis. — Nu-propriétaire. — Il doit être présent à l'inventaire fait à la requête de l'usufruitier (1).

50. — Porte-fort. — La présence d'une personne déclarant se porter fort pour celle dont la présence est exigée ne peut suffire. Il faut un mandat (2).

51. — Préposé de l'enregistrement. — L'agent de la Régie est sans droit pour assister à la levée des scellés apposés dans l'étude d'un notaire et à l'inventaire des papiers (3).

52. — Procureur de la République. — Il doit assister, soit en personne, soit par le juge de paix délégué à cet effet, à l'inventaire dressé par suite de déclaration d'absence conformément à l'art. 126, C. civ.

53. — Subrogé-tuteur. — La présence du subrogé-tuteur est exigée par la loi (art. 451, C. civ.), et indispensable, quand l'inventaire a lieu lors de l'entrée en fonctions du tuteur. Il doit en être ainsi, à notre avis, dans le cas où une succession échoit au mineur pendant la tutelle. L'inventaire a, en effet, pour but de constater les biens dont le tuteur devient comptable, et il doit servir de base aux états de situation que le tuteur doit fournir au subrogé-tuteur. Comment ce dernier pourra-t-il apprécier l'exactitude de ces états, s'il n'a pas assisté à l'inventaire ? (4).

54. — Tuteur. — Le tuteur à substitution doit être appelé à l'inventaire, lorsqu'il s'agit des biens d'une substitution (art. 1059, C. civ.).

Quant au tuteur de mineurs ou d'interdits, il doit, bien entendu, assister en personne ou par mandataire, soit qu'il requière l'inventaire, soit que sa simple présence soit utile, puisque le mineur ou l'interdit ne peut y assister par lui-même.

55. — L'inventaire n'est pas nul, par cela seul qu'on n'y a pas appelé toutes les parties intéressées ou qu'il n'a pas été fait à la réquisition de telle partie à laquelle cette formalité est imposée. La loi ne prononce pas cette nullité qui serait trop rigoureuse. Il serait sans doute annulable, si l'on prouvait la fraude de la part des parties ; mais, à défaut de cette preuve, les parties non appelées auraient le droit de demander communication des pièces et de critiquer la sincérité des opérations (5).

§ 4. Formes de l'inventaire. Formalités.

56. — Observations générales. — L'inventaire, dans tous les cas où il est prescrit par la loi, sauf celui prévu par l'art. 479, C. com., doit être fait par *acte notarié* ; il est donc soumis aux formes et formalités générales imposées par la loi de ventôse pour la validité des actes notariés, et en outre, à certaines formes et formalités particulières tracées par les lois sur la procédure et que nous indiquerons bientôt.

Il n'y a point d'acte, quel qu'il soit, qui puisse suppléer un inventaire, alors qu'il n'a pas été fait dans les formes légales et ordinaires (6). Spécialement, un tuteur ne peut remplacer l'inventaire que la loi commande, par la présentation d'un état descriptif fait par le juge de paix ou son greffier, et il ne peut être mis à couvert par une semblable description (7).

57. — Sous l'ancienne jurisprudence, il a été jugé qu'un inventaire fait *sous seing privé*, après le décès d'une personne, entre ses enfants majeurs et le tuteur d'enfants mineurs, était nul, bien qu'ordonné en cette forme par le testament. Cette décision devrait encore être suivie aujourd'hui ; ajoutons que si des parties,

---

(1) Dict. du not., n° 135.
(2) Dict. du not., n° 145.
(3) Metz, 27 mai 1864 ; Rennes, 12 mars 1866 ; Jonzac, 18 mars 1873 ; Narbonne, 15 janvier 1879 ; Angers, 13 juillet 1880 (art. 22112 et 22543, J. N.).
(4) *Conf.* Dict. du not., n° 115 ; Rutgeerts et

Amiaud, p. 119 ; Aubry et Rau, t. I, p. 435 ; Demolombe, t. VII, n° 555.
(5) Dict. du not., n° 147.
(6) Amiens, 4 décembre 1884.
(7) Dict. du not., n° 265.

majeures et maîtresses de leurs droits, faisaient entre elles un inventaire sous seing privé, dans un cas où cette formalité serait facultative, cet inventaire serait valable entre les signataires, mais il ne pourrait, en aucun cas, être opposé aux tiers (1).

58. — Le notaire doit se faire assister d'un collègue ou de deux témoins, alors même qu'il est commis par le tribunal. L'art. 977, C. proc. civ., est ici sans application (2).

L'inventaire doit être reçu en *minute* et inscrit au *Répertoire* à la date de la première vacation. On décidait autrefois qu'il devait être écrit de la main du notaire ou de l'un de ses clercs ; c'est aussi ce qui se pratique aujourd'hui, mais il n'y aurait pas de nullité, si une personne étrangère l'écrivait sous la dictée du notaire.

L'inventaire est dressé en forme de procès-verbal, en raison de son caractère judiciaire. Aussi y indique-t-on la date et l'heure de l'opération, au commencement et à la fin.

59. — Il se fait en une ou plusieurs vacations ; la vacation est d'une durée de quatre heures au plus et de trois heures au moins (3). S'il y a interruption dans le cours du procès-verbal, avec renvoi à une autre séance, ou à un autre jour, il en est fait mention, et toutes les parties présentes ou requérantes signent, tant après l'intitulé qu'à la fin de chaque vacation, ainsi que le commissaire-priseur et les experts.

Il ne peut être procédé à un inventaire un jour de dimanche ou de fête légale. Les fêtes légales sont : l'Ascension ; l'Assomption ; la Toussaint ; Noël (4) ; le 1er janvier (5) ; le 14 juillet, jour de la fête nationale (6) ; le lundi de Pâques et le lundi de la Pentecôte (7).

60. — Tout inventaire se divise en quatre parties principales :

    a) L'*intitulé* ou préambule.

    b) La *prisée* ou description estimative des objets mobiliers.

    c) L'*analyse des papiers* et les *déclarations* actives et passives.

    d) La *clôture* du procès-verbal.

ART. 1er. — *Intitulé de l'inventaire.*

61. — L'intitulé ou préambule de l'inventaire est la partie du procès-verbal qui contient l'énoncé des qualités des parties requérantes ou présentes, c'est-à-dire l'indication exacte des droits qu'elles prétendent exercer dans la communauté ou succession à inventorier. Souvent, les héritiers sont obligés de fournir cet intitulé pour justifier de leur droit à toucher les créances ou valeurs dues à la succession, pour vendre les biens qui en dépendent, etc. ; aussi est-il d'usage de rédiger cette partie du procès-verbal, et de la faire signer par les parties, les notaires et les témoins, comme si c'était un acte distinct et indépendant du surplus de l'inventaire, de façon à en pouvoir délivrer copie séparément à toute réquisition (8).

62. — L'intitulé porte en tête la date de l'année, du mois, du jour et de l'heure où il a été commencé : « *L'an mil huit cent quatre-vingt-neuf, le mercredi, 18 janvier, à huit heures du matin...* » selon la forme adoptée pour les procès-verbaux.

Il doit contenir :

    a) Les *noms*, *prénoms*, *professions* et *demeures* des requérants, des comparants, des défaillants et des absents (s'ils sont connus du notaire appelé à les représenter) ; des commissaires-priseurs et experts, et mention de l'ordonnance qui commet le notaire pour représenter les absents et défaillants ;

---

(1) Proudhon, *Usufruit*, n° 155.
(2) Dict. du not., n° 273.
(3) Décr. 10 brumaire an XIV, art. 4.
(4) L. 18 germinal an X.
(5) Avis du Conseil d'État du 28 mars 1810.

(6) L. du 7 juillet 1880.
(7) L. du 8 mars 1886.
(8) Rutgeerts et Amiaud, p. 123 ; Bar-le-Duc, 15 juin 1870 (*Rev. not.*, n° 2965).

b) L'indication des lieux où l'inventaire est fait (V. *suprà*, n° 19) :

c) La date et le lieu du décès (quelquefois on annexe l'acte de décès) ;

d) En outre, toutes les autres mentions exigées dans les actes notariés.

63. — Le notaire doit apporter tous ses soins à établir exactement dans l'intitulé les droits de chacune des parties intéressées, et, par suite, les qualités que la loi, le contrat de mariage ou les dispositions du défunt leur attribuent dans la succession et la communauté, puisque ce sera pour eux le titre justificatif de ces droits vis-à-vis des tiers. A cet effet, il doit exiger que tout individu qui se présente à l'inventaire, en prétendant être héritier présomptif ou légataire, prouve sa qualité et ses prétentions, par la production d'un titre apparent (actes de l'état civil) ou d'une possession d'état(1).

64. — La simple allégation d'un testament ne donnerait pas droit au prétendu légataire d'être présent à l'inventaire, fût-il parent du défunt, si cette allégation n'était rendue vraisemblable par quelques documents dignes de foi. Mais celui qui représente un testament fait en sa faveur a le droit d'être présent, le titre dont il se prévaut fût-il contesté.

65. — Bien que l'inventaire soit un acte purement conservatoire et dont les énonciations ne peuvent engager les parties, il est d'usage de ne donner aux successibles et cela avec raison, que la qualité d'*habiles à se porter héritiers ou légataires;* de même, le notaire fait déclarer à la veuve : qu'elle se réserve la faculté d'accepter la communauté ou d'y renoncer, bien que cette réserve soit de droit (art. 1455, C. civ.).

66. — Si, durant le cours d'un inventaire, il se présente un héritier plus proche en degré ou du même degré que ceux qui l'ont requis, le notaire doit le constater, puis interrompre l'inventaire, jusqu'à ce que les droits du nouvel héritier aient été vérifiés; s'il a réellement le droit de concourir avec les autres héritiers, ou s'il les exclut, l'inventaire est continué à la requête du nouvel héritier. Dans les deux cas, il faut établir de nouveau les qualités de tous les ayants droits et en faire ensuite mention en marge du premier intitulé, pour éviter toute erreur dans la délivrance des extraits ou expéditions ultérieures.

La personne qui est restée, depuis le décès, en possession des objets mobiliers, promet d'en faire la représentation fidèlement, au fur et à mesure qu'il y aura lieu d'en faire la prisée, et le notaire l'avertit qu'elle aura à prêter serment, lors de la clôture de l'inventaire, de n'avoir rien détourné ni laissé détourner des objets à inventorier (2).

Enfin, l'intitulé est signé par les parties, le commissaire-priseur, le notaire et les témoins, comme s'il s'agissait d'un acte distinct, et les mots rayés nuls et les renvois sont approuvés en marge et paraphés.

Quelques difficultés pouvant s'élever au sujet de la forme à donner à la comparution de certaines parties, nous allons les passer en revue brièvement :

67. — Aliéné. — Lorsque, parmi les successibles, il se trouve un aliéné non interdit, placé dans un établissement d'aliénés, il y a lieu de le faire représenter à l'inventaire soit par un administrateur provisoire, pris parmi les membres de la commission administrative, et désigné par cette commission, — soit par un administrateur nommé sur la demande des parents ou de l'époux de l'aliéné, ou du parquet, par le tribunal civil, après délibération du conseil de famille; — soit, enfin, à défaut d'administrateur provisoire, par un notaire que désigne le président du tribunal, à la requête de la partie la plus diligente (3).

Une expédition, soit de la délibération de la commission administrative, soit du jugement, ou l'original de l'ordonnance, selon les cas, est annexé à la minute de l'inventaire.

---

(1) Bordeaux, 4 janvier 1851.
(2) Dict. du not., n° 311.

(3) L. 6 juillet 1838, art. 31 à 36.

68. — Conseil judiciaire (Pourvu de). — Le successible qui se trouve pourvu d'un conseil judiciaire ne peut lui-même requérir l'inventaire, sans l'assistance de son conseil (1).

69. — Créancier opposant. — Lorsqu'il y a des créanciers opposants, ils doivent être appelés par sommations, aux domiciles par eux élus (art. 931, C. proc. civ.). Si, après avoir été régulièrement cités, ils ne comparaissent pas, il est donné défaut contre eux et l'on passe outre. Les originaux des sommations, enregistrés, restent annexés au procès-verbal de levée de scellés dressé par le juge de paix, et, s'il n'y a pas eu de scellés, à la minute de l'inventaire.

Les créanciers opposants ne peuvent assister qu'à la première vacation : ils sont tenus de se faire représenter aux autres, comme nous l'avons déjà dit, par un seul mandataire (art. 932, C. proc. civ.). Ce mandataire peut être désigné soit sur le procès-verbal du greffier, s'il y a scellés, — soit sur l'inventaire ; s'ils produisent une procuration séparée, elle demeure annexée au procès-verbal.

Lorsque c'est un *avoué* qui représente les créanciers, il n'a pas besoin de mandat, il lui suffit d'être porteur des titres de créances (2).

70. — Étranger. — Si un étranger meurt en France, laissant pour héritiers soit des français, soit des étrangers, y a-t-il lieu à inventaire, et les notaires français sont-ils compétents pour remplir cette formalité? Oui, sans aucun doute, si ce sont des français qui sont appelés à la succession et, en ce cas, le notaire procède comme s'il s'agissait d'une succession française. Mais si la succession est dévolue à des étrangers, il faut distinguer : Existe-t-il entre le pays auquel appartient le successible et la France, un traité ou une convention diplomatique autorisant les consuls à intervenir dans la liquidation des successions de leurs nationaux décédés? En ce cas, le consul seul a le droit de faire l'inventaire. S'il n'y a pas de traité, le notaire français a le droit de dresser inventaire, au fur et à mesure de la levée des scellés. Les pays qui ont conclu un traité sur ces matières sont : l'Autriche, la Birmanie, la Bolivie, le Brésil, le Chili, Costa-Rica, la République Dominicaine, l'Equateur, l'Espagne, la Grèce, le Guatémala, Honduras, l'Italie, Mascate, le Nicaragua, le Pérou, la Perse, le Portugal, la Russie, le Salvador, Siam, le Vénézuela.

Dans la rédaction de l'inventaire d'une succession dévolue à des étrangers, des principes dominent la matière; pour tout ce qui concerne la *capacité* des parties requérantes ou présentes, leur loi nationale est seule applicable; pour ce qui est de la *dévolution* de la succession, c'est-à-dire des qualités et droits des successibles, c'est, en principe, la loi personnelle du *de cujus* qu'il faut suivre. Ainsi, c'est par elle que sera résolue la question de savoir si les héritiers succèdent de leur chef ou par le secours de la représentation; — si les frères et sœurs germains jouissent du privilège du *double lien*; — si le conjoint a un droit de succession à prétendre et quelle est sa mesure; — si l'ascendant donateur est investi d'un droit de retour légal (3).

71. — Femme mariée. — Quand le successible est une femme mariée, elle ne peut figurer à l'inventaire qu'avec l'autorisation de son mari, même lorsqu'elle est séparée de biens ; si le mari est absent ou empêché, ou s'il refuse d'autoriser sa femme, cette dernière doit obtenir l'autorisation de la justice. Il n'y a pas lieu, en ce dernier cas, ni de faire sommation au mari, ni de faire commettre un notaire pour le représenter.

Il est des cas, du reste, où la présence de la femme successible n'est pas nécessaire; toutes les fois que le mari a l'administration des biens de sa femme, c'est-à-dire sous le régime de la communauté ou d'exclusion de la communauté, ou sous le régime dotal avec constitution en dot des biens de l'hérédité, ou avec stipula-

---

(1) Rouen, 19 avril 1847 (S. 1847-2-403).
(2) Dict. du not., n** 100 et suiv.

(3) Weiss, *Droit internat. privé*, p. 846 et suiv.; Bertauld, t. I, p. 92; Antoine, p. 8.

tion de société d'acquêts, il peut agir seul, comme maître des droits et actions mobiliers et possessoires de sa femme (art. 1414, 1428, C. civ.).

Dans ce dernier cas, le notaire doit expressément mentionner le contrat de mariage. — Il est, du reste, dans l'usage et il est utile de toujours énoncer, dans l'intitulé de l'inventaire, le régime de mariage des femmes héritières, pour le faire connaître aux tiers.

72. — Interdit. — Le successible interdit doit être représenté à l'inventaire par son tuteur, en présence du subrogé-tuteur.

La femme mariée interdite est représentée par son mari, son tuteur de droit (art. 506, C. civ.). Si elle n'a pas pour tuteur son mari, elle est représentée à l'inventaire par son tuteur, mais les opérations doivent être effectuées en présence du mari (1).

73. — Mandataire. — Les parties requérantes ou présentes, même le tuteur, le subrogé-tuteur, l'exécuteur testamentaire, peuvent se faire représenter par mandataires. Chambéry, 4 mai 1891 (*J. du not.*, 1891, p. 517). Les procurations doivent toujours être annexées à l'inventaire, conformément à l'article 13 de la loi du 25 ventôse an XI, et non au procès-verbal de levée de scellés (2).

Si la procuration est donnée au cours des opérations, elle peut être donnée dans l'inventaire même.

73 bis. — Mari. — (V. *suprà*, n° 71).

74. — Mineur. — Si les héritiers ou quelques-uns d'entre eux sont mineurs, il ne peut être procédé à la levée des scellés et à l'inventaire, avant qu'ils aient été, soit pourvus de tuteurs et de subrogés-tuteurs, pour les y représenter, soit émancipés. Dans ce dernier cas, les mineurs émancipés doivent être assistés de leurs curateurs (3).

Le *conseil* spécial à la tutelle, nommé par le père, pour assister la veuve tutrice légale, doit être présent à l'inventaire.

75. — Père. — Le mineur successible, qui a son père et sa mère, est représenté à l'inventaire par son père, son administrateur légal, et la présence d'un subrogé-tuteur n'est pas nécessaire. Mais si les intérêts de l'enfant et ceux du père étaient opposés, il y aurait lieu de faire nommer un tuteur *ad hoc* au mineur (4).

75 bis. — Rectification d'intitulé d'inventaire. — (V. ACTE DE NOTORIÉTÉ, n° 2).

ART. 2. — *Description et estimation. Biens et objets qui doivent être inventoriés.*

76. — Cette deuxième partie de l'inventaire, qui vient immédiatement après l'intitulé, est fort importante. Elle comprend:

    a) La description des objets à inventorier et leur estimation à la juste valeur ;

    b) La description des qualités, poids et titres de l'argenterie;

    c) La désignation des espèces en numéraire.

77. — Il est d'usage de commencer à inventorier les objets qui se trouvent dans la cave, le bûcher, la cuisine, les chambres de domestiques; puis on passe aux diverses pièces de l'appartement; mais ce n'est point là une règle absolue et la manière de procéder dépend de l'importance des bâtiments et de l'aménagement des maisons dans lesquelles on procède. Le notaire dirige l'opération à son gré.

Dans chaque pièce, on décrit d'abord les objets en évidence, les ustensiles de ménage, les meubles meublants, les glaces, les tableaux, etc. Puis on inventorie les vêtements, le linge, les bijoux, l'argenterie, les deniers comptants. La

---

(1) Paris, 27 mars 1868 (art. 19255, J. N.).
(2) Circulaires du ministre de la justice, 28 août 1832 et 24 mai 1849.

(3) Ed. Clerc, p. 597 ; Dalloz, n° 206 ; Dict. du not., n° 121.
(4) Dict. du not., n° 120 ; Demolombe, t. VI, n° 422.

description doit être faite, autant que possible, de chaque objet, mais on peut aussi en réunir plusieurs sous le même article, s'ils ont peu d'importance.

78. — Il est fait mention des lieux où l'on se transporte, au fur et à mesure que l'on décrit les objets qui s'y trouvent et du temps employé à chaque vacation.

S'il fallait se transporter dans un endroit situé hors du ressort du notaire qui a commencé l'inventaire, il y aurait lieu de faire dresser un inventaire complémentaire par un officier public compétent. Une expédition en est déposée dans l'étude du notaire chargé de l'inventaire (1), ou analysée dans cet inventaire.

79. — Lorsque les objets à inventorier sont nombreux et exigent plusieurs séances ou vacations, le notaire indique à la fin de chaque vacation, entre les mains de quelle personne seront laissés les objets inventoriés, du consentement des parties, ou s'ils seront remis sous scellés.

Enfin, il fixe les jour et heure auxquels est remise la vacation suivante pour continuer l'inventaire, et toutes les parties signent le procès-verbal de chaque séance, avec le notaire, le commissaire-priseur, et les témoins. Si à la séance indiquée, quelqu'une des parties ne comparaît pas, il n'est pas nécessaire de la faire sommer, il peut être passé outre à la continuation des opérations (2), à moins que la vacation ait été remise à un jour non déterminé.

80. — **Biens et objets qui doivent être inventoriés.** — L'inventaire devant comprendre la description et l'estimation de tous les biens meubles, titres et papiers trouvés et dépendant de la succession ou de la communauté, il est très important d'être fixé sur la nature des objets qui peuvent être classés dans cette catégorie de biens meubles, ainsi que ceux qu'il est de règle de ne pas y comprendre. Nous allons en donner la nomenclature alphabétique, avec quelques observations.

Abeilles. — Elles sont naturellement meubles (art. 528, C. civ.) ; mais elles deviennent immeubles par destination, lorsque les ruches sont attachées, par le propriétaire, à l'exploitation du fonds (art. 524, C. civ.). Dans ce cas, on les décrit et on les prise, par distinction, en indiquant leur destination, afin que dans la liquidation, elles figurent dans la masse immobilière.

Animaux. — Ils sont meubles par nature (art. 528, C. civ.). Ils deviennent immeubles par destination : 1° Quand ils sont donnés à cheptel par un propriétaire à son fermier ou métayer (art. 522, C. civ.) ; — 2° lorsqu'ils sont attachés à la culture du fonds par le propriétaire du fonds (art. 524, C. civ.).

Dans l'un et l'autre cas, ils doivent être inventoriés. Les troupeaux sont désignés par leur espèce et le nombre de têtes dont ils se composent.

Les chevaux, bœufs, mulets, ânes, sont aussi désignés par leurs noms, la couleur de leur robe et l'indication de l'âge.

Arbres. — Toutes les plantes deviennent meubles par la séparation du sol ; l'arbre, dès qu'il a été coupé n'est plus un arbre, c'est du bois (art. 521, C. civ.) (3). Les arbres des pépinières sont meubles dès qu'ils sont arrachés. Ils doivent, par suite, être inventoriés (Cass., 5 juillet 1880; Chambéry, 17 août 1881).

Argent comptant. — On inventorie l'argent comptant en faisant la désignation des pièces d'or et d'argent suivant leur valeur, ainsi que des pièces de billon et en indiquant le nombre. Les *billets de banque* sont inventoriés comme argent comptant, mais ne sont pas cotés (4).

Argenterie. — L'argenterie est inventoriée par la désignation des qualité, poids et titre (art. 943-4°, C. proc. civ.). La vaisselle d'or et d'argent est pesée, et la prisée en est faite, sans tenir compte de la valeur artistique, à raison de tant le gramme pour l'or et de tant le kilog. pour l'argent.

Bacs et bateaux. — Les bateaux, bacs et navires sont meubles et inventoriés comme tels (art. 531, C. civ.).

---

(1) Dict. du not., n° 326.
(2) Dict. du not., n° 169 ; Ed. Clerc, p. 578.
(3) Demolombe, n° 186.
(4) Dict. du not., n°° 350 et 351.

Echalas. — Les échalas des vignes sont meubles, quand ils n'ont pas encore été employés. Dès qu'ils sont attachés aux vignes, ils sont immeubles par destination et sont évalués et prisés par distinction.

Fleurs, arbustes. — Ils sont immeubles pour le propriétaire du fonds et non pour le fermier; il semble néanmoins qu'on devrait faire la désignation des fleurs et oignons, après le décès du propriétaire du fonds; car l'enlèvement est nécessaire tous les ans, et lorsqu'ils sont enlevés, ils sont meubles et la soustraction devient facile. Quant aux arbustes et aux fleurs plantés en pots, ou en caisses, ils sont meubles et on doit toujours en faire la prisée (1).

Fonds de commerce. — Il faut distinguer le droit incorporel ou *achalandage*, et le *matériel* du fonds, c'est-à-dire les ustensiles ou marchandises servant à l'exploitation.

Le matériel doit nécessairement être inventorié et prisé, à moins toutefois que le fonds de commerce, avec tout ce qui en dépend, n'appartienne à l'époux survivant, par une convention de mariage non réductible.

L'achalandage pourrait, à la rigueur, n'être pas estimé dans l'inventaire et il suffirait, sans doute, que l'existence de ce droit soit constatée. Toutefois, cette prisée est utile et il est d'usage de la faire, notamment lorsque le survivant doit conserver précairement le fonds de commerce, en cas d'usufruit, — ou s'il doit le conserver définitivement, mais à la charge de faire compte de sa valeur.

Foins, pailles. — Les foins, pailles et engrais ne sont meubles et, par suite, ne doivent être inventoriés et prisés que lorsqu'ils sont destinés à être vendus (2).

Fruits et récoltes. — Les fruits cueillis et les récoltes détachées du sol, bien que non encore engrangées, sont meubles et doivent être inventoriés et prisés.

Mais quant aux fruits et récoltes pendants par branches ou par racines, on ne saurait les comprendre dans l'inventaire, bien que leur maturité soit prochaine, car ils sont immeubles et on ne saurait d'ailleurs leur donner qu'une estimation incertaine, puisqu'on ne sait quel en sera le résultat; on se contente alors, à titre de renseignements, d'indiquer les immeubles qui contiennent les récoltes, leur superficie, leur situation et l'espèce de récoltes et de fruits. On évalue aussi les frais de labours et de semences, s'il s'agit de biens propres aux époux (3), parce que, dans ce cas, les époux ne sauraient s'enrichir aux dépens de la communauté et doivent l'indemniser des frais de culture.

Si l'inventaire a lieu après le décès d'un fermier, les récoltes ne pouvant avoir à l'égard de ce dernier le caractère d'immeubles, mais de meubles, il y a lieu d'estimer soit les récoltes, si l'on est dans la période de six semaines qui précèdent leur maturité, soit les frais de labours, engrais et semences, dans le cas contraire.

Immeubles par destination. — En principe, nous l'avons dit, un inventaire ne doit comprendre que les effets mobiliers et on y mentionne seulement les titres relatifs aux immeubles. Cependant, comme cet acte doit présenter un état fidèle et exact de la succession et qu'il doit constater le nombre, l'état et la qualité de tous les objets qui pourraient être enlevés et auxquels on pourrait en substituer d'autres, nous pensons que le notaire doit décrire également, sauf à les mentionner à part et dans une colonne distincte, les objets mobiliers qui sont devenus immeubles par destination, comme les statues, les animaux attachés à la culture, les instruments aratoires, etc.

Glaces, tableaux. — Les glaces, tableaux et autres ornements sont immeubles par destination, lorsqu'ils font corps avec la boiserie ou sont placés de telle façon que le propriétaire a eu l'intention de les placer à perpétuelle demeure. Autrement, ils sont meubles, et doivent être décrits et prisés.

---

(1) Dict. du not., v° *Prisée*, n°ˢ 82, 83.
(2) Dict. du not., n° 87.

(3) Dict. du not., v° *Prisée*, n°ˢ 85, 86, 94, 95, et v° *Inventaire*, n° 344.

Linges, hardes, bijoux. — On doit inventorier, non seulement les linges, hardes et bijoux du défunt, mais encore ceux de l'époux survivant, lorsqu'il s'agit d'un inventaire de communauté. Toutefois, on laisse au survivant un habillement complet à son choix, les croix et marques des ordres dont il est décoré, l'épée qu'il a coutume de porter, s'il est militaire ; — s'il est magistrat, sa robe de cérémonie.

Les pierreries et diamants de la femme survivante ne sont pas compris dans l'habillement complet.

Il est d'usage de ne pas comprendre, dans l'inventaire, les linges et hardes des enfants et les objets mobiliers à eux donnés personnellement.

— Que faut-il décider, si, en vertu d'une clause du contrat de mariage, il a été stipulé que le survivant pourrait prélever les vêtements et linges à son usage personnel? On inventorie et prise ces objets par distinction. Tel est l'usage (1).

Manuscrits. — D'ordinaire, les manuscrits sont décrits et inventoriés, sans estimation, car ils sont considérés comme propres, à moins que le contrat de mariage n'en ait disposé autrement (2).

Matériaux. — Les matériaux de construction ou de démolition sont meubles, tant qu'ils ne sont pas employés ; par suite, ils doivent être inventoriés et prisés.

Matériel. — Le matériel servant aux établissements industriels ou aux exploitations agricoles.

Les machines fixes ou mobiles et leurs accessoires, placées dans les usines, sont réputées immeubles par destination (3).

Métier de tisserand. — Les métiers de tisserand, les machines à coudre ou autres, les presses d'imprimerie, sont meubles.

Meubles meublants. — On donne ce nom à toutes les choses destinées à l'usage et à l'ornement d'un appartement, comme les tapisseries et tentures, les lits, sièges, armoires, glaces, tables, pendules, porcelaines et autres objets de même nature (art. 534, C. civ.) ; tous ces objets, sans nul doute, doivent être décrits et estimés.

Mines. — Les mines sont immeubles. Les matières extraites ou minerais, charbons, etc..., sont meubles.

Minutes. — S'il s'agit d'un inventaire, après décès d'un notaire, il n'est pas nécessaire d'inventorier les minutes. Un récolement sur les répertoires suffit, avec un état sommaire. Il en est fait mention dans l'inventaire et l'état y est annexé.

Moulins. — Les moulins de toute nature, fixés sur piliers et faisant partie du bâtiment, sont immeubles (art. 519, C. civ.). Les moulins sur bateaux sont meubles (art. 531, C. civ.).

Objets attachés à perpétuelle demeure. — Les objets mobiliers sont censés attachés à perpétuelle demeure à un fonds, lorsque le propriétaire les y a fait sceller en plâtre ou à chaux, ou à ciment, ou lorsqu'ils ne peuvent être détachés, sans être fracturés ou détériorés, ou sans briser ou détériorer la partie du fonds à laquelle ils sont attachés (art. 525, C. civ.). Ils sont alors immeubles par destination et sont inventoriés par distinction.

Objets appartenant à autrui. — Si, au cours de l'inventaire, on trouve des objets étrangers à la communauté ou à la succession, et réclamés par des tiers, ils sont remis à qui de droit. S'il y a contestation sur la propriété des objets, ils sont inventoriés et estimés par distinction.

Objets légués. — Les objets légués ou donnés par préciput sont compris dans l'inventaire, mais prisés par distinction (4).

Offices. — Les offices vénaux sont rangés dans la catégorie des meubles. On

---

(1) Dict. du not., v° *Inventaire*, n° 337 ; Rutgeerts et Amiaud, p. 125.
(2) Dict. du not., n°s 342 et suiv.
(3) Dict. du not., n° 76.
(4) Dict. du not., n° 318.

peut en faire mention pour mémoire dans l'inventaire, mais il n'est pas d'usage d'en faire l'estimation.

Pigeons. — Les pigeons des colombiers, les lapins des garennes, les poissons des étangs ne sont pas, d'ordinaire, compris dans l'inventaire. On estime seulement les pigeons des volières ou les poissons des viviers qui sont meubles.

Pressoirs. — Les pressoirs, chaudières, alambics, cuves, tonnes et autres vases vinaires sont considérés comme immeubles par destination (art. 524, C. civ.); ils sont inventoriés et prisés par distinction.

Portraits de famille. — On décidait autrefois que les portraits de famille, titres de noblesse, armoiries, croix, etc., ne doivent pas figurer dans l'inventaire et doivent appartenir à l'aîné de la famille (1). Cette opinion paraît aujourd'hui abandonnée et avec raison ; on décide qu'ils doivent être décrits, comme les autres objets, et remis à titre de dépôt à l'un des héritiers, en attendant qu'ils soient partagés entre les ayants droit ou licités, mais *sans le concours des étrangers,* si les héritiers ne tombent pas d'accord pour le partage (2). D'après Demolombe, il y aurait lieu d'appliquer, en pareil cas, l'art. 842, C. civ., relatif aux titres *communs.* C'est ce qui a été jugé récemment pour les *titres de noblesse* (3).

Statues. — Les statues sont meubles, à moins qu'elles ne soient adhérentes au sol, ou placées dans une niche ou qu'elles ne fassent corps avec la boiserie. Dans ce dernier cas, elles sont inventoriées et prisées par distinction.

Ustensiles aratoires. — Ceux que le propriétaire d'un fonds y a placés pour servir à la culture, sont immeubles par destination et sont inventoriés par distinction.

81. — Les objets à inventorier sont représentés au notaire par celui qui a été constitué gardien des scellés, — ou, quand il n'y a pas eu de scellés apposés, par les personnes qui ont continué à habiter la maison ou ont eu les clefs en leur possession. Lorsqu'il y a un conjoint survivant, c'est lui d'ordinaire qui fait cette représentation.

L'omission de quelques objets n'entraînerait pas la nullité de l'inventaire, on pourrait en faire une description et une prisée supplémentaires.

ART. 3. — *Analyse des papiers. Déclarations actives et passives.*

82. — La description et l'analyse des papiers (art. 943-6°, C. de proc.) sont une des opérations les plus importantes de l'inventaire. Le mobilier ne présente souvent qu'un intérêt et une valeur secondaires, en comparaison des autres biens et affaires de la succession, que les papiers seuls peuvent faire connaître.

L'inventaire étant destiné à servir de base le plus souvent à la liquidation et au partage d'une communauté ou d'une succession, le notaire doit avoir soin d'y comprendre tout ce qui peut servir d'éléments à ces liquidation et partage ; il devra donc négliger tout ce qu'il serait inutile d'analyser dans ce but, mais se rendra compte des titres et pièces qu'il y a lieu de retenir, des parties qu'il conviendra de rapporter soit en entier, soit par extrait, de l'ordre dans lequel ces pièces doivent être classées. Il s'appliquera surtout à faire ressortir l'actif et le passif qui résulte de chaque titre, puisque c'est là le principal objet de l'inventaire.

83. — Tous les papiers sont rapportés et réunis dans un même lieu ; et avant de procéder à leur examen et à leur analyse, le notaire les classe dans un ordre méthodique que nous allons indiquer.

Il appartient aux notaires de faire toutes les recherches utiles pour compléter par l'inventaire des papiers les forces et charges de la succession (4).

---

(1) Dict. du not., n° 336 ; Le Mans, 13 juillet 1886. | Paris, 19 mars 1864 ; Seine, 7 mai 1870 ; Paris,
(2) Dutruc, n° 466 ; Mollot, *Liquid. jud.,* n° 176 ; | 19 mars 1873.
Aubry et Rau, t. IV, p. 510 ; Rambouillet, 21 juin | (3) Angers, 12 février 1885 (*J. du not.,* n° 8752).
1861 (art. 17220, J. N.) ; Lyon, 20 décembre 1861 ; | (4) Lyon, 27 mai 1863 (art. 17562, J. N.).

Il peut parfois être plus utile d'inventorier les papiers dans l'étude du notaire que dans les lieux où se poursuivent les opérations, parce que le notaire a ainsi sous la main les titres et renseignements complémentaires qu'il est nécessaire de consigner au cours de l'analyse ; alors les papiers, après la levée des scellés, y sont transportés avec le consentement des parties. En cas d'opposition, on se pourvoit en référé.

84. — Il est très important de mettre beaucoup d'ordre dans le classement et l'examen des papiers ; pour cela, le notaire qui rédige l'inventaire doit, avant de commencer l'analyse, les examiner tous, les classer sous diverses cotes, mettre dans la même toutes les pièces relatives à la même affaire, comme les titres de propriété d'une acquisition et les quittances du prix, et disposer les cotes dans l'ordre le plus conforme au plan qui sera suivi dans la liquidation (1).

85. — Nous allons faire connaître l'ordre qui est généralement suivi : Lorsqu'il y a un époux survivant, on commence par le contrat de mariage ; c'est, en effet, ce titre qui fait connaître le régime sous lequel les époux sont mariés et sert de base à leurs droits respectifs.

On inventorie ensuite le testament du défunt et la donation qu'il a pu faire au profit de son conjoint survivant ; puis, les titres des biens et créances apportés en mariage par la femme, ceux des biens et créances apportés par le mari, et qui existent encore.

Si, parmi les biens apportés par les époux, quelques-uns ont été aliénés ou remboursés, on analyse les pièces qui constatent les aliénations ou remboursements ; à défaut de ces pièces, on en fait faire la déclaration par l'époux survivant.

Viennent après les titres constatant les biens échus à la femme pendant le mariage ; si parmi ces titres, il se trouve un inventaire et les cotes de cet inventaire, on décrit sommairement l'inventaire et on indique le résultat des valeurs actives qu'il constate.

Après l'analyse d'un partage, on fait immédiatement celle des titres des biens et créances échus par cet acte et des pièces constatant les aliénations et remboursements, et le notaire reçoit de l'époux survivant les déclarations complémentaires (2).

86. — Il est convenable et rationnel de faire faire, après l'analyse de chaque pièce, les déclarations qui s'y rapportent, et tendent à compléter la justification des droits des époux, à constater le paiement du prix d'acquisition, de réparations, constructions, etc..., au lieu de renvoyer toutes les déclarations à la fin de l'inventaire, ce qui produirait une certaine confusion et rendrait moins clair l'exposé de la situation.

L'analyse ainsi faite des titres et pièces relatifs aux biens et reprises de la femme, on procède de la même manière, en ce qui concerne les biens et droits du mari.

87. — On passe ensuite aux titres et pièces concernant l'actif de la communauté dans l'ordre suivant :

a) Les titres des immeubles, en suivant l'ordre chronologique, à dater du mariage et en commençant, par suite, par l'acquisition la plus ancienne ; — les baux et pièces s'y rattachant ;

b) Les titres de rentes, actions de la Banque, du Crédit foncier et autres valeurs négociables.

c) Les titres de créances et leurs accessoires, pièces hypothécaires et autres.

d) Les titres de droits litigieux, s'il en existe.

Viennent, en second lieu, les pièces relatives au passif, par exemple :

---

(1) Ed. **Clerc**, p. 602. | (2) Clerc, *eod. loc.*

a) Le bail des lieux occupés par le défunt, et les quittances de loyers.

b) Les feuilles d'impôts et les quittances qui peuvent s'y rapporter.

c) Les polices d'assurances et quittances de primes.

d) Les quittances de rentes et autres dettes de communauté ou de succession.

e) Les mémoires ou factures encore dus ; ceux qui ont été acquittés.

f) Enfin, les pièces pouvant servir de renseignements, comme les livres domestiques, les papiers de famille, la correspondance (1).

88. — S'il n'y a pas d'époux survivant, qu'il n'y ait ni communauté, ni société à liquider, on n'a point à s'occuper du contrat de mariage, ni de ce qui en est la suite ; mais on observe l'ordre qui vient d'être indiqué pour l'inventaire des pièces relatives à l'actif et au passif, et on commence par les titres des biens recueillis par le défunt, à titre de succession, donation ou legs (2).

89. — Lorsque le défunt exerçait un commerce, il y a lieu d'inventorier les livres et registres commerciaux. Dans ce cas, il est nécessaire de faire concorder l'inventaire des marchandises, les déclarations et l'état des registres, de manière à présenter un tableau exact et conforme de la situation des affaires. Pour cela, le notaire doit avoir soin d'arrêter les registres au jour où les marchandises sont comprises dans l'inventaire ; autrement, les ventes journalières faites dans l'intervalle et comprises dans le relevé des registres détruiraient l'harmonie du travail.

Le mieux serait de constater la situation précise au jour du décès ; mais comme cela n'est guère praticable dans la plus grande partie des maisons de commerce, il faut s'efforcer, soit par le relevé des registres, soit par les déclarations ou évaluations des parties, de faire connaître le résultat des opérations qui ont eu lieu depuis le jour du décès jusqu'au jour de l'inventaire (3).

90. — L'intérêt qu'avait le défunt dans une société commerciale n'autorise pas les héritiers à faire comprendre dans l'inventaire les livres et papiers de la société. Ils peuvent seulement demander communication de ces livres et des inventaires commerciaux et en consigner le résultat.

91. — Les divers titres et papiers sont réunis par le notaire dans des cotes diverses ; ceux relatifs au même objet sont classés sous la même cote. Les pièces de chaque cote sont numérotées en toutes lettres par *première, seconde, troisième*, etc., avec l'indication du numéro de la cote : soit, par exemple ; *pièce première ; cote deuxième...; pièce quatrième et dernière de la cote deuxième*, etc...

Quant la cote ne renferme qu'une pièce, on écrit : *Pièce unique, cote première*, au-dessous de cette mention, le notaire rédacteur paraphe.

Lorsque, dans les papiers trouvés, se trouvent un grand nombre de pièces sans importance, on les inventorie par liasse, sans autre description.

Quant aux livres et registres de commerce, l'état en est constaté, les feuillets également cotés et paraphés, s'ils ne le sont déjà. Les blancs, dans les pages écrites, sont bâtonnés (art. 943, C. proc. civ.).

92. — Le notaire doit-il coter et parapher les inscriptions nominatives de rentes sur l'Etat et les titres nominatifs de valeurs industrielles ? L'affirmative n'est

---

(1) Ed. Clerc, p. 603. Toutefois, en cas de divorce ou de séparation de corps, la femme qui fait procéder à l'inventaire du mobilier de communauté ne saurait y faire comprendre les papiers et lettres missives étrangers aux intérêts pécuniaires des parties (Caen, 19 décembre 1865), par exemple, des lettres adressées au mari et découvertes dans un meuble secret (Rouen, 23 mars 1864 et 22 avril 1880 (art. 23364, J. N.). ; Paris, 2 mars 1886). S'il y avait désaccord entre les parties sur le caractère et l'utilité des lettres trouvées parmi les papiers inventoriés, il appartiendrait aux tribunaux de déterminer ce caractère

et de concilier l'intérêt légitime des héritiers avec la discrétion due à l'auteur des lettres (Caen, 28 juillet 1875 ; Cass., 9 février 1881, art. 21374-22434, J. N.).

(2) Ed. Clerc, p. 603.

(3) Ed. Clerc, p. 603. Quand le commerce doit continuer, malgré le décès, il est prudent, avant l'inventaire, d'introduire sur simple requête un *référé* devant le président du tribunal pour faire donner à l'époux survivant ou à un tiers les pouvoirs de continuer le commerce du défunt, sans attribution de qualité.

pas douteuse, que les titres soient au nom de l'époux décédé, de l'époux survivant ou des deux époux à la fois. L'omission de la cote et du paraphe constituerait de la part du notaire une faute lourde, qui le rendrait responsable du préjudice éprouvé par les parties intéressées (1).

93. — Mais, malgré l'usage qui a longtemps prévalu, l'art. 943 du Code de proc. civ. a été déclaré inapplicable aux *titres au porteur* (2). Ces valeurs étant transmissibles par la simple tradition, une mention de cote et paraphe pourrait être un obstacle à leur libre transmission.

Deux circulaires du Ministre de la justice aux procureurs généraux, en date des 2 octobre 1874 et 31 août 1877 (art. 21708, J. N.), en exposant la jurisprudence nouvelle, enjoignent aux notaires de se conformer à ces décisions approuvées d'ailleurs par la majorité des auteurs (3).

Mais les titres au porteur n'en doivent pas moins être représentés au notaire pour être compris et décrits dans l'inventaire (4).

94. — Le notaire qui, *du consentement de toutes parties*, cote et paraphe tous les titres sans distiction ; y compris les titres au porteur trouvés dans les papiers de la succession, ne commet point, toutefois, une faute engageant sa responsabilité et justifiant contre lui une action en dommages-intérêts (5).

En tout cas, lorsque les cotes et paraphes existent, ils ne sauraient changer la nature des titres et les sociétés ou compagnies débitrices sont tenues de délivrer de nouveaux titres, sous la seule condition du paiement des frais de duplicata et sans pouvoir exiger des porteurs, à raison des cotes et paraphes, une garantie particulière (6).

Pour assurer la conservation de ces valeurs, les parties ou le notaire requièrent quelquefois une ordonnance du juge autorisant le dépôt des titres, soit à la Banque de France, soit dans une caisse publique, soit même entre les mains d'un des notaires instrumentaires.

95. Testament. — Quand parmi les papiers de la succession, on trouve un testament ou paquet cacheté, le juge de paix, s'il y a scellés, et, dans le cas contraire, le notaire en constate la forme extérieure, le sceau et la suscription, s'il y en a ; il paraphe l'enveloppe avec les parties présentes, si elles le savent ou le peuvent faire, et il indique sur son procès-verbal les jour et heure où le paquet sera par lui présenté au président du tribunal de première instance, pour que les parties s'y trouvent, si elles le jugent convenable (art. 916. C. proc. civ).

C'est au président du tribunal dans le ressort duquel a lieu l'inventaire que le testament doit être présenté par le juge de paix ou le notaire ; la majorité des auteurs se prononce en ce sens (7).

Ce qui n'empêche pas, d'ailleurs, le président de confier le dépôt du testament, après l'ouverture faite par lui en présence des intéressés, à un notaire du lieu où la succession s'est ouverte, ou à tout autre, alors même que le notaire se trouverait exercer dans un autre arrondissement. (V. *suprà*, vᵒ DÉPÔT DE TESTAMENT OLOGRAPHE, p. 39.)

96. — Si le paquet cacheté contient des papiers relatifs à l'actif ou au passif de la succession inventoriée, le président désigne sommairement chaque pièce dans

---

(1) Paris, 7 novembre 1839 (art. 10548, J. N.); Paris, 12 juillet 1861 (art. 17898, J. N.) ; Dict. du not., nᵒ 372.

(2) Paris, 15 janvier 1857 et 25 janvier 1859 ; Cass., 15 avril 1861 (art. 16519 et 17120, J. N.) ; Paris, 12 juillet 1865 ; Douai, 17 février 1870 (*Rev. not.*, nᵒ 2742) ; Seine, 3 janvier 1878 et 19 mars 1879; Lyon, 29 janvier 1880 (*Rev. not.*, nᵒ 5976).

(3) De Belleyme, *Référés*, t. II, p. 289 ; Chauveau,

Lois de la procéd., nᵒ 3143 ; Buchère, *Traité des valeurs mobil.*, 2ᵉ éd., nᵒˢ 816 et suiv.

(4) Nancy, 21 mai 1886 (S. 1886-2-214).

(5) Douai, 17 janvier 1870.

(6) Paris, 18 novembre 1879 ; Cass., 31 mai 1881 (art. 22197 et 22556, J. N.).

(7) De Belleyme, t. II, p. 395 ; Rodière, t. III, p. 402 ; Allain et Carré, *Encyclop. des juges de paix*, t. I, nᵒ 1198 ; Dict. du not., nᵒ 391.

son procès-verbal, et après les avoir cotées et paraphées, les remet au notaire pour les joindre aux autres titres et papiers de l'inventaire et en faire l'analyse.

S'il contient, au contraire, des correspondances particulières ou secrètes, sans intérêt pour les droits pécuniaires des parties, le président use de son autorité auprès de celles-ci pour être autorisé soit à les remettre à l'auteur, soit à les brûler, s'il est préférable qu'elles disparaissent (1).

97. — En aucun cas, le notaire qui trouve un testament ou paquet cacheté ne doit se permettre de l'ouvrir, même avec le consentement de toutes les parties, ou alors que le libellé de la suscription l'y autoriserait.

S'il se trouve un testament ouvert, ou si un tiers, intéressé ou non, qui en avait été chargé par le défunt, en apporte un au cours de l'inventaire, il doit toujours être présenté au président du tribunal. Dans ces divers cas, il est sursis à la continuation de l'inventaire, jusqu'à ce qu'après l'ouverture, on sache si les opérations doivent être reprises avec de nouveaux intéressés.

98. — Aux termes d'un arrêt de Limoges, du 25 août 1860 (2), l'inventaire ne devrait contenir que la description sommaire des titres et papiers indiquant leur date, leur objet principal, et les personnes qui y sont parties, sans qu'il soit nécessaire d'y ajouter une analyse des diverses clauses qu'ils renferment.

D'après cet arrêt, l'analyse même succincte des papiers est *oiseuse, inutile;* c'est une superfluité, sinon un abus que les juges ont le droit de réprimer en retranchant les vacations comptées par le notaire. En ce qui concerne le contrat de mariage, il suffit de dire sommairement : *Expédition du contrat de mariage entre tels... reçu à telle date... par tel notaire...* Cette doctrine, qui prouve combien certains magistrats ont l'esprit peu pratique, est insoutenable ; car il est nécessaire, pour établir l'actif et le passif d'une communauté ou d'une succession, d'analyser brièvement, mais d'une façon complète cependant, non seulement les actes trouvés dans le cours de l'inventaire, mais aussi sous forme de déclarations, le contenu des pièces et minutes connues des parties et de nature à fixer les droits des intéressés. Avec la cote sommaire exigée par les juges de Limoges, comment éclairer la religion de la veuve qui peut vouloir renoncer, ou de l'héritier qui peut être obligé d'accepter la succession sous bénéfice d'inventaire?

L'analyse des papiers, on ne saurait trop le faire comprendre aux notaires, est l'opération la plus délicate et la plus importante de l'inventaire, la plus intéressante pour les parties; le mobilier ne présente très souvent qu'un intérêt secondaire, en comparaison des autres valeurs et affaires de la succession que les papiers seuls peuvent faire connaître; ce sont eux qui révèlent l'importance de l'actif et du passif, et l'époux survivant ou l'héritier seraient bien embarrassés, s'ils devaient débrouiller eux-mêmes, sur les titres, le résultat approximatif qu'ils désirent connaître. Quels services rendent également les déclarations accessoires, si précieuses à retrouver, lorsque l'inventaire n'est pas immédiatement suivi d'une liquidation, et que le partage s'effectue, au bout de longues années, après plusieurs décès successifs! Les hommes de théorie peuvent trouver la méthode notariale défectueuse, soutenir qu'elle entraîne des développements inutiles et des frais frustratoires; nous ne partageons pas cet avis et autant nous serions partisan d'une juste sévérité pour les abus d'écritures commis en pareil cas, autant nous estimons indispensable d'analyser brièvement et complètement tous les titres utiles, et de joindre à cette analyse toutes les observations qui peuvent éclairer et faciliter la liquidation ultérieure. Ces idées sont, d'ailleurs, recommandées par tous les auteurs qui ont écrit sur le notariat et nous les trouvons mises en pratique dans les formulaires les plus récents (3).

---

(1) De Belleyme, t. II, n° 222.
(2) S. V., 1861-2-261.
(3) Chotteau et Basliné, t. I, p. 498 ; Rolland de Villargues, v° *Inventaire*, n° 224 et suiv. ; Dict. du not., n°° 858, 879 ; Ed. Clerc, *Formul.*, t. I, p. 602 ;

Defrénois et Vavasseur, t. I, n° 2320 ; Harel-Delanoe, t. II, n° 896 et suiv. ; Mailland, p. 158 ; Mourlon et Jeannest St-Hilaire, 2° éd., p. 80 et suiv. ; Cons. aussi Amiaud, *Tarif général et raisonné*, 2° éd., t. I, p. 477.

99. — Déclarations actives et passives. — Après l'analyse des papiers, l'inventaire doit encore contenir la déclaration des créances et des dettes de la communauté et de la succession (art. 943-7, C. proc. civ.). Ces déclarations ne sont nécessaires que pour les créances qui ne se trouvent pas déjà constatées dans l'inventaire des papiers.

On indique d'abord les sommes dues à la communauté, puis à la succession. S'il s'agit de loyers, de fermages, intérêts et autres revenus, on indique depuis quelle époque ils sont dus.

Si l'on ne peut fixer exactement ce qui est dû à la communauté ou à la succession, parce que les créances ne sont pas liquidées, il en est fait mention.

Après les créances, on fait la déclaration des dettes, même de celles dont il existe des titres, puisque ces titres se trouvent entre les mains des créanciers et que par conséquent ils n'ont point été trouvés parmi les papiers.

100. — Il est évident que ces déclarations ne font pas preuve contre les personnes indiquées comme débiteurs et que l'indication des dettes faites par la veuve ou les héritiers ne fait pas preuve contre la communauté ou la succession. Les tiers ne sauraient non plus se prévaloir des énonciations ainsi faites à leur profit (1).

Il a cependant été jugé que l'inventaire d'une communauté fait preuve contre l'époux survivant des créances qu'il constate au profit de la communauté, tant que cet époux ne fait pas la preuve de l'erreur qu'il prétend avoir été commise dans l'inventaire (2).

— Que la déclaration du mari, dans un inventaire, qu'il doit une récompense à la communauté, fait foi jusqu'à inscription de faux entre les parties qui l'ont signée; en tout cas, cette déclaration ne saurait être révoquée qu'autant qu'il serait prouvé par le mari qu'elle est la suite d'une erreur par lui commise (3).

101. — Déclaration par le tuteur. — Lorsque l'inventaire est fait à la requête d'un tuteur entrant en fonctions, le notaire doit toujours le requérir de déclarer s'il lui est dû quelque chose par le mineur ou l'interdit (art. 451, 509, C. civ.). Il est fait mention de cette réquisition au procès-verbal, ainsi que de la réponse du tuteur.

Cette prescription a pour but de prévenir des fraudes de la part du tuteur qui, se trouvant nanti des titres du mineur, pourrait faire revivre sa créance en supprimant les quittances qu'il a pu donner.

S'il est dû au tuteur, il y a lieu de préciser le titre, la cause de la dette, et le montant de ce qui est dû, à moins que la créance résultant de comptes courants non arrêtés, le tuteur ne puisse produire exactement le renseignement; en ce cas, il en est fait mention, et on fixe autant que possible le chiffre approximatif (4).

102. — La disposition de l'art. 452 est applicable à tous les tuteurs, même au père et à la mère. A défaut de déclaration, le tuteur est déchu de sa créance, même si elle résulte d'un titre authentique (5).

Bien que l'art. 451, C. civ., ne parle que de l'inventaire fait à la requête du tuteur, on l'applique à tous les inventaires dans lesquels il est appelé à figurer au nom du mineur ou de l'interdit, au cours de la tutelle. Tel est l'usage à Paris.

Le tuteur n'encourrait aucune déchéance s'il était constant que le notaire ne lui a adressé aucune interpellation (6).

ART 4. — *Clôture de l'inventaire. Affirmation. Serments.*
Remise des objets et papiers.

103. — La clôture de l'inventaire ne doit point s'entendre, comme autrefois, d'un procès-verbal séparé et postérieur aux autres parties de l'opération, mais

---

(1) Cass., 16 mars 1825 (art. 538, J. N.).
(2) Cass., 19 janvier 1841.
(3) Dijon, 18 février 1873 (art. 20869, J. N.).
(4) Laurent, t. V, n° 13.

(5) Aubry et Rau, t. I, p. 487; Demolombe, t. VII, n° 558; Laurent, t. V, n°° 12, 13; Nancy, 28 août 1851.
(6) Mêmes auteurs.

de la partie du procès-verbal qui termine ces opérations et dans laquelle se trouvent consignées diverses formalités prescrites par la loi, telles que les affirmations
et serments des parties, la remise des objets mobiliers, etc... C'est d'ordinaire la
dernière vacation de l'inventaire.

104. — Affirmation. — L'inventaire fait à la requête de la veuve, commune
en biens, doit être affirmé par elle sincère et véritable, lors de la clôture, devant
l'officier public qui l'a reçu. Telle est la prescription de l'art. 1456, C. civ.

Cette affirmation n'est imposée qu'aux veuves, communes en biens, pour conserver la faculté de renoncer à la communauté ; elle ne la dispense pas, d'ailleurs,
du serment exigé par l'art. 943, C. proc. civ., et dont nous allons parler (1).

105. — Serment. — Tous ceux qui ont été en possession des objets de la
succession, tous ceux même qui ont été, par leur séjour, plus ou moins prolongé,
dans l'appartement ou la maison du défunt, dans la possibilité de détourner ou de
voir détourner les objets, doivent prêter serment, lors de la clôture de l'inventaire,
qu'ils n'ont rien détourné, vu détourner, ni su qu'il ait été détourné aucun objet
mobilier, — et mention doit être faite de ce serment (2).

106. — Le serment n'est prêté, d'après la loi, qu'à la clôture des opérations,
mais il est d'usage que le notaire, dès le début des opérations, prévienne les parties
du serment qu'elles auront à prêter. Il n'y aurait, cependant, pas de nullité, si le
serment avait été prêté dès le début (3).

107. — Ce serment est reçu par le notaire, alors même qu'il y a eu apposition de scellés (4).

108. — S'il y avait refus de la part de l'une des parties de prêter serment,
ou de la part de la veuve de faire l'affirmation prescrite par l'art. 1456, il y aurait
lieu de se pourvoir en référé, conformément à l'art. 944, C. proc. civ. (5). Ce refus
n'établit d'ailleurs contre celui qui l'exprime aucune présomption de détournement (6).

Celui qui est convaincu d'avoir fait un *faux serment* dans un inventaire ne
commet ni le délit de faux témoignage, ni le crime de faux en écriture publique.
Il n'y a là qu'un simple mensonge qui ne tombe sous l'application d'aucune loi
pénale (7).

109. — Remise des objets. — On doit énoncer, dans la clôture, la remise
des effets et papiers. Cette remise est faite soit à une personne dont conviennent les
parties intéressées, soit, si elles ne peuvent se mettre d'accord, à celle qui est
nommée par le président du tribunal (art. 943, 9°, C. proc. civ.).

D'ordinaire, la remise est faite à l'époux survivant, surtout s'il est commun
en biens, à moins qu'il n'y ait contre lui de justes motifs de défiance. L'argent et
les papiers sont aussi souvent confiés au notaire jusqu'au moment de la liquidation.

110. — Lorsqu'il y a un exécuteur testamentaire, qui a la saisine, il a droit
à la garde des objets destinés à l'exécution des legs, à moins que les créanciers ne
s'y opposent, car ils ont le droit d'être payés de préférence aux légataires (8).

111. — Autorisations. — Enfin, très souvent, par la clôture de l'inventaire, on fait donner aux héritiers ou à la veuve, les *autorisations* nécessaires pour
recevoir et payer sans attribution de qualité. Ces autorisations sont données après
référé au président du tribunal.

---

(1) Dict. du not., n° 480.

(2) Dict. du not., n° 429 ; Rutgeerts et Amiaud,
n° 113 ; Nimes, 6 décembre 1880 (J. du not., n° du
12 mars 1881).

(3) Cass., 23 décembre 1836 (art. 9188, J. N.).

(4) Dict. du not., n° 433 ; Rutgeerts et Amiaud,
p. 135 ; Ed. Clerc, p. 579 ; Mailland, p. 155.

(5) Dict. du not., n° 437.

(6) Bordeaux, 9 juillet 1857 (art. 16190, J. N.).

(7) Rev. prat. du not., 1880, p. 701 ; Nivelles,
10 avril 1880 ; Bruxelles, 30 juin 1880.

(8) Dict. du not., n°° 441 et suiv.

112. — Signature. — Il reste à parler de la date et de la signature du procès-verbal. Le décret du 10 brumaire an XIV contient à cet égard les dispositions suivantes, qui sont encore en vigueur :

« Art. 1er. — Tous officiers ayant droit de rédiger des inventaires sont tenus d'indiquer à chaque séance l'heure du commencement et celle de la fin.

« Art. 2. — Toutes les fois qu'il y a interruption dans l'opération, avec renvoi à un autre jour ou à une autre heure de la même journée, il en sera fait mention dans l'acte, que les parties et les officiers signeront sur le champ pour constater cette interruption. »

113. — Ainsi le procès-verbal doit être signé tant à l'intitulé qu'à la fin, par les parties, les témoins et le notaire, et il doit, de plus, être signé à la fin de chaque séance.

Il doit aussi être signé par le commissaire-priseur et les experts s'il y en a. L'officier-priseur est dispensé de toute espèce de serment ; celui qu'il a prêté lors de sa nomination s'étend à toutes les opérations de ses fonctions; mais les experts qu'il s'adjoint prêtent serment devant le juge de paix, s'il y a scellés ; au cas contraire, devant le notaire.

§ 5. INVENTAIRE APRÈS SCELLÉS. DROITS DU JUGE DE PAIX. DIFFICULTÉS QUI PEUVENT SURGIR AU COURS DE L'INVENTAIRE. RÉFÉRÉS.

114. — L'inventaire est souvent dressé après une apposition de scellés par le juge de paix sur les objets dépendant soit de la communauté, soit de la succession. S'il y a eu scellés, l'inventaire ne peut être dressé que trois jours après leur apposition, sauf le cas d'urgence (art. 928, C. proc. civ.). Le notaire y procède, aux jour et heure indiqués par ordonnance du juge de paix, et au fur et à mesure que les scellés sont levés (1). Ils sont réapposés à la fin de chaque vacation.

---

(1) Art. 928, C. proc. civ. — Le scellé ne pourra être levé et l'inventaire fait que trois jours après l'inhumation s'il a été apposé auparavant, et trois jours après l'apposition si elle a été faite depuis l'inhumation, à peine de nullité des procès-verbaux de levée de scellés et inventaire, et des dommages et intérêts contre ceux qui les auront faits et requis : le tout, à moins que, pour des causes urgentes et dont il sera fait mention dans son ordonnance, il n'en soit autrement ordonné par le président du tribunal de première instance. Dans ce cas, si les parties qui ont droit d'assister à la levée ne sont pas présentes, il sera appelé pour elles, tant à la levée qu'à l'inventaire, un notaire nommé d'office par le président.

Art. 929. — Si les héritiers ou quelques-uns d'eux sont mineurs non émancipés, il ne sera pas procédé à la levée des scellés, qu'ils n'aient été, ou préalablement pourvus de tuteurs, ou émancipés.

Art. 930. — Tous ceux qui ont droit de faire apposer les scellés pourront en requérir la levée, excepté ceux qui ne les ont fait apposer qu'en exécution de l'art. 909, n° 3.

Art. 931. — Les formalités pour parvenir à la levée des scellés seront : 1° Une réquisition à cet effet consignée sur le procès-verbal du juge de paix ; 2° une ordonnance du juge, indicative des jour et heure où la levée sera faite, qu'il n'aient été, ou préalablement pourvus de tuteurs, ou émancipés. sister à cette levée, faite au conjoint survivant, aux présomptifs héritiers, à l'exécuteur testamentaire, aux légataires universels et à titre universel s'ils sont connus, et aux opposants.

Le légataire universel, en vertu d'un testament authentique, étant en l'absence d'héritiers à réserve, seul saisi de l'hérédité, a le droit, sans faire appeler les héritiers présomptifs qui ne réclament pas, de faire lever, sans description, les scellés apposés d'office (Bordeaux, 5 décembre 1868(art. 15548. J. N.); Riom, 29 mars 1879; Rouen, 18 janvier 1882 ; Rennes, 2 avril 1884 ; Seine, 24 juillet 1886; Epernay, 27 juin 1886; Orléans, 5 juillet 1887.. (V. suprà, n° 41.)

Il ne sera pas besoin d'appeler les intéressés demeurant hors de la distance de cinq myriamètres ; mais on appellera pour eux, à la levée et à l'inventaire, un notaire nommé d'office par le président du tribunal de première instance. Les opposants seront appelés aux domiciles par eux élus.

Art. 932. — Le conjoint, l'exécuteur testamentaire, les héritiers, les légataires universels et ceux à titre universel, pourront assister à toutes les vacations de la levée du scellé et de l'inventaire, en personne ou par un mandataire, Les opposants ne pourront assister, soit en personne, soit par un mandataire, qu'à la première vacation; ils seront tenus de se faire représenter, aux vacations suivantes, par un seul mandataire pour tous, dont ils conviendront : sinon il sera nommé d'office par le juge. Si parmi ces mandataires se trouvent des avoués du tribunal de première instance du ressort, ils justifieront de leurs pouvoirs par la représentation du titre de leur partie ; et l'avoué le plus ancien, suivant l'ordre du tableau, des créanciers fondés en titre authentique, assistera de droit pour tous les opposants : si aucun des créanciers n'est fondé en titre authentique, l'avoué le plus ancien des opposants fondé en titre privé assistera. L'ancienneté sera définitivement réglée à la première vacation.

Art. 933. — Si l'un des opposants avait des intérêts différents de ceux des autres, ou des intérêts

115. — Dans les inventaires après scellés, le juge de paix et le notaire se trouvant nécessairement en présence, des conflits d'attribution s'élèvent quelquefois ; le juge de paix se croit autorisé à présider l'opération, à exercer une direction, une surveillance. C'est à tort ; l'inventaire est une opération exclusivement notariale (C. civ., art. 943) (1) ; et le notaire est absolument et sans restriction aucune, maître de l'opération qu'il dirige à son gré. Les droits et les devoirs du juge de paix se trouvent écrits dans la discussion du Code de procédure, au titre de l'*Inventaire :* « La section du Tribunal croit, est-il dit au procès-verbal, que toutes les fois qu'il y a eu apposition des scellés, *le ministère du juge de paix se borne à la levée des scellés* » (2).

Toutefois, afin de faire comprendre à l'inventaire tous les titres actifs et passifs, le juge de paix peut, au cours des opérations de levée de scellés et d'inventaire, ordonner toutes investigations, adresser aux parties et même à des tiers, toutes interpellations nécessaires, pourvu qu'elles se rattachent directement à l'inventaire (3).

116. — **Référés.** — Lorsqu'il y a eu apposition de scellés, s'il s'élève des difficultés pendant le cours des opérations d'inventaire, on doit insérer les dires des parties dans le procès-verbal du juge de paix, et c'est lui qui en réfère devant le président du tribunal. Le notaire en fait mention dans l'inventaire.

S'il n'y a pas eu de scellés, le notaire délaisse lui-même les parties à se pourvoir en référé, dans la forme ordinaire (art. 944, C. proc. civ.). S'il réside au lieu où siège le tribunal, il peut en référer lui-même. Alors, il se présente devant le président, il lui communique la minute de l'inventaire, qui contient les dires des parties, sur laquelle le magistrat met son ordonnance, sans aucune formalité de procédure (4).

Le référé peut être introduit dans tous les cas d'urgence, par exemple, quand les parties ne sont pas d'accord sur l'administration de la communauté ou de la succession, quand il s'agit d'autoriser les héritiers à faire un acte dépassant les limites d'une administration provisoire, à vendre le mobilier ou un fonds de commerce, sans attribution de qualité, etc.

117. — **Protestations et réserves.** — Des protestations et réserves ont souvent lieu dans le cours de l'inventaire ; ainsi, lorsqu'une déclaration est faite

---

contraires, il pourra assister en personne, ou par un mandataire particulier, à ses frais.

Art. 984. — Les opposants pour la conservation des droits de leur débiteur ne pourront assister à la première vacation, ni concourir au choix d'un mandataire commun pour les autres vacations.

Art. 935. — Le conjoint commun en biens, les héritiers, l'exécuteur testamentaire, et les légataires universels ou à titre universel, pourront convenir du choix d'un ou deux notaires, et d'un ou deux commissaires-priseurs ou experts ; s'ils n'en conviennent pas, il sera procédé, suivant la nature des objets, par un ou deux notaires, commissaires-priseurs ou experts, nommés d'office par le président du tribunal de première instance. Les experts prêteront serment devant le juge de paix.

Art. 936. — Le procès-verbal de levée contiendra : 1° la date ; 2° les noms, profession, demeure et élection de domicile du requérant ; 3° l'énonciation de l'ordonnance délivrée pour la levée ; 4° l'énonciation de la sommation prescrite par l'art. 931 ci-dessus ; 5° les comparutions et dires des parties ; 6° la nomination des notaires, commissaires-priseurs et experts qui doivent opérer ; 7° la reconnaissance des scellés, s'ils sont sains et entiers ; s'ils ne le sont pas, l'état des altérations, sauf à se pourvoir ainsi qu'il appartiendra pour raison desdites altérations ;

8° les réquisitions à fin de perquisitions, le résultat desdites perquisitions, et toutes autres demandes sur lesquelles il y aura lieu de statuer.

Art. 937. — Les scellés seront levés successivement, et à fur et mesure de la confection de l'inventaire ; ils seront réapposés à la fin de chaque vacation.

Art. 938. — On pourra réunir les objets de même nature, pour être inventoriés successivement suivant leur ordre ; ils seront, dans ce cas, replacés sous les scellés.

Art. 939. — S'il est trouvé des objets et papiers étrangers à la succession et réclamés par des tiers, ils seront remis à qui il appartiendra ; s'ils ne peuvent être remis à l'instant, et qu'il soit nécessaire d'en faire la description, elle sera faite sur le procès-verbal des scellés, et non sur l'inventaire.

Art. 940. — Si la cause de l'apposition des scellés cesse avant qu'ils soient levés ou pendant le cours de leur levée, ils seront levés, sans description.

(1) L. 27 mars 1791, art. 10.
(2) Locré, *Esprit du Code de proc. civ.*, t. IV, p. 281 ; Dict. du not., n° 271-272 ; Ed. Clerc, t. I, p. 583 ; Maillard, p. 154 ; art. 13680, J. N.
(3) Seine, 20 novembre 1875 ; Rutgeerts et Amiaud, t. I, p. 131.
(4) Dict. du not., n° 298.

par une partie, si une autre la reconnaît inexacte et trouve qu'elle lui est préjudiciable, elle requiert le notaire d'établir à la suite sa protestation et ses réserves.

§ 6. Effets de l'inventaire et du défaut d'inventaire.

118. — L'inventaire régulier et contre lequel ne s'élève aucun soupçon de
fraude, empêche l'apposition des scellés (art. 923, C. proc. civ.).

119. — Il conserve à la femme survivante la faculté d'accepter la communauté ou d'y renoncer (art. 1456, C. civ.).

120. — Il empêche que l'époux survivant ne perde l'usufruit légal des biens
de ses enfants mineurs (art. 1442, C. civ.).

121. — *Quid,* s'il n'a pas été fait inventaire ?

    a) La veuve survivante est déchue de la faculté de renoncer, à moins
qu'avant l'expiration des trois mois qui lui sont assignés par l'art.
1456, elle n'ait obtenu une prorogation de délai ou qu'elle établisse qu'elle a été dans l'impossibilité absolue de faire inventaire (1).

    b) Elle perd le bénéfice que lui accorde l'art. 1483 de n'être tenue des
dettes de la communauté que jusqu'à concurrence de son émolument (2).

        Mais le défaut d'inventaire, après décès du mari, n'entraîne
point pour la femme commune en biens, déchéance du droit de
réclamer le montant de ses reprises ; les ayants-droit du mari ont
seulement le droit de faire la preuve, même par la commune
renommée, de la consistance des biens et effets communs (3).

    c) Enfin, le défaut d'inventaire fait perdre à l'époux survivant, qui **a**
des enfants mineurs, la jouissance légale des biens de ses enfants
(art. 1442, C. civ.). L'inventaire incomplet ou inachevé par le fait
de l'époux survivant doit être assimilé au défaut d'inventaire et
entraîne la même déchéance (4). Un inventaire tardif ne saurait
avoir cette conséquence, si surtout le retard était excusable, fait
qui rentre dans le pouvoir d'appréciation des tribunaux (5).

122. — Quant au *tuteur,* il est responsable du préjudice que le défaut d'inventaire peut occasionner à son pupille ; le mineur peut être admis à établir la
consistance de sa fortune mobilière par tous les genres de preuve que la loi autorise,
même par commune renommée (6).

Le tuteur pourrait même être destitué, si le défaut d'inventaire pouvait être
considéré comme un acte d'incapacité ou d'infidélité.

123. — En ce qui concerne l'*héritier bénéficiaire,* la déclaration au greffe
n'a d'effet qu'autant qu'elle est précédée ou suivie d'un inventaire fidèle et exact
des biens de la succession. L'héritier bénéficiaire ne peut s'abstenir de faire cet
inventaire, alors même que le défunt l'en aurait dispensé par son testament. Cette

---

(1) Aubry et Rau, t. V, p. 419.
  Aux termes des art. 1453, 1466, 1475, C. civ., les
héritiers de la veuve commune en biens ont, comme
cette dernière, si elle meurt avant d'avoir fait ou
terminé l'inventaire, un nouveau délai de trois mois
pour le faire ou l'achever : ce qui implique la même
déchéance, si la formalité n'est pas remplie.
  Si c'est la femme qui est décédée la première, les
héritiers doivent également faire inventaire dans les
trois mois du décès, pour conserver la faculté de renoncer après le délai (Aubry et Rau, t. V, p. 420 ;
Rodière et Pont, t. II. n° 1174 ; Cass., 9 mars 1842 ;
Nancy, 4 août 1875 ; Lyon, 9 juin 1876. — *Contra* :

Bordeaux, 17 mai 1859 ; Poitiers, 6 mai 1863 ; Bordeaux, 23 mars 1865 ; Cass. B , 14 janvier 1875 ;
Cass., 19 mars 1878 (S. 1878-1-355).
  (2) Cass., 4 décembre 1889 ; Rodière et Pont, *Contrat de mar.*, t. I, n° 850 ; Aubry et Rau, p. 438 ;
Laurent, t. XXII, n° 358.
  (3) Cass., 18 février 1867 ; 16 novembre 1868 et
4 décembre 1889 ; Cherbourg, 8 mai 1888 ; Aubry et
Rau, t. V, § 520, note 3) ; Guillouard, n° 960 et suiv.
  (4) Seine, 6 août 1886 ; Paris, 4 mai 1888.
  (5) Bordeaux, 17 mai 1875 (art. 21255, J. N.), Aubry et Rau, t. V, p. 885 ; Demolombe, t. VI, n° 580.
  (6) Aubry et Rau, t. I, p. 436.

formalité est la sauvegarde des droits des créanciers (1). L'inventaire doit être authentique (2). Le défaut d'inventaire entraîne la déchéance ; mais un inventaire incomplet ne produirait cet effet qu'autant que les inexactitudes ou les omissions auraient été faites sciemment et de mauvaise foi (3).

124. — En ce qui concerne l'*usufruitier*, le défaut d'inventaire, avant son entrée en jouissance, n'est pas une cause de déchéance de l'usufruit (4), mais le nu-propriétaire a le droit de s'opposer à son entrée en jouissance jusqu'à l'accomplissement de la formalité (5); il a aussi la faculté de prouver par tous les modes de preuve, titres, témoins, présomptions ou commune renommée, la consistance des choses soumises à l'usufruit (6).

125. — Il y a lieu de signaler encore les conséquences du défaut d'inventaire dans divers autres cas :

a) Aux termes de l'art. 1414, C. civ., lorsque la succession échue à l'un des époux est en partie mobilière et en partie immobilière, les dettes dont elle est grevée ne sont à la charge de la communauté que jusqu'à concurrence de la portion contributive du mobilier dans les dettes, eu égard à la valeur de ce mobilier comparée à celle des immeubles. Cette portion contributive se règle d'après l'inventaire que le mari a fait dresser, soit de son chef, si la succession le concerne personnellement, soit comme dirigeant et autorisant les actions de sa femme, s'il s'agit d'une succession à elle échue... Et *à défaut d'inventaire*, ajoute l'art. 1415, dans tous les cas où le défaut d'inventaire préjudicie à la femme, elle ou ses héritiers peuvent, lors de la dissolution de la communauté, poursuivre les récompenses de droit, et même faire preuve, tant par titres et papiers domestiques que par témoins, et au besoin par la commune renommée, de la consistance et de la valeur du mobilier non inventorié. Le mari n'est jamais recevable à faire cette preuve.

b) D'après l'art. 1499, C. civ., sous le régime de la communauté réduite aux acquêts, si le mobilier existant lors du mariage, ou échu depuis, n'a pas été constaté par inventaire ou état en forme dans ce contrat, *il est réputé acquêt*.

c) Dans le cas prévu par l'art. 1504, C. civ., lorsque le contrat de mariage exclut de la communauté le mobilier des futurs époux, s'il en échoit à l'un d'eux durant le mariage, il doit être constaté par un inventaire, s'il ne l'est déjà par un titre propre à justifier de sa consistance et de sa valeur. *A défaut d'inventaire*, le mari ne peut en exercer la reprise, — et la femme ou ses héritiers sont admis à faire preuve de la valeur de celui advenu à cette dernière, soit par titres, soit par témoins, soit même par commune renommée.

126. — Les simples irrégularités relatives aux formes spéciales de l'inventaire, tous les auteurs sont d'accord sur ce point, n'entraînent point la nullité de l'inventaire (7). Mais l'inventaire, en pareil cas, ne saurait être opposé aux tiers (8).

127. — Un inventaire doit être fidèle et exact; telle est la condition exigée par le législateur et c'est pourquoi il a imposé l'affirmation à la veuve survivante, le serment aux parties intéressées. Un inventaire frauduleux serait nul; mais la

(1) Dict. du not., v° *Bénéf. d'inv.*, n° 11 ; Chabot, sur l'art. 794 ; Vazeille, n° 12 ; Aubry et Rau, p. 400 ; Laurent, n° 388.
(2) Cass., 30 avril 1819 ; Aubry et Rau, p. 400 ; Demolombe, n° 140.
(8) Cass., 11 mai 1825, 16 février 1839 et 11 août 1866.

(4) Cass., 17 juillet 1867.
(5) Cass., 31 mars 1858.
(6) Pau, 28 mars 1887 ; Proudhon, t. II, n° 793 ; Demolombe, t. X, n° 471 ; Laurent, t. VI, n° 500.
(7) Bordeaux, 24 février 1829 ; Cass., 23 février 1836 ; Caen, 24 décembre 1839.
(8) Caen, 21 novembre 1860.

fraude ne se présume pas aisément, il faut qu'elle soit constante. Par exemple, les omissions ne sont pas présumées frauduleuses; les effets omis ont pu échapper à la mémoire de l'époux ou des héritiers. Il y a lieu alors de les faire ajouter à l'inventaire (1).

§ 7. Inventaires particuliers.

128. — Aussitôt après le décès d'un maréchal de France, d'un officier général ou assimilé, d'un officier supérieur ou assimilé, chef de corps ou de service, en activité de service ou en retraite, le maire du domicile du décédé informe de ce décès l'autorité militaire, et celle-ci peut requérir le juge de paix du lieu du décès d'apposer, en présence dudit maire ou de son adjoint, les scellés sur les meubles contenant des papiers, cartes, plans ou mémoires militaires, susceptibles d'intéresser l'armée, trouvés au domicile du défunt. L'apposition des scellés peut également être faite au décès de tout officier ou fonctionnaire militaire, quel que soit son grade, qui aurait rempli une mission spéciale, ou qui serait supposé détenteur de pièces ou documents quelconques intéressant l'armée, ou enfin qui aurait occupé une position militaire, politique ou diplomatique importante.

Le juge de paix prévient soit le Ministre de la guerre soit le général commandant la région, suivant le cas, de la date et de l'heure de la levée des scellés, et immédiatement un officier est désigné d'office pour assister à la levée de ces scellés.

129. — Les objets ou documents reconnus appartenir à l'armée ou qui seraient de nature à l'intéresser sont inventoriés séparément, avec indication de ceux qui seraient la propriété particulière du décédé : tous sont pris en charge par l'officier délégué qui en donne un reçu. Ils sont remis par lui au général commandant la région, lequel les adresse au Ministre de la guerre.

Les documents qui sont reconnus être la propriété privée du décédé sont renvoyés à sa famille. Si le Ministre de la guerre le juge opportun, il a le droit de demander la distraction des pièces dont le défunt était propriétaire, afin de les conserver, mais à la charge de les faire estimer de concert avec les héritiers ou ayants droit et d'en acquitter la valeur sur les fonds du budget de la guerre (2).

130. — Lorsque c'est le titulaire d'un *majorat* (3) qui est décédé, il est enjoint au juge de paix, au notaire ou autre officier public qui procède à la levée des scellés ou à l'inventaire de se faire représenter, avant la levée des scellés ou à l'inventaire le certificat constatant la notification du décès au Garde des sceaux, Ministre de la justice et de faire mention de ce certificat dans l'intitulé du procès-verbal de scellés, ou de l'inventaire, à peine d'interdiction (4).

§ 8. Responsabilité notariale.

131. — Les notaires peuvent être déclarés responsables du préjudice qui pourrait être occasionné aux parties par l'annulation d'un inventaire pour *vice de forme ;* si, par exemple, le notaire avait omis de faire signer l'acte en second par un autre notaire ou par les témoins instrumentaires ;

— Ou pour inaccomplissement de certaines formalités prescrites par la loi, par exemple, pour omission de la cote et du paraphe sur certains titres ; c'est ainsi

---

(1) Dict. du not., n°ˢ 466 et suiv.
(2) Arrêté du 18 nivôse an X, art. 1ᵉʳ ; Décret du 22 janvier 1890 (*J. du not.*, 1890, p. 126).
(3) Le majorat est une substitution qui passe dans une famille, de mâle en mâle, par ordre de progéniture et est affectée à un titre de noblesse héréditaire;

on donne aussi le nom de majorat à la propriété même qui est l'objet de cette substitution. Les majorats sont actuellement régis par les lois des 12 mai 1835 et 7 mai 1849 (V. Dict. du not., v° *Majorat*).
(4) Décr., 4 mai 1812 ; Ordonn., 31 octobre 1830 ; Dict. du not., n°ˢ 485 et suiv.

qu'un notaire ayant omis de coter et parapher des inscriptions de rentes sur l'Etat,
fut déclaré tenu de réparer le préjudice résultant de ce que le mari survivant les
avait vendues à son profit au détriment des héritiers (1) ;

— Pour n'avoir pas requis le tuteur de déclarer s'il était créancier du mineur (2) ;

— Pour n'avoir pas fait signer la déclaration donnée, à la fin de l'inventaire, par un des héritiers qu'il demeurerait chargé, du consentement de toutes
parties, de l'argent trouvé, des objets inventoriés, ainsi que des titres et papiers (3).

Enfin, le notaire pourrait être déclaré responsable de toute erreur commise
par lui dans l'établissement des qualités des parties, si cette erreur constituait une
faute et avait occasionné quelque préjudice, si par exemple il avait fait figurer,
parmi les héritiers habiles à succéder, un parent non successible. — Mais l'omission d'un héritier dont l'existence était ignorée ou dont les recherches n'auraient
pas permis de constater cette existence, et qui ne se serait fait connaître qu'après
la clôture de l'inventaire, ne serait pas reprochable au notaire.

Les notaires auront donc soin d'apporter la plus grande attention dans la
rédaction des procès-verbaux d'inventaire et de veiller à ce que toutes les formalités prescrites par la loi soient accomplies (V. *suprà*, n° 7).

Ils doivent surtout constater et établir les valeurs inventoriées avec une
scrupuleuse exactitude ; le notaire qui s'associerait aux agissements frauduleux
d'un héritier ou légataire et le favoriserait en dressant un inventaire frauduleux,
assumerait la responsabilité du préjudice pouvant résulter de ces agissements (4).

§ 9. FRAIS ET HONORAIRES.

132. — Les frais d'inventaire, qu'il n'y a pas lieu de confondre avec les frais
d'apposition et de levée de scellés, se composent : des droits de timbre et d'enregistrement ; — des vacations du notaire ou des notaires qui l'ont rédigé, des frais
d'expédition ; — des vacations du notaire ou des notaires nommés pour représenter
les absents ; — de celles de l'avoué qui représente les opposants ; des vacations du
commissaire-priseur et des experts. Sont aussi compris dans les frais d'inventaire,
s'il y a lieu, ceux des actes accessoires, tels que sommations aux parties, requêtes,
référés, procurations, etc., ainsi que les droits d'enregistrement de ces divers actes.

133. — Ces frais sont considérés comme *frais de justice* et jouissent, à ce
titre, du bénéfice d'être colloqués et payés par privilège sur les biens de la communauté, s'il s'agit d'un inventaire de communauté ; sur les biens de la succession,
s'il s'agit d'un inventaire de succession (5).

134. — Par qui les frais doivent-ils être supportés ?

a) Si l'inventaire est simplement un inventaire de succession, les frais
sont à la charge de la succession (art. 810, C. civ.), prélevés sur la
masse ou répartis entre les ayants droit, dans la proportion de leurs
droits. Les donataires ou légataires universels ou à titre universel
doivent contribuer, comme les héritiers *ab intestat*, aux frais de
l'inventaire, puisqu'ils contribuent au paiement des dettes et charges
de la succession ; à moins que la formalité n'ait été provoquée à
tort contre eux par un héritier évincé (Cass., 11 février 1890,
J. du not., 1890, p. 234).

Le donataire ou légataire universel en usufruit doit-il contribuer

---

(1) Paris, 7 novembre 1839.
(2) Demolombe, *Minorité*, t. I, n° 558 ; Laurent,
t. V, n° 42 ; Rutgeerts et Amiaud, t. I, p. 135 ; Dalloz, v° *Minorité*, n° 418 ; *J. du not.*, n° 2587.
(3. Rennes, 14 avril 1817 ; Eloy, *Respons. not.*,
t. II, n° 682.

(4) Cass., 14 janvier 1889 (*J. du not.*, 1889, p. 123).
(5) Cass. Belge, 30 décembre 1875 (*Rev. prat.
not. B.*, 1876, p. 156 et 304) ; Rouen, 23 décembre
1881 ; Gand, 26 mai 1886 ; Rutgeerts et Amiaud,
t. III, n° 1180 ; Pont, *Priv. et hypot.*, t. I, n° 69 ;
Laurent, t. XXIX, n° 320 *bis* · Dict. du not., n° 516.

dans les frais d'inventaire pour une plus forte part que les autres
ayants-droit, en raison de ce que cet inventaire le dispense de celui
que la loi lui prescrit de faire avant son entrée en jouissance
(art. 600, C. civ.) ? On décide généralement la négative. L'inventaire n'a pas été fait dans son intérêt; s'il peut lui tenir lieu de
celui que prescrit l'art. 600, c'est une circonstance heureuse dont
il doit profiter (1).

On décide aussi que lorsqu'un époux a institué son conjoint
légataire en usufruit de tous ses biens, avec dispense de faire
inventaire, les frais de l'inventaire sont à la charge des héritiers
(V. *suprà*, vº Honoraires, nº 73).

b) Si l'inventaire est un inventaire de communauté, les frais sont à la
charge de cette communauté (art. 1482, C. civ.). En cas de renonciation à la communauté, même après séparation de corps, ils sont
à la charge du mari et de ses représentants (2).

c) Lorsque l'inventaire a eu pour objet de constater non seulement
l'importance de la communauté, mais encore celle de la succession
de l'époux prédécédé, les frais sont ordinairement supportés par la
communauté (V. *suprà*, vº Honoraires, nº 77).

d) L'opinion généralement adoptée est que l'*usufruitier* doit supporter
les frais de l'inventaire qu'il doit faire avant son entrée en jouissance, bien que cet inventaire soit fait dans l'intérêt du nu propriétaire (3), — à moins que, par l'acte qui constitue l'usufruit, l'usufruitier n'ait été dispensé de l'inventaire ou des frais, auquel cas le
nu propriétaire qui le fait dresser en supporte la dette.

135. — Honoraires. — L'honoraire du notaire ou des notaires chargés de
procéder à un inventaire consiste, en tous cas, en un droit de *vacations*. L'inventaire est, en effet, un de ces actes pour lesquels la rétribution est accordée, plutôt
pour le *temps* que le notaire a employé dans son travail, que pour les difficultés que
sa rédaction a pu occasionner (4).

Il résulte du décret de 1807 combiné avec les décrets des 12 juin 1856, 30 avril
et 13 décembre 1862, que « pour les inventaires après décès et, par analogie, pour
tous autres inventaires », il est dû :

Aux notaires de Paris, **Lyon, Bordeaux, Rouen,** Toulouse, Marseille, Lille et Nantes.	9 francs par vacation.
Aux notaires des chefs-lieux de Cours d'appel ou autres villes dont la population excède 30,000 habitants	8 fr. 10 par vacation.
Aux notaires des chefs-lieux de tribunaux de 1re instance.	6 francs par vacation.
Aux autres notaires	4 francs par vacation.

136. — La durée de chaque vacation est de trois heures, d'où il suit que si
le nombre d'heures employé dans l'opération par le notaire peut se diviser exactement par *trois*, le notaire peut se borner à exprimer dans son procès-verbal qu'il a
été vaqué par *simple*, *double* ou *triple* vacation et percevoir une fois, deux fois ou
trois fois l'honoraire alloué par le tarif ; mais si le nombre d'heures ne peut être
exactement divisé par trois, comme si, par exemple, il a été vaqué pendant quatre,
cinq, sept ou huit heures, le notaire doit l'exprimer, parce que, dans tous les

(1) Dict. du not., nº 518.
(2) Rouen, 1ᵉʳ juillet 1841.

(3) Aubry et Rau, t. II, p. 472 ; Laurent, t. VI.
nº 496.
(4) Art. 168 du décret de 1807.

cas, dit M. Rémy (1), il n'a droit d'être rétribué que pour le temps ou les heures qu'il a employés; quatre heures forment donc une vacation et un tiers de vacation; cinq heures, une vacation et deux tiers, etc.

Toutefois, si l'opération entière dure moins de trois heures, il est permis au notaire de compter une vacation (2).

Lorsque plusieurs séances ont été employées à un inventaire, le droit dû doit être réglé non d'après le nombre des heures de chaque séance ou de chaque jour, mais d'après le nombre total des heures des séances réunies (3).

Dans tous les cas, il ne peut être passé aux notaires que *trois vacations par jour*, quand ils opèrent dans le lieu de leur résidence (art. 151 du Tarif); mais s'ils opèrent au dehors, ils peuvent faire quatre vacations par jour (4).

On ne doit pas comprendre dans les vacations l'aller et le retour de l'officier public; mais quand le notaire est obligé de se transporter à plus d'un myriamètre de sa résidence, il peut compter des frais de voyage (V. *suprà*, v° HONORAIRES, p. 273).

Le notaire dont les vacations ont été rétribuées, d'après les règles que nous venons de rappeler, ne peut rien réclamer en sus pour la minute de son procès-verbal, en dehors des débours qu'il a pu faire.

137. — Taxe. — Plusieurs décisions, dont nous avons contesté le bien jugé dans notre *Tarif* (p. 475 et suiv.), ont reconnu au magistrat taxateur le droit de réduire le nombre des vacations constatées dans un inventaire, s'il juge ce nombre excessif (5); alors même que les vacations sont constatées sur le procès-verbal du juge de paix (6).

Nous croyons qu'on doit accepter le droit de contrôle du magistrat taxateur, car il ne saurait être facultatif aux notaires de prolonger indéfiniment les opérations de l'inventaire, soit en multipliant les vacations, soit en allongeant d'une façon démesurée l'analyse des papiers, — en copiant textuellement, par exemple, comme nous l'avons vu faire, toute une liquidation dans l'inventaire; mais ce droit ne peut s'exercer qu'avec une sage réserve et ce ne serait pas apprécier ainsi le temps que le notaire a employé d'une façon sérieuse et utile pour les parties, que de déclarer oiseuse et inutile, toute l'analyse, même succincte des papiers, comme l'ont jugé les magistrats de la Cour de Limoges, par leur arrêt précité du 25 août 1860.

138. — Lorsque deux notaires concourent au même inventaire, l'un comme notaire en premier, l'autre comme notaire en second, chaque notaire a droit à des vacations distinctes; il est fait masse, dans les frais, des vacations revenant aux deux officiers publics et l'ensemble des frais est payé par les parties dans la proportion de leurs droits. C'est une exception au principe qui veut que l'assistance du second notaire à un acte n'en augmente pas les frais. Cette exception se justifie par le mode de rémunération spécial aux inventaires et par la disposition formelle de l'art. 935, C. proc. civ., qui autorise les parties à choisir un ou deux notaires (7), la règle du partage des honoraires ne pouvant s'appliquer aux vacations qui représentent l'indemnité due au notaire pour le temps qu'il a réellement employé dans chaque affaire.

Ajoutons que lorsqu'un inventaire a été dressé par deux notaires, l'une des parties actionnées en paiement des frais ne peut se borner à offrir les vacations dues au notaire qu'elle a personnellement appelé; toute partie, qui a figuré dans un acte

---

(1) P. 54.
(2) Dict. du not., v° *Vacation*, n° 18 ; Amiaud, *Tarif gén.*, p. 482 ; Rutgeerts, t. III, n° 1100.
(3) Dict. du not., n° 17 ; Amiaud, *loc. cit.*
(4) Dalloz, v° *Honoraires*, n° 456 ; Rutgeerts, n° 1104; Amiaud, p. 482.

(5) Poitiers, 10 avril 1851 ; Lyon, 19 janvier 1865 ; Paris, 18 et 20 novembre 1866.
(6) Paris, 13 et 20 novembre 1866.
(7) Rédon, 28 mai 1884 ; (*Répert. pér.*, 1884, n° 4929).

notarié, fût-ce même le subrogé-tuteur comparaissant en vertu de l'art. 451, C. civ., est tenue *solidairement* des frais et honoraires (1).

§ 10. Timbre et enregistrement.

139. — Timbre. — Les diverses séances ou vacations d'un inventaire peuvent être rédigées à la suite les unes des autres et sur la même feuille de papier timbré (2).

Les notaires peuvent, sans contravention, décrire dans les inventaires toute espèce de titres et pièces sur papier non timbré. De même, la prohibition, faite par l'art. 2 de la loi du 30 mars 1872, de l'énonciation dans tout acte ou écrit, de titres étrangers qui ne seraient pas timbrés, et pour lesquels l'abonnement n'aurait pas été contracté, n'est point applicable aux inventaires.

140. — Enregistrement. — Les inventaires de meubles, effets mobiliers, titres et papiers, sont actuellement passibles du droit fixe de 3 *francs* par vacation, décimes en sus (3). La durée ordinaire d'une vacation est de trois heures, mais elle peut être de quatre heures, pourvu que le notaire en fasse mention (4).

141. — Toute fraction d'une ou de deux heures est comptée pour une vacation entière.

Le nombre des vacations de trois ou quatre heures doit être calculé *par journée*, pour la perception du droit d'enregistrement, mais d'après le nombre des heures employées à chaque séance prise séparément.

142. — Délai. — Le délai de l'enregistrement court du jour de chaque vacation, qui est considérée comme un acte séparé; mais l'enregistrement de chaque vacation ne doit pas nécessairement précéder la vacation suivante; il suffit que toutes les vacations soient enregistrées dans le délai de la loi (5). Une amende est due pour chaque vacation non enregistrée dans le délai.

143. — Dispositions dépendantes. — Sont considérées comme dispositions dépendantes et, par suite, ne sont soumises à aucun droit particulier :

a) Les nominations d'experts faites dans un inventaire, celle d'un gardien ou dépositaire du mobilier et des papiers ;

b) Le dépôt entre les mains de la veuve ou d'un héritier, du numéraire ou des valeurs de la succession ;

c) Les déclarations actives et passives (6), même celles par lesquelles un ou plusieurs héritiers présents seraient établis personnellement débiteurs envers la succession ; — à moins qu'il y ait reconnaissance formelle par l'héritier débiteur faisant titre contre lui (7) ;

d) La déclaration par l'époux survivant qu'il entend conserver le fonds de commerce, en exécution de son contrat de mariage.

Mais sont passibles d'un droit particulier d'enregistrement :

a) La décharge donnée dans l'inventaire au gardien des scellés ;

b) La décharge par un tiers, intervenu à l'inventaire, d'objets lui appartenant et étrangers à la succession ;

---

(1) Vernet, n°° 38, 85; Augan, n° 204; Rolland. de Villargues; v° *Honoraires*, n°° 211 et suiv.; Dict. du not., *eod.*, v°, n° 235; E. Clerc, n°° 692 et suiv.; Rutgeerts et Amiaud, t. III, n° 1178; Cass., 27 janvier 1812; 26 juin 1820; 19 avril 1826; 10 novembre 1828; 20 mai 1829 et 9 avril 1850; Seine, 28 janvier 1865; Termonde, 2 décembre 1870; Beauvais, 19 juillet 1871.

(2) L. 13 brumaire, an VII, art. 23.

(3) L. 22 frimaire, an VII, art. 68 ; 28 février 1872, art. 4.

(4) Dict. du not., n° 521.

(5) Cass., 11 septembre 1811.

(6) Cass., 25 avril 1849 et 26 février 1850; Seine, 26 février 1864.

(7) Délib. rég., 9 janvier 1851; Garnier, n°° 10168 et 10113.

c) La procuration, donnée dans l'une des séances par telle ou telle partie;
d) L'ordonnance de référé, etc...

144. — Actes en conséquence. — Peuvent être mentionnés dans l'inventaire sans avoir été préalablement enregistrés :

    a) La délibération du conseil de famille nommant un tuteur ou un subrogé-tuteur aux héritiers mineurs;

    b) L'ordonnance qui a nommé un notaire pour représenter un absent ou un non présent;

    c) L'acte de prestation de serment des experts, etc...;

Doivent, au contraire, être soumis à l'enregistrement avant ou en même temps que la séance de l'inventaire où ils sont mentionnés :

    a) Le testament de la personne décédée, ou la donation en faveur du conjoint survivant;

    b) L'ordonnance qui a statué en référé sur les difficultés pendantes, etc.

145. — Actes sous seing privé. — Le notaire peut, sans contravention, inventorier tous actes sous seing privé, non timbrés, non enregistrés, alors même qu'il s'agirait de billets souscrits au profit du défunt par l'un des héritiers présents à l'inventaire; cette énonciation ne donne pas à la régie la faculté de réclamer contre les parties les droits d'enregistrement auxquels les actes donneraient lieu. Un inventaire étant, non pas attributif d'un droit, mais seulement déclaratif, ne peut pas constituer l'*usage par acte public* emportant avec lui la nécessité de l'enregistrement préalable (1).

Quand l'acte sous seing privé non enregistré est *translatif de propriété, d'usufruit ou de jouissance d'immeubles,* de *fonds de commerce,* ou de *clientèle,* le notaire peut aussi, sans contravention, l'analyser dans l'inventaire, mais comme cette énonciation en établit suffisamment l'existence à l'égard du fisc, la régie a le droit de poursuivre contre les parties le recouvrement des droits et amendes d'enregistrement.

146. — Déclaration de don manuel. — Des déclarations de don manuel sont souvent faites dans les inventaires; lorsqu'elles sont faites par le donataire ou son représentant, le droit de donation est exigible sur ces déclarations, aux termes de l'art. 6 de la loi du 18 mai 1850, quelles que soient les réserves et protestations faites dans le même acte (2) ; mais si la déclaration émane du donateur ou de ses représentants, elle n'entraîne aucun droit. Les droits d'enregistrement auxquels peut donner lieu la déclaration de don manuel contenue dans un inventaire, doivent, comme tous les autres droits applicables aux actes notariés, être versés par le notaire sous sa responsabilité personnelle. S'il veut s'en dispenser, c'est à lui à exiger des parties, avant d'insérer leur dire, la consignation d'une somme suffisante pour faire face à l'acquit des droits (3).

§ 11. FORMULES.

I. TABLEAU SYNOPTIQUE	**3.** *Intitulé d'un inventaire après sommation.*
II. INTITULÉS.	**III. CLOTURES ET REPRISES DE VACATIONS.**
1. *Intitulé d'un inventaire de communauté sans scellés.*	**1.** *Clôture de vacation.*
2. *Intitulé d'un inventaire de succession avec scellés.*	**2.** *Reprise de vacation.*
	3. *Clôture de vacation indiquant transport à la campagne.*

---

(1) Cass., 26 février 1850.
(2) Cass., 13 août 1860; Pontoise, 21 novembre 1861 ; Seine, 20 juin 1868; Gray, 18 février 1869 ; Seine, 20 novembre 1875.
(3) Limoges, 24 août 1874 ; Vervins, 5 juin 1875

(*Rev. not.,* n°° 4774 et 5095); Cass., 10 décembre 1877 (*Rev. not.,* n° 5539). — V. aussi nos *Observat.* sur ces décisions, dans la *Revue du notariat,* n° 5103. — Cass., 10 décembre 1877 (*Rev. not.,* n° 5539).

4. *Transport à la campagne.*
5. *Clôture de vacation à la campagne.*
6. *Reprise de vacation dans les lieux où l'inventaire a été commencé.*
7. *Clôture de vacation de classement des papiers.*

IV. QUALITÉS.

1. *Veuve commune en biens légalement.*
2. *Veuve commune par contrat.*
3. *Veuve non commune.*
4. *Veuve séparée de biens.*
5. *Veuve. Régime dotal sans société d'acquêts.*
6. *Veuve. Régime dotal avec société d'acquêts.*
7. *Veuve donataire.*
8. *Veuve légataire.*
9. *Veuve héritière à défaut de successible.*
9 bis. *Veuve exerçant son droit légal d'usufruit.*
10. *Veuve tutrice. Subrogé-tuteur.*
11. *Veuve enceinte. Curateur au ventre.*
12. *Veuve ayant droit de conserver le fonds de commerce.*
13. *Héritiers majeurs présents.*
14. *Héritiers majeurs. Mandataire.*
15. *Enfant mineur orphelin. Tuteur datif.*
16. *Héritiers par représentation.*
17. *Légataire par testament authentique.*
18. *Légataire par testament olographe.*
19. *Exécuteur testamentaire.*
20. *Héritier majeur grevé de restitution.*
21. *Ascendant seul héritier dans sa ligne.*
22. *Enfant naturel.*
23. *Enfant adoptif.*
24. *Enfant adopté, avant sa majorité, par un tuteur officieux.*
25. *État.*
26. *Curateur à une succession vacante.*
27. *Héritiers présomptifs d'un absent.*
28. *Notaire commis pour représenter des héritiers non présents.*
29. *Créancier opposant.*
30. *Mari agissant au nom de sa femme.*
31. *Mari survivant ayant droit à la totalité des bénéfices de communauté.*

32. *Inventaire après une demande en séparation de corps.*

V. DESCRIPTION ET ESTIMATION DU MOBILIER.

1. *Mobilier de ville.*
2. *Mobilier de campagne.*
3. *Fonds de commerce.*

VI. ANALYSE DES PAPIERS.

VII. CLOTURES.

1. *Clôture lorsqu'il n'y a pas de scellés.*
2. *Clôture après apposition de scellés.*

VIII. DIFFICULTÉS DANS LE COURS DE L'INVENTAIRE.

1. *Dire et réquisition d'une partie.*
2. *Réponse et protestation par les autres parties.*

IX. RÉFÉRÉ.

1. *Réquisition de référé à l'effet d'être autorisé à vendre le mobilier sans attribution de qualités.*
2. *Ordonnance de référé.*

X. DEMANDE DE NOMINATION D'UN ADMINISTRATEUR.

XI. POUVOIR DONNÉ, EN PROCÉDANT, A L'UNE DES PARTIES OU A UN ÉTRANGER.

XII. PROCÈS-VERBAL DE CARENCE.

XIII. INVENTAIRE DES BIENS D'UN ABSENT.

XIV. INVENTAIRE DES BIENS D'UN INTERDIT.

XV. INVENTAIRE APRÈS DEMANDE EN SÉPARATION DE CORPS.

XVI. INVENTAIRE APRÈS SÉPARATION DE BIENS.

I. TABLEAU SYNOPTIQUE

I. Intitulé.
    1. Année — mois — heure.
    2. Parties.
        A. Requérantes, habiles à se porter héritiers de... ou ayant droit à une portion aliquote de la communauté, de la succession.
            a) Absents.
            b) Envoyés en possession provisoire.
            c) Aliéné.
            d) Exécuteur testamentaire.
            e) Héritiers présomptifs.
            f) Donataires et légataires.
            g) Mineurs et interdits.

h) Prodigues.
i) Femme, mari
j) Curateur à succession vacante.

B. Présentes.

a) Conjoint survivant non commun en biens ni donataire.
b) Subrogé-tuteur.
c) Légataire particulier.
d) Créanciers.
e) Curateur au ventre.
f) Procureur de la République.

3. Nom et résidence du notaire instrumentant, nom et demeure des témoins.
4. But et motifs de l'inventaire.
5. Désignation de la personne dont on va décrire les meubles, titres et papiers. Lieu et date de son décès.
6. Lieu où se fait l'inventaire : maison, appartement.
7. Représentation des objets : par qui ?
8. Estimation dès objets : prisée.
9. Levée des scellés.
10. Réserves — lecture — signatures.

II. Description et estimation des objets mobiliers.
1. Mobilier : ustensiles, meubles meublants, linges, livres, etc.
2. Bijoux.
3. Argenterie : qualité, poids, titre.
4. Deniers comptants : billets de banque.
5. Portraits, titres de noblesse, croix, etc...

III. Analyse des papiers.
1. Contrat de mariage.
2. Testament ou donations entre époux.
3. Propres de la femme.
4. Propres du mari.
5. Biens de communauté.
6. Renseignements divers.

IV. Déclarations actives et passives.

V. Clôture. — Serment. — Affirmation.
1. Réquisition par le notaire au tuteur.
2. Prestation de serment.
3. Affirmation par la veuve.
4. Remise des objets inventoriés.
5. Mention de l'heure de la fin des opérations.
6. Lecture et signature.

Nota. — Ce cadre ne donne que le résumé des opérations telles qu'elles se poursuivent d'ordinaire et ne prévoit pas les incidents ou difficultés qui peurent surgir au cours de l'inventaire, tels que dépôt de testament, référés, etc. Il y a lieu, pour cela, de se reporter aux explications que nous avons données précédemment.

II. INTITULÉS

1. — Intitulé d'un inventaire de communauté sans scellés.

L'an .., le..., à.,. heures du...

Dans un appartement situé au... étage d'une maison sise à..., rue..., n°...

A la requête de :

(*Énoncer ici les noms, prénoms, professions, domiciles et qualités des parties requérantes ou présentes; voir à cet effet les formules que nous donnons plus loin sous le titre* « qualités ».)

A la conservation des droits des parties, sans que les qualités ci-dessus exprimées puissent préjudicier à qui que ce soit.

Il va être, par M°... et son collègue, notaires à..., soussignés (ou : par M°..., notaire à..., en présence de M°... et M..., témoins instrumentaires aussi soussignés),

Procédé à l'inventaire fidèle et à la description exacte de tous les meubles meublants, effets et objets mobiliers, deniers comptants, titres, papiers et renseignements pouvant dépendre tant de la communauté de biens qui a existé entre M... et Mme..., que de la succession de M..., ou les concerner ; le tout trouvé dans les lieux ci-après désignés, faisant partie d'une maison située à..., dépendant de la communauté (ou : appartenant en propre à M..., ou encore : appartenant à M. (le propriétaire) où M... était domicilié et où il est décédé, le..., ainsi que le constate son acte de décès, etc..., dont une expédition est demeurée ci-annexée.

(Si le décès a eu lieu en dehors du domicile, il faut dire) : Il est fait observer que M... est décédé à... (où il résidait momentanément), le..., etc...

La représentation de tous ces objets sera faite par Mme veuve..., laquelle, avertie du serment qu'elle aura à prêter en fin du présent inventaire, a promis d'y déclarer et fai·e comprendre tout ce qui, à sa connaissance, peut dépendre desdites communauté et succession, sans exception.

Tous les objets susceptibles d'évaluation seront estimés par M°..., commissaire-priseur, demeurant à..., qui a promis de faire ladite prisée à juste valeur et sans crue (1), conformément à la loi (ou : par M.., commissaire-priseur, etc.., sur l'avis de M..., demeurant à..., expert, choisi par les parties, qui a préalablement prêté serment entre les mains du notaire soussigné, de s'acquitter fidèlement de la mission qui lui est confiée) (2).

Et les parties, sous toutes réserves, ont signé avec le commissaire-priseur, l'expert et les notaires, après lecture faite.

2. — Intitulé d'un inventaire de succession avec scellés.

L'an..., le..., à... heures du..., dans un appartement situé au... étage d'une maison sise à.., rue..., n°...

A la requête de :

(Enoncer ici les noms, prénoms, professions, domiciles et qualités des parties requérantes et présentes ; voir à cet effet les formules que nous donnons plus loin sous le titre « qualités ».)

A la conservation des droits des parties, etc., il va être par M°... et son collègue, notaires à .. soussignés, procédé à l'inventaire fidèle et à la description exacte de tous les meubles meublants, effets mobiliers, deniers comptants, titres, papiers et renseignements dépendant de la succession de M..., ou la concernant, trouvés dans les lieux ci-après désignés, faisant partie d'une maison située à.. , etc., dont le défunt était locataire, où il était domicilié et où il est décédé le..., ainsi que le constate son acte de décès, etc...

La représentation de tous ces objets sera faite par M..., ici présent, comme gardien des scellés ci-après mentionnés ; lequel, averti du serment qu'il aura à prêter en fin du présent inventaire, a promis de faire comprendre et de déclarer audit inventaire tout ce qui à sa connaissance peut dépendre de ladite succession.

La prisée des objets sera faite par M..., commissaire-priseur, demeurant à..., à ce présent.

Il sera procédé au fur et à mesure que les scellés apposés par M. le juge de paix du canton de..., suivant son procès-verbal en date du..., auront été par lui reconnus sains et entiers, et comme tels levés en vertu de son ordonnance en date de ce jour.

Et les parties, sous toutes réserves, ont signé avec le gardien des scellés, le commissaire-priseur et les notaires, après lecture faite.

---

(1) Sous l'ancien droit, la crue était une augmentation de prix qui était due, outre le montant de la prisée des meubles, par ceux qui doivent en rendre la valeur. Suivant l'usage général, elle était du quart du montant de la prisée. Lorsqu'il y avait lieu à la crue, on estimait les meubles un quart de moins que leur valeur réelle au jour de l'inventaire.

(2) Si le notaire procède lui-même à la prisée, on doit rédiger ainsi la formule :
« Les objets qui en sont susceptibles seront pri-
« sés par M°..., l'un des notaires soussignés, sur
« l'avis de M..., demeurant à .., expert choisi par les
« parties, lequel a prêté serment entre les mains des
« notaires soussignés, de donner son avis en con-
« science. »

3. — Intitulé d'un inventaire après sommation.

L'an..., le..., à... heure du...

Dans un appartement situé au... étage d'une maison sise à..., rue..., n°...

Pardevant M°... et son collègue, notaires à..., soussignés.

    Ont comparu :

MM... (*noms, prénoms, professions et domiciles*).

Lesquels ont exposé ce qui suit :

M... est décédé en son domicile à..., le..., laissant... (*énoncer les noms des héritiers et légataires et, succinctement, les titres qui constituent leurs qualités*).

Désirant faire procéder à l'inventaire des biens qui composent sa succession, les comparants ont fait sommation, par exploit de M°..., huissier à..., du..., dont l'original enregistré est demeuré ci-annexé après mention, à M... sus-nommé, leur cohéritier, de se trouver à ces jour, heure et lieu, défaut de suite, pour procéder auxdites opérations d'inventaire, avec stipulation que dans le cas où il ne se présenterait pas personnellement ou par mandataire, il serait donné défaut contre lui et passé outre.

Puis, lesdits comparants ont requis les notaires soussignés de prononcer défaut contre M..., s'il ne comparait pas ni personne pour lui, et de procéder même sans lui auxdites opérations.

Et ils ont signé après lecture.

                                              (*Signatures*).

I. — *Si la partie sommée se présente, le procès-verbal se continue de la manière suivante* :

A l'instant est intervenu :

M..., ci-dessus prénommé, qualifié et domicilié...

Lequel a dit qu'il comparaissait au désir de la sommation qui lui a été faite à l'effet d'assister aux opérations d'inventaire après le décès de M...; il requiert au besoin qu'il soit procédé à ces opérations.

Et il a signé après lecture.

                                              (*Signature*).

II. — *Si la partie sommée fait défaut, on procède ainsi* :

Attendu qu'il est..., heure du... et que M... ne s'est pas présenté ni fait représenter, les notaires soussignés déclarent prononcer défaut contre lui.

Et pour le profit, faisant droit à la réquisition des parties présentes, ils vont procéder à l'inventaire dont il s'agit :

Dans les deux cas on établit l'intitulé conformément aux formules 1 et 2 ci-dessus).

III. CLOTURES ET REPRISES DE VACATIONS

1. — Clôture de vacation.

Il a été vaqué aux opérations qui précèdent, depuis ladite heure de..., du... jusqu'à celle de..., du..., par double vacation.

Tous les objets ci-dessus inventoriés et ceux restant à l'être sont restés en la garde et possession de M... (gardien des scellés), qui le reconnaît et s'en charge pour en faire la représentation quand et à qui il appartiendra.

La vacation pour continuer le présent inventaire a été remise et indiquée, de l'avis des parties (qui consentent qu'il soit procédé à la continuation, tant en leur absence qu'en leur présence) (1), au..., à... heures du ..

---

(1) Si un héritier ou autre ayant droit qui a comparu à la première vacation ou à l'intitulé, ne paraît pas à la vacation suivante, il n'est plus nécessaire de lui faire une sommation, et l'inventaire peut être continué en son absence. L'ajournement, à jour et heure fixes, constaté dans la vacation qui précède, est une interpellation suffisante. — Pour éviter toute espèce de difficultés à cet égard, on a soin de mentionner le consentement des parties dans la clôture de la vacation.

(Ou bien : La vacation pour continuer le présent inventaire a été remise et indiquée à un jour qui sera ultérieurement fixé).

Et les parties, sous toutes réserves, ont signé avec le commissaire-priseur et les notaires, après lecture faite.

2. — Reprise de vacation.

Et le..., à... heures du..., dans l'appartement de M..., situé au... étage d'une maison sise à..., rue..., n°...

En conséquence de l'ajournement fixé dans la clôture de la vacation qui précède, il va être par ledit Me., et son collègue, notaires à..., soussignés, et aux mêmes requête, présence et qualités qu'en cette vacation (à l'exception toutefois de M... *qui...*) procédé à la continuation du présent inventaire, de la manière suivante (1) : ...

3. — Clôture de vacation indiquant transport à la campagne.

Il a été vaqué aux opérations qui précèdent, depuis ladite heure de... du... jusqu'à celle de... du..., par double vacation. Tous les objets ci-dessus inventoriés et ceux restant à l'être, dans la maison où l'on procède, sont restés en la garde et possession de M..., gardien des scellés, qui le reconnaît et s'en charge, pour en faire la représentation quand et à qui il appartiendra.

Et la vacation a été, du consentement de toutes les parties, remise et indiquée au..., présent mois à... heures du..., pour continuer le présent inventaire en une maison de campagne sise à..., dont le défunt était propriétaire, et dans laquelle il existe différents meubles et effets mobiliers dépendant de ladite succession, les parties consentant qu'il soit procédé à cette continuation tant en leur absence qu'en leur présence.

Et les parties, sous toutes réserves, ont signé avec le gardien des scellés, le commissaire-priseur et les notaires, après lecture faite.

4. — Transport à la campagne.

Et le..., à... heures du...

En conséquence de l'ajournement fixé dans la clôture de la précédente vacation, Me..., notaire soussigné, s'est transporté avec les parties en une maison de campagne située à..., dont le défunt était propriétaire, et qu'il habitait ordinairement une partie de l'année; et il va être procédé par ledit Me..., notaire, en présence des témoins ci-après nommés, soussignés, aux mêmes requêtes, présences et qualités qu'en la vacation qui précède, à l'inventaire fidèle et à la description exacte de tous les meubles et effets mobiliers qui se trouvent dans les lieux ci-après désignés.

La représentation de tous ces objets sera faite par M..., demeurant dans ladite maison, ici présent, comme gardien des scellés ci-après mentionnés, lequel averti du serment qu'il aura à prêter en fin de la présente séance, a promis de faire comprendre et de déclarer audit inventaire, tout ce qui à sa connaissance dépend de ladite succession.

La prisée des objets susceptibles d'estimation sera faite par M..., greffier de la justice de paix de..., y demeurant, à ce présent.

Il sera procédé au fur et à mesure que les scellés apposés par M. le juge de paix du canton de... suivant son procès-verbal en date du..., auront été par lui reconnus sains et entiers, et, comme tels, levés en vertu de son ordonnance en date de ce jour.

(1) Dans le cas où l'un des intéressés ne comparaîtrait pas, on doit, ainsi que nous l'avons dit dans la note précédente, procéder à la continuation de l'inventaire hors sa présence ; cependant, il est convenable et d'usage d'accorder un délai au moins d'une heure avant de donner défaut contre les défaillants : alors on rédige ainsi l'intitulé de la vacation:

Et le..., à... heures du... « En conséquence de l'as- « signation, prise dans la clôture de la précédente « vacation, il va être procédé par ledit Me..., no- « taire, et son collègue, soussignés, à la continuation « du présent inventaire, à la requête de M..., tous « dénommés dans l'intitulé du présent inventaire, « agissant dans leurs mêmes qualités, et en l'absence « de M..., aussi ci-dessus nommé, qui n'a point comparu et ne s'est pas fait représenter. »

En présence de M .. et de M ..., demourant tous deux à..., témoins instrumentaires requis pour suppléer un second notaire.

Et les parties, sous toutes réserves, ont signé avec le gardien des scellés, M . ., greffier, le notaire et les témoins, après lecture faite.

5. — Clôture de vacation à la campagne.

Il a été vaqué aux opérations qui précèdent, depuis... ladite heure de... du..., jusqu'à celle de..., du..., par... vacation.

Et, attendu qu'il ne s'est plus rien trouvé dans ladite maison de campagne à comprendre au présent inventaire, M... a prêté serment entre les mains de M°..., notaire soussigné d'avoir déclaré et fait comprendre audit inventaire tous les objets confiés à sa garde, sans en avoir rien détourné, vu détourner, ni su qu'il en ait été détourné aucun ; ces mêmes objets, du consentement des parties, ont été laissés en la garde et possession de M..., qui le reconnaît, pour en faire la représentation quand et à qui il appartiendra.

Et la vacation pour continuer l'inventaire à..., en la maison où le défunt demeurait et où il est décédé, a été remise et indiquée, de l'avis de toutes les parties (qui consentent qu'il soit procédé à la continuation, tant en leur absence qu'en leur présence), au..., présent mois..., à... heures du..

Et les parties, sous toutes réserves, ont signé avec le gardien des scellés, M..., greffier, les témoins et le notaire, après lecture faite.

6. — Reprise de vacation dans les lieux où l'inventaire a été commencé.

Et le..., à... heures du..., dans la maison sise à..., en conséquence de l'ajournement fixé dans la clôture de la précédente vacation, et aux mêmes requêtes, présences et qualités, qu'en l'intitulé du présent inventaire, à l'exception de... qui... Il va être, par M°... et son collègue, notaires à..., soussignés, procédé à la continuation dudit inventaire de la manière suivante : ...

7. — Clôture de vacation de classement des papiers.

Il a été vaqué à l'examen et au classement des titres et papiers dépendant de ladite succession (ou : desdites communauté et succession), depuis .. heures... du..., jusqu'à... du..., par... vacation.

Et tous les papiers ont été remis dans un secrétaire, sur lequel M. le juge de paix a apposé de nouveau les scellés, qui ont continué à rester sous la garde du sieur..., domestique du défunt, qui le reconnaît. — Ou : tous les papiers ont été laissés en la garde et possession de M°... qui le reconnaît et s'en charge, pour en faire la représentation quand et à qui il appartiendra.

La vacation pour continuer le présent inventaire a été remise et indiquée, de l'avis des parties (qui consentent qu'il soit procédé à la continuation du présent inventaire tant en leur absence qu'en leur présence), au..., à... heures du...

Et les parties, sous toutes réserves, ont signé avec les notaires, après lecture faite.

IV. QUALITÉS

1. — Veuve commune en biens légalement

A la requête de Mme Adolphine Martin, sans profession, demeurant à..., veuve de M. Léon Nicloux, en son vivant, propriétaire ;

Agissant :

1° A cause de la communauté légale de biens qui a existé entre elle et M. Ne.... à défaut de contrat de mariage préalable a leur union célébrée à la mairie de..., le.... laquelle communauté elle se réserve d'accepter ou de répudier par la suite;

2° A raison des reprises qu'elle peut avoir à exercer tant contre ladite communauté que contre la succession de son mari.

2. — Veuve commune par contrat.

Agissant :

1° A cause de la communauté de biens réduite aux acquêts qui a existé entre elle et son défunt mari, aux termes de leur contrat de mariage, passé devant Me..., notaire, à..., le..., laquelle communauté, elle se réserve d'accepter ou de répudier par la suite;

2° A raison des reprises, créances et avantages matrimoniaux qu'elle peut avoir à exercer contre cette communauté et même contre la succession de son mari, en vertu de son contrat de mariage, et de tous autres titres.

3. — Veuve non commune.

Agissant :

1° A cause des droits et créances qu'elle peut avoir à exercer sur la succession de son mari avec lequel elle était mariée sous le régime de la non-communauté, aux termes de leur contrat de mariage passé devant Me..., notaire à..., le...

4. — Veuve séparée de biens.

Agissant :

1° A cause des droits et créances qu'elle peut avoir à exercer contre la succession de son mari dont elle était séparée de biens aux termes de leur contrat de mariage passé devant Me..., notaire à..., le... (ou suivant jugement rendu par le tribunal civil de..., le..., enregistré, signifié et exécuté, ainsi qu'elle le déclare).

5. — Veuve. Régime dotal sans société d'acquêts.

Agissant :

1° A cause des droits et créances qu'elle peut avoir à exercer contre la succession de son mari avec lequel elle était mariée sous le régime dotal sans société d'acquêts, aux termes de leur contrat de mariage passé devant Me..., notaire à..., le...

6. — Veuve. Régime dotal avec société d'acquêts.

Agissant :

1° A cause des droits et créances qu'elle peut avoir à exercer contre la succession de son mari avec lequel elle était mariée sous le régime dotal, aux termes de leur contrat de mariage reçu par Me..., notaire à..., le...

2° Et à raison de la société d'acquêts qui a existé entre elle et son défunt mari aux termes dudit contrat de mariage, et qu'elle se réserve d'accepter ou de répudier par la suite.

7. — Veuve donataire.

Agissant :

1°...

2°...

3° Comme habile à se porter donataire de l'usufruit pendant sa vie, sans être tenue de donner caution ni de faire emploi, de la moitié de tous les biens meubles et immeubles, sans aucune exception, dépendant de la succession de son mari, aux termes du contrat de mariage ci-dessus relaté (ou aux termes d'un acte reçu par Me..., notaire, à..., le...).

Laquelle donation elle se réserve d'accepter ou de répudier par la suite.

8. — Veuve légataire.

Agissant :

..., Et comme habile à se porter légataire de l'usufruit pendant sa vie, sans être tenue de donner caution ni de faire emploi, de la moitié de tous les biens meubles et immeubles sans aucune exception, qui dépendent de la succession de son mari, aux termes du testament authentique de ce dernier, reçu par M°..., notaire à...', en présence de quatre témoins (ou : d'un second notaire et de deux témoins), le..., enregistré à..., le... (ou : aux termes du testament de ce dernier, par lui fait en la forme olographe à..., le..., et dont l'original a été déposé pour minute à M°..., notaire à..., suivant ordonnance de M. le président du tribunal de première instance de..., contenue en son procès-verbal de description (ou d'ouverture et de description) de ce testament, dressé au greffe dudit tribunal le... dernier).

Lequel legs elle se réserve d'accepter ou de répudier par la suite.

9. — Veuve héritière à défaut de successible.

Agissant :

... Et comme habile à se porter seule héritière de son mari, conformément à l'article 767 du Code civil, à défaut d'héritiers au degré successible et d'enfants naturels.

9 bis. — Veuve exerçant son droit légal d'usufruit.

Agissant :

1°... 2°... 3° Et en vertu des droits d'usufruit que la loi lui confère comme conjoint survivant sur la succession de son mari ; droits dont elle se réserve de demander la délivrance s'il y a lieu...

10. — Veuve tutrice. Subrogé-tuteur.

A la requête de Mme Adolphine Martin, sans profession, demeurant à..., veuve de M. Léon Nicloux, en son vivant propriétaire ; ladite dame ici présente ;

Agissant :

I. — En son nom personnel,

    1°...

    2° Et comme ayant l'usufruit légal des biens de ses deux enfants mineurs ci-après nommés jusqu'à l'arrivée de l'une des causes prévues par la loi pour la cessation de cet usufruit.

II. — Et au nom et en qualité de tutrice légale de : 1° Jules Nicloux, né à..., le...; 2° et Eugénie Nicloux, née à..., le.,., ses deux enfants mineurs, issus de son mariage avec M. Léon Nicloux susnommé.

En présence de M. Charles Nicloux, propriétaire, demeurant à...

    Agissant en qualité de subrogé-tuteur des mineurs sus-nommés ses neveu et nièce ; nommé à cette qualité, qu'il a acceptée, par délibération du conseil de famille desdits mineurs, prise sous la présidence de M. le juge de paix du canton de..., le...

11. — Veuve enceinte. Curateur au ventre.

A la requête de Mme Adolphine Martin, sans profession, demeurant à..., veuve de M. Léon Nicloux, en son vivant propriétaire ; ladite dame ici présente ;

Agissant : 1°..., etc.

Et en présence de :

1° M. Charles Nicloux, propriétaire, demeurant à...

    Agissant en qualité de curateur au ventre pour l'enfant dont ladite dame est enceinte ; nommé à cette qualité par délibération du conseil de famille prise sous la présidence de M. le juge de paix du canton de..., le...

2° Et M..., habile à se porter héritier du *de cujus*, si l'enfant ne naît pas viable.

Dans le cas où l'enfant naîtrait au cours de l'inventaire, il faudrait dire :

A la requête de Mme Adolphine Martin, sans profession, demeurant à..., veuve de M. Léon Nicloux, en son vivant propriétaire ; ladite dame ici présente ;

Agissant :

I. — En son nom personnel,

      1°...

    4° Et comme ayant l'usufruit légal des biens de son enfant mineur jusqu'à l'arrivée de l'une des causes prévues par la loi pour la cessation de cet usufruit.

II. — Et au nom et en qualité de tutrice légale de l'enfant dont elle était enceinte lors du décès de son mari et qui depuis est né à... le..., et a été inscrit sur les registres de l'état civil de ladite commune, sous les prénoms de...

    Et en présence de M. Charles Nicloux, propriétaire, demeurant à...

      Agissant en qualité de subrogé-tuteur dudit mineur, qualité que la naissance de l'enfant lui a conférée aux termes de l'art. 393 du Code civil.

12. — Veuve ayant droit de conserver le fonds de commerce.

    Agissant : 1°... 4° Et comme ayant droit de conserver, si bon lui semble, le fonds de commerce exploité au jour du décès de son mari, ainsi que les marchandises et ustensiles dudit fonds et la jouissance, à titre de locataire, des lieux nécessaires à son exploitation ainsi qu'à l'habitation, à charge de tenir compte aux héritiers de M. Nicloux de leurs droits dans la valeur des fonds, marchandises, ustensiles et droit au bail, d'après l'estimation qui en sera faite au présent inventaire et sous la condition de faire signifier son option auxdits héritiers dans les... mois du décès, à peine de déchéance. ainsi que le tout est plus longuement expliqué dans le contrat de mariage de M. et Mᵐᵉ Nicloux, ci-après analysé.

13. — Héritiers majeurs présents.

A la requête de :

I — Mᵐᵉ Eugénie Vincent, épouse assistée et autorisée de M. Jules Legros, négociant, demeurant à... ; ladite dame ici présente;

    M. et Mᵐᵉ Legros, mariés sous le régime de la communauté de biens réduite aux acquêts aux termes de leur contrat de mariage passé devant Mᵉ..., notaire à..., le...

II. — Et M. Alfred Vincent, avocat, demeurant à... ;

    Mᵐᵉ Legros et M. Vincent, sœur et frère germains, habiles à se porter seuls héritiers, chacun pour moitié, de M. Paul Vincent, leur père, décédé à..., le...

14. — Héritiers majeurs. Mandataire.

A la requête de :

I. — M. Lucien Thiébaut, docteur en médecine, demeurant à..., ici présent;

II. — Et, Mˡˡᵉ Anna Thiébaut, majeure, sans profession, demeurant à...

    Mˡˡᵉ Thiébaut, non présente, mais représentée par M. Oscar Martin, rentier, demeurant à..., ici présent, son mandataire aux termes de la procuration qu'elle lui a donnée suivant acte passé devant Mᵉ..., notaire à..., le .., dont le brevet original certifié véritable, est demeuré annexé aux présentes après mention.

    M. et Mˡˡᵉ Thiébaut, frère et sœur germains, habiles à se porter seuls héritiers chacun pour moitié de M. Louis Thiébaut, leur père, en son vivant cultivateur, demeurant à..., où il est décédé le...

15. — Enfant mineur orphelin. Tuteur datif.

A la requête de M. Victor Meunier, propriétaire, demeurant à..., ici présent;

    Agissant en qualité de tuteur du mineur Edmond Meunier, son neveu; nommé à cette qualité, qu'il a acceptée, par délibération du conseil de famille de ce dernier, prise sous la présidence de M. le juge de paix du canton de..., le...

Ledit mineur habile à se porter seul héritier de Mme Ernestine Claude, sa mère, décédée à..., le..., veuve de M. Achille Meunier.

16. — Héritiers par représentation.

A la requête de :

I. — M. Paul Martin, propriétaire, demeurant à..., ici présent;

II. — M. Léon Martin, avocat, demeurant à..., ici présent;

MM. Paul et Léon Martin, habiles à se porter héritiers, chacun pour moitié, de M. Pierre Martin, leur père et aïeul, en son vivant cultivateur, demeurant à..., où il est décédé le..., savoir : M. Paul Martin de son chef, et M. Léon Martin par représentation de M. Nicolas Martin, son père, décédé à..., le..., fils de M. Pierre Martin de cujus.

17. — Légataire par testament authentique.

Habile à se porter légataire à titre universel du quart, en pleine propriété, de la totalité des biens composant la succession de M. Louis Perrin, en son vivant propriétaire, décédé en son domicile à..., le..., aux termes de son testament authentique, reçu par M^e..., notaire à..., etc.

18. — Légataire par testament olographe.

Habile à se porter légataire à titre universel de la moitié, en pleine propriété, de tous les biens composant la succession de M..., décédé en son domicile à..., le..., aux termes de son testament olographe en date à... du..., et dont l'original a été déposé pour minute à M^e..., notaire à..., le..., en vertu de l'ordonnance de M. le président du tribunal de première instance de..., le..., insérée au procès-verbal de présentation et de description de ce testament dressé au greffe dudit tribunal le même jour.

19. — Exécuteur testamentaire.

Exécuteur testamentaire de M..., en son vivant rentier, demeurant à..., où il est décédé le..., et ayant la saisine, pendant l'an et jour, de la totalité du mobilier dépendant de la succession de ce dernier, suivant son testament, etc.

20. — Héritier majeur grevé de restitution.

A la requête de M. Jean Meunier, demeurant à..., ici présent;

Agissant :

1° Comme habile à se porter unique héritier de son père ;

2° Et comme habile à se porter légataire universel de la portion disponible en pleine propriété, c'est-à-dire de la moitié des biens meubles et immeubles composant la succession de M. Louis Meunier, son père, en son vivant propriétaire à..., où il est décédé le..., mais à la charge de restitution pour la totalité de ce qui fera l'objet de ce legs au profit de ses enfants nés et à naître, au premier degré seulement; le tout aux termes du testament dudit feu sieur Louis Meunier, reçu par M^e... etc.

En présence de M. Pierre Richard, avocat, demeurant à...

Agissant au nom et comme tuteur chargé de l'exécution de ladite restitution, nommé à cette qualité par le testament susénoncé de M... (ou aux termes d'une délibération du conseil de famille prise sous la présidence de M. le juge de paix de..., le...)

21. — Ascendant seul héritier dans sa ligne.

M. Vincent, habile à se porter seul héritier, pour la moitié afférente à la ligne paternelle de M. Paul Vincent, son fils, en son vivant avocat, demeurant à .., où il est décédé le..., (*si l'autre ligne est représentée par des collatéraux autres que des frères et sœurs du défunt, il faut ajouter* : et à recueillir l'usufruit du tiers de la moitié dévolue aux héritiers collatéraux de la ligne maternelle, en vertu des art. 753 et 754, C. civ.).

22. — Enfant naturel.

M. Léon Nicloux, enfant naturel de M. Pierre Nicloux, en son vivant rentier, demeurant à..., où il est décédé le.... reconnu suivant acte passé devant Mᵉ..., notaire à..., etc., et, en cette qualité, habile à recueillir (*indiquer ici la portion, suivant la qualité des héritiers qui viennent en concurrence avec l'enfant naturel*) des biens composant la succession de son père.

23. — Enfant adoptif.

M. Léon Nicloux, enfant adoptif de M. Pierre Nicloux, en son vivant, propriétaire, décédé à..., le..., et de Mᵐᵉ Amélie Vincent, ci dessus dénommée, aujourd'hui sa veuve, qualité qui lui a été conférée par eux, et qu'il a acceptée, suivant déclaration faite devant M. le juge de paix du canton de .., le... ; ladite adoption homologuée suivant jugement rendu par le tribunal de première instance de..., le..., confirmée par un arrêt de la Cour d'appel de..., en date du..., qui a été affiché dans les lieux indiqués par le tribunal, et transcrit sur les registres de l'état civil dans les trois mois qui ont suivi le jugement d'adoption ; ainsi que le tout résulte des pièces qui sont demeurées ci-annexées après mention (*ou* : qui ont été déposées pour minute à Mᵉ..., par acte du...).

M. Léon Nicloux, en sadite qualité, habile à se porter seul héritier de M. Pierre Nicloux son père adoptif.

24. — Enfant adopté, avant sa majorité, par un tuteur officieux.

A la requête de M. Alfred Thiébaut, propriétaire, demeurant à..., ici présent ;

Agissant au nom et comme tuteur du mineur Edmond Martin, etc., nommé à cette qualité, qu'il a acceptée, par délibération du conseil de famille du mineur prise sous la présidence de M. le juge de paix du canton de..., le...

Le mineur Martin, enfant adoptif de M. Emile Renaud, en son vivant rentier, demeurant à.... où il est décédé le..., son tuteur officieux, du consentement de M. Emile Martin, père du mineur, depuis décédé, ainsi que cette tutelle est constatée par un procès-verbal dressé par M. le juge de paix du canton de..., le... Cette qualité d'enfant adoptif a été conférée audit mineur, par M. Renaud, suivant son testament authentique, reçu par Mᵉ..., notaire à..., etc., et qui doit recevoir son exécution pleine et entière, le testateur étant décédé sans laisser d'enfant légitime.

Ledit mineur Martin, habile à recueillir seul, en conformité de l'art. 350 du C. civ., par suite de l'adoption qui lui a été conférée par ledit testament, la totalité des biens composant la succession de M. Renaud.

En présence de M... (*subrogé tuteur*).

25. — État.

En exécution d'un arrêté de M..., préfet du département de..., en date du...;

A la requête de M. Louis Martin, directeur général de l'enregistrement, des domaines et du timbre demeurant à Paris, rue de Rivoli, n° 192, poursuites et diligences de M. Georges Aubry, sous-inspecteur de l'enregistrement, des domaines et du timbre, demeurant à..., désigné à cet effet par M. le directeur de l'enregistrement du département de..., suivant une autorisation en date du..., qu'il a représentée et qui lui a été rendue.

Agissant au nom de l'Etat, appelé à recueillir, à titre de déshérence, la succession de M. Pierre Renoux, en son vivant rentier, demeurant à..., où il est décédé le..., sans laisser aucun héritier ni ayant droit connu à sa succession.

26. — Curateur à une succession vacante.

Agisssant en qualité de curateur à la succession réputée vacante de M..., décédé..., à..., le..., sans que, pendant les délais accordés par la loi pour faire inventaire et pour délibérer, personne se soit présenté pour réclamer sa succession, et sans qu'aucun héritier se soit fait connaître;

Ou :

Agissant en qualité de curateur à la succession réputée vacante de M.. , décédé à..., le..., ayant laissé pour héritiers connus M... et M..., ses cousins germains, demeurant tous deux à..., qui ont renoncé à la succession du défunt, par acte dressé au greffe du tribunal de première instance de..., et sans que, depuis cette renonciation, personne se soit présenté, pendant les délais de la loi, pour réclamer cette succession, qui, en conséquence, a été réputée vacante.

M... nommé à ladite qualité de curateur par jugement du tribunal de première instance de..., en date..., etc.

27. — Héritiers présomptifs d'un absent.

A la requête de :

1° M..., etc...

Et en présence de M..., procureur de la République près le tribunal de première instance de..., y demeurant (*Ou :* En présence de M..., juge de paix du canton de..., demeurant à..., commis à l'effet des présentes par M. le procureur de la République près le tribunal de première instance de..., suivant ordonnance en date du...)

M..., habile à se porter seul présomptif héritier, de..., son frère germain dont on n'a pas eu de nouvelles depuis le... ; et envoyé en possession provisoire des biens dudit..., déclaré absent, suivant jugement rendu par le tribunal de première instance de..., le..., etc.

28. — Notaire commis pour représenter des héritiers non présents.

En présence de M. Alfred Vincent, notaire à..., ici présent;

Agissant comme représentant : 1° M... ; 2° M..., en vertu d'une ordonnance de M. le président du tribunal de première instance de..., en date du..., mise au bas de la requête qui lui a été présentée par Me..., avoué près ledit tribunal ; desquelles requête et ordonnance l'original est demeuré ci-annexé après mention par les notaires soussignés.

29. — Créancier opposant.

En présence de M. Léon Michaux, rentier, demeurant à..., ici présent;

Se disant créancier de la succession de M. Emile Bertin, susnommé, et comme tel ayant formé opposition à ce qu'il soit procédé au présent inventaire hors sa présence, par exploit de..., huissier à..., en date..., dont l'original, représenté aux notaires soussignés, est demeuré ci-annexé après mention.

30. — Mari agissant au nom de sa femme.

Agissant tant en son nom personnel, à cause de la communauté de biens qui va être énoncée, qu'au nom de Mme..., son épouse, demeurant avec lui, avec laquelle il est marié sous le régime de la communauté, aux termes de leur contrat passé devant M^e..., notaire à..., le..., etc., et dont il administre les biens et exerce les actions mobilières, conformément à l'article 1428 du Code civil.

31. — Mari survivant ayant droit à la totalité des bénéfices de communauté.

Agissant en son nom personnel, tant à cause de la communauté de biens qui a existé entre lui et Mme..., son épouse, décédée, aux termes de leur contrat de mariage passé devant M^e..., notaire à..., le..., que comme ayant droit, d'après le même contrat, à la totalité des bénéfices de ladite communauté, en qualité de survivant.

32. — Inventaire après une demande en séparation de corps (1).

A la requête de M. René Pinchon, avocat, demeurant à...

Agissant au nom et comme mandataire de Mme Albertine Pierrard, épouse de M. Jules Renaud, sans profession, résidant à..., chez M. Pierrard, son père, aux termes de la procuration qu'elle lui a donnée, etc.,

Lequel a exposé ce qui suit :

Mme Renaud a formé contre son mari une demande en séparation de corps suivant exploit de..., huissier à.., du...;

A sa réquisition, les scellés ont été apposés sur les effets de la communauté par M. le juge de paix du canton de..., suivant son procès-verbal en date du...;

Et par exploit de..., huissier à..., en date du..., Mme Renaud a fait sommation à son mari de se trouver aujourd'hui, à... heures du..., au lieu où il est procédé, pour être présent à l'inventaire des effets mobiliers de la communauté, avec déclaration qu'il y serait procédé en son absence comme en sa présence.

M. Pinchon, en sa qualité de mandataire, requiert acte de sa comparution, et défaut contre M. Renaud, pour le cas où il ne comparaîtrait pas.

Et il a signé après lecture.

(*Signature.*)

A l'instant est intervenu M. Renaud, ci-dessus prénommé, qualifié et domicilié, lequel a déclaré qu'il ne s'oppose pas à ce qu'il soit procédé à l'inventaire.

Et il a signé après lecture.

(*Signature.*)

En conséquence,

A la requête de M. Pinchon, mandataire de Mme Renaud.

Et en présence de M. Renaud,

Etc...

---

(1) Cette formule est applicable au cas de divorce.

V. DESCRIPTION ET ESTIMATION DU MOBILIER

I. — Mobilier de ville.

Dans la cuisine (1).

1° Une pelle, une pincette, un gril, un couperet, deux hachoirs, estimés ensemble (2) à... fr., ci. . . . .

2° Six casseroles de diverses grandeurs, une bassine, une écumoire en cuivre rouge, estimées à... fr., ci . . . .

3° Trois casseroles, quatre plats en fer battu et étamé, une cuiller à pot, une passoire en fer blanc, estimés à... fr., ci . . . .

4° Un balai en crin, un plumeau, une éponge, une sébile en bois, un petit seau en zinc, estimés à... fr., ci. . . . .

5°..., etc. . . . .

Dans une petite chambre à côté de la cuisine.

6° Un lit en fer, un sommier élastique, etc., estimés ensemble à... fr., ci .

7° Une table de nuit en noyer à dessus de marbre, etc.; estimés ensemble à... fr., ci. . . . .

Dans la salle à manger.

8° Une table ronde en palissandre, montée sur six pieds, douze chaises, etc., estimées ensemble à... fr., ci. . . . .

9°... etc., estimé à... fr., ci. . . . .

Dans le cabinet de travail de M...

10° Une pelle, une pincette, un..., etc., estimés ensemble à... fr., ci. . . .

11° Une pendule en bronze, etc., estimés ensemble à... fr., ci. . . . . . .

12° Un corps de bibliothèque en poirier ciré, etc., estimé à... fr., ci. . . .

13° Quatre-vingt-cinq volumes brochés, formant la collection complète de... estimés ensemble à... fr., ci . . . .

14° Œuvres complètes de, etc., estimées à... fr., ci. . . . .

15° ... volumes brochés in-8° et in-12, dont les œuvres de..., les œuvres de..., etc., estimés à... fr., ci. . . . .

Dans la chambre à coucher.

16° Un bois de lit en acajou, etc. . . . .

17° Une commode en acajou, estimée à... fr., ci. . . . .

18° Un habit, etc., estimés ensemble à... fr., ci. . . . .

Dans le salon.

19° Une pelle, une pincette, etc. . . . .

A reporter . . . .

_____

(1) Il est d'usage d'indiquer non seulement la maison dans laquelle on procède, mais aussi le corps de logis ou l'étage où se trouvent situés l'appartement et les diverses pièces dans lesquelles on procède successivement.

(2) Pour faire la description et l'estimation, on peut réunir sous le même article plusieurs objets de la même nature ou ayant une même destination ; ce mode a pour résultat d'éviter de multiplier les articles, et par conséquent de diminuer les frais.

Report. . . . . . | " | "

Dans un cabinet noir attenant au salon.

20° Une malle en cuir noir, etc., estimés à... fr., ci. . . . . | » | »

Dans la cave.

21° Un fût contenant un hectolitre de vin de..., estimé à... fr., ci. . . . | » | »
22° ... bouteilles de vin de..., estimées à... fr., ci. . . . . | » | »
23° ... bouteilles vides, un lot de chantiers et de planches à bouteilles, estimés à... fr., ci. . . . . | » | »

BIJOUX

24° Une montre de femme, en or guilloché, etc., du nom de..., horloger à..., estimée à..., fr., ci. . . . . | » | »

ARGENTERIE

25° ... couverts, une cuiller à potage,... petites cuillers à café, le tout en argent, à filets, poinçon de Paris, pesant ensemble... kilogrammes, estimés à raison de... le gramme, à la somme de... fr., ci. . . . . | » | »

Total de la prisée . . . . . | » | "

2. — Mobilier de campagne.

Dans une pièce au rez-de-chaussée.

1° Une pelle, une pincette, etc., estimés à... francs, ci. . . . . | » | »
2° Une grande armoire en chêne à deux vantaux, estimée à la somme de.. francs, ci. . . . . | » | »

Dans l'armoire ci-dessus inventoriée.

3° ... paires de draps de toile de ménage, etc., estimés ensemble à... fr., ci. | » | »

Dans la cave.

4° Deux fûts contenant ensemble... hectolitres de vin, estimés à... fr., ci. . | » | »
5° Deux chantiers en chêne, un saloir, etc., estimés ensemble à... fr., ci . . | » | »

Dans le grenier.

6° Deux cents bottes de paille de blé, etc., estimées ensemble à... fr., ci . . | » | »
7° ..., etc. . . . . | » | »

Dans l'écurie.

8° Un cheval alezan, âgé de 5 ans, estimé à... fr., ci. . . . . | » | »
9° Un autre cheval, etc. . . . . | » | »
10° Une vache, etc., estimée à... fr., ci . . . . | » | »

Dans une bergerie.

11° ... moutons et brebis, etc., estimés ensemble à...fr., ci. . . . . | » | »

Dans un hangar.

12° Une charrette, etc., estimés ensemble à la somme de... fr., ci. . . . . | » | »

A reporter. . . . . | » | »

		Report.	»	»

Dans le poulailler.

13° ... poules et poulets, etc., estimés ensemble à... fr., ci . . . .   »   »

Dans le pigeonnier.

14° ... paires de pigeons, estimées à... fr., ci . . . .   »   »

Dans la cour.

15° ... fagots, etc., estimés à... fr., ci . . . .   »   »
16° ... Le fumier de la cour, estimé à..., fr., ci . . . .   »   »

*Sur les pièces de terre ci-après désignées, sur lesquelles les parties,
l'expert et le notaire se sont transportés :*

IMMEUBLES PROPRES AU DÉFUNT

17° Le fumier existant dans une pièce de terre située à..., lieudit..., de la
contenance de... hectares, estimé à... fr., ci . . . .   »   »
18° Les fumiers, labours et semence en blé d'une pièce de terre, lieudit...,
de la contenance de... hectares, estimés à... fr., ci. . . . .   »   »
19° Les labours sur une pièce de terre, de la contenance de..., lieudit...,
estimés à..., ci . . . .   »   »
20° Les labours et semence en avoine sur une pièce de terre, lieudit... de la
contenance de..., estimés à... fr., ci . . . .   »   »

IMMEUBLES PROPRES A LA VEUVE.

Les labours... etc...

IMMEUBLES DE COMMUNAUTÉ.

*(On indique ici, mais pour ordre seulement, les terres dépendant de la commu-
nauté qui sont chargées de récoltes)* :
Récolte en blé sur... de terre, terrain de... lieudit... etc...
Récolte en avoine sur... etc...

           Total de la prisée de l'inventaire. . . . .   »   »

3. — Fonds de commerce.

M. X... fait les déclarations suivantes:

Aux termes de son contrat de mariage susénoncé, il a été stipulé que le survivant des
époux aurait la faculté de conserver, pour son compte personnel, le fonds de commerce qu'ils
exploiteraient, avec les marchandises, ustensiles et droit au bail pouvant en dépendre, à la
charge par le survivant de tenir compte de la valeur du fonds, du matériel et des marchandises, d'après estimation à déterminer par experts dans l'inventaire, et d'exécuter les conditions du bail ; le tout à compter du décès du prémourant ;

Il y a donc lieu, sous la réserve des droits respectifs des parties, de procéder à la prisée du matériel, des marchandises et du fonds de commerce.

Cette prisée sera faite par le commissaire-priseur, assisté de : 1° M... ; 2° M..., tous deux
ici présents, experts amiablement choisis par les parties.

Lesquels ont prêté serment entre les mains de M°..., notaire, de faire consciencieuse-
ment ladite estimation.

Et ils ont signé après lecture.

Désignation et estimation des marchandises.

Désignation du mobilier industriel.

Estimation du fonds de commerce.

Le commissaire-priseur et les experts ayant pris communication des livres de commerce, des inventaires, du bail, et de tous les documents propres à les éclairer, ont estimé le fonds de commerce proprement dit, comprenant la clientèle et le droit au bail, à la somme de..., indépendamment, bien entendu, de la valeur du matériel, des marchandises et du montant des loyers d'avance.

Puis, les experts, ayant terminé leur mission, ont signé, après lecture, et se sont retirés.

(*Signatures.*)

VI. ANALYSE DES PAPIERS (1)

Contrat de mariage.

Cote première. — Pièce unique.

La pièce unique de cette cote est l'expédition d'un contrat passé devant M^e... et son collègue, notaires à..., le..., contenant les clauses et conditions civiles du mariage de M... et Mme...
Par ce contrat :

Il a été établi une communauté de biens entre les époux, avec exclusion des dettes et hypothèques l'un de l'autre antérieures et postérieures au mariage.

Le futur époux a déclaré que ses biens consistaient :

1° En une maison située à..., par lui acquise de..., suivant contrat passé devant M^e..., etc., moyennant... fr., payés comptant par le contrat ;

2° Et en ses droits non encore liquidés alors dans la succession de Mme... sa mère dont il était héritier pour un...

En considération du mariage, M... et Mme..., père et mère de la future épouse lui ont donné et constitué en dot, en avancement d'hoirie, sur leurs successions futures, et chacun pour moitié, une somme de... fr., dont... fr. en argent et... fr. en un trousseau. De laquelle dot le futur époux a consenti à demeurer chargé envers la future épouse, par le seul fait de la célébration du mariage.

La mise en communauté a été fixée de part et d'autre à... fr., ce qui a formé un fonds de... fr.; le surplus, ensemble ce qui adviendrait et écherrait à chacun des époux, pendant le mariage, tant en meubles qu'en immeubles, par successions, donations, legs ou autrement, a été stipulé propre respectivement.

Le préciput en faveur du survivant a été fixé à... fr., à prendre soit en meubles, suivant la prisée de l'inventaire, soit en deniers comptants, au choix du survivant.

La clause de remploi des propres aliénés a été stipulée dans les termes ordinaires.

En cas de renonciation à la communauté par la femme et les enfants à naître du mariage, il a été dit qu'ils auraient le droit de reprendre l'apport entier de la future épouse, ainsi que tout ce qui, pendant la durée du mariage, lui serait advenu et échu, tant en meubles qu'immeubles, par successions, donations, legs ou autrement, et que, si c'était la future épouse qui exerçât ce droit, elle reprendrait en outre son préciput.

Ce contrat est terminé par une donation dont l'effet, en faveur du survivant des époux, était subordonné au cas de non-existence d'enfant.

Ladite pièce a été cotée et paraphée par ledit M^e..., notaire soussigné, et par lui inventoriée sous la présente cote première.

Mme veuve..., déclare ce qui suit :

Son mariage avec M... a été célébré à la mairie de..., le...

La maison située à..., formant l'art. 1 de l'apport en mariage de M..., a été vendue par M. et Mme... à M... moyennant... payés comptant ; le tout suivant contrat reçu par M^e..., notaire à..., le...

Les droits de son mari dans la succession de Mme... sa mère, qui n'étaient point

---

(1) L'art. 49 de la loi du 8 juin 1850 enjoint aux notaires, sous peine d'une amende de 10 fr. par chaque contravention, de déclarer si les effets, certificats d'actions, titres, bordereaux, police d'assurances et tous autres actes sujets au timbre sont ou non revêtus du timbre prescrit par la loi.

Mais les obligations imposées par cette loi ne s'appliquent qu'aux cas où l'art. 24 de la loi du 13 brumaire an VII défend aux notaires d'agir sur des actes non écrits sur papier timbré du timbre prescrit, ou non visés pour timbre, et ne concernent pas notamment les *descriptions de titres dans les inventaires*, et les mentions d'actes dans les testaments notariés. — Décision du Ministre des finances du 2 février 1853 ; instruction de la Régie du 16 du même mois, n° 1954. — Cette décision du Ministre des finances fait cesser les doutes qui s'étaient élevés sur l'interprétation de l'art. 49 de la loi de 1850 au sujet des actes décrits dans les inventaires.

liquidés lors de son mariage, l'ont été depuis, aux termes d'un acte de liquidation et partage, qui sera inventorié ci-après, sous la cote 3.

La dot à elle constituée par ses père et mère a été payée à son mari.

Pendant son mariage, elle a recueilli la succession de M... son père, dont elle était héritière pour... ; il lui est provenu de cette succession différents biens, ainsi que le constate l'acte de liquidation et partage inventorié sous la cote 2 ci-après.

Son mari ni elle n'ont reçu aucune donation ou legs, ni recueilli d'autres successions que celles ci-dessus indiquées.

PROPRES DE Mme VEUVE...

Succession de M...

Cote deuxième. — Une pièce.

La pièce unique de cette cote est l'extrait d'un acte reçu par Me..., etc., contenant liquidation et partage de la communauté de biens ayant existé entre M. et Mme... et de la succession dudit sieur..., décédé à... le..., entre : 1° Mme veuve... ayant agi à cause de la communauté de biens qui avait existé entre elle et son défunt mari, aux termes de leur contrat de mariage reçu par Me..., notaire à..., le..., et comme donataire, par le même contrat, de l'usufruit de la moitié des biens composant la succession de M...; 2° M et Mme...; 3° M...; 4° M..., ces derniers et Mme..., seuls héritiers, chacun pour un tiers de M... leur père, ainsi que le constate un acte de notoriété dressé par Me..., notaire à..., le...

Il résulte de cet acte de liquidation :

Que la masse active de la communauté, déduction faite des dettes et charges, y compris les frais de liquidation, s'est élevée à... francs, dont moitié pour la veuve et moitié pour la succession de son défunt mari a été de...

Que la masse de la succession, composée, entre autres choses, de la moitié des bénéfices de communauté et du rapport fictif de la moitié des dots de Mme... et de M..., son frère, s'est montée à... francs, revenant à chacun des trois enfants :

Pour un tiers en pleine propriété, soit...

Et pour un tiers en nue-propriété grevé de l'usufruit de Mme veuve..., soit...

Que, pour remplir Mme... de la somme de... francs, à elle revenant en pleine propriété dans la successsion de M... son père, il lui a été abandonné, avec jouissance à partir du jour du décès de ce dernier :

1°... francs, dont elle a fait rapport à la succession de M..., son père, pour moitié de la dot qu'elle a reçue en avancement d'hoirie, aux termes du contrat de mariage de ladite dame, analysé sous la cote première, ci.	»	»
2° Pour... francs, une maison et dépendances, situées à..., rue..., n°..., ci.	»	»
3° Pour... francs, ... francs de rente 3 °/₀ sur l'Etat.	»	»
Total égal à l'émolument en pleine propriété de Mme..., ... francs, ci. . .	»	»

Par le même acte, il a été abandonné à Mme..., en usufruit durant sa vie, et à ses trois enfants en nue propriété, conjointement (dont un tiers pour Mme...)		
1° Une ferme, etc.	»	»
2°.	»	»
Total égal à l'émolument revenant en usufruit à Mme... et en nue propriété à ses enfants ... francs, ci	»	»

Laquelle pièce a été cotée et paraphée par Me... et par lui inventoriée, comme pièce unique de la présente cote deuxième.

Mme veuve... fait les déclarations suivantes (1) :

La maison à elle échue par le partage, qui vient d'être inventoriée, existe toujours en nature. Les titres et baux en seront analysés ci-après.

---

(1) Lorsque les titres inventoriés ne font pas connaître d'une manière assez explicite la position de celui qu'ils concernent, on complète cette lacune par une déclaration additionnelle, en suite de l'analyse de ces titres.

A l'égard des... francs de rente sur l'État à elle abandonnés, aux termes du même partage, ils ont été vendus durant la communauté, le..., au cours de..., ce qui a produit une somme de..., déduction faite de..., pour droit de l'agent de change et du prorata d'arrérages compris dans le cours;

Les biens soumis à l'usufruit de Mme... sa mère, et dont la déclarante a la nue propriété pour un tiers, suivant ledit partage, existent toujours en nature.

Il a été payé par M. et Mme... une somme de... pour la part à la charge de ladite dame dans les droits de mutation occasionnés par le décès de son père.

Maison à Paris, rue..., n°...

Cote troisième. — Dix pièces.

Les dix pièces de cette cote sont les titres de propriété d'une maison sise à..., appartenant en propre à Mme veuve...

Lesquelles pièces, dont il n'a pas été fait une plus ample description, à la réquisition des parties, ont été cotées et paraphées par M^e... notaire, et inventoriées sous la présente cote troisième.

Baux de la maison située à Paris, rue... n°...

Cote quatrième. — Dix pièces.

La première pièce de cette cote est la grosse d'un acte passé devant M^e..., etc., contenant bail par M. et Mme... à M..., de..., pour... années qui ont commencé à courir le... moyennant un loyer annuel de... payable le..., etc.

La seconde pièce est la grosse d'un autre acte passé, etc.

Les huit autres pièces sont d'anciens baux périmés, etc.

Lesquelles pièces ont été cotées et paraphées par M^e..., notaire, et inventoriées sous la présente cote quatrième.

Mme veuve..., déclare ce qui suit :

Le surplus de ladite maison était loué à titre verbal, savoir :

1° Un appartement au... étage à M..., moyennant un loyer annuel de... ;

2° Etc...

Au jour du décès de son mari, il n'était dû que le prorata desdits loyers couru depuis le...

PROPRES DE LA SUCCESSION.

Succession de Mme..., mère du défunt.

Cote cinquième. — Pièce unique.

La pièce unique de cette cote est l'expédition d'un acte passé devant M^e..., etc., contenant liquidation et partage de la succession de Mme..., entre M...., de cujus, et M...., son frère germain, héritiers, chacun pour moitié, de leur mère.

Il résulte de ce partage :

I. — Que la masse active s'est élevée à..., ci	»	»
Que les déductions à faire pour dettes applicables aux fonds de la succession, y compris les frais et droits, montaient à..., ci	»	»
Qu'en conséquence, l'actif net de cette succession n'était que de... fr., ci . .	»	»
Dont moitié pour le défunt... a été de... fr., ci . .	»	»

II. — Que, pour payer les dettes, les parties ont assigné différentes valeurs, composées, savoir :

1° De la somme de..., etc., ci	»	»
2° De celle de..., etc., ci	»	»
Total égal au montant des dettes.	»	»

III. — Et que, pour remplir M... des... fr. qui lui revenaient, il lui a été abandonné, savoir :

1° Pour la somme de..., une rente de..., etc.	»	»
2° Pour la somme de..., une maison située à..., etc.	»	»
Total des abandonnements... fr., ci	»	»

Laquelle pièce a été cotée et paraphée par M⁰... et par lui inventoriée, comme pièce unique de la présente cote cinquième.

Mᵐᵉ veuve... fait les déclarations suivantes :

Il est à sa connaissance que le montant des valeurs assignées pour le paiement des dettes, aux termes du partage, a été employé entièrement à cet effet, et qu'il n'est plus rien dû.

La rente due par... a été remboursée au capital de... suivant quittance passée devant, etc.

La maison... a été vendue moyennant... payés, etc.

BIENS ET VALEURS DE COMMUNAUTÉ.

Ferme de...

Cote sixième. — Douze pièces.

La première pièce de cette cote est l'expédition d'un procès-verbal dressé par M⁰..., etc., contenant adjudication au profit de M. ..., de... (*désigner succinctement les immeubles*), moyennant la somme de..., de prix principal, etc. Cette adjudication a eu lieu par suite de licitation poursuivie entre les héritiers de M. et Mᵐᵉ...

La seconde pièce est un cahier de... quittances, en suite les unes des autres, passées devant M⁰..., etc.. les...; desquelles il résulte que le prix total de... a été acquitté par M..., entre les mains des vendeurs et de leurs créanciers.

Les ... pièces sont: état et certificats d'inscriptions, certificat de dépôt d'une copie collationnée dudit jugement, au greffe du tribunal de...; l'original de l'exploit de notification de ce dépôt, tant à la dame..., épouse de..., qu'à M. le procureur de la République près le tribunal de..., le certificat d'exposition pendant les deux mois, conformément à l'art. 2194 du C. civ., et le certificat de non-inscription d'hypothèque légale délivré par le conservateur des hypothèques de...

Les... autres pièces, sont anciens titres de propriété.

Ces pièces ont été cotées et paraphées par M⁰... et par lui inventoriées sous la présente cote sixième.

Baux de la ferme de...

Cote septième. — ... pièces.

La première pièce de cette cote est la grosse d'un acte passé devant M⁰..., le... contenant bail par M. ..., à M. ... et à Mᵐᵉ..., son épouse, demeurant tous deux à..., pour... années et autant de récoltes consécutives à compter du... de la ferme provenant de l'acquisition énoncée sous la cote six, moyennant, outre l'acquit de l'impôt foncier, un fermage annuel de... payable...; avec hypothèque par les fermiers au profit de M. ... sur..., pour garantir le paiement des fermages.

La seconde est le bordereau de l'inscription que le bailleur a prise au bureau des hypothèques de..., le..., etc., contre les preneurs pour sûreté du prix dudit bail.

La troisième, etc.

Ces pièces ont été cotées, etc., sous la présente cote septième.

Mᵐᵉ... déclare qu'au décès de son mari, il n'était dû que le prorata dudit fermage couru depuis le...

Rente sur l'État.

Cote huitième. — Pièce unique.

La pièce unique de cette cote est une inscription de... fr. de rente 3 °/₀ sur l'État, au nom de M. ..., portant le n°..., de la... série. Au dos de cette inscription se trouvent des estampilles, dont la dernière constate que les arrérages ont été payés jusqu'au...

Cette pièce a été cotée, etc., cote huitième.

Obligations du chemin de fer du Nord.

Cote neuvième. — ... pièces.

Les pièces de cette cote sont... obligations au porteur, timbrées par abonnement, de la compagnie du chemin de fer du Nord, au capital nominal de 500 fr. chacune, produisant un intérêt annuel de 15 fr. payable les...; lesdites obligations. portant les n°... sont munies de leurs coupons d'intérêts dont le premier à détacher est à échéance du...

Lesquelles pièces ont été inventoriées sous la présente cote neuvième, mais attendu leur nature de titres au porteur, elles n'ont été ni cotées ni paraphées à la réquisition expresse des parties.

Assurance sur la vie.

Cote dixième. — ... pièces.

La première pièce de cette cote est l'un des originaux d'une police en date à... du... portant le n°...; aux termes de laquelle la compagnie d'assurance sur la vie... dont le siège est à Paris, rue... s'est obligée à payer lors du décès de M... à ses héritiers et représen- tants (ou à Mme... son épouse), la somme de... et ce, moyennant une prime annuelle de... payable le... de chaque année.

Les... autres pièces sont des reçus des primes de ladite assurance, dont la dernière est à échéance du...

Lesquelles pièces ont été cotées et paraphées, etc , sous la présente cote dixième.

Créance hypothécaire.

Cote onzième. — Deux pièces.

La première pièce de cette cote est la grosse d'un acte reçu par M^e..., etc., par lequel M..., demeurant à..., et Mme... son épouse, etc... ont reconnu devoir à M... la somme de... qu'ils se sont obligés de lui rembourser le..., avec intérêts, etc...

La deuxième est le bordereau de l'inscription que M... a requise au bureau des hypo- thèques de... le..., etc., contre les sieur et dame..., pour sûreté de sa créance, en principal et intérêts, sur...

Ces deux pièces ont été cotées, etc., sous la présente cote onzième.

Mme... déclare qu'au décès de son mari, les intérêts de ladite créance étaient dus depuis le...

Effets de commerce.

Cote douzième. — ... pièces.

La première pièce de cette cote est un billet de la somme de..., souscrit par M..., au profit de M..., le..., payable le..., au domicile de M..., à...

La seconde pièce est une lettre de change, etc.

Ces pièces ont été cotées, etc., sous la présente cote douzième.

Acte de société.

Cote treizième. — Deux pièces.

La première pièce de cette cote est l'un des doubles originaux d'un acte sous signatures privées en date à... du... en marge duquel se trouve la mention suivante : Enregistré à..., le..., etc.

Par cet acte, M..., décédé, et M... ont formé entre eux une société en nom collectif ayant son siège à..., pour... années à compter du..., sous la raison... et dont l'objet est...

La mise de chacun des associés a été fixée à... fr., qui devait être versée à mesure des besoins, et avec convention que, si de nouveaux fonds étaient nécessaires, ils devaient être versés entre les associés par égales portions.

Il a été stipulé que les bénéfices seraient partagés..., etc. ;

Qu'il serait fait chaque année, au... (*continuer l'analyse de cet acte en indiquant les principales clauses qui peuvent présenter de l'intérêt pour les héritiers, soit activement, soit passivement, notamment en ce qui concerne le décès d'un associé avant l'expiration de la société*).

La deuxième pièce est un relevé de l'inventaire commercial de ladite société fait entre les associés à la date du..., et constatant que, à cette époque, la part de M... dans la société s'élevait à...

Lesquelles pièces ont été cotées, etc..., cote treizième.

Registres de commerce (1).

Cote quatorzième. — Trois pièces.

La première pièce de cette cote est un registre in-folio intitulé Livre-Journal, commencé le..., contenant... folios cotés et paraphés par M..., juge au tribunal de commerce de...

Les... premiers feuillets de ce livre sont entièrement écrits; la moitié du... et les suivants sont entièrement en blanc. La dernière opération constatée sur le... feuillet porte la date du...

Il résulte de ce registre qu'il serait dû, savoir :

Bonnes créances :

1° Par M...

Créances douteuses :

1° Par M...

Créances irrécouvrables :

1° Par M...

La seconde pièce est le registre des inventaires contenant... feuillets, commencé le..., coté et paraphé par M..., maire de la commune de..., le.... — Les... premiers feuillets, etc.

La troisième est un registre copie de lettres, contenant... feuillets, commencé le..., etc. Les... premiers feuillets, etc.

Ces registres ont été cotés et paraphés par M°..., l'un des notaires soussignés, qui en a bâtonné tous les blancs intercalaires, et ils ont été tous les trois inventoriés sous la présente cote quatorzième.

Renseignements actifs.

Cote quinzième. — Dix pièces.

Les dix pièces de cette cote sont des billets, effets et jugements pouvant servir de renseignements actifs, mais dont le recouvrement est désespéré ; c'est pourquoi il n'en a été fait ici aucune description, mais elles ont été cotées, paraphées et inventoriées sous la présente cote quinzième.

Contributions.

Cote seizième. — Huit pièces.

Les huit pièces de cette cote sont des feuilles et quittances de contributions tant foncières que mobilières.

Il en résulte..., etc.

Lesquelles pièces ont été cotées, etc., cote seizième.

Quittances de loyers.

Cote dix-septième. — Six pièces.

Les six pièces de cette cote sont des quittances des loyers de la maison habitée par M. et Mme..., la dernière est de la somme de..., pour le terme échu le...

Elles ont été cotées, etc., sous la présente cote dix-septième

Mémoires acquittés.

Cote dix-huitième. — Quinze pièces.

Les quinze pièces de cette cote sont des mémoires et notes acquittés, et divers renseignements pouvant servir de décharge auxdites communauté et succession, dont il n'a pas été

---

(1) S'il y a des livres et registres de commerce, on en constate l'état, c'est-à-dire que l'on mentionne le nombre de feuillets écrits, s'il y a des feuillets manquants ou arrachés, et quels sont ces feuillets ; ou bien, l'on énonce que les registres sont en bon état. On bâtonne les blancs qui se trouvent dans les pages écrites, mais non pas les feuillets blancs qui se trouvent à la suite de la dernière opération constatée. Il suffit qu'il soit dit qu'il reste *tant* de feuillets blancs. On dit à quelle date ils ont commencé, et à quelle date ils finissent. Puis les feuillets sont cotés et paraphés, s'ils ne le sont (C. de pr., art. 943).

fait plus ample description, à la réquisition des parties; mais elles ont été cotées, paraphées et inventoriées sous la présente cote dix-huitième.

Renseignements de famille.

Cote dix-neuvième. — Dix pièces.

Les dix pièces de cette cote sont des actes de baptême, naissance, mariage et décès de M. et Mme... et de leurs enfants, et autres pièces pouvant servir de renseignements de famille.

Ces pièces n'ont été ni cotées ni paraphées, à cause de leur nature qui ne présente aucun intérêt actif ou passif ; mais elles ont été inventoriées sous la présente cote dix-neuvième.

Récolement (1).

Cote vingtième. — Pièce unique.

La pièce unique de cette cote est l'expédition de l'inventaire fait après le décès de Mme..., première épouse de M... (ou fait après le décès de Mme..., décédée, épouse de M...) par Me..., etc., en date au commencement du..., à la requête de mondit sieur..., tant à cause de la communauté de biens qui avait existé entre lui et sa défunte épouse, qu'en sa qualité de tuteur légal de..., ses enfants mineurs, en présence de M..., subrogé tuteur desdits mineurs.

Laquelle pièce a été cotée, etc..., cote vingtième.

Et à l'instant, à la réquisition des parties, Me... a procédé de la manière suivante au récolement des papiers décrits dans ledit inventaire.

La pièce unique de la cote première, qui est le contrat de mariage de M. et Mme... (ou de M... avec sa première femme), s'est trouvée en nature.

Les... pièces de la cote..., qui étaient les titres de..., se sont également trouvées en nature.

Des... pièces de la cote..., qui étaient des inscriptions sur le grand-livre de la dette publique, 3 °/o, au nom de M..., les deux premières se sont trouvées en nature, les autres sont en déficit.

Les quinze pièces de la cote... étaient les titres de propriété d'une maison située à...; les... premières se sont trouvées en nature ; quant aux cinq dernières qui consistaient : 1° en..., etc., elles n'ont point été trouvées, mais elles sont remplacées par un récépissé de M..., à qui elles ont été confiées momentanément, et qui s'est obligé de les restituer à la première réquisition qui lui en serait faite.

Dot constituée à Mme...

Cote vingt-unième. — Une pièce.

La pièce unique de cette cote est l'expédition, représentée par M. et Mme..., de leur contrat de mariage reçu par Me..., notaire à..., le..., aux termes duquel M. et Mme..., père et mère de ladite dame lui ont constitué en dot, en avancement d'hoirie, et par imputation sur ses droits dans la succession du prémourant des donateurs et subsidiairement, s'il y a lieu, dans celle du survivant, un trousseau d'une valeur de... et une somme de... en espèces ; le tout livrable et payable le jour du mariage dont la célébration a valu décharge.

Ladite pièce, présentée par M. et Mme..., a été seulement inventoriée par Me... sous la cote présente vingt-unième.

Cote vingt-deuxième. — Six pièces.

. . . .

(1) Lorsque des papiers se trouvent avoir été déjà décrits dans un précédent inventaire, comme dans l'espèce de cette formule après le décès de la première femme du défunt, on se contente de faire sur cet inventaire, après l'avoir inventorié, le *récolement* des papiers qu'il comprend, c'est-à-dire que l'on se borne à vérifier et constater quelles pièces se *sont* trouvées en *nature* et quelles autres en *déficit*.

DÉCLARATIONS GÉNÉRALES.

Cote vingt-troisième. — ... pièces.

Mme veuve... fait les déclarations suivantes :

Sur l'actif.

Au décès de M... il existait en deniers comptants une somme de...
Et il n'est pas à sa connaissance qu'il dépende desdites communauté et succession d'autres
sommes, valeurs et biens que ceux constatés au présent inventaire

Sur le passif.

Il est réclamé, savoir :

Contre la communauté.

1° Par M...; médecin, pour soins donnés au défunt pendant sa dernière
maladie, la somme de..., ci . . . .
  2° Par M..., pharmacien, pour médicaments fournis pour le défunt, la
somme de.... ci . . . .
  3° Par Mme..., garde-malade, pour..., etc., ci. . . . .
  4° Par M..., pour... mois de loyer, échus le..., de la maison où il est
procédé, la somme de..., ci . . . .
  5° Par le percepteur des contributions directes, les contributions de la
maison située..., ci . . . .
  6° Par M..., marchand boucher, etc..., ci. . . . .
  7° Par Mme..., requérante, pour indemnité de logement et de nourriture
pendant le délai de la loi. . . . .
        Total, sauf mémoire. . . . .

»	»
»	»
»	»
»	»
»	»
»	»
Mémoire.	
»	»

Contre la succession.

1° Pour les frais funéraires. . . . .
2° Pour concession de terrain dans le cimetière . . . .
3° Pour le monument funèbre. . . . .
4° Pour le deuil de Mme veuve . . . .
      Ensemble, sauf mémoire . . . .

»	»
»	»
»	»
Mémoire.	
»	»

A l'appui d'une partie de ces déclarations, Mme..., a représenté... pièces qui sont des
notes et mémoires non acquittés, lesquels ont été cotés, paraphés et inventoriés sous la présente cote vingt-troisième et dernière.

Réserves et protestations.

Les autres parties et notamment M..., subrogé-tuteur du mineur..., déclarent faire toutes
réserves et protestations contre les déclarations de Mme veuve... ; toutes défenses, au contraire, sont réservées par ladite dame.

Déclaration de la tutrice.

Sur la réquisition que M^e..., notaire, a faite à Mme... de déclarer s'il lui est dû quelque
chose par ses enfants mineurs, dont elle a la tutelle, elle a déclaré qu'il ne lui était dû que
le coût s'élevant à..., de la délibération de conseil de famille qui a nommé M..., subrogé-
tuteur.

VII. CLOTURES

1. — Clôture lorsqu'il n'y a pas de scellés.

Il a été vaqué à tout ce qui précède depuis... heures du matin jusqu'à... heures après
midi, par triple vacation.

Attendu qu'il ne s'est plus rien trouvé à comprendre, dire ni déclarer au présent inventaire, celui ci a été clos et terminé ;

Mme veuve... a affirmé à l'instant que cet inventaire est sincère et véritable ; et elle a prêté serment, entre les mains de M°..., l'un des notaires soussignés, d'avoir représenté et fait comprendre au présent inventaire tout ce qui, à sa connaissance, peut dépendre tant de la communauté ayant existé entre elle et son défunt mari que de la succession de ce dernier, sans en avoir rien pris ni détourné.

Les meubles, objets mobiliers, deniers comptants, titres et papiers ci-dessus inventoriés ont été, du consentement des parties, laissés en la garde et possession de Mme veuve... qui le reconnaît, et déclare s'en charger pour en faire la représentation quand et à qui il appartiendra.

Et les parties, sous toutes réserves et protestations de droit, ont signé avec les notaires, après lecture faite.

2. — Clôture après apposition de scellés.

Il a été vaqué à tout ce qui précède depuis... heures du matin jusqu'à... heures du soir, par... vacation.

Attendu qu'il ne s'est plus rien trouvé à dire ni déclarer au présent inventaire, celui ci a été clos et terminé.

Et M..., gardien des scellés, ainsi que MM... (noms, prénoms et professions des personnes ou des domestiques qui ont habité les lieux où se trouvait le mobilier), ici intervenants, comme habitant les lieux où il est procédé, ont prêté serment entre les mains de M... l'un des notaires soussignés, de n'avoir rien pris, ni détourné, et de ne savoir qu'il ait été pris ou détourné aucun des biens dépendant de ladite succession.

Ce fait, tous les meubles meublants et objets mobiliers (à l'exception de ceux décrits dans la maison de campagne) ont été, du consentement de toutes les parties, laissés en la garde et possession de M... (gardien des scellés), qui le reconnaît et déclare s'en charger pour en faire la représentation quand et à qui il appartiendra.

Quant aux papiers et titres ci-dessus inventoriés, ils ont été, du consentement de toutes les parties, remis à M... qui le reconnaît et s'en constitue dépositaire et gardien.

Et les parties, sous toutes réserves de droit, etc.

VIII. DIFFICULTÉS DANS LE COURS DE L'INVENTAIRE

1. — Dire et réquisition d'une partie.

Pendant le cours de la prisée du mobilier, Mme... a déclaré s'opposer à ce qu'il fût procédé à l'estimation du mobilier garnissant une petite chambre ayant son entrée..., éclairée sur... par une croisée, et servant de chambre à coucher à son fils mineur ; attendu que ce mobilier a été légué en totalité à ce dernier par M... son oncle, suivant testament reçu par M°..., etc., et que délivrance lui en a été faite, le..., par acte passé devant M°..., notaire à..., le..., dont elle promet de justifier au besoin (1).

Et elle a signé après lecture faite.

(*Signature.*)

2. — Réponse et protestation par les autres parties.

Il a été répondu par les autres parties que l'assertion de Mme veuve... n'était nullement justifiée, que rien ne prouvait que ce mobilier fût bien celui qu'elle prétend avoir été légué à

---

(1) Lorsque, dans le cours de l'inventaire, il s'élève une difficulté, une contestation entre les parties, le notaire doit, autant qu'il est en son pouvoir, chercher à concilier ces dernières, en expliquant à chacune d'elles l'étendue et la limite de ses droits. S'il ne peut y parvenir, il consigne sur l'inventaire les dires, observations et réquisitions, et les réponses qui y sont faites, puis il renvoie les parties à se pourvoir en référé.

son fils, et qu'ils entendent que ce mobilier soit décrit et estimé comme le surplus du mobilier dépendant desdites communauté et succession.

Et les parties ont signé leur protestation, après lecture faite.

(Signatures.)

Dans cette situation il va être procédé à la prisée, par distinction, des objets dont il s'agit, mais sous la réserve expresse des droits respectifs des parties : ...

IX. RÉFÉRÉ

1. — Réquisition de référé à l'effet d'être autorisé à vendre le mobilier sans attribution de qualité.

Mme veuve... déclare qu'il est de l'intérêt de toutes les parties, ainsi que de celui des créanciers, de faire procéder, dans le plus bref délai, à la vente du mobilier inventorié.

Dans cette situation elle requiert M^e..., l'un des notaires soussignés, de se transporter devant M. le Président du tribunal civil de..., pour voir dire qu'il sera, à la requête de Mme veuve..., en présence des autres parties ou elles dûment appelées, procédé, en observant les formalités légales, à la vente du mobilier compris au présent inventaire, par M^e... commissaire-priseur, qui en a fait la prisée ; et que Mme veuve... pourra toucher le prix de cette vente, payer les dettes échues, régler tous comptes, donner quittances et décharges ;

Le tout, sans attribution de qualité.

Lecture faite, Mme veuve... a signé.

(Signature.)

Les autres parties ont déclaré consentir aux référé et autorisations demandés par Mme veuve... et ont signé après lecture faite.

(Signatures.)

En conséquence, et attendu le consentement de toutes les parties, M^e..., l'un des notaires soussignés, se transportera, en référé, devant M. le Président du tribunal civil de..., dans le plus bref délai, pour faire statuer, par ce magistrat, ce qu'il appartiendra.

2. — Ordonnance de référé.

Nous, président du tribunal civil de... ;

Après avoir pris communication, sur la minute, des déclarations et réquisitions contenues dans l'inventaire fait après le décès de M..., par M^e... et son collègue, notaires à..., le... ;

Attendu le consentement donné, par toutes les parties, à ce qu'il soit procédé, dans le plus bref délai, à la vente des objets mobiliers compris en l'inventaire,

Attendu qu'il est de l'intérêt de toutes les parties, comme des créanciers, que ces objets soient réalisés dans le plus court délai ;

Autorisons Mme... à faire procéder, en présence des héritiers de son mari, ou eux dûment appelés, à la vente publique de ces effets mobiliers, par le ministère de M^e..., commissaire-priseur, qui en fait l'estimation ; à régler le compte de ce dernier, en toucher le montant et en donner décharge.

Le tout, sans attribution de qualité, et à la charge par Mme veuve... de rendre compte quand et à qui il appartiendra.

La présente ordonnance sera exécutoire par provision, nonobstant appel.

Fait au palais de Justice, à..., le...

X. DEMANDE DE NOMINATION D'UN ADMINISTRATEUR

En procédant, Mme... a exposé ce qui suit ;

Il est dans l'intérêt de tous que, en attendant la liquidation des communauté et succession dont il s'agit, une seule personne soit chargée de gérer et administrer les biens et affaires de ces communauté et succession ; elle pense que les autorisations nécessaires à cet effet doivent lui être données à elle de préférence comme étant celle des parties qui représente le plus grand intérêt, et qui est le plus en état de suivre cette administration ; et elle requiert que ces autorisations lui soient conférées par ces présentes.

Et elle a signé après lecture.

(Signature.)

Les autres parties ont répondu que les autorisations demandées par Mme veuve... ne leur paraissent pas indispensables.

Et elles ont signé après lecture.

(Signatures.)

Mme veuve... a répliqué qu'elle persiste dans ses demandes et réquisitions pour qu'il y soit fait droit sur-le-champ, attendu qu'il est urgent de pourvoir à l'administration des immeubles, et qu'il est impossible pour chaque acte de cette administration, de réunir le consentement et la signature de toutes les parties.

Et après lecture Mme... a signé.

(Signature.)

Les parties n'ayant pu se mettre d'accord, les notaires soussignés les ont engagé à se pourvoir en référé devant M. le président du tribunal civil de..., à l'effet d'être ordonné par lui ce qu'il appartiendra (*ou :* les parties n'ayant pu se mettre d'accord, ont requis M^e..., l'un des notaires soussignés de se présenter dans le plus bref délai devant M. le président du tribunal civil de... à l'effet de faire ordonner ce qu'il appartiendra).

Ordonnance de référé contenant autorisation à l'une des parties de gérer et administrer.

Nous..., président du tribunal civil de première instance de... ; vu la réquisition contenue en la vacation qui précède de l'inventaire fait après le décès de M..., dont la minute nous a été présentée par M^e..., notaire à... ; au principal, renvoyons les parties à se pourvoir ; et cependant, par provision, vu l'urgence, autorisons Mme veuve... à gérer et administrer pendant trois mois les biens et affaires des communauté et succession... ; en conséquence, faire toutes locations pour la durée ordinaire des baux sans écrit ; donner et accepter tous congés ; recevoir tous loyers, fermages et revenus échus et à échoir ; signer tous états de lieux ; donner toutes quittances et décharges ; exercer toutes poursuites nécessaires ; passer et signer tous actes ; le tout sans attribution de qualité et à charge de rendre compte quand et à qui il appartiendra.

Disons que la présente ordonnance sera exécutoire par provision, nonobstant appel.

Fait à..., au palais de Justice, le...

XI. POUVOIR DONNÉ, EN PROCÉDANT, A L'UNE DES PARTIES OU A UN ÉTRANGER (1)

Avant de clore la vacation, on met :

Par ces mêmes présentes, M... (*héritier, tuteur, subrogé tuteur ou créancier*), ci-dessus dénommé, qualifié et domicilié, a donné pouvoir à M..., demeurant à..., de le représenter à la continuation du présent inventaire, d'assister aux vacations subséquentes, et d'y faire tels dires, réquisitions, réserves et protestations nécessaires, consentir à la remise des objets compris dans l'inventaire et des papiers, titres et renseignements entre les mains de telle personne qui lui conviendra ; accepter le dépôt qui pourrait être confié au mandant, et généralement faire dans son intérêt tout ce qu'il jugera convenable.

Et les parties, sous toutes réserves, etc.

(1) Il est bien entendu qu'une même personne ne peut être mandataire, en même temps, du tuteur et du subrogé tuteur, qui représentent dans l'inventaire des intérêts distincts et opposés.

XII. PROCÈS-VERBAL DE CARENCE

L'an..., le..., à... heure du...

A la requête de M... (*établir l'intitulé comme pour un inventaire*).

Dans la chambre habitée par le défunt, il a été reconnu qu'il n'existait qu'un lot de vêtements et de linge vieux et usés, et ne méritant aucune description.

Il n'y a d'ailleurs dans cette chambre ni titres ni papiers relatifs aux affaires du défunt.

Quant au lit, à la petite armoire et aux trois chaises garnissant la susdite pièce, ils sont réclamés par le sieur..., comme donnés à loyer avec ladite chambre au défunt.

Au moyen de quoi il n'y a eu à constater que la carence.

Mais le requérant a déclaré qu'il est réclamé de la succession, savoir :

1° Par M..., la somme de..., pour fourniture de pain au défunt, ci. . .	»	»
2° Par, etc	»	»
Total des déclarations passives	»	»

Il a été vaqué à tout ce qui précède par simple déclaration, depuis... heures du matin jusqu'à... ; et ne s'étant trouvé rien autre à dire, porter et comprendre au présent, celui-ci a été converti en un procès-verbal de carence.

Le requérant a affirmé, entre les mains du notaire soussigné, qu'il n'a pris, caché ni détourné directement ou indirectement aucun objet de ladite succession, et que la carence ci-dessus constatée est véritable.

En conséquence, le procès-verbal a été clos ; et après lecture faite, il a été signé par le requérant, les témoins et le notaire (1).

XIII. INVENTAIRE DES BIENS D'UN ABSENT

L'an..., le...

Dans..., etc...,

A la requête de :

1° M...

2° Mme...

Envoyés en possession provisoire, chacun pour moitié, des biens de M..., leur... déclaré absent, suivant jugement rendu par le tribunal civil de ..., le...

En présence de M..., juge de paix du canton de..., demeurant à..., requis à cet effet par M. le procureur de la République près le tribunal civil de..., suivant ordonnance en date du...,

A la conservation ... etc.

S'il y a un conjoint présent ayant opté pour la continuation de la communauté, l'inventaire est fait à sa requête, en présence des héritiers présomptifs et du procureur de la République, de la manière suivante :

Mme... ayant opté pour la continuation de la communauté qui existe entre elle et son mari, en vertu de leur contrat de mariage, passé devant M^e..., notaire à..., le..., et ayant pris l'administration des biens de son mari absent, ainsi qu'il résulte d'un jugement rendu par le tribunal civil de..., le..., et d'une déclaration passée au greffe du même tribunal, le...

En présence de..., seuls héritiers présomptifs de M..., leur...

Et encore en présence de M..., juge de paix, etc.

---

(1) Le procès-verbal de carence dressé par un notaire est soumis aux règles et formes de l'inventaire.

XIV. INVENTAIRE DES BIENS D'UN INTERDIT

L'an..., le...
Dans... etc...
A la requête de :
M...

Agissant au nom et comme tuteur à l'interdiction de M...; nommé à cette qualité, qu'il a acceptée par délibération du conseil de famille de l'interdit, prise sous la présidence de M. le juge de paix du canton de..., le...

En présence de M..., subrogé-tuteur de l'interdit, en vertu de la délibération de famille sus-énoncée.

A la conservation...

XV. INVENTAIRE APRÈS DEMANDE EN SÉPARATION DE CORPS

L'an..., le...
Dans..., etc...
A la requête de Mme...

Mme..., non présente, mais représentée ici par M..., son mandataire, en vertu d'une procuration..., etc.

Lequel a exposé ce qui suit :

Mme Bertin a formé, contre son mari, une demande en séparation de corps, et a fait apposer les scellés sur les effets de la communauté par M. le juge de paix de..., le... ;

Puis, suivant exploit du ministère de..., huissier à..., en date du..., elle a fait sommation à son mari de se trouver aujourd'hui..., à... heures du matin, au lieu où il est procédé, pour être présent à l'inventaire des biens de la communauté, avec déclaration qu'il serait procédé en son absence comme en sa présence.

Ceci exposé, M..., a requis acte de sa comparution et défaut contre M... s'il ne comparait pas, ni personne pour lui.

Et il a signé, après lecture.

(Signature.)

A l'instant est intervenu M..., lequel déclare qu'il ne s'oppose pas à ce qu'il soit procédé à l'inventaire.

Et il a signé, après lecture.

(Signature.)

En conséquence, à la requête de Mme..., représentée par M...,
Et en présence de M...
A la conservation... il va être...

XVI. INVENTAIRE APRÈS SÉPARATION DE BIENS

L'an .., le...
Dans..., etc.
A la requête de :
Mme...

Agissant :

1° En conséquence de la séparation de biens prononcée entre elle et son mari suivant jugement rendu par le tribunal civil de... ;

2° A cause de la communauté..., etc... ;

3° Et à raison des reprises et créances qu'elle peut avoir à exercer tant contre ladite communauté que contre son mari.

En présence de M... (*le mari*) ci-dessus prénommé, qualifié et domicilié.

A la conservation..., etc...

LÉGALISATION

C'est la formalité par laquelle un magistrat de l'ordre administratif ou judiciaire certifie la sincérité d'une signature apposée sur un acte, ainsi que la qualité de celui qui l'a apposée, afin qu'on puisse y ajouter foi, partout où l'acte sera produit.

Nous ne nous occuperons ici que de la légalisation des actes notariés.

Sommaire :

§ 1. ACTES QUI DOIVENT ÊTRE LÉGALISÉS. PAR QUI LA LÉGALISATION DOIT ÊTRE FAITE.

1. — La légalisation des actes notariés est une garantie de plus de l'authenticité de l'acte ; elle tient lieu de l'enquête que l'on ferait pour constater la signature et la qualité de l'officier public qui a reçu l'acte, car la signature et le caractère des officiers publics ne sont censés légalement connus que dans leur résidence et dans l'étendue du ressort où ils ont dû faire le dépôt de leur signature (1). (V. *suprà*, v° DÉPÔT DE SIGNATURE ET DE PARAPHE.)

2. — D'après l'art. 28 de la loi de ventôse, on doit soumettre à la formalité de la légalisation : 1° tous les actes des notaires (brevets ou copies) dont la résidence est au chef-lieu d'une Cour d'appel (notaire de première classe), lorsque ces actes doivent être produits hors du ressort de la Cour ; 2° tous ceux des notaires de deuxième ou troisième classe, lorsqu'il y a lieu d'en faire usage hors de leur département.

3. — La légalisation se fait sur les actes délivrés en brevet, ainsi que sur les grosses, expéditions, extraits et copies collationnés, mais non sur les minutes dont le notaire n'est pas appelé à se dessaisir (2).

4. — La légalisation est également exigée pour les certificats de vie, pour les certificats de propriété, bien que ces actes ne soient pas soumis aux formes ordinaires des actes notariés.

5. — Elle peut avoir lieu non seulement pour les actes d'un notaire encore vivant, mais encore pour ceux d'officiers publics décédés, au moment où la formalité est requise, pourvu que la qualité, la signature et le sceau soient connus (3).

6. — Les actes soumis à la transcription doivent-ils être légalisés? Un jugement du tribunal de Bruxelles du 14 avril 1855, confirmé en appel le 22 août 1855, a décidé que les conservateurs des hypothèques ne sont pas obligés de transcrire les actes de vente dont la légalisation est irrégulière ; nous ne saurions partager cet avis. Aux termes de l'art. 2199, C. civ., les conservateurs ne peuvent ni

---

(1) L. 25 ventôse, art. 49.
(2) Dict. du not., v° *Légalisation*, n°° 7 et suiv. ;
Dalloz, v° *Obligat.*, n° 8771.

(3) Rolland de Villargues, n° 9.

refuser, ni retarder la transcription et se constituer, par suite, juges de la validité ou de la régularité des actes présentés à cette formalité. Mais il en serait autrement, s'il s'agissait de la présentation d'une expédition ou d'un extrait pour obtenir la radiation d'une inscription (1).

7. — La légalisation est faite par le président du tribunal de première instance du ressort du notaire ou du lieu où est délivré l'acte ou l'expédition. Si le président est empêché, il peut être remplacé par un juge du tribunal (2).

Un notaire de première classe, qui délivre un acte ou une expédition, dans son ressort, mais hors de sa résidence, peut donc faire légaliser sa signature, soit par le président du lieu ou l'acte est délivré, soit par celui du lieu de sa résidence, puisque le dépôt de signature et paraphe de ce notaire a été fait dans tous les greffes des tribunaux du ressort de la Cour; mais un notaire de deuxième ou troisième classe ne peut faire légaliser ses actes dans un autre ressort que celui du tribunal de son arrondissement.

8. — Les juges de paix qui ne siègent pas au chef-lieu du ressort d'un tribunal de première instance sont, depuis la loi du 2 mai 1861, autorisés à légaliser, concurremment avec le président du tribunal, les signatures des notaires qui résident dans leur canton (3).

9. — Il est dû 0 fr. 25 au greffier pour chaque légalisation; mais cette rétribution n'est pas due, si l'acte, la copie ou l'extrait sont dispensés du timbre (4).

10. — Un décret du 29 décembre 1885 (5) a décidé que la signature des notaires apposée sur les certificats de vie par eux délivrés aux rentiers et pensionnaires de l'Etat, qui était auparavant légalisée par les préfets et sous-préfets, devra l'être, désormais, par le président du tribunal ou le juge de paix, comme les actes notariés ordinaires, conformément aux règles établies par l'art. 28 de la loi de ventôse.

§ 2. DE LA LÉGALISATION DES ACTES A PRODUIRE A L'ÉTRANGER, ET DES ACTES ÉTRANGERS PRODUITS EN FRANCE. COLONIES FRANÇAISES.

11. — Lorsqu'un acte légalisé doit être produit à l'étranger, la signature du fonctionnaire qui a donné la légalisation doit être elle-même légalisée par le Garde des sceaux, Ministre de la justice et la signature de ce dernier par le Ministre des affaires étrangères. Enfin, la signature du Ministre des affaires étrangères est certifiée par l'ambassadeur ou le consul du pays où l'acte doit être exécuté (6).

12. — En vertu d'une déclaration signée le 18 octobre 1879, entre la France et la Belgique, tous les actes à produire pour contracter mariage en France par les Belges, et en Belgique par des Français, sont admis par l'officier de l'état civil des deux pays, sans autre légalisation que celle du président du tribunal ou du juge de paix (7).

13. — Une convention semblable existe entre la France et le Grand-Duché de Luxembourg, depuis le 28 décembre 1867.

14. — En vertu de la déclaration échangée le 14 juin 1872 entre la France et l'Allemagne, les actes de l'état civil, documents judiciaires et tous actes notariés,

---

(1) Art. 18334, J. N.
(2) L. 25 ventôse, art. 28.
(3) Un notaire, suppléant du juge de paix, ne pourrait, en cette qualité, légaliser sa propre signature sur les actes reçus par lui comme notaire. (Lefebvre, J. du not., 1874, n° 2698).

(4) L. 21 ventôse, an VII, art. 14, et Déc. 2 mai 1861, art. 3.
(5) Art. 28528, J. N.
(6) Ordonnance, 25 octobre 1883, art. 10; Dict. du not., n° 58.
(7) Art. 22191, J. N.

délivrés en France pour servir en Alsace-Lorraine et réciproquement, n'ont besoin d'être légalisés que par le président du tribunal ou le juge de paix (1).

15. — Les actes *étrangers*, produits en France, doivent être légalisés par l'ambassadeur ou agent diplomatique français et visés au ministère des affaires étrangères de France. Si la France n'a pas de ministre accrédité dans le pays étranger, les actes doivent être visés par le ministre étranger accrédité à Paris, puis visés au ministère des affaires étrangères (2).

16. — Les actes concernant les Français, passés à l'étranger devant le chancelier du consulat de France, doivent être légalisés par le consul français; puis la signature du consul est légalisée par le ministre des affaires étrangères de France (3).

17. — Actes venant d'Algérie. — L'Algérie est maintenant assimilée aux départements français et il suffit que la signature des notaires, sur les actes envoyés de France en Algérie ou d'Algérie en France, soit légalisée par le président du tribunal de l'arrondissement ou le juge de paix du canton (4).

18. — Colonies. — Les actes qui viennent des autres colonies doivent toujours être légalisés par le gouverneur de la Colonie, et en France par le Ministre de la marine.

Ceux qui doivent y être produits sont légalisés par le Ministre de la justice et le Ministre de la marine.

19.—Protectorats.—Les actes provenant des pays de protectorat sont légalisés par les résidents ou sous-résidents, et par le Ministre des affaires étrangères.

20. — Armées en campagne. — Les procurations des militaires en campagne sont dressées par le service de l'intendance ou par le conseil d'administration du corps. Dans ce dernier cas, elles doivent être visées par les intendants, dont la signature est la seule qui soit légalisée au ministère de la guerre.

Pour les corps de troupes qui opèrent sur le territoire des protectorats, les procurations émanant des conseils d'administration peuvent être visées également par les résidents.

§ 3. Effets de la légalisation. Défaut de légalisation.

21. — La légalisation d'un acte n'est pas une condition essentielle de son authenticité; elle n'en est que la preuve, et comme cette formalité n'a été prescrite

---

(1) Art. 20396, J. N.

Droits perçus pour les légalisations.

Les **actes concernant les Français**, reçus par un notaire ou par une autorité française, sont légalisés *gratis* par tous les ministres. Mais il est perçu un droit de *un franc* par le ministre des affaires étrangères pour toute tous les actes qui concernent les *étrangers*, par quelque fonctionnaire, ambassadeur, agent diplomatique ou autre qu'ils aient été reçus.

Les ambassadeurs et agents diplomatiques résidant à Paris perçoivent, par chaque pièce soumise à la légalisation, savoir :

Allemagne, 5 fr. 65. — Autriche, 8 fr. pour les actes de l'état civil, 12 fr. pour les autres pièces. — Bavière, 12 fr. ou *gratis* pour les nationaux. — Belgique, 8 fr. pour les actes de l'état civil, 10 fr. pour les autres pièces, ou *gratis* pour les nationaux. — Bolivie, 10 fr. — Brésil, 5 fr. 50. — Chili, 6 fr. — Colombie, 10 fr. — Confédération argentine, 10 fr. — Costa-Rica, 10 fr. — Danemark, *gratis.* — Egypte (V. Turquie). — Equateur, 10 fr. — Espagne, 10 fr. —Etats-Unis, 10 fr. 50. — Grande-Bretagne, 6 fr. 35. — Grèce, 10 fr. — Haïti, 10 fr. — Honduras, 20 fr. — Italie, 6 fr. — Japon, *gratis.* — Luxembourg, *gratis.* — Mexique, 25 fr. — Monaco, *gratis.* — Paraguay, 10 fr. — Pays-Bas, 2 fr. 10. — Pérou, 15 fr. — Portugal, 8 fr. 33. — Roumanie, 5 fr. — Russie, 8 fr. — Salvador, 6 fr. — Serbie, 2 fr. 30. — Suède et Norwège, 4 fr. — Suisse, 5 fr. — Turquie, 9 fr. 20. — Uruguay, 5 fr. 40. — Venezuela, 10 fr. — Villes libres, *gratis.*

Les droits perçus varient, dans quelques légations, suivant la nationalité des parties intéressées; *il est dès lors utile de faire connaître la nationalité* et de l'indiquer, autant que possible, dans le corps même des actes.

(2) Colmar, 1er avril 1862 (art. 17767, J. N.). L'obligation de la légalisation a été consacrée par l'ordonnance de 1681 (art. 28), puis confirmée par l'art. 32 de l'ordonnance du 24 mai 1728 et par les art. 6 et 7 de l'ordonnance du 25 octobre 1833. Cons.: circul. minist. des 4 novembre 1833, 10 août 1854, 23 janvier 1856, 15 juillet 1862, 30 avril 1880, 19 mai et 22 juin 1880.

(3) Ordonnance du 25 octobre 1833, art. 9.
(4) Ménerville, *Législat. algérienne,* t. II, p. 149, art. 16715, J. N.

par aucune loi, à peine de nullité, il en résulte que les juges ne sauraient déclarer non valable un acte dépourvu de cette formalité (1).

22. — Mais le défaut de légalisation peut donner lieu à une suspension d'exécution (2) jusqu'à ce que la formalité ait été remplie ; car la pièce dépourvue de légalisation ne fait pas foi (3).

23. — Aussi, lorsqu'un notaire reçoit un contrat en vertu d'un acte légalisé, est-il fort utile de faire mention de la légalisation. Dans les expéditions, il est même d'usage de la transcrire littéralement.

§ 4. FORMULES.

1. — Légalisation par le président du tribunal ou par un juge le suppléant.

Vu par nous..., président du tribunal de première instance de... (ou : par nous..., juge au tribunal de première instance de..., par empêchement de M. le président), pour légalisation de la signature de Me..., notaire à..., apposée ci-dessus.

A..., le...

(*Signature*).

2. — Légalisation par le juge de paix.

Vu par nous..., juge de paix du canton de... (département), pour légalisation de la signature de Me..., notaire à..., apposée ci-dessus.

A..., le...

(*Signature*).

3. — Légalisation par le suppléant du juge de paix.

Vu par nous..., suppléant, par empêchement de M. le juge de paix du canton de... (département), pour légalisation de la signature de Me..., notaire à..., apposée ci-dessus.

A .., le...

(*Signature*).

LEGS (V. *infrà*, v° TESTAMENT)

LÉSION (V. *infrà*, vᵢₑ PARTAGE ET VENTE)

LICITATION (V. *infrà*, vᵢₛ PARTAGE, nᵒˢ 569 et suiv., et VENTE D'IMMEUBLES PAR ADJUDICATION).

---

(1) Cass., 22 octobre 1812 et 10 juillet 1817 ; Poitiers, 19 mars 1822 ; Dict. du not., nᵒˢ 74 et suiv.
(2) Cass., 10 juillet 1817 ; Cass., 8 novembre 1858 ; Colmar, 1ᵉʳ avril 1862 ; Dalloz, nᵒ 8776.

(3) Art. 17767, J. N. ; V. aussi ordonnance de 1681, art. 23.

LIQUIDATION (V. *infrà*, v° PARTAGE ET LIQUIDATION)

MAINLEVÉE D'INSCRIPTION

Sommaire :

§ 1. CARACTÈRE ET OBJET DE LA MAINLEVÉE.

1. — La mainlevée (1) d'inscription est le consentement donné par un créancier à la radiation totale ou partielle de son inscription sur les biens du débiteur.

En d'autres termes, la mainlevée est l'ordre donné au conservateur de radier une inscription (2).

Rayer une inscription ne consiste pas à anéantir l'inscription par une radiation matérielle, mais simplement à écrire en marge : « *L'inscription ci-contre est rayée en vertu de tel acte.* »

Remarquons, en passant, que les mots *radier* et *rayer* sont synonymes, et que le premier, employé par néologisme dans notre langue, dans laquelle il s'est introduit d'après Littré, à la faveur du mot radiation, est aussi usité que rayer. Il nous semble même préférable, en ce sens que rayer implique plutôt l'idée d'effacer à l'aide d'une raie passée sur l'écriture ou de compter une chose comme nulle, ce qui ne serait pas exact, soit quant à la forme de la radiation, soit quant à l'effet de l'inscription antérieurement à sa radiation.

2. — La mainlevée est *totale* ou *partielle*. Elle est *totale* lorsqu'elle est consentie *sans réserve*, c'est-à-dire pour la totalité de la somme conservée et sur tous les biens affectés.

Elle est *partielle* dans deux cas :

    ι) Lorsqu'elle est donnée concernant certains immeubles, alors que les autres restent grevés, c'est ce qu'on appelle *restriction d'hypothèque* ou de *privilège* et *d'inscription* ;

    b) Lorsqu'elle réduit la somme conservée avec réserve de l'inscription pour le surplus de la créance, c'est ce qu'on nomme *réduction d'hypothèque* ou de *privilège* et *d'inscription* (3) ;

3. — La mainlevée est souvent la conséquence d'un paiement constaté ; mais elle peut être donnée séparément et sans quittance ; alors diffère la capacité de celui

---

(1) Se dit par opposition avec *mainmise* : Le créancier avait appréhendé, en quelque sorte, l'immeuble par l'inscription hypothécaire. La *mainlevée* met fin à cette espèce de prise de corps immobilière.

(2) Primot, *Traité des radiations*, n° 1.

(3) Ed. Clerc, n° 84.

qui est appelé à la consentir dans l'un ou l'autre cas. Nous nous occuperons spécialement de la mainlevée indépendante de toute quittance : les conditions de capacité pour la mainlevée précédée du paiement de la créance seront expliquées au mot QUITTANCE.

§ 2. FORMES DE LA MAINLEVÉE. FORMALITÉS.

4. — La mainlevée est *volontaire* ou *judiciaire* (art. 2157, C. civ.). Elle est *volontaire*, lorsqu'elle est spontanément consentie par le bénéficiaire de l'inscription.

Elle est *judiciaire*, lorsqu'elle est prononcée par jugement en cas de désaccord entre les parties. On dit encore, dans ce cas, qu'elle est *forcée*.

Nous n'avons pas à parler de la forme de celle-ci.

Quant à la mainlevée volontaire, elle doit être donnée par *acte notarié* et en minute (1) (art. 2158, C. civ.).

Rigoureusement, la mainlevée ne pourrait-elle pas être donnée par *acte en brevet*? Cette question a été agitée et a été l'objet d'avis contradictoires (2). Cependant l'art. 2158 semble ne laisser aucun doute à cet égard, en disposant que ceux qui requièrent la radiation « déposeront l'*expédition* de l'acte authentique », ce qui signifie virtuellement qu'il doit rester minute de la mainlevée (art. 2158, C. civ.).

La pratique a d'ailleurs sanctionné cette interprétation légale et l'expédition ou l'extrait de l'acte reste à la conservation pour mettre la responsabilité du conservateur à couvert. — L'original de l'acte pourrait, à vrai dire, produire le même résultat. Mais, quand les parties auraient besoin de s'y référer, ce qui arrive fréquemment, elles seraient contraintes de se rendre au chef-lieu d'arrondissement moyen à la fois dispendieux et peu praticable.

5. — Bien que le conservateur ne radie qu'en vertu d'un acte authentique, on peut renoncer à une hypothèque par acte sous seing privé (3). La renonciation n'a alors d'effet qu'entre les parties.

6. — D'après l'art. 9 de la loi du 23 mars 1855, complété par la loi du 13 février 1889, *la renonciation par la femme à son hypothèque légale* doit toujours résulter d'un *acte notarié*.

7. — **Légalisation.** — Il faut encore que l'*expédition* produite soit légalisée, dans les cas où la légalisation est prescrite par l'art. 28 de la loi du 25 ventôse an XI (4).

8. — **Choix du notaire.** — D'après l'usage général du notariat, et à Paris notamment, le choix du notaire appartient au créancier lorsque l'acte de mainlevée est pur et simple, et au débiteur lorsque la mainlevée est consentie à la suite d'une quittance (5).

Quant à la clause insérée dans le titre constitutif de la créance, portant que le paiement aurait lieu en l'étude et par le ministère du notaire rédacteur, il y a controverse sur son effet. Une opinion soutient qu'elle fait la loi des parties (6); tandis que l'opinion contraire décide qu'une telle clause ne peut priver la partie qui se libère du droit de choisir le notaire qui dressera l'acte de quittance ou de mainlevée dont elle supportera les frais (7).

---

(1) Dict. du not., t. VII, p. 725, n° 111; Dalloz, t. XXXVII, n°° 2703 et suivants.
(2) Dalloz, t. XXXVII, n°° 2716 et suiv.; Aubry et Rau, p. 890; Pont, n° 1074; Laurent, n° 204, se prononcent pour la délivrance en brevet. — *Contra :* Troplong, n° 741; Baudot, n° 839; Boulanger, n° 33.
(3) Dalloz, t. XXXVII, n° 2470. Mais on devrait considérer comme authentique la mainlevée sous-seing privé déposée chez un notaire avec reconnais-

sance de la part du créancier. (Pont, n° 656; Boulanger, n° 28).
(4) Boulanger, n° 35.
(5) Comité des notaires et Projet de règl. intér., Circ. n° 10 (1843); Dict. du not., v° *Minute*, n°° 138 et 145; Le Puy, 21 novembre 1874.
(6) Rouen, 21 juin 1869 (*Rev. du not.*, n° 2897).
(7) Gannat, 8 mai 1866 (art. 18604, J. N.).

9. — Mainlevée donnée à l'étranger. — Une inscription prise en France peut être l'objet d'une mainlevée à l'étranger et l'acte peut être reçu, soit par les agents diplomatiques ou consulaires français, dans les formes prescrites par la loi du 25 ventôse an XI, — soit par un officier public étranger, avec la forme usitée dans le pays pour les actes publics (V. *suprà*, v° ACTES PASSÉS EN PAYS ÉTRANGER. Mais l'acte devra être revêtu des légalisations prescrites (V. *suprà*, v° LÉGALISATION.

De même, un notaire, en France, pourrait dresser utilement une mainlevée en vertu d'une procuration donnée à l'étranger sous signatures privées, lorsque cette forme est la seule usitée, ou est autorisée pour les actes de cette nature par la loi ou les usages des pays d'où le pouvoir est envoyé. Toutefois, la validité de la forme devrait être attestée par l'agent diplomatique qui a légalisé la signature du mandant (1).

10. — Mainlevée conditionnelle. — La mainlevée peut être donnée sous une *condition suspensive* ou *résolutoire*. Si *la condition est suspensive*, la radiation ne peut s'opérer qu'après son accomplissement prouvé par acte authentique (Amiens, 3 mars 1886). *La condition est elle résolutoire*, la radiation a lieu immédiatement, sauf le rétablissement de l'inscription, si la condition s'accomplit. Mais la nouvelle inscription n'est pas opposable aux tiers inscrits postérieurement à la radiation et avant son rétablissement (2).

11. — Acceptation et révocation. — La mainlevée n'est pas soumise à l'acceptation du débiteur (3). Elle peut être annulée à la demande du créancier pour cause d'erreur, de dol ou de fraude (4), et *révoquée* par le créancier, par rétractation de volonté, tant que la radiation n'est pas faite (V. *infrà*, n° 60).

12. — Enonciations. — Outre les énonciations prescrites pour tous les actes notariés, en général, la mainlevée doit énoncer :

a) Les nom, prénoms, profession et domicile de la personne à laquelle profite l'inscription ;

b) Le consentement exprès à la radiation ;

c) Le lieu, la date, le volume et le numéro de l'inscription ;

d) Les nom, prénoms, profession et demeure de la personne contre qui l'inscription est prise ;

e) La nature et la date de l'acte générateur de l'hypothèque ;

f) Et la somme pour laquelle la mainlevée est donnée (5).

Ces énonciations ne sont pas toutes de rigueur et la mainlevée est parfaitement valable, dès qu'elle renferme les indications nécessaires pour faire reconnaître l'inscription à radier (6). Mais il a été jugé qu'un conservateur est parfaitement fondé à refuser de rayer une inscription dont la date et le numéro ne concorderait pas avec les indications de la mainlevée (7). Il serait même responsable s'il avait fait disparaître, conformément à la désignation erronée du notaire, une inscription autre que celle qui devait être rayée (8).

13. — Lorsque la mainlevée est *simple*, c'est-à-dire consentie par l'inscrivant, les énonciations précitées sont suffisantes ; mais lorsque la créance a été transmise une ou plusieurs fois, que le créancier est décédé et qu'une liquidation a suivi son décès, il convient alors de rappeler succinctement les divers actes de transmission, les qualités de celui qui donne mainlevée et la subrogation opérée à son profit. Un exposé préliminaire de faits, par ordre chronologique, n'est pas sans utilité, afin de rendre la mainlevée plus compréhensible.

---

(1) Toulon, 14 février 1866; Lorient, 23 janvier 1868; Boulanger, t. I, n° 44.
(2) Dict. du not., t. VII, p. 782, n° 158.
(3) Orléans, 8 août 1889 (*J. du not.*, 1889, p. 699).
(4) E. Clerc, *Form.*, n° 37, p. 95 ; Dalloz, n° 2720 ; Troplong, t. III, n° 738 ; Pont, n° 1078 ; Cass., 29 janvier 1857 ; Douai, 27 février 1878 (art. 21966, J.N.).
(5) Mailland, *Not. simp.*, p. 177.
(6) Mailland, p. 177 ; *J. du not.*, n° 2128.
(7) Saint-Flour, 21 août 1867.
(8) Valenciennes, 4 juillet 1877 ; Douai, 27 février 1878.

14. — Désistement. — La mainlevée peut ne renfermer qu'un simple consentement à radiation, sans désistement du droit d'hypothèque, car l'extinction de l'hypothèque et la radiation de l'inscription sont deux choses différentes. En étudiant les effets de la mainlevée, nous verrons l'importance de cette distinction. (V. *infrà*, § 4.)

Toutefois, quand il s'agit d'une inscription d'office, il ne suffit pas que le vendeur fasse mainlevée de l'inscription, *il faut qu'il renonce à son privilège ou qu'il s'en désiste*, autrement le conservateur pourrait se refuser à opérer la radiation, tant que le privilège subsisterait, puisque la loi le charge de prendre l'inscription d'office (1).

15. — Radiation (2). — Pour faire opérer la radiation, il est remis au conservateur une *expédition* ou un *extrait littéral* de la mainlevée (3). Il suffit de la production du dernier acte de quittance ou de mainlevée ; c'est-à-dire que si une quittance ou mainlevée partielle a eu lieu antérieurement, elle n'est pas exigée quand la seconde est définitive (4). Lorsque la mainlevée a été donnée par tout autre que l'inscrivant, il faut justifier de la qualité de celui-là, si cela n'a été fait. Notamment, lorsqu'il s'agit d'un mandataire, l'extrait de procuration mis à la suite de l'expédition de la mainlevée doit contenir les termes mêmes du mandat (5).

Les pièces justificatives à produire varient suivant les cas. Nous ne pouvons les indiquer toutes. Le lecteur qui sera embarrassé pour les hypothèses que nous

---

(1) Ed. Clerc, *Formul.*, p. 95, n° 83 ; Paris, 6 décembre 1842 ; Cass., 24 juin 1844.

(2) Les inscriptions sont rayées du consentement des parties intéressées et ayant capacité à cet effet, ou en vertu d'un jugement en dernier ressort ou passé en force de chose jugée (art. 2157, C. civ.).

Dans l'un et l'autre cas, ceux qui requièrent la radiation déposent au bureau du conservateur l'expédition de l'acte authentique portant consentement, ou celle du jugement (art. 2158).

La radiation non consentie est demandée au tribunal dans le ressort duquel l'inscription a été faite, si ce n'est lorsque cette inscription a eu lieu pour sûreté d'une condamnation éventuelle ou indéterminée, sur l'exécution ou liquidation de laquelle le débiteur et le créancier prétendu sont en instance ou doivent être jugés dans un autre tribunal ; auquel cas la demande en radiation doit y être portée ou renvoyée.

Cependant la convention faite par le créancier et le débiteur, de porter, en cas de contestation, la demande à un tribunal qu'ils auraient désigné, recevra son exécution entre eux (art. 2159, C. civ.).

La radiation doit être ordonnée par les tribunaux, lorsque l'inscription a été faite sans être fondée ni sur la loi, ni sur un titre, ou lorsqu'elle l'a été en vertu d'un titre soit irrégulier, soit éteint ou soldé, ou lorsque les droits de privilège ou d'hypothèque sont effacés par les voies légales (art. 2160, C. civ.).

Toutes les fois que les inscriptions prises par un créancier qui, d'après la loi, aurait droit d'en prendre sur les biens présents ou les biens à venir d'un débiteur, sans limitation convenue, seront portées sur plus de domaines différents qu'il n'est nécessaire à la sûreté des créances, l'action en réduction des inscriptions, ou en radiation d'une partie en ce qui excède la proportion convenable, est ouverte au débiteur. On y suit les règles de compétence établies dans l'art. 2159. La disposition du présent article ne s'applique pas aux hypothèques conventionnelles (art. 2161, C. civ.).

Sont réputées excessives les inscriptions qui frappent sur plusieurs domaines, lorsque la valeur d'un seul ou de quelques-uns d'entre eux excède de plus d'un tiers en fonds libres le montant des créances en capital et accessoires légaux (art. 2162, C. civ.).

Peuvent aussi être réduites comme excessives, les inscriptions prises d'après l'évaluation faite par le créancier, des créances qui, en ce qui concerne l'hypothèque à établir pour leur sûreté, n'ont pas été réglées par la convention, et qui, par leur nature, sont conditionnelles, éventuelles ou indéterminées (art. 2163, C. civ.).

L'excès, dans ce cas, est arbitré par les juges, d'après les circonstances, les probabilités des chances et les présomptions de fait, de manière à concilier les droits vraisemblables du créancier avec l'intérêt du crédit raisonnable à conserver au débiteur, sans préjudice de nouvelles inscriptions à prendre avec hypothèque du jour de leur date, lorsque l'évènement aura porté les créances indéterminées à une somme plus forte (art. 2164, C. civ.).

La valeur des immeubles dont la comparaison est à faire avec celle des créances et le tiers en sus, est déterminée par quinze fois la valeur du revenu déclaré par la matrice du rôle de la contribution foncière, ou indiqué par la cote de contribution au rôle, selon la proportion qui existe dans les communes de la situation entre cette matrice ou cette cote et le revenu, pour les immeubles non sujets à dépérissements, et dix fois cette valeur pour ceux qui y sont sujets. Pourront néanmoins les juges s'aider, en outre, des éclaircissements qui peuvent résulter des baux non suspects, des procès-verbaux d'estimation qui ont pu être dressés précédemment à des époques rapprochées, et autres actes semblables, et évaluer le revenu au taux moyen entre les résultats de ces divers renseignements (art. 2165, C. civ.).

(3) Dict. du not., n°° 122, 125. Les extraits analytiques peuvent être refusés par le conservateur ; Orléans, 1er juin 1833 ; Caen, 18 janvier 1837 ; Libourne, 25 juillet 1843 ; Pont, n° 1099 ; Boulanger, n° 85.

(4) Boulanger, n° 40 ; Vitré, 20 décembre 1882. — *Contra* : Nancy, 18 novembre 1878 (art. 22006, J. N.).

(5) E. Clerc, *Formul.*, p. 95, n° 39 ; Vitré, 6 janvier 1886 (art. 23911, J. N.).

n'avons pas prévues consultera utilement les ouvrages spéciaux de Primot (1) et Boulanger (2).

16. — Hypothèque maritime. — La radiation ne peut en être opérée que sur le consentement par acte authentique des parties intéressées et capables, sinon en vertu d'un jugement passé en force de chose jugée (3).

§ 3. Capacité pour consentir mainlevée.

17. — Principe. — Pour consentir une mainlevée sans paiement, il faut avoir la capacité de disposer de la créance garantie. Il s'agit, en effet, de renoncer à un droit réel ; le pouvoir d'aliéner est donc nécessaire (art. 2157, C. civ.) (4).

En général, ceux qui ont un simple pouvoir d'administration ne peuvent pas valablement donner mainlevée sans paiement. Tels sont, par exemple, le tuteur ; le mineur émancipé, même assisté de son curateur; le mari à l'égard d'une inscription conservant une créance propre à la femme.

Le conservateur a le droit, dans certaines limites, de vérifier si la personne qui a consenti une radiation avait capacité à cet effet (5).

Il importe donc, lorsqu'il y a lieu de faire une simple mainlevée, de considérer la qualité de la personne appelée à la consentir et de rechercher si cette personne a la capacité voulue. Pour plus de clarté, nous allons procéder à cet examen en indiquant, dans l'ordre alphabétique, les différents cas qui peuvent se présenter.

17 bis. — Absent. — (V. *infrà*, n° 32).

18. — Aliéné. — La mainlevée d'une inscription prise au profit d'un aliéné non interdit peut être donnée par l'administrateur provisoire ou celui qui est délégué pour en remplir les fonctions (6), mais seulement après paiement de la somme garantie par l'inscription (7), et alors même qu'il s'agit d'une femme mariée (8).

19. — Associé. — Il peut donner mainlevée de l'inscription prise au nom de la société, s'il a la signature sociale et si les statuts renferment le pouvoir de faire mainlevée avec ou sans paiement (9).

Dans les sociétés en commandite par actions et dans les sociétés anonymes, le gérant ou administrateur délégué n'a, en principe, que les pouvoirs d'une large administration. D'où il suit qu'il a besoin, pour renoncer à une inscription dont les causes subsistent, d'être autorisé par l'assemblée générale des actionnaires représentant la société, à moins que les statuts sociaux n'en aient autrement ordonné. Le plus souvent, dans les sociétés anonymes, une simple délibération du conseil d'administration est suffisante (10).

---

(1) *Traité des radiations.*
(2) *Traité des radiations hypothécaires*, 2ᵉ édit., 2 vol. in-8°, 1880.
(3) Art. 14 et 15 de la loi du 10 juillet 1885.
(4) Mourlon, t. III, n° 1596 ; E. Clerc., vᵉ *Mainlevée*, n° 2.
(5) Dict. du not., vᵉ *Mainlevée*, nᵒˢ 138 et suiv.; Primot, *Traité des radiations*, n° 9.
(6) L. 3 juin 1838.
(7) Boulanger, n° 43 ; Lyon, 22 juin 1865.
(8) Rouen, 25 février 1880; Cass., 14 février 1881 (S. 1881-1-104).
(9) Dict. du not., n° 81 ; Dalloz, t. XXXVII, n° 2713.
(10) Primot, nᵒˢ 93 et 94.
Lorsque mainlevée est donnée d'une inscription prise au nom d'une société *civile*, l'associé ou le gérant qui donne mainlevée doit produire au conservateur, pour obtenir la radiation, les actes qui établissent la nature de son mandat. S'il a été nommé par le contrat social, il en déposera une expédition ou

un extrait régulier; s'il tient ses pouvoirs d'une convention ultérieure, il y joindra, en outre, la copie de la délibération notariée prise à cet effet. (Toulon, 17 janvier 1866 ; Charolles, 8 février 1878 ; Boulanger, t. I, n° 864).
Si la mainlevée est donnée par un liquidateur, il y aura lieu de produire l'acte de nomination.
Le gérant ou les gérants d'une société commerciale en nom collectif ou en commandite simple doivent également justifier du contrat de société et de sa publication; et, s'il y a lieu, de l'acte postérieur qui leur a donné pouvoir de consentir mainlevée.
Si la mainlevée est donnée au nom d'une société par actions (en commandite ou anonyme) le conservateur, avant de rayer, peut exiger non seulement la justification des pouvoirs conférés soit par l'acte de société, soit par l'assemblée générale des actionnaires, mais encore de l'accomplissement des formalités imposées par la loi pour la constitution de la société et sa publication.

20. — Bureaux de bienfaisance. — La mainlevée d'inscriptions prises pour sûreté de rentes ou créances dues à un bureau de bienfaisance ne peut être donnée que par le receveur, et en vertu d'une décision spéciale du conseil de préfecture prise sur l'avis du conseil d'administration du bureau (1) (V. *infrà*, n° 22).

21. — Cessionnaire. — Le cessionnaire peut donner mainlevée ; mais la radiation de l'inscription ne peut être obtenue, sur sa réquisition, qu'autant qu'il a été subrogé dans l'effet de cette inscription au bureau des hypothèques. (V. *infrà*, n° 28).

Lorsqu'une créance hypothécaire a été cédée par acte *sous seing privé*, le cessionnaire peut-il donner mainlevée et le conservateur des hypothèques est-il fondé à exiger, pour la radiation de l'inscription, que le cédant intervienne à la mainlevée consentie par le cessionnaire dans un acte authentique ?

L'affirmative n'est pas douteuse, à notre avis.

Il nous paraît certain, en effet, comme à la majorité des auteurs, que l'authenticité de l'acte de cession est nécessaire ; parce que tous les actes qui ont pour objet direct de créer, de modifier, ou de faire disparaître une hypothèque, doivent être revêtus de la forme authentique. L'art. 2152, C. civ , donne au conservateur le droit de se refuser au changement du domicile élu dans une inscription, si le cessionnaire qui le requiert ne se présente avec un contrat notarié ; les mêmes motifs qui justifient cette solution doivent conduire à une solution semblable, lorsqu'il s'agit, non plus de modifier une des énonciations secondaires de l'inscription, mais d'effacer entièrement cette inscription elle-même (2). L'opinion contraire, émise par le *Journal du notariat* (3), ne nous paraît pas pouvoir être juridiquement soutenue.

Toutefois, l'obligation de faire constater la cession par acte authentique ne saurait s'appliquer au cas où cette cession résulte d'un endossement régulier, l'endossement étant, par sa nature, un moyen rapide de transmission qui exclut la participation d'un officier public et l'obligation d'authenticité (4).

22. — Commune. — La mainlevée d'une inscription au profit d'une commune est donnée par le maire ou le receveur municipal, après délibération du conseil municipal, approuvée par arrêté du préfet pris en conseil de préfecture (5).

Dans la pratique, une difficulté se présente parfois à l'occasion des paiements à faire aux communes et aux établissements publics. Certains receveurs prétendent encaisser les fonds sur une quittance administrative, et se faire autoriser ensuite à consentir un acte de quittance et de mainlevée notarié. Rien ne justifie cette prétention. Dès lors que la date du paiement est fixée et que le débiteur doit se libérer, il est fondé à ne verser ses fonds que contre une quittance et une mainlevée définitives. C'est aux communes et aux établissements publics à prévoir cette échéance et à se pourvoir à l'avance des autorisations nécessaires pour pouvoir toucher les créances. A défaut de ces justifications, les débiteurs pourraient s'abstenir de payer et consigner les fonds pour arrêter le cours des intérêts.

23. — Compagnies de chemin de fer. (Nord, Est, Ouest, Orléans, Lyon, Midi). — C'est le conseil d'administration de ces diverses compagnies, dont

---

(1) Décret, 11 thermidor an XII ; Boulanger, n° 573.

(2) Bayeux, 20 novembre 1851 ; Laurent, t. XXXI, n° 154 ; Boulanger, n° 61 ; Martou, t. III, n° 1182.

(3) N° 4055.

(4) Boulanger, n° 61, p. 93.

(5) Dict. du not., v. *Commune*, n° 123 ; Dalloz, t. XXXVII, n° 2695 ; Boulanger, n° 454 ; Dijon, 7 avril 1859 ; Aix, 3 janvier 1884.

Les conservateurs, aux termes de l'instruction mi-

nistérielle du 24 juillet 1841, doivent opérer la radiation des inscriptions prises dans l'intérêt des communes, sur la présentation : de l'expédition de la mainlevée consentie par le maire ou le receveur municipal, d'une expédition authentique de la délibération du conseil municipal et de l'arrêté du préfet (Boulanger, t. II, n° 564 ; Dijon, 7 avril 1859).

Toutes les mainlevées données au nom de la Ville de Paris sont consenties par le Préfet de la Seine, les statuts à cet égard sont semblables, qui autorise toutes mainlevées d'inscription et délègue ses pouvoirs à un mandataire spécial (1).

24. — Conseil judiciaire (Pourvu de). — Il ne peut donner mainlevée qu'assisté de son conseil, sauf le cas où il s'agit d'inscription garantissant des revenus (2).

Le prodigue, copropriétaire par indivis avec la femme de son conseil d'une créance hypothécaire, pourrait-il donner pouvoir à ce dernier de consentir mainlevée, et le conseil pourrait-il agir, dans la mainlevée, tant au nom du prodigue que comme autorisant sa femme ? Non. Il y aurait lieu de faire nommer par le tribunal un conseil *ad hoc* (3).

25. — Créancier. — Le débiteur, créancier lui-même d'un tiers, peut seul donner mainlevée de l'inscription requise en son nom et pour la conservation de ses droits contre le tiers, par son propre créancier, en conformité de l'art. 775 du Code de procédure civile (4).

26. — Créancier colloqué. — A s'en tenir aux termes de l'art. 771 du Code de procédure, la simple mainlevée de l'inscription d'office, par le créancier colloqué, ne suffirait pas ; car il faut, pour la radiation, représenter au conservateur la quittance du créancier, outre son bordereau. Ce mode de procéder, qui oblige l'adjudicataire à justifier du paiement total de son prix, paraît en désaccord avec le droit commun. Le vendeur peut, en effet, donner une simple mainlevée pour faire opérer la radiation de son inscription. Lorsque l'ordre est définitif, est-ce que les créanciers colloqués ne sont pas substitués au vendeur ? Pourquoi n'auraient-ils pas les mêmes droits que lui et ne pourraient-ils pas renoncer à une inscription qui ne peut désormais profiter qu'à eux ? C'est d'ailleurs ce que certains conservateurs admettent, sur la production des bordereaux, apportant ainsi un tempérament aux rigueurs inexplicables de la loi (5).

27. — Créancier délégataire. — Il a capacité pour donner mainlevée des inscriptions conservant la créance déléguée quand la délégation est parfaite. Dans le cas contraire, elle doit être fournie par le délégant (6).

28. — Créancier subrogé. — Quand la subrogation est émargée, nul doute qu'il puisse donner mainlevée (7). Il peut encore simplement donner mainlevée de la subrogation ; alors l'hypothèque retourne aux mains de l'inscrivant (8).

Si le créancier n'a cédé qu'une partie de sa créance peut-il, en donnant quittance du surplus, faire mainlevée partielle, sans le concours du cessionnaire ? Nous le pensons et tel est l'avis de M. Boulanger (9).

Le créancier subrogé à l'hypothèque légale de la femme n'a pas besoin du concours de celle-ci pour faire mainlevée de l'inscription requise directement à

---

(1) *Chemins de fer.* — Toute demande de radiation doit être appuyée : 1° de la délibération du conseil d'administration autorisant la mainlevée ; 2° de la délibération de l'assemblée nommant les administrateurs ; 3° et s'il y a lieu de la procuration donnée au mandataire du conseil. — Ces diverses pièces sont d'ordinaire annexées par le notaire rédacteur à l'acte de mainlevée. Il n'est pas utile de justifier de la constitution régulière de la société, puisqu'elle fonctionne sous le contrôle du gouvernement.

(2) Dict. du not., v° *Mainlevée*, n° 47 ; Dalloz, t. XXXVII, n° 2674 ; *J. du not.*, n° 3974.

La qualité du conseil judiciaire doit être justifiée au conservateur par la remise du jugement de nomination, d'un certificat du greffier attestant que ce jugement a acquis l'autorité de la chose jugée (Cass., 12 janvier 1875), et des certificats constatant l'accomplissement des mesures de publicité prescrites par la loi.

(3) Douai, 31 août 1864 ; Dijon, 13 novembre 1866
(4) Dict. du not., n° 82.
(5) Mailland, p. 173. — Sic : Dict. du not., n° 118 ; trib. de Valence, 31 août 1872 (art. 26468, J. N.).
(6) Dict. du not., v° *Mainlevée*, n° 84 et suiv.
(7) Le créancier subrogé n'a besoin de produire, si la subrogation a été émargée, que l'expédition de la mainlevée. Si l'inscription avait été renouvelée directement au profit du créancier subrogé, sans que cette subrogation ait été mentionnée, le conservateur serait fondé à ne rayer l'inscription que sur la justification des droits du cessionnaire, c'est-à-dire sur la production d'une expédition du transport. (Boulanger, n° 406). Un extrait ne suffirait pas. (Joigny, 13 octobre 1871 ; Rennes, 18 décembre 1879, art. 22463, J. N.).
(8) Dict. du not., n° 92.
(9) N° 70, *in fine*.

son profit, à concurrence des sommes à lui dues, et le conservateur n'a pas le droit de réserver l'inscription au profit de la femme (1).

29. — Crédit foncier. — La mainlevée sans paiement est donnée par le gouverneur, autorisé à cet effet par le conseil d'administration. L'expédition de la délibération doit accompagner la mainlevée (2).

30. — Crédi-rentier. — L'inscription prise pour sûreté d'une rente viagère est rayée sur la mainlevée donnée par le crédi-rentier, ou, après l'extinction de la rente survenue par son décès, par les héritiers ou autres représentants. Elle peut même être radiée sur la simple production de l'acte de décès au conservateur, s'il en a été ainsi convenu dans l'acte de constitution de la rente (3).

31. — Curateur à succession vacante. — Il ne peut donner mainlevée qu'en touchant, à moins d'y être autorisé par justice (4).

32. — Envoyé en possession. — Il convient de distinguer :

L'envoyé en possession provisoire ne peut donner mainlevée qu'en touchant ; il faut donc produire sa quittance (5).

L'envoyé en possession définitive a pleine capacité pour donner une simple mainlevée, sauf à justifier de sa qualité (6).

33. — Etablissements publics. — Les receveurs ou administrateurs des établissements publics ne peuvent consentir aucune mainlevée qu'après autorisation par décision du conseil de préfecture, dont copie est remise au conservateur (7) (V. *suprà*, n° 22).

34. — Etat. — La mainlevée d'une inscription prise à son profit, pour sûreté de créances domaniales, est donnée en vertu d'un simple arrêté du préfet qui a le caractère authentique, comme les actes notariés (8).

S'il s'agit d'une inscription prise sur les biens des comptables, la mainlevée peut en être donnée, soit par le préfet, — soit, dans un acte notarié, par l'agent judiciaire du Trésor, mais avec l'autorisation du Ministre des finances ; et l'arrêté préfectoral ou l'acte notarié doivent faire mention expresse de cette autorisation.

35. — Exécuteur testamentaire. — Il n'est qu'un mandataire et n'a, en général, que des pouvoirs d'administration. Il ne pourrait donc consentir de mainlevée sans recevoir le remboursement de la créance garantie (9).

36. — Fabriques et autres établissements ecclésiastiques. — D'après un avis de la section de l'intérieur, de l'instruction publique, des beaux-arts et des cultes du Conseil d'Etat, en date du 23 juillet 1885, les fabriques et autres établissements ecclésiastiques ne peuvent donner mainlevée des hypothèques prises à leur profit, sans y avoir été autorisées par un décret.

Le Ministre des cultes a adressé, à ce sujet, aux préfets, à la date du 21 août 1885, une circulaire indiquant les pièces et les justifications qui doivent lui être fournies à l'appui des demandes en autorisation (10).

---

(1) Mailland, *Not. simpl.*, p. 173; E. Clerc, t. Ier, v° *Mainlevée*, n° 12; Primot, n° 46 et note 2; Cass., 5 février 1861 et 25 février 1862.

(2) Primot, n° 30; Statuts du Crédit Foncier, art. 34.

(3) Dict. du not., n°s 8 et 9; Boulanger, n°s 354 à 357.

(4) Dalloz, t. XXXVII, n° 2684; Boulanger, n° 812 *bis*; Bordeaux, 22 janvier 1892 (*J. du not.*, 1892, p. 199).

(5) Boulanger, n° 39.

(6) Dict. du not., n° 69; Dalloz, t. XXXVII, n° 2684.

(7) Décr. du 11 thermidor an XII; Décis. minist. du 11 février 1825; Boulanger, n° 567 et suiv.

(8) Instruct. génér. des 11 septembre 1809, n° 316, 26 juin 1841, n° 1741; Boulanger, t. II, n° 540.

(9) Boulanger, n° 327; Dict. du not., n° 90.

(10) Lorsque la demande a lieu après l'extinction de l'obligation, les préfets sont invités à produire, en transmettant cette demande au Ministre des cultes, savoir :

1° Un extrait des registres d'inscription du bureau où l'inscription a été prise ;

2° Une copie de l'acte notarié constatant la libération du débiteur ;

3° L'avis du comité consultatif de jurisconsultes institué en exécution de l'arrêt du 7 messidor an XI, le décret du 11 thermidor an XII n'ayant été abrogé par aucun texte ;

4° L'avis du conseil municipal, parce que les fabriques sont au nombre des établissements visés par l'art. 70 de la loi du 5 avril 1884 ;

5° Un état de l'actif et du passif, ainsi que des revenus et charges de l'établissement.

Le préfet doit renseigner le ministre sur la vali-

37. — Failli. — Quand il a obtenu son concordat, il a le droit de donner seul mainlevée des inscriptions prises contre ses débiteurs (1).

La faillite peut recevoir plusieurs solutions : ou amener un concordat, ou être suivie de la période d'union, ou être close pour insuffisance d'actif.

Jusqu'au concordat et pendant la *période d'union*, les syndics représentent les créanciers et le failli ; ils ont pouvoir de donner mainlevée en touchant ; mais les mainlevées par eux données sans paiement étant de véritables transactions, il faut obtenir, le failli dûment appelé, l'autorisation du juge commissaire. Et suivant les distinctions de l'art. 487 du Code de commerce, si l'objet de la transaction est d'une valeur indéterminée ou excède 300 francs, la transaction n'est obligatoire qu'après avoir été homologuée : par le tribunal de commerce pour les transactions relatives à des droits mobiliers, et par le tribunal civil pour les transactions relatives à des droits immobiliers (2). Ces diverses pièces doivent être produites au conservateur.

Après le concordat homologué, chaque créancier, reprenant l'exercice de ses droits hypothécaires contre le failli, doit être appelé à donner mainlevée soit de son inscription personnelle, soit de l'inscription collective prise au profit de la masse en vertu de l'art. 490, C. com. (3), à moins que le concordat n'ait autorisé le syndic à donner mainlevée de cette inscription (4).

Après la clôture de la faillite pour insuffisance d'actif, il faut encore s'adresser aux créanciers pour avoir la radiation des inscriptions leur profitant. Mais le failli restant toujours dessaisi, les syndics ont droit, en touchant, de faire mainlevée des inscriptions prises contre ses débiteurs (5).

38. — Femme mariée. — Autorisée de son mari ou de justice, et non soumise au régime dotal, elle peut donner mainlevée de son *hypothèque légale*, que cette hypothèque ait été prise par elle, ou, en son nom, par le ministère public, lorsque cette mainlevée est consentie au profit d'un tiers envers lequel elle ou son mari ou tous deux s'obligent (6). Lorsque la femme est mariée sous le régime dotal, elle ne peut donner mainlevée de son hypothèque légale en tant qu'elle conserve ses reprises dotales, mais seulement en ce qui concerne ses droits paraphernaux (7).

Dans les autres cas, il faut recourir à la purge (art. 2194 du C. civ.) ou à la restriction judiciaire (art. 2143-2144 et suiv., C. civ.) (8).

— En ce qui regarde les autres hypothèques et sans distinction de régime, la femme, dûment autorisée, a pleine capacité pour donner mainlevée. Cependant s'il s'agit d'une créance dotale, il faut qu'il y ait paiement et au besoin remploi, conformément au contrat de mariage, si ce contrat l'exige. Le remploi peut aussi être stipulé à l'encontre des tiers sous les autres régimes. *Il est donc important d'énoncer le contrat de mariage pour démontrer que la femme a la libre disposition de la créance conservée par l'inscription* (9). Le conservateur peut, du reste, en demander la production (10). S'il y a lieu à remploi obligatoire, on doit remettre au conservateur une expédition de l'acte constatant l'acceptation de ce remploi par la femme autorisée de son mari.

---

dité du paiement. Enfin, le préfet et l'évêque ont à émettre un avis motivé sur la demande de la fabrique.

Ces formalités sont compliquées, mais il ne paraît pas possible de s'y soustraire ; et les frais autres que ceux de la quittance et de la mainlevée incombent à la fabrique, parce qu'ils sont rendus nécessaires par les diligences qu'elle est obligée de faire à raison de son incapacité relative.

(1) Dict. du not., v° *Mainlevée*, n° 88.
(2) Cass., 15 décembre 1880 ; Boulanger, n° 104 ; Primot, n°° 83 et 84.
(3) Primot, n° 87.
(4) Saint-Étienne, 4 avril 1876 ; Tlemcen, 5 juillet 1878 (*J. du not.*, n° 4079).

(5) Primot, n° 35.
(6) La Flèche, 31 août 1873 ; Dinan, 17 juillet 1877 (art. 21756, J. N.) ; Alençon, 16 juillet 1878 (art. 22150, J. N.).
(7) Dict. du not., v° *Mainlevée*, n°° 55 et suiv. ; Dalloz, t. XXVII, n° 2686 ; — Sirey et Gilbert, *Codes annotés* sur les art. 2135 et 2157 ; E. Clerc, v° *Mainlevée*, t. I°°, n° 10 ; Aubry et Rau, § 527 *bis*.
(8) Cass., 28 avril 1864 ; Alençon, 16 juillet 1878 (*J. du not.*, 5 février 1879) ; Seine, 13 mai 1884.
(9) Mailland, *Not. simp.*, p. 174 ; Ed. Clerc, n°° 6 et 9.
(10) Boulanger, n° 232.

39. — Femme séparée de biens. — La femme séparée de biens doit être autorisée par son mari ou par justice pour donner mainlevée sans paiement, parce que cette renonciation excède le droit d'administration (1). Le conservateur peut exiger la production du jugement de séparation et des pièces justifiant son exécution (art. 1444, C. civ.). Mais il n'est pas douteux qu'elle puisse, seule, consentir une radiation, comme conséquence d'un paiement (2).

40. — Héritier (3) bénéficiaire. — Il a capacité, s'il est majeur, pour donner mainlevée sans paiement, car rien ne l'empêche de faire acte de *maître du droit*, ce qui le rend alors héritier pur et simple. Le conservateur ne serait pas fondé à demander la justification du paiement (4).

40 bis. — Hospice. — (V. *suprà*, n° 33).

41. — Interdit. — Il est classé parmi les incapables et son tuteur n'a pas plus de capacité que le tuteur ordinaire.

L'interdit réhabilité est assimilé au mineur devenu majeur (V. *infrà*, n° 46).

42. — Liquidateur de société. — Il agit en conséquence des pouvoirs spéciaux qu'il tient des anciens associés, sinon il ne peut donner mainlevée qu'en touchant (5).

43. — Mandataire. — Il donne mainlevée dans les termes du mandat : « *avant* ou *après paiement* » ou « *avec* ou *sans paiement* », selon les pouvoirs qui lui sont conférés; la procuration doit être authentique (6), mais elle peut être en brevet.

44. — Mari. — La capacité du mari diffère suivant les cas ci-après :

    a) Ou *l'hypothèque profite à la communauté*, alors que le mari, maître absolu des biens communs, a capacité, comme conséquence de son droit d'aliéner, pour donner seul mainlevée de l'inscription avec ou sans paiement (7).

    b) Ou *l'hypothèque profite à la femme*; sous tous les régimes autres que celui de séparation de biens, le mari ayant l'administration des biens de la femme, peut seul donner mainlevée en touchant ou en justifiant que la créance a été payée. Mais le concours de la femme est nécessaire pour une mainlevée sans paiement (8).

Enfin, sous le régime de la séparation de biens, le mari est sans capacité pour faire mainlevée de l'hypothèque conservant les biens de la femme (9). Le conservateur a donc toujours le droit d'exiger la production du contrat de mariage.

45. — Mineur commerçant. — Il peut, sans l'assistance de son curateur, consentir, même sans paiement, toute mainlevée relative à son commerce. La nature commerciale de l'opération sera suffisamment indiquée par une déclaration dans la mainlevée (10).

46. — Mineur devenu majeur. — Il a capacité pour consentir, sans

---

(1) Primot, n° 48 et note 1; Demolombe, t. IV, n° 65; Pont, n° 1077; Boulanger, n° 173; Cass., 26 avril 1864; Montpellier, 10 décembre 1864. — *Contrà* : Ed. Clerc, n° 7.

(2) Primot, n° 48; Boulanger, n° 173.

(3) Tout héritier qui donne mainlevée d'une inscription prise au profit du *de cujus*, doit justifier, au conservateur, d'un extrait d'intitulé d'inventaire, ou à défaut, d'un acte de notoriété, et d'un extrait de l'acte de partage qui lui a attribué la créance, s'il n'était pas seul à recueillir la succession. Si le partage a été fait judiciairement, il y a lieu en outre, de produire expédition du jugement et des pièces d'homologation.

Le légataire universel, en vertu d'un testament olographe ou mystique doit produire au conservateur, extrait du testament déposé et de l'envoi en possession.

Le légataire universel, en vertu d'un testament authentique doit produire : une expédition du testament et un acte de notoriété constatant la non

existence d'héritier à réserve. Le légataire à titre universel ou particulier doit justifier de la délivrance de son legs et de la qualité de ceux qui l'ont consentie (Boulanger, n° 488 et suiv.)

(4) Primot, *Traité des radiations*, n° 102; Dict. du not. v° *Mainlevée*, n° 33; Boulanger, n° 420; Paris, 30 juillet 1850 (art. 14114, J. N.).

(5) Mailland, p. 175; Primot, n° 87.

(6) Dict. du not., n°° 76 à 79; Dalloz, t. XXXVII, n°° 2705 et suiv.). L'expédition de la mainlevée remise au conservateur doit toujours contenir copie ou extrait littéral de la procuration.

(7) Liège, 24 juin 1887 (*Rev. prat. not.* B., p. 193); Primot, n° 39; Mailland, p. 175. — *Contrà* : Liège, 2 juin 1886.

(8) Primot, n°° 40, 47, 53; Troplong, n° 3117; Mailland, p. 175.

(9) Dict. du not., n°° 50 et suiv.; Dalloz t. XXXVII, n° 2688.

(10) Boulanger, n°° 333 et 335; Primot, n° 78; Demolombe, t. VIII, n° 341.

paiement, mainlevée de l'inscription prise pendant sa minorité. Mais il pourra être obligé de produire son acte de naissance au conservateur pour établir sa majorité (1).

Peut-il, avant la reddition du compte de tutelle, donner mainlevée de son hypothèque légale ? La négative est basée sur l'article 472 du Code civil et consacrée par la jurisprudence (2), et le conservateur est fondé à refuser d'opérer la radiation, sans qu'il lui soit justifié de la reddition du compte de tutelle et de l'arrêté de compte. Il ne peut y être suppléé par un acte dans lequel l'ex-mineur déclarerait qu'il ne lui est rien dû par son tuteur (3).

47. — **Mineur émancipé.** — S'il s'agit d'une hypothèque garantissant des revenus, il peut, seul, en donner mainlevée en touchant (4).

Mais en ce qui concerne toute autre créance non soldée, il doit être assisté de son curateur et même recevoir la créance pour donner mainlevée (5).

Pour une mainlevée pure et simple, il lui faudrait, outre l'assistance de son curateur, une délibération du conseil de famille, dûment homologuée (6).

47 bis. — **Nu-propriétaire.** — (V. *infrà*, n° 55).

48. — **Ordre.** — Après ordre judiciaire ou amiable, la mainlevée des inscriptions militant au profit de chaque créancier est donnée par chacun d'eux. Mainlevée de l'inscription d'office est donnée par les créanciers et le vendeur. En ce qui concerne cette dernière inscription, le conservateur est, d'ailleurs, tenu d'en opérer la radiation par la justification par l'adjudicataire du paiement de la totalité du prix aux créanciers colloqués. Il faut donc lui produire les bordereaux de collocation et la quittance authentique qui constate le paiement effectué (7).

49. — **Porteur de première grosse.** — L'inscription prise en vertu d'une obligation au *porteur* est radiée sur la mainlevée donnée par le dernier porteur, bien que l'émargement n'ait pas eu lieu. Mention de la mainlevée est faite par le notaire sur le titre (8), et, dans la mainlevée, le notaire constate qu'il a fait cette mention.

50. — **Porte-fort.** — Le porte-fort, même co-intéressé, est sans qualité pour donner mainlevée (9).

51. — **Receveur d'enregistrement.** — En matière d'enregistrement, les mainlevées d'inscriptions sont consenties par les receveurs autorisés du directeur (10).

51 bis. — Lorsqu'une inscription de séparation des patrimoines a été prise par l'un des créanciers de la succession, le conservateur peut-il opérer la radiation sur la seule mainlevée de ce créancier! Il semblerait résulter d'un arrêt de cassation du 15 juillet 1891, que le consentement de tous les créanciers de la succession est nécessaire. Mais nous croyons cette doctrine trop absolue (Cons. *Rev. not.*, 1892, n° 8611).

52. — **Séquestre.** — Le séquestre judiciaire ne peut donner mainlevée que des inscriptions garantissant les créances dont il reçoit le remboursement, à moins qu'il n'ait été spécialement autorisé à faire mainlevée sans paiement (11), Il va sans dire que l'expédition du jugement de nomination doit, en tous cas, être produite au conservateur à l'appui de la radiation.

53. — **Syndic de faillite.** — Il donne mainlevée en touchant ou, lorsqu'il n'y a pas eu de concordat, quand la créance est payée, des inscriptions prises contre le failli et ses débiteurs (12). Il ne peut donner mainlevée, sans paiement, avec la seule autorisation du juge-commissaire; il faut l'homologation du tribunal (13). (V. *suprà*, n° 37.)

---

(1) Primot, n° 80.
(2) Dijon, 26 mars 1840 ; Caen, 17 déc. 1827 : Montpellier, 20 mars 1852 ; Riom, 9 janvier 1860 ; Primot, n° 74 ; Aubry et Rau, t. I", p. 492 ; Demolombe, t. VIII, n°" 64-65 ; Pont, n° 1076 ; Boulanger, n° 309.
(3) Liège, 2 juillet 1873 ; Bruxelles, 8 août 1878.
(4) Primot, n° 75.
(5) Primot, n° 76 (art. 482, C. civ.).
(6) Primot, n° 77 ; Boulanger, n° 240 ; Mourlon, t. III, n° 1597.

(7) *J. du not.*, n° 8219.
(8) Dict. du not., t. VII, p. 714, n° 34 ; Mailland, p. 174 ; Bordeaux, 7 février 1846 (art. 12727, J. N.).
(9) Mailland, p. 176.
(10) Instruction de la régie, 14 avril 1809, n° 426.
(11) Douai, 8 décembre 1867 ; Saint-Etienne, 25 août 1874.
(12) Dalloz, t. XXXVII, n° 2684.
(13) Cass., 21 décembre 1880 (art. 22808, J. N.) Rev. not., n° 6866) ; Boulanger, n° 104.

54. — Tuteur. — Le tuteur, le père administrateur légal, ont capacité pour consentir mainlevée, lorsque la créance est payée (1) ; et le conservateur n'a pas à exiger justification de l'emploi prescrit au tuteur par la loi du 27 février 1880 (art. 6) qui ne regarde pas les tiers (2), ni à refuser la radiation sous prétexte que la quittance ne porte pas paiement des intérêts, lorsqu'elle est donnée sans réserve (3).

Si les pupilles ne sont pas désintéressés, il ne peut agir qu'en vertu d'une délibération du conseil de famille homologuée par le tribunal (4).

— Le nouveau tuteur donne mainlevée de l'inscription prise contre le précédent tuteur, sauf à fournir expédition du compte portant quittance du reliquat, pour la radiation (5).

S'il y a opposition d'intérêts entre le mineur et le tuteur, si même la mainlevée est donnée à la suite du paiement d'une créance que le tuteur devait lui-même au mineur, la mainlevée doit être consentie par le tuteur, en présence du subrogé-tuteur (6).

55. — Usufruitier. — Il ne peut donner seul mainlevée qu'en touchant, alors même qu'il a été dispensé de fournir caution (7). S'il ne touche pas, le concours du nu-propriétaire est nécessaire. Une opinion soutient aussi que le nu-propriétaire doit intervenir dans tous les cas où l'inscription a été prise en son nom personnel (8).

Au décès de l'usufruitier, ses héritiers doivent être appelés à donner mainlevée de son inscription, si la radiation n'en a pas été autorisée sur la seule justification de l'acte de décès (9).

56. — Vendeur. — Le vendeur ne peut consentir à la radiation de l'inscription d'office prise lors de la transcription de la vente, qu'en renonçant formellement au privilège et à l'action résolutoire (10).

§ 4. EFFETS DE LA MAINLEVÉE. RÉVOCATION.

57. — La mainlevée *pure* et *simple* anéantit irrévocablement l'inscription et fait perdre au créancier son rang hypothécaire ; *elle autorise le conservateur à radier l'inscription* (11).

Mais elle ne fait pas perdre l'hypothèque, si le créancier n'y a pas formellement renoncé (12) ; en sorte qu'après la mainlevée, le créancier pourrait requérir une nouvelle inscription prenant rang à sa date (13). Ce mode d'opérer peut tenir lieu d'une cession d'antériorité ou de priorité d'hypothèque, car il produit le même résultat.

La question de savoir, lorsque la mainlevée est muette à ce sujet, si le créancier a entendu renoncer à son droit d'hypothèque, est une question d'intention, dont

---

(1) Lyon, 2 mai 1877.
Si le tuteur est *datif*, il doit produire la copie de la délibération qui lui a conféré la tutelle.
(2) Lorient, 23 mars 1881 (art. 22477, J. N.) et *Dissert.*, art. 22297, J. N.
(3) Rennes, 17 février 1883. Dans le cas de radiation d'une inscription hypothécaire prise en garantie d'une créance dépendant d'une succession échue au mineur, le conservateur des hypothèques serait en droit de refuser la radiation sur la simple mainlevée consentie par le tuteur, si on ne lui rapportait pas la justification que la succession d'où dépendait la créance a été acceptée *régulièrement*, c'est-à-dire bénéficiairement et après inventaire (*J. du not.*, n° 4079).
Mais cette justification ne serait plus utile, si la créance était toiichée conjointement par des majeurs et un mineur.

(4) Il y a lieu de fournir au conservateur copie de la délibération et du jugement d'homologation (Dalloz, t. XXXVII. n° 2680 ; Dict. du not., t. VII, p. 714, n° 36 à 40).
(5) Primot, n° 73 ; Dict. du not., n° 41.
(6) Bordeaux, 14 mai 1855 (art. 15575, J. N.) ; Vervins, 22 juin 1854 ; Boulanger, *Radiat. hypoth.*, n° 262, art. 23455, J. N.
(7) Dijon, 4 décembre 1878 (art. 20982, J. N.).
(8) Mailland, p. 176 ; Dict. du not., t. VII, p. 713, n° 31 et suiv. ; *J. du not.*, n° 4010.
(9) Primot, n° 111 *bis*.
(10) Cass., 24 juin 1844 ; Bordeaux, 28 mars 1862.
(11) Dict du not., t. VII, p. 732, n° 151-153.
(12) *Id.*, Dall'oz. t. XXXVII. n° 2665 ; E. Clerc, t. I°°, p. 95, n° 33 ; Mailland. p. 177, § 3.
(13) Troplong, t. III, n° 737 ; Cass., 2 mars 1837.

l'appréciation est réservée aux tribunaux (1) ; aussi, dans le but de prévenir toutes difficultés, est-il d'usage d'insérer dans l'acte une clause par laquelle le créancier déclare renoncer formellement à tous droits d'hypothèque (2).

58. — Le créancier dont l'inscription a été radiée, en vertu d'une mainlevée reconnue *fausse* ou *nulle*, a le droit de prendre une nouvelle inscription, qui est primée par celles des créanciers inscrits de bonne foi, depuis la radiation de l'inscription primitive (3).

59. — *La mainlevée, donnée sans réserve,* constitue un commencement de preuve par écrit qui peut, selon les circonstances, faire déclarer la libération du débiteur (4).

60. — Une fois opérée, la radiation produit un effet irrévocable pour l'avenir, alors même qu'elle serait le résultat d'une erreur, d'un dol, d'un consentement irrégulièrement donné. L'inscription peut bien être rétablie au moyen d'une inscription nouvelle, mais celle-ci ne reprend sa date que vis-à-vis des créanciers inscrits antérieurement à la radiation et ne peut être opposée à ceux qui ont été inscrits entre le moment de la radiation et la nouvelle inscription (5).

61. — **Révocation.** — La mainlevée a, par elle-même, son efficacité entière, et avant que le conservateur des hypothèques ait rayé l'inscription, l'immeuble grevé en est juridiquement déchargé. Toutefois, il n'est pas douteux que le créancier conserve, jusqu'à ce que la radiation soit opérée, au moins lorsqu'il ne s'est pas désisté de son droit hypothéca're (6), le droit de révoquer son consentement. Mais cette rétractation ne saurait être opposée aux tiers qui se sont inscrits, sur ces entrefaites, avant la notification régulière de l'acte au conservateur. C'est pourquoi il a été jugé que l'inscription reprend son existence et sa date primitives, à l'égard seulement des créanciers *antérieurs* dont la position n'a pu être modifiée par la mainlevée (7).

62. — **Formes de la révocation.** — Aucune disposition légale ne règle la forme de la révocation du consentement. Le créancier peut se borner à faire notifier au conservateur, par un *acte extra-judiciaire*, qu'il déclare s'opposer à la radiation (8). Mais ce procédé a des inconvénients : car il ne peut être connu

---

(1) Primot, *Traité des radiations*, n° 4.
(2) E. Clerc, *Form.*, p. 95, n° 38 ; Mailland, p. 177 ; Dict. du not., t. VII, n° 159, 160, 161.
(3) Cass., 9 décembre 1846 ; Dict. du not., t. VII, n°˙ 154, 162, 163, 164.
(4) Cass., 17 juillet 1820 ; Dict. du not., t. VII, p. 734, n° 165.
(5) Cass., 13 avril 1863 ; Rouen, 10 mai 1875 ; Douai, 27 mai 1878 (*Rev. not.*, n° 5768 ; Aubry et Rau, § 281, notes 42-43 ; Boulanger, n° 13 à 17.
(6) Angoulême, 22 février 1888 ; Chalon-sur-Saône, 11 décembre 1888 ; Orléans, 8 août et 29 novembre 1889 (*J. du not.*, 1889, p. 699, Gaz. des trib., n° 19463). D'après ces décisions, la mainlevée de l'inscription, sans désistement de l'hypothèque, fait perdre simplement le rang et laisse encore au créancier la faculté de requérir une nouvelle inscription, qui prendra rang à une date ultérieure. Le créancier peut donc revenir sur son consentement. Mais quand il y a un désistement du droit d'hypothèque, ce droit est absolument éteint, et éteint *ergà omnes*, d'une façon irrévocable ; il n'y a plus lieu à révocation. Conf. : Pont, n°˙ 1073 et 1105.
(7) Douai, 10 janvier 1812 ; Paris, 15 avril 1811 et 12 juin 1815 ; Cass., 2 mars 1830 ; Agen, 19 mai 1836 ; Lisieux, 17 décembre 1873 ; Angoulême, 22 février 1888 ; Troplong, t. III, n° 738 ; Dalloz, v° *Priv. et hypoth.*, n°˙ 2721 et 2722 ; Aubry et Rau, t. III, p. 396 ; Pont, n°˙ 1105 et 1106 ; Boulanger, *Radiat. hypoth.*, t. I, n°˙ 12 et 13. — *Contra* : Laurent, t. XXXI, n°˙ 226 et suiv.
Nous ne saurions contester ·la validité d'une ré-

tractation de son consentement donné par le créancier ; mais ce que nous contestons, c'est la conséquence qu'on en tire au point de vue des effets de cette révocation à l'égard des tiers. A notre avis, un acte qui intéresse des tiers n'a d'effet que lorsque ces tiers peuvent le connaître ; cela est vrai surtout des inscriptions hypothécaires, qui n'ont d'autre but que l'intérêt des tiers. Elles doivent donc subsister, tant qu'elles ne sont pas radiées, et, par conséquent, la radiation ne peut avoir d'effet, vis-à-vis des autres créanciers, tant qu'elle n'est pas opérée sur les registres. D'où la conséquence suivante : l'inscription a-t-elle été rayée en vertu de la mainlevée révoquée ? Dans ce cas, les créanciers inscrits après, sans aucun doute, le créancier qui, après avoir requis la radiation, l'a rétractée et prend une inscription nouvelle. Si la radiation n'a pas été opérée, qu'importe que le créancier l'ait rétractée ou non, les créanciers qui auraient pris inscription après que l'acte de mainlevée a été dressé, n'ont pas le droit de se prévaloir d'un acte qu'ils ne peuvent connaître que par son effet public, c'est-à-dire par la radiation. L'inscription, subsistant toujours, doit nécessairement primer les créanciers postérieurs.
Toutes les distinctions faites à cet égard par les auteurs entre les créanciers qui ont pris inscription après la mainlevée, mais avant la révocation, et ceux inscrits après la révocation, sont absolument arbitraires et ne reposent sur aucun principe juridique. Mais la jurisprudence, qui décide trop souvent en équité, a presque toujours suivi ces distinctions.
(8) Aubry et Rau, p. 395 ; Boulanger, n° 13.

que du conservateur qui reçoit la signification, et il laisse les tiers à la merci de la mauvaise foi du débiteur.

Il serait donc préférable de faire constater la révocation par un acte notarié, qui serait annoté en marge de la mainlevée et signifié au conservateur.

§ 5. Devoirs et responsabilité des conservateurs.
Responsabilité notariale.

63. — **Devoirs et responsabilité des conservateurs.** — Il appartient au conservateur de discuter la valeur légale des actes qu'on lui présente pour obtenir une radiation et de s'assurer de la capacité des parties dont ils émanent (1).

Mais le droit d'appréciation du conservateur ne va pas jusqu'à pouvoir contester la sincérité des constatations que les actes contiennent, ou critiquer au fond les décisions judiciaires qui ont ordonné la radiation (2).

Comme le dit Paul Pont, le conservateur n'est pas juge du droit que la partie intéressée pouvait avoir à demander la mainlevée et la radiation ; pourvu que cette radiation soit requise en vertu d'actes *réguliers* et *probants*, il doit obtempérer à la réquisition... ; mais il est juge de la *régularité* de l'acte en vertu duquel il agit et, pour cela, il a le droit d'exiger que l'on dépose entre ses mains non seulement cet acte lui-même, mais encore les documents qui complètent la pièce ou sont propres à établir qu'elle est régulière et qu'elle existe dans les conditions déterminées par la loi (Carcassonne, 26 janvier 1891 (*J. du not.*, 1891, p. 540). Or, la première de ces conditions étant, selon l'article 2157 du Code civil, la capacité de la partie intéressée, il faut que cette capacité soit établie ; et comme c'est là une question entièrement liée au fond du droit, il en résulte que le conservateur n'est pas seulement juge de la régularité matérielle du consentement, mais encore des conditions légales dans lesquelles ce consentement a été donné.

64. — En tout cas, la jurisprudence tend de plus en plus à le considérer comme à l'abri de toute réclamation, lorsqu'il est établi qu'il n'a pas agi à la légère, qu'il s'est entouré de tous les renseignements propres à l'éclairer et qu'il a eu de justes motifs de ne pas douter de la capacité des parties (3), et le devoir du conservateur ne saurait aller jusqu'à l'obliger à avertir les parties des erreurs ou nullités que renfermerait une mainlevée (4).

65. — Lorsque l'expédition d'un titre a été remise au conservateur, en vue d'une radiation à opérer, celui-ci ne saurait, quand il s'agit de procéder à une seconde radiation en vertu du même acte, exiger le dépôt non restituable d'une nouvelle expédition de cet acte (5).

Le refus par le conservateur d'opérer une radiation d'inscription, lorsqu'il ne repose sur aucun motif sérieux, doit entraîner contre lui la condamnation, comme dommages-intérêts, aux dépens de l'instance qu'il a occasionnée (6) ; et le pourvoi en cassation n'étant pas suspensif, le conservateur doit, sur le vu de l'arrêt de la cour d'appel, procéder à la radiation ordonnée, bien qu'un pourvoi ait été formé contre cet arrêt (7). Mais il a été jugé que les dépens ne doivent même pas être mis à sa charge, lorsque son refus n'a été inspiré que par la sage prudence que nécessite l'exercice de ses fonctions (8).

---

(1) Aubry et Rau, t. III, p. 294 ; Laurent, t. XXXI, n°* 208 et suiv. ; Pont, n° 1098 ; Boulanger, n° 23 ; Toulouse, 8 août 1860 et 2 août 1861 (*Rev. not.*, n° 128).
(2) Cass., 11 juillet 1865 (*Rev. not.*, n° 1387).
(3) Cass., 13 avril 1863 (S. 1863-1-297) et arrêt préc. ; Boulanger, n° 23.
(4) Cass., 6 juillet 1870 et 25 novembre 1872 (S. 1873 1-65) ; Paris, 26 janvier 1872.

(5) Boulanger, n° 40 ; Alger, 3 novembre 1874 (*Rev not.*, n° 4910) ; Vitré, 6 janvier 1886 (art. 23911, J. N.).
(6) Grenoble, 27 juillet 1874 (*Rev. not.*, n° 4804).
(7) Joigny, 25 juillet 1889.
(8) Metz, 13 décembre 1854 ; Villefranche, 23 août 1859 ; La Flèche, 31 août 1863 ; Avignon, 20 mars 1865 ; Marseille, 17 août 1869 ; Valence, 31 août 1872.

66. — Les erreurs commises dans un certificat de radiation peuvent, sans aucun doute, engager la responsabilité du conservateur, indépendamment de celle que lui ferait encourir une radiation opérée à tort. Mais il n'est soumis à une réparation qu'autant qu'un préjudice réel a été occasionné (1).

67. — D'après un jugement du tribunal de Lunéville, du 11 mars 1874, lorsqu'on produit au conservateur des hypothèques l'expédition d'un acte public passé à l'étranger, afin d'obtenir la radiation d'une inscription hypothécaire, on devrait préalablement la faire enregistrer en France (2). La régie a, en effet rendu, le 7 mai 1869, une solution d'où il résulterait qu'on doit attribuer le caractère d'*actes publics* aux formalités hypothécaires accomplies et signées par les conservateurs. Nous ne pensons pas qu'il faille interpréter ainsi les art. 23, 41, 42 et 47 de la loi du 22 frimaire an VII ; les conservateurs sont simplement des préposés de la Régie et leurs actes n'émanant pas d'autorités constituées ne sauraient avoir le caractère d'actes publics (3).

68. — **Responsabilité notariale.** — Le notaire est, en matière de mainlevée comme en toute autre, responsable de la nullité occasionnée par un vice de forme. Il peut être, en outre, responsable des erreurs ou négligences qu'il peut commettre, soit dans la rédaction de l'acte et l'appréciation de la capacité des parties, soit dans l'accomplissement des formalités de radiation, par suite du mandat dont les parties auraient pu le charger à cette occasion.

Il a été jugé, en conséquence, que lorsque dans un acte de mainlevée d'inscription contre le même individu, le notaire a, par erreur, énoncé le numéro d'une inscription autre que celle dont il y avait lieu de faire opérer la radiation, il peut être déclaré responsable du préjudice causé par cette erreur (4).

69. — Lorsqu'un notaire s'est chargé des démarches à faire pour obtenir des mainlevées d'inscriptions et en faire opérer la radiation, il est passible des dommages-intérêts occasionnés par sa négligence (5).

70. — Un notaire qui a fait un placement de fonds peut être déclaré responsable des conséquences d'une mainlevée partielle qu'il a engagé les prêteurs à donner sur les immeubles affectés à la garantie du prêt (6).

71. — Le notaire qui rédige la mainlevée d'une inscription grevant un immeuble vendu, doit s'assurer que son client reçoit le montant de sa créance en échange; sinon, il peut être déclaré responsable de la somme touchée de l'acquéreur par son clerc, alors même que celle-ci aurait servi à payer des dettes chirographaires du vendeur (7).

72. — Le notaire qui, chargé de faire une mainlevée, fait radier purement et simplement une inscription hypothécaire, sans distinguer l'inscription d'hypothèque conventionnelle, qui devait être éteinte, de la subrogation dans l'hypothèque légale, qui devait être réservée, commet une faute lourde dont il est responsable (8).

73. — Mais un notaire ne saurait être responsable des conséquences de la radiation d'une inscription de privilège garantissant le paiement d'un prix de vente transporté à un tiers, alors qu'il est constant que cette radiation a été acceptée par le cessionnaire qui avait à dégager les immeubles des inscriptions les grevant, afin de faciliter la vente de ces immeubles au détail (9).

Il ne saurait aussi être rendu responsable pour avoir fait opérer la radiation

---

(1) Lisieux, 17 décembre 1873 ; Caen, 26 mai 1874 (*Rev. not.*, n°° 4559 et 4740) ; Boulanger, n° 378.
(2) Art. 21071, J. N.
(3) Stc : Dissert. (art. 19598 et 21071 J. N.).
(4) Lyon, 18 avril 1832.
(5) Paris, 11 février 1823.

(6) Dijon, 28 décembre 1878 ; Cass., 7 janvier 1878 (art. 21796, J. N.).
(7) Saint-Étienne, 10 juin 1885 (*J. du not.*, n° 3784).
(8) Seine, 20 février 1889 (*J. du not.*, 1889, p. 440).
(9) Nancy, 22 mars 1887 (art. 23966, J. N.).

d'une inscription dont le créancier avait donné mainlevée dans son étude, sans en référer au créancier, le préjudice éprouvé par ce dernier résultant non de la radiation, mais des conséquences de la mainlevée (1).

§ 6. FRAIS ET HONORAIRES.

74. — Les frais de la mainlevée et ceux de radiation incombent à celui contre lequel l'inscription était prise, à moins d'irrégularité dans l'inscription (2).

Quant aux frais de justification de qualités, ils sont à la charge de la partie qui donne mainlevée et qui doit établir sa capacité.

75. — L'honoraire le plus en usage dans les diverses compagnies est l'honoraire fixe de 3, 4, 5 ou 6 francs. Dans quelques tarifs, on admet un honoraire gradué, comme le droit d'enregistrement, ou même un honoraire proportionnel, avec un maximum; mais cette dernière perception est rare (3), et nous ne la croyons pas fondée.

§ 7. ENREGISTREMENT ET HYPOTHÈQUES.

76. — **Enregistrement.** — La loi du 28 février 1872 (art. 4) avait remplacé l'ancien droit fixe de 3 francs qui était perçu sur les actes de mainlevée par un droit gradué d'après l'importance des sommes ou créances faisant l'objet de l'acte; ce droit est lui-même remplacé par un droit proportionnel de 0 fr. 20 %, dont la liquidation a lieu suivant les règles concernant la perception des droits proportionnels d'enregistrement (4).

Si les sommes ou valeurs ne sont pas déterminées dans l'acte, il y est suppléé par une déclaration, conformément à l'article 16 de la loi du 22 frimaire an VII.

77. — Par mainlevée d'hypothèque, il faut entendre soit la renonciation au droit hypothécaire, soit la renonciation à l'inscription, et le droit est dû, quelle que soit la cause qui motive la mainlevée. Il doit être perçu, par exemple, sur la mainlevée d'une inscription d'office prise à tort par le conservateur sur la transcription d'une vente payée comptant (5), ou sur la mainlevée d'une inscription d'office prise contre un adjudicataire évincé depuis par suite de surenchère (6).

78. — La mainlevée *partielle* est assujettie au droit proportionnel, comme la mainlevée *totale*.

79. — Mais les *réductions* d'hypothèque, qui ont pour objet de restreindre ou limiter la garantie hypothécaire à tels ou tels immeubles déterminés ne sont passibles que d'un droit *fixe* de 5 francs (7).

Ce droit de 5 francs est dû autant de fois qu'il y a de créanciers donnant mainlevée d'inscriptions distinctes par le même acte, si elles offrent le caractère

---

(1) Orléans, 8 août 1889 (*J. du not.*, 1889, p. 699).

(2) Dict. du not., t VII, p. 734, n° 166; Boulanger, n° 22; Audenarde, 19 février 1869. V. aussi *Revue prat. not.*, B., 1888, p. 568 à 560.

(3) V. notre *Tarif général*, t. Ier, p. 514).

(4) L. 28 avril 1893, art. 19 (*J. du not.*, 1893, p. 285 et 385).

(5) Solut., 27 août 1873.

(6) Cass., 22 août 1876.

(7) LL. du 28 février 1872, art. 1er, et 28 avril 1893, art. 20 (*J. du not.*, 1893, p. 285 et 385).

de dispositions indépendantes (1); mais il ne serait dû qu'un droit alors même qu'on dégrèverait de la même hypothèque plusieurs immeubles vendus à plusieurs acquéreurs (2).

80. — La mainlevée d'hypothèque légale donnée par une femme mariée sur un immeuble vendu par son mari est, comme réduction d'hypothèque, soumise au simple droit fixe de 5 francs, si la femme a concouru, comme covenderesse, à l'aliénation, ou si encore, postérieurement à la vente, elle renonce à son hypothèque, comme conséquence de la garantie d'éviction qu'elle consent au profit de l'acquéreur. Mais si la mainlevée est donnée, par le même acte, au profit de plusieurs acquéreurs, il est dû autant de droits fixes qu'il y a d'acquéreurs (3).

81. — La mainlevée consentie à la suite d'une quittance ne donne lieu à aucun droit particulier en dehors du droit de libération (4).

82. — La mainlevée collective donnée par plusieurs créanciers ayant un intérêt distinct était passible d'autant de droits gradués qu'il y avait de créanciers (5). Il en était de même si le créancier donnait mainlevée à plusieurs débiteurs distincts, non solidaires (6). Sous l'empire de la loi du 28 avril 1893, le droit proportionnel est dû sur le montant des sommes faisant l'objet de l'acte.

83. — La mainlevée de plusieurs inscriptions sur un seul débiteur pour une créance unique, formalisées dans un ou plusieurs bureaux, ne donne lieu qu'à la perception d'un seul droit (7).

84. — **Liquidation du droit proportionnel.** — La somme sur laquelle le droit proportionnel doit être liquidé est celle qui est garantie par l'inscription dont il est donné mainlevée. Les intérêts et frais doivent être ajoutés au capital lors même que la mainlevée n'en fait pas mention (8).

85. — Le droit de quittance est-il dû sur la clause d'un acte de mainlevée par laquelle il est dit que le créancier se désiste de *tous droits d'hypothèque, privilège, action résolutoire* ET AUTRES... ou déclare se *désister de tous droits généralement quelconques*? Après d'assez nombreuses discussions et des décisions rendues en sens divers, les prétentions de la Régie à percevoir le droit proportionnel de libération ont été reconnues (9) et consacrées par arrêt de la Cour de cassation du 6 novembre 1871.

86. — Le droit de quittance est-il dû sur l'acte de mainlevée qui constate la remise de la grosse du titre au débiteur? Cette remise ne constitue qu'une présomption de paiement, aussi l'administration semble-t-elle admettre que cette énonciation ne saurait justifier le droit de quittance (10).

87. — **Hypothèques.** — Quand les parties ont déposé au conservateur une expédition de la mainlevée avec les pièces justificatives à l'appui, s'il y a lieu, elles peuvent exiger que ce conservateur leur délivre une attestation de l'accomplissement de la radiation. Cette attestation, qu'on appelle *certificat de radiation*, ne donne lieu au profit de ce fonctionnaire à aucun salaire autre que celui qu'il est autorisé à percevoir pour la radiation elle-même (11).

Toute radiation donne ouverture à un droit de 1 franc par inscription, plus le timbre du certificat, soit actuellement : 1 fr. 60.

(1) Cass., 30 avril 1877 (*Rev. not.*, n° 5436).
(2) Sol., 8 août 1874.
(3) Sol., 10 août 1869 (*Rev. not.*, n° 5865).
(4) Sol. de la Régie du 21 mars 1872.
(5) Cass., précité, 30 avril 1877.
(6) Garnier, *Rép. gén.*, n°° 11008, 11018.
(7) Garnier, *Rép. gén.*, n°° 11008, 11004.

(8) Cass., 9 mai 1893 (*J. du not.*, 1893, p. 619).
(9) Sedan, 28 mai 1862; Reims, 5 juin 1867; Caen 1° mars 1877.
(10) Sol., 7 décembre 1874.
(11) Boulanger, n° 876; Instr. du 10 août 1888 (*J. du not.*, n° 4048).

§ 8. Formules.

1. — Mainlevée totale.

Pardevant, etc...

A comparu :

M. Arthur Collet, rentier, demeurant à...:

Lequel a déclaré, par ces présentes, donner mainlevée totale avec désistement de tous droits d'hypothèque et consentir à la radiation définitive de l'inscription prise à son profit au bureau des hypothèques de..., le..., vol..., n°..., contre M. Léon Meunier, propriétaire et Mme Eugénie Courtois, son épouse, demeurant ensemble à..., pour sûreté d'une somme principale de.. , en vertu d'une obligation hypothécaire reçue par M\e.... notaire à..., le...

Consentant la décharge du conservateur qui opèrera cette radiation.

Dont acte...

2 — Mainlevée partielle ou Restriction d'hypothèque.

Pardevant, etc...

A comparu :

M. Paul Moncel, rentier, demeurant à...;

Lequel a déclaré, par ces présentes, donner mainlevée avec désistement de ses droits d'hypothèque et consentir à la radiation de l'inscription prise à son profit au bureau des hypothèques de..., le..., vol..., n°..., contre M. Pierre Didier, propriétaire, demeurant à..., en vertu d'un acte...., etc...; mais seulement en ce que lesdits droits et inscription grèvent une maison située à..., etc., vendue par M. Didier susnommé à M. Jules Vincent, négociant, demeurant à..., suivant contrat passé devant M\e. ., notaire à..., le..., transcrit audit bureau d'hypothèques le..., vol..., n°...; leur effet étant expressément réservé sur tous autres immeubles.

Consentant la décharge du conservateur des hypothèques qui opèrera cette radiation.

Dont acte...

3. — Réduction d'inscription.

Pardevant, etc...,

A comparu :

M. Paul Magny, rentier, demeurant à...;

Lequel a déclaré, par ces présentes, donner mainlevée avec désistement de ses droits d'hypothèque, et consentir à la radiation d'une inscription prise à son profit au bureau des hypothèques de.. , le..., vol..., n°..., contre M. Pierre Martin, propriétaire, demeurant à..., en vertu d'une obligation de 50,000 francs pour prêt, reçue par M\e..., notaire à .., le...; mais seulement en ce que ces droits et inscription conservent une somme de 20,000 francs, leur effet étant expressément réservé pour les 30,000 francs de surplus et leurs intérêts et accessoires,

Consentant la décharge du conservateur qui opèrera cette réduction d'inscription.

Dont acte...

4. — Mainlevée avec désistement de transport d'indemnité de sinistre.

Pardevant, etc...;
    A comparu :
  M. Emile Théret, rentier, demeurant à...;
  Lequel a déclaré, par ces présentes, donner mainlevée totale, avec désistement de tous droits d'hypothèque et consentir à la radiation définitive d'une inscription prise à son profit contre M. Léon Boulant, propriétaire, demeurant à..., au bureau des hypothèques de..., le..., vol..., n°.... pour sûreté d'une somme principale de..., montant d'une obligation reçue par Me..., notaire à..., le...
  Consentant la décharge du conservateur qui opèrera cette radiation.
  Par ces mêmes présentes, M. Théret a déclaré se désister du transport d'indemnité de sinistre consenti aux termes de l'obligation sus-énoncée, et de la signification de ce transport faite à la compagnie..., suivant exploit de..., huissier à.... du...; voulant que ces transport et signification soient considérés comme non avenus.
      Dont acte...

5. — Mainlevée d'inscription d'office.

Pardevant, etc...
    A comparu :
  M. Louis Richard, propriétaire, demeurant à...
  Lequel a déclaré, par ces présentes, donner mainlevée totale, avec désistement de tous droits de privilège et d'action résolutoire, et consentir à la radiation définitive de l'inscription prise d'office à son profit au bureau des hypothèques de..., le..., vol..., n°..., contre M. Arthur Vincent, propriétaire, demeurant à..., pour sûreté de la somme de 80,000 frnacs, prix moyennant lequel M. Richard a vendu à M. Vincent une maison située à..., suivant contrat passé devant Me..., notaire à..., le..., transcrit audit bureau d'hypothèques, le..., vol..., n°...
  Consentant la décharge du conservateur qui opèrera cette radiation.
      Dont acte...

6. — Mainlevée d'inscription prise au profit du porteur de la grosse.

Pardevant, etc...,
    A comparu :
  M. Emile Ricard, rentier, demeurant à..., porteur du titre de la créance conservée par l'inscription ci-après énoncée, ainsi qu'il en a justifié par la représentation de la grosse exécutoire (ou du brevet original) de l'acte.
  Lequel a déclaré, par ces présentes, donner mainlevée totale, avec désistement de tous droits d'hypothèque et consentir à la radiation définitive de l'inscription prise au profit du porteur du titre, au bureau des hypothèques de..., le..., vol..., n°..., contre M. Michel Bonnet, négociant, demeurant à..., en vertu d'une obligation de la somme de..., souscrite par M. Vincent, au profit du porteur, suivant acte reçu par Me..., notaire à..., le...
  Consentant la décharge du conservateur qui opèrera cette radiation.
      Observation est ici faite que, conformément aux stipulations de l'obligation sus-énoncée, Me..., notaire soussigné, a fait mention de la présente mainlevée sur la grosse (ou le brevet original) dudit acte d'obligation.
      Dont acte...

7. — Mainlevée par un cessionnaire.

Pardevant, etc...
    A comparu :
  M. Jules Roussel, rentier, demeurant à...,

Lequel a déclaré, par ces présentes, donner mainlevée totale, avec désistement de tous droits d'hypothèque :

1° D'une inscription prise au bureau des hypothèques de..., le..., vol..., n°..., au profit de M. Pierre Renaut, rentier, demeurant à..., contre M. Louis Vincent, propriétaire, demeurant à..., pour sûreté d'une somme de 25,000 francs, montant d'une obligation pour prêt souscrite suivant acte passé devant Me..., notaire à..., le... ;

2° Et de la mention de subrogation faite le..., en marge de cette inscription, en vertu d'un transport de ladite créance de 25,000 francs fait par M. Renaut au profit du comparant, aux termes d'un acte reçu par Me..., notaire à..., le...

Consentant la décharge du conservateur qui opèrera la radiation de ces inscription et mention de subrogation.

Dont acte...

8. — Mainlevée d'hypothèque légale par la femme au profit d'un acquéreur.

Pardevant, etc...,

A comparu :

Mme Adèle Breton, épouse assistée et autorisée de M. Charles Colin, rentier, avec lequel elle demeure à... ;

Laquelle a, par ces présentes, déclaré se désister, en faveur de l'acquéreur ci-après nommé, de l'effet de son hypothèque légale contre son mari et donner mainlevée et consentir à la radiation de l'inscription de cette hypothèque, prise à son profit contre ce dernier au bureau des hypothèques de..., le..., vol..., n°...

Mais seulement en ce que lesdites hypothèque et inscription grèvent une maison sise à..., rue..., n°..., vendue par M. Colin à M. Emile Duval, propriétaire, demeurant à..., suivant contrat reçu par Me..., notaire à..., le..., transcrit au bureau des hypothèques de..., le..., vol..., n°...

L'effet desdites hypothèque et inscription étant expressément réservé au profit de Mme Colin sur tous autres immeubles qu'elles peuvent grever.

Consentant la décharge du conservateur qui opèrera cette radiation.

Dont acte...

9. — Mainlevée avec réserve de l'hypothèque.

Pardevant, etc...

A comparu :

M. Louis Breton, rentier, demeurant à... ;

Lequel a déclaré, par ces présentes, donner mainlevée totale et consentir à la radiation définitive de l'inscription prise, etc...

Mais il s'est expressément réservé ses droits personnels et hypothécaires et la faculté de les faire inscrire de nouveau s'il le juge nécessaire.

Consentant la décharge du conservateur qui opèrera cette radiation.

Dont acte...

10. — Mainlevée par un syndic de faillite après payement de toutes les créances.

Pardevant, etc...

A comparu :

M. Paul Hulot, licencié en droit, demeurant à Paris, rue..., n°...

Syndic définitif de la faillite de M. Jean Rivet, négociant en vins, demeurant à Paris, rue..., fonctions auxquelles il a été nommé par jugement du tribunal de commerce de la Seine, en date du...

Lequel a exposé ce qui suit :

Suivant jugement du tribunal de commerce de la Seine, en date du..., M. Jean Rivet, négociant, a été déclaré en faillite.

Tous les créanciers connus de M. Rivet se sont présentés au greffe et ont fait vérifier leurs créances, dont le total s'est élevé à la somme de..., ainsi que le constate le procès-verbal dressé... et enregistré.

Le mobilier de M. Rivet et les immeubles dépendant de l'actif de la faillite ont été vendus : le mobilier, suivant procès-verbal dressé par M*..., le...; et les immeubles..., etc.

Le tout s'est élevé à la somme de..., plus que suffisante pour payer tous les créanciers de M. Rivet, qui ont, en effet, été entièrement désintéressés, ainsi que le constate...

Par suite, M. Paul Hulot, en sa qualité de syndic, déclare donner mainlevée, avec désistement de tous droits d'hypothèque, et consentir à la radiation de l'inscription prise, au nom de la masse des créanciers, contre M. Rivet, en vertu de l'art. 450, C. comm., au bureau des hypothèques de..., le..., vol..., n°..., sur tous les biens présents et à venir de M. Rivet.

Consentant la décharge du conservateur des hypothèques qui opèrera cette radiation.

Dont acte...

11. — Mainlevée par des syndics de faillite après concordat.

Pardevant, etc...

Ont comparu :

M. Paul Hulot, licencié en droit, demeurant à Paris, rue..., n°..

Et M. Louis Mercier, docteur en droit, demeurant à Paris, rue..., n°...

Syndics définitifs de la faillite de M. Joseph Pierret, bijoutier, demeurant à..., fonctions dont ils ont été investis par jugement du tribunal de commerce de la Seine, en date du...

Lesquels ont exposé ce qui suit :

Suivant jugement du tribunal de commerce de la Seine, en date du..., M. Joseph Pierret a été déclaré en faillite.

Tous les créanciers connus de M. Pierret se sont présentés au greffe et ont fait vérifier leurs créances, dont le total s'est élevé à la somme de..., ainsi que le constate le procès-verbal dressé...

A la suite de cette vérification, un concordat est intervenu entre M. Pierret et ses créanciers, et ce concordat a été homologué par jugement du tribunal de commerce en date du..., enregistré et signifié. Il en résulte que..., et qu'après l'exécution des engagements pris par M. Pierret, les syndics auraient le droit de donner mainlevée de toutes inscriptions prises contre le failli.

M. Pierret s'étant libéré de toutes les sommes qu'il avait pris l'engagement de payer, ainsi que le constate..., etc. MM. Hulot et Mercier, ès qualité, ont, par ces présentes, déclaré faire mainlevée en se désistant de tous droits d'hypothèque, de l'inscription, etc. — (*Voir la formule précédente*).

MAINLEVÉE D'OPPOSITION A MARIAGE

1. — Cette mainlevée a pour but d'autoriser l'officier de l'état-civil à passer outre au mariage dont la célébration avait été suspendue par suite d'une opposition formée entre ses mains (art. 68, C. civ.).

2. — Elle doit être donnée en la forme *authentique* et reçue en *minute ;* cela résulte de l'art. 67, C. civ., qui exige que le maire fasse mention, en marge de l'opposition, de l'acte de mainlevée dont *expédition* lui aura été remise (1).

3. — Elle peut être faite soit par l'opposant lui-même, soit par son fondé de procuration spéciale et authentique, si l'opposant n'assiste pas au mariage et ne lève pas l'opposition par son consentement même.

4. — L'honoraire perçu d'ordinaire est un droit fixe de 3 francs, ou 4 francs au plus.

5. — La mainlevée d'opposition au mariage est soumise au droit fixe de 3 francs (2).

FORMULE.

Pardevant, etc...

 A comparu :

M. Paul Rouyer, propriétaire, demeurant à...

Lequel a, par ces présentes, déclaré donner mainlevée de l'opposition qu'il a formée, suivant exploit de M°..., huissier à..., en date du..., enregistré, au mariage de M. Georges Rouyer, son fils, avocat, demeurant à..., avec M¹¹ᵉ Berthe Bonnet, célibataire majeure, sans profession, demeurant à...

Voulant que cette opposition soit considérée comme nulle et non avenue, et que mention des présentes soit faite partout où besoin sera.

 Dont acte...

MAINLEVÉE DE SAISIE IMMOBILIÈRE

1. — La radiation d'une saisie-immobilière s'opère sur la mainlevée *authentique* du créancier saisissant, lorsque les sommations ou notifications aux créanciers inscrits prescrites par les articles 691 et 692 du C. de proc. n'ont pas encore été mentionnées au bureau des hypothèques en marge de la transcription de cette saisie (art. 693, C. proc. civ.).

2. — Mais du jour où cet émargement a eu lieu, la saisie ne peut plus être rayée que du consentement de tous les créanciers inscrits ou en vertu de jugements rendus contre eux. La loi les considère, en effet, à partir de la notification, comme parties dans l'instance en saisie, comme co-saisissants, et ils doivent tous alors comparaître dans l'acte de mainlevée.

3. — Cette mainlevée n'a d'utilité que pendant les dix années qui suivent la transcription de la saisie. Passé ce terme, l'effet de la saisie cesse de plein droit s'il n'est pas intervenu une adjudication mentionnée en marge de la transcription (art. 693 nouveau, C. proc.).

4. — Le conservateur est en droit d'exiger que cette mainlevée soit donnée par acte notarié.

5. — L'honoraire de cet acte est toujours un droit fixe de 3 à 5 francs, qui peut être élevé, lorsque, par exemple, la mainlevée est donnée par plusieurs créanciers.

6. — L'acte de mainlevée de saisie-immobilière est soumis au droit fixe de 3 francs (3).

---

(1) Demolombe, t. III, n° 164.
(2) Loi du 28 février 1872 (art. 4).

(3) Loi du 28 février 1872 (art. 4).

FORMULE.

Pardevant M⁰...;

     A comparu :

M. Paul Renaud, propriétaire, demeurant à....

Lequel a, par ces présentes, déclaré se désister purement et simplement de l'effet des poursuites en saisie immobilière exercées à sa requête, contre M. Charles Leblanc, marchand épicier, demeurant à..., et notamment :

    1° Du procès-verbal de saisie d'une maison sise à..., dressé par..., huissier à..., le...;

    2° De la transcription qui en a été faite au bureau des hypothèques de..., le.... vol..., n°...;

    3° De la dénonciation de cette saisie faite, à la requête du comparant, audit sieur Leblanc, par exploit de..., huissier à..., en date du...;

    4° Et de la transcription qui a été faite de cette dénonciation au même bureau des hypoques, le..., vol..., n°...

Voulant, le comparant, que lesdites poursuites soient considérées comme nulles, non faites ni avenues, et que le conservateur, en opérant la radiation de ces transcriptions, soit valablement déchargé.

    Dont acte...

———

MAINLEVÉE D'OPPOSITION, DE SAISIE-BRANDON, DE SAISIE-EXÉCUTION, DE SAISIE-GAGERIE ET DE SAISIE-REVENDICATION

1. — Ces différentes saisies, ayant des meubles pour objet, la mainlevée peut en être donnée par toute personne ayant le droit d'intenter une action mobilière ou d'y renoncer.

2. — Un tuteur pourrait donner une mainlevée de cette nature, sans recourir à l'autorisation du conseil de famille.

3. — Le mari, comme maître des droits et actions mobiliers de sa femme, aurait également le droit de donner mainlevée d'une saisie faite au nom de cette dernière, sous le régime de la communauté.

4. — Aucun texte n'impose, pour la validité de ces mainlevées, la forme authentique ; elles pourraient donc avoir lieu sous seing privé ; mais comme l'acte sous seing privé ne fait pas foi au regard des tiers, il est d'usage de les faire recevoir par *acte notarié* et en *brevet*.

5. — Elles doivent être portées au *Répertoire*.

6. — La mainlevée des *oppositions* formées au Trésor ou entre les mains des receveurs des finances peut être donnée sous signatures privées, en la faisant enregistrer. Toutefois, si l'original de l'exploit ne peut être rendu, elle doit être reçue par acte notarié, dans la forme ordinaire (1).

7. — **Frais et Honoraires.** — Les frais de ces mainlevées sont, cela n'est pas douteux, à la charge du débiteur contre qui l'opposition ou la saisie a été faite. L'honoraire est toujours un droit fixe qui varie entre 3 et 5 francs.

8. Timbre et Enregistrement. — Ces mainlevées ne peuvent, sans contravention à la loi du timbre, être écrites au dos ou à la suite de l'opposition (2).

Le droit d'enregistrement est de 3 francs (3).

---

(1) Loi du 24 août, 16 septembre 1798 (art. 198).   (3) Loi du 28 février 1872 (art. 4).
(2) Déc. min. fin., 6 octobre 1841 ; art. 11138;
J. N. ; art. 11198-1, J. E.

Formules.

1. *Mainlevée d'opposition formée à une caisse publique.*
2. *Mainlevée de saisie-brandon.*
3. *Mainlevée de saisie-exécution.*
4. *Mainlevée de saisie-gagerie.*
5. *Mainlevée de saisie-revendication.*

1. — Mainlevée d'opposition formée à une caisse publique.

Pardevant Mᵉ..., etc.

A comparu :

M. Louis Hervé, rentier, demeurant à...

Lequel a, par ces présentes, déclaré donner mainlevée d'une opposition formée à sa requête sur M. Paul Martin, demeurant à..., entre les mains de M. le préposé de la caisse des dépôts et consignations à... (*ou* : entre les mains du Trésor public), par exploit de..., huissier à..., en date du... enregistré (visé sous le n°... par le chef du bureau des oppositions).

Et il a consenti que cette opposition ainsi que toutes dénonciations et contre-dénonciations qui ont pu en être la suite soient considérées comme nulles et non avenues.

Dont acte...

2. — Mainlevée de saisie-brandon.

Pardevant Mᵉ...

A comparu :

M. Louis Dufort, propriétaire, demeurant à...

Lequel a, par ces présentes, déclaré donner mainlevée de la saisie-brandon pratiquée à sa requête, suivant procès-verbal de..., huissier à.., en date du..., sur la récolte en blé qui se trouve sur... pièces de terre labourables situées commune de..., d'une contenance de..., et appartenant à M. Jacques Berthelot, cultivateur, demeurant à..., aux lieuxdits... ; consentant que cette saisie-brandon soit considérée comme nulle et non avenue et que M. Berthelot puisse disposer à son gré de la récolte de ses immeubles.

Dont acte...

3. — Mainlevée de saisie-exécution.

Pardevant..., etc.

A comparu :

M. Charles Martin, propriétaire, demeurant à...

Lequel a, par ces présentes, déclaré donner mainlevée de la saisie-exécution pratiquée à sa requête, des meubles appartenant à M. Jean Ducrot, employé, et garnissant les lieux qu'occupe ce dernier dans une maison située à..., aux termes d'un procès-verbal de..., huissier à..., en date du..., enregistré.

Consentant que cette saisie-exécution soit considérée comme nulle et non avenue.

Dont acte...

4. — Mainlevée de saisie-gagerie.

Pardevant..., etc.

A comparu :

M. André Ciret, propriétaire, demeurant à...

Lequel a, par ces présentes, déclaré donner mainlevée de la saisie-gagerie pratiquée à sa requête, suivant procès-verbal de..., huissier à..., etc., dans la ferme du Bois située commune de..., appartenant au comparant, pour sûreté et avoir paiement des fermages dus par

M. Benoit Champy, cultivateur, demeurant dans ladite ferme, pour les deux dernières années échues, en vertu d'un bail passé devant M⁰..., l'un des notaires soussignés, le...

Et il a consenti que cette saisie-gagerie fût considérée comme non avenue.

Dont acte...

5. — Mainlevée de saisie-revendication.

Pardevant..., etc.

A comparu :

M. Pierre Lecoq, propriétaire, demeurant à...

Lequel a, par ces présentes, déclaré donner mainlevée de la saisie-revendication pratiquée à sa requête, suivant exploit de..., huissier à..., du..., en vertu d'une ordonnance de M. le président du tribunal de première instance de..., en date du..., rendue sur la requête à lui présentée par le comparant, sur les meubles qui ont été fournis par ce dernier à M. Julien Joly, sans profession, et garnissant l'appartement qu'il occupe à... rue... numéro...

Et il a consenti que cette revendication fût considérée comme non avenue, et que tous gardiens, en se retirant, fussent valablement déchargés.

Dont acte...

MARCHÉ (DEVIS ET)

On appelle :

Marché, toute convention par laquelle un architecte ou un entrepreneur s'engage, vis-à-vis d'un propriétaire, à exécuter des travaux possibles et non contraires aux lois, ou à effectuer des fournitures ; le tout moyennant un prix ;

Et *Devis*, le détail, dans le marché même ou comme annexe, de chaque espèce d'ouvrages, avec l'indication des prix à tant l'unité.

Sommaire :

§ 1. Formes. Formalités.
§ 2. Capacité.
§ 3. Objet du marché.
§ 4. Effets du marché. Résiliation.
§ 5. Responsabilité notariale.
§ 6. Frais et honoraires.
§ 7. Enregistrement et hypothèques.
§ 8. Formule.

§1. Formes. Formalités.

1. — **Formes.** — Le marché peut se faire par écrit sous seings privés en double original ou par acte devant notaire et en minute.

Mais il doit être fait devant notaire si l'on veut conférer à l'entrepreneur une hypothèque en garantie du paiement des travaux aux lieu et place du privilège de l'article 2103 du Code civil pour la conservation duquel on aurait négligé de remplir les formalités exigées par cet article (1).

2. — Il doit contenir l'indication du prix convenu ou bien tous les détails

---

(1) Frémy-Ligneville, t. I⁰ʳ, p. 11.

nécessaires à sa détermination. Si le prix est fixé à forfait, il faut établir le plan, l'espèce et la qualité des travaux. S'il doit être déterminé lors de l'achèvement des travaux, il faut énoncer les bases sur lesquelles on devra alors s'appuyer et qui consistent généralement en un devis annexé à l'acte.

3. — Les conditions non prévues dans l'acte sont déterminées par les usages du lieu de la construction (1).

4. — **Répertoire.** — Les marchés faits par actes notariés doivent être inscrits au répertoire.

5. — **Concours de notaires.** — Lorsqu'ils sont reçus par deux notaires, la minute appartient au notaire de la personne qui doit payer les travaux.

6. — **Formalités.** — Les marchés ne sont soumis à aucune formalité.

S'ils confèrent à l'architecte ou à l'entrepreneur une hypothèque, il faut la faire inscrire et suivre à cet effet la marche indiquée aux mots OBLIGATION ET INSCRIPTION HYPOTHÉCAIRE.

§ 2. CAPACITÉ.

7. — Le marché est un contrat synallagmatique, en ce que chacune des parties entend recevoir la valeur de ce qu'elle donne ; par suite il ne peut intervenir qu'entre personnes capables de contracter.

§ 3. OBJET DU MARCHÉ.

8. — Tous travaux ou fournitures, *possibles et licites*, peuvent faire l'objet d'un marché.

9. — Les marchés se font de l'une des manières suivantes :

a) *Au métré*, et alors le prix est payé par mètre ;

b) *La clef à la main;* dans ce cas, qui n'est applicable qu'aux constructions de maisons, l'architecte ou l'entrepreneur s'oblige à fournir tout ce qui est nécessaire à ces constructions;

c) Et *au rabais*, lorsque le marché se fait par adjudication avec celui qui offre de faire les travaux au plus bas prix.

§ 4. EFFETS DU MARCHÉ. RÉSILIATION.

10. — **Effets.** — L'architecte ou l'entrepreneur qui promet son travail s'oblige à le commencer et à le finir dans le temps convenu ; à défaut de conventions sur ce point, le propriétaire est fondé à se pourvoir en justice contre lui pour faire fixer le temps (2).

11. — Lorsque l'architecte ou l'entrepreneur ne remplit pas ses engagements, le propriétaire a une action en dommages-intérêts contre lui (3). Si la convention a établi pour ce cas une clause pénale, cette clause doit recevoir son exécution ; mais il faut toujours que le retardataire ait été mis en demeure.

12. — L'architecte ou l'entrepreneur répond du fait des personnes qu'il emploie. Il doit se conformer aux règles de l'art et du voisinage (4).

(1) Lepage, *Loi des bâtiments*, t. II, p. 61.
(2) Lepage, t. II, p. 65.
(3) Pothier, n° 419; Merlin, *Louage*, n° 7.

(4) Perrin et Rendu, n° 289 ; Bordeaux, 21 avril 1864. — *Contra*, Lyon, 16 mars 1852.

13. — Il est responsable pendant dix ans des travaux par lui exécutés (art. 1792 du C. civ.), peu importe que la perte ait lieu par vice de construction ou par vice du sol (1).

Cette disposition s'applique :

    a) Aux grosses réparations comme aux constructions nouvelles (2) ;
    b) En cas de perte partielle comme de perte totale (3) ;
    c) Et même à la construction d'un puits (4).

14. — Le délai de responsabilité commence à courir du jour de la réception des travaux (5). Il en est de même de l'action en garantie du propriétaire, laquelle se prescrit aussi par dix ans (6).

15. — Le propriétaire doit payer les travaux au prix convenu ou suivant l'estimation, — s'il n'a pas été déterminé, — mais à moins de conventions contraires, ce paiement n'est exigible qu'après achèvement des travaux (7).

16. — **Résiliation.** — Le propriétaire peut résilier par sa seule volonté les marchés à forfait, quoique l'ouvrage soit déjà commencé, en dédommageant l'entrepreneur de toutes ses dépenses et de tout ce qu'il aurait pu gagner dans l'entreprise (art. 1794 du C. civ.).

A plus forte raison peut-il demander la résolution de tout marché autre que celui à forfait (8).

17. — Lorsque le marché est à forfait, l'indemnité due à l'entrepreneur doit comprendre le bénéfice entier qu'il aurait fait si l'entreprise avait été conduite à fin. Dans les autres marchés, l'indemnité doit être fixée en raison de ce que l'entrepreneur a souffert réellement à cause de l'inexécution des conventions.

18. — Quand un marché est dissous par la force majeure, chacun des contractants supporte la perte en ce qui le concerne (9).

La mort de l'un des contractants ne dissout pas le marché (10).

Il en est de même de la faillite de l'entrepreneur (art. 1144, C. civ.) (11).

§ 5. RESPONSABILITÉ NOTARIALE.

19. — Les marchés ne donnent lieu à aucune responsabilité spéciale ; la responsabilité générale seule incombe, en pareil cas, au notaire (*V. infrà*, v° NOTAIRE).

§ 6. FRAIS ET HONORAIRES.

20. — Les frais et honoraires des marchés doivent être supportés par le propriétaire.

21. — L'honoraire appliqué à ces actes n'est pas le même dans tous les arrondissements ; dans les uns il est de 0 fr. 50 % et dans les autres de 1 fr. %.

Nous estimons que l'honoraire de 0 fr. 50 % doit être perçu sur tous les marchés autres que ceux qui ont lieu par adjudication, et que ces derniers doivent supporter l'honoraire de 1 fr. % (12).

---

(1) Lepage, p. 8.

(2) Paris, 3 juillet 1828 ; Cass., 10 février 1835 ; Douai, 28 juin 1837 ; Cass., 11 mars 1838 et 19 mai 1851 ; Dijon, 13 mai 1862.

(3) Cass., 3 décembre 1834.

(4) Paris, 2 juillet 1828.

(5) Pothier, ch. 7.

(6) Arrêt solennel de la Cour de cassation du 12 août 1882.

(7) Lepage, p. 68 ; Bordeaux, 15 mars 1834.

(8) Lepage, p. 80 ; Troplong, n° 1028 ; Rau, p. 528, note 12.

(9) Merlin, n° 6.

(10) Lepage, p. 83 et 84.

(11) Rouen, 24 janvier 1826 ; Caen, 20 février 1827.

(12) V. notre *Tarif*, t. I, p. 519.

§ 7. Enregistrement et hypothèques.

22. — Enregistrement. — Les devis d'ouvrages et entreprises qui ne contiennent ni obligation de sommes et valeurs, ni quittance, sont passibles du droit fixe de 3 francs (1).

Les marchés ou adjudications pour constructions, réparations et entretien sont passibles du droit proportionnel de 1 fr. %. Les adjudications des marchés dont le prix doit être payé directement par le Trésor public sont soumises au droit proportionnel de 0 fr. 20 % sur le prix exprimé ou sur l'évaluation (2).

23. — Hypothèques. — Pour les cas où il y a lieu de prendre inscription, V. *suprà*, v° Inscription hypothécaire.

§ 8. Formule.

Pardevant..., etc.

Ont comparu :

M. Marcel Lucas, entrepreneur de bâtiments, demeurant à..., d'une part;

Et M. Louis Perrin, propriétaire, demeurant à..., d'autre part.

Lesquels ont fait entre eux les conventions suivantes :

Art. 1er. — M. Lucas s'oblige à faire, pour M. Perrin, qui l'accepte, et sur un terrain appartenant à ce dernier, situé à..., les constructions ci-après désignées, dont il fournira tous les matériaux sans aucune exception :

1° Sur la rue, un bâtiment de... mètres de long sur..., etc.;

2°..., etc.

Le tout conformément : — 1° Au devis que les parties en ont dressé entre elles sur... feuilles de papier au timbre de..., contenant la description détaillée et explicative des travaux de toute nature à exécuter ; — 2° Et au plan de superficie, coupe et élévation, dressé également par les parties, sur une feuille de papier timbré à l'extraordinaire, non enregistrée, mais qui sera présentée à la formalité en même temps que les présentes. — Lesquels devis et plan ont été certifiés véritables et signés par les parties, en présence des notaires soussignés, pour demeurer annexés à ces présentes.

Art. 2. — Ces diverses constructions seront faites par M. Lucas, conformément auxdits plan et devis, suivant les règles de l'art, en matériaux de la meilleure qualité. Elles devront être commencées le... et complètement terminées ainsi que tous travaux intérieurs et extérieurs au plus tard le..., délai de rigueur, jour où les clés devront être remises à M. Perrin, sous peine de tous dépens et dommages-intérêts.

Art. 3. — Le prix desdites constructions est fixé à forfait à la somme de..., que M. Perrin s'oblige de payer à M. Lucas, en sa demeure, en... termes et paiements égaux, ... à compter du..., pour le premier paiement avoir lieu le..., et les autres successivement de... en..., jusqu'à l'entier paiement de ladite somme principale, laquelle produira jusque-là des intérêts à... par an..., payables entre les mains et en la demeure de M. Lucas, en... termes, de... mois en... mois, à partir dudit jour..., sauf le décroissement proportionnel résultant de chaque paiement partiel du capital.

Art. 4. — A défaut de paiement exact soit d'un seul terme de la somme principale, soit de deux semestres desdits intérêts, ce qui restera dû deviendra immédiatement exigible, si bon semble à M. Lucas, un mois après un simple commandement de payer resté infructueux.

Art. 5. — A la garantie du paiement de ladite somme de... et du service des intérêts stipulés, M. Perrin affecte et hypothèque spécialement le terrain ci-dessus indiqué, de la contenance de... mètres, ainsi qu'il est expliqué au plan ci-annexé, ... ensemble les constructions qui y seront établies en exécution des présentes. En conséquence, inscription de cette hypothèque sera prise au profit de M. Lucas et aux frais de M. Perrin, au bureau des hypothèques de...

Le terrain ci-dessus hypothéqué appartient à M. Perrin, etc.

---

(1) Loi du 28 février 1872, art. 4.

(2) Loi du 28 avril 1893, art. 19 (*J. du not.*, 1893, **p.** 285 et 385).

Art. 6. — Les frais des présentes, des plan et devis, et de la réception des travaux seront à la charge de M. Perrin seul.

Pour l'exécution des présentes, les parties élisent domicile, etc.

Dont acte...

MINUTE

C'est l'original de l'acte que dresse le notaire et qu'il doit conserver dans ses archives, pour en délivrer aux parties soit une grosse, soit des expéditions, soit des extraits.

Le nom de minute a son origine dans l'usage où l'on était, jadis, d'écrire l'original des actes en *notes* ou écriture *menue* et plus petite que celle des copies qui étaient transcrites en gros caractères.

Sommaire :

§ 1. Actes dont il doit être gardé minute (n°^s 1 à 13).
§ 2. Formes. Formalités. Double minute. Rapport pour minute (n°^s 14 à 22).
§ 3. Notaire à qui revient la minute (n°^s 23 à 71).
§ 4. Transmission des minutes. Etat sommaire (n°^s 72 à 99)
§ 5. Responsabilité notariale (n°^s 100 à 102).
§ 6. Formule.

§ 1. Actes dont il doit être gardé minute.

1. — Les notaires sont tenus de garder minute de tous les actes qu'ils reçoivent, à peine de nullité (1). Telle est la règle, qui comporte toutefois certaines exceptions que nous avons énumérées au mot *Brevet*.

2. — On peut poser, en principe, — et cela résulte non seulement du texte de l'art. 30 de la loi du 25 ventôse an XI, mais encore de la discussion de cet article au conseil d'Etat, — qu'il doit être gardé minute :

    a) De tous les actes synallagmatiques ;
    b) De ceux qui contiennent quelque disposition au profit des tiers ou que ceux-ci peuvent invoquer ;
    c) De tous ceux dont l'effet est perpétuel et se transmet aux héritiers ou ayants cause des parties (2).

3. — Dans cette catégorie des actes dont il doit rester minute et qui comprend tous ceux qui ne sont pas exceptés par la loi, on doit ranger en première ligne :

    a) Les actes qui ont trait à l'état civil et aux conventions de famille, comme les reconnaissances d'enfant naturel, les actes respectueux, les contrats de mariage, les donations, les testaments, inventaires, partages, liquidations, etc. ;

---

(1) L. 25 ventôse, art. 20.

(2) Rolland de Villargues, v° *Minute*, n° 12 ; Dict. du not., *eod. verbo*, n° 23 ; Dalloz, n° 3690,

b) Les procurations contenant pouvoir d'accepter, de faire ou de révoquer une donation, de reconnaître un enfant naturel (1);

c) Les actes relatifs à la propriété des immeubles, dont l'effet a un caractère permanent, ce qui comprend les contrats de vente, d'échange, les constitutions d'hypothèque, de servitudes, les mainlevées d'inscription, les baux, etc.

4. — Comme il est très important pour les notaires de ne pas recevoir en brevet un acte qui devrait être dressé en minute, erreur qui entraîne la nullité de l'acte, il est toujours sage, lorsqu'un doute peut s'élever à ce sujet, de passer l'acte en minute (2).

Nous donnons, au surplus, sous chaque acte, l'indication de la nature de cet acte.

5. — Le principe de la garde des minutes est très ancien : Dès l'année 1304, la loi Philippe-le-Bel imposait aux notaires l'obligation de garder avec soin leurs chartulaires ou protocoles. Mais ce ne fut que sous Louis XII qu'il leur fut enjoint de garder leurs *minutes*.

En confiant aux notaires la garde de leurs minutes, en les constituant les dépositaires légaux des titres des citoyens, la loi (L. 25 ventôse an XI, art. 20) leur a donné une mission de la plus grande importance et leur a imposé un devoir rigoureux, qui peut entraîner pour eux de lourdes responsabilités; ils doivent donc veiller sur ce dépôt avec le plus grand soin; conserver leurs minutes chez eux, dans la maison même où ils ont leur étude, et ne négliger aucune précaution pour les mettre à l'abri de risques d'incendie, d'inondation, d'humidité et de destruction de toute sorte. Il leur est prescrit en outre, de n'employer pour les écrire que des encres qui soient reconnues de bonne conservation, et de s'abstenir d'employer les encres d'aniline, qu'il est aisé de faire disparaître, et qui d'ailleurs s'altèrent d'elles-mêmes (3).

6. — Ils doivent même les tenir sous clef ou en un lieu assez secret pour qu'elles soient à l'abri des recherches indiscrètes de tous ceux qui n'ont pas le droit d'en prendre connaissance.

7. — Nous verrons, *infrà*, n° 100, que le notaire qui a perdu une minute par sa faute, ou l'a laissé détruire, est exposé à une action en responsabilité; il peut même encourir une peine criminelle, s'il a soustrait ou détruit lui-même une minute (art. 173, 254 et 255, C. pén.).

8. — Lorsqu'une minute a été détruite ou enlevée de l'étude du notaire, par le fait d'un tiers, le notaire doit dénoncer le coupable, s'il le connaît, et poursuivre la réintégration de cette minute; cette revendication peut être faite en tout état de cause, quelles que soient les circonstances dans lesquelles elle a été soustraite du dépôt, attendu que les minutes ne sont pas susceptibles d'appropriation privée et qu'on ne saurait invoquer de prescription (4).

En cas de perte de la minute d'un acte notarié, spécialement d'un contrat de mariage, avant que l'expédition ait été faite, les tribunaux, alors qu'aucune contestation n'est soulevée, peuvent admettre sa reconstitution par le notaire, ainsi que la preuve de sa teneur et ordonner le dépôt de la grosse du jugement en son étude, pour le mettre au rang de ses minutes et en délivrer expédition (5).

9. — Les notaires doivent non seulement conserver en dépôt les minutes qu'ils ont reçues, mais encore celles de leurs prédécesseurs; cette obligation dure

---

(1) L. 21 juin 1848.
(2) Dalloz, n° 3686.
(3) Circ. min. just., 1er février 1888 (art. 24017, J. N.).
(4) Seine, 5 février 1869 (art. 19479, J. N.).
(5) Seine, 22 novembre 1867 et 17 février 1888

(*J. du not.*, n° 4050 et art. 24051, J. N.). Dans le cas où une expédition serait rapportée au notaire, le dépôt devrait en être fait et cette copie aurait plus ou moins d'autorité suivant les circonstances et la forme dans lesquelles elle aurait été délivrée (art. 1334 et suiv. C. civ.).

toujours, quelle que soit l'ancienneté de ces minutes et alors même que la cause de l'acte n'existerait plus, ou que les obligations seraient éteintes (1).

10. — Il n'est permis aux notaires de se dessaisir de leurs minutes que dans les cas prescrits par la loi (L. du 25 ventôse an XI, art. 22). Il y a lieu à dessaisissement (2) :

a) En cas de poursuite en faux principal et en faux incident (art. 452 C. inst. cr. ; art. 24, C. proc. civ.) ;

b) De vérification d'écriture (art. 200, C. proc. civ.).

c) Lorsqu'un notaire commis judiciairement pour les opérations d'un partage, a, par suite de difficultés, renvoyé les parties à se pourvoir devant le juge commissaire ; la loi l'autorise, en effet, à déposer au greffe le procès-verbal des dires respectifs des parties (art. 977, C. proc. civ).

d) Enfin, toutes les fois que les juges ordonnent l'apport au greffe d'un acte notarié, pour y servir de pièces de comparaison ou éclairer leur religion (3).

Par suite, les notaires ne peuvent se dessaisir, même contre décharge des parties, des testaments publics ou mystiques reçus par eux, des pièces annexées aux actes reçus en minute, puisque ces pièces font partie intégrante de la minute (4).

11. — Le texte de l'art. 22 étant général et absolu, le dessaisissement *momentané* n'est pas moins interdit que le dessaisissement *définitif*; il en résulte qu'une minute ne saurait être remise entre les mains des parties pour en prendre lecture, — la communication, quand elle n'a pas lieu par la lecture du notaire, devant être simplement *oculaire*. (V. *suprà*, vᵒ Acte notarié, nᵒ 21.)

(1) Dalloz, nᵒ 3679 ; Rutgeerts et Amiaud, nᵒ 646.
(2) Ce dessaisissement n'a lieu qu'avec certaines précautions établies par la loi et que nous avons expliquées, vᵒ *Copie figurée*.
(8) Dict. du not., nᵒ 246 ; Cass., 6 janvier 1880. — *Contrà* : Rutgeerts et Amiaud, nᵒ 789.

Ces derniers auteurs enseignent, et avec raison d'après nous, que le dessaisissement n'est régulier qu'autant que le juge l'a ordonné, dans un des cas prévus par la loi. C'est ce que soutiennent d'autres auteurs et ce qu'a jugé la Cour de Gand, par arrêt du 11 mai 1871.

La Cour de Bruxelles a aussi jugé, le 23 février 1886, que le notaire ne devant se dessaisir de ses minutes que dans les cas déterminés par la loi, un tribunal ne pourrait, sur la demande en nullité d'un testament olographe, en ordonner l'apport à l'audience. Sic : Gagnerau, nᵒ 82; Rolland de Villargues, vᵒ *Minute*, nᵒ 141 ; Arm. Dalloz, nᵒ 803.

La doctrine contraire s'appuie principalement sur l'arrêt de Cass., du 6 janvier 1880, mais cet arrêt n'est pas aussi décisif qu'on paraît le croire; il a bien décidé que, d'après l'article même de la loi de ventôse, les juges ont le droit d'ordonner l'apport des minutes dans les causes où cette inspection peut éclairer leur religion ; mais il est bon de remarquer que cet arrêt a été rendu dans une espèce où, par suite d'une première poursuite en faux contre le testament, l'apport de la minute avait déjà été fait devant le tribunal ; ce qui peut expliquer l'arrêt de la Cour d'appel et le rejet du pourvoi qui, d'ailleurs, n'est pas motivé sur le point débattu. Nous persistons donc à penser, avec Gagnerau, Rolland de Villargues et Dalloz, que le dessaisissement des minutes ne peut être judiciairement ordonné que dans les cas spécialement prévus par la loi. « On ne peut croire, dit Dalloz, qu'il ait été dans l'intention du législateur de permettre aux tribunaux d'ordonner, à leur gré, une mesure toujours coûteuse et susceptible de beaucoup d'inconvénients ».

En tous cas, si ce dessaisissement est ordonné, il doit toujours avoir lieu dans les formes et avec les précautions prescrites par la loi ; c'est-à-dire par les articles 208, C. proc. civ. et 455, C. instr. crim. pour les dépositaires publics, en général, et par l'art. 22 de la loi de ventôse, pour les notaires. Par suite, l'apport de la minute doit être fait par les soins de l'officier public, après ordonnance ou jugement et après que copie collationnée ou figurée aura été dressée, conformément aux articles précités. Dans un cas seul, prévu par l'art. 452, C. inst. crim., c'est-à-dire au cas de faux criminel, le dépositaire public est tenu de remettre aussitôt, sur le vu de l'ordonnance qui sert de décharge, la pièce arguée de faux.

Dans toute autre circonstance, un juge d'instruction n'aurait donc pas le droit, soit par lui-même, soit par l'intermédiaire du juge de paix chargé de commission rogatoire, de se présenter dans l'étude d'un notaire, de requérir, en vertu d'une ordonnance, la remise d'une minute et, au cas de refus, de faire appel à la force publique pour ouvrir les minutiers du notaire et saisir l'acte recherché. Ces moyens violents sont inconciliables avec les formalités préalables et protectrices édictées par la loi, et le notaire a le droit et le devoir d'y résister.

Il le pourrait surtout, à bon droit, si, comme dans une espèce pour laquelle nous avons été consulté, l'acte qu'il s'agissait de saisir avait été dressé pour servir à la défense du prévenu et s'il y avait lieu pour le notaire d'appuyer sa résistance sur le secret professionnel, jusqu'à ce qu'il en ait été autrement ordonné par la justice. Cons. J. Moissac, du 14 mars 1888 et arrêt de Toulouse du 2 mai 1888 (*Rev. not.*, nᵒ 6663 ; art. 22960, J. N.).

(4) Rutgeerts et Amiaud, t. I, nᵒˢ 728 et suiv.

Le notaire ne devrait même pas laisser une minute au président du tribunal, à l'appui d'une demande de taxe.

Les minutes ne peuvent non plus être remises aux sous-inspecteurs ou inspecteurs de l'enregistrement, en dehors de l'étude, ou aux conservateurs des hypothèques, ou à l'autorité administrative, pour obtenir l'approbation des actes soumis à cette formalité (1).

12. — Lorsqu'il y a lieu de demander au préfet l'approbation d'actes notariés intéressant les services publics, les notaires doivent aussi, par dérogation à l'article 41 de la loi du 22 frimaire an VII (2), s'abstenir de déplacer les minutes de leurs études.

Ils doivent délivrer des expéditions de ces actes sur papier libre en y faisant mention de leur destination ; ces pièces leur reviennent revêtues de l'approbation administrative, — ou bien le préfet délivre sur leur vu un arrêté séparé, dont le notaire fait annexe pure et simple à la minute de l'acte approuvé.

Ces solutions résultent : 1° d'une circulaire du Ministre de l'intérieur aux préfets, en date du 6 juin 1852, et 2° d'une décision du Ministre des finances des 18 février et 8 mars 1854 que la Régie a transmise à ses préposés par une instruction du 13 juin 1854, n° 2003, § 1er (3).

Mais le notaire a droit à des honoraires de rôles sur les expéditions qu'il délivre ainsi à l'administration (4).

13. — Lorsqu'un notaire est *destitué*, il perd le droit de conserver ses minutes, qui sont placées sous scellés et confiées à la garde d'un gérant provisoire de l'office. (V. *infrà*, n°s 77-78.)

Il en doit être ainsi en cas de suspension. Plusieurs décisions avaient été prononcées en sens contraire (5) ; mais la Cour de cassation a décidé que la garde des minutes est une partie des fonctions notariales ; que cette fonction cesse momentanément, aussi bien que les autres, par l'effet de la suspension et que les magistrats peuvent prendre, pour la conservation des minutes, toutes les mesures qu'ils jugent nécessaires (6).

§ 2. Formes. Formalités. Double minute. Rapport pour minute.

14. — Comme l'obligation de garder minute des actes forme aujourd'hui le droit commun et la règle générale, il n'est pas nécessaire qu'un acte énonce qu'il est reçu en *minute*, ou que le notaire le constate sur son répertoire, autrement que par l'inscription en une colonne spéciale.

Il n'est pas non plus utile, comme autrefois, que la minute mentionne qu'elle est restée en la possession de tel notaire (7).

15. — Les formes prescrites pour les minutes étant celles des actes notariés, nous renvoyons pour tout ce qui est relatif à ces formes au mot *Acte notarié*, n°s 8 et suiv. Nous nous bornerons à rappeler certains usages qui ont trait à la forme matérielle.

16. — Les notaires peuvent faire imprimer ou lithographier le préambule de certaines minutes ; ce qui peut être utile quand ils ont à passer, le même jour, un grand nombre d'actes semblables (8) ; mais ils ne peuvent se servir pour la rédac-

---

(1) Sur la *communication* des minutes, nous renvoyons aux mots *Acte notarié* et *Expédition*.

(2) Instr. min., 6 septembre 1853 ; Instr. rég., 13 juin 1854.

(3) *Jurisp.*, art. 10286 ; Dict. du not., v° *Minute*, n° 258.

(4) Décision des Min. de la Just. et de l'Int.. 1858

(art. 16555, J. N.) ; Suppl., Dict du not., v° *Honoraires*, n° 189 *bis*.

(5) Metz, 19 octobre 1853 ; Grenoble, 16 mars 1858. Dict. du not., n° 384.

(6) Cass., 22 mai 1854. Sic : Lyon, 27 janvier 1855 ;

(7) Dalloz, n° 3703.

(8) Dict. du not., n° 55 ; Dalloz, n° 3702 ; Déc. min. just., 7 septembre 1889.

tion du corps de l'acte, ni de machines à écrire, ni d'aucun autre mode destiné à remplacer l'écriture à la main (1).

17. — Il est d'usage de laisser à chaque page une marge suffisante pour y transcrire les renvois qu'il pourrait y avoir lieu d'ajouter à l'acte (2), et de faire parapher par les parties le bas du *recto* de chaque rôle, afin d'éviter des intercalations de feuilles.

18. — Les notaires doivent écrire leurs minutes, non sur des registres, comme on le faisait autrefois, mais sur des feuilles isolées, qui sont ensuite, d'ordinaire, classées par ordre de date et conservées dans des cartons spéciaux (3). Cependant, il est encore d'usage, dans certaines parties de la France, de faire relier ensuite toutes les minutes à la fin de chaque année. Nous pensons que cette pratique est vicieuse et ne saurait être conseillée ; car, entre autres inconvénients elle rend, sinon impossible, au moins difficile, l'apport au greffe de toute minute dont la communication est requise, et les juges, en pareil cas, sont obligés d'ordonner, comme l'a décidé un arrêt récent de la Cour d'Alger du 5 juin 1886, que la reliure soit brisée pour en extraire l'acte utile, puis, lorsque l'acte est rétabli, que les minutes soient de nouveau reliées, ce qui occasionne aux parties en cause une série de frais bien inutiles (4).

19. — **Double minute.** — Peut-il être dressé deux ou plusieurs minutes d'un même acte? Cette pratique était proscrite autrefois par une délibération des notaires de Paris du 10 décembre 1775 et un arrêt de règlement du 17 mars 1683. Toutefois, un arrêt du conseil du 16 décembre 1769 suppose que les actes peuvent être passés en double minute, puisqu'il en réglemente l'usage et le contrôle. Sous le régime de la loi de ventôse, il n'existe aucune disposition légale qui les prohibe et diverses décisions fiscales règlent même le mode d'enregistrement (5). La légalité de ce mode de procéder ne paraît donc pas contestable (V. cep. Laon, 8 janvier 1884); et aucune peine ne saurait être appliquée aux deux notaires qui, concourant à la rédaction d'un acte, l'auraient dressé en deux originaux entièrement semblables, pour en conserver un dans chaque étude. Toutefois, comme cette pratique peut avoir des inconvénients, soit au point de vue du droit de délivrance de la grosse ou du paiement des droits d'enregistrement (ce qu'il est utile de régler dans l'acte), beaucoup d'auteurs conseillent aux notaires de s'abstenir de rédiger des actes en DOUBLE MINUTE. En tout cas, on ne pourrait point annuler un acte parce qu'il aurait été rédigé en cette forme (6).

Mais il y a lieu de décider que la rédaction d'un acte ne peut être faite en double minute qu'avec le consentement de toutes les parties et qu'autant qu'elle est nécessitée par des causes exceptionnelles (7).

20. — **Rapport pour minute.** — Lorsqu'un acte a été primitivement délivré en brevet, et que les parties sont d'accord pour qu'il en soit délivré une grosse, elles peuvent le rapporter au notaire qui l'a reçu, le déposer au rang de ses minutes, et en faire faire une copie revêtue de la formule exécutoire. C'est ce qu'on appelle le rapport pour minute.

21. — Si le notaire qui a reçu le brevet était décédé ou avait cédé son office, il y a lieu de le déposer à son successeur. Mais ce n'est pas là une règle de droit strict et un notaire ne pourrait se refuser à recevoir le dépôt pour minute d'un brevet reçu par un autre notaire (8).

(1) V. J. du not., 1890. p. 83.
(2) Dict. du not., v° *Marge*, n° 3).
(3) Déc. min., Just., 15 février 1809.
(4) Cons. Rutgeerts et Amiaud, t. II, p. 880, 1029 et 1919.
(5) Déc. rég., 26 février 1806 et 27 novembre 1832 ; Déc. min., 16 août 1808 et 12 décembre 1882.
(6) Dict. du not., n° 87 ; Rutgeerts et Amiaud,

n° 638 ; Favier-Coulomb, n° 110 ; Dalloz, v° *Obligat.*, n° 3705 ; Mailland, p. 387.
(7) Vienne, 11 décembre 1885 (art. 28541, J. N., et J. du not., n° 8874.
(8) Dict. du not., n° 22 ; Rutgeerts et Amiaud, p. 2, n° 802 ; Aubusson, 18 juillet 1844 (art. 12210, J. N.).

22. — Le brevet rapporté doit faire l'objet d'un acte de dépôt. Une simple mention au répertoire serait insuffisante et exposerait le notaire à l'amende portée par l'article 83 de la loi de frimaire an VII (1).

§ 3. NOTAIRE A QUI REVIENT LA MINUTE.

23. — C'est au notaire instrumentaire, ou notaire *en premier*, qu'appartient le droit de garder la minute de l'acte ; le notaire *en second*, c'est-à-dire celui qui ne concourt à l'acte que pour remplacer les deux témoins, n'a aucun droit à cette minute et aux privilèges qui découlent de cette garde.

Mais s'il y a concours entre deux notaires, appelés par les diverses parties, à qui doit appartenir la minute ? Si les notaires et les parties ne se mettent pas d'accord, ils peuvent s'adresser à la chambre de discipline du ressort dont une des attributions, aux termes de l'article 2 de l'Ordonnance de 1843, consiste à prévenir et concilier tous différends entre notaires, sur les questions soit de *réception* ou de *garde des minutes*, soit de préférence ou concurrence dans les inventaires, partages et autres actes, et, en cas de non conciliation, à émettre son opinion par simple avis.

24. — C'est pour satisfaire à cette obligation que presque toutes les chambres ont prévu et libellé dans leurs règlements les principes admis par elles en cette matière, dans les divers cas qui peuvent se présenter ; nous donnons plus loin l'exposé de ces règles, telles qu'elles sont généralement admises. Mais nous devons faire remarquer que ces règles ne sont pas toujours sanctionnées par le Ministre de la justice (2), et, par suite, ne sont obligatoires ni pour les notaires, ni pour les parties, qui sont toujours libres de recourir aux tribunaux.

25. — Les tribunaux, de leur côté, comme nous le verrons pour les *inventaires, liquidations*, etc., n'ont pas de jurisprudence uniforme ; ils ont accordé le droit à la garde de la minute tantôt au notaire le plus ancien, tantôt au notaire de la partie la plus intéressée à l'acte, ou de la partie qui doit payer les frais, etc...

26. — Nous prenons soin, d'ailleurs, de signaler, à l'occasion de chaque acte, les décisions qui ont été rendues ou, à défaut de décisions judiciaires, les usages les plus généralement suivis ; nous allons donner les règles généralement admises par les compagnies.

27. — **Règles en usage pour la garde des minutes.** — « Comme dans toute compagnie qui se respecte, dit Ed. Clerc (3), les notaires se doivent entre eux des égards, une bienveillance et un dévouement réciproques. C'est le plus sûr moyen de rendre leurs rapports agréables et de conserver la considération publique à cette profession honorable.

« Rien n'est plus fâcheux, en effet, que ces débats d'intérêts privés, absorbant souvent celui des clients, cette âpreté du gain et ces procédés jaloux, trop fréquents encore aujourd'hui et qui nuisent à toute une corporation, dont la délicatesse et le désintéressement forment le principal caractère.

« Le premier devoir pour un notaire est donc de respecter les droits de ses confrères, de leur prêter son concours en toute occasion, de s'abstenir de toute manœuvre pour détourner leur clientèle, et de n'employer aucun de ces intermé-

---

(1) Délib. rég., 6 janvier 1887 ; Quimper, 24 janvier 1843.

(2) C'est à tort, pensons-nous, que la chancellerie se refuse à donner son approbation aux prescriptions des chambres relatives à l'attribution des minutes, sous prétexte que ces prescriptions seraient établies en violation des droits appartenant aux tribunaux

en cette matière ; car ce n'est que dans le cas de conflit *entre notaires* (et non pas *entre notaire et parties*), que la Chambre intervient et, dans ce cas, le droit de la Chambre découle expressément de l'art. 3, § 2, de l'ordonnance de 1843.

(3) *Traité général sur le notariat*, n° 506.

diaires étrangers au notariat, qui bourdonnent autour des études comme des frelons malfaisants.

« On l'a dit avec raison, c'est parmi les notaires qu'on devrait retrouver la pureté des mœurs antiques ; c'est là que l'honnêteté primitive devrait avoir son dernier refuge. Qu'ils ne se plaignent pas de ces paroles, qui sont moins une exigence qu'un éloge ; qu'ils s'en montrent plutôt fiers et dignes à la fois ! L'estime, le profit même sont à ce prix.

« La plupart des chambres de discipline ont fait de louables efforts pour conserver ces principes dans leurs règlements intérieurs, mais ils sont d'autant moins observés que les principes ne sauraient avoir de sanction, le Ministre de la justice refusant presque toujours de leur donner, par son approbation, la force obligatoire. »

28. — **Principes généraux.** — Les actes ne peuvent être reçus par plus de deux notaires (1).

29. — Lorsqu'un acte est reçu par deux notaires, la minute doit rester à celui que les parties ont choisi pour la rédaction, et qui, comme nous l'avons déjà vu, prend le nom de *notaire en premier*, par opposition à celui qui contresigne l'acte, et qui est désigné sous le nom de *notaire en second*.

30. — Lorsque chacune des parties se fait assister par son notaire de confiance, et que les deux notaires concourent effectivement à la rédaction de l'acte, la minute appartient, en règle générale, *au plus ancien* (2).

Mais cette règle reçoit *de nombreuses exceptions*, d'après la nature de certains actes, ainsi que l'indiquent les règlements intérieurs de beaucoup de chambres de notaires, et notamment celui des notaires de Paris, qui est généralement appliqué dans la pratique.

31. — Si plusieurs notaires sont appelés par plusieurs parties ayant *un même intérêt*, l'acte est reçu par le plus ancien de ces notaires, et le plus ancien de ceux appelés dans un *intérêt différent*, sauf l'exception indiquée *infrà*, n° 33, de manière que le nombre des notaires ne puisse pas excéder celui de deux.

32. — En cas de concours, les honoraires ne sont pas plus élevés que s'il n'y avait eu qu'un seul notaire.

Les notaires exclus peuvent assister comme conseils, mais ils n'ont aucun droit aux honoraires des notaires instrumentaires.

33. — Doivent être considérés comme ayant un *même intérêt* : ·

a) Plusieurs vendeurs, acquéreurs, échangistes, contre-échangistes, donataires, cédants, cessionnaires, bailleurs, sous-bailleurs, preneurs, prêteurs, emprunteurs, créanciers, débiteurs, rendants compte, recevants compte (3) ;

b) Plusieurs héritiers à réserve, héritiers non réservataires, légataires et donataires universels, à titre universel ou particulier, et plusieurs exécuteurs testamentaires avec ou sans saisine ;

c) Le mari et la femme, sous quelque régime que leur union ait été contractée, ou séparés de biens par justice ;

d) Le nu-propriétaire et l'usufruitier, la veuve tutrice pourvue d'un conseil spécial et ce conseil, le grevé de restitution et le tuteur à cette restitution, le mineur émancipé et le curateur à l'émancipation, une personne pourvue d'un conseil judiciaire et ce conseil.

Mais, dans ces divers cas, la règle de l'*ancienneté* ne doit pas être appliquée,

---

(1) Loi 25 ventôse, an XI, art. 9 ; Règl. not. de Paris, 28 avril 1847, art. 31.

(2) L'*ancienneté* d'un notaire se détermine par la date de la prestation de serment d'un notaire et non par la date de sa nomination.

Si un notaire change de classe, il ne peut se prévaloir de la date de sa première prestation de ser-

ment au préjudice du notaire de la classe à laquelle il a été nouvellement admis. Cass., 16 avril 1834. Déc. min., 8 avril 1846. Il faudrait décider ainsi dans le cas où le notaire viendrait à être nommé d'un canton dans un autre canton.

(8) Règl. not. de Paris, 2 décembre 1814, 27 avril 1835, art. 83.

et la *préférence* est accordée au notaire de l'usufruitier, de la veuve tutrice, du grevé, du mineur émancipé et de la personne pourvue d'un conseil judiciaire (1).

34. — Toutes ces règles, renfermées dans les règlements intérieurs, et dont nous allons donner la nomenclature, quoique sanctionnées par un long usage, n'ont pas *force de loi*. Les difficultés qui s'élèvent pour les questions de concurrence doivent d'abord se porter devant la chambre de discipline, qui est le meilleur juge en pareil cas ; mais si elle ne peut les concilier, elle n'a qu'un *avis* à donner, c'est aux tribunaux qu'il appartient de prononcer en définitive, et ils peuvent s'écarter des usages, s'ils le jugent convenable (2).

35. — **Énumération des exceptions à la règle de l'ancienneté.** — La règle de l'*ancienneté*, posée *suprà*, reçoit de nombreuses exceptions, d'après la nature de certains actes ; nous allons faire l'énumération par ordre alphabétique des différents cas dans lesquels *la minute reste au notaire de la partie la plus intéressée*, quel que soit le rang de sa réception.

36. — **Affectation hypothécaire.** — Notaire du créancier.

37. — **Antichrèse.** — Notaire du créancier.

38. — **Bail, cession de bail avec le concours du bailleur et résiliation de bail.** — Notaire du bailleur.

39. — **Cession de bail** (sans le concours du bailleur). — Notaire du cédant.

40. — **Cautionnement.** — Notaire du créancier.

41. — **Cession de biens par un débiteur à ses créanciers.** — Notaire du cédant.

42. — **Compte de bénéfice d'inventaire.** — Notaire du rendant compte.

43. — **Compte d'exécution testamentaire.** — Notaire du rendant compte.

44. — **Compte de tutelle.** — Notaire du rendant compte.

45. — **Constitution de rente.** — Notaire du prêteur ou du créancier.

46. — **Contrat de mariage.** — Notaire de la future épouse.

D'après le Dictionnaire du notariat (3), lors même que la future épouse serait mineure, c'est à elle et non à ses assistants légaux que doit appartenir le choix du notaire ; tel est aussi notre avis.

47. — **Dépôt de testament olographe.** (V. ce mot).

48. — **Devis et marché et résiliation de marché.** — Notaire de la personne qui donne l'entreprise.

49. — **Donation.** — Notaire du donateur.

50. — **Echange avec soulte.** — Notaire de l'échangiste qui est chargé de la soulte.

Les frais de l'échange ne sont pas considérés comme soulte (4).

S'il n'y a pas de soulte, la minute appartient au notaire le plus ancien.

51. — **Inventaire** (V. v° INVENTAIRE). — L'article 932 du C. de proc. civ. porte : « Le conjoint commun en biens, l'exécuteur testamentaire et les légataires universel ou à titre universel pourront convenir du choix d'un notaire et d'un ou deux commissaires-priseurs ou experts ; s'ils n'en conviennent pas, il sera procédé, suivant la nature des objets, par un ou deux notaires, commissaires-priseurs ou experts, nommés d'office par le tribunal de première instance. »

En conséquence, si *les parties sont d'accord* sur le choix du notaire, il est évident que l'intervention du juge n'est pas nécessaire.

Au contraire, *s'il y a dissentiment* soit entre les héritiers d'une part et le conjoint survivant ou l'exécuteur testamentaire, soit entre les héritiers eux mêmes, ou

---

(1) Règl. not. de Paris, 2 décembre 1814, 27 avril 1837, art. 83.

(2) Pigeau, t. II, p. 587 ; Carré, sur l'art. 935, C. proc. ; arrêté du 2 nivôse an XII, art. 2 ; Ord.,

4 janvier 1843, art. 2 ; Cass., 8 juillet 1844 et 24 juillet 1844.

(3) V° *Minute*, n° 130.

(4) Règl. not., Paris de 1847, art. 36.

entre les légataires, il y a lieu de se pourvoir en référé devant le président du tribunal où a lieu l'inventaire.

Quand *il y a eu apposition de scellés*, le juge de paix doit en référer sur le procès-verbal de la levée, et c'est sur ce procès-verbal que le président fait la nomination du notaire. Tel est du moins l'usage à Paris et cette manière de procéder paraît devoir être préférée, puisqu'elle offre l'avantage d'accélérer l'opération. *S'il n'y a pas de scellés*, la partie la plus diligente devra se pourvoir devant le président, par simple citation, dans la forme ordinaire (1).

Quels principes devront donc guider le président dans son choix? Comme l'article 1031, C. proc., doit-être combiné avec l'article 935, C. proc. civ., et que ce dernier article permet au président de désigner *un* ou *deux* notaires, en cas de désaccord entre l'épouse, l'héritier légitime et l'exécuteur testamentaire, il en résulte et on décide (2) que le président du tribunal a un pouvoir discrétionnaire pour le choix du notaire qui dressera l'inventaire (3); mais, bien que la loi ne soumette son droit à aucune restriction, ce pouvoir discrétionnaire ne saurait être un pouvoir arbitraire, et il est hors de doute que le magistrat ne pourrait pas désigner le notaire d'après le simple caprice de sa volonté, et que son choix doit être déterminé par la qualité et le degré d'intérêt des ayants-droit.

On a prétendu, d'abord, que la loi elle-même avait pris soin d'indiquer les motifs de préférence par l'ordre qu'elle avait suivi dans l'art. 935, C. proc. civ., et que le président, par suite, devait toujours désigner, en cas de désaccord entre les parties, d'abord le notaire de l'époux commun en biens, puis celui des héritiers, — en troisième rang, le notaire de l'exécuteur testamentaire, — enfin, en dernier lieu, le notaire du légataire universel ou à titre universel (4).

L'opinion qui a dominé longtemps dans les compagnies notariales et qui est encore suivie dans beaucoup de règlements, notamment dans celui des notaires de Paris (5), est qu'en règle générale et alors qu'il n'y a pas concours avec le notaire de l'époux survivant commun en biens, la minute doit appartenir au notaire le plus ancien. Cette solution a été admise par plusieurs arrêts (6), et admise même d'une façon absolue; quelles que fussent les circonstances qui pouvaient être de nature à faire préférer le notaire plus jeune au plus ancien, ce dernier était invariablement choisi, alors même que le notaire le moins ancien avait reçu le testament et avait été, à l'inventaire, le représentant des intérêts les plus considérables dans la succession.

La base de ces décisions était peu solide et difficile à justifier. Ce ne sont pas, en effet, les usages plus ou moins traditionnels admis dans les règlements des notaires, mais l'intérêt des parties qui doit ici déterminer le juge. La qualité du notaire plus ancien peut, avec raison, être prise en considération par le magistrat dans certaines circonstances, lorsque par exemple, plusieurs héritiers ou léga-

(1) Lepage, *Nouveau style*, 4e édit., p. 750; Carré, n° 3131; De Belleyme, t. II, p. 253.

(2) Demolombe, t. V, *Donat. et test.*, n° 64; Dalloz, v° *Scellé*, n° 183; Lancelin, *Rev. not.*, n° 5389.

(3) Colmar, 24 décembre 1831; Bordeaux, 15 avril 1835; Paris, 3 octobre 1839; Bruxelles, 6 septembre 1822; Orléans, 27 novembre 1857; Caen, 30 avril 1862 (J. N., art. 9211); Limoges, 22 mai 1869 (*Rev. not.*, n° 2726); Cass., 31 janvier 1870 (S. V. 1870, 1-148, art. 19889, J. N.); Paris, 3 février 1874; Dijon, 2 décembre 1874; Rouen, 20 janvier 1879 (art. 22189, J. N.); Orléans, 10 juillet 1885; Cass., 26 janvier 1886 (art. 23638, J. N.); Lancelin, *Rev. not.*, n° 5389. Le président n'est même pas tenu de faire connaître, dans son ordonnance, les considérations qui ont déterminé son choix (Chambéry, 27 avril 1880).

Toutefois le président, à moins qu'il n'ait de graves motifs, doit choisir parmi les officiers présentés par les parties (De Belleyme, 2-486; Lancelin, *loc. cit.*). Sa décision est contentieuse et peut donner lieu à appel (Orléans, 22 novembre 1857; Gand, 16 avril 1858; Bertin, *Ordon. sur référés*, n° 651).

(4) De Belleyme, *Ordon. sur référé*, t. II, p. 301; Ordon. du prés. du trib. de Versailles du 6 décembre 1865 (D. P. 1866, 3-22). Mais cette solution a été justement critiquée (Carré, *Quest.* 3-130; Lancelin, n° 5389),et finalement repoussée (Cass., 12 juin 1854).

(5) Statuts du 27 avril 1847, art. 81-82. Délib. du 2 décembre 1869.

(6) Colmar, 30 juillet 1825; Paris, 22 août 1831; 31 juillet 1832; 4 janvier 1833; Bordeaux, 19 avril 1885; Nancy, 24 août 1835; Bourges, 24 novembre 1845.

taires, ayant des droits égaux, se disputent le choix de l'officier public, ou lors qu'aucune circonstance ne commande un autre choix (1). Mais le fait seul de l'ancienneté ne saurait être déterminant, alors qu'il existe des circonstances telles que c'est la qualité ou l'intérêt des parties qui justifient le choix du notaire le moins ancien.

C'est dans ce dernier sens que se prononcent les cours et tribunaux ; et comme conséquence du principe admis, il a été jugé que le notaire, moins ancien, du légataire universel pouvait même être choisi pour faire l'inventaire, de préférence au notaire de l'époux survivant, donataire en usufruit, s'il était constant que le légataire avait un plus grand intérêt que l'époux à la conservation de l'acte (2) ;

Que le notaire de l'usufruitier doit être désigné de préférence au notaire du nu-propriétaire (3) ; à moins que l'usufruitier n'ait été dispensé de faire inventaire (Bourges, 25 mai 1891 (*J. du not.*, 1891, p. 542).

Que le notaire de l'héritier légitime doit avoir la préférence sur le notaire de l'exécuteur testamentaire (4) ;

Que le légataire universel doit avoir le droit de choisir son notaire, de préférence à l'héritier non réservataire (5) ;

Que lorsque la femme demanderesse en séparation de corps a fait apposer les scellés et procéder à l'inventaire, la garde de la minute de cet inventaire doit appartenir au notaire de la femme (6) ;

Que c'est à l'administrateur provisoire d'une succession, et non aux créanciers de cette succession, qu'il appartient de désigner le notaire chargé de procéder à l'inventaire prescrit par l'article 491 du Code de procédure civile (7).

Et comme l'intérêt des parties sera presque toujours que l'inventaire soit reçu par le notaire du lieu où la succession s'est ouverte, lequel est d'ordinaire aussi le notaire du défunt, on arrive à cette conséquence que, dans la majorité des cas, le notaire choisi devra être le notaire du lieu de l'ouverture de la succession (8).

Solution éminemment équitable et juridique, car il est dans l'esprit de la loi, comme le disaient les juges de Paris, que tous les actes relatifs à une succession et pouvant servir à la détermination des droits qui s'y rattachent, aient leur dépôt plus accessible à toutes les recherches, au lieu où la succession s'est ouverte (9).

52. — Licitation. — (V. *infrà*, n° 53).

53. — Liquidation. — En matière de liquidation et de partage de succession ou de communauté, comme pour les inventaires, si les parties ne sont pas d'accord sur le choix du notaire qui doit y procéder, c'est à l'autorité judiciaire qu'il appartient de faire le choix du notaire (art. 828, C. civ. et 969, C. proc. civ.) (10).

D'après certains règlements notariaux (notamment les statuts des notaires de Paris, art. 47), en cas de concours de deux notaires dans les comptes, liquidations et partages judiciaires, le droit d'être nommé pour y procéder appartient au notaire le plus *ancien*, lorsqu'il n'existe pas d'époux survivant, sinon au notaire de ce dernier.

D'après un arrêt de la Cour de Paris (11), on doit commettre le notaire déten-

(1) Bruxelles, 11 juillet 1876.
(2) Dijon, 2 décembre 1874 (*Rev. not.*, n° 4968; Rev. not., B., 1875, p. 455).
(3) Arg. Cass., 31 janvier 1870 (art. 19839, J. N.); Bordeaux, 17 décembre 1879 (art. 22309) ; Demolombe, Distinct. des biens, n° 461 bis, 462 ; Bertin, Ordon. ur référés, n° 644.
(4) Orléans, 27 novembre 1857.
(5) Paris, 31 décembre 1868 ; Seine, 9 septembre 1871.
(6) Paris, 21 mai 1879 ; Agen, 10 mai 1886. — Contrà : Versailles, 10 mars 1875 (art. 21167, J. N.) et Ordon. prés. de Redon du 8 avril 1885.
(7) On peut consulter dans le même sens : Paris,

17 janvier 1845 ; 19 mars 1850 ; 11 décembre 1860 (S. V. 1861, 2-11) ; Ord. du prés. de Versailles du 23 juin 1868 ; Paris, 31 janvier 1874 (art. 20873, J. N.); Rouen, 20 janvier 1879 (précité) ; Paris, 21 mai 1879; Amiens, 26 mai 1879 (art. 22127 et 22110, J. N.); Besançon, 17 novembre 1880 (J. du not., n° 3898).
(8) Paris, 31 juillet 1873 et 14 juin 1881 (Rev. not., n°s 4557 et 6269, J. du not., n° 3385) (art. 22526, J. N.); Paris, 31 décembre 1885 (art. 23561, J. N.).
(9) Amiens, 26 mai 1879, (art. 22110, J. N.).
(10 Riom, 18 juin 1846; Nancy, 3 mars 1858 (at. 7609 et 10080, J. N.).
(11) 12 juin 1832.

teur de la minute de l'inventaire ou, à défaut d'inventaire, du contrat de mariage, ou, s'il n'y a pas d'actes antérieurs, le notaire le plus ancien.

La jurisprudence actuelle n'admet pas de règle absolue, et elle applique ici les principes consacrés par elle en matière d'inventaire, c'est-à-dire qu'elle a égard, avant tout, à l'intérêt des parties ; aussi le notaire désigné est-il presque toujours, de préférence, le notaire du *de cujus*, celui qui a fait les affaires de la famille et qui réside au lieu de l'ouverture de la succession (1).

Les juges commettent d'ordinaire un des notaires indiqués par les parties (2), mais s'il y a des motifs sérieux pour n'admettre aucun des officiers publics désignés, il est d'usage à Paris et dans quelques tribunaux, de nommer le président de la chambre.

54. — Mainlevée. — Notaire du créancier, lorsqu'il n'y a pas paiement de l'obligation (3).

Le règlement des notaires de Strasbourg donnait la préférence au notaire du débiteur, lorsqu'il y avait mainlevée pure et simple, et au notaire du créancier pour les mainlevées partielles.

Cette distinction ne paraît pas justifiée et nous préférons l'opinion contraire.

55. — Obligation. — Notaire du créancier, d'après les règlements; notaire du débiteur, d'après la jurisprudence (4).

56. — Ordre. — Notaire du débiteur.

57. — Ouverture de crédit. — Notaire du bailleur de fonds.

58. — Partage. — (V. *suprà*, n° 53).

59. — Procès-verbaux de comparution. — Notaire du requérant.

60. — Prorogation. — Notaire du créancier.

61. — Quittance. — Notaire du débiteur, lorsqu'elle ne contient pas d'obligation de la somme qui sert au payement (5).

Lorsque, par suite d'une collocation, ou en vertu d'une délégation ou d'une indication de payement expresse et nominative, l'acquéreur d'un immeuble paye son prix entre les mains des créanciers du vendeur, le notaire ou le plus ancien des notaires des créanciers est admis à concourir à la quittance, de préférence au notaire du vendeur, à moins que l'indication du payement ou la délégation n'ait lieu que par la quittance même.

Dans ce dernier cas, l'ancienneté décide de la préférence entre les deux notaires.

Il en est de même si le vendeur touche personnellement une partie du prix (6).

Lorsqu'il n'y a ni collocation, ni indication de payement, ni délégation expresse et nominative, le notaire du vendeur exclut le notaire du créancier (7).

62. — Quittance subrogative. — Notaire du débiteur, lorsqu'il existe une obligation séparée, — et notaire du créancier, lorsqu'il n'y a pas d'obligation séparée.

---

(1) Metz, 6 mai 1868 ; Lyon, 8 juillet 1876 ; Rouen, 27 décembre 1876 et 8 janvier 1877 ; Rouen, 25 mars 1878 (S. V. 1878, 2-304).

C'est sans doute par application des mêmes principes qu'il a été jugé, mais cette décision paraît être un jugement d'espèce, qu'en cas de désaccord entre les héritiers et les créanciers de certains d'entre eux, sur le choix du notaire qui devra dresser un acte de *liquidation*, le tribunal peut commettre le notaire demandé par les créanciers, lorsque ce dernier possède déjà soit dans ses minutes, soit dans ses dossiers, tous les actes nécessaires à la liquidation, qu'il s'est déjà occupé des affaires de la succession et que les créanciers qui le demandent représentent d'ailleurs, par leur débiteur, la plus forte partie de l'hérédité Villefranche, 15 mars 1888.

(2) Ord. Prés., Seine, 25 mars 1847.
(3) Dict. du not., v° Minute, n° 138.
(4) Cass., 8 juillet 1844. Nous préférons cette solution.
(5) Cass., 9 juillet 1872 ; Cass., 30 avril 1873 (*Rev. not.*, n° 4521) ; Le Puy, 21 novembre 1874 (*Rev. not.*, n° 4864) ; Bordeaux, 1er juin 1875 ; Audenarde, 19 février 1879 ; — alors même que le titre de créance stipule que tout payement aura lieu en l'étude d'un notaire désigné : Gannat, 8 mai 1866. (*Rev. not.*, n° 1654). Et le créancier ne peut exiger que la quittance soit passée en double minute, même en offrant le payement de la différence des frais, Vienne, 11 décembre 1885 (art. 28541, J. N.).
(6) Règl. not. de Paris, 27 avril 1847, art. 44.
(7) *Ibid.*, art. 47.

63. — **Quittance à la caisse des consignations.** — Notaire de la caisse des consignations.

On lit dans le Dictionnaire du notariat (1) :

« Les receveurs de la caisse des dépôts et consignations peuvent-ils, lorsqu'ils font la remise des sommes consignées, être considérés comme parties effectuant un payement, et, en conséquence, s'il y a deux notaires, est-ce à celui de la caisse que doit rester la minute de la quittance? L'affirmative est sans difficulté. La caisse est dans la même situation qu'un débiteur ordinaire ; c'est elle qui a le plus d'intérêt à la conservation de l'acte établissant sa libération. Telle est, du reste, la règle suivie dans la pratique ».

64. — **Ratification.** — Notaire du ratifiant.

65. — **Réméré** (Exercice du droit de). — Notaire de la partie qui l'exerce.

66. — **Résiliation.** — Notaire de la partie qui la consent.

67. — **Retrait successoral.** — Notaire de l'héritier qui l'exerce.

68. — **Sous-bail.** — Notaire du bailleur.

69. — **Titre nouvel.** — Notaire du créancier.

70. — **Transport et cession.** — Notaire du cessionnaire.

71. — **Vente.** — Notaire de l'acquéreur (2).

§ 4. — TRANSMISSION DES MINUTES.

72. — Le notaire n'est pas propriétaire des minutes des actes qu'il reçoit ; il n'en est que le gardien et le dépositaire (3). Les minutes ne sont pas davantage la propriété des parties, puisque celles-ci ne peuvent pas en disposer à leur gré, et que le notaire n'est pas libre de leur en faire la remise. « Les minutes, disait le tribun Favart, intéressent tous les citoyens et, sous ce rapport, on peut les considérer comme une propriété publique ».

73. — Cependant les parties et les notaires ont, les uns et les autres, un droit incontestable sur les minutes. Les parties ont le droit d'en demander communication et de s'en faire remettre des grosses et expéditions ; — le notaire a le droit d'en conserver le dépôt, d'en délivrer des grosses et expéditions et de les transmettre à un autre notaire, s'il vient à cesser ses fonctions.

74. — Ce sont ces divers droits combinés qui ont dicté au législateur les mesures prises pour la conservation et la transmission des minutes.

C'est d'abord l'article 61 de la loi de ventôse qui dispose, qu'en cas de mort d'un notaire, *immédiatement après le décès* (même avant l'inhumation), *les minutes et répertoires seront mis sous des scellés jusqu'à ce qu'un autre notaire en ait été provisoirement chargé par ordonnance du président du tribunal de la résidence.*

75. — Aucune considération ne peut suspendre cette mesure d'ordre public ; peu importe que les héritiers du notaire soient mineurs ou majeurs, qu'ils requièrent ou ne requièrent pas l'apposition des scellés, ou même qu'ils s'y opposent, le juge de paix doit se conformer à la prescription de la loi.

76. — S'il négligeait de s'y conformer, le ministère public, soit d'office, soit sur la demande du syndic de la chambre, pourrait requérir l'apposition (4).

77. — L'article 61 ne paraît s'occuper de l'apposition des scellés qu'après le *décès* du notaire ; mais ils devraient aussi être apposés, en cas de destitution,

---

(1) V° *Minute*, n° 150.
(2) Alors même que le notaire du vendeur aurait été désigné comme devant faire l'acte et garder la minute, dans le compromis sous seing privé intervenu entre les parties Paris, 15 avril 1883 (art. 813), J. N.). Cass, 28 juillet 1873 (art. 20806, J. N.), — à moins que le vendeur n'ait fait du choix du notaire une condition *sine quâ non* de la validité de la vente ; Seine, 29 juin 1882 (art. 22756, J. N).
(3) Loi du 25 ventôse, art. 20 à 28.
(4) Dalloz, v° *Notaire*, n° 614 ; Ed. Clerc, n° 731 ; Génébrier, p. 821 ; Rutgeerts et Amiaud, n° 1301.

d'abandon de résidence, de déconfiture ou de démission, si les minutes ne passent pas immédiatement entre les mains d'un autre notaire (1).

78. — Après la levée des scellés, les minutes ne pouvant même un seul instant rester à la disposition des héritiers, le juge de paix doit provoquer, si les intéressés ne l'ont déjà fait, la nomination d'un dépositaire provisoire, qui est désigné par le président du tribunal du ressort de l'office.

79. — Dès que ce dépositaire est désigné, il est dressé contradictoirement entre lui et les héritiers, en présence du juge de paix, comme au cas de l'art. 58 de la loi de ventôse, un état sommaire des minutes dont le dépôt lui est confié et dont il sera responsable; et, pour couvrir sa responsabilité, il a été jugé que le dépositaire peut, s'il l'estime utile, faire transporter à son propre domicile, jusqu'à la nomination du titulaire, les minutes et répertoires (2).

80. — L'article 54 (3) doit servir de règle dans le choix du notaire que le président doit désigner; on ne comprendrait pas, en effet, que le droit de ce magistrat fût plus étendu que celui des héritiers qui exercent un droit de quasi-propriété. Par suite, le président ne pourrait choisir qu'un notaire résidant soit dans la commune, soit dans le canton (4).

81. — Toutefois, il a été jugé que le président a le droit de désigner pour dépositaire provisoire un notaire d'un canton (5) autre que celui de l'officier public décédé et même un notaire du chef-lieu de l'arrondissement (6).

82. — Mais on ne comprendrait pas que le président ne prît point en considération le désir exprimé par les héritiers de voir tel ou tel notaire exclu du dépôt des minutes; les héritiers, en effet, ont un droit incontestable sur les minutes et si le président doit tenir compte de l'intérêt des justiciables, il est tenu de le concilier avec cet autre droit qui a le caractère d'un droit de propriété (7).

83. — Il a même été décidé que le choix du notaire appartient aux héritiers et que l'ordonnance du président qui repousserait le notaire désigné par eux peut être réformée en appel (8).

84. — Mais il a aussi été jugé qu'une ordonnance rendue à la requête du ministère public et à laquelle les héritiers n'auraient pas été parties, ne présente pas le caractère contentieux des actes judiciaires susceptibles d'être attaqués par la voie de l'appel (9).

85. — Le notaire commis a non seulement pour mission de conserver les minutes de l'étude vacante, il est aussi chargé de délivrer des grosses et expéditions de ces minutes, — et même de recevoir les actes de l'étude, comme remplaçant l'ancien titulaire (10).

86. — Toutefois, ce dernier droit a été contesté; on a dit que le notaire instrumente et confère aux actes l'authenticité en vertu d'un ordre de l'autorité publique dont il est investi par l'acte souverain qui l'institue; que son décès survenant, ni l'ordonnance du président, ni une convention intervenue avec les héritiers ne peut conférer au gérant le pouvoir de continuer les fonctions du *de cujus*; que le notaire commis n'a que le droit de garder les minutes et d'en délivrer des

(1) Dict. du not., n° 383; Génébrier, p. 821; Rutgeerts et Amiaud, n° 1801; Déc. min. just., 9 juillet 1847; Orléans, 21 janvier 1854; Lyon, 25 janvier 1855; Cass., 22 mai 1854.

(2) Rouen, 18 août 1874 (*Rev. not.*, n° 4894 et art. 21478, J. N.).

(3) Loi du 25 ventôse an XI.

(4) Dict. du not., n° 407; Gagneraux sur l'art. 61; Ed. Clerc, n° 732; Rutgeerts et Amiaud, p. 1691.

(5) Si c'est un notaire d'un autre canton qui est choisi, cette nomination ne lui donne point le droit d'instrumenter dans l'étude du notaire décédé ou destitué, il ne peut recevoir d'acte que dans son ressort (art. 24189, IV, J. N.).

(6) Orléans, 21 janvier 1854; Rouen, 18 août 1874 préc.

(7) Grenoble, 26 août 1867 (art. 19043, J. N.); Bourges, 8 mars 1871 (art. 20245, J. N.); Bordeaux, 28 juin 1885 (art. 28424, J. N.).

(8) Grenoble, 26 août 1867, précité; Bourges, 8 mars 1871 (*Rev. not.*, n° 2938); Bordeaux 28 juin 1885. — *Contrà*: Caen, 2 avril 1868 (art. 19123, J. N.).

(9) Limoges, 15 juin 1886 (art. 23625, J. N., *Rev. not.*, n° 7450).

(10) V. De Belleyme, *Ordonn. sur référé*, t. II, p. 333.

expéditions; que, par suite, tous les actes reçus par lui pour des clients de l'étude vacante lui appartiennent personnellement et doivent être déposés au rang de ses minutes (1).

Mais, dans la pratique généralement suivie, il est d'usage que le notaire commis après le décès d'un confrère, gère pour le compte de l'office vacant et abandonne aux héritiers les honoraires et les minutes. Cette pratique est conforme aux traditions professionnelles et favorable aux intérêts de l'ancien titulaire (2) (V. *suprà*, v° HONORAIRES, p. 300).

Il a aussi été jugé et avec raison, selon nous, que même au cas de vacance par destitution, les actes reçus par le gérant doivent être portés sur le répertoire de l'étude gérée et les minutes restituées à l'office, après la vacance (3).

87. — La loi a aussi réglementé la transmission des minutes en cas de remplacement ou de suppression.

« *Les minutes et répertoires*, dit l'article 54 de la loi de ventôse, *d'un notaire remplacé ou dont la place aura été supprimée, pourront être remis par lui ou par ses héritiers à l'un des notaires résidant dans le même canton, si le remplacé était le seul notaire établi dans la commune.* »

88. — Il résulte de cet article que, en cas de suppression, comme au cas de remplacement par voie de présentation, le notaire conserve un certain droit de propriété sur ses minutes et répertoires, mais sous une restriction rigoureuse : il doit les remettre *dans le mois*, en cas de remplacement et, *dans les deux mois*, en cas de suppression, à un notaire de la commune de sa résidence ou, s'il est seul, à un notaire du canton dont dépend la commune.

89. — A défaut de cette remise, les minutes passent à son successeur (art. 55-56).

Les délais fixés par les articles 54 et 55 varient, selon qu'il s'agit de remplacemnnt ou de suppression. Mais à partir de quelle époque courent-ils? Dans le premier cas, le délai d'un mois est compté du jour de la prestation de serment du successeur. — Dans le second cas, si l'office est supprimé, le délai de deux mois court du jour de la notification de la suppression (4).

90. — D'après les dispositions des articles 54 et suivants, un notaire pourrait donc, à la rigueur, avoir deux successeurs : l'un pour son office, l'autre pour les minutes et répertoires. Mais cela n'est guère en usage, car les minutes étant la source et la cause de la clientèle, un notaire trouverait difficilement, ou pour mieux dire, ne trouverait point à céder son étude, sans céder en même temps ses minutes. Il y a lieu, d'ailleurs, de remarquer que la loi du 25 ventôse an XI a été promulguée à une époque où la vénalité des offices n'avait pas encore été rétablie, ce qui explique les prescriptions des articles 54 et suivants sur lesquels nous ne nous appesantirons pas davantage. Ajoutons qu'il est dans l'esprit des décisions de la chancellerie de tendre à restreindre l'article 54 au seul cas de *suppression d'office* (V. *infrà*, v° OFFICE (5).

91. — D'après l'article 57, en cas de suppression d'office, si le titulaire ou les héritiers n'ont pas fait choix, dans le délai prescrit, du notaire à qui les minutes et répertoires devront être remis, le ministère public indique celui qui doit en rester dépositaire.

D'ordinaire, cette désignation est fixée par le décret de suppression. Les minutes ne peuvent jamais être partagées entre plusieurs notaires (6).

---

(1) Aix, 29 août 1868 (art. 19646, J. N.) et Riom, 17 janvier 1888.
(2) Laon, 24 août 1875 ; Chalon-sur-Saône, 15 janvier 1889 ; Dict. du not., v° *Honoraires*, n° 198 ; Amiaud, *Tarif général*, t. II, p. 127 ; Eloy, t. II, n° 864.

(3) Rouen, 12 août 1874, précité; Carcassonne, 22 juin 1887.
(4) Rutgeerts et Amiand, t. III, n°* 1269 et suiv.
(5) Dict. du not., v° *Minute*, n° 293.
(6) Dict. du not., n° 29 5 ; Déc. min. just., 11 février 1878 (art. 21873, J. N.) ; Circul., 1er mars 1890.

92. — Le notaire remplacé doit, à peine de dommages-intérêts, remettre à son successeur, toutes les minutes des actes reçus par lui et par ses prédécesseurs et dont il est légalement dépositaire (1). Et la Cour de cassation a décidé fort justement, à notre avis, par arrêt du 3 janvier 1881 (2), que la cession d'un office comprend non seulement la clientèle, les minutes et répertoires, mais aussi les capitaux remis au notaire et tous les documents, notes et pièces, registres, actes sous seings privés et dossiers se rattachant à la gestion de l'étude et qui étaient en la possession de l'officier public, en raison de son ministère (3).

93. — Toutes ces pièces doivent également être remises au successeur, qu'il s'agisse de cession amiable, ou de nomination après suppression d'office ou destitution (4). Il n'y a d'exception que pour les pièces intéressant personnellement l'ancien titulaire et ses héritiers, telles que décharges, comptes avec les clients, notes et registres de comptabilité, nécessaires pour opérer les recouvrements (5).

94. — Conservation des anciennes minutes. — Le droit des notaires de conserver leurs minutes, l'obligation qui leur est imposée de ne s'en dessaisir que dans les cas expressément prévus par la loi, s'appliquent à toutes les minutes, sans exception. Il n'y a pas lieu, à ce sujet, de distinguer entre ce qu'on voudrait appeler les *anciennes* minutes, celles reçues avant 1789 et celles dressées postérieurement. Sous prétexte que ces anciens titres ne sont l'objet d'aucun soin de la part des notaires et qu'elles seraient vouées à une destruction certaine, MM. les archivistes, au nom des intérêts de l'histoire, ne cessent de réclamer la réunion de ces documents aux archives départementales. Mais ces demandes ont été jusqu'à ce jour repoussées par le Ministre de la justice qui, avec juste raison, a dans plusieurs circulaires (6), reconnu le droit pour les notaires, de conserver toutes les minutes de leurs prédécesseurs. « La passion de l'archéologie, dirons-nous avec un honorable sénateur (7), entraîne beaucoup trop loin les pétitionnaires ; si les minutes anciennes peuvent offrir aux recherches des antiquaires un butin précieux, elles n'ont pas moins d'importance pour les familles dont elles contiennent l'histoire, et il faut les laisser dans les études des notaires où les intéressés ont le droit d'aller les consulter. La mesure proposée serait d'abord, pour les études, une véritable mutilation. Elle tendrait à dépouiller les notaires de leur caractère original de garde-notes, auquel ils doivent le titre même de leur office et ne pourrait leur être imposée sans une indemnité fort difficile à régler. »

95. — État sommaire. — *Dans tous les cas où* se produit une mutation de titulaire dans un office, même dans le cas où il y a lieu à nomination d'un dépositaire provisoire, *il doit être dressé*, aux termes de l'article 58,- un *état sommaire des minutes*, et le notaire *qui les reçoit, s'en charge, au pied de cet état, dont un double doit être remis au secrétariat de la chambre de discipline.*

96. — L'état exigé par la loi n'est pas un inventaire ; il suffit donc de constater si, lors de la remise, toutes les minutes existent encore, si elles sont intactes. A cet effet, on divise les actes en autant d'exercices qu'il y a eu de notaires titulaires de l'office ; on fait mention du nom de chaque notaire, du lieu de sa résidence, de la durée de son exercice, en indiquant l'année où il commence et celle de la cessation des fonctions et le nombre des actes inscrits au répertoire durant l'exercice.

(1) Douai, 1ᵉʳ juillet 1817 ; Riom, 8 mars 1889 ; Cass., janvier 1841 ; Riom, 20 novembre 1856.
(2) Art. 22422, J. N.
(3) Sic : Grenoble, 28 janvier 1888 (*J. du not.*, 1889, p. 167) ; Caen, 15 juin 1888 (art. 24806, J. N.) ; Amiens, 28 mai 1889 (*J. du not.*, 1890, p. 120 et 134).
(4) Rouen, 13 août 1874 (art 21478, J. N.) ; Saint-
Pol, 5 février 1880 (art 22260, J. N.). — *Contrà* : Prades, 15 février 1883.
(5) Art. 22353, J. N. — V. notre *Etude* au *J. du not.*, 1889, p. 161 et 1890, p. 120 et 134.
(6) V. notamment la circulaire du 2 avril 1864 (art. 18017, J. N.), et les observations du *Journal des notaires.*
(7) Rapport sur une pétition adressée dans le même but en 1867 ; Cons., *Rev. crit. de législ.*, 1890, p. 142.

On fait ensuite sur les répertoires le récolement des minutes, et il suffit de mentionner spécialement celles qui manquent ou sont défectueuses, en les indiquant par le numéro du répertoire (1).

97. — L'état est dressé contradictoirement entre l'ancien titulaire et le nouveau ; après décès, entre ce dernier et les héritiers du titulaire décédé. Si les héritiers refusent de comparaître, même après sommation, le nouveau titulaire demandera que l'état soit fait en présence du procureur de la République, qui est chargé par la loi de veiller à la conservation des minutes.

98. — Après apposition de scellés, l'état doit être dressé en présence du juge de paix qui lève les scellés (2).

L'état sommaire peut être fait sous seing privé ou par acte notarié.

99. — La remise des minutes, sans récolement et état sommaire et sans réserve ni réclamation de la part du successeur, constitue une acceptation pure et simple par ce dernier et vaut décharge pour l'ancien notaire ; car la prise de possession laisse présumer que le nouveau titulaire a reçu toutes les minutes intactes. Mais cette présomption n'est pas exclusive de la preuve contraire, et le nouveau titulaire pourrait être admis à établir, — si par exemple le prédécesseur s'était obstinément refusé au récolement, ou s'il avait disparu, — que malgré ses démarches réitérées, il n'a pu obtenir la rédaction d'un état sommaire (3).

§ 5. RESPONSABILITÉ NOTARIALE.

100. — Un notaire peut être, suivant les circonstances, déclaré responsable :

    a) S'il n'a pas gardé minute d'un acte et l'a, à tort, délivré en brevet car cet acte peut être déclaré nul et peut ne pas même valoir comme sous seing privé, si l'authenticité était une condition essentielle de sa validité (4).

    b) S'il se dessaisit d'un acte dressé en minute, ce dessaisissement pouvant occasionner un dommage aux parties (5).

    c) Si, par son imprudence, ou son désordre, ou son manque de soin, il a perdu la minute soit d'un acte reçu par lui, soit d'un acte dépendant de l'exercice d'un de ses prédécesseurs (6), — quel que soit le laps de temps écoulé depuis la date de l'acte.

C'est ainsi qu'un notaire a été condamné à indemniser le légataire institué par un testament que cet officier public avait laissé ronger par les rats (7).

Dans une espèce, où il s'agissait de la perte d'un acte de partage dont l'existence était reconnue par toutes les parties, le notaire a été condamné seulement à supporter les frais d'un nouvel acte (8).

Il peut même, en outre, être puni des peines correctionnelles édictées par l'article 257 du Code pénal (9).

101. — La responsabilité s'étend même aux pièces annexées aux actes reçus en minute (10).

102. — Mais le notaire ne saurait être responsable de la perte de minutes arrivée par cas fortuit ou par suite d'événements de force majeure : tels sont les

---

(1) Dict. du not., v° *Minute*, n° 318 ; Ed. Clerc, n° 791 ; Génébrier, p. 804 ; Rutgeerts et Amiaud, n° 1275.

(2) Déc. min. just., 22 mai 1828 ; Rutgeerts et Amiaud, n° 1279.

(3) Nantes, 29 août 1846 ; Angers, 28 juin 1847 ; Dict. du not., n° 363 ; Dalloz, v° *Notaire*, n° 592 ; Eloy, n° 458 ; Rutgeerts et Amiaud, n° 1280 ; Cons. aussi l'*Étude* que nous avons publiée dans la *Rev. not.*, 1879, n° 5930 ; et Douai, 28 novembre 1874 (*Rev. not.*, n° 4935).

(4) L. 25 ventôse, art. 20 et 68 ; Rutgeerts et Amiaud, n° 630 et 632.

(5) Rutgeerts et Amiaud, t. III, n° 1327 et 1368.

(6) Cass., 20 janvier 1841 ; Angers, 28 juin 1847 ; Colmar, 17 décembre 1861 ; Dict. du not., n° 220 et suiv. ; Dalloz, n° 659.

(7) Rennes, 14 avril 1831.

(8) Cass., 20 janvier 1841.

(9) Meaux, 28 septembre 1888.

(10) Cass., 17 décembre 1861 (S. 1862-1-477 ; Rutgeerts et Amiaud, t. II, n° 645 et 1368.

faits de guerre, les incendies, les inondations, si, d'ailleurs, aucune négligence n'est imputable au notaire (1).

Et même, en pareil cas, des facilités spéciales sont accordées par l'Administration de l'enregistrement, d'accord en cela avec la Chancellerie, pour permettre au notaire, victime d'événement de ce genre, de reconstituer les minutes perdues, sans avoir à payer aucun droit de timbre, d'enregistrement ou d'hypothèques, sur les actes de dépôt de grosses, expéditions, certificats, extraits et copies certifiées, sur les actes que le notaire peut reconstituer lui-même sur les déclarations des parties, sur les copies des dépôts de grosses et expéditions elles-mêmes, et sur les copies des transcriptions prises aux hypothèques (Sol. Rég., 1er mars 1893).

Mais les salaires des conservateurs et les émoluments dus aux agents désignés pour concourir aux travaux de reconstitution des minutes sont réservés aux ayants droit, dans l'autorisation accordée au notaire sur la demande adressée par lui au Ministre de la justice (2).

§ 6. FORMULE.

État sommaire des minutes remises à M⁰ A..., notaire à la résidence de..., successeur de M⁰ B..., dressé en exécution de l'article 5 de la loi du 25 ventôse an XI.

NOMS des anciens notaires dont les minutes ont été transmises.	DATES du commencement et de la fin de chaque exercice.	OBSERVATIONS
M⁰ Bonnet (Charles-Albert), notaire à la résidence de...	Du 1er mai 1640 au 25 septembre 1680.	De toutes les *minutes* comprises au répertoire dudit M⁰ Bonnet, il n'y a eu en déficit que celles ci-après: 1° Du... 1652, Acte de prêt par A..., demeurant à..., à B..., demeurant à... 2° Du..., Aveu constatant les redevances féodales dues au fief de...
M⁰ Duval (Paul-Ernest), notaire à la même résidence.	Du 26 septembre 1680 au 7 août 1723.	Toutes les minutes comprises au répertoire de M⁰ Duval existent en nature.

Le présent état a été dressé contradictoirement entre M⁰ A... et M⁰ B... sur les répertoires des actes reçus par tous les anciens notaires ci-dessus dénommés, et il a été reconnu exact par les notaires soussignés.

En conséquence, M⁰ A... a déclaré avoir en sa possession tous les actes reçus en minute par ses prédécesseurs depuis le... jusqu'au..., époque de son entrée en fonctions, à l'exception de celles portées en déficit dans le présent état de récolement. — Et il s'est obligé à déposer à la chambre des notaires de l'arrondissement de... un double de ce procès-verbal par lui dûment certifié.

Fait double à..., le...

(*Signatures.*)

---

(1) Eloy, nᵒˢ 39 et 46; Walquenart, p. 173; Micha, p. 120; Rutgeerts et Amiaud, nᵒ 1368; Douai, 1er juillet 1816.

(2) Décis. minist. finances, 6 mai 1879 (art. 22468, J. N.).

MUTATION PAR DÉCÈS

On appelle mutation par décès le changement qui s'opère, par suite d'un décès, dans la propriété d'un objet mobilier ou immobilier.

Ce genre de mutation est soumis à un impôt spécial, d'après l'ordre des successions et le degré de parenté de celui qui succède avec le *de cujus*.

Sommaire:

§ 1. ORIGINE DES DROITS DE MUTATION PAR DÉCÈS.

1. — La loi du 22 frimaire an VII, qui a abrogé toutes les lois antérieures relatives au même objet, contient les règles et les bases de perception qui régissent encore aujourd'hui l'impôt des droits de mutation par décès.

2. — Plusieurs additions y ont été faites. Ainsi :

a) La quotité des droits a été augmentée pour les successions entre époux, en ligne collatérale et entre personnes non parentes, par les lois des 28 avril 1816 et 21 avril 1832.

b) Deux décimes et demi par franc ont été ajoutés aux droits, savoir :
Un décime par la loi du 6 prairial an VII ;
Un autre décime par la loi du 25 août 1871 ;
Et un demi-décime par la loi du 21 juin 1875.

c) Les biens meubles ont été soumis à la même quotité de droits que celle établie pour les immeubles, par la loi du 18 mai 1850 (art. 10).

d) Les inscriptions de rentes sur l'Etat, qui étaient exemptées de l'impôt par l'article 70 de la loi du 22 frimaire an VII, y ont été soumises par la loi du 18 mai 1850 (art. 7) et par celle du 8 juillet 1852.

e) Il en a été de même pour les fonds publics étrangers et les actions de Compagnies ou Sociétés d'industrie et de finances étrangères, dépendant de successions régies par la loi française (1).

f) La loi du 23 août 1871, articles 3 et 4, a étendu l'application des droits aux successions et aux valeurs étrangères dans certains cas déterminés.

_____
(1) Loi du 18 mai 1850.

g) Les assurances sur la vie ont été assujetties à l'impôt par la loi du 21 juin 1875, article 6.

h) Le taux de capitalisation du revenu des immeubles ruraux pour les transmissions de propriété ou d'usufruit a été porté à 25 et à 12 1/2 par l'article 2 de la loi du 21 juin 1875.

i) Le prix de vente a, dans certains cas, été substitué à la prisée de l'inventaire des biens de succession (1).

j) Et les délais de prescription établis par l'article 61 de la loi du 22 frimaire an VII pour la demande des droits concernant les omissions dans les déclarations après décès et les successions non déclarées, ont été étendues de trois à cinq ans et de cinq à dix ans par l'article 11 de la loi du 18 mai 1850.

3. — Il résulte de l'ensemble de ces dispositions légales que les héritiers donataires ou légataires sont tenus de faire, dans des bureaux et des délais déterminés, la déclaration de tous les biens meubles et immeubles qui dépendent de la succession de la personne à laquelle ils succèdent, et le paiement des droits.

§ 2. Qui doit faire la déclaration et acquitter les droits. Solidarité.

4. — **Qui doit faire la déclaration.** — L'article 27 de la loi du 22 frimaire an VII est ainsi conçu : « Les héritiers donataires ou légataires, leurs tuteurs ou curateurs sont tenus de passer déclaration détaillée des mutations de propriété ou d'usufruit, par décès, des biens meubles ou immeubles, et de la signer sur le registre. »

5. — Quiconque n'a pas capacité suffisante pour une déclaration ne peut être admis à la faire (2).

6. — Ainsi ne peuvent faire la déclaration :

Les exécuteurs testamentaires, même lorsqu'ils ont la saisine (3).

Et un commissaire-priseur chargé par un jugement de faire la vente du mobilier, d'acquitter les dettes privilégiées et les droits de mutation (4).

7. — Mais elle peut être faite par :

a) Le mari, au nom de sa femme, quand il y a communauté, ou lorsqu'il a l'administration des biens échus ;

b) Le mineur émancipé qui a l'administration de ses biens ;

c) Un mandataire régulier ;

d) Et un seul des héritiers, tant en son nom qu'au nom de ses cohéritiers, à cause de la solidarité qui existe entre eux.

8. — Lorsque la déclaration est faite par un mandataire, le pouvoir peut être donné par acte notarié ou sous seing privé ; il doit contenir l'énonciation de la qualité du mandant, être certifié par le mandataire et demeurer annexé au registre du receveur (5). Quand ce pouvoir est donné par acte sous seing privé, il est dispensé de l'enregistrement ; mais il doit, comme la procuration notariée, être écrit sur timbre de dimension ; cependant il peut être mis dans le contexte de l'état descriptif et estimatif du mobilier et sur la même feuille de papier timbré, sans contravention à l'article 23 de la loi du 18 brumaire an VII (6).

---

(1) Loi du 18 mai 1850, art. 3.
(2) Loi du 21 juin 1875, art. 3.
(3) E. Clerc, n° 120.
(4) Même auteur ; Sol. 19 février 1879. — *Contrà* : Arg., Cass., 15 janvier 1850 (art. 13953, J. N.).

(5) Ord. gén. de la Régie, 29 juillet 1809, n° 443 ; 5 juin 1880, n° 1318.

(6) Dict. du not., n° 698.

9. — D'après une délibération de la Régie du 27 janvier 1829, le légataire en usufruit qui voudrait acquitter les droits de mutation par décès dûs par le légataire universel ou l'héritier de la nue-propriété, doit, pour passer déclaration au nom de ce dernier, se pourvoir d'une procuration spéciale.

10. — La femme ne peut faire la déclaration sans l'autorisation de son mari, si ce n'est pour des biens dont elle a l'administration, comme ses biens paraphernaux sous le régime dotal, ou dans le cas de séparation de biens (1).

11. — Y a-t-il lieu de faire une déclaration négative, lorsque la succession est absolument nulle?

Dans ce cas, la Régie, pour interrompre la prescription à l'égard des biens qui pourraient ultérieurement rentrer dans l'hérédité, a prescrit à ses préposés de diriger des poursuites contre les héritiers qui refuseraient de faire une déclaration (2). Mais cette manière de voir, abandonnée même par les défenseurs de la Régie (3) a été définitivement rejetée par les tribunaux (4).

12. — Le fait par l'héritier de faire la déclaration d'une succession et d'acquitter les droits, n'emporte pas acceptation tacite de la citation, alors même que dans la quittance, le receveur lui attribue la qualité d'héritier (5).

13. — **Qui doit acquitter les droits.** — Les droit de mutation par décès sont payés par les héritiers donataires ou légataires (6). (V. § 7 ci-après).

14. — **Solidarité.** — D'après l'article 32 de la loi du 22 frimaire an VII, les cohéritiers sont *solidaires* pour le payement des droits de mutation par décès ; par suite, un seul d'entre eux peut être poursuivi pour tous, et la Régie peut s'adresser à celui des héritiers qu'elle veut choisir, sans que les poursuites faites contre lui l'empêchent d'en exercer contre les autres (7).

15. — Toutefois, lorsqu'un héritier vient à décéder, avant que la déclaration de la succession de son auteur ait été passée, ses propres héritiers ne sont tenus du payement des droits dûs à raison du décès de celui-ci, que pour leur part et portion dans la succession de l'héritier décédé (8).

16. — La solidarité s'applique même aux héritiers bénéficiaires (9).

17. — Et elle s'étend en demi-droit en sus et au double droit (10).

18. — Mais l'enfant naturel n'est pas solidaire avec les héritiers légitimes, puisqu'il n'est pas héritier (11).

19. — Il n'y a pas non plus solidarité entre :

    a) Les héritiers et les légataires à quel titre que ce soit (12) ;

    b) Les usufruitiers et les nu-propriétaires; cependant les premiers peuvent être poursuivis sur les revenus des biens pour le recouvrement des droits dus par les nu-propriétaires, sauf leur recours contre ces derniers (13).

    c) Et les légataires entre eux (14).

---

(1). Ed. Clerc, n° 122.

(2) Inst. rég., 16 juin 1836, n° 1189, § 5 (art. 5659, J. N.).

(8) Garnier, *Répert. gén.*, n° 16285 ; Dict. du not., n° 807 ; Castres, 9 août 1887 (art. 24833, J. N.).

(4) Orange, 13 avril 185 ; Saint-Julien, 8 décembre 1886 (Rev. *not.*, n° 7659). — Sic : Dict. enreg., v° SUCCESSION, n° 1418 ; V. Tulle, 27 février 1854.

(5) Cass., 1er février 1848 et 7 juillet 1846 ; Poitiers, 31 mai 1887.

(6) Loi du 22 frimaire an VII, art. 82 (V. § 7 ci-après).

(7) Cass., 29 germinal an II ; 21 mai 1806 ; Déc.

min. fin., 7 juin 1808 ; Inst. rég., 29 juin 1808, n° 388. § 36 ; 29 octobre 1810, n°-495.

(8) Le Havre, 22 août 1872 (art. 20863, J. N.).

(9) Grenoble, 11 août 1840 ; Angoulême, 28 janvier 1850.

(10) Neufchâteau, 8 mars 1882 ; Grenoble, 27 décembre 1847.

(11) Inst. rég., 26 messidor an XII, n° 239 29 juin 1808, n° 386, § 36.

(12) Mêmes instructions.

(18) Cass., 9 juin 1813 (art. 1570, J. N.).

(14) Lyon, 20 février 1868 ; Le Puy, 20 novembre 1885 (art. 19284 et 23747, J. N.).

§ 3. Forme de la déclaration.

20. — Les seules prescriptions relatives à la forme de déclaration, sont les suivantes :

I. — La déclaration doit être détaillée, reçue et signée sur le registre du receveur de l'enregistrement (1) ;

II. — Elle doit énoncer :

 a) Les noms et prénoms des héritiers donataires et légataires;

 b) Ceux du décédé;

 c) La date du décès;

 d) Si la ligne dans laquelle la succession est ouverte est directe ou collatérale, et dans ce dernier cas, le degré de parenté des héritiers donataires ou légataires avec le défunt;

 e) Le détail, article par article, des biens par nature, consistance et situation ;

 f) S'ils sont affermés ou non;

 g) Leur produit ou le prix des baux courants à l'époque du décès sans distraction des charges;

 h) Le capital de ce revenu;

 i) Enfin la quotité et le montant du droit perçu (2).

21. — Ainsi, les personnes qui sont tenues de faire les déclarations, doivent remettre au receveur de l'enregistrement une note sur papier non timbré, contenant les indications qui viennent d'être rappelées; mais ils n'ont pas à produire l'acte de décès de l'auteur de la succession, car le receveur doit se contenter de la déclaration des parties, sauf à en vérifier l'exactitude et à exiger la peine prononcée par la loi, si cette déclaration se trouve fausse (3).

22. — L'impôt devant être perçu d'après la *déclaration* du redevable et sa signature sur le registre, ces formalités ne sauraient être supplées par des offres (4).

23. — Lorsqu'un inventaire des objets mobiliers a été dressé après le décès, il suffit d'indiquer dans la déclaration le total de la prisée, la date de l'inventaire et le nom et la résidence du notaire qui l'a dressé (5).

24. — Dans le cas contraire, le déclarant doit produire, à l'appui de sa déclaration, un état estimatif, article par article certifié par lui. Cet état, qui est dressé sur timbre de dimension, est annexé au registre du receveur (6).

25. — Si les héritiers ne savent pas écrire, ils peuvent se dispenser de rapporter cet état, car alors la déclaration doit contenir le détail des objets mobiliers avec l'estimation pour chaque article. Le receveur mentionne dans la déclaration des parties qu'elles ne savent pas écrire (7).

26. — Le déclarant n'est pas tenu de produire, à l'appui de sa déclaration, autre chose que l'état estimatif des biens meubles ; aussi le receveur qui reçoit la déclaration ne peut exiger la production des titres justificatifs des créances ou rentes et valeurs mobilières quelconques dépendant de la succession.

27. — En ce qui concerne les immeubles, il suffit que la déclaration soit faite de telle manière que la Régie ait les éléments nécessaires pour la vérifier; ces éléments existent quand la déclaration indique, par articles séparés, chacun des immeubles, avec l'énonciation du nom particulier sous lequel cet immeuble peut être connu, la commune dans laquelle il est situé, et l'évaluation (8).

---

(1) Loi du 22 frimaire an VII, art. 27.
(2) Inst. rég., 26 juillet 1809, n° 448; 5 juin 1830, n° 1818.
(3) Déc. min., 16 novembre 1812 (art. 988, J. N.).
(4) Cass., 3 février 1869 et 11 avril 1877; Vienne, 18 décembre 1885; Vervins, 20 juin 1889.
(5) Déc. min. fin., 22 prairial, an VII.
(6) Loi du 22 frimaire an VII, art. 27.
(7) Inst. rég., 22 mai 1832, n° 1400.
(8) Cass., 14 mars 1814 (art. 11542, J. N.).

28. — Des immeubles non affermés et formant une seule exploitation ou un corps de domaine, connu sous un nom particulier, sont suffisamment désignés, quand les héritiers, après avoir indiqué dans leur déclaration la contenance et la situation de chaque nature d'immeubles, évaluent en bloc le revenu de la totalité des biens formant l'exploitation ou le corps de domaine, sauf aux préposés à vérifier l'évaluation et à provoquer l'expertise en cas d'insuffisance (1).

29. — Mais la déclaration de diverses parcelles d'immeubles non affermés, telle que terres, prés, bois et vignes, doit être détaillée et renfermer, avec l'indication de la contenance et de la situation, une estimation spéciale pour chaque parcelle d'immeubles (2).

30. — L'insuffisance de la contenance donnée aux immeubles déclarés ne constitue point une contravention à la loi (3). Elle peut toutefois, suivant les circonstances, constituer une omission.

31. — Dans la désignation d'un domaine qui s'étend sur plusieurs communes, le défaut d'indication du nom de l'une de ces communes ne peut être considéré comme une omission des biens situés sur cette commune (4).

32. — Un bail sous seing privé non enregistré ou tout autre acte également sous seing privé et non enregistré, peut être énoncé dans une déclaration, sauf au receveur à réclamer le droit de cet acte, s'il contenait mutation de propriété d'usufruit ou de jouissance d'immeubles (5).

33. — Les receveurs doivent transcrire sur leurs registres les déclarations faites par les héritiers, toutes les fois qu'elles sont présentées régulièrement par une personne ayant qualité (6).

34. — Les déclarations, ainsi transcrites, sont ensuite signées par les déclarants.

35. — En principe, les biens d'une succession doivent faire l'objet d'une seule déclaration.

Cependant, rien ne s'oppose à ce qu'il soit fait plusieurs déclarations partielles dans le délai légal.

Dans la pratique, ce dernier cas se présente assez fréquemment. Ainsi lorsque les héritiers ne trouvent pas, dans la succession, des deniers comptants suffisants pour acquitter la totalité des droits, ils déclarent d'abord les valeurs de Bourse qu'ils veulent réaliser, et avec le prix de ces dernières, ils font une déclaration complémentaire et acquittent le surplus des droits dûs sur le montant de la succession.

§ 4. Biens a déclarer. Evaluation. Charges.

Art. 1er. — Biens à déclarer.

36. — En général, les biens à déclarer sont tous les biens meubles et immeubles dont la *propriété* ou l'*usufruit* ont été transmis par l'effet du décès ou de l'absence déclarée des précédents propriétaires, soit en vertu de la volonté de ceux-ci, soit par la seule vocation de la loi (7).

37. — Si, au moment du décès, la *propriété* reposait sur la tête du décédé, il y a lieu de la déclarer.

38. — Quant à l'usufruit, il doit être déclaré, s'il est constitué par l'effet du décès, soit qu'il ait été donné en cas de survie, soit qu'il ait été légué par le décédé; mais on ne doit point le déclarer, s'il s'est éteint par cet évènement, ni si, constitué par un acte sur deux têtes conjointement, il passe d'une tête sur l'autre,

---

(1) Dél. rég., 9 mars 1848.
(2) Même délibération.
(3) Cass., 16 mars 1814.
(4) Cass., 27 janvier 1828 (art. 4576, J. N.)

(5) Sol. rég., 24 pluviôse an XII.
(6) Cass., 3 février 1869.
(7) Lois des 22 frimaire an VII, art. 4, 15 et 17; 28 avril 1816, art. 40; 18 mai 1850.

et les bénéficiaires sont soumis au même tarif. Un supplément de droit est dû dans le cas où le survivant est assujetti à un tarif plus élevé (1).

39. — Nous allons faire connaître les décisions principales auxquelles ces règles générales ont donné lieu.

40. — **Accroissement** (Droit d'). — L'accroissement ne donne ouverture à aucun droit de mutation ; celui qui recueille reçoit, en effet, directement du défunt, et les legs nuls ou caducs sont censés n'avoir jamais existé. Si un usufruit a été donné ou légué à deux personnes conjointement, pour eux et le survivant d'eux, le décès de l'un des légataires ou donataires, arrivé avant celui de l'auteur de la succession, ne donne pas lieu au droit de mutation par décès à raison de l'accroissement qui s'opère conformément à l'article 1044 du Code civil au profit du légataire ou donataire survivant (2). Le droit d'accroissement est dû par toutes les congrégations, communautés et associations religieuses, à raison de ce seul fait qu'elles sont des congrégations religieuses (Cass., 27 novembre 1889).

41. — **Achalandage d'un fonds de commerce. Clientèle.** — La valeur de l'achalandage d'un fonds de commerce, dépendant d'une succession doit être comprise dans la déclaration passée par les héritiers pour le paiement des droits (3), ainsi que la clientèle d'une maison de banque (4).

42. — **Actions et obligations.** — Les actions, obligations et parts quelconques de toutes compagnies ou sociétés d'industrie, de commerce ou de finances qui dépendent d'une succession, doivent être déclarées, peu importe qu'elles soient mobilières ou immobilières (5), françaises ou étrangères (6), et qu'elles dépendent de la succession d'une personne française ou d'un étranger, pourvu que celui-ci soit domicilié en France, avec ou sans autorisation (7).

43. — Il a été jugé que le droit de mutation par décès est dû en France sur les valeurs mobilières françaises et étrangères (spécialement sur des créances garanties par hypothèque sur des biens situés à l'étranger) qui dépendent de la succession d'une femme française devenue étrangère par son mariage avec un étranger, mais qui en fait n'a jamais cessé de résider en France (8).

44. — **Arrérages de rentes et de pensions.** — Les arrérages de rentes viagères ou perpétuelles et des pensions, échus au jour du décès, doivent être compris dans la déclaration de succession ; ce sont en effet des fruits civils qui s'acquièrent jour par jour (art. 586, C. civ.). Ils doivent être déclarés au prorata des jours écoulés depuis l'échéance du dernier terme.

45. — **Assurances sur la vie.** — Les sommes, rentes ou émoluments quelconques dûs par l'assureur, en exécution d'un contrat d'assurances sur la vie, sont-elles soumises au droit de mutation? Cette question a été controversée et la solution comporte des distinctions. Lorsqu'une assurance sur la vie a été contractée au profit des héritiers ou ayants droit de l'assuré, moyennant une prime annuelle, pour une somme payable après son décès, cette somme fait partie du patrimoine de l'assuré et doit être assujettie au droit de mutation par décès (9). Un jugement rendu en sens contraire par le tribunal de Saverne le 21 mai 1869 a été cassé par l'arrêt du 7 février 1872 précité (10).

46. — Un arrêt de la Cour de cassation du 10 mai 1876 a encore décidé que

---

(1) Versailles, 17 décembre 1878 (art. 22200, J. N.).
(2) Délib. rég., 9 novembre 1880 (art. 7890, J. N.); Inst. rég., 18 mars 1881, n° 1854, § 6.
(3) Seine, 23 mai 1851 (art. 14559, J. N.); Rouen, 17 mars 1856.
(4) Seine, 7 mai 1840 (art. 10755, J. N.).
(5) Loi du 18 mai 1850 ; Carcassonne, 10 janvier 1869 (art. 16824, J. N.); Seine, 28 juin 1849; Déc. min. fin., 8 juin 1813.
(6) Loi du 15 mai 1863, art. 11 (art. 17749, J. N.).

(7) Loi du 23 août 1871 (art. 20060, 20084 et 20115, J. N.); Versailles, 26 février 1878 ; Seine, 7 février 1879 et Nice, 11 février 1879 (art. 22066, 22214 et 22255, J. N.).
(8) Nice, 9 juillet 1885 (art. 23163, J. N.).
(9) Lille, 24 décembre 1868 ; Arras, 27 mars 1872; Tarbes, 27 mars 1872 ; Avignon, 29 août 1872 ; Seine, 8 mai 1873 ; Cass., 7 février 1872 (art. 19686, 20285, 20430, 20652 et 20699, J. N.); Sol. rég., 15 avril 1889.
(10) Art. 19685 et 20285, J. N.

lorsqu'il a été stipulé dans un contrat d'assurance sur la vie que, moyennant le paiement d'une prime annuelle convenue pendant la vie de l'assuré, il serait payé à son décès un capital qui appartiendrait à sa veuve pour l'usufruit et à ses enfants pour la nue-propriété, cette stipulation au profit de la veuve et des enfants de l'assuré constitue une libéralité soumise à l'événement du décès dudit assuré, et qu'à ce titre, elle donne ouverture, lors de la réalisation de cet événement, aux droits proportionnels de mutation par décès (1).

47. — Mais il a été jugé que lorsqu'un époux, marié sous le régime de la communauté, a fait un contrat d'assurance sur la vie, sous des conditions telles que la somme payée à son décès doive être considérée comme dépendant de la communauté, aucun droit de mutation par décès n'est dû sur cette somme, si l'époux survivant y a droit, ainsi qu'à tous autres bénéfices de la communauté, en vertu d'une simple convention de mariage (2).

48. — Il a été aussi décidé que si l'assurance a été contractée au profit de l'époux survivant personnellement, il doit récompense à la communauté du montant des primes payées avec les deniers de la communauté ; que c'est cette récompense qui doit figurer à l'actif déclaré pour la liquidation des droits de mutation par décès à la charge des héritiers ; mais que l'époux survivant ne doit lui-même aucun droit de mutation sur la somme qui lui est payée, en exécution du contrat d'assurance (3).

49. — Ce serait l'application à cette espèce de contrat du principe de l'article 1437 du Code civil, d'après lequel l'époux qui tire un profit personnel des biens de la communauté en doit récompense à cette communauté, et de la doctrine des arrêts de la Cour de cassation des 20 mai et 30 décembre 1873 (4), qui ont décidé spécialement que cette récompense est due par l'époux survivant qui profite seul d'une rente viagère constituée pour prix d'aliénation de biens de communauté.

Mais la question est controversée, et elle a été résolue en sens contraire par un arrêt de la Cour de Paris du 5 mars 1886 (art. 23552, J. N.), et un arrêt de la Cour de Douai du 14 février 1887 (art. 23831, J. N.). Si le contrat renferme une libéralité au profit du survivant, celui-ci ne peut être débiteur d'une récompense qui supposerait une acquisition à titre onéreux.

50. — Cette matière est actuellement réglementée au surplus par l'article 6 de la loi du 21 juin 1875, ainsi conçu : « Sont considérés pour la perception du droit de mutation par décès, comme faisant partie de la succession d'un assuré, sous la réserve des droits de communauté, s'il en existe une, les sommes, rentes ou émoluments quelconques dûs par l'assureur, à raison du décès de l'assuré ». Les bénéficiaires à titre gratuit de ces sommes, rentes ou émoluments sont soumis aux droits de mutation, suivant la nature de leurs titres et leurs relations avec le défunt, conformément au droit commun (5).

51. — De la réserve contenue dans cette disposition, il résulte que l'on devrait continuer à décider, sous l'empire de cette loi, comme l'avaient antérieurement jugé les tribunaux d'Arras et d'Abbeville par les décisions précitées, que si un époux survivant a personnellement droit au bénéfice de l'assurance à titre d'époux commun en biens ou en vertu de ses conventions matrimoniales, il ne doit aucun droit de mutation par décès sur le montant de la somme payée en exécution du contrat d'assurance ; et que si ce bénéfice ne lui est acquis qu'à charge de payer une indemnité à la communauté en raison du profit personnel qu'il en retire par application de l'article 1437 du Code civil, les héritiers de l'assuré sont seulement

---

(1) Art. 21446, J . N.
(2) Arras, 3 février 1874 (art. 21023, J. N.).
(3) Abbeville 24 mars 1874 (art. 21023, J. N.).—
Dans le même sens, mais en matière civile : Meaux;

8 mars 1877 (art. 21826, J. N.) Clermont (Oise)
16 mai 1879 (art. 22274).
(4) Art. 20677 et 20905, J. N.
(5) Art. 21198, J. N.

tenus de payer en ce cas le droit de mutation par décès sur la portion leur revenant à eux-mêmes dans cette indemnité (1).

52. — La Régie reconnaît bien que lorsqu'une assurance sur la vie a été contractée au profit du survivant de deux époux mariés sous le régime de la communauté, il n'est dû aucun droit de mutation par décès sur la portion de la somme payée qui revient au survivant en sa qualité d'époux commun en biens; mais elle décide que le droit est dû sur la part afférente à l'époux prédécédé, part qu'elle considère comme transmise au survivant, aux lieu et place des héritiers, en vertu d'une libéralité passible de l'impôt applicable aux donations à cause de mort qui se réalisent (2). Dans ce système, l'époux survivant est toujours considéré comme donataire de moitié de la somme assurée, et il ne doit, dès lors, ni récompense ni indemnité à la communauté. Par suite, les héritiers n'ont pas de droit à payer en ce qui les concerne.

53. — Ce peut être là une question d'interprétation de l'intention et de la volonté des parties, question susceptible de controverse. Mais sauf disposition contraire manifestée dans un acte quelconque émané du défunt, le système adopté par les jugements précités des tribunaux d'Abbeville et de Meaux nous paraît préférable (3).

54. — Si le montant de la somme assurée doit être considéré comme faisant partie de la communauté, on doit la comprendre parmi les biens de la communauté déclarés pour servir de base à la liquidation des droits dûs sur la portion de ces biens qui dépend de la succession et qui est transmise aux héritiers.

55. — Et si ce capital revient en entier aux héritiers, le droit de mutation est dû sur ce capital entier.

56. — Enfin, si l'assurance a été contractée spécialement au profit d'un tiers dénommé, ce tiers doit, au décès de l'assuré, payer le droit de mutation sur le montant de la somme dont il profite d'après son degré de parenté avec le défunt.

57. — Mais il est bien entendu que si le bénéfice de l'assurance a été acquis par un tiers à titre onéreux, par un acte de cession ou endossement causé valeur reçue, le droit de mutation par décès n'est point exigible.

58. — Il a été jugé que lorsqu'une assurance sur la vie a été contractée par un mari au profit de sa femme, si elle lui survit, celle-ci n'est tenue de payer aucun droit de mutation pour décès sur la somme assurée et touchée par elle, s'il est établi que les primes payées l'ont été de ses propres deniers et pour lui garantir la restitution de ses reprises (4) (Cass., 17 juin 1889).

59. — **Avantages entre époux par contrat de mariage.** — En principe, tout avantage stipulé par les époux dans leur contrat de mariage, au profit du survivant d'eux, est exempt du droit de mutation par décès, s'il a été fait *à titre de convention de mariage*. Si, au contraire, il a été fait *sous la forme d'une donation*, le droit est dû (5).

Cette règle est d'une application facile, lorsque les clauses du contrat de mariage sont claires et précises; mais leur sens n'apparaît pas toujours clairement et les tribunaux sont fréquemment appelés à se prononcer sur leur interprétation.

Nous allons rappeler succinctement les principales décisions qui ont été rendues jusqu'à ce jour.

60. — On doit considérer comme *convention de mariage* et par conséquent comme exempte du droit de mutation par décès :

  a) La clause d'un contrat de mariage qui assigne au survivant des

---

(1) Art. 21446, J. N.
(2) Sol., 4 avril 1878 (art. 22089, J. N.).
(3) Art. 22089, J. N.

(4) Carpentras, 11 août 1885 (art. 23694, J. N.).
(5) Déc. min. fin., 13 décembre 1828 ; Inst. gén., 1272, § 4, et 14 septembre 1841, n° 1648, § 4.

époux la totalité des biens de la communauté ou une plus forte part que la moitié, ou une somme à titre de forfait (1).

b) Celle stipulant que les futurs seront communs en tous biens meubles et tous conquêts immeubles, et que si le mari survit à la femme, sans enfant, il ne sera *tenu de rendre aux héritiers de celle-ci que ce qu'il aura reçu d'elle ou à cause d'elle* (2).

c) Celle qui stipule que le survivant des époux communs en biens, *après prélèvement* des reprises respectives, jouira sur les biens de communauté d'un préciput et d'un augment de préciput, *ainsi que de l'usufruit de la part du prémourant dans la communauté* (3).

d) Celle par laquelle, dans leur contrat de mariage, les futurs ont déclaré vouloir que leur fortune respective *formât une seule masse qui appartiendrait au survivant en pleine propriété, sans aucun empêchement*. Il était stipulé que cet avantage serait réduit à *l'usufruit de moitié* en cas d'existence d'enfant. Telles sont, disait le contrat, les conventions matrimoniales des parties acceptées par elles avec reconnaissance, *à titre de donation mutuelle entre-vifs* (4).

e) Celle d'un contrat de mariage sous le régime de la communauté universelle, portant que le survivant des époux sera propriétaire de la moitié des biens de la communauté *et usufruitier* de l'autre moitié ou d'un troisième quart (5).

f) Celle d'un contrat de mariage, sous le même régime, portant don mutuel au survivant des époux de la part du prémourant dans les biens de la communauté (6).

g) Celle d'un contrat de mariage portant que « les futurs époux s'associent par moitié aux acquets qu'ils feront pendant leur société conjugale, de la jouissance de la totalité desquels ils se font mutuellement donation, le prémourant au survivant » (7).

h) Celle portant que le survivant des époux, qu'il y ait ou non des enfants, recueillera à titre de gain de survie, l'universalité des biens de la communauté (8).

i) Celle d'un contrat entre époux ayant des enfants d'un premier lit, portant que l'époux survivant aura, outre sa moitié en pleine propriété des bénéfices de communauté, l'usufruit de l'autre moitié, encore bien que cette convention soit susceptible de réduction, d'après l'article 1527 du Code civil (9).

j) Celle portant que : « les futurs époux se sont fait, *à titre de convention de mariage*, donation entre vifs mutuelle et irrévocable au profit du survivant, de tous les biens meubles et immeubles, créances, droits et actions de toute nature qui, au jour du décès du prémourant, composeront la succession dudit prémourant dans les bénéfices de communauté, à quelque somme que puisse s'élever la valeur des biens ; qu'en conséquence le survivant n'aura aucun compte à rendre aux héritiers du prédécédé pour raison de ces mêmes bénéfices » (10).

k) Celle stipulant que : « en cas d'existence d'enfant, le survivant des époux sera maître et propriétaire de ses biens propres et de

---

(1) Lille, 18 juin 1879 ; Le Mans, 7 août 1880 (art. 22670, J. N.) ; Cass., 19 décembre 1890 (*J. du not.*, 1891, p. 52).
(2) Cass., 6 mars 1822 (art. 4097, J. N.).
(3) Cass., 30 juillet 1823 (art. 4503, J. N.).
(4) Cass., 24 novembre 1834 (art. 8750, J. N.).
(5) Lille, 20 décembre 1845 et 14 septembre 1846 (art. 12619 et 12887, J. N.).

(6) Evreux, 10 juin 1847 (art. 13205, J. N.).
(7) Bazas, 29 avril 1863 (art. 17793, J. N.).
(8) Seine, 18 décembre 1833 ; Dél. rég., 29 avril 1834 (art. 8619, J. N.).
(9) Art. 13810, J. N.).
(10) Cass., 8 mai 1854 (art. 15287, J. N.).

la moitié des biens de la communauté ; que, dans l'autre moitié, il aura un quart en propriété et un autre quart en usufruit, et que les contractants se font réciproquement donation de ces avantages » (1).

l) Celle d'un contrat de mariage sous le régime de la communauté portant que : « pour gain de survie, les époux ont déclaré se faire donation réciproque, le prédécédé au survivant, de la jouissance de tous les acquêts composant la communauté » (2).

m) Celle portant qu'à la dissolution de la communauté sans enfant, le survivant des époux sera propriétaire de la moitié de tous les biens composant la communauté et usufruitier de l'autre moitié, desquels avantages ils déclarent se faire mutuellement donation (3).

n) Celle portant que les époux ont déclaré mettre en communauté une somme déterminée en se réservant propre le surplus de leurs apports et ont stipulé que le survivant aurait la propriété entière des biens de la communauté, à charge d'en supporter les dettes, conformément à l'article 1525 du Code civil (4).

o) Et celle d'un contrat de mariage qui contient, dans un premier article, attribution au survivant de la propriété de moitié des bénéfices de communauté et de l'usufruit de l'autre moitié; dans un second article, donation au survivant de l'usufruit des biens propres du prémourant; et dans un troisième, stipulation que les droits d'usufruit, mentionnés dans les deux premiers, seront réduits à moitié en cas d'existence d'enfant, et qu'ils cesseront si le survivant vient à contracter mariage (5).

61. — On doit au contraire considérer comme *une donation* à cause de mort, passible du droit de mutation au décès du prémourant des époux :

a) La clause par laquelle les époux se font dans leur contrat de mariage *donation mutuelle* au profit du survivant de l'universalité des biens *qui appartiendront au prémourant* à son décès, savoir : les conquêts de la communauté en pleine et libre propriété, et tous les autres biens en usufruit seulement, sauf la réduction en cas d'existence d'enfant, au choix du survivant. Il avait été stipulé, en outre, un préciput au profit du survivant *qui ne devait pas se confondre* avec la donation (6).

b) Celle portant que le survivant, avec enfants aura, dans tous les biens que délaissera le premier mourant, tant en propriété qu'en usufruit, à son choix, les avantages que le Code civil accorde à pareil époux survivant, les considérant comme stipulés au contrat (7).

c) Celle d'un contrat de mariage sous le régime de la communauté, portant don mutuel au survivant des époux de l'usufruit de tous les biens immeubles dont le prémourant sera propriétaire au jour de son décès, sauf réduction en cas de survenance d'enfant (8).

d) Celle qui, dans un contrat de mariage portant que les époux seront communs en tous biens meubles et conquêts immeubles, stipule que le survivant aura l'usufruit de tous les biens provenant de la communauté, les époux se faisant donation mutuelle de cet avan-

---

(1) Cass., 1er août 1855 (art. 15607, J. N.).
(2) Cass., 11 novembre 1873 (art. 20837, J. N.).
(3) Lille, 20 novembre 1856 (art. 15995, J. N.).
(4) Cass., 9 août 1881 (art. 22615, J. N.).
(5) Le Havre, 7 août 1880 (art. 22701, J. N.).

(6) Cass., 15 février 1882 (art. 7660, J. N.).
(7) Lille, 13 août 1858.
(8) Cass., 15 février 1841; Boulogne, 31 décembre 1846 (art. 10897 et 18172, J. N.).

tage, sans la restriction de la reprise des apports et capitaux du chef du prémourant (1).

e) Celle d'un contrat de mariage, sous le régime de la communauté, ainsi formulée : Les futurs époux, voulant se donner des preuves de l'attachement qu'ils ont l'un pour l'autre, se font donation l'un à l'autre et au survivant d'eux, ce qui est accepté par chacun d'eux, de l'usufruit de tous les biens meubles et immeubles qui dépendront de la communauté qui aura existé entre eux, et ils se dispensent réciproquement de donner caution pour cet usufruit (2).

f) Les dispositions par lesquelles les futurs époux se font réciproquement donation, savoir : le futur à la future, de l'usufruit des conquêts de communauté et d'une certaine somme à prendre sur ses biens propres ; et la future au futur, seulement de l'usufruit des conquêts (3).

g) Celles ainsi conçues : En considération du mariage et pour se donner des marques de l'estime et de l'attachement qu'ils se portent, les futurs époux se font donation éventuelle et réciproque au survivant d'eux, ce qui est accepté respectivement, de l'usufruit et jouissance pendant sa vie, à compter du décès du premier mourant : 1° de la part et portion qui se trouvera revenir au prédécédé dans les bénéfices de communauté ; 2° et de la moitié des biens particuliers, tant en meubles qu'en immeubles, qui se trouveront appartenir au prémourant au jour de son décès (4).

h) La clause portant que le survivant des époux sera propriétaire de la moitié des conquêts de la communauté et qu'il aura en outre l'usufruit de tous les biens propres et communs, tant mobiliers qu'immobiliers que laissera le prémourant, sauf réduction du droit en cas d'existence d'enfant (5).

i) Celle qui, dans un contrat de mariage sous le régime dotal sans société d'acquêts, stipule qu'en cas de survie, la femme aura, *par convention de mariage et au besoin à titre de donation*, la totalité, en propriété, des biens meubles et objets mobiliers qui appartiendront aux époux, et la moitié en propriété des immeubles acquis par le mari pendant le mariage (6).

j) Celle qui, dans un contrat de mariage portant que les époux seront communs en tous biens meubles et conquêts immeubles, et que la communauté sera partagée par moitié et régie conformément à la loi, stipule que les futurs se font donation mutuelle au profit du survivant, de la part qui appartiendra à la succession du prémourant dans les biens de communauté (7).

k) Et celle d'un contrat constatant la mise en communauté d'une certaine somme par chacun des époux et portant que cette communauté appartiendra au survivant, moitié en toute propriété et moitié en usufruit, sans réserver aux héritiers du prémourant la reprise de la somme constituant sa mise en communauté (8).

62. — Des nombreux arrêts que nous venons de rappeler on peut déduire les règles suivantes :

I. La disposition d'un contrat de mariage qui attribue au survivant des époux,

---

(1) Cass., 24 décembre 1850 (art. 14244, J. N.).
(2) Cass., 21 mars 1860 (art. 16810, J. N.). — Contrà : Seine, 28 juillet 1856 (art. 15891, J. N.).
(3) Cass., 22 juillet 1872 (art. 20442, J. N.).
(4) Cass., 9 février 1875 (art. 21175, J. N.).

(5) Cass., 5 juillet 1875. — Contrà : art. 21490, J. N.
(6) Cass., 28 mars 1854 (art. 15209, J. N.).
(7) Cass., 28 avril 1849 (art 13721, J. N.).
(8) Cass., 7 décembre 1886 (art. 28834, J. N.).

à titre de convention de mariage, en propriété ou en usufruit, la totalité des conquêts ou bénéfices de la communauté ou une part plus forte que la moitié, *en réservant explicitement ou implicitement aux héritiers de l'époux prédécédé, la reprise des apports et capitaux tombés dans la communauté du chef de leur auteur*, n'a point le caractère d'une donation sujette au droit de mutation par décès (1). (V. *suprà*, n° 60, *b, c, d*.)

II. Les dénominations accessoires et secondaires de *donation, donataire*, n'altèrent point la nature de la convention de mariage, n'impliquent point un sens contraire à cette qualification expressément donnée à la stipulation dont il s'agit (2). (V. *suprà*, n° 60, *d, j, k*).

III. Quand, par une seule et même disposition, les époux disposent, en propriété ou en usufruit, au profit du survivant, cumulativement des biens de la communauté et de leurs biens propres, cette clause du contrat de mariage prend le caractère d'une donation éventuelle, passible du droit de mutation au décès du prémourant, tant sur les biens de communauté que sur les biens propres de l'époux survivant (3). (V. *suprà*, n° 61, *a, c*.)

IV. On doit également considérer, non comme une convention de mariage, mais comme une donation sujette au droit de mutation, lors du décès du prémourant des époux, la disposition portant que le survivant aura la propriété ou l'usufruit de tous les biens provenant de la communauté, sans aucune réserve pour la reprise des apports et capitaux du chef du prémourant (4). (V. *suprà*, n° 61, *d, e*.)

V. La convention de mariage, autorisée par l'art. 1525 du Code civil, a pour effet d'attribuer au survivant des époux, la totalité des conquêts de communauté *à compter du jour du contrat*, en telle sorte que le prémourant *est censé n'y avoir jamais eu droit*; en conséquence, lorsqu'après avoir stipulé que la communauté sera partagée par moitié, les futurs époux disposent que le survivant aura la propriété de la part *qui se trouvera appartenir au prémourant*, il y a donation et non simplement convention de mariage (5). (V. *suprà*, n° 61, *a et j*.)

VI. La stipulation, dans un contrat de mariage sous le régime dotal, sans société d'acquêts, qu'en cas de survie, la femme aura, *par convention de mariage et, au besoin, à titre de donation*, la propriété de la moitié des immeubles acquis par le mari pendant le mariage, a le caractère d'une donation sujette au droit de mutation lors du décès du mari (6). (V. *suprà*, n° 61, *i*.)

63. — La faculté stipulée en faveur de la femme de reprendre son *apport franc et quitte*, en cas de renonciation à la communauté, ne donne point ouverture au droit de mutation, au décès du mari (7).

64. — La stipulation d'un *préciput* au profit du survivant des époux, pour être prélevé sur les biens de la communauté, ne donne pas non plus lieu au droit de mutation lors de l'ouverture de cet avantage (8).

65. — Quand, dans un contrat de mariage, il a été stipulé que la femme aura la faculté de prendre le préciput conventionnel, même en renonçant à la communauté, le droit de mutation par décès est exigible sur le montant du préciput, en cas de prédécès du mari et de renonciation par la veuve à la communauté (9).

Il en est de même lorsque la femme, sans renoncer, prélève son préciput sur les biens du mari (10).

---

(1) Cass., 6 mars 1822 ; 30 juillet 1823 et 24 novembre 1834.
(2) Cass., 24 novembre 1834 ; 8 mai 1854 et 1er août 1855.
(3) Cass., 15 février 1832 et 15 février 1841.
(4) Cass., 24 décembre 1850 et 21 mars 1860.
(5) Cass., 15 février 1832 et 28 avril 1840.
(6) Cass., 28 mars 1854.
(7) Dict. du not., n° 848.
(8) Dict. du not., n° 849.
(9) Inst. gén., n° 1256.
(10) Cass., 12 juin 1872 (art. 20436, J. N.).

66. — **Avantages entre époux pendant le mariage.** — L'époux survivant doit déclarer les biens qu'il recueille par le décès de l'autre conjoint, soit à titre légal, soit à titre de donation de legs et acquitter les droits de mutation sur leur valeur.

67. — Dans le cas où les libéralités excèdent la quotité disponible, il y a lieu de les réduire pour la déclaration et le paiement des droits (V. *supra*, v° DONATION ET QUOTITÉ DISPONIBLE ENTRE ÉPOUX).

68. — La renonciation pure et simple, faite en temps utile, à un avantage entre époux, le dispense de la déclaration et du paiement des droits auxquels la disposition pourrait donner ouverture. Il n'en serait pas de même en cas de renonciation partielle à une disposition indivisible ; mais la renonciation partielle à un legs particulier est opposable à la régie (1).

69. — **Biens abandonnés par un débiteur à ses créanciers.** — Si la vente des biens abandonnés n'est pas faite au décès du débiteur, les droits de succession sont dus, par le motif que l'abandonnement ne l'a pas dépouillé de la propriété de ses biens (2). Les revenus, ou le cas échéant, les intérêts du prix, peuvent, par suite, être soumis au privilège du Trésor (3).

70. — Si la vente a été faite au décès du débiteur, le prix, quoiqu'il n'ait pas encore été distribué entre ses créanciers, ne fait pas partie de sa succession.

Il est bien entendu que si, par le résultat de la distribution, l'actif se trouvait supérieur au passif, les héritiers devraient faire la déclaration de l'excédent et en acquitter les droits.

71. — **Biens d'absents.** — Les successions des absents doivent être déclarées dans les six mois de l'envoi en possession provisoire et les droits sont payés sur la valeur entière des biens recueillis (4).

Les droits sont dus d'après le taux en vigueur à la date du jugement d'envoi en possession provisoire (5).

72. — **Biens aliénés sous faculté de réméré.** — L'héritier de l'acquéreur *à faculté de réméré*, doit déclarer les biens acquis sous cette faculté, quoique le délai pour exercer le retrait ne soit pas expiré au décès, et quand même le réméré aurait été exercé entre l'époque du décès et celle de la déclaration (6).

Par la même raison, l'héritier du vendeur *à faculté de réméré* ne doit pas faire la déclaration du bien aliéné sous cette faculté, lors même qu'il exerce le retrait après le décès du vendeur (7).

73. — Lorsque l'héritier du vendeur cède le droit de rachat à un tiers ou y renonce au profit de l'acquéreur moyennant un prix quelconque, ce prix doit être compris dans la déclaration de la succession du vendeur et supporter le droit de mutation par décès (8).

74. — **Biens donnés à antichrèse.** — Les biens donnés à antichrèse ne cessent pas d'appartenir au bailleur ; si donc celui-ci décède avant sa rentrée en en possession, les biens doivent être compris dans la déclaration de sa succession (9).

75. — **Biens appartenant à des étrangers.** — Les biens meubles et immeubles possédés en France par des étrangers sont soumis aux mêmes droits de mutation par décès que les biens appartenant aux français (10).

---

(1) Cass., 8 juillet 1874, (art. 21040, J. N.).
(2) Cass., 5 ventôse an XI, 27 juin 1807 et 27 juin 1809.
(3) Dénizart, *Union*, § 4 ; Toullier, t. VII, n° 247 ; Cass., 8 ventôse an XII.
(4) Loi du 28 avril 1816, art. 40.
(5) Seine, 9 avril 1850 et Cass., 8 décembre 1856 (art. 15945, J. N.).
(6) Inst. reg., 3 fructidor an XIII, n° 290, § 34 ; Délib., reg., 15 juillet 1834 ; Déc. min. fin., 20

août 1834 ; Bernay, 30 septembre 1844 (art. 8593 et 12157, J. N.).
(7) Délib. reg., 15 juillet 1834 ; Déc. min. fin., 20 août 1834 (art. 8593, J. N.).
(8) Délib. reg., 20 août 1834 ; Déc. min. fin., 2 juin 1812 et 20 août 1834 (art. 1086 et 8593, J. N.).
(9) Seine, 29 décembre 1825.
(10) Déc. min. fin., 5 prairial an X ; Inst. rég., 3 fructidor an XIII, n° 290, § 86 ; Seine, 13 décembre 1861 (art. 17419, J. N.).

76. — Il a été spécialement décidé que les droits de mutation par décès sont exigibles, sur :

Les créances hypothécaires françaises dépendant de la succession d'un étranger décédé dans son pays (1).

Les fonds en dépôt chez un banquier français (2).

Les fonds de commerce exploités en France, ainsi que les créances et les marchandises qui en dépendent (3).

Le mobilier, et les actions de la Banque de France (4).

77. — Mais les objets mobiliers qui se trouvent dans l'hôtel d'un ambassadeur ou agent diplomatique étranger, décédé en France, ne sont pas sujets au droit de mutation par décès, attendu que, par une fiction du droit international, l'hôtel d'un ambassadeur est réputé terre étrangère (5).

78. — Le droit de mutation par décès sur les biens meubles dépendant de la succession d'un étranger qui n'avait pas son domicile *légal* en France, doit être perçu d'après les règles de la dévolution établies par la loi du pays du défunt, et non suivant celles de la loi française (6). En ce qui concerne les immeubles, la dévolution est réglée par le *statut réel*, c'est-à-dire par la loi française.

79. — Les valeurs françaises dépendant de successions ouvertes postérieurement au 2 mars 1871, dans les territoires de l'Alsace-Lorraine cédés à l'Allemagne, sont passibles du droit de mutation par décès (7).

80. — **Biens appartenant à des Français en pays étranger.** — Les immeubles et les meubles corporels, situés dans les pays étrangers et dépendant de la succession d'un Français, ne sont pas sujets au droit de mutation par décès. Les meubles incorporels étrangers y sont seuls soumis (8).

81. — Le même principe est applicable aux colonies françaises dans lesquelles le droit de mutation par décès n'est pas établi (9). — Réciproquement, si des meubles incorporels dépendent d'une succession ouverte dans les colonies, la législation fiscale applicable est celle de la colonie, et s'il n'est pas dû de droits de mutation par décès dans cette colonie comme en Algérie, les héritiers n'ont aucun droit à payer sur ces valeurs (10).

82. — Comme conséquence de cette règle (n° 110), les reprises auxquelles a droit l'époux survivant marié sous le régime de la communauté, pour aliénation de biens propres situés à l'étranger, doivent être déduites avec les autres des biens de communauté compris dans la déclaration de succession de l'époux prédécédé (11).

83. — La succession mobilière d'un Français domicilié à l'étranger est régie par la loi étrangère du lieu de son domicile et, par suite, ses héritiers ne sont pas tenus de payer les droits de mutation par décès sur les valeurs mobilières étrangères dépendant de sa succession (12).

84. — **Biens dont le défunt était propriétaire apparent.** — Les biens dont le défunt était propriétaire apparent doivent être compris dans la déclaration de sa succession (13).

---

(1) Cass., 27 juillet 1819, 16 juin et 10 novembre 1828 et 29 août 1837; Altkirch, 5 août 1828; Déc. min. fin., 11 mars 1829; Inst. rég., 15 décembre 1827, n° 1229, § 4; 28 juin 1829, n° 1282, § 6 ; 18 juin 1838, n° 1562, § 18 ; Dél. reg., 24 novembre 1829 (art. 4447, 4481, 6401, 6888, 7091 et 9761, J. N.).

(2) Cass., 16 juin 1823; Oléron, 20 mai 1848; Seine, 31 janvier 1863 (art. 4447 et 17743, J. N.).

(3) Saint-Etienne, 7 mars 1849.

(4) Déc. min. fin., 7 février 1834 ; Inst. reg., 19 juillet 1834, n° 1458, § 6.

(5) Déc. min. fin., 11 juillet 1811, 12 septembre 1829 ; Dél. reg., 1er septembre 1829 ; Instr. reg., 29 décembre 1829, n° 1803 § 9 (art. 6994, J. N.).

(6) Cass., 13 juillet 1869; Seine, 7 février 1879;

Amiens, 8 mai 1880 ; Nice, 7 février 1881 (art. 19832, 22255, 22456 et 22628, J. N.).

(7) Art. 20205, J. N.).

(8) Lois du 18 mai 1850 et du 23 août 1871, art. 8; Saint-Julien, 19 février 1878 ; Cass., 28 janvier 1880 (art. 22028 et 22272, J. N.).

(9) Cass., 24 février 1869 et 16 décembre 1870, (art. 19564 et 20110, J. N.).

(10) Art. 28154, J. N.

(11) Sol. reg., 28 novembre 1879 (art. 22532, J. N.).

(12) Seine, 25 juin 1880 (art. 22542, J. N.).

(13) Cass., 11 avril 1877 et 18 août 1884 ; Seine, 29 décembre 1882 ; Lyon, 31 juillet 1883 (art. 21618, 32367, 28165 et 28045, J. N.).

85. — Biens dont le défunt avait la jouissance à titre de bail. — Lorsque la transmission d'un bail à ferme ou à loyer s'opère par décès, aucun droit de mutation n'est exigible.

Mais il a été jugé que le bénéfice que le preneur à bail d'un immeuble obtient annuellement par l'effet de la sous location de son bail, constitue une valeur active de sa succession, et est passible du droit de mutation par décès (1).

86. — Biens concédés à titre d'emphytéose. — Les immeubles possédés en vertu d'un bail emphytéotique sont passibles du droit de mutation par décès, lors du décès de l'emphytéote (2). Le domaine direct dans les mains du bailleur emphytéotique est soumis au droit de mutation par décès. Ce droit ne doit pas être établi seulement sur le capital de la redevance annuelle, il faut ajouter à ce capital la valeur de l'expectative du domaine utile par le bailleur.

87. — Biens de communauté ou acquis pendant le mariage. — On doit comprendre dans la déclaration de succession la part de l'époux prédécédé dans les bénéfices de communauté (V. *infrà*, v° LIQUIDATION ET PARTAGE).

87 bis. — Biens acquis par la femme dotale. — Sous le régime dotal, les biens acquis par la femme, sans le consentement du mari, avec les revenus économisés de ses biens paraphernaux, sont propres à la femme (3).

88. — Biens et sommes d'argent constitués en dot ou donnés entre vifs. — Les biens et sommes d'argent donnés entre vifs, dont le donateur s'est dessaisi actuellement et irrévocablement, quoique stipulés livrables ou payables après son décès, et sur lesquels le droit proportionnel de donation a été perçu lors de l'enregistrement du contrat, ont cessé dès le moment de la donation de faire partie du patrimoine du donateur ; en conséquence ils doivent être déduits de l'actif de cette succession pour l'acquit des droits de mutation ouverts par son décès (4).

89. — Le droit de mutation n'est pas exigible sur une somme d'argent donnée entre vifs par un père à l'un de ses enfants et rapportée par le donataire à la succession du donateur pour remplir ses cohéritiers de leur réserve (5).

90. — Lorsque deux époux ont constitué conjointement, en effets de la communauté, une dot à l'enfant commun, sans exprimer la portion pour laquelle ils entendent y contribuer, ils sont censés avoir donné chacun pour moitié et, par conséquent, c'est seulement la moitié de cette dot qui doit, lors de la déclaration de la succession de chaque époux, être précomptée sur la part du défunt dans les bénéfices de la communauté. Si donc les héritiers déduisent de la succession l'intégralité de la somme constituée, ils commettent une omission passible du droit en sus (6).

91. — Si un immeuble a été donné soit à titre de préciput, soit avec dispense de rapport en nature mais à charge de rapporter une certaine somme à la succession du donateur, la somme ainsi rapportée n'est point sujette au droit de mutation au décès du donateur (7).

92. — Les dons manuels sont également dispensés du droit de mutation (8).

93. — Lorsque, par un acte de donation entre-vifs, le donataire est chargé de payer, lors du décès du donateur, à un tiers nominativement désigné dans l'acte, en cas de survie, une somme déterminée, il en résulte deux transmissions successives, l'une entre vifs et l'autre par décès, donnant chacune ouverture à des droits de mutation dont les époques et les conditions d'exigibilité sont différentes (9).

94. — Biens dont les héritiers sont évincés par une folle enchère

---

(1) Seine, 28 février 1867 et 26 août 1871 (art. 19100 et 20798, J. N.).

(2) Dict. du not., n° 421.

(3) Cass., 19 décembre 1871 ; 1er décembre 1886 et 17 novembre 1890 (J. du not., 1891, p. 745).

(4) Cass., 30 juillet 1862 ; Inst., rég., 15 novembre 1862, n° 2234, 1er ; Avranches, 30 juillet 1876 ; Nyons,

24 décembre 1875 ; Apt, 8 mai 1876 (art. 17504, 17601, 20353, 21546 et 21586, J. N.).

(5) Nevers, 24 mai 1874 (art. 20053, J. N.).

(6) Seine, 22 juillet 1887 (J. du not., n° 4056).

(7) Art. 18788, J. N.

(8) Dél. rég., 2 octobre 1845.

(9) Bar-sur-Seine, 8 juillet 1869, et Cass., 5 mars 1872. — *Contrà*: art. 20844, J. N.

Les immeubles dont le défunt s'était rendu adjudicataire, et qui après son décès ont été revendus à sa folle enchère ne sont point sujets au droit de mutation par décès(1).

95. — Biens possédés à titre de jouissance légale. — La jouissance légale ne donne pas ouverture au droit de mutation par décès (2).

96. — Biens des personnes décédées dans les hospices. — Les effets mobiliers apportés par les malades dans les hospices où ils ont été traités gratuitement, et dont la propriété est attribuée auxdits hospices par le décret-loi des 15 octobre et 3 novembre 1809, ne sont pas sujets au droit de mutation par décès (3).

97. — Biens en litige. — Les biens qui font l'objet d'un litige ne sont passibles de l'impôt que lorsque la succession en a été reconnue propriétaire (4).

98. — Biens recueillis à titre de retour conventionnel ou légal. — Le retour qui s'opère au profit du donateur en vertu d'une clause de l'acte de donation, conformément à l'article 951 du Code civil, ne donne lieu à aucun droit de mutation. Au contraire, les biens sur lesquels s'exerce le retour légal doivent être compris dans la déclaration de succession (5).

99. — Biens rentrés dans l'hérédité. — Lorsqu'après la déclaration d'une succession, des biens sont rentrés dans l'hérédité, les droits de mutation par décès sont dûs sur ces biens qui doivent être déclarés dans les six mois de la date de leur rentrée (6).

100. — Biens faisant partie d'une société. — En cas de continuation de la société, après le décès de l'un des associés, ses héritiers doivent déclarer sa part nette dans l'actif social, sans égard à la nature des biens qu'il a apportés à la société. Si la société est dissoute par le décès et si l'être moral subsiste, les héritiers de l'associé ne doivent encore déclarer que l'émolument qu'ils recueillent, c'est-à-dire le produit net revenant à l'associé décédé (7).

101. — Lorsqu'une société a pris fin, à l'expiration du terme fixé pour sa durée, et qu'un des membres de la société vient ensuite à décéder, le droit de mutation par décès est dû sur la part du défunt dans chacun des biens de la société sans déduction des dettes, et sans que l'on puisse opposer à la Régie qu'en fait la société a continué de subsister et a été prolongée par des conventions verbales (8).

102. — Lorsqu'après la dissolution d'une société en nom collectif, la femme de l'un des associés marié sous le régime de la communauté venant à décéder, celui-ci se rend adjudicataire des immeubles dépendant de ladite société, le droit de mutation est dû sur le prix, déduction faite seulement de la part personnelle dudit associé dans ce prix, et non de celle des représentants de sa femme (9).

103. — Quand, dans un acte de société, il a été stipulé que la société ne sera pas dissoute par la mort d'un ou de plusieurs associés, que les parts des associés décédés accroîtront au fond social, et qu'à l'expiration de la société, les associés survivants resteront seuls propriétaires de tous les biens et produits de l'association, un droit de mutation est exigible au décès de chacun des associés (10).

De même, lorsque des immeubles ont été acquis conjointement et indivisément par plusieurs personnes pour en être propriétaires ou en jouir en commun, sous la condition que la propriété appartiendra en entier à la dernière

---

(1) Cass., 2 février 1819 ; Seine, 10 mars 1836 ; Dél. rég., 21 juillet 1836 (art. 3227 et 9765, J. N.).
(2) Dél. rég., 20 juin 1828.
(3) Déc. min fin., 11 avril 1883 ; Inst. rég., 10 juin 1883, n° 2683, § 7 (art. 23088, J. N.).
(4) Sol., 18 nivôse an X; Déc. min. fin., 28 août 1828.
(5) Déc. min. fin., 29 décembre 1807 ; Dél. rég., 22 novembre 1839; Instr. gén., 23 février 1808, n° 366, § 17, et 29 juin 1840, n° 1615, § 5 (art. 5690 et 6160, J. N.).
(6) Cass., 20 août 1816, 24 août 1841, 26 avril 1870;

Bagnères, 18 mai 1872; Angoulême, 16 décembre 1872 (art. 1962, 11070, 19914, 20793 et 20794, J. N.);
Dél. rég., 7 août 1842 ; Gap, 18 novembre 1849;
Bernay, 19 décembre 1849 ; Seine, 7 décembre 1848 et 30 novembre 1842; Avranches, 15 novembre 1849;
Vervins, 20 juin 1885 (J. du not., 1890, p. 128).
(7) Dict. du not., n° 516 ; Cass., 12 février 1890.
(8) Charleville, 17 mai 1872; Fontenay, 9 août 1872; Cass., 19 janvier 1881.
(9) Cass., 12 février 1890.
(10) Dict. du not., n° 517.

qui survivra, il est dû un droit de mutation au décès de chacun des acqué-reurs (1). Mais dans ces deux cas, c'est le droit de mutation à titre onéreux qui doit être perçu.

104. — Il n'est dû aucun droit de mutation soit à titre onéreux, soit par décès, si l'association a le caractère d'une tontine.

105. — **Biens grevés de substitution.** — Celui qui est grevé de substitu-tion doit acquitter les droits de mutation par décès sur la propriété des biens et non sur l'usufruit, dans les six mois du décès du donateur ou testateur, d'après son degré de parenté avec ce dernier.

106. — L'appelé à la substitution est tenu de passer déclaration des mêmes biens, dans les six mois du décès du grevé, d'après son degré de parenté avec ce dernier (2).

107. — **Biens d'une succession bénéficiaire.** — Lorsqu'une personne est décédée, après avoir accepté, sous bénéfice d'inventaire, une succession non encore liquidée à cette époque, ses héritiers même bénéficiaires sont néanmoins tenus de comprendre les biens qui en dépendent dans la déclaration de sa propre succession et de payer le droit de mutation par décès sur leur valeur (3).

108. — **Biens de successions dévolues à l'Etat à titre de suc-cesseur irrégulier.** — Ces biens ne doivent pas, bien entendu, être déclarés; mais s'il se présente des héritiers dans le délai de trente ans, à partir de l'envoi en possession de la Régie des domaines, ces héritiers doivent faire la déclaration des biens, dans les six mois du jour où ils ont été autorisés à prendre possession des biens (4).

109. — **Biens vendus sous condition.** — Il n'existe aucune règle à ce sujet ; certains cas spéciaux ont été soumis aux tribunaux :

Ainsi il a été jugé que la déclaration, faite par les héritiers dans l'acte de vente d'un immeuble, que cet acte n'est que la réalisation de la vente verbale du même immeuble qui avait été consenti par le défunt, ne les dispense pas de comprendre cet immeuble dans la déclaration de succession (5).

110. — **Brevets d'invention.** — Les brevets d'invention doivent figurer dans la déclaration de succession et supporter le droit de mutation par décès (6).

111. — **Cautionnement.** — Le cautionnement inscrit au Trésor, avec pri-vilège de second ordre au profit d'un bailleur de fonds, est considéré comme appar-tenant au titulaire et doit être compris dans la déclaration de la succession (7).

112. — **Constructions.** — Lorsque le bail d'un terrain a été consenti sous la condition que le preneur élèvera sur ce terrain des constructions qui, à l'expira-tion du bail, appartiendront au bailleur sans indemnité, le droit de mutation n'est pas exigible au décès du preneur sur la valeur des constructions (8).

Il n'en est pas de même, lorsque les constructions ont été élevées du consen-tement du propriétaire, mais sans condition (9).

Les constructions, élevées sur un terrain, étant présumées faites par le proprié-taire à ses frais et lui appartenir, si le contraire n'est pas prouvé (art. 553, C. civ.), elles sont censées faire partie de sa succession et doivent être comprises dans la déclaration de cette succession (10).

113. — **Créances.** — Toute créance existant au décès du créancier doit

---

(1) Cass., 6 mars 1872 (art. 20898, J. N.); Dict. du not., n° 518.

(2) Cass., 11 décembre 1860 et 5 mars 1866 (art. 17071 et 18504, J. N.).

(8) Dél. rég., 26 septembre 1834; Seine, 28 août 1850; Cass., 11 août 1869 (art. 8655, 14177 et 19726, J. N).

(4) Déc min. fin., 8 frimaire an IX.

(5) Toul, 24 août 1848.

(6) Dict. du not., n° 529.

(7) Cass., 17 juillet 1849 et 11 mars 1851 ; Aubus-son, 10 mars 1860; Sol. rég., 11 juillet 1865; Seine, 13 décembre 1872 (art. 18825, 17110, 16887, 18607 et 20599, J. N).

(8) Seine, 12 janvier 1848 (art. 13289, J. N.).

(9) Seine, 21 juillet 1865 (art. 18385, J. N.)

(10) Dict. du not., n° 587.

être comprise dans la déclaration de sa succession pour le payement des droits de mutation par décès, lors même qu'elles seraient dues par les héritiers (1).

Spécialement le prix d'une vente stipulé payable au décès du vendeur ou postérieurement, doit être déclaré, s'il n'a pas été remboursé avant le décès (2).

114. — Les créances dont l'importance et l'échéance sont indéterminées doivent être évaluées dans la déclaration (3).

115. — On doit comprendre, dans la déclaration de succession, une créance qui aurait été *déléguée*, si la délégation n'est pas parfaite au décès du délégant (4).

Il en est de même d'une créance frappée d'*opposition*, si cette opposition n'a pas été validée par jugement (5). Au contraire, une créance *cédée* purement et simplement, est dispensée du droit de mutation par décès, lors même que le décès du créancier arriverait avant l'acceptation du débiteur ou la notification de la cession (6).

116. — La confusion qui s'opère, sur la tête de l'héritier, de la qualité de débiteur et de créancier, ne le dispense pas de comprendre dans sa déclaration la créance dont il était débiteur envers le défunt (7).

117. — Les dommages-intérêts dus par une compagnie de chemin de fer, par suite d'un accident qui a causé la mort d'une personne, font partie de la succession de celle-ci, lorsque la condamnation à les payer a précédé le décès, encore que cette condamnation n'ait été confirmée en appel qu'après le décès (8); mais il en serait autrement si la condamnation était postérieure au décès.

118. — Les créances doivent être déclarées pour leur capital nominal et non d'après une évaluation faite par les héritiers ou légataires (9), à moins qu'il ne s'agisse de créances sur une personne dont la faillite avait été déclarée à l'époque du décès du créancier (10), ou sur quelqu'un dont l'état de déconfiture est constaté remonter antérieurement au décès (11).

119. — **Créances irrécouvrables.** — Les héritiers peuvent se dispenser de payer les droits de succession sur les créances devenues caduques par la prescription ou l'insolvabilité des débiteurs, en affirmant, dans leur déclaration, qu'ils y renoncent (12), lors même que ces créances ont été comprises dans un inventaire authentique sans indication de leur caducité (13) ; mais cette renonciation doit être expresse (14), et la jurisprudence reconnaît généralement que la Régie a le droit absolu d'admettre ou de repousser cette renonciation (15).

Cette faculté profite aussi bien aux héritiers mineurs ou bénéficiaires qu'aux héritiers majeurs et purs et simples (16).

120. — Les renonciations partielles, n'étant pas admises, on ne peut pas estimer une créance au dessous de sa valeur nominale (17).

121. — Les créances dépendant d'une faillite, déclarée avant le décès du

(1) Sol., 24 décembre 1821.
(2) Rethel, 27 août 1852 (art. 14914, J. N.) ; Reims, 28 décembre 1853 ; Bar-sur-Aube, 12 février 1857 ; Chalon-sur-Saône, 21 janvier 1860 (art. 16769, J. N.).-
(3) Seine, 12 août 1881 (art. 22765, J. N.).
(4) Cass., 17 février 1857 ; Pontarlier, 1er mars 1856 ; Cass., 19 juillet 1870 ; Vire, 16 juillet 1881 ; Semur, 21 juillet 1886 (art. 15926, 16001, 22754 et 28689, J. N.).
(5) Cass., 14 juillet 1869 (art. 19729, J. N.).
(6) Béziers, 9 janvier 1861 (art. 17191, J. N.). — *Contrà* : Nontron, 21 décembre 1850 (art. 15880, J. N.).
(7) Chartres, 15 mars 1859 ; Nérac, 14 août 1868 (art. 16682 et 19615, J. N.).
(8) Seine, 8 août 1866 (art. 19930, J. N.).
(9) Cass., 24 avril 1861 ; Inst. gén., 15 septembre 1861, n° 2201, § 5.
(10) Sol. adm., 11 mars 1866. — V. toutefois : Cass., 4 mars 1890.
(11) Sol., 16 juillet 1868.

(12) Déc. min. fin., 12 août 1806 ; Mantes, 25 juillet 1887.
(13) Valenciennes, 25 juin 1845 (art. 14239, J. N.).
(14) Châteauneuf, 8 mars 1882 ; Seine, 12 avril 1849 et 8 juillet 1850 ; Château-Chinon, 2 janvier 1851.
(15) Quatre arrêts de Cass. du 24 avril 1861 (*Rev. not.*, n° 34) ; Seine, 13 juin 1863 ; Cambrai, 13 août 1874 ; Châlons, 31 décembre 1874 ; Lyon, 4 avril 1879 ; Lons-le-Saulnier, 8 novembre 1886.—Pour éviter toute difficulté au moment de la déclaration, voici comment il conviendrait de procéder : Dans la déclaration de la succession, on s'abstiendra de mentionner la créance d'un recouvrement désespéré. Le receveur n'a point qualité pour faire d'office une addition aux valeurs déclarées. Puis, dans une déclaration supplémentaire, faite avant l'expiration des délais, on comprendra ces mêmes créances en mentionnant la renonciation expresse des héritiers, qu'en cas de refus du receveur, on ferait au besoin signifier par acte extra-judiciaire. (*Rev. not.*, n° 7948).
(16) Sol. rég., 4 octobre 1845 (art. 13648, J. N.).
(17) Cass., 24 avril 1861 (art. 17112, J. N.).

créancier, sont comprises dans la déclaration pour leur valeur réduite d'après le règlement de la faillite (1).

Il a été également décidé que, si des créances sont dues par un débiteur dont l'état de déconfiture est constaté remonter à une époque antérieure au décès du créancier, les héritiers de ce dernier peuvent n'acquitter le droit de mutation que sur le montant des sommes qui doivent leur revenir (2).

122. — La renonciation au recouvrement des créances n'exclut pas le droit de contrôle de la Régie: mais le receveur de l'enregistrement ne peut pas exiger la justification de l'insolvabilité des débiteurs (3).

123. — Lorsque des créances irrécouvrables n'ont pas été comprises dans la déclaration de succession et que, dans un acte postérieur (arrêté de compte de tutelle ou partage), elles ont été énoncées pour ordre et sous toutes réserves de recouvrement ultérieur, les héritiers du défunt peuvent encore, en affirmant dans une nouvelle déclaration que ces créances sont irrécouvrables et qu'ils y renoncent, être dispensés du payement des droits de mutation par décès sur le montant des créances (4).

La renonciation au recouvrement des créances n'a aucun effet quant aux tiers débiteurs (5).

124. — La prescription biennale peut être opposée à la demande de la Régie du droit non perçu sur les créances déclarées mauvaises et irrecouvrables, alors même que le payement en a été obtenu depuis, nonobstant cette renonciation (6).

Il a été décidé toutefois, en matière de faillite, que si des héritiers n'ont payé le droit de mutation par décès pour une créance due par un débiteur en faillite, que sur la somme à laquelle la créance a été réduite par un concordat, si plus tard le débiteur vient à se libérer intégralement pour obtenir sa réhabilitation, le surplus de la somme payée doit faire l'objet d'une déclaration supplémentaire dans les six mois du payement, comme bien rentré dans l'hérédité (7).

125. — **Dépôt de fonds chez le défunt.** — Lorsque, dans un inventaire après le décès d'un officier public ou d'un agent d'affaires, il est déclaré que les deniers comptants ne se trouvent dans la caisse du défunt qu'à titre de dépôt, le droit de mutation n'est pas dû sur ces sommes (8).

Il n'en serait pas de même pour les sommes déposées chez un banquier qui en payait un intérêt aux déposants (9).

126. — **Donation secondaire.** — Les donations secondaires, soumises à la condition de survie des donataires, sont passibles, lors du décès du donateur, de l'impôt de succession, sans imputation du droit payé sur la donation principale (10).

127. — **Droit d'habitation.** — Le droit d'habitation doit être déclaré selon les règles déterminées par l'usufruit, dont il participe par sa nature et ses effets : aussi il donne ouverture au droit de mutation par décès sur le capital au denier dix de la valeur annuelle (11).

128. — **Droit de jouissance.** — Un droit de jouissance pendant la viduité de l'un des époux doit être considéré pour l'application du droit de mutation par décès comme un usufruit ordinaire, c'est-à-dire à vie, et se capitaliser par dix (12).

---

(1). Sol. rég., 11 mars 1866 (art. 18980, J. N.); 3 mars 1867; 4 mai et 4 juin 1877. — V. toutefois : Cass., 4 mars 1890.

(2) Sol. rég., 16 juillet 1868 (art. 19924, J. N.); 3 mai 1873, 25 mars et 4 août 1876 ; 4 juin et 16 octobre 1877, 21 novembre 1878, 7 juin 1880.

(3) Dict. du not., n° 562.

(4) Sol. rég., 14 mars 1868 (art. 19168, J. N.). — Dict. du not., n° 567. — Art. 23248, J. N.

(7) Art. 19914, J. N.

(8) Rouen, 17 juillet 1855.

(9) Dreux, 28 mai 1851 (art. 14587, J. N.).

(10) Angoulême, 14 août 1888. — Sic : Saint-Gaudens, 24 juin 1884; Cognac, 10 mai 1886 ; Sol. rég., 28 juin 1880.

(11) Dél. rég., 8 août 1881 (art. 7499, J. N.); Inst. rég., 27 décembre 1881, n° 1388, § 6.

(12) Dél. rég., 28 août 1881.

129. — Immeubles par destination. — Les immeubles par destination ne doivent pas être déclarés séparément (1).

130. — Inscriptions de rente. — Les inscriptions de rente sur l'Etat français qui avaient été exemptées du droit de mutation par décès par l'article 70, § 3, n° 3, de la loi du 22 frimaire an VII, y sont assujetties par l'article 7 de la loi du 18 mai 1850, qui a également soumis aux droits de mutation par décès les fonds publics étrangers dépendant d'une succession régie par la loi française (2).

131. — Navires. — Les navires, partout où ils se trouvent, sont considérés comme étant en territoire français, lors même qu'ils sont en mer ou dans des ports étrangers, et ils sont soumis, comme tous les autres objets mobiliers situés en France, au droit de mutation, en cas de décès des propriétaires.

Ils sont immatriculés au bureau de l'administration maritime du port auquel ils appartiennent. C'est dans ce port qu'ils ont leur assiette déterminée ; par conséquent, en cas de décès des armateurs ou propriétaires, la déclaration doit être faite au bureau de l'enregistrement dans l'arrondissement duquel est situé le port auquel les navires appartiennent (3).

132. — Office. — Les offices doivent être compris dans la déclaration de la succession des titulaires pour le montant de leur estimation ou pour le prix de la cession.

Lorsqu'au cours d'un mariage contracté sous le régime de la communauté de biens réduite aux acquêts, le mari a acquis de son père un office dont le prix a été stipulé payable au décès du père et indiqué, dans l'acte de cession, comme ne devant pas tomber dans la communauté, cet office constitue un propre du mari et ne doit pas, en cas de prédécès de la femme, être compris pour la moitié dans la déclaration des biens de sa succession (4).

133. — Proratas de fermages. Récoltes sur pied. — On doit déclarer, indépendamment des immeubles, les proratas de fermages ou de loyers qui sont courus au moment du décès du propriétaire, ainsi que les sommes restant dues au même jour sur le prix des récoltes par lui vendues et provenant de ses biens-fonds non affermés.

134. — Dans les pays où les terres de culture sont soumises, d'après l'usage, à un assolement triennal, où le prix des baux à ferme, commençant à courir le 23 avril d'une année, n'est payable qu'au cours de l'année suivante, par exemple le 24 juin et le 24 décembre par moitié, on doit considérer comme des fruits civils acquis au bailleur, lors de son décès, et passibles en conséquence du droit de mutation, non seulement les loyers arriérés et exigibles, mais encore le prorata de fermage calculé du 23 avril, jour fixé comme point de départ du bail, jusqu'au jour du décès, encore bien qu'ils ne doivent devenir exigibles que l'année suivante (5).

135. — Quant aux récoltes pendantes par racines, elles font partie de l'immeuble et ne sont pas susceptibles d'être déclarées dans la succession du propriétaire qui jouissait par lui-même de cet immeuble ; mais, au décès du fermier d'un bien rural, les récoltes pendantes par racines doivent être déclarées par son héritier et acquitter le droit de mutation par décès (6).

136. — Rentes perpétuelles. — Les rentes perpétuelles doivent être comprises dans les déclarations de successions ; elles sont passibles des droits de mutation par décès sur le capital au denier vingt (7).

137. — Rentes viagères. — Le legs d'une rente viagère est sujet au droit

(1) Déc. min., 4 mai 1813 ; Dél. rég., 22 mai 1818 et 12 août 1828.
(2) Inst. rég., 25 mai 1850, n° 1852 (art. 14055, J. N.).
(3) Art. 16511, J. N.).
(4) Rennes, 7 août 1883 (art. 23205, (J. N.).

(5) Langres, 10 mai 1882 (art. 22877, J. N.).
(6) Dél. rég., 23 septembre 1828 ; Inst. rég., 31 décembre 1828, n° 1263, § 5 ; Napoléon-Vendée, 22 décembre 1858 (art. 6665, 6756 et 16950, J. N.).
(7) Pont-Lévêque, 6 août 1885 (art. 28669, J. N.).

de mutation par décès, d'après le degré de parenté du légataire avec le testateur, sur le capital au denier dix de la rente (1).

138. — Lorsque, dans un contrat de mariage, les père et mère de l'un des futurs époux lui ont constitué en dot une rente viagère sur la tête des donateurs sans clause expresse de réversion, cette rente ne s'éteignant pas au décès du donataire, continue au profit des enfants nés du mariage et forme par conséquent un actif de la sucession du donataire passible du droit de mutation par décès (2).

139. — Les legs de rentes et pensions viagères doivent être déduits de l'actif de la succession pour l'acquit des droits de mutation (3).

En est-il de même d'une rente viagère en nature? La Régie a décidé la négative le 6 mai 1813, mais cette décision est contraire à l'avis du Conseil d'Etat du 10 septembre 1808.

140. — Le capital d'une rente viagère léguée à titre particulier et non encore éteinte au décès de l'héritier ou du légataire universel, doit, comme toutes sommes léguées et non payées à cette époque, être distrait de l'actif de sa succession pour l'acquit du droit de mutation ouvert par son décès.

Il y a également lieu de déduire de l'actif déclaré d'une succession, pour la liquidation et la perception des droits de mutation par décès, le capital au denier dix des rentes viagères constituées en dot par le *de cujus*, sur la tête et au profit des donataires (4).

141. — Si une rente viagère qui a été donnée continue d'être due après le décès du donateur, il y a lieu, pour les mêmes motifs, d'en déduire la valeur ou le capital du montant de l'actif de sa succession pour la liquidation des droits dus par les héritiers (5).

142. — Lorsqu'une donation entre vifs a été faite à la charge d'une rente viagère envers un tiers, s'il survit au donateur, ou moyennant une rente viagère reversible sur la tête d'un tiers, il est dû un droit de mutation lors du décès du donateur par le tiers survivant (6).

143. — L'acte de vente d'immeubles portant qu'une rente viagère, qui fait partie du prix, sera reversible sur la tête d'un tiers, contient deux dispositions distinctes, savoir : une constitution de rente viagère à la charge de l'acquéreur, et une stipulation de libéralité et de reversibilité de la rente au jour du décès du vendeur ; en conséquence cet acte est passible, indépendamment du droit de vente, du droit de donation éventuelle (7 fr. 50) ; et au décès du vendeur, le tiers qui a recueilli la rente viagère doit acquitter les droits de mutation par décès pour la reversion opérée à son profit (7).

144. — Il n'en est pas de même lorsque deux copropriétaires ont vendu conjointement un immeuble qui leur appartenait indivisement par moitié moyennant une rente viagère payable pendant leur vie, moitié à l'un, moitié à l'autre, et après la mort du prémourant des vendeurs, au survivant en totalité ; dans ce cas, le droit de mutation par décès n'est pas dû (8).

145. — Quand, dans un acte de vente d'immeubles de communauté, il a été stipulé que la rente viagère qui en forme le prix sera, en tout ou en partie, reversible sur la tête du survivant des époux vendeurs, il n'est dû par ledit survivant

---

(1) Loi du 22 frimaire an VII, art. 14, n° 9.
(2) Sol. rég., 27 juillet 1870 ; Seine, 4 avril 1884 (art. 20764, 21613 et 23240, J. N.).
(3) Cass., 8 septembre 1808 et 23 novembre 1811 ; Déc. min. fin., 14 avril 1812 ; Inst. rég., 22 avril 1842, n° 574 ; Cass., 17 mars 1812 et 24 mai 1813.
(4) Loi du 22 frimaire an VII (art. 14, n° 8 et 15, n° 7) ; Mont-de-Marsan, 22 juillet 1886 (*J. du not.*, n° 4056).

(5) Nantes, 8 juillet 1872 (art. 20821, J. N.).
(6) Cass., 21 mars 1860 et 5 mars 1872 (art. 16829 et 20346, J. N.).
(7) Cass. (chambres réunies), 23 décembre 1862 et (ch. civ.) 23 juillet 1866 (art. 17598 et 18566, J. N.).
(8) Yvetot, 18 août 1863 ; Mirecourt, 2 juillet 1865 ; Besançon, 26 juillet 1867 et Cass., 26 janvier 1870 (art. 17985, 18982, 19398 et 19801, J. N.).

aucun droit de mutation au décès de son conjoint à raison de la moitié de cette rente (1).

146. — Quand, dans une donation contenant partage de biens de communauté et de biens propres aux époux donateurs, il est stipulé que les enfants donataires serviront à leurs père et mère, jusqu'au jour du décès du survivant d'eux, une rente viagère non réductible au décès du prémourant, il n'est pas dû par le survivant de droit de mutation par décès sur une portion de cette rente (2). Mais, en cas de vente de biens de communauté, moyennant une rente viagère réversible en totalité ou en partie sur la tête et au profit du survivant, celui-ci est débiteur envers la communauté d'une récompense qui doit être comprise, parmi les biens communs, dans la déclaration de la succession du prémourant (3).

Cette récompense doit-elle être évaluée par le capital au denier dix des rentes viagères (4), ou d'après l'âge de l'époux survivant (5)? Par une solution du 6 août 1881, la Régie a reconnu que l'évaluation de l'indemnité peut être faite en capital par une déclaration estimative des parties dont elle se réserve seulement de contrôler l'exactitude au moyen, notamment, des tarifs des Compagnies d'assurances sur la vie (6).

147. — **Revenus des biens mobiliers.** — Nous avons vu plus haut que l'on doit comprendre dans la déclaration de succession le prorata couru au décès des loyers et fermages des immeubles. Pour la même raison, il faut également faire figurer dans la déclaration le prorata couru au même jour de tous les biens mobiliers.

148. — **Semis et plantations.** — L'article 226 du Code forestier, aux termes duquel les semis et plantations de bois sur les sommets et le penchant des montagnes sont exempts de tout impôt pendant trente années, a pour effet de dégrever ces semis et plantations de la totalité des contributions foncières affectant directement les immeubles, mais ne s'applique pas aux droits de mutation par décès (7).

149. — **Usufruit.** — Le legs d'un usufruit est assujetti au droit de mutation par décès, indépendamment du droit dû par l'héritier sur la propriété entière de l'immeuble grevé d'usufruit (8).

150. — Si un usufruit a été légué avec clause de reversibilité au profit d'un tiers, celui-ci doit acquitter, lors du décès du premier légataire, les droits de mutation sur cet usufruit, sans qu'il y ait à tenir compte de ceux qui ont été payés au décès du testateur. Ce nouveau droit de mutation est dû, d'après le degré de parenté du légataire avec le testateur et liquidé sur la valeur des biens au jour où la transmission s'opère (9).

151. — La renonciation du premier légataire éteint son usufruit et donne ouverture au deuxième usufruit (10).

152. — Lorsqu'un usufruit a été donné ou légué à deux personnes conjointement, le décès du premier des légataires ne donne pas ouverture à un droit de mutation par décès, à raison de l'accroissement qui s'opère conformément à l'article 1044 du Code civil au profit du légataire survivant (11). Toutefois, si les deux léga-

---

(1) Rennes, 26 août 1863; Château-Thierry, 12 mars 1864; Cass., 15 mars 1866 (art. 17918, 18025, 18502 et 18526, J. N.); Dict. du not., n°° 868 et suiv.; 373 et suiv. et 588.

(2) Vitry-le-François, 15 avril 1864; Beauvais, 11 novembre 1867; Dunkerque, 25 juillet 1871 et Montbrison, 1er mars 1877 (art. 18123, 19220, 20152 et 21697, J. N.).

(3) Seine, 27 avril 1867; Cass., 6 décembre 1867, 30 mai et 30 décembre 1873 (art. 18909, 19178, 20677 et 20005, J. N.).

(4) Rouen, 18 mars 1869 (art. 19737, J. N.).

(5) Melun, 27 août 1868; Coulommiers, 27 no-

vembre 1868 et Villefranche, 23 août 1878 (art. 19690 et 22201, J. N.).

(6) Art. 22700, J. N.; Sol. rég., 6 août 1881; Lyon, 22 mai 1888; Pontoise, 29 juin 1888.

(7) Cass., 7 juillet 1885 (art. 23531, J. N.).

(8) Cass., 23 novembre 1811; Déc. min. fin., 14 avril 1812; Inst. rég., 22 avril 1812, n° 574.

(9) Cass., 30 décembre 1834; Inst. rég., 30 septembre 1826, n° 1200, § 15; 21 avril 1835, n° 1481, § 9; Seine, 25 juillet 1874 (art. 5850, 11125 et 21341, J. N.).

(10) Cass., 28 mars 1869 (art. 19592, J. N.).

(11) Dél. rég., 9 novembre 1830 (art. 7390, J. N.); Inst. rég., 18 mars 1831, n° 1354, § 6.

taires sont parents du défunt à des degrés différents et si le parent le plus proche décède le premier, l'autre légataire doit acquitter un complément de droits qui est de la différence entre le droit payé par le premier légataire et celui qui est fixé d'après la parenté du second légataire avec le testateur (1).

153. — On doit considérer comme constituant une donation d'usufruit faite avec clause d'accroissement et une donation de nue propriété au survivant, la donation entre-vifs faite à plusieurs personnes conjointement, sous condition que la propriété entière appartiendra au dernier vivant exclusivement; par suite, lors du décès du prémourant il n'est dû ni droit de donation, ni droit de mutation par décès par les survivants, s'ils ont payé le droit de transmission au même taux lors de l'enregistrement du contrat primitif (2).

154. — Lorsque, dans un partage d'ascendants, les père et mère donateurs ont réservé au profit du survivant l'usufruit des biens donnés, cette disposition doit être considérée, en ce qui concerne tant les biens de communauté que les biens propres, comme une donation d'usufruit passible, au décès du prémourant, du droit de mutation à titre gratuit, c'est-à-dire de 3 °/₀ (3).

155. — Le droit de mutation par décès est dû sur la moitié de l'usufruit recueilli par la survivante de deux personnes qui auraient fait donation de leurs biens à un tiers en réservant à leur profit et au profit du survivant d'eux l'usufruit de la totalité des biens donnés (4).

156. — Lorsque, dans un acte de vente d'immeubles appartenant à plusieurs personnes, conjointement et indivisément, il est stipulé que l'usufruit des biens vendus est réservé au profit des vendeurs et des derniers vivants, cette disposition doit être considérée comme renfermant une donation éventuelle d'usufruit au profit du survivant et donne ouverture au droit de mutation par décès, quand la reversion de l'usufruit se réalise (5).

157. — Quand le légataire d'un usufruit est décédé avant d'avoir obtenu la délivrance de son legs, conformément aux articles 1011 et 1014 du Code civil, il n'est point dû de droit de mutation (6). Il n'en serait pas de même si l'usufruit était recueilli à titre de donation (7).

158. — **Valeurs mobilières étrangères.** — Toutes les valeurs mobilières étrangères, lorsqu'elles dépendent d'une succession régie par la loi française ou de la succession d'un étranger qui avait en France un domicile de fait, sont passibles, en France, du droit de mutation par décès (8); lors même qu'elles devraient, d'après la législation étrangère, être considérées comme immobilières (9).

Art. 2. — *Évaluation des biens.*

159. — **Évaluation des biens mobiliers.** — La valeur de la propriété, de l'usufruit, et de la jouissance des biens meubles est déterminée, pour les transmissions qui s'opèrent par décès, par la déclaration estimative des parties, sans distinction des charges (10).

160. — S'il existe un inventaire dressé par un officier public, il doit, aux termes de l'article 27 de la loi du 22 frimaire an VII, et de l'article 3 de la loi du 21 juin 1875, être pris pour base de la déclaration estimative des héritiers.

161. — Quand les meubles corporels, dépendant d'une succession et estimés,

---

(1) Pontoise, 24 décembre 1878; Pau, 3 janvier 1878; Versailles, 17 décembre 1878 (art. 21345, 21977 et 22200, J. N.).
(2) Sol. rég., 31 mars 1882.
(3) Cass., 24 janvier 1860 (art. 16764, J. N.).
(4) Le Mans, 27 décembre 1850; Hazebrouck, 8 mai 1852.
(5) Cherbourg, 26 août 1884 (art. 23652, J. N.).

(6) Déc. min. fin., 30 juillet 1815; Dél. rég., 26 décembre 1826 (art. 7285, J. N.).
(7) Dél. rég., 16 juillet 1830 et 20 mai 1834 (art. 7285, J. N.).
(8) Loi du 18 mai 1850.
(9) Cass., 15 juillet 1885 (art. 23516).
(10) Loi du 22 frimaire an VII, art. 14, n° 8; Loi du 21 juin 1875, art. 3.

dans un inventaire authentique, ont été vendus aux enchères pour un prix supérieur à l'estimation de l'inventaire, c'est le prix net de la vente qui doit servir de base à la liquidation du droit de mutation par décès. — Pour le déterminer, il y a lieu de déduire, du produit brut de la vente, les frais légaux et même facultatifs, accessoires supportés par les héritiers vendeurs (1).

162. — En vertu de la loi du 18 mai 1850, l'évaluation des fonds d'Etats et de toutes les valeurs mobilières, émises en France ou en pays étrangers, se fait de la manière suivante :

Si ces valeurs sont cotées à la Bourse, le capital est déterminé par le cours moyen de la Bourse au jour du décès ou par les cours de la veille, si le décès a lieu un dimanche ou un jour de fête légale (2).

Dans le cas contraire, le capital est déterminé par la déclaration estimative des parties, sauf à la Régie à contester cette estimation.

163. — Lorsqu'une valeur cotée à la Bourse n'est pas libérée, on doit déduire du capital fixé par le cours moyen le montant des versements restant à effectuer.

164. — Les cours de la Bourse représentent non seulement le capital, mais aussi le prorata de revenus couru depuis la dernière échéance.

En conséquence, il n'y a pas lieu de se préoccuper de ces proratas de revenus, lorsqu'il s'agit de valeurs de communauté ou de succession.

Mais il faut ajouter à l'actif de communauté le prorata des revenus des valeurs propres à l'époux survivant (V. *infrà*, v° LIQUIDATION et PARTAGE).

165. — Disons à ce sujet que le prorata d'arrérages des rentes sur l'Etat français doit être calculé, non pas du jour où ces arrérages sont payables, mais du jour du détachement du coupon qui est antérieur de quinze jours à celui du paiement. — Exemple : un époux décède le 25 avril ; sa veuve exerce la reprise de rentes françaises 3 % (anciens fonds) dont les arrérages sont payables les 1er janvier, 1er avril, 1er juillet et 1er octobre de chaque année. — Les héritiers du mari devront faire figurer dans l'actif de communauté le prorata d'arrérages couru depuis le 15 mars, jour du détachement du coupon jusqu'au 25 avril suivant.

166. — Les actions immobilisées de la Banque de France sont assujetties au droit de mutation, comme les immeubles de ville, sur le capital formé de vingt fois le revenu qu'elles produisaient lors du décès, revenu qui est évalué par les parties, sauf le contrôle de l'Administration de l'enregistrement (3).

167. — La valeur des créances est déterminée par leur capital.

168. — Les rentes viagères, constituées à titre onéreux, doivent être fixées à dix fois la rente (4). Il en est de même des rentes viagères créées sans expression de capital (5).

169. — Les rentes perpétuelles sont déterminées par un capital formé de vingt fois la rente, lors même que le testament aurait fixé un capital supérieur pour le cas d'amortissement (6).

170. — Une rente ou pension léguée pendant un nombre déterminé d'années ne doit être capitalisée qu'au denier dix, si le nombre d'années est supérieur à dix, et par le nombre d'années, s'il est inférieur à dix (7).

171. — Si les rentes ou pensions sont stipulées payables en nature, leur évaluation est réglée par les mercuriales.

---

(1) Loi du 21 juin 1875, art. 3 ; Sol. rég., 24 décembre 1878 (art. 21198 et 22068, J. N.).

(2) Déc. min. fin., 27 août 1816 ; Inst. gén., n° 747.

(3) Sol., 12 janvier 1867.

(4) Dict. du not., n° 747 ; art. 21107, J. N. — *Contrà* : Lyon, 7 février 1878.

(5) Loi du 22 frimaire an VII, art. 14, n° 9.

(6) Loi du 22 frimaire an VII, art. 14, n° 9.

(7) Dél. rég., 16 avril 1823.

172. — L'usufruit des biens meubles transmis par décès s'évalue à la moitié de la valeur entière de l'objet (1).

173. — Lorsque la nue propriété d'une chose est léguée à une personne et l'usufruit à une autre, celui qui recueille la nue propriété doit acquitter le droit sur la valeur entière, et l'usufruitier sur la moitié de cette valeur ; de sorte que les droits sont perçus sur une fois et demie la valeur transmise (2). Il n'est dû alors aucun droit lors de la réunion de l'usufruit à la nue propriété, par suite de l'extinction de l'usufruit (3).

174. — Quand, avant l'extinction de l'usufruit légué ou donné, l'héritier de la nue propriété vient à décéder, le droit de mutation ouvert par ce décès doit être liquidé sur la moitié seulement de la valeur intégrale des biens meubles.

175. — **Évaluation des immeubles.** — Le droit de mutation par décès sur les immeubles doit être calculé sur le revenu brut multiplié par :

20 pour la propriété, et 10 pour l'usufruit, lorsqu'il s'agit d'immeubles urbains (4).

Et 25 pour la propriété et 12 ¹/₂ pour l'usufruit des immeubles ruraux (5).

176. — Par immeubles ruraux, on entend :

    a) Les prairies, les terres labourables, les vignobles et, en général, les immeubles affectés à la production des récoltes et fruits naturels ou artificiels (6).

    b) Les bois et forêts, les terres employées à la culture maraîchère dans les environs des villes, et les jardins qui sont exploités spécialement par le propriétaire ou un locataire comme productifs de fruits (7).

    c) Tout immeuble qui est *principalement* affecté à la production des récoltes agricoles, ou des fruits soit naturels, soit artificiels ; exemple : un corps de ferme composé d'une certaine quantité de pièces de terre et de bâtiments servant à la garde des récoltes, au logement des animaux d'exploitation et à l'habitation des gens employés à la culture (8), lors même que les bâtiments sont situés dans un village et ne sont pas attenants aux pièces de terre, si ces pièces quoique séparées et détachées, sont réunies en un corps de ferme à l'exploitation duquel les bâtiments son employés (9).

    d) Un domaine composé de prairies, de vignes et de terres labourables, avec une maison d'habitation et un jardin, bien qu'il soit situé dans l'enceinte de l'étendue d'une commune (10).

177. — Mais on ne doit pas considérer comme immeubles ruraux :

    a) Les immeubles principalement affectés à l'habitation ou à un usage industriel ou commercial, alors même qu'ils sont situés à la campagne et qu'il en dépend des jardins et parcs produisant des fruits, si ces dépendances ne sont qu'un accessoire pour l'ornement ou l'agrément de la propriété. En général, c'est la principale destination de l'immeuble qui doit servir à déterminer son caractère (11).

    b) La propriété composée de bâtiments d'habitation et d'exploitation à usage de cultivateur, située dans un village, lorsqu'il n'en dépend pas de pièces de terre dont l'ensemble réuni constitue un

---

(1) Seine, 15 juillet 1874 (art. 21344, J. N.).
(2) Cass., 11 septembre et 18 décembre 1811.
(3) Loi du 22 frimaire an VII, art. 7.
(4) Loi du 22 frimaire an VII, art. 15, n° 7.
(5) Loi du 21 juin 1875, art. 2 (art. 21198, J. N.).
(6) Art. 21332, J. N.).

(7) Art. 21332, J. N.).
(8) Art. 21332, J. N.
(9) Alençon, 17 décembre 1877 (art. 21941, J. N.).
(10) Avignon, 4 avril 1878 (22098 et 22130, J. N.).
(11) Art. 21332, J. N.

corps de ferme et si les bâtiments ne servent qu'à l'engrangement des récoltes provenant des terres tenues à bail (1).

c) Les maisons et bâtiments à usage de cultivateur, s'ils sont possédés isolément et s'ils ne sont pas spécialement affectés à l'exploitation de pièces de terre réunies en corps de ferme et en dépendant (2).

d) Et les moulins employés à la mouture de grains ne provenant pas exclusivement de la récolte du propriétaire ; les distilleries et sucreries servant à une exploitation industrielle ou commerciale et non à la production de récoltes (3).

178. — La réunion de l'usufruit à la nue propriété ne donne lieu à aucun droit, lorsque ce droit a été acquitté sur la valeur entière de la propriété.

Mais lorsque l'usufruitier, qui a acquitté le droit d'enregistrement pour son usufruit, acquiert la nue propriété, il doit payer le droit d'enregistrement sur sa valeur, sans qu'il y ait lieu d'y joindre celle de l'usufruit (4).

179. — Pour les immeubles comme pour les meubles, toute jouissance établie pour moins de dix années est capitalisée par le produit cumulé pendant les années de jouissance ; si elle excède dix années, elle ne peut être capitalisée qu'au denier dix.

180. — La nue propriété transmise par décès doit être évaluée à vingt ou vingt-cinq fois le produit des biens, quoiqu'elle soit grevée d'usufruit (5).

Mais, quand avant l'extinction de l'usufruit légué on donné à un tiers, l'héritier de la nue propriété vient à décéder, le droit de mutation ouvert par ce décès doit être liquidé sur la valeur seulement de la nue propriété, c'est-à-dire sur un capital de dix fois ou douze fois et demie le revenu des immeubles.

181. — Dans la déclaration, l'évaluation des immeubles doit être faite en revenu et non pas en capital, c'est-à-dire qu'il ne suffit pas de déclarer les immeubles pour un capital déterminé, mais qu'il est nécessaire de faire connaître le détail des revenus par l'énonciation des baux et locations, et de capitaliser ensuite ces revenus par vingt ou vint-cinq ou dix et douze et demi (6).

182. — Les immeubles dépendant d'une communauté entre époux et soumis au prélèvement des reprises du conjoint survivant, doivent être évalués d'après un capital formé de vingt ou vingt-cinq fois leur revenu et non d'après leur valeur vénale, pour la perception du droit de mutation ouvert par le décès de l'autre époux (7).

183. — Le bail courant à l'époque du décès est la seule base du revenu (8).

S'il a été fait à des prix différents pour les diverses périodes de sa durée, il faut établir la déclaration du revenu sur le prix moyen de toutes les années du bail (9) ; mais si le bail a été fait avec faculté pour chacune des parties de le faire cesser à l'expiration de chaque période, le droit se liquide sur ce prix convenu pour la période en cours du jour du décès (10).

184. — Le prix d'un bail se compose de tout ce que le fermier paye au propriétaire ou à sa décharge. Ainsi la contribution foncière, l'assurance, les fournitures, redevances et autres charges stipulées en faveur du propriétaire doivent être ajoutées au prix (11).

---

(1) Sol. rég., 6 avril 1878 (art. 22180, J. N.).
(2) Art. 21882, J. N.
(3) Art. 21882, J. N.
(4) Loi du 22 frimaire an VII, art. 15, n° 9.
(5) Cass., 13 floréal an IX, 29 juin 1809, 11 septembre et 28 décembre 1811 (art. 1626, J. N.).
(6) Cass., 19 décembre 1809, 14 mars 1814 ; Dél. rég., 19 germinal an XII, 19 novembre 1812, 28 juillet 1812 et 20 mars 1827 ; Sarlat, 19 juin 1848.
(7) Dict. du not., n° 768.
(8) Sol. rég., 16 septembre 1809 ; Déc. min. fin.,

18 germinal an XIII ; Cass., 7 germinal an XII, 18 février 1807, 5 avril 1808, 18 février 1809, 28 mars 1812, 18 août 1829 ; Inst. rég., 29 décembre 1829, n° 1303, § 8 ; Dél. rég., 31 octobre 1886 et Cass., 8 mars 1840 (art. 1019, 6927, 7063 et 10686, J. N.).
(9) Sol. rég., 16 septembre 1814 ; Seine, 18 juillet 1861 (art. 17249, J. N.).
(10) Le Havre, 17 avril 1886 ; Sol. rég., 9 mars 1888 (art. 24016, J. N.).
(11) Dél. rég., 18 avril 1828.

185. — Lorsque le prix du bail est payable en denrées, l'évaluation doit en être faite d'après les mercuriales des trois dernières années antérieures à celle de l'ouverture du droit (1).

186. — Quant à la mutation de la jouissance emphytéotique par le décès de l'emphytéote, il faut déterminer la valeur du domaine utile par le revenu de ce domaine, multiplié soit par vingt, si le bail a encore une durée de vingt ans au moins, soit par le nombre des années restant à courir, si la location ne doit pas durer encore vingt années. Dans le cas où les immeubles auraient le caractère d'immeubles ruraux, la loi du 21 juin 1875 serait applicable (2).

187. — La propriété dans les mains du bailleur emphytéotique est également soumise au droit de mutation par décès, mais ce droit pour le domaine direct ne doit pas être établi seulement sur le capital de la redevance annuelle, il faut ajouter à ce capital la valeur de l'expectative du domaine utile par le bailleur (3).

188. — Lorsque le droit de chasse sur un domaine est affermé par un bail courant au décès du propriétaire, le prix de ce bail doit être compris dans l'évaluation du revenu pour l'acquit des droits de mutation (4).

A défaut de bail courant, les parties peuvent évaluer le produit annuel, ainsi qu'elles le jugent convenable, sauf à la Régie à se pourvoir par la voie de l'expertise. Dans la pratique, lorsqu'il existe des locations verbales, on les prend pour base de la déclaration, bien qu'elles ne puissent pas être imposées à la Régie (5).

189. — Le sous bail consenti par le fermier et accepté par le propriétaire doit être pris pour base de l'évaluation de l'immeuble affermé (6).

190. — Les immeubles par destination existant dans un domaine ou dans une usine ne sont pas susceptibles d'une évaluation particulière, soit en capital, soit en revenus.

191. — Lorsqu'il existe un cheptel, si le croît est partagé annuellement entre le bailleur et le preneur, la valeur de moitié du croît doit être estimée et ajoutée au prix du bail.

192. — Pour les mines en exploitation, leur revenu doit être estimé et ajouté à celui du terrain. Celles qui ne sont pas exploitées sont considérées sans valeur, et le produit de la superficie est seul déclaré.

193. — Des règles particulières ont été tracées pour l'évaluation du revenu des bois.

A l'égard des bois affermés ou aménagés en coupes réglées, lorsque les baux ou ventes annuelles ne contiennent aucune réserve, la connaissance du revenu est donnée par les baux existants ou s'obtient en cumulant les produits de toutes les coupes exploitées pendant une révolution d'aménagement, et en divisant ce total, pour former un produit moyen, par le chiffre qui indique le nombre d'années de cette révolution (7).

194. — S'il s'agit d'un bois non affermé ni aménagé, il suffit pour établir le revenu annuel ou le produit moyen, de diviser le prix de la coupe des bois qui ont été exploités eu une seule fois par le nombre d'années pendant lesquelles a duré leur croissance; on fait la même opération pour l'élagage des saules, des peupliers et même pour la pêche des étangs ou pour tout autre objet susceptible de revenu, mais qui n'a point un produit annuel.

195. — En ce qui concerne les arbres réservés lors des exploitations, il faut distinguer. Si cette réserve n'est que partielle et si d'ailleurs la coupe exploitée comprend des arbres anciens provenant d'une révolution antérieure, il y a com-

---

(1) Cass., 9 mai 1826; Inst. gén., 30 septembre 1826, n° 1200, § 4.
(2) Seine, 28 janvier 1850.
(3) Cass., 17 novembre 1852 (art. 14829, J. N.).
(4) Cass., 7 avril 1868 (art. 19284, J. N.).
(5) Cass., 30 mars 1808, 2 juin 1847 et 19 no-

vembre 1850; Le Havre, 12 juillet 1849 (art. 13125, 13932 et 14224, J. N.).
(6) Bernay, 18 novembre 1889.
(7) Dél. rég., 31 juillet 1827; Inst. rég., 15 décembre 1827, n° 1229, § 2 (art. 6399, J. N.).

pensation dans le produit moyen et l'on n'a rien à ajouter pour cet objet au prix de la coupe, mais si ce prix ne porte que sur le taillis, on doit y ajouter, par une évaluation particulière, le produit présumé de la futaie réservée.

Il en est de même pour les arbres épars sur les terres. Si le fermier profite de l'élagage, de la récolte des fruits et des arbres morts à la charge de les remplacer, le revenu des arbres est, dans ce cas, compris dans le fermage. S'il y a réserve des arbres et de leur produit par le bail, il faut aussi une évaluation distincte.

Enfin il y a lieu d'ajouter, au produit des coupes principales dans les bois, celui des recépages, des éclaircies dans les taillis ou dans les futaies, des arbres exploités en jardinant, des chablis et autres produits accessoires, même celui de la chasse, lorsqu'elle est affermée.

Art. 3. — Charges.

196. — Nous avons vu, sous l'article qui précède, qu'en vertu des dispositions des articles 14 et 15 de la loi du 22 frimaire an VII, les droits de mutation par décès doivent être liquidés et payés d'après l'évaluation des biens meubles et immeubles *sans distraction des charges*.

Cette disposition s'applique à toute succession même bénéficiaire ou vacante(1).

197. — Par charges il faut entendre, d'une manière générale, tout le passif de la succession, peu importe que celle-ci soit dévolue à des héritiers ou à des légataires, soit universels soit à titre universel (2).

198. — On doit donc considérer comme charges, notamment :

a) La rente foncière qui grève un immeuble (3).

b) La somme restant due sur un prix d'acquisition (4).

c) Les sommes destinées à acquitter les dettes échues avant le décès et déduites lors du partage de l'actif de succession comme en formant le passif (5).

a) Celles dues à l'héritier par le défunt (6).

e) Le montant des droits de mutation par décès; ils sont une charge personnelle des héritiers ou légataires.

f) La dot constituée en immeubles propres à l'époux survivant, et stipulée imputable sur la succession du premier mourant des père et mère (7).

g) Les dettes qui grèvent la communauté (8). Il en est ainsi lors même que, par une liquidation antérieure à la déclaration, la part de l'époux prédécédé dans la communauté a été abandonnée à l'époux survivant, à la charge par lui de payer tout le passif (9).

h) Les reprises de la femme mariée sous le régime de la communauté, lorsqu'elle ou ses héritiers ont renoncé à la communauté (10).

i) Les reprises de la femme survivante mariée avec exclusion de communauté, puisqu'elles ne peuvent être distraites de l'actif de la succession du mari.

j) Celles de la femme mariée sous le régime de la communauté, quand cette communauté ne présente aucun bénéfice. Si l'actif de cette communauté permet seulement l'imputation d'une partie des reprises, le surplus est considéré comme charge.

Il est admis, toutefois, que dans tous les cas où le mari se

(1) Cass., 18 nivôse an XII ; Dél. rég., 22 juin 1880.
(2) Seine, 19 août 1856.
(3) Cass ; 19 prairial an XI.
(4) Déc. min. fin., 8 frimaire an IX.
(5) Rouen, 10 mars 1856.
(6) Dél. rég., 6 février 1829.

(7) Montargis, 22 décembre 1847 ; Seine, 23 juillet 1856 et 4 mars 1881 (art. 13889 et 22689, J. N).
(8) Dél. rég., 11 septembre 1829.
(9) Langres, 23 décembre 1842.
(10) Cass., 11 août 1830 et 24 novembre 1860 (art. 17008 J. N.); Inst. gén., 1847, § 5.

trouve débiteur des reprises de sa femme, la dot mobilière de celle-ci peut être considérée comme reprise en nature, quand il existe dans la succession du mari du numéraire ou des valeurs au porteur en tenant lieu (Seine, 18 juin 1880; Sol. Rég., 27 février 1882).

k) Et le forfait de communauté autorisé par les articles 1520 et 1522 du Code civil (Cass., 17 janvier 1854; Soissons, 18 décembre 1869 (*J. du not.*, 1890, p. 732).

199. — Mais on doit opérer la déduction :

a) Des valeurs mobilières que le survivant de deux époux communs en biens a reçues du chef de son conjoint décédé sans avoir rendu un compte de tutelle à ses enfants (1).

b) Des sommes données par actes entre-vifs et non payées au décès du donateur (2).

c) Des dettes et charges d'une société; car après le décès d'un associé, ses héritiers doivent payer les droits de mutation, non sur sa part dans l'actif brut de la société, mais seulement sur l'émolument qu'ils recueillent (3).

d) Des biens sujets au retour conventionnel, même lorsqu'il ne se retrouvent pas en nature (4).

e) Des reprises des deux époux mariés sous le régime de la communauté, quand la communauté est acceptée par la femme ou ses héritiers, et quand elle présente un actif suffisant pour opérer cette déduction.

f) Des objets légués à titre particulier et se trouvant en nature dans la succession (5).

g) Du legs fait à un exécuteur testamentaire pour l'indemniser de ses peines et soins (6).

h) Et des legs de sommes d'argent non existantes dans la succession, ainsi que des legs de pensions et rentes viagères.

Dans ces trois derniers cas, les droits de mutation sont acquittés par les légataires particuliers, d'après leur degré de parenté avec le testateur (7).

200. — Lorsqu'un testament porte qu'il sera prélevé sur la succession une somme déterminée qui sera employée en œuvres de bienfaisance, selon les vues et l'intention du légataire universel, celui-ci doit, lors du décès du testateur, acquitter le droit sur l'intégralité des valeurs héréditaires, et l'acte de transmission aux établissements choisis par le légataire universel donne lieu à un nouveau droit de mutation entre-vifs à titre gratuit (8).

201. — Quand le légataire d'un immeuble a été chargé d'acquitter un legs en argent, les droits de mutation par décès doivent être liquidés d'après le degré de parenté de chacun des légataires avec le testateur, savoir : pour le legs en argent, sur la somme léguée et, pour le legs immobilier, sur la différence entre cette même somme et la valeur de l'immeuble (9).

202. — Lorsque le légataire d'un usufruit universel est chargé, pendant sa vie, du service des rentes viagères léguées à titre particulier, le capital de ces rentes doit, pour l'acquit des droits de mutation par décès, être imputé sur l'actif entier

---

(1) Dél. rég., 17 décembre 1833.
(2) Cass., 30 juillet 1862; Inst. rég., 15 novembre 1862, n° 2234, § 1ᵉʳ; Avranches, 30 juillet 1876; Nyons, 24 décembre 1875; Apt, 8 mai 1876 (art. 17504, 17601, 20353, 21546 et 21586, J. N.).
(3) Dict. du not., n° 819.
(4) Sol. rég., 19 septembre 1888 (art. 23171, J. N.).
(5) Déc. min. fin., 17 février 1807 ; Inst. rég.,

22 février 1808, n° 366, § 91 ; 26 août 1833, n° 1432 (art. 9432, sect. 2, J. N.).
(6) Dél. rég., 24 décembre 1830.
(7) Cass., 27 mai 1807, 12 avril et 8 septembre 1808; Avis du Conseil d'Etat, 2 septembre 1808, approuvé le 10 du même mois.
(8) Cass., 6 juillet 1874 (art. 20096, J. N.).
(9) Cass., 30 mars 1858 (art. 15902 et 16273, J. N.).

de la succession, s'il résulte des termes du testament que le défunt a eu l'intention de grever du legs sa succession tout entière et non pas seulement le legs d'usufruit (1). Mais si le légataire de l'usufruit universel doit conserver la jouissance d'une somme léguée à titre particulier, cette somme ne saurait être déduite des valeurs de la succession, pour la liquidation du droit dû par l'usufruitier (2).

203. — Le legs particulier payable à la majorité ou à l'époque du mariage du légataire, sans intérêts jusqu'à cette époque, est soumis à une condition suspensive dont l'accomplissement rend seul le droit de mutation par décès exigible; et si le légataire qui en est chargé vient à décéder avant cette réalisation, ses propres héritiers doivent le droit de mutation par décès sur la totalité des biens de sa succession, sans déduction de la somme ainsi léguée (3).

204. — Les sommes d'argent léguées à titre particulier, payables sans intérêt après le décès du légataire universel ou même payables avant cette époque, mais non payées lors du décès du légataire universel, doivent être distraites des valeurs de la succession de celui-ci pour la liquidation du droit de mutation ouvert par ce décès (4).

Mais si ces legs particuliers sont supérieurs à la valeur imposable des biens recueillis par le légataire universel dans la succession du testateur, la déduction sur sa propre succession ne peut être admise que dans la limite de cette valeur et jusqu'à due concurrence (5).

205. — Lorsqu'une femme donataire ou légataire en usufruit des biens de la succession de son mari s'est rendue adjudicataire d'un immeuble dépendant de cette succession et que, par l'acte de liquidation, une partie du prix d'adjudication lui a été attribuée pour son usufruit, cette somme, dont la nue-propriété est demeurée aux héritiers du mari, doit, lors du décès de la veuve et dans la déclaration de succession, être distraite de l'actif pour le paiement des droits dus par ses héritiers.

206. — En règle générale, lorsqu'une personne qui avait l'usufruit de valeurs mobilières et de créances vient à décéder, il y a lieu de déduire le montant de ces valeurs et créances de l'actif de sa succession, pour la liquidation et le calcul des droits dus par ses propres héritiers, alors même qu'elles ne se trouveraient pas en nature parmi les biens délaissés par cet usufruitier (6).

207. — Dans le cas où les legs particuliers de sommes d'argent sont supérieurs à la valeur des biens meubles et immeubles de la succession, la Régie ne peut percevoir les droits de mutation par décès que sur cette valeur, suivant le degré de parenté du légataire particulier avec l'auteur de la succession, même dans le cas où les legs particuliers auraient été délivrés intégralement (7).

§ 5. Bureaux où la déclaration doit être faite.

208. — Les mutations par décès de propriété ou d'usufruit de biens immeubles sont enregistrées aux bureaux de la situation des biens (8).

209. — Les valeurs immobilières, telles que les actions immobilisées de la Banque de France, doivent être déclarées au bureau de l'arrondissement dans lequel se trouve le siège de l'administration.

210. — Quant aux meubles, il faut faire une distinction, selon qu'ils ont ou non une assiette déterminée. — Les premiers, c'est-à-dire les objets mobiliers, le

---

(1) Toulon, 19 février 1867; Cholet, 19 novembre 1873; Cass., 19 novembre 1878; Cass., 19 mars 1866 et 28 novembre 1882.
(2) Chambéry; 13 mars 1877; Cass., 13 février 1878.
(3) Seine, 26 mars 1886 (art. 28780, J. N.).
(4) Seine, 16 février 1861; Cass., 27 juin 1862; Inst. rég., 15 novembre 1862, n° 2284, § 1er; Cass.,

29 nov. 1865 (art. 17053, 17472, 17601, 18410, J. N.).
(5) Mirande, 12 juillet 1882 (art. 22990, J. N.).
(6) Bourg, 3 avril 1865; Nevers, 22 janvier 1873. — *Contra* : Seine, 18 janvier 1880.
(7) Cass., 7 juillet 1856; Inst. Rég., 15 novembre 1862, n° 2284, § 2 (art. 15842 et 17590, J. N.).
(8) Loi du 22 frimaire an VII, art. 27.

numéraire, les coupes de bois, en un mot tous les objets *corporels* doivent être déclarés au bureau dans l'arrondissement duquel ils se sont trouvés au décès de l'auteur de la succession (1). — Les autres, c'est-à-dire les meubles *incorporels*, comme les créances, les valeurs mobilières et les billets de la Banque de France, etc., doivent être déclarés au bureau du domicile de la personne décédée (2). Toutefois, les valeurs de cette nature doivent être déclarées au bureau du domicile des débiteurs, lorsque le créancier est décédé en pays étranger ou dans les colonies françaises, qu'il soit étranger ou français, domicilié dans ces colonies (3). Si elles dépendent de la succession d'un mineur ou d'un interdit, il faut les déclarer au bureau du domicile du tuteur ou du curateur (4).

210 bis. — La perception du droit de mutation, exigible d'après les lois des 28 décembre 1880 et 29 décembre 1884, à raison des accroissements qui se produisent par décès dans les congrégations religieuses, doit s'opérer sur une déclaration unique faite au bureau d'enregistrement du siège social de la congrégation; malgré les décès successifs de ses membres, il ne se produit en réalité aucune mutation de biens; la part qui est censée transmise, n'étant qu'une part d'intérêt dans une société, n'a dès lors aucune assiette déterminée (Cass., 13 janvier 1892).

211. — On doit déclarer, au bureau dans l'arrondissement duquel le défunt avait son domicile, les legs de sommes d'argent n'existant pas en nature dans la succession; mais si, à défaut de valeurs suffisantes au bureau du domicile pour le prélèvement de ces legs, les droits ont été acquittés à un autre bureau, la perception est considérée comme régulière par la Régie (5).

212. — Les droits de mutation, résultant de legs de créances hypothécaires sur des biens situés hors du territoire français, doivent être acquittés au bureau du domicile du testateur (6).

213. — Toute déclaration faite à un bureau autre que celui qui est déterminé par les règles que nous venons de rappeler, doit, sous la restriction que nous venons de faire, être considérée comme non avenue, sauf restitution aux parties des droits qu'elles auraient payés par erreur, et la Régie est fondée à exiger d'elles une déclaration régulière au bureau compétent, ainsi que le paiement des droits (7).

§ 6. DÉLAIS POUR FAIRE LA DÉCLARATION. PEINES EN CAS DE RETARD.

214. — **Délais.** — Les délais pour l'enregistrement des déclarations que les héritiers, donataires ou légataires ont à faire, sont : de *six mois*, si celui dont on recueille la succession est décédé en France; de *huit mois*, s'il est décédé dans toute autre partie de l'Europe; *d'une année*, s'il est décédé en Amérique; et de *deux années*, si c'est en Afrique ou en Asie; — le tout à partir du jour du décès (8).

215. — Dans ces délais, le jour de l'ouverture de la succession n'est pas compté. Si le dernier jour du délai se trouve être un dimanche ou un jour de fête légale, le délai est prorogé jusqu'au lendemain. Exemple : une personne décède en France le 25 mars, le délai pour la déclaration de sa succession court jusqu'au 25 septembre inclusivement; et si le 25 septembre est un dimanche ou un jour de fête légale, le délai est prorogé jusqu'au 26 inclusivement.

216. — Le défaut d'acceptation d'une succession ou de délivrance d'un legs

---

(1) Loi du 22 frimaire an VII, art. 27; Dél. rég., 6 septembre 1810.
(2) Sol. rég., 5 mars 1811, 8 avril 1864; Dél. rég., 15 nivôse an VIII.
(3) Inst. rég., 3 fructidor an XIII, n° 290, § 36.
(4) Déc. min. fin., 4 septembre 1810.
(5) Dél. rég., 17 septembre 1828. — Et la connaissance des contestations relatives à la perception des

droits de mutation appartient au tribunal dans le ressort duquel se trouve le bureau où la perception a été faite. Cass., 12 août 1890 (*J. du not.*, 1891, p. 845).
(6) Cass., 21 décembre 1813; Inst. rég., 29 juin 1825, n° 1166, § 7.
(7) Déc. min. fin., 28 septembre 1841; Inst. rég., 4 novembre 1841, n° 1649.
(8) Loi du 22 frimaire an VII, art. 24.

ne dispense pas l'héritier ou le légataire de passer déclaration et d'acquitter les droits de mutation par décès dans le délai légal (1).

217. — Mais le fait par l'héritier de payer les droits de mutation par décès n'emporte pas acceptation tacite de la succession, alors même que, dans la quittance, le receveur lui attribue la qualité d'héritier (2).

218. — Lorsque les héritiers, donataires, ou légataires renoncent à la succession, aux donations ou legs, ils sont dispensés d'en passer déclaration.

219. — En aucun cas, les tribunaux ne peuvent proroger le délai (3).

Le Ministre des finances a seul ce pouvoir; il en use fréquemment, lorsque l'importance des droits ou l'état obéré ou embarrassé de la succession, sont de nature à justifier cette mesure exceptionnelle.

220. — Lorsqu'il est nécessaire d'obtenir une prorogation de délai pour le paiement des droits, il faut établir sur timbre de dimension (une feuille de 0 fr. 60 suffit généralement) une demande adressée au Ministre des finances et contenant l'exposé des motifs qui nécessitent cette démarche.

Cette demande signée par l'héritier, ou le légataire universel ou même par le notaire chargé de liquider la succession, doit être remise avec le projet de la déclaration de la succession au receveur du bureau où cette déclaration doit être faite. Celui-ci dresse alors un rapport favorable ou non, selon le cas, et soumet le tout au directeur départemental qui, après avoir également émis son avis, adresse le dossier au directeur général de l'enregistrement à Paris.

La réponse suit le même chemin en sens inverse.

Si nous entrons dans ces détails c'est dans le but d'éviter une perte de temps aux parties intéressées; car, souvent, celles-ci adressent directement leurs demandes au Ministre des finances, qui est obligé de faire parvenir le dossier au receveur par la voie hiérarchique que nous venons d'indiquer, pour qu'il soit procédé à une enquête régulière.

221. — Le délai pour la déclaration d'un legs fait sous une condition suspensive ou éventuelle commence à courir du jour où la condition s'accomplit (4).

Mais on ne doit pas considérer comme éventuel le legs particulier d'une somme d'argent payable au décès du légataire universel (5).

222. — Les donations éventuelles faites, soit aux futurs époux par leur contrat de mariage, soit entre époux par contrat de mariage ou durant le mariage, doivent être déclarées dans les six mois du décès du donateur.

223. — Les héritiers de la nue propriété doivent payer le droit de mutation par décès sur la valeur entière des biens, dans le délai légal, sans attendre le moment de la réunion de l'usufruit (6).

Mais, quand un usufruit a été légué à plusieurs personnes pour en jouir successivement, ou qu'il porte sur des biens dont l'auteur de la succession n'avait que la nue propriété au jour de son décès, le délai pour la déclaration ne court que du jour du décès du précédent usufruitier (7).

224. — Le délai pour la déclaration des legs faits au profit des communes et des établissements publics ne court que du jour où ceux-ci ont été autorisés par le gouvernement à accepter ces legs (8). Mais si la Régie l'exige, l'héritier ou le léga-

(1) Cass., 16 janvier 1811, 4 février 1812, 10 mars 1829; Déc. min. fin., 21 octobre 1829; Inst. rég., 27 mars 1830, n° 1307, § 9; Blois, 5 décembre 1848; Seine, 15 mars 1888, 22 février 1849 et 8 août 1850; Montpellier, 20 mai 1861 (art. 7132, 13664, 13768 et 17195, J. N.).

(2) Cass., 1er février 1843 et 7 juillet 1846; Poitiers, 31 mai 1887.

(3) Cass., 4 février 1807; Seine, 22 février 1849; Angoulême, 22 février 1850 (art. 13664, J. N.).

(4) Déc. min. fin., 22 avril 1806; Château-Gontier,

27 août 1842; Nîmes, 30 août 1859; Cass., 18 avril 1888 (art. 16759 et 23018, J. N.).

(5) Confolens, 26 juillet 1838; Dél. rég., 26 novembre 1838 (art. 8416, J. N.); Inst. rég., 2 avril 1834, n° 1451, § 4.

(6) Cass., 20 frimaire an XIV et 9 juin 1823.

(7) Cass., 30 décembre 1834 (art. 11125, J. N.); Inst. rég., 21 avril 1835, n° 1481, § 9.

(8) Valence, 29 mai 1873 (art. 15902, 19868 et 20988, J. N.).

taire universel est tenu, tant que l'autorisation n'a pas été accordée, d'acquitter le droit de mutation, à son taux, sur les biens compris dans le legs, sauf imputation ultérieure de ce droit sur celui qui pourra être dû par l'établissement public, après son acceptation (1).

225. — Lorsque la succession d'un époux est recueillie par son conjoint survivant, dans le cas prévu par l'article 767 du Code civil, le délai de six mois pour faire la déclaration ne court que de la date du jugement d'envoi en possession (2). Cette règle est applicable au cas où l'enfant naturel recueille une succession à défaut de successible.

226. — Lorsque la succession a été appréhendée par l'Etat, à titre de successeur irrégulier, le délai pour la déclaration à faire par l'héritier qui s'est fait reconnaître, ne court que du jour où il a été autorisé à prendre possession des biens (3).

227. — Le délai pour la déclaration court pour l'héritier bénéficiaire, comme pour l'héritier pur et simple, du jour de l'ouverture de la succession (4).

Il en est de même de la succession ouverte au profit d'un enfant à naître, sauf restitution des droits perçus, s'il ne naît pas viable (5).

Dans le cas où l'enfant conçu au moment du décès, ne naît pas viable, le délai pour les nouveaux héritiers court à partir de l'accouchement de la mère qui a fait reconnaître la non viabilité (6).

228. — C'est le délai ordinaire, c'est-à-dire celui qui court du jour du décès, qui est applicable au cas où un donateur reprend les biens donnés, par l'effet du retour légal.

229. — La déclaration de biens situés en France et dépendant de la succession d'un étranger, doit être faite dans le délai prescrit par l'article 24 de la loi du 22 frimaire an VII (7).

230. — Lorsqu'avant les derniers six mois des délais fixés pour la déclaration des successions de personnes décédées hors de France, les héritiers prennent possession des biens, il ne reste d'autre délai à courir que celui de six mois à compter du jour de la prise de possession (8). Une procuration donnée par les héritiers pour recueillir une succession de cette espèce équivaut à prise de possession et le délai de six mois court à compter de la date de cette procuration (9).

231. — D'après la loi du 28 avril 1816, les héritiers, légataires, et tous autres, appelés à exercer les droits subordonnés au décès d'une personne dont l'absence est déclarée, sont tenus de faire, dans les six mois du jour de l'envoi en possession provisoire, la déclaration à laquelle ils seraient tenus, s'ils étaient appelés par l'effet de la mort, et d'acquitter les droits sur la valeur entière des biens ou droits qu'ils recueillent.

232. — Pour les successions vacantes, le délai ne court que du jour de la nomination des curateurs, lorsqu'elle a eu lieu après l'expiration du délai légal (10).

233. — Le délai pour la déclaration d'une somme qui avait été cachée par le décédé, court du jour où cette somme a été trouvée (11).

234. — **Peines en cas de retard.** — Les héritiers, donataires ou légataires qui n'ont pas fait, dans les délais prescrits, les déclarations des biens à eux transmis par décès, doivent payer à titre d'amende un *demi droit* en sus de celui dû pour la mutation (12).

---

(1) Charolles, 2 février 1888 (art. 24536, J. N.).
(2) Dél. rég., 13 octobre 1829 (art. 6097, J. N.).
(3) Déc. min. fin., 8 frimaire an IX.
(4) Inst. rég., 8 fructidor an XIII, n° 290, § 82.
(5) Déc. min. fin. et just., 9 octobre 1810 (art. 1458, J. N.).
(6) Dél. rég., 7 août 1823

(7) Déc. min. fin., 26 mai 1858 ; Inst. rég., 13 juin 1884, n° 2003, § 2 (art. 15308, J. N.).
(8) Loi du 22 frimaire an VII, art. 24.
(9) Déc. min. fin., 18 août 1814.
(10) Inst. rég., 25 juin 1878, n° 2598, § 22.
(11) Dél. rég., 1er juillet 1813.
(12) Loi du 22 frimaire an VII, art. 39.

235. — Cette sanction concerne aussi bien l'héritier bénéficiaire que l'héritier pur et simple (1).

236. — Les tuteurs et curateurs doivent supporter personnellement le demi droit en sus, lorsqu'ils ont négligé de passer déclaration, dans le délai, des biens échus à leurs pupilles (2). Mais il n'en est pas de même du père administrateur légal des biens de ses enfants (3) ; ni du mari commun en biens, en ce qui concerne les successions échues à sa femme (4).

237. — Les versements partiels n'empêchent pas l'application de la peine du demi droit en sus sur le complément à payer (5).

238. — L'héritier ou le légataire qui se présente pour faire sa déclaration le dernier jour du délai, après l'heure fixée pour la fermeture du bureau de l'enregistrement, ne peut obliger le receveur à l'accepter et encourt la peine du demi-droit en sus pour défaut de déclaration dans ce délai (6).

239. — Le demi-droit en sus est encouru pour défaut de déclaration, dans le délai légal, des biens situés en France dépendant d'une succession ouverte en pays étranger.

240. — La peine du demi droit en sus pour défaut de déclaration dans les délais prescrits est personnelle. Son extinction n'a lieu que par l'effet du décès de l'héritier unique du défunt, ou de tous les héritiers ; le décès de l'un des cohéritiers seulement laisse subsister la peine en son entier pour les autres, par suite de la solidarité établie par l'article 32 de la loi du 22 frimaire an VII (7). Cette solution, fondée sur le principe de la solidarité, est, toutefois, très contestable, parce que la pénalité, à la charge du cohéritier décédé, s'éteint forcément par son décès.

§ 7. TARIF. LIQUIDATION ET PAIEMENT DES DROITS

241. — Tarif. — La quotité des droits de mutation par décès a été établie par la loi du 22 frimaire an VII, puis modifiée par celles du 28 avril 1816, du 21 avril 1832, et enfin du 18 mai 1850.

242. — D'après le tarif résultant de ces diverses lois, les mutations par décès, sans distinction entre les biens meubles et les immeubles, sont actuellement soumises aux droits ci-après :

En ligne directe : un franc pour cent francs.

Entre époux : trois francs pour cent francs.

Entre frères et sœurs, oncles et tantes, neveux et nièces : six francs cinquante centimes pour cent francs.

Entre grands oncles et grand'tantes, petits neveux et petites nièces, cousins germains : sept francs pour cent francs.

Entre parents au delà du quatrième degré : huit francs pour cent francs.

Et entre personnes non parentes : neuf francs pour cent francs.

Ces droits sont actuellement augmentés de *deux décimes et demi*, ainsi que nous l'avons expliqué dans le paragraphe premier.

243. — L'erreur commise dans l'indication du degré de parenté des héritiers donne lieu à un supplément de droits simples seulement, sans addition de demi-droit en sus (8).

---

(1) Cass., 29 germinal an XI, 15 nivôse an XII, 21 avril et 28 octobre 1806, et 1ᵉʳ février 1880 ; Inst. rég., 8 juin 1830, n° 1820, § 5 (art. 7080, J. N.).

(2) Bordeaux, 10 février 1827 (art. 16137, J. N.).

(3) Bellac, 4 août 1881 (art. 22745, J. N.). — Contrà : Pithiviers, 8 janvier 1878 (art. 21962, J. N.).

(4) Cass., 10 novembre 1874 (art. 21094, J. N.).

(5) Dél. rég., 25 septembre 1881 ; Déc. min. fin., 11 octobre 1881.

(6) Gien, 11 novembre 1840.

(7) Déc. min. fin., 15 juillet 1806 ; Sol. rég., 16 janvier 1868 (art. 19878, J. N.).

(8) Le Puy, 31 août 1871.

Lorsque l'époux survivant est appelé à la succession à défaut de parents au degré successible, il est considéré, quant à la quotité des droits, comme personne non parente (1).

244. — Mais s'il succède à son conjoint, en qualité de parent au degré successible, les droits sont dûs au taux déterminé par son degré de parenté (2).

244 bis. — L'époux survivant qui recueille l'usufruit à lui concédé par la nouvelle loi du 9 mars 1891, n'est assujetti qu'au droit de 3 francs pour 100 francs (Inst. rég., 6 juin 1891 (*J. du not.*, 1891, p. 543).

245. — Lorsqu'une veuve, donataire en usufruit de tous les biens de son mari, recueille la nue-propriété à défaut d'héritier au degré successible, en vertu de l'article 747 du Code civil, le droit de mutation par décès est dû, savoir : sur l'usufruit au taux de mutation entre époux ; et sur la nue-propriété, au taux de mutation entre personnes non parentes (3).

246. — Quand le legs d'un usufruit ou d'une rente viagère a été fait à plusieurs personnes pour en jouir successivement, le droit de mutation exigible au décès du premier légataire, doit être perçu d'après le degré de parenté du deuxième légataire avec le testateur (4), et d'après les quotités déterminées par la loi en vigueur au décès du testateur (5). Cette règle a son importance à raison de l'existence des deux décimes et demi.

247. — Les alliés sont considérés comme personnes non parentes (6).

248. — L'enfant adoptif, étant assimilé à un enfant légitime, doit acquitter les droits en ligne directe, lors même que l'adoption a eu lieu par testament et que l'adoptant est décédé avant la majorité de l'adopté (7).

249. — L'enfant posthume, né avant le cent quatre-vingtième jour de sa conception et mort peu d'instants après sa naissance, n'est pas présumé viable. Mais il n'en est pas de même s'il est né après le cent quatre-vingtième jour ; dans ce cas il a pu succéder et transmettre, et le droit est dû par suite de son décès (8).

250. — Le retour légal donne ouverture au droit de mutation en ligne directe (9).

251. — En cas de substitution, lorsque l'appelé vient à recueillir les biens, la quotité du droit de mutation par décès est déterminé par son degré de parenté avec le grevé et non avec l'auteur de la substitution (10).

252. — En règle générale, la mutation qui s'effectue au profit des enfants naturels ou de leurs descendants légitimes, par le décès de leur père et mère, ne donne ouverture qu'au droit établi pour la succession en ligne directe. C'est l'application des dispositions de la loi du 22 frimaire an VIII qui tarifent aux mêmes droits toutes les successions en ligne directe, sans distinction de la succession légitime et de la succession naturelle (11). Mais il a été dérogé à cette règle par l'article 53 de la loi du 28 avril 1816 pour le cas où les enfants naturels sont appelés à la succession à défaut de parents au degré successible ; ils sont alors considérés comme non parents. Cette disposition additionnelle a donné lieu aux décisions suivantes :

a) L'enfant naturel reconnu qui recueille, en vertu d'un testament, une portion de la succession de sa mère, plus forte que celle qui lui est attribuée par l'article 757 du Code civil, ne doit pas acquitter

---

(1) Loi du 28 avril 1816, art. 53.
(2) Dél. rég., 30 mai 1806.
(3) Dél. rég., 28 avril 1848 (art. 11618, J. N.).
(4) Le Havre, 25 juillet 1832 ; Inst. rég., 23 mars 1833, n° 1422, § 8.
(5) Dict. du not., n° 849.
(6) Cass., 22 décembre 1829 ; Inst. rég., 27 mars 1830, n° 1307, § 6 (art. 7126, J. N.).
(7) Dict. du not., n°⁵ 853 et 854 ; Marseille, 31 août

1877 et Cass., 1ʳ août 1878 (art. 21988 et 21965, J. N.).
(8) Dél. rég., 24 novembre 1829 ; Inst. rég., 27 mars 1830, n° 1307, § 10 et Dél. rég., 7 janvier 1831, (art. 7037 et 7354, J. N.).
(9) Dict. du not., n° 857.
(10) Dict. du not., n° 861.
(11) Déc. min. fin., 7 messidor an XII ; Inst. rég., 29 messidor an XII, n° 289, 29 juin 1808, n° 36 ; Dél. rég., 17 juin 1834 (art. 8600 J. N.).

le droit de mutation par décès au taux déterminé pour les successions entre personnes non parentes (1).

b) L'enfant naturel appelé à recueillir la totalité des biens de la succession de son père ou de sa mère à défaut de parents au degré successible doit acquitter le droit de mutation par décès au taux déterminé pour les mutations entre personnes non parentes, sur la totalité de la sucession (2).

c) Lorsqu'un enfant naturel décède laissant comme ayant droit à toute la succession, à défaut de parent au degré successible, des enfants naturels reconnus, le droit de mutation est dû par eux sur la totalité des biens de sa succession au taux réglé pour les transmissions entre personnes non parentes, par application de l'article 53 de la loi du 28 avril 1816 (3).

d) L'enfant naturel appelé à la succession de son père, en vertu de l'article 758 du Code civil, à défaut de parents au degré successible, doit acquitter le droit de mutation par décès entre personnes non parentes lors même que par l'effet de dispositions entre-vifs ou testamentaires faites au profit d'autres personnes il ne recueille que la moitié de la succession (4).

e) Lorsqu'une mère laissant deux enfants naturels et une sœur légitime a institué pour légataire universel un étranger, les enfants naturels n'ont droit pour leur réserve qu'à un tiers de la succession et le légataire universel doit acquitter le droit de mutation par décès sur les deux autres tiers (5).

f) Quand, par testament, une mère a légué à sa fille naturelle reconnue l'usufruit de tous ses biens et la propriété au fils légitime de cette dernière, les droits de mutation par décès ne sont dus par l'un et l'autre légataire qu'au taux déterminé pour la ligne directe (6).

g) L'enfant naturel qui recueille la succession de sa mère, enfant naturelle elle-même, décédée laissant sa mère et des frères ou sœurs illégitimes, doit acquitter le droit de mutation par décès au taux fixé pour les personnes non parentes (7).

h) Si la succession d'un enfant naturel est dévolue en vertu de l'article 766 du Code civil, à ses frères et sœurs, soit légitimes soit naturels, le droit de mutation par décès exigible ne doit être calculé qu'aux taux de 6 fr. 50 °/₀, car la loi les qualifie expressément de frères et sœurs (art. 162 et 766 du Code civil), et la loi fiscale ne fait aucune distinction entre la parenté légitime et la parenté naturelle pour le paiement des droits (8).

i) D'après les mêmes motifs, il y aurait lieu de décider que lorsqu'un fils légitime a institué pour légataire universel son frère naturel reconnu, le droit de mutation par décès dû par ce dernier doit être perçu à 6 fr. 50 °/₀ (9).

253. — Lorsque la succession est vacante, et dans tous les cas où les créan-

(1) Dél. rég., novembre 1845 ; Cass., 5 avril 1852 ; Melun, 27 août 1852 (art. 14629 et 14759, J. N.).— Contra : Dél. rég., 18 juillet 1856 ; Meaux, 7 mars 1838 ; Seine, 27 mars 1844 ; Lyon, 19 février 1845 ; Seine, 10 janvier 1850 ; Versailles, 17 janvier 1850 ; (art. 9971, 12315, 12565 et 14009, J. N.).

(2) Lyon, 19 février 1845 ; Cass., 11 avril 1847 (art. 12315 et 13006, J. N.). — Contra : Dict. du not., n° 878.

(3) Seine, 1ᵉʳ février 1884 (art. 23299, J. N.).

(4) Seine, 22 mars 1848 (art. 18954, J. N.). — Contra : Dict. du not., n° 874.

(5) Seine, 20 avril 1360 (art. 16842, J. N.).

(6) Inst. rég., 31 décembre 1847, n° 1796, § 15 (art. 13324, J. N.).

(7) Seine, 12 juin 1850 ; Guéret, 17 octobre 1851 (art. 15178 et 14518, J. N.).

(8) Art. 19075, J. N.). — Contra : Montluçon, 27 janvier 1888 (art. 24285, J. N.).

(9) Art. 19482, J. N.).

ciers acceptent la succession aux lieu et place de leur débiteur, la quotité des droits de mutation est déterminée par le degré de parenté de l'héritier qui ne se présente pas ou qui a renoncé, avec l'auteur de la succession (1).

254. — La déclaration du degré de parenté, faite par l'héritier ou le légataire, doit servir de base à l'application du droit, sauf à la Régie à prouver l'erreur de cette déclaration.

255. — Liquidation des droits. — Nous avons vu, sous les paragraphes qui précèdent, que la déclaration de la succession est l'œuvre des parties quant aux biens qu'elle doit comprendre et à l'évaluation de ces biens, et que le receveur doit l'accepter comme elle lui est présentée.

Mais la liquidation des droits sur la déclaration appartient exclusivement au receveur (2).

256. — Les droits de mutation par décès sont liquidés et perçus de 20 francs en 20 francs, sans fraction ; ainsi le droit sur 20 fr. 05 est le même que sur 40 fr.

Le minimum d'une perception est de 0 fr. 25.

257. — Bien que, depuis la loi du 18 mai 1850, les droits de mutation par décès sur les biens meubles soient de même quotité que ceux dûs sur les immeubles, il faut liquider les droits auxquels sont assujetties les valeurs mobilières séparément des droits dûs sur les immeubles.

258. — La liquidation des droits est établie sur les évaluations faites par les parties, sans distraction des charges, suivant les règles déterminées plus haut.

259. — Lorsque les objets légués à titre particulier se trouvent en nature dans la succession, ils doivent être distraits de la déclaration faite par l'héritier ou légataire universel pour la liquidation du droit à sa charge.

Il en est de même des legs de sommes d'argent non existantes dans la succession.

260. — Quand l'époux survivant, légataire ou donataire universel en usufruit des biens de son conjoint décédé laissant des héritiers à réserve, déclare réduire cet usufruit à moitié, les droits de mutation doivent être liquidés sur cette moitié. De même lorsque l'époux survivant est légataire de son conjoint pour tout ce dont la loi lui permet de disposer, c'est l'option du légataire soit pour un quart en propriété et un quart en usufruit, soit pour l'usufruit de moitié, qui doit servir de base à la liquidation (3).

261. — Lorsque le partage a été dressé antérieurement à la déclaration de la succession, il fait règle pour les héritiers et la Régie, relativement à la perception des droits de mutation par décès ; dans le cas contraire, il ne saurait justifier une restitution sur la perception faite d'après cette déclaration (4).

262. — Lorsqu'un partage postérieur à la déclaration de la succession opère le démembrement de la propriété et attribue aux uns la nue propriété, et aux autres l'usufruit, les héritiers ou légataires peuvent avoir à acquitter un supplément de droit liquidé d'après l'attribution qui leur a été faite (5).

263. — Paiement des droits. — Les droits des déclarations de mutations par décès sont payés par les héritiers, donataires ou légataires (6).

264. — Ils doivent être versés avant l'enregistrement des déclarations. — Nul ne peut en atténuer ni différer le paiement, sous le prétexte de contestation sur la quotité ou pour quelque motif que ce soit, sauf à se pourvoir en restitution, s'il y a lieu (7).

265. — Dans la pratique, le receveur liquide immédiatement les droits sur la déclaration qui lui est présentée, il en reçoit le montant et enregistre ensuite cette

(1) Dict. du not., n° 877.
(2) Loi du 22 frimaire an VII, art. 28 ; Dreux, 25 août 1856.
(3) Dict. du not., n° 888 et 889.
(4) Dict. du not., n° 891 à 906.

(5) Cass., 5 mars 1883 et 19 juillet 1887 (art. 22951 et 28961, J. N.).
(6) Loi du 22 frimaire an VII, art. 32.
(7) Loi du 22 frimaire an VII, art. 28 ; Instr. rég., 8 juin 1830, n° 1320, § 5.

déclaration. — Si, en faisant cette transcription sur ses registres, il trouve des erreurs d'appréciation ou de calcul, il les rectifie et lorsque la partie se présente de nouveau pour signer la déclaration sur le registre, il lui réclame ou lui remet la différence entre la somme payée lors du dépôt de la déclaration et celle réellement due.

266. — Lorsque la déclaration est signée par le déclarant, le receveur remet à celui-ci une quittance de la somme versée.

267. — Le receveur est tenu de délivrer gratuitement, sur la demande qui lui en est faite, des certificats constatant l'acquit des droits sur les valeurs nominatives de Bourse; ces certificats sont destinés à être produits à l'appui des demandes de transferts.

268. — Dans le but d'assurer le paiement des droits de mutation par décès, les secrétaires des mairies son tenus de fournir, par trimestre, aux receveurs de l'enregistrement, les relevés par eux certifiés, des actes de décès, sous peine d'une amende. Ils en retirent récépissé (1).

269. — Les receveurs de l'enregistrement comprennent dans leurs renvois à d'autres bureaux, les extraits des relevés de décès relatifs aux personnes décédées dans un autre arrondissement de bureau que celui de leur naissance, de leur résidence ou de la situation de leurs biens (2).

270. — Ils ne sont pas tenus d'adresser, avant l'expiration du délai de la loi, un avertissement aux héritiers ou aux légataires pour leur rappeler qu'ils ont une déclaration à faire et des droits à payer dans les six mois du décès de l'auteur de la succession.

271. — L'héritier ou le légataire universel qui n'a accepté la succession que sous bénéfice d'inventaire, peut être poursuivi sur ses biens personnels pour le paiement des droits de succession (3).

272. — Le recouvrement des droits d'une succession recueillie par une femme mariée sous le régime dotal peut être poursuivi sur ses biens dotaux (4).

273. — L'héritier bénéficiaire ne peut, en renonçant plus tard à la succession, s'affranchir du paiement des droits de mutation par décès (5).

274. — Le tuteur ne peut différer le paiement des droits de mutation par décès dûs par son pupille, sous prétexte qu'il n'a perçu aucune des valeurs appartenant au mineur (6).

Il en est de même lorsque la nue propriété d'une rente sur l'Etat a été léguée au mineur et que celui-ci n'a pas d'autres biens (7).

275. — En ce qui concerne les successions vacantes, il résulte de l'instruction spéciale du 15 juin 1878, n° 2598, § 22, qu'à défaut de fonds héréditaires disponibles, le demi-droit en sus ne peut être encouru par le curateur pour n'avoir pas acquitté les droits.

276. — Le légataire particulier est toujours personnellement tenu envers la Régie du paiement des droits de mutation par décès sur l'objet légué, alors même que ces droits ont été mis à la charge du légataire universel ou des héritiers (8).

Il en est de même de chaque donataire qui recueille par l'événement du décès.

277. — Le légataire d'une rente viagère ne doit pas supporter personnellement les droits de mutation lorsque le testament porte que la rente sera franche de toute retenue; mais il peut être contraint de les avancer (9).

---

(1) Lois des 22 frimaire an VII, art. 65; 16 juin 1824, art. 10.
(2) Inst. rég., 8 fructidor an XIII, n° 290; 5 juin 1880, n° 1318.
(3) Seine, 28 novembre 1861 (art. 17818, J. N.).
(4) Neufchâtel, 27 novembre 1872; Céret, 11 janvier 1876; Caen, 18 juin 1880 (art. 20866, 21521 et 22495, J. N.).

(5) Cass., 1er février 1830 et 21 avril 1831; Seine, 18 janvier 1861 (art. 7080, 8086 et 17029, J. N.).
(6) Bordeaux, 10 février 1857 (art. 16127, J. N.).
(7) Toulouse, 5 mars 1863 (art. 17719, J. N.).
(8) Pithiviers, 8 janvier 1878 (art. 21962, J. N.).
(9) Dict. du not., n° 9271.

§ 8. OMISSIONS ET INSUFFISANCES D'ÉVALUATION. PREUVES. EXPERTISES.

278. — **Omissions et insuffisances d'évaluation.** — Les omissions qui sont reconnues avoir été faites dans les déclarations, et les insuffisances constatées dans les estimations des biens déclarés, sont passibles *d'un droit en sus* de celui dû pour les objets omis. Les tuteurs et curateurs supportent personnellement ces peines (1).

279. — Les contraventions aux lois fiscales ne s'excusent point par la bonne foi. Ainsi lors même que l'omission de la charge qui augmente le prix d'un bail serait le résultat d'une simple erreur, la peine du double droit n'en serait pas moins encourue (2).

280. — Mais le droit en sus n'est pas dû pour omission, lorsque les héritiers ont remis au receveur et que la déclaration contient tous les éléments nécessaires pour que la déclaration soit complète et exacte (3).

281. — L'héritier qui, dans le délai de six mois à partir du décès, rectifie sa déclaration et répare les omissions ou insuffisances d'évaluation qu'il y aurait commises, n'est passible d'aucune peine ; mais après l'expiration du délai, il est passible du droit en sus, même lorsqu'il offre spontanément de rectifier sa déclaration, à moins qu'il ne s'agisse d'une somme d'argent cachée par le défunt dans un endroit secret et trouvée par l'héritier (4).

282. — En vertu du principe de compensation, le droit en sus n'est point dû par l'héritier qui a omis dans sa déclaration une valeur ou un bien, s'il a commis une erreur plus considérable à son préjudice (5).

283. — Une erreur de calcul n'est pas passible du droit en sus pour insuffisance d'évaluation (6).

284. — On ne doit pas considérer comme une omission, l'absence du nom de l'une des communes sur lesquelles se trouvent situés les biens compris dans une déclaration (7), ni l'erreur dans la contenance attribuée aux immeubles déclarés (8).

285. — En cas d'omissions ou d'insuffisances d'évaluations dans la déclaration d'une succession faite par un tuteur ou un curateur, le recouvrement du droit en sus doit être poursuivi sur les biens du tuteur ou du curateur et celui du droit simple sur les biens de ceux qu'il représente (9).

286. — Il en est de même pour le père administrateur légal de la personne et des biens de son enfant mineur (10). (V., toutefois, *suprà*, n° 236, note 3.)

287. — **Preuves.** — En vertu de la loi du 22 frimaire an VII et de celle du 18 mai 1850, la Régie a le droit de contrôler les déclarations faites par les parties et d'appliquer la peine du droit en sus, sur les omissions qui sont reconnues avoir été faites dans la déclaration et les insuffisances constatées dans les estimations (11).

288. — La preuve des omissions peut résulter des actes des parties ou de leurs ayant cause, et même de simples présomptions tirées de faits constants et

---

(1) Loi du 22 frimaire an VII, art. 39.
(2) Cass., 30 janvier 1867 (art. 18771, J. N.).
(3) Seine, 10 décembre 1866 (art. 19871, J. N.).
(4) Inst. rég., 10 septembre 1807, n° 338 ; Dél. rég., 1er juillet 1813.
(5) Dél. rég., 5 novembre 1875.
(6) Autun, 22 juillet 1888 ; Dél. rég., 13 novembre 1888.

(7) Cass., 27 janvier 1823 (art. 4576, J. N.).
(8) Cass., 16 mars 1814 (art. 11542, J. N.).
(9) Déc. min. fin., an XII, et 7 juin 1808 ; Inst. rég., 29 juin 1808, n° 386, § 34 ; Marseille, 22 mai 1840.
(10) Pithiviers, 3 janvier 1878 (art. 21962, J. N.).
(11) Seine, 6 août 1845 ; Cass., 24 mars 1846, 29 février 1860, et 10 février 1864 (art. 12476, 12656, 16700 et 17985, J. N.).

d'actes qui parviennent à la connaissance de la Régie par l'enregistrement et que la loi soumet à son droit d'investigation et qui la mettent ainsi à même d'exercer son droit de contrôle; mais il appartient aux tribunaux d'apprécier jusqu'à quel point les moyens de preuves et les présomptions invoqués sont fondés, d'après les documents produits de part et d'autre contradictoirement (1).

289. — L'article 39 de la loi du 22 frimaire an VII, prononce d'une manière générale, et sans aucune restriction, la peine du double droit pour les insuffisances d'évaluation. Cette peine est encourue, lorsque l'insuffisance est établie par un bail à ferme, sans qu'on puisse prétendre que cet acte ne fournit qu'une règle incertaine d'évaluation (2).

290. — Expertise. — La Régie est autorisée à requérir l'expertise du revenu des immeubles transmis par décès, lorsque l'insuffisance dans l'évaluation ne saurait être établie par des actes qui puissent faire connaître le véritable revenu des biens (3).

291. — La faculté de requérir l'expertise n'appartient qu'à la Régie. La loi ne l'accorde pas aux parties.

292. — La demande en expertise doit être formée et notifiée dans les deux ans de la déclaration (4).

293. — Les frais de l'expertise sont à la charge de la partie à qui l'expertise n'est pas favorable.

§ 9. Poursuites. Action de la Régie sur les biens de la succession.
Privilège.

294. — Des poursuites. — Lorsque la déclaration de la succession n'a pas été faite dans le délai prescrit par la loi, ou en cas d'omission, ou d'insuffisance d'évaluation dûment constatées dans la déclaration, les préposés de la Régie, après avoir adressé un avertissement aux redevables, poursuivent le recouvrement des droits simples et en sus, par voie de contrainte.

295. — Si l'insuffisance d'évaluation est établie par une expertise provoquée par la Régie, le recouvrement est poursuivi en vertu du jugement d'homologation du rapport des experts.

296. — Dans la contrainte, les préposés de la Régie ne peuvent, dans certains cas, fixer qu'approximativement les droits dûs et sauf à augmenter ou à diminuer, suivant la déclaration à faire par les parties.

297. — L'exécution de la contrainte ne peut être interrompue que par une opposition motivée avec assignation devant le tribunal civil de l'arrondissement.

298. — Sur cette assignation, l'instance s'instruit suivant les formes déterminées par l'article 65 de la loi du 22 frimaire an VII.

299. — Toutefois les parties peuvent réclamer auprès de la Régie par voie de pétition contre la demande de droits ou de suppléments de droits de mutation par décès.

300. — La pétition qui a pour objet la remise ou la modération du droit en sus doit être adressée au ministère des finances.

301. — Action de la Régie. — L'Etat a action sur les revenus des biens à déclarer, en quelques mains qu'ils se trouvent, pour le paiement des droits de mutation par décès dont il doit poursuivre le recouvrement (5).

---

(1) Bar-le-Duc, 15 avril 1833; Seine, 8 mai 1833; Cass., 29 février 1860; Saint-Omer, 17 août 1863; Cognac, 12 janvier 1864; Cass., 27 mai 1868, 16 novembre 1870; 21 mai 1873 et 27 juin 1883; Toulouse, 11 décembre 1885 (art. 18252, 39302, 20681, 28042 et 28630, J. N.); Cass., 4 déc. 1888 (J. du not., 1889, p. 333).

(2) Cass., 22 messidor an XI; Bourgoin, 23 janvier 1885 (art. 23578, J. N.

(3) Loi du 22 frimaire an VII, art. 19.

(4) Cass., 18 germinal an XIII; Instr. rég., 11 juin 1806, n° 806.

(5) Loi du 22 frimaire an VII, art. 32. Mais ce privilège ne peut être réclamé pour le recouvrement des droits et demi-droits en sus : Lyon, 23 juillet 1890; Sol. rég., 20 octobre 1890 (J. du not., 1891, p. 295).

302. — Toutefois cette action ne peut atteindre l'intégralité des termes de loyers devenus exigibles postérieurement au décès, elle ne frappe que la portion de loyers courue depuis le décès (1). Elle ne peut non plus atteindre le produit des récoltes provenant des terres tenues à ferme par le défunt (2).

303. — Les poursuites peuvent être exercées aussi bien contre l'héritier bénéficiaire que contre l'héritier pur et simple (3). Elles peuvent l'être contre l'héritier présomptif avant qu'il ait pris qualité et tant qu'il n'a pas renoncé; mais la Régie n'a pas d'action contre le cessionnaire de droits successifs, lors même qu'il aurait été chargé par l'héritier d'acquitter les droits de mutation (4).

304. — Le tiers acquéreur des biens de la succession ne peut être personnellement poursuivi pour le paiement des droits de mutation par décès (5).

305. — La Régie n'a une action sur les fruits des immeubles existant en d'autres mains qu'en celles des héritiers, que pour le cas où ils peuvent être considérés comme appartenant à la succession qui donne ouverture au droit de mutation (6).

306. — Lorsqu'elle a fait saisir les loyers d'un immeuble dépendant de la succession, elle doit être payée par privilège avant les autres créanciers saisissants (7).

307. — Quand les héritiers de la nue propriété n'ont pas payé les droits de mutation par décès à leur charge, la Régie peut agir contre l'usufruitier personnellement, pour le contraindre à faire l'avance de ces droits sur les fruits et revenus qu'il a touchés (8).

308. — La Régie peut exercer son action sur les arrérages d'une rente viagère léguée à titre de pension alimentaire incessible et insaisissable, sauf aux juges à déterminer la portion de rente qui devra être affranchie de la saisie (9).

309. — Les droits de mutation sont exigibles, et l'action de la Régie sur les revenus des biens de la succession peut s'exercer malgré la faillite de l'héritier débiteur des droits (10).

310. — Privilège. — La Régie n'a pour le recouvrement des droits de mutation par décès sur les biens de la succession ni privilège ni droit de prélèvement à l'exclusion des créanciers de la succession; elle vient en concours avec eux dans la distribution du prix de ces biens. L'action qui lui est accordée par l'article 32 de la loi du 22 frimaire an VII est restreinte aux revenus et ne peut, en l'absence d'une disposition formelle de la loi, s'étendre au delà et affecter les biens (11).

§ 10. SUPPLÉMENTS DE DROITS.

311. — Les préposés de la Régie peuvent demander des suppléments de droits de mutation :

    a) Par suite d'insuffisances d'évaluation et d'omissions de biens, dûment constatées dans les déclarations de successions. (V. *supra*, § 8).

    b) Et à raison de perceptions insuffisamment faites sur les déclarations, par suite d'erreurs dans la liquidation des droits.

---

(1) Lyon, trib., 24 avril 1863, et Lyon, C., 26 février 1864 (art. 17963 et 18108, J. N.).
(2) Rouen, 1er mars 1879 (art. 22157, J. N.).
(3) Cass., 1er février 1830 ; Inst. gén., n° 1320, § 5.
(4) Déc. min. fin., 24 septembre 1819.
(5) Dict. du not., n°s 1021 à 1025.
(6) Cass., 21 juin 1815.
(7) Cass., 9 vendémaire an XIV.
(8) Pour l'affirmative : Cass., 24 octobre 1814;

Pontoise, 12 octobre 1880 et 27 avril 1882 (art 11098).
Pour la négative : J. N., art. 22786.
(9) Seine, 22 janvier 1876 (art. 21660, J. N.).
(10) Seine, 6 décembre 1850 (art. 14842, J. N.).
(11) Cass., 20 juin 1857 et 2 juin 1869; Dijon, 5 février 1848 ; Amiens, 11 juin 1853 ; Caen, 17 décembre 1855 ; Seine, 2 avril 1852, 6 janvier et 9 mai 1854 ; Paris, 6 janvier 1880 (art. 10570, 13495, 14430, 14854, 14906, 15069, 15145, 15254, 15351, 15593, 15693, 16091, 19629 et 22227, J. N.).

312. — Les délais accordés à la Régie pour ces répétitions sont indiqués sous le paragraphe 12 ci-après.

313. — A l'égard des poursuites des préposés pour obtenir ces suppléments et des moyens à employer pour arrêter l'effet de ces poursuites, V. *suprà*, § 9.

§ 11. RESTITUTION DE DROITS.

314. — Les parties peuvent réclamer la restitution des droits indûment ou irrégulièrement perçus sur les déclarations de successions (1).

315. — Indépendamment du cas d'erreurs commises par les préposés de la Régie dans la liquidation de l'impôt, les droits de mutation par décès sont, ou non, restituables dans les circonstances suivantes :

316. — **Absent.** — Les droits de mutation par décès acquittés par les héritiers présomptifs d'un absent sont restituables, lorsque cet absent reparaît, sous la seule déduction du droit dû pour la jouissance des héritiers (2).

317. — **Bureaux.** — La restitution peut être demandée quand un bien a été déclaré à deux bureaux (3).

318. — **Erreur de fait.** — Il y a lieu à restitution, lorsque par une erreur de fait, les héritiers ont compris dans leur déclaration des biens qui sont légalement reconnus étrangers à la succession (4).

319. — **Erreur d'évaluation.** — Il en est de même lorsque, par erreur, un immeuble a été évalué d'après un revenu supérieur au revenu réel (5).

320. — **Office.** — Quand un office a été vendu moyennant un prix inférieur à celui déclaré, les héritiers ne peuvent pas demander la restitution du droit payé sur la différence (6).

321. — **Renonciation.** — Les droits de mutation par décès acquittés par un exécuteur testamentaire pour des legs particuliers, ne sont pas sujets à restitution en cas de renonciation ultérieure des légataires, malgré les réserves faites à cet égard par l'exécuteur testamentaire (7).

322. — **Succession vacante.** — Le curateur à une succession vacante qui a fait l'avance des droits peut se les faire restituer, pourvu qu'il établisse l'insuffisance des valeurs de la succession (8).

323. — **Testament découvert.** — La découverte d'un testament, faite après la déclaration de succession, autorise l'héritier qui a fait cette déclaration, à réclamer la restitution des droits acquittés sur les biens dont il se trouve dépouillé par le testament (9).

324. — **Testament annulé en justice.** — Les droits de mutation par décès perçus d'après un testament qui, postérieurement, a été annulé en justice, ne sont pas sujets à restitution (10).

325. — La Régie ne doit point les intérêts moratoires des sommes qu'elle est obligée de restituer (11).

(1) L. du 22 frimaire an VII, art. 60.
(2) L. du 18 août 1816, art. 40.
(3) Sol., 25 thermidor an X.
(4) Déc. min. fin., 12 avril 1808 ; Inst. rég. 7 juin 1808, n° 386, § 80.
(5) Dél. rég., 16 avril 1828 et 21 octobre 1836.
(6) Bordeaux, 20 novembre 1843.
(7) Cass., 16 janvier 1850 (art. 13953, J. N.).
(8) Cass., 8 décembre 1839.

(9) Dél. rég., 30 avril 1825 ; 18 août 1826 et 2 octobre 1846 (art. 5236 et 12883, J. N.).
(10) Cass., 11 mars, 7 avril et 1er juillet 1840 (art. 8862, 10614, 10607 et 10721, J. N.). — *Contrà* : Dél. rég., 27 septembre 1826 et 4 mai 1830 ; Pont-Audemer, 12 avril 1836 ; Seine, 16 et 30 décembre 1845 (art. 5912, 7140, 9468 et 12585, J. N.).
(11) Cass., 28 février 1818.

§ 12. Prescription.

326. — Prescription de deux ans. — D'après l'article 61 de la loi du 22 frimaire an VII :

Il y a prescription de deux années à compter du jour de l'enregistrement de la déclaration, s'il s'agit d'un supplément de perception insuffisamment faite ou d'une fausse évaluation dans la déclaration et pour la constater par voie d'expertise ;

Et les parties sont également non recevables, après le même délai de deux ans, pour toute demande en restitution de droits perçus sur les déclarations de successions.

327. — Il a été décidé par application de l'avis du Conseil d'Etat des 18-22 août 1810 et de l'article 14 de la loi du 16 juin 1824, que les demi-droit et double droit d'enregistrement exigibles, à titre d'amende, pour défaut de déclaration d'une succession dans le délai prescrit, et pour omission dans les déclarations de cette nature, ne doivent point être confondus avec les droits simples d'enregistrement, et sont soumis, quel que soit le délai accordé à la Régie pour le recouvrement de ces derniers droits, à la prescription de deux ans (1). Mais dans le cas d'application de la pénalité, le délai de deux années ne court que du jour où les préposés ont été mis à même de constater les contraventions au vu de chaque acte présenté à l'enregistrement (2).

328. — Prescription de cinq ans. — Lorsqu'il s'agit d'une omission de biens dans une déclaration faite après décès, la prescription qui était de trois ans d'après l'article 61, § 3 de la loi du 22 frimaire an VII a été portée à cinq ans par l'article 11 de la loi du 18 mai 1850, à compter du jour de la déclaration.

329. — Nous venons de voir que le délai de la prescription pour la peine du double droit encouru au sujet des omissions de biens dans les déclarations de successions est de deux ans et non de cinq ans à compter du jour où le préposé a été mis à même de constater les contraventions. (V. *suprà*, n° 327.)

330. — Prescription de dix ans. — La prescription pour la demande des droits des successions non déclarées qui était de cinq ans aux termes de l'article 61, § 3 de la loi du 22 frimaire an VII, a été portée, par l'article 14 de la loi du 18 mai 1850, à dix ans à compter du jour du décès.

331. — Le délai de la prescription pour la peine du demi-droit en sus encourue pour défaut de déclaration dans le délai prescrit est de deux ans et non de dix ans à partir du décès. (V. *suprà*, n° 327.)

332. — Lorsqu'il dépend d'une succession des biens situés dans plusieurs arrondissements de bureaux de l'enregistrement, le défaut de déclaration à l'un de ces bureaux doit être considéré, non pas comme une omission, mais comme une absence totale de déclaration. En conséquence, la prescription applicable est celle de dix ans (3).

333. — Prescription de trente ans. — En ce qui concerne les inscriptions de rentes sur l'Etat, la demande des droits de mutation par décès et des peines encourues en cas de retard, ou d'omission de ces valeurs dans la déclaration des héritiers légataires ou donataires, la prescription est de trente ans (4).

334. — Interruption de la prescription. — Les prescriptions ci-dessus sont suspendues par des demandes signifiées et enregistrées avant l'expiration des délais ; mais elles sont acquises irrévocablement, si les poursuites commencées sont

---

(1) Cass., 26 avril 1826 et 2 mars 1851 (art. 9245 et 14305, J. N.).
(2) Cass., 9 décembre 1868 ; Bagnères, 18 mai 1872 (art. 19494 et 20798, J. N.).

(3) Marseille, 19 novembre 1839 ; Seine, 24 mai 1843 ; Corbeil, 28 août 1854 (art. 15337, J. N.).
(4) L. du 8 juillet 1852, art. 26.

interrompues pendant une année, sans qu'il y ait d'instance devant les juges compétents, quand même le premier délai pour la prescription ne serait pas expiré (1).

335. — Pour que la prescription décennale commence contre l'administration, il faut que celle-ci ait eu connaissance légale du décès soit par l'inscription de l'acte de décès aux registres de l'état-civil ou par un acte qui en tienne lieu, soit par la prise de possession des héritiers.

336. — La Régie ne peut exiger des intérêts moratoires des redevables en retard (2).

§ 13. Formules.

I. PROCURATION.

II. ÉTAT DE MOBILIER.

III. ÉTAT DE MOBILIER ET PROCURATION.

IV. DÉCLARATIONS.

1. *Succession simple.*
2. *Communauté. Veuve légataire d'un quart en pleine propriété et un quart en usufruit. Dot imputable sur la succession du prémourant.*

3. *Communauté. Veuve attributaire de la totalité de l'actif de cette communauté et légataire d'un quart en pleine propriété et d'un quart en usufruit des biens propres.*
4. *Succession de l'époux survivant. Droits du défunt dans la communauté et dans la succession de l'époux prédécédé. Absence de liquidation. Vente du mobilier.*

I. PROCURATION (3).

Je, soussigné, Emile Roussel, négociant, demeurant à...

Donne pouvoir à M...

De se présenter, pour moi, à tous bureaux d'enregistrement qu'il appartiendra, à l'effet d'y faire la déclaration des biens dépendant de la succession de M. Joseph Roussel, mon père, décédé en son domicile à..., le... ; produire tous titres et pièces, présenter notamment tous états de mobilier, les certifier véritables, faire toutes affirmations, acquitter tous droits, en retirer quittances, signer tous registres et faire tout ce qui sera nécessaire.

A..., le...

(*Signature*).

II. ÉTAT DE MOBILIER (4)

Etat descriptif et estimatif des objets mobiliers et meubles meublants dépendant de la succession de M. Joseph Roussel, rentier, décédé en son domicile à..., le...

Dans la cuisine.

1. — Un fourneau, une table, deux chaises, etc., le tout estimé à 50 fr. . . . 50 »
2. — Six casseroles en cuivre étamé, etc., estimées à 30 fr. . . . . 30 »

Dans la salle à manger.

3. — Un buffet, une table et six chaises, le tout, en noyer, estimé à 250 fr. 250 »
4. — Etc.. . . . . » »

Total de l'estimation des objets ci-dessus décrits 2,525 fr. . . . . 2 525 »

Certifié véritable.

(*Signature*.)

(1) LL. 22 frimaire an VII, art. 61 ; 1ᵉʳ mai 1850, art. 11.

(2) Cass., 28 février 1818.

(3) Cette procuration doit être rédigée sur une feuille de papier timbré, mais elle est dispensée de l'enregistrement.

(4) L'état de mobilier doit être établi sur une feuille de papier timbré, mais il est dispensé de l'enregistrement.

III. ÉTAT DE MOBILIER ET PROCURATION (1).

Etat descriptif et estimatif des objets mobiliers et meubles meublants dépendant de la succession de M. Joseph Roussel, rentier, décédé en son domicile à.... le...

1°...

  Total...

Certifié véritable par M. Emile Roussel, négociant, demeurant à..., soussigné, lequel donne par ces présentes pouvoir à M... de..., etc. (V. *la procuration ci-dessus*).

  A..., le..

(Signature.)

IV. DECLARATIONS (2).

1. — Succession simple.

M. Joseph Roussel, rentier, est décédé en son domicile à..., le...

Il a laissé pour seuls héritiers :

1° M. Emile Roussel, négociant, demeurant à...,

2° Et Mme Emma Roussel, épouse de M. Charles Mengin, avocat, avec lequel elle demeure à...

  Ainsi qu'il résulte d'un acte de notoriété dressé à défaut d'inventaire après le décès de M. Joseph Roussel, par M°..., notaire à..., le...

La succession de M. Joseph Roussel comprend :

1° — Les objets mobiliers décrits dans l'état ci-joint et estimés à la somme de. . . . . **2 525** »

2° — 3,000 francs de rente 3 °/₀ sur l'Etat français compris en trois certificats nominatifs (3), savoir :

L'un n°..., série..., de 1,200 francs de rente, ci.	1 200 »
Le deuxième, n°..., série..., de 1,100 francs de rente.	1 100 »
Et le troisième, n°..., série..., de 700 francs de rente.	700 »
Total égal, 3,000 francs de rente.	3 000 »

Ces 3,000 francs de rente calculés au cours de 87 fr. 30, jour du décès, forment un capital de 87,300 francs, ci. . . . . **87 300** »

3° Deniers comptants existant au décès. . . . . **500** »

4° Prorata des loyers de la maison ci-après, couru au décès. **1 227 35**

      Ensemble. **91 552 35**

5°. Une maison située à Paris, rue..., n°..., louée de la manière suivante (*ou* : d'un revenu brut et annuel, impôts compris de 12,500 fr.).

Le premier étage à M. Martin, moyennant 3,500 francs par an, en vertu d'un bail enregistré. . . . . **3 500** »

Le deuxième étage à M. Lamy, moyennant 3,000 francs par an, aussi en vertu d'un bail enregistré. **3 000** »

Le troisième, etc.	2 500 »
Le quatrième, etc.	2 000 »
Et le cinquième, etc.	1 500 »
Total des revenus.	12 500 »

Capital au denier, 20. . . . . **250 000** »

Total de l'actif de la succession de M. Joseph Roussel. . . **341 552 35**

---

(1) L'état de mobilier et le pouvoir peuvent être dressés sur une même feuille de papier timbré, mais à la condition qu'ils ne fassent qu'un seul corps comme dans la formule que nous donnons (*Sol. Rég.*, 17 mai 1881).

(2) Les déclarations sont rédigées sur papier libre.

(3) Pour toutes les valeurs de bourse nominatives, il y a lieu de demander au receveur de l'enregistrement un certificat constatant l'acquit des droits. Ce certificat est produit à l'appui de la demande de transfert de chacune des valeurs nominatives.

Droits à 1 fr. °/₀ sur :		
91,552 fr. 35 de meubles.	915	60
Et 250,000 francs d'immeubles.	2 500	»
Ensemble	3 415	60
Deux décimes et demi.	853	90
Total.	4 269	50
Timbre de quittance.	0	25
Total à payer.	4 269	75

2. — Communauté. — Veuve légataire d'un quart en pleine propriété et un quart en usufruit.— Dot imputable sur la succession du prémourant.

M. Eugène Martin, propriétaire, est décédé en son domicile à..., le..., laissant :

I. — Mme Marie Legrand, son épouse restée sa veuve,

1° Commune en biens aux termes de leur contrat de mariage reçu par M^e..., notaire à..., le... contenant adoption du régime de la communauté réduite aux acquêts ;

2° Et donataire en vertu dudit contrat de mariage, de la moitié en usufruit des biens, composant la succession de M. Martin.

II. — Et pour seuls héritiers, conjointement pour le tout ou chacun pour moitie, ses deux enfants ci-après nommés :

1° Mme Eugénie Martin, épouse de M. Léon Blanchard, représentant de commerce avec lequel elle demeure à... ;

2° Et M. Ernest Martin, employé, demeurant à...

Ainsi que ces qualités sont constatées en l'intitulé de l'inventaire dressé après le décès de M. Martin, par M^e..., notaire à..., le...

LIQUIDATION DES REPRISES.

Reprises de Mme veuve Martin.

1° Valeur des effets personnels par elle apportés en mariage, 1,500 fr., ci :	1500	»	
2° Dot à elle constituée	10 000	»	
3° Droits en pleine propriété de Mme Martin dans la succession de M. Legrand, son père, liquidée suivant acte reçu par M^e..., notaire à..., le.... ci	32 873 29		
Moins la fraction de dot rapportée à la succession de M. Legrand, ci	6 536 95		
Soit, 26,336 fr. 34, ci.	26 336 34	26 336 34	
Ensemble, 37,836 fr. 34, ci		37 836 34	
Dont il y a lieu de déduire :			
1° Mise en communauté, ci.	2 000 »		
2° Récompense à raison des droits de mutation par décès relatifs à la succession de M. Legrand, ci	1 624 07		
3° Récompense à raison de la reversion au profit de Mme Martin, d'une rente viagère de 2,220 fr, constituée au profit de M. et Mme Martin et du survivant d'eux aux termes d'un contrat reçu par M^e..., notaire à..., le..., contenant vente d'un immeuble de communauté au comptoir X..., ci.	22 200 »		
Ensemble, 25,824 fr. 07, ci.	25 824 07	25 824 07	
En sorte que les reprises en deniers de Mme Martin se trouvent être réduites à la somme nette de 12,012 fr. 27, ci		12 012 27	
Préciput de Mme Martin.		2 000 »	
Total des reprises en deniers et du préciput, 14,012 fr. 27, ci		14 012 27	

Reprises de la succession.

1° Valeur des effets à l'usage personnel de M. Martin, par lui apportés en mariage, 1,000 fr., ci		1 000 »
2° Droits en fonds dans la succession de M. Martin père, liquidée suivant acte reçu par M°..., notaire à..., le..., ci	13 652 03	
Moins la fraction de dot rapportée à cette succession, ci	5 768 64	
Soit, 7,883 fr. 39, ci	7 883 39	7 883 39
Ensemble, 8,883 fr. 39, ci		8 883 39

Dont il y a lieu de déduire :

1° Mise en communauté, 2,000 fr., ci	2 000 »	
2° Récompense due à raison des droits de mutation par décès relatifs à la succession de M. Martin père, 157 fr. 45, ci	157 45	
Ensemble, 2,157 fr. 45, ci	2 157 45	2 157 45

En sorte que les reprises en deniers de la succession se trouvent être de 6,725 fr. 94, ci .... | | 6 725 94

LIQUIDATION DE LA COMMUNAUTÉ.

1° Mobilier estimé dans l'inventaire à la somme de 3,047 fr., ci		3 047 »
2° Prix de la vente sus-énoncée au comptoir X.	155 600 »	
Intérêts de ce prix courus au décès, 1,210 fr. 22, ci	1 210 22	
Ensemble	156 810 22	156 810 22
3° Prorata d'arrérages couru au décès, de la rente viagère de 2,220 stipulée dans ledit contrat de vente		345 33
4° Dix obligations de la Ville de Paris (emprunt de 1875), au cours de 515 fr.		5 150 »
5° Dix obligations de la Ville de Paris (emprunt de 1876), au cours de 513 fr.		5 130 »
6° Avance sur la consommation du gaz au compteur, versée à la compagnie du gaz		21 »
7° Deniers comptants existant au décès		2 300 »
8° Créance sur M...		20 000 »
9° Indemnité due à la communauté à raison de la dot constituée à Mme Blanchard, par M. et Mme Martin, imputable sur la succession du prémourant d'eux, aux termes de son contrat de mariage, reçu par M°..., notaire, à..., le...		25 000 »
Ensemble, 217,803 fr. 55, ci		217 803 55

Dont il y a lieu de déduire :

1° Les reprises en deniers, et le préciput de Mme veuve Martin, liquidés à la somme de 14,012 fr. 27, ci	14 012 27	
2° Et celles de la succession liquidées à la somme de 6,725 fr. 94, ci	6 725 94	
Ensemble, 20,738 fr. 21, ci	20 738 21	20 738 21
Par suite l'actif net de la communauté se trouve être de 197,065 fr. 34, ci		197 065 34
Dont la moitié		1/2
est de 98,532 fr. 67, ci		98 532 67

LIQUIDATION DE LA SUCCESSION.

L'actif de la succession comprend :

1° La moitié de l'actif net de communauté		98 532 67
2° Et le montant des reprises en deniers		6 725 94
Soit au total, 105,258 fr. 61 ci		105 258 61
Dont la moitié		1/2
est de 52,629 fr. 30, ci		52 629 30

DROITS A PAYER.

A 1 °/. sur 105.258 fr. 60, ci	105 258 60		
moins les 25,000 fr., montant de la dot de Mᵐᵉ Blanchard, ci. . .	25 000 »		
Soit, sur 80,258 fr. 60; ci.	80 258 60	802 60	
Et à 3 °/. sur l'usufruit de 52,629 fr. 30, soit sur 26,320 fr.		789 60	
Ensemble, 1,592 fr. 20, ci		1 592 20	
Décimes, 398 fr. 05, ci.		398 05	
Total, 1,990 fr. 25, ci		1 990 25	
Timbre de quittance.		25	
Total des droits à payer, 1,990 fr. 50, ci.		1 990 50	

3. — Communauté. Veuve attributaire de la totalité de l'actif de cette communauté et légataire d'un quart en pleine propriété et d'un quart en usufruit des biens propres.

M. Louis Meunier, rentier, est décédé en son domicile à..., le..., laissant :

I. — Mᵐᵉ Louise Vincent, son épouse, restée sa veuve.

1° Commune en biens, aux termes de leur contrat de mariage reçu par Mᵉ..., notaire à..., le...,contenant adoption du régime de la communauté réduite aux acquêts;

2° Habile à profiter de la disposition de l'article ... dudit contrat de mariage qui stipule, comme convention de mariage, et conformément à l'art. 1525 du Code civil, que l'actif de communauté appartiendrait en totalité au survivant des époux, et ce, qu'il y ait ou non des enfants ;

3° Et légataire d'un quart en pleine propriété, et d'un quart en usufruit des biens composant la succession de son défunt mari aux termes de son testament olographe en date à..., du..., dont l'original a été déposé à Mᵉ..., notaire à..., etc.

II. — Et pour seule héritière Mˡˡᵉ Marie-Amélie-Gabrielle Meunier, sa fille majeure demeurant à..., née de son mariage avec ladite dame Louise-Vincent.

Ainsi que ces qualités sont constatées dans l'inventaire dressé après le décès de M. Meunier par Mᵉ..., notaire à..., le...

Par suite de l'attribution à Mᵐᵉ Meunier de la totalité de l'actif de communauté, la succession de M. Meunier ne comprend que le montant de ses reprises, lesquelles se composent uniquement de son apport en mariage, c'est-à-dire:

1° De la somme de 150 francs, montant de l'estimation faite en l'inventaire, des effets et objets à l'usage personnel de M. Meunier existant au jour de son décès, ci	150 »	
2° Et la somme de 30,000 francs, prix moyennant lequel ont été transmises à la communauté aux termes du contrat de mariage ci-dessus relaté, diverses valeurs mobilières apportées en mariage par M. Meunier, ci.	30 000 »	
Total de l'actif de la succession de M. Meunier.	30 150 »	
Dont le quart.	1/4	
est de 7,537 fr. 50.	7 537 50	
Et les trois quarts	3/4	
de 22,612 fr. 50.	22 612 50	

Il est déclaré, pour ordre et dans le but d'obtenir la délivrance des certificats de paiement des droits, que les valeurs suivantes dépendaient de la communauté de biens d'entre M. et Mᵐᵉ Meunier :

1° Huit obligations nominatives 3 °/₀ de la Compagnie du chemin de fer du Grand-Central (Compagnie d'Orléans), comprises en un certificat n° 165 ;

2° Cinq obligations nominatives 3 °/₀ de la Compagnie des chemins de fer de l'Ouest, comprises en un certificat n° 1601 ;

3° Dix actions nominatives de la Compagnie des chemins de fer de l'Ouest, comprises en un certificat n° 10243 ;

4° Et dix actions nominatives de la Compagnie des chemins de fer de Paris-Lyon-Méditerranée, comprises en un certificat n° 28469.

Droits a payer.

I. — Mᵐᵉ Meunier, à 3 °/₀ sur :

1° Un quart en pleine propriété de l'actif de succession ou 7,537 fr. 50. . . . .

2° Et un quart en usufruit du même actif, ou 7,537 fr. 50, dont moitié est de 3,768 fr. 75. . . . .

	7 537 50	
	3 768 75	
Total, 11,306 fr. 25.	11 306 25	339 60

II. — Mˡˡᵉ Meunier, à 1 °/₀ sur moitié en pleine propriété et un quart en nue propriété, soit sur les trois quarts de la succession ou 22,612 fr. 50. . . . .   226 20

Ensemble, 565 fr. 80, ci	565 80	
Décimes, 141 fr. 45.	141 45	
Total, 707 fr. 25.	707 25	
Timbre de la quittance.	0 25	
Total de la somme à payer, 707 fr. 50.	707 50	

---

4. — **Succession de l'époux survivant.** — **Droits du défunt dans la communauté et dans la succession de l'époux prédécédé.** — **Absence de liquidation.** — **Vente du mobilier.**

M. Georges Vallet, propriétaire, veuf en premières noces, non remarié de Mᵐᵉ Louise Henriette Perrin, est décédé en son domicile à..., le..., laissant pour seuls héritiers, conjointement pour le tout ou chacun pour moitié, ses deux enfants ci-après nommés, nés de son mariage avec sa défunte épouse, savoir :

1° M. Georges-Louis Vallet, avocat, demeurant à...

2° Et Mᵐᵉ Marie-Pauline Vallet, épouse de M. Eugène Petit, bijoutier, avec lequel elle demeure à. .

     Ainsi que ces qualités sont constatées par l'intitulé de l'inventaire dressé après le décès dudit sieur Vallet par Mᵉ..., notaire à..., le...

Il est fait observer que Mᵐᵉ Vallet sus-nommée est décédée en son domicile à..., le..., laissant...

I. — M. Vallet, son mari sus-nommé :

1° Commun en biens aux termes de leur contrat de mariage passé devant Mᵉ..., notaire à..., le...

2° Et légataire d'un quart en pleine propriété et d'un quart en usufruit aux termes de son testament olographe en date à..., etc.

II. — Et pour seuls héritiers conjointement pour le tout ou chacun pour moitié ses deux enfants ci-dessus nommés.

     Ainsi que ces qualités sont constatées par l'intitulé de l'inventaire dressé après son décès par Mᵉ..., notaire à..., le...

Après le décès de Mme Vallet, il n'a été fait aucune liquidation de la communauté d'entre M et Mme Vallet.

Et la déclaration de sa succession a été faite à..., le...

LIQUIDATION DES REPRISES.

Dans la déclaration sus-énoncée les reprises ont été liquidées de la manière suivante :

1° Reprises de Mme Vallet.		185 981 91
2° Reprises de M. Vallet.	14 400 »	
3° Préciput de M. Vallet.	1 500 »	
Total.	15 900 »	15 900 »
Total des reprises		201 881 91

LIQUIDATION DE LA COMMUNAUTÉ.

L'actif de la communauté comprenait :

1° La somme de 60,000 fr., restant due par M. Muller sur le prix de l'adjudication d'une maison située à..., prononcée à son profit suivant jugement de l'audience des criées du tribunal civil de..., le... . . . . 60 000 »

2° Créance sur M. Georges Vallet (*non productive d'intérêts*) 35 820 60

3° Indemnité due à la communauté :

Dot de M. Vallet fils	50 000 »	
Dot de Mme Petit	50 000 »	
Total.	100 000 »	100 000 »

4° Maison sise à Paris, rue..., d'un revenu brut de 42,330.
Capital au denier, 20 . . . . 846 600 »

5° Maison sise à Paris, rue..., d'un revenu de 21,500 fr., ci .	21 500 »	
Charges extraordinaires.	1 350 »	
Impôt foncier	1 144 41	
Ensemble	23 994 41	

Capital au denier, 20 . . . . 479 888 20

Total de l'actif de communauté 1 522 308 80

Mais il faut en déduire les reprises s'élevant à 201,881 fr. 91, ci. 201 881 91

En sorte qu'il reste un actif net de 1,320,426 fr. 89, ci. 1 320 426 89

Dont la moitié. 1/2

est de 660,213 fr. 45, ci 660 215 43

LIQUIDATION DE LA SUCCESSION DE Mme VALLET.

La succession de Mme Vallet comprend :

1° Ses reprises s'élevant à. 185 981 91

2° Moitié de l'actif net de communauté, soit la somme de 660,213 fr. 45. 660 213 45

3° 500 fr. de rente 3 °/₀ sur l'État français en un titre nominatif portant le numéro... de la... série, et représentant au cours de..., une valeur de 13,738 fr. 33, ci 13 738 33

Mais il faut en déduire les arrérages courus au décès de M. Vallet et s'élevant à 13 88

En sorte qu'il reste 13 724 45   13 724 45

Total de l'actif de la succession de Mme Vallet, 859,919 fr. 81. 859 919 81

Dont le quart en pleine propriété appartenant à M. Vallet comme légataire 1/4

de sa femme, est de 214,979 fr. 95, ci 214 979 95

LIQUIDATION DE LA SUCCESSION DE M. VALLET.

La succession de M. Vallet comprend :

1° Ses reprises et son préciput s'élevant à.	15 900 »
2° La moitié de l'actif net de communauté.	660 213 45
3° Le quart de l'actif de la succession de Mme Vallet.	214 979 95
4° La somme de 515 francs formant le prix net du mobilier de M. Vallet, vendu par M..., commissaire-priseur, demeurant à..., suivant procès-verbal en date du .., ci.	515 »
5° Moitié du prorata d'arrérages au décès de M. Vallet, des 500 fr. de rente 3 °/. appartenant en propre à la succession de Mme Vallet	6 94
6° Les trois quarts des intérêts à 5 °/. courus au décès de M. Vallet des 60,000 fr., restant dus par M. Muller, sur le prix de la maison située à . . .	62 50
7° Les trois quarts du prorata des loyers des maisons, etc., etc.	13 564 95
Total de l'actif de la succession de M. Vallet. . .	905 242 79

DROITS A PAYER.

A 1 °/. sur 905,242 fr. 79, ci.	9 052 60
Décimes.	2 263 15
Ensemble	11 315 75
Timbre de la quittance.	0 25
Total des droits à payer.	11 316 »

NANTISSEMENT (V. *suprà*, v° GAGE).

NOTAIRES (FRANCE)

Les notaires sont les fonctionnaires publics établis pour recevoir tous les actes et contrats auxquels les parties doivent ou veulent faire donner le caractère d'authenticité attaché aux actes de l'autorité publique, pour en assurer la date, en conserver le dépôt, en délivrer des grosses et expéditions (1).

Sommaire :

§ 1. Organisation du notariat en France. Nombre, classes et ressort des notaires (n°s 1 à 82).
    ART. 1er.— Conditions d'admission au notariat (n°s 36 à 38 *bis*).
    ART. 2. — Nomination et installation. Serment. Cautionnement. Dépôt de signature (n°s 39 à 50).
    ART. 3. — Résidence (n°s 51 à 68).
    ART. 4. — Fonctions et attributions. Incompatibilités (n°s 69 à 82).
§ 2. Devoirs des notaires (n°s 83 à 108).
    ART. 1er.— Obligations légales (n°s 83 à 103).
    ART. 2. — Obligations morales. Secret professionnel. Règlements intérieurs. Devoirs envers les magistrats (n°s 104 à 108).
§ 3. Prohibitions faites aux notaires (n°s 109 à 125).
    ART. 1er.— Intérêt du notaire à l'acte (n°s 112 à 114).

(1) L. 25 ventôse an XI, art. 1.

§ 1. Organisation du notariat. Nombre, classes et ressort des notaires.

1. — L'organisation actuelle du notariat français, commencée par la loi du 29 septembre-6 octobre 1791, n'a été réellement achevée qu'en l'an XI, par la loi du 25 ventôse, qui régit encore actuellement l'institution, mais qui a été complétée par l'ordonnance du 4 janvier 1843 et la loi du 21 juin suivant. Ce sont là les lois organiques.

2. — Pour bien apprécier les caractères de l'institution et la nature des attributions que le législateur entendait conférer aux notaires, il faut rappeler ce que disait, dans l'Exposé des motifs de la loi de ventôse, le conseiller d'Etat Réal : « A côté des *fonctionnaires* qui concilient et jugent les différends, la tranquillité publique appelle d'autres fonctionnaires qui, conseils désintéressés des parties, aussi bien que rédacteurs impartiaux de leurs volontés, leur faisant connaître toute l'étendue des obligations qu'elles contractent, rédigeant leurs engagements avec clarté, leur donnant le caractère d'un acte authentique et la force d'un jugement en dernier ressort, perpétuant leur souvenir et conservant leur dépôt avec fidélité, empêchent les différends de naître entre les hommes de bonne foi et enlèvent aux hommes cupides, avec l'espoir du succès, l'envie d'élever une injuste contestation. Ces conseils désintéressés, ces rédacteurs impartiaux, cette espèce de juges volontaires qui obligent irrévocablement les parties contractantes, sont les *notaires ;* cette institution est le *notariat...* »

Institution utile et salutaire entre toutes, ajouterons-nous, fonctions particulièrement honorables et importantes, si les notaires savaient les apprécier à leur valeur et conformer leurs actes à la grandeur du but que le législateur s'était assigné.

3. — Le projet primitif de la loi de ventôse qualifiait les notaires d'*officiers publics ;* cette qualification ne fut pas reconnue exacte. « Votre section, disait le rapporteur du Tribunat, Favard, a d'abord reconnu que l'attribut le plus essentiel du notariat pour toutes les classes de citoyens, c'est d'authentiquer les conventions, d'en certifier la date et de leur donner, en les recevant, le caractère et la force de l'exécution parée. Le notaire exerce ainsi une partie de l'autorité de la justice; ce qu'il écrit fait la loi des parties... Aussi, on ne saurait trop faire pour environner les notaires de toute la dignité qui commande et inspire la confiance. C'est dans cette vue que la loi de 1791 les avait placés au rang des *fonctionnaires publics :* C'est aussi la qualification que leur donne l'article 1ᵉʳ du projet... »

4. — L'article 1ᵉʳ de la loi de ventôse est, en effet, ainsi conçu :

« Les notaires sont les *fonctionnaires publics* établis pour recevoir tous les actes et contrats auxquels les parties doivent ou veulent faire donner le caractère d'authenticité attaché aux actes de l'autorité publique, et pour en assurer la date, en conserver le dépôt, en délivrer des grosses et expéditions. »

5. — Les notaires sont donc incontestablement des fonctionnaires publics, et à ce titre,

> *a)* L'usurpation de leurs fonctions tombe sous l'application de l'article 258 du Code pénal (1).
>
> *b)* Ils ont le droit d'invoquer les articles 224 et 230 du Code pénal qui punissent la violence et les outrages exercés contre les fonctionnaires publics dans l'exercice ou à l'occasion de leurs fonctions (2).

6. — Toutefois, il a été jugé que les notaires n'étant pas des agents de l'autorité publique, dans la signification attachée à ce mot par les lois relatives à la répression de l'outrage, puisque leur ministère ne s'exerce que dans la sphère des intérêts privés, la juridiction correctionnelle est compétente pour connaître de la diffammation commise à l'égard d'un notaire, et l'article 31 de la loi du 29 janvier 1881 est inapplicable (3).

Mais ils n'appartiennent, en réalité, ni à l'ordre administratif ni à l'ordre judiciaire, auquel ils se rattachent de plus près; ils constituent, comme l'a très nettement indiqué le conseiller d'Etat Réal, une quatrième institution d'un ordre spécial, ayant son organisation propre, ses droits et ses devoirs particuliers.

7. — Et d'abord, ils sont *institués à vie* (4); d'où il suit qu'ils ne peuvent être ni *déplacés* ni *révoqués* au gré du gouvernement (5).

Mais l'inamovibilité que la loi leur a conférée et qui les met à l'abri d'une révocation arbitraire, ne saurait être pour eux un brevet d'impunité et n'empêche pas, d'une part, que le gouvernement ne puisse les considérer comme démissionnaires, en cas d'infraction à certaines obligations professionnelles (6), et d'autre part, qu'ils ne puissent être, pour fautes graves, suspendus ou destitués par jugement (7).

8. — Leur nombre est fixé par la loi et ne peut être modifié par le gouvernement que d'après certaines règles établies, comme nous allons le voir.

Ils ont des attributions spéciales qu'ils peuvent et doivent seuls remplir, et la loi leur a imposé des obligations particulières auxquelles ils sont tenus de se soumettre.

9. — Enfin, le législateur de ventôse a complété l'organisation notariale, en réunissant par un lien professionnel tous les notaires en exercice dans le ressort de chaque tribunal; les notaires de la ville et des divers cantons de l'arrondissement forment ainsi, entre eux, une communauté qui a ses assemblées générales, sa bourse commune, son administration intérieure et sa discipline.

10. — Nombre des notaires. — Le gouvernement a compris, dès l'origine de l'organisation notariale, la nécessité de limiter le nombre des notaires. A plusieurs reprises, sous l'ancienne législation, des ordonnances signalèrent les inconvénients et les abus résultant « de la grande et effrénée multitude de notaires », et essayèrent d'en réduire le nombre (8).

---

(1) Cass., 16 mars 1819, 9 septembre 1836 et 12 août 1850 (art. 14117, J. N.); Riom, 13 novembre 1846; Orléans, 15 février 1858 (art. 16418, J. N.), Bruxelles, 15 juillet 1864; Dalloz, v° *Notaire*, n°s 234-235; Rutgeerts et Amiaud, t. I, p. 14.

(2) Cass., 22 juin 1809, 13 mars 1812, 13 mars 1822; Bruxelles, 23 février 1863; Nivelles, 16 juin 1854; Morin, *Discipl.*, n° 362.

(3) Bordeaux, 21 mars 1860; Colmar, 16 octobre 1866 (*Rev. not.*, n° 1816); Cass., 15 juin 1883 (art. 22278, J. N.), et 21 juin 1884 (*J. du not.*, n° 3669); Nîmes, 5 mars 1855 (art. 23424, J. N.) ; Douai, 25 janvier 1886); Cass., 4 mars 1887; Fabreguettes, *Comment. L. 29 juillet 1881*, t. I, n° 1291.

(4) L. de ventôse, art. 2.

(5) Rolland de Villargues, v° *Notaire*, n° 765; Morin, t. II, n°s 355 et 431 *bis*; Ed. Clerc, t. I, n° 16; Dict. du not., v° *Notaire*, n° 134; Dalloz, n° 230; Rutgeerts et Amiaud, n° 225.

En Algérie, où les notaires n'ont pas le droit de présentation aux offices, le gouvernement nomme directement ces fonctionnaires, et a aussi le droit de les révoquer, en vertu de l'arrêté du 30 décembre 1842.

(6) L. 25 ventôse, art. 4, 33, 47.

(7) L. 25 ventôse, art. 53, Ordon. 4 janvier 1843, art. 16.

(8) Ordon. 15 juin 1510; Ordon. d'Orléans de 1560; Edit du 29 avril 1664.

Ces mesures ne produisirent sans doute pas d'effet, car le chiffre des notaires ne fit que s'accroître, et au moment de la Révolution, la France, d'après un auteur, ancien notaire à Paris, ne comptait pas moins de 40,000 notaires royaux, seigneuriaux, etc..,, qui ne pouvaient, on le comprendra facilement, vivre uniquement de leurs places, et étaient obligés de se livrer à toute espèce de métiers.

11. — Aussi le législateur de 1791, voulant réorganiser l'institution, comprit-il qu'il était indispensable de limiter sérieusement le nombre des notaires. « Autrement, disait le rapporteur de la loi, l'on verrait bientôt s'accroître, outre mesure, cette classe de fonctionnaires qui ne serait plus l'élite des citoyens probes et instruits, mais un rassemblement d'hommes médiocrement éclairés, se disputant, non la confiance, mais le produit de la confiance de leurs concitoyens et tous trop rarement employés pour être satisfaits d'un légitime salaire... »

12. — La loi du 25 ventôse an XI ne pouvait méconnaître la justesse de cette doctrine ; elle a donc, sans déterminer le nombre des notaires d'une manière invariable (car, il peut être nécessaire de le diminuer ou de l'augmenter, selon les besoins), fixé une limite dans laquelle le gouvernement a la faculté de se mouvoir.

13. — L'article 31 de la loi dispose : « Le nombre des notaires, pour chaque département, leur placement et leur résidence seront déterminés par le gouvernement, de manière :

    a) Que dans les villes de 100,000 habitants et au-dessus, il y ait un notaire, au plus, par 6,000 habitants ;

    b) Que, dans les autres villes, bourgs ou villages, il y ait deux notaires au moins ou cinq au plus par chaque arrondissement de justice de paix. »

C'est d'après ces bases que le gouvernement, après avoir consulté, en 1810 et 1811, les chambres de discipline, a déterminé le nombre des notaires par canton ; ce nombre a été modifié, sur certains points du territoire, par des décrets particuliers soit de créations, soit de suppressions d'offices.

C'est ainsi que la loi du 16 juin 1859 a élevé à cent-vingt-deux les notaires de Paris, et qu'un nouvel office de notaire a été créé à Neuilly, par un décret du 12 février 1874 (1).

Par suite de l'annexion de la Savoie et de Nice à la France, le nombre et la résidence des notaires ont été fixés, dans le ressort de la Cour de Chambéry, par décrets des 1er décembre 1860 et 16 janvier 1861, — et dans le ressort du tribunal de Nice, par un autre décret du 5 décembre 1860.

14. — Le minimum légal étant de deux offices par canton, lorsqu'il n'existe qu'un seul notaire dans le ressort d'une justice de paix, le gouvernement ne peut pas se refuser à en nommer un second.

15. — La base unique adoptée par le législateur pour fixer le nombre des notaires (la population et l'étendue du territoire), ne saurait être acceptée comme un critérium absolu ; car la population peut être pauvre et le terrain inculte — et alors, le nombre des titulaires est tellement élevé qu'ils ne peuvent réellement pas vivre du produit de leurs charges. Il serait plus équitable de prendre en considération d'autres éléments, comme le nombre et l'importance des actes reçus, le chiffre des droits versés à l'enregistrement, le plus ou moins de facilité des communications, etc... Dans ces conditions, la réduction des offices à un seul par canton se justifierait sans doute dans bien des arrondissements et, dans beaucoup de villes, on arriverait aussi à remanier entièrement la répartition des offices, qui offre des anomalies singulières (2).

16. — Classes. — La loi du 25 ventôse (art. 5), à la différence de la loi de

---

(1) Toutefois, le département de la Seine ne compte encore pour plus de 3 millions d'habitants, que 144 notaires.

(2) Amiaud, *Études sur le not.*, p. 124.

1791, qui ne reconnaissait qu'une classe de notaires, ayant le droit d'instrumenter dans tout le département, a établi plusieurs classes de notaires, ayant chacune un ressort différent ; aux termes de l'art. 5, les notaires exercent leurs fonctions, ceux des villes où est établi une Cour d'appel, dans toute l'étendue du ressort de cette Cour ; — ceux des villes où il n'y a qu'un tribunal de première instance, dans l'étendue du ressort de ce tribunal ; — et ceux des autres communes, dans l'étendue du ressort du tribunal de paix.

Il y a donc aujourd'hui *trois classes* de notaires :

    a) Ceux qui résident au chef-lieu d'une Cour d'appel, sont notaires de première classe ;

    b) Ceux qui résident au chef-lieu du tribunal de première instance, sont notaires de deuxième classe ;

    c) Ceux qui résident dans une commune rurale, qu'elle soit ou non le siège d'une justice de paix, sont notaires de troisième classe.

Peu importe que la ville ou la commune ait une population plus ou moins importante, car ce n'est pas le nombre d'habitants qui détermine la classe et le ressort ; ainsi plusieurs villes importantes ne sont le siège ni d'une Cour, ni d'un tribunal, et les notaires qui y sont établis n'en sont pas moins notaires de troisième classe.

17. — Si le tribunal et la sous-préfecture ne sont pas dans la même ville, le titre de notaire de deuxième classe et les droits qui y sont attachés n'appartiennent qu'aux notaires de la ville où siège le tribunal (1).

18. — Lorsque le siège du tribunal est déplacé, les notaires de la ville où il était établi perdent de plein droit le titre de notaire de deuxième classe et ce titre passe aux notaires de la ville dans laquelle le tribunal a été transféré. De même, des notaires ruraux peuvent devenir notaires de première ou de deuxième classe, si leur commune est réunie à une ville où siège soit une Cour, soit un tribunal, sans que les notaires qui souffrent de ces modifications de ressort puissent prétendre à aucune espèce d'indemnité (2).

19. — Depuis longtemps, une réforme de la loi de ventôse est réclamée sur ce point. La subdivision des notaires en trois classes n'offre que des inconvénients, comme nous l'avons établi dans nos *Etudes sur le notariat* (3). Le législateur français, en rétablissant l'unité de classe et de ressort, ne ferait, en cela, que suivre l'exemple de tous les législateurs étrangers, qui se sont empressés d'abandonner le système de la loi de ventôse.

20. — **Ressort.** — A la différence de classe se rattache la différence du *ressort*, c'est-à-dire de l'étendue de territoire dans laquelle le notaire a le droit d'instrumenter et hors de laquelle il est sans compétence, sans caractère d'officier public.

D'après l'article 5 de la loi de ventôse, le ressort des notaires de première classe est celui de la Cour d'appel.

Celui des notaires de deuxième classe, le ressort du tribunal.

Et celui des notaires de troisième classe, le ressort de la justice de paix, c'est-à-dire du canton.

21. — L'institution de ressorts différents pour des officiers publics dont la loi exige partout les mêmes garanties de capacité et de moralité, qu'elle soumet à la même responsabilité, qu'elle investit des mêmes prérogatives et du même caractère, nous a toujours paru constituer une anomalie et une injustice et nous avons toujours réclamé pour eux le ressort unique, qui devrait être l'arrondissement (4).

---

(1) Ed. Clerc, n° 102 ; Dict. du not., n° 122.
(2) Arr. du Cons. d'Etat du 13 janvier 1855 (art. 19758, J. N.).
(3) *Etudes*, p. 126 et suiv.

(4) V. les développements donnés à cette question dans nos *Etudes sur le notariat français*, p. 131 et dans notre 2° édition du *Commentaire* de la loi de ventôse, n° 244.

C'est l'arrondissement qui fixe l'étendue du ressort dans le Grand-Duché de Luxembourg (1); en Hollande (2); en Alsace-Lorraine (3); en Italie (4); en Espagne (5); en Autriche (6); en Bavière (7), etc...

22. — Si une ville qui n'est le siège, ni d'une Cour d'appel, ni d'un tribunal de première instance, est subdivisée en deux cantons et deux justices de paix, les notaires de l'une n'ont point le droit d'instrumenter dans la partie de la ville qui dépend du ressort de l'autre. Cependant, par une dérogation formelle aux principes posés par la loi de ventôse, des lois récentes ont, à plusieurs reprises, autorisé, lors de la subdivision d'un canton en deux cantons nouveaux, les notaires de l'ancien canton à instrumenter dans les deux nouvelles circonscriptions (8).

23. — L'art. 6 de la loi du 25 ventôse défend à tout notaire d'instrumenter hors de son ressort, à peine d'être suspendu de ses fonctions pendant trois mois; — d'être destitué en cas de récidive (9); — et de tous dommages-intérêts envers les parties, si l'acte reçu est annulé.

24. — La règle du ressort est rigoureuse et s'applique, sans réserve et sans distinctions, au notaire en second, comme au notaire rédacteur, au notaire substituant, comme au notaire commis par délégation judiciaire ; car le tribunal n'a pas le droit d'autoriser une violation de la loi (10).

25. — Un notaire ne pourrait pas, par une convention amiable avec un autre notaire, s'engager à ne pas passer d'actes dans telle partie déterminée de son ressort, et restreindre ainsi sa compétence légale et son ministère qui est obligatoire (11).

26. — Dans quels cas le notaire est-il réputé avoir instrumenté hors de son ressort ? Est-ce seulement lorsqu'il procède à la réception d'un acte, c'est-à-dire en donne lecture et reçoit les signatures des parties et des témoins? C'est ce qui semblerait résulter d'un arrêt de Cassation du 21 mai 1873 (12).

Nous pensons, avec d'autres décisions judiciaires et quelques auteurs, qu'il est plus conforme à l'esprit de la loi de dire que le notaire instrumente hors de son ressort, lorsque, même pour les actes préliminaires, il agit *comme notaire*, avec la solennité et l'autorité que ses fonctions lui assignent (13).

On peut rapporter, en effet, à deux *périodes* les divers faits qui précèdent ou accompagnent la réception d'un acte notarié. Dans la *première période*, on doit ranger, d'ordinaire, les conférences avec les parties, les pourparlers, en un mot, tous les travaux préparatoires, quelquefois la rédaction d'un acte sous seing privé.

La *seconde période* comprend la rédaction de l'acte par le notaire, la lecture, le consentement et la signature des parties, celle du notaire et des témoins.

L'instrumentation, c'est-à-dire l'ensemble des faits qui caractérisent la mission officielle du notaire, embrasse évidemment les divers actes de la *seconde période; mais embrasse-t-elle *nécessairement* tous ces actes et n'embrasse-t elle que *ceux-là* et faudrait-il décider que le notaire agit toujours et seulement comme conseil des parties pendant la première période? Ces solutions seraient vraisemblablement, dans certains cas, trop *absolues*. Les tribunaux pourront avoir à apprécier

---

(1) Ord. du 6 octobre 1841, art. 8.
(2) Loi du 2 juillet 1842, art. 8.
(3) Loi du 28 décembre 1873.
(4) Loi du 25 juin 1875, art. 24.
(5) Loi du 28 mai 1862, art. 8.
(6) Loi du 25 juillet 1871, art. 8.
(7) Loi du 10 novembre 1861, art. 8.
(8) LL., 8 avril 1879 : Cantons de Badonvillers et Baccarat; 12 avril 1881, Decazeville et Aubin; 7 avril 1882, Le Raincy et Gonesse; 29 décembre 1886, Ronchain et Denain; 30 mars 1887, création de deux cantons à Calais.
(9) On décide généralement que les tribunaux ne sont pas tenus d'appliquer rigoureusement les peines édictées et qu'ils peuvent les atténuer selon les cir-

constances. A. Dalloz, n° 118 ; Eloy, n° 287; Lefebvre, n° 486 ; Rutgeerts et Amiaud, p. 442 ; Louviers, 19 avril 1888.
(10) Rutgeerts et Amiaud, n° 248. Mais un notaire peut être commis pour vendre, en son étude, des immeubles situés hors de son ressort. Angers, 23 décembre 1890 (J. du not., 1891, p. 78).
(11) Pau, 14 mars 1831; Bourges, 9 février 1882 ; Cass., 18 novembre 1862 et 10 février 1863, 16 janvier et 17 mars 1884 (art. 23136, J. N.); Dict. du not., n° 65; Gagnerauz, art. 6.
(12) Art. 20680, J. N.
(13) Blois, 8 mars 1841; Paris, 30 janvier 1872 (art. 20277, J. N.); Rutgeerts et Amiaud, p. 435, note 1.

si, pour les actes préliminaires, le notaire a agi *comme notaire*, avec la solennité et l'autorité que ses fonctions lui assignent. Le tribunal de Blois (1) nous paraît avoir très justement compris et précisé cette pensée dans le considérant suivant : « Attendu que ce n'est pas seulement lorsque le notaire fait signer aux parties la feuille de papier sur laquelle il a transcrit leurs conventions, qu'il *instrumente* dans le sens de la loi; c'est encore lorsqu'agissant avec l'appareil extérieur qui le caractérise, étant dans l'exercice solennel de ses fonctions, il appelle les contractants, leur lit les charges, provoque et reçoit publiquement les enchères et les consentements, proclame enfin les adjudications qui, dans l'esprit et la conviction des parties, constituent d'irréfragables conventions; qu'il est certain, en effet, que c'est la présence du fonctionnaire et l'autorité dont il est revêtu qui donnent à ces adjudications leur véritable caractère; que c'est lui qui offre aux contractants la garantie que les opérations sont sérieuses et qui sert de lien commun entre les vendeurs et les acquéreurs qui, bien souvent, ne se connaissent pas ... »

La Cour de cassation a jugé le contraire par son arrêt précité du 21 mai 1873 dans une espèce semblable où le notaire avait, hors de son ressort, reçu des enchères, arrêté des conditions de vente, et fait signer des pouvoirs en vue de réaliser les ventes dans son étude, et a décidé que le notaire ne doit être considéré comme instrumentant hors de son ressort qu'autant qu'il y dresse un acte de son ministère. Cette décision nous paraît absolument contraire à la loi et elle conduirait aux plus funestes résultats au point de vue de la concurrence abusive et déloyale que certains notaires auraient ainsi le droit de faire à leurs confrères. Il est vrai que la Cour, dans le même arrêt, a jugé que ces agissements constituaient des actes de concurrence déloyale et devaient être réprimés (2).

27. — Il a cependant été jugé par la Cour de Toulouse (3), qu'un notaire peut recevoir les conventions et rédiger un acte, partout où il le juge convenable, sauf à n'en donner lecture et à ne le laisser signer que dans son ressort (4).

28. — Mais nul doute qu'un notaire puisse dresser hors de son ressort un sous seing privé, le faire signer par les contractants, pour attendre que les parties puissent venir, plus tard, réaliser la convention en acte authentique dans son étude (5).

Nul doute aussi que le notaire puisse instrumenter, dans son ressort, quel que soit le domicile des parties ou la situation des biens (6).

29. — Le notaire commis pour représenter un présumé absent dans un inventaire ou une liquidation, ne peut-il agir que si l'acte est dressé dans son ressort ? Nous le pensons, car c'est comme notaire qu'il doit agir (7).

Il n'existe, à notre connaissance qu'un seul cas, prévu par la loi, où le notaire instrumente régulièrement hors de son ressort, c'est celui de l'article 205 du C. de proc. civ.; en matière de vérification d'écriture, si le juge-commissaire a ordonné que les pièces resteraient déposées aux mains du greffier, le dépositaire, s'il est personne publique, pourra en faire expédition, *encore que le lieu où se fait la vérification soit hors de l'arrondissement dans lequel le dépositaire a le droit d'instrumenter.*

30. — Un notaire pourrait aussi remettre copie au parquet, d'un acte res-

---

(1) 8 mars 1841 ; Sic : Toulouse, 31 décembre 1844 ; Roanne, 5 décembre 1844 ; Paris, 30 janvier 1872 (art. 20277; J. N.).
(2) Bastiné, n° 68 et suiv.; Arm. Dalloz, n° 113 ; S. V. 1872, *note* sur l'arrêt de Paris précité, 2-48 ; Dict. du not., n° 51-52 ; Eloy, t. I, n° 241-248.
(3) 18 janvier 1825.
(4) *Contrà* : Roanne, 5 décembre 1844 (art. 12281, J. N.).

(5) Cass., 3 et 4 juillet 1826 ; Metz, 24 avril 1831 (art. 5720, 5862 et 9674, J. N.).
(6) Dict. du not., n° 44 ; Ed. Clerc, t. II, n° 108 ; Rutgeerts et Amiaud, p. 487.
(7) Rolland de Villargues, v° *Absent*, n° 70 ; Rutgeerts et Amiaud, n° 251. — *Contrà* : Bastiné, p. 68.

pectueux notifié par lui, bien que le parquet soit en dehors de son ressort, s'il a été dans l'impossibilité de remettre ailleurs cette copie (1).

31. — L'article 6 ne serait pas applicable au notaire qui aurait instrumenté hors de son ressort, par suite d'une erreur excusable, lorsque, par exemple, il se trouvait sur un canton dont les limites sont mal déterminées ou n'ont pas été fixées par l'autorité administrative, comme, par exemple, dans le canton de Dourdan (Seine-et-Oise) (2).

32. — L'article 6 ne punit également que le scontraventions réelles et non les énonciations erronées, de sorte que le notaire ne serait passible d'aucune peine, si son acte portait qu'il a été passé hors du ressort, et s'il est prouvé que cette mention n'est que le résultat d'une erreur, parce que l'acte devait être, au moment où il a été rédigé, reçu par un autre notaire du ressort voisin (3). Mais le notaire qui, sciemment, constate qu'il a reçu un acte sur son ressort, alors qu'il l'a reçu en dehors, commet le crime de faux (4).

33. — Les pénalités de l'article 6 sont applicables au notaire en second, comme au notaire en premier; en ce sens que le notaire en second doit aussi pouvoir instrumenter dans le lieu où l'acte est passé, mais il n'est pas nécessaire que les deux notaires aient le même ressort (5).

34. — L'acte fait contrairement aux prescriptions de l'article 6 est nul comme acte authentique, aux termes de l'article 68 de la loi de ventôse, et ne vaut même pas comme acte sous seing privé, s'il n'a pas été signé par toutes parties et si la forme notariée est obligatoire pour la constatation des conventions qu'il contient; et le notaire qui a occasionné cette nullité doit être condamné, comme responsable, à des dommages-intérêts, s'il en est résulté un préjudice pour les parties (6).

35. — Lorsqu'une partie veut faire annuler un acte, sous prétexte que le notaire a instrumenté en dehors de son ressort, elle doit s'inscrire en faux contre l'énonciation établie par le notaire, énonciation qui est authentique et qui fait pleine foi, comme les autres mentions prescrites par la loi (7).

ART. 1ᵉʳ — *Conditions d'admission au notariat.*

36. — Sous l'ancienne législation, comme aujourd'hui, les fonctions de notaire ne pouvaient être conférées qu'aux candidats justifiant de certaines garanties de capacité et de moralité (8).

D'après la loi du 6 octobre 1791, les fonctions de notaire étaient conférées aux aspirants, suivant leur rang d'inscription sur un tableau auquel ils n'étaient admis qu'après un concours annuel; les clercs de notaire n'étaient admissibles à ce concours qu'après un stage de huit années.

37. — Aujourd'hui, d'après l'article 35 de la loi du 25 ventôse an XI, pour pouvoir être nommé notaire, il faut :

a) Jouir de l'exercice du droit de citoyen français ;
b) Avoir satisfait aux lois sur la conscription militaire;
c) Etre âgé de vingt-cinq ans accomplis;
d) Justifier du temps de travail (stage) prescrit par la loi (art. 36 à 41).
e) Justifier d'un certificat de capacité et de moralité, délivré par la chambre de discipline de l'arrondissement dans lequel on demande à exercer.

---

(1) Orléans, 3 juin 1871 (S. V. 1871-2-118).
(2) Angers, 30 mai 1817.
(3) Rennes, 23 janvier 1843.
(4) Cass., 10 novembre 1882.
(5) Dict. du not., nᵒˢ
(6) Dict. du not., nᵒˢ 74 et suiv.; Eloy; nᵒ 237.

(7) Cass., 3 juillet 1826; Fabrier Coulomb, p. 24; Génébrier, p. 194; Rutgeerts et Amiaud, nᵒ 257.
(8) Ordonnance de juillet 1304; 26 juillet 1433; 28 décembre 1490; octobre 1535; Edit de juillet 1580; Arrêt de règlement du parlement de Paris de 1695.

38. — Ces garanties sont aujourd'hui généralement reconnues comme insuffisantes. Tous les publicistes qui ont écrit sur le notariat sont d'accord pour dire que si le stage est indispensable pour faire un bon notaire, il n'est pas moins nécessaire d'exiger des candidats des études théoriques sérieuses et que l'examen passé devant la chambre est loin de constituer un critérium de cette double capacité (1).

Quelques auteurs ont demandé d'assujettir les aspirants à justifier du diplôme de licencié en droit. Nous avons toujours pensé et soutenu que le notariat est une science spéciale, ayant ses règles, sa procédure, sa jurisprudence et, à ce titre, qu'il serait bien plus utile de créer, dans chaque faculté de droit, comme en Belgique, des cours obligatoires de notariat, comprenant l'explication des lois organiques, des lois fiscales et du droit civil et commercial, dans ses rapports avec le notariat (2). C'est l'opinion qu'exprima également, en 1872, la commission pour la réforme des hautes études de droit, en demandant la création d'écoles de notariat et d'enregistrement. Ajoutons que cette réforme, destinée à préparer un meilleur recrutement du notariat, est aujourd'hui devenue plus que jamais urgente, si le Gouvernement ne veut pas voir le notariat français marcher en arrière des autres institutions similaires de l'Europe, après leur avoir servi de modèle (3).

38 bis. — Nous avons expliqué tout ce qui est relatif aux conditions d'admission sous les mots OFFICE et CLERC. Nous y renvoyons le lecteur.

ART. 2. — *Nomination et installation. Serment. Cautionnement.*
Dépôt de signature

39. — Lorsque le dossier d'un candidat a été transmis par le parquet à la chancellerie, si toutes les pièces utiles ont été produites et si l'aspirant réunit les conditions prescrites par la loi, le garde des sceaux propose sa nomination au chef du pouvoir exécutif, qui l'accorde ou la refuse, suivant les renseignements qui lui sont fournis. C'est même là un acte souverain d'administration qui n'est sujet à aucun recours (4).

40. — Si la nomination est accordée, elle fait l'objet d'un décret qui fixe le lieu de résidence du nouveau notaire. L'ampliation de ce décret est adressée au procureur général du ressort et transmis par celui-ci au procureur de la République qui est chargé de requérir l'installation du titulaire, par l'admission au serment.

Cette ampliation est déposée au greffe, où le notaire doit s'en faire délivrer copie par le greffier. La chancellerie ne délivre point de copie du décret.

41. — Serment. — L'installation dans les fonctions résulte, pour les notaires, de la prestation du serment professionnel devant le tribunal. « Dans les deux mois de sa nomination, dit l'article 47 de la loi du 25 ventôse, et *à peine de déchéance*, le titulaire pourvu sera tenu de prêter, à l'audience du tribunal dans le ressort duquel il doit exercer, le serment que la loi exige de tout fonctionnaire public, ainsi que celui de remplir ses fonctions avec exactitude et probité.

Ce n'est, en effet, qu'à compter du jour où il a prêté serment que le notaire a le droit d'exercer ses fonctions; jusque là, il n'a point le caractère d'officier public. De même qu'après la prestation de serment de son successeur, il n'a plus le droit d'instrumenter et s'expose aux pénalités édictées par l'article 197, C. pén., c'est-à-dire à l'emprisonnement et à l'amende.

42. — L'obligation du serment n'est pas seulement imposée au notaire qui entre pour la première fois en exercice; elle l'est encore, sans aucun doute, à celui

---

(1) C'est ce qui explique l'initiative fort louable prise par les Chambres de Lyon et d'Angers de créer des écoles professionnelles de notariat.
(2) V. nos *Études sur le notariat*, p. 59 et suiv.
(3) Rutgeerts et Amiaud, t. III, n° 968. Nous renvoyons le lecteur sur ce point à l'excellente monographie publiée par M. Dupond, conseiller à la Cour de Bordeaux et qui trace magistralement le plan d'organisation de l'enseignement spécial au notariat. Bordeaux, in-8°, 1892.
(4) Arr. Cons. d'État des 23 août 1822 et 9 mai 1888.

qui, après avoir cessé ses fonctions, redevient notaire et même à celui qui change de *ressort* et de *classe*, que ce changement soit le fait d'un décret qui opère un transfert de résidence ou d'une loi modificative de circonscription cantonale (1).

43. — Le notaire qui exerce avant d'avoir prêté serment n'encourt pas la déchéance, comme celui qui se refuse à prêter serment, mais il peut être poursuivi et puni, par application de l'article 196 du C. pénal, d'une amende de 16 à 150 francs. En outre, les actes qu'il a reçus sont nuls comme actes authentiques (2).

Toutefois les actes reçus le jour même de la prestation de serment doivent être présumés reçus après cette prestation ; mais la preuve contraire est admissible et il est prudent que le nouveau titulaire, qui instrumente ce jour là, mentionne dans les actes l'*heure* de la réception.

44. — Aux termes du décret du 5 septembre 1870, qui a aboli le serment politique, les notaires n'ont plus à prononcer, en prêtant serment, que la formule suivante : « *Je jure de bien et loyalement remplir mes fonctions et d'observer en tout les devoirs qu'elles m'imposent.* »

45. — Le point de départ du délai de deux mois imparti au nouveau notaire pour sa prestation de serment est nécessairement le jour de la date du décret de nomination.

Si le serment n'a pas été prêté dans ce délai, il n'est pas d'usage, malgré le texte très-précis de l'article 47, de prononcer la déchéance, sans s'enquérir des motifs qui ont occasionné le retard ; si ces motifs sont légitimes, et si le notaire a besoin, pour cause de maladie ou autre, d'un nouveau délai, il lui est accordé par le Ministre (3).

46. — Cautionnement. — Aux termes de l'article 47 de la loi de ventôse, le nouveau titulaire n'est admis à prêter serment qu'en représentant la quittance du payement de son *cautionnement*. (V. ce mot).

47. — Dépôt de signature. — Avant d'entrer en fonctions, l'article 49 de la loi du 25 ventôse, oblige encore les notaires à déposer au greffe de chaque tribunal de première instance de leur département et au secrétariat de la mairie de leur résidence, leur signature et paraphe. Les notaires de première classe, qui ont le droit d'instrumenter dans tout le ressort de la Cour d'appel, doivent, en outre, faire le même dépôt au greffe des autres tribunaux du ressort de la Cour (4). Toutefois, l'omission de cette dernière prescription n'a pas d'autre effet que de rendre nécessaire la légalisation de la signature de ces notaires, quand les actes doivent être mis à exécution hors du département où siège la Cour d'appel.

« Le but de cette mesure, dit Loret (4), est de mettre les juges, dans toute l'étendue du territoire, en état de vérifier les signatures apposées au bas des actes notariés, actes que la législation déclare exécutoires dans toute la France, sans *visa* ni *pareatis.* »

De plus, l'article 2 de la loi du 4 mai 1861, qui autorise les juges de paix ne siégeant pas au chef-lieu d'arrondissement à légaliser, concurremment avec le président du tribunal, les signatures des notaires de leur canton, l'article 2, disons-nous, prescrit aux notaires de ces cantons, le dépôt de leurs signature et paraphe au greffe de la justice de paix où la légalisation peut être donnée.

48. — La loi ne fixe pas de délai pour l'accomplissement de cette formalité, et ne prononce non plus aucune sanction ; mais elle doit être remplie dans le plus

(1) Déc. min. just., 28 décembre 1838 ; et Amiaud, t. III, n° 1008 *bis* ; Malines, 12 juin 1871 (*J. du not.*, n° 2545) ; Ribérac, 28 juin 1881 art. 22558 ; J. N.).

(2) Cass., 28 février 1829 et 9 mai 1842 ; Dalloz,

v° *Serment*, n° 62 ; Dict. du not., v° *Acte not.*, n° 437 ; Rutgeerts et Amiaud, n° 1008.

(3) Déc. min. just., 25 septembre 1848.

(4) *Eléments de la science not.*, t. I, p. 468.

bref délai possible et le notaire qui ne l'aurait pas fait serait passible de poursuites disciplinaires, comme ayant manqué à un devoir professionnel (1).

49. —Les notaires ne sont pas tenus de faire ce dépôt en personne ; ils peuvent le faire adresser, soit par l'intermédiaire du secrétaire de la chambre de discipline (après certification de la sincérité de la signature par le président ou le syndic), — soit par le procureur de la République du ressort du notaire (2).

50. — Un notaire ne peut plus changer sa signature et son paraphe, après en avoir fait le dépôt, à moins qu'il n'y ait pour lui nécessité absolue, par suite d'accident, par exemple, ou d'infirmité, auquel cas un nouveau dépôt serait nécessaire (3).

ART. 3. — *Résidence.*

51. — C'est au gouvernement seul qu'il appartient de fixer le *lieu de résidence* de chaque notaire (4).

Cette résidence est toujours fixée par le décret de nomination (5).

52. — Que faut-il entendre par la *Résidence* ? C'est le lieu où le notaire est tenu d'avoir sa demeure fixe et habituelle, surtout son étude et le dépôt de ses minutes pour l'exercice de ses fonctions.

Il ne faut pas confondre la résidence avec le ressort, qui est l'étendue de territoire dans les limites duquel le notaire est compétent ; d'où il suit qu'il ne serait pas loisible à un notaire de résider dans une localité quelconque de son ressort, à son gré.

53. — Aux termes de l'article 4 de la loi de ventôse, « chaque notaire doit résider dans le lieu qui lui est fixé par le gouvernement ; en cas de contravention, il *sera considéré comme démissionnaire*, et le Ministre de la justice, après avoir pris l'avis du tribunal, pourra proposer au gouvernement le remplacement. »

54. — L'obligation de la résidence a une double raison d'être : *l'intérêt public,* car il faut que les citoyens qui ont besoin du ministère d'un notaire, puissent le rencontrer dans un *lieu fixe* et connu d'avance ; — *l'intérêt des notaires,* car une liberté absolue de résidence enfanterait des rivalités nuisibles aux notaires et compromettrait leur dignité (6).

55. — L'abus que l'article 4 a voulu réprimer est aussi ancien que l'institution et on retrouve le fond de cette même prescription dans toutes les lois anciennes. « Si le notaire pouvait transporter à son gré sa résidence, disait le tribun Favart, la loi aurait manqué son but, tant pour l'avantage de la société que pour celui des notaires ; on verrait la majeure partie d'entre eux abandonner les campagnes et venir habiter des villes... »

56. — Quand un notaire réside dans la ville ou la commune qui lui est fixée comme résidence, peut-il placer son étude dans telle ou telle rue, ou dans tel hameau ou village, à son gré, en un mot, dans un endroit quelconque de cette ville ou de cette commune ? Sans aucun doute, si le décret de nomination n'assigne pas au notaire un endroit précis où il doive résider (7), et s'il est dit seulement : M. X... est nommé notaire à la résidence de... (*indication de la ville ou de la commune*).

(1) Génébrier, p. 768 ; Massart, n° 1724 ; Rutgeerts et Amiaud, n° 1055.
(2) Circul., 6 novembre 1861. La formule est ainsi libellée sur une feuille de timbre de 0,60 cent. « La signature et le paraphe ci-après tracés sont ceux dont entend se servir M. X... nommé notaire à la résidence de..., par décret en date du..., et qui a prêté serment devant le tribunal de..., le... »
Il est dressé au greffe un acte de dépôt séparé pour chaque signature déposée. Cet acte est exempt d'enregistrement et soumis à un simple droit de greffe de 1,25, plus le timbre.
(3) Pradines, n° 1043.
(4) L. du 25 ventôse, art 31 ; C. d'État, 9 mai 1838.
(5) L. du 25 ventôse, art. 45.
(6) Dict. du not., v° *Résidence*, n° 10 ; Rutgeerts et Amiaud, n° 284 ; Cass., 8 mars 1864.
(7) Déc. min. just., 18 mai 1822.

Telle est l'opinion généralement enseignée par les auteurs et qui nous paraît conforme à l'esprit de la loi de ventôse (1).

◡ Toutefois, il semblerait résulter d'une décision du Ministre de la justice, en date du 1er septembre 1861 (2), que *c'est par simple tolérance administrative*, qu'un notaire pourrait être admis à fixer sa résidence ailleurs qu'au chef-lieu de la commune indiquée, comme résidence, dans le décret de nomination. Mais il y a lieu de remarquer que cette décision a été rendue dans une espèce où il paraissait constant que le changement de résidence serait préjudiciable aux populations ; du moins, tel est le seul motif invoqué, et cette solution, toute de circonstance, ne nous semble pas de nature à détruire les principes posés dans les deux décisions antérieures des 27 septembre 1845 et 4 mai 1846, qui reconnaissaient formellement au notaire le droit de choisir sa résidence sur telle partie de la commune qui convient le mieux à ses intérêts (3).

57. — Quoi qu'il en soit, le notaire qui a fixé tout d'abord, sa résidence dans un lieu déterminé, ne devrait pas, sans motifs graves, se résoudre à un déplacement de résidence, bien que ce déplacement dût s'opérer dans la même commune (4), et sans s'assurer de l'agrément du gouvernement, car il ne doit pas perdre de vue que, dans l'esprit de la loi, sa résidence doit, dans la mesure du possible, être *fixe, réelle, permanente* ; qu'il doit avoir, dans le lieu où il a été institué, non seulement son étude, ses minutes, ses clercs, mais encore son habitation et qu'il doit s'y tenir assidûment (5).

58. — **Infractions à la résidence.** — Il n'est pas toujours facile d'apprécier si un notaire a enfreint la prescription légale relative à la résidence.

Il est évident qu'il y a infraction, toutes les fois que le notaire n'a pas établi sa résidence au lieu précis fixé par le décret de nomination, ou s'il l'a établie ailleurs d'une façon permanente (6) ;

● — Ou lorsque le notaire n'a conservé qu'un domicile fictif au lieu de sa résidence légale, et a ailleurs sa famille, son ménage, le dépôt de ses minutes (7) ;

— Ou lorsque le notaire prend la fuite, par suite du mauvais état de ses affaires et pour éviter des poursuites disciplinaires ou criminelles.

59. — Mais la question devient beaucoup plus délicate, lorsqu'il s'agit d'une infraction *temporaire, passagère* (8).

On décide et il a été jugé qu'un notaire commet une violation de la loi de résidence :

    a) S'il a abandonné son étude pour fuir devant un danger, une invasion ennemie, par exemple, — ou une épidémie, comme l'a décidé le tribunal d'Avignon, le 26 août 1854 (9). Le notaire, en effet, ne doit pas oublier que c'est principalement au moment du danger

---

(1) « Les notaires, disait le rapporteur de la loi, sur l'article 4 (Favard), ne sont pas toujours astreints à résider au chef-lieu de la commune qui leur est assignée. Tantôt l'ordonnance de nomination désigne pour résidence un hameau, un village, et *c'est là, non au chef-lieu de la commune, que la résidence est fixée.* Tantôt il y a résidence de fait du notaire et de ses prédécesseurs dans tel hameau ou village, autre que le chef-lieu de la commune et *cette résidence n'a rien que de licite et de régulier...*» (Conf. Rolland de Villargues, n° 16 ; Fabvier-Coulomb, sur l'art. 4 ; v° *Notaire*, n° 38 et suiv. ; Chotteau, *Jurispr. not.*, n° 41 ; Génébrier, p. 183 ; Dict. du not., v° *Résidence*, n°° 13 à 15 ; Rutgeerts et Amiaud, n° 285).

(2) Art. 17299, J. N.

(3) Art. 12684, J. N.

(4) Mais il a, bien entendu, la faculté de se déplacer, à son gré, dans les limites de la ville ou du chef-lieu de sa résidence.

(5) Dict. du not., n°° 48-49; Liège, 20 mai 1848 et

10 juin 1847 ; Toulouse, 14 juin 1858 (art. 16358, J. N.).

(6) Déc. du 80 juin 1860 (art. 18883, J. N.). ; Cass., 11 janvier 1841 ; Tournon, 16 décembre 1836 ; Draguignan, 14 février 1837 (art. 9502, 9797 et 10864, J. N.) ; Chambéry, 4 mars 1878 (art. 21951, J. N. ; Rev. not., n° 5680).

(7) Yssingeaux, 20 mai 1845 ; Toulouse, 14 juin 1858 (art. 12898 et 16358, J. N.) ; Grenoble, 24 février 1875 (Rev. not., n° 4989).

(8) Il peut paraître rigoureux de considérer comme démissionnaire un notaire au sujet d'une infraction pour ainsi dire accidentelle ; toutefois l'article 4 ne fait aucune distinction, par suite, il appartient au gouvernement et aux tribunaux appelés à juger la conduite du notaire d'apprécier les circonstances dans lesquelles l'infraction s'est produite. Cass., 22 août 1860.

(9) Dict. du not., v° *Discipline*, n° 61; Lefebvre, n° 124; Rutgeerts et Amiaud, n° 288, p. 418.

qu'il est de son devoir de rester à son poste et qu'il a un dépôt public dont il est responsable et à la conservation duquel il doit veiller.

b) S'il a ouvert une seconde étude dans une autre localité que celle assignée à sa résidence, s'y transporte périodiquement, une ou deux fois par semaine, dans un local loué à cet effet et où il se tient à la disposition du public (1).

Peu importe que la localité où le notaire se transporte soit, ou non, le siège d'une autre résidence notariale (2);

— Ou qu'il ait mentionné dans ses actes la réquisition des parties, car la réquisition ne suffit pas à justifier le transport du notaire dans de pareilles conditions, alors surtout qu'il est constant qu'elle a été sollicitée par l'officier public et qu'elle n'a été qu'une forme de style illusoire (3);

— Ou que le notaire ne tienne, dans ce local et aux jours indiqués, que des conférences où sont discutées les conventions des parties et que la réalisation des actes n'ait lieu ensuite que dans l'étude même du notaire (4);

On doit encore considérer comme une véritable *succursale* de l'étude la chambre qu'un notaire s'est réservée, pour son usage exclusif, dans une maison qui lui appartient, en dehors de sa résidence, dans une commune dont il est le maire et où il se rend régulièrement et périodiquement, les jours de foire, de marché et d'audience de justice de paix (5).

60. — Ce sont là, d'ailleurs, presque toujours des questions de fait, dont l'appréciation est laissée aux tribunaux qui auront, dans chaque espèce, à concilier ces deux principes essentiels : d'une part, l'obligation de la résidence imposée par l'article 4 de la loi de ventôse, et, d'autre part, — le droit et le devoir du notaire d'instrumenter dans toutes les communes de son ressort, à toute réquisition (6). Mais il résulte, cependant, des nombreuses décisions rendues en cette matière, que le fait d'ouverture et d'installation d'une seconde étude hors de la résidence légale est caractérisé d'ordinaire par les circonstances suivantes :

a) Périodicité du transport dans un lieu autre que celui de la résidence légale;

b) Existence d'un local déterminé, affecté à la réception des actes et de la clientèle;

c) Absence de réquisition sérieuse de la part des parties;

d) Installation d'un clerc dans le local et d'un dépôt de minutes et de registres.

61. — Dans une consultation délibérée, en 1832, par MM. Delacroix, Dupin, et Boinvilliers, ces savants jurisconsultes ont soutenu le droit, pour les notaires ruraux, de se rendre les jours de foire et de marché, ou les dimanches, au chef-lieu de canton, pour y recevoir des actes à bureau ouvert; usage sur lequel les chambres de discipline ferment à tort les yeux, et qui existe toujours dans certains arrondissements. Nous ne saurions trop engager les notaires à ne pas

---

(1) Cass., 1ᵉʳ avril 1868 (art. 19236, J. N.).

(2) L'acte n'en serait que plus répréhensible, s'il existait un autre notaire dans la localité. C'est ainsi qu'il a été jugé que le notaire qui se rend périodiquement et à jour fixe dans un local déterminé, à l'extrémité de son canton, dans le but d'attirer à lui la clientèle des habitants d'un canton voisin, et y passer des actes pour ces habitants, manque à ses devoirs professionnels et porte un préjudice aux notaires du canton voisin, ce qui le rend passible des dommages-intérêts envers eux. Bordeaux, 13 mai 1872.

(3) Bordeaux, 29 novembre 1859 (art. 16812, J. N,); Cass., 22 août 1860; Pau, 4 février 1862 (art. 17353,

J. N.); Dict. du not., n° 59; Lefebvre, n°ˢ 142 et suiv.; Rutgeerts et Amiaud, p. 409.

(4) Paris, 17 mars 1862 (art. 17371, J. N.); Gand, 21 janvier 1888 (Rev. prat. not., B., 1888, p. 78).

(5) Nîmes, 10 décembre 1862 (art. 17720, J. N.).

La règle qu'un notaire aurait accepté d'un domaine situé hors de son ressort et dans la résidence d'un notaire voisin, constituerait-elle par elle-même une infraction à la résidence, alors qu'elle oblige le notaire à de fréquents voyages? Non, si ce notaire ne prend pas prétexte de ces voyages et de sa présence au domaine pour y recevoir la clientèle et se livrer à des actes contraires à la bonne confraternité.

(6) L. du 25 ventôse, art. 2.

prendre cette opinion et cette pratique pour règle de conduite. Sans doute, les notaires des résidences rurales sont obligés de venir au chef-lieu de canton pour l'enregistrement de leurs actes ; sans doute aussi leur clientèle, se rendant aux foires et marchés, trouve plus commode d'y donner rendez-vous au notaire, pour éviter des déplacements parfois onéreux. Nous sommes peu sensible à ces objections. De pareilles pratiques déconsidèrent le notariat, sont contraires à la dignité et au devoir de l'officier public, qui doit avoir assez de respect de lui-même et de ses fonctions pour ne pas courir au devant de la clientèle et offrir son ministère à des personnes qui, sans cela, ne se seraient peut-être pas adressées à lui. La jurisprudence se prononce de plus en plus en ce sens et avec raison (1).

Le droit de transport des notaires dans les communes de son ressort et les limites dans lesquelles il doit être renfermé, pour ne pas dégénérer en infraction à la résidence, ont, d'ailleurs, été indiqués dans un avis du Conseil d'État du 7 fructidor an XII qui a force de loi et qui décide :

« Que la loi du 25 ventôse an XI accordant aux notaires de troisième classe le droit d'exercer leurs fonctions dans toute l'étendue de la justice de paix, ceux qui résident dans une commune rurale dont le chef-lieu est dans une ville où siège soit une Cour d'appel, soit un tribunal de première instance, peuvent, *lorsqu'ils en sont requis* (2), se transporter dans la partie de ces villes, dépendant de leur ressort, pour y instrumenter, mais *qu'ils ne peuvent ouvrir étude, ni conserver le dépôt de leurs minutes, ailleurs que dans le bourg ou village qui leur est assigné pour lieu de leur résidence.* »

Les notaires doivent se conformer rigoureusement à ces principes.

62. — c) Il peut y avoir encore infraction à la résidence, si le notaire tient son étude et le dépôt de ses minutes au lieu fixé par le décret de nomination, mais s'il habite *de fait* dans un autre lieu avec sa famille, y a son ménage, son principal établissement, et ne vient dans ses bureaux qu'à de rares intervalles, pour assister à la réception des actes préparés par ses clercs.

Cependant, en pareil cas, il faut, on le comprend, apporter plus de tolérance que dans ceux où le défaut de résider a sa source dans une autre idée de lucre et de concurrence déloyale. On ne doit donc s'autoriser des prescriptions de l'article 4 qu'autant que le service public souffre réellement de l'absence du notaire et quand les clients sont lésés dans le libre choix et les facilités que la loi a voulu leur donner.

Et, en effet, presque toutes les décisions rendues en application de cette règle ont été motivées par des faits de concurrence audacieuse et déloyale et dans des cas où les notaires qui habitaient une maison de campagne, en dehors de leur résidence, y recherchaient l'occasion de détourner la clientèle de leurs confrères (3).

63. — d) Y a-t-il infraction à la résidence dans le fait par un notaire de

---

(1) Caen, 23 juin 1858 ; Cass., 30 mai 1859 ; Aix, 21 février 1860 ; 28 mai 1861 ; Pau, 28 avril 1861 ; Caen, 28 mai 186 I ; Paris, 17 mai 1864 ; Cass., 1er avril 1868 (art. 19686, J. N.) ; Rennes, 2 juillet 1868 (*Rev. not.*, n° 2571) ; Bordeaux, 13 mai 1872 ; Grenoble, 24 février 1875 ; Chambéry, 4 mars 1878 (art. 16617, 21951, J. N. et *Rev. not.*, n°s 4989 et 5630) ; Bordeaux, 18 mai 1882 (*Rev. not.*, n° 4227). Conf. Eloy, t. I, n° 226 ; Lefebvre, n° 428 ; Rutgeerts et Amiaud, p. 410.

(2) Il s'agit là, sans aucun doute, d'une réquisition spéciale des parties en vue d'un acte déterminé, réquisition qui, dans les cas que nous examinions ci-dessus, ne saurait résulter du fait de la réception des actes et de la signature des parties (Dict. du not., n° 68).

La réquisition n'a besoin ni d'être écrite, ni constatée par acte d'huissier et on doit supposer, jusqu'à preuve du contraire, qu'elle a existé. Toulouse, 14 août 1848 ; Cass., 30 avril 1845. Mais la preuve que le notaire n'a pas été requis peut être faite, malgré la mention contraire établie dans l'acte et on comprend que si l'on se trouve dans un des cas relevés ci-dessus comme constituant une infraction à la résidence, la multiplicité des actes même reçus par le notaire en dehors de sa résidence légale sera une présomption grave contre lui de l'absence de réquisition.

(3) Cass., 30 avril 1845 ; Liège, 10 juin 1847 ; Riom, 20 février 1855 ; Grenoble, 30 juin 1856 ; Aix, 21 février 1860 ; Grenoble, 14 février 1875 (*J. du not.*, n° du 26 juin 1875 ; *Rev. not.*, n° 4934).

s'éloigner de sa résidence, soit pour affaires, soit pour un voyage d'agrément, soit pour remplir un mandat de député ou de sénateur, par exemple ?

En ce qui concerne le mandat législatif confié au notaire, la question est tranchée négativement par la présence, au Parlement français, de notaires en exercice, présence qui n'a jamais soulevé, à notre connaissance, d'objections de cette nature. Les intérêts privés peuvent sans doute, mais dans des cas rares, souffrir de la nomination d'un notaire comme membre du Parlement, mais si le notaire accepte sa nomination, ses électeurs, qui sont aussi ses clients, auraient mauvaise grâce à se plaindre des inconvénients qui proviennent de leur fait.

Dans les autres cas d'absence, c'est une question de fait et de mesure. Si l'absence n'est que de courte durée, il ne saurait y avoir d'infraction : si elle se prolonge et dénote, de la part de l'officier public, une négligence abusive de ses devoirs professionnels, le parquet aurait le droit de requérir l'application de l'article 4 (1).

64. — La loi du notariat ne s'étant pas expliquée sur la durée de l'absence qui pourrait faire considérer un notaire comme *démissionnaire*, on s'est demandé s'il y avait lieu d'appliquer, par analogie, l'article 5 de la loi du 2 ventôse an VIII, suivant lequel l'absence doit être de *six mois*. C'est encore là une de ces questions de fait qui ne peuvent être décidées que d'après les circonstances, et qu'il faut laisser à l'appréciation du Gouvernement et des tribunaux (2). Un auteur enseigne cependant que le notaire dont l'absence a duré *un mois*, peut être réputé démissionnaire et remplacé (3); mais ce n'est là sans aucun doute qu'une opinion personnelle ; aucun texte ne justifie cette solution. Comme moyen de prévenir cette difficulté, nous engageons les notaires qui voudraient s'absenter quelque temps, soit pour jouir d'un repos souvent nécessaire, soit pour affaires, de prévenir, avant leur départ, le président de la chambre de leur arrondissement, et de s'entendre avec un de leurs confrères pour se faire substituer. De cette façon, le notaire assurera les besoins du service public dont il est chargé et écartera toute responsabilité (4).

En tout cas, le parquet ne saurait, à l'exemple d'un procureur de l'empire, en 1857, adresser aux notaires l'invitation de ne plus s'absenter, à l'avenir, de leur résidence, et de ne plus sortir de l'arrondissement sans son autorisation (5).

65. — Trois moyens de répression sont ouverts contre les infractions à la résidence : la répression *administrative*, la répression *disciplinaire*, et l'action *civile en dommages-intérêts*.

En premier lieu, si des faits d'abandon de résidence ou d'infraction au devoir de résider sont dénoncés au parquet, celui-ci en saisit le Ministre de la justice qui apprécie si les faits sont assez graves pour justifier le remplacement du titulaire, et, d'ordinaire, s'il s'agit d'une infraction temporaire, le Ministre se borne à mettre l'officier public en demeure de réintégrer sa résidence. Si l'injonction reste sans effet, le Garde des sceaux charge le procureur de la République de demander l'avis du tribunal et, après enquête et délibération des magistrats, le Ministre propose, s'il y a lieu, le décret qui déclare le notaire démissionnaire.

Ce décret est un acte de haute administration qui ne peut être attaqué par la voie contentieuse (6).

Le notaire déclaré démissionnaire doit cesser ses fonctions dès que le décret lui a été notifié ; mais il ne perd pas le droit de présenter un successeur, au moins durant le délai qui lui a été imparti par le Gouvernement.

(1) Dict. du not., n° 84.
(2) Dalloz, n° 40, Dict. du not., n° 87.
(3) Morin, *Discipl. des tribunaux*, t. I, n° 367 et 480 bis.

(4) V. aussi Lefebvre, t. I, n° 125 ; Cass., 15 juillet 1840.
(5) Art. 16054, J. N.
(6) Cons. d'Etat, 28 août 1822, 7 mai 1838 et 30 juin 1860 (art. 16888, J. N.).

66. — Malgré les termes de l'article 4 de la loi du 25 ventôse, les auteurs et les tribunaux s'accordent aujourd'hui à décider que la répression administrative n'est point, en matière d'infraction à la résidence, exclusive de la répression *disciplinaire*; mais la juridiction disciplinaire ne doit intervenir qu'autant que l'obstination à ne pas résider a porté préjudice au service public ou qu'à cette obstination se sont joints des faits de détournement de clientèle (1).

67. — Enfin, le notaire s'expose à une *action en dommages-intérêts* de la part du notaire ou des notaires qui éprouvent un préjudice par suite du détournement de clientèle qu'a occasionné l'infraction à la résidence. La jurisprudence sur ce point est constante (2).

La preuve de l'infraction peut être faite par les notaires lésés, à l'aide de titres et de témoins (3); mais ils ne peuvent pas demander la vérification de la totalité des minutes du notaire incriminé et le tribunal peut seulement autoriser un compulsoire restreint aux actes dont la communication est nécessaire (4).

68. — Si la résidence est un devoir, elle constitue aussi pour le notaire un droit. Une fois fixée dans le décret de nomination, elle ne peut être changée sans l'assentiment du notaire titulaire. Le principe de l'inamovibilité, écrit dans l'art. 2 de la loi de ventôse, ne permet pas de douter de l'exactitude de ce principe, surtout quand on combine cet article avec l'art. 45. D'après ce dernier, le décret de nomination doit indiquer le lieu de la résidence ; la résidence fait donc partie intégrante et inséparable de l'acte qui investit le notaire de son titre. Si l'on ne peut toucher au titre, il va de soi qu'on ne peut toucher davantage à la résidence (5).

Sur les transferts de résidence (V. *infrà*, v° OFFICE).

ART. 4. — *Fonctions et attributions. Incompatibilités.*

69. — Les fonctions et attributions des notaires sont inscrites dans l'art. 1 de la loi de ventôse.

Ils sont, d'après cet article, les magistrats de la juridiction volontaire, chargés de recevoir les actes et contrats auxquels les parties doivent ou veulent faire conférer l'authenticité.

Ils sont aussi des dépositaires publics, chargés de conserver des actes qu'ils ont passés (V. *suprà*, v° MINUTE).

Ils ne peuvent recevoir aucun acte de la juridiction *contentieuse*, à moins qu'un texte formel de loi ne leur en accorde le droit (6). Ils n'ont que la juridiction *volon*

---

(1) Cass., 22 août 1860 et 1er avril 1868; Aix, 21 février 1860; Paris, 17 mars 1862; Chambéry, 4 mars 1878 (art. 16942, 16803 et 21951, J. N.); Lefebvre, n** 158 et suiv.; Morin, p. 321-322; Rutgeerts et Amiaud, p. 419; Dict. du not., n°.105.

(2) Lisieux, 22 avril 1858; Toulouse, 14 juin 1858; Domfront, 21 juillet 1858; Draguignan, 22 mars et 1er août 1858 (art. 16358, 16367, 16471, J. N.); Cass., 30 mai 1859; Aix, 21 février 1860; Caen, 28 mai 1861; Pau, 28 février 1862; Nîmes, 10 décembre 1862; Cass., 8 mars 1864; Rennes, 2 juillet 1868; Bordeaux,18 mai 1872 (S. 1872-2-238); Grenoble, 24 février 1875; Chambéry, 4 mars 1878 (art. 16803-17165-17858-17720 et 21951, J. N.); Bordeaux, 18 mai 1882 (*Rev. not.*, n° 4227).

(3) Villefranche, 29 mars 1888.

(4) Grenoble, 2 mars 1850.

(5) Bastiné, p. 67; Rolland de Villargues, n° 65; Gagneraux, n** 28 et 38; Fabvier-Coulomb, art. 2, note 12; Génébrier, p. 176; *Encyclop. du not.*, v° *Résidence*, n° 56. — Nous nous étions prononcé en sens contraire dans notre *Etude sur les offices*, sur la foi d'un arrêté du Conseil d'Etat du 30 mars 1870 dont nous n'avons pu retrouver la trace. Nous

croyons plus juridique l'avis des auteurs que nous venons de rapporter.

(6) Telles sont les exceptions relatives aux notifications d'actes respectueux (art. 154, C. civ.) et aux protêts (art. 173, C. com.).

Les notaires sont-ils compétents pour faire le procès-verbal qui constate les offres réelles autorisées par l'art. 1257, C. civ.? — L'art. 1258 du même Code dit que les offres doivent être faites par un officier ministériel ayant caractère pour ces sortes d'actes. Du texte seul de cet article, il résulterait d'après nous que le notaire n'est pas compétent ; car d'abord le notaire n'est pas un officier ministériel dans le sens propre attaché à ce mot; — en outre, ce genre d'actes n'a pas le caractère de ceux qui rentrent d'ordinaire dans les attributions notariales; il a un caractère contentieux, puisqu'il suppose un différend entre le débiteur et le créancier et constitue le premier acte d'une contestation dont la solution sera dévolue aux tribunaux.

Quoi qu'il en soit, la majorité des auteurs se range à l'opinion contraire et donne compétence aux notaires : Dalloz, v° *Obligat.*, n° 212; Toullier, t. VII, n° 201; Dict. du not., n° 404, et v° *Offres réelles*,

taire ; et encore, il est certain que leur compétence cesse même pour les actes de cette juridiction, lorsqu'une disposition expresse attribue ces actes exclusivement à d'autres fonctionnaires (1).

70. — Les mots *actes* et *contrats* embrassent, dans leur généralité, tous les traités, tous les engagements, toutes les conventions, tous les faits même que les citoyens peuvent avoir intérêt à faire constater légalement, pourvu qu'ils ne soient pas contraires aux lois ou à l'ordre public, ou qu'ils ne constituent pas un empiétement sur les attributions de fonctionnaires d'un autre ordre.

71. — Les notaires exercent leur ministère, tantôt, comme l'a dit Favard, par suite *de la volonté libre des contractants,* — tantôt en vertu de dispositions *impératives* de la loi, tantôt aussi en vertu de *commissions judiciaires.*

Nous avons dit que, pour la réception des actes que les parties ont la faculté de faire rédiger devant notaire, cet officier public n'a d'autres limites dans ses attributions que celles qui lui sont imposées par les lois.

En ce qui concerne les actes dont l'existence et la validité sont subordonnées à la forme authentique, actes dont la réception est placée dans la compétence exclusive des notaires, nous en avons donné l'énumération au mot ACTE NOTARIÉ, t. I, p. 70.

Dans les cas où l'autorité judiciaire doit déterminer la mission des notaires, leur compétence résulte tout à la fois de la loi et du mandat que les juges leur donnent. Ainsi l'article 113 C. civ., autorise le tribunal à commettre un notaire pour représenter le présumé absent dans les inventaires, comptes, partages et liquidations dans lesquels il est intéressé.

Les articles 828, C. civ. et 970, C. proc. civ., autorisent le tribunal, en matière de vente par licitation de biens de mineurs, ou de partage judiciaire, à nommer un notaire pour procéder à ces opérations.

Aux termes des art. 928 et 935, C. proc. civ., le président du tribunal peut nommer d'office un notaire pour représenter les parties à la levée des scellés et à l'inventaire.

72. — Enfin, les notaires ont des attributions qu'ils partagent avec d'autres officiers ou fonctionnaires publics ; les actes qui rentrent dans ces attributions peuvent, par suite, être reçus indistinctement par ceux des officiers compétents que les parties ont choisis.

Tels sont :

a) La nomination d'un conseil spécial et d'un tuteur (art. 391, 392, 392 et suiv. du C. civ.).

b) La reconnaissance de l'enfant naturel (art. 62-324, C. civ.).

c) Les testaments faits en temps de peste ou de maladie contagieuse (art. 985, C. civ.).

d) Les protêts (art. 173, C. com.).

e) Les compulsoires (2).

f) Les certificats de propriété (3).

---

n° 18 ; Gagneraux, n° 248 ; Demolombe, t. XXVIII, n° 96 ; Laurent, t. XVIII, n° 176 ; Larombière, sur l'art. 1258 ; Rutgeerts, n° 26. — *Contra :* Rolland de Villargues, v° *Offres réelles,* n° 25 ; Pigeau, t. II, p. 462.

La jurisprudence est aussi favorable à la compétence : Lyon, 14 mars 1827 ; Agen, 17 mai 1886 ; Bordeaux, 30 juin 1886 (art. 6250 et 9398, J.N).

(1) Ainsi, sont formellement exclus des attributions des notaires :

a) Les actes de l'état civil, naissances, mariages, décès (art 55 à 78, C. civ.).

b) L'acte de légitimation (art. 331, C. civ.).

c) L'acte d'adoption (art. 363).

d) La demande et le consentement à tutelle officieuse (art. 363).

e) Les nominations de tuteur et subrogé-tuteur et autres délibérations de conseil de famille (art. 405, 415, 420).

f) L'acte d'émancipation (art. 477, C. civ.).

g) Les renonciations à succession (art 784), acceptations sous bénéfice d'inventaire (art. 793, C. civ., etc. ; Bastiné, p. 41).

(2) L. de ventôse, art. 24.

(3) L. 28 floréal an VII, art. 6.

g) Les ventes publiques et aux enchères de meubles et objets
mobiliers.

h) Les ventes volontaires de fruits et récoltes et de bois taillés (1).

i) Les ventes judiciaires d'immeubles (art. 747, 904, 955 et suiv.,
970, 988 et 1001, C. proc. civ.).

j) Les procès-verbaux de carence (2).

73. — Les attributions des notaires étant ainsi connues, il est utile de
remarquer, avec M. Bastiné (3), que personne ne peut s'y immiscer, de quelque
manière que ce soit, sans tomber sous l'application de l'article 258 du Code pénal,
et s'exposer à des dommages-intérêts.

L'immixtion dans les fonctions notariales s'est cependant assez fréquemment
produite de la par des greffiers de justice de paix, des instituteurs, des agents
d'affaires et même d'anciens notaires, et nous croyons que, dans bien des cas, la
jurisprudence a été trop indulgente, en absolvant des faits et actes qui constituaient
des empiètements d'autant plus dangereux qu'ils exposent les parties, dans les
grandes villes surtout, aux inconvénients les plus graves et au chantage le plus
éhonté.

74. — **Greffiers.** — Ainsi, il a été jugé qu'il n'est interdit par aucune loi
aux greffiers de justice de paix, de rédiger des actes sous seing privé pour des
tiers, lorsque le rédacteur de l'écrit n'a pas employé de manœuvres pour détourner
les parties de faire dresser leurs conventions par acte public, ou pour leur faire
croire que l'écrit ainsi fait aurait la même force qu'un acte authentique (4); qu'un
greffier peut, notamment, rédiger une renonciation à hypothèque, avec promesse
de donner mainlevée de l'inscription par acte notarié; faire des prisées de meubles,
si l'acte ne contient aucun des éléments constitutifs de l'inventaire. Mais il ne
pourrait annoncer par des affiches la mise en location d'immeubles aux enchères,
recevoir le dépôt et mettre au rang de ses minutes des actes sous seing privés,
contenant partage et liquidation de communauté ou succession, et il ne saurait
être excusable pour l'avoir fait de bonne foi (5).

Des présidents de tribunaux, procédant à l'ouverture des testaments olographes, ne se contentent pas, quelquefois, de constater l'état matériel du testament,
mais le font transcrire en entier dans l'ordonnance et les greffiers s'autorisent de
cette transcription pour délivrer des copies du testament aux parties intéressées. Il
y a, dans cette façon de procéder, une irrégularité et un empiètement sur les
fonctions notariales et cette pratique a été, avec raison, condamnée par arrêt de la
Cour d'Aix du 29 août 1883 (6).

75. — **Instituteurs.** — Les instituteurs ont aussi, dans certains pays, la
mauvaise habitude de rédiger, pour les parties, des actes sous seings privés. Les
gens des campagnes, alléchés par les frais minimes que ces actes leur coûtent, se
laissent aller à croire que leurs intérêts sont suffisamment sauvegardés et négligent,
par suite, de prendre les précautions légales les plus indispensables. Il y a là
un danger sérieux qui affecte gravement les intérêts privés. Une circulaire du
Ministre de l'instruction publique, en mars 1859, a renouvelé aux instituteurs
l'interdiction d'intervenir, au préjudice des notaires, dans la rédaction des actes
sous seing privés (7), mais ces instructions n'ont pas toujours été suivies et la
chancellerie, depuis, a dû les rappeler fréquemment aux procureurs généraux.

76. — **Agents d'affaires.** — Le particulier qui publie, dans des affiches,
qu'il se charge de la rédaction de presque tous les actes confiés d'ordinaire aux

---

(1) L. 5 juin 1851.
(2) L. 6 mars 1791.
(3) N° 47.
(4) Douai, 29 décembre 1868 (art. 17978, J. N.).

(5) Cass., 14 mars 1866 (art. 18478, J. N.); Arlon,
17 mai 1876 (J. du not., n° 8018).
(6) Art. 23076, J. N.
(7) Art. 16514, J. N.

notaires, ventes, partages, licitations, obligations, décharges, procurations, inventaires, etc., ouvre, en conséquence, un cabinet d'affaires où il rédige ces divers actes, — sur lequel il inscrit : *Etude de M...,* — a recours à des formules spéciales de rédaction, apposition de cachet, formalités de conservation de minutes, etc..., commet le délit d'immixtion illégale dans les fonctions de notaire, et est passible, en conséquence, des peines portées dans l'article 258, C. pén. ; et la chambre des notaires de l'arrondissement qui a le droit d'intervenir dans l'instance, peut se porter partie civile et obtenir, à titre de dommages-intérêts, l'insertion du jugement dans le journal du département et son affiche dans les communes exploitées par l'agent d'affaires (1).

77. — Les simples particuliers ont-ils le droit de procéder par eux-mêmes ou par un mandataire (agent d'affaires, le plus souvent), mais sans le concours d'un notaire, à la vente aux enchères de leurs immeubles? L'affirmative a été décidée, dès le principe, par un arrêt de la Cour de cassation du 20 février 1843, mais dans une espèce ou les actes sous seings privés ne constataient ni affiches ni enchères publiques. Depuis, d'autres décisions judiciaires ont été rendues dans le même sens (2). Enfin, une décision du Ministre de la justice, en date du 20 février 1878 (3), porte que les notaires n'ont point de privilège pour procéder aux adudications publiques des biens immeubles.

Ce point de vue a été très justement critiqué par les auteurs : « On ne saurait trop faire, dit excellemment à ce propos M. Bastiné, pour environner les notaires de toute la dignité qui commande et inspire la confiance. Or, en dehors de toute objection juridique, conçoit-on que la loi tolère la parodie des actes de l'autorité publique? Qu'elle permette aux particuliers d'imiter tout ce que les notaires ont le droit de faire dans les ventes publiques ; apposer des affiches, convoquer les acquéreurs, faire la criée, recevoir les enchères et proclamer l'adjudication, sauf à considérer ensuite tous ces faits comme nuls et comme n'ayant aucun caractère sérieux, puisqu'il ne peut y avoir de procès-verbal d'enchères? Une pareille tolérance est difficilement compatible avec la gravité de la loi. Par cela seul, il faut donc reconnaître que les ventes publiques, précédées d'affiches et avec enchères, échappent au domaine des particuliers et qu'elles doivent rester dans les attributions exclusives des notaires. L'esprit de la loi est ici plus énergique que ne pourrait être son texte (4).

77 bis. — **Commissaire-priseur.** — (*V. infrà,* v° VENTE DE MEUBLES).

78. — **Ancien notaire.** — Se rend coupable de concurrence déloyale et est passible de dommages-intérêts, l'*ancien notaire* qui, après la cession de son office, entretient des relations avec ses anciens clients, continue à s'occuper d'affaires, rédige des actes sous seings privés et des bordereaux d'inscription, fait des déclarations de succession, s'entremet pour faire attribuer à d'autres officiers publics la réalisation d'actes, à l'occasion desquels les parties s'étaient antérieurement entendues avec leur notaire habituel et fait ainsi à son successeur une concurrence préjudiciable (5).

79. — **Incompatibilité.** — Dès 1765, un édit déclarait qu'il était « interdit aux notaires de se livrer à des travaux incompatibles avec leurs fonctions et qui les font sortir des bornes de leur état. »

Cette interdiction a été reproduite par l'article 7 de la loi de ventôse, qui dispose que : les fonctions de notaire sont incompatibles avec celles de *juges, commissaires du gouvernement* près les tribunaux, leurs *substituts, greffiers, avoués, huissiers,*

---

(1) Paris, 16 décembre 1857 ; Cass., 7 mars 1858 ; Melun, 14 décembre 1858 (art. 16287, 16304, 16469, J. N.).
(2) Dijon, 13 août 1868 (art. 19805, J. N.) ; Cass., B., 21 mai 1862.

(3) Art. 21872, J. N.
(4) N° 58 ; Conf., Dict. du not , n° 447 ; Ar. Dalloz, n° 281 ; Rutgeerts et Amiaud, t. I, n° 209.
(5) Caen, 15 juin 1888 (art. 24306, J. N.).

préposés à la recette des contributions directes et indirectes, juges, greffiers de justice de paix et huissiers, commissaires de police et commissaires aux ventes.

Les incompatibilités sont fondées, dit M. Bastiné, d'abord sur la nécessité de la séparation des pouvoirs publics ; ensuite sur le motif que ce même citoyen ne doit pas pouvoir exercer à la fois deux fonctions, dont l'une donne la surveillance sur l'autre ; puis, comme dit Loyseau, sur ce que les faveurs publiques doivent être partagées entre plusieurs et non accordées à la même personne ; enfin sur l'impossibilité ou du moins sur la difficulté pour une personne de suffire aux soins qu'exigent diverses fonctions.

80. — L'article 7 n'énumère pas toutes les fonctions incompatibles avec les fonctions notariales. Nous allons donc indiquer les professions que le notaire ne peut exercer et qui lui sont interdites soit par les principes généraux du droit, soit par des dispositions spéciales :

Agent (inspecteur, directeur, représentant, etc.), d'une *compagnie d'assurances* (1).

Agent de change (2).

Avocat exerçant soit près d'un tribunal ou d'une Cour d'appel, soit à la Cour de cassation ou au Conseil d'Etat (3).

Il y a plus ; nous pensons qu'un notaire doit s'abstenir de prendre dans ses actes la qualification de *docteur en droit*, et par conséquent aussi celle d'avocat qui, dans l'occurrence, ne peut avoir que la même signification (4).

Avoué (5).

Banquier (6).

Commerçant ; l'article 12 de l'ordonnance du 4 janvier 1843 interdit formellement aux notaires de se livrer soit directement, soit indirectement, à aucune spéculation de bourse, ou opération de commerce, banque, escompte et courtage (7).

Commissaire de police (8).

Commissaire-priseur (9).

Commis-greffier assermenté près les Cours, tribunaux ou justices de paix (10).

Conseiller d'Etat ou *conseiller à la Cour des comptes* (11) ; les conseillers d'Etat sont juges du contentieux administratif.

Conseiller de préfecture (12).

Conseil de prud'hommes (13).

Conservateur des eaux et forêts et autres fonctionnaires (14).

Conservateur des hypothèques (15).

---

(1) Déc. minist. just., 6 mars 1860.
(2) Ord., 14 avril 1819, art. 6.
(3) Règ., 20 novembre 1822, art. 42.
(4) C'est dans le même sens qu'a été écrite une lettre du Garde des sceaux de France au chef du parquet de Bazas, le 12 juillet 1829, à l'occasion d'un notaire qui portait le titre d'avocat : « Je ne conçois pas, disait le Ministre, le motif qui a pu engager le notaire à prendre un titre qui ne lui appartient plus, si ce n'est l'intention de se distinguer des autres notaires et d'augmenter par ce moyen sa clientèle en diminuant la leur, ce qui ne saurait être toléré. Je vous charge, en conséquence, de vérifier si le fait est exact, et, en cas d'affirmative, d'enjoindre au sieur D..., d'avoir à s'abstenir de prendre le titre d'avocat et à le supprimer de ses enseignes ». — Sic : Déc. minist. just., 12 octobre 1829, 26 avril 1858 ; Fabvier-Coulomb, p. 25, note 84 ; Arm. Dalloz, *Répert.*, n° 267 ; Bastiné, n° 51, note 3 ; Lefebvre, t. I, n° 503. — Contrà : Rolland de Villargues, n° 16 ; Dict. du not., v° *Incompatibilité*, n° 20 ; Gagnereaux, p. 177, n° 11.
(5) L. 25 ventôse an XI, art. 7.
(6) Ord du 4 janvier 1843, art. 12.

(7) Il a même été décidé, que l'exercice d'un commerce par la femme d'un notaire peut motiver contre celui-ci, de la part du Ministre de la justice, une injonction d'opter entre la conservation de ses fonctions et la continuation de ce commerce. (Conseil d'Etat, 2 août 1854 ; Mende, 8 octobre 1845, Dalloz, 1847, 3-111). Mais le notaire qui a contrevenu à l'interdiction, peut être réputé commerçant et déclaré en faillite. Caen, 11 août 1857 ; Montpellier, 27 août 1858 ; Rouen, 10 janvier 1875 ; Dijon, 12 mars 1883 ; Montluçon, 11 mars 1884 ; Liège, 20 avril 1886 ; Douai, 29 novembre 1887 ; Agen, 16 fév. 1887 ; Cass., 14 mars 1888 ; Angers, 8 déc. 1889.
(8) L. 25 ventôse an XI, art. 7.
(9) L. 25 ventôse, art. 7 et Ordonnance du 21 juillet 1822.
(10) L. 25 ventôse, art. 7, et Déc. min., 26 mars 1844.
(11) L. 25 ventôse, art. 7 ; Fabvier-Coulomb, p. 24, note 32 ; Dict. du not., n° 26.
(12) Arr. du Conseil d'Etat, 10 ventôse an XIII.
(13) Déc. minist. just., 1809.
(14) Circ. minist. 30 pluviôse an II.
(15) LL. 21 ventôse et 9 messidor an II, art. 248.

Contributions directes (1).

Courtier (2).

Directeur des contributions directes ou indirectes (3).

Employé de la régie, des postes et télégraphes (4).

Greffier de Cour, de tribunal ou *de justice de paix* (5).

Huissier (6).

Inspecteur des diverses administrations de l'Etat (7).

Instituteur public.

Magistrats, — c'est-à-dire juges, présidents, conseillers, membres des parquets des Cours et tribunaux. — Mais un notaire peut être juge suppléant ; M. le garde des sceaux l'a décidé formellement, le 22 janvier 1827, attendu que l'incompatibilité dont il s'agit n'est prononcée ni par la loi du 25 ventôse an XI, ni par celle du 24 vendémiaire an III (8).

Maître des requêtes au Conseil d'Etat (9).

Médecin (10).

Moine ou prêtre.

Sous l'ancienne jurisprudence, les fonctions de notaire étaient interdites aux ecclésiastiques ; on peut consulter sur ce point divers capitulaires de Charlemagne (an 811) et de Louis le Bègue, et une ordonnance de Charles VIII, du 28 décembre 1490.

Gagnereaux (11) pense qu'il y a lieu de distinguer entre les ecclésiastiques qui reçoivent une rétribution du Trésor et ceux qui ne sont attachés à aucun service public ; il y aurait incompatibilité pour les premiers et non pour les seconds.

Nous pensons qu'il n'y a point lieu de faire cette distinction et que, pour de nombreuses raisons, les deux qualités sont incompatibles (12).

Percepteur (13).

Préfet ou *sous-préfet* (14).

Receveur buraliste (15).

Receveur de l'enregistrement (16)

Receveur des finances (17).

Secrétaire de mairie, de préfecture, etc. (18).

Ces fonctions ne sont pas, en principe, incompatibles, si elles sont gratuites et exercées dans la commune de la résidence du notaire (19). Cependant, il est préférable que les notaires s'abstiennent de les accepter, en raison du temps et du travail qu'elles exigent aujourd'hui (20).

Trésorier payeur général (21).

Il est enfin interdit, en général, aux notaires, en dehors des fonctions publiques qui viennent d'être citées, d'exercer certaines professions que les anciens règlements déclaraient incompatibles, soit parce qu'elles exigent un genre de

---

(1) L. 25 ventôse, art. 7.
(2) Ord., 4 janvier 1843, art. 12.
(3) L. 25 ventôse, art. 7.
(4) L. 25 ventôse, art. 7 ; Déc. min. fin., du 8 prairial an XIII ; Déc. min. just., du 5 février 1806.
(5) L. 25 ventôse, art. 7.
(6) L. 25 ventôse, art. 7.
(7) L. 25 ventôse, art. 7.
(8) Nous pouvons ajouter que, fréquemment, des notaires sont nommés juges suppléants, soit auprès des tribunaux, soit auprès des juges de paix, et rendent, à ce titre, de réels services. — *Sic* : Rolland de Villargues, v° *Incompatibilité*, n° 8 ; Dict. du not., n°° 9 et 10 ; Fabvier-Coulomb, p. 24, note 32 ; Gagnereaux, p. 179 ; Arm. Dalloz, n°° 124 et 125 et Dalloz,

Répert., n° 266 ; Bastiné, n° 53 ; Génébrier, n° 85 ; Cons. aussi Cass., 3 janvier 1862.
(9) L. 25 ventôse, art. 7.
(10) Edit d'août 1765.
(11) Sur l'art. 7, n° 18.
(12) Dict. du not., n° 87 ; Génébrier, p. 198 ; Bastiné, n° 54.
(13) L. 25 ventôse, art. 7.
(14) L. 25 ventôse, art. 7 ; arr. 3 brumaire an II.
(15) L. 25 ventôse art. 7 ; L. 21 mars 1821, art. 6 et 7).
(16) L. 25 ventôse, art. 7 ; L. 21 germinal an VIII.
(17) L. 25 ventôse, art. 7.
(18) L. 24 vendémiaire, an III, titre 2, art. 5.
(19) Décis. min. just., 10 mai 1844.
(20) Rolland de Villargues, n° 18.
(21) L. 25 ventôse, art. 7.

travaux peu en rapport avec la dignité de leurs fonctions, soit parce qu'elles les font sortir des bornes de leur état (1).

81. — Mais il est permis aux notaires d'accepter les fonctions suivantes :

Administrateur des hospices (2).

Maire ou *adjoint*.

La loi ne prononce pas l'incompatibilité des fonctions notariales avec celles de maire ou adjoint. Un maire, qui est en même temps notaire, pourrait cependant se trouver placé entre son intérêt et son devoir. Comme chef de l'administration, il doit poursuivre et faire punir certaines contraventions, et, comme notaire, il a un intérêt contraire, pour ne pas nuire à sa clientèle. Les citoyens doivent être libres dans le choix de leur notaire, et cette liberté peut être plus ou moins entravée par l'influence que les maires exercent directement ou indirectement sur leurs administrés.

Ces considérations n'ont pas été regardées comme suffisantes par le législateur pour déclarer les fonctions de maire incompatibles avec celles de notaire, probablement parce qu'il a cru qu'en excluant les notaires des fonctions de maire, il serait souvent dans l'impossibilité de trouver, dans les communes rurales, des hommes capables de les exercer. Le législateur a eu confiance dans l'intégrité et la moralité des notaires, et il a cru qu'ils n'en abuseraient pas (3).

Conseiller général ou *conseiller d'arrondissement* (4).

Conseiller municipal (5).

Député (6).

Expert-arpenteur, — si la mission n'est qu'accidentelle et temporaire ; mais les notaires ne doivent que rarement accepter ces charges peu en rapport avec la dignité de leurs fonctions.

Membre du conseil de surveillance de la Banque de France (7) ; ou *membre de la commission administrative d'un hôpital, de la caisse des écoles* (8), etc., ou *membre du conseil de direction d'une caisse d'épargne* (9).

Sénateur (10).

Tuteur ou *curateur*. Mais l'exercice des fonctions notariales peut dispenser un notaire d'être nommé *tuteur* ou *curateur*, si cette charge doit s'exercer en dehors du département où réside l'officier public (11).

82. — On ne peut pas invoquer l'article 66 de la loi organique pour décider la question de savoir à quelle époque les fonctions incompatibles sont censées réunies dans la même personne. L'article 66 ne traite que d'une question transitoire. A l'époque de la loi du 25 ventôse an XI, plusieurs notaires étaient en possession de fonctions que la nouvelle loi déclarait incompatibles avec les fonctions notariales, et cet article indique quels seraient le délai et la forme à observer pour faire l'option entre les deux fonctions sous peine, pour les notaires, d'être considérés comme ayant donné leur démission des fonctions notariales. Cet article ne nous paraît donc pas applicable à la question qui nous occupe.

---

(1) Ord. de juillet 1804, art. 25, de janvier 1560, art. 109; Edit d'août 1765; du 14 août 1721, art. 79; V. *Code du not.*, ces textes à leur date.
(2) Gagnereaux, p. 180, n° 27 ; Génébrier, p. 199.
(3) Sic : Dict. du not., n° 84; Fabvier-Coulomb, p. 24, note 81; Gagnereaux, p. 180 ; Dalloz, n° 270; Bastiné, n° 54, note 2.
(4) Dict. du not., n° 82.
(5) Lettre min. just., 22 janvier 1827.
(6) Déc. organ., 2 février 1852, art. 29.
(7) Décis. min. just., 22 décembre 1886.
(8) Mais un notaire ne saurait être ni administrateur ni liquidateur d'aucune société, entreprise ou compagnie de finance, de commerce ou d'industrie, non

seulement parce que de pareilles fonctions seraient contraires aux prescriptions de l'ordonnance de 1843 et du décret du 30 janvier 1890, mais aussi parce qu'il a toujours été interdit aux notaires de se livrer à des travaux incompatibles avec leur profession et qui les feraient sortir des bornes de leur état, selon l'expression de l'édit de 1765.
(9) Déc. min. com., 26 mai 1888, art. 24079, J. N. et J. du not., n° 4046.
(10) Déc. organ., 2 février 1852.
(11) Art. 47, C. civ.; Dict. du not., n° 47; Demolombe, t. I, n° 408; Aubry et Rau, t. I, p. 380; *Encyclop. du not.*, n° 25; Déc. min. just., 3 novembre 1821.

L'article 3, titre 4, de la loi du 24 vendémiaire an III porte que « ceux qui sont appelés à remplir des fonctions non compatibles avec celles qu'ils exercent déjà, sont tenus, sous peine de destitution des deux places, de faire leur option dans les dix jours qui suivront *la notification* du nouveau choix, qui a eu lieu en leur faveur ».

On peut dire, sous la nouvelle législation qui régit le notariat, que, si un notaire, déjà en exercice, accepte une nouvelle fonction incompatible avec la sienne, il renonce immédiatement à ses fonctions notariales, et s'il continue à les exercer, il peut encourir les peines prononcées par l'art. 197, C. pénal; et il est censé avoir accepté ses nouvelles fonctions en prêtant serment.

Réciproquement, si un fonctionnaire public, nommé notaire, prête serment en cette dernière qualité, il est censé renoncer aux fonctions qu'il occupait; car il est impossible que deux fonctions incompatibles se trouvent réunies en même temps dans la même personne (1). Au surplus, la chancellerie ne nomme jamais notaire un fonctionnaire en exercice ; elle exige toujours préalablement sa démission.

§ 2. DEVOIRS DES NOTAIRES.

Art. 1er. — *Obligations légales.*

83. — En outre des diverses obligations imposées aux notaires par les articles de la loi de ventôse que nous venons d'étudier et qui tiennent à l'organisation même de l'institution, il est d'autres devoirs professionnels, que nous appellerons devoirs de fonction, qu'il nous faut passer en revue. Ce sont :

a) L'obligation pour le notaire de prêter son ministère.

b) L'exécution des prescriptions légales dans la réception des actes.

c) L'obligation de faire enregistrer ces actes.

d) L'obligation de verser à la Caisse des dépôts et consignations tous les dépôts de fonds qui n'auront pu être remis aux ayants droit dans le délai de six mois (2).

e) L'obligation de tenir les registres de comptabilité prescrits par le décret du 30 janvier 1890.

f) La tenue d'un répertoire et de divers autres registres.

g) L'affiche du tableau des interdits ; le dépôt au greffe et autres lieux prescrits des contrats de mariage des commerçants et des actes de société.

h) Le versement à la bourse commune.

84. — **Ministère obligatoire.** — Les notaires n'ont pas été institués dans leur intérêt, mais dans l'intérêt de la société et du public qui peut avoir besoin de s'adresser à eux. Aussi n'est-il que juste que le législateur ait posé en principe, dans l'art. 3 de la loi de ventôse, qu'ils « seraient tenus de prêter leur ministère, lorsqu'ils en seraient requis ». Toutefois, il y a lieu d'ajouter à cette prescription une restriction toute naturelle, c'est que le ministère du notaire est obligatoire, à moins d'empêchement légitime et lorsqu'il sera requis de l'exercer par des personnes en état de contracter et pour des actes licites.

L'obligation imposée par l'art. 3 doit aussi être restreinte, sans aucun doute, aux actes qui sont de la compétence des notaires et qui rentrent dans leurs attributions

---

(1) V. Dalloz, v° *Notaire*, n° 274; Rolland de Villargues, n° 24; Dict. du not.. n° 88. Bastiné (n° 55), ajoute que, lorsqu'il s'agit de l'exercice d'une *profession* incompatible avec les fonctions de notaire, il faut un jugement qui déclare le notaire *destitué*; jusque-là, il conserve sa qualité ; il est bien en contravention avec les règles qui concernent l'exercice de son état, mais cette contravention ne lui ôte pas, de plein droit, la faculté d'instrumenter.
(2) L'intérêt des sommes ainsi déposées appartient au client pour le compte duquel le dépôt a été fait. Digne, 28 mars 1893 (*J. du not.*, 1893, p. 313).

légales ; ils ne seraient donc point tenus de déférer à une réquisition ayant pour objet de leur faire dresser un acte sous seing privé, par exemple, — ou des bordereaux d'inscription, une déclaration de succession, — ou de leur faire accomplir des formalités hypothécaires (1).

85. — La prescription de l'art. 3 impose-t-elle aux notaires le devoir de prêter leur ministère dans leur étude seulement ou bien sont-ils tenus aussi d'y obéir, alors même qu'ils sont requis d'aller hors de leur résidence ? Rolland de Villargues se prononce pour l'affirmative. Nous pensons, avec M. Bastiné (2), qu'il y a lieu de distinguer : s'agit-il d'actes qui, par leur nature, ne peuvent être faits qu'en dehors de l'étude, inventaires, ventes mobilières, actes respectueux, procès-verbaux, etc., le notaire doit, pour obéir à la loi, se transporter là où les actes peuvent être dressés. — Les parties sont-elles physiquement empêchées de venir à l'étude, il est encore du devoir du notaire de se rendre dans leur demeure. — Mais, dans tous les autres cas, la règle de l'art. 3 doit être combinée avec celle de l'art. 4, qui exige que le notaire se tienne à sa résidence, à la disposition du public.

86. — La règle de l'art. 3 n'est pas, nous l'avons déjà dit, d'une application absolue et il y a des cas où le notaire *est fondé* à refuser son ministère ; d'autres où il *doit* même le refuser.

Il *doit* refuser son ministère :

    a) Quand les parties qui le requièrent sont *juridiquement incapables* de contracter.

    b) Quand les parties veulent faire constater des conventions contraires à la loi.

Il *peut* le refuser et est *fondé* à le faire :

    a) En cas d'empêchement physique ou légitime.

    b) Quand on le requiert un jour de fête légale ou à des heures indues.

    c) Quand les parties ne consignent pas une somme suffisante pour payer les droits d'enregistrement de l'acte.

87. — **Cas de refus obligatoire.** — Nous avons dit que le notaire doit refuser son ministère, lorsque les parties qui le requièrent sont *juridiquement incapables* de contracter ; ce qui a lieu dans les cas suivants :

    a) Lorsque les parties lui sont inconnues et ne peuvent faire certifier leur individualité (3).

    b) Lorsque les parties seront en état d'ivresse et dans l'impossibilité de manifester librement leur volonté (4), — ou n'apparaissent pas au notaire jouir de la plénitude de leurs facultés intellectuelles (5).

    c) Lorsque l'une des parties est *mineure* ou interdite et ne peut valablement contracter ; — ou lorsqu'il s'agit d'une femme mariée, qui ne produit pas l'autorisation de son mari, — d'un mandataire qui

---

(1) Rutgeerts et Amiaud, p. 363.
(2) N° 707. — *Contrà* : Dalloz, n° 279 ; Eloy, t. I, n° 53 ; Dict. du not., n° 575 ; Rutgeerts et Amiaud, p. 397.
(3) L. du 25 ventôse, art. 11 ; Gagneraux, p. 155, n° 214 ; Dict. du not., n° 550 ; Fabvier-Coulomb, p. 19 ; Génébrier, p. 181 ; Rutgeerts et Amiaud, p. 398.
(4) Colmar, 17 août 1819 (art. 3235, J. N.); Angers, 12 décembre 1828 (art. 5038, J. N.); Lyon, 9 février 1887 (art. 9726, J. N.); Rouen, 17 juin 1846 ; Rennes, 14 juillet 1849 (art. 14007, J. N.,) ; Bruxelles, 22 décembre 1858 (art. 8676, J. N.); Caen, 28 avril 1864 ; Toulouse, 25 juillet 1868 (S. V. 1864-2-187); Orléans, 30 juillet 1867 ; Dijon, 29 juin 1881 ; Lyon, 28 décembre 1881 ; Rolland de Villargues, n° 360 ; Larombière, art. 1124, n° 14 ; Aubry et Rau, t. IV, p. 290 ; Bastiné, p. 75, note 1 ; Demolombe, t. XXIV,

n° 81 ; Laurent, t. XI, n° 121 et t. XV, n° 454. — V. aussi la circulaire adressée, le 17 mai 1821, par M. le Garde de sceaux aux procureurs généraux.
(5) Lyon, 28 août 1866. — Le notaire doit toujours se refuser à recevoir un acte lorsqu'il ne juge pas que l'état mental de la personne qui requiert son ministère est suffisamment sain. S'il a de justes raisons de douter, il doit prendre toutes les précautions en son pouvoir pour éclairer ses doutes. Mais il a été décidé que le notaire qui a reçu une procuration donnée par une personne sujette à des accès de *delirium tremens*, après avoir fait constater l'état de son client par un médecin, a suffisamment mis à couvert sa responsabilité et ne peut être soumis à aucune peine disciplinaire. — Chambéry, 31 août 1880 (art. 22395, J. N.); Rapp., Bordeaux, 20 juin 1866 (art. 10305, J. N.); Cass., 4 mai 1868 (art. 19810, J. N.) ; Dijon, 16 février 1872 (art. 12035, J. N.).

ne justifie pas de son mandat, ou dont le mandat est légalement insuffisant ;

d) Lorsqu'il s'agit de recevoir un acte pour une congrégation religieuse non autorisée, ou si l'autorisation ne lui est pas produite (1).

88. — Le notaire *doit* aussi refuser son ministère, quand l'acte qu'il s'agit de dresser est *illégal*, c'est-à-dire fait en violation formelle d'une prescription légale, soit parce qu'il n'est pas de la compétence de l'officier public, — soit parce que ce dernier est parent ou allié au degré prohibé de l'une des parties contractantes, — soit parce qu'il présente un caractère frauduleux ;

— Ou bien lorsqu'une des conventions arrêtées entre les parties est *illicite* (2), c'est-à-dire contraire aux lois, à l'ordre public ou aux bonnes mœurs.

On peut considérer comme *illicites* :

a) — L'acte qui stipule la séparation de corps ou règle les conditions d'une séparation de corps volontaire (3).

b) — Toute clause portant renonciation à la succession d'un homme vivant (art. 791, C. civ.) (4).

c) — Toute clause renfermant une substitution prohibée (art. 896, C. civ.) ;

d) — Une convention par laquelle le donataire accepte la charge de payer toutes les dettes que le donateur laisserait à son décès (5).

e) — Ou par laquelle le donateur renonce à la révocation pour survenance d'enfants (art. 965, C. civ.) ;

f) — Un acte renfermant une condition potestative de la part de celui qui s'oblige (art. 1174, C. civ.) ;

g) — Un contrat de mariage ou une contre-lettre passés après la célébration du mariage (art. 1394 et 1396, C. civ.) (6) ;

h) — Un acte renfermant séparation de biens volontaire entre époux (art. 1413, C. civ.) ;

i) — Un acte faisant revivre la communauté sur d'autres bases (art. 1451, C. civ.) ;

---

(1) L'incapacité des congrégations religieuses, qui n'ont pas la personnification civile, existe tant à l'égard des actes à titre onéreux que des actes à titre gratuit ; elle est *d'ordre public*. — Laurent, t. XI, n°° 161, 164 ; t. XVI, n° 66 ; t. XXXII, n° 12 ; Bastiné, n° 71, note 2 ; Demolombe, *Donat. et test.*, t. I, n°° 586 et suiv. ; Aubry et Rau, t. VII, n°° 36 et suiv. ; Cass., 15 décembre 1856 ; 9 novembre 1859 ; 3 juin 1861 (S. V. 1861, 1, 318). — Le notaire qui ne peut et ne doit ignorer la législation de son pays, ne doit donc pas recevoir les actes dans lesquels ces corps stipulent ou s'engagent ; il ne peut pas davantage prêter son ministère pour les actes où, à sa connaissance, ces congrégations stipulent par personne interposée.

Ajoutons qu'aux termes de l'art. 2 de l'ordonnance du 14 janvier 1831, « aucun notaire ne peut passer acte de vente, d'acquisition, d'échange, de cession-transport, de constitution de rente, de transaction, au nom d'un établissement ecclésiastique ou d'une communauté religieuse de femmes, s'il n'est justifié de l'ordonnance portant autorisation de l'acte et qui devra y être entièrement insérée ». Ces prescriptions ont été, à plusieurs reprises, rappelées aux notaires par des circulaires ministérielles, notamment les 7 juin 1882, 18 août 1884 et 28 mars 1888.

(2) Le projet de rédaction de l'article 3, au Conseil des Cinq Cents portait : « à moins d'empêchement légitime, les notaires ne peuvent refuser leur ministère pour des *actes licites*, à peine de... » — La loi de ventôse n'ayant pas reproduit cette disposition, on s'est demandé si le notaire a bien le droit de refuser son ministère pour des actes illicites. Mais on ne doit, sans aucun doute, attribuer ce silence, comme le font remarquer les auteurs, qu'à la difficulté qu'aurait éprouvée le législateur à préciser, d'une manière absolue, le caractère *licite* ou *illicite* d'un acte. Il ne saurait cependant être douteux que les notaires doivent refuser leur ministère en pareil cas ; de nombreuses décisions en font foi ; mais la loi a voulu laisser à la prudence et aux lumières de l'officier public, le soin de discerner, d'après les circonstances, s'il doit ou non refuser son ministère. Dalloz, v° *Notaire*, n° 251 ; Ed. Clerc. *Traité gén.*, n° 298 ; Génébrier, p. 180 ; Dict. du not., n°° 551 et suiv. ; Rutgeerts et Amiaud, p. 365.

(3) Toulouse, 22 février 1886 (*J. du not.*, n° 3820).

(4) Montpellier, 10 août 1887.

(5) Lyon, 8 février 1867 (*Rev. not.*, n° 2064 ; art. 18798, J. N.).

(6) Bordeaux, 8 novembre 1853. — Mais le notaire, invité à dresser un contrat de mariage entre un oncle et sa nièce ou une tante et son neveu, ne serait pas fondé à refuser son ministère, sous prétexte que la dispense n'a pas encore été accordée ; cette prescription ne regarde que l'officier de l'état civil. — Rolland de Villargues, n° 390 ; Dalloz, n° 67 ; Eloy, t. I, n° 58 ; Favier-Coulomb, p. 20, note 13 ; Dict. du not., v° *Notaire*, n° 567.

j) — Un acte renfermant la faculté de renoncer ou d'accepter la communauté (art. 1453, C. civ.);

k) — Un acte renfermant une autorisation générale donnée à la femme d'aliéner ses immeubles (art. 1538, C. civ.);

l) — Un contrat de mariage dans lequel la future épouse, *mineure*, consentirait la réduction de son hypothèque légale (1);

m) — Un acte qui exempte le vendeur de la garantie de ses faits personnels (art. 1628, C. civ.);

n) — Un acte qui stipule le retrait de réméré au-delà de cinq ans (art. 1660, C. civ.) (2);

o) — Un acte qui porte renonciation à la rescision d'une vente pour lésion de plus des 7/12 (art. 1674, C. civ.);

p) — Un acte par lequel une personne engage indéfiniment ses services (art. 1780, C. civ.);

q) — Un acte renfermant une société léonine (art. 1855, C. civ.);

r) — Un acte qui autorise le créancier à s'approprier le gage (art. 2078, C. civ.);

s) — Un acte stipulant la contrainte par corps qui est abolie (3);

t) — Un acte par lequel on renonce d'avance à la prescription (art. 2220, C. civ.);

u) — Une contre-lettre tendant à augmenter le prix d'un office ministériel. Une jurisprudence constante déclare ces actes illicites (V. *infrà*, v° OFFICE)

v) — Un acte contenant une concession de jeux publics (Prades, 3 août 1881).

89. — On doit encore considérer comme *illicites*, les conventions qui seraient contraires à *l'ordre public* et aux *bonnes mœurs*.

a) Aux termes de l'art. 6, « on ne peut pas déroger, par des conventions particulières, aux lois qui intéressent *l'ordre public et les bonnes mœurs*. »

b) L'art. 900, C. civ., porte que, « dans toute disposition entre vifs ou testamentaire, les conditions impossibles, celles qui sont contraires aux lois et aux mœurs, sont réputées non écrites. »

c) L'art. 1133 dit : « La cause est *illicite*, quand elle est *prohibée par la loi*, quand elle est contraire aux bonnes mœurs ou à l'ordre public. »

d) L'art. 1172, C. civ., est ainsi conçu : « Toute condition d'une chose impossible ou contraire aux bonnes mœurs ou prohibée par la loi, est nulle et rend nulle la convention qui en dépend. »

Les notaires ont le plus grand intérêt à pouvoir discerner quelles sont les clauses contraires à l'ordre public et aux bonnes mœurs et quelles sont celles qui sont prohibées par la loi, afin de pouvoir avertir les parties que, si elles insèrent une pareille clause ou condition dans une donation ou dans un testament, la donation ou le testament ne serait pas nul, mais la condition serait regardée comme non écrite, tandis qu'elle entraînerait la nullité de toute autre convention. — Comme les parties ignorent souvent quelles sont les clauses contraires à l'ordre public et aux bonnes mœurs, il est du devoir des notaires de les en avertir ; mais on est loin d'être d'accord sur ce qu'il faut entendre par ces mots (4).

---

(1) Limoges, 2 avril 1887 (*Rev. not.*, n° 7727); Nîmes, 4 mai 1888 (*J. du not.*, n° 4053).

(2) Pau, 14 mai 1868; Cass., 17 août 1869 (*Rev. not.*, 1870, n° 2717).

(3) Loi du 22 juillet 1867.

(4) Bien des auteurs se sont efforcés de définir et de préciser ce qu'on doit entendre par *ordre public*. Laurent (t. I, n°° 46 et suiv.), tout en prétendant que, si la difficulté est grande parfois de préciser les principes, le jurisconsulte ne doit jamais reculer devant la tâche, parce que quand le législateur ne définit pas, il laisse ce soin à la doctrine, Laurent, ne

Il résulte de la jurisprudence que les tribunaux ont une certaine latitude d'appréciation ; il importe donc aux notaires de connaître cette jurisprudence et de savoir ce qu'ils doivent faire, si les parties veulent faire insérer ces sortes de clauses ou conditions dans leurs actes.

90. — Nous allons indiquer quelles sont les clauses contraires aux *lois*, aux *bonnes mœurs* et à l'*ordre public*, qui se présentent le plus fréquemment, ou à l'occasion desquelles des doutes se sont élevés dans la doctrine et la jurisprudence ; les notaires pourront se guider d'après ces exemples, mieux que d'après les théories les plus savantes.

a) Condition que le père n'aura pas la puissance paternelle sur ses enfants ; car les père et mère ne peuvent pas renoncer à ces attributs, qui sont d'*ordre public ;* mais il peut être convenu que le père n'aura pas la jouissance légale des biens donnés ou légués à ses enfants (1), — ou qu'il n'aura pas l'administration de ces biens (2).

b) Condition imposée à un majeur de ne pas aliéner ses biens ou de se priver de leur administration.

Plusieurs arrêts décident, en effet, que cette défense faite, soit dans un testament, soit dans une donation, de vendre ou d'engager les biens légués ou donnés d'une façon absolue doit être réputée non écrite (3).

Toutefois, il n'en serait plus de même si le testateur ou le donateur avaient eu de justes motifs d'imposer, *pendant un certain temps*, la défense d'aliéner, par exemple, si la clause avait pour objet de garantir un droit réservé au donateur, ou un avantage légitimement conféré à un tiers ; ou bien si la clause avait été stipulée dans la donation par des motifs de sage prévoyance, dans l'intérêt du donataire lui-même ou de sa famille (4).

---

nous paraît pas avoir résolu la difficulté en disant que, par lois qui intéressent l'*ordre public*, le Code entend *les lois qui fixent l'état des personnes, et la capacité ou l'incapacité qui y est attachée* ; mais les lois d'État, selon l'expression de Domat, celles qui règlent les fonctions et charges publiques, les lois criminelles, etc., sont aussi des lois d'ordre public...

Un professeur de droit à la faculté de Paris, M. Alglave, dans son livre sur l'*Action du ministère public* (t. I, p. 511 à 624), après avoir consacré plus de cent pages à démontrer la nécessité et la possibilité d'une définition de l'ordre public, n'aboutit à nous donner pour toute définition, que le texte retourné de l'art. 6, C. civ. « L'*ordre public* est l'ensemble des lois auxquelles il n'est pas permis de déroger ». Cette définition n'est pas de nature à hâter beaucoup la solution de la difficulté. Et n'est-ce pas là précisément cet aveu d'impuissance que l'auteur reproche à la doctrine ?

La loi, lisons-nous, dans le Répertoire de Dalloz, v° *Ordre public*, p. 537, n'a pas déterminé les caractères auxquels on reconnaît qu'une stipulation est contraire à l'*ordre public* ou aux *bonnes mœurs* ; de là naissent les plus sérieuses difficultés. Quelques auteurs ont *vainement* tenté de formuler certaines règles générales à l'aide desquelles on pourrait les distinguer des autres lois ; les règles en sont *inexactes*, ou si elles sont vraies, restent toujours très *insuffisantes dans l'application*, à défaut d'une formule générale, QUI EST ENCORE A TROUVER...

On peut encore consulter Mauguin (Dissert. sur l'art. 6 du Code civil insérée dans Sirey, t. IX, p. 345), et Rutgeerts, t. I, p. 367 et suiv. — Nous croyons que le législateur, en ne définissant pas ce qu'il faut entendre par *lois intéressant l'ordre public*, a entendu laisser ce soin à l'appréciation des tribunaux.

(1) Demolombe, t. VI, n° 458 ; Aubry et Rau, t. I,

p. 502 ; Laurent, t. IV, n° 326 ; Besançon, 4 juillet 1864 (S. V. 1865, 1-69).

(2) Dans ce sens : Orléans, 31 janvier 1854 ; Paris, 5 décembre 1855 (art. 15376 J. N.,) ; Dijon, 23 août 1855 ; Cass., 26 mai 1856 ; Paris, 21 décembre 1869 (art. 19764, J. N.) ; Besançon, 4 juillet 1864 ; Orléans, 5 février 1870 ; Cass., 9 janvier et 3 juin 1872 (art. 20842 et 20425, J. N.) ; Nancy, 12 novembre 1874 (art. 21162, J. N.) ; Audenarde, 23 mai 1877 (Rev. prat. not., B. 1878, p. 703) ; Paris, 27 février 1880 et Dijon, 3 mars 1880 ; Cons. Dict. du not., v° *Administration légale et supplément* ; Demolombe t. VI, n° 458 ; Aubry et Rau, t. I, p. 502. Mais devrait être annulée comme constituant une atteinte aux droits de la puissance paternelle, toute clause par laquelle une aïeule, dans la crainte que l'éducation de sa petite-fille ne répondît pas à sa croyance, aurait chargé un tiers de veiller à ce que ce danger fût écarté. — Arrêt d'Orléans et Cass. précités.

(3) Douai, 29 décembre 1847 ; Douai, 28 juin 1851 (D. P., 1852, 2-245) ; Paris, 10 mai 1852 (art. 14870 J. N.,) ; Lyon, 12 juin 1856 ; Lyon, 22 mars 1866 (S. V. 1866, 2-260) ; Cass., 7 juillet 1868 (S. V., 1868, 1-585 ; Liège, 5 mars 1873 ; Cass., 19 mars 1877 ; 20 mai 1879 (art. 21709-22208, J. N.) ; Toulouse, 6 juillet 1883 ; Paris, 10 juin 1887 (J. du not, n° 4035) ; Seine, 7 novembre 1889. — *Sic :* Demolombe, t. XVIII, n° 292 et suiv ; Aubry et Rau, t. VII, p. 296, texte et notes ; Laurent, t. II, n° 461 ; Maton, Dict. prat. not., t. II, p. 328.

(4) Orléans, 17 janvier 1846 (S. V. 1846-2-177) ; Douai, 23 juin 1851 (S. V. 1851-2-612) ; Bourges, 24 décembre 1852 (S. V., 1853-2-458) ; Lyon, 15 mars 1854 ; Paris, 14 avril 1858 (art. 16808, J. N.) ; Cass., 20 avril 1858 (S. V. 1858-1-989) ; Paris, 16 février 1859 (S. V. 1860-2-186) ; Cass., 23 juillet 1863 (S. V. 1863-1-465) ; Cass., 12 juillet 1865 et 9 mars 1868 (S. V. 1869-1-34) ; Toulouse, 6 juillet 1883 ; Seine,

Un testateur ne peut pas défendre non plus d'observer les formalités prescrites par la loi pour l'aliénation des biens des incapables (1), et le notaire, qui se soumet à cette défense, peut encourir une peine disciplinaire (2).

La condition d'inaliénabilité, imposée à un légataire avec défense de partage, est doublement illicite (3).

La clause d'un testament, par laquelle un père statue qu'un de ses neveux administrera les biens de son fils unique, *sa vie durant*, est contraire à l'ordre public (4).

c) *Condition de ne pas se marier.* — Les auteurs et la jurisprudence ont toujours considéré cette condition comme contraire aux bonnes mœurs et tendant à anéantir la liberté personnelle de rester célibataire ou de se marier et, par conséquent, comme contraire à l'*ordre public* (5).

Cependant, par suite de la latitude qu'on prétend que le législateur a voulu laisser au juge en cette matière, les tribunaux maintiennent la validité d'une pareille condition, si des circonstances exceptionnelles semblent devoir la justifier, ou si elle n'est imposée que pour un temps déterminé (6). C'est ainsi que la Cour de Gand, par arrêt du 8 août 1861 (7), en a maintenu la validité, dans un cas où des frères et sœurs, qui exploitaient ensemble une petite ferme, suffisant à leurs besoins, s'étaient réciproquement institués héritiers, sous condition de ne pas se marier.

La Cour de Paris, par arrêt du 1er avril 1862 (8), a maintenu la validité de cette clause établie par un donateur, parce qu'il l'avait imposée à une femme déjà âgée, et que son intention évidente avait été de ne pas contribuer par sa fortune à enrichir une famille étrangère (9).

Il est cependant prudent pour le notaire d'avertir le donateur ou le testateur, qui veut imposer une pareille condition, qu'il est probable que les tribunaux la considèreront comme contraire à l'ordre public (10).

d) *Condition de non-mariage d'une personne placée sous la dépendance du donataire ou du légataire.*

Par exemple, la clause insérée dans un testament portant révocation d'un legs universel au cas d'alliance entre les enfants du légataire et ceux d'un héritier exhérédé (11).

Il faut appliquer à cette condition les articles 6, 900 et 1172 du Code civil.

e) *Condition d'épouser une personne qui sera désignée ou agréée par un tiers, ou de ne pas se marier avec une personne déterminée.*

---

7 novembre 1889. — *Sic :* Troplong, 1-271 ; Demolombe, t. XVIII, n° 308; Aubry et Rau, t. VII, p. 296 et 297. — *Contrà :* Laurent, qui s'élève contre cette jurisprudence, dont les décisions n'ont, d'après lui, aucune base juridique et ne reposent que sur l'arbitraire (n°s 463 et suiv.). — L'objection de M. Laurent nous paraît fort judicieuse et la jurisprudence semble vouloir lui donner raison ; le tribunal de la Seine (22 mai 1881 (*J. du not.*, n° 8891) a, en effet, déclaré valable une clause insérée dans un testament, par laquelle le testateur prohibait l'aliénation d'un immeuble durant quarante ans. Quel sera donc le délai qui rendra une pareille clause illicite? — *Sic :* Maton, *loc. cit.*, n° 6.

(1) Paris, 13 avril 1849.
(2) Gand, 29 avril 1852 ; Laurent, t. II, n° 451.
(3) Paris, 10 mai 1852 (art. 14870, J. N.).
(4) Gand, 5 mai 1851 (M. N. 1851, p. 727).
(5) Demolombe, t. XVIII, n° 289 ; Coin-Delisle, sur l'art. 900 ; Aubry et Rau, p. 291; Laurent, n° 497.
(6) H. Pascaud, *Rev. crit. de législ. et de jurisp.* 1880, t, IX, p. 525.
(7) M. N., 1861, p. 370.

(8) J. N., art. 17875,
(9) Cons. dans le même sens : Caen, 16 mai 1879 (art. 21181, J. N.; *Rev. prat. not.*, B., 1875, p. 338 à 392); Anvers, 20 novembre 1875 (*Rev. prat.*, 1880, p. 122); Dict. du not., supplément, v° *Condition de mariage*, n° 13 ; Maton, *Dict. prat. not.* B., t. II, p. 327 ; Comp. Seine, 13 juin 1881.
(10) Laurent est d'avis que la clause de ne pas se marier doit, presque en tous cas, être déclarée illicite, parce qu'elle est une entrave à la liberté individuelle; il y a pourtant un cas où il reconnaît que la condition de ne pas se marier est licite, c'est quand elle n'a pour but ni pour effet de gêner la liberté du donataire, c'est-à-dire quand elle est seulement stipulée dans un intérêt pécuniaire. Telle serait une rente ou une pension léguée à une personne « pour durer autant qu'elle resterait célibataire », ou « afin de l'aider tant qu'elle n'est pas mariée, à subvenir à ses besoins ». C'est alors bien plus une libéralité à terme, qui cesse lorsqu'elle n'a plus de raison d'être (n° 497). — *Sic :* Gand, 3 août 1861 (*Pasic.*, 1861-2-870); Liège, 27 mai 1872 ; 9 avril 1873 *Pasic.*, 1873-2-174; Bourges, 14 avril 1890.
(11) Versailles, 9 juin 1886.

Cette condition est contraire à la liberté de se marier (1). Elle ôte à l'homme non marié la capacité légale d'épouser qui il veut; elle tombe donc, selon les auteurs, sous l'application des articles 6, 900, 1172 C. civ. (2); mais nous pensons que le juge doit avoir, comme pour les autres conditions, une certaine latitude d'appréciation.

f) Condition de ne pas se remarier.

Cette condition est vue, cependant, de meilleur œil par les auteurs et par la jurisprudence que celle de ne pas se marier, et, parfois, on la déclare licite, surtout, si elle est imposée entre époux et dans un but louable (3).

g) Condition de se marier ou de se remarier.

Cette condition est contraire à la liberté que la loi reconnaît à toute personne de rester célibataire ou veuf; aussi il y a quelques auteurs qui la considèrent comme illicite; mais la plupart des auteurs et la jurisprudence la considèrent comme licite et comme utile dans l'intérêt de la société (4).

Aux termes d'un arrêt de la Cour de Poitiers, du 29 juillet 1830, et d'un arrêt de la Cour de cassation, du 20 décembre 1831 (5), le legs fait sous une pareille condition devient caduc, si le légataire meurt sans être marié, lors même qu'à l'époque de son décès, il n'aurait pas encore atteint l'âge nubile.

h) Condition d'épouser un parent ou une parente avec lequel le mariage est défendu.

Les auteurs sont divisés d'opinion sur cette question : les uns, d'après l'opinion de Furgole, prétendent qu'elle est illicite, tels que Mauguin, Delvincourt. Les autres, tels que Toullier, Duranton, Chabot, font la distinction admise par Ricard : Ils considèrent la condition comme illicite, si la loi n'autorise pas la dispense de mariage, et ils la regardent comme licite, lorsque le mariage peut avoir lieu par suite de dispense ; dans ce cas, disent-ils, celui à qui la condition est imposée, doit faire toutes les démarches nécessaires pour obtenir la dispense. S'il l'obtient, il doit se marier. S'il ne l'obtient pas, la condition imposée est impossible et elle doit être regardée comme non écrite, qu'elle ait été imposée soit dans un testament, soit dans une donation (6).

i) Condition d'embrasser ou de ne pas embrasser l'état ecclésiastique.

Ces conditions sont illicites ou contraires à la liberté d'embrasser ou de ne pas embrasser tel état. Sous le Code civil, d'après les principes admis en cette matière, la solution de ces questions reste abandonnée à la prudence des magistrats qui se décideront d'après les circonstances. On a considéré tantôt ces conditions comme licites et tantôt comme illicites (7).

---

(1) Troplong, t. I, n° 240; Larombière, t. II, p. 52; Demolombe, t. XVIII, n° 244; Laurent, n° 500.

(2) Paris, 7 juin 1849 (art. 13714, J. N.) et 13 juin 1879.

(3) Riom, 2 avril 1811; Lyon, 11 novembre 1813 et 23 avril 1826 : Toulouse, 14 mars 1821; Pau, 21 décembre 1844 (*Pasic.*, 1844-2-312); Montpellier, 14 juillet 1858 (art. 16585, J. N.); Cass., 18 mars 1867; Dijon, 19 février 1869 (art. 19738, J. N.); Rennes, 17 février 1879.—*Sic:* Aubry et Rau, t. VI, p. 4; Demolombe, t. XVIII, n° 250; Ymbert, *Rev. du not.*, 1880, n° 6112. « La société, les bonnes mœurs, dit ce dernier auteur, ont besoin qu'on se marie; elles n'ont pas besoin qu'on se remarie. Les premiers mariages constituent la famille, les seconds la troublent d'ordinaire et nuisent aux enfants du premier lit... En conséquence, pour nous, la condition de ne jamais *se marier* est toujours *illicite*; celle de ne jamais *se remarier* est toujours *licite*... » Il appartient toutefois aux tribunaux, suivant les cir-

constances d'âge, de condition, de famille, de situation sociale, d'apprécier si la condition imposée est ou non contraire aux mœurs. — Liège, 25 janvier 1882 (*Rev. prat. du not. B.*, 1882, p. 523).—*Contrà :* Dalloz, v° *Disposition entre-vifs*, n°° 150 et suiv.; Laurent, n° 101.

(4) Demolombe, n° 251.

(5) J. N., art. 7332-7659.

(6) *Sic :* Troplong, t. I, n° 247; Demolombe, n° 254; Aubry et Rau, p. 293, note 16.

(7) Grenoble, 22 décembre 1825 (art. 5674, J. N.) et 11 août 1847. L'opinion générale des auteurs est que la condition serait licite — Coin-Delisle, art. 900, n° 42; Vazeille, *id.*, n° 16; Demolombe, n°° 259-260.

Laurent enseigne (n°° 503, 504) que la première est illicite, mais que les conditions de ne pas se faire prêtre ou religieux est licite, parce qu'elle contribue à faire rester la personne dans la vie laïque, où chacun est tenu de remplir ses devoirs.

j) *Condition de changer ou de ne pas changer de religion.*

L'opinion des auteurs paraît unanime pour considérer cette condition comme illicite et comme contraire à la liberté dont tout homme doit jouir, de choisir le culte qu'il croit le meilleur (1).

k) *Condition d'apprendre ou d'exercer tel métier ou telle profession, ou de n'en exercer aucune.*

Les juges auront, comme dans les cas précédents, une certaine latitude d'appréciation. La condition sera, en général, considérée comme licite, à moins que le métier ne soit déshonorant ou incompatible avec les qualités physiques et morales de la personne, ou à moins que la condition n'ait pour but d'humilier ou d'entraver la liberté du donataire en lui imposant ce métier ou cette profession (2).

l) *Condition d'émanciper ou non son enfant.*

Cette condition doit être, en principe, considérée comme illicite, car on ne doit pas placer un père entre son intérêt pécuniaire et ses devoirs de famille. On ne doit pas lui ôter ou restreindre une liberté que la loi a voulu lui laisser entière dans l'intérêt de son enfant.

m) *Condition de renoncer à faire un testament ou à ne jamais intenter une action en justice.*

Cette condition sera, en général, considérée comme contraire à l'ordre public, car la loi confère à toute personne, qu'elle ne déclare pas incapable, le droit et la capacité de tester. Elle reconnaît à toute personne, qui a une prétention à faire valoir, le droit de la faire valoir en justice.

C'est une capacité personnelle et légale, qui ne peut pas être restreinte par des conventions particulières.

n) *Promesse de mariage et de dédit.*

L'obligation, contractée entre deux personnes de se marier ensemble, est nulle ; c'est une convention sans cause licite. Elle est contraire à la capacité légale qu'a tout homme de se marier avec une personne de son choix (3) ; et, même, en général, cette promesse ne donne pas lieu à des dommages-intérêts ou entraîne la nullité de la clause pénale stipulée pour inexécution (4).

Mais le contraire pourrait arriver, et le dédit pourrait être obligatoire, si cette promesse avait produit un dommage matériel et même moral à celle à qui la promesse a été faite (5).

o) *Promesse faite à celui qui a promis de négocier un mariage.*

Cette promesse est nulle, comme ayant une cause illicite (6).

p) *Convention ayant pour objet l'exploitation d'une maison de tolérance.*

Toute convention de ce genre est déclarée nulle par les tribunaux, comme contraire aux bonnes mœurs (7).

q) *Clause portant des intérêts usuraires.*

---

(1) Toullier, t. V, n° 264 ; Larombière, t. II, p. 45 ; Aubry et Rau, p. 291 ; Colmar, 9 mars 1827. — Mais devrait être exécutée, comme n'étant contraire ni aux lois, ni aux bonnes mœurs, la disposition de dernière volonté, librement manifestée, par laquelle une personne aurait décidé qu'elle voulait être enterrée *civilement*, sans le concours d'aucune solennité religieuse ; Anvers, 25 septembre 1882.

(2) Merlin, v° *Condition*, sect. 2, § 5 ; Vazeille, sous l'art. 900, n° 16 ; Coin-Delisle, n° 41 ; Troplong, t. I, n° 242 ; Aubry et Rau, p. 293 ; Grenoble, 11 août 1847 (S. V. 1848-2-714).

(3) Lyon, 10 juillet 1869 (D. P., 1870-2-290).

(4) Gand, 27 mars 1852 ; Angers, 2 décembre 1868 (D.P., 1860-2-241) ; Dijon, 9 juin 1869 ; Lyon, 10 juil-

let 1869 (D.P., 1870-290 ; Gand 10 décembre 1881 (*Rev. prat. not.* B., 1882, p. 521).

(5) Riom, 11 août 1846 (*Cont.*, n° 7066) ; Gand, 24 décembre 1852 ; Bordeaux, 16 mars 1849 (art.13858 J. N.) ; Aix, 14 juillet 1858 ; Nîmes, 2 janvier 1855 ; Charleroi, 28 mars 1859 ; Toulouse, 28 novembre 1864 ; Dijon, 20 décembre 1867 (D. P., 1868-2-48) ; Colmar, 31 décembre 1868 (D.P., 1865-2-21) ; Aix, 7 juin 1869 (D.P., 1871-1-52) ; Lille, 10 mars 1882 ; Nîmes, 17 mai 1882.

(6) Poitiers, 9 mars 1858 ; Cass., 1er mai 1855 ; Nîmes, 22 juin 1868 (D.P., 1869-2-58) ; Paris, 4 janvier 1884 (*J. du not.*, n° 8687) ; Lyon, 18 mars 1884.

(7) Seine, 10 février 1882 ; Bruxelles, 13 décembre 1882 ; Cass., 11 novembre 1890 (*J. du not.*, 1890, p. 809).

L'art. 1905, C. civ. permet de stipuler des intérêts pour un simple prêt. Mais le Code civil ne limitant pas les bornes dans lesquelles les parties devaient s'arrêter, cette lacune a été comblée par la loi du 3 septembre 1807 qui statue que l'intérêt légal ne peut excéder, en matière civile, 5 °/₀, et en matière commerciale 6 °/₀. Elle ordonne que les intérêts, excédant le taux qu'elle détermine, seront restitués au débiteur ou imputés sur le principal de la créance. Elle qualifie de délit l'habitude de l'usure ou l'habitude de stipuler des intérêts au-delà du taux légal et veut que celui qui se rend coupable d'usure soit condamné par les tribunaux correctionnels à une amende égale à la moitié des capitaux prêtés à usure, et même à un emprisonnement, qui ne peut excéder deux ans, s'il résulte de la procédure qu'il y a eu escroquerie de sa part.

Une modification du taux de l'intérêt commercial a été apportée par la loi du 12 janvier 1886 qui a abrogé en matière de commerce les lois des 3 septembre 1807 et 19 décembre 1850 dans leurs dispositions relatives à l'intérêt *conventionnel*.

Toute clause stipulant des intérêts plus élevés que la loi ne le permet serait donc illicite (1). Une convention ayant pour résultat une entrave à la liberté des enchères (Cass., 16 avril 1889; Chambéry, 20 janvier 1892).

91. — Devraient encore être considérées comme *illicites*, les conventions suivantes :

   a) Celle qui interviendrait entre un officier ministériel et une autre personne pour exploiter la charge dont ce fonctionnaire est investi (2).
   b) L'association constituée entre un notaire et un tiers pour l'achat et la revente des immeubles (3).
   c) Entre notaires pour partager les bénéfices de leurs actes respectifs (4).
   d) Entre un médecin et un pharmacien pour l'exploitation d'un établissement pharmaceutique.
   e) Entre un adjudicataire de créances et l'huissier chargé du recouvrement, etc. (5).

92. — **Cas de refus facultatif.** — Le notaire peut refuser son ministère :
   a) En cas d'empêchement *physique* ou *légitime*, c'est-à-dire s'il est absent, malade ou occupé à une autre affaire qui ne lui permette pas de déférer à la réquisition.
   b) Quand on le requiert un jour de *dimanche* ou de *fête légale*. Le notaire peut, en effet, instrumenter les jours de dimanche ou de fête légale, mais il ne peut y être contraint (6).
      Les jours de fêtes légales sont :
      Les jours de l'*Ascension*, l'*Assomption*, la *Toussaint*, *Noël* (7).
      Le premier jour de l'An (8).
      Le 14 juillet, jour de la fête nationale (9).
      Le lundi de Pâques et le lundi de la Pentecôte (10).
      Toutefois, nous croyons que cette règle doit comporter certains tempéraments et que si, rigoureusement, le notaire ne peut être contraint de prêter son ministère les dimanches et jours de fête

---

(1) En Algérie, l'ord. du 7 décembre 1835 et le décret du 11 novembre 1849 avaient fixé le *taux légal* de l'intérêt à 10 °/₀ tant en matière civile qu'en matière commerciale; il s'appliquait, à défaut de stipulation contraire, à toute obligation contractée en Algérie (Alger, 1ᵉʳ mars 1862). — Une loi des 27-28 août 1881 abroge l'ordonnance de 1835 et dispose qu'à défaut de convention, l'intérêt légal sera à l'avenir, dans la colonie, de 6 °/₀ tant en matière civile qu'en matière commerciale.

(2) Marseille, 20 mars 1868 (art. 19560, J. N.); Lyon, 22 février 1877; Cass., 12 février 1878 (art. 21726, J. N.); Demolombe, t. XXIV, n° 838; Pont, *Sociétés*, n° 46.

(3) Rennes, 19 janvier 1881.
(4) Cass., 14 mai 1888.
(5) Cass., 10 décembre 1865.
(6) L. du 18 germinal an X.
(7) Toutefois, les actes judiciaires, notamment les inventaires, ne peuvent être faits un jour férié. Rolland de Villargues, v° *Fête*, n° 18.
(8) Avis du Conseil d'Etat du 20 mars 1810.
(9) L. des 6 et 7 juillet 1880.
(10) L. du 8 mars 1886.

légale, il serait inexcusable de le refuser dans des circonstances urgentes (1).

c) Mais le notaire pourrait-il refuser d'instrumenter, sous prétexte que l'heure est *indue*? Nous ne le pensons pas. Le notaire est chargé d'un service public et doit tout son temps à ses clients, surtout dans les cas pressés (2).

d) Quand les parties ne peuvent ou ne veulent pas consigner les droits d'enregistrement, le notaire peut refuser de passer l'acte. C'est l'avis de tous les auteurs (3).

93. — Un notaire peut-il refuser de recevoir un acte, lorsque les parties veulent lui imposer un projet préparé par elles ?

Les auteurs sont partagés sur cette question délicate et les systèmes opposés ont leurs partisans ; les uns disent que le notaire, ayant seul la responsabilité de son œuvre, doit rester *maître de la rédaction* de l'acte ; on répond, d'autre part, que les parties ont le droit de formuler leurs conventions par écrit, comme elles l'entendent, et de ne demander au notaire que l'authenticité, sauf à ce dernier à constater que l'acte a été rédigé conformément au projet donné par les parties. Nous pensons que le refus ne serait pas fondé si l'acte ne contenait rien de contraire aux lois ou aux bonnes mœurs et s'il était l'expression nettement rendue des volontés des contractants. Si, au contraire, il contenait quelque clause illicite ou de nature à causer préjudice à quelqu'une des parties ou à engager sa responsabilité, le notaire aurait incontestablement le droit de refuser de le recevoir, même en dépôt ; à moins qu'il ne croie sa responsabilité morale suffisamment garantie par les mentions ou réserves qu'il pourrait établir dans l'acte. Un arrêt de la Cour de Gand, du 26 mai 1877 (4) paraît décider que le notaire doit se borner à vérifier si le projet présenté par les parties exprime clairement et exactement leurs volontés ; nous ne saurions accepter cette doctrine que sous la réserve que nous avons faite que l'acte ne serait point illicite, réserve que les juges de Gand ont certainement sous-entendue. On peut consulter sur cette question l'intéressante étude du notaire Despret, d'Ath (5), et un article de M. H. Jean (6).

94. — Le notaire peut-il refuser son ministère, sous prétexte que les clauses de l'acte lui paraissent exorbitantes? Non, si ces clauses ne sont contraires ni aux lois, ni à l'ordre public, ni aux bonnes mœurs ; mais c'est un devoir moral pour le notaire d'éclairer les parties sur la portée et les conséquences de pareilles stipulations (7).

Mais le notaire serait certainement autorisé à refuser de recevoir un acte, si les parties voulaient y faire insérer des clauses injurieuses et diffamatoires, soit pour une des parties, soit pour un tiers (8).

95. — Le notaire qui refuse, sans motif légitime, de prêter son ministère, encourt une peine disciplinaire et peut, en outre, être condamné à des dommages-

---

(1) Il faut dire avec Eloy (t. I, n° 591), que c'est là une question de fait et de circonstances : Les notaires ne peuvent poser, en règle générale, qu'ils ne feront aucun acte les dimanches et jours fériés ; ils pourraient y être contraints dans le cas où il y aurait urgence, nécessité, danger ou crainte de préjudice réel pour les parties. Nous ne partageons point, sur cette question, l'avis trop absolu de Rutgeerts (t. I, p. 396). Le notaire, en tant qu'officier public, se doit aux citoyens qui ont besoin de ses services ; il manquerait à son devoir si, son ministère devenant réellement nécessaire, il se refusait à le prêter. — *Sic* : Loret, t. I, p. 168 ; Dict. du not., v° *Notaire*, n° 580 ; Rolland de Villargues, n° 393 à 395 ; Bastiné, n° 72 ; Ed. Clerc, t. I, n° 287 ; Ar. Dalloz, n° 58 ; Grellean, p. 43 ; Gagneraux, t. I, p. 153.

(2) Ed. Clerc, n° 286 ; Fabvier-Coulomb, p. 19 ; Dalloz, n° 286 ; Dict. du not., n° 577 ; Génébrier, p. 178 ; Eloy, t. I, n° 60 ; Rutgeerts et Amiaud, p. 389.

(3) Rolland de Villargues, v° *Notaire*, n° 462 ; Dict. du not., n° 581 ; Dalloz, n° 532 ; Fabvier-Coulomb, p. 19, note 13 ; Gagneraux, p. 152 ; Génébrier, p. 178 ; Eloy, n° 64 ; Rutgeerts, p. 396 et 772, et la jurisprudence l'a consacré ; Gand, 9 décembre 1882.

(4) *Revue*, n° 5614.

(5) *Revue prat. du not. belge* (1878, p. 261).

(6) *Revue du not. français* (1878, n° 5639).

(7) Seine, 2 juillet 1888.

(8) Rennes, 14 février 1842 ; Dict. du not., n° 554 ; Eloy, n° 74 ; Gagneraux, p. 155 ; Génébrier, p. 155 ; Rutgeerts et Amiaud, p. 398-399.

intérêts ; et il faut décider que la négligence et le retard obstiné que met un notaire à accomplir la mission dont il a été chargé peuvent être, en certains cas, assimilés à un refus d'instrumenter et entraîner la responsabilité du notaire. Il a été jugé ainsi dans une espèce où une veuve établissait que si elle n'avait fait procéder à l'inventaire de communauté qu'après le délai accordé par la loi pour renoncer, ce retard était dû uniquement à la négligence du notaire (1).

96. — Prescriptions légales relatives à la réception des actes. — Nous nous sommes expliqués sur cette partie importante des obligations du notaire. (V. *suprà*, v° ACTE NOTARIÉ.)

97. — Obligation de faire enregistrer leurs actes. (V. *suprà*, v° ENRE-GISTREMENT).

98. — Obligation de verser les dépôts à la Caisse des consignations. — Aux termes de l'art. 2 du décret du 30 janvier 1890, les notaires ne peuvent conserver durant plus de six mois les sommes qu'ils détiennent pour le compte des tiers, à quelque titre que ce soit. Toutes sommes qui, avant l'expiration de ce délai, n'ont pas été remises aux ayants droit, doivent être versées par le notaire à la Caisse des dépôts et consignations, à moins que celui-ci n'ait été autorisé par une demande écrite des parties à les conserver pour une nouvelle période de six mois.

99. — Obligation de tenir les registres de comptabilité. (V. *suprà*, v° COMPTABILITÉ NOTARIALE.)

100. — Répertoire et autres registres. — Les notaires doivent, aux termes de l'art. 29 de la loi du 25 ventôse et des art. 40 et 50 de la loi du 22 frimaire an VII, tenir un répertoire de tous les actes qu'ils reçoivent. (V. *infrà*, v° RÉPERTOIRE).

Ils sont également obligés :

a) De tenir un registre spécial pour y inscrire en entier, jour par jour, et par ordre de date, les protêts qu'ils seront chargés de dresser ; ce registre, timbré, coté et paraphé, doit être tenu dans les formes prescrites pour les répertoires (art. 176 et 187, C. com.). Il ne dispense pas le notaire de porter l'acte de protêt au Répertoire (2).

Le registre n'est pas soumis au visa du receveur de l'enregistrement (3).

Le notaire qui fait des protêts et ne les a pas inscrits sur son registre peut être frappé de destitution, sans préjudice aux dommages-intérêts envers les parties (art. 176 précité) (4).

b) De tenir un registre énonçant les noms des rentiers viagers et des pensionnaires de l'Etat, auxquels ils délivrent des certificats de vie (5).

c) De tenir un registre timbré, coté et paraphé où doivent être inscrits les contrats d'assurance maritime (6).

101. — Tableau des interdits. — Par application de l'art. 18 de la loi de ventôse, chaque notaire doit tenir *exposé*, dans son étude, un tableau sur lequel sont inscrits, les noms, prénoms, qualités et demeures des personnes qui, dans l'étendue du ressort où il exerce, sont interdites ou pourvues d'un conseil judiciaire, ainsi que la mention des jugements y relatifs ; le tout immédiatement après la notification qui leur en aura été faite et à peine des dommages-intérêts des parties.

Cette disposition a pour but de donner aux parties qui contractent la faculté de s'assurer si elles ne contractent pas avec une personne notoirement incapable. Mais, comme le fait remarquer Rutgeerts, la mesure est insuffisante ; — car, d'une

---

(1) Paris, 12 décembre 1836 ; Paris, 29 juin 1852 ; Eloy, *Responsab. not.* t. I, n° 54.
(2) Dict. du not., v° *Protêt*, n°° 66 et suiv.
(3) Inst. régie, 4201, n° 1.
(4) Rutgeerts et Amiaud, n° 43 ; — V. *infrà*, v° PROTÊT.
(5) Déc., 21 août 1806.
(6) Loi 5 juin 1858, art. 14.

part, elle ne fait pas connaître tous les incapables; — puis rien n'empêche un interdit ou un prodigue d'aller contracter hors de son arrondissement (1) ou de changer de domicile.

Le jugement qui prononce l'interdiction ou la nomination d'un conseil judiciaire est remis, par extrait, au secrétariat de la chambre des notaires; le secrétaire le communique à ses collègues de l'arrondissement (2). C'est ce qui a lieu dans tous les arrondissements.

Le notaire qui ne tient pas le tableau prescrit ou n'y inscrit pas les jugements qui lui sont transmis, peut être déclaré responsable de la nullité de l'acte.

102. — Dépôt des contrats de mariage des commerçants. — Aux termes de l'article 67, C. com., « tout notaire, qui a reçu un contrat de mariage entre époux, dont l'un est commerçant, est tenu de le transmettre, par extrait, dans le mois de sa date, aux greffes et chambres désignés par l'art. 872, C. proc. civ., pour être exposé au tableau, conformément au même article (V. *suprà*, v° CONTRAT DE MARIAGE DES COMMERÇANTS).

103. — Bourse commune. — Les notaires sont encore tenus, en vertu de l'article 39 de l'ordonnance du 4 janvier 1843, de verser au trésorier de leur Chambre, pour la bourse commune de la compagnie, les droits d'entrée et cotisations annuelles mises à leur charge (3).

Toutefois, ce paiement n'est obligatoire qu'autant que la délibération établissant la bourse commune a reçu l'approbation du Garde des sceaux, Ministre de la justice, — et que le rôle de répartition a été rendu exécutoire par le premier président de la Cour d'appel du ressort, sur l'avis du procureur général (4).

ART. 2. — *Obligations morales. Secret professionnel. Règlements intérieurs. Devoirs envers les magistrats.*

104. — Si l'on veut bien apprécier la nature et l'importance des devoirs moraux qui sont imposés aux notaires par leurs fonctions, il suffit de se reporter aux travaux préparatoires de la loi de ventôse et de considérer le but que s'est proposé le législateur en créant « ces magistrats de la juridiction volontaire, ces conseils désintéressés des parties, ces confidents de leurs pensées, chargés de rédiger impartialement leurs volontés, de les rédiger avec clarté et de leur faire connaître toute l'étendue des obligations qu'elles contractent... »

« Les notaires, disait Domat, exercent un ministère de justice et de paix entre les parties d'où dépendent le repos des familles, la sûreté de leurs biens, la fermeté des engagements, les liaisons des sociétés et des commerces les plus importants, et la médiation et négociation des affaires qui sont de plus de conséquence à toutes personnes... »

Pour pouvoir remplir ce programme bienfaisant et utile, de grandes qualités sont requises des notaires: ils ne doivent pas seulement être *instruits* et *prévoyants* pour aider les parties de leurs conseils, ils doivent encore être *honnêtes* pour éviter, dans l'exercice de leurs fonctions, tout ce qui pourrait blesser la justice et la vérité, — *prudents*, pour ne tomber dans aucun des pièges que tendent trop sou-

---

(1) N° 603.
(2) Art. 92 et 175 du décret du 16 février 1807.
(3) L'usage s'est établi dans les compagnies de constituer deux modes de contribution à la bourse commune: 1° un droit d'*entrée*, payé une fois pour toutes après la réception du notaire et qui consiste en une somme fixe variant d'ordinaire d'après la classe des études; — 2° une cotisation annuelle et proportionnelle au nombre des actes reçus par chaque notaire et variant de 10 à 50 cent. par acte.

Dans certaines compagnies, la cotisation annuelle est fixe ou proportionnelle aux droits versés par

chaque notaire à l'enregistrement. C'est le trésorier qui fait les recettes des cotisations; mais c'est au *syndic* seul qu'il appartient de poursuivre les cotisations arriérées (Ord. du 4 janvier 1843, art. 6, § 3; Déc. min. just., 23 octobre 1834). Ce recouvrement se poursuit par voie d'exécution, en vertu de l'ordonnance du premier président. Toutefois, il ne serait pas interdit au syndic de le poursuivre par voie d'assignation ordinaire: Dict. du not., v° *Bourse commune*, n°° 94, 95. V. suprà; v° *Discipline*, p. 51.
(4) Cass., 2 décembre 1856; Déc. min. just., 4 février 1844.

vent la fraude et la mauvaise foi, — *exacts* et *ordonnés*, pour ne jamais compromettre leurs intérêts ni ceux de leurs clients, — *désintéressés*, pour ne jamais faire de frais frustratoires ; — enfin, *discrets*, car ils doivent le secret sur le contenu de leurs actes.

Ces devoirs ne sont soumis, d'ordinaire, à aucune sanction positive et la loi civile n'atteint point les infractions qui y sont faites ; mais si les notaires savent les remplir, ils acquièrent la confiance de leurs clients et s'attirent la considération et l'estime publiques.

105 — Secret professionnel. — Un des devoirs les plus importants, qui a toujours été imposé aux notaires, est celui du secret professionnel. Ils ne doivent pas seulement avoir la délicatesse de ne pas abuser, dans leur intérêt, des secrets de famille, des embarras d'affaires, des négociations dont ils sont appelés à avoir connaissance, mais aussi ils ne sauraient se permettre de rien divulguer qui pût nuire à leurs clients. Dépositaires légaux de leur confiance, ce serait la trahir que de révéler ce qui leur a été confié.

La question de savoir si, en matière *criminelle* ou *correctionnelle*, le notaire est *légalement astreint* au secret, est fort complexe.

Tout d'abord, il ne nous paraît pas douteux que le notaire qui, spontanément, et sans qu'il en ait été requis par la justice, révèle des faits que la discrétion professionnelle lui faisait un devoir de taire, encourt les pénalités édictées par le Code pénal ; c'est l'opinion dominante dans la doctrine, et la Cour de cassation l'a consacrée par son arrêt du 10 juin 1853 et un arrêt plus récent du 17 avril 1870 (1), puisqu'elle déclare, dans ces deux décisions, que les notaires doivent être rangés parmi les confidents nécessaires auxquels s'applique l'art. 378, C. pénal (2).

Mais que faut-il décider, si la révélation du secret est demandée par la justice au cours d'un procès criminel ou correctionnel ? — Nous ne pensons pas que le notaire puisse toujours et en tous cas se retrancher derrière le secret professionnel. Il y a, dans la circonstance, un intérêt social de premier ordre, dont il y a lieu de tenir compte. Si le notaire a eu connaissance des faits dans l'exercice de ses fonctions, et s'ils lui ont été confiés *sous le sceau du secret*, il faut décider avec la Cour de cassation (arrêts précités) que le notaire est dispensé de déposer sur ces faits (3) ; alors même que les parties auraient relevé le notaire de l'obligation du secret, le notaire doit rester seul juge de sa situation et il suffit qu'il affirme le caractère confidentiel qui l'oblige à se taire, pour qu'il doive être cru sur parole (4).

En matière *civile*, le principe du secret professionnel est aujourd'hui, pour les notaires, aussi bien que pour les avocats et les prêtres, au-dessus de toute discussion. Comme le dit Morin (5) « une des règles traditionnelles et légales de la profession des notaires, qui sont la sauvegarde des intérêts et de l'honneur de la profession, est que le notaire, confident des pensées de ses concitoyens, doit scrupuleusement garder le secret sur les choses qui lui sont confiées ou dont il n'a connaissance que par suite de la confiance que lui ont donnée les parties ». « Le secret, disait Cailly, dans son rapport au conseil des Anciens, est de l'*essence* des fonctions notariales ».

C'était le sentiment de l'orateur du Tribunat, de Domat (6); de Rousseaud de Lacombe (7) ; de Ferrière (8) ; de Jousse (9), etc... dans l'ancienne jurisprudence ; et de presque tous les auteurs dans notre droit moderne (10).

---

(1) *Rev. not.*, n° 2720.
(2) Eloy, *Respons. not.*, t. II, n° 92.
(3) Cour d'ass. de Lot-et-Garonne, 15 décembre 1887.
(4) Eloy, n° 150 ; Rolland de Villargues, C. pén., art. 378, n° 14 et 15 ; Rutgeerts et Amiaud, t. III, p. 1823 ; Agen, 15 décembre 1886 (*Rev. not.*, n° 7747).
(5) T. I, n° 871.
(6) *Droit public*, p. 181.

(7) P. 266.
(8) T. II, p. 289.
(9) T. II, p. 104.
(10) Rolland de Villargues, v° *Secret* ; *Rép. du Journal du palais* ; Dalloz, p. 478 ; Ed. Clerc, t. II, n° 825 ; Dict. du not., v° *Secret* ; Mailland, p. 580 ; Génébrier, p. 501 ; Eloy, n°° 142 et suiv. ; Blanche, *Études prat. sur le Code pénal*, t. V, p. 548.

Et il faut, à notre avis, considérer l'obligation du secret imposée au notaire comme une loi aussi impérieuse que celle prescrite au médecin, à l'avocat, au confesseur. Il faut regarder cet intermédiaire des familles comme devant être soumis, à tous les titres, à cette obligation que lui créerait la morale, si l'art. 378, C. pén., auquel elle est bien antérieure et qui n'a fait que la sanctionner par une pénalité, ne lui était applicable dans toute son étendue. Car, il ne faut pas plus, en ce qui concerne les notaires, qu'en ce qui concerne les autres confidents nécessaires, donner un sens restreint à ses dispositions absolues. Il serait vraiment plus logique de nier complètement leur application que de la restreindre sans motifs, après l'avoir admise, et plus raisonnable de se ranger à l'avis de Lagraverend (1), qui exclut complètement les notaires du nombre des confidents. En limitant leur ministère à la seule constatation des conventions, à la seule rédaction de l'acte, on en fait un instrument passif, on enlève tout son prestige à une profession dont le rôle social est un rôle des plus élevés, celui de la conciliation ; on la prive de la confiance qu'a besoin de pouvoir lui donner chacun de ceux qui y ont recours. Les actes des notaires n'emportent-ils donc pas, par eux-mêmes, une religieuse discrétion sur tout ce qui s'y rapporte ? Les explications données au notaire à l'occasion d'un testament qu'il va recevoir, d'un traité de famille qu'il va préparer, d'actes respectueux qu'il va notifier — comment ! tout cela pourrait être par lui divulgué et la partie matérielle seulement de son œuvre devrait rester secrète (2) ?

Donc, en matière civile, le notaire, interrogé non seulement sur les clauses d'un acte, mais encore sur les diverses circonstances qui en ont accompagné la réception, ne peut être contraint de répondre et doit, au contraire, sous peine de manquer à ses devoirs, s'abstenir de le faire ; peu importe que ce qui s'est passé dans son cabinet ait été expressément ou non confié à l'officier public sous le sceau du secret professionnel (3), si le notaire a agi dans l'exercice de ses fonctions (4).

C'est par application de ces principes, qu'il a pu être jugé par la Cour de cassation que l'arrêt qui ordonne le dépôt au greffe des livres et registres d'un notaire, pour permettre à un tiers d'y faire des investigations dans un intérêt privé, alors surtout que la communication doit avoir lieu hors de la surveillance des magistrats et porte sur une année entière de l'exercice et non sur des actes spécialement désignés, viole la règle du secret professionnel (5).

106. — **Conseils.** — Un autre devoir rigoureux des notaires est d'éclairer les parties de leurs conseils, car ils sont, d'après l'expression du législateur lui-même, leurs *conseils désintéressés* ; c'est à ce titre qu'il est de leur devoir d'instruire leurs clients de leurs droits et de leurs obligations respectifs ; de leur expliquer tous les effets des engagements auxquels ils se soumettent; de leur exposer les chances ou les périls qu'ils peuvent vouloir courir ; — de leur indiquer enfin, les précautions que la loi met à leur disposition pour garantir l'exécution de leurs volontés ; — et ce devoir est d'autant plus strict que les parties sont moins instruites, moins habituées aux affaires ; si par exemple ce sont des gens de la campagne, illettrés, qui ont pour habitude de s'en rapporter entièrement à la parole de l'officier public qu'ils ont chargé de leurs affaires.

(1) T. I", p. 261.
(2) Muteau, *Secret prof.*, p. 459 à 482.
(3) Bordeaux, 16 juin 1855 ; Bruxelles, 10 décembre 1851.
(4) Paris, 5 avril 1851 ; Cass., 24 mai 1852 et 5 janvier 1855 ; Anvers, 2 mars 1877 (*J. du not.*, n° 3006); Bougie (Algérie), 30 janvier 1877 (*Rev. not.*, n° 5439). — Par a *contrario*, Lyon, 17 janvier 1889 ; cette dernière décision reconnaît fort judicieusement « qu'il serait périlleux, en matière civile, surtout pour un intérêt privé, d'amoindrir le crédit et l'autorité du notariat, en mesurant aux notaires, sans avoir les éléments pour le faire, les limites dans lesquelles ils doivent s'estimer libres de garder le secret, ou astreints à ce devoir, au lieu de les laisser s'inspirer de leur conscience et de la délicatesse de leur profession. » V. Lansel (*Du Secret profess*, *Rev. du not.*, 1874, n° 4570 et 1883, n° 6757.; Cons. enfin sur cette question l'*Étude* très intéressante et très complète de M. Robert, *Circ. du comité des not.*, n° 208, p. 320.

(5) Cass., 7 août 1888 et 3 décembre 1884 (art. 23795, J. N.) ; Cass., 18 janvier 1886; sur pourvoi contre un arrêt de Dijon du 4 juillet 1883 (art. 23584, J. N. et *J. du not.*, n° 3814). — Comp. Orléans, 24 avril 1885 (art. 23447, J. N.).

Mais ce devoir, que nous considérons comme un des plus importants de la profession, ne saurait cependant, être transformé, comme l'a fait trop souvent la jurisprudence (1), en un devoir *légal*, susceptible en certains cas d'engendrer, au préjudice des notaires, une action en responsabilité et en dommages-intérêts (2).

107. — Règlements intérieurs. — D'autres devoirs moraux résultent encore pour les notaires de l'application des règlements intérieurs de leurs compagnies, règlements qui, nous le verrons, ne sont exécutoires qu'autant qu'ils ont été approuvés par le garde des sceaux (3), mais dont les notaires s'engagent d'honneur à observer les prescriptions et dont nous ne saurions trop leur recommander la stricte observation. C'est, en effet, dans la partie qui n'est pas d'ordinaire sanctionnée par la Chancellerie, que se trouvent les dispositions les plus utiles, celles relatives aux rapports des notaires entre eux, aux règles de délicatesse, de désintéressement et de bonne confraternité. Nous n'en citerons que quelques-unes, car elles sont écrites dans tous les règlements des compagnies.

Ainsi, les notaires doivent, avant d'intenter ou subir une action à raison de leurs fonctions, en informer la chambre... Se conformer à sa décision sur toutes les contestations qui s'élèvent entre eux...

Ils doivent s'interdire de critiquer les actes de leurs confrères et, s'ils découvrent dans un acte quelques irrégularités, s'efforcer d'amener les parties à les couvrir dans l'intérêt du collègue...

Ils doivent n'admettre aucun clerc sortant d'un autre étude, sans le consentement du notaire chez lequel il travaillait... Ils ne peuvent s'immiscer dans une affaire déjà commencée par un confrère, et surtout employer des manœuvres déloyales pour détourner sa clientèle..., etc...

108. — Devoirs envers les magistrats. — Enfin, les notaires sont appelés fréquemment à avoir des relations soit avec les membres du tribunal ou du parquet de leur arrondissement, soit avec les juges de paix. Ces relations doivent toujours être empreintes de la déférence et de la politesse la plus courtoise. Le notariat ne peut qu'y gagner; il ne saurait oublier d'ailleurs, que les magistrats du parquet sont les auxiliaires du Ministre de la justice dans la surveillance disciplinaire.

§ 3. Prohibitions faites aux notaires.

109. — L'impartialité étant la première obligation imposée au notaire, comme elle l'est aux juges, il est naturel que la loi leur ait interdit de recevoir les actes dans lesquels ils pourraient avoir quelque intérêt, soit par eux-mêmes, soit par leurs parents. Il a toujours été d'ailleurs, de règle que nul ne peut témoigner dans sa propre cause. « Cette précaution, qui avait déjà été édictée sous l'ancienne jurisprudence, a pour but, disait Favard, de mettre les notaires à l'abri de tous les combats que l'intérêt livre à la probité et l'affection aux devoirs, combats dans lesquels la probité triomphe, mais qu'il est bon d'éviter à la généralité des hommes publics. »

« Les notaires, porte l'article 8 de la loi de ventôse, ne pourront recevoir des actes dans lesquels leurs parents ou alliés, en ligne directe à tous les degrés, et en collatérale, jusqu'au degré d'oncle ou de neveu inclusivement, seraient parties, ou qui contiendraient quelque disposition en leur faveur. »

C'est aussi le même principe qui a motivé l'article 10 ainsi conçu :

---

(1) Soissons, 18 mai 1857; Nantes, 4 février 1880; Paris, 11 décembre 1884; Orléans, 14 mai 1886 (*Rev. du not.*, n°° 6078-7068; Amiens, 18 décembre 1889 (*Rev. not.*, n° 8226).

(2) Angers, 29 mars 1882 (art. 22759 (art. 22759, J. N.); *Dict. du not.*, v° *Responsabilité*, n° 260;

Paul Pont, *Petits contrats*, n° 839; Demolombe, *Des contrats*, t. VIII, n° 585; Eloy, n° 132; Dissert. art. 22285, J. N.; Rutgeerts et Amiaud, t. III, n° 1826.

(3) Cass., 24 avril 1870, 5 juillet 1875 et 23 juillet 1876 (art. 19983 et 21283, J. N.).

« Deux notaires, parents ou alliés au degré prohibé par l'article 8, ne peu-vent concourir au même acte... »

Et l'article 68 frappe de *nullité* tout acte fait en contravention aux articles 8 et 10, sans préjudice à l'action en dommages-intérêts qui peut être exercée contre le notaire.

110. — On s'est demandé comment il faut interpréter ces mots de l'art. 8 : « ou qui contiendraient quelque disposition en leur faveur » ; se rapportent ils aux notaires, ou aux parents et alliés, ou à tous en même temps ? Il est certain que si l'on ne considère que la construction grammaticale de la phrase, l'interdiction ne se rapporte qu'aux parents et alliés du notaire. Mais tous les auteurs enseignent et une jurisprudence constante décide que si les notaires ne peuvent recevoir d'actes où leurs parents et alliés seraient *parties* ou *intéressés*, *à fortiori* ne peuvent-ils en recevoir où ils seraient eux-mêmes *parties* ou *intéressés* (1).

Comme l'art. 8 ne distingue pas, il faut dire aussi que la prohibition s'applique au *notaire en second*, comme au notaire rédacteur de l'acte, — au notaire *substi-tuant* comme au notaire *substitué* (2), — et encore au notaire *commis* judiciaire-ment — ou gérant l'étude vacante d'un confrère.

Le principe de l'incapacité est absolu, qu'il s'agisse d'un intérêt minime ou important, actuel ou éventuel, direct ou indirect.

111. — Quant aux dissimulations qui consistent à cacher l'intérêt du notaire sous le couvert d'un intermédiaire ou d'un prête-nom (clercs, serviteurs, amis ou autres personnes interposées), inutile de dire qu'elles sont également interdites et que la preuve peut résulter de simples présomptions. En pareil cas, le notaire s'expose à des peines disciplinaires d'autant plus sévères que la fraude s'ajoute au fait de violation de la loi (3).

Cette matière, en raison de son importance, exigeant quelque développement, nous allons successivement examiner :

    a) Les cas où le notaire est partie ou intéressé à l'acte ;

    b) Ceux où ce sont ses parents ou alliés qui sont parties ou intéressés dans l'acte ;

    c) Celui où les deux notaires seraient parents ou alliés entre eux.

ART. 1ᵉʳ. — *Intérêt du notaire à l'acte.*

112. — On décide que le notaire est *partie* à l'acte, lorsqu'il stipule comme contractant, qu'il promette, dispose ou accepte, en son nom personnel ou au nom d'un tiers, pour lequel il se porte fort ou dont il est tuteur, conseil, mandataire (conventionnel ou légal), ou gérant.

113. — Ainsi le notaire ne peut recevoir sous peine de nullité :

Acte intéressant une commune. — Tout acte intéressant une com-mune, dont il serait le maire ou l'adjoint, s'il figure dans cet acte en ladite qualité. Mais il serait capable, si la commune était légalement représentée à l'acte par d'autres membres de la représentation communale (4).

La même solution serait applicable aux actes concernant des établissements

(1) Cass., 29 juillet 1868 (art. 17791, J. N.) ; 20 jan-vier 1874 (art. 20854, J. N.) ; 27 novembre 1876 (art. 21634, J. N.) ; Rolland de Villargues, n° 489 ; Gagneraux, n° 33 ; Fabvier-Coulomb, p. 26, note 9 ; Dalloz, n° 398 ; Dict. du not., v° *Acte notarié*, n° 444 et v° *Notaire*, n° 624 ; Génébrier, p. 215 ; Rutgeerts et Amiaud, n° 295.

(2) Et il est interdit au notaire empêché par suite de l'interdiction de l'art. 8, de se faire substituer par un confrère pour la réception de l'acte, afin d'en conserver la minute. Déc. min., 22 novembre 1809 ;

Fabvier-Colomb, p. 26 ; Dict. du not., v° *Substitu-tion de not.*, n° 5 ; art. 21281, n° 17, J. N.

(3) Cass., 15 juin 1853 et 29 juillet 1868 (art. 14993-17791, J. N.) ; Douai, 11 janvier 1862 ; Nancy, 21 dé-cembre 1872 ; Cass., 20 janvier 1874 (art. 17833, 20686 et 20854, J. N.) ; *J. du not.*, n° 2705 ; Cass., 13 février 1883 (art. 22381, J. N.) ; Paris, 23 février 1888 ; Ed. Clerc, *Traité général*, t I, n°ˢ 547-548.

(4) Dict. du not., n° 615 ; Rutgeerts et Amiaud, n° 820 ; Montpellier, 4 juin 1855 ; Cass. B., 30 dé-cembre 1875.

d'utilité publique. La qualité d'administrateur ne transforme pas le notaire en partie intéressée, si, d'ailleurs, il ne figure pas à l'acte dans les deux qualités.

Acceptation. — Tout acte où il accepterait pour une partie non présente (1); que cette acceptation soit nécessaire ou surabondante, elle vicie l'acte entier (2).

Acte respectueux. — Un acte respectueux et la notification pour l'enfant dont il a été, à cet effet, constitué le mandataire conventionnel (3).

Cession de créances. — Un acte de cession de créance à lui faite par l'intermédiaire d'un *prête-nom* (4).

Compromis. — Un compromis dans lequel il serait nommé arbitre (5).

Contrat de mariage. — Un contrat de mariage dans lequel il interviendrait, comme tuteur ou curateur de la future épouse. Mais il pourrait recevoir le contrat, malgré sa qualité de tuteur ou de curateur, s'il n'avait pas besoin d'assister la future épouse, ou d'accepter une donation à elle faite (6), *à fortiori*, si le notaire n'était que membre du conseil de famille.

Décharge. — Un acte de décharge des titres ou sommes dont il aurait été constitué dépositaire, à n'importe quel titre; cependant exceptionnellement, un notaire peut recevoir, par acte passé devant lui, la décharge du prix d'une vente de meubles par lui faite, pourvu que, dans le cas où la partie ne sait pas signer, il intervienne dans l'acte un second notaire ou deux témoins (7), et que la décharge soit mise *en marge* ou *à la suite* du procès-verbal de vente (8).

Déclaration de command. — Un acte de déclaration de command pour des biens adjugés devant lui; il ne peut non plus accepter celle faite à son profit par un adjudicataire (9). Il ne pourrait même pas, après avoir procédé à une adjudication publique, devenir acquéreur par personne interposée au moyen d'un acte reçu le lendemain par un collègue, devant qui l'adjudicataire viendrait déclarer pour command le notaire qui a procédé la veille à l'adjudication (10).

Dépôt de testament olographe. — Un acte de dépôt d'un testament olographe qui l'institue légataire. L'acte de dépôt serait nul; mais cette nullité ne saurait avoir aucune influence sur la validité du testament (11).

Mais le notaire pourrait dresser l'acte de dépôt d'un testament olographe le nommant *exécuteur testamentaire*.

Dépôt de sommes ou d'objets. — Un acte qui le constitue dépositaire de sommes d'argent ou d'objets déterminés; car l'acte de dépôt suppose nécessairement l'intervention et le concours du dépositaire (12).

Inventaire. — Un inventaire, dans lequel il représenterait les absents, ou figurerait comme exécuteur testamentaire, — ou comme légataire particulier de la succession inventoriée (13).

Un inventaire dans lequel les parties lui donneraient mandat de vendre publiquement les meubles inventoriés (14).

---

(1) Toulouse, 31 juillet 1830 ; Besançon, 17 juillet 1844 ; Limoges, 11 juillet 1854 ; Amiens, 9 avril 1856 (art. 15806, J. N.); Grenoble, 8 juillet 1858 ; Cass., 11 juillet 1859 (art. 17836, J. N.).

(2) Dict. du not., v° *Acceptation*, n° 13; Rutgeerts et Amiaud, p. 522; Génébrier, p. 217.

(3) Douai, 8 janvier 1828; Rolland de Villargues, n° 443; Génébrier, p. 217.

(4) Cass., 15 juin 1858 et 29 juillet 1863 (art. 14993 et 17791, J. N.).

(5) Limoges, 1er juillet 1865 (art. 18389, J. N.); Dict. du not., n° 58; Dalloz, n° 401; Génébrier, p. 219; Rutgeerts et Amiaud, n° 313. — *Contra*: Grenoble, 20 décembre 1865.

(6) Dict. du not., n°s 611-614 ; Rutgeerts et Amiaud, n° 318 ; Dalloz, n° 404 ; J. du not., n°s des 10 septembre 1879 et 20 janvier 1886.

(7) Avis Cons. d'Etat, 21 octobre 1809.

(8) Cass., 16 décembre 1856.

(9) Colmar, 9 février 1835.

(10) Gagneraux, t. I, p. 43 ; Bastiné, n° 94 ; Rutgeerts et Amiaud, n° 307 ; Circul. min. just., 28 septembre 1847 ; Malines, 15 mai 1878.

(11) Rutgeerts et Amiaud, n° 308 ; Génébrier, p. 223 ; Dalloz, n° 425.—*Contra* : Dict. du not., n° 600.

(12) Rouen, 2 février 1829 (art. 7744, J. N.).

(13) Dict. du not., n° 646 ; Rutgeerts et Amiaud, n° 310 ; Rouen, 20 janvier 1879 (art. 22189, J. N.).

(14) Liège, 21 mars 1872 (J. du not., n° 2545).

Mais le notaire ne serait pas partie à l'acte, parce qu'il aurait mentionné aux déclarations passives les frais qui lui sont dus (1).

Liquidation. — Une liquidation de succession dans laquelle il établirait le compte de gestion et d'administration judiciaire qu'il a eue de cette succession, en fixerait le reliquat et recevrait décharge des héritiers (2).

Mais le notaire n'enfreindrait pas la prohibition de l'art. 8, si le compte de gestion n'étant pas approuvé par les parties, avait seulement pour objet d'établir et de préparer les éléments de la liquidation (3).

Mainlevée. — Un acte de mainlevée de l'opposition formée entre ses mains (4).

Obligation. — Un acte de prêt dans lequel il accepterait pour le créancier absent (5), — ou dans lequel il serait déclaré que les fonds empruntés ont été aussitôt versés au notaire, qui subrogerait le prêteur dans ses droits et actions.

— Un acte d'*obligation* souscrit au profit d'un tiers ou d'un clerc de l'étude qui serait reconnu être le prête-nom du notaire (6).

Mais l'obligation ne saurait être considérée comme faite dans l'intérêt du notaire, parce qu'elle favoriserait un fait ultérieur profitable au notaire (7).

Procuration. — Une procuration dans laquelle le notaire constitué mandataire, accepte le mandat, — alors même que la procuration dressée en blanc, d'abord, c'est-à-dire sans nom de mandataire, n'aurait été remplie que plus tard au nom du notaire (8).

Quittance. — Un acte de quittance des sommes qu'il reçoit en qualité de séquestre, — ou de celles qu'il reçoit en vertu du mandat à lui conféré dans un cahier de charges de toucher les prix des adjudications faites devant lui (9).

Toutefois, il a été jugé qu'une quittance notariée, constatant le paiement de partie d'un prix de vente d'immeubles ne saurait être annulée, comme faite en infraction à l'art. 8 de la loi de ventôse, parce que le notaire aurait été détenteur des fonds, s'il n'est point établi, d'ailleurs, que cet officier public a joué dans l'affaire un rôle autre que celui de négociateur et qu'il ait été associé à l'opération (10).

Reconnaissance de servitude. — Une reconnaissance de servitude qui peut l'intéresser même indirectement (11).

Société. — Un acte de constitution de société civile ou commerciale, en nom collectif ou en commandite simple, ou en commandite par actions, ou anonyme, dont lui ou ses parents ou alliés feraient partie comme associés (12).

Jugé cependant que l'acte de constitution d'une société en commandite par actions ne serait pas nul, parce que le notaire qui a reçu les statuts sociaux, aurait souscrit postérieurement une certaine quantité d'actions (13).

Le notaire ne pourrait même pas, après la constitution de la société, recevoir un acte pour cette société, fût-elle représentée par un administrateur ; car bien que ces sociétés constituent des personnes juridiques, chacun des associés concourt à former la personne juridique ; le notaire agirait dans son intérêt personnel.

Mais on décide généralement qu'il peut instrumenter pour une société anonyme,

---

(1) Dict. du not., n° 631.
(2) Dict. du not., n° 645.
(3) Cass., 6 août 1878 (art. 20872, J. N.) ; Comp. Orléans, 7 août 1889 (*J. du not.*, 1889, p. 662).
(4) Dict. du not., n° 602.
(5) Limoges, 11 juillet 1854.
(6) Douai, 11 janvier 1862 ; Cass., 4 août 1864 ; Nancy, 21 décembre 1872 (*Rev. not.*, n° 4335) ; Cass., 20 janvier 1874 (art. 17833, 18095, 20686 et 20854, J. N.) ; *Rev. not.*, n°s 4325 et 4335) ; 27 novembre 1876 (art. 21684, J. N. ; *Rev. not.*, n° 5416) ; Cass., 13 février 1883 (art. 22881, J. N.; Anvers, 4 février 1887 (*Rev. prat. not.* B., 1887, p. 656) ;

Mons, 17 février 1888 ; Paris, 28 février 1888 ; Charolles, 16 nov. 1888 (art. 24254, J. N.) ; Cass., 17 déc. 1888 (art. 24169, J. N.) ; Poitiers, 31 décembre 1890.
(7) Orléans, 7 août 1889 (*J. du not.*, 1889, p. 662).
(8) Dict. du not., n°s 636 à 638 ; Rutgeerts et Amiaud, n° 312 ; Génébrier, p. 216.
(9) Namur, 17 février 1859.
(10) Cass., 27 avril 1881 (art. 22510, J. N.).
(11) Cass., 15 juin 1853.
(12) Cass., 11 décembre 1888 (art. 21281 et 24169, J. N.) ; Houpin, *Sociétés par actions*, n° 96.
(13) Rouen, 14 décembre 1875 (*J. du not.*, n° 2890); Orléans, 15 février 1888.

dont lui ou des parents ou alliés au degré prohibé posséderaient des actions (1).

La société, dans ce cas, constitue un être juridique à part; et l'action plutôt que l'actionnaire est associée. C'est la société seule, être indépendant et distinct, qui est *partie* à l'acte (2).

Substitution. — Un notaire nommé mandataire, dans une procuration contenant pouvoir de substituer, ne pourrait après avoir consenti la substitution dans ses pouvoirs, recevoir, comme notaire, les actes passés par le mandataire substitué (3).

Suscription de testament mystique. — Un acte de suscription de testament mystique, lorsque le notaire a écrit le testament et que ce testament contient un legs en sa faveur. La doctrine et la jurisprudence sont cependant contraires et permettent au notaire de recevoir l'acte de suscription même dans le dernier cas (4).

Testament. — Un testament public par lequel il est institué légataire, à un titre quelconque (5), ou exécuteur testamentaire, *salarié* ou *gratuit* (6).

Toutefois, plusieurs auteurs admettent la validité du testament, si l'exécution testamentaire est gratuite (7), et cette opinion est consacrée par la jurisprudence (8).

— Mais un notaire peut recevoir le testament contenant un legs fait au profit de la commune dont il est maire, ou d'un établissement public dont il est administrateur (9).

Titre nouvel. — Un titre nouvel d'une créance qui lui a appartenu antérieurement, car la cession qu'il a faite de la rente le soumet à une garantie (10).

Vente. — Un procès-verbal d'adjudication aux termes duquel il se rend adjudicataire d'objets mobiliers ou d'immeubles qu'il est chargé judiciairement ou amiablement de vendre (11).

— Un procès-verbal d'adjudication ou un acte de vente, portant que le notaire restera dépositaire du prix *et que le notaire s'en charge*. Mais la clause serait licite s'il était stipulé simplement, *sans acceptation du notaire*, que le prix restera déposé dans l'etude jusqu'après l'accomplissement des formalités hypothécaires, — ou servira à désintéresser les créanciers inscrits (12).

— Le contrat de vente d'immeuble consenti à un notaire par un mandataire agissant en vertu d'une procuration reçue par ce notaire lui-même (13).

Notaire intéressé. — On décide que le notaire est *intéressé* à l'acte, lorsqu'il a un intérêt actuel, direct ou indirect, à cet acte; — lorsque l'acte contient une disposition dont le notaire peut se prévaloir, qui soit attributive d'un droit; — lorsque cette disposition est pour le notaire la source d'un bénéfice ou d'un avantage.

Toutefois, il a été jugé que ce serait forcer le sens vrai et légal de l'art. 8 que de l'appliquer à des cas où un acte, en lui-même sérieux et indépendant, ne se ratta-

(1) Grenoble, 8 mars 1832 (art. 7766, J. N.); Cass., 31 juillet 1834; Paris, 22 mai 1848 (art. 13397, J. N.); Cass., 6 janvier 1862 (art. 17302, J. N.); Douai, 3 février 1876 (J. du not., n° 2913 et art. 21281, 21354, J.N.); Dict. du not., n° 618; Dalloz, n° 405; Génébrier, p. 220.
(2) Bastiné, cité par Rutgeerts, 288, in fine.
(3) Dict. du not., n° 648.
(4) Dict. du not., n° 598; Demolombe, t. IV, n° 861; Aubry et Rau, § 671, note 17; Génébrier, p. 222, 228; Rutgeerts, n° 304; Cass., B., 29 janvier 1873; Cass., 4 juin 1888 (art. 22957, J. N.).
(5) Dict. du not., n° 589; Rutgeerts et Amiaud, n° 297.
(6) Rutgeerts et Amiaud, n° 299; Ed. Clerc, Traité gén. du not.; Génébrier, p. 219. — Contrà: Dict. du not., n° 594; Gand, 6 février 1857.

(7) Dict. du not., n°° 594-595; Dalloz, n° 414; Bastiné, n° 97; Aubry et Rau, t. VII, p. 448; Demolombe, t. V, n° 11; Laurent, t. XIV, n° 328.
(8) Cass., 4 juin 1888 (art. 22957, J. N.); J. du not., n° 3571. — V. J. du not., 1891, p. 449.
(9) Cass., 4 juin 1888 (art. 22957, J. N.).
(10) Dict. du not., n°° 604, 615, 616.
(11) Chambéry, 28 novembre 1877 (Rev. not., n 3557). Mais le notaire peut valablement, en dehors de l'opération, traiter à l'amiable pour son compte, avec les parties, de l'acquisition de divers objets non compris au procès-verbal de vente (Cass., 27 juillet 1875 (Rev. not., n° 5044).
(12) Liège, 28 mars 1872; Dict. du not., n° 641, Rutgeerts et Amiaud, p. 505-508.
(13) Riom, 9 février 1885 (J. du not., n° 8795); Cass., 27 mars 1886.

chant point par un lien immédiat et direct à une opération propre au notaire, pourrait avoir pour résultat de faciliter un fait subséquent plus ou moins profitable à ce notaire (1).

114. — *Mais il a été jugé que le notaire ne peut recevoir :*

Affectation hypothécaire. — Un acte constitutif d'hypothèque fournie par un débiteur dont il était caution, par ce qu'il avait intérêt à ce que les sûretés du créancier fussent augmentées (2).

Cession de créances. — Un acte de transport de créances, dont le prix doit être employé à lui payer une somme dont il est créancier (3).

Faillite. — Un acte intéressant une faillite, si le notaire figure au nombre des créanciers (4).

Reconnaissance de servitude. — Un acte de reconnaissance de servitude, s'il intéresse indirectement le notaire (5).

Obligation. — Un acte par lequel le débiteur du notaire emprunte à un tiers une somme affectée spécialement à rembourser le notaire instrumentant (6).

Toutefois, la Cour de Bordeaux (7) semble être revenue à une jurisprudence plus conforme à l'esprit de la loi en décidant qu'un notaire n'a pas violé l'article 8, en recevant un acte de prêt dont les fonds devaient servir à payer une dette contractée antérieurement à son profit.

Mais le notaire ne serait pas réputé intéressé dans un acte d'emprunt par cela seul que l'emprunteur lui aurait ultérieurement versé la somme empruntée, en paiement d'une dette qu'il avait envers lui (8).

Procuration. — Une procuration par laquelle le mandant autorise le mandataire à faire en faveur du notaire instrumentant, soit une vente ou tout autre acte (9).

Testament. — Un testament dans lequel le testateur reconnaît devoir une somme au notaire instrumentant, si la dette ne résulte pas d'un titre antérieur (10).

— Un testament par lequel le testateur fait remise à ses débiteurs, parmi lesquels se trouve le notaire instrumentant, des intérêts de leurs dettes pendant un laps de temps déterminé (11).

Mais il a été jugé que le notaire peut recevoir :

— Un testament dans lequel le testateur déclare que telle somme, déposée chez le notaire rédacteur, servira à payer les frais et honoraires d'actes passés pour le testateur par ce notaire (12).

— Un testament par lequel le testateur charge le notaire instrumentant de liquider sa succession et de vendre les biens qui la composent, pour en partager le produit entre les héritiers.

— Enfin il a été décidé que le testament public, dans lequel un notaire a inséré une clause portant affectation d'une somme d'argent au paiement des frais à lui dus et de ceux qui seront dus à l'occasion du partage de la succession, ne contient pas de disposition en faveur du notaire, dans le sens de l'article 8 (13).

Vente. — Une vente, — contrat amiable ou adjudication, — où il serait stipulé

---

(1) Cass., 15 avril 1862 ; Paris, 15 mars 1870 ; Cass., 20 juin 1877 ; Bordeaux, 6 août 1885 (*J. du not.*, n° 3963) ; Orléans, 7 août 1889 (*J. du not.*, 1889, p. 662).

(2) Liège, 5 janvier 1867.

(3) Cass., 29 juillet 1863 (art. 17771, J. N.) ; — *Contrà* : Cass., 7 janvier 1889 (art. 24202, J. N., et *J. du not.*, 1889, p. 185).

(4) Dict. du Not., n° 617.

(5) Cass., 15 juin 1858.

(6) Bruxelles, 31 juillet 1850 ; Nancy, 21 décembre 1872 (*Rev. not.*, n° 4334).

(7) 6 août 1885 (*J. du not.*, n° 3963).

(8) Cass., 25 avril 1862, 30 juin 1877 et 7 janvier 1889 ; Bordeaux, 6 août 1885.

(9) Montluçon, 17 janvier 1884 ; Rolland de Villargues, n° 445 ; Dalloz, n° 400 ; Rutgeerts, n° 311. V. aussi Cass., 16 février 1886 (art. 23556, J. N., *Rev. not.*, n° 7802, — *J. du not.*, n° 3825).

(10) Dict. du Not., n° 590.

(11) Cass., 20 juin 4827 ; Dict. du Not., n° 592.

(12) Cass., 27 mai 1845 (art. 12459, J. N.).

(13) Cass., 4 juin 1888 ; Paris, 25 avril 1885 (*J. du not.*, n° 2757) ; Cass., 8 novembre 1886 (art. 23385 et 23700, J. N.).

que l'acquéreur paiera son prix, soit entre les mains du vendeur, soit aux créanciers hypothécaires, si le notaire rédacteur est au nombre de ces derniers (1).

— Le notaire ne serait pas moins incapable, quoique l'acte où il a figuré comme partie lui fût défavorable. Il n'y a aucun doute sur ce point.

Il a aussi été jugé que le notaire, quand il est l'un des membres du conseil de famille qui a émis l'avis de procéder à la vente des biens d'un mineur, ne doit pas être désigné pour y procéder (2).

Art. 2. — *Parenté ou alliance avec les parties*.

115. — La prohibition de l'article 8 sur ce point est formelle ; les notaires (notaire rédacteur ou notaire en second) ne peuvent recevoir un acte dans lequel leurs parents ou alliés au degré prohibé seraient parties (3), — ou qui contiendrait quelque disposition en leur faveur.

La prohibition s'applique à toute parenté, *légitime*, *naturelle* ou *adoptive*.

116. — **Parenté légitime.** — La parenté est le lien du sang qui existe,

---

(1) Bordeaux, 8 août 1870 (*Rev. not.*, n° 2920); Cass., 20 janvier 1874 (*J. du not.*, n° du 11 juin 1874).

(2) Arras, 11 mars 1874 (*J. du not.*, n° 2720).

(3) D'après certains auteurs (Loret, t. I, p. 205 ; Rutgeerts, n° 278), on ne devrait considérer comme *partie* à un acte que celle pour laquelle l'acte se fait et qui est obligée d'exécuter la convention. — Cette interprétation ne nous paraît pas exacte et n'est pas, d'ailleurs, suivie par la majorité des auteurs. — M. Bastiné (n°° 82 et 84) a fait valoir, dans la discussion de cette question délicate, des arguments nouveaux que nous devons mettre en lumière : « Nous pensons, dit-il, que l'on doit tenir compte de la différence qu'il y a entre l'acte matériel, *l'écrit*, et le fait ou la *convention* que l'acte constate. — On peut être *partie* dans l'acte sans avoir un intérêt dans la convention ou sans être partie à cette convention. — D'un autre côté, l'on peut être partie à la convention sans prendre part à l'acte. — D'après cette distinction, le mot *partie* s'applique tantôt à ceux qui sont intéressés à la convention, tantôt à ceux qui figurent dans l'acte. Partant de là, on peut admettre comme règle, que, chaque fois que la loi se préoccupe principalement de la convention, c'est dans le premier sens qu'on doit entendre le mot *partie*; quand elle prescrit les formalités matérielles de l'écrit, il est rationnel de prendre le mot dans le dernier sens. — Dans l'art. 8, la loi n'a pas seulement en vue la *convention*, mais encore l'*acte matériel* qui doit servir à la constater ; car l'impartialité que la loi exige de la part du fonctionnaire public est nécessaire pour attester les *faits* déclarés par les parties tout autant que pour donner à l'acte, qui constate ces déclarations, la forme authentique. Il faut donc considérer comme parties, d'abord, les personnes qui y stipulent ou y promettent quelque chose *par elles-mêmes* ou avec l'assistance ou par *l'intermédiaire d'autres personnes* ; ensuite, toutes les personnes qui comparaissent simplement dans l'acte pour autrui, mais qui peuvent être dans le cas de devoir prouver légalement les faits consignés pour justifier l'exécution de leurs engagements... Par exemple, en ce qui concerne le *mandataire*, à côté de la convention que le mandataire consent pour son mandant et dont il fait dresser acte, il y a son fait personnel que le notaire atteste authentiquement. Pour ce fait personnel, le mandataire est *partie*, le notaire constate ce que le mandataire a déclaré, et cette déclaration rentre dans l'objet de l'acte ; elle peut plus tard servir de preuve soit contre le mandataire, soit en sa faveur, s'il conteste ou si l'on conteste contre lui les faits consignés. »

L'opinion de M. Bastiné nous paraît plus conforme à l'esprit qui a dû présider à la rédaction de l'art. 8, et comme il n'existe entre elle et celle de Rutgeerts qu'une différence purement doctrinale, nous n'hésitons pas à la recommander; elle doit être suivie dans la pratique. — Et la solution doit être appliquée non pas seulement aux mandataires *conventionnels*, mais aussi aux mandataires *légaux*, tels que :

L'administrateur provisoire des biens de l'absent ;

L'administrateur provisoire des biens d'une personne dont l'interdiction est demandée;

Le père, administrateur légal des biens de ses enfants mineurs;

Le mari, administrateur des biens de sa femme ou de ses enfants mineurs;

Le tuteur de mineurs ou d'interdits;

Le notaire commis pour représenter un absent ou un aliéné non pourvu de tuteur;

Le curateur chargé de l'administration des biens d'une succession vacante ;

Le conseil judiciaire nommé à un prodigue ;

Le séquestre;

L'exécuteur testamentaire ;

Les administrateurs des biens de l'État, des communes ;

Le syndic de faillite, etc.

Bastiné, p. 87, *note* 2; Génébrier, p. 211; Dict. du not., n° 91; J. N., art. 21251, n° 6 ; *Pandectes belges*, n°° 59 et suiv. ; — M. Maton (*Rev. prat. du not.*, 1877, p. 234), fait remarquer que, dans toutes les situations possibles, le mandataire a intérêt à l'acte et, par conséquent, *partie*. — Dict. prat. not. B., v° *Acte notarié*, n°° 25 et suiv. Ajoutons qu'il faudrait, à notre avis, adopter la même solution, si l'allié ou le parent *mandataire* comparaissait à l'acte seulement par substitution de pouvoirs. On doit aussi considérer comme *partie*, le porte-fort, celui pour qui on se porte fort, le *negotiorum gestor*, etc...

Ces diverses qualités, en raison de l'intérêt quelconque qu'elles supposent, sont incompatibles, comme le fait observer M. Larombière, avec les garanties d'une rédaction impartiale et désintéressée (art. 1317-15) ; Rutgeerts et Amiand, p. 475, note; Dalloz, v° *Notaire*, n° 153; Cass., 29 décembre 1840 ; Déc. min. just., 5 février 1823.

soit entre des personnes qui descendent les unes des autres ; on l'appelle en ce cas parenté en *ligne directe;* — ou qui descendent d'un auteur commun ; on l'appelle parenté en *ligne collatérale.*

En ligne directe, le notaire est incapable de recevoir des actes pour tous ses parents, à tous les degrés :

    a) Pour ses ascendants : père, mère, aïeuls, aïeules, bisaïeuls, trisaïeuls, etc...

    b) Pour ses descendants : fils, fille, petit-fils, petite-fille, arrière-petits enfants, etc...

En ligne collatérale, le notaire est incapable de recevoir des actes pour ses parents jusqu'au troisième degré, savoir :

    a) Pour ses frères et sœurs (*deuxième degré*) ;

    b) Pour ses oncles et tantes (*troisième degré*) ;

Il peut donc recevoir tout acte où figurerait un parent au quatrième degré ou au delà, par exemple : un cousin germain, un grand oncle, un petit neveu (*quatrième degré*). Il n'y a pas d'exception pour les testaments, la prohibition de l'article 975 C. civ. ne pouvant s'étendre par analogie (1).

117. — Parenté naturelle. — C'est celle qui s'établit, hors mariage, par la reconnaissance du père ou de la mère, ou de tous les deux, ou par jugement. La parenté naturelle, non constatée légalement, est censée ne pas exister et un notaire, enfant naturel, pourrait, sans nullité, instrumenter pour son père qui ne l'aurait pas reconnu.

La prohibition de l'art. 8, en ce qui concerne la parenté naturelle reconnue, n'existe que dans les limites où la loi la consacre. Le notaire ne pourrait donc pas instrumenter :

    a) Pour son fils naturel ou ses descendants ;

    b) Pour la femme de ce dernier ;

    c) Pour son père naturel ;

    d) Pour ses frères et sœurs légitimes ou naturels (art. 766, C. civ.).

Mais il serait capable, au contraire, de recevoir un acte pour ses oncles et tantes et tous autres parents, l'enfant naturel restant étranger à la famille de ses père et mère.

Quant à la parenté *adultérine* ou *incestueuse*, elle ne crée d'incapacité que si elle a été constatée judiciairement ; toutefois, le notaire devrait, en tous cas, s'abstenir.

118. — Parenté adoptive. — C'est celle que la loi établit entre l'adoptant et l'adopté (art. 348, C. civ.). L'incapacité du notaire ne saurait s'étendre au delà des effets légaux de l'adoption. Par conséquent, le notaire ne peut instrumenter pour ses parents adoptifs, ni pour ceux avec lesquels l'art. 348 lui interdit de contracter mariage ; — mais il est capable de recevoir des actes pour tous autres, et notamment, pour les père, mère, frères et sœurs de l'adoptant.

119. — Alliance. — C'est le lien résultant du mariage de deux personnes et qui unit chacune d'elles aux parents de l'autre. L'alliance produit ici les mêmes effets et la même incapacité que la parenté et elle subsiste, même après le décès, sans enfant, de l'époux qui l'a produite (2).

Mais l'incapacité ne s'étend qu'à l'alliance proprement dite et ne résulte point de cette espèce d'alliance qu'on appelle *affinité*, simple rapport de famille qui existe entre un conjoint et les alliés de son conjoint (3).

---

(1) Douai, 23 janvier 1850; Demolombe, t. **XXI,** n° 173 Laurent, t. XIII, n° 232.

(2) Cass., 16 juin 1834; Bordeaux, 14 mars 1843; Bourges, 10 août 1857; Montpellier, 17 avril 1863 (art. 16193 et 18907, J. N); Dict. du not, n° 31; Demolombe, n° 17; Génébrier, p. 204; Bastiné, n° 81; Rutgeerts et Amiaud, n° 274.—*I. du not.*, n° 2184.

(3) Ainsi rien n'empêche le notaire d'instrumenter: 1° pour le mari de la sœur de sa femme ; 2° pour le mari de sa belle-mère remariée ; 3° pour les beau-père et belle-mère, beau-frère et belle-sœur de son fils ou de sa fille (*J. du not.*, n° 2204-2205); Douai, 9 décembre 1889 (*J. du not.*, 1890, p. 534).

D'où il suit que le notaire ne peut recevoir d'actes pour aucun des parents de sa femme en ligne directe, *à tous les degrés* ; — ni pour les frères, sœurs, oncles ou neveux de sa femme, en ligne collatérale, — ou qui contiendraient quelques dispositions en leur faveur.

120. — Il ne peut donc instrumenter :

    a) Pour son beau-père, sa belle-mère.

    b) Pour les aïeuls de son beau-père et de sa belle-mère.

    c) Pour son gendre ou sa belle-fille.

    d) Pour son beau-frère ou sa belle-sœur (1).

    e) Pour le mari de sa tante, ou la femme de son oncle.

    f) Pour les enfants d'un premier lit de sa femme.

    g) Pour sa femme, après prononciation du divorce (2), ou les frères et sœurs de cette dernière.

Il peut instrumenter, au contraire, d'après la majorité des auteurs :

    a) Pour un cousin germain, un grand oncle, un petit neveu de sa femme.

    b) Pour la seconde femme de son beau-père.

    c) Pour le second mari de sa belle-mère.

    d) Pour la belle-sœur de sa femme (la femme du frère de sa femme (3).

    e) Pour le beau-frère de sa femme, mari de la sœur de sa femme.

    f) Pour le second mari de la mère de sa femme.

    g) Pour le beau-père ou la belle-mère de son fils ou de sa fille.

    h) Pour le beau-frère ou la belle-sœur de son fils ou de sa fille.

    i) Pour la seconde femme de son gendre ou le second mari de sa belle-fille.

    j) Pour le mari de la tante de sa femme ou la femme de l'oncle de sa femme.

    k) Pour le mari ou la femme d'un enfant de sa femme (4).

Comme conséquence des principes posés, il faut donc aussi décider :

— Qu'un notaire, chargé de procéder à une *adjudication*, ne peut admettre un de ses parents ou alliés au degré prohibé, à porter des enchères ou à se rendre acquéreur ; qu'il s'agisse d'une adjudication d'immeubles ou d'une vente aux enchères d'objets mobiliers (5).

— Qu'un notaire ne saurait admettre un de ses parents ou alliés au degré prohibé à figurer dans un acte qu'il reçoit, soit comme *mandant*, soit comme *mandataire*, fût-ce une simple procuration en brevet, où le nom du mandataire serait laissé en blanc (6).

— Qu'un notaire ne peut recevoir un acte de *déclaration de command* au profit d'un parent ou allié au degré prohibé, sans qu'il y ait lieu de distinguer si le command intervient ou non pour accepter ; que la déclaration ne peut même être

---

(1) Poitiers, 17 mai 1889 (*J. du not.*, 1889, p. 688).

(2) Parce que l'alliance survit au divorce (Poulle, *Du divorce*, p. 286 ; Frémont, *Traité du divorce*, n° 872).

(8) Cependant ce point est controversé, car il faut toujours que le beau-frère, allié du notaire, comparaisse pour autoriser sa femme ; par suite, il est partie à l'acte, quand bien même il ne devrait tirer aucun avantage de son intervention. C'est dans cet ordre d'idées qu'il a été décidé que le notaire ne peut recevoir un acte dans lequel figure le frère de sa femme pour donner son autorisation comme mari, si celui-ci participe indirectement, comme chef de la communauté, aux avantages que l'acte attribue à sa femme : Nancy, 2 février 1838 ; 27 mars 1839 ; Seine, 29 mars 1865 ; Poitiers, 17 mai 1889. Nous pensons qu'il est prudent de se rallier à cette opinion (art. 10382, J. N.).

(4) Nous empruntons en partie cette énumération à l'article paru, sans nom d'auteur, dans la *Revue pratique du not. Belge*, 1887, p. 190.

(5) Rutgeerts et Amiand, n°s 276-277.

(6) Cass., 22 décembre 1840 ; Namur, 9 et 28 décembre 1857 ; Dict. du not., n°s 92-102-103 ; Génébrier, p. 210 ; Gagneraux, n° 19 ; Dalloz, n° 153 ; Rutgeerts et Amiaud, p. 475 et suiv.

faite devant un autre notaire, car cette déclaration rendant le command partie à l'adjudication même, en compromet la validité (1).

— Une *distribution* par contribution, ou un *ordre* où figure comme créancier un parent ou allié du notaire.

— Une *donation entre-vifs* contenant une libéralité en faveur d'un parent ou allié du notaire.

— Un acte où l'un de ses parents ou alliés au degré prohibé comparaît comme *administrateur* légal ou judiciaire, *conseil judiciaire*, *curateur*, *gérant*, *mari*, *porte-fort*, *subrogé-tuteur*, *syndic*, *tuteur*, etc...

— Un acte pour une société, civile ou commerciale, dont un de ses parents ou alliés au degré prohibé, est associé (2).

— Un *dépôt de pièces* ou d'un sous seing privé, si les pièces ou le sous seing privé contiennent des dispositions au profit d'un parent du notaire dépositaire (3).

— Un acte auquel le notaire doit *annexer* une pièce qui contient des stipulations en faveur d'un parent du notaire (4).

— Un *inventaire*, si le commissaire priseur ou le gardien des scellés étaient parents ou alliés du notaire, au degré prohibé. Cependant des auteurs croient que la prohibition de l'art. 8, en ce cas, n'est pas applicable (5). Nous croyons qu'il vaut mieux s'abstenir. (V. *suprà*, v° INVENTAIRE.)

— Un *testament*, si le testateur ou le légataire sont parents ou alliés du notaire qui le reçoit, au degré prohibé.

— Un acte de *dépôt de testament olographe* qui contient une libéralité au profit d'un parent ou allié du notaire dépositaire (6).

Mais il peut recevoir un acte de *vente* intéressant une commune, dans laquelle intervient le receveur municipal, bien que ce dernier soit parent au degré prohibé (7).

— Délivrer une expédition ou une grosse d'un acte reçu par un de ses prédécesseurs et dans lequel un de ses parents au degré prohibé serait partie.

ART. 3. — *Parenté ou alliance entre les notaires ou avec les témoins.*

121. — Après avoir mentionné les causes d'incapacité légale des notaires, en raison de leur intérêt personnel, ou de l'intérêt de famille, la loi interdit encore aux notaires, parents ou alliés entre eux, au degré prohibé par l'art. 8, de concourir au même acte (8).

Cette incapacité ne s'applique pas seulement aux notaires *instrumentants*; par suite le notaire rédacteur ou le notaire en second ne pourrait être parent, dans un inventaire, du notaire commis pour représenter les absents.

Le motif de l'incapacité est le même que celui qui interdit aux notaires d'être parents ou alliés des *témoins instrumentaires*; le législateur a craint une collusion, une complicité frauduleuse possible et, pour la garantie des contractants, il veut que les notaires, comme les témoins, soient indépendants, puissent se surveiller et n'aient aucun intérêt à se concerter.

Cette prohibition s'applique à tous les actes, même aux testaments.

122. — Le notaire, incapable pour un des motifs énoncés dans l'art. 8, de recevoir un acte, peut-il se faire substituer par un confrère, de manière à en conserver la minute? La négative résulte d'une décision du Ministre de la justice du

---

(1) Rutgeerts et Amiaud, p. 479; J. N., art. 21281.

(2) J. N., art. 21281.

(3) Rutgeerts et Amiaud, n° 287.

(4) Mais un notaire peut, en visant un acte dont il est dépositaire et relatif à un droit dévolu à son parent ou allié, délivrer un *Certificat de propriété*

constatant l'existence de ce droit (art. 21281, J. N. n° 12). — V. *suprà*, v° *Certificat de propriété*.

(5) J. N., art. 21281.

(6) Rutgeerts et Amiaud, p. 498; J. N., art. 21281, n° 14.

(7) J. du not., n° 3192.

(8) L. 25 ventôse, art. 19.

22 novembre 1809 et les auteurs paraissent se prononcer en ce sens (1). Toutefois, il a été jugé par un arrêt de cassation du 6 janvier 1862 (2) qu'un acte de donation entre-vifs n'est pas nul par ce fait que le notaire rédacteur en a déposé la minute chez un autre notaire, parent ou allié des parties et en outre intéressé à l'acte.

Art. 4. — Prohibitions diverses.

123. — D'autres prohibitions ont encore été faites aux notaires : L'art. 12 de l'ordonnance du 4 janvier 1843 en contient un certain nombre, dont nous avons déjà parlé. (V. suprà, vᵒ Discipline).

L'article 1ᵉʳ du décret du 30 janvier 1890, leur interdit encore :

a) De recevoir ou conserver des fonds à la charge d'en servir l'intérêt ;

b) D'employer, même temporairement, les sommes ou valeurs dont ils sont constitués détenteurs, à un titre quelconque, à un usage auquel elles ne seraient pas destinées ;

c) De retenir, même en cas d'opposition, les sommes qui doivent être versées par eux à la Caisse des dépôts et consignations dans les cas prévus par les lois, décrets et règlements ;

d) De faire signer des billets ou reconnaissances, en laissant le nom du créancier en blanc ;

e) De laisser intervenir leurs clercs, sans un mandat écrit, dans les actes qu'ils reçoivent ;

f) De conserver les dépôts qui leur sont faits (3), si, dans un délai de six mois, ils n'ont pu être versés aux ayants droit (art. 2).

— L'art. 1596, C. civ., leur défend de se rendre adjudicataires des biens nationaux dont la vente se fait par leur ministère (4).

— L'art. 1597, C. civ., leur défend, sous peine de nullité de l'acte, d'acquérir des droits litigieux dans le ressort du tribunal ou de la Cour où ils exercent leurs fonctions (Riom, 17 juin 1880 (Rev. not., nᵒ 6410).

— Ils ne peuvent s'associer pour l'exploitation de leur office (5).

— Aux termes de l'art. 2 de l'ordonnance du 14 janvier 1831, ils ne peuvent passer « acte de vente, d'acquisition, d'échange, de cession ou transport, de constitution de rente, de transaction, au nom des établissements ecclésiastiques ou communautés religieuses, s'il ne leur est justifié du décret portant autorisation de l'acte, et devant être entièrement inséré dans celui-ci (6).

124. — **Actes sous seings privés.** — Les notaires peuvent-ils faire des actes sous seings privés? Non, en règle générale, les notaires ne sont pas institués pour faire des actes sous signatures privées, qui, trop souvent, ont pour but de faire fraude aux tiers et au fisc. Ils sont institués, au contraire, pour recevoir des actes authentiques qui, par leur publicité, leur sincérité, garantissent les droits de tous.

---

(1) Dict. du not., v. Substitution de notaire, nᵒ 5 ; J. N., art. 21281.

(2) J. N., art. 17852.

(3) Tous les dépôts, non remis dans le délai de six mois, doivent-ils être consignés, quelle que soit la somme ? L'affirmative paraît résulter du texte de l'art. 2 du décret du 30 janvier. Toutefois, on lit dans les instructions adressées par le garde des sceaux aux procureurs généraux : « Je ne verrais pas un intérêt sérieux à exiger qu'un notaire, resté détenteur d'une somme absolument insignifiante, en fît toujours et en tous cas rigoureusement le versement à la Caisse des consignations, pourvu toutefois qu'il prît soin d'en informer la Chambre de discipline. Si, à cet égard, les Chambres croyaient devoir fixer certaines règles aux notaires de leur arrondissement, elles auraient à en faire part au parquet, et vous ne manqueriez pas de me les soumettre. »

(4) Mais il a été jugé que le notaire commis pour procéder à l'adjudication d'immeubles indivis entre majeurs et mineurs a le droit de faire une surenchère du sixième ; Semur, 20 décembre 1888.

(5) Charolles, 16 novembre 1888 ; Cass., 14 mai et 11 décembre 1888.

(6) Circul. minist. just., 30 avril 1831 et 23 mars 1888 ; Chambéry, 2 décembre 1889.

Il n'est pas, toutefois, absolument interdit aux notaires de rédiger des actes sous seing privé. Les anciennes ordonnances qui en portaient prohibition ont été expressément abrogées par les lois des 19 décembre 1790 et 22 frimaire an VII (1) : mais il est convenable que le notaire s'abstienne, autant que possible, d'écrire ces sortes d'actes ; il doit même s'y refuser formellement, lorsque ce sont des conventions frauduleuses ou des contre-lettres ayant pour objet de détruire des stipulations consignées dans un acte notarié.

Mais il est permis à un notaire de rédiger, par exemple, un sous seing privé de bail, ou de vente, etc., qui doit être, dans les trois mois de sa date, réalisé en un acte authentique ; ou un compte de tutelle, de bénéfice d'inventaire, de mandat, etc., destiné à être annexé à un acte de dépôt notarié (2), etc...

125. — Aucun texte de loi n'interdit aux notaires de recevoir des actes pour leurs clercs ou de recevoir des actes où ceux-ci interviendraient pour faire des déclarations, un acte de notoriété, par exemple (3).

§ 4. DISCIPLINE NOTARIALE.

126. — Nous avons traité tout ce qui a rapport à cette matière sous le mot DISCIPLINE ; nous y renvoyons.

§ 5. HONORAIRES DES NOTAIRES.

127. — La matière a été étudiée, pour les principes, sous le mot HONORAIRES et aussi, sous chaque acte, en ce qui concerne la rémunération applicable à cet acte.

§ 6. RESPONSABILITÉ DES NOTAIRES.

ART. 1er. — *Principes généraux. Cause de la responsabilité. A qui elle s'applique.*

128. — Ce n'est point à notre ancien droit, moins encore au droit Romain qu'il faut recourir pour apprécier la nature et l'étendue de la responsabilité des notaires ; sous la législation Romaine, il n'y avait pas à proprement parler de notaires, tels que nous les avons aujourd'hui et, dans notre ancien droit, on chercherait en vain, en dehors de la déclaration du 29 septembre 1722 (4), une loi générale qui ait posé le principe de la responsabilité. L'infraction à certaines prescriptions légales entraînait parfois contre le notaire la peine des dommages-intérêts ; mais, en dehors de ces contraventions, les notaires n'étaient reconnus responsables de la nullité de leurs actes ou de leur impéritie, qu'au cas de *dol* ou de *faute lourde*, assimilée au dol.

Tels étaient les principes reconnus par la majorité des auteurs (5).

Ce n'est que dans la législation nouvelle (6) que nous trouvons reconnu et formellement consacré le principe de la responsabilité des notaires. Dans la loi de

---

(1) Avis du Conseil d'Etat, des 26 mars et 1er avril 1808 ; Demolombe, t. VI, n° 868.

(2) On peut consulter sur cette question et les devoirs des notaires en cette matière, une excellente étude de M. Maton, professeur de droit notarial à l'Université de Louvain, dans la *Revue pratique du not. belge*, 1880, p. 81 à 95.

(3) Lyon, 30 décembre 1885.

(4) Cette déclaration, qui n'était relative qu'au dé-

faut de contrôle des actes notariés, portait : « *Que les notaires demeureraient responsables des dommages-intérêts que les parties pourraient souffrir pour la nullité desdits actes...* ».

(5) Ferrière, *Parfait notaire*, liv. I, chap. 17 ; Rousseau de Lacombe, v° *Notaire*, n° 12 ; Denisard, v° *Nullité*, n°* 32-33 ; Bretonnier sur Henrys, liv. II, chap. 4, quest. 27 ; Jousse, *Just. civ.*, t. II, p. 404.

(6) L. du 6 octobre 1791, art. 16 et L. 25 ventôse an XI.

ventôse, spécialement, ce principe s'y trouve établi à chaque pas, comme nous le verrons bientôt : « Les parties, disait Favard, dans son rapport sur l'art. 68 de la loi, les parties qui se trouveront frustrées de leurs droits par l'effet d'une omission, d'une erreur ou d'une faute qui n'est pas de leur fait..., *ont en outre, leur recours contre le notaire en défaut*, et peuvent obtenir contre lui tous les dommages-intérêts que leur position et les circonstances exigeront... »

« ... Sauf, dit l'art. 68, *s'il y a lieu*, les dommages-intérêts contre le notaire contrevenant ».

129. — La loi de ventôse pose donc, dans l'art. 68, le principe de la responsabilité notariale, mais d'une responsabilité professionnelle, restreinte, dont elle a soin de préciser l'application aux articles de la même loi qui peuvent l'occasionner. Aussi a-t on posé la question de savoir si cette loi est limitative et si, en dehors de ses termes, il est permis de s'en référer, dans certains cas non prévus, au principe plus général édicté par les art. 1382 et 1383 du C. civ. (1).

Nous n'hésitons pas à penser, avec Demolombe et la majorité des auteurs et des spécialistes (2), que la responsabilité notariale est soumise, en même temps, à la loi générale des art. 1382 et 1383 et à la loi spéciale du 25 ventôse an XI, dont l'art. 68 confère particulièrement aux juges un pouvoir discrétionnaire d'appréciation.

C'est l'opinion que nous avons déjà enseignée dans notre deuxième édition du Commentaire de la loi de ventôse : « Il est incontestable, disions-nous, que l'art. 68 n'est pas limitatif et ne prévoit pas tous les cas où la responsabilité civile des notaires peut être prononcée. Il faut donc en conclure que la responsabilité notariale est soumise en même temps à la loi générale écrite dans les art. 1382 et 1383 C. civ., et aux dispositions spéciales de la loi du 25 ventôse et autres textes particuliers, — avec cette restriction particulière et très remarquable qui ressort de l'art. 68 de la loi de ventôse, qu'il ne suffit jamais pour que la responsabilité soit prononcée, qu'un fait dommageable ait été commis par un notaire et provienne de sa faute, de sa négligence ou de son impéritie ; mais qu'en tout cas, les juges ont un pouvoir discrétionnaire et souverain, qui leur permet d'atténuer ou même de refuser les dommages-intérêts, *s'il y a lieu* (3), suivant les circonstances de chaque espèce ».

Cette doctrine, bien entendue, présente de sérieuses garanties : Les fonctions du notaire sont difficiles et délicates ; il ne fallait pas admettre que des clients de mauvaise foi ou trop enclins aux procès, pussent susciter à ces officiers publics des réclamations qui ne se justifieraient pas par un véritable intérêt ; — et d'autre part, c'eût été rendre la profession inabordable que d'exposer le notaire prudent et

---

(1) Art. 1382. Tout fait quelconque de l'homme, qui cause à autrui un dommage, oblige celui par la faute duquel il est arrivé, à le réparer.

Art. 1383. Chacun est responsable du dommage qu'il a causé non-seulement par son fait, mais encore par sa négligence ou par son imprudence.

On a voulu tirer aussi de la disposition de ces articles la conséquence que les principes généraux qu'ils consacrent devaient être substitués à la règle plus restreinte et postérieure de la loi de ventôse. Mais cette opinion inadmissible, qui aboutirait à rendre les notaires responsables, *dans tous les cas* et même des fautes les plus légères, ce qui était contraire au texte spécial de l'art. 68 a été rejetée par la Cour de cassation (arrêt du 27 novembre 1837) comme une exagération aussi peu juridique que celle en sens contraire, qui consisterait à ne faire régir la responsabilité que par le texte spécial de l'art. 68. V. Pagès, *Respons. not.*, p. 65.

(2) Demolombe, t. XXXI, n° 529 ; Eloy, *Respons. not.*, t. I, n° 14 ; Dict. du not., v° *Respons.*, n° 7 ;

Vergé, *Respons. des not.*, n° 6 ; *Encyclop. du not.*, n°° 13 et suiv. ; Rutgeerts et Amiaud, t. III, p. 1813 ; Cass., 27 novembre 1887, 2 février 1888, 1er juin 1840 et 2 juillet 1878 (*Revue not.*, n° 5708 (art. 21949, J. N.) ; Cass., 19 mai 1885 ; *Rev. not.*, n° 7118. — *Contra* : Stévenart, *Principes de la respons. des not.*, p. 40.

(3) C'est ainsi qu'un notaire sera condamné, s'il est prouvé qu'il a sciemment instrumenté hors de son ressort et que la nullité d'un acte en a été la conséquence ; — il ne le sera pas, s'il a dépassé les limites de ce ressort par suite d'une erreur matérielle explicable ou imputable aux parties elles-mêmes.

Un notaire est responsable, en principe, de l'erreur qu'il peut commettre relativement au domicile d'un témoin ; — mais il ne saurait y avoir lieu à responsabilité dans le cas où ce témoin, ayant l'habitude d'intervenir aux actes, aurait récemment changé de domicile et n'aurait pas protesté lors de la lecture de l'acte qui lui attribuait son ancien domicile.

honnête à se voir condamner pour un simple oubli ou une erreur excusables. Les juges doivent donc se bien pénétrer de cette idée et considérer, selon l'expression si judicieuse de Troplong, « qu'il n'est pas bon de pousser à l'excès la responsabilité des notaires. »

Les cas de responsabilité qui se présentent le plus souvent visent le notaire en premier ou notaire *rédacteur*, qui est, en effet, toujours celui qui a le rôle actif, dans chaque affaire, entend les explications des parties, assiste aux débats des conventions, rédige l'acte et le reçoit. C'est donc lui qui doit supporter les conséquences des irrégularités ou des erreurs qu'il a pu commettre.

130. — Notaire en second. — Toutefois, le notaire en second qui a assisté à la réception d'un acte, en vertu des prescriptions de la loi du 21 juin 1843, — et celui qui a coopéré à sa rédaction, sur la demande de l'une des parties, — ayant l'un et l'autre mission expresse de veiller à la régularité de l'acte, seraient responsables, solidairement avec le notaire en premier et dans les mêmes conditions que ce dernier.

Dans ces deux cas, le notaire en second serait donc responsable non seulement des irrégularités et nullités de forme, mais encore de tout vice de fond qui pourrait atteindre l'acte et en occasionner la nullité ; — si l'acte, par exemple, était contraire à l'ordre public ou aux bonnes mœurs, ou fait en violation d'un texte formel de loi.

Les mêmes principes sont applicables en matière de testament (1).

— Quant au notaire en second qui n'est intervenu à l'acte que pour remplacer les deux témoins instrumentaires et qui n'a été appelé qu'à contresigner l'acte, « à légaliser officieusement, comme le disait la Cour de Paris (2), la signature de son collègue, » nous verrons (V. *infrà*, v° NOTAIRE EN SECOND) que sa responsabilité se limite aux irrégularités auxquelles il a nécessairement participé, c'est-à-dire aux irrégularités de forme, que la simple lecture et le contrôle matériel et extérieur de l'acte, qui lui appartient, ne lui permettent pas de ne pas voir (3).

Mais si le notaire en second pouvait être considéré comme le mandataire des parties, par exemple, en raison d'une *élection de domicile* faite en son étude dans un acte de prêt hypothécaire, ou de ses agissements personnels, il serait responsable dans les limites du droit commun (4).

131. — Notaire substituant. — Le notaire substitué étant le véritable notaire au point de vue de l'acte (puisqu'il conserve la minute, délivre les grosses et expéditions, et perçoit les honoraires), est garant de la conservation de la minute.

Quant à la responsabilité qui peut être encourue en raison de vices de forme ou de l'illégalité de l'acte, la question est délicate et peut être appréciée diversement, d'après les circonstances.

Il ne nous paraît pas douteux, par exemple, que le notaire substituant devra répondre d'une nullité de forme, ou des infractions résultant de la violation des prescriptions sur sa compétence et sa capacité ; car c'est lui qui instrumente et qui doit veiller, en tous cas, à l'accomplissement des formalités prescrites par la loi.

S'il s'agit, au contraire, d'une nullité occasionnée soit par une erreur sur l'individualité des parties, soit par défaut de capacité des témoins, le notaire substituant pourrait alléguer, avec quelque raison, ce nous semble, qu'il n'a reçu l'acte que par complaisance pour son collègue et qu'il s'en est rapporté à lui pour tout ce qui ne touchait pas à la régularité matérielle de l'acte, cet acte devant rester pour le compte du notaire substitué. Ce dernier devrait donc, équitablement, être seul garant vis à vis des parties.

---

(1) Bordeaux, 8 mai 1860 (art. 16870, J. N.).
(2) Arrêt du 28 janvier 1834 (S. 1834-2-81).
(3) Grenoble, 28 juillet 1865 (D. P., 1865-2-205.) ;

Seine, 15 janvier 1889 ; Génébrier, p. 159 ; Eloy, n° 881.
(4) Cass., 1er mars 1886 (J. du not., n° 3828), *Rev. not.*, n° 7349) et 28 mai 1888 (J. du not., n° 4051).

Il a toutefois été jugé que le notaire, qui substitue l'un de ses confrères, est responsable du préjudice résultant pour la partie d'une *déclaration inexacte* et ne saurait en être exonéré par ce motif que son confrère (le notaire substitué) a touché les honoraires de l'acte (1).

Lorsqu'un notaire, chargé d'employer des fonds empruntés par son ministère au paiement d'une dette, transmet ces fonds à un autre notaire qui doit effectuer le paiement, si ce paiement a été fait irrégulièrement et si le débiteur doit payer deux fois, c'est le notaire qui a été chargé de l'emploi par l'emprunteur qui est responsable envers ce dernier, sauf son recours contre le notaire qui a mal payé (2).

132. — Notaire commis. — Le notaire, commis par justice, est responsable, de la même manière et dans les mêmes conditions que le notaire choisi par les parties ; il ne fait pas acte de juge, mais d'officier public salarié et ne peut se prévaloir des prérogatives du magistrat, prétendre, par exemple, qu'il ne peut être attaqué que par la voie de la prise à partie. C'est ainsi que le notaire commis pour représenter des absents à un inventaire, répond non seulement de son dol, mais des fautes qu'il commet dans l'accomplissement de sa mission ; il est solidairement responsable avec le notaire instrumentaire des irrégularités commises, — par exemple, du défaut de cote et paraphe des pièces inventoriées (3).

L'inobservation des formalités d'affiches et d'insertions prescrites par les articles 960 et suivants, C. proc. civ., rend le notaire commis pour procéder à la vente sur conversion de saisie en vente volontaire, responsable des suites de la nullité de l'adjudication (4).

Il en serait ainsi en cas de nullité d'une adjudication de biens de mineurs, si la délibération prise par le conseil de famille pour autoriser la vente l'avait été dans des conditions irrégulières.

Lorsque, dans le cours d'une adjudication judiciaire d'immeubles, le notaire commis, après plusieurs enchères successives, refuse la dernière, parce que l'enchérisseur refuse de fournir caution, et déclare adjudicataire l'avant-dernier enchérisseur, sans rouvrir les enchères, l'officier public est responsable de la nullité de l'adjudication prononcée contrairement à l'article 705, C. proc. civ. (5).

Le notaire commis par le tribunal pour procéder à une vente d'immeubles dépendant d'une succession vacante est responsable de la clause obscure d'un dire à la suite du cahier de charges, relative à l'entrée en jouissance, alors que l'adjudicataire, après avoir construit d'une manière hâtive, a demandé et obtenu la résolution de la vente pour cause de trouble dans sa jouissance (6).

133. — Notaire gérant d'office. — Le notaire, commis par ordonnance du président du tribunal pour gérer l'office d'un notaire décédé, en fuite ou destitué, gère en droit l'office pour son compte, a la garde des minutes et la responsabilité entière non seulement de la conservation des actes, mais aussi de leur réception (7).

133 bis. — Successeur. — Le successeur d'un notaire qui s'est fait dans diverses opérations de prêt le mandataire ou le *negotiorum gestor* du créancier, peut, comme son prédécesseur, être déclaré responsable des suites des mauvais placements effectués, s'il est constant qu'après être devenu titulaire de l'office, il s'est immiscé dans les opérations faites par l'ancien notaire, s'est substitué à celui-ci, et a pris sur lui, notamment de ne pas exiger, à l'échéance, un remboursement qui eût été effectué (8), sans son intervention.

---

(1) Bruxelles, 25 juin 1884 (*Rev. prat. not. B.*, 1884, p. 488).

(2) Lyon, 1er décembre 1858.

(3) Paris, 7 novembre 1839.

(4) Colmar, 4 juin 1890.

(5) Nancy, 4 juillet 1885 (art. 28460, **J. N.**; *Rev. not.*, n° 7162 ; *J. du not.*, n° 8875).

(6) Saint-Etienne, 3 janvier 1888.

(7) Caen, 14 janvier 1877 (*Rev. not.*, n° 5445).

(8) Cass., 28 mai 1888 (*J. du not.*, n° 4054).

Mais il n'appartient point au successeur d'un notaire qui a fait des placements de fonds, de reconnaître la responsabilité de son prédécesseur relativement à ces placements, de rembourser les clients et de réclamer ensuite à l'ancien titulaire le montant de ces remboursements, à moins qu'il n'établisse avoir reçu mandat à cet effet (1).

134. — **Causes de la responsabilité.** — Les notaires peuvent être déclarés responsables soit comme fonctionnaires publics et à raison même des devoirs et obligations qui leur sont imposés par la loi, — soit comme mandataires, à raison des missions qu'ils acceptent en dehors de leurs fonctions. Nous allons donc étudier la reponsabilité notariale à ce double point de vue.

ART. 2. — *Responsabilité professionnelle.*

135. — La responsabilité professionnelle des notaires découle pour eux de trois sources diverses : ils peuvent être reconnus responsables, — soit par suite d'une violation des devoirs généraux qui leur incombent ; — soit à raison de l'inexécution des prescriptions établies pour la réception des actes ; — soit enfin, à raison des conseils préjudiciables qu'ils ont pu donner à leurs clients.

1° Responsabilité encourue à raison des devoirs généraux.

136. — Les lois organiques du notariat, et spécialement la loi de ventôse, l'ordonnance de 1843 et les décrets des 30 janvier et 2 février 1890 imposent aux notaires des devoirs généraux auxquels ils ne peuvent se soustraire sans engager leur responsabilité.

137. — **Refus de ministère.** — C'est ainsi que le notaire qui, aux termes de l'article 3 de la loi de ventôse, doit prêter son ministère toutes les fois qu'il en est requis pour des actes licites, est responsable de son refus de déférer à cette réquisition, s'il en est résulté un préjudice pour les parties (2) ; si, même, sans refuser expressément son ministère, le notaire y apporte une telle négligence ou tant de retard qu'il en résulte un préjudice pour les parties (3).

Comme conséquence du même principe, il a été jugé que le notaire qui prêterait son ministère à des parties incapables ou pour des actes illicites, s'exposerait également à une action en dommages-intérêts pour le préjudice qui pourrait résulter de la réception de pareils actes (4).

138. — **Actes illicites ou frauduleux.** — C'est ainsi encore que le notaire serait responsable, s'il avait reçu des actes illicites ou frauduleux, et s'il était démontré qu'il a eu connaissance de l'illégalité de la convention ou de son caractère frauduleux (5).

139. — **Réception des actes hors du ressort.** — L'art. 6 de la loi de ventôse défend au notaire d'instrumenter hors de son ressort ; s'il enfreint cette défense, en outre des peines disciplinaires auxquelles il s'expose, il peut être condamné à des dommages-intérêts envers les parties qui éprouveraient un préjudice par suite de la nullité de l'acte ainsi dressé par un officier public incompétent (6).

140. — **Infractions à la résidence.** — Les infractions à la règle de la résidence n'entraînent pas seulement pour le notaire contrevenant la déchéance

(1) Pontarlier, 5 juin 1889 (*J. du not.*, 1889, p. 606).

(2) Eloy., t. I, p. 54 ; Rutgeerts et Amiaud, n° 280 ; Micha, p. 39 ; Riom 28 février 1825 ; Limoges, 4 juin 1840.

(3) Paris, 12 décembre 1836 et 29 juin 1852 ; Limoges, 4 juin 1840.

(4) Bordeaux, 5 août 1841 (art. 11159, J. N.) ; Dict. du not., n° 49 ; Eloy, n°° 71 et suiv., 109 et suiv. ; Rutgeerts et Amiaud, n° 1360 ; Lyon, 8 février 1867

(*Rev. not.*, n° 2064, art. 18798, J. N.) ; Cass., 17 août 1869 (*Rev. not.*, n° 2717) ; Toulouse, 26 février 1880 (*Rev. not.*, n° 7576).

(5) Dijon, 21 mai 1884 ; Toulouse, 22 février 1886 ; Cass., 15 janvier 1886 ; 14 janvier 1889 ; Amiens, 9 janvier 1890.

(6) Eloy, t. II, n° 597 ; Rutgeerts et Amiaud, t. III, n° 1881 ; Dict. du not., n°° 74 et suiv. ; Villefranche, 29 mars 1838.

ou des peines disciplinaires, elles l'exposent aussi à une action en dommages-intérêts de la part des notaires qui ont souffert un dommage (1).

141. — Individualité des parties. — Le notaire qui, ne connaissant pas le nom, l'état et la demeure des parties, n'aurait pas fait attester leur identité par des témoins certificateurs, conformément aux prescriptions de l'art. 11 de la loi de ventôse et recevrait ainsi un acte faux, serait passible de dommages-intérêts envers les tiers auxquels l'acte aurait pu porter préjudice (2).

Mais le notaire n'est point garant de la sincérité des qualités prises par les parties ni de leur capacité. C'est l'opinion qu'enseignent presque tous les auteurs et qui a été consacrée par plusieurs décisions judiciaires (3). Ainsi le notaire ne serait responsable ni de la minorité d'une partie contractante, ni de l'incapacité de la femme mariée qui agit comme fille majeure (4) ; — si, d'ailleurs, aucune négligence n'est imputable au notaire. Celui qui contracte avec un incapable n'a qu'à se reprocher son imprévoyance (5).

Mais le notaire qui pouvant, soit par l'examen d'actes déjà reçus par lui, soit par d'autres renseignements à sa portée, s'éclairer sur la capacité des parties, a négligé de le faire, pourrait être déclaré responsable (6).

142. — Tableau des interdits. — Le notaire peut être déclaré responsable, s'il a omis d'afficher dans son étude le tableau des personnes interdites, ou omis d'y inscrire le nom d'une personne interdite ou pourvue d'un conseil judiciaire, conformément aux prescriptions de l'art. 18 de la loi de ventôse; il serait même responsable de toute mention inexacte ou incomplète qui aurait trompé le contractant sur l'individualité de l'interdit ou du prodigue (7).

143. — Perte des minutes. — Les notaires, tenus de garder minutes des actes qu'ils reçoivent et de veiller à leur conservation, sont garants et responsables envers les parties, — s'ils délivrent en brevet un acte qui eût dû être reçu en minutes ; — s'ils s'en déssaisissent mal à propos, où s'ils les perdent par leur faute ou leur négligence (8); — que ce soit la minute même qui ait été perdue ou une pièce annexée, ou dénoncée, tel qu'un plan d'immeuble (9), ou un testament olographe (10).

Mais il ne saurait y avoir responsabilité, si la perte a eu lieu par cas fortuit ou force majeure, par suite de guerre, par exemple, d'inondation, d'incendie, — et si le notaire n'est coupable d'aucune négligence (11).

144. — Etat sommaire. — Le notaire qui n'a pas, en prenant possession d'une étude, fait dresser l'état sommaire des minutes prescrit par l'art. 58 de la loi de ventôse, est présumé avoir reçu toutes les minutes de l'étude et, par suite, supporterait seul la responsabilité provenant de la perte des minutes (12).

---

(1) Cass., 80 mai 1859 et 8 mars 1864; Aix, 21 février 1860 ; Cass., 28 mai 1861; Pau, 28 février 1862; Nîmes; 10 décembre 1862; Grenoble, 24 février 1875; Chambéry, 4 mars 1878 ; Gand, 10 janvier 1879 (art. 16803, 17165, 17353, 17720 et 21951, J. N.); Dict. du not., v° *Résidence*, n° 118 ; Eloy, n° 222 ; Lefebvre, n° 495 et suiv. ; Rutgeerts et Amiaud, n° 239 ; Micha, p. 45).

(2) Cass., 17 mars 1828; Riom, 11 janvier 1859; Langres, 19 mai 1869 ; Anvers, 25 juin 1870 ; Mons, 21 avril 1876 ; Cass., 18 novembre 1885 (*Rev. not.*, 7247, art. 28500, J. N.).

(8) Douai, 28 juin 1843; Orléans, 24 juin 1856 (art. 15874, J. N.); Douai, 9 mai 1889 (art. 24289, J. N.).

(4) Metz, 17 juin 1868; Montpellier, 12 novembre 1867 ; Seine, 27 janvier 1869 (*Rev. not.*, n°° 905, 2135 et 2309, art. 19506, J. N.); Dijon, 12 avril 1880 (*J. du not.*, n° 3527); Douai, 9 mai 1889 (art. 24289, J. N.).

(5) Dict. du not., n°° 46 et suiv.; Génébrier,

p. 258.; Dalloz, v° *Obligation*, n°° 8842-8848; Rutgeerts et Amiaud, p. 634 et n° 1350. — *Contrà:* Cass., 11 août 1857 ; Montpellier, 15 août 1869 (art. 19719, J. N.).

(6) Nancy, 23 avril 1864; Bordeaux, 20 juin 1866 ; Cass., 19 juin 1872 (*Rev. not.*, n°° 1216 et 4153 et art. 19718, J. N.); Eloy, t. I, n° 860.

(7) Dalloz, v° *Notaire*, n° 813 ; Eloy, n° 188 ; Rutgeerts et Amiaud, n° 604.

(8) Douai, 1ᵉʳ mai 1815; Angers, 28 juin 1847 ; Colmar, 17 décembre 1861 (*Rev. not.*, n° 154).

(9) Cass., 17 décembre 1861 (S. V., 62-1-477) ; Paris, 19 décembre 1867 (*Rev. not.*, n° 2226 (art. 20-22.23 ; L. 25 ventôse.

(10) Meaux, 28 septembre 1889 (*J. du not.*, 1889, p. 741).

(11) Eloy, n°° 39 et 446 ; Rutgeerts et Amiaud, n° 1868.

(12) Rolland de Villargues, v° *Etat sommaire*, n° 10; Dalloz, v° *Notaire*, n° 592 ; Ed. Clerc, *Traité du not.* n° 789 ; Eloy, n° 453 ; Dict. du not., v° *Minute*,

145. — Communication des actes. — Aux termes de l'art. 23 de la loi de ventôse, les notaires ne doivent donner copie ou communication des actes dont ils sont dépositaires qu'aux personnes intéressées en nom direct, leurs héritiers ou ayants droit ; s'ils violent cette prescription, soit qu'ils aient refusé à tort copie ou communication d'un acte, — soit qu'ils l'aient enfreinte au profit de personnes qui n'y avaient pas droit, ils sont passibles de dommages-intérêts (1).

Ils sont aussi responsables des erreurs commises dans les expéditions délivrées (2), pour avoir mis, par exemple, une autre date que celle de l'acte (3), — pour avoir délivré une expédition incomplète d'un procès-verbal d'adjudication (4) ; — pour avoir dans l'expédition d'un contrat de vente, délivré pour la transcription, ajouté par erreur un prénom à ceux du vendeur et avoir ainsi occasionné des omissions dans l'état d'inscriptions (5).

Il a aussi été jugé que le notaire qui, interpellé de déclarer s'il est dépositaire d'un testament, répond négativement, sans se livrer à des recherches attentives, et qui plus tard, trouve ce testament qu'il représente, est responsable des pertes et du préjudice que cette communication tardive a pu occasionner aux légataires institués (6).

146. — Cessation des fonctions. — Le notaire qui, après la notification à lui faite de sa suspension ou de sa destitution, dresse des actes ou délivre des expéditions en forme, est responsable et peut être condamné à des dommages-intérêts (7).

147. — Cession de droits litigieux. — Aux termes de l'art. 1597, C. civ., « les notaires ne peuvent devenir cessionnaires de procès, droits et actions litigieux qui sont de la compétence du tribunal dans le ressort duquel ils exercent leurs fonctions, à peine de nullité et de dommages-intérêts » ; — ni adjudicataires, aux termes de l'art. 1596 du même Code, des biens qu'ils sont chargés de vendre. La nullité de l'acte les exposerait sans aucun doute à des dommages-intérêts (8).

148. — Prête-noms. — L'article 12 de l'ordonnance de 1843 interdit aux notaires de se servir de prête-noms en aucune circonstance. Si le notaire a violé cette prescription et si l'acte vient à être annulé pour ce motif, nul doute que le notaire ne soit déclaré responsable des conséquences de cette nullité pour les parties (9).

149. — Omission du dépôt des extraits de contrats de mariage des commerçants. — Aux termes de l'art. 68, C. com., le notaire qui a reçu le contrat de mariage d'époux commerçants ou dont l'un fait le commerce, est tenu de transmettre par extrait, ce contrat, dans le mois de sa date, aux greffes et chambres désignés par l'art. 872, C. proc. civ., sous peine de 100 francs d'amende, et même de destitution et de *responsabilité* envers les créanciers, s'il est prouvé que l'omission soit la suite d'une collusion.

150. — Enregistrement. — La responsabilité des notaires, quant à l'enregistrement des actes, existe à un double point de vue : à l'égard du fisc, à l'égard des parties.

1° *A l'égard du fisc* ; car, aux termes de l'art. 29 de la loi du 22 frimaire an VII, il est tenu directement et personnellement d'acquitter les *droits dus pour les actes passés devant lui*; que les droits lui aient été ou non versés par les parties ; il a, en effet, le droit d'en demander la consignation préalable, et c'est à lui

---

n° 863 ; Encyclop. du not., v° *Respons. not.*, n° 36 ; Amiaud, *Rev. not.*, n°° 5930 et suiv.; Rutgeerts, n° 1280 ; Nantes, 29 août 1846 ; Angers, 26 juin 1847, Comp., Donai, 23 novembre 1874 (*Rev. not.*, n° 4935).
(1) Liège, 18 janvier 1816 ; Rutgeerts et Amaud, n° 1825.
(2) Cass, 19 janvier 1832.
(3) Bourges, 28 août 1832.

(4) Cass., 22 mars 1852.
(5) Rouen, 20 mai 1885 (*Rev. not.*, n° 7178).
(6) Lyon, 26 juin 1875 (*Rev. not.*, n° 5008).
(7) Colmar, 15 mai 1858 ; Paris, 3 avril 1869 ; Grenoble, 26 novembre 1869 (art. 19803, J. N.).
(8) Eloy, n°° 676-679
(9) Orléans, 7 janvier 1843 ; Paris, 25 août 1870 (art. 19909, J. N.).

à l'exiger d'avance, en refusant son ministère à ceux qui ne les versent pas (1) ; s'il a apposé sa signature, il ne peut plus refuser de faire enregistrer l'acte et d'avancer les droits qu'il est présumé avoir reçus.

La disposition de l'art. 29 ne reçoit d'exception qu'en ce qui concerne les testaments, et elle ne s'applique qu'aux actes à enregistrer, donc nullement aux suppléments de droits qui peuvent être réclamés plus tard (2).

Le notaire est aussi responsable, vis-à-vis du fisc, des droits dus sur les sous seings privés énoncés dans ses actes et annexés (3), — ainsi que des amendes auxquelles ces sous seings privés peuvent se trouver assujettis (4).

Le notaire est responsable non seulement du droit simple, mais, s'il y a eu retard dans l'enregistrement de l'acte, de l'amende et du double droit qui peuvent être perçus (5).

2° *A l'égard des parties* ; car celles-ci ne pouvant faire remplir elles-mêmes la formalité de l'enregistrement, si le notaire ne l'a pas fait ou l'a fait tardivement, il doit indemniser ses clients de la perte que pourra leur faire éprouver le défaut d'enregistrement (6).

2° Responsabilité encourue à raison de la réception des actes

151. — Les nullités ou irrégularités commises par les notaires à l'occasion des actes qu'ils reçoivent, peuvent devenir pour les parties une cause de préjudice et, par suite, motiver une action en responsabilité contre le notaire. Elles sont de deux sortes : Nullités *extrinsèques* ou de forme, nullités *intrinsèques*, qui tiennent au fond même du droit.

152. — **Nullités de forme.** — En règle générale, le notaire est reconnu responsable des nullités occasionnées par un vice de forme. Ce genre de fautes rentre dans ce qu'on appelle généralement l'*impéritie* ou ignorance des choses qu'on doit savoir. Or tous les auteurs sont d'accord pour considérer l'impéritie comme une des causes les plus certaines de la responsabilité notariale ; car chacun doit savoir les règles fondamentales de la profession qu'il exerce.

« Il est clair, dit Demolombe (7), que le notaire serait inexcusable soit d'ignorer les formalités instrumentaires des actes, que sa profession consiste précisément à dresser, soit à en omettre l'observation par distraction ou inattention ; donc, il doit, en effet, répondre envers les parties du dommage que ces sortes de nullités pourraient leur causer (8).

153. — **Présence du notaire.** — Et tout d'abord, le notaire doit recevoir lui-même les actes de son ministère, c'est à dire qu'il doit entendre les parties, se bien pénétrer de leurs intentions et, après la rédaction de l'acte, assister à la lecture et à la signature. S'il a manqué à ce premier de ses devoirs, en se bornant à signer après coup un acte préparé et reçu en dehors de lui par son clerc, par exemple, il sera, sans aucun doute, responsable de la nullité de cet acte comme acte authentique (9).

154. — **Absence de témoins ou de notaire en second.** — L'assistance à tout acte d'un notaire en second ou de témoins instrumentaires étant une condition *essentielle* de la validité de tout acte notarié (10), il en résulte qu'un notaire

---

(1) Cass., 1er mars 1825 et 25 juillet 1827 ; Le Havre, 17 février 1848 ; Cass., 10 décembre 1877 (*Rev. not.*, n° 5589).
(2) Lyon, 11 août 1880 ; Bruxelles, 26 février 1882. *Contrà* : Chartres, 6 novembre 1874 (art. 21248, J. N.).
(3) L. 16 juin 1824, art. 16.
(4) Cass., 3 juillet 1811 ; Chaumont, 1er août 1844 ; Péronne, 16 juillet 1869.

(5) L. 22 frim., art. 33. V. Cass., 17 février 1890.
(6) Nimes, 14 février 1813 ; Pagès, p. 91 ; Eloy, n°s 177 à 185 ; Rutgeerts et Amiaud, n° 1337.
(7) T. XXXI, n° 532.
(8) *Sic* : Dict. du not., n°s 15 et suiv. ; Eloy, n° 27 ; Rutgeerts et Amiaud, n° 1846 ; Bordeaux, 22 mai 1861.
(9) Cass., 1er juin 1840 (art. 10658, J. N.).
(10) L. 25 ventôse, art. 9.

serait responsable de la nullité de l'acte prononcée pour infraction à cette prescription (1).

155. — Défaut d'énonciations prescrites par la loi. — N'ayant à considérer ici les diverses énonciations que doivent contenir les actes notariés qu'au seul point de vue de la responsabilité pécuniaire des notaires, nous ne nous arrêterons point à celles de ces énonciations qui ne sont prescrites que sous peine d'amende, telles que celles relatives aux nom et lieu de résidence des notaires qui reçoivent l'acte ; — noms, prénoms, qualités des parties et des témoins certificateurs ; — indications en toutes lettres des sommes et dates ; enfin, mention dans la minute de la lecture de l'acte aux parties (2).

Mais les notaires pourraient être déclarés responsables, s'ils n'avaient pas énoncé, dans l'acte, les noms et la demeure des témoins instrumentaires (3).

— Ou s'ils avaient omis la date de l'acte, également prescrite, à peine de nullité, par les articles 12 et 18 de la loi de ventôse (4).

Et il a été jugé, en matière de contrat de mariage, que le notaire est responsable de la nullité résultant de ce qu'il a donné à l'acte une date postérieure à la célébration (5).

156. — Défaut de signature. — Aux termes de l'article 14 de la loi de ventôse, tout acte notarié doit être signé par les parties, les témoins et les notaires, qui doivent en faire mention à la fin de l'acte; si les parties ne savent ou ne peuvent pas signer, il doit être fait mention de leurs déclarations à cet égard. L'infraction à ces prescriptions entraînerait la responsabilité du notaire, qu'il s'agisse de la signature des parties (6), ou de celle des témoins (7), ou de celle des notaires (8).

Et le notaire ne saurait alléguer, comme excuse, que n'ayant pas reçu des parties les droits d'enregistrement, il n'a pas signé pour ne pas être obligé de faire enregistrer l'acte.

157. — Irrégularité des renvois. — Le notaire pourrait aussi être responsable des irrégularités commises dans l'approbation des renvois et apostilles, si la nullité de ces renvois ou de l'acte entier venait à être prononcée et occasionnait un dommage aux parties (9) ; — à moins que les juges ne déclarent que la faute n'est pas suffisante (10) ; — ou ne décident qu'il y a excuse complète (11).

158. — Interlignes. — Si les mots écrits en interlignes, contrairement à l'article 16 de la loi de ventôse, ont entraîné la nullité de l'acte et si cette nullité a causé un dommage aux parties, le notaire peut en être déclaré responsable (12).

159. — Incapacité des témoins. — Le notaire répond, en principe, de l'incapacité des témoins qui l'assistent dans les actes notariés (13); car la loi lui prescrit de dresser des actes valables et authentiques, par conséquent de n'employer, comme témoins, que des personnes qui ont la capacité requise par la loi. Mais c'est ici surtout que la faculté laissée aux tribunaux, *s'il y a lieu* ou non de prononcer la responsabilité du notaire, devra trouver son application. Ainsi, il y aura des cas où l'exonération du notaire ne sera pas possible, par exemple, si le notaire a pris, pour témoin, son clerc, son serviteur, son parent ou allié au degré prohibé, etc.

(1) Colmar, 16 mars 1813 ; Lyon, 6 août 1857.

(2) Pour ce qui concerne la responsabilité en matière de *testament*. V. ce mot.

(3) Eloy, n° 600.

(4) Rouen, 24 juillet 1828 ; Paris, 2 janvier 1888 ; Cass., 19 mai 1855 ; Rouen, 31 mars 1886 (*Rev. not.*, n° 6589-7118 et 7323, art. 12866 et 23421, J. N; J. du not , n° 8761).

(5) Lyon, 6 août 1857.

(6) Montpellier, 17 mars 1868 (*Rev. not.*, n° 2110); Cass., 22 mai 1822, 19 août 1845 et 16 mars 1846 (*Rev. not.*, n° 7322 ; J. du not., n° 8835).

(7) Paris, 25 mai 1826 ; Bourges, 28 juillet 1829; Pau, 5 février 1866 (*Rev. not.*, n° 1570).

(8) Bourges, 29 avril 1823 ; Châteauroux, 13 juillet 1858 ; Angers, 22 avril 1895 ; Cass., 14 avril 1886 (*Rev. not.*, n° 7855 et J. du not., 1886, p. 532).

(9) Limoges, 29 juillet 1839 ; Caen, 18 juillet 1831.

(10) Cass., 27 novembre 1887.

(11) Riom, 15 novembre 1837; Rutgeerts et Amiaud, n° 557 et 1817-1353.

(12) Rutgeerts et Amiaud, n° 579.

(13) Nous parlerons de la responsabilité pour incapacité des témoins testamentaires, *infrà*, v° TESTAMENT.

Mais, dans d'autres cas, l'excuse pourra facilement être admise, par exemple, s'il a requis le concours d'une personne qui avait déjà servi de témoin dans beaucoup d'actes, qui était par tous réputée capable, et si le notaire a pris, d'ailleurs, toutes les précautions et informations nécessaires, s'il a fait connaître aux témoins les exigences de la loi, etc. (1).

La responsabilité du notaire serait-elle couverte par le fait que les témoins lui ont été présentés par la partie? Nous ne le pensons pas. Ce peut être là, surtout en matière de testament, une cause d'atténuation de la responsabilité, mais non pas un motif absolu d'excuse (2). (V. *infrà*, v° TÉMOIN INSTRUMENTAIRE).

160. — Nullités qui tiennent au fond du droit. — Les notaires sont-ils responsables des nullités qui tiennent au fond du droit? Non, en règle générale, enseigne Demolombe (3). Quel que soit, en effet, le caractère de l'acte, qu'il constitue une convention à titre onéreux, ou une disposition à titre gratuit, donation entre-vifs, ou testament, cet acte est, avant tout, l'œuvre des parties elles-mêmes; ce sont elles qui le font, et le rôle du notaire consiste seulement ou du moins principalement à le recevoir, c'est-à-dire à le rédiger.

Il serait, d'ailleurs, excessif d'exiger de ces officiers publics qu'ils décident, sous peine d'une responsabilité parfois redoutable, des questions controversées et litigieuses, sur lesquelles la jurisprudence et la doctrine présentent souvent de grandes incertitudes. Telle disposition testamentaire que le testateur dicte au notaire, n'est-elle qu'un legs conditionnel valable? Ne serait-elle pas plutôt une substitution prohibée? Les notaires seraient fort à plaindre, s'il leur fallait, à eux seuls, prononcer sur une question pareille! Sur ces sortes de questions, les parties, au point de vue du droit, sont dans une situation égale à celle du notaire; elles doivent savoir si la convention ou la disposition, qu'elles veulent faire, est conforme à la loi; et en cas d'hésitation ou d'ignorance, qu'elles consultent un avocat, qu'elles se fassent assister d'un conseil.

Sans doute, il peut se rencontrer certaines nullités, même de droit, que le notaire serait *impardonnable* d'avoir commises, par exemple, s'il les avait commises dans un de ces actes pour ainsi dire *courants*, et toujours uniformes, du notariat, dont les formulaires indiquent exactement toutes les conditions et toutes les clauses (4); — ou s'il avait omis d'exiger l'accomplissement de certaines conditions de capacité expressément requises par la loi dans la personne du contractant (5).

Mais ce serait là une exception à la règle.

Aussi la règle a-t elle été, de tout temps, posée avec la généralité que nous venons de lui reconnaître.

« Il n'y a point de doute, disait Ferrière (6), que les notaires ne doivent point être tenus des dommages-intérêts des parties, quand la nullité de leurs actes provient de la *disposition du droit et des coutumes*, pourvu qu'il n'y ait point de dol, ni de faute si lourde qu'elle soit *inexcusable* et mérite de passer pour dol. »

Les auteurs modernes, qui ont écrit sur le notariat, sont également formels en ce sens : « Le notaire, dit Massé, n'est point tenu des dommages-intérêts, à raison de la faute contre le fond du droit. »

M. Pagès professe le même sentiment en ces termes dans son livre sur la *Responsabilité des notaires* : « Ces nullités, qui tiennent au fond du droit, n'ont jamais été imposées aux notaires; on les a considérées comme étant communes aux

---

(1) Eloy, n° 336; Dict. du not., n° 93; Rutgeerts et Amiaud, t. III, n° 1388; Demolombe, t. XXXI, n° 533; Cass., 16 novembre 1814; Colmar, 10 août 1818.
(2) Eloy, n° 340; Demolombe, *loc. cit.*; Cass., Toulouse, 23 juillet 1838 (D. P., 1847, 2-177).

(3) T. XXXI, n° 534.
(4) Cass., 27 mars 1889 (Donation que le notaire n'avait pas fait accepter).
(5) Rennes, 4 mai 1878.
(6) *Parf. not.*, liv. 1er, chap. 17.

parties qui n'ont, dès lors, aucun recours pour une faute qui leur est personnelle (1). Telle est aussi la jurisprudence. C'est par application de ces principes qu'il a été jugé que le notaire n'est pas responsable :

 a) De ce qu'une hypothèque conventionnelle sur tous les biens du débiteur dans certaines communes déterminées a été consentie sans indication de la nature de ces biens, la doctrine et la jurisprudence étant incertaines, à l'époque de la réception de l'acte, sur les conséquences de cette omission (2).

 — Ou de ce que, chargé de prendre une inscription de privilège de séparation des patrimoines, il n'a pas suffisamment spécialisé la nature et la situation des biens affectés, la question étant l'objet de controverses dans la doctrine et la jurisprudence (3).

 — Ou de ce qu'un gérant de société a constitué une hypothèque, en vertu d'une autorisation non authentique donnée par l'assemblée des actionnaires, la nullité de l'acte résultant d'un point de droit controversé (4).

 b) Pour avoir reçu un testament qui renfermait une substitution prohibée, alors que la jurisprudence a varié sur l'application de la clause contenue au testament (5).

 c) Si, chargé de rédiger un acte de subrogation dans le bénéfice d'un privilège de copartageant, le notaire a cru, à tort, que cette inscription, prise plus de soixante jours après le prononcé du jugement, avait conservé le privilège, alors que le jugement n'avait point été acquiescé et n'avait pas même été signifié (6).

 d) Si, en présence de la controverse qui s'est élevée sur l'article 918, C. civ., il a conseillé à un héritier présomptif, au profit duquel une aliénation à charge de rente viagère avait été consentie par son auteur, de renoncer à la succession de ce dernier, dans la croyance erronée que, par cette renonciation, l'héritier échapperait à l'application de cet article (7).

 e) Si, à l'occasion d'un acte d'acquisition en remploi du prix d'un autre immeuble par une femme séparée de biens, il n'a pas exigé l'autorisation du mari ou de justice, la question de savoir si cet acte est un acte d'administration étant controversée en doctrine et n'ayant pas reçu de solution en jurisprudence (8).

Mais il a été jugé, au contraire, qu'il y a faute lourde de la part du notaire et qu'il doit être reconnu responsable, s'il s'est trompé sur des points de droit qu'il devait connaître et qui ne sont l'objet d'aucun doute et d'aucune controverse :

 a) Dans le cas où un notaire reçoit, entre personnes illettrées, un acte de donation contenant à l'égard des dettes du donateur, la clause prohibée par l'article 945 du Code civil (9); ou une donation entre vifs de biens à venir (10).

---

(1) Cons. dans le même sens : Rolland de Villargues, v° *Responsabilité*, n° 182; Dict. du not., n°° 220 et suiv.; Eloy, t. II, n°° 573 et suiv.; Amiaud et Rutgeerts, t. III, n° 1344. — *Contrà* : Laurent, t. XX, n°° 484 et 510.

(2) Montpellier, 7 février 1866 (*Rev. not.*, n° 1551).

(3) Cass., 7 février 1888 (*J. du not.*, n° 4055).

(4) Douai, 4 mars 1880. Mais la difficulté étant aujourd'hui résolue, la jurisprudence se prononce en sens contraire. V. Aix, 13 février 1884; Paris, 21 juillet 1887 (art. 24049, J. N.), et Cass., 15 novembre 1880 et 6 janvier 1890 (*J. du not.*, 1890, p. 216).

(5) Périgueux, 31 mai 1877; Bordeaux, 17 novembre 1879 (art. 22198, J. N.).

(6) Montpellier, 21 août 1881; Cass., 12 février 1883 (*Rev. not.*, n°° 6845 et art. 22880, J. N.).

(7) La Flèche, 21 août 1883; Angers, 24 juillet 1884 (*Rev. not.*, n° 7048).

(8) Cass., 2 décembre 1885 (*Rev. not.*, n° 7261 et J. du not., n° 8807). Cet arrêt a cassé un arrêt de la Cour d'Agen du 9 novembre 1881 (art. 22869, J. N.) qui avait déclaré le notaire responsable. On peut consulter sous l'arrêt d'Agen (S. V., 1882-2-233) l'excellente note de M. Labbé, favorable à la doctrine consacrée par la Cour de cassation. — V. encore Seine, 27 décembre 1889.

(9) Lyon, 7 février 1867 (*Rev not.*, n° 1034 et 18798, J. N.).

(10) Chambéry, 13 juillet 1868 (*Rev. not.*, n° 2364).

b) S'il reçoit, dans la forme d'une donation entre-vifs, et non dans celle du testament, la libéralité qu'une femme mineure de seize ans voulait faire à son conjoint (1).

c) S'il a inséré, dans un acte de vente, la stipulation en faveur du vendeur de la faculté de rachat pour un temps excédant cinq ans, contrairement à la disposition de l'article 1660, C. civ. (2).

d) S'il a reçu un acte d'emprunt hypothécaire par une femme mariée, mineure émancipée et autorisée à faire le commerce, sans l'autorisation du conseil de famille et l'homologation du tribunal, alors que cet emprunt n'était pas relatif à son commerce et avait pour but de rembourser une dette personnelle de son mari (3).

e) Si le notaire, croyant à tort qu'un donateur a privilège sur les biens donnés, le fait renoncer à son action révocatoire (4).

f) Si le notaire, rédigeant une procuration à un agent de change pour vendre un titre de rente appartenant à une femme mariée sous le régime dotal, omet de mentionner dans cette procuration l'obligation du remploi prescrit par le contrat de mariage (5).

g) Si le notaire prête son concours à la rédaction d'une convention par laquelle deux époux règlent les conditions d'une séparation de corps purement volontaire et en dresse un acte public qu'il classe au rang de ses minutes (6).

h) Si le notaire dresse un acte de subrogation dans l'hypothèque légale d'une femme mariée, alors que cette femme est représentée par un mandataire muni seulement d'une procuration sous seing privé (7); — ou un acte d'affectation hypothécaire par un mandataire porteur d'une procuration sous seing privé (8).

i) Si le notaire, commis judiciairement pour une vente d'immeubles, a proclamé valable et définitive l'enchère portée par une partie, alors que cette enchère avait été couverte par une autre, et a, ainsi, occasionné la nullité du procès-verbal d'adjudication (9).

j) Si le notaire fait radier purement et simplement une inscription hypothécaire, sans distinguer l'inscription d'hypothèque conventionnelle qui devait être radiée, de la subrogation dans l'hypothèque légale qui devait être expressément réservée (10).

k) Si le notaire reçoit pour un de ses clients dont il était le conseil habituel un acte de transport de prix de cession d'office, sans autre garantie que le privilège du cédant, croyant que ce privilège subsisterait même en cas de destitution (11).

l) Si, lorsqu'il est déclaré dans un acte d'obligation que les fonds empruntés sont destinés à solder le prix des biens hypothéqués, le notaire ne conseille pas à son client de stipuler le bénéfice de la subrogation dans le privilège des vendeurs (12).

m) Si le notaire, qui dresse un contrat de mariage, n'y a pas fait figurer la future épouse majeure (13).

---

(1) Cass., 12 avril 1843.

(2) Paris, 14 mai 1868; Cass., 17 août 1869 (*J. du not.*, n° 2890 et *Rev. not.*, n° 2717).

(3) Douai, 7 mars 1882 (art. 22895, J. N.).

(4) Paris, 11 mai 1886 (*J. du not.*, n° 3864).

(5) Dijon, 2 août 1878 et 14 juin 1880; Cass., 11 juillet 1881 (art. 20067-22498 et 22557, J. N.; J. du not., 1881, p. 468).

(6) Toulouse, 26 février 1886 (*Rev. not.*, n° 7576 . du not., n° 5820).

(7) Agen, 4 mai 1885; Cass., 24 mai 1886 (*Rev. not.*, n° 7368 et *J. du not.*, 1886, p. 356).

(8) Aix, 13 février 1884 (art. 28645, J. N.).

(9) Nancy, 4 juillet 1885 (*J. du not.*, 1885, p. 612).

(10) Seine, 20 février 1889 (*J. du not.*, 1889, p. 440).

(11) Amiens, 18 décembre 1889 (*J. du not.*, 1890, p. 169).

(12) Paris, 12 nov. 1889.

(13) Limoges, 25 mai 1887 (art. 24068, J. N.).

3° Responsabilité des notaires comme conseils.

161. — Les notaires sont-ils responsables des conseils qu'ils donnent? Non, sans aucun doute; car le simple conseil, donné de bonne foi, n'engendre pas la responsabilité. *Nemo ex consilio obligatus.* En donnant des conseils à leurs clients, avons-nous dit ailleurs, les notaires ne font qu'accomplir un *devoir moral* et ils ne sauraient en répondre pécuniairement, s'ils sont restés les conseils désintéressés des parties (1), c'est-à-dire si le conseil a été donné en dehors de tout acte reçu.

« Quand le notaire conseille en dehors de ses fonctions, enseigne aussi M. Paul Pont, il donne un conseil purement officieux, dont les suites quelles qu'elles soient, ne sauraient jamais engager sa responsabilité notariale proprement dite ; c'est évident, puisque ce n'est pas comme officier public qu'il a conseillé...; le conseil, en pareil cas, n'engage la responsabilité qu'autant qu'étant *frauduleux*, il est le principe ou la cause d'un dommage imputable... »

Telle est aussi l'opinion de Demolombe (2) et d'Aubry et Rau (3).

Mais que faut-il décider si le conseil a été donné par le notaire à l'occasion d'un acte dont la nullité a été prononcée? Cette situation se rapproche beaucoup de celle que nous avons étudiée dans le numéro précédent. Il faut décider qu'en principe, et en dehors de toute question de mandat, les conseils donnés par le notaire ne peuvent l'engager qu'autant que l'officier public aurait joint à son avis une pression quelconque, ou que le conseil constituerait une faute grossière, ou qu'on établirait qu'il est le résultat du dol ou de la mauvaise foi.

C'est ce que dit aussi Demolombe. Le savant auteur, après avoir posé que le notaire n'est pas, en principe, responsable, ajoute : « Sans doute, il pourrait en être autrement dans le cas où le notaire, sortant du rôle de simple conseiller, aurait particulièrement insisté pour déterminer le client à faire l'acte, avec la nullité de droit dont il se trouve vicié ; surtout s'il avait accompagné son conseil d'assurances de réussite, telles que, sans elles, la partie n'aurait pas consenti à le faire. Il y a là des nuances délicates, mais très réelles et qui peuvent être décisives ; les circonstances de chaque espèce sont à considérer avec soin, eu égard à la nature de l'opération qui a eu lieu, eu égard surtout à la condition sociale des personnes, à leur instruction ou à leur ignorance (4)... »

Par application de ces principes, il a été jugé :

    a) Que les conseils donnés par un notaire, agissant non comme mandataire ou comme notaire, mais comme conseil officieux et désintéressé, n'engagent sa responsabilité que lorsqu'il y a de sa part *dol* ou *faute lourde* (5).

    b) Que si le notaire doit, alors qu'il a proposé aux parties de passer un acte dont il s'est constitué lui-même le négociateur, les diriger dans la manifestation de leur volonté, il n'encourt cependant de responsabilité qu'autant qu'il s'est rendu coupable d'une *faute grave* (6).

    c) Que, par suite, le notaire chargé de prendre des renseignements sur

---

(1) *Comment. de la loi de vent.*, t. III, n° 1826.

(2) T. XXXI, n° 535.

(3) T. IV, p. 635. — Sic : Stévenart, *Principes de la Respons. du not.*, p. 88.

(4) Sic : Dissert. (art. 22285 et 25035, J. N.). — Il n'est pas douteux que s'il y avait fraude de la part du notaire, la responsabilité serait certaine. Rennes, 10 janvier 1877 (art. 21698, J. N.) ; Cass., 14 novembre 1866 et 5 mai 1874 (*Rev. not.*, n° 4867 et 5885). Mais si le notaire ne connaissait pas les intentions frauduleuses de ses clients, il devrait être

indemne. Cass., 5 janvier 1886 (*Rev. not.*, n° 7287).

(5) Angers, 29 mars 1882 (*J. du not.*, n° 8489) ; et *Rev. not.*, n° 6550) ; Rennes, 21 juillet 1887 (*Rev. not.*, n° 7720 et art. 23967 J. N.). Il s'agissait, dans l'espèce décidée par ce dernier arrêt d'un prêt sur billets que le notaire avait indiqué ou conseillé à son client, alors que la fortune de l'emprunteur était, au moment du prêt, publiquement et notoirement considérée comme des mieux assise; Besançon, 23 novembre 1887; Rouen, 3 mars 1890.

(6) Besançon, 26 mars 1870 (D. P., 1872-2-127).

un fait que son client a intérêt à vérifier avant de passer un acte, ne saurait être rendu responsable de l'inexactitude de ces renseignements, alors qu'il s'est livré à des investigations suffisantes et n'a pas commis de faute dans l'accomplissement de sa mission (1).

d) Que le notaire qui, sous l'empire d'une grossière erreur de droit, amène par ses conseils un donateur à renoncer à son action révocatoire et le décide à accepter que l'adjudicataire des biens donnés soit propriétaire incommutable à son égard, par ce motif erroné qu'il restera au donateur un privilège pour assurer le service de sa rente viagère, est responsable des conséquences occasionnées par son funeste conseil, alors surtout que la partie illettrée s'en rapportait aveuglément à l'appréciation du notaire (2).

e) Que le notaire qui, pour décider un client à faire un prêt hypothécaire, déclare le lui *garantir absolument*, en capital et intérêts, commet une faute grave qui engage sa responsabilité (3).

f) Que le notaire, dépositaire d'un testament olographe contenant legs de la propriété d'immeubles à charge de restitution, qui s'est chargé de diriger l'opération, a écrit la déclaration estimative des revenus de ces biens pour être remise à l'enregistrement et l'a démesurément exagérée, peut être responsable de la surélévation du droit de transcription qui est résultée de cette évaluation exagérée (4).

g) Que la responsabilité du notaire peut encore être engagée, s'il insère dans un acte, *sans utilité*, et *sans réquisition expresse des parties*, une charge qui donne ouverture à des droits d'enregistrement frustratoires (5).

h) Ou s'il fait à tort, donner une mainlevée partielle au prêteur, son client, sur les immeubles affectés à la garantie de sa créance (6).

i) S'il fait, dans une déclaration de succession, au nom des héritiers dont il est le mandataire, une évaluation de revenu insuffisante, alors qu'il avait les éléments nécessaires pour la faire exacte (7).

j) Qu'un notaire peut être condamné à réparer le préjudice occasionné à un client par un acte dont il a suggéré l'idée, sur la foi de renseignements inexacts admis légèrement et sans constatation régulière, par exemple au sujet du décès d'un militaire à l'étranger (8).

Ces décisions nous paraissent bien rendues et faire une juste appréciation de la situation légale des notaires. Mais la jurisprudence a été bien plus loin; non seulement elle rend le notaire responsable des conseils imprudents ou erronés qu'il a donnés aux parties, mais encore elle le déclare en faute, s'il n'en a pas donnés et si, par suite de ce défaut de conseils, la convention conclue par ses clients a mal tourné et a produit des conséquences fâcheuses pour leurs intérêts. Elle fait, en un mot, du notaire, le *mandataire légal* des parties, chargé non seulement de donner

---

(1) Paris, 31 mars 1874 (*J. du not.*, n° 2734 et 2736).

(2) Paris, 11 mai 1886 (*Rev. not.*, n° 7874 et art. 23661, J. N.).

(3) Toulouse, 26 mars 1888.

(4) Rouen, 16 mars 1870 et Cass., 10 juillet 1871 (*Rev. not.*, n° 4033).

(5) Valenciennes, 6 août 1874.

(6) Dijon, 28 décembre 1876; Cass., 7 janvier 1878 (art. 21796, J. N.).

(7) Saint-Quentin, 12 juillet 1882 (art. 22953, J. N.).

(8) Bourges, 22 août 1877; Cass, 2 juillet 1878 (art. 21827 et 21943, J. N.; *Rev. not.*, n° 5586 et 5708); Cons. encore : Rouen, 14 mars 1841; Cass. 28 novembre 1848 (art. 11823 et 12552, J. N.); Gand 24 juillet 1873; Rennes, 19 janvier 1877 (art. 21693 J. N.).

l'authenticité à leurs conventions, mais encore de leur faire connaître l'étendue des obligations qui en dérivent et de les éclairer sur toutes les conséquences de l'acte qu'elles passent devant lui...; — elle décide, en conséquence, qu'il est de son *devoir professionnel* de vérifier, pour les constater exactement et complètement dans le contrat, l'origine et les conditions de la propriété des biens vendus ou hypothéqués, l'importance des charges hypothécaires qui les grèvent, etc..., en se reportant aux documents propres à cette vérification, soit que ces documents aient été fournis par les parties, soient qu'ils se trouvent déjà dans les archives du notaire ; et le devoir est d'autant plus rigoureux que les contractants sont des personnes ignorantes et illettrées, qui accordent à l'officier public toute leur confiance.

Cette étrange doctrine, qui ne repose pas plus sur le texte que sur l'esprit de la loi, a été inaugurée et développée pour la première fois dans un jugement du tribunal de Soissons du 13 mai 1857, confirmé par arrêt de la Cour d'Amiens, le 24 novembre suivant et par la Cour de cassation, le 3 août 1858 (1).

Il serait, croyons-nous, superflu et quelque peu naïf de chercher à prouver que cette théorie n'est, quoi qu'en disent les juges de Soissons, aucunement fondée sur le texte ou l'esprit des lois qui ont institué le notariat. Le notaire est considéré par elles, en effet, comme un fonctionnaire public. Or, conçoit-on un fonctionnaire chargé de gérer les affaires des parties, d'être comme leur tuteur, sous sa responsabilité pécuniaire ?... Comprend-on un mandataire légal, tenu d'être mandataire malgré lui, d'instrumenter, contraint et forcé par l'art. 3 de la loi de ventôse, et d'éclairer les parties auxquelles il voudrait refuser son ministère ?...

— La loi défend formellement aux notaires de se porter garants ou cautions, de s'intéresser dans aucune affaire pour laquelle ils prêtent leur ministère, et la jurisprudence leur impose ce que la loi prohibe ! elle les rend garants, comme l'a

---

(1) Art. 16399, J. N.

La décision du tribunal de Soissons est trop importante pour que nous ne donnions pas entièrement le texte des motifs juridiques dans lesquels les magistrats ont prétendu définir la mission des notaires :

« Considérant que les notaires n'ont pas seulement pour mission de donner un caractère d'authenticité aux actes qu'ils rédigent ; — que, dans son esprit et d'après ses motifs mêmes, la loi qui les institue a entendu leur conférer un rôle plus digne et plus élevé ; qu'elle les considère comme des *conseils désintéressés* des parties, aussi bien que comme les rédacteurs impartiaux de leurs volontés ; comme les régulateurs des engagements qu'elles veulent contracter, chargés de faire connaître toute l'étendue des obligations qui en dérivent et de les rédiger avec clarté ; qu'ils remplissent une magistrature et donnent par leur caractère une sanction pratique à toutes les lois (Exposé des motifs de la loi du 28 vent. an XI et rapport au tribunal sur la même loi); — Que la doctrine et la jurisprudence s'accordent à reconnaître que les notaires ont le devoir d'éclairer les parties sur ce qui peut les intéresser, dans les actes qu'elles passent devant eux, et de leur en faire comprendre la portée et les conséquences ; — Que dans cet ordre de devoirs se rencontre en première ligne, pour le notaire appelé à consacrer par un acte de son ministère un placement sur hypothèque, l'obligation de vérifier, pour les constater exactement et complètement dans le contrat, l'établissement de la propriété de l'immeuble offert en gage, l'origine et les conditions de cette propriété entre les mains de l'emprunteur, l'importance des charges qui peuvent la grever, tant du chef de celui-ci que du chef des précédents proprié-

taires, et ce, d'après les documents propres à cette vérification, soit qu'ils y aient été mis par les parties, soit qu'il les ait trouvés, comme dans l'espèce, au nombre des archives dont le dépôt lui est confié;

« Considérant que cette obligation dérive de l'essence même des fonctions du notaire ; qu'elle est indépendante du mandat plus ou moins étendu que les parties ou l'une d'elles ont pu lui conférer pour la surveillance et la gestion de leurs intérêts ; qu'elle est particulièrement étroite lorsque les contractants sont dans l'ignorance complète des affaires, et que leur confiance en l'officier public est commandée par leur sexe et leur éducation, autant que par la loi même qui les oblige de s'adresser à lui ; — Que, s'il en était autrement, si ces fonctions devaient se réduire à une pratique matérielle, au rôle de rédacteur passif des conventions dont il dresse l'instrument authentique, l'esprit de la loi organique du notariat serait faussé ; les formules raisonnées que l'usage a introduites pour donner aux lois, suivant l'expression du tribun Favart, leur sanction pratique, ne seraient plus que des phrases vides de sens, impuissantes à éclairer les parties sur leurs engagements, et la solennelle entremise du notaire à la réception du contrat, deviendrait un piége tendu à la bonne foi des parties ; — D'où il suit que, si, par l'inaccomplissement des devoirs professionnels ci-dessus définis et par la rédaction vicieuse et incomplète d'un acte de son ministère, il a causé un préjudice, le notaire doit en être responsable, par application de ce principe général contenu en l'article 1382, C. C., que tout fait quelconque de l'homme qui cause à autrui un dommage oblige celui par la faute duquel il est arrivé à le réparer. »

dit Paul Pont, de tous les mécomptes de leurs clients ! En définitive, elle a fait la loi, au lieu de l'appliquer et, selon la remarque judicieuse de M. Arnault, elle l'a mal faite, car elle s'est laissé dominer par le *fait*, au lieu de suivre le *droit*, et a placé les notaires dans une situation anormale, sans règles précises auxquelles ils puissent s'attacher, — à la merci, enfin, de l'arbitraire des tribunaux et des Cours (1).

Quoi qu'il en soit, le jugement de Soissons a fait jurisprudence et de nombreux arrêts sont venus consacrer la théorie du mandat légal (2) ; nous devons en citer quelques uns, parmi les plus importants, pour que les notaires se pénètrent bien de cette vérité qu'aujourd'hui, en dehors des cas de nullité d'actes pour vices de forme, les questions de responsabilité notariale sont devenues de simples questions de fait, — les arrêts, des décisions d'espèce, et que la solution en est absolument abandonnée aux appréciations, pour ne pas dire aux impressions des magistrats dans chaque affaire.

Ainsi, un notaire a été déclaré responsable, vis-à-vis de l'acquéreur d'immeubles grevés d'inscriptions hypothécaires, qui a voulu payer son prix comptant, malgré un premier refus du notaire de passer l'acte dans ces conditions et, sur l'insistance de l'acheteur, malgré les explications du notaire consignées dans l'acte même et que les juges ont déclarées inopérantes (3).

Un notaire engage sa responsabilité lorsque, bien qu'étranger à la négociation d'une vente d'immeuble, il consent à recevoir le contrat et laisse payer comptant le prix entre les mains du vendeur, sans prévenir l'acquéreur des périls qu'il court en effectuant le paiement avant l'accomplissement des formalités hypothécaires (4).

Chargé de la vente d'un immeuble, le notaire, qui doit éclairer le client de ses conseils, doit contrôler les renseignements fournis par le vendeur et rechercher si le bien à vendre appartient réellement à ce dernier. S'il néglige de faire ces investigations, il est tenu de réparer le préjudice causé par sa faute (5).

Lorsque le contrat de vente mentionne que l'immeuble est libre de charges hypothécaires (6), ce qui permet le paiement au comptant de partie du prix, le notaire est encore responsable de l'inexactitude de cette mention qu'il n'a pas contrôlée (7).

Bien que le notaire ne puisse être considéré comme le négociateur d'un emprunt, le premier de ses devoirs, en recevant l'acte de prêt, est de vérifier l'importance des charges qui peuvent grever la propriété et d'éclairer les parties sur la réalité ou l'insuffisance du gage ; cette obligation, dérivant de l'essence

---

(1) *Lectures sur le notariat français*, à l'Académie de légis. de Toulouse, p. 90 et suiv. « Qu'on ajoute à cet état de choses, dit encore le savant professeur, l'abdication de la Cour suprême qui garde une attitude expectante, se désintéresse, quoique les questions de *faute* soient des questions de droit, et rejette tous les pourvois en déclarant les juges du fait *souverains*, qu'ils aient admis ou non la responsabilité, et qu'on nous dise encore que c'est là une théorie *juridique*, *scientifique* ! Non, c'est de l'arbitraire, c'est un retour à ce qu'on appelait l'*équité cérébrine* des parlements, ce n'est plus du droit... » — Dans ce sens : Bonnet, *Respons. not.*, n° 27 ; Rutgeerts et Amiaud, t. III, n° 1326 ; Pont, *Petits contrats*, n° 877).

(2) Rappelons en ce sens : Rennes, 24 mai 1868 ; Toulouse, 24 mars 1879 (art. 22178, J. N.) ; Liège, 31 janvier 1881 et 3 février 1887 (*Rev. not.*, n° 7621) ; Bruxelles, 16 juillet 1885 ; Rennes, 21 juillet 1887 (art. 23709, J. N.) ; Orléans, 14 mai 1886 (*J. du not.*, n° 3879).

(3) Toulon, 30 juin 1869 ; Aix, 28 avril 1870 ; Cass., 2 avril 1872 (art. 19678-20048 et 20409, J. N. ; *Rev. not.*, n°* 2572 et 2934).

(4) Blaye, 4 juin 1878 (*Rev. not.*, n° 4438) ; Bruxelles, 17 février 1880 ; (*Rev. prat.*, B., 1880, p. 499) ; Cass., 3 février 1885 ; Douai, 12 mars 1886 (art. 23605, J. N., et *J. du not.*, n° 3869).

(5) Bruxelles, 28 août 1887. V. aussi Paris, 18 mars 1860.

(6) Le notaire doit-il révéler à l'une des parties ce qu'il sait de la situation antérieure des autres, en raison des actes qu'il a reçus lui-même ? C'est là une question fort délicate et que la jurisprudence nous semble avoir parfois mal résolue ; car l'obligation imposée au notaire n'est pas toujours conciliable tant avec le secret professionnel qu'avec l'article 23 de la loi de ventôse. Mais l'objection tirée du secret professionnel devrait être écartée, lorsqu'il s'agit de la situation hypothécaire des parties, situation *légalement publique*, que les contractants ont le droit et la possibilité de connaître par les registres hypothécaires (Cass., 20 novembre 1876 ; S. 1878-1-273) ; Cass., 22 janvier 1890 (*Rev. not.*, n° 2220, et *J. du not.*, 1890, p. 96) ; *Contra* : Stévenart, p. 87-88 et *J. du not.*, 1890, p. 321 et 358.

(7) Bruxelles, 25 juin 1884 ; Cass., 6 août 1890 (*J. du not.*, 1890, p. 570).

même des fonctions du notaire, est indépendante du mandat plus ou moins étendu que les parties ont pu lui donner de surveiller leurs intérêts, et devient d'autant plus étroite, lorsque les contractants se présentent dans des conditions d'âge ou d'instruction qui ne garantissent pas une expérience suffisante (1).

Enfin, il a été jugé par la Cour d'Orléans, le 14 mai 1886 (2), que les notaires devant éclairer leurs clients sur les conséquences des actes qu'ils consentent et des engagements qu'ils prennent, suppléer à leur inexpérience et les prémunir contre leur faiblesse, l'officier public qui a manqué à ce devoir de protection, en rédigeant et faisant signer à un vieillard inexpérimenté et affaibli par l'âge des procurations pour vendre des valeurs sûres, dont le produit a été ensuite remis à titre de prêt à un négociant déclaré peu de temps après en faillite, doit être déclaré responsable de son impéritie ou de sa complaisance aveugle, alors même que sa bonne foi n'est pas contestée et qu'il n'a été inspiré par aucun sentiment de lucre ou de fraude.

Dans un acte de reddition de compte de tutelle, lorsque le survivant des père et mère conserve, sans dispense de caution, en vertu d'un legs du prédécédé, l'usufruit d'un bien dévolu à la pupille, le notaire appelé à dresser acte du récépissé et de l'acceptation du compte de tutelle, a le devoir *strict* de rappeler à l'époux survivant son obligation légale de donner caution ou de faire emploi, conformément aux prescriptions de l'article 601, C. civ., en éclairant ainsi sur son droit l'enfant dont il est le protecteur légal et le conseil; et au cas où ce dernier, interpellé, renoncerait au bénéfice de la loi, le notaire doit le constater formellement dans l'acte dressé, sous peine d'encourir la responsabilité de l'omission faite par lui (3).

Nous ne saurions admettre le principe sur lequel reposent ces diverses décisions. Que les notaires ne soient pas, ainsi qu'on pourrait cependant le soutenir d'après les termes formels de l'article de la loi de ventôse, les rédacteurs passifs des conventions auxquelles ils sont appelés à donner l'authenticité, c'est un point généralement admis aujourd'hui, même par les notaires, et que consacre une jurisprudence constante (4).

Mais, s'ils consentent à être les conseils des parties, s'ils exercent une véritable magistrature, surtout à l'égard des personnes illettrées, toutefois, même aux termes de cette jurisprudence déjà fort rigoureuse, la responsabilité des notaires ne saurait naître que d'une *faute lourde* (5), ou d'une *faute personnelle* (6).

Aller au-delà, ce ne serait pas seulement violer tous les principes du droit, mais les règles les plus élémentaires de la justice.

ART. 3. — *Responsabilité extra-professionnelle.*

162. — Nous appellerons de ce nom la responsabilité que le notaire encourt à raison des missions diverses dont il vient à être chargé et qu'il peut accepter pour le compte de ses clients; ainsi il peut être le *mandataire* des parties, en vertu d'une convention expresse ou tacite; il peut également devenir leur *gérant d'affaires* ou leur *dépositaire*. Mais alors, ce n'est plus l'officier public qui est en jeu; le notaire n'est plus responsable que comme un mandataire ordinaire et c'est le droit

(1) Cass., 3 août 1858 et 16 août 1865; Nancy, 23 août 1867; Dijon, 2 août 1869; Besançon, 26 mars 1870; Nancy, 21 décembre 1872; Caen, 25 janvier 1876; Seine, 26 janvier 1878 (art. 21906, J. N.); Nantes, 4 février 1880 et 28 janvier 1884 (art. 22246, J. N.) et Rev. not., n° 6078); Paris, 11 décembre 1884; (J. du not., n° 3714); Orléans, 14 mai 1886 (Rev. not., n° 7068 et 7579, et J. du not., n° 3879); Seine, 18 février 1888 (J. du not., n° 4026).
(2) Art. 23709, J. N.

(3) Seine, 27 décembre 1889. — La Cour de cassation a cassé, avec raison, le 8 mars 1893, l'arrêt de la Cour de Paris qui avait confirmé cette décision (V. J. du not., 1893, p. 417 et suiv.).
(4) Rouen, 17 décembre 1860; Nancy, 23 avril 1864; Alger, 6 juillet 1866; Besançon, 26 mars 1870; Toulouse, 24 mars 1879; Arlon, 25 juillet 1890.
(5) Besançon, 26 mars 1870.
(6) Toulouse, 24 mars 1879.

commun qui lui est applicable, tel qu'il a été établi pour les contrats et quasi-contrats.

163. — Mandat. — Lorsque le notaire a agi, comme mandataire, il est responsable, à ce titre et en vertu des règles du mandat (1).

Toutefois, même dans le cas où le notaire est constitué mandataire d'un prêteur, il ne faudrait pas croire qu'il est toujours et nécessairement responsable du placement qu'il a fait. La Cour de Lyon nous paraît avoir parfaitement indiqué les règles qui doivent, en pareil cas, diriger la conduite des juges, dans un arrêt du 3 juillet 1868 : « Attendu, y est-il dit, qu'il ne suffit pas, pour rendre un notaire responsable des suites d'un placement, de prouver qu'il l'a indiqué et même négocié; qu'il faut établir ou qu'il a donné sa garantie personnelle, comme caution de l'emprunteur, ou qu'il a commis une faute dans la négociation; que si l'existence d'une simple faute n'est pas incompatible avec la bonne foi du notaire, elle doit au moins résulter d'une erreur inexcusable provenant soit de l'impéritie, soit d'une négligence ou d'une imprudence appréciable... » (2).

Le notaire ne serait donc point responsable de l'insuffisance des garanties fournies par l'emprunteur, s'il n'avait rien dissimulé au prêteur, ni de la vraie situation de l'emprunteur, ni de l'aléa qui pesait sur les garanties offertes, alors surtout que le prêteur s'était pourvu d'un conseil spécial et éclairé (3).

Le mandat peut être *exprès* ou *tacite*.

Il est exprès, lorsqu'il résulte formellement d'une convention intervenue entre le notaire et le client, par exemple, de la correspondance échangée entre eux.

Il y a mandat tacite, lorsqu'il résulte des faits et circonstances d'une affaire que le client a entendu donner mandat au notaire et que, de son côté, le notaire a accepté ce mandat.

Mais il ne peut y avoir mandat sans *contrat*, sans offre d'un côté et acceptation de l'autre. Le mandat ne se présume pas; il doit être prouvé (4).

Le notaire qui reçoit un mandat a une double responsabilité : il est responsable comme officier public et comme mandataire. Cette dernière responsabilité peut être plus étendue que la première et plus dangereuse; de là de fréquents débats sur la question de savoir si le notaire a reçu un mandat. Ce qui complique la difficulté, c'est que le mandat est souvent tacite entre le notaire et ses clients. Comment se prouve le mandat, soit exprès, soit tacite? D'après le droit commun, cela va sans le dire, puisque la loi n'y a point dérogé. Il peut aussi y avoir gestion d'affaires, et bien qu'il y ait des conditions requises pour l'existence du quasi-contrat de gestion d'affaires, il faut avouer que les tribunaux n'en tiennent pas souvent compte, quand il s'agit des notaires. Dès qu'ils voient que le notaire gère les intérêts du client, ils le déclarent responsable comme gérant. Les inexactitudes et les erreurs abondent dans les décisions judiciaires; nous devons les signaler, et bien nettement poser les principes qui sont particulièrement importants en cette matière.

Des différences notables ne séparent pas seulement le mandat de la gestion d'affaires au point de vue de l'existence de la convention, mais encore au point de vue de la preuve; tandis, en effet, comme nous le verrons, que la gestion d'affaires est un *quasi-contrat* dont l'existence peut être prouvée à l'aide de présomptions, ou par témoins, même au delà de 150 francs, conformément à l'art. 1341, C. civ.; au contraire, le mandat est un *contrat* dont la preuve reste soumise aux règles du

(1) Cass., 12 mars et 22 août 1856; 30 août 1858; 4 mars 1868; Bordeaux, 13 juillet 1874; Cass., 26 avril 1875; Rennes, 13 juillet 1875; Cass., 15 février et 20 novembre 1876; 28 avril 1877; 7 janvier 1878; Toulouse, 24 mars 1879; Aix, 2 mars 1880 et 21 juin 1882; Cass., 30 mai 1881 et 20 décembre 1882; Grenoble, 23 janvier 1884; Riom, 20 mars 1884 (art. 21432, 21729, 22323, 22823, 22986 et 23264, J. N.); Douai, 19 et 24 janvier 1887.

(2) Art. 19219, J. N.

(3) Paris, 25 mars 1870; Aix, 21 juin 1882 (art. 22286, J. N.).

(4) Cass., 29 juin 1852 (art. 14720, J. N.).

droit commun (1), ainsi que l'a du reste formellement rappelé le législateur dans l'art. 1985, C. civ. (2).

La jurisprudence n'a pas toujours tenu compte de cette différence capitale. A plusieurs reprises, par une violation formelle de la loi, il a été jugé (3) que le mandat *tacite* donné au notaire peut être établi, à défaut de commencement de preuve par écrit, au moyen des circonstances particulières de la cause et de présomptions graves, précises et concordantes, alors même que l'intérêt engagé dépassait 150 fr. ; et la chambre des requêtes, par plusieurs arrêts, — d'où l'on pouvait induire que la Cour de cassation n'entendait pas appliquer au mandat *tacite* les mêmes règles de preuve qu'au mandat *exprès*, — décidait qu'il appartient aux juges du fond d'apprécier souverainement les faits dont le mandat tacite peut résulter, sans que cette appréciation tombe sous le contrôle de la Cour suprême (4).

Mais la chambre civile de la Cour de cassation, revenant à la véritable doctrine, a, dans son arrêt du 29 décembre 1875, posé en principe qu'il n'y a aucun motif de distinguer, au point de vue du mode de preuve, entre le mandat *exprès* et le mandat *tacite*, et que pour l'un comme pour l'autre, d'après la combinaison des art. 1341 et 1985 C. civ., la preuve ne peut être faite par témoins ou à l'aide de présomptions, qu'autant qu'il s'agit entre les parties d'une somme n'excédant pas 150 fr., ou qu'il existe un commencement de preuve par écrit (5).

C'est là la règle qui doit être suivie, de l'avis unanime des auteurs (6) : Mettre les notaires à la merci de la preuve testimoniale, sur des allégations plus ou moins précises, ce serait rendre leurs fonctions impossibles.

L'interrogatoire sur faits et articles du notaire peut servir de commencement de preuve par écrit contre lui, comme vis-à-vis de toute autre partie d'après le droit commun, et les juges qui se bornent à n'insérer que des inductions rendant vraisemblable le fait de la responsabilité, objet du litige, ne méconnaissent point le principe de l'indivisibilité de l'aveu (7).

Mais les stipulations de l'acte authentique ne peuvent servir de commencement de preuve par écrit, alors surtout qu'elles sont exclusives du mandat allégué (8).

---

(1) Art. 1841. — Il doit être passé acte devant notaires ou sous signature privée, de toutes choses excédant la somme ou valeur de cent cinquante francs, même pour dépôts volontaires ; et il n'est reçu aucune preuve par témoins contre et outre le contenu aux actes, ni sur ce qui serait allégué avoir été dit avant, lors ou depuis les actes, encore qu'il s'agisse d'une somme ou valeur moindre de cent cinquante francs. Le tout sans préjudice de ce qui est prescrit dans les lois relatives au commerce.

Art. 1342. — La règle ci-dessus s'applique au cas où l'action contient, outre la demande du capital, une demande d'intérêts qui, réunis au capital, excédent la somme de cent cinquante francs.

Art. 1343. — Celui qui a formé une demande excédant cent cinquante francs, ne peut plus être admis à la preuve testimoniale, même en restreignant sa demande primitive.

Art. 1344. — La preuve testimoniale, sur la demande d'une somme même moindre de cent cinquante francs ne peut être admise lorsque cette somme est déclarée être le restant ou faire partie d'une créance plus forte qui n'est point prouvée par écrit.

Art. 1353. — Les présomptions qui ne sont point établies par la loi, sont abandonnées aux lumières et à la prudence du magistrat, qui ne doit admettre que des présomptions graves, précises et concordantes, et dans le cas seulement où la loi admet les preuves testimoniales, à moins que l'acte ne soit attaqué pour cause de fraude ou de dol.

(2) Art. 1985. — Le mandat peut être donné ou par acte public, ou par acte sous seing privé, même par lettre. Il peut aussi être donné verbalement ; mais la preuve testimoniale n'en est reçue que conformément au titre *des Contrats ou des Obligations conventionnelles en général*.

L'acceptation du mandat peut n'être que tacite, et résulter de l'exécution qui lui a été donnée par le mandataire.

(3) Pont-L'Evêque, 27 août 1872 (*Rev. not.*, n° 4215) ; St-Etienne, 17 mars 1873 (*Rev. not.*, n° 4489) ; Toul, 28 juillet 1874.

(4) Cass., 18 août 1873 (*Rev. not.*, n° 4463) ; 15 décembre 1874 (*Rev. not.*, n° 4852) ; 28 avril 1875 (*Rev. not.*, n° 5059 et 21380, J. N.) ; Cass., 23 avril 1877 ; 3 mars 1880 (art. 22430, J. N.) ; Aix, 10 décembre 1881 (art. 22723, J. N.).

(5) 21380, J. N. ; *Rev. not.*, n° 5081 ; *J. du not.*, n° 2890 ; Conf. Poitiers, 22 juillet 1851 (art. 14567, J. N.) ; Cass., 30 juin 1852 (art. 14729, J. N.) ; Douai, 25 août 1855 et 23 novembre 1863 ; Agen, 14 mars 1866 ; Seine, 24 avril 1868 (*Rev. not.*, n° 2159) ; Paris, 4 août 1873 (*Rev. not.*, n° 4414 et art. 20799, J. N.) ; Dijon, 2 décembre 1874 (*J. du not.*, n° 2835) ; Caen, 27 janvier 1875 (art. 21251, J. N.) ; Cass., 2 août 1875 (art. 21380, J. N.) ; Anvers, 31 mars 1881 ; Rennes, 21 juillet 1887 (*Rev. not.*, n° 7720) ; Cass., 9 juillet 1890 (*J. du not.*, 1890, p. 541).

(6) Eloy, t. II, *passim* ; Bonnet, *Respons. not.*, p. 38-85 ; Paul Pont, *Petits contrats*, n° 875 et suiv. ; Laurent, t. XXVII, n° 372-454 ; Arnault, p. 74 et suiv. ; Dict. du not., n° 817 et suiv. ; Rutgeerts et Amiaud, t. III, n° 1358.

(7) Cass., 22 août 1864 (art. 18129, J. N.).

(8) Dijon, 2 décembre 1874 (*J. du not.*, n° 2835).

Toutefois, il y a lieu de rappeler qu'il n'en est pas absolument de la preuve du mandat *tacite* comme de la preuve du mandat *exprès ;* car si le consentement du mandant doit toujours être légalement établi et constaté d'après les règles que nous avons énoncées, il résulte de l'art. 1985 C. civ. que l'*acceptation tacite* du notaire peut s'induire de l'exécution qui lui a été donnée par cet officier public. Les tribunaux auront donc toujours, en cette matière, un pouvoir fort étendu d'appréciation. Mais ce pouvoir n'est pas illimité ; il y a une règle que la raison suggère, que la nature même des choses indique : il faut, après avoir reconnu et déterminé l'objet même du mandat produit ou allégué, n'admettre comme faisant preuve de l'acceptation par le mandataire que des faits absolument corrélatifs, si bien qu'on ne les puisse comprendre et qu'ils n'aient de raison d'être que comme exécution du mandat (1). Par suite, les relations entre notaire et clients, quelque importantes et habituelles qu'elles aient pu être, ne sauraient, à elles seules, établir l'existence d'un mandat tacite, comme l'a jugé, à tort selon nous, la Cour de Bordeaux dans ses arrêts des 17 juillet 1877 (2) et 27 janvier 1886 et le tribunal de Rochechouart le 9 août 1889. Pas plus que le fait d'avoir pris tardivement l'inscription de privilège d'un co-licitant (Cass., 18 janvier 1892).

On ne saurait l'induire davantage, à notre avis, bien que plusieurs arrêts l'aient ainsi décidé, de ce que la partie, cliente habituelle du notaire, et ayant placé en lui sa confiance, serait complètement illettrée et sans expérience (3), alors même qu'aux termes de l'acte, tous paiements devaient être faits en l'étude du notaire, puisque la jurisprudence elle-même reconnaît que cette clause, simple élection de domicile, ne confère pas de plein droit au notaire, pouvoir de toucher et de donner quittance (V. *infrà*, v° Quittance) (4).

Mais le notaire a pu être considéré comme le mandataire des parties, lorsqu'en matière de prêt, il a reçu lui-même l'argent du prêteur, et l'a placé entre les mains de personnes absolument inconnues de lui ; — qu'il s'est chargé de recevoir les intérêts, a conservé la grosse entre ses mains et a rempli les formalités nécessaires à l'inscription de l'hypothèque (5). (V. *infrà*, v° Obligation).

Ou, lorsque s'étant fait le négociateur d'une vente d'immeubles, il a présenté et fait agréer aux vendeurs un acquéreur insolvable et a accepté une déclaration de command faite sans mandat du prétendu adjudicataire (6).

Et le juge du fond qui, pour admettre la preuve du *mandat tacite* donné au notaire, s'appuie tout à la fois sur des documents de nature à constituer un commencement de preuve par écrit — et sur des faits et circonstances qui complètent la preuve par des présomptions graves, précises et concordantes, n'est pas tenu de rappeler les principes et les textes qui rendent admissible en droit la preuve reçue en fait (7).

164. — Gestion d'affaires. — La gestion d'affaires diffère du mandat en ce qu'il n'y a point de convention — ni expresse — ni tacite entre le gérant et la personne dont les affaires ont été gérées ; elle implique une immixtion spontanée, par exemple du notaire dans l'affaire au sujet de laquelle sa responsabilité est mise en jeu, sans ordre, et même à l'insu du client (8).

Il suffit donc que le notaire gère l'affaire du client pour être obligé, et il est

---

(1) Paul Pont, n° 877 ; Rutgeerts et Amiaud, n° 1755 ; Dict. du not., n° 818.

(2) *Rev. not.,* n° 5521

(3) Alger, 6 juillet 1866 (art. 18638, J. N.); Bourges, 22 août 1877.

(4) Metz, 23 février 1864 ; Cass., 22 août 1864, 10 mai 1870 et 22 novembre 1876 (*Rev. not.,* n°° 8034 et 5522) ; Aix, 10 décembre 1881 ; Aubry et Rau, t. I, p. 591 ; Demolombe, t. I, n° 372 ; Laurent, t. XXVII, n° 456. Mais cette clause d'élection de domicile oblige le notaire, sous peine de responsabilité, à transmettre sans retard aux intéressés toutes les notifications qui sont faites au domicile élu. Compiègne, 12 août 1874 ; Cass., 1er mars 1886 et 24 janvier 1887 (*Rev. not.,* n° 7572.)

(5) Alger, 6 juillet 1866 ; Cass., 9 juillet 1872 et 21 octobre 1885 (J. du not., n° 8810 et art. 20435, J. N.) ; Paris, 20 et 27 juillet 1874 (*Rev. not.,* n° 4688).

(6) Besançon, 20 juillet 1883 (art. 23007, J. N.).

(7) Cass., 2 avril 1875 (art. 21380, J. N.).

(8) Lyon, 19 janvier 1866.

responsable comme s'il était chargé d'un mandat ; sa responsabilité est même, en pareil cas, plus rigoureuse que celle du mandataire (art. 1374 C. civ.). Mais l'application de ces principes est fort délicate, la nuance entre les cas où il y a mandat et ceux où il y a gestion d'affaires étant quelquefois fort difficile à saisir. Mais il est pourtant fort important de les distinguer, car le mode de preuve n'est plus le même : Tandis que le mandat ne peut être prouvé que conformément aux règles du droit commun, la preuve de la gestion d'affaires peut, au contraire, être administrée par témoins ; l'art. 1348 le déclare expressément (1). (V. *suprà*, n° 163).

En ce qui concerne les *prêts hypothécaires*, spécialement, les tribunaux considèrent que le notaire a agi comme *negotiorum gestor*, dans les cas suivants :

> *a)* S'il a indiqué lui-même l'emprunteur, dont il a attesté la solvabilité (2) ; ou, lorsque dépositaire des fonds du prêteur, avant la réalisation de l'acte, il s'est spontanément entremis pour faire faire le placement (3) ;
> *b)* Lorsqu'il a lui-même négocié le prêt, en a fixé les conditions, sans mettre les parties en rapport et que le prêteur a été représenté à l'acte par un clerc de l'étude (4) ;
> *c)* Lorsqu'au lieu de se renfermer dans son rôle d'officier public, chargé de donner l'authenticité aux conventions des parties, il prend en main les intérêts du prêteur complètement illettré et incapable d'apprécier les garanties offertes, qu'il propose et choisit seul l'emprunteur et se charge de vérifier la situation hypothécaire (5).

Mais, si les juges du fond ont un pouvoir souverain pour constater les *faits* desquels peut résulter la faute, il appartient à la Cour de cassation d'examiner si les faits ainsi constatés constituent bien le quasi-contrat de gestion d'affaires, si, en outre, ils impliquent véritablement une faute entraînant la responsabilité de l'officier public. La faute n'est point suffisamment établie par le jugement qui se borne à déclarer que les garanties d'un prêt hypothécaire, négocié par le notaire, étaient insuffisantes, sans préciser ni la nature du mandat, ni le caractère de la faute commise, et sans rechercher si l'insuffisance des garanties remontait à l'origine du contrat, ou si elle n'avait point pour cause les agissements imputés par le notaire au prêteur lui-même (6).

Il est, en effet, reconnu aujourd'hui par la Cour de cassation que le notaire qui, comme mandataire ou gérant d'affaires, a opéré le placement des fonds de son client entre les mains de personnes *suffisamment solvables au moment du prêt*, ne saurait être rendu responsable si, pour des causes imprévues et indépendantes du notaire, ces personnes sont devenues postérieurement insolvables et les garanties hypothécaires insuffisantes (7), — alors surtout que le notaire s'étant dessaisi des suites de l'affaire et ayant remis les titres au créancier, celui-ci a négligé de veiller à ses intérêts (8), ou a commis la faute de ne pas exiger son remboursement à l'échéance (9).

165. — **Dépôt.** — Les notaires sont parfois constitués dépositaires de deniers, soit à charge de les rendre purement et simplement au déposant, soit le

---

(1) Laurent, t. XXVII, n°° 367-372 ; Cass., 13 mai 1878 ; Rouen, 8 mars 1880 (art. 21875 et 22430, J. N.).

(2) Cass., 11 juillet 1866 (art. 18692, J. N.) ; Chartres, 6 août 1875 (art. 21259, J. N.).

(3) Rennes, 1er février 1869.

(4) Cass., 4 mars 1853 ; Rouen, 18 mai 1868 ; Lyon, 8 mai 1873 (art. 17679, 19422 et 20877, J. N.) ; Cass., 20 décembre 1882 et 21 octobre 1885 (*Rev. not.*, n° 7228).

(5) Bordeaux, 8 février 1861 ; Cass., 11 juillet 1866 ; Aix, 2 mars 1880 ; Douai, 22 décembre 1881 ; Cass.,

20 décembre 1882 ; Paris, 11 décembre 1884 (art. 17126, 18592, 22325, 22860 et 23308, J. N.) ; Rouen, 22 novembre 1886 (*Rev. not.*, n° 7578) ; Douai, 19 et 24 janv. 1887 (*Rev. not.*, n° 7620) ; Paris, 1er mars 1890.

(6) Cass., 30 mai 1881 (art. 22518, J. N.).

(7) Cass., 26 janvier 1880 et 30 mai 1881 (art. 21789 et 22518, J. N.). — Sic : Bordeaux, 9 décembre 1861 ; Rouen, 25 janvier 1876 ; Seine, 20 novembre 1877 (art. 17883-21504, J. N.).

(8) Seine, 20 novembre 1877, précité.

(9) Riom, 20 mars 1884.

plus souvent, à charge de faire emploi des sommes déposées. Dans le dernier cas il y a tout à la fois dépôt et mandat.

Si les fonds ont été remis au notaire avec charge de faire un emploi déterminé, il doit se conformer strictement au mandat donné.

Il a, par suite, été jugé : que le notaire, dépositaire de fonds dont il est chargé de faire l'emploi, qui remet ces fonds, sans ordre exprès du déposant, à un tiers se disant son mandataire, ou leur donne une autre destination, commet une faute qui le rend responsable du détournement de ces fonds (1).

Que le notaire rédacteur d'un acte de prêt, entre les mains duquel les fonds sont laissés par l'emprunteur, soit pour attendre des justifications promises, soit pour payer une dette hypothécaire et qui s'en dessaisit, soit en faveur de l'emprunteur lui-même, soit pour les placer, en attendant, dans une maison de banque, est responsable du montant des fonds (2).

D'après les mêmes principes, les notaires ont été déclarés responsables des dépôts de prix de vente à eux confiés, lorsqu'ils ne s'étaient pas conformés rigoureusement au mandat qu'ils s'étaient chargés de remplir, soit dans l'intérêt de l'acquéreur, soit dans celui des créanciers inscrits (3).

166. — Formalités subséquentes. — Les notaires sont-ils tenus, par leurs fonctions même, d'accomplir certaines formalités subséquentes des actes qu'ils reçoivent, telles que la *transcription* des actes de donation et de vente, — l'*inscription* de l'hypothèque conférée dans les actes de prêt, — la *signification* et la *subrogation* dans les transports des créances? et si ces formalités n'ont pas été remplies, sont-ils responsables de leur omission ?

L'affirmative a été soutenue et quelques décisions judiciaires ont essayé de baser sur un prétendu *mandat légal*, l'obligation pour les notaires « non seulement « de remplir les formalités prescrites par les lois pour la régularité des actes qu'ils « reçoivent, mais encore de veiller à l'accomplissement des conditions néces- « saires pour conserver les droits des parties (4) ».

Mais la majorité des auteurs se prononce en faveur de l'opinion contraire qui a pour elle trois arrêts formels de la Cour de cassation des 14 juillet 1847, 14 février 1855 et 19 mars 1856 (5), et de nombreuses décisions de Cour (6).

Le principe a été appliqué en matière de *transport de créances*, pour la formalité de la signification (7).

— En matière de *prêt*, pour la formalité de l'inscription ou du renouvellement (8). (V. *suprà*, v° INSCRIPTION HYPOTHÉCAIRE).

— En matière de *donation*, de *vente*, d'*échange*, de *cession de fermages*, pour la formalité de transcription (9).

(1) Cass., 20 juillet 1875 (*Rev. not.*, n° 5045 (art. 21270, J. N.); Grenoble, 19 décembre 1871 (*Rev. not.*, n° 4168 et art. 20567, J. N.)

(2) Cass., 2 mars 1868 (*Rev. not.*, n° 2155); Dijon, 18 décembre 1872 (art. 20629, J. N., *Rev. not.*, n° 4832).

(3) Cass, 12 juillet 1854 ; Paris, 13 janvier 1865 ; Agen, 14 mars 1866 ; Cass., 20 novembre 1871; Cass., 10 février 1875 ; Aix, 10 août 1875 (art 18206, 20210 et 21620, J. N.); Rappr., Cass., 16 juin 1884 (art. 23198, J. N.).

(4) Poitiers, 30 juin 1847; Paris, 14 janvier et 18 juin 1854 (art. 15135, 15243, J. N.); Vouziers, 30 avril 1884 (art. 25226, J. N.).

(5) Art. 15471 et 15757, J. N.
Dans le rapport qui a précédé l'arrêt du 14 février 1855, M. le conseiller Hardouin disait : « C'est un principe consacré par la jurisprudence et *placé désormais hors de toute controverse*, que les notaires ne sont pas tenus, aux termes de la loi, de remplir les formalités destinées à assurer l'efficacité ou l'exécution des actes qu'ils reçoivent ».

(6) Lyon, 13 août 1862 ; Amiens, 29 janvier 1868 ; Paris, 20 février 1864 ; Seine, 24 avril 1868 ; Paris, 4 août 1873 ; Orléans, 18 janvier 1879 (*J. du not.*, n° 3192); Toulouse, 24 mars 1879 ; Cass., 8 mars 1880; Seine, 29 avril 1881 ; Limoges, 2 décembre 1885 ; Aubry et Rau, t. III, p. 320; Paul Pont, *Priv. et hyp.*, n° 292 ; *Petits contrats*, n° 804 ; Eloy, n° 854 , Laurent, t. XXVII, n° 866 ; Rutgeerts et Amiaud, n°° 1317, 1348, 1351, 1358, 1376 ; Walquenart, *Respons. not.*, p. 217 à 222.

(7) Paris, 20 février 1864 (*Rev. not.*, n° 768 et art. 17997, J. N.); Toulouse, 24 mars 1879 ; Seine, 29 juin 1886 (*J. du not.*, n° 8864).

(8) Seine, 24 avril 1868 ; Toulouse, 24 mars 1879 (art. 20799 et 22178, J. N.); *Rev. not.*, n°° 2159 et 6049); Limoges, 2 décembre 1885 ; Auxerre, 14 mars 1889 ; Cass., 9 juillet 1890.

(9) Bordeaux, 25 mai 1869 ; Amiens, 29 janvier 1868; Saint-Etienne, 28 janvier 1882 (art. 19847, 17800, J. N. et *Rev. not.*, n° 6529); Bordeaux, 27 janvier 1886 (*J. du not.*, 1886, p. 572).

Mais, si, en principe, la théorie qui rend les notaires responsables de plein droit de l'omission des formalités complémentaires des actes, est repoussée par la majorité des tribunaux, *en fait*, beaucoup de décisions, par la facilité avec laquelle elles admettent, en violation de l'art. 1985, C. civ., la preuve du mandat donné au notaire, aboutissent à créer, dans beaucoup de cas, pour le notaire, l'obligation de remplir ces formalités.

C'est ainsi que la Cour de cassation a jugé que si, en général, les notaires qui reçoivent un acte emportant affectation hypothécaire ne sont pas tenus de prendre inscription pour le bailleur de fonds et, par suite, ne sont pas responsables du défaut d'inscription, il en est autrement lorsque le notaire, conseil des parties intéressées qui ont entendu le charger de faire ce qui est nécessaire pour rendre leurs garanties efficaces, a négligé de faire opérer l'inscription (1).

Il a aussi été jugé que le mandat donné au notaire par les parties, pour l'accomplissement des formalités, peut être *tacite* et résulter, notamment, des rapports du notaire avec son client, du fait de l'accomplissement des formalités subséquentes sur d'autres actes le concernant, de la pratique constante du notariat dans le pays (2); que le mandat donné pour le renouvellement d'une inscription résulte suffisamment de l'élection de domicile faite en l'étude du notaire en vue de l'accomplissement des formalités hypothécaires (3).

Nous ne saurions trop critiquer ce système qui prétend déduire le mandat, même en l'absence de tout commencement de preuve par écrit, des faits et circonstances les plus insignifiants (4).

Mais nous donnons notre approbation entière aux décisions qui, le mandat légalement établi, ont prononcé la responsabilité du notaire, soit parce qu'il avait omis d'accomplir le mandat, soit parce qu'il l'avait mal rempli.

Ainsi, il a été jugé avec raison que le notaire qui a reçu un acte de constitution d'hypothèque avec subrogation dans l'hypothèque légale de la femme du débiteur, et qui, en rédigeant lui-même le bordereau d'inscription, omet de mentionner l'inscription d'hypothèque légale, est responsable vis-à-vis du créancier (5).

— Que le notaire qui, chargé d'un mandat salarié pour prendre une inscription hypothécaire, complément d'un acte reçu par lui, la requiert dans un bureau qui a cessé d'être celui de la circonscription dans laquelle se trouve l'immeuble hypothéqué, peut être déclaré responsable (6).

La même responsabilité atteindrait le notaire qui, chargé par les parties de prendre ou de renouveler une inscription hypothécaire, aurait omis de le faire ou l'aurait fait tardivement (7);

Celui qui, mandataire connu du vendeur et de l'acquéreur, connaissant l'existence d'inscriptions hypothécaires, n'a pas fait opérer la transcription de l'acte de vente, a reçu le prix et a fait lui-même le règlement des intérêts, sans veiller à la conservation des droits de ses mandants (8);

Celui qui ayant reçu un acte de transport de créance, s'est chargé de faire remplir les formalités nécessaires pour assurer à l'acte tous ses effets, et n'a fait accomplir que tardivement la signification (9).

Celui qui, chargé de procéder à l'adjudication sur licitation d'immeubles dépendant d'une succession et à la liquidation des droits des cohéritiers, sachant que le privilège de copartageant des héritiers mineurs n'a pas été inscrit, fait

(1) Cass., 22 août 1864.
(2) Cass., 18 août 1873 et 15 décembre 1874 (art. 20540, J. N.); Bordeaux, 27 janvier 1886 (*J. du not.*, n° du 24 février 1875).
(3) Aix, 10 décembre 1881 (art. 22723, J. N.).
(4) V. art. 22885, J. N.
(5) Bordeaux, 21 janvier 1862 (art. 17389, J. N.).

(6) Paris, 26 janvier 1872; Cass., 25 novembre 1872 (art. 20266 et 20533, J. N.).
(7) Aix, 27 mai 1879; Riom, 22 juillet 1878; Cass., 2 mai 1882 (art. 22264 et 22902, J. N.).
(8) Dijon, 12 juillet 1866 (art. 19695, J. N.).
(9) Dijon, 10 novembre 1881 (art. 22724, J. N.).

néanmoins consentir un prêt hypothécaire par un tiers à l'adjudicataire et prend lui-même pour le prêteur une inscription primant celle des mineurs (1).

ART. 4. — *Action en responsabilité.*

167. — Exercice de l'action. — L'action en responsabilité est la mise en œuvre du droit qu'ont les parties d'obtenir en justice la réparation pécuniaire du dommage que le notaire leur a causé par son dol, sa faute ou son impéritie, dans les différents cas que nous venons d'examiner. Toutes condamnations en dommages-intérêts, dit l'article 53 de la loi de ventôse, seront prononcées contre les notaires par le *tribunal civil de leur résidence, à la poursuite des parties intéressées.*

Par *parties intéressées*, il faut entendre tous ceux qui ont souffert un préjudice, les tiers, les parties à l'acte, leurs héritiers ou ayants-cause, mais non le parquet.

L'action peut être exercée contre le notaire qui a cessé ses fonctions, aussi bien que contre le notaire en exercice (2).

Si deux notaires, ayant concouru à l'acte, se trouvent responsables, l'action est solidaire, attendu que le dommage résulte d'un quasi-délit (3).

Si l'action est dirigée contre les héritiers du notaire, la responsabilité doit être appliquée moins rigoureusement et les dommages-intérêts atténués, avec d'autant plus de raison, qu'ils ne sont point les auteurs de la faute et qu'ils peuvent être dépourvus des moyens de justifications que le notaire eût pu faire valoir (4).

Mais les héritiers ne sont pas responsables solidairement (5).

D'après l'article 53, c'est le tribunal civil de la résidence du notaire mis en cause, et ce tribunal seul, qui est compétent pour connaître de l'action en responsabilité, quel que soit le taux de la demande, et qu'il s'agisse soit d'une demande principale en responsabilité, soit d'une demande incidente en garantie (6), — que l'action soit intentée à l'occasion d'actes rentrant dans les fonctions du notaire, ou à l'occasion d'un mandat extra professionnel, — que l'action soit dirigée contre le notaire encore en exercice, ou contre un ancien notaire ayant quitté son ancienne résidence (*J. du not.*, 1891, p. 369. — *Contrà* : Limoges, 16 décembre 1890 (*J. du not.*, p. 377). Comme toute action civile, l'action en responsabilité est soumise au préliminaire de conciliation, quand elle est principale et introductive d'instance ; mais si elle est introduite sous forme d'action en garantie dans une instance déjà engagée, il n'y a pas lieu à préliminaire de conciliation. Elle peut suivre les deux degrés de juridiction et, sur ce point, l'article 53 déroge au droit commun, car il déclare l'appel recevable, quoiqu'il s'agisse d'une somme inférieure au taux de la compétence en dernier ressort, c'est-à-dire à 1500 francs (7).

168. — Conditions d'admissibilité de l'action. — Pour qu'une action en responsabilité soit recevable, la partie demanderesse devra toujours, que le notaire ait agi comme officier public ou en dehors de ses fonctions, établir deux choses :

    a) Que le notaire est en faute,

    b) Que cette faute lui a causé un préjudice actuel et légalement constaté.

Sans la réunion de ces conditions, il n'y a pas lieu à responsabilité.

---

(1) Orléans, 18 janvier 1879 (S. 1879-2-85).

(2) Eloy, n° 917 et suiv. ; Rutgeerts et Amiaud, n° 1393.

(3) Cass., 12 juillet et 7 août 1837 ; 29 janvier 1840 ; Eloy, n° 315 ; Rutgeerts, n° 1394.

(4) Angers, 9 mars 1825 ; Nîmes, 29 avril 1863 ; Pau, 24 avril 1866 (*Rev. not.*, n°° 852 et 1676) ; Chambéry, 9 janvier 1884 ; Pagès, p. 242 ; Eloy, n° 248 ; Rutgeerts, n° 1393 ; Dict. du not., n° 453.

(5) Douai, 19 janvier 1887 (*Rev. not.*, n° 7620.

(6) Boitard, *Leçon de proc.*, 8ᵉ éd, t. II, p. 96 ; Ed. Clerc, *Formul.*, t. II, n° 237 ; Eloy, n° 952 ; Rutgeerts et Amiaud, n° 1395 ; Bordeaux, 27 juin 1839 ; Cass., 21 mai 1844, 14 juillet 1860 et 29 juin 1881 (art. 22585, J. N. ; J. du not., n° 3416).

(7) Cass., 16 mai 1825 ; Eloy, n° 962 ; Rutgeerts, p. 1795.

C'est pour ce motif qu'il a été jugé : en matière de placement hypothécaire qu'il ne suffit pas de prouver, pour rendre le notaire responsable, que celui-ci a indiqué et même négocié le prêt, il faut encore établir qu'il y a eu, de sa part, faute commise dans la négociation (Besançon, 18 mars 1890.) (1).

— Qu'un notaire n'est responsable, — ni de la nullité d'une inscription prise par lui, alors que cette inscription reproduisant fidèlement les clauses de l'acte constitutif de l'hypothèque, aucune faute ne lui est imputable (2) ; — ni du défaut d'inscription, alors que l'acte constitutif d'hypothèque étant nul, le créancier n'a éprouvé aucun préjudice (3).

— Qu'un notaire n'est pas responsable d'avoir fait rayer, sans attendre le consentement du créancier, une inscription dont il avait reçu l'acte de mainlevée définitive, avec désistement de tout droit d'hypothèque (4).

— Qu'un notaire qui a détruit, comme inutile, un acte sous signatures privées qui lui avait été confié, n'encourt aucune responsabilité, si la partie qui se plaint de cette destruction ne justifie d'aucun préjudice (5).

— Que la nullité d'un acte prononcée pour intérêt personnel du notaire dans cet acte, ne peut devenir une cause de responsabilité que dans le cas où il serait établi qu'elle a occasionné un dommage à la partie (6).

Si le préjudice occasionné par la nullité ou l'irrégularité d'un acte est dû aussi bien à la faute de la partie qu'à celle du notaire, — ou s'il est constant que le notaire, eût-il rempli avec exactitude les devoirs de sa profession, les parties n'en auraient pas moins éprouvé le même préjudice, la responsabilité doit être rejetée (7).

C'est par application des mêmes principes qu'il a été jugé, en matière de prêt hypothécaire, que l'action en responsabilité doit être écartée, lorsque les garanties, suffisantes au moment de la réalisation du prêt, sont devenues insuffisantes, à l'échéance, par suite d'événements imprévus et de circonstances indépendantes du notaire ; par exemple : la dépréciation des immeubles occasionnée par la guerre ou par l'invasion d'un fléau agricole, tel que le phylloxera (8).

169. — Etendue de l'action. — La responsabilité du notaire est plus ou moins étendue, suivant que le notaire a agi, comme officier public, ou comme simple mandataire, ou *negotiorum gestor* des parties.

Lorsqu'il a agi comme officier public, nous avons vu qu'il résulte de l'interprétation des art. 1382-1383, C. civ. et 68 de la loi de ventôse combinés, que les notaires ne sont pas, de plein droit et d'une manière absolue, responsables des fautes qu'ils ont commises dans l'exercice de leurs fonctions, ces fautes eussent-elles occasionné la nullité des actes reçus par eux ; la déclaration de nullité n'entraîne la responsabilité que *s'il y a lieu* : les dommages-intérêts et leur quotité dépendent toujours de la nature et de la gravité de l'omission ou de l'irrégularité commise, et les tribunaux restent souverains appréciateurs de la culpabilité de l'officier public, suivant les circonstances de chaque espèce (9).

Il est en effet incontestable et il a été jugé, à plusieurs reprises, qu'ils ont le droit soit de condamner le notaire à réparer le préjudice entier, si la faute constitue un manquement particulièrement grave aux devoirs professionnels, — soit,

---

(1) Lyon, 4 janvier et 3 juillet 1868 (*Rev. not.*, nᵒˢ 2158 et 2324); Troyes, 20 juillet 1875; Cass., 30 mai 1881 ; Riom, 20 mars 1884.
(2) Alger, 10 mai 1870 et Cass., 26 mars 1872.
(3) Limoges, 2 décembre 1885 ; Cass., 28 juin 1887.
(4) Orléans, 8 août 1889.
(5) Cass., 13 juin 1864 (*Rev. not.*, nᵒ 972).
(6) Cass., 28 février 1872 (*Rev. not.*, nᵒ 4280 ; Sic : Dijon, 16 février 1872); Angers, 19 mars 1879; Cass., 5 février 1884 et 28 juin 1887 ; Toulouse, précité, 26 février 1886.

(7) Colmar, 16 mars 1864 ; Cass., 27 juin 1867; Chambéry, 20 août 1868 (*Rev. not.*, nᵒ 2430, art. 19879, J. N.).
(8) Troyes, 20 juillet 1875 (*Rev. not.*, nᵒ 5040); Cass., 25 janvier 1876 (*Rev. not.*, nᵒ 5136) ; Seine, 5 janvier 1877 (*Rev. not.*, nᵒ 5560); Cass., 26 janvier 1880 et 80 mai 1881 (art. 21789 et 22518, J. N.).
(9) Cass., 12 mai 1885 (art. 23421, J. N.; *Rev. not.*, nᵒ 7118); Pagès, p. 246 ; Eloy, nᵒ 14 ; Arnault, p. 80 et suiv.; Demolombe, p. 456 ; Rutgeerts et Amiaud, p. 1708-1709.

si la faute est excusable, de modérer les dommages-intérêts et de les réduire à une partie seulement du préjudice causé (1).

Jugé en ce sens que le notaire qui a omis de dater un testament; — celui qui a omis de faire signer l'acte par une des parties, — ou qui a oublié lui-même de signer, sont passibles de la totalité des dommages-intérêts, comme ayant commis un manquement des plus graves aux devoirs professionnels (2).

Jugé, *en sens contraire*, que le juge peut réduire les dommages-intérêts à une somme inférieure au préjudice causé, si la faute n'est pas suffisamment grave (3).

— Ou si les circonstances de la cause autorisent à réduire le chiffre de l'indemnité (4) ;

— Ou si la faute est commune au notaire et aux parties (5).

Bien plus, si les parties ont participé, en connaissance de cause, à la faute commise par le notaire, ou s'il y a eu fraude concertée entre eux, l'action en responsabilité peut ne pas être accueillie (6).

En tout cas, il n'appartient pas au successeur d'un notaire qui a fait des placements de fonds au nom des clients de son étude, de reconnaître la responsabilité de son prédécesseur relativement à ces placements, de les rembourser et de réclamer à celui-ci le montant de ces remboursements, s'il n'a pas reçu mandat à cet effet (7).

Si le notaire a agi comme *mandataire* ou *gérant d'affaires* des parties, ce sont les principes du mandat ou de la gestion d'affaires qui lui sont applicables et il est soumis, comme toute personne privée, aux art. 1382 et 1383, C. civ., c'est-à-dire qu'il répond de l'inexécution de son mandat et de tout préjudice occasionné par son fait ou sa faute. La quotité des dommages intérêts est subordonnée à l'étendue du préjudice causé (8).

170. — **Contrôle de la Cour de cassation.** — D'après la jurisprudence actuelle de la Cour de cassation, les juges du fond ont un pouvoir souverain pour constater les faits d'où peut résulter la faute (9); pour apprécier la gravité plus ou moins grande de la faute, du préjudice qu'elle a occasionné à la partie lésée et le chiffre des dommages-intérêts (10).

Mais il appartient à la Cour de cassation d'examiner si les faits souverainement constatés par les premiers juges constituent une faute pouvant entraîner la responsabilité du notaire (11); si la preuve de ces faits a été légalement reçue;

---

(1) Bordeaux, 8 mai 1860 (art. 16870, J. N.); Poitiers, 19 novembre 1862 (*J. du not.*, n° 1796); Cass., 17 août 1869 (art. 19915, J. N.); Angers, 23 mars 1876 (art. 21412, J. N.): Bourges, 22 août 1877 (art. 21825, J. N.); Aix, 18 août 1882 (art. 23007, J. N.; Besançon, 20 juillet 1883 et 25 février 1884 (art. 23003 et 23200, J. N.); Cass., 8 février et 19 mai 1885(art. 23343 et 23421, J. N.); Douai, 24 janvier 1887; Cass., 24 décembre 1888 (art. 24181, J. N., et J. du not., 1889, p. 56).

(2) Paris, 2 janvier 1883; Rouen, 31 mars 1886 (art. 23571, J. N.; *Rev. not.*, n° 7323); Cass., 16 mars 1886 (*Rev. not.*, n° 73221); Angers, 22 janvier 1885 et Cass., 14 avril 1886 (*Rev. not.*, n° 7855).

(3) Angers, 23 mars 1876 (*Rev. not.*, n° 5150, art. 21412, J. N.); Dijon, 29 juin 1864 (*Rev. not.*, n° 1094).

(4) Poitiers, 19 novembre 1862 (art. 17753, J. N., Caen, 8 mars 1875 (art. 21245, J. N.).

(5) Cass., 31 mars 1862; Lyon, 8 février et 10 juin 1867; Cass., 20 novembre 1871; 19 juin 1872; Grenoble, 24 mars 1874 (*J. du not.*, n° 2740); Seine, 6 juin 1882; Orléans, 14 mai 1886 (*Rev. not.*, n° 393, 2031, 2064, 3026, 4153, 6548 et 7579); Cass., 26 avril 1887 (*J. du not.*, n° 8989).

Mais l'omission de la signature du notaire dans une donation entre-vifs ne saurait être considérée comme le résultat d'une faute commune aux parties et au notaire, lors même que le notaire prétend n'avoir pas signé par suite de la non-consignation des droits. Le notaire encourt seul la responsabilité (Rouen, 22 décembre 1883, art. 23174, J. N.).

(6) Cass., 26 mars 1855; Chambéry, 18 juillet 1869 (*Rev. not.*, n° 2364).

(7) Pontarlier, 5 juin 1889 (*J. du not.*, 1889, p. 666).

(8) Pagès, p. 246; Eloy, n° 721 et suiv.; Rutgeerts, p. 1712.

(9) Cass., 21 octobre 1885 et 24 janvier 1887 (*Rev. not.*, n° 7228 et 7572).

(10) Cass., 25 juin 1867; 27 août 1869 (art. 18938, J. N.); 19 juin 1872; 3 février 1885 (art. 23343, J. N.); 28 décembre 1886 et 26 février 1887 (*Rev. not.*, n° 4153-7671, J. N., n° 3731).

(11) Cass., 4 janvier 1864 (art. 17925, J. N.); 25 novembre 1872 ; 7 janvier 1878 ; 30 mai 1881, 2 mai 1882 (art. 20533-21796-22518 et 22902, J. N.), et 5 janvier 1886 (*J. du not.*, n° 8830).

La faute n'est pas suffisamment établie par le jugement qui se borne à déclarer que les garanties d'un prêt hypothécaire négocié par un notaire comme mandataire étaient insuffisantes, sans préciser ni la nature du mandat, ni le caractère de la faute commise et sans rechercher si l'insuffisance des garanties remontait à l'origine du contrat, ou si elle n'avait pas pour cause les agissements imputés par le notaire au prêteur lui-même (Cass., 30 mai 1881).

si le notaire a été déclaré à tort responsable de la totalité du préjudice ; — ou si, pour réduire le chiffre des dommages-intérêts, l'arrêt s'est fondé sur des motifs ayant leur point de départ dans une erreur de droit (1).

Si l'arrêt qui condamne un notaire a apprécié, conformément à l'article 68 de la loi de ventôse, l'étendue de la responsabilité encourue et a proportionné la réparation à la faute commise (2).

171. — Prescription de l'action. — L'action en responsabilité, n'étant limitée par aucun texte, peut s'exercer pendant trente ans. Mais à partir de quel moment court ce délai ? Plusieurs auteurs décident et il a été jugé que ce délai ne court que du jour où la nullité de l'acte irrégulier a été prononcée par les tribunaux (3).

Le tribunal d'Orange a décidé le 18 novembre 1887, que, pour certains actes, la prescription de l'action en responsabilité ne commence à courir que du jour où le vice a pu être connu et où, par suite, il a été possible soit de confirmer l'acte, soit d'intenter l'action en nullité et, — en matière de contrat de mariage, du jour de la dissolution de l'union conjugale.

Il nous paraît beaucoup plus rationnel et plus juridique de décider que l'action en responsabilité contre un notaire commence à se prescrire du jour où les parties ont connu ou pu connaître l'omission de la formalité qui peut occasionner la nullité de l'acte ou le fait dommageable (4).

D'après MM. Laurent et Bastiné (5), la prescription commencerait à courir du jour où la faute a été commise, sans qu'il y ait lieu de prouver la connaissance de la nullité par la partie lésée, ou de faire prononcer cette nullité par les tribunaux, car il se peut aussi qu'il n'y ait pas lieu de faire prononcer la nullité de l'acte.

Il serait, en effet, tout à la fois anormal et inique de vouloir faire peser indéfiniment sur la tête du notaire ou de ses héritiers la menace d'une action en responsabilité.

BIBLIOGRAPHIE

Amiaud (A.), *Etudes sur le notariat français*, in8° ; Paris, 1879.

Amiaud, *Commentaire sur la loi du 25 ventôse an XI* ; 2° édition de Rutgeerts. 3 vol. in-8 ; Paris, 1884.

Arnault, *Lectures sur le notariat français*, in 8° ; Toulouse, 1879.

Bastiné, *Cours de notariat*, in-8° ; Bruxelles, 1870.

Bonnet, *De la responsabilité notariale en matière de prêt hypothécaire*, in-8° ; Paris, 1881.

Cellier, *Cours de rédaction notariale*, in-8° ; Paris, 1840.

Clerc (Ed), *Traité théorique et pratique et formulaire général et complet du notariat.* 2 vol. in-8° ; Paris.

Clerc, *Traité général du notariat et de l'enregistrement.* 2° édit. 4 vol. in-8° ; Paris, 1880.

Dalloz, *Répertoire général de législation*, v° NOTAIRE.

Dictionnaire du notariat et supplément, v° NOTAIRE.

Drion, *Du notaire en second*, in-8° ; Paris, 1886.

Eloy, *De la responsabilité des notaires.* 2 vol. in-8° ; Paris, 1878.

Encyclopédie du notariat, v° NOTAIRE.

Fabvier-Coulomb, *Législation du notariat*, in-8° ; Paris, 1848.

Gagneraux, *Commentaire de la loi du 25 ventôse an XI.* 2 vol. in-8° ; Paris, 1831.

Génébrier, *Répertoire encyclopédique et raisonné de la pratique notariale*, in 4° ; Paris, 1880.

Harel-Delanoe, *Cours élémentaire du notariat.* 2 vol. in-8° ; Paris, 1867.

Mailland, *Le notariat simplifié*, in-18 ; Paris, 1868.

Maton, *Dictionnaire de la pratique notariale (Belgique).* 5 vol. in-8°.

Pagès, *De la responsabilité des notaires*, in-8° ; Paris, 1843.

Rolland de Villargues, *Répertoire de la jurisprudence du notariat*, v° NOTAIRE.

Stévenart, *De la responsabilité civile des notaires*, in-8° ; Bruxelles, 1890.

Walquenart, *De la responsabilité civile des notaires*, in-8° ; Paris, 1877.

---

(1) Cass., 2 mai 1882 et 19 mai 1885 (art. 23421, J. N.).

(2) Cass., 19 mai 1885 (Rev. not., n° 7118 ; J. du not., n° 3760).

(3) Eloy, n°° 964 à 968 ; Pagès, p. 248 ; Dalloz, v° *Responsabilité*, n° 326 ; Cass., 27 mai 1857 (art. 16196, J. N.).

(4) Dict. du not., n°° 473 et suiv.; Rutgeerts et Amiaud, n° 1896 ; Orthez, 16 décembre 1891.

(5) N° 346.

NOTAIRES (ALGÉRIE)

Nous donnons sous ce titre le texte des différents décrets et arrêtés qui concernent spécialement les notaires d'Algérie.

Sommaire :

I. Arrêté du ministre de la guerre, du 30 décembre 1842, portant règlement de l'exercice et de la discipline de la profession de notaire en Algérie.

Nous reproduisons ici le texte littéral de cet arrêté, en indiquant toutefois les dispositions qui ont subi des modifications.

Chapitre Ier. — *Institution, nomination, nombre et placement des notaires. — Conditions d'admissibilité. — Cautionnement. — Prestation de serment. — Obligation de résider. — Incompatibilité. — Incessibilité des offices.*

Art. 1er. — Les officiers publics, sous le titre de notaires, sont institués en Algérie pour y recevoir tous les actes et contrats auxquels les parties doivent ou veulent faire donner le caractère d'authenticité attaché aux actes de l'autorité publique, pour en assurer la date, en conserver le dépôt, en délivrer des grosses et expéditions, et remplir toutes autres fonctions qui sont attribuées aux notaires de France, le tout conformément aux dispositions ci-après.

Art. 2. — Les notaires continueront d'être nommés, et, lorsqu'il y aura lieu, révoqués par le ministre de la guerre (1), sur le rapport du procureur général.

L'arrêté de nomination fixera la résidence dans laquelle ils devront s'établir.

Art. 3. — Le nombre des notaires sera réglé par le ministre de la guerre, selon les besoins du service

Il est provisoirement fixé, savoir : à huit pour l'arrondissement du tribunal de première instance d'Alger; à deux, pour chacun des arrondissements de Bône, Oran et Philippeville.

Art. 4. — A l'avenir, nul ne pourra être nommé notaire :

a) S'il n'est Français (2);
b) S'il n'est âgé de vingt-cinq ans accomplis;

---

(1) Actuellement par le ministre de la justice.
(2) D'après un décret du 21 avril 1866, l'indigène musulman ou israélite peut aussi être nommé no-taire, s'il réunit les conditions d'âge et d'aptitude prescrites par la loi.

c) S'il n'a satisfait à la loi du recrutement de l'armée ;

d) S'il ne jouit de ses droits civils et civiques ;

e) Si, hors les cas de dispense prévus par l'article suivant, il ne justifie de l'accomplissement du temps de stage ou de travail, dans une étude de notaire, exigé par le même article ;

Le tout indépendamment de ce qui est prescrit en l'art. 6 ci-après (1).

Art. 5. — Le temps de travail requis par le n° 5 du précédent article sera de cinq années entières et consécutives, dont une au moins en qualité de premier clerc, dans l'étude d'un notaire de France ou de l'Algérie.

Pourront être dispensés de la justification de tout ou partie du temps de stage réglé par le présent article :

a) Les avocats, avoués ou défenseurs ayant exercé leur profession, soit en France, soit en Algérie, pendant plus de deux années ;

b) Les aspirants qui auraient rempli, pendant cinq années au moins, des fonctions administratives ou judiciaires ;

c) Ceux qui auraient précédemment exercé la profession de notaire en Algérie ou en France.

Art. 6. — Tout aspirant à l'emploi de notaire devra, lors même qu'il se trouverait dans l'un des cas de dispense de stage spécifiés en l'article précédent, se pourvoir préalablement à l'effet d'obtenir un certificat de moralité et de capacité.

Ce certificat sera délivré par une commission formée, à Alger, par le procureur général, qui désignera, pour la composer, l'un des magistrats attachés aux tribunaux d'Alger et deux des notaires en exercice dans la même résidence.

Cette commission, présidée par le magistrat qui aura été désigné pour en faire partie, procédera à l'examen de la capacité du candidat, après vérification des pièces fournies par celui-ci et information sur sa moralité. Elle dressera de tout procès-verbal, et délivrera ensuite, s'il y a lieu, le certificat de moralité et de capacité.

● En cas de refus, la délibération motivée que la commission sera tenue de prendre sera adressée par son président au procureur général, qui la transmettra, avec son avis personnel, au ministre de la guerre, en même temps que la demande de l'aspirant et les pièces produites à l'appui.

Nonobstant le refus de certificat, le ministre restera juge des titres du candidat.

Pourront, au surplus, être dispensés de l'accomplissement des conditions prescrites par le présent article, les aspirants qui produiraient un certificat de moralité et de capacité, à eux délivré, conformément à l'article 43 de la loi du 25 ventôse an XI, par la chambre de discipline des notaires de leur dernière résidence en France.

Art. 7. — Les notaires sont assujettis à un cautionnement provisoirement fixé, savoir : pour ceux de la résidence d'Alger, à 6,000 fr.; pour ceux des autres localités à 4,000 fr.

Ce cautionnement, qui devra être fourni en numéraire, sera spécialement, et par premier privilège, affecté à la garantie des condamnations qui pourraient être prononcées contre le titulaire, à raison de l'exercice de ses fonctions.

---

(1) En outre, aux termes d'un décret du 9 octobre 1882 ci-après relaté, que le candidat soit français ou indigène, il doit justifier du certificat d'études de droit administratif et de coutumes indigènes, institué par le décret du 24 juillet 1882.

Pour l'obtenir, les candidats doivent suivre à l'Ecole de droit d'Alger des cours qui durent deux années et subir avec succès deux examens ;

Le premier, oral, comprenant une interrogation sur les éléments du droit civil et pénal, — le droit administratif, — l'économie politique.

Le second, oral et écrit, sur la législation algérienne et les coutumes indigènes.

Art. 8. — Avant d'entrer en fonctions, les notaires prêteront, à l'audience du tribunal de première instance de l'arrondissement dans lequel leur résidence aura été fixée, le serment dont la formule suit :

« Je jure fidélité au roi des Français, obéissance à la Charte constitutionnelle, aux lois du royaume, aux ordonnances, arrêtés ou règlements ayant force de loi en·Algérie, et de remplir avec exactitude et probité les devoirs de ma profession. »

Ils ne seront admis à prêter ce serment qu'après avoir produit le récépissé constatant le versement de leur cautionnement.

Art. 9. — Aussitôt après avoir prêté serment, et préalablement à tout exercice de leurs fonctions, les notaires devront déposer ou faire déposer leurs signature et paraphe, ainsi qu'un extrait certifié du procès-verbal de leur prestation de serment, dans chacun des greffes de la Cour royale, des tribunaux de première instance, de commerce et de paix, et des divers commissariats civils de l'Algérie.

Les dépôts de leurs signature et paraphe seront renouvelés par eux toutes les fois que, pour des causes graves et dûment justifiées, ils auront été autorisés à les changer, par ordonnance du tribunal de leur résidence, rendue sur requête, le ministère public entendu.

Art. 10. — Les notaires seront tenus de résider dans le lieu qui leur aura été assigné par l'arrêté de nomination, et ne pourront s'absenter de l'Algérie sans un congé délivré par le procureur général, qui en fixera la durée et en rendra compte au ministre de la guerre.

Ils exerceront leurs fonctions, savoir :

a) Ceux des villes où est établi un tribunal de première instance, dans l'étendue du ressort de ce tribunal, à l'exception néanmoins de celles des localités dépendant de ce ressort avec lesquelles on ne peut communiquer que par mer ;

b) Ceux des localités dans lesquelles il n'existe qu'un tribunal de paix ou un commissariat civil, dans l'étendue du ressort de cette juridiction.

Néanmoins, le notaire établi à Blidah pourra instrumenter, concurremment avec les notaires d'Alger, dans le ressort des commissaires civils de Bouffarick, Douérah et Coléah.

Art. 11. — Les fonctions de notaires sont incompatibles avec tous autres offices ministériels, avec toute espèce de négoce.

Art. 12. — Seront réputés démissionnaires et pourront être immédiatement remplacés :

a) Les notaires qui, sans avoir justifié d'une excuse légitime, n'auraient pas prêté le serment prescrit par l'art. 8 et ne seraient pas entrés en fonctions dans les trois mois, à dater du jour où leur nomination leur aura été notifiée ;

b) Ceux dont le cautionnement serait employé, en tout ou en partie, à l'acquit de condamnations pour faits de charge, ou frappé de saisies-arrêts déclarées valables par jugement, même pour des causes étrangères aux faits de charge, et qui n'auraient pas, dans le délai de trois mois, au plus tard, à partir de l'invitation qui leur en sera faite par le procureur du Roi, sur l'avis du directeur des finances, soit rétabli en entier ledit cautionnement, soit produit un acte authentique ou un jugement définitif portant mainlevée des oppositions ou saisies-arrêts :

c) Ceux qui, s'étant établis hors du lieu qui leur est assigné par l'arrêté de nomination, n'y auraient pas fixé leur résidence dans les trois jours de l'avertissement qui leur sera donné par le procureur du Roi ;

d) Ceux qui se livreraient à l'exercice de fonctions ou professions incompatibles avec le notariat;

e) Ceux qui s'absenteraient de l'Algérie sans congé régulièrement délivré.

Art. 13. — Les notaires seront tenus de prêter leur ministère toutes les fois qu'ils en seront requis, à moins de motifs légitimes d'abstention qu'ils devront immédiatement communiquer au procureur du Roi.

Dans le cas où ces motifs ne seraient pas justifiés, le procureur du Roi pourra, sur la demande des intéressés, enjoindre aux notaires d'instrumenter ; à défaut par eux de déférer à cette injonction, ils seront passibles de telles peines de discipline qu'il appartiendra.

Ils seront également tenus, sous les mêmes peines, de représenter gratuitement, lorsqu'ils seront désignés à cet effet, dans les divers cas prévus par les lois, les militaires et marins absents, et de procéder, au besoin, dans l'intérêt de ceux-ci, sans autre indemnité que celle des simples déboursés dûment justifiés, à tous actes du ministère des notaires.

Art. 14. — Les offices de notaires sont incessibles; il ne pourra être traité, sous aucun prétexte, à prix d'argent ou moyennant tout autre prix, quelle qu'en soit la nature, soit par le titulaire, soit par ses héritiers ou ayants cause, de la cession de son titre et de sa clientèle, sauf néanmoins ce qui sera dit en l'article 51 ci-après, en ce qui concerne les recouvrements (Sur le mode de nomination, V. *infrà*, v° OFFICE).

Chapitre II. — *Actes notariés, leur forme. — Fonctions et devoirs des notaires.*

Art. 15. — Les actes seront reçus par le notaire, en présence de deux témoins, et, s'il s'agit d'un testament par acte public, en présence de quatre témoins mâles, majeurs, européens, ayant au moins une année de résidence en Algérie, jouissant de leurs droits civils, sachant signer, et, autant qu'il se pourra, parlant la langue française.

Les mêmes témoins pourront être habituellement employés (1).

Le tout sans préjudice de la faculté accordée par les lois aux notaires de procéder, sans assistance de témoins, à certains actes, pour lesquels ils sont commis par les tribunaux.

Art. 16. — Toutes les fois qu'une personne ne parlant pas la langue française sera partie ou témoin dans un acte, le notaire devra être, en outre, assisté d'un interprète assermenté, qui expliquera l'objet de la convention avant toute écriture, expliquera de nouveau l'acte rédigé et signera comme témoin additionnel.

Les signatures qui ne seraient pas écrites en caractère français seront traduites en français, et la traduction en sera certifiée et signée au pied de l'acte par l'interprète.

Les parents ou alliés, soit du notaire, soit des parties contractantes, en ligne directe, à tous les degrés, et en ligne collatérale jusqu'au degré d'oncle ou de neveu

---

(1) Aux termes d'un décret du 26 octobre 1886, les témoins doivent être mâles, majeurs, citoyens français justifiant de leur inscription sur les listes électorales, sachant signer et domiciliés dans l'arrondissement communal où l'acte est passé.

La loi du 21 juin 1843 est applicable en Algérie

inclusivement, ne pourront remplir les fonctions d'interprète dans les cas prévus par le présent article. Ne pourront aussi être pris pour interprètes d'un testament par acte public les légataires, à quelque titre que ce soit, ni leurs parents ou alliés, jusqu'au degré de cousin germain inclusivement.

Art. 17. — Les actes des notaires seront écrits en langue française, en un seul contexte, lisiblement, sans abréviation, blanc, lacune ni intervalle. Les sommes et les dates y seront écrites en toutes lettres ; les renvois en marge et au bas des pages, et le nombre des mots rayés dans tout le texte de l'acte, seront approuvés par l'initiale du nom propre ou le paraphe de chacune des parties, des témoins et du notaire.

Ces actes énonceront : les nom et lieu de résidence du notaire qui les reçoit ; 2° les noms, prénoms, qualités et demeure des parties, et la mention de leur patente, si l'acte est relatif à leur commerce, profession ou industrie ; 3° les noms, âge, profession et demeure des témoins ; 4° les nom et demeure de l'interprète, s'il y a lieu ; 5° le lieu, l'année, le jour où les actes sont passés ; 6° les procurations des contractants, lesquelles, certifiées par les parties qui en feront usage, demeureront annexées à la minute ; 7° la lecture faite aux parties par le notaire, et, le cas échéant, l'accomplissement des interprétations prescrites par le premier alinéa de l'article précédent, sans préjudice des formalités spéciales auxquelles certains actes sont assujettis par la loi.

Ils exprimeront les sommes en francs, décimes et centimes, et en mesures métriques toutes les quantités, poids ou mesures à énoncer. Toutefois les sommes et quantités pourront être exprimées par les appellations usitées en Algérie ou dans le lieu du domicile des contractants, pourvu qu'elles soient, à la suite de la traduction ou conversion en dénominations nouvelles, conformes au système décimal ou métrique de France.

Art. 18. — Les notaires seront tenus d'annexer aux actes par eux reçus l'original, ou, en tout cas, la traduction certifiée par un interprète assermenté, et signée des parties, des actes émanés des officiers publics indigènes, ou de tous fonctionnaires étrangers, et auxquels les nouvelles conventions se référeraient. Le contenu desdites pièces devra être, en outre, mentionné sommairement dans l'acte auquel elles seront annexées.

Art. 19. — Si le nom, l'état et la demeure des parties ne sont pas connus du notaire qui recevra leurs conventions, ils devront lui être attestés par deux témoins connus de lui et ayant les mêmes qualités que celles qui sont requises pour être témoin instrumentaire.

Toutefois, dans les actes intéressant des Musulmans, si le notaire ne connaît pas le nom, l'état ou la demeure des parties ou de l'une d'elles, ils pourront lui être attestés par tout Musulman, résidant en Algérie, mâle, majeur et connu de lui. Les parents ou alliés de la femme musulmane seront admis à attester son identité (1).

(1) A l'occasion de l'individualité des parties, le ministre de la justice a écrit, en 1888, la lettre suivante à M. le sénateur, maire de Blidah :

« Monsieur le sénateur et cher collègue,

« Vous avez bien voulu appeler mon attention sur une réclamation par laquelle les conseillers municipaux et notables musulmans de Blidah se plaignent de ce que les notaires et l'interprète judiciaire de cette ville exigent que les femmes musulmanes retirent leur voile devant eux.

« J'ai été amené à reconnaître que l'art. 19 de l'arrêté du 30 décembre 1843 donnait aux notaires des moyens suffisants de constater l'identité des parties, et qu'il n'était par suite pas nécessaire de recourir à une mesure contraire à la religion musulmane et qui blesse profondément ses adeptes.

« J'ai, en conséquence, prié M. le procureur général d'Alger d'inviter les notaires de Blidah à s'abstenir, dorénavant, de faire découvrir le visage des femmes musulmanes.

« Je lui ai recommandé, en outre, d'adresser des instructions en ce sens à tous les notaires de son ressort.

« Agréez, etc., etc. « FERROUILLAT. »

En matière de transaction immobilière ou de contrat hypothécaire, l'existence des immeubles qu'il s'agira d'aliéner ou d'hypothéquer devra être également connue du notaire instrumentaire, ou lui être attestée, ainsi qu'il est dit au premier alinéa du présent article.

Art. 20. — Lorsque l'état d'une partie qui s'oblige, par acte passé devant eux, ne leur sera pas connu, les notaires devront, indépendamment de l'attestation prescrite par le précédent article, exiger, avant la passation de l'acte, la représentation du contrat de mariage de ladite partie, si elle se déclare mariée, ou son affirmation personnelle et sous serment qu'elle n'a point fait de conventions matrimoniales ; et, si elle déclare n'être point mariée, son affirmation, également sous serment, que réellement elle ne l'est pas.

L'accomplissement de ce qui précède sera expressément constaté dans l'acte par le notaire, à peine, contre lui, de tous dommages-intérêts, s'il y a lieu.

Art. 21. — Dans les actes translatifs de propriétés immobilières, les notaires énonceront la nature, la situation, la contenance, les tenants et aboutissants des immeubles, les noms des précédents propriétaires, et, autant qu'il se pourra, le caractère et la date des mutations successives.

Art. 22. — Chaque notaire tiendra exposés dans son étude : un tableau sur lequel il inscrira les nom, prénoms, qualités, profession et demeure des personnes qui, dans l'étude où il peut exercer, sont interdites ou assistées d'un conseil judiciaire, ainsi que la mention des jugements y relatifs ; 2° un autre tableau, où il inscrira également l'extrait des contrats de mariage intervenus entre époux domiciliés dans son ressort, et dont l'un serait commerçant, ledit extrait contenant les indications prescrites par l'art. 68, § 2, C. comm.

Ces inscriptions auront lieu immédiatement après la notification qui devra être faite aux notaires, savoir : par le greffier de la juridiction qui aura rendu le jugement définitif d'interdiction ou de nomination de conseil judiciaire, de l'extrait dudit jugement, et par le notaire qui, dans le cas prévu par le n° 2 du précédent paragraphe, aura reçu le contrat de mariage d'un commerçant, de l'extrait dudit contrat.

Art. 23. — Les notaires seront tenus d'apposer sur les grosses et expéditions des actes l'empreinte d'un sceau particulier, d'après le modèle adopté pour les notaires de France.

Les actes notariés sont légalisés par le président du tribunal civil de la résidence du notaire ou du lieu où sera délivré l'acte ou l'expédition, mais seulement lorsque les grosses ou expéditions qui en seront délivrées devront être employées en dehors de l'Algérie.

Art. 24. — Si un notaire décède avant d'avoir signé l'acte qu'il a reçu, mais après la signature des parties contractantes et des témoins, le tribunal de première instance du ressort pourra, sur la demande des parties intéressées ou de l'une d'elles, ordonner que cet acte sera régularisé par la signature d'un autre notaire du même arrondissement. Dans ce cas, l'acte vaudra comme s'il avait été signé par le notaire instrumentaire.

Art. 25. — Les notaires tiendront répertoire de tous les actes qu'ils recevront.

Ces répertoires seront visés, cotés et paraphés, savoir : ceux des notaires établis dans les villes où siège un tribunal de première instance, par le président ou par un juge de ce tribunal, et ceux des notaires établis en dehors des lieux où siègent les tribunaux de première instance, par le juge de paix ou l'un de ses suppléants, et, s'il n'y a pas de justice de paix, par le commissaire civil de leur résidence.

Chaque article du répertoire sera dressé jour par jour et contiendra : 1° son numéro d'ordre ; 2° la date de l'acte ; 3° la nature de l'acte ; 4° son espèce, c'est-à-dire s'il est en minute ou en brevet ; 5° les nom, prénoms et demeure des parties ; 6° l'indication des biens, leur situation et le prix, lorsqu'il s'agira d'actes ayant pour objet la propriété, l'usufruit ou la jouissance de biens immeubles ; 7° la somme prêtée, cédée ou transportée, s'il s'agit d'obligation, cession ou transports ; 8° la relation de l'enregistrement.

Les notaires feront aussi mention sur leur répertoire, tous les trois mois, et avant le visa du receveur de l'enregistrement, des noms des clercs qui, pendant le précédent trimestre, auront été en cours de stage dans leur étude, du temps de travail que lesdits clercs auront accompli, et de leur rang de cléricature.

Art. 26. — Les notaires devront, en outre, tenir un registre particulier, qui sera visé, coté et paraphé, comme il est pour le répertoire en l'article précédent, et sur lequel ils inscriront, à la date du dépôt, les nom, prénoms, profession, domicile et lieu de naissance des personnes qui leur remettront un testament olographe. Ce registre ne fera aucune mention de la teneur du testament déposé ; il sera soumis, de même que le répertoire, au visa des préposés de l'enregistrement.

Si, à l'époque où ils auront connaissance du décès de la personne dont le testament olographe aura été déposé en leur étude, aucune partie intéressée ne se présente pour requérir l'exécution de l'art. 1007, C. civ., ils devront eux-mêmes faire les diligences nécessaires pour la présentation dudit testament au président du tribunal de première instance du ressort, après en avoir donné avis au procureur du Roi.

Dans le même cas, les notaires établis dans les mêmes lieux où il n'existe pas de tribunal de première instance, et à la distance de plus de cinq myriamètres du siège de ce tribunal, seront autorisés à présenter le testament au juge de paix, et, s'il n'y a pas de justice de paix, au commissaire civil de leur résidence, qui le fera parvenir clos et cacheté au président du tribunal par l'intermédiaire du procureur du Roi, et qui pourra même en faire l'ouverture, si les communications étaient interrompues entre le lieu de leur siège et le chef-lieu judiciaire.

Art. 27. — Seront également autorisés, les notaires établis à plus de cinq myriamètres de distance de la ville où siège le tribunal de première instance du ressort, à présenter, dans le cas prévu par le deuxième alinéa de l'art. 1007, C. civ., les testaments mystiques reçus par eux, soit au juge de paix, soit, à défaut de juge de paix, au commissaire civil de leur résidence, lequel pourra faire l'ouverture desdits testaments en présence des témoins signataires de l'acte de suscription qui se trouveront sur les lieux, ou eux dûment appelés.

Art. 28. — Le notaire dépositaire d'un testament contenant des dispositions au profit d'un établissement public devra en donner avis au procureur du Roi dans le mois de l'ouverture de ce testament.

Art. 29. — Indépendamment du répertoire et du registre prescrits par les art. 25 et 26, les notaires tiendront un registre coté, paraphé, soumis au visa des préposés de l'enregistrement, conformément auxdits articles, sur lequel ils devront mentionner, jour par jour, par ordre de dates, sans blancs, lacunes, ni transports en marge : 1° toutes les sommes ou valeurs qu'ils recevront en dépôt, à quelque titre que ce soit ; 2° les nom, prénoms, profession et demeure des déposants ; 3° la date des dépôts ; 4° l'emploi qui aura été fait des valeurs déposées (1).

---

(1) A l'occasion de ce registre des dépôts, M. le Procureur général d'Alger a adressé, en 1887, la circulaire suivante aux procureurs de la République de son ressort :

« Monsieur le Procureur de la République,
« Aux termes de l'art. 29 de l'arrêté organique du 30 décembre 1842 sur le notariat en Algérie, les notaires doivent tenir un registre coté et parafé, sou-

Art. 30. — Sont, au surplus, rendues communes aux notaires de l'Algérie, sauf les modifications qui précèdent et celles qui seront énoncées ci-après, ou qui sont ou seraient ultérieurement établies par la législation spéciale du pays, les dispositions des lois et règlements de France, relatifs à la forme des actes notariés, à leur effet, et aux formalités à remplir par les notaires, notamment celles des articles 8, 10 § 2, 13 à 18, 20 à 27, 29, 30 et 68 de la loi du 25 ventôse an XI; 971 à 977, 979, 1317 à 1320, C. civ.

Art. 31. — Sont également rendues communes aux notaires de l'Algérie, en tout ce qui n'est pas contraire au présent arrêté et à la législation spéciale du pays : 1° les attributions particulières conférées par les lois françaises aux notaires de France; 2° les obligations imposées par les mêmes lois et par les règlements en vigueur dans la métropole à ces officiers publics, en matière d'enregistrement des actes notariés, de tenue, visa, vérification par les préposés de l'enregistrement et dépôt des répertoires; 3° les amendes applicables aux notaires de France, pour toutes contraventions, omissions, irrégularités et autres inobservations des règles prescrites par lesdites lois, ainsi que les formes des poursuites à diriger pour le recouvrement de ces amendes.

Art. 32. — Les notaires exerceront, d'ailleurs, toutes autres fonctions ou attributions qui leur sont ou qui leur seraient particulièrement conférées par la législation spéciale de l'Algérie.

Ils ne pourront faire ni protêts, faute d'acceptation ou de paiement de lettres

mis au visa des préposés de l'enregistrement, sur lequel ils sont tenus de mentionner, jour par jour, par ordre de date : 1° toutes les sommes ou valeurs qu'ils recevront en dépôt, à quelque titre que ce soit; 2° les noms, prénoms, professions et demeures des déposants; 3° la date des dépôts; 4° l'emploi qui aura été fait des valeurs déposées.

« Ces prescriptions ne peuvent répondre au vœu du législateur qu'à la condition qu'une vérification attentive et régulière sera faite du registre des dépôts.

« Les notaires ont intérêt à l'application d'une mesure générale de contrôle qui prouvera la régularité de leurs opérations, et l'opinion publique ne pourra que ratifier des précautions destinées à sauvegarder les intérêts et la fortune des particuliers.

« Ces considérations ont décidé M. le Garde des sceaux à prescrire la vérification dont il s'agit et à en confier le soin aux Procureurs de la République du ressort.

« Vous aurez à vous transporter une fois par semestre et à l'improviste dans chacune des études de votre arrondissement pour y vérifier le registre prescrit par l'art. 29 de l'arrêté précité.

« Il ne serait pas possible de tracer pour cette vérification des règles fixes et invariables; néanmoins pour en assurer l'efficacité, je dois vous recommander l'emploi des moyens de contrôle suivants :

« Votre premier devoir est de vous assurer que le registre des dépôts est tenu d'une manière régulière et renferme toutes les énonciations prescrites.

« Vous aurez ensuite à rechercher si toutes les sommes qui y sont portées ont été remises aux ayants droit ou se retrouvent en nature, soit dans la caisse du notaire, soit dans une caisse publique.

« Il est certain que le notaire, qui ne peut sans danger conserver dans son étude des sommes importantes, a la faculté d'en faire le dépôt dans une caisse publique, mais à la condition que le dépôt sera fait au nom de l'ayant droit, avec stipulation, bien entendu, qu'il ne pourra être retiré que sur l'avis du notaire déposant. Le carnet ou récépissé, constatant le montant des sommes déposées dans une caisse

publique, sera produit au magistrat chargé de la vérification.

« Mais votre contrôle serait insuffisant si vous vous borniez à établir la concordance des sommes figurant au registre des dépôts avec celles qui sont dans la caisse du notaire ou dans une caisse publique.

« Vous aurez à rechercher avec le plus grand soin si toutes les sommes versées à titre de dépôt ont été réellement inscrites sur le registre prescrit par la loi.

« Pour vous en assurer, vous devrez vous faire représenter les minutes et répertoires du dernier semestre et particulièrement les minutes des contrats de vente et des obligations, de manière à pouvoir vérifier l'emploi du prix de vente ou du montant du prêt stipulés dans ces actes, sans vous arrêter à la clause de style qu'ils renferment, à savoir « que les fonds ont été à l'instant remis aux parties », attendu que presque toujours, nonobstant cette stipulation, les fonds restent déposés entre les mains du notaire jusqu'après l'accomplissement des formalités et de purge légale.

« Enfin il arrive quelquefois que des fonds sont confiés au notaire sans affectation déterminée, à la charge par cet officier ministériel d'en effectuer le placement aux conditions les plus favorables pour son client; dans ce cas, l'acquit du mandataire choisi par le notaire n'est pas une décharge suffisante; les sommes ainsi quittancées n'en doivent pas moins être inscrites sur le registre des dépôts, et les espèces produites à première réquisition, jusqu'à ce qu'il en ait été fait emploi au profit du mandant.

« D'une manière générale, cet emploi devra être justifié par une quittance régulière et par les registres de correspondance et de comptabilité qui seront tenus à votre disposition.

« Je vous prie, Monsieur le Procureur de la République, de me rendre compte des résultats de chaque vérification, dans les dix jours qui suivront votre inspection. Quand l'office du notaire situé en dehors du chef-lieu d'arrondissement, vous profiterez de l'occasion pour remplir les autres devoirs de votre charge.

de change et autres effets commerciaux, ni actes d'offres réelles et procès-verbaux de consignation de ces offres, que dans le cas où lesdits actes ne pourraient pas être formalisés par des huissiers.

Art. 33. — Il est expressément interdit à tout notaire :

a) D'employer, même temporairement, à son profit, les sommes dont il s'est constitué détenteur ou dépositaire en sa qualité de notaire, ou de placer en son nom personnel les fonds qu'il aurait reçus de ses clients, à la condition de leur en servir l'intérêt ;

b) De retenir entre ses mains, sans motifs légitimes, les sommes qui doivent être par lui versées à la caisse des dépôts et consignations, dans les divers cas prévus par les lois, ordonnances ou règlements ;

c) De prendre directement ou indirectement un intérêt dans les opérations où il intervient comme notaire, ou d'emprunter pour ses affaires personnelles le nom d'un tiers dans les actes qu'il reçoit ;

d) De se constituer garant ou caution, à quelque titre que ce soit, des prêts qui auraient été faits par son intermédiaire, ou qu'il aurait été chargé de constater par acte public ou privé ;

e) De faire ou laisser intervenir ses clercs en qualité de mandataire d'une ou de plusieurs des parties qui contractent devant lui ;

f) De se rendre cessionnaire, soit de procès, droits ou actions litigieux ou successifs, alors même qu'ils seraient hors de la compétence du tribunal dans le ressort duquel il exerce ses fonctions, soit d'indemnités ou rentes dues en Algérie à des particuliers par l'État ou par la colonie ;

g) De se livrer directement ou indirectement, comme principal obligé, ou comme associé, même en participation, à des spéculations ou entreprises, à une ou plusieurs opérations de bourse, commerce, change, banque, escompte ou courtage ; de s'immiscer dans l'administration d'aucune entreprise ou compagnie de finance, de commerce ou d'industrie, de spéculer sur l'acquisition et la revente des immeubles, sur la cession des créances, actions industrielles et autres droits incorporels, et de souscrire, à quelque titre et sous quelque prétexte que ce soit, des lettres de change ou billets à ordre négociables ;

h) D'insérer dans les actes des dispositions dont il retirerait un profit personnel, ou de stipuler pour autrui ;

i) De prêter son ministère pour la vente de biens qu'il saurait être inaliénables, ou qui ne pourraient être aliénés qu'après l'accomplissement des formalités prescrites par la législation spéciale de l'Algérie ou les anciennes lois du pays ;

j) De passer des actes pour le compte d'un notaire suspendu de ses fonctions et de substituer en quelque manière que ce soit, sauf ce qui sera dit en l'article 54 ci-après ;

k) De s'associer, soit avec d'autres notaires, soit avec des tiers, pour l'exploitation de son office ;

l) D'instrumenter hors de son ressort, ainsi que d'ouvrir étude et de conserver le dépôt de ses minutes ailleurs que dans le lieu qui lui a été fixé pour sa résidence.

Le tout sans préjudice de la prohibition contenue en l'article 14 ci-dessus, et de toutes autres défenses faites aux notaires par celles des dispositions de la loi du 25 ventôse an XI, auxquelles se réfère le présent arrêté.

Chapitre III. — *Frais d'actes, honoraires et droits des notaires.*

Art. 34. — Le tarif établi par les décrets du 16 février 1807, pour le règlement des vacations et droits de voyage des notaires de Paris, est rendu applicable aux notaires de l'Algérie, avec réduction d'un dixième.

Les droits d'expédition ou de grosse de tous actes sont fixés à 2 fr. 50 c. par rôle de trente lignes à la page, et de quinze syllabes à la ligne.

Art. 35. — Pour tous actes non tarifés par les décrets précités du 16 février 1807, les honoraires seront réglés amiablement entre les parties et les notaires.

En cas de difficulté, avant comme après le paiement, la taxe des honoraires sera faite par le tribunal de première instance du ressort, en chambre du conseil; sur simples mémoires et sans frais, le ministère public entendu (1).

Art. 36. — Le notaire ne pourra réclamer ou recevoir des honoraires de deux parties ayant des intérêts différents, comme de l'emprunteur et du prêteur, de l'acquéreur et du vendeur, excepté dans les contrats d'échange et de société.

Les actes délivrés en brevet et les grosses des expéditions des actes dont il doit être gardé minute énonceront en détail les sommes reçues ou réclamées par les notaires, en distinguant les déboursés, droits et honoraires, le tout à peine, en cas de contravention, de telles mesures de discipline qu'il appartiendra.

Art. 37. — Les demandes en paiement de droits et honoraires formées par les notaires de l'Algérie seront instruites et jugées, sans préliminaire de conciliation, en la même forme que celles des notaires en France.

Chapitre IV. — *Discipline des notaires.*

Art. 38. — Indépendamment des amendes qui seraient encourues par eux, aux termes de l'article 31 ci-dessus, pour omissions, irrégularités et autres violations ou inobservations des règles prescrites par les lois qui leur sont rendues applicables, les notaires seront passibles, pour les mêmes infractions, comme pour toutes contraventions aux dispositions du présent arrêté, et pour tous manquements aux devoirs de leur profession, de l'application de peines disciplinaires, sans préjudice de peines plus graves, en cas de crimes ou de délits.

Art. 39. — Les peines de discipline applicables aux notaires sont :
    a) Le rappel à l'ordre ;
    b) La censure avec réprimande ;
    c) La suspension pendant trois mois au plus ;
    d) La révocation.

Art. 40. — Le rappel à l'ordre et la censure avec réprimande seront prononcés, lorsqu'il y aura lieu, par le procureur général d'office, ou sur le rapport du procureur du roi près le tribunal de la résidence du notaire, après que l'inculpé aura été entendu ou dûment appelé.

Ils seront toujours notifiés par écrit audit notaire, et il en sera fait mention, tant au parquet du procureur général qu'en celui du procureur du roi, sur un registre spécialement tenu à cet effet.

---

(1) Cette disposition du § 2 de l'article 35 a été abrogée par l'article 3 de la loi du 5 août 1881, sur la prescription des frais des actes notariés, qui est applicable à l'Algérie. La taxe des actes notariés est donc, en Algérie, comme en France, de la compétence du président du tribunal de la résidence du notaire. Alger, 3 décembre 1888 (art. 24400, J. N., et J. du *not.*, 1889, p. 138).

Le procureur général informera, sans retard, le ministre de la guerre de tout rappel à l'ordre ou censure réprimande qu'il aura prononcés contre des notaires.

Art. 41. — Lorsqu'il y aura lieu à suspension ou révocation, il sera procédé à l'enquête disciplinaire par le procureur du roi de la résidence du notaire inculpé, qui devra toujours être entendu ou dûment appelé, et pourra fournir, dans le délai qui lui sera fixé, ses explications par écrit sur les griefs dont il lui sera donné communication.

Le procureur du roi adressera ensuite les pièces de l'enquête, les explications de l'inculpé, et son rapport au procureur général, qui transmettra le tout avec son avis personnel au ministre de la guerre.

Il sera statué par le ministre.

Néanmoins, en cas d'urgence, le gouverneur général pourra, sur la proposition du procureur général, prononcer provisoirement la suspension, à charge d'en rendre compte au ministre de la guerre.

Il y aura lieu à cette suspension provisoire toutes les fois que, par l'effet de condamnations prononcées pour faits de charges, le cautionnement des notaires se trouverait employé en tout ou en partie.

Art. 42. — La révocation sera toujours prononcée :

> a) Contre le notaire qui aurait contrevenu à l'une des prohibitions portées aux nos 1, 2, 3, 4, 5, 6, 7, 8, 9, 10 et 11 de l'art. 33 ci-dessus ;
>
> b) Contre celui qui, ayant été suspendu, continuerait directement ou indirectement, pendant la durée de la suspension, l'exercice de ses fonctions, ou le reprendrait avant l'expiration de la peine, sans préjudice des peines portées en l'art. 197, C. pén. ;
>
> c) Contre celui qui, en contravention à l'art. 14 ci-dessus, aurait traité à prix d'argent, ou moyennant toute autre indemnité, de la cession de son office, lors même que la convention n'aurait pas été suivie d'effet, et contre le nouveau titulaire qui, par suite d'une telle convention, aurait obtenu sa nomination ;
>
> d) Contre celui qui, ayant précédemment subi la peine de la suspension, tomberait dans la récidive.

Art. 43. — La suspension et même la révocation seront prononcées, selon les cas, contre le notaire qui se trouvera dans l'un des cas prévus par les nos 8 et 12 de l'art. 33, et contre celui qui, par sa conduite privée et habituelle, ou par un fait grave quelconque, compromettrait sa dignité, sa délicatesse, son honneur ou son caractère d'officier public.

Art. 44. — Il sera fait mention, sur le registre prescrit par le 2e alinéa de l'art. 40 ci-dessus, de toutes suspensions prononcées contre un notaire, soit par le ministre de la guerre, soit même provisoirement par le gouverneur général, aux cas prévus par l'art. 41.

Art. 45. — Les décisions portant peine de suspension et de révocation contre un notaire lui seront notifiées, à la diligence du procureur du roi de sa résidence, soit par simple lettre, soit même, s'il en est besoin, par le ministère d'un huissier. Elles seront exécutées à partir du jour de cette notification.

Art. 46. — Au commencement de chaque année, le procureur général nommera parmi les notaires d'Alger, un syndic dont les attributions consisteront :

> a) A donner son avis, après information, s'il y a lieu, sur toutes plaintes qui seraient portées contre un notaire de son ressort ;
>
> b) A intervenir officieusement, et comme conciliateur, dans les débats qui s'élèveraient, soit entre les notaires de son ressort, soit entre les mêmes notaires et leurs clients ;

c) A donner son avis, lorsqu'il en sera requis par les magistrats, sur les difficultés que feraient naître les réclamations d'honoraires, vacations et droits, formées par les notaires ;

d) A représenter sa compagnie toutes les fois qu'il s'agira de ses intérêts collectifs, et dans toutes ses relations ou communications avec l'autorité judiciaire.

Le syndic nommé continuera ses fonctions jusqu'à son remplacement ; il sera indéfiniment rééligible.

Chapitre V. — *Remises à faire des minutes et répertoires par les notaires qui cessent leurs fonctions, ou par leurs représentants.*

Art. 47. — Les minutes et répertoires d'un notaire décédé, démissionnaire, révoqué ou remplacé par suite de déchéance, seront remis à son successeur immédiat, et, jusqu'à ce que celui-ci soit installé, déposés, selon les localités et les circonstances, soit en l'étude d'un autre notaire de la même résidence, désigné par le procureur du roi du ressort, soit au greffe du tribunal de première instance, de la justice de paix, ou du commissariat civil du lieu.

Le procureur du roi veillera à ce que la remise et le dépôt prescrits soient effectués sur inventaire régulier qui devra être dressé par le notaire ou greffier dépositaire.

Le double de cet inventaire, au pied duquel le dépositaire donnera récépissé des minutes et répertoires, sera mis au greffe du tribunal civil du ressort, excepté dans le cas où le dépôt serait opéré dans ledit greffe.

Art. 48. — Les possesseurs ou détenteurs de minutes qui, dans le cas prévu par le précédent article, refuseraient d'en effectuer la remise, après avoir été mis en demeure par le procureur du roi, seront poursuivis, à la requête de ce magistrat, devant le tribunal de première instance du ressort, pour y être condamnés à l'amende portée par l'article 58 de la loi du 25 ventôse an XI.

Art. 49. — Dans le cas de suppression d'office, les minutes et répertoires du notaire supprimé seront remis immédiatement, et après inventaire dressé conformément à l'art. 47, à celui des notaires du même ressort qui sera désigné par le ministre de la guerre, sur la proposition du procureur général.

Art. 50. — Aussitôt après le décès, la démission ou la notification de la révocation d'un notaire, les minutes, papiers et répertoires de l'étude seront, s'il y a nécessité, et s'ils ne peuvent être immédiatement transportés, soit dans l'étude, soit dans le greffe où ils devront être déposés, placés sous les scellés, même d'office, par le juge de paix, ou, à défaut de juge de paix, par le commissaire civil de la résidence du notaire, jusqu'à ce que le dépôt puisse en être effectué.

L'apposition des scellés aura toujours lieu dans le cas où la résidence du notaire décédé, démissionnaire ou révoqué, se trouverait en dehors du lieu où siège le tribunal de première instance.

Art. 51. — Lorsque les minutes auront été déposées dans le greffe du tribunal de première instance, ou dans celui d'un tribunal de paix ou d'un commissariat civil, les grosses et expéditions pourront être délivrées par le greffier dépositaire, qui aura droit, dans ce cas, à la moitié de la rétribution fixée par l'article 35, § 2, ci-dessus, à la charge par lui de se conformer aux règles prescrites aux notaires pour la délivrance desdites grosses et expéditions.

Art. 52. — Nonobstant la disposition de l'art. 14 du présent arrêté, le nouveau titulaire ou le notaire qui recevra les minutes, dans le cas de suppression d'office, sera tenu d'indemniser l'ancien titulaire ou ses héritiers, jusqu'à concurrence du montant des recouvrements qui pourraient être à exercer au profit de ceux-ci, à raison des actes dont les frais, honoraires ou droits quelconques, resteraient dus.

Dans tous les cas, le montant de cette indemnité sera réglé sans frais par le tribunal de première instance, en chambre du conseil, le ministère public et les parties intéressées entendues. Le règlement n'en sera définitif qu'après l'approbation du ministre de la guerre, auquel la décision de la chambre du conseil devra être transmise par le procureur général.

Tout traité de gré à gré sur le montant de ladite indemnité sera nul et entraînera la révocation du titulaire qui l'aura souscrit, avant ou après la remise des minutes.

Chapitre VI. — *Dispositions particulières*.

Art. 53. — Le notaire qui, par suite d'infirmités physiques ou morales se trouverait hors d'état de continuer l'exercice de ses fonctions, sera remplacé.

Art. 54. — En cas de maladie, d'absence ou d'empêchement autre que celui résultant, soit d'une suspension disciplinaire, soit de parenté ou d'alliance, les notaires pourront être substitués, avec l'autorisation préalable du procureur du roi de leur ressort, ou par un autre notaire de la même résidence.

La minute de l'acte reçu par le notaire substituant restera en l'étude du notaire substitué, ce qui sera énoncé dans ledit acte.

La minute devra, en outre, être portée à la fois sur le répertoire du notaire substitué et sur celui du notaire substituant, avec mention par celui-ci que cette minute est restée au notaire suppléé.

Le notaire suppléé et le notaire substituant seront solidairement responsables de toute inobservation des formalités prescrites pour la validité de l'acte, et passibles, selon les circonstances, en cas de contravention, des mêmes peines disciplinaires.

Art. 55. — Aucun notaire suspendu de ses fonctions ne pourra, pendant la durée de la suspension, se faire substituer, même pour la délivrance des grosses ou expéditions des actes déposés dans son étude.

En ce cas, lorsqu'il y aura lieu à délivrance de grosses ou expéditions desdits actes, elle ne pourra être faite que par un autre notaire de la même résidence, spécialement commis à cet effet par le procureur du roi du ressort, sur la demande des parties intéressées, et il sera fait mention expresse de la délégation au bas de la grosse ou de l'expédition délivrée.

Dans le même cas, le notaire suspendu sera tenu de communiquer au notaire délégué, sur son récépissé, les minutes à expédier, lesquelles devront ensuite être rétablies dans l'étude où elles sont déposées.

Les droits dus pour les grosses ou expéditions ainsi délivrées ne pourront être perçus qu'au profit du notaire commis.

Toute contravention au présent article sera punie de révocation, sans préjudice de peines plus graves, s'il y a lieu.

Art. 56. — Dans les lieux où il n'existe qu'un seul notaire en exercice, si ce notaire est empêché par l'un des motifs énoncés aux deux articles précédents ou pour cause de parenté ou d'alliance, il pourra être provisoirement remplacé, sur la demande expresse des parties intéressées et avec l'autorisation du procureur du roi du ressort, soit par le greffier du tribunal de première instance, soit par celui de la justice de paix, et, à défaut du tribunal de première instance ou de paix, par le secrétaire du commissariat civil de la résidence dudit notaire.

En ce cas, l'autorisation délivrée par le procureur du roi et la cause de l'empêchement du notaire seront énoncées dans l'acte dressé ou dans les grosses ou expéditions délivrées par le substituant. La minute de l'acte dressé par le substituant sera déposée dans l'étude du notaire substitué, et, si celui-ci est suspendu de ses fonctions, dans l'étude de celui des notaires les plus voisins qui sera désigné par les parties intéressées.

Le substituant se conformera, d'ailleurs, soit pour la rédaction et la forme des minutes ou brevets, soit pour la délivrance des grosses et expéditions, à toutes les règles prescrites pour les notaires, au moyen de quoi ses actes vaudront comme actes notariés.

Dans les divers cas prévus par le présent article, le substituant pourra percevoir à son profit, indépendamment des honoraires, la moitié des vacations et droits réglés par l'article 35 ci-dessus.

Art. 57. — Dans celles des villes du littoral où sont établis des commissariats civils, et pour lesquelles il n'existe pas de notaires, les secrétaires des commissariats recevront et rédigeront, en la forme des actes notariés, les conventions des parties, qui requerront leur ministère à cet effet. En ce cas, ils déposeront et conserveront dans les archives du secrétariat la minute desdites conventions, et pourront, lorsqu'ils en seront requis, en délivrer aux intéressés des expéditions qui leur seront payées d'après le taux réglé par l'article 24 de l'arrêt ministériel du 18 décembre 1842, portant organisation des commissariats civils.

Les actes ainsi rédigés ne vaudront que comme écrits sous signature privée.

Le tout sans préjudice des attributions exceptionnelles conférées aux mêmes secrétaires par l'arrêté précité, en matière d'inventaire.

Art. 58. — Les parties intéressées à des actes reçus par un notaire de l'Algérie pourront lever à leurs frais, pour leur sûreté, et déposer au greffe du tribunal de première instance du ressort, des expéditions desdits actes, collationnées et signées par le notaire, et légalisées par le président du tribunal de la residence de cet officier.

Le greffier sera tenu de recevoir ce dépôt, sur la réquisition de la partie, et de le garder dans les archives du greffe.

Il sera fait mention sommaire dudit dépôt sur un registre tenu à cet effet dans chaque greffe de première instance, et coté et paraphé par le président du tribunal.

Chapitre VII. — *Dispositions finales.*

Art. 59. — Sont maintenus, chacun dans leur résidence actuelle, sans qu'il soit besoin de leur délivrer des commissions confirmatives, et seulement à charge par eux de remplir, dans le délai de deux mois, à dater de l'époque où le présent arrêté sera exécutoire, les formalités prescrites par le premier alinéa de l'art. 9 du même arrêté, les notaires précédemment institués et nommés par le ministre de la guerre, et qui seront en exercice au moment de la promulgation de ces présentes.

Art. 60. — Les notaires qui auront exercé leurs fonctions avec honneur pendant vingt années consécutives pourront obtenir le titre de notaire honoraire.

Ce titre sera conféré par le ministre de la guerre, sur la proposition du procureur général.

Art. 61. — Il n'est rien innové par le présent arrêté en ce qui concerne les attributions conservées aux cadis, en matière de notariat, par l'art. 43, §§ 2 et 3 de l'ordonnance royale du 26 septembre 1842.

Art. 62. — Toutes dispositions contraires aux présentes sont abrogées.

II. — *Décret du 9 octobre 1882, portant qu'à partir du 1er octobre 1884 certains offices publics ou ministériels, en Algérie, ne seront conférés qu'à des postulants munis du certificat d'études de droit administratif et de coutumes indigènes.*

Le Président de la République française, sur le rapport du garde des sceaux, Ministre de la justice ; vu l'article 5 du décret du 10 décembre 1860 sur la haute administration de l'Algérie ; vu la loi du 29 décembre 1879 relative à l'enseignement supérieur en Algérie ; vu les décrets des 8 janvier 1881 et 24 juillet 1882, pris en exécution de cette loi,

Décrète :

Art. 1er. — A partir du 1er octobre 1884, nul ne pourra être nommé notaire en Algérie, greffier ou avoué à la Cour d'appel d'Alger ou aux tribunaux de première instance du ressort, s'il ne justifie, outre les conditions requises par les lois et règlements en vigueur, du certificat d'études de droit administratif et de coutumes indigènes, décerné conformément au titre Ier du décret du 24 juillet 1882.

Art. 2. — Le ministre de la justice est chargé de l'exécution du présent décret.

III. — *Décret du 5 juillet 1888, qui rend applicable aux partages et licitations prévus par l'article 19 de la loi du 28 avril 1877, l'article 71, n° 41, du tarif annexé au décret du 10 septembre 1886 sur l'organisation de la justice musulmane en Algérie.*

Le Président de la République française, sur le rapport du garde des sceaux, ministre de la justice et des cultes ; vu l'article 19 de la loi du 28 avril 1887 ; le décret du 10 septembre 1886 ; le Conseil d'Etat entendu,

Décrète :

Art. 1er. — Les honoraires dus aux notaires, greffiers-notaires et défenseurs ou avoués à raison des partages et licitations poursuivis en conformité de l'article 19 de la loi du 28 avril 1887, seront provisoirement liquidés, avec réduction d'un dixième, sur le taux du n° 11 de l'article 71 du tarif annexé au décret du 10 septembre 1886 (1).

Art. 2. — Le ministre de la justice est chargé de l'exécution du présent décret.

IV. — *Décret du 7 juin 1889, complétant l'arrêté ministériel du 30 décembre 1842, sur l'identité des musulmans dans les actes notariés.*

Le Président de la République française, sur le rapport du garde des sceaux, Ministre de la justice et des cultes ; vu l'arrêté ministériel du 30 décembre 1842 ; vu le décret du 26 octobre 1886 ; le Conseil d'Etat entendu,

---

(1) N° 11 de l'art. 71, du tarif du 10 septembre 1886 :

Acte de vente :

Au-dessous de	Fr. 200 . . Fr. 5	De 1.000 à . . . Fr. 1.500 . . Fr. 15			
De 200 à 500 8	De 1.500 à 2.000 20				
De 500 à 1.000 12	De 2.000 à 4.000 25				
	De 4.000 à 10.000 30				
	Au-dessus de 10.000 40				
	Plus 0 fr. 25 c. par 1.000 fr. au-dessus de 10 fr.				

Décrète :

Art. 1er. — L'article 19 de l'arrêté ministériel du 30 décembre 1842 est complété ainsi qu'il suit :

« Toutefois, dans les actes intéressant les musulmans, si le notaire ne connaît pas le nom, l'état ou la demeure des parties, ou de l'une d'elles, ils pourront lui être attestés par tout musulman résidant en Algérie, mâle majeur et connu de lui. Les parents ou alliés de la femme musulmane seront admis à attester son identité. »

Art. 2. — Le garde des sceaux, Ministre de la justice et des cultes, est chargé de l'exécution du présent décret.

NOTAIRES (COLONIES)

Nous donnons sous ce titre toute la législation relative aux colonies dans lesquelles les notaires sont institués, à l'exclusion de celles où les greffiers remplissent les fonctions de notaire.

Sommaire :

ANTILLES (GUADELOUPE ET MARTINIQUE)

I. — *Décrets des 14 juin et 18 juillet 1864 portant organisation du notariat à la Martinique et à la Guadeloupe.*

Napoléon, etc. ; sur le rapport de notre ministre de la marine et des colonies ; vu l'art. 6, § 12, du sénatus-consulte du 3 mai 1854, qui règle la constitution des colonies de la Martinique, de la Guadeloupe et de la Réunion ; vu la loi du 25 ventôse an XI (16 mars 1803), contenant organisation du notariat ; vu la loi du 21 juin 1843 ; sur la forme des actes notariés ; vu l'édit de juin de 1876, portant établissement d'un dépôt sous le nom de *dépôt des chartes des colonies* ; vu les lois de finances des 28 avril 1816 (articles 91 et 92), 19 mai 1849 (article 9) et 4 août 1844 (article 7) ; vu la loi du 15 janvier 1805, contenant les mesures relatives au remboursement des cautionnements ; vu l'ordonnance du 24 septembre 1828, concernant l'organisation de l'ordre judiciaire et d'administration de la justice à l'île de la Martinique et à l'île de la Guadeloupe et ses dépendances (articles 196, 197 et 198) ; vu le décret du 16 février 1807, concernant le tarif des frais en matière civile (chapitre 7) et l'ordonnance du 10 octobre 1841 (article 14) ; vu l'article 10 de la loi du 16 juin 1824, relative aux droits d'enregistrement et de timbre ; vu l'article 132 de l'ordonnance du 9 février 1827, concernant le gouvernement de la Martinique et de la Guadeloupe, modifié par le décret du 14 septembre 1853 ; vu l'article 12 de l'ordonnance du 4 janvier 1843, relative à la discipline des notaires ; vu la loi du 4 mai 1861, relative à la légalisation des signatures des notaires par les juges de paix ; vu l'avis du Comité consultatif des colonies en date du 8 juillet 1863 ; vu l'avis de notre garde des sceaux, ministre de la justice et des cultes, en date du 4 novembre 1863 ; notre Conseil d'Etat entendu,

Avons décrété et décrétons ce qui suit :

Titre Ier. — Des notaires et des actes notariés.

Section 1. — Des fonctions, ressort et devoirs des notaires.

Art. 1er. — Les notaires sont les fonctionnaires publics établis pour recevoir tous les actes et contrats auxquels les parties doivent ou veulent faire donner le caractère d'authenticité attaché aux actes de l'autorité publique, et pour en assurer la date, en conserver le dépôt, en délivrer des grosses et expéditions.

Art. 2. — Ils sont institués à vie.

Continueront néanmoins d'être exécutées les dispositions de l'article 9 de la loi du 19 mai 1849 (1).

Art. 3. — Ils sont tenus de prêter leur ministère lorsqu'ils en sont requis.

Art. 4. — Chaque notaire doit résider dans le lieu qui sera fixé par un décret de l'empereur.

En cas de contravention, il est considéré comme démissionnaire.

Le procureur général peut, après avoir pris l'avis du tribunal, proposer au gouverneur le remplacement provisoire, qui devient définitif après notre approbation.

Art. 5. — Les notaires exercent leurs fonctions dans l'étendue du ressort du tribunal de première instance où ils résident (2).

Art. 6. — Il est défendu à tout notaire d'instrumenter hors de son ressort, à peine d'être suspendu de ses fonctions pendant trois mois, d'être destitué en cas de récidive, et de tous dommages-intérêts.

Art. 7. — Les fonctions de notaire sont incompatibles avec celles de juges, procureurs impériaux près les tribunaux, leurs substituts, greffiers, avoués, huissiers, préposés à la recette des contributions directes ou indirectes, juges, greffiers et huissiers des justices de paix, commissaires de police et commissaires-priseurs d'office aux successions vacantes.

Elles ne sont point incompatibles avec celles de suppléants de juge de paix.

Section 2. — Des actes, de leur forme ; des minutes, grosses, expéditions et répertoires.

Art. 8. — Les notaires ne peuvent recevoir des actes dans lesquels leurs parents ou alliés, en ligne directe à tous les degrés, et en ligne collatérale jusqu'au

---

(1) Cette loi est celle qui rend applicable aux colonies l'article 91 de la loi du 28 avril 1816, et la loi du 25 juin 1841. Le droit de présenter un suc-cesseur appartient donc aux notaires des colonies.

(2) Les classes n'existent pas ; chaque notaire a pour ressort l'étendue du tribunal de sa résidence.

degré d'oncle ou de neveu inclusivement, seraient parties, ou qui contiendraient quelques dispositions en leur faveur (1).

Art. 9. — Les actes autres que ceux auxquels les notaires sont autorisés par la loi à procéder seuls sont reçus par deux notaires ou par un notaire assisté de deux témoins mâles, majeurs, Français, jouissant des droits civils, sachant signer, et domiciliés dans l'arrondissement judiciaire où les actes sont passés.

Ils ne peuvent être annulés par le motif que le notaire en second ou les deux témoins instrumentaires n'auraient pas été présents à leur réception.

Toutefois, la présence du notaire en second ou des témoins instrumentaires est requise, à peine de nullité, au moment de la lecture par le notaire et de la signature, par les parties, des actes contenant donation entre époux pendant le mariage, révocation de donation ou de testament, reconnaissance d'enfants naturels, ainsi que des procurations pour consentir ces divers actes. Mention de cette présence doit être faite à peine de nullité.

Les testaments sont reçus dans la forme prescrite par le Code Napoléon.

Tous les actes notariés passés conformément aux règlements locaux qui ont régi jusqu'à ce jour le notariat à la Martinique et à la Guadeloupe ne peuvent être annulés, par le motif que le notaire en second ou les deux témoins instrumentaires n'auraient pas été présents à la réception desdits actes.

Art. 10. — Deux notaires, parents ou alliés au degré prohibé par l'art. 8, ne peuvent concourir au même acte.

Les parents ou alliés, soit du notaire, soit des parties contractantes, au degré prohibé par l'art. 8, leurs clercs et leurs serviteurs, ne peuvent être témoins.

Art. 11. — Le nom, l'état et la demeure des parties doivent être connus des notaires, ou leur être attestés dans l'acte par deux citoyens connus d'eux, ayant les mêmes qualités que celles requises pour être témoin instrumentaire.

Art. 12. — Tous les actes doivent énoncer le nom et le lieu de résidence du notaire qui les reçoit, à peine de 20 francs d'amende.

Ils doivent également énoncer les noms et qualités des témoins instrumentaires, leur demeure, le lieu, l'année et le jour où les actes sont passés, sous peine de dommages et intérêts contre le notaire, qui peut, en outre, s'il y a lieu, être poursuivi comme coupable de faux.

Art. 13. — Les actes des notaires sont écrits en un seul et même contexte, lisiblement, sans abréviations, blancs, lacunes ou intervalles; ils contiennent les noms, prénoms, qualités et demeures des parties, ainsi que des témoins qui seraient appelés dans le cas de l'art. 11.

Ils énoncent en toutes lettres les sommes et les dates; les procurations des contractants sont annexées à la minute, qui fait mention que lecture de l'acte a été faite aux parties; le tout à peine de 20 francs d'amende.

Art. 14. — Les actes sont signés par les parties, les témoins et par les notaires, qui doivent en faire mention à la fin de l'acte.

Quant aux parties qui ne savent ou ne peuvent signer, le notaire doit faire mention, à la fin de l'acte, de leurs déclarations à cet égard.

Art. 15. — Les renvois et apostilles ne peuvent, sauf l'exception ci-après,

(1) Les art. 8, 10, 11, 12, 13, 14, 15, 16, 17, 18, 19, 20, 21, 22, 23, 24, 25, 26, 27, 28, 29, 43. 44, 45, 46, 52, 53, 54, 55, 56, 57, 58, 59, 60, 62, de la loi du 25 ventôse an XI, modifiés par la loi du 16 juin 1824 ont été insérés sans changement dans les dispositions qui suivent.

être écrits qu'en marge ; ils sont signés ou parafés tant par les notaires que par les autres signataires, à peine de nullité des renvois et apostilles.

Si la longueur du renvoi exige qu'il soit transporté à la fin de l'acte, il doit être non seulement signé ou parafé comme les renvois écrits en marge, mais encore expressément approuvé par les parties, à peine de nullité du renvoi.

Art. 16. — Il ne doit y avoir ni surcharge, ni interligne, ni addition dans le corps de l'acte ; les mots surchargés, interlignés ou ajoutés sont nuls.

Les mots qui doivent être rayés le sont de manière que le nombre puisse en être constaté à la marge de leur page correspondante ou à la fin de l'acte, et approuvé de la même manière que les renvois écrits en marge ; le tout à peine d'une amende de 10 francs contre le notaire, ainsi que de tous dommages et intérêts et même de destitution, en cas de fraude.

Art. 17. — Le notaire qui contrevient aux lois et arrêtés concernant les noms et qualifications supprimés, les clauses et expressions féodales, les mesures et l'annuaire de l'État, ainsi que la numération décimale, est condamné à une amende de 20 francs, qui est double en cas de récidive.

Art. 18. — Le notaire tient exposé, dans son étude, un tableau sur lequel il inscrit les noms, prénoms, qualités et demeures des personnes qui, dans l'étendue du ressort où il peut exercer, sont interdites ou assistées d'un conseil judiciaire, ainsi que la mention des jugements d'interdiction ou de nomination d'un conseil judiciaire ; le tout immédiatement après la notification d'un extrait desdits jugements, faite par le greffier du tribunal qui les a rendus, et à peine des dommages et intérêts des parties.

Art. 19. — Tous actes notariés font pleine foi en justice de la convention qu'ils renferment entre les parties contractantes et leurs héritiers ou ayants cause (1).

Ils sont exécutoires dans l'étendue de l'Empire et dans toutes les possessions françaises.

Néanmoins, en cas de plainte en faux principal, l'exécution de l'acte argué de faux est suspendue par la mise en accusation ; en cas d'inscription de faux faite incidemment, les tribunaux peuvent, suivant la gravité des circonstances, suspendre provisoirement l'exécution de l'acte.

Art. 20. — Les notaires sont tenus de garder minute de tous les actes qu'ils reçoivent.

Néanmoins ne sont pas compris dans la présente disposition les certificats de vie, procurations, actes de notoriété, les quittances de fermages, de loyers, de salaires, d'arrérages de pensions et de rentes, et les autres actes simples qui, d'après les lois, peuvent être délivrés en brevet.

Art. 21. — Le droit de délivrer des grosses et expéditions n'appartient qu'au notaire possesseur de la minute ; et, néanmoins, tout notaire peut délivrer copie de l'acte qui lui a été déposé pour minute.

Art. 22. — Les notaires ne peuvent se dessaisir d'aucune minute, si ce n'est dans les cas prévus par la loi et en vertu d'un jugement.

Avant de s'en dessaisir, ils en dressent et signent une copie figurée qui, après

_____

(1) Le décret contient ici sur la foi due aux actes une expression qui évidemment, dans la pensée du rédacteur, n'a pas un sens limitatif. Les actes notariés font foi en effet, non seulement entre les parties et leurs ayants cause, mais aussi à l'égard des tiers. Le laconisme de la loi de ventôse, qui se borne à dire que les actes font foi, est infiniment préférable.

avoir été certifiée par le président et le procureur impérial du tribunal de première instance de leur résidence, est substituée à la minute, dont elle tient lieu jusqu'à sa réintégration.

Art. 23. — Les notaires ne peuvent également, sans l'ordonnance du président du tribunal de première instance, délivrer expédition ni donner connaissance des actes à d'autres qu'aux personnes intéressées en nom direct, héritiers ou ayants droit, à peine de dommages et intérêts, d'une amende de 20 francs et d'être, en cas de récidive, suspendus de leurs fonctions pendant trois mois ; sauf, néanmoins, les cas dans lesquels les lois et les règlements prescrivent la communication des actes et des registres aux préposés de l'enregistrement, ainsi que la délivrance d'extraits à publier dans l'auditoire des tribunaux.

Art. 24. — En cas de compulsoire, le procès-verbal est dressé par le notaire dépositaire de l'acte, à moins que le tribunal qui l'ordonne ne commette un de ses membres, ou tout autre juge, ou un autre notaire.

Art. 25. — Les grosses seules sont délivrées en forme exécutoire ; elles sont intitulées et terminées dans les mêmes termes que les jugements des tribunaux.

Art. 26. — Il doit être fait mention, sur la minute, de la délivrance d'une première grosse faite à chacune des parties intéressées.

Il ne peut lui en être délivré d'autre, à peine de destitution, sans une ordonnance du président du tribunal de première instance, laquelle demeure jointe à la minute.

Art. 27. — Chaque notaire est tenu d'avoir un cachet ou sceau particulier portant ses nom, qualité et résidence, et, d'après un modèle uniforme, le type de l'empire français.

Les grosses et expéditions des actes portent l'empreinte de ce cachet.

Art. 28. — Lorsque les actes sont produits hors de la colonie, les signatures des notaires qui les ont reçus, ou des dépositaires qui en délivrent copie, sont légalisées par le président du tribunal de première instance de la résidence des notaires ou des dépositaires, ou concurremment par le juge de paix du canton, si ce dernier ne siège pas au chef-lieu du ressort du tribunal. Elles sont aussi légalisées par le gouverneur.

La légalisation est faite, en outre, par notre ministre de la marine et des colonies, lorsque les actes sont produits en France ou dans les colonies orientales.

Art. 29. — Les notaires tiennent répertoire de tous les actes qu'ils reçoivent.

Art. 30. — Les répertoires sont visés, cotés et parafés par le président, ou, à son défaut, par un autre juge du tribunal de première instance de la résidence.

Ils contiennent : 1° le numéro d'ordre de l'article ; 2° la date de l'acte ; 3° sa nature ; 4° son espèce, c'est-à-dire la mention qu'il est en minute ou en brevet ; 5° les noms, prénoms, qualités et demeures des parties ; 6° l'indication des biens ; leur situation et le prix, lorsqu'il s'agira d'actes ayant pour objet la propriété, l'usufruit ou la jouissance de biens immeubles ; 7° la somme prêtée, cédée ou transportée, s'il s'agit d'obligation, cession ou transport ; 8° la relation de l'enregistrement.

Les notaires font mention sur leurs répertoires, tous les trois mois et avant le visa du receveur de l'enregistrement, des noms des clercs qui, pendant le précédent trimestre, ont été en cours de stage dans leurs études, du temps de travail accompli et du rang de cléricature (1).

Art. 31. — Les notaires retiennent, aux frais des parties, pour le dépôt des chartes des colonies créé en France par l'édit de juin 1776, une copie figurée des actes dont ils doivent garder minute, à l'exception, toutefois, des inventaires et des ventes sur inventaires.

Cette copie, signée par le notaire en second, ou par les témoins instrumentaires, est remise, en même temps que la minute, au receveur de l'enregistrement, qui la collationne et la vise sans frais.

En cas de perte du titre original, elle fait la même foi que lui.

Les notaires tiennent, en outre, répertoire des copies figurées (2).

Art. 32. — Les copies figurées ainsi que les répertoires sont, à la diligence du procureur impérial, déposés au greffe du tribunal de première instance, dans les deux premiers mois de chaque année, sous peine d'une amende de cinquante francs contre les retardataires pour chaque mois de retard, et, en outre, de telles poursuites disciplinaires et dommages-intérêts qu'il appartiendra (3).

Art. 33. — Les expéditions des actes déposés actuellement par les notaires aux archives coloniales, et celles des actes qui auront été reçus avant l'époque fixée pour l'exécution du présent décret, feront foi en justice et tiendront lieu des originaux, si ceux-ci venaient à être perdus (4).

Titre II. — *Régime du notariat.*

Section 1. — Nombre, placement et cautionnement des notaires.

Art. 34. — Le nombre des notaires pour chaque colonie, leur placement et leur résidence sont déterminés par décret de l'Empereur, sur les observations du syndic des notaires et sur l'avis de la Cour impériale, le procureur général entendu (5).

Art. 35. — Les suppressions ou réductions d'offices ne sont effectuées que par mort, démission ou destitution.

Art. 36. — Les notaires sont assujettis à un cautionnement, qui demeure fixé comme suit (6) :

---

(1) La disposition de cet article est bien plus explicite que ne l'est la loi de ventôse. Elle se complète de dispositions empruntées à l'art. 50 de la loi du 22 frimaire an VII. Du reste, bien que l'article ne le dise, pas cette disposition, comme la loi de ventôse, doit également se compléter par toutes les lois de timbre et d'enregistrement promulguées aux colonies. L'impôt du timbre n'a été établi aux colonies de la Martinique et de la Guadeloupe que par le décret du 24 octobre 1860, et réglé par le décret du 21 septembre 1864.

Il y a lieu de remarquer dans cet article le dernier paragraphe relatif à l'inscription du stage des clercs. Les mentions au répertoire remplaceront les registres de stage, les chambres de discipline n'existant pas aux colonies et leurs attributions étant conférées au procureur général. V. *infrà*, art. 47.

(2) Il eût été plus simple et plus juridique de dire que les notaires doivent dresser leurs actes en double minute, sauf les inventaires et les ventes sur inventaires, ou procès-verbaux de vente mobilière. Telle était la disposition de l'édit de juin 1776, qui prescrivait cette mesure précisément pour que l'acte pût être envoyé au dépôt de la Métropole.

On pouvait encore se borner à prescrire aux notaires de se conformer aux dispositions de l'art. 1335, § 1er, du C. civ. — V., du reste, les articles 32 et 33 ci-après.

(8) Dispositions empruntées, sauf ce qui concerne les copies figurées aux lois des 29 septembre et 6 octobre 1791, 16 floréal an IV et 20 juin 1824.

(4) Cette disposition est la conséquence de l'art. 31. Du reste, et grâce aux dispositions encore en vigueur de l'édit de 1776, la validité de ces doubles ne pouvait faire doute. Elle aura toutefois son utilité, dans le cas où on n'aurait envoyé au dépôt ni les doubles minutes, ni les premières expéditions des actes coloniaux.

(5) Cette disposition modifie légèrement l'art. 34 de la loi de ventôse. Il ne proportionne pas comme lui le nombre des vendeurs au chiffre de la population. Le gouvernement se réserve un pouvoir entièrement discrétionnaire.

(6) L'art. 86 remplace les art. 33 et 34 de la loi de ventôse et le tableau qui y est annexé et qui, on le

Pour les notaires de Saint-Pierre (Martinique) et de la Pointre-à-Pitre :
En immeubles, ci. . . . . 15,000 francs
Ou en argent. . . . . 9,000 »

Pour les notaires de Fort-de France et de la Basse-Terre :
En immeubles, ci. . . . . 12,000 francs
Ou en argent . . . . 4,000 »

Ce cautionnement est spécialement affecté à la garantie des condamnations prononcées contre eux par suite de l'exercice de leurs fonctions.

Lorsque, par l'effet de cette garantie, le montant du cautionnement a été employé en tout ou en partie, le notaire est suspendu de ses fonctions jusqu'à ce que le cautionnement ait été entièrement rétabli ; et, faute par lui de le rétablir dans les six mois, il est considéré comme démissionnaire et remplacé.

Art 37. — Le cautionnement en immeubles est reçu et discuté par le procureur impérial, concurremment avec le contrôleur colonial, et l'inscription est prise à la diligence de ce dernier.

Sont exécutoires à la Martinique et à la Guadeloupe, les lois relatives au versement, au retrait et à l'intérêt du cautionnement en argent des notaires en France.

Section 2. — Conditions pour être admis et mode de nomination au notariat (1).

Art. 38. — Pour être admis aux fonctions de notaire, il faut : 1° jouir de l'exercice des droits civils ; 2° avoir satisfait, s'il y a lieu, à la loi de recrutement de l'armée ; 3° être âgé de vingt-cinq ans accomplis ; 4° justifier du temps de travail prescrit par l'article suivant.

Art. 39. — La durée du stage est de six années entières et consécutives, dont une au moins en qualité de premier clerc, soit dans l'une des colonies des Antilles, soit dans une autre colonie française, soit en France.

Toutefois, si le postulant est licencié en droit, ou s'il a justifié avoir travaillé pendant trois années, dont une au moins en qualité de premier clerc, dans une étude d'avoué, le temps de stage est réduit à deux années.

N'est assujetti qu'à la condition d'un an de stage dans une étude de la colonie où il demande à être notaire, celui qui justifie avoir été un an second clerc, ou trois ans troisième clerc à Paris, ou un an premier clerc, ou trois ans second clerc dans une étude de deuxième classe en France.

Art. 40. — Peuvent être dispensés de la justification du temps d'étude les individus qui ont exercé des fonctions administratives ou judiciaires, les avocats et les anciens avoués ayant cinq ans d'exercice professionnel.

---

sait, a été modifié pour la dernière fois par la loi du 28 avril 1816.

Une disposition particulière est relative au cautionnement en immeubles. V. aussi l'art. 37 et pour la justification du cautionnement par les titulaires actuels, l'art. 61.

(1) Les dispositions des art. 86 à 42 de la loi de ventôse sont ici remplacées par les articles 38, 89 et 40.

Les conditions de stage sont les mêmes qu'en France, mais diverses exceptions, qui n'existent pas pour la métropole, ont été ici très justement introduites en faveur des licenciés en droit, ou des clercs qui justifieraient d'un certain temps de cléricature chez un avoué.

Les règles relatives au stage exceptionnel ont été très simplifiées, à raison de l'unité du temps des études. Des avantages spéciaux sont seulement faits aux jeunes gens qui ont fait leurs études professionnelles dans la métropole.

La dispense relative aux avocats et aux avoués n'est accordée qu'à ceux qui comptent au moins cinq ans de stage, au lieu de deux ans, comme le dit l'art. 89 de la loi du 25 ventôse.

La procédure à suivre pour l'admission des candidats à l'examen est nécessairement toute différente de celle tracée par la loi de ventôse, puisque les chambres de discipline n'existent pas.

On remarquera que c'est la Cour et non le tribunal qui remplace la chambre de discipline. Le décret se sert donc improprement du mot de juge pour désigner le magistrat qui doit faire son rapport sur l'admission du candidat.

L'art. 48 est la répétition de l'art. 44 de la loi de ventôse. Même observation pour les articles qui suivent.

Art. 41. — Tout postulant doit justifier de sa moralité et de sa capacité.

A cet effet, il présente requête au gouverneur, qui l'autorise à se pourvoir devant la Cour. Il fait viser ses pièces par le procureur général et les dépose au greffe.

Le président désigne un rapporteur, chargé de recueillir des renseignements sur la conduite du requérant et de lui faire subir un examen en présence de deux notaires et d'un membre du parquet désignés par le procureur général.

Extrait de la requête est affiché pendant un mois avec le nom du rapporteur, tant dans l'auditoire de la Cour que dans celui du tribunal où le postulant doit exercer. Il est inséré, à trois reprises différentes et à huit jours d'intervalle, dans une des feuilles publiques de la colonie.

Art. 42. — Dans les huit jours qui suivent l'expiration des délais ci-dessus, le juge désigné fait son rapport en chambre du conseil, et la Cour, le procureur général entendu, émet son avis.

Cet avis est transmis par le procureur général au gouverneur, qui délivre, s'il y a lieu, une commission provisoire au postulant.

La commission énonce le lieu de la résidence.

Les notaires sont définitivement nommés par nous.

Art. 43. — Les commissions définitives des notaires sont adressées, dans leur intitulé, par le procureur général, au tribunal de première instance dans le ressort duquel ils ont leur résidence.

Art. 44. — Dans les deux mois de leur nomination et à peine de déchéance, les notaires sont tenus de prêter, à l'audience du tribunal auquel le rapport de la commission a été adressé, le serment que la loi exige de tout fonctionnaire public, ainsi que celui de remplir leurs fonctions avec exactitude et probité.

Ils ne sont admis à prêter serment qu'en représentant l'original de leur commission et la preuve de la réalisation de leur cautionnement.

Ils sont tenus de faire enregistrer le procès-verbal de prestation de serment au secrétariat de la municipalité du lieu où ils doivent résider et au greffe du tribunal dans le ressort duquel ils doivent exercer.

Art. 45. — Ils n'ont le droit d'exercer qu'à compter du jour où ils ont prêté serment.

Art. 46. — Avant d'entrer en fonctions, ils doivent déposer au greffe du tribunal de première instance et au greffe de la justice de paix du canton, s'ils résident hors du chef-lieu d'arrondissement, ainsi qu'au secrétariat de la municipalité de leur résidence, leur signature et leur parafe.

Section 3. — Discipline des notaires.

Art. 47. — La discipline des notaires appartient au procureur général (1).

Ce dernier prononce contre eux, après les avoir entendus, le rappel à l'ordre, la censure simple, la censure avec réprimande ; il leur donne tout avertissement qu'il juge convenable.

A l'égard des peines plus graves, telles que la suspension, le remplacement ou la destitution, il fait d'office, ou sur la réclamation des parties, qu'il juge néces-

---

(1) La discipline est ici régie par des règles toutes particulières. La compétence ordinaire des tribunaux est transportée aux gouverneurs. Les tribunaux sont simplement chargés d'émettre un avis, ce qui assimile les notaires des colonies à des officiers ministériels dépendant de l'administration, tandis que les notaires de la métropole ne peuvent être destitués qu'en vertu d'un jugement. V. du reste sur les pouvoirs disciplinaires des procureurs généraux, la loi du 14 septembre 1858.

saires, et le gouverneur statue après avoir pris l'avis des tribunaux qui entendent en chambre du conseil le fonctionnaire inculpé, sauf recours à notre ministre de la marine et des colonies.

La suspension ne peut être prononcée pour une période de plus d'une année ; elle peut,être provisoirement appliquée jusqu'à ce que le ministre ait statué.

Art. 48. — Au commencement de chaque année, le procureur général de chaque colonie nomme, parmi les notaires du lieu où siège la Cour, un syndic dont les attributions consistent : 1° à donner son avis, après son information, s'il y a lieu, sur toutes plaintes qui seraient portées contre un notaire de la colonie ; 2° à intervenir officieusement et comme conciliateur dans les débats qui s'élèveraient, soit entre des notaires, soit entre les notaires et leurs clients ; 3° à donner son avis lorsqu'il en est requis par les magistrats, sur les difficultés que feraient naître les réclamations d'honoraires, vacations et droits, formées par les notaires ; 4° à représenter les notaires toutes les fois qu'il s'agit de leurs intérêts collectifs et dans toutes leurs relations ou communications avec l'autorité judiciaire.

Le syndic sortant peut être indéfiniment renommé ; il continue ses fonctions jusqu'à son remplacement.

Art. 49. — Les honoraires et vacations non tarifés sont réglés à l'amiable entre les notaires et les parties, sinon conformément aux articles 171 et 173 du tarif du 16 février 1807, tel qu'il a été rendu applicable aux Antilles (1).

Art. 50. — Il est défendu aux notaires de s'associer, soit avec d'autres notaires, soit avec des tiers, pour l'exploitation de leurs offices.

Il leur est également interdit, soit par eux-mêmes, soit par personnes interposées, soit directement, soit indirectement (2) :

> a) De se livrer à aucune spéculation de bourse ou opérations de commerce, banque, escompte et courtage ; de souscrire, à quelque titre et sous quelque prétexte que ce soit, des lettres de change ou billets à ordre négociables ;
>
> b) De s'immiscer dans l'administration d'aucune société, entreprise ou compagnie de finances, de commerce ou d'industrie ;
>
> c) De faire des spéculations relatives à l'acquisition et à la revente des immeubles, à la cession des créances, droits successifs, actions industrielles et autres droits incorporels ;
>
> d) De s'intéresser dans aucune affaire pour laquelle ils prêtent leur ministère ;
>
> e) De placer en leur nom personnel des fonds qu'ils auraient reçus, même à la condition d'en servir les intérêts ;
>
> f) De se constituer garants ou cautions, à quelque titre que ce soit, des prêts qui auraient été faits par leur intermédiaire ou qu'ils auraient été chargés de constater par acte public ou privé ;
>
> g) De se servir de prête-noms en aucune circonstance, même pour des actes autres que ceux désignés ci-dessus (3) ;

Art. 51. — Les contraventions aux prohibitions portées en l'article précédent sont, ainsi que les autres infractions à la discipline, poursuivies lors même qu'il

---

(1) Cette disposition admet le règlement amiable, sauf la taxe du président (art. 173 du tarif), en dehors de tout tarif légal. Voilà donc la question du tarif implicitement tranchée. C'est le maintien de l'état de choses établi par la loi de ventôse (art. 51).

Fort-de-France, 31 janvier 1880 (Rev. not., n° 6025).
(2) Cette disposition est empruntée à la jurisprudence (V. Dict. du not., v° Office, n° 381).
(3) Ces dispositions sont empruntées à l'ordonnance du 4 janvier 1843.

n'existerait aucune partie plaignante, et punies, suivant la gravité des cas, conformément aux dispositions de l'article 47.

Art. 52. — Tout notaire suspendu, destitué ou remplacé doit, aussitôt après la notification qui lui a été faite de sa suspension, de sa destitution ou de son remplacement, cesser l'exercice de son état, à peine de tous dommages-intérêts et des autres condamnations prononcées par les lois contre tout fonctionnaire suspendu ou destitué qui continue l'exercice de ses fonctions.

Le notaire suspendu ne peut les reprendre, sous les mêmes peines, qu'après la cession du temps de la suspension.

Art. 53. — Toutes condamnations à l'amende ou à des dommages-intérêts sont prononcées contre les notaires par le tribunal de première instance de leur résidence, à la poursuite des parties intéressées, ou d'office, à la poursuite et diligence du procureur impérial.

Ces jugements sont sujets à l'appel.

Section 4. — Garde, transmission, tables des minutes et recouvrements.

Art. 54. — Les minutes et répertoires d'un notaire remplacé, ou dont la place a été supprimée, peuvent être remis par lui ou par ses héritiers à l'un des notaires résidant dans la même commune ou à l'un des notaires résidant dans le même arrondissement judiciaire, si le remplacé était le seul notaire établi dans la commune (1).

Art. 55. — Si la remise des minutes et répertoires du notaire remplacé n'a pas été effectuée, conformément à l'article précédent, dans le mois à compter du jour de la prestation de serment du successeur, la remise en est faite à celui-ci.

Art. 56. — Lorsque la place de notaire sera supprimée, le titulaire ou ses héritiers sont tenus de remettre les minutes et répertoires, dans le délai de deux mois du jour de la suppression, à l'un des notaires de la commune ou à l'un des notaires de l'arrondissement judiciaire, conformément à l'article 54.

Art. 57. — Le procureur impérial près le tribunal de première instance est chargé de veiller à ce que les remises ordonnées par les articles précédents soient effectuées ; et, dans le cas de suppression de la place, si le titulaire ou ses héritiers n'ont pas fait choix, dans les délais prescrits, du notaire à qui les minutes et répertoires devront être remis, le procureur impérial indique celui qui en demeurera dépositaire.

Le titulaire ou ses héritiers, en retard de satisfaire aux dispositions des articles 55 et 56, sont condamnés à cinquante francs d'amende par chaque mois de retard, à compter du jour de la sommation qui leur a été faite d'effectuer la remise.

Art. 58. — Dans tous les cas, il est dressé un état sommaire des minutes remises, et le notaire qui les reçoit s'en charge au pied de cet acte, dont un double est remis au greffe du tribunal de première instance.

Art. 59. — Le titulaire ou ses héritiers et le notaire qui reçoit les minutes, aux termes des articles 54, 55 et 56, traitent de gré à gré des recouvrements à raison des actes dont les honoraires sont encore dus, et du bénéfice des expéditions.

S'ils ne peuvent s'accorder, l'appréciation en est faite par deux notaires dont

---

(1) Toutes les dispositions qui embrassent cette section sont empruntées à la loi du 25 ventôse. Le greffe du tribunal remplace dans l'art. 58 la chambre de discipline.

les parties conviennent, ou qui sont nommés d'office par le tribunal parmi les notaires de la même résidence la plus voisine.

Art. 60. — Immédiatement après le décès du notaire ou de tout autre possesseur de minutes, les minutes et répertoires sont mis sous les scellés, par le juge de paix de la résidence, jusqu'à ce qu'un autre notaire en ait été provisoirement chargé par ordonnance du président du tribunal de la résidence.

Titre III. — *Des notaires actuels.*

Art. 61. — Sont maintenus tous les notaires actuellement en exercice.

Ils sont tenus de justifier, dans le délai d'un an, au procureur impérial près le tribunal de première instance dans le ressort duquel est fixée leur résidence, de la réalisation de leur cautionnement, soit en argent, soit en immeubles, sous peine d'être réputés démissionnaires et remplacés, s'il y a lieu.

Art. 62. — Ils exercent ou continuent d'exercer leurs fonctions, et conservent rang entre eux suivant la date de leurs réceptions respectives

DISPOSITIONS GÉNÉRALES.

Art. 63. — Tout acte fait en contravention aux articles 6, 8, 9, 10, 14, 20 et 52 est nul, s'il n'est pas revêtu de la signature de toutes les parties; et, lorsque l'acte est revêtu de la signature de toutes les parties contractantes, il ne vaut que comme écrit sous signatures privées, sauf, dans les deux cas, s'il y a lieu, des dommages-intérêts contre le notaire (1).

Art. 64. — Le gouverneur peut. sur le rapport du procureur général, accorder, pour des motifs graves, des congés aux notaires.

Les intérimaires présentés par eux, dans ce cas, doivent justifier des conditions d'âge, de moralité et de capacité exigées des titulaires (2).

Art. 65. — Toutes dispositions contraires au présent décret sont et demeurent rapportées.

Art. 66. — Notre ministre de la marine et des colonies est chargé de l'exécution du présent décret.

II. — *Décret des 5 mars et 11 avril 1874 relatif au cautionnement des notaires aux Antilles.*

Le Président de la République française, sur le rapport du ministre de la marine et des colonies et du ministre de la justice ; vu le décret du 14 juin 1864, portant organisation du notariat aux Antilles ; vu le décret du 15 avril 1873, portant suppression du contrôle colonial ; le conseil d'État entendu.

Décrète :

Art. 1er. — Le § 1er de l'article 37 du décret en date du 14 juin 1864, portant

(1) V. la loi du 25 ventôse, disposition analogue.
(2) Les notaires de la métropole ne sont pas assujettis à demander de congé. L'exception est ici justifiée par la situation particulière du notariat colonial. L'institution des intérimaires ne se conçoit guère quand la substitution est possible. Les intéri- maires ne pourront, du reste, évidemment remplacer les notaires dans les actes de leur ministère. La simple présentation du titulaire ne peut leur conférer le caractère d'officier public, tel qu'il est défini dans l'article 1er, ainsi que les droits qui en découlent.

organisation du notariat aux Antilles, est rapporté et remplacé par les dispositions suivantes :

Le cautionnement en immeubles est reçu et discuté par le procureur général, chef du service judiciaire, qui est chargé de pourvoir à l'ensemble des diligences qui comportent la constitution et la garantie de ce cautionnement.

Art. 2. — Le ministre de la marine et des colonies et le ministre de la justice sont chargés, chacun en ce qui le concerne, de l'exécution du présent décret.

III. — *Décret des 16 juillet et 12 novembre 1878, concernant le notariat aux Antilles.*

Le Président de la République française, sur le rapport du ministre de la marine et des colonies et du président du conseil, garde des sceaux, ministre de la justice; vu l'article 6, § 12, du sénatus-consulte du 3 mai 1854, qui règle la constitution des colonies de la Martinique, de la Guadeloupe et de la Réunion; vu le décret du 14 juin 1864, portant organisation du notariat aux Antilles; le conseil d'Etat entendu,

Décrète :

Art. 1er. — Le § 3 de l'article 9 du décret du 14 juin est complété ainsi qu'il suit :

Toutefois, la présence du notaire en second ou des témoins instrumentaires est requise, à peine de nullité, au moment de la lecture par le notaire et de la signature par les parties des actes contenant donations entre-vifs, donations entre époux pendant le mariage, révocation de donation ou de testament, reconnaissance d'enfants naturels, ainsi que des procurations pour consentir à ces divers actes. Mention de cette présence doit être faite, à peine de nullité.

Art. 2. — Toutes les fois qu'une personne ne parlant pas la langue française sera partie ou témoin dans un acte passé devant un notaire de la Guadeloupe ou de la Martinique, le notaire devra être assisté d'un interprète assermenté, qui expliquera l'objet de la convention avant toute écriture, expliquera de nouveau l'acte rédigé et signera comme témoin additionnel.

Les signatures qui ne seraient pas écrites en caractères français seront transcrites en français, et la transcription en sera certifiée et signée au pied de l'acte par l'interprète.

Les parents ou alliés soit du notaire, soit des parties contractantes, en ligne directe à tous les degrés, et en ligne collatérale jusqu'au degré d'oncle ou de neveu inclusivement, ne pourront remplir les fonctions d'interprètes dans le cas prévu par le présent article. Ne pourront aussi être pris pour interprète d'un testament par acte public les légataires, à quelque titre que ce soit, ni leurs parents ou alliés jusqu'au degré de cousin germain inclusivement.

Art. 3. — Le ministre de la marine et des colonies, et le ministre de la justice sont chargés, chacun en ce qui les concerne, de l'exécution du présent décret.

IV. — *Décret du 10 juin 1881 qui fixe le mode de remplacement des notaires de l'île de Marie-Galante, empêchés de recevoir les actes de leur ministère.*

Le Président de la République française, sur le rapport du ministre de la marine et des colonies et du ministre de la justice; vu l'article 6 du sénatus-consulte du 3 mai 1854 ; vu le décret du 14 juin 1864 sur l'organisation du notariat aux Antilles ; vu le décret du 16 juillet 1878, portant modification au décret sus-visé du 14 juin 1864 ; vu le décret du 31 août 1878, portant organisation de la justice à Marie-Galante, le conseil d'Etat entendu,

Décrète :

Art. 1er. — Dans le cas où, pour cause de parenté, de maladie ou d'absence légalement constatée, les notaires de l'île Marie-Galante seraient empêchés de recevoir les actes de leur ministère, ils seront remplacés de plein droit par le greffier en exercice près le tribunal de la dépendance, et, en cas d'empêchement de celui-ci, par la personne qui sera nommée par le juge, président du tribunal de première instance, qui rendra à cet effet une ordonnance sans frais.

Art. 2. — Dans l'un et l'autre cas, l'acte reçu par le remplaçant du notaire empêché sera annexé aux minutes de ce dernier et mentionnera l'obstacle qui l'a empêché d'agir.

Art. 3. — Les articles 8, 9, 10, 11, 12, 13, 14, 15, 16, 17, 19, 20 à 32, 49 et 50 du décret du 14 juin 1864, sur le notariat, sont applicables au greffier ou à la personne qui remplacera le notaire.

Art. 4. — Les dispositions qui précèdent ne modifient pas le droit réservé au notaire par l'article 64 du décret du 14 juin 1864.

Art. 5. — Le ministre de la marine et des colonies et le ministre de la justice sont chargés, chacun en ce qui le concerne, de l'exécution du présent décret.

V. — *Décret des 1er et 7 septembre 1882, concernant le mode de remplacement des notaires de Marie-Galante ou de l'île de Saint-Martin.*

Le Président de la République française, sur le rapport du ministre de la marine et des colonies et du ministre de la justice ; vu l'article 6 du sénatus-consulte du 3 mai 1854 ; les décrets des 14 juin 1864 et 16 juillet 1878 (organisation du notariat aux Antilles) ; le décret du 31 août 1878 (organisation de la justice à Marie-Galante) ; le décret du 8 mai 1879 (la partie française de l'île de Saint-Martin) ; le décret du 7 juin 1880, relatif aux droits du greffier de Marie-Galante ; l'arrêté local du gouverneur de la Guadeloupe du 10 décembre 1829, concernant le remplacement des notaires à Saint-Martin ; le conseil d'Etat entendu,

Décrète :

Art. 1er. — En cas de décès des notaires établis dans l'île de Marie-Galante ou dans la partie française de l'île de Saint-Martin, ou dans le cas où les notaires seraient empêchés de recevoir les actes de leur ministère pour cause de parenté, de maladie ou d'absence de l'île légalement constatée, ils seront remplacés de plein droit, les notaires de Marie-Galante par le greffier en exercice près le tribunal de Marie-Galante, les notaires de Saint-Martin par le greffier près le tribunal de Saint-Martin et, en cas d'empêchement de l'un ou de l'autre greffier, par la personne qui sera nommée par le juge-président du tribunal, qui rendra à cet effet une ordonnance sans frais.

Art. 2. — Dans l'un et l'autre cas, l'acte reçu par le remplaçant du notaire sera annexé aux minutes de ce dernier et mentionnera l'obstacle qui l'a empêché d'agir.

Art. 3. — Les articles 8, 17, 19, 20, 32, 49 et 50 du décret du 14 juin 1864 sur le notariat sont applicables aux greffiers ou à la personne qui remplacera le notaire.

Art. 4. — Les dispositions qui précèdent ne modifient pas le droit réservé au notaire par l'article 64 du décret du 14 juin 1864.

Art. 5. — Sont abrogés, l'arrêté du gouverneur de la Guadeloupe du 10 décembre 1829, relatif à Saint-Martin, et le décret du 7 juin 1880, concernant Marie-Galante.

Art. 6. — Le ministre de la marine et des colonies et le ministre de la justice sont chargés, chacun en ce qui le concerne, de l'exécution du présent décret.

COCHINCHINE FRANÇAISE

I. — *Décret des 22 septembre 1869 et 15 février 1870 sur l'organisation du notariat dans le ressort des tribunaux de la Cochinchine.*

Napoléon, etc.; vu le décret du 25 juillet 1864; vu le décret du 14 janvier 1865; sur le rapport de notre ministre de la marine et des colonies, et de notre garde des sceaux, ministre de la justice et des cultes,

Avons décrété et décrétons ce qui suit ·

Art. 1er. — Le greffier institué près la Cour impériale et le tribunal de première instance de Saïgon (Cochinchine) cessera de remplir les fonctions de notaire qui lui étaient attribuées par l'article 33 du décret du 25 juillet 1864.

Art. 2. — Les fonctions de notaire dans le ressort des tribunaux de la Cochinchine seront à l'avenir remplies par des officiers ministériels nommés par notre ministre de la marine et des colonies, sur la proposition du gouverneur de la Cochinchine.

Ces fonctions sont incessibles.

Art. 3. — L'organisation du notariat, le nombre des charges à créer, les conditions d'âge et d'aptitude, seront réglés par des arrêtés provisoirement exécutoires du gouverneur, pris en conseil et soumis à l'approbation de notre ministre de la marine et des colonies.

Hors du ressort des tribunaux français, les fonctions de notaire seront exercées par des officiers ou des fonctionnaires désignés par le gouverneur.

Art. 4. — Notre ministre de la marine et des colonies et notre ministre de la justice et des cultes, sont chargés, chacun en ce qui le concerne, de l'exécution du présent décret.

II. — *Décrets des 16 juillet et 12 novembre 1878, portant que, dans les colonies y dénommées, la présence d'un interprète, au moment de la rédaction des actes notariés, est nécessaire lorsqu'une des parties ou un des témoins ne comprend pas le français.*

Le Président de la République française, sur le rapport du ministre de la marine et des colonies et du président du conseil, garde des sceaux, ministre de la justice; vu l'article 18 du sénatus-consulte du 3 mai 1854,

Décrète :

Art. 1er. — Toutes les fois qu'une personne ne parlant pas la langue française sera partie ou témoin dans un acte passé devant un notaire de la Guyane, du Gabon, du Sénégal, des îles Saint-Pierre et Miquelon, de la Cochinchine, de Mayotte, de Nossi-Bé, de l'Inde, de la Nouvelle-Calédonie, des établissements français de l'Océanie, le notaire devra être assisté d'un interprète assermenté qui expliquera l'objet de la convention avant toute écriture, expliquera de nouveau l'acte rédigé et signera comme témoin additionnel.

Les signatures qui ne seraient pas écrites en caractères français seront transcrites en français et la transcription en sera certifiée et signée au pied de l'acte par l'interprète.

Les parents ou alliés soit du notaire, soit des parties contractantes, en ligne directe à tous les degrés, et en ligne collatérale jusqu'au degré d'oncle ou de neveu inclusivement, ne pourront remplir les fonctions d'interprète dans le cas prévu par le présent article. Ne pourront aussi être pris pour interprète d'un testament par acte public les légataires, à quelque titre que ce soit, ni leurs parents ou alliés jusqu'au degré de cousin germain inclusivement.

Art. 2. — Le ministre de la marine et des colonies et le ministre de la justice, sont chargés, chacun en ce qui le concerne, de l'exécution du présent décret.

GUYANE FRANÇAISE

La loi du 25 ventôse an XI a été rendue applicable à la Guyane en vertu d'une ordonnance coloniale du 24 février 1820. Il y a été cependant apporté certaines modifications ; c'est ainsi que la discipline est exercée par le chef du service judiciaire et que le nombre des notaires est déterminé par le gouverneur.

I. — *Décret des 28 août et 13 octobre 1862, concernant les actes authentiques à passer dans les quartiers, et les appositions et levées des scellés, à la Guyane française.*

Napoléon, etc., sur le rapport de notre ministre de la marine et des colonies, et de notre garde des sceaux, ministre de la justice ; vu la loi du 25 ventôse an XI, sur le notariat, modifiée pour la Guyane française ; les articles 967 à 1001 du Code Napoléon : le titre 1er du livre II du Code de procédure civile modifié pour la Guyane française ; l'ordonnance royale du 31 décembre 1828, sur l'enregistrement, notre décret du 16 août 1854, vu l'avis du comité consultatif des colonies, en date du 25 juin 1862,

Avons décrété et décrétons ce qui suit :

Titre Ier. — *Des actes à passer dans les quartiers.*

Section 1. — Des attributions des commissaires commandants.

Art. 1er. — Dans les quartiers de la colonie de la Guyane française autres que celui de Sinnamari, les actes dont l'énumération suit pourront être reçus par les commissaires commandants de ces quartiers où lesdits actes seront passés, au même acte que les notaires, savoir :

a) Les testaments publics ;

b) Les révocations de testaments ;

c) Les consentements à mariage (et les actes respectueux);

d) Les procurations spéciales ;

e) Les révocations de procurations ;

f) Les contrats de prêt, d'échange, de vente, de cautionnement, les reconnaissances de dettes, les promesses de payement et les quittances, lorsque ces actes ne s'appliqueront qu'à des objets purement mobiliers, et que la valeur desdits objets n'excédera pas 500 francs ;

g) Les inventaires;

h) Les ventes publiques d'objets mobiliers et de ceux désignés aux articles 620 et 621 du Code de procédure civile modifiés pour la Guyane française.

Art. 2. — Le commissaire commandant qui recevra ces actes sera assisté du lieutenant commissaire et, à défaut, du secrétaire de mairie. — Quand il s'agira d'un testament, il appellera en outre deux témoins. — A défaut du lieutenant commissaire et du secrétaire de mairie, il procédera avec le concours de quatre témoins pour les testaments, et de deux témoins pour les autres actes.

Art. 3 — En cas d'empêchement, le commissaire commandant sera suppléé par le lieutenant commissaire. En cas d'empêchement simultané du commissaire commandant et de son lieutenant commissaire, les actes pourront être reçus par le secrétaire de mairie, qui se conformera, pour le nombre des témoins, aux derniers paragraphes de l'article qui précède.

Art. 4. — Si les trois fonctionnaires du quartier où l'acte doit être passé se trouvent empêchés, ils seront suppléés par ceux d'un quartier limitrophe.

Section 2. — Des testaments.

Art. 5. — Si le testament est reçu par le commissaire commandant, avec le concours soit du lieutenant commissaire, soit du secrétaire de mairie, il doit être écrit par l'un d'eux, à la volonté du commissaire commandant.

Art. 6. — Conformément à l'article 974 du Code Napoléon, il suffira qu'un des deux témoins signe, si le testament est reçu par deux des trois fonctionnaires ci-dessus désignés, et que deux des quatre témoins signent, et le testament est reçu par un seul de ces fonctionnaires.

Art. 7. — Il n'est pas nécessaire que les témoins des testaments soient domiciliés dans le quartier où ces actes seront passés, ni dans la colonie ; il leur suffira de réunir les conditions de capacité exigées par l'article 930 du Code Napoléon.

Art. 8. — Les testaments seront reçus en double minute. — Le fonctionnaire qui aura reçu l'acte adressera, par le prochain courrier, une des minutes, cachetée, au juge impérial à Cayenne. Ce dernier dressera procès-verbal de la réception du paquet, de son ouverture et de l'état du testament, dont il ordonnera le dépôt entre les mains du notaire choisi par le testateur et, à défaut, commis par lui. Le notaire dépositaire accusera réception de ce dépôt au fonctionnaire qui aura rédigé le testament. — L'autre minute restera dans les archives du quartier et sera, en cas de perte de la première, adressée au juge impérial, qui procédera comme il vient d'être dit.

Art. 9. — Le notaire dépositaire prendra lecture du testament et fera connaître au juge impérial son avis sur les causes de nullité dont le testament pourrait être entaché, et le juge impérial en informera le fonctionnaire qui l'aura reçu.

Art. 10. — Les formalités auxquelles les testaments sont soumis par le Code Napoléon seront observées pour les testaments publics reçus dans les quartiers, et les nullités prononcées par le même Code leur seront également applicables.

Section 3. — Des actes ordinaires.

Art. 11. — Il n'est pas nécessaire que les témoins des actes énumérés aux n°s 2 à 8 inclusivement de l'article 1er soient domiciliés dans le quartier où l'acte sera passé, il suffira qu'ils aient leur résidence dans la colonie.

Art. 12. — Pour les actes autres que les testaments, la présence du fonctionnaire en second ou des deux témoins n'est requise qu'au moment de la lecture par le fonctionnaire qui les aura reçus et de la signature par les parties; elle sera mentionnée, à peine de nullité.

Art. 13. — Les articles 8 et 9 sont applicables aux révocations de testaments.

Art. 14. — Les inventaires et les procès-verbaux de vente publique seront passés en minute.

Art. 15. — Les actes énoncés aux n°s 3, 4, 5 et 6 de l'article 1er du présent décret pourront être passés en simple brevet ou en minute, au choix des parties.

Art. 16. — Les actes passés en minute seront transmis par la poste au notaire désigné par les parties, pour être rangés au nombre de ses minutes. Il peut refuser ce dépôt, si les droits d'enregistrement ne lui ont pas été consignés par le fonctionnaire qui a reçu les actes.

Art. 17. — Le notaire dépositaire accusera réception de l'acte au fonctionnaire devant qui il aura été passé. Ce notaire pourra seul en délivrer les grosses, expéditions et extraits.

Art. 18. — Les parties ne pourront recourir au ministère d'un notaire, pour les inventaires et les ventes publiques, que tout autant que la majorité l'aura décidé, majorité qui devra consister à la fois et dans le nombre des héritiers et dans l'importance des parts héréditaires.

S'il y a des mineurs ou interdits parmi les héritiers, le recours au notaire aura toujours lieu sur la seule demande du tuteur ou du curateur.

Dans tous les cas, cette décision sera constatée par le commandant du quartier ou l'un de ses suppléants, et transmise au notaire choisi, qui l'annexera à son procès-verbal.

Art. 19. — Au cas de l'article 944 du Code de procédure civile, le fonctionnaire requis de procéder à l'inventaire statuera provisoirement, sans préjudice pour les parties du droit de se pourvoir en référé devant le président du tribunal de première instance. — La même attribution est conférée à tout notaire instrumentant dans les quartiers. — Le notaire désigné par les articles 931 et 942 du Code de procédure civile pour représenter les absents, soit à la levée des scellés, soit à l'inventaire, pourra être remplacé par le commissaire commandant du quartier ou par l'un des deux fonctionnaires appelés à le suppléer.

Art. 20. — Les ventes publiques auront lieu un jour de dimanche, à la mairie du quartier, à moins que, sur la demande des parties, le fonctionnaire qui devra y procéder n'ait désigné un autre jour et un autre lieu. — Il suffira de mentionner cette décision dans le procès-verbal de vente, sans autre formalité. — La vente sera faite par le commissaire commandant ou par celui de ses suppléants qu'il aura désigné à cet effet.

Art. 21. — La vente sera annoncée trois jours auparavant, par trois placards au moins publiés à son de tambour ou de trompe, et affichés, l'un au lieu où l'inventaire a été fait, l'autre à la mairie, et le troisième à la porte de la chapelle paroissiale, sans qu'il soit nécessaire d'aucune annonce dans un journal. — Lorsque la vente n'aura pas lieu à la mairie, un quatrième placard sera publié et affiché au lieu de la vente.

Art. 22. — La publication et l'apposition des affiches seront faites par un surveillant rural du quartier, qui en dressera procès-verbal, auquel sera annexé un exemplaire du placard.

Art. 23. — Les sommations d'être présents aux inventaires et aux ventes publiques seront faites par un surveillant rural du domicile de la partie sommée.

Art. 24. — Si, lors de la vente, il s'élève des difficultés, il sera statué provisoirement par le fonctionnaire qui devra y procéder, sans préjudice du droit accordé aux parties par l'article 19.

Art. 25. — On se conformera pour le surplus aux articles 618, 624, 950 et 951 du Code de procédure civile modifié pour la colonie.

Art. 26. — Les ventes publiques qui auront lieu dans les quartiers sont dispensées de la déclaration préalable prescrite par l'art. 95 de l'ordonnance royale du 31 décembre 1828, sur l'enregistrement.

Art. 27. — S'il ne s'élève aucune difficulté entre les parties, le produit de la vente leur sera remis par l'officier public qui y aura procédé. En cas de contestation, les fonds seront déposés chez un notaire désigné par les parties.

Art. 28. — Au cas de l'article 986 du Code de procédure civile, l'autorisation de vendre sera accordée par le commissaire commandant ou l'un des deux fonctionnaires appelés à le suppléer, sur la réquisition verbale des parties. — Cette autorisation sera annexée au procès-verbal de vente.

Art. 29. — La forme et les règles prescrites par la loi du 25 ventôse an XI, modifiée pour la colonie, seront observées pour les actes reçus par les commissaires commandants et leurs suppléants, sauf les exceptions résultant du présent décret. — Les cas de nullité prévus pour les actes notariés leur sont également applicables.

Section 4. — Dispositions générales.

Art. 30. — Les obligations imposées aux notaires par la loi du 25 ventôse an XI et par l'ordonnance royale du 31 décembre 1828, sur l'enregistrement, sont applicables aux fonctionnaires appelés à exercer les fonctions de notaire dans les quartiers. — Toutefois, ils ne pourront être poursuivis en séparation civile pour dommages résultant des actes qu'ils auront reçus.

Art. 31. — Le répertoire exigé par la loi de ventôse et l'ordonnance de 1828 sera tenu par double. — — Le visa de ce répertoire aura lieu dans les deux mois qui suivront l'expiration de chaque trimestre.

Art. 32. — Le délai pour l'enregistrement des actes reçus dans les quartiers sera de deux mois, sans préjudice de l'augmentation de délai prévue par le deuxième alinéa du numéro 1er de l'article 28 de l'ordonnance de 1828. — Les actes et procès-verbaux dressés en exécution de l'art. 8 du présent décret seront enregistrés en même temps que les testaments, dans le délai fixé par l'article 30 de ladite ordonnance.

Art. 33. — Chacune des contraventions commises est punie d une amende de cinq francs.

Art. 34. — Le ministère des fonctionnaires auxquels le présent décret confère les attributions de notaire est gratuit. — En cas de déplacement, les moyens de transport leur sont fournis, soit en nature, par les parties, soit par une allocation dont les conditions et le mode de payement seront réglés par un arrêt du gouverneur.

Art. 35. — Pour les actes énoncés aux articles 22 et 23, le surveillant aura droit à un salaire qui sera fixé par un tarif local.

Titre II. — *Des appositions et levées des scellés.*

Art. 36. — Les commissaires commandants du quartier auxquels notre décret du 16 août 1854 n'a pas conféré les attributions de juge de paix procéderont, dans leur quartier respectif, aux appositions et levées de scellés, en se conformant aux dispositions du Code de procédure civile modifié pour la colonie. En cas d'empêchement, ils seront suppléés par les lieutenants commissaires.

Art. 37. — Les fonctions de greffier seront remplies par le secrétaire de mairie.

Art. 38. — Les testaments et paquets cachetés, trouvés lors des appositions ou levées de scellés, seront adressés, par la poste et par le plus prochain courrier, au juge impérial à Cayenne, sans préjudice des formalités prescrites par le Code de procédure civile.

Art. 39. — Les délais pour l'enregistrement des procès-verbaux d'apposition et levée de scellés et pour le visa de répertoire à tenir par le secrétaire de mairie remplissant les fonctions de greffier, seront les mêmes que ceux fixés par les articles 32 et 33 du présent décret.

Art. 40. — Les dispositions de l'article 35 sont applicables au présent titre.

Le greffier seul, en outre du transport en nature, aura droit à un salaire qui sera déterminé par un arrêté local.

Art. 41. — Notre ministre de la marine et des colonies, et notre ministre de la justice sont chargés, chacun en ce qui le concerne, de l'exécution du présent décret.

II. *Décret des 16 juillet et 12 novembre 1878, portant que la présence d'un interprète au moment de la rédaction des actes notariés est nécessaire lorsqu'une des parties ou un des témoins ne comprend pas le français.*

Nous avons donné le texte de ce décret, *suprà*, p. 722 ; nous nous bornerons donc à y renvoyer le lecteur.

INDE

I. *Décret du 24 août 1887, portant organisation du notariat dans les établissements français de l'Inde.*

Le Président de la République française,

Sur le rapport du ministre de la marine et des colonies et du garde des sceaux, ministre de la justice ;

Vu l'art. 18 du sénatus-consulte du 3 mai 1854 ;

Vu les édits des 18 novembre 1769, 30 décembre 1775, 27 janvier 1778, et l'arrêté local du 6 décembre 1838 qui règlent le service du notariat et du tabellionnage dans les établissements français de l'Inde ;

Décrète :

DISPOSITIONS PRÉLIMINAIRES.

Art. 1er. — Le notariat est organisé dans les établissements français de l'Inde conformément aux dispositions du présent décret.

Sont supprimés l'ancien notariat et le tabellionnage établis par les édits des 18 novembre 1769, 30 décembre 1775, 27 janvier 1778, et l'arrêté du 6 décembre 1838.

Titre Ier. — *Des notaires et des actes notariés.*

Section 1. — Des fonctions, ressorts et devoirs des notaires.

Art. 2. — Les notaires sont des fonctionnaires publics pour recevoir tous les actes et contrats auxquels les parties doivent ou veulent faire donner le caractère d'authenticité attaché aux actes de l'autorité publique, et pour en assurer la date, en conserver le dépôt, en délivrer des grosses et expéditions.

Ils sont institués à vie.

Art. 3. — Ils sont tenus de prêter leur ministère lorsqu'ils en sont requis.

Art. 4. — Chaque notaire doit résider dans le lieu qui sera fixé par le décret de nomination.

En cas de contravention à la disposition précédente, il est considéré comme démissionnaire et le procureur général peut, après avoir pris l'avis du tribunal, proposer au gouverneur le remplacement provisoire, qui devient définitif après l'approbation du Président de la République.

Art. 5. — Les notaires exercent leurs fonctions dans l'étendue du ressort du tribunal de première instance où ils résident.

Art. 6. — Il est défendu à tout notaire d'instrumenter hors de son ressort, à peine d'être suspendu de ses fonctions pendant trois mois, d'être destitué en cas de récidive, et de tous dommages-intérêts.

Dans les établissements où il n'existe qu'une étude, le notaire, en cas de décès ou d'empêchement pour cause de parenté, de maladie ou d'absence légalement constatée, sera remplacé par une personne désignée par ordonnance du juge président du tribunal de première instance ou du juge de paix à compétence étendue.

Art. 7. — Les fonctions de notaire sont incompatibles avec celles de membres des cours d'appel et des tribunaux, de greffiers, d'avoués, d'huissiers, de préposé à la recette des contributions directes et indirectes, de juges de paix, de commissaires de police, de commissaires-priseurs et de curateurs aux successions vacantes.

Elles ne sont pas incompatibles avec les fonctions de suppléant non rétribué des juges de paix.

Section 2. — Des actes, de leur forme, des minutes, grosses, expéditions et répertoires.

Art. 8. — Les notaires ne peuvent recevoir les actes dans lesquels leurs parents ou alliés en ligne directe à tous les degrés et en ligne collatérale, jusqu'au degré d'oncle et de neveu inclusivement, seraient parties ou qui contiendraient quelque disposition en leur faveur.

Art. 9. — Les actes autres que ceux auxquels les notaires sont autorisés par la loi à procéder seuls, sont reçus par deux notaires ou par un notaire assisté de deux témoins mâles, majeurs, Français, jouissant des droits civils, sachant signer, et domiciliés dans la circonscription où les actes sont passés.

Ils ne peuvent être annulés par ce motif que le notaire en second ou les deux témoins instrumentant n'auraient pas été présents à leur réception.

Toutefois, la présence du notaire en second ou des témoins instrumentaires est requise, à peine de nullité, au moment de la lecture par le notaire et de la signature par les parties des actes contenant donation entre-vifs, donation entre époux pendant le mariage, révocation de donation ou de testament, reconnaissance d'enfants naturels, ainsi que des procurations pour consentir à ces divers actes.

Mention de cette présence doit être faite à peine de nullité.

Les testaments sont reçus dans la forme prescrite par le Code civil.

Les actes notariés passés dans les établissements français de l'Inde antérieurement à la promulgation du présent décret, ne peuvent être annulés par le motif que le notaire en second ou les deux témoins instrumentaires n'auraient pas été présents à la réception desdits actes.

Art. 10. — Deux notaires parents ou alliés au degré prohibé par l'art. 8, leurs clercs et leurs serviteurs ne peuvent être témoins.

Art. 11. — A compter du jour de la promulgation du présent décret, nul acte notarié, dans quelque partie que ce soit des établissements français dans l'Inde, ne pourra être écrit qu'en langue française.

Toutefois, lorsque les parties ou l'une d'elles en feront la demande, l'acte pourra être reçu dans la langue native la plus usitée dans chaque localité. Dans ce cas, la traduction en langue française devra toujours être immédiatement transcrite au pied de l'acte par les soins du notaire, et signée de lui ainsi que de l'interprète assistant, s'il y a lieu.

Les copies, grosses ou expéditions devront toujours être délivrés dans les deux langues.

Les parents ou alliés soit du notaire, soit des parties contractantes en ligne directe à tous les degrés et en ligne collatérale jusqu'au degré d'oncle et de neveu inclusivement, ne pourront remplir les fonctions d'interprète dans le cas prévu par le présent article.

Ne pourront aussi être pris pour interprètes d'un testament par acte public, les légataires à quelque titre que ce soit, ni leurs parents ou alliés jusqu'au degré de cousin germain inclusivement.

Art. 12. — Le nom, la filiation, s'il y a lieu, l'état et la demeure des parties doivent être connus des notaires ou leur être attestés dans l'acte par deux citoyens connus d'eux, ayant les mêmes qualités que celles requises pour être témoins instrumentaires.

Art. 13. — Tous les actes doivent énoncer le lieu et le nom de résidence du notaire qui les reçoit, à peine de 20 francs d'amende.

Ils doivent également énoncer les nom, filiation, s'il y a lieu, et qualités des témoins instrumentaires, leur demeure, le lieu, l'année et le jour où les actes sont passés, sous peine de dommages-intérêts contre le notaire qui peut, en outre, s'il y a lieu, être poursuivi comme coupable de faux.

Art. 14. — Les actes des notaires sont écrits en un seul et même contexte, lisiblement, sans abréviations, blancs, lacunes ni intervalles ; ils contiennent les noms, filiation, caste, s'il y a lieu, qualités et demeure des parties ainsi que des témoins qui seraient appelés dans le cas de l'art. 9.

Ils énoncent en toutes lettres les sommes et les dates.

Si les procurations des contractants n'existent pas en minute dans l'étude du notaire qui reçoit l'acte, elles doivent y être annexées et il est fait mention que lecture de l'acte a été faite aux parties.

Le tout à peine de vingt francs d'amende.

Art. 15. — Les actes notariés sont signés par les parties, les témoins, et par les notaires qui doivent en faire mention, à la fin de l'acte.

Quant aux parties qui ne savent ou ne peuvent signer, le notaire doit faire mention, à la fin de l'acte, de leurs déclarations à cet égard.

Art. 16. — Les renvois et apostilles ne peuvent, sauf l'exception ci-après, être écrits qu'en marge ; ils sont signés ou parafés tant par les notaires que par les autres signataires, à peine de nullité des renvois et apostilles.

Si la longueur du renvoi exige qu'il soit transporté à la page suivante ou à la fin de l'acte, il doit être non seulement signé et parafé comme les renvois écrits en marge, mais encore expressément approuvé par les parties; à peine de nullité du renvoi.

Art. 17. — Il ne doit y avoir ni surcharge, ni interligne, ni addition dans le corps de l'acte; les mots surchargés, interlignés ou ajoutés sont nuls.

Les mots qui doivent être rayés le sont de manière que le nombre puisse en être constaté à la marge de leur page correspondante ou à la fin de l'acte, et sont approuvés de la même manière que les renvois écrits en marge, le tout à peine d'une amende de dix francs contre le notaire, ainsi que de tous dommages-intérêts et même de destitution en cas de fraude.

Art. 18. — Le notaire qui contreviendra aux lois et arrêtés concernant les noms et qualifications supprimés, les clauses et expressions féodales, les mesures, l'annuaire et la numération officiellement usités dans la colonie, est condamné à une amende de vingt francs, qui est double en cas de récidive.

Art. 19. — Le notaire tient exposé dans son étude un tableau sur lequel il inscrit les noms, prénoms, filiation, castes, qualités et demeure des personnes qui, dans l'étendue du ressort où il peut exercer, sont interdites ou assistées d'un conseil judiciaire, ainsi que la mention des jugements d'interdiction ou de nomination d'un conseil judiciaire, le tout immédiatement après la notification d'un extrait desdits jugements faite par le greffier du tribunal qui les a rendus et à peine de dommages-intérêts des parties.

Art. 20. — Tous actes notariés font pleine foi en justice de la convention qu'ils renferment entre les parties contractantes et leurs héritiers ou ayants cause.

Ils sont exécutoires dans toute l'étendue du territoire de la République et dans toutes les possessions françaises.

Néanmoins, en cas de plainte en faux principal, l'exécution de l'acte argué de faux est suspendue par la mise en accusation ; en cas d'inscription de faux faite incidemment, les tribunaux peuvent, suivant la gravité des circonstances, suspendre provisoirement l'exécution de l'acte.

Art. 21. — Les notaires sont tenus de garder minute de tous les actes qu'ils reçoivent.

Ne sont pas compris dans la présente disposition : les certificats de vie, procurations, actes de notoriété, les quittances de fermages, de loyers, de salaires, d'arrérages, de pensions, de rentes, de sommes quelconques, si les parties le requièrent, et les autres actes simples qui, d'après la loi, peuvent être délivrés en brevet.

Art. 22. — Le droit de délivrer des grosses et expéditions n'appartient qu'au notaire possesseur de la minute, et néanmoins tout notaire peut délivrer copie de l'acte qui lui a été déposé pour minute.

Si l'acte dont l'expédition ou la grosse est demandée a été reçu en langue native, le notaire ne pourra en délivrer grosse ou expédition qu'en se conformant aux prescriptions de l'art. 11 ci-dessus.

Art. 23. — Les notaires ne peuvent se dessaisir d'aucune minute, si ce n'est dans les cas prévus par la loi et en vertu d'un jugement. Avant de s'en dessaisir, ils en dressent et signent une copie figurée qui, après avoir été certifiée par le juge président du tribunal de première instance ou le juge de paix à compétence étendue de leur résidence, est substituée à la minute dont elle tient lieu jusqu'à la réintégration.

Art. 24. — Les notaires ne peuvent également, sans l'ordonnance du président du tribunal de première instance, délivrer expédition, ni donner connaissance des actes à d'autres qu'aux personnes intéressées en nom direct, héritiers ou ayants droit, à peine de dommages-intérêts, d'une amende de 20 francs, et d'être, en cas de récidive, suspendus de leurs fonctions pendant trois mois ; sauf, néanmoins, les cas dans lesquels les lois et les règlements prescrivent la communication des registres aux préposés de l'enregistrement ainsi que la délivrance d'extraits à publier dans l'auditoire des tribunaux.

Art. 25. — En cas de compulsoire, le procès-verbal est dressé par le notaire dépositaire de l'acte, à moins que le tribunal qui l'ordonne ne commette un de ses membres ou tout autre juge ou tout autre notaire.

Art. 26. — Les grosses seules sont délivrées en forme exécutoire ; elles sont intitulées et terminées dans les mêmes termes que les jugements des tribunaux.

Art. 27. — Il doit être fait mention sur la minute de la délivrance d'une première grosse faite à chacune des parties y ayant droit.

Il ne peut lui en être délivré d'autres, à peine d'une destitution, sans une ordonnance du président du tribunal de première instance ou du juge de paix à compétence étendue, laquelle demeure jointe à la minute.

Art. 28. — Chaque notaire est tenu d'avoir un cachet ou sceau portant ses nom, qualité et résidence, et, d'après un modèle uniforme, le type de la République française.

Les grosses et expéditions des actes portent l'empreinte de ce cachet.

Art. 29. — Lorsque les actes sont produits hors de la colonie, les signatures des notaires qui les ont reçus ou des dépositaires qui en délivrent copie sont légalisées par le président du tribunal de première instance ou le juge de paix à compétence étendue.

La signature du président ou du juge de paix est ensuite légalisée par le procureur général.

La signature du procureur général est légalisée par le gouverneur ou l'officier d'administration délégué par lui.

Art. 30. — Les notaires tiennent répertoire de tous les actes qu'ils reçoivent.

Les répertoires sont visés, cotés et parafés par le président, ou, à son défaut, par un juge du tribunal de première instance de la résidence.

Ils contiennent : 1° le numéro d'ordre de l'article; 2° la date de l'acte; 3° sa nature; 4° son espèce, c'est-à-dire la mention qu'il est en minute ou en brevet; 5° les nom, prénoms, qualités et demeure des parties; 6° l'indication des biens, leur situation et le prix lorsqu'il s'agira d'actes ayant pour objet la propriété, l'usufruit ou la jouissance de biens immeubles ; 7° la somme prêtée, cédée ou transportée, s'il s'agit d'obligation, cession ou transport ; 8° la relation de l'enregistrement.

Les notaires font mention sur leurs répertoires, tous les trois mois et avant le visa du receveur de l'enregistrement, des noms des clercs qui, pendant le précédent trimestre, ont été en cours de stage dans leurs études, du temps de travail accompli et du rang de cléricature.

Art. 31. — Les notaires devront, en outre, tenir un registre particulier qui sera visé, coté et parafé, comme il est dit pour le répertoire en l'article précédent, et sur lequel ils inscriront, à la date du dépôt, les nom; prénoms, profession, domicile et lieu de naissance des personnes qui leur remettront un testament olographe. Ce registre ne fera aucune mention de la teneur du testament déposé.

Si, à l'époque où ils auront connaissance du décès de la personne dont le testament olographe aura été déposé en leur étude, aucune partie intéressée ne se présente pour requérir l'application de l'article 1007 du Code civil, ils devront eux-mêmes faire les diligences nécessaires pour la présentation dudit testament au président du tribunal de première instance du ressort, ou au juge de paix à compétence étendue, après en avoir donné avis au parquet.

Art. 32. — Indépendamment du répertoire et du registre prescrits par les articles précédents, les notaires tiendront un registre coté et parafé, soumis au visa du receveur du domaine, sur lequel ils devront mentionner jour par jour, sans blancs, lacunes ni transports en marge : 1° toutes les sommes ou valeurs qu'ils recevront en dépôt à quelque titre que ce soit; 2° les nom, prénoms, profession et demeure des déposants ; 3° la date des dépôts ; 4° l'emploi qui aura été fait des valeurs déposées.

La vérification de ce registre et des fonds ou valeurs reçus par le notaire sera faite ou ordonnée par les soins du parquet au moins une fois par année.

Art. 33. — Les notaires retiennent aux frais des parties pour le dépôt des chartes coloniales créé par l'édit de juin 1776, une copie figurée des actes dont ils doivent garder minute, à l'exception toutefois des inventaires ou des ventes sur inventaires.

Pour les testaments, les notaires sont tenus de remplacer la seconde minute par une expédition dans les quinze jours de l'ouverture et de la publication desdits testaments.

Les copies signées, suivant le cas, par le notaire en second ou les témoins instrumentaires, sont remises, en même temps que la minute au receveur de l'enregistrement, qui la collationne et la vise sans frais.

En cas de perte du titre original, elle fait la même foi que lui.

Les notaires tiennent, en outre, répertoire des copies figurées.

Art. 34. — Les copies figurées ainsi que les répertoires sont, à la diligence du procureur de la République, déposés au greffe du tribunal de première instance ou de la justice de paix, dans les deux premiers mois de chaque année, sous peine d'une amende de 50 fr. contre les retardataires pour chaque mois de retard, et en outre de telles poursuites disciplinaires et dommages-intérêts qu'il appartiendra.

Art. 35. — Les expéditions des actes déposés actuellement par les notaires aux archives coloniales, et celles des actes qui auront été reçus avant l'époque fixée pour l'exécution du présent décret, feront foi en justice et tiendront lieu des originaux si ceux-ci venaient à être perdus.

Titre II. — Régime du notariat.

Section 1. — Nombre, placement et cautionnement des notaires.

Art. 36. — Le nombre des notaires pour les établissements français dans l'Inde, leur placement et leur résidence sont déterminés par décret du Président de la République, sur l'avis de la Cour d'appel, le procureur général entendu.

Art. 37. — Le nombre des notaires pour Pondichéry et ses districts est fixé à quatre, savoir :

Commune de Pondichéry	1
— d'Oulgaret.	1
— de Villenour.	1
— de Bahour	1

Art. 38. — Il y en aura trois à Karikal et ses maganons :

Commune de Karikal	1
— de la Grande-Aldée	1
— de Nédouncadou.	1

Art. 39. — Il n'y aura qu'un seul notaire dans chacun des établissements français de Chandernagor, Mahé et Yanaon.

Art. 40. — Les suppressions ou réductions d'office ne sont effectuées que par mort, démission ou destitution.

Art. 41. — Les notaires sont assujettis à un cautionnement qui demeure fixé comme suit :

a) Pour les notaires de Pondichéry, Oulgaret, Villenour, Bahour, Karikal, la Grande-Aldée et Nédouncadou :
En immeubles, 5,000 francs, ou en argent, 8,000 francs ;

b) Pour le notaire de Chandernagor :
En immeubles, 1,500 francs, ou en argent, 3,000 francs ;

c) Et pour chacun des notaires de Mahé et de Yanaon, en immeubles, 1,000 francs, ou en argent, 2,000 francs.

Ce cautionnement est spécialement affecté à la garantie des condamnations prononcées contre les notaires par suite de l'exercice de leurs fonctions.

Lorsque, par l'effet de cette garantie, le montant du cautionnement a été employé en tout ou en partie, le notaire est suspendu de ses fonctions jusqu'à ce que le cautionnement ait été entièrement rétabli ; et, faute par lui de le rétablir dans les six mois, il est considéré comme démissionnaire et remplacé.

Art. 42. — Le cautionnement en immeubles est reçu et discuté par le procureur de la République du lieu, qui est chargé de pourvoir à l'ensemble des diligences que comportent la constitution et la garantie de ce cautionnement.

Sont exécutoires dans les établissements français de l'Inde les lois relatives au versement, au retrait et à l'intérêt du cautionnement des notaires en France.

Section 2. — Conditions pour être admis et mode de nomination au notariat.

Art. 43. — Pour être admis aux fonctions de notaire, il faut : 1° jouir de l'exercice de ses droits civils et politiques; 2° avoir satisfait, s'il y a lieu, à la loi sur le recrutement de l'armée; 3° être âgé de 25 ans accomplis; 4° justifier du temps de travail prescrit par l'article suivant.

Art. 44. — La durée du stage est de six années entières et consécutives dont une au moins en qualité de premier clerc, soit dans une colonie française, soit en France, sauf les interruptions nécessitées par l'accomplissement des devoirs imposés par la loi militaire.

Toutefois, si le postulant est licencié en droit ou porteur du certificat d'aptitude délivré par les écoles de droit des colonies, le stage est réduit à deux années.

N'est assujetti qu'à la condition d'un an de stage dans une étude de la colonie, celui qui justifie avoir été deux ans premier clerc dans une étude de France.

Art. 45. — Peuvent n'être assujettis à aucune condition de stage les postulants qui justifient avoir exercé pendant cinq ans au moins des fonctions judiciaires en France ou dans les colonies, tels que membre d'une cour, d'un tribunal, juge de paix, les receveurs d'enregistrement, les avocats et avoués ayant dix ans d'exercice professionnel.

Art. 46. — Tout postulant doit justifier de sa moralité et de sa capacité.

A cet effet, il présente requête au gouverneur, qui l'autorise à se pourvoir devant la Cour.

Il fait viser ses pièces par le procureur général et les dépose au greffe.

Le président désigne un rapporteur, chargé de recueillir des renseignements sur la conduite du requérant, et de lui faire subir un examen en présence de deux notaires et d'un membre du parquet désignés par le procureur général.

Extrait de la requête est affiché pendant un mois avec le nom du rapporteur, tant dans l'auditoire de la Cour que dans celui du tribunal dans le ressort duquel le postulant doit exercer. Il est inséré, à trois reprises différentes, et à huit jours d'intervalle, dans une des feuilles publiques de la colonie.

Art. 47. — Dans les huit jours qui suivent l'expiration des délais ci-dessus, le conseiller désigné fait son rapport en chambre du conseil, et la Cour, le procureur général entendu, émet son avis.

Cet avis est transmis par le procureur général au gouverneur qui délivre, s'il y a lieu, une commission provisoire au postulant.

La commission énonce le lieu de la résidence.

Les notaires sont définitivement nommés par le président de la République, sur la proposition du ministre de la marine et des colonies.

Art. 48. — Les commissions des notaires sont, à la réquisition du ministère public, lues à l'audience et transcrites sur un registre du greffe à ce destiné.

Art. 49. — Dans les deux mois de leur nomination et à peine de déchéance, les notaires sont tenus de prêter, à l'audience du tribunal dans le ressort duquel ils doivent exercer, le serment que la loi exige de tout fonctionnaire public, ainsi que celui de remplir leurs fonctions avec exactitude et probité.

Ils ne sont admis à prêter serment qu'en présentant l'original de leur commission et la preuve de la réalisation de leur cautionnement.

Ils sont tenus de faire enregistrer le procès-verbal de prestation de serment au secrétariat de la municipalité du lieu où ils doivent résider.

Art. 50. — Les notaires n'ont le droit d'exercer qu'à compter du jour où ils ont prêté serment.

Art. 51. — Avant d'entrer en fonctions, ils doivent déposer au greffe du tribunal dans le ressort duquel ils doivent exercer, ainsi qu'au secrétariat de la municipalité, leur signature et leur parafe.

Section 3. — Discipline des notaires.

Art. 52. — La discipline des notaires appartient au procureur général.

Ce dernier prononce contre eux, après les avoir entendus, le rappel à l'ordre, la censure simple, la censure avec réprimande; il leur donne tout avertissement qu'il juge convenable.

A l'égard des peines plus graves, telles que la suspension, le remplacement ou la destitution, il fait d'office, ou sur la réclamation des parties, les propositions qu'il juge nécessaires, et le gouverneur statue après avoir pris l'avis du tribunal, qui entend, en chambre du conseil, le notaire inculpé, sauf recours au ministre de la marine et des colonies.

La suspension ne peut être prononcée pour une période de plus d'une année; elle peut être provisoirement appliquée jusqu'à ce que le ministre ait statué.

Le remplacement ainsi que la destitution ne deviennent définitifs qu'après qu'ils ont été approuvés par décret du Président de la République.

Art. 53. — Au commencement de chaque année, le procureur général nomme, parmi les notaires en résidence dans le ressort du tribunal de première instance de Pondichéry, un syndic dont les attributions consistent :

a) A donner son avis, après information, s'il y a lieu, sur toutes plaintes qui seraient portées contre un notaire de la colonie;

b) A intervenir officieusement et comme conciliateur dans les débats qui s'élèveraient soit entre des notaires, soit entre les notaires et leurs clients;

c) A donner son avis, lorsqu'il en est requis par les magistrats, sur les difficultés que feraient naître les réclamations d'honoraires, vacations et droits formées par les notaires;

d) A représenter les notaires toutes les fois qu'il s'agit de leurs intérêts collectifs, et dans toutes leurs relations ou communications avec l'autorité judiciaire.

Le syndic sortant peut être indéfiniment renommé; il continue ses fonctions jusqu'à son remplacement.

Art. 54. — Les honoraires et vacations non tarifés sont réglés à l'amiable entre les notaires et les parties, sinon, conformément à un tarif qui sera soumis à l'approbation du ministre de la marine et des colonies.

Art. 55. — Il est défendu aux notaires de s'associer soit avec d'autres notaires, soit avec des tiers pour l'exploitation de leurs offices.

Il leur est également défendu, soit par eux-mêmes, soit par personnes interposées, soit directement, soit indirectement :

a) De se livrer à aucune spéculation de bourse ou opération de commerce, banque, escompte et courtage; de souscrire à quelque titre et sous quel prétexte que ce soit, des lettres de change ou billets à ordre négociables ;

b) De s'immiscer dans l'administration d'aucune société, entreprise ou compagnie de finances, de commerce ou d'industrie ;

c) De faire des spéculations relatives à l'acquisition et à la revente des immeubles, à la cession des créances, droits successifs, actions industrielles et autres droits incorporels ;

d) De s'intéresser dans aucune affaire pour laquelle ils prêtent leur ministère;

e) De placer en leur nom personnel des fonds qu'ils auraient reçus, même à la condition d'en servir les intérêts ;

f) De se constituer garants ou cautions, à quelque titre que ce soit, des prêts qui auraient été faits par leur intermédiaire, ou qu'ils auraient été chargés de constater par acte public ou privé.

g) De se servir de prête-noms en aucune circonstance, même pour des actes autres que ceux désignés ci-dessus ;

h) Et spécialement de faire ou laisser intervenir leurs clercs en qualité de mandataires d'une ou plusieurs des parties qui contractent devant eux.

Art. 56. — Les contraventions aux prohibitions portées en l'article précédent sont, ainsi que les autres infractions à la discipline, poursuivies, lors même qu'il n'existerait aucune partie plaignante, et punies, suivant la gravité des cas, conformément aux dispositions de l'article 52.

Art. 57. — Tout notaire suspendu, destitué ou remplacé, doit aussitôt après la notification qui lui a été faite de la décision du gouverneur prononçant sa suspension, sa destitution ou son remplacement, cesser l'exercice de son état, à peine de tous dommages-intérêts et des autres condamnations prononcées par la loi contre tout fonctionnaire suspendu ou destitué qui continue l'exercice de ses fonctions.

Le notaire suspendu ne peut les reprendre, sous les mêmes peines, qu'après cessation du temps de la suspension.

Art. 58. — Toutes condamnations à l'amende ou à des dommages-intérêts, sont prononcées contre les notaires par le tribunal de première instance de leur résidence à la poursuite des parties intéressées, ou d'office à la poursuite et diligence du procureur de la République.

Ces jugements sont sujets à appel.

Art. 59. — Les notaires destitués peuvent être relevés des déchéances et incapacités résultant de leur destitution et jouir du bénéfice de la loi du 14 août 1855 sur la réhabilitation.

Art. 60. — Toutes les dispositions de la loi du 14 août 1885, relatives à la réhabilitation des condamnés à une peine correctionnelle, sont déclarées applicables aux demandes formées en vertu de l'article précédent.

Le délai de trois ans fixé par le dernier paragraphe de l'article 620 du Code d'instruction criminelle, court du jour de la cessation des fonctions.

Art. 61. — Le gouverneur peut, sur le rapport du procureur général, accorder, pour des motifs graves, des congés aux notaires.

Les intérimaires présentés par eux doivent, dans ce cas, justifier des conditions d'âge, de moralité et de capacité exigées des titulaires.

Section 4. — Garde et transmission des minutes du notariat en cas de mort, de démission ou de destitution des notaires. Recouvrement.

Art. 62. — Dans les arrondissements de Pondichéry et de Karikal, le garde des minutes du notaire décédé, destitué ou démissionnaire sera, sur réquisition du ministère public et par ordonnance du juge président du tribunal de première instance, provisoirement confiée à un autre notaire de l'arrondissement ou au greffier du tribunal.

Dans les arrondissements de Chandernagor, de Mahé et de Yanaon, le greffier sera de plein droit chargé de la garde des minutes.

Art. 63. — Lorsque le successeur du notaire décédé, destitué ou démissionnaire aura été nommé et aura prêté serment, les minutes et répertoires seront immédiatement mis en sa possession.

Art. 64. — Un procès-verbal, dressé en présence du procureur de la République, constatera les remises prévues par les articles 62 et 63.

Il sera accompagné d'un état sommaire des minutes remises ; le notaire ou le greffier qui les recevra en prendra charge au pied de l'acte, dont un double sera déposé au greffe du tribunal de première instance.

Art. 65. — Le titulaire ou ses héritiers et ayants droit, et le notaire qui reçoit les minutes, aux termes des articles ci-dessus, traitent de gré à gré des recouvrements à raison des actes dont les honoraires sont encore dus et du bénéfice des expéditions.

S'ils ne peuvent s'accorder, l'appréciation est faite par le tribunal.

Titre III. — *Des notaires actuels.*

Art. 66. — Sont maintenus tous les notaires actuellement en service.

Ils sont tenus de justifier dans le délai de six mois, au procureur de la République près le tribunal de première instance ou à l'officier du ministère public près la justice de paix à compétence étendue dans le ressort duquel est fixée leur résidence, de la réalisation de leur cautionnement exigé par l'article 41, soit en argent, soit en immeubles, sous peine d'être réputés démissionnaires et remplacés s'il y a lieu.

Art. 67. — Ils exercent ou continuent d'exercer leurs fonctions, et conservent rang entre eux et suivant la date de leurs réceptions respectives.

DISPOSITIONS GÉNÉRALES.

Art. 68. — Tout acte fait en contravention des articles 6, 8, 9, 10, 15, 21 et 57 est nul, s'il n'est pas revêtu de la signature de toutes les parties contractantes, ne vaut que comme écrit sous signatures privées, sauf dans les deux cas, s'il y a lieu des dommages-intérêts contre le notaire.

Art. 69. — Toutes dispositions antérieures sont et demeurent abrogées.

Art. 70. — Le ministre de la marine et des colonies et le garde des sceaux, ministre de la justice, sont chargés, chacun en ce qui le concerne, de l'exécution du présent décret.

II. *Décret du 8 janvier 1889 modifiant le décret du 24 août 1887 qui contient organisation du notariat dans les établissements français de l'Inde* (1).

Le Président de la République française, sur le rapport du ministre de la marine et des colonies, et du garde des sceaux, ministre de la justice et des cultes ; vu l'article 18 du sénatus-consulte du 3 mai 1854 ; vu le décret du 24 août 1887, portant organisation du notariat dans les établissements français de l'Inde,

Décrète :

Art. 1er. — La durée du stage exigé des candidats aux fonctions de notaire dans les établissements français de l'Inde qui sont pourvus du diplôme de licencié en droit ou du certificat d'aptitude délivré par les écoles de droit des colonies, pourra être réduite à un an pendant une période de cinq années à partir du présent décret. Il sera fait mention de la dispense dans le décret de nomination.

Art. 2. — Sont abrogées les dispositions contraires à l'article 44 du décret du 24 août 1887.

Art. 3. — Le ministre de la marine et des colonies, et le garde des sceaux, ministre de la justice et des cultes, sont chargés, chacun en ce qui le concerne, de l'exécution du présent décret.

NOUVELLE CALÉDONIE

Le service du notariat est régi par un arrêté local du 27 août 1875 pris à la suite du décret du 6 janvier 1873 séparant le greffe du notariat.

Cet arrêté n'est en grande partie que la reproduction du décret du 14 juin 1864 relatif aux Antilles (V. *suprà*, p. 708).

Est applicable à la Nouvelle-Calédonie, le décret des 16 juillet et 12 novembre 1878, dont nous avons donné le texte, *suprà*, p. 719, et par lequel la présence d'un interprète au moment de la rédaction des actes notariés est nécessaire lorsqu'une des parties ou un des témoins ne comprend pas la langue française.

RÉUNION

Décret des 26 juin et 3 septembre 1879, contenant l'organisation du notariat à la Réunion.

Le Président, de la République française, sur le rapport du ministre de la marine et des colonies et du garde des sceaux, ministre de la justice ; vu l'article 6, § 12, du sénatus-consulte du 3 mai 1854, qui règle la constitution des colonies de la Martinique, de la Guadeloupe et de la Réunion ; vu la loi du 25 ventôse an XI (16 mars 1803), contenant organisation du notariat ; vu la loi du 21 juin 1843, sur la forme des actes notariés ; vu l'édit de juin 1776, portant

(1) Par décret du 7 mai 1890, le nombre des notaires pour la commune de Pondichéry a été porté d'un à trois.

établissement d'un dépôt sous le nom de *Dépôt des chartes des colonies*; vu les lois des finances des 28 avril 1816 (articles 91 et 92), 19 mai 1849 (article 9), et 4 août 1844 (article 7); vu la loi du 15 janvier 1805, contenant les mesures relatives au remboursement des cautionnements; vu l'ordonnance royale du 30 septembre 1827, concernant l'organisation de l'ordre judiciaire et l'administration de la justice à l'île Bourbon (articles 185, 186 et 187); vu le décret du 16 février 1807, concernant le tarif des frais en matière civile (chapitre 7), et l'ordonnance royale du 10 octobre 1841, concernant le tarif des frais et dépens relatifs aux ventes judiciaires des biens immeubles (article 14); vu l'article 10 de la loi du 16 juin 1824, relative aux droits d'enregistrement et de timbre; vu l'article 117 de l'ordonnance royale du 21 août 1825, concernant le gouvernement de l'île Bourbon, modifié par le décret du 14 septembre 1853; vu l'article 12 de l'ordonnance du 4 janvier 1843, relative à la discipline des notaires; vu la loi du 4 mai 1861, relative à la légalisation des signatures des notaires par les juges de paix; le conseil d'Etat entendu,

Décrète :

DISPOSITIONS PRÉLIMINAIRES.

Art. 1er. — Le notariat est organisé dans la colonie de la Réunion conformément aux dispositions suivantes :

Titre Ier. — *Des notaires et des actes notariés*

Section 1. — Des fonctions, ressort et devoirs des notaires.

Art. 2. — Les notaires sont des fonctionnaires publics établis pour recevoir tous les actes et contrats auxquels les parties doivent ou veulent faire donner le caractère d'authenticité attaché aux actes de l'autorité publique, et pour en assurer la date, en conserver le dépôt, en délivrer des grosses et expéditions.

Ils sont institués à vie.

Continueront néanmoins d'être exécutées les dispositions de l'article 9 de la loi du 19 mai 1849.

Art. 3. — Ils sont tenus de prêter leur ministère lorsqu'ils en sont requis.

Art. 4. — Chaque notaire doit résider dans le lieu fixé par un décret du Président de la République.

En cas de contravention à la disposition précédente, il est considéré comme démissionnaire, et le procureur général peut, après avoir pris l'avis du tribunal, proposer au gouverneur le remplacement provisoire, qui devient définitif après l'approbation du Président de la République.

Art. 5. — Les notaires exercent leurs fonctions dans l'étendue du ressort du tribunal de première instance où ils résident.

Art. 6. — Il est défendu à tout notaire d'instrumenter hors de son ressort, à peine d'être suspendu de ses fonctions pendant trois mois, d'être destitué en cas de récidive, et de tous dommages-intérêts.

Art. 7. — Les fonctions de notaire sont incompatibles avec celles de membre des cours d'appel et des tribunaux, de greffier, avoué, huissier, préposé à la recette des contributions directes ou indirectes, juges de paix, commissaire de police, commissaire-priseur, et curateur d'office aux successions vacantes.

Toutefois, elles ne sont pas incompatibles avec celles de juge suppléant au tribunal civil et de suppléant de juge de paix.

Section 2. — Des actes, de leur forme, des minutes, grosses, expéditions et répertoires.

Art. 8. — Les notaires ne peuvent recevoir des actes dans lesquels leurs parents ou alliés en ligne directe à tous les degrés, et en ligne collatérale jusqu'au degré d'oncle ou de neveu inclusivement, seraient parties ou qui contiendraient quelques dispositions en leur faveur.

Art. 9. — Les actes autres que ceux auxquels les notaires sont autorisés par la loi à procéder seuls sont reçus par deux notaires ou par un notaire assisté de deux témoins mâles, majeurs, Français, jouissant des droits civils, sachant signer, et domiciliés dans l'arrondissement judiciaire où les actes sont passés.

Ils ne peuvent être annulés par le motif que le notaire en second ou les deux témoins instrumentaires n'auraient pas été présents à leur réception.

Toutefois, la présence du notaire en second ou des témoins instrumentaires est acquise, à peine de nullité, au moment de la lecture par le notaire de la signature par les parties des actes contenant donation entre-vifs, donation entre époux pendant le mariage, révocation de donation ou de testament, reconnaissance d'enfants naturels, ainsi que des procurations pour consentir à ces divers actes. Mention de cette présence doit être faite, à peine de nullité.

Les testaments sont reçus dans la forme prescrite par le Code civil.

Tous les actes notariés passés dans la colonie antérieurement à la promulgation du présent décret ne peuvent être annulés par le motif que le notaire en second ou les deux témoins instrumentaires n'auraient pas été présents à la réception desdits actes.

Art. 10. — Deux notaires parents ou alliés au degré prohibé par l'art. 8 ne peuvent concourir au même acte.

Les parents ou alliés soit du notaire, soit des parties contractantes, au degré prohibé par l'art. 8, leurs clercs et leurs serviteurs ne peuvent être témoins.

Art. 11. — Toutes les fois qu'une personne ne parlant pas la langue française sera partie ou témoin dans un acte, le notaire devra être assisté d'un interprète assermenté qui expliquera l'objet de la convention, avant toute écriture, expliquera de nouveau l'acte rédigé et signera comme témoin additionnel.

Les signatures qui ne seraient pas écrites en *caractères français* seront transcrites en français et la transcription en sera certifiée et signée au pied de l'acte par l'interprète.

Les parents ou alliés soit du notaire, soit des parties contractantes, en ligne directe à tous les degrés, et en ligne collatérale jusqu'au degré d'oncle ou de neveu inclusivement, ne pourront remplir les fonctions d'interprète dans le cas prévu par le présent article. Ne pourront aussi être pris pour les interprètes d'un testament par acte public les légataires à quelque titre que ce soit, ni leurs parents ou alliés jusqu'au degré de cousin germain inclusivement.

Art. 12. — Le nom, l'état et la demeure des parties doivent être connus des notaires ou leur être attestés dans l'acte par deux citoyens connus d'eux, ayant les mêmes qualités que celles requises pour être témoins instrumentaires.

Art. 13. — Tous les actes doivent énoncer le nom et le lieu de résidence du notaire qui les reçoit, à peine de 20 fr. d'amende.

Ils doivent également énoncer les noms et qualités des témoins instrumentaires, leur demeure, le lieu, l'année et le jour où les actes sont passés, sous peine de dommages-intérêts contre le notaire, qui peut en outre, s'il y a lieu, être poursuivi comme coupable de faux.

Art. 14. — Les actes de notaire sont écrits en un seul et même contexte, lisiblement, sans abréviations, blancs, lacunes ni intervalles ; ils contiennent les noms, prénoms, qualités et demeures des parties, ainsi que des témoins qui seraient appelés dans le cas de l'article 12.

Ils énoncent en toutes lettres les sommes et les dates.

Si les procurations des contractants n'existent pas en minute dans l'étude du notaire qui reçoit l'acte, elles doivent y être annexées, et il est fait mention que lecture de l'acte a été faite aux parties.

Le tout à peine de 20 fr. d'amende.

Art. 15. — Les actes notariés sont signés par les parties, les témoins et par les notaires, qui doivent en faire mention à la fin de l'acte.

Quant aux parties qui ne savent ou ne peuvent signer, le notaire doit faire mention, à la fin de l'acte, de leurs déclarations à cet égard.

Art. 16. — Les renvois et apostilles ne peuvent, sauf l'exception ci-après, être écrits qu'en marge ; ils sont signés ou parafés tant par les notaires que par les autres signataires, à peine de nullité des renvois et apostilles.

Si la longueur du renvoi exige qu'il soit transporté à la page suivante ou à la fin de l'acte, il doit être non seulement signé ou parafé comme les renvois écrits en marge, mais encore expressément approuvé par les parties, à peine de nullité du renvoi.

Art. 17. — Il ne doit y avoir ni surcharge, ni interligne, ni addition dans le corps de l'acte ; les mots surchargés, interlignés ou ajoutés sont nuls.

Les mots qui doivent être rayés le sont de manière que le nombre puisse en être constaté à la marge de leur page correspondante ou à la fin de l'acte et sont approuvés de la même manière que les renvois écrits en marge ; le tout à peine d'une amende de 10 fr. contre le notaire, ainsi que de tous dommages-intérêts, et même de destitution en cas de fraude.

Art. 18. — Le notaire qui contrevient aux lois et arrêtés concernant les noms et qualifications, les mesures ainsi que la numération décimale, est condamné à une amende de 20 fr., qui est double en cas de récidive.

Art. 19. — Le notaire tient exposé, dans son étude, un tableau sur lequel il inscrit les noms, prénoms, qualités et demeures des personnes qui, dans l'étendue du ressort où il peut exercer, sont interdites ou assistées d'un conseil judiciaire, ainsi que la mention des jugements d'interdiction ou de nomination d'un conseil judiciaire ; le tout, immédiatement après la notification d'un extrait desdits jugements, faite par le greffier du tribunal qui les a rendus, et à peine de dommages-intérêts des parties.

Art. 20. — Tous actes notariés font pleine foi en justice et sont exécutoires dans l'étendue du territoire de la République et dans toutes les possessions françaises.

Néanmoins, en cas de plainte en faux principal, l'exécution de l'acte argué de faux est suspendue par la mise en accusation ; en cas d'inscription de faux faite incidemment, les tribunaux peuvent, suivant la gravité des circonstances, suspendre provisoirement l'exécution de l'acte.

Art. 21. — Les notaires sont tenus de garder minute de tous les actes qu'ils reçoivent.

Néanmoins, ne sont pas compris dans la présente disposition les certificats de vie, procurations, actes de notoriété, les quittances de fermages, de loyers, de salaires, d'arrérages de pension, de rentes ou même de sommes quelconques, si les parties le requièrent, et les autres actes simples qui, d'après la loi, peuvent être délivrés en brevet.

Art. 22. — Le droit de délivrer des grosses et expéditions n'appartient qu'au notaire possesseur de la minute, et néanmoins tout notaire peut délivrer copie de l'acte qui lui a été déposé pour minute.

Art. 23. — Les notaires ne peuvent se dessaisir d'aucune minute, si ce n'est dans les cas prévus par la loi et en vertu d'un jugement.

Avant de s'en dessaisir, ils en dressent et signent une copie figurée qui, après avoir été certifiée par le président et le procureur de la République du tribunal de première instance de leur résidence, est substituée à la minute, dont elle tient lieu jusqu'à sa réintégration.

Art. 24. — Les notaires ne peuvent également, sans l'ordonnance du président du tribunal de première instance, délivrer expédition ni donner connaissance des actes à d'autres qu'aux personnes intéressées en nom direct, héritiers ou ayants droit, à peine de dommages-intérêts, d'une amende de 20 fr., et d'être, en cas de récidive, suspendus de leurs fonctions pendant trois mois ; sauf néanmoins les cas dans lesquels les lois et les règlements prescrivent la communication des actes et des registres aux préposés de l'enregistrement, ainsi que la délivrance d'extraits à publier dans l'auditoire des tribunaux.

Art. 25. — En cas de compulsoire, le procès-verbal est dressé par le notaire dépositaire de l'acte, à moins que le tribunal qui l'ordonne ne commette un de ses membres, ou tout autre juge, ou tout autre notaire.

Art. 26. — Les grosses seules sont délivrées en forme exécutoire ; elles sont intitulées et terminées dans les mêmes termes que les jugements des tribunaux.

Art. 27. — Il doit être fait mention, sur la minute, de la délivrance d'une première grosse faite à chacune des parties y ayant droit.

Il ne peut lui en être délivré d'autre part, à peine de destitution, sans une ordonnance du président du tribunal de première instance, laquelle demeure jointe à la minute.

Art. 28. — Chaque notaire est tenu d'avoir un cachet ou sceau particulier, portant ses noms, qualité et résidence et, d'après un modèle uniforme, le type de la République française.

Les grosses et expéditions des actes portent l'empreinte de ce cachet.

Art. 29. — Lorsque les actes sont produits hors de la colonie, les signatures des notaires qui les ont reçus, ou des dépositaires qui en délivrent copie, sont légalisées par le président du tribunal de première instance de la résidence des notaires ou des dépositaires, ou concurremment par le juge de paix du canton, si ce dernier ne siège pas au chef-lieu du ressort du tribunal.

La signature du président ou du juge de paix est ensuite légalisée par le gouverneur.

La signature du gouverneur est légalisée par le ministre de la marine et des colonies, lorsque les actes sont produits en France ou dans les colonies françaises des Antilles, de la Guyane, du Sénégal et dépendances, de Saint-Pierre et Miquelon, ou dans les établissements de la côte d'Or, du Gabon et de l'Océanie.

Art. 30. — Les notaires tiennent répertoire de tous les actes qu'ils reçoivent.

Art. 31. — Les répertoires sont visés, cotés et parafés par le président ou, à son défaut, par un juge du tribunal de première instance de la résidence.

Ils contiennent : 1° le numéro d'ordre de l'article ; 2° la date de l'acte ; 3° sa nature ; 4° la mention qu'il est en minute ou en brevet ; 5° les noms, prénoms, qualités et demeures des parties ; 6° l'indication des biens, leur situation et le prix, lorsqu'il s'agira d'actes ayant pour objet la propriété, l'usufruit ou la jouissance des biens immeubles ; 7° la somme prêtée, cédée ou transportée, s'il s'agit d'obligation, cession ou transport ; 8° la relation de l'enregistrement.

Les notaires font mention sur leurs répertoires, tous les trois mois et avant le visa du receveur de l'enregistrement, des noms des clercs qui, pendant le précédent trimestre, ont été en cours de stage dans leurs études, du temps de travail accompli et du rang de cléricature.

Art. 32. — Les notaires retiennent, aux frais des parties, pour le dépôt des chartes des colonies créé en France par l'édit de juin 1876, une copie figurée des actes dont ils doivent garder minute, à l'exception toutefois des inventaires et des ventes sur inventaires.

Cette copie, signée par le notaire qui dresse l'acte ainsi que par le notaire en second ou par les témoins instrumentaires, est remise en même temps que la minute au receveur de l'enregistrement, qui la collationne et la vise sans frais.

En cas de perte du titre original, elle fait la même foi que ce titre.

Les notaires tiennent en outre répertoire des copies figurées.

Art. 33. — Les copies figurées ainsi que leur répertoire sont, à la diligence du procureur près le tribunal de première instance, déposées au greffe dans les deux premiers mois de chaque année, sous peine d'une amende de 50 francs contre les retardataires pour chaque mois de retard, et en outre, de telles poursuites disciplinaires et dommages-intérêts qu'il appartiendra.

Art. 34. — Les expéditions des actes déposés actuellement par les notaires aux archives coloniales et celles des actes qui auront été reçus avant l'époque fixée pour l'exécution du présent décret feront foi en justice et tiendront lieu des originaux, si ceux-ci venaient à être perdus.

Titre II. — Régime du notariat.

Section 1. — Nombre, placement et cautionnement des notaires.

Art. 35. — Le nombre des notaires pour la colonie, leur placement et leur résidence sont déterminés par décret du Président de la République, sur les observations du syndic des notaires et sur l'avis de la cour d'appel, le procureur général entendu.

Art. 36. — Les suppressions ou réductions d'office ne sont effectuées que par mort, démission ou destitution.

Art. 37. — Les notaires sont assujettis à un cautionnement qui demeure fixé comme suit :

Pour les notaires de Saint-Denis, Saint-Pierre et Saint-Paul :

En immeubles	15.000 fr.
Ou en argent	9,000 fr.

Pour les notaires de Saint-Louis et de Saint-Benoît :

En immeubles	12,000 fr.
Ou en argent	7,000 fr.

Pour tous les autres notaires :

En immeubles	7,000 fr.
Ou en argent	4,000 fr.

Ce cautionnement est spécialement affecté à la garantie des condamnations prononcées contre eux par suite de l'exercice de leurs fonctions.

Lorsque, par l'effet de cette garantie, le montant du cautionnement a été employé en tout ou en partie, le notaire est suspendu de ses fonctions jusqu'à ce que le cautionnement ait été entièrement rétabli ; et faute par lui de le rétablir dans les six mois, il est considéré comme démissionnaire et remplacé.

Art. 38. — Le cautionnement en immeubles est reçu et discuté par le procureur général, chef du service judiciaire, qui est chargé de pourvoir à l'ensemble des diligences que comportent la constitution et la garantie de ce cautionnement.

Section 2. — Conditions pour être admis et mode de nomination au notariat.

Art. 39. — Pour être admis aux fonctions de notaire, il faut : 1° jouir de l'exercice de ses droits civils ; 2° avoir satisfait, s'il y a lieu, à la loi du recrutement de l'armée ; 3° être âgé de vingt-cinq ans accomplis ; 4° justifier du temps de travail prescrit par l'article suivant.

Art. 40. — La durée du stage est de six années entières et consécutives, dont une au moins en qualité de premier clerc, soit dans une colonie française, soit en France, sauf les interruptions nécessitées par l'accomplissement des devoirs imposés par les lois militaires.

Toutefois, si le postulant est licencié en droit ou s'il justifie avoir travaillé pendant trois années, dont une au moins en qualité de premier clerc, dans une étude d'avoué, le temps de stage est réduit à deux années.

N'est assujetti qu'à la condition d'un an de stage dans une étude de la colonie où il demande à être notaire, celui qui justifie avoir été un an premier ou second clerc, ou trois ans troisième clerc à Paris, ou un an premier clerc, ou trois ans second clerc dans une étude de seconde classe en France.

Art. 41. — Des dispenses peuvent être accordées aux postulants qui ont exercé des fonctions administratives ou judiciaires, aux avocats et aux anciens avoués ayant cinq ans d'exercice professionnel.

Art. 42. — Tout postulant doit justifier de sa moralité et de sa capacité.

A cet effet, il présente requête au gouverneur, qui l'autorise à se pourvoir devant la Cour.

Il fait viser ses pièces par le procureur général et les dépose au greffe.

Le président désigne un magistrat rapporteur chargé de recueillir des renseignements sur la conduite du requérant et de lui faire subir un examen en présence de deux notaires ou d'un membre du parquet, désignés par le procureur général.

Extrait de la requête est affiché pendant un mois, avec le nom du rapporteur, tant dans l'auditoire de la Cour que dans celui du tribunal de l'arrondissement où le postulant doit exercer. Il est inséré, à trois reprises différentes et à huit jours d'intervalle, dans une des feuilles publiques de la colonie.

Art. 43. — Dans les huit jours qui suivent l'expiration des délais ci-dessus, le juge désigné fait son rapport en chambre du conseil, et la Cour, le procureur général entendu, émet son avis.

Cet avis est transmis par le procureur général au gouverneur, qui délivre, en cas de nécessité, une commission provisoire au postulant.

La commission énonce le lieu de la résidence.

Les notaires sont définitivement nommés par le Président de la République, sur le rapport du ministre de la marine et des colonies.

Art. 44. — Dans les deux mois de leur nomination, et à peine de déchéance, les notaires sont tenus de prêter, à l'audience du tribunal dans le ressort duquel leur résidence a été fixée, le serment que la loi exige de tout fonctionnaire public, ainsi que celui de remplir leurs fonctions avec exactitude et probité.

Ils ne sont admis à prêter serment qu'en présentant l'original de leur commission et la preuve de la réalisation de leur cautionnement.

Art. 45. — Les commissions des notaires sont, à la réquisition du ministère public, lues à l'audience et transcrites ensuite sur le registre du greffe à ce destiné.

Les notaires sont tenus de faire enregistrer le procès-verbal de prestation de serment au secrétariat de la municipalité du lieu où ils doivent résider et au greffe du tribunal dans le ressort duquel ils doivent exercer.

Art. 46. — Ils n'ont le droit d'exercer qu'à compter du jour où ils ont prêté serment.

Art. 47. — Avant d'entrer en fonctions, ils doivent déposer leur signature et leur parafe au greffe du tribunal de première instance et au greffe de la justice de paix du canton, s'ils résident hors du chef-lieu d'arrondissement, ainsi qu'au secrétariat de la municipalité de leur résidence.

Section 3. — Discipline des notaires.

Art. 48. — La discipline des notaires appartient au procureur général.

Ce dernier prononce contre eux, après les avoir entendus, le rappel à l'ordre, la censure simple, la censure avec réprimande; il leur donne tout avertissement qu'il juge convenable.

A l'égard des peines plus graves, telles que la suspension, le remplacement ou la destitution, il fait d'office, ou sur les réclamations des parties, les propositions qu'il juge nécessaires.

La suspension ainsi que le remplacement provisoire sont prononcés par le gouverneur, après avis du tribunal, qui entend en chambre du conseil le fonctionnaire inculpé, sauf recours au ministre de la marine et des colonies.

La suspension ne peut être prononcée pour une période de plus d'une année; elle peut être provisoirement appliquée jusqu'à ce que le ministre ait statué.

Le remplacement définitif ainsi que la destitution ne peuvent être prononcés que par un décret du Président de la République, sur la proposition du ministre de la marine et des colonies.

Art. 49. — Au commencement de chaque année, le procureur général nomme parmi les notaires du lieu où siège la Cour un syndic dont les attributions consistent : 1° à donner son avis après information, s'il y a lieu, sur toute plainte qui serait portée contre un notaire de la colonie ; 2° à intervenir officieusement et comme conciliateur dans les débats qui s'élèveraient soit entre des notaires, soit entre les notaires et leurs clients ; 3° à donner son avis, lorsqu'il en est requis par les magistrats, sur les difficultés que feraient naître les réclamations d'honoraires, vacations et droits formés par les notaires ; 4° à représenter les notaires toutes les fois qu'il s'agit de leurs intérêts collectifs et dans toutes leurs relations ou communications avec l'autorité judiciaire.

Le syndic sortant peut être indéfiniment renommé; il continue ses fonctions jusqu'à son remplacement.

Art. 50. — Les honoraires et vacations non tarifés sont réglés à l'amiable entre les notaires et les parties, sinon conformément aux articles 171 et 173 du tarif du 16 février 1807, tel qu'il a été rendu applicable à la Réunion (1).

---

(1) La législation coloniale de la Martinique, de la Guadeloupe et de la Réunion déroge aux art. 171 et 173 du décret de 1807; dans ces colonies, la taxe n'y est pas d'*ordre public*; Fort-de-France, 31 janvier 1880 (*Rev. not.*, n° 6025).

Art. 51. — Il est défendu aux notaires de s'associer, soit avec d'autres notaires, soit avec des tiers, pour l'exploitation de leurs offices.

Il leur est également défendu, soit par eux mêmes, soit par personnes interposées, soit directement, soit indirectement :

a) De se livrer à aucune spéculation de bourse ou opération de commerce, banque, escompte et courtage ; de souscrire, à quelque titre et sous quelque prétexte que ce soit, des lettres de change ou billets à ordre négociables ;

b) De s'immiscer dans l'administration d'aucune société, entreprise ou compagnie de finances, de commerce ou d'industrie ;

c) De faire des spéculations relatives à l'acquisition et à la revente des immeubles, à la cession des créances, droits successifs, actions industrielles et autres droits incorporels ;

d) De s'intéresser dans aucune affaire pour laquelle ils prêtent leur ministère ;

e) De placer en leur nom personnel des fonds qu'ils auraient reçus, même à la condition d'en servir les intérêts ;

f) De se constituer garants ou cautions, à quelque titre que ce soit, des prêts qui auraient été faits par leur intermédiaire ou qu'ils auraient été chargés de constater par acte public ou privé ;

g) Le servir de prête-nom en aucune circonstance, même pour des actes autres que ceux désignés ci-dessus.

Art. 52. — Les contraventions aux prohibitions apportées en l'article précédent sont, ainsi que les autres infractions à la discipline, poursuivies lors même qu'il n'existerait aucune partie plaignante et punies suivant la gravité des cas, conformément aux dispositions de l'article 48.

Art. 53. — Tout notaire suspendu, destitué ou remplacé doit, aussitôt après la notification qui lui a été faite de sa suspension, de sa destitution ou de son remplacement, cesser l'exercice de son état, à peine de tous dommages-intérêts et des autres condamnations prononcées par les lois contre tout fonctionnaire suspendu ou destitué qui continue l'exercice de ses fonctions.

Le notaire suspendu de ses fonctions ne peut les reprendre, sous les mêmes peines, qu'après la cessation du temps de la suspension.

Art. 54. — Toute condamnation à l'amende ou à des dommages-intérêts sont prononcées contre les notaires par le tribunal de première instance de leur résidence, à la poursuite des parties intéressées ; ou d'office, à la poursuite et diligence des procureurs de la République.

Ces jugements sont sujets à l'appel.

Section 4. — Garde, transmission, table des minutes et recouvrements.

Art. 55. — Les minutes et répertoires d'un notaire remplacé ou dont la place a été supprimée peuvent être remis par lui ou par ses héritiers à l'un des notaires résidant dans la même commune, ou à l'un des notaires résidant dans le même arrondissement judiciaire, si le remplacé était le seul notaire établi dans la commune.

Art. 56. — Si la remise des minutes et répertoires du notaire remplacé n'a pas été effectuée, conformément à l'article précédent, dans le mois à compter du jour de la prestation de serment du successeur, la remise en est faite à celui-ci.

Art. 57. — Lorsque la place du notaire sera supprimée, le titulaire ou ses héritiers sont tenus de remettre les minutes et les répertoires, dans le délai de deux mois du jour de la suppression, à l'un des notaires de la commune ou à l'un des notaires de l'arrondissement judiciaire, conformément à l'article 55.

Art. 58. — Le procureur de la République près le tribunal de première instance est chargé de veiller à ce que les remises ordonnées par les articles précédents soient effectuées ; et, dans le cas de suppression de la place, si le titulaire ou ses héritiers n'ont pas fait choix, dans les délais prescrits, du notaire à qui les minutes et répertoires devront être remis, le procureur de la République indique celui qui en demeurera dépositaire.

Le titulaire ou ses héritiers en retard de satisfaire aux dispositions des articles 56 et 57 sont condamnés à 50 francs d'amende pour chaque mois de retard, à compter du jour de la sommation qui leur aura été faite d'effectuer la remise.

Art. 59. — Dans tous les cas, il est dressé un état sommaire des minutes remises, et le notaire qui les reçoit s'en charge au pied de cet acte, dont un double est remis au greffe du tribunal de première instance.

Art. 60. — Le titulaire ou ses héritiers et le notaire qui reçoit les minutes, aux termes des articles 55, 56 et 57, traitent de gré à gré des recouvrements, à raison des actes dont les honoraires sont encore dus et du bénéfice des expéditions.

S'ils ne peuvent s'accorder, l'appréciation en est faite par deux notaires dont les parties conviennent ou qui sont nommés d'office par le tribunal parmi les notaires de la même résidence ou, à leur défaut, parmi ceux de la résidence la plus voisine.

Art. 61. — Immédiatement après le décès du notaire ou de tout autre possesseur des minutes, les minutes et répertoires sont mis sous les scellés, par le juge de paix de la résidence, jusqu'à ce qu'un autre notaire en ait été provisoirement chargé par ordonnance du président du tribunal de première instance de la résidence.

Titre III. — *Des notaires actuels.*

Art. 62. — Sont maintenus tous les notaires actuellement en exercice.

Ils sont tenus de justifier, dans le délai d'un an, au procureur de la République près le tribunal de première instance dans le ressort duquel est fixée leur résidence, de la réalisation de leur cautionnement exigé par l'article 37, soit en argent, soit en immeubles, sous peine d'être réputés démissionnaires ou remplacés, s'il y a lieu.

Art. 63. — Ils exercent ou continuent d'exercer leurs fonctions et conservent rang entre eux suivant la date de leurs réceptions respectives.

DISPOSITIONS GÉNÉRALES.

Art. 64. — Tout acte fait en contravention aux articles 6, 8, 9, 10, 15, 21 et 53 est nul s'il n'est pas revêtu de la signature de toutes les parties ; et lorsque l'acte est revêtu de la signature de toutes les parties contractantes, il ne vaut que comme écrit sous signatures privées, sauf dans les deux cas, s'il y a lieu, des dommages-intérêts contre le notaire.

Art. 65. — Le gouverneur peut, sur le rapport du procureur général, accorder, pour des motifs graves, des congés aux notaires.

Les intérimaires présentés par eux, dans ce cas, doivent justifier des conditions d'âge, de moralité et de capacité exigées des titulaires.

Art. 66. — Toutes dispositions contraires au présent décret sont et demeurent rapportées.

Art. 67. — Le ministre de la marine et des colonies et le ministre de la justice sont chargés, chacun en ce qui le concerne, de l'exécution du présent décret.

SAINT-PIERRE ET MIQUELON

Décret des 30 juillet et 21 novembre 1879, concernant l'organisation du notariat dans la colonie de Saint-Pierre et Miquelon.

Le Président de la République française, sur le rapport du ministre de la marine et des colonies et du garde des sceaux, ministre de la justice; vu l'article 18 du sénatus-consulte du 3 mai 1854; vu la loi du 25 ventôse an XI (16 mars 1803), contenant organisation du notariat; vu la loi du 21 juin 1843, sur la forme des actes notariés; vu l'édit de juin 1776, portant établissement d'un dépôt sous le nom de *Dépôt des chartes des colonies*; vu les lois des finances des 28 avril 1816 (articles 91 et 92) et 4 août 1844 (article 7); vu la loi du 15 janvier 1805, contenant les mesures relatives au remboursement des cautionnements; vu l'ordonnance royale du 26 juillet 1833, concernant l'organisation de l'ordre judiciaire et l'administration de la justice aux îles Saint-Pierre et Miquelon; vu le décret du 16 juillet 1878, portant que la présence d'un interprète au moment de la rédaction des actes notariés est nécessaire lorsqu'une des parties ne comprend pas le français,

Décrète :

DISPOSITION PRÉLIMINAIRE.

Art. 1er. — Le notariat est organisé dans la colonie de Saint-Pierre et Miquelon conformément aux dispositions suivantes :

Titre Ier. — *Du notaire et des actes notariés.*

Section 1. — Des fonctions, ressort et devoirs des notaires.

Art. 2. — Le notaire est un fonctionnaire public établi pour recevoir tous les actes et contrats auxquels les parties doivent ou veulent faire donner le caractère d'authenticité attaché aux actes de l'autorité publique, et pour en assurer la date, en conserver le dépôt, en délivrer des grosses et expéditions.

L'article 91 de la loi de finances du 28 avril 1816 n'est pas applicable au notaire de Saint-Pierre et Miquelon. Il ne pourra en conséquence présenter de successeur.

Art. 3. — Le notaire est tenu de prêter son ministère lorsqu'il en sera requis.

Art. 4. — Le notaire doit résider à Saint-Pierre.

En cas de contravention, il est considéré comme démissionnaire, et le procureur de la République peut, après avoir pris l'avis du tribunal, proposer au commandant le remplacement provisoire, qui devient définitif après l'approbation du Président de la République.

Art. 5. — Le notaire exerce ses fonctions dans toute l'étendue de la colonie.

Néanmoins, le commandant de la colonie pourra, sur le rapport du chef du service judiciaire et après avoir pris l'avis du conseil d'administration, charger le chef du service administratif, juge de paix à Miquelon, de remplir les fonctions de notaire dans l'étendue de son ressort.

Ce fonctionnaire devra se conformer, pour la rédaction des actes et pour les autres formalités, aux dispositions du présent décret. Il pourra, dans tous les cas, recevoir, en présence de quatre témoins et en suivant les autres règles prescrites par le Code civil, les testaments des justiciables de son ressort.

Le notaire de la colonie conservera, toutefois, le droit de se transporter de tout temps à Miquelon pour y exercer les devoirs de son ministère.

Art. 6. — Les fonctions de notaire sont incompatibles avec celles de juge titulaire en première instance et en appel, d'officier du ministère public, de greffier et d'huissier.

Section 2. — Des actes notariés.

Art. 7. — Le notaire ne peut recevoir des actes dans lesquels ses parents ou alliés en ligne directe à tous les degrés, et en ligne collatérale jusqu'au degré d'oncle ou de neveu inclusivement, seraient parties ou qui contiendraient quelques dispositions en leur faveur.

Art. 8. — Les actes autres que ceux auxquels les notaires sont autorisés par la loi à procéder seuls sont reçus par le notaire, assisté de deux témoins mâles, majeurs, français, jouissant des droits civils, sachant signer, et domiciliés dans l'arrondissement judiciaire où les actes sont passés.

Ils ne peuvent être annulés par le motif que les deux témoins instrumentaires n'auraient pas été présents à leur réception.

Toutefois, la présence des témoins instrumentaires est requise, à peine de nullité, au moment de la lecture par le notaire et de la signature par les parties des actes contenant donation entre vifs, donation entre époux pendant le mariage, révocation de donation ou de testament, reconnaissance d'enfants naturels, ainsi que des procurations pour consentir à ces divers actes. Mention de cette présence doit être faite, à peine de nullité.

Les testaments sont reçus dans la forme prescrite par le Code civil.

Tous les actes notariés passés conformément aux règlements locaux qui ont régi jusqu'à ce jour le notariat aux îles Saint-Pierre et Miquelon ne peuvent être annulés pour le motif que les deux témoins instrumentaires n'auraient pas été présents auxdits actes.

Art. 9. — Les parents ou alliés soit du notaire, soit des parties contractantes, au degré prohibé par l'article 7, ses clercs et ses serviteurs ne peuvent être témoins dans les actes.

Art. 10. — Toutes les fois qu'une personne ne parlant pas la langue française sera partie ou témoin dans un acte, le notaire devra être assisté d'un interprète assermenté qui expliquera l'objet de la convention, avant toute écriture, expliquera de nouveau l'acte rédigé et signera comme témoin additionnel.

Les signatures qui ne seraient pas écrites en *caractères français* seront transcrites en français, et la transcription en sera certifiée et signée, au pied de l'acte, par l'interprète.

Les parents ou alliés soit du notaire, soit des parties contractantes, en ligne directe à tous les degrés, et en ligne collatérale jusqu'au degré d'oncle ou de neveu inclusivement, ne pourront remplir les fonctions d'interprètes dans le cas prévu par le présent article. Ne pourront aussi être pris pour les interprètes d'un testament par acte public les légataires à quelque titre que ce soit, ni leurs parents ou alliés jusqu'au degré de cousin germain inclusivement.

Art 11. — Le nom, l'état et la demeure des parties doivent être connus du notaire ou lui être attestés dans l'acte par deux citoyens connus de lui, ayant les qualités requises pour être témoins instrumentaires.

Tous les actes doivent énoncer le nom et le lieu de résidence du notaire qui les reçoit, à peine de 20 francs d'amende.

Ils doivent également énoncer les noms et qualités des témoins instrumentaires, leur demeure, le lieu, l'année et le jour où les actes sont passés, sous peine de dommages-intérêts contre le notaire, qui peut en outre, s'il y a lieu, être poursuivi comme coupable de faux.

Art. 12. — Les actes de notaire sont écrits en un seul et même contexte, lisiblement sans abréviations, blancs, lacunes ni intervalles; ils contiennent les noms, prénoms, qualités et demeures des parties, ainsi que des témoins qui seraient appelés dans le cas de l'article 10.

Ils énoncent en toutes lettres les sommes et les dates.

Si les procurations des contractants n'existent pas en minute dans l'étude du notaire qui reçoit l'acte, elles doivent y être annexées, et il est fait mention que lecture de l'acte a été faite aux parties.

Le tout à peine de 20 francs d'amende.

Art. 13. — Les actes notariés sont signés par les parties, les témoins et par le notaire, qui doit en faire mention à la fin de l'acte.

Quant aux parties qui ne savent ou ne peuvent signer, le notaire doit faire mention, à la fin de l'acte, de leurs déclarations à cet égard.

Art. 14. — Les renvois et apostilles ne peuvent, sauf l'exception ci-après, être écrits qu'en marge; ils sont signés ou parafés tant par le notaire que par les autres signataires, à peine de nullité des renvois et apostilles.

Si la longueur du renvoi exige qu'il soit transporté à la page suivante ou à la fin de l'acte, il doit être non seulement signé ou parafé comme les renvois écrits en marge, mais encore expressément approuvé par les parties, à peine de nullité du renvoi.

Art. 15. — Il ne doit y avoir ni surcharge, ni interligne, ni addition dans le corps de l'acte; les mots surchargés, interlignés ou ajoutés sont nuls.

Les mots qui doivent être rayés le sont de manière que le nombre puisse en être constaté à la marge de leur page correspondante ou à la fin de l'acte, et sont approuvés de la même manière que les renvois écrits en marge, le tout à peine d'une amende de 10 francs contre le notaire, ainsi que de tous dommages-intérêts et même de destitution en cas de fraude.

Art. 16. — Le notaire qui contrevient aux lois et arrêts concernant les noms et qualifications supprimés, les clauses et expressions féodales, les mesures et l'annuaire de l'État, ainsi que la numération décimale, est condamné à une amende de 20 fr., qui est double en cas de récidive.

Art. 17. — Le notaire tient exposé, dans son étude, un tableau sur lequel il inscrit les noms, prénoms, qualités et demeures des personnes qui, dans l'étendue du ressort où il peut exercer, sont interdites ou assistées d'un conseil judiciaire, ainsi que la mention des jugements d'interdiction ou de nomination d'un conseil judiciaire; le tout, immédiatement après la notification d'un extrait desdits jugements, faite par le greffier du tribunal qui les a rendus, et à peine de dommages-intérêts des parties.

Art. 18. — Tous actes notariés font pleine foi en justice et sont exécutoires dans l'étendue du territoire de la République et dans toutes les possessions françaises.

Néanmoins, en cas de plainte en faux principal, l'exécution de l'acte argué de faux est suspendue par la mise en accusation; en cas d'inscription de faux faite incidemment, les tribunaux peuvent, suivant la gravité des circonstances, suspendre provisoirement l'exécution de l'acte.

Art. 19. — Le notaire est tenu de garder minute de tous les actes qu'il reçoit.

Ne sont pas compris dans la présente disposition les certificats de vie, procurations, actes de notoriété, les quittances de fermages, de loyers, de salaires, d'arrérages de pensions, de rentes ou même de sommes quelconques, si les parties le requièrent, et les autres actes simples qui, d'après la loi, peuvent être délivrés en brevet.

Art. 20. — Le droit de délivrer des grosses et expéditions n'appartient qu'au notaire possesseur de la minute ; néanmoins, le notaire peut délivrer copie de l'acte qui lui a été déposé pour minute.

Art. 21. — Le notaire ne peut se dessaisir d'aucune minute, si ce n'est dans les cas prévus par la loi, en vertu d'un jugement.

Avant de s'en dessaisir, il en dresse et signe une copie figurée qui, après avoir été certifiée par le président et le procureur de la République du tribunal de première instance de la colonie, est substituée à la minute, dont elle tient lieu jusqu'à sa réintégration.

Art. 22. — Le notaire ne peut également, sans l'ordonnance du président du tribunal de première instance, délivrer expédition ni donner connaissance des actes à d'autres qu'aux personnes intéressées en nom direct, héritiers ou ayants droit, à peine de dommages-intérêts, d'une amende de 20 fr., et d'être, en cas de récidive, suspendu de ses fonctions pendant trois mois ; sauf, néanmoins, les cas dans lesquels les lois et les règlements prescrivent la communication des actes et des registres aux préposés de l'enregistrement, ainsi que la délivrance d'extraits à publier dans l'auditoire des tribunaux.

Art. 23. — En cas de compulsoire, le procès-verbal est dressé par le notaire dépositaire de l'acte, à moins que le tribunal qui l'ordonne ne commette un de ses membres ou toute autre personne à cet effet.

Art. 24. — Les grosses seules sont délivrées en forme exécutoire ; elles sont intitulées et terminées dans les mêmes termes que les jugements des tribunaux.

Art. 25. — Il doit être fait mention, sur la minute, de la délivrance d'une première grosse faite à chacune des parties y ayant droit.

Il ne peut lui en être délivré d'autre, à peine de destitution, sans une ordonnance du président du tribunal de première instance, laquelle demeure jointe à la minute.

Art. 26. — Le notaire est tenu d'avoir un cachet ou sceau particulier, portant ses noms, qualité et résidence, et, d'après un modèle uniforme, le type de la République française.

Les grosses et expéditions des actes portent l'empreinte de ce cachet.

Art. 27. — Lorsque les actes sont produits hors de la colonie, la signature du notaire est légalisée par le président du tribunal de première instance de la colonie.

La signature du président est légalisée par le commandant.

La signature du commandant est légalisée par le ministre de la marine et des colonies, lorsque les actes sont produits en France. Elle l'est également, mais sur la demande des parties, lorsque les actes sont produits dans les possessions françaises autres que les colonies d'Amérique et de Taïti.

Art. 28. — Le notaire tient répertoire de tous les actes qu'il reçoit.

Art. 29. — Les répertoires sont visés, cotés et parafés par le président du tribunal de première instance.

Ils contiennent : 1° le numéro d'ordre de l'article ; 2° la date de l'acte ; 3° sa nature ; 4° la mention qu'il est en minute ou en brevet ; 5° les noms, prénoms, qualités et demeures des parties; 6° l'indication des biens, leur situation et le prix, lorsqu'il s'agira d'actes ayant pour objet la propriété, l'usufruit ou la jouissance de biens immeubles; 7° la somme prêtée, cédée ou transportée, s'il s'agit d'obligation, cession ou transport; 8° la relation de l'enregistrement, s'il y a lieu.

Le notaire fait mention sur son répertoire, tous les trois mois, des noms des clercs qui, pendant le précédent trimestre, ont été en cours de stage dans son étude, du temps de travail accompli et du rang de cléricature.

Art. 30. — Le notaire retient, aux frais des parties, pour le dépôt des chartes des colonies créé en France par l'édit de juin 1776, une copie figurée des actes dont il doit garder minute, à l'exception toutefois des inventaires et des ventes sur inventaires.

Cette copie, signée par le notaire et par les témoins instrumentaires, est remise en même temps que la minute au receveur de l'enregistrement, qui la collationne et la vise sans frais.

En cas de perte du titre original, elle fait la même foi que ce titre.

Le notaire tient en outre répertoire des copies figurées.

Art. 31. — Les copies figurées ainsi que leur répertoire sont déposés au greffe dans les deux premiers mois de chaque année, sous peine d'une amende de 50 fr. contre le notaire retardataire pour chaque mois de retard, et, en outre, de telles poursuites disciplinaires et dommages-intérêts qu'il appartiendra.

Art. 32. — Les expéditions des actes déposés actuellement par le notaire aux archives coloniales et celles des actes qui auront été reçus avant l'époque fixée pour l'exécution du présent décret feront foi en justice et tiendront lieu des originaux, si ceux-ci venaient à être perdus.

Titre II. — *Régime du notariat.*

Section 1. — Du cautionnement.

Art. 33. — Le notaire est assujetti à un cautionnement qui demeure fixé comme suit:

En immeubles. . . . . 7,000 fr.
Ou en argent . . . . 4,000 fr.

Ce cautionnement est spécialement affecté à la garantie des condamnations prononcées contre le notaire par suite de l'exercice de ses fonctions.

Lorsque, par l'effet de cette garantie, le montant du cautionnement a été employé en tout ou en partie, le notaire est suspendu de ses fonctions jusqu'à ce que le cautionnement ait été entièrement rétabli; et faute par lui de le rétablir dans les six mois, il est considéré comme démissionnaire et remplacé.

Art. 34. — Le cautionnement en immeubles est reçu et discuté par le chef du service judiciaire, qui prend les dispositions nécessaires pour la constitution et le maintien de ce cautionnement. Sont exécutoires aux îles Saint-Pierre et Miquelon les lois relatives au versement, au retrait et à l'intérêt du cautionnement en argent des notaires de France.

Section 2. — Conditions pour être admis et mode de nomination au notariat.

Art. 35. — Pour être admis aux fonctions de notaire, il faut: 1° être Français et jouir de l'exercice de ses droits civils; 2° avoir satisfait, s'il y a lieu, à la loi du recrutement de l'armée; 3° être âgé de vingt-cinq ans accomplis; 4° justifier du temps de travail prescrit par l'article suivant.

Art. 36. — La durée du stage est de six années entières et consécutives, dont une au moins en qualité de premier clerc, soit dans une colonie française, soit en France.

Toutefois, si le postulant est licencié en droit, ou s'il justifie avoir travaillé pendant trois années; dont une au moins en qualité de premier clerc, dans une étude d'avoué, le temps de stage est réduit à deux années.

N'est assujetti qu'à la condition d'un an de stage dans la colonie celui qui justifie avoir été un an premier ou second clerc, ou trois ans second clerc dans une étude de seconde classe en France.

Art. 37. — Des dispenses peuvent être accordées aux postulants qui ont exercé des fonctions administratives ou judiciaires, aux avocats et aux anciens avoués ayant cinq ans d'exercice professionnel.

Art. 38. — Tout postulant doit justifier de sa moralité et de sa capacité.

A cet effet, il présente requête au commandant, qui l'autorise à se pourvoir devant le conseil d'appel.

Il fait viser ses pièces par le procureur de la République, chef du service judiciaire, et les dépose au greffe.

Le président désigne un magistrat rapporteur chargé de recueillir des renseignements sur la conduite du requérant.

Extrait de la requête est affiché pendant un mois, avec le nom du rapporteur, tant dans l'auditoire de la Cour que dans celui du tribunal de première instance. Il est inséré, à trois reprises différentes et à huit jours d'intervalle, dans la feuille officielle de la colonie.

Art. 39. — La capacité est constatée par une commission composée du chef du service judiciaire, du juge président du conseil d'appel et du président du tribunal de première instance.

Cette commission, après avoir fait passer un examen au postulant, fera connaître, par un rapport au commandant de la colonie, s'il est admissible ou non.

Le commandant fera parvenir ce rapport et celui du juge rapporteur au ministre de la marine et des colonies et délivrera, s'il y a lieu, une commission provisoire au postulant.

Art. 40. — Pourront également être appelés aux fonctions de notaire ceux qui justifieront de leur moralité et de leur capacité conformément à l'art. 43 de la loi du 25 ventôse an XI, au moyen d'un certificat délivré par la Chambre de discipline de la métropole dans le ressort de laquelle le candidat était en dernier lieu inscrit comme stagiaire, et satisferont, en outre, aux conditions de stage imposées par les art. 41 et 42 de la loi pour être admis à exercer comme notaire de troisième classe.

Leurs demandes devront être adressées au ministre de la marine et des colonies.

Art. 41. — Le notaire est nommé définitivement par le Président de la République, sur le rapport du ministre de la marine et des colonies.

La commission définitive de notaire est adressée dans son intitulé par le procureur de la République, chef du service judiciaire, au tribunal de première instance de la colonie.

Art. 42. — Dans les deux mois de sa nomination, et à peine de déchéance, le notaire est tenu de prêter, devant le tribunal de première instance de la colonie, le serment que la loi exige de tout fonctionnaire public, ainsi que celui de remplir ses fonctions avec exactitude et probité.

Il n'est admis à prêter serment qu'en présentant l'original de sa commission et la preuve de la réalisation de son cautionnement.

Art. 43. — La commission du notaire est, à la réquisition du ministère public, lue à l'audience et transcrite ensuite sur le registre du greffe à ce destiné.

Il est tenu de faire enregistrer le procès-verbal de prestation de serment au secrétariat de la municipalité de Saint-Pierre et au greffe du tribunal de première instance.

Art. 44. — Il n'a le droit d'exercer qu'à compter du jour où il a prêté serment.

Art. 45. — Avant d'entrer en fonctions, il doit déposer sa signature et son parafe au greffe du tribunal de première instance, ainsi qu'au secrétariat de la municipalité de Saint-Pierre.

Section 3. — Discipline des notaires.

Art. 46. — La discipline du notariat appartient au chef du service judiciaire de la colonie.

Il prononce contre le notaire, après l'avoir entendu, le rappel à l'ordre, la censure simple, la censure avec réprimande; il lui donne en outre tout avertissement qu'il juge convenable.

A l'égard des peines plus graves, telles que la suspension, le remplacement ou la destitution, il fait d'office, ou sur les réclamations des parties, les propositions qu'il juge nécessaires, et le commandant statue, après avoir pris l'avis des tribunaux, qui entendent en chambre du conseil le fonctionnaire inculpé, sauf recours au ministre de la marine et des colonies.

La suspension ne peut être prononcée pour une période de plus d'une année ; elle peut être provisoirement appliquée jusqu'à ce que le ministre ait statué.

Art. 47. — Les honoraires et vacations non tarifés sont réglés à l'amiable entre le notaire et les parties ; sinon, conformément aux articles 171 et 173 du tarif du 16 février 1807, tel qu'il a été rendu applicable aux îles Saint-Pierre et Miquelon.

Art. 48. — Il est défendu au notaire de s'associer avec des tiers, pour l'exploitation de son office.

Il lui est également défendu, soit par lui-même, soit par personnes interposées, soit directement, soit indirectement :

a) De se livrer à aucune spéculation de bourse ou opération de commerce, banque, escompte et courtage ; de souscrire, à quelque titre et sous quelque prétexte que ce soit, des lettres de change ou billets à ordre négociables ;

b) De s'immiscer dans l'administration d'aucune société, entreprise ou compagnie de finances, de commerce ou d'industrie ;

c) De faire des spéculations relatives à l'acquisition et à la revente des immeubles, à la cession des créances, droits successifs, actions industrielles et autres droits incorporels ;

d) De s'intéresser dans aucune affaire pour laquelle il prête son ministère ;

e) De placer en leur nom personnel des fonds qu'il aurait reçus, même à la condition d'en servir les intérêts ;

f) De se constituer garant ou caution, à quelque titre que ce soit, des prêts qui auraient été faits par son intermédiaire ou qu'il aurait été chargé de constater par acte public ou privé ;

g) De servir de prête-nom en aucune circonstance, même pour des actes autres que ceux désignés ci-dessus.

Art. 49. — Les contraventions aux prohibitions apportées en l'article précédent sont, ainsi que les autres infractions à la discipline, poursuivies lors même qu'il n'existerait aucune partie plaignante, et punies suivant la gravité des cas, conformément aux dispositions de l'article 46.

Art. 50. — Lorsque le notaire est suspendu, destitué ou remplacé il doit, aussitôt après la notification qui lui a été faite de sa suspension, de sa destitution ou de son remplacement, cesser l'exercice de son état, à peine de tous dommages-intérêts et des autres condamnations prononcées par la loi contre tout fonctionnaire suspendu, destitué ou remplacé qui continue à exercer ses fonctions.

Il ne peut les reprendre, sous les mêmes peines, qu'après la cessation du temps de la suspension.

Art. 51. — Toutes condamnations à l'amende ou à des dommages-intérêts sont prononcées contre le notaire par le tribunal de première instance de la colonie, à la poursuite et diligence du procureur de la République.

Ces jugements sont sujets à l'appel.

Section 4. — Garde et transmission des minutes.

Art. 52. — Lorsque le successeur d'un notaire démissionnaire aura été nommé et aura prêté serment, son prédécesseur devra immédiatement lui remettre les minutes en sa possession. Il sera, pour cette remise, dressé un état sommaire des minutes remises, et le notaire qui les recevra en prendra charge au pied de l'acte, dont un double sera déposé au tribunal de première instance. En cas de retard, le notaire démissionnaire est condamné à 50 francs d'amende pour chaque mois de retard, à compter du jour de la sommation qui lui aura été faite d'effectuer la remise.

Art. 53. — La remise des minutes devra être opérée entre les mains du greffier, lorsqu'il sera désigné pour remplir l'intérim de l'office, quels que soient, d'ailleurs, les motifs d'empêchement du titulaire.

Art. 54. — Le titulaire ou ses héritiers et le notaire qui reçoit les minutes, aux termes des articles ci-dessus, traitent de gré à gré des recouvrements, à raison des actes dont les honoraires sont encore dus, et du bénéfice des expéditions.

S'ils ne peuvent s'accorder, l'appréciation en est faite par le tribunal.

DISPOSITION TRANSITOIRE.

Art. 55. — Le notaire actuel est maintenu et confirmé dans ses fonctions.

Il est dispensé de l'obligation de verser le cautionnement prévu par l'article 33.

DISPOSITIONS GÉNÉRALES.

Art. 56. — Tout acte fait en contravention aux articles 7, 8, 9, 13, 20 et 50 est nul s'il n'est pas revêtu de la signature de toutes les parties contractantes, et lorsque l'acte est revêtu de la signature de toutes les parties contractantes, il ne vaut que comme écrit sous signature privée, sauf dans les deux cas, s'il y a lieu, des dommages-intérêts contre le notaire.

Art. 57. — Le commandant peut, sur le rapport du chef du service judiciaire, accorder, pour des motifs sérieux, des congés au notaire.

Art. 58. — Dans tous les cas où, pour une cause quelconque, le notaire se trouverait empêché de remplir ses fonctions, le tribunal, sur l'avis qui lui sera donné par le chef du service judiciaire, désignera le greffier pour remplir l'intérim de l'office.

Art. 59. — Toutes dispositions contraires au présent décret sont et demeurent rapportées.

Art. 60. — Le ministre de la marine et des colonies et le ministre de la justice sont chargés, chacun en ce qui le concerne, de l'exécution du présent décret.

NOTAIRE EN SECOND

1. — C'est celui qui concourt, avec le notaire instrumentaire, ou notaire en premier, à la réception d'un acte et le contresigne (1). Il peut être remplacé par deux témoins.

2. — Le notaire en second est, le plus souvent, choisi par le notaire rédacteur, sans indication de la part des parties. Il n'assiste, dans la pratique, du moins pour les actes ordinaires, ni à la rédaction, ni à la lecture, et contresigne après coup, hors de la présence des parties.

La signature par le notaire en second de tous les actes pour lesquels la *présence réelle* n'est pas exigée, peut avoir lieu en dehors des parties et être donnée : 1° dans un lieu autre que celui où l'acte est reçu, pourvu que ce lieu fasse partie de la circonscription dans laquelle les deux notaires peuvent instrumenter (2); 2° à une date postérieure à celle où le consentement des contractants a été constaté, même après la mort de l'une des parties (3).

3. — Il n'assiste à la réception de l'acte que dans le cas où, conseil en même temps de l'un des contractants, ce dernier a requis sa présence à la conclusion des conventions, ainsi *qu'à la lecture et à la signature.* — Il y assiste encore et sa présence est *nécessaire* dans tous les cas où il s'agit d'actes pour lesquels la présence réelle est exigée par l'article 2 de la loi du 21 juin 1843 (V. *infrà*, v° Présence réelle).

4. — Il va sans dire que le notaire en second doit, dans tous les cas, avoir le droit d'instrumenter dans le lieu où l'acte qu'il contresigne est passé.

5. — Le notaire en second ne doit point être parent ou allié du notaire en premier, en ligne directe, à tous les degrés, et en ligne collatérale, jusqu'au troisième degré inclusivement, à peine de nullité ou de dommages-intérêts, le cas échéant.

6. — Il ne doit point, pas plus que le notaire en premier, être intéressé directement ou indirectement à l'acte qu'il contresigne ou concourir à un acte dans lequel ses parents ou alliés au degré prohibé seraient parties et qui contiendrait quelque disposition en leur faveur.

7. — **Mission du notaire en second.** — Bien qu'il soit d'usage, dans la pratique notariale, que le notaire en second signe, après coup, et de confiance, les actes ordinaires reçus par le notaire en premier, cependant on ne saurait en conclure que, légalement, il n'a aucun contrôle à exercer sur l'acte qui lui est présenté ou qu'il n'encourt, à cet égard, aucune espèce de responsabilité. Le contraire résulte jusqu'à l'évidence, comme l'a fort bien démontré M. Lespinasse (4), des discussions de la loi du 21 juin 1843. « Ce serait une erreur de croire,

---

(1) Loi du 25 ventôse an XI, art. 9-1.
(2) Aussi faut-il décider que le notaire en second ne peut point, à peine de nullité, contresigner, *dans son étude ou sa résidence*, les actes qui lui sont présentés par un notaire de 3e classe, qui n'a pas droit d'instrumenter dans ce lieu. Le notaire de

2e classe doit se transporter dans le ressort du notaire en premier. Dissert., *J. du not.,* n° 8613; Cass., 20 août 1858.

(3) Cass., 8 janvier 1888 (*J. du not.,* n° 8990).

(4) *Revue critique*, 1885, p. 428.

disait dans l'*Exposé des motifs*, le garde des sceaux Persil, que la signature du notaire en second soit une formalité inutile. La faculté du contrôle lui appartient et lui permet la *revision matérielle* de l'acte... »

« ... En vérifiant, *comme il doit le faire*, si les formes extérieures ont été observées (1), si le protocole est régulier, si l'énoncé des mots nuls a été exactement paraphé, si l'acte ne contient pas de blancs, ou d'interlignes dont l'abus soit possible, le notaire en second exerce un contrôle sérieux et utile. Est-ce qu'il ne lui appartient pas de signaler à son confrère l'omission qu'il aurait faite de l'une des conditions essentielles à la validité de l'acte ?... *C'est plus qu'un droit pour lui, c'est évidemment un devoir...* »

8. — Ces extraits mettent bien en relief l'obligation qui reste imposée au notaire en second, non pas de veiller à la légalité des conventions des parties, à leur capacité ou à l'application du fond du droit, mais de contrôler la régularité matérielle et extérieure de l'acte, avant d'y apposer sa signature.

9. — D'où il y a lieu de conclure, avec Duvergier, avec Favard de Langlade, avec Toullier, avec Drion (2), avec M. Labbé (3), que si le notaire en second néglige de remplir la tâche que le législateur lui a imposée, *s'il signe sans regarder*, s'il laisse subsister, par inadvertance, une irrégularité manifeste que son contrôle pouvait faire disparaître, *il est responsable* et doit réparer le dommage résultant pour les parties de l'état d'imperfection dans lequel l'acte est resté.

10. — Telle est aussi la solution consacrée de la jurisprudence (4).

11. — La responsabilité du notaire en second, sans être aussi étendue que celle du notaire rédacteur, devrait cependant être moins limitée pour les actes où sa *présence réelle* est exigée ; il pourrait donc, par exemple, être déclaré responsable si un acte de donation contenait une disposition contraire à l'ordre public ou aux bonnes mœurs, ou une violation formelle de la loi (5).

12. — Et le notaire est tenu *solidairement* envers les parties du préjudice causé, sauf à lui à débattre avec le notaire rédacteur la part qui doit, en définitive, incomber à chacun d'eux, d'après les circonstances de l'affaire.

13. — Refus de signature. — Si un notaire du même canton que le notaire rédacteur ou si tous les notaires du même canton refusaient de contresigner ses actes, ce notaire aurait-il le droit de les y contraindre? Nous ne le pensons pas et la loi ne fournit aucune sanction dans ce but. Il a même été jugé par la Cour de cassation le 18 juin 1862 (6) : qu'une chambre de discipline n'a pas le droit d'obliger un notaire à signer en second un acte d'un confrère, alors surtout que l'acte présente une irrégularité de forme reconnue. Mais il rentre dans les pouvoirs de la chambre d'apprécier la conduite des notaires qui refusent de signer les actes de leurs confrères et de leur infliger une peine disciplinaire, si les refus persistants ne sont pas justifiés. — Même arrêt intervenu sur le pourvoi contre une délibération de la chambre des notaires de Pithiviers, du 12 mars 1861 (7).

14. — Honoraires. — La présence d'un second notaire ne saurait augmenter les frais de l'acte, alors même qu'il y serait personnellement appelé par l'une des parties. Les honoraires se partagent entre les deux notaires (8), soit par moitié, soit par portions inégales, selon la somme de travail apportée par chaque notaire : le partage par moitié n'est pas une conséquence rigoureuse du concours (9).

15. — La règle du partage des honoraires, malgré l'avis contraire de quel-

---

(1) *Rapport à la Chambre des pairs.*
(2) *Traité du notaire en second*, p. 93 et 110.
(3) S V., 1872-1-242 — *Contrà* · Circ. du comité des notaires, t. X, p. 139 et suiv.
(4) Cass., 18 juin 1862 ; Grenoble, 28 juillet 1865 ; Comp. Lyon, 13 avril 1867.
(5) Dict. du not., *Responsabilité*, n° 411 ; Micha, *Respons. not.*, p. 59.

(6) *Revue not.*, n° 899.
(7) Cons. Dict. du not., v° *Discipl. not.*, n°° 51-74-159 et suiv.; Lefebvre, *Traité de la discipl. not.*, n°° 533 et 534.
(8) Cass., 7 janvier 1872 (*Rev. not.*, n° 6858).
(9) Nîmes, 15 janvier 1885 (art. 23355, J. N.); Amiaud, *Tarif général et raisonné*, t. II.

ques auteurs, spécialement de M. Labbé (1), ne nous paraît pas applicable dans le cas où le notaire participe à l'acte uniquement pour remplacer les témoins instrumentaires, ni dans celui où, conformément à l'art. 2 de la loi du 21 juin 1843, il concourt, par sa présence réelle, à la réception d'un acte ; dans ces cas, le notaire remplit à la vérité un devoir de sa charge, mais il prête au notaire en premier un concours légal, bien plus qu'il ne participe au travail de rédaction. L'usage est, du moins, en ce sens.

16. — Le partage des honoraires n'a pas lieu pour les actes et procès-verbaux payés par vacations. Chaque notaire perçoit distinctement ses vacations (V. *suprà*, v° HONORAIRES).

FORMULE.

Lorsqu'il s'agit d'un acte ordinaire que le notaire en second ne fait que contresigner comme assistant son collègue, l'acte est intitulé ainsi qu'il suit :
Pardevant M°... et son collègue, notaires à..., soussignés,
  Ont comparu, etc...
Si l'acte est un de ceux pour lesquels la présence réelle est exigée, ou si le notaire en second y figure comme spécialement appelé par une des parties, on met :
Pardevant M°... et M°..., tous deux notaires à..., soussignés,
  Ou bien, s'ils n'ont pas la même résidence :
Pardevant M°..., notaire à..., et M°..., notaire à..., tous deux soussignés,
  Ont comparu, etc...

NOTAIRE (SUBSTITUTION DE)

1. — On appelle ainsi le remplacement momentané d'un notaire par un confrère, pour la réception d'un ou plusieurs actes ou la délivrance d'une expédition (V. notre *Étude* sur la substitution entre notaires, *J. du not.*, 1891 p. 737).

2. — La loi n'a ni prévu ni autorisé cette substitution, qui n'est que le résultat d'une pratique immémoriale ; mais comme l'usage n'est contraire à aucun texte, ni aux principes qui régissent l'institution, qu'il n'a jamais soulevé aucune réclamation, il est accepté et suivi partout. Ce n'est, au fond, qu'un acte d'obligeance entre notaires, un échange, toujours gratuit, de bons procédés qui ne saurait nuire aux parties.

3. — La substitution n'a lieu que dans les cas où un notaire se trouve absent, ou momentanément empêché pour cause de maladie ou autre. Elle ne peut s'étendre jusqu'à relever les notaires, en tout ou en partie, de l'incapacité légale dont, en cas de parenté ou d'alliance, ils sont frappés pour des raisons d'intérêt public Le notaire, empêché pour ce motif, ne peut donc retenir le dépôt de la minute, en se faisant substituer par un confrère, alors même que l'acte contiendrait la mention du consentement des parties à cet égard (2).

4. — Quand le notaire empêché est appelé à recevoir l'acte par suite de commission judiciaire, il ne peut, de son libre arbitre, se faire substituer par un confrère. Le mandat lui a été conféré à titre personnel et il n'appartient qu'à la justice de l'en relever. Une nouvelle décision judiciaire est donc indispensable (3).

---

(1) S. V., 1879-1-242.
(2) Circ. min. inst., 28 avril 1809. Comp. Cass., 6 janvier 1862 (art. 17362, J. N.).
La substitution faite au mépris de cette prohibition serait nulle en ce sens que le notaire substituant serait placé à l'égard des parties, comme s'il avait été directement requis par elle pour la réception de l'acte; s'il avait remis la minute au notaire substitué, il pourrait être exposé à des dommages-intérêts envers les parties, en cas de nullité, de perte ou d'altération de l'acte. (Dict. du not., n° 6).

(3) Rutgeerts et Amiaud, t. II, p. 902 ; Eloy, t. II, n° 861 ; Dict. du not., n°° 10 et 11 ; De Belleyme, p. 134 ; Gand, 31 mars 1883 (*Rev. prat. not. B.*, p. 487).

5. — La substitution peut avoir lieu pour toute espèce d'actes, ainsi que pour la délivrance des extraits et expéditions (1). Elle peut aussi avoir lieu pour les testaments, bien que, dans la pratique, on s'abstienne d'en user en pareil cas, par suite de la responsabilité particulière qui s'attache à ces actes.

Quant aux grosses, on décide généralement que la délivrance ne saurait en avoir lieu par délégation et que si le notaire détenteur de la minute est empêché, il y a lieu de faire commettre un notaire par le président du tribunal (2).

6. — Mais un notaire ne peut être substitué que par un autre notaire ayant, comme le notaire substitué, le droit d'instrumenter dans le lieu où l'acte est passé. Il n'est point nécessaire, d'ailleurs, que le substituant et le substitué soient de la *même classe*. Ainsi, un notaire de troisième classe peut substituer un notaire de première ou de deuxième classe, pourvu que l'acte soit passé dans le ressort de la justice de paix où le notaire substituant a le droit d'instrumenter. Réciproquement, un notaire de première ou de deuxième classe ne peut substituer un notaire de troisième classe qu'autant que l'acte est reçu dans le ressort où le notaire substitué a compétence.

Un notaire peut-il substituer son beau-frère, notaire dans la même ville que lui? Nous le pensons. L'article 9 ne porte interdiction à deux notaires parents ou alliés, de recevoir un acte qu'autant qu'ils instrumentent ensemble. Or, dans l'espèce, le notaire substituant, seul, instrumente réellement ; il est cependant préférable de faire substituer par un autre notaire.

7. — Un notaire peut-il, sans motif légitime, refuser de substituer son collègue malade ou absent? Aucun texte de loi, sans aucun doute, n'oblige les notaires à déférer à une demande de substitution et aucune peine ne saurait être infligée au notaire qui s'y refuserait ; mais le notaire qui manquerait ainsi aux devoirs de la confraternité, s'exposerait à un blâme de la part de la chambre de discipline.

8. — Dans le cas ou un notaire a remplacé son confrère pour la réception d'un acte, cet acte doit contenir la mention que la minute est restée au notaire substitué.

9. — Non seulement l'acte reçu par le notaire substituant doit énoncer la qualité dans laquelle il agit, mais il doit mentionner la cause de la substitution, *absence* ou *maladie* du collègue suppléé.

10 — La minute doit être portée à la fois sur le répertoire du notaire substitué et sur celui du notaire substituant, avec mention, par ce dernier, que l'acte est resté au notaire suppléé et qu'elle sera enregistrée au bureau de l'enregistrement de celui-ci et par ses soins.

11. — Le notaire substitué est considéré comme le véritable notaire instrumentaire ; par suite, c'est lui qui a le droit de délivrer les expéditions et grosses de l'acte ainsi reçu. Toutefois, les copies délivrées par le notaire substituant avant la remise de la minute seraient certainement valables, surtout s'il agissait expressément par substitution.

12. — C'est aussi le notaire substitué qui a droit aux honoraires de l'acte (3).

13. — Le notaire substitué est naturellement garant de la conservation de la minute, puisqu'il en est le détenteur ; mais si l'acte était annulé pour vice de forme ou autres, sur lequel des deux notaires devrait retomber la responsabilité? Sans aucun doute sur le notaire substituant. C'est sa négligence ou son impéritie qui a causé le dommage et il est équitable qu'il soit condamné à le réparer. En vain objecterait-on qu'il n'a pas agi pour lui, qu'il n'a instrumenté qu'au nom et dans

---

(1) Montluçon, 12 janvier 1865 (art. 18189, J. N.).   (3) Dict. du not., n° 21 : Amiaud, *Tarif gén. et vais.*
(2) Dict. du not., n° 26 ; Augan, p. 75.   t. II, p. 127.

l'intérêt de son confrère et que celui-ci, recueillant les avantages de la passation de l'acte, doit en supporter les conséquences. Le notaire substituant a agi comme notaire et, en cette qualité, il avait des devoirs à remplir, comme pour tout autre acte. S'il les a négligés, il est responsable (1).

Il en serait de même en cas de suppositions de personnes, si le notaire substituant n'avait pas vérifié ou n'avait pas fait attester l'identité des parties; — dans le cas encore où les conventions des parties seraient reconnues illicites ou frauduleuses, sauf au notaire substituant, dans ce dernier cas, à mettre en cause le notaire substitué, s'il était constant que ce dernier avait, par lui-même ou par ses clercs, préparé et formulé à l'avance les conventions (2).

FORMULES.

Intitulé d'acte reçu par un notaire substituant

Pardevant Me A... et son collègue, notaires à..., soussignés; Me A..., substituant Me B..., son confrère, aussi notaire à..., momentanément absent (ou malade).

Clôture de l'acte.

Dont acte, qui sera porté sur le répertoire de Me A..., notaire substituant, et de Me B..., notaire substitué, et qui demeurera en l'étude de ce dernier.

Ou : Et les parties ont signé avec les notaires, après lecture faite du présent acte, qui sera porté sur les répertoires des notaires substituant et substitué et restera aux minutes de ce dernier.

NOTORIÉTÉ (V. suprà, v° ACTE DE NOTORIÉTÉ).

FIN DU TOME DEUXIÈME

---

(1) Dict. du not., n° 29; Rutgeerts et Amiaud, loc. cit.; Eloy, t. I, n° 805; Bruxelles, 25 juin 1884 (Rev. not., B., p. 483).

(2) Bruxelles, 25 juin 1884. — Comp. : Cass., 11 mai 1891 (J. du not., 1891, p. 557) et notre Etude, J. du not., 1891, p. 787.

www.ingramcontent.com/pod-product-compliance
Lightning Source LLC
Chambersburg PA
CBHW031535210326
41599CB00015B/1903